Droit des sociétés commerciales OHADA

Dynamiques du droit OHADA

Collection dirigée par André Akam Akam

Le droit OHADA s'étend, se densifie, connaît des mutations et fait ainsi montre d'un dynamisme certain. La présente collection vise à susciter la publication d'ouvrages qui rendent compte de la diversité, de la richesse et de la modernité de ce droit en pleine expansion matérielle et territoriale. Elle s'adresse à tous : étudiants, enseignants, praticiens du droit, décideurs politiques, managers publics et privés, investisseurs, etc. qui trouveront dans les manuels mis à leur disposition des œuvres de grande qualité scientifique, richement référencées en doctrine et en jurisprudence africaines, et qui sont à la fois des outils pédagogiques et des instruments d'aide à la décision.

André AKAM AKAM et VOUDWE BAKREO

Droit des sociétés commerciales OHADA

L'Harmattan

Ouvrages du Professeur André AKAM AKAM

La politique africaine de Jean-Paul II. L'Église et les défis de l'Afrique noire (1978-1990), L'Harmattan, mars 2009

Les mutations juridiques dans le système OHADA (dir.), L'Harmattan, septembre 2009

Cet ouvrage a bénéficié du soutien

de l'Agence universitaire de la Francophonie

5-7, rue de l'École-Polytechnique, 75005 Paris

http://www.editions-harmattan.fr

ISBN : 978-2-343-12819-1

EAN : 9782343128191

AVANT-PROPOS

La rédaction de cet ouvrage procède d'un triple objectif qui s'inscrit pleinement dans ma vocation d'enseignant et de citoyen de l'Afrique.

Le premier objectif est de répondre à un désir enfoui depuis longtemps dans mon esprit, et qui est de rédiger à l'intention des étudiants de nos facultés et grandes écoles, des ouvrages simples et d'un accès facile. Aussi, le présent ouvrage a prioritairement une vocation pédagogique en ce qu'il sert de propédeutique aux étudiants engagés dans l'apprentissage de l'une des matières les plus fascinantes du droit privé : à savoir le droit des sociétés commerciales. Ce faisant, il se veut aussi un compendium pour les professionnels et les praticiens du droit, à la recherche d'informations utiles et précises. Par ailleurs, les investisseurs et autres opérateurs économiques peuvent y trouver des éléments leur permettant d'avoir une meilleure connaissance de l'environnement juridique des affaires et des instruments utiles à la prise de décisions.

Le second objectif est de mettre à la disposition du public, un ouvrage faisant l'état des lieux de l'œuvre immense des auteurs et des juges africains dans une matière réputée complexe, dans l'analyse, la compréhension, l'interprétation et l'application des règles édictées par le législateur. Il s'agit de rendre justice et un hommage mérité à la doctrine et à la jurisprudence africaines si souvent méconnues ou insuffisamment mises en valeur. Aussi, le présent ouvrage recense l'essentiel des publications (ouvrages, thèses, mémoires) des auteurs africains du continent et de la diaspora, qu'il s'agisse de travaux d'auteurs confirmés ou de ceux d'étudiants effectuant leurs premiers pas dans la recherche. De même, il cite ou évoque les grandes décisions rendues tant par la Cour commune de justice et d'arbitrage (CCJA) que par les juridictions nationales. Toutefois, les références étrangères ne sont pas absentes ni négligées, ce d'autant plus que sur bien des points, les références africaines sont insuffisantes voire insignifiantes.

Enfin, le troisième objectif est de relever le défi de la création d'une nouvelle collection consacrée au droit OHADA et qui entend se démarquer de celles qui existent par son originalité et sa densité. Le présent ouvrage est donc le premier de cette collection et préfigure la publication d'autres qui viendront l'enrichir dans le dessein de mettre à la disposition du public des ouvrages de référence. L'ambition de la collection "Dynamiques du droit OHADA" est alors de s'affirmer comme une vitrine du renouveau de la science juridique africaine et un éloquent témoignage de la fraîcheur et de la vigueur de la pensée juridique africaine.

Au seuil de cette première édition, je voudrais exprimer ma reconnaissance et mon amitié à M. Voudwé Bakréo, mon ancien étudiant et mon jeune collègue, qui a accepté avec enthousiasme et dévouement de m'accompagner dans cette aventure intellectuelle. Sa contribution a été en tous points déterminante pour la réalisation de cet ouvrage. Aussi, je voudrais saluer, à juste titre, son exemplaire collaboration.

André AKAM AKAM

Douala, le 12 janvier 2017

PRINCIPALES ABRÉVIATIONS

AMF :	Autorité des Marchés Financiers (France).
ANIF :	Agence Nationale d'Investigation Financière.
AUDCG. :	Acte uniforme relatif au droit commercial général.
AUDS :	Acte uniforme relatif au droit des sûretés.
AUS :	Acte uniforme relatif au droit des sociétés commerciales et groupement d'intérêt économique.
BCEAO :	Banque Centrale des États de l'Afrique de l'Ouest.
BEAC :	Banque des États de l'Afrique Centrale.
BRVM :	Bourse Régionale des Valeurs Mobilières de l'UEMOA.
Bull. :	Bulletin.
Bull. civ. :	Bulletin des arrêts de la Cour de cassation française (chambres civiles).
Bull. Joly :	Bulletin Joly.
Bull. crim. :	Bulletin des arrêts de la Cour de cassation française (chambres criminelles).
BVMAC :	Bourse des Valeurs Mobilières de l'Afrique Centrale.
C :	Code
c/ :	Contre.
CADH :	Cahiers africains des droits de l'homme.
Cah. dr. entr. :	Cahiers de droit de l'entreprise.
Cass. :	Cour de cassation française.
Cass. civ. :	Cour de cassation française, chambre civile.
Cass. com. :	Cour de cassation française, chambre commerciale.
Cass. crim.	Cour de cassation française, chambre criminelle.
C. civ. :	Code civil.
C. com. :	Code de commerce
CCJA. :	Cour Commune de justice et d'arbitrage (OHADA).
CE :	Arrêt du Conseil d'État français.
CEDH :	Cour européenne des droits de l'homme.
CEMAC :	Communauté Économique et Monétaire de l'Afrique Centrale.
CENTIF :	Cellule Nationale de Traitement de l'Information Financière.

Cf. :	Confère.
CFA :	Communautaire Financière d'Afrique (pour les pays de la zone UEMOA) ou Coopération Financière d'Afrique (pour les pays de la zone CEMAC).
ch. :	Chambre
Chron. :	Chronique.
CJCE :	Cour de Justice des Communautés Européennes.
C.J. CEMAC :	Cour de Justice de la CEMAC.
CJP :	Cahiers juridiques et politiques, (Université de Ngaoundéré).
C. J. UEMOA	Cour de Justice de l'UEMOA.
CMF :	Commission des Marchés Financiers du Cameroun.
COB :	Commission des Opérations de Bourse (France).
COBAC :	Commission bancaire de l'Afrique Centrale.
Coll. :	Collection.
Comm. :	Commentaire.
concl. :	Conclusions.
Contra :	Contrairement.
COSUMAF :	Commission de Surveillance du Marché Financier.
C.S. :	Cour suprême du Cameroun.
C.S./C.A. :	Cour suprême du Cameroun, Chambre administrative.
D. :	Recueil Dalloz.
D. Affaires :	Dalloz Affaires
Décr. :	Décret.
Doctr. :	Doctrine.
DP :	Dalloz-Périodique.
Dr. sociétés :	Droit des sociétés.
Dr. et patr. :	Droit et patrimoine.
DSX :	Douala Stock Exchange.
éd. :	Edition
Fasc. :	Fascicule.
F.C.P. :	Fonds Commun de Placement.
Gaz. Pal. :	Gazette du Palais.
Ibid. :	Au même endroit.
in :	Dans.
Infra :	Plus bas.
JCP :	Juris- classeur périodique édition générale (Semaine juridique).
JCP E :	Juris-classeur périodique édition entreprise (Semaine juridique).

JO : Journal officiel.
JOCE : Journal officiel des communautés européennes.
JOUE : Journal officiel de l'Union Européenne.
J. soc. : Journal des sociétés.
LGDJ : Librairie générale de droit et de jurisprudence.
Litec : Librairie technique.
n° : Numéro.
obs. : Observations.
OHADA : Organisation pour l'harmonisation en Afrique du droit des affaires.
Op. cit. : Opere citato (cité plus haut).
OPCVM : Organisme de placement collectif en Valeurs Mobilières.
Ord. : Ordonnance.
p. : Page.
PA : Les Petites Affiches.
pp. Pages.
préc. : Précité.
PUA : Presses Universitaires d'Afrique.
PUAM : Presses Universitaires d'Aix-Marseille.
PUCAC : Presses de l'Université Catholique d'Afrique centrale.
PUF : Presses Universitaires de France.
rapp. : Rapport.
RASJ : Revue africaine des sciences juridiques (Université de Yaoundé II)
RCDA : Revue Camerounaise du Droit des Affaires.
RDBF : Revue de Droit bancaire et financier.
Rep. pr. civ. : Répertoire de procédure civile Dalloz.
req. : Requête.
Rev. crit. DIP. Revue critique de Droit International Privé.
Rev.afr.sc.jur. Revue africaine des sciences juridiques, (Université de Yaoundé II).
Rev. sociétés : Revue des sociétés.
RFD. adm. : Revue Française de Droit Administratif.
RID. comp. : Revue Internationale de Droit Comparé.
RIDE : Revue Internationale de Droit Economique.
RJ com. : Revue de jurisprudence commerciale.
RJDA : Revue de Jurisprudence du Droit des Affaires.
RRJ : Revue de la recherche juridique. Droit prospectif.
RTD act. : Revue trimestrielle de droit et des activités économiques.
RTD civ. : Revue trimestrielle de droit civil.

RTD com. :	Revue trimestrielle de droit commercial.
RTD. eur. :	Revue trimestrielle de droit européen.
S. :	Sirey.
s. :	suivant.
SA :	Société Anonyme.
SARL :	Société à Responsabilité Limitée.
Somm. :	Sommaire.
spéc. :	Spécialement.
Suppl. :	Supplément.
supra :	Ci-dessus.
t. :	Tome.
TGI :	Tribunal de Grande Instance.
UCAD	Université Cheick Anta Diop (Sénégal)
UEAC :	Union Économique de l'Afrique Centrale.
UEMOA :	Union Économique et Monétaire Ouest Africaine.
UMAC :	Union Monétaire de l'Afrique Centrale.
UMOA :	Union Monétaire Ouest Africaine.
V. :	Voir.
Vol. :	Volume.

SOMMAIRE

INTRODUCTION

1 Les commerçants peuvent être, soit des personnes physiques, soit des personnes morales. Les sociétés commerciales rentrent dans cette deuxième catégorie de commerçants. Ayant la qualité de commerçant, les sociétés sont d'abord soumises aux règles régissant l'activité commerciale. Celles-ci constituent en général le droit commercial[1]. Mais, en raison de leurs spécificités, les sociétés commerciales obéissent aussi à des règles qui leur sont propres. Elles constituent le droit des sociétés commerciales. Celui-ci sera entendu comme l'ensemble des règles qui régissent la naissance, la vie et la disparition des sociétés commerciales.

2 Le présent ouvrage est consacré aux sociétés commerciales régies par le droit OHADA. La matière paraît vaste. Pour l'aborder, on peut d'emblée poser un certain nombre de questions préalables : qu'est-ce qu'une société commerciale ? (section I) Quelles sont les sources du droit des sociétés commerciales ? (section II) Et quel est le domaine de celui-ci ? (section III).

SECTION I- LA NOTION DE SOCIÉTÉ COMMERCIALE

3 Le mot « société » a deux sens. D'une part, il désigne le contrat par lequel deux ou plusieurs personnes (physiques ou morales) conviennent de mettre quelque chose en commun en vue de partager le bénéfice ou de profiter de l'économie qui pourra en résulter. Dans cette acception, la société est un contrat, le contrat de société[2]. D'autre part, la société désigne la personne juridique née

---

[1] Il s'agit notamment de l'Acte uniforme portant droit commercial général, publié au Journal Officiel de l'OHADA du 15 février 2011. Il s'agit également de certains textes en vigueur dans certains pays membres qui régissent également, de manière générale l'activité commerciale (v. par exemple au Cameroun, la loi n°2015/018/ du 21 décembre 2015 régissant l'activité commerciale au Cameroun).

[2] V. art. 4 AUS et 1832 C. civ. V. également K. PEGLOW, *Le contrat de société en droit allemand et en droit français*, Bibliothèque de droit privé, t. 402, 2003, ; F.D POITRINAL, «La révolution contractuelle du Droit des Sociétés, dynamiques et paradoxes », *Revue Banque* Ed., 2003, 272p. ; S. SCHILLER, *Les limites de la liberté contractuelle en droit des sociétés,* Bibliothèque de droit privé, LGDJ, t. 378, 2002 ; J.-P. BERTREL, « Liberté contractuelle et sociétés. Essai d'une théorie du juste milieu en droit des sociétés », *RTD com.* 1996. 596 ; Cl. CHAMPEAU, « Le contrat de société existe-t-il encore ? », *in Le droit contemporain des contrats*, Travaux de la faculté des Sciences juridiques de Rennes, Economica, 1987 ; P. DIDIER « La théorie contractualiste de la société », *Rev. sociétés* 2000. 95 ; « Brèves notes sur le contrat organisation », *in L'avenir du droit,* Mélanges F. Terré, Dalloz, 1999, p. 635 ; « Le consentement sans l'échange : le contrat de société », *RJ com.* 1995, n° spéc., nov. 1995.

de ce contrat. Il s'agit alors d'une personne morale distincte des personnes qui l'ont constituée, à laquelle est affectée la « chose » mise en commun et qui est investie de la capacité juridique d'agir au nom et dans l'intérêt de la collectivité.

L'on ne saurait se contenter de ces deux acceptions du mot « société » qui ne renseignent ni sur sa particularité par rapport aux autres groupements de droit privé (§1), encore moins sur sa nature juridique (§2).

§I. LE PARTICULARISME DE LA SOCIÉTÉ COMMERCIALE

4 L'article 4 de l'Acte uniforme portant droit des sociétés commerciales et du groupement d'intérêt économique (ci-après AUS) reconnaît le caractère de société aux groupements dans lesquels deux ou plusieurs personnes conviennent, par contrat, d'affecter à une activité des biens en numéraire, en nature, ou en industrie, dans le but de partager le bénéfice ou de profiter de l'économie qui pourra en résulter. La question qui se pose alors est de savoir ce qui distingue la société commerciale des autres groupements de personnes et de biens tels que la société civile (A), l'association (B) ou le groupement d'intérêt économique (C) et la société coopérative notamment (D).

A- La distinction entre la société commerciale et la société civile

5 La société civile[3] est une société qui n'exerce pas une activité commerciale. On la retrouve essentiellement dans les domaines de l'agriculture, de l'immobilier, des professions libérales et des activités intellectuelles. Elle se caractérise notamment par le fait que les associés sont indéfiniment responsables sur l'ensemble de leur patrimoine personnel contrairement à la plupart des sociétés commerciales dans lesquelles il y a une séparation stricte du patrimoine[4]. Mais les principaux points de démarcation des deux formes de société résident essentiellement au niveau de la forme et de l'objet de chacune d'elle. En effet,

---

[3] Voir pour plus de détails sur la société civile, DELMAS, CHARTIER, *Les groupements civils*, 1997, coll. Connaissance du droit, Dalloz ; B. et M. GALIMARD, *Les sociétés civiles*, PUF, 1995 ; ROYAL, *La société civile de portefeuille : démembrement, assurance-vie, contrat de mariage*, 1999, EFE ; TAITHE et WALET, *La société civile*, 1979 ; ANCEL, *La société civile immobilière*, 2001, éd. du Puits Fleuri ; BARANGER, *La société civile*, éd. GLN-Joly, 1995 ; BERGER et *varii autores, La société civile et la gestion du patrimoine en 150 questions*, EFE, 1995.

[4] V. à propos DORAT DES MONTS, « L'unification des sociétés civiles et commerciales. Vers un droit commun ? », RTD com. 1995. 502 ; B. MERCADAL, « Le critère de distinction des sociétés civiles et commerciales », *RTD com.* 1998. 511 ; W. JEANDIDIER, « L'imparfaite commercialité des sociétés à objet civil et à forme commerciale », *D.* 1999, chron. 7 ; V. MONSÈRIÉ-BON, « Associés de société civile et procédure collective : une rencontre réussie ? », *Mélanges en l'honneur de Daniel Tricot*, 2011, Litec-Dalloz, p. 547 ; NURIT-PONTIER, « L'obligation aux dettes sociales des associés à risque illimité », *Bull. Joly* 2008. 152 ; REVEL, « Droit des sociétés et régime matrimonial : préséance et discrétion », *D.* 1993. *Chron.* 33 GUYON, « La situation des associés dans les sociétés civiles et les sociétés commerciales ne faisant pas publiquement appel à l'épargne », *RTD com.* 1983. 353.

l'AUS déclare que, sont commerciales à raison de leur forme et quel que soit leur objet, la société en nom collectif, la société en commandite simple, la société à responsabilité limitée, la société anonyme et la société par actions simplifiées. Ce qui revient à dire que les sociétés civiles en raison de leur forme sont toutes des sociétés auxquelles la loi n'attribue pas un caractère commercial à raison de leur forme, nature ou objet.

6 Longtemps, le droit des sociétés a maintenu cette distinction qui, au fond, traduit la transposition en matière de société, de la distinction entre commerçants et non-commerçants[5]. Le caractère civil était la règle et la commercialité l'exception. La société civile était assimilée aux simples particuliers et la société commerciale était soumise au statut dérogatoire du commerçant. Ainsi, devrait être civile la société qui a un objet ou une activité civile et commerciale, la société qui a un objet ou une activité commerciale. Les sociétés commerciales étaient celles qui étaient créées pour exercer un commerce, les autres étant civiles.

7 Cette distinction a désormais perdu son importance. Le caractère commercial d'une société découle soit de son objet[6], c'est-à-dire de l'accomplissement d'actes de commerce, soit de sa forme[7]. Excepté les coopératives agricoles (catégorie spéciale de sociétés qui ne sont ni civiles ni commerciales), toutes les autres sociétés devraient être civiles. La mise en œuvre de la distinction est cependant difficile[8]. La catégorie des sociétés commerciales à raison de leur objet est presque inexistante. La catégorie des sociétés commerciales à raison de leur forme entraîne également de graves difficultés lorsque ces sociétés ont un objet civil (activités immobilières, agricoles ou même parfois libérales) ; se pose alors un conflit entre la forme et l'objet[9]. La jurisprudence française est confuse à ce sujet. Tantôt, elle admet que le caractère commercial l'emporte, tantôt, elle considère que la société est civile[10]. La solution

---

[5] V. BERTHOUD-RIBAUDE, « Le sort de la société civile immobilière dans la procédure collective », *RTD com.* 2003. 259 ; BRAULT, « La société civile, écran de fumée fiscal ? », *Defrénois* 1995. 945 ; « Éclaircie sur les sociétés civiles », *Defrénois* 1990. 266 ; « La cession de n° toutes les parts d'une société civile immobilière », Defrénois 1991. 1281.

[6] V. art. 3 de l'AUDCG.

[7] V.art. art. 6 AUS.

[8] V. CHARTIER, « L'évaluation des parts de sociétés civiles immobilières », *Rev. sociétés* 1993. 1 ; CHAUVIN, « Immobilier d'entreprise : propriété de la société commerciale ou d'une SCI ? », *JCP E* 1998. II. 15178 ; COURET, « Groupements de moyens et pactes léonins », *Bull. Joly* 1992. 1057 ; « La frontière entre les meubles et les immeubles à l'épreuve des sociétés immobilières », *Bull. Joly* 2009. 82 ; COZIAN, « Les charmes discrets des sociétés civiles immobilières », *RJ com.* 1992. 229 ; « Du bon usage des sociétés civiles immobilières », *D.* 1994. Chron. 199 ; « Le charme des sociétés civiles immobilières : charme intact ou charme fané ? », *RJ com* 2004. 64 ; CUTAJAR, « Le montage société civile immobilière/société d'exploitation à l'épreuve de l'extension jurisprudentielle de la procédure collective », *Bull. Joly* 1999. 1057.

[9] JULIEN, « Observations sur l'évolution jurisprudentielle du sort des associés de la société civile », *RTD com.* 2001. 841.

[10] V. DORAT DES MONTS, « L'unification des sociétés civiles et commerciales. Vers un droit commun ? », *RTD com.* 1985. 502.

serait de supprimer la catégorie des sociétés commerciales en raison de leur forme et de s'en tenir au critère de l'activité, comme s'il s'agissait de personnes physiques.

B- La distinction entre la société commerciale et l'association

8 L'association est la convention par laquelle deux ou plusieurs personnes mettent en commun, d'une façon permanente, leurs connaissances ou leurs activités dans un but autre que de partager des bénéfices[11].

Le rapprochement de cette définition à celle figurant dans l'article 4 de l'AUS qui définit la société commerciale comme étant une entité « créée par deux ou plusieurs personnes qui conviennent, par un contrat, d'affecter à une activité des biens en numéraire ou en nature, ou de l'industrie, dans le but de partager le bénéfice ou de profiter de l'économie qui peut en résulter », conduit à une double déduction : en premier lieu, lorsqu'un groupement a pour but de partager les bénéfices pouvant résulter de l'action commune, il doit revêtir forcément la forme d'une société. Une association qui distribuerait des bénéfices à ses membres pourrait être considérée alors comme une société créée de fait. En deuxième lieu, lorsque le groupement est constitué dans un but purement désintéressé, exclusif de toute recherche d'un avantage matériel quel qu'il soit, les fondateurs ne pourraient utiliser d'autre forme juridique que celle de l'association régie par des textes nationaux des États membres[12]. C'est notamment le cas des groupements philanthropiques ou culturels.

9 Ainsi, si un groupement ne recherche ni le partage d'un bénéfice ni la réalisation d'une économie, il est susceptible d'être annulé s'il revêt la forme d'une société. Le problème est cependant plus délicat pour les groupements qui font bénéficier leurs membres d'un avantage patrimonial[13]. Dans ce cas, c'est le but principal recherché par les membres du groupement qui doit déterminer la qualification à donner à celui-ci. Si la réalisation de l'économie n'est qu'un élément accessoire dans l'esprit des parties, le groupement devrait revêtir la forme d'une association. Si, au contraire, elle est prédominante, les fondateurs auront le choix entre la société et l'association. L'appréciation de l'intention des parties devra être largement commandée par la recherche d'une éventuelle fraude à la loi.

10 En revanche, si le groupement a uniquement pour but de permettre à ses membres de réaliser des économies, par exemple d'obtenir un service à un meilleur prix qu'aux conditions habituelles du commerce, la société commerciale ou l'association pourront être utilisées indifféremment. Mais, on peut

---

[11] V. C. KEUTCHA TCHAPNGA, *Le régime juridique des associations en droit public camerounais,* L'Harmattan, 2013, 202 p.

[12] Pour le cas du Cameroun, v. la loi n° 90-053 du 19 décembre 1990 sur les associations.

[13] V. par exemple au Cameroun, v. la loi n° 90-053 du 19 décembre 1990 sur les associations, complétée par la loi 99-011 du 20 juillet 1999, op. cit.

légitimement penser qu'en pareil cas, la société sera préférée à l'association pour deux raisons principales. D'une part, la société jouit d'une pleine capacité juridique, alors que l'association ne peut posséder et administrer que les cotisations de ses membres et les immeubles strictement nécessaires à l'accomplissement du but qu'elle poursuit. D'autre part, en cas de dissolution, les membres de l'association ne peuvent seulement reprendre que leurs apports. Ils n'ont aucun droit sur l'actif restant, qui est généralement dévolu à une association poursuivant le même but que l'association dissoute.

C- La distinction entre la société commerciale et le groupement d'intérêt économique

11 Aux termes de l'article 869 de l'AUS, le groupement d'intérêt économique (GIE) est un groupement qui a pour but exclusif de mettre en œuvre pour une durée déterminée, tous les moyens propres à faciliter ou à développer l'activité économique de ses membres, à améliorer ou à accroître les résultats de cette activité. Comme la société, le GIE est constitué dans le but de faire profiter ses membres des économies résultant de son activité[14]. En effet, le GIE peut être constitué dans ce seul but.

12 Il existe une différence fondamentale entre les deux types de groupement : le GIE doit être un prolongement de l'activité de ses membres, ce qui limite nécessairement l'étendue de son objet, alors que la société peut avoir un objet extrêmement large et, au besoin, sans rapport avec l'activité de ses membres[15]. La responsabilité indéfinie et solidaire des membres du GIE limite son attrait. Le GIE conserve cependant quelques avantages : son fonctionnement n'est soumis à aucune règle contraignante alors que celui des sociétés est soumis à une réglementation abondante et complexe sans cesse, à l'exception de la société par actions simplifiées qui bénéficie d'un régime souple en droit OHADA.

D- La distinction entre la société commerciale et la société coopérative

13 Le dernier groupement qu'il ne faut pas confondre avec la société commerciale est la société coopérative[16]. Il s'agit d'une forme de société qui obéit

[14] V ALIOUNE DIEYE, *Régime juridique des sociétés commerciales et du GIE dans l'espace OHADA*, Cabinet Aziz Dieye, 4e éd. 2014 ; U. LELO – DI – MAKUNGU, *La capitalisation du Groupement d'Intérêt Economique de l'OHADA par la République Démocratique du Congo*, mémoire de Maitrise, Université de Kisangani, 2006.

[15] V. art. 869, al. 2 AUS.

[16] V. J. GATSI, *Le droit OHADA des sociétés coopératives*, L'Harmattan, 2011, pp. 195 ; D.NGADJEU, *Les sociétés coopératives en droit OHADA*, mémoire de Master, Dschang (Cameroun), 2010-2011, 143 pages ; OYADJI BAYE NESTOR, *Le champ d'application de l'Acte uniforme OHADA relatif au droit des sociétés coopératives,* mémoire de Master, Ngaoundéré (Cameroun), 2014.

à un régime juridique autonome[17]. La coopérative est une société, mais elle est plus proche de l'association par les objectifs qu'elle affiche. Son but n'est pas de réaliser et de partager un profit, mais d'améliorer le sort de ses membres. Elle fonctionne parfois sur la base des principes étrangers au monde des sociétés, tels que l'altruisme (la vocation de la coopérative n'est pas de réaliser des bénéfices qui seraient ensuite répartis entre les coopérateurs ; ses fins ne sont pas seulement économiques, elles sont également morales et sociales ; les coopérateurs participent sans doute au capital social de la coopérative, mais ce capital est rémunéré par le versement d'un intérêt annuel et non par la distribution de dividendes), la démocratie (le coopérateur est traité de la même manière que le citoyen pour les affaires de la cité : « un homme, une voix », quelle que soit sa part de capital.

14 Il apparaît ainsi que la société commerciale se démarque des autres groupements qui lui sont pourtant proches, par l'objet qu'elle poursuit, notamment réaliser des bénéfices et partager les pertes qui pourraient en résulter. Il reste à déterminer sa nature juridique.

§2. LA NATURE JURIDIQUE DE LA SOCIÉTÉ

15 La société est-elle un contrat ou une institution ? Cette question est un débat dont les termes et les enjeux ne sont pas clairement fixés[18]. Selon une conception classique, la société n'est rien d'autre qu'un contrat. Pourtant, en observant le fonctionnement des grandes compagnies, certains auteurs[19] ont défendu l'idée selon laquelle la société ne pouvait être réduite à une simple convention, qu'elle était en réalité une institution. C'est le débat entre les partisans de l'analyse contractuelle et les tenants de l'analyse institutionnelle de la société.

16 Certains auteurs[20] estiment en effet que la société ne peut demeurer exclusivement un contrat qu'autant qu'elle ne donne pas naissance à une personne morale. Ainsi, peuvent être considérées comme des contrats, la société en participation et la société créée de fait. En revanche, dès qu'elle revêt la personnalité morale, la société ne peut plus être simplement un contrat pour la raison simple qu'un contrat ne fonctionne que sous la règle de l'autonomie de la volonté et ne peut donc évoluer que conformément aux volontés des cocontractants. Or, la société personnifiée elle, fonctionne sous la loi de la majorité, à l'exception de quelques décisions requérant l'unanimité et le principe

---

[17] V. notamment l'Acte Uniforme portant droit des sociétés coopératives adopté le 15 décembre 2010 et qui est rentré en vigueur le 15 mai 2011, publié au Journal Officiel de l'OHADA du 12 septembre 2012.
[18] P. BERTREL, « Liberté contractuelle et sociétés », *RTD com.* 1996. 595.
[19] C. CHAMPAUD, « Les fondements sociétaux de la « doctrine de l'entreprise », Mélanges J. Paillusseau, Dalloz, 2003, p. 117.
[20] V. G. FLORES et J. MESTRE, « Brèves réflexions sur l'approche institutionnelle de la société », *PA*, 14 mai 1986, n° 58, p. 25.

de la spécialité qui impose le respect de l'objet social[21]. Il s'ensuit que les volontés des associés sont liées par cette obligation de réaliser l'objet social qui les transcende. Elles ne sont dès lors plus autonomes – et sortent pour cela du domaine contractuel –, mais sont subordonnées à ce qui sert l'objet social qu'elles se sont fixé à elles-mêmes. Ainsi, la majorité peut modifier l'acte constitutif si l'intérêt de la société l'exige[22] : les dirigeants sociaux sont des organes chargés d'assurer la réalisation du but commun ; les décisions de la majorité ou de la minorité peuvent être annulées si elles sont contraires à l'intérêt social ; la mésintelligence entre associés ne peut entraîner la dissolution de la société si celle-ci est prospère, le but recherché étant atteint…

17 Il faut reconnaître que si cette conception institutionnelle de la société a été utile historiquement pour expliquer les particularités du contrat de société, il semble, de nos jours, possible de la relativiser. De fait, l'institution telle qu'elle est utilisée en droit des sociétés s'apparente davantage à une idée ou à une image qu'à une véritable théorie[23]. Cette constatation n'occulte en rien le fait que la société est une construction complexe qui a pour base un acte fondateur (le contrat de société) dont procède une organisation dotée de la personnalité morale qui donne une durée et un rayonnement que ne connaissent pas la plupart des contrats.

La société trouve incontestablement sa source dans un acte juridique qui prend la forme d'un contrat[24]. Cela résulte des termes mêmes de la loi, notamment des articles 4 de l'AUS[25] et 1832 du Code civil[26] et est conforté par des textes qui

---

[21] J.-C. MAY, « La société : contrat ou institution », in *Contrat ou institution : un enjeu de société*, 2004, LGDJ, p. 122 ; J. PAILLUSSEAU, « Les fondements du droit moderne des sociétés », *JCP* 1984. I. 3148 ; « Entreprise, autorité, responsabilité et conseil », *in Entreprise, pouvoir, autorité et responsabilité*, Economica, 1985, p. 321 ; « Le droit moderne de la personnalité morale », *RTD civ.* 1993. 705 ; « Qu'est-ce que l'entreprise ? », op. cit. ; « Le big-bang du droit des affaires », RJ com. 1987. 377 ; C. CHAMPAUD, « Les fondements sociétaux de la « doctrine de l'entreprise », op. cit., p. 117.

[22] J. LEBLOND, « Les pouvoirs respectifs de l'Assemblée générale, du Conseil d'administration, du Président directeur général et du Directeur général adjoint dans la doctrine institutionnelle », *Gaz. Pal.* 1997, doctr. 29.

[23] M. COZIAN, A. VIANDIER, F. DEBOISSY, *Droit des sociétés*, Litec, éd., 2014, p. 23.

[24] P. BERTREL, « Liberté contractuelle et sociétés », op. cit. ; J. PRIEUR, « Droit des contrats et droit des sociétés », *in* Mélanges A. Sayag, 1997, Litec, p. 371 ; R. LIBCHABER, « La société, contrat spécial », *in* Mélanges M. Jeantin, 1999, *Dalloz,* p. 281 ; V. MAÏGA IBRAHIMA, *Liberté contractuelle dans le droit des sociétés commerciales(OHADA)*, mémoire de Master, UCAD, 2008 ; MAME COUMBA BA, *Liberté contractuelle en droit des sociétés*, mémoire de Master, UCAD, 2007.

[25] Cet article reconnait que la société commerciale est créée par deux (2) ou plusieurs personnes qui conviennent, par un contrat, d'affecter à une activité des biens en numéraire ou en nature, ou de l'industrie, dans le but de partager le bénéfice ou de profiter de l'économie qui peut en résulter. Les associés s'engagent à contribuer aux pertes dans les conditions prévues par le présent Acte uniforme.

[26] Cet article définit la société comme un contrat entre deux ou plusieurs personnes qui conviennent de mettre quelque chose en commun pour partager le bénéfice qui pourra en résulter.

opèrent un renvoi au droit commun des contrats[27]. Comme on l'a relevé[28], si la doctrine fut autrefois troublée par certains aspects du mécanisme sociétaire et a pu douter en conséquence de sa nature contractuelle, ces hésitations n'ont plus lieu d'être aujourd'hui puisqu'on connaît désormais dans les contrats, la règle de la majorité, la notion d'intérêt commun et les exigences d'ordre public. Même si le cadre légal est rigide, les adaptations restent possibles lorsque les créateurs de la société ont quelques imaginations[29]. On note même un renouveau de la liberté contractuelle dans les dispositions de l'AUS révisé contrastant avec la version ancienne[30]. L'ère est donc aussi dans l'espace OHADA à la déréglementation et on aspire de plus en plus, dans un souci d'efficacité et de concurrence, à libérer les forces créatrices des sociétés commerciales du carcan étouffant d'une réglementation trop dirigiste. Partant, l'on redécouvre aujourd'hui que la société n'a jamais cessé d'être un contrat[31].

18 En définitive, il faut bien admettre que ces deux approches de la société ne sont pas forcément exclusives l'une de l'autre. Le droit des sociétés s'intéresse à ces deux conceptions de la société. En visant la première (le contrat de société), il envisage l'acte constitutif de la société. En insistant sur l'autre conception (la société-personne morale), il reconnaît l'importance de cette forme d'organisation des activités humaines et qui est incontestablement le moteur de l'économie moderne. C'est dire la nécessité d'édicter des règles susceptibles de permettre le développement harmonieux des sociétés. En ce qui concerne les sociétés ayant leur siège social dans l'un des pays de l'OHADA, ces règles existent depuis et sont progressivement remplacées par le droit uniforme OHADA.

SECTION II- LES SOURCES DU DROIT DES SOCIÉTÉS

19 Dans la plupart des États membres de l'OHADA, anciennement administrés par la France, les règles applicables aux sociétés commerciales avant 1997 étaient, outre les prévisions du Code civil, constituées par les dispositions du Code de commerce français de 1807 plusieurs fois modifiées. Mais surtout, elles étaient issues de la loi du 24 juillet 1867 sur les sociétés par actions, de la loi du 18 mars 1919 relative au registre de commerce, et de la loi du 7 mars 1925 sur les sociétés à responsabilité limitée. Ces textes hérités de la colonisation,

---

[27] V. notamment les articles 1842 C. civ et 242 de l'AUS.

[28] M. COZIAN, A. VIANDIER, F. DEBOISSY, *Droit des sociétés*, op. cit., p. 23.

[29] V. B. SAINTOURENS, « La flexibilité du droit des sociétés », *RTD Com.* 1987, p.457 ; Y. GUYON, *Les sociétés – Aménagements statutaires et conventions entre associés,* LGDJ, 5e éd., 2002.

[30] V. P. S. A. BADJI, *Réforme du droit des sociétés commerciales OHADA*, Harmattan (Sénégal), 2016, 214 p. ; V. MAÏGA IBRAHIMA, *Liberté contractuelle dans le droit des sociétés commerciales(OHADA)*, op. cit. ; MAME COUMBA BA, *Liberté contractuelle en droit des sociétés*, op. cit.

[31] J. MESTRE, « La société est bien encore un contrat… », op. cit ; R. LIBCHABER, « La société, contrat spécial », Mél. M. Jeantin, Dalloz, 1999, p. 281.

devenus obsolètes pour la plupart, sont aujourd'hui remplacés par le droit OHADA et certains textes nationaux. En outre, aux termes de l'article 916 AUS, les sociétés commerciales peuvent, être soumises à des règles particulières.

Le droit OHADA des sociétés commerciales est ainsi constitué non seulement des règles issues de l'OHADA et des règles internes des États-parties qui constituent le droit commun (§1) ; mais également de l'ensemble des règles propres à chaque catégorie de société qui, quant à elles, constituent des régimes particuliers (§2).

§1. LE DROIT COMMUN

20 Aux termes de l'article 1er de l'AUS, toutes les sociétés commerciales ayant leur siège social dans un des États-parties au Traité de l'OHADA sont soumises aux dispositions de cet Acte uniforme. Ce texte précise par ailleurs que ces sociétés demeurent soumises aux lois nationales non contraires aux dispositions de l'AUS. On en a déduit que le droit commun des sociétés commerciales de l'OHADA serait ainsi constitué de deux pièces : celle du droit uniforme (A) et celle du droit national de chaque État-partie[32] (B).

A- Le droit commun uniforme

21 Le droit commun uniforme des sociétés commerciales est constitué par les dispositions - d'ordre public ou non - des actes uniformes de l'OHADA. Dans le sillage des textes de l'OHADA susceptibles de s'appliquer aux sociétés commerciales, il y a bien sûr le Traité qui régit de manière générale toutes les matières couvertes par les différents actes uniformes. Mais dans le domaine des sociétés commerciales, on peut citer principalement deux actes uniformes qui s'appliquent plus spécifiquement aux sociétés commerciales *in bonis*. Il s'agit notamment de l'Acte uniforme relatif au droit commercial général (AUDGC)[33] qui s'applique à *tout commerçant, personne physique ou morale* (1) et l'Acte uniforme relatif aux sociétés commerciales et du GIE qui est le droit spécifique à cette catégorie particulière de commerçants que sont les sociétés commerciales[34]. (2).

1- L'Acte uniforme relatif au droit commercial général

22 L'Acte uniforme du 15 décembre 2010 relatif au droit commercial général[35] est une source non négligeable du droit des sociétés puisqu'il s'applique

---

[32] J. ISSA SAYEG, « Droit des sociétés commerciales OHADA : droit commun et régimes particuliers », *in* ohada.com, Ohadata D-03-09, p.2 et s.

[33] Publié au Journal Officiel de l'OHADA du 15 février 2011.

[34] Publié au Journal Officiel de l'OHADA du 04 février 2014. V. BA SOULEYMANE, *Bilan d'application du droit des sociétés commerciales (OHADA)*, Mémoire UCAD, 2008, 53 p., NDYAYE ABDOUL AZIZ, *Jurisprudence relative à l'application de l'acte uniforme sur les sociétés commerciales et les groupements d'intérêt économique*, Mémoire UCAD, 2004, 12p.

[35] Il a remplacé l'acte uniforme du 17 avril 1998 relatif au droit commercial général

à *tout commerçant, personne physique ou morale* . C'est ainsi qu'il définit un certain nombre d'obligations qui s'imposent aux sociétés commerciales, en tant que commerçantes. Il en est ainsi des obligations comptables, consacrées aux articles 13 et suivants, que doivent accomplir les sociétés commerciales et qui concernent : la tenue des livres de commerce conformément aux dispositions de l'Acte uniforme relatif à l'organisation et à l'harmonisation des comptabilités des entreprises et l'obligation de produire les états financiers de synthèse dont le contenu est précisé dans le même Acte uniforme. De même, l'AUDGC fait du registre du commerce et du crédit mobilier, un outil d'informations commerciales précieux sur la situation juridique et financière des partenaires commerciaux des sociétés, en obligeant de manière générale les commerçants, personnes physiques à s'y inscrire dans le mois du démarrage de leurs activités et les sociétés dans le mois de leur constitution. La présomption de la qualité de commerçant est d'ailleurs attachée à l'inscription à ce registre. L'Acte uniforme subordonne l'acquisition de la personnalité morale des sociétés commerciales à leur immatriculation à ce registre du commerce.

23 L'objectif majeur de cet Acte uniforme a été de favoriser le développement économique des États parties à l'OHADA en facilitant l'activité des entreprises, en sécurisant les activités des intervenants du monde économique, en remédiant aux insuffisances, incohérences et imprécisions de l'ancien Acte uniforme relatif au droit commercial général. À ce titre, et de façon plus spécifique, les amendements opérés visaient non seulement à réduire le secteur informel et permettre une meilleure connaissance des intervenants du secteur économique, mais aussi, à permettre une évolution réelle du registre du commerce pour en faire un véritable registre économique pour une information fiable des acteurs et des activités économiques. Compte tenu de l'évolution technologique de l'environnement des affaires, l'Acte uniforme reformé se devait d'apporter au droit existant, toutes les modifications permettant l'utilisation des technologies de l'information et de la communication pour le développement du commerce électronique dans l'espace OHADA.

24 L'amélioration du climat des investissements en vue d'une meilleure attractivité économique a fortement influencé le cadre conceptuel des amendements intervenus en décembre 2010 à Lomé. C'est dans le même esprit que sera révisé l'AUS qu'il convient également de présenter.

2- L'Acte uniforme relatif au droit des sociétés commerciales et du GIE

25 L'AUS est l'épicentre du droit OHADA en matière de régulation des sociétés commerciales[36]. Depuis l'avènement de l'OHADA, cet acte uniforme a

[36] V. BA SOULEYMANE, *Bilan d'application du droit des sociétés commerciales (OHADA)*, op. cit., NDYAYE ABDOUL AZIZ, *Jurisprudence relative à l'application de l'acte uniforme sur les sociétés commerciales et les groupements d'intérêt économique*, op. cit.

connu une évolution au gré des besoins de la pratique, qui ont conduit à la révision de la version initiale, c'est-à-dire celle de 1997.

26 La nouvelle version adoptée en Conseil des ministres de l'OHADA le 30 janvier 2014 à Ouagadougou[37] est intervenue dans un cadre bien précis. Il était, en effet, reproché à l'AUS originaire de 1997 d'être réservé aux acteurs à forte capacité financière et donc aux investisseurs étrangers. Les rapports Doing Business de 2005 ont d'ailleurs laissé entendre que le droit de l'OHADA n'était pas favorable au développement. Désormais, avec l'acte uniforme révision, il est possible, dans nos économies, de viser davantage de stabilité juridique et donc un mouvement en hausse des investissements, étrangers notamment.

27 Mais, il faut surtout relever que, la réforme était attendue par tous les praticiens avec un intérêt particulier. Sur le plan structurel, cette réforme était envisagée comme une solution aux besoins de la pratique, car elle a permis la création, à côté des formes de sociétés déjà connues, de la société par actions simplifiée et de la société à capital variable et la reconnaissance de la validité des pactes d'actionnaires, ainsi que des bureaux de représentation, facilitant ainsi la création et l'aménagement des sociétés en fonction de ces besoins de la pratique. Sur un plan plus fonctionnel, la recherche de l'efficacité a été la principale motivation qui a conduit le législateur OHADA à se mettre au diapason des technologies de la communication en offrant la possibilité, tant aux associés qu'aux administrateurs de participer, les uns aux assemblées et les autres aux réunions du conseil d'administration par visioconférence ou par d'autres moyens de télécommunication. En outre, le nouvel Acte uniforme adopte avec l'administration provisoire et le traitement des abus de majorité et de minorité des mesures destinées à améliorer la gestion des conflits au sein de l'entreprise. Enfin, se trouvent consacrées les notions d'actions de préférence et de valeurs mobilières composées[38].

28 Le nouveau droit des sociétés ajoute donc aux objectifs classiques du droit des sociétés OHADA trois autres, à savoir : faire du droit des sociétés un droit au service du développement économique, faire en sorte que les sociétés soient mieux gouvernées et, enfin, faire que la société soit plus l'affaire des parties par la liberté contractuelle. De même, L'AUS témoigne d'une ambition partagée des États membres de renforcer la sécurité des investissements étrangers en modernisant de manière importante le droit des sociétés. Pour atteindre ces objectifs, l'AUS apporte des innovations majeures dont les principales sont :

---

[37] Conformément à l'article 9 du Traité instituant l'OHADA, il est entré donc en vigueur le 05 mai 2014, soit 90 jours plus tard.

[38] V. BA SOULEYMANE, *Bilan d'application du droit des sociétés commerciales (OHADA)*, op. cit., NDYAYE ABDOUL AZIZ, *Jurisprudence relative à l'application de l'acte uniforme sur les sociétés commerciales et les groupements d'intérêt économique*, op. cit.

- L'institution d'une nouvelle forme de société, la société par actions simplifiées (SAS). L'intention du législateur est de donner la priorité à la liberté contractuelle des associés qui s'expriment dans les statuts en permettant, notamment, de dissocier l'organisation du pouvoir du contrôle du capital. La primauté est donnée au pacte social et le recours à la loi ne s'opère donc qu'à titre supplétif.

- La facilitation des formalités de création des sociétés. L'AUS prévoit que les formalités peuvent être accomplies en ligne.

- La consécration des pactes d'actionnaires. La réforme confirme la validité des conventions extrastatutaires et met ainsi fin à une insécurité juridique qui s'était installée dans les esprits de façon plus ou moins clandestine. Déjà bien connues en pratique, ces conventions poursuivent divers objectifs dont celui d'assurer la stabilité de l'actionnariat ou d'organiser le pouvoir entre des actionnaires aux intérêts parfois divergents.

- La reconfiguration du régime des valeurs mobilières. L'AUS élargit la palette des possibles en matière de valeurs mobilières[39]. La réforme porte ainsi substitution des actions de préférence aux actions de priorité, qui sont une nouvelle catégorie d'actions, instituées par les statuts, « avec ou sans droit de vote, assorties de droits particuliers de toute nature ». Ainsi, les droits particuliers qui relevaient communément des pactes d'actionnaires peuvent dorénavant être consacrés par des actions de préférence, renforçant ainsi leur opposabilité aux tiers et à la société. De nouvelles dispositions sont aussi consacrées aux valeurs mobilières composées donnant accès au capital ou donnant droit à l'attribution de titres de créances, pour les actionnaires de société anonyme ou de SAS, telles que les obligations convertibles en actions, obligations avec bons de souscription d'actions ou encore obligations remboursables en actions. Les valeurs mobilières se transfèrent désormais par virement de compte à compte[40]. Autrefois facultatif, ce régime était réservé, sous certaines conditions, aux seules sociétés anonymes faisant appel public à l'épargne.

- L'extension du contrôle des conventions réglementées : le champ des conventions réglementées est étendu dans les SA et SAS, aux conventions entre la société et les actionnaires détenant une participation supérieure à dix pour cent du capital de la société ainsi qu'aux conventions auxquelles ces actionnaires pourraient être intéressés.

29 Il faut donc reconnaître que le nouveau droit des sociétés de l'OHADA est une œuvre remarquable de modernisation qui s'applique à toutes les sociétés commerciales ayant leur siège social sur le territoire de l'un des États membres

---

[39] J. B ELAMBI, *Le nouveau régime des valeurs mobilières en droit OHADA*, mémoire de Master, Université de Yaoundé II, 2015.
[40] V. art. 744-1 AUS.

de l'OHADA. Ces deux textes n'épuisent cependant pas toutes les sources du droit des sociétés, car, les sociétés commerciales sont et demeurent soumises aux autres lois les régissant, et qui seraient non contraires aux dispositions de l'AUS.

B- Le droit commun interne

30 La question de savoir si, en dépit de l'avènement du droit OHADA, les sociétés commerciales continuent d'être régies par les lois nationales relève plus généralement de celle des rapports entre l'AUS et les législations nationales.

En effet, les dispositions de l'Acte uniforme relatif au droit des sociétés sont d'ordre public, sauf dans les cas où l'Acte autorise expressément les associés ou l'associé unique à lui substituer les dispositions dont ils ont convenu, soit à le compléter par des stipulations propres[41]. C'est ce que semble rappeler le traité de l'OHADA en affirmant la force obligatoire des Actes uniformes et leur supériorité sur les normes juridiques existantes et futures. Dès lors, les Actes uniformes se substituent obligatoirement et sans autre formalité aux règles de droit interne applicables dans chaque État-partie[42]. L'article 916 de l'AUS prévoit à cet effet que les dispositions légales nationales sur le droit des sociétés qui sont contraires à celles de l'AUS sont abrogées. On en déduit que seules les lois nationales non contraires à l'AUS restent applicables.

31 C'est ainsi que sont applicables aux sociétés commerciales, les lois nationales qui ne contreviennent pas aux dispositions des actes uniformes. On peut citer, à titre d'illustration, en droit camerounais : la loi n°2015/018/ du 21 décembre 2015 régissant l'activité commerciale au Cameroun, d'une part, et la loi n° 2010/021 du 21 décembre 2010 régissant le commerce électronique au Cameroun. Dans le même ordre d'idées, sont applicables aux sociétés commerciales, la loi n° 2016/014 du 14 décembre 2016 fixant le capital social minimum et les modalités de recours aux services du notaire dans le cadre de la création d'une société à responsabilité limitée au Cameroun. Il reste clair que ces textes dans leur ensemble ne sont applicables que dans leurs dispositions non contraires à l'Acte uniforme OHADA relatif au droit commercial général[43].

32 On remarque, au regard de tout ce qui précède, que l'AUS constitue ainsi avec les commerciales nationales non contraires à l'AUS, ce qu'il est convenu d'appeler le droit commun des sociétés. Il faut cependant s'accorder sur ce qu'il faut entendre par lois contraires. Selon l'Avis n°1/2001 de la CCJA du 30 avril

---

41 V. art. 2 AUS ; P. NGUIHE KANTE, « Le caractere d'ordre public du droit unifome des societés commerciales en Afrique » in *Les mutations juridiques dans le système OHADA*, L'Harmattan, 2009, pp. 181-227.

42 P.-G. POUGOUE, F. ANOUKAHA, et J. NGUEBOU, *Droit des sociétés commerciales et GIE OHADA*, PUA, 1998.

43 Avis n° 001/2001/EP du 30 avril 2001, CCJA, avis n° 1/2001*/EP du* 30 avril 2001, www. ohada.com, ohadata J-02-04.

2001[44], il faut comprendre par lois contraires toutes les dispositions législatives ou réglementaires de droit interne ayant le même objet que des dispositions du droit uniforme et qui leur seraient contraires parce qu'elles les neutraliseraient[45]. Cette idée est également convoquée lorsqu'il s'agit de justifier l'application des régimes particuliers à certaines sociétés commerciales.

§2. LES RÉGIMES PARTICULIERS

33 L'émergence du droit OHADA dans le paysage juridique africain a relancé la problématique de la répartition des dispositions régissant l'ensemble des sociétés commerciales, et ce surtout parce que, désormais, le droit OHADA se trouve confronté, non seulement aux droits internes des États parties, mais également à d'autres législations uniformes telles que celles de l'Union Economique et Monétaire Ouest Africain (UEMOA), de la Communauté Economique et Monétaire de l'Afrique Centrale (CEMAC) ou de la Conférence Interafricaine des Marchés d'Assurance (CIMA) par exemple. Il en résulte que les sociétés de banque et d'assurance (A), les entreprises publiques (B) et les compagnies aériennes d'aviation civile constituées sous forme de société commerciale (C) peuvent, outre, le droit OHADA, être soumises à des législations particulières, comme le rappelle sans cesse la CCJA.

A- Le régime des sociétés de banque et d'assurance

34 Il s'agit des sociétés soumises à un régime particulier pour tenir compte des spécificités de leurs finalités économiques et sociales. Ce régime particulier est généralement constitué par un ensemble de règles qui dérogent au droit commun, en raison de leur vocation économique particulière et de la nécessité de protéger l'épargne publique et de prévenir les risques systémiques.

35 Dans l'espace couvert par le droit OHADA, il existe ainsi des règles particulières qui s'appliquent aux établissements de crédit (sociétés de banque) et aux sociétés d'assurance. Ainsi, les sociétés de banque sont soumises : en zone UEMOA, à la loi n° 2008-26 portant réglementation bancaire et de ses différents textes d'application ; en zone CEMAC, à la Convention du 17 janvier 1992 portant harmonisation de la réglementation bancaire dans les États de l'Afrique centrale et de son annexe ; au Règlement COBAC R-93/09 relatif aux modifications de situation des établissements de crédit ; au Règlement COBAC R-2001/07 relatif au contrôle interne dans les établissements de crédit, etc. Ces différents textes soumettent les établissements de crédit à des législations particulières, en exigeant des administrateurs des conseils d'administration des banques qu'ils remplissent des conditions particulières d'honorabilité, de moralité et de compétence que n'exige pas l'AUS. Enfin, on peut signaler le droit

---

[44] CCJA, avis n° 1/2001/EP du 30 avril 2001, op. cit.

[45] Serait par exemple contraire aux dispositions de l'AUS une loi qui institue une forme sociale non prévue par l'AUS.

CIMA[46] qui soumet les mutuelles d'assurance à des règles particulières en imposant aux entreprises des règles spéciales de comptabilité ou des règles particulières de courtage. Ces règles viennent compléter – si elles comblent un vide – ou se substituer – si elles entrent en conflit avec lui – au droit commun de la comptabilité ou du courtage.

B- Le régime des entreprises publiques

36 Comme à l'égard des sociétés de banque et d'assurance, la particularité des entreprises publiques a également justifié le maintien, à leur égard, de l'application d'un régime particulier. L'idée de prérogatives de puissance publique qui innerve le fonctionnement de l'entreprise publique confère à celle-ci une particularité qui sous-tend l'application des dispositions législatives spécifiques.

37 En Afrique, la logique de la participation de l'État aux activités commerciales à travers l'entreprise publique a certes évolué au fil du temps et surtout avec l'avènement des Actes uniformes OHADA ; l'État en créant l'entreprise publique commerciale s'engage théoriquement à renoncer à ses droits régaliens. Il n'en demeure pas moins que son intervention ou sa présence dans cette société commerciale étatique marque le sceau de la puissance publique faisant d'elle une société commerciale particulière. Sa particularité réside en grande partie dans le fait que l'État actionnaire continue d'y jouer un rôle d'autorité publique à travers son fonctionnement et sa structure. Ainsi, l'État actionnaire continue d'exercer par exemple un contrôle sur l'entreprise publique en utilisant des méthodes, quand bien même légales, qui ne sont pas celles prévues par l'AUS. Cette intervention de l'État a pour conséquence l'application d'un droit spécifique au regard de l'Acte uniforme dont l'application constitue un véritable écueil dans la gestion de l'entreprise publique. L'étude de l'entreprise publique dans le cadre du droit OHADA fait ainsi apparaître l'existence d'un régime juridique hétérogène qui lui est applicable. D'une part, certaines règles de droit privé (OHADA notamment) s'appliquent à l'entreprise publique ayant une activité ou une forme commerciale et d'autre part, d'autres règles qui leur sont propres se retrouvent également imposées à l'entreprise publique[47].

---

[46] Le traité CIMA a été signé le 10 juin 1992 à Yaoundé. Il est entré en vigueur le 14 avril 1994 et le code le 15 février 1995. V. BA SOULEYMANE, *Bilan d'application du droit des sociétés commerciales (OHADA)*, op. cit. NDYAYE ABDOUL AZIZ, *Jurisprudence relative à l'application de l'acte uniforme sur les sociétés commerciales et les groupements d'intérêt économique*, op. cit.

[47] V. P.-G. POUGOUE, « Les sociétés d'Etat à l'épreuve du droit OHADA », *Juridis Périodique*, n° 65, Janvier-Février-Mars 2006, pp. 99 et s. ; V. F.M. SAWADOGO, *Le régime juridique des sociétés d'économie mixte en Haute Volta*, thèse, Paris I, 1981, p. 146 ; R. A. AKONO, *L'application du droit OHADA aux sociétés d'Etat*, mémoire de Master, Ngaoundéré (Cameroun), 2011.

38 Il se dégage de la lecture combinée des dispositions des articles 908, 901 et 919 de l'AUS que les dispositions législatives et réglementaires spécifiques auxquelles sont soumises les entreprises publiques à régime particulier ne seront pas abrogées et subsistent donc dans la mesure où elles ne sont pas contraires à celles dudit Acte uniforme. Ainsi, suivant l'avis de la CCJA n° 001/2001/EP du 30 avril 2001, un texte législatif ou réglementaire de droit interne qui n'est ni contraire, ni identique à l'une ou l'autre disposition du droit OHADA entre dans le régime juridique particulier dont la validité paraît indiscutable.

L'analyse des textes légaux et réglementaires en vigueur dans certains États-parties démontre clairement que dans l'organisation et le fonctionnement des entreprises publiques, il subsiste des éléments qui leur sont spécifiques tels que :

- le mode de nomination des dirigeants dans la pratique, par le conseil de surveillance ou même par le Président de la République,

- l'encadrement des contrats signés par l'entreprise publique et ses partenaires et des liens très forts avec les pouvoirs publics que caractérisent notamment les conventions particulières conclues ou à conclure entre l'État et l'entreprise publique qui sont *a priori* soumises à des sujétions de service public, en vue de définir leurs obligations particulières en rapport à la stratégie et aux résultats attendus de l'entreprise publique.

39 C'est suivant cette logique qu'en plus du droit commun des sociétés commerciales, certains textes spéciaux relatifs aux entreprises publiques leur sont toujours applicables. C'est par exemple le cas, pour ce qui est du Cameroun, de la loi n° 2017/011 du 12 juillet 2017 portant statut général des entreprises publiques, ou encore, pour ce qui est du Burkina Faso, de la loi n° 08/96/ADP portant réglementation générale des sociétés à capitaux publics.

40 Il faut donc reconnaître que le droit des sociétés commerciales de l'OHADA admet l'existence de régimes juridiques particuliers applicables aux entreprises publiques.

C- Le régime des compagnies aériennes d'aviation civile constituées sous forme de société commerciale

41 Si l'on définit la *société soumise à un régime particulier* comme toute structure juridique revêtant une des formes admises en droit OHADA et dont les activités ou la mission d'intérêt général sont soumises à *certaines règles de droit sectorielles ou dérogatoires du droit commun des sociétés commerciales de l'OHADA*, il convient de reconnaître que les compagnies aériennes d'aviation civile constituées sous forme de société commerciale peuvent également être soumises à un régime particulier. En effet, le critère retenu par la CCJA, pour justifier l'application d'un régime particulier, est la nature spécifique de l'activité exercée ou la mission d'intérêt général en cause à la condition qu'une réglementation spéciale les régisse.

La CCJA a en effet eu le soin de préciser la question à l'occasion d'une affaire où son avis avait été sollicité sur Conseil de ministres, suite au constat de la divergence de traitement des succursales des compagnies aériennes étrangères par les États membres[48]. Une question a été soulevée quant à l'admission de ces compagnies au bénéfice, de la qualité de succursales de *société soumise à un régime particulier* et partant, du régime de dispense illimitée de filialisation prévue par l'AUS. Après s'être prononcée sur l'applicabilité de l'article 908 AUS relatif à l'obligation d'harmonisation des statuts des *sociétés soumises à un régime particulier , aux succursales des sociétés étrangères de transport aérien situées dans l'espace OHADA* , la CCJA précise en outre que les normes régissant le domaine de l'aviation civile constituent une « réglementation spécifique propre à ce secteur dans lequel interviennent les sociétés commerciales dont l'encadrement juridique général est régi par l'AUSCGIE ». Ce faisant, elle reste fidèle au point 4.d de son avis n°001/2001/EP du 30 avril 2001.

42 Il en résulte donc que les compagnies aériennes d'aviation civile sont également soumises à des règles spécifiques ne relevant pas du droit OHADA, mais provenant d'une réglementation qui leur est propre. On peut, par exemple, citer dans ce registre au Cameroun, la loi n° 2013/010 du 24 juillet 2013 portant régime de l'aviation civile au Cameroun ; au Sénégal, la loi n° 2002-39 du 12 décembre 2002 portant code de l'aviation civile ; en Côte d'Ivoire, l'ordonnance n° 2008-08 du 23 janvier 2008 portant code de l'aviation civile en Côte d'Ivoire... on peut également noter, à l'échelle communautaire, l'existence de règles spécifiquement applicables aux compagnies aériennes d'aviation civile, notamment le code communautaire de l'aviation civile des États membres de l'UEMOA[49], ou le Règlement N° 6/99/CEMAC-003-CM-02 portant adoption de l'Accord relatif au Transport aérien entre les États membres de la CEMAC[50].

SECTION III- LE CHAMP D'APPLICATION DU DROIT DES SOCIÉTÉS COMMERCIALES

43 Il existe plusieurs types de sociétés commerciales. La détermination du domaine du droit des sociétés devient quelque peu difficile. La difficulté survient à la lecture des articles 1er, 6 et 916 de l'AUS[51]. La lecture combinée de ces

[48] V. notamment l'Avis CCJA n° 002/2016 du 18 octobre 2016, www.ohada.com.

[49] V. le Règlement n° 01/2007/CM/UEMOA portant adoption du code communautaire de l'aviation civile des Etats membres de l'UEMOA, publié aux Bulletins Officiels de l'UEMOA du 06 avril 2007.

[50] Publié aux Bulletins Officiels de la CEMAC du 24 août 1999.

[51] Aux termes de l'article 1er de l'AUS, « *Toute société commerciale, y compris celle dans laquelle un Etat ou une personne morale de droit public est associé, dont le siège social est situé sur le territoire de l'un des Etats parties au Traité relatif à l'harmonisation du droit des affaires en Afrique (...) est soumise aux dispositions du présent Acte uniforme* ». L'article 6 pour sa part dispose que « *Le caractère commercial d'une société est déterminé par sa forme ou par son objet. Sont commerciales à raison de leur forme et quel que soit leur objet, les sociétés en nom collectif,*

dispositions permet de constater la certitude de l'application du droit OHADA à toutes les sociétés commerciales reconnues par l'AUS et des zones d'ombre en ce qui concerne les sociétés à régime particulier. En effet, si la soumission à l'AUS pose peu de problèmes dans la première hypothèse (§1), elle est par contre sujette à discussion dans la seconde (§2).

§1. L'APPLICATION DU DROIT OHADA AUX SOCIÉTÉS COMMERCIALES DE DROIT COMMUN

44 Selon l'article 1er de l'AUS ci-dessus cité, l'AUS s'applique à toutes les sociétés commerciales[52]. La question est donc de savoir quelles sont ces sociétés commerciales auxquelles l'AUS s'applique automatiquement.

45 Il faut d'emblée relever qu'il existe plusieurs types de sociétés. Mais entre les sociétés commerciales elles-mêmes, on peut opérer plusieurs distinctions. On peut ainsi opposer dans un premier temps les sociétés dotées de personnalité morale et les sociétés qui ne sont pas dotées de personnalité morale.

La première catégorie comprend :

- la société en nom collectif, dans laquelle les associés ont tous la qualité de commerçant et répondent indéfiniment et solidairement tenus des dettes sociales[53] ;

- la société en commandite simple, groupant d'une part, un ou plusieurs commandités ayant la qualité de commerçant et répondant indéfiniment et solidairement tenus des dettes sociales, d'autre part, un ou plusieurs commanditaires non commerçants dont la contribution au passif social est limitée au montant de leurs apports à la société[54] ;

- la société à responsabilité limitée, dont les associés ou l'associé unique n'ont pas la qualité de commerçant et ne sont responsables qu'à concurrence de leurs apports[55] ;

---

les sociétés en commandite simple, les sociétés à responsabilité limitée, les sociétés anonymes et les sociétés par actions simplifiées ». Enfin, l'article 916 précise que « *le présent Acte uniforme s'applique aux sociétés soumises à un régime particulier sous réserve des dispositions législatives ou réglementaires auxquelles elles sont assujetties* ».

[52] V. pour aller plus loin BA SOULEYMANE, *Bilan d'application du droit des sociétés commerciales (OHADA)*, mémoire de Master, UCAD, 2008 ; DIAGNE SOUKEYNA, *Domaine d'application des Actes Uniformes OHADA relatifs au droit commercial général et aux sociétés commerciales*, mémoire de master, UCAD, 2004.

[53] V. art. 270 et s. AUS.

[54] V. art. 293 et s. AUS.

[55] V. art. 309 et s. AUS.

- la société anonyme, dans laquelle les associés détiennent un titre négociable, appelé action, et ne supportent les dettes sociales qu'à concurrence de leurs apports[56] ;

- la société par actions simplifiée, qui peut être constituée entre toutes personnes physiques ou morales ou par une seule personne et dont le fonctionnement interne est librement organisé par les associés[57].

46 Les sociétés sans personnalité morale sont constituées des sociétés en participation et des sociétés de fait ou créées de fait. La société en participation est celle que les associés sont convenus de ne pas immatriculer et de ne pas soumettre à publicité. Elle est dite « occulte » lorsque les associés ne la révèlent pas aux tiers et « ostensible » dans le cas contraire. La société créée de fait, souvent confondue en droit français société de fait[58], est celle qu'engendre le comportement de certaines personnes qui apparaissent comme de véritables associés.

47 On oppose, dans un second temps les sociétés de personnes aux sociétés de capitaux. On qualifie de société de personne les sociétés dans lesquelles les associés se groupent en considération de leur personnalité (intuitu personae). Dans ces sociétés, les associés doivent agréer tout nouvel associé-le cédant étant tenu de demeurer dans la société en cas de refus d'agrément du cessionnaire- et décider si un événement affectant la personne de l'un d'eux (le décès notamment) s'oppose ou non à ce que la société continue son activité. Ces caractéristiques de la société de personnes ne sont aujourd'hui pleinement consacrées que dans les sociétés en nom collectif et dans les sociétés en commandite simple.

Les sociétés de capitaux sont des sociétés dont le régime n'est pas fondé sur la personnalité des associés. Ceux-ci ne se connaissent généralement pas et peuvent, sauf dérogation, céder librement leurs actions. Entre les sociétés de personnes et les sociétés de capitaux se trouvent les sociétés à responsabilité limitée dont les traits caractéristiques sont empruntés tantôt aux unes, tantôt aux autres. Il en est de même des sociétés par actions simplifiées dans lesquelles l'*intuitu personae* entre associés est le plus souvent déterminant.

48 L'AUS s'applique ainsi certainement aux sociétés commerciales, c'est-à-dire celles qui ont épousé une forme déclarée commerciale par l'AUS. Il ne s'applique pas aux sociétés civiles, c'est-à-dire les sociétés dont l'objet est civil et qui n'ont pas adopté une forme commerciale par détermination de la loi OHADA.

---

[56] V. art. 385 et s. AUS.

[57] V. art. 853-1 s. AUS.

[58] Contrairement au droit français, le législateur OHADA a tenu à faire une distinction entre la société de fait et la société créée de fait. V. notamment l'article 866 AUS.

L'applicabilité de l'AUS à certaines sociétés, même ayant épousé une forme déclarée commerciale par l'AUS, pose cependant des problèmes à la lecture de l'article 916 AUS.

§2. L'APPLICATION DU DROIT OHADA AUX SOCIÉTÉS COMMERCIALES A STATUT OU A OBJET PARTICULIER

49 La question concerne surtout les sociétés dites à régime particulier, c'est-à-dire les compagnies d'assurance, les établissements bancaires (A) et les entreprises publiques (B).

A- L'application effective de l'AUS aux sociétés commerciales à régimes particuliers

50 L'AUS s'applique à toutes les sociétés commerciales de l'espace OHADA, c'est-à-dire celles qui ont épousé une forme déclarée commerciale par la loi[59]. Il concerne également les sociétés commerciales dites à régimes particuliers.

En effet, les sociétés à régimes particuliers, mais commerciales par leur forme ou leur objet sont également régies par l'AUS. Ce dernier constitue le droit commun, les régimes particuliers ne s'appliquant que dans la mesure où ils ne sont pas contraires aux dispositions de l'AUS. C'est ce qui ressort de l'article 916 de l'AUS. C'est ainsi que les sociétés anonymes de banque ou d'assurance sont également soumises, dans le cadre de l'OHADA, aux dispositions de l'AUS. Cette interprétation a d'ailleurs été soutenue par une partie de la doctrine dès l'adoption de l'AUS[60]. Elle a même par la suite été confortée par un avis de Cour commune de justice et d'arbitrage[61].

B- L'application controversée de l'AUS aux entreprises publiques

51 La présence de l'État ou d'une personne morale de droit public dans l'une des formes de sociétés commerciales de par la loi n'affecte en rien la nature commerciale de la société qui, pour cela, est régie par l'AUS. Les sociétés d'État ou sociétés nationales, les sociétés à capital public, les sociétés d'économie mixte, etc. quel que soit le niveau de participation de l'État, sont régies par l'AUS. Des textes nationaux spécifiques peuvent être pris pour tenir compte de l'origine publique du capital ; mais ils ne sauraient ni être contraires à l'AUS ni entraver l'application de ce dernier[62].

---

[59] En rappel, les diverses formes de sociétés commerciales prévues par l'OHADA sont : la société en nom collectif, la société en commandite simple, la société à responsabilité limitée, la société anonyme et la société par action simplifiée.

[60] P.-G. POUGOUE, F. ANOUKAHA, J. NGUEBOU « Commentaires de l'Acte uniforme relatif au droit des sociétés commerciales et du groupement d'intérêt économique », in OHADA Traité et Actes uniformes commentés et annotés, Juriscope, 1999, p. 248.

[61] Avis n° 001/2001/EP du 30 avril 2001, op. cit.

[62] V. art. 1er et 916 AUS.

Ces sociétés définies comme étant des entreprises constituées sous la forme de personnes morales de droit privé sont donc soumises à l'AUS[63]. Cette affirmation forte de sens trouve son fondement à l'article 1er[64] AUS.

52 Cette constatation aurait dû conduire, comme l'ont fait les juges français[65], à l'application des dispositions de l'AUS aux entreprises publiques de l'espace OHADA. S'il était permis de s'attendre à de telles solutions de la part des juges sénégalais[66], tel ne fut pas le cas pour leurs homologues camerounais, à propos des actes posés ou des abus commis par les dirigeants de ces sociétés. En effet, partant de l'idée que ce ne sont pas toutes les sociétés commerciales qui sont régies par le droit OHADA[67], les juges camerounais soumettent les comportements des dirigeants des entreprises publiques, pourtant constitutifs de l'infraction d'abus de biens sociaux[68], plutôt à des textes spéciaux qu'au droit commun. Ainsi, tout en admettant que certains commis par les dirigeants sociaux puissent être sanctionnés des peines correctionnelles, on a admis également que le texte normalement applicable est non pas la loi de 2003[69] prise en application du Traité de l'OHADA et portant répression des infractions contenues dans certains Actes uniformes OHADA, mais plutôt l'article 184 du Code pénal relatif au détournement de biens publics qui sanctionne des peines criminelles les abus commis par les dirigeants de ces sociétés[70].

---

[63] V. P.-G. POUGOUE, « Les sociétés d'Etat à l'épreuve du droit OHADA », op. cit. p. 99 et s. ; R. A. AKONO, *L'application du droit OHADA aux sociétés d'Etat*, op. cit.

[64] L'art. 1 AUCG dispose que « *tout commerçant, personne physique ou morale y compris toutes sociétés commerciales dans lesquelles un État ou toute autre personne de droit public est associé, ainsi que tout groupement d'intérêt économique, dont l'établissement ou le siège social est situé sur le territoire de l'un des Etats-parties au Traité relatif à l'harmonisation du Droit des Affaires en Afrique, ci-après dénommés « Etats-parties », est soumis aux dispositions du présent Acte uniforme* ». Pour l'art. 1 AUSC, toute société commerciale, y compris celle dans laquelle un Etat ou une personne morale de droit public est associé, dont le siège social est situé sur le territoire de l'un des Etats-parties au Traité relatif à l'harmonisation du droit des affaires en Afrique (ci-après désignés « *les Etats-parties* ») est soumise aux dispositions du présent Acte uniforme.

[65] Cass. Crim. 2 juin 1999 : juris-data n° 1999-002462, JCP G 1999.IV.2774, op. cit.

[66] V. dans ce sens N. C. NDOKO, S. YAWAGA, « Infractions relatives à la gestion des sociétés », *in* P.-G. POUGOUE (dir.), *Encyclopédie du droit OHADA*, Lamy, 2011, pp.981 et s.

[67] Ce qui est contestable à la lecture des dispositions de l'AUSC.

[68] C'est par exemple le cas du recrutement d'un personnel supplémentaire pour sa résidence, des décaissements et gratifications injustifiés ou des frais de mission exorbitants qui correspondent à ce qu'on pourrait qualifier de « rémunérations indues » et qui au sens de l'article 981 AUSC et de la jurisprudence française tombent sous le coup de l'infraction d'abus de biens sociaux et de crédit de la société (v. tous les faits constatés dans les affaires : TGI du WOURI, jugement des 12 et 13 déc. 2007 ; Aff. ETONDE EKOTTO et Cie, SIC, Aff. BELINGA G.R. et Cie, ci-dessus citées). On peut également citer le règlement des honoraires d'avocat pour des affaires sans aucun rapport avec la société, constaté dans l'affaire BELINGA G.R. ; du paiement des dettes personnelles qui peuvent renvoyer à la « prise en charge des dettes personnelles » décrite par la jurisprudence française.

[69] Loi n° 2003/008 du 10 juillet portant répression des infractions contenues dans certains Actes uniformes OHADA.

[70] V. sur ce point : TGI du Wouri, jugement des 12 et 13 décembre 2007, Affaire ETONDE EKOTTO et Cie ; SIC, Affaire BELINGA Gilles Roger et Cie, jugement n° 880/ Crim. Du 27

53 Les fondements de cette solution étaient pour le moins curieux et discutables. En effet, plusieurs raisons ont été avancées pour justifier la nature particulière des entreprises publiques et les conséquences qui en découlent.

Pour nier la qualité de société anonyme ordinaire aux sociétés à capital public et aux sociétés d'économie mixte, on a souvent fait référence au régime particulier institué par l'article 916[71]. L'application de cette disposition justifierait ainsi qu'on soumette, dans certains cas, ces sociétés non pas au droit commun, le droit OHADA, mais plutôt à des textes spéciaux. Ainsi, soutient-on que la présence de l'État confère nécessairement à ces sociétés des spécificités qui amènent à les ranger parmi les sociétés visées par cet article[72]. Or ces sociétés restent assujetties à leur régime particulier. Cela revient à dire que lesdites sociétés commerciales sont soumises à un régime dualiste composé des règles du droit OHADA et des règles internes spécialement conçues pour tenir compte de la présence de l'État dans le capital social. Faut-il voir dans cette disposition la consécration d'un régime spécial qui dérogerait au droit commun conformément à l'application de l'adage *specialia derogant generalibus,* qui conférerait de ce fait à ces sociétés une nature particulière ? On peut en douter et, ce pour plusieurs raisons.

D'abord, faut-il s'entendre sur la portée de cette application conjointe des règles du droit OHADA et des règles internes ou nationales. De l'avis de la CCJA[73], les dispositions de l'acte uniforme sont d'ordre public[74], par conséquent, le régime particulier ne s'applique que s'il ne contrevient pas à l'Acte uniforme. Le régime particulier est donc un *indispensable complément* [75] des dispositions du droit OHADA et n'est en aucun cas une éventuelle dérogation à celles-ci. Dans les domaines où il a légiféré, le droit OHADA jouit d'une prééminence sur toute norme de droit interne, quand bien même, cette norme serait contraire, inconciliable, voire incompatible[76]. Et c'est bien tout le sens de l'article 10 du

---

septembre 2007 ; MP et FEICOM C/ ONDO NDONG Emmanuel, TGI du Mfoundi, jugement n° 371/ Crim. du 27 juin 2007. CS : n°26/P du 22 janvier 2007 (inédit), Affaire ETONDE EKOTTO Edouard.

[71] Aux termes de cet article : « *le présent Acte uniforme n'abroge pas les dispositions législatives auxquelles sont assujetties les sociétés soumises à un régime particulier. Les clauses des statuts de ces sociétés, conformes aux dispositions abrogées par le présent Acte uniforme mais contraires aux dispositions du présent Acte uniforme et non prévues par le régime particulier desdites sociétés, seront mises en harmonie avec le présent Acte uniforme dans les conditions prévues à l'article 908 du présent Acte uniforme* ».

[72] P.-G. POUGOUE, « Les sociétés d'Etat à l'épreuve du droit OHADA », *Juridis Périodique*, n° 65, Janvier-Février-Mars 2006, pp. 99 et s. ce sont entre autre des sociétés anonymes à capital variable, des sociétés anonymes de banque, des sociétés d'assurance, des sociétés mutuelle, des sociétés coopératives, etc.

[73] Avis n° 001/2001/EP du 30 avril 2001, 4e chambre (4-d).

[74] V. CCJA, avis n° 002/2000/EP du 26 avril 2000.

[75] P.-G. POUGOUE, op. cit., p.100.

[76] Ibid.

Traité OHADA. Aussi, cela voudrait-il dire que le juge camerounais a l'obligation d'appliquer, et cela de manière préférentielle, le droit OHADA face à toute éventuelle concurrence d'une norme interne.

Cela paraît effectivement évident quand on se réfère aux dispositions de l'article 5 (2) du Traité aux termes duquel *les actes uniformes peuvent inclure des dispositions d'inclinations pénales. Les États-parties s'engagent à déterminer les sanctions pénales encourues* . C'est dans ce sens que le Cameroun, État-partie, avait adopté la loi de 2003 portant répression des infractions contenues dans certains actes uniformes OHADA qui, en son article 39 dispose : *sont abrogées, en ce qui concerne les peines, toutes dispositions antérieures contraires* . On ne comprend pas donc comment, en présence d'une situation évidente de conflit de norme entre le droit OHADA (c'est-à-dire l'article 981 AUSC, le Traité et donc la loi de 2003 prise en application de ces textes qui considère les actes litigieux comme un simple délit) et le droit interne d'un État membre (c'est-à-dire l'article 184 du Code pénal camerounais qui considère que ces mêmes faits constituent plutôt un crime), les juges camerounais ont arbitré en faveur du droit interne. Autrement dit, la loi de 2003 susvisée prise en application du Traité OHADA au sens de l'article 39 sus-évoqué jouit de la même prééminence que le Traité lui-même. Et *mutatis mutandis*, sur le plan de la hiérarchie des normes, on ne pourrait valablement soutenir ou préférer dans le cadre des infractions relevant du droit des affaires dans l'un des pays membres de l'OHADA d'autres normes que les dispositions d'incrimination telles que définies par les différents Actes uniformes et que sanctionne la loi de 2003 précitée.

Le régime dérogatoire ne change en rien la nature des sociétés à capital public et des sociétés d'économie mixte qui restent et demeurent des sociétés commerciales non seulement par leur organisation interne, mais aussi pour leurs relations avec les tiers[77]. Toutes leurs activités sont régies par le droit des affaires et la présence de l'État dans le capital de ces sociétés est en principe sans conséquence sur leur nature de personne morale de droit privé.

54 En conséquence, toute société d'économie mixte ou toute société à capital public est évidemment une personne morale de droit privé. La circonstance que l'État, des collectivités publiques ou des établissements publics figurent parmi les associés et puissent même être les seuls associés ne change pas la nature du groupement qui demeure nécessairement et toujours une personne privée. Et finalement, comme le notait M. C. DUCOULOUX, *l'outil ne change pas de*

[77]V. F.M. SAWADOGO, *Le régime juridique des sociétés d'économie mixte en Haute Volta*, op. cit., p. 146.

nature avec l'ouvrier qui l'utilise, même si le résultat est très différent selon la main plus ou moins habile qui l'emploie [78].

55 L'AUS est donc sans conteste, le principal instrument juridique d'encadrement des sociétés commerciales dans l'espace OHADA. En tout cas, il fixe d'une part les règles qui constituent le droit commun des sociétés commerciales. Ce sont elles qui seront étudiées dans une première partie. Ensuite, dans une seconde partie, seront envisagées les règles spécifiques à chaque type de société.

[78] C. DUCOULOUX, *Les SEM en France et en Italie,* LGDJ, 1963, p.89, cité par F.M. SAWADOGO, op.cit., p. 146.

PREMIÈRE PARTIE

LE DROIT
COMMUN DES
SOCIÉTÉS COMMERCIALES

56 Le droit commun des sociétés commerciales désigne l'ensemble des règles qui régissent de manière générale les différentes formes de sociétés[79]. Autrement dit, il s'agit d'un corpus de règles susceptibles de s'appliquer, quel que soit le type de société envisagé : société de personnes, société de capitaux ou par actions, société à responsabilité limitée, etc.

Les règles communes à toutes les sociétés commerciales couvrent toutes les étapes de la société, à savoir sa naissance (Titre I), sa vie (Titre II) et sa disparition (Titre III).

---

[79] P. Le CANNU, « Existe-t-il une société de droit commun ? », Mél. Jeantin, *Dalloz,* 1999, p. 247 ; M.L. COQUELET, « la loi du 24 juillet 1966 comme un modèle de droit commun des engagements », Mél. Jeantin, *Dalloz,* 1999, p. 195 ; I. KARACHKEVOVA, « A la recherche d'un droit commun des sociétés commerciales », *Journ. Sociétés,* févr. 2007, p. 46. PE-SELA SADI, *Le droit commun des sociétés commerciales*, Mémoire UCAD, 2001, 48p.

TITRE I

LA NAISSANCE DE LA SOCIÉTÉ COMMERCIALE

57 La société n'existe pas *ex nihilo*. À l'origine de chaque société se trouve un acte de volonté, et plus précisément un acte juridique qui lui donne naissance. La constitution d'une société résulte en général d'un contrat de société, et exceptionnellement d'un acte unilatéral (société unipersonnelle) (Chapitre I). Dès lors que les conditions de formation sont réunies et que les formalités d'immatriculation sont effectuées, la société acquiert une personnalité juridique distincte de celle des associés qui la composent et cette personnalité juridique lui permet d'agir en son nom et pour ses intérêts propres (Chapitre II).

CHAPITRE I

LA CONSTITUTION DE LA SOCIÉTÉ COMMERCIALE

58 L'AUS envisage deux processus de création de la société. D'une part, l'article 4 prévoit que la société commerciale peut être créée par un contrat (le contrat de société). La société est alors le résultat de la volonté de deux ou plusieurs personnes. D'autre part, l'article 5 dispose que *la société commerciale peut également être créée (...) par une seule personne, dénommée « associé unique », par acte écrit*. Dans cette hypothèse, il s'agit d'une société unipersonnelle et qui résulte d'un acte juridique unilatéral.

59 La forme dominante en matière sociale demeure bien entendu la société créée par un contrat. Aussi, les conditions générales de formation du contrat doivent être respectées (Section *I*). En outre, d'autres conditions spécifiques au contrat de société doivent être réunies pour que la société soit valablement constituée (Section II). Avant de procéder à leur étude, il convient de relever que le régime du contrat de société constitue le droit commun de l'acte juridique, de telle sorte qu'il doit être transposé à l'acte juridique unilatéral, sauf évidemment les règles qui supposent nécessairement l'existence de deux parties.

SECTION I- LES CONDITIONS GÉNÉRALES DU CONTRAT DE SOCIÉTÉ

60 Aux termes de l'article 4 de l'AUS, *la société commerciale est créée par deux ou plusieurs personnes qui conviennent, par un contrat, d'affecter à une activité des biens en numéraire ou en nature, ou de l'industrie dans le but de partager le bénéfice ou de profiter de l'économie qui pourra en résulter*. La société est donc un contrat[80]. Le contrat de société obéit aux conditions de validité de tout contrat fixées par le Code civil. Il s'agit donc de conditions de fond qu'il faut étudier en premier (§1). Ensuite, seront examinées des conditions de forme qui sont aussi importantes, le contrat de société étant un contrat formel (§2).

---

[80] V. pour une vue d'ensemble MAÏGA IBRAHIMA, *Liberté contractuelle dans le droit des sociétés commerciales(OHADA)*, mémoire de Master, UCAD, 2008.

§1. LES CONDITIONS DE FOND

61 Le contrat de société est soumis à quatre conditions de validité : le consentement des parties (A), leur capacité juridique (B), l'existence d'un objet certain (C) et d'une cause licite (D).

A- Le consentement des parties

62 Les parties au contrat de société sont les futurs associés. Elles doivent exprimer clairement et librement leur volonté de s'associer, c'est-à-dire de créer une société (1). Cette volonté doit être consciente, c'est-à-dire que celui qui l'exprime doit être capable de comprendre et de vouloir les engagements qu'il prend (2).

1- L'accord des volontés des parties

63 La création d'une société est toujours précédée d'une période de gestation plus ou moins longue : c'est un projet qui germe dans l'esprit de l'un ou de quelques-uns des fondateurs, qui peu à peu prend corps et se traduit par des pourparlers visant à préciser les contours et caractéristiques de la future société. D'où l'importance de la promesse de société[81].

64 La promesse de société se présente comme un avant-contrat par rapport au contrat de société ; et comme toute promesse de contrat, elle peut être unilatérale ou synallagmatique. Elle sera unilatérale lorsque, par exemple, l'une des parties est d'ores et déjà disposée à s'engager, cependant que l'autre ou les autres demandent à disposer d'un délai de réflexion ou ne disposent pas actuellement des moyens de faire face aux engagements qu'implique la création de la société. Le promettant prend, quant à lui, l'engagement de conclure le contrat définitif le jour où l'autre (ou les autres) partie(s) donnera (-ront) leur accord[82].

La promesse de société pose un certain nombre de problèmes et, notamment, celui de sa qualification par exemple. Il s'agit de la différencier, d'une part, du simple projet qui est dénué de toute valeur contraignante, d'autre part, du contrat de société lui-même lorsque celui-ci a été conclu sous condition suspensive, la promesse de société se situant entre ces deux extrêmes. Et l'on rencontre ici les problèmes que soulève le processus de formation des contrats en général[83].

Lorsque la convention ne comporte aucune précision sur l'objet social ni sur les apports respectifs à fournir par les futurs associés, il n'y a là qu'une prétendue

---

[81] J.-P. SORTAIS, « Constitution des sociétés », *Répertoire de droit des sociétés, Dalloz,* 2012.

[82] V. N. MATULESCO, *De la promesse de société dans les sociétés de personnes*, thèse, Paris, 1923.

[83] V. ; J. SCHMIDT, « Négociation et conclusion des contrats », 1982, *Dalloz*, spéc. p. 261 et s., n° 485 et s. ; M. GENINET, *Théorie générale des avant-contrats en droit privé*, thèse, Paris II, 1985 ; J. M. MOUSSERON, « La durée dans la formation des contrats », Mélanges A. Jauffret, 1974, Faculté Aix-Marseille, p. 509.

promesse de société dépourvue de tout effet juridique. Par contre, a été jugée comme constituant une véritable promesse de société dépassant le stade des simples pourparlers la convention qui renferme l'accord des parties sur la forme de la future société, son objet, l'importance et la nature des apports respectifs de chacun des associés[84].

Qu'elle soit unilatérale ou synallagmatique, la promesse de société n'engendre qu'une obligation de faire à la charge du ou des promettants : toute exécution forcée en nature est donc à exclure[85] et toute inexécution entraînant la responsabilité contractuelle de son auteur ne peut donner lieu qu'à dommages et intérêts. La prudence suggère cependant d'insérer dans la promesse de société une clause de dédit prévoyant une indemnité forfaitaire en cas de non-réalisation.

65 Par ailleurs, il peut également arriver qu'une société soit constituée sous condition suspensive : c'est le cas notamment lorsque la création de la société est subordonnée à une autorisation ou à un agrément que les associés devront obtenir[86].

Deux thèses s'affrontent dans la théorie générale des avant-contrats. Selon la première thèse, le promettant, par l'engagement qu'il a pris, s'engage simplement à passer le contrat dans l'avenir lorsque le bénéficiaire en formulera la volonté ; le promettant contracte une obligation de faire : celle de consentir au contrat définitif. La deuxième thèse donne à l'engagement du promettant une portée plus avancée vers la conclusion du contrat définitif : on considère alors que, dans l'avant-contrat, le promettant donne déjà son consentement au contrat définitif pour la perfection duquel il ne manque plus que l'éventuel consentement du bénéficiaire de la promesse. Le contrat définitif sera alors conclu.

C'est la seconde de ces thèses qui est retenue en matière de vente où la jurisprudence française déclare la vente conclue du seul fait de la levée de l'option par le bénéficiaire ; cependant, c'est avec raison que la jurisprudence consacre la première lorsqu'il s'agit de la promesse de société : celle-ci, serait-elle synallagmatique, ne fait jamais naître qu'une obligation de faire à la charge du ou des promettants, obligation qui, en cas d'inexécution, se résout en dommages et intérêts.

2- la qualité et les vices du consentement

66 Le consentement doit exister pour être valable (a). Comme en droit commun, le consentement peut être vicié dans certains cas (b) ; ce qui emporte un certain nombre de conséquences (c).

---

[84] V. MAÏGA Ibrahima, *Liberté contractuelle dans le droit des sociétés commerciales(OHADA)*, op. cit.
[85] C. civ., arg. art. 1142.
[86] V. E. A. NDENGA BAJAN, *La qualité d'associé dans l'espace OHADA*, Sarrebruck, Editions universitaires européennes, 2012, 136 p.

a- L'existence et qualité du consentement

67 Chaque partie doit donc donner son consentement à l'acte constitutif de la société. Ce consentement doit exister réellement. Il s'agit d'une condition essentielle de formation de la société, que ce consentement soit exprimé par l'associé lui-même ou par l'intermédiaire d'un mandataire[87].

Il est important de vérifier la sincérité du consentement des parties, et ce, afin de démasquer les sociétés fictives[88]. Les buts visés par les créateurs d'une société fictive sont des plus variés : souvent, il s'agit pour le promoteur de la société de masquer l'exercice personnel d'une activité en créant une société de façade. Dorénavant, la possibilité largement ouverte de créer une société d'une seule personne devrait diminuer les occasions de recourir à ce procédé qui continue cependant d'être employé pour contourner certaines interdictions, notamment celles qui résultent des sanctions prononcées au titre de la liquidation de biens. Plus fréquemment encore, la société fictive est un procédé de simulation, le contrat de société recouvrant une autre convention qui traduit la volonté vraie des parties[89]. À titre d'exemple, un auteur[90] évoque *le contrat de prêt pour échapper à la répression de l'usure ; le contrat de travail pour se soustraire aux lois sociales ; le contrat de vente pour bénéficier d'une fiscalité moins lourde ; la donation pour échapper aux règles protégeant la réserve héréditaire* .

S'il y a, ainsi, eu recours à la technique de la simulation, on appliquera les principes habituels en la matière : dans les rapports *inter partes,* c'est l'acte secret qu'on appliquera - sous réserve qu'il soit licite - dès lors qu'il correspond à leur volonté vraie ; si l'accord secret est nul, le contrat apparent de société sortira ses effets ; quant aux tiers, ils disposent d'une option et peuvent, à leur choix, s'en tenir à l'acte apparent ou invoquer la situation réelle[91].

68 Par rapport au sort de la société fictive, la jurisprudence se prononce traditionnellement pour la nullité des sociétés fictives et décide que cette nullité peut être demandée non seulement par les tiers, mais encore par les parties elles-mêmes[92].

---

[87] J.-P. SORTAIS, « Constitution des sociétés », *Répertoire de droit des sociétés, op. cit.*

[88] I. FALL, *La notion de société fictive*, mémoire de Maitrise, Université Gaston Berger (Saint-Louis, Sénégal), 2005, M. GUEYE, *La fictivité des sociétés commerciales*, mémoire de Maitrise, Université Gaston Berger (Saint-Louis, Sénégal), 2005

[89] V. M. DAGOT, *La simulation en droit privé*, 1965, LGDJ ; *adde :* P. ROUAST-BERTIER, « Société fictive et simulation », *Rev. sociétés* 1993.725.

[90] P. MERLE et A. FAUCHON, *Droit commercial : Sociétés commerciales*, 19e éd., 2016, Précis Dalloz.

[91] V. F.TERRE, Y. LEQUETTE, Ph.SIMLER, *Droit* civil : les *obligations*, Dalloz, 11ème éd., 2013, p. 128 et s.

[92] V. Cass. com. 21 mars 1977, Bull. civ. IV, n° 90.

69 La question qui se pose cependant est celle de savoir si la nullité est une sanction adaptée au cas de la société fictive : la nullité d'une société est, en effet, dépourvue d'effet rétroactif et opère à la manière d'une dissolution. Cela explique que de nombreux auteurs considèrent que la société fictive est inexistante[93]. Une conséquence importante en résulte : c'est que le maître de l'affaire, dès lors que la société est réputée n'avoir jamais existé, pourra être personnellement poursuivi en redressement ou liquidation judiciaire.

b- Les vices du consentement

70 En théorie, dans les sociétés à responsabilité limitée et les sociétés par actions, l'existence d'un vice du consentement (ou d'une incapacité) ne peut entraîner la nullité de la société contrairement aux autres sociétés (sociétés commerciales de personnes)[94] pour lesquelles la sanction de la nullité de la société n'est pas exclue, mais n'aura en général qu'une portée limitée, puisqu'en principe ni la société, ni les associés ne peuvent se prévaloir d'une nullité à l'égard des tiers de bonne foi, à moins précisément qu'il ne s'agisse d'une « nullité résultant de l'incapacité ou de l'un des vices du consentement ». Sous le bénéfice de cette observation préliminaire, on envisagera successivement : l'erreur, le dol et la violence.

71 L'erreur, vice du consentement, doit, pour être prise en considération, porter soit sur les qualités substantielles de la chose, soit dans les conventions conclues *intuitu personae,* sur la personne de l'un des contractants. Plusieurs sortes d'erreurs sont susceptibles d'affecter le contrat de société et amènent à procéder à certaines adaptations des règles générales du droit des contrats.

L'erreur sur la nature du contrat rend le contrat nul : celui qui se trompe sur la nature même du contrat qu'il conclut est, par définition, dépourvu d'*affectio societatis.* Est également prise en considération l'erreur portant sur le type ou la forme de la société : la forme de la société est bien un élément essentiel du contrat, car l'étendue des engagements des associés en dépend. On admet, par extension de cette solution, qu'une erreur commise par un associé sur l'étendue de ses engagements peut conduire à la nullité de la société.

L'erreur portant sur la personne de l'associé (ou d'un associé) n'est pas, en principe, cause de nullité *à moins que la considération de cette personne ne soit la cause principale de cette convention* [95]. Appliquée au contrat de société, cette règle amène à distinguer les sociétés de personnes, marquées d'un fort *intuitu*

---

[93] En ce sens, P. DIENER, « Un abus de la personnalité morale : les sociétés en sommeil », *in* Dix ans de droit de l'entreprise, 1978, Litec, p. 83 et s. ; A. BRUNET, note sous CA Paris, 5 févr. 1979, *RJ com.* 1979.226 ; *adde :* G. DURRY, « Rapport sur l'inexistence, la nullité et l'annulabilité des actes juridiques en droit français », *Travaux Assoc. H. Capitant,* t. XIV, 1965, p. 628.
[94] M. A., MOUTHIEU NDJANDEU, « L'intuitu personae au regard de l'Acte uniforme sur le droit des sociétés commerciales et du GIE », *Juridis Périodique*, n° 41, Janvier-Mars 2000, pp. 128-137.
[95] C. civ., art. 1110.

personae[96] (seules susceptibles d'annulation pour erreur sur la personne) et les sociétés de capitaux[97].

72 Quant au dol, de même que l'erreur, il est une cause de nullité du contrat de société dans les sociétés de personnes : le dol sera retenu en cas de manœuvres ou d'agissements frauduleux, de déclarations mensongères ou de dissimulations ayant déterminé le consentement de l'associé. Dans les sociétés de capitaux où l'annulation de la société elle-même est exclue, l'associé dont le consentement a été vicié, pour quelque cause que ce soit, demande la nullité de son engagement suivant le droit commun, car *on ne conçoit pas que la victime d'un vice du consentement ou qu'un incapable soit tenu de demeurer dans la société* [98].

73 L'application aux sociétés des règles du droit commun en matière de dol suscite des difficultés dans les sociétés de plus de deux personnes. En effet, pour être une cause de nullité, le dol doit émaner du cocontractant, ce qui pose le problème de la détermination de ce cocontractant. Si le dol émane de l'ensemble des autres associés ou de leur représentant, il aura pour conséquence l'annulation du contrat à l'égard de toutes les parties. Si le dol émane d'un coassocié isolé, il donne simplement ouverture à une action en dommages-intérêts. Il est à noter que la responsabilité de la société elle-même peut être engagée par les actes dolosifs de ses représentants dès lors que ceux-ci *ont agi dans l'exercice de leurs fonctions et dans l'intérêt immédiat de leur société, dont le besoin de trésorerie était évident et qui [...] a tiré un profit manifeste des agissements de ses représentants* [99].

74 S'agissant de la violence, elle ne se rencontre pratiquement jamais, du moins lorsqu'il s'agit de la constitution des sociétés commerciales. Si par extraordinaire la constitution d'une société était viciée par la violence exercée sur l'un des associés pour lui arracher son consentement, il conviendrait d'appliquer les principes ci-dessus dégagés[100].

c- Les conséquences du vice du consentement

75 La nullité pour vice du consentement a pour but de protéger l'associé dont le consentement a été vicié[101] ; il s'agit donc d'une nullité relative qui peut aboutir à deux résultats différents : soit, de façon très exceptionnelle, à la nullité de la

---

[96] M. A., MOUTHIEU NDJANDEU, « L'intuitu personae au regard de l'Acte uniforme sur le droit des sociétés commerciales et du GIE », *Juridis Périodique*, n° 41, Janvier-Mars 2000, pp. 128-137.
[97] J.-P. SORTAIS, « Constitution des sociétés », *Répertoire de droit des sociétés, op. cit.*
[98] R. HOUIN, obs. RTD com. 1969.1013, n° 15.
[99] Cass. com. 27 nov. 1972, préc.
[100] V. supra…
[101] F. ANOUKAHA, J. NGUEBOU TOUKAM, P-G. POUGOUE, *Le droit des sociétés commerciales et du groupement d'intérêt économique OHADA*, Yaoundé, PUA, 1998, 636 p. ; H.D. MODI KOKO BEBEY, « La réforme du droit des sociétés commerciales dans l'OHADA », *Rev. Soc.* n°2, Avril-Juin 2002, p.225 et s.

société elle-même (ce pourra être le cas, par exemple, dans une société en nom collectif comptant seulement deux associés), soit (notamment dans les SARL) à la nullité du seul engagement de l'associé, ce qui est évidemment moins grave[102].

76 Quoi qu'il en soit, dans tous les cas, la loi multiplie les obstacles au prononcé d'une nullité quelle qu'elle soit : non seulement l'annulation de la société elle-même est exclue pour certains types de sociétés, mais encore il est prévu une possibilité de régularisation en cours d'instance[103], l'octroi possible par le tribunal d'un délai à cette fin[104].

B- La capacité des parties

77 L'étude de la capacité amène à s'interroger sur les incapacités : ce dernier terme sera pris dans le sens large. Ainsi, *toute interdiction faite à une personne de passer un acte juridique est une incapacité* [105].

Certaines personnes sont incapables de participer à la constitution d'une société en raison d'une incapacité générale que la loi institue pour les protéger contre les engagements inconsidérés qu'elles pourraient être amenées à prendre en raison de leur âge ou de l'altération de leurs facultés mentales[106] : c'est le cas des mineurs (1) et des incapables majeurs (2).

78 Dans d'autres cas, ce sont des préoccupations inspirées par l'ordre public et l'intérêt général qui conduisent à interdire à certaines personnes la participation à une société ou à tel type de société : d'où les interdictions, incompatibilités et déchéances qui les empêchent de participer à la constitution d'une société (4).

79 Enfin, la constitution d'une société crée certains liens entre les associés ; il peut arriver que ces liens se superposent à d'autres liens, conjugaux ou familiaux : les données du droit de la famille peuvent alors infléchir certaines solutions du droit des sociétés (3).

1- Les mineurs

80 L'incapacité du mineur n'est pas un obstacle absolu à sa participation à une société[107]. Plusieurs critères sont à retenir : celui de la situation des associés et, à cet égard, il importe de savoir si, dans la société où l'entrée du mineur est envisagée, les associés ont de plein droit la qualité de commerçant ; celui de la finalité de l'emploi fait des biens du mineur : s'agit-il du simple placement de

---

[102] Art. 242 AUS.
[103] Art. 248 AUS.
[104] Art. 247 AUS.
[105] HOUIN, « Les incapacités », *RTD civ.* 1947.383.
[106] V. A. MOULOUL, *Le régime juridique des sociétés commerciales dans l'espace OHADA : l'exemple du Niger,* Paris, LGDJ, 2005, Coll. Bibliothèque de Droit Privé, 604 p.
[107] V. pour plus détail v.², M. KONE, *Le nouveau droit commercial de zone OHADA : comparaison avec le droit français*, Paris, LGDJ, 2003, Coll. Bibliothèque de Droit Privé, 399 p ; NDEYE FATOU KEBE BA, *Le mineur associé*, mémoire de Master, UCAD, 2003.

fonds disponibles ou d'une opération plus risquée, le patrimoine du mineur étant engagé dans l'entreprise sociale ?

Ainsi, le mineur, sauf s'il est émancipé[108], ne peut, en aucun cas, participer à la constitution d'une société dans laquelle la qualité d'associé emporte celle de commerçant[109] : cela exclut donc toute participation d'un tel mineur aux sociétés en nom collectif, aux sociétés en commandite si ce mineur intervient en qualité de commandité et aux sociétés en participation ayant un objet commercial. Il ne peut participer à de telles sociétés ni par lui-même ni par l'intermédiaire de son représentant légal.

Seules sont donc à considérer les sociétés dans lesquelles la qualité d'associé ne confère pas la qualité de commerçant. Bien que la souscription d'actions soit considérée comme un acte de commerce, il a toujours été admis que le mineur émancipé avait la capacité requise pour souscrire des actions ou des parts de société à responsabilité limitée. Ce qui est interdit au mineur émancipé, c'est l'acquisition de la qualité de commerçant ; or, la souscription d'actions ou de parts de société à responsabilité limitée ne constitue qu'un acte de commerce isolé et ne peut conférer une telle qualité. Doté de la pleine capacité civile, le mineur émancipé peut donc valablement participer à la constitution d'une telle société.

81 Il en va, bien sûr, différemment pour le mineur non émancipé. Un point est certain : le mineur qui ne possède pas la capacité civile ne peut pas participer personnellement à la constitution d'une société anonyme ou d'une société à responsabilité limitée ; la souscription sera donc faite en son nom par son représentant légal (administrateur légal ou tuteur) ; comme l'observent certains auteurs, *malgré le caractère commercial de la souscription, chacun s'accorde à s'attacher essentiellement à la finalité de l'acte plutôt qu'à ses caractères juridiques [...] dans les sociétés à responsabilité limitée ou par actions, le souscripteur accomplit en vérité un placement, un acte sûr, sans gros aléas* [110]. Cette idée de placement explique que l'on ait admis de longue date que les représentants des incapables puissent procéder à de telles souscriptions[111]. Cette solution est applicable aux sociétés anonymes, aux sociétés par actions simplifiées et aux sociétés à responsabilité limitée.

---

[108] V. art. 7 AUDCG.

[109] Art. 8 AUS.

[110] B. MERCADAL, P. JANIN, A. CHARVÉRIAT et A. COURET, *op. cit.*, n° 292 ; BA NDEYE FATOU KEBE, *Le mineur associé*, Mémoire UCAD, 2003, 22p.

[111] V. HOUPIN, « De l'apport en société de biens appartenant à des mineurs », *Journ. soc.* 1905.481 ; A. RAISON, « Minorité, administration légale, tutelle », *Journ. not. et av.* 1966, art. 47.221 ; « Les mineurs et la réforme des sociétés », *ibid.* 1967, art. 48.097 ; G. DURRY et M. GOBERT, « Réflexions sur la réforme de la tutelle et de l'administration légale », *RTD civ.* 1966.5 ; P. ESMEIN, « Les actes d'administration du tuteur, spécialement quant aux fonds et valeurs mobilières », *Gaz. Pal.* 1966.1, doctr. 23 ; R. SAVATIER, « Le rajeunissement de la tutelle française des mineurs », *D.* 1965.51 ; A. ROUAST, « La nouvelle législation de la tutelle et de l'administration légale », *JCP* 1965. I. 1917.

82 Les conditions dans lesquelles la souscription peut être faite au nom du mineur dépendent à la fois du régime de protection auquel le mineur est soumis (administration légale pure et simple, administration légale sous contrôle judiciaire ou tutelle) et de la nature des apports (apports en numéraire ou apports en nature) qu'il s'agit d'effectuer.

Par rapport aux apports en numéraire, c'est au conseil de famille qu'il appartient de déterminer la nature des biens qui peuvent être acquis en emploi[112] : cette directive peut être soit spéciale (auquel cas, elle ne vaut que pour la constitution de la société désignée), soit générale et viser alors toute une série d'opérations de souscriptions. On en déduira que, dans l'administration légale pure et simple, les parents procèdent ensemble à la souscription au nom du mineur ; à défaut d'accord entre les parents, la souscription devra être autorisée par le juge : cette dernière solution s'applique également en cas d'administration légale sous contrôle judiciaire[113].

Pour ce qui est des apports en nature, des distinctions sont à faire selon la nature du bien à apporter : si l'apport en nature porte sur des fruits, c'est-à-dire sur des revenus d'un capital, ou sur des meubles d'usage courant, il peut être fait librement soit par le tuteur[114], soit par les parents, voire par l'un d'eux, du moins en ce qui concerne les rapports avec les tiers[115].

Si l'apport en nature a pour objet tout autre bien à l'exception des immeubles et fonds de commerce, le tuteur ne peut y procéder qu'avec l'autorisation du conseil de famille[116].

2- Les incapables majeurs

83 À la différence des textes applicables aux mineurs, il n'y a pas à distinguer, à leur propos, entre les diverses formes de société.

Rien ne s'oppose à ce que le majeur placé sous la sauvegarde de justice participe à la constitution d'une société quelle qu'en soit la forme et peu importe la nature des biens apportés et l'étendue de la responsabilité encourue puisque « le majeur placé sous la sauvegarde de justice conserve l'exercice de ses droits »[117].

84 Quant au majeur en curatelle, il doit être assisté de son curateur pour accomplir tout acte qui, sous le régime de la tutelle, requerrait une autorisation du conseil de famille[118] ; il ne peut non plus, sans cette assistance, recevoir des capitaux ni en faire emploi. L'apport en numéraire constituant un emploi de

---

[112] C. civ., art. 455, al. 2.
[113] C. civ., art. 389-6.
[114] C. civ., art. 456, al. 2.
[115] C. civ., art. 389.
[116] C. civ., art. 457.
[117] C. civ., art. 491.
[118] C. civ., art. 510, al. 1er.

capitaux requiert donc l'assistance du curateur ; *a fortiori* doit-il en aller de même pour les apports en nature (sauf s'ils consistent en meubles d'usage courant ou en fruits) et tout spécialement pour les apports d'immeuble ou de fonds de commerce.

85 S'agissant enfin des majeurs en tutelle, on peut renvoyer purement et simplement à ce qui a été dit pour les mineurs en tutelle, étant donné que les pouvoirs du tuteur sont définis en termes identiques dans les deux cas.

3- Les sociétés entre époux

86 Supprimée par le législateur OHADA[119], l'incapacité de la femme mariée n'est plus aujourd'hui qu'un lointain souvenir[120]. L'article 9 AUS affirme en effet que *Deux époux ne peuvent être associés d'une société dans laquelle ils seraient tenus des dettes sociales indéfiniment et solidairement* [121]. C'est donc reconnaître, certes implicitement, que la société entre époux n'est pas interdite, sauf dans certains cas[122].

Contrairement à son homologue OHADA, le législateur français s'est voulu plus libéral. En effet, le principe y est fermement établi que *deux époux seuls ou avec d'autres personnes peuvent être associés dans une même société et participer ensemble ou non à la gestion sociale* [123]. Cette liberté de constitution des sociétés entre époux permet à ceux-ci de constituer entre eux ou avec d'autres tout type de société ; elle trouve son expression la plus achevée lorsque les deux conjoints ont adopté le régime de la séparation de biens : les seules limites qu'elle rencontre alors sont celles qui résultent de ce qu'il est convenu d'appeler le *régime matrimonial primaire* [124] et des dispositions concernant les donations entre époux[125], lesquelles prévoient la nullité des donations déguisées entre époux.

---

[119] V. C. NJIKE, *Le statut du conjoint de dirigeants sociaux en droit des affaires OHADA : l'étude spécifique du contexte juridique camerounais*, mémoire de DEA, Yaoundé II (Cameroun), 2009. V. dans le même sens en France les lois de 1938 et de 1942.

[120] Initialement, la question n'intéressait que la femme mariée ; celle-ci avait en effet quelques problèmes pour participer à une société dont les membres étaient des commerçants. V. J/ NGUEBOU TOUKAM, *La participation d'un époux à l'activité professionnelle d'un autre*, thèse, Yaoundé II (Cameroun), 1995, p. 97 et s.

[121] V. FATOU KATY SECK, *Les époux associés*, mémoire de master, UCAD, 2000 ; OUSMANE DIOUF, *La société entre époux*, mémoire de master, UCAD, 2003, DIOUF OUSMANE, *La société entre époux*, Mémoire UCAD, 2003 30p.

[122] E. TANGOUE-YI-TCHOUTEZO, *L'activité commerciale de la femme mariée dans l'Acte uniforme OHADA*, mémoire de DEA, Dschang (Cameroun), 1999, p.39 et s.

[123] C. civ., art. 1832-1, al. 1er.

[124] C. civ., art. 214 et s.

[125] C. civ., art. 1091 à 1100.

87 À partir du moment où les époux sont mariés sous un régime de communauté, les solutions sont moins simples[126]. Il convient, en effet, de prendre en considération le caractère, propre ou commun, des biens qui sont utilisés pour réaliser l'apport, ce que suggère déjà la formulation initiale de l'article 1832-1 précité du Code civil : *Même s'ils n'emploient que des biens de communauté pour les apports à une société ou pour l'acquisition de parts sociales, deux époux seuls ou avec d'autres personnes, etc.*. Les pouvoirs de l'un et l'autre époux sur les biens communs vont donc être en jeu ; il faudra également, en fonction des circonstances, déterminer lequel des deux conjoints pourra prétendre à la qualité d'associé à moins que l'un et l'autre puissent prétendre à ce titre.

Le droit français paraît ainsi bien plus en avance sur le droit OHADA et permet aux époux d'être seuls ou avec d'autres personnes, associés dans n'importe quelle forme de société[127]. Or, en droit OHADA, il s'agit d'une possibilité limitée aux seules sociétés dans lesquelles, ils ne seraient pas indéfiniment et solidairement tenus des dettes sociales, c'est-à-dire dans une société anonyme, une société par actions simplifiée ou une société à responsabilité limitée.

4- Les interdictions, incompatibilités et déchéances

88 Il importe d'étudier séparément interdictions (a), incompatibilités (b) et déchéances (c).

a- Les interdictions

89 Le législateur OHADA[128] formule des interdictions nettes : nul ne peut exercer une activité commerciale, directement ou par personne interposée, s'il a fait l'objet :

- d'une interdiction générale, définitive ou temporaire, prononcée par une juridiction de l'un des États-parties, que cette interdiction ait été prononcée comme peine principale ou comme peine complémentaire ;

- d'une interdiction prononcée par une juridiction professionnelle ; dans ce cas, l'interdiction ne s'applique qu'à l'activité commerciale considérée ;

- d'une interdiction par l'effet d'une condamnation définitive à une peine privative de liberté pour un crime de droit commun, ou à une peine d'au moins trois mois d'emprisonnement non assortie de sursis pour un délit contre les biens, ou une infraction en matière économique ou financière.

---

[126] V. R. ADIDO, « Les sociétés entre époux : survivance du principe de la prohibition dans la réforme de l'OHADA », *Pénant,* n° 848, 2004, pp. 380-395.
[127] J.-P.SORTAIS, « Constitution des sociétés », *Répertoire de droit des sociétés, op. cit.*
[128] Art. 11 AUDCG.

L'interdiction à titre temporaire d'une durée supérieure à 5 ans, de même que l'interdiction à titre définitif peuvent être levées, à la requête de l'interdit, par la juridiction qui a prononcé cette interdiction[129].

Cette requête n'est recevable qu'après expiration d'un délai de cinq (5) ans à compter du jour où la décision prononçant l'interdiction est devenue définitive.

L'interdiction prend fin par la réhabilitation dans les conditions et les formes prévues par l'Acte uniforme portant organisation des procédures collectives d'apurement du passif.

Sans préjudice d'autres sanctions, les actes accomplis par un interdit sont inopposables aux tiers de bonne foi[130].

La bonne foi est toujours présumée. Ces actes sont toutefois opposables à l'interdit.

90 Bien souvent aussi, il s'agira d'interdiction de participer à la constitution d'une société résultant des règles de la liquidation judiciaire. En effet, le jugement ouvrant ou prononçant la liquidation judiciaire emporte dessaisissement immédiat et complet du débiteur, ce qui interdit à celui-ci de disposer de ses biens et, par conséquent, d'effectuer un apport en société, du moins sous la forme d'un apport en numéraire ou en nature. En revanche, rien ne saurait lui interdire d'effectuer un apport en industrie, car, en le réalisant, c'est de sa propre personne que le débiteur dispose ; c'est donc dans l'exercice d'un droit propre, échappant au dessaisissement, que le débiteur effectue un tel apport[131].

Il en va tout différemment lorsqu'au lieu de la liquidation, c'est le redressement judiciaire qui a été ouvert : en pareil cas, l'administrateur - s'il a reçu mission d'administrer l'entreprise - ou le débiteur assisté de l'administrateur pourrait participer à la constitution d'une société. Le débiteur seul, si dans la procédure simplifiée, il n'a pas été désigné administrateur, pourrait même, au titre de la continuation des contrats en cours, exiger l'exécution d'une promesse de société sous réserve qu'il y ait été autorisé par le juge-commissaire et qu'il fournisse la prestation promise au cocontractant, ce qui sera rarement dans ses possibilités.

b- Les incompatibilités

91 Les incompatibilités s'expliquent par le souci d'éviter, de la part de certains professionnels, le cumul d'activités qui pourrait fournir l'occasion de

[129] ibid.

[130] Art.12 AUDCG.

[131] V. Cass. civ. 16 nov. 1887, DP 1888.1.325 ; CA Grenoble, 1er mai 1894, DP 1895.2.391, S. 1894.2.277.

détournements de pouvoirs ou de fautes contre la déontologie professionnelle[132]. La plupart de ces incompatibilités concernent les sociétés commerciales et résultent de l'interdiction faite aux membres de certaines professions d'être commerçants. Il en résulte que ces personnes ne peuvent participer à la constitution de société dont les membres ont de plein droit la qualité de commerçant[133]. Tel est le cas des fonctionnaires et personnels des collectivités publiques et des entreprises à participation publique ; - officiers ministériels et auxiliaires de justice : avocat, huissier, commissaire-priseur, agent de change, notaire, greffier, administrateur et liquidateur judiciaire ; - expert-comptable agréé et comptable agréé, commissaire aux comptes et aux apports, conseil juridique, courtier maritime ; - plus généralement, toute profession dont l'exercice fait l'objet d'une réglementation interdisant le cumul de cette activité avec l'exercice d'une profession commerciale. Toutefois, la société constituée au mépris de ces interdictions n'est pas nulle : les professionnels qui les violent sont seulement passibles de sanctions disciplinaires. En outre, l'interdiction est personnelle et ne s'étend donc pas au conjoint du fonctionnaire ou de l'agent public. Il n'en reste pas moins que certaines limitations existent, dans un intérêt public, quant à la liberté des conjoints de certains fonctionnaires d'entrer dans une société[134].

Rien ne s'oppose, en revanche, à ce que les professionnels ci-dessus désignés fassent partie d'une société civile, voire d'une société commerciale par la forme, mais ayant pour objet l'exercice de leur profession et donc civiles par leur objet.

Enfin, une société civile peut être associée dans une société commerciale et, inversement, une société commerciale peut faire partie d'une société civile. Cependant, il paraît exclu qu'une société civile puisse entrer dans une société en nom collectif sans perdre son caractère civil : le fait que l'entrée dans une société en nom collectif confère de plein droit la qualité de commerçant y met obstacle[135]. Une telle société serait traitée comme une société commerciale créée de fait[136].

c- Les déchéances

92 Si l'ouverture d'une procédure de redressement ou de liquidation judiciaire n'entraîne par elle-même aucune déchéance, en revanche, la faillite personnelle entraînant les interdictions et déchéances applicables aux personnes qui étaient déclarées en état de faillite, il en résulte que le prononcé de cette sanction interdit

---

[132] B. SOULOUKNA, *Les incompatibilités en droit des affaires de l'OHADA,* mémoire de Master, Yaoundé II (Cameroun), 2007.

[133] V. art. 9 AUDCG

[134134] V. J.-P. SORTAIS, « Constitution des sociétés », *Répertoire de droit des sociétés, op. cit.*

[135] A. FOURNIER et R. BLANCHET, « Le régime juridique et fiscal des sociétés civiles », 2e éd., 1954, éd. L'Auteur, n° 32.

[136] V. S. VACRATE, « Que cache l'apparence derrière la société créée de fait ? », *LPA* n° 42, 27 févr. 2004, p. 5.

à celui qui en est frappé l'exercice de toute activité commerciale ou assimilée : il ne peut donc participer à la création d'une société en nom collectif ou à celle d'une société en commandite en qualité de commandité, et cela pour toute la durée d'application de la sanction, sous réserve de relèvement, réhabilitation ou de clôture de la procédure pour extinction du passif.

C- L'objet

93 Toute société doit avoir un objet licite et être constituée dans l'intérêt commun des associés. Appliqué au contrat de société, le mot « objet » requiert quelques explications d'ordre terminologique (1) et est soumis à des principes (2) et exigences particulières (3).

1- La notion d'« objet »

94 Dans un sens premier, le terme « objet » renvoie à la prestation qu'un contractant s'engage à fournir : ainsi, dans la vente, l'objet de l'obligation du vendeur est la livraison et la garantie de la chose vendue ; pris dans ce sens, l'objet des obligations des associés, ce sera l'ensemble des valeurs et des biens apportés par les associés. Il désigne la « chose » mise en commun par les fondateurs de la société[137].

Dans une autre acception, le terme« objet » renvoie à l'objet social, c'est-à-dire le but en vue duquel la société est constituée. L'objet social se définit alors comme l'objet de l'exploitation sociale tel qu'il est défini dans les statuts. On note alors un certain rapprochement avec la notion de cause et, plus spécialement, de cause du contrat. C'est ce qui ressort d'un arrêt de la cour d'appel de Paris[138] qui déclare : *Considérant que, d'après l'article 1833 du code civil, toute société doit avoir un objet licite ; que par "objet licite", il faut entendre, non pas l'objet de l'obligation assumée par les associés (*c'est-à-dire l'apport conformément au premier sens dégagé ci-dessus)*, mais la cause de cette obligation, c'est-à-dire le but que les dirigeants de la société se sont assigné* . Cette assimilation de l'objet à la cause peut s'expliquer aisément : si la cause de l'obligation d'un des contractants est l'objet de l'obligation de l'autre, la séparation de la cause et de l'objet ne se conçoit réellement que dans les contrats synallagmatiques où les intérêts des contractants sont antagonistes. Dans la mesure où le contrat de société est un contrat de collaboration, reposant sur la convergence des intérêts des associés, on peut admettre que la cause et l'objet soient assimilés[139].

---

[137] V. art. 4 AUS. TCHIKOUA ISIYAKOU, *L'objet social en droit des sociétés OHADA*, mémoire de DEA, Faculté des Sciences Juridiques et Politiques de l'Université de Ngaoundéré (Ngaoundéré), 2009.

[138] CA Paris, 21 nov. 1951, S. 1952.2.105, concl. Gegout, *Journ. soc.* 1955.5, concl. Gegout.

[139] V. Y. CHAPUT, *De l'objet social des sociétés commerciales*, thèse, Clermont-Ferrand, 1973 ; « De la cause et/ou de l'objet de la société ? », Mélanges J. Stoufflet, 2001, LGDJ-PU Clermont-Ferrand, p. 25 ; Ph. REIGNÉ, *La cause efficiente dans le droit des contrats*, 1994, LGDJ ; *adde :*

95 Il y a cependant des cas où on a prononcé la nullité d'une société pour *cause illicite* [140] et généralement, lorsqu'il est question de licéité ou d'illicéité de la cause, c'est la cause subjective qui est en jeu. Certains auteurs[141] ont cru pouvoir déduire qu'une société pourrait être annulable pour cause illicite tout en ayant un objet licite. Mais si l'on rappelle les données de ces arrêts (constitution d'une SARL suivie, tout aussitôt, de sa transformation en société anonyme avec effet rétroactif en vue de *s'affranchir de l'accomplissement de toutes les formalités exigées par la loi pour assurer la pleine consistance, la réalité et la sincérité des engagements pris par les fondateurs d'une société anonyme* , recours à un prête-nom pour dissimuler l'activité d'un étranger non autorisé à faire le commerce en France), on constate qu'il s'agissait de tourner la loi et que, dans ces conditions, on aurait pu aboutir au même résultat par le recours à la notion de fraude[142].

2- Le principe de spécialité de l'objet

96 On considère que ce principe traduit en fait le particularisme de la condition juridique des personnes morales[143]. À la différence des personnes physiques dont la capacité, lorsqu'elles sont majeures et capables, n'a pas de limites, les personnes morales ne peuvent participer à la vie juridique que dans la mesure de l'objet qui leur a été assigné, d'une part, et, d'autre part, la société prend fin « par la réalisation ou l'extinction de son objet »[144]. D'où les difficultés qui peuvent se présenter lorsque l'objet social a été défini de manière étroite : les avatars de la Compagnie universelle du canal de Suez[145], après 1956, en sont une illustration.

97 Pour cette raison, l'objet social, qui est déterminé par les statuts, doit être défini avec un degré suffisant de précision tout en ouvrant des perspectives assez larges pour ménager l'avenir et ne pas s'obliger à des modifications statutaires chaque fois que les activités de la société doivent évoluer, voire changer, en fonction de la conjoncture. D'où l'habitude qui s'est répandue de faire figurer *in fine* de cette définition une formule du type suivant : ... *et plus généralement toutes opérations commerciales, industrielles et financières, mobilières et immobilières pouvant se rattacher, directement ou indirectement, à l'objet social*

A. CORDONNIER, « L'objet social », *D.* 1952, chron. 171, et LEJAUD, « Remarques sur l'objet social », *Banque* 1958.272.

[140] V. Cass. com. 17 janv. 1970, Bull. civ. IV, n° 24, et 29 janv. 1970, D. 1970.479, note G. Poulain, tous deux commentés par R. HOUIN, RTD com. 1970.736, n° 15.

[141] B. MERCADAL, P. JANIN, A. CHARVÉRIAT et A. COURET, *op. cit.*, n° 400, et 28230 et s.

[142] Ibid., n° 28240. TCHIKOUA ISIYAKOU, *L'objet social en droit des sociétés OHADA*, mémoire de DEA, op. cit. p.54.

[143] V. P. COULOMBEL, *Le particularisme de la condition juridique des personnes morales de droit privé*, thèse, Nancy, 1950.

[144] Art. 200 AUS.

[145] V. T. com. Seine, 22 juin 1959, Journ. soc. 1959.317.

ci-dessus défini. Cette clause n'est pas sans danger, car, si elle accroît virtuellement le champ des activités de la société, elle augmente également les pouvoirs de ses dirigeants, avec toutes les conséquences qui peuvent en résulter pour les associés eux-mêmes[146].

Il faut faire une distinction cependant pour les sociétés en nom collectif[147] et les sociétés en commandite simple, la définition donnée de l'objet social marque ici en même temps la seule limite qui soit aux pouvoirs du gérant puisque *dans les rapports avec les tiers, le gérant engage la société par les actes entrant dans l'objet social* cependant,*les clauses statutaires limitant les pouvoirs des gérants sont inopposables aux tiers* [148]. Compte tenu de l'étendue des engagements des associés dans les sociétés de ces types, il y a là un motif de ne pas définir démesurément l'objet social. En revanche, dans les sociétés à responsabilité limitée et dans les sociétés par actions, la société est engagée même par les actes du gérant[149], de l'administrateur général, du directeur général ou du conseil d'administration qui ne relèvent pas de l'objet social à moins qu'elle ne prouve que le tiers savait que l'acte dépassait cet objet ou qu'il ne pouvait l'ignorer compte tenu des circonstances, étant exclu que la seule publication des statuts suffise à constituer cette preuve. Pour se dégager des conséquences juridiques d'un acte qui serait étranger à l'objet social et que ses dirigeants auraient passé avec un tiers, une société à responsabilité limitée ou une société par actions doit donc démontrer la connaissance effective qu'avait ce tiers du dépassement de pouvoir commis par ces dirigeants et ce, autrement que par la seule référence au texte de ses statuts, régulièrement publiés.

98 La définition donnée par les statuts de l'objet social implique l'impossibilité de la changer, sauf modification statutaire qui exige, dans les sociétés de personnes, le consentement unanime de tous les associés.

99 L'objet social a longtemps joué un rôle essentiel comme critère de distinction entre les sociétés civiles et les sociétés commerciales : étaient civiles les sociétés dont l'objet était civil et commerciales celles dont l'objet était l'exercice d'activités commerciales. L'AUS a introduit dans ce domaine le critère de la commercialité formelle en déclarant commerciales par la forme toutes les sociétés (sociétés en nom collectif, sociétés en commandite simple, sociétés à responsabilité limitée, sociétés anonymes, sociétés par actions simplifiées)[150].

3- Les caractères de l'objet

100 Autant qu'il peut y avoir lieu de distinguer siège statutaire et siège réel, autant il est parfois nécessaire de distinguer l'objet social statutaire, c'est-à-dire

---

[146] J.-P. SORTAIS, « Constitution des sociétés », *Répertoire de droit des sociétés, op. cit.*

[147] Art. 277-1 AUS.

[148] Art. 277-1, al.3 AUS.

[149] Art. 329, al. 2 AUS.

[150] Art. 6, al. 2 AUS.

l'objet de l'exploitation sociale tel qu'il est défini par les statuts et l'objet réel, celui-ci correspondant à l'activité effectivement exercée par la société : et, lorsqu'on s'interroge sur la licéité de l'objet, c'est ce sens du terme qu'il convient de retenir[151]. Cela permet d'annuler des sociétés qui dissimuleraient une activité illicite sous le couvert de leurs statuts mentionnant un objet social parfaitement licite. Ainsi, il a été jugé que la constitution d'une société de portefeuille[152] ayant pour objet d'acquérir et de gérer la majorité des titres représentant le capital d'une autre société n'est pas en elle-même une opération illicite, aucune règle ne permettant d'affirmer qu'une société holding, même si elle n'a qu'une seule filiale doive, par principe, être assimilée à une convention ayant pour objet de dépouiller l'actionnaire minoritaire de cette société, tenue pour un écran fictif, de son prétendu droit de vote dans les assemblées de la filiale[153].

101 La détermination du caractère licite ou illicite relève du pouvoir d'appréciation des juges, qui peuvent fonder leur conviction sur l'ensemble des éléments qui leur sont soumis alors même que certains des faits allégués constitueraient des infractions n'ayant pas donné lieu à des poursuites pénales[154].

Toute activité qui serait illicite pour une personne physique l'est également pour une société. Est illicite toute activité prohibée par une loi impérative, par l'ordre public ou les bonnes mœurs. Tel est le cas d'une société constituée pour l'exploitation d'une maison de tolérance, pour la vente de remèdes secrets ; pour le commerce avec l'ennemi ; pour financer les fabrications de guerre de l'ennemi ; pour entraver le déroulement normal des enchères, etc.

Lorsque l'activité envisagée par la société n'est licite que moyennant certaines autorisations ou la possession de certains diplômes, il y a lieu de mentionner au registre du commerce et du crédit mobilier ces autorisations ou diplômes. Une société qui se constituerait pour exercer ces activités sans les autorisations ou les diplômes requis aurait, de ce fait, un objet illicite : tel serait le cas de la société qui se constituerait pour l'exploitation d'une officine de pharmacie par des

---

[151] V. pour plus de détails sur l'objet social en droit OHADA, TCHIKOUA ISIYAKOU, *L'objet social en droit des sociétés OHADA*, mémoire de DEA, Ngaoundéré, 2009 ; F. SEYE, *L'objet social*, mémoire de Maitrise, Université Gaston Berger (Saint-Louis, Sénégal), 2008.

[152] Sur la validité de principe des sociétés holding, V. Cass. com. 2 juill. 1985, Bull. Joly 1985.229.

[153] CA Paris, 20 oct. 1980, *Rev. sociétés* 1980.774, note A. Viandier, *D.* 1981.44, concl. Jéol, Gaz. Pal. 1981.1.54, concl. Jéol, note A. P. S., *JCP* 1981. II. 19602, concl. Jéol, note F. Terré ; *adde,* sur la notion d'opération courante dans les rapports entre une filiale et sa société mère : CA Paris, 17 oct. 2003, Bull. Joly 2004.224, note D. Schmidt, Banque et droit, n° 94, mars-avr. 2004, p. 47, obs. I. Riassetto ; J.-M. TIRARD, « L'utilisation des holdings étrangères dans un schéma d'optimisation fiscale », *Dr. et patrimoine* n° 127, juin 2004, p. 81 ; *adde :* CE 18 févr. 2004, Sté Pléiade, req. n° 247.729, *Banque et droit* n° 95, mai-juin 2004, p. 65, note C. Acard ; P. BERGER, « La société civile de portefeuille », in *La société civile outil de gestion patrimoniale*, Dr. et patrimoine, n° 128, juill.-août 2004, p. 63 et s., spéc. p. 87 à 94.

[154] J.-P. SORTAIS, « Constitution des sociétés », *Répertoire de droit des sociétés, op. cit.*

personnes non diplômées ; à cet égard, certaines activités licites en soi peuvent devenir illicites en société : ainsi est interdite toute société entre pharmaciens et membres des professions qui établissent des ordonnances (médecins, chirurgiens, dentistes, sages-femmes, orthopédistes).

La nullité de la société pour illicéité de l'objet social sanctionne la violation de l'ordre public, des bonnes mœurs ou d'une loi impérative : il s'agit donc d'une nullité absolue, pouvant être invoquée par toute personne intéressée. Encore faut-il qu'il y ait eu atteinte à l'ordre public : tel n'est pas le cas lorsque seul un intérêt privé a été lésé. C'est ainsi que la Cour de cassation française a censuré un arrêt qui avait annulé pour atteinte à l'ordre public une convention de « bourse commune » conclue par plusieurs courtiers maritimes alors que les juges du fond n'avaient relevé que la lésion des intérêts particuliers de l'un des contractants[155].

102 La jurisprudence a longtemps assimilé les sociétés dont les statuts contenaient une clause léonine dont on considérait qu'elle viciait le contrat tout entier aux sociétés nulles pour illicéité de l'objet social pour les soumettre au même régime[156].

Si l'illicéité de l'objet social peut justifier la nullité de la société elle-même, cette nullité obéit à un régime assez particulier : étant absolue, elle ne peut être couverte et, à supposer que sa cause ait cessé d'exister avant que le tribunal saisi d'une action en nullité ne statue, cela n'empêchera pas le juge - par une dérogation expresse à la règle générale - de la prononcer.

Les effets de la nullité prononcée pour illicéité de l'objet social sont identiques à ceux des autres causes de nullité : la nullité met fin à l'exécution du contrat et *à l'égard de la personne morale qui a pu prendre naissance, elle produit les effets d'une dissolution prononcée par justice* [157] ; elle opère donc sans rétroactivité. Dans les rapports avec les tiers, la nullité ne peut être invoquée ni par la société ni par les associés eux-mêmes à l'encontre des tiers de bonne foi[158] : ni la société ni les associés ne peuvent donc empêcher les créanciers sociaux d'exercer leur droit de gage général sur l'ensemble du patrimoine de la société ; en revanche, les créanciers personnels des associés pourront se prévaloir de la nullité pour se payer sur les biens apportés et venir ainsi en concours avec les créanciers sociaux ; de même, les créanciers sociaux pourront, à l'occasion, trouver un intérêt à se prévaloir de la nullité lorsqu'ils entendent poursuivre sur ses biens personnels l'associé qui a traité avec eux, car, ayant traité au nom d'une société nulle, cet associé n'a pu engager que lui-même. Enfin, la connaissance par le tiers de l'illicéité de l'objet social le constitue de mauvaise foi.

---

[155] Cass. com. 1er févr. 1961, Gaz. Pal. 1961.2.55.
[156] V. F. SEYE, *L'objet social*, mémoire de Maitrise, Université Gaston berger (Saint-Louis, Sénégal), op. cit.
[157] C. civ., art. 1844.
[158] C. civ., art. 1844.

D- La cause

103 Le terme cause doit être envisagé ici dans les deux acceptions qu'il revêt en droit civil, à la fois comme contrepartie d'un engagement et comme objet d'engagement[159].

En tant que contrepartie d'un engagement ou d'une prestation, la cause existe presque nécessairement lors de la constitution d'une société, car à un apport, on concevrait mal que ne corresponde pas une attribution de titres. Il n'y a que dans l'éventualité où cette attribution serait, quantitativement, dérisoire que l'on pourrait véritablement parler d'absence de cause. Mais cette éventualité reste nécessairement rare.

Comme l'objet, la cause doit exister et être licite. Ainsi, peuvent être nulles, des sociétés créées pour faire échec au droit de gage général des créanciers ou à une obligation de non-concurrence ou à une interdiction professionnelle pesant sur une personne physique.

Telles sont les conditions de fonds que le contrat de société doit absolument respecter en vue de sa validité. Il reste à rappeler à présent quelles sont les exigences de forme auxquelles doit ledit contrat de société doit également satisfaire.

§2. LES CONDITIONS DE FORME

104 La constitution de la société obéit à un certain formalisme. Celui-ci tient d'une part à l'établissement de l'acte de société (A) et à l'accomplissement de formalités de publicité (B).

A- L'établissement de l'acte de société

105 Qu'elle procède d'un contrat ou d'un acte unilatéral, la constitution de la société donne lieu à l'établissement d'un document écrit appelé « Statuts »[160]. L'article 12 de l'AUS confirme bien cela en énonçant que *Les statuts constituent soit le contrat de société, en cas de pluralité d'associés, soit l'acte de volonté d'une seule personne, en cas d'associé unique*. C'est dire l'importance des statuts dont il faut préciser la forme (1) et le contenu (2).

1- La forme des statuts

106 Jusqu'à l'avènement de l'OHADA, la forme notariée, c'est-à-dire la forme authentique était obligatoire pour les actes constitutifs des SA, des SCA ou

---

[159] C. civ., art. 1131.

[160] V. pour plus de détails, O. BASSE, *Les formalités de constitution des sociétés commerciales*, mémoire de Maitrise, Université Gaston berger (Saint-Louis, Sénégal), 2010.

des SARL[161]. Il s'agissait donc d'une exigence de forme solennelle qui ne souffrait d'aucune restriction. L'AUS apporte un certain assouplissement. En effet, l'article 10 dispose que *sauf dispositions nationales contraires, les statuts sont établis par acte notarié ou par tout acte offrant des garanties d'authenticité dans l'État du siège de la société* (...) . En outre, l'article 11 prévoit clairement la possibilité de statuts rédigés par acte sous seing privé. Ainsi, il est acquis que l'exigence d'un acte authentique n'est plus de rigueur.

Lorsque la société est constituée par acte sous seing privé et qu'il s'agit d'une société de personnes, il convient de dresser autant d'originaux qu'il existe d'associés ou, plus précisément, autant d'originaux qu'il est nécessaire pour le dépôt d'un exemplaire au siège social, l'exécution des diverses formalités requises et la remise d'un exemplaire à chaque associé. Dans les autres sociétés constituées par acte sous seing privé, la règle générale est qu'il est dressé autant d'originaux qu'il est nécessaire pour le dépôt d'un exemplaire au siège social et l'exécution des diverses formalités requises ; enfin, dans le cas particulier des sociétés à responsabilité limitée, un exemplaire des statuts établi sur papier libre doit être remis à chaque associé[162]. Ainsi, l'intérêt de la forme notariée apparaît lorsque le nombre des associés est important : le notaire conserve l'original au rang de ses minutes et délivrera autant d'expéditions qu'il est nécessaire.

Dans certains cas, la forme notariée, sans être obligatoire, est très fortement recommandée : ainsi, dans le cas des sociétés constituées entre successibles, si la société est constituée par acte notarié, l'éventuel avantage que pourrait constater l'acte de société au profit d'un héritier ne donnera pas lieu à rapport lors de l'ouverture de la succession[163].

Il est enfin des situations où l'acte authentique est obligatoire : c'est le cas, très fréquent en pratique, des sociétés auxquelles il est fait apport d'un bien ou droit immobilier ou d'un droit au bail d'une durée supérieure à douze ans ; la publicité au bureau des hypothèques étant obligatoire, la rédaction d'un acte notarié est elle-même obligatoire.

107 Cela dit, qu'ils soient établis par acte notarié ou par acte sous seing privé, les statuts doivent être signés par toutes les parties. Celles-ci peuvent le faire directement ou par l'intermédiaire d'un mandataire muni des pouvoirs nécessaires. La société est constituée à compter de la signature de ses statuts[164].

---

[161] V. pour plus de détails MAGUETTE DIAW, *Les statuts des sociétés commerciales et droit français et l'acte uniforme portant droit des sociétés commerciales*, mémoire de Master, UCAD, 2005.

[162] V. art. 11, al. 11 AUS. V. O. BASSE, *Les formalités de constitution des sociétés commerciales*, Mémoire de maitrise, Université Gaston berger (Sénégal), op. cit.

[163] C. civ., art. 854.

[164] V. art. 101 AUS.

L'acte constitutif de la société doit être établi par écrit. Cet écrit, ce sont les statuts. À défaut de tels statuts, on se trouve en présence d'une société créée de fait qui ne peut être immatriculée et n'a par conséquent pas de personnalité juridique[165].

Qui plus est, l'écrit dont la rédaction est exigée est susceptible de remplir plusieurs fonctions : il est, tout d'abord, une condition préalable à l'opposabilité de la société et va servir de support à toutes les mesures de publicité qui achemineront vers l'octroi de la personnalité morale à la société. Seule la société en participation échappe à cette exigence puisqu'elle se définit comme une société dont les associés ont convenu qu'elle ne serait pas immatriculée, d'où l'on déduit qu'elle peut être prouvée par tous les moyens, quel que soit le caractère civil ou commercial de son objet. C'est là une solution tout à fait particulière à ce type de société. Dans la généralité des cas, l'écrit sera nécessaire pour faire la preuve du contrat de société : il remplit donc une fonction de preuve ; enfin, exceptionnellement, il peut se présenter comme une condition de validité même du contrat de société.

108 Comme instrument de preuve, il convient d'appliquer au contrat de société, les règles générales du droit commun de la preuve, ce qui se présente comme une solution dérogatoire puisque normalement la preuve est libre en matière de contrats commerciaux. La question de la preuve de la société est à envisager distinctement selon qu'il s'agit des rapports entre associés ou des rapports de ceux-ci avec les tiers.

La question de la preuve de la société peut se poser, en effet, dans les rapports entre associés : par exemple, si une contestation survient alors que, le contrat de société ayant été conclu, la société n'a pas encore été immatriculée ; elle est alors régie par le droit des contrats[166], ce qui, en matière de preuve, renvoie à l'article 1341 du Code civil[167]. De même, lors d'un litige survenant entre les associés d'une société supposée nulle : en effet, la nullité fonctionnant sans rétroactivité, à la manière d'une dissolution, il doit être procédé à sa liquidation selon les dispositions des statuts de sorte que, pour obtenir une liquidation et un partage conformes à ses droits, l'associé doit prouver l'existence du contrat de société supposé valable bien qu'aucun écrit n'ait été dressé ; si les contractants veulent contraindre leurs coassociés à l'exécution ou à des dommages-intérêts pour inexécution, ils auront à faire la preuve du contrat.

Dans tous ces cas, c'est une preuve écrite qui doit être fournie ; mais la jurisprudence admet que cette interdiction du recours à la preuve testimoniale ne

[165] V. art. 115 AUS.
[166] C. civ., art. 1842, al. 2.
[167] Nécessité d'un écrit dès lors que l'intérêt litigieux dépasse un certain seuil de somme d'argent.

s'applique pas s'agissant de l'interprétation des clauses obscures des statuts[168]. En l'absence d'écrits, le recours à la preuve par témoins ou par présomptions n'est permis que s'il existe un commencement de preuve par écrit.

Dans les rapports avec les tiers, les associés ne peuvent, en aucun cas, leur opposer une clause ou stipulation qui serait contraire aux statuts tels qu'ils ont été publiés. Quant aux tiers, ils pourront faire la preuve des engagements ou des obligations des associés en invoquant les statuts écrits.

Mais, s'ils peuvent invoquer les statuts, les tiers ne sont nullement tenus de le faire ; ils peuvent, dès lors qu'ils n'ont pas été partie au contrat de société, en prouver l'existence par tous les moyens conformément à la règle du droit commun selon laquelle le contrat, qui est un acte juridique pour les parties, n'est qu'un fait à l'égard des tiers[169]. En outre, les tiers sont en droit d'établir l'existence de la société telle qu'elle leur est apparue, même si sa nature réelle est différente, pourvu que celle-ci leur soit demeurée inconnue[170]. Ils peuvent donc se prévaloir à l'encontre des associés d'un contrat de société qui n'a pas été publié ni passé par écrit lorsque même ce défaut de publicité serait une cause de nullité du contrat.

109 Quant à l'écrit comme condition de validité de la société, il faut noter qu'il existe, en effet, des cas exceptionnels dans lesquels l'écrit est requis à peine de nullité de la société elle-même

L'écrit n'étant, en règle générale, exigé que pour permettre l'accomplissement des formalités de publicité, l'absence d'acte écrit n'est en principe pas une cause de nullité. En effet, elle ne figure pas dans la liste limitative des causes de nullité prévues par l'article 75 AUS. La première conséquence du défaut d'écrit sera le blocage du processus de création de la société : à défaut d'écrits, le greffier, chargé de vérifier la régularité de la constitution, ne pourra que refuser l'immatriculation, ce qui empêchera la société d'acquérir la personnalité morale.

En outre, les éventuels vices de forme ou irrégularités dans les formalités prescrites peuvent donner lieu à régularisation : une action à cette fin est prévue qui est ouverte à tout intéressé et au ministère public[171]. L'existence de l'action, à ce stade initial de la constitution, est cependant controversée parce que cette action « se prescrit par trois ans à compter de l'immatriculation »[172] ; certains en

---

[168] Cass. civ. 4 nov. 1885, DP 1886.1.302, S. 1888.1.365 et 18 nov. 1913, Journ. soc. 1915.258 ; C. HOUPIN et H. BOSVIEUX, *op. cit.*, t. 1, n° 140.
[169] V. O. BASSE, *Les formalités de constitution des sociétés commerciales*, mémoire de Maitrise, Université Gaston berger (Saint-Louis, Sénégal), op. cit.
[170] M. DE GAUDEMARIS, « Théorie de l'apparence et sociétés », *Rev. sociétés* 1991.465.
[171] Art. 75 AUS. S. BRAHIM, *Le registre du commerce et des sociétés en Mauritanie*, mémoire de DEA, Université Gaston berger (Saint-Louis, Sénégal), 2003.
[172] Art. 77 AUS.

déduisent qu'elle ne peut être exercée qu'après l'immatriculation de la société[173] ; on peut toutefois estimer que les trois ans courant à partir de l'immatriculation marquent seulement un point d'aboutissement et non un point de départ : passé ces trois ans, l'action ne peut plus être exercée[174] ; mais rien n'interdit de l'exercer dès avant l'immatriculation et c'est même durant cette période qu'elle présente le plus d'intérêts.

2- Le contenu des statuts

110 L'article 13 de l'AUS précise les mentions obligatoires qui doivent figurer dans les statuts de toute société commerciale. Ainsi, les statuts doivent mentionner : la forme de la société ; sa dénomination suivie, le cas échéant, de son sigle ; la nature et le domaine de son activité, qui forment son objet social ; son siège social ; sa durée ; l'identité des apporteurs en numéraire avec, pour chacun d'eux, le montant des apports, le nombre et la valeur des titres sociaux remis en contrepartie de chaque apport ; l'identité des apporteurs en nature, la nature et l'évaluation de l'apport effectué par chacun d'eux, le nombre et la valeur des titres sociaux remis en contrepartie de chaque apport ; l'identité des apporteurs en industrie, la nature et la durée des prestations fournies par chacun d'eux, le nombre et la valeur des titres sociaux remis en contrepartie de chaque apport ; l'identité des bénéficiaires d'avantages particuliers et la nature de ceux-ci ; le montant du capital social ; le nombre et la valeur des titres sociaux émis, en distinguant, le cas échéant, les différentes catégories de titres créées ; les clauses relatives à la répartition du résultat, à la constitution des réserves et à la répartition du boni de liquidation ; les modalités de son fonctionnement.

111 L'article 75 de l'AUS sanctionne le défaut ou l'insuffisance des mentions des statuts. En effet, il énonce : « *Si les statuts ne contiennent pas toutes les mentions exigées (...) tout intéressé peut demander à la juridiction compétente, dans le ressort de laquelle est situé le siège social, que soit ordonnée, sous astreinte, la régularisation de la constitution. Le ministère public peut également agir aux mêmes fins* ». Cette action en régularisation vise donc à corriger les statuts et à les rendre conformes aux exigences légales.

B- Les formalités de publicité

112 Le processus de constitution de la société s'achève par l'accomplissement d'un certain nombre d'actes de publicité. La publicité du contrat de société est nécessaire pour faire connaître aux tiers l'existence de la personne morale qui va se livrer à l'exploitation commerciale. Il ne s'agit pas seulement d'une formalité destinée à régler un conflit de droit, mais d'une règle

---

[173] V. J. HÉMARD, F. TERRÉ et P. MABILAT, *Sociétés commerciales*, t. 1, 1972, Dalloz, n° 214 ; B. MERCADAL, P. JANIN, A. CHARVÉRIAT et A. COURET, *op. cit.*, n° 28443.

[174] V. Y. CHARTIER, « La société dans le code civil après la loi du 4 janvier 1978 », *JCP* 1978. I. 2917, spéc. n° 109.

constitutive de la société. Il importe de s'arrêter un instant sur les moyens de la publicité avant de voir quelles peuvent être les sanctions de cette formalité.

Il s'agit de l'immatriculation[175], du dépôt d'actes ou de pièces au greffe et de l'insertion d'un avis dans un journal habilité à recevoir des annonces légales.

L'immatriculation[176] est l'acte par lequel la société accède à la vie juridique. Elle se fait au Registre du commerce et du crédit mobilier tenu par le greffe du tribunal dans le mois qui suit la constitution de la société. En effet, lorsque la société est définitivement constituée, elle fait l'objet d'une inscription au RCCM, qui lui confère la personnalité morale.

Les greffiers ou les autorités compétentes n'exigent le dépôt d'actes enregistrés auprès des autorités fiscales que lorsque l'enregistrement est obligatoire en application de la loi fiscale de l'État partie[177].

Enfin, un avis de constitution de la société, signé par le notaire ou par les fondateurs, doit être inséré dans un journal destiné à recevoir des annonces légales dans l'Etat où se trouve le siège social. Cette insertion, qui doit contenir certaines énonciations, doit être faite dans un délai de 15 jours suivants l'immatriculation[178].

112 Toutes les formalités de publicité sont effectuées à la diligence et sous la responsabilité des représentants légaux de la société[179]. Elles visent, pour l'essentiel, à révéler l'existence de la société aux tiers. Il s'agit donc de mesures d'information qui ont une vertu protectrice pour les tiers, et notamment pour les créanciers des fondateurs. Ceux-ci savent désormais, grâce à la publicité, que leur débiteur a participé à la constitution d'une société et, dès lors, ils peuvent user des voies de droit qui leur sont reconnues pour sauvegarder leurs intérêts (action paulienne, action oblique, etc.).

En définitive, l'AUS sanctionne les manquements aux règles de constitution de la société. Comme on le verra plus tard, il s'agit d'une sanction grave qui frappe la société. Mais avant d'envisager l'étude des sanctions de violation des conditions de formation du contrat de société de manière générale, il est important de présenter les conditions de formation qui lui sont propres.

---

[175] A. FENEON, A. DELABRIERE, *Rapport relatif à l'élaboration des formulaires et du registre du commerce et du crédit mobilier prescrits par l'Acte uniforme sur le droit commercial général de l'OHADA*, Paris, Cabinet Fénéon, 1998 ; P.S. AKUETE, « L'immatriculation au nouveau registre du commerce et du crédit mobilier »,*Revue Togolaise de Droit des Affaires et de l'Arbitrage*, mars 2000, p. 2. s, 1998 ; A. DELABRIERE, « Le registre du commerce et du crédit mobilier, instrument 'information et de sécurité des créanciers dans l'espace OHADA », *Pénant,* n° 840, 2002, p. 369.

[176] V. art. 34 et s. AUDCG.

[177] V. art. 258 AUS.

[178] V. art. 261 et 262 AUS.

[179] V. art. 259 AUS.

SECTION II- LES ÉLÉMENTS SPÉCIFIQUES DU CONTRAT DE SOCIÉTÉ

113 La définition de la société commerciale de l'article 4 de l'AUS met en exergue les principaux éléments caractéristiques du contrat de société, à savoir la pluralité d'associés (§1), les apports (§2), la participation aux résultats et la contribution aux pertes (§3), *l'affectio societatis* (§4).

§1. LA PLURALITÉ D'ASSOCIES

114 Il convient d'abord de préciser la notion d'associé. L'associé est toute personne qui est membre d'une société, quelle que soit la forme de celle-ci. Dans les sociétés par actions, l'associé est couramment appelé « *actionnaire* », c'est-à-dire le titulaire d'une action (l'action est un titre négociable émis par la société par actions et qui représente une fraction du capital social), même comme le législateur préfère employer le terme « *associé* » pour désigner les membres d'une société par actions simplifiées.

115 En dehors du cas de la société unipersonnelle[180] qui est constituée d'un seul associé, le principe est que la société suppose, comme toute convention, la réunion d'au moins deux associés. Il s'agit des associés fondateurs. Pour la jurisprudence, a seule qualité d'associé, la personne qui réunit en elle-même les trois éléments caractéristiques du contrat de société, c'est-à-dire a fait un apport, participe aux bénéfices et aux pertes et qui a eu la volonté de s'associer[181]. En général, la détermination de la qualité ne suscite pas de difficulté. Mais, il en va autrement dans quelques hypothèses qu'il faut rapidement évoquer.

D'abord, en cas d'indivision (situation juridique ou plusieurs personnes détiennent des droits concurrents sur un même bien sans qu'il y ait division de leurs parts) affectant des parts sociales ou actions, la jurisprudence considère que chaque indivisaire a la qualité d'associé, et non l'indivision elle-même[182] : *les héritiers d'un associé décédé ont, lorsqu'il a été stipulé que la société continuerait avec eux, la qualité d'associés* . Dans la pratique, les indivisaires

---

[180] V. Y. AGNIGNA, *La société unipersonnelle : une solution à la crise de l'entreprise en Afrique ? (une lecture critique de l'Acte uniforme relatif au droit des sociétés commerciales et du GIE)*, op. cit. DIOUF NDEYE, *La société unipersonnelle*, Mémoire UCAD, 2006, 60p, L. MISSOU ANOI, *La société Unipersonnelle dans L'AUSCGIE*, Mémoire UCAD, 1998, 32p ; E. NGOM MALICK, *La société unipersonnelle, conséquences théoriques et intérêts pratiques*, Mémoire UCAD, 1998, 79p ; SARR IBOU, *La société unipersonnelle*, Mémoire UCAD, 2006, 44p. ; F. MEMAN THIERO, « La société unipersonnelle dans le droit des affaires OHADA : une œuvre (législative) à parfaire », *Pénant*, n° 8-8, 2009, p.312 ; A. AYAWA TSAKADI, « Réflexions sur les pouvoirs de l'associé unique », *Juridis Périodique*, n° 81, Janvier-février-mars 2010, pp. 82-103 ; F. NDIENG, « Les effets de la dissolution d'une société unipersonnelle en droit OHADA », *Revue Sénégalaise de Droit des Affaires*, n° 5-6-7-8, 2005-2006, pp. 35-60, DIALLO FATOU, *La pratique de la société unipersonnelle au Sénégal*, mémoire de Master, UCAD, 2008.

[181] Paris, 16 avril 1985.

[182] Civ, 6 févr. 1980.

doivent désigner un représentant pour exercer les droits attachés à leurs parts ou actions.

Ensuite, l'attribution de la qualité d'associé peut être difficile en cas de *mariage*. Il n'y a pas de problème si les époux sont mariés sous un régime de séparation de biens ou de participation aux acquêts (chaque époux étant libre de disposer de ses biens). La question est délicate lorsque l'entrée en société est réalisée au moyen de biens communs. Comme il a déjà été relevé, les deux époux ne peuvent être membres d'une société de personnes. Par contre, s'agissant de la SA, il faut distinguer deux situations. Lorsque l'apport ou l'achat d'actions a été fait conjointement par les deux époux, chacun d'eux a la qualité d'associé. Lorsque l'apport ou l'achat a été réalisé au moyen de biens communs par un seul des époux, c'est à celui-ci que doit être reconnue la qualité d'associé[183].

116 Par ailleurs, en cas de convention de croupier, par laquelle un associé, sans le consentement des autres, convient avec un tiers de partager les bénéfices et pertes résultant de l'activité sociale. Une telle convention, quoique valable, ne confère pas au croupier, c'est-à-dire au tiers, la qualité d'associé.

117 Enfin, en cas de convention de portage c'est-à-dire une convention par laquelle une prise de participation dans une société est effectuée par un établissement financier qui n'entend rétrocéder les titres sociaux à une personne demeurée dans l'ombre. La jurisprudence est divisée. Certains tribunaux ont décidé que l'établissement financier a seul qualité d'associé[184] alors que d'autres reconnaissent cette qualité à la personne ayant traité avec l'établissement[185].

§2. LES APPORTS

118 Le mot « apport » est susceptible d'une double signification[186]. Dans un sens, il désigne l'opération d'apport par laquelle un associé exécute son obligation principale envers ses associés et la société en création elle-même en mettant à la disposition de celle-ci ce qu'il a promis. Dans un second sens, il désigne l'objet même de l'apport de l'associé, c'est-à-dire le bien ou l'activité nécessaire à la société.

L'obligation d'apport est une obligation légale. Il résulte de l'article 37 de l'AUS que *Chaque associé doit faire un apport à la société* . C'est la confusion des apports des associés qui constituent l'élément de base du patrimoine social. Chaque apport donne droit à une contrepartie que l'on appelle « *part sociale* » ou « *action* ». Comme le dit l'art. 38 *En contrepartie de leurs apports, les associés*

[183] J.-P. SORTAIS, « Constitution des sociétés », *Répertoire de droit des sociétés, op. cit.*

[184] Paris, 9 juin 1983, D. 1984.IR. 81.

[185] TGI Lille, 28 oct.1986.

[186] V. pour plus de détails sur la question des apports, M. L. DIOP, *L'apport dans la société commerciale OHADA,* Mémoire de maitrise, Université Gaston Berger (Saint-Louis, Sénégal), 2008.

reçoivent des titres émis par la société... . Ces titres représentent les droits des associés[187].

119 Il existe différentes sortes d'apports dont la réunion constitue en principe le capital social. L'article 37 al. 2 énonce que « *Chaque associé est débiteur envers la société de tout ce qu'il s'est obligé à lui apporter en numéraire, en nature ou en industrie* ». Il en résulte qu'il existe trois principales formes d'apports : les apports en numéraire, les apports en nature et les apports en industrie. La liste des apports est limitative comme le confirme l'article 40 *in fine : Tout autre apport est interdit* . Il s'agira donc essentiellement des apports en numéraire (A), en nature (B) ou en industrie (C).

A- Les apports en numéraire

120 L'apport en numéraire n'est autre que l'apport d'une somme d'argent. Cette forme d'apport a les faveurs du législateur, qui autorise même les associés à différer la transmission effective des fonds. La souscription, qui fait naître sur la tête de l'associé l'obligation d'effectuer son apport, doit effectivement être distinguée de la libération de l'apport, qui correspond à la mise à disposition effective de l'apport, c'est-à-dire au versement au profit de la société de la somme promise. La société ne peut être créée que si les associés ont souscrit des apports. En revanche, les conditions de la libération des apports sont généralement déterminées par les statuts, qui peuvent imposer soit une libération immédiate, soit une libération par fractions échelonnées. Pour certaines sociétés, la liberté en ce domaine est totale. À la limite, on estime que les associés d'une société en nom collectif ou d'une société civile pourraient parfaitement libérer leurs apports 99 ans après la création de leur société[188]. Mieux, la libération pourrait intervenir par affectation des bénéfices réalisés. Comme le soulignent certains auteurs, *cette grande liberté tempère considérablement le principe de l'exigence des apports posé par l'article 1832 C. civil* . Quoi qu'il en soit, lorsque l'associé n'exécute pas volontairement son obligation, il peut y être contraint par ses coassociés ou par les créanciers sociaux, tant par la voie de l'action oblique[189] que par la voie d'une action directe que leur a reconnue la jurisprudence[190].

L'associé n'étant pas un philanthrope, les sommes qu'il verse à la société devront lui être remboursées. Mais ce remboursement n'interviendra normalement qu'à la dissolution de la société et sous réserve que l'intégralité des créanciers sociaux ait été préalablement désintéressée. Le droit au remboursement de l'apport étant conditionnel, l'associé se trouve dans une

---

[187] V. art. 51 AUS.
[188] Pour ce cas de figure, v. C. FÉLIX, « De l'importance du capital social dans certaines sociétés civiles immobilières », *JCP*, 1984. I. 13.
[189] C. civ., art. 1166.
[190] Cass. civ. 4 janv. 1887, DP 1887. 1. 124.

situation nettement moins favorable qu'un prêteur[191]. Il effectue un « prêt » hasardeux et apparaît comme une sorte de créancier de dernier rang. Mais ses gains potentiels seront à la hauteur de cet aléa puisqu'il percevra une quote-part des bénéfices. Cependant, les entrepreneurs cherchent généralement à limiter leurs risques. Le montage le plus classique et le plus répandu consiste à n'apporter que les sommes strictement nécessaires sur le plan juridique et à prêter le restant sous forme d'un prêt, qualifié maladroitement d'apport en compte courant.

L'apport en numéraire se distingue des *apports en compte courant* , simples opérations de prêt, dans lesquelles un associé accepte de mettre à la disposition de la société une certaine somme, productrice d'intérêts et destinée à être remboursée soit à tout moment, soit à un certain délai de date. Contrairement à l'apport ordinaire, l'avance en compte courant n'est donc nullement irréversible ou conditionnelle, sauf dispositions contractuelles particulières. L'associé peut récupérer son avance même si les affaires ne sont pas florissantes[192].

En définitive, il convient de relever que les apports en numéraire sont réalisés par le transfert à la société de la propriété des sommes d'argent que l'associé s'est engagé à lui apporter[193]. Ils sont libérés intégralement lors de la constitution de la société. Ne sont considérés comme libérés que les apports en numéraire correspondant à des sommes dont la société est devenue propriétaire et qu'elle a intégralement et définitivement encaissées.

En cas de retard dans le versement, les sommes restant dues à la société portent de plein droit l' intérêt au taux légal à compter du jour où le versement devait être effectué, sans préjudice de dommages et intérêts, s'il y a lieu. À moins que les statuts ne l'interdisent, les apports en numéraire réalisés à l'occasion d'une augmentation de capital de la société peuvent être réalisés par compensation avec une créance certaine, liquide et exigible sur la société

B- Les apports en nature

121 Les apports en nature comprennent tous les apports autres qu'en espèces. Mais, la loi se veut plus précise. De la combinaison de l'art. 40 al. 3 et 45 AUS, il ressort que les apports en nature sont réalisés par le transfert à la société des droits réels portant sur des biens mobiliers ou immobiliers, corporels ou incorporels et par la mise à la disposition effective des biens sur lesquels portent ces droits. Ils peuvent même consister en un apport de droits personnels

[191] J.-P. SORTAIS, « Constitution des sociétés », *Répertoire de droit des sociétés, op. cit.*

[192] I. URBAIN-PARLEANI, *Les comptes courant d'associés*, 1986, LGDJ ; J. CALVO, « Les comptes courants d'associés, aspects juridiques et fiscaux », *Petites Affiches* 1998, n° 8 ; A. COURET, « Dépendance ou indépendance des qualités d'associé et d'apporteur en compte courant », *Bull. Joly* 1992. 7 ; D. DANET, « Comptes courants d'associés : pour en finir avec un apartheid juridique », *RTD com.* 1993. 55.

[193] Art. 41 et s. AUS.

(créances). Comme les apports en numéraire, les apports en nature sont libérés intégralement lors de la constitution de la société[194].

Le législateur ayant parfois imposé des seuils minimums d'apports, il est nécessaire de procéder à leur évaluation afin de savoir si le seuil est dépassé ou non. Cette phase est délicate. L'associé cherchera éventuellement à « gonfler » la valeur de son apport. Si l'apport est surévalué, les créanciers sociaux seront lésés. La valeur réelle des biens apportés, qui constituent leur principale garantie dans les sociétés à risque limité, se révélera inférieure à leurs espoirs légitimes. De plus, l'apporteur en question sera abusivement privilégié par rapport à ses coassociés. Il obtiendra plus de droits dans le capital social que ce à quoi il pourrait normalement prétendre, ce qui introduira nécessairement un déséquilibre dans la société. Si, au contraire, l'apport est sous-évalué, les créanciers sociaux ne souffriront d'aucun désagrément. En revanche, l'associé apporteur sera lésé puisqu'il ne recevra pas la juste contrepartie de son apport. Mais l'associé est normalement en mesure de défendre lui-même ses intérêts vis-à-vis de ses coassociés. Dès lors, le législateur a surtout cherché à éviter les surévaluations en mettant en place un dispositif de contrôle par un commissaire aux apports. L'opération génère des coûts non négligeables, même si le législateur a parfois allégé le contrôle pour tenir compte de cette contrainte financière.

122 L'apport en nature peut se faire suivant deux modalités : soit en pleine propriété, soit en jouissance.

L'associé peut apporter la propriété d'un bien ou seulement un droit réel démembré tel l'usufruit. Mieux, il peut se contenter d'apporter la jouissance d'un de ses biens. Cette faculté le met dans une situation bien plus confortable qu'un apporteur en numéraire.

L'apport en pleine propriété consiste, pour l'associé apporteur, à transférer définitivement la propriété du bien à la société. Celle-ci en devient donc la propriétaire dès lors que le transfert s'est effectué conformément à la loi et notamment si les formalités usuelles de publicité ont été réalisées (tout dépend de la nature du bien concerné : immeuble, fonds de commerce, etc.). La société bénéficie de la même protection que l'acquéreur d'une chose. En effet, l'art. 46 prévoit que *Lorsque l'apport est en propriété, l'apporteur est garant envers la société comme un vendeur envers son acheteur*. Cela revient à dire que l'apporteur garantit la société contre les vices cachés de la chose et contre l'éviction.

Quant à l'apport en jouissance, en principe, il s'agit d'un mode exceptionnel d'apport. L'apport en jouissance consiste à mettre un bien à la disposition de la société sans lui en transférer la propriété. Autrement dit, la société va pouvoir user du bien pendant le délai prévu, mais l'associé apporteur en demeure

[194] V. art. 45 al. 2.

propriétaire. Il rentre normalement en possession du bien soit au terme du délai, soit à la dissolution de la société (droit à restitution).

En matière d'apport en jouissance, il convient de distinguer plusieurs hypothèses. En premier lieu, s'il s'agit d'un corps certain, il y a apport en usufruit, c'est-à-dire que l'apporteur transfère à la société l'usufruit de la chose (usus et fructus), mais en conserve la nue-propriété (abusus). Dans ce cas, l'apporteur, dit l'art. 47, est garant envers la société comme un bailleur envers son preneur. Ce qui revient à dire qu'il doit entretenir la chose pour qu'elle soit en état de servir à l'usage pour lequel elle a été apportée d'une part, et d'autre part, assurer une jouissance paisible à la société. En second lieu, lorsque l'apport porte sur des choses de genre (choses fongibles) ou sur des choses consomptibles, il y a en réalité transfert de la propriété des biens apportés à la société, à charge, pour la société, dit l'art. 47, *d'en rendre une pareille quantité, qualité et valeur* . Dans cette hypothèse, l'apporteur est garant, envers la société, du vice caché de la chose et contre l'éviction.

123 Quoi qu'il en soit, pour un apport en jouissance d'un corps certain, si la société-personne morale fait faillite, le bien apporté échappera à l'action des créanciers sociaux puisqu'il ne fait pas partie du patrimoine social[195]. Ainsi s'expliquent d'ailleurs certaines recommandations de praticiens qui militent pour les apports de sommes d'argent en jouissance[196]. Ces apports permettraient de réduire le risque subi par les associés. Au demeurant, les apports en jouissance de « choses de genre », dont la monnaie n'est qu'une espèce, ne sont pas soumis au même régime. En cas de liquidation judiciaire, l'associé ne sera nullement certain de récupérer ses fonds, spécialement si la totalité de l'actif s'est volatilisée. Mais cet exemple est néanmoins symptomatique des recherches entreprises par les praticiens pour limiter, autant que faire se peut, les risques des associés, et par-delà, le montant des apports[197].

Dans tous les cas, les associés évaluent les apports en nature[198]. Cette évaluation est contrôlée par un commissaire aux apports. Les statuts contiennent l'évaluation des apports en nature.

C- Les apports en industrie

124 On considère qu'il s'agit d'une variété d'apports en nature[199]. Les apports en industrie sont des apports en connaissances techniques ou professionnelles ou

---

[195] C. REGNAUT-MOUTIER, *La notion d'apport en jouissance*, 1994, LGDJ ; N. DECOOPMAN, « La notion de mise à disposition », *RTD civ.* 1981. 301.

[196] P. ENGEL, « Associé et créancier : l'apporteur en jouissance dans les sociétés de capitaux », *JCP, éd. E*, 1998, prat. 2056 et s.

[197] J.-P. SORTAIS, « Constitution des sociétés », *Répertoire de droit des sociétés, op. cit.*

[198] V. art. 49 et s. AUS.

[199] V. pour plus de détails D. R. SOH FOGNO, C. TALLA, « L'apport en industrie en droit des sociétés de l'OHADA », in *Anales de la Faculté des Sciences Juridiques et Politiques de*

en services[200]. L'associé peut apporter son activité professionnelle, ses connaissances techniques, voire le crédit que peut représenter son image. L'apport en industrie n'est licite que si son objet est lui-même dans le commerce et, par voie de conséquence, ne heurte aucune disposition d'ordre public. C'est ainsi qu'on ne saurait admettre, sous peine d'encourir les sanctions de la corruption, qu'un homme politique apporte son crédit politique à quelque société que ce soit.

L'apport en industrie est traditionnellement présenté comme un apport futur et successif. Les diligences effectuées par les fondateurs pour la constitution de la société ne leur permettent pas de devenir associés et d'obtenir une quote-part des bénéfices dans la mesure où leurs prestations sont réalisées au moment de la création de la société et non après. Par ailleurs, le caractère successif de l'apport en industrie a pour conséquence que les risques pèsent sur l'apporteur. Si l'associé interrompt sa contribution pour une cause quelconque, telle que maladie, accident ou décès, ses droits dans la société s'en trouveront généralement affectés. L'apport en industrie est de la sorte affecté d'un vice congénital qui le rend peu attractif. Pour en prendre pleinement conscience, il suffit de comparer la situation de l'apporteur d'un bien avec celle d'un apporteur en industrie. L'associé qui se contente d'apporter un ordinateur portable dont la valeur sera proche de zéro au bout de 20 ans aura droit au partage des bénéfices pendant toute la durée de vie de la société (soit 99 ans indéfiniment renouvelables), alors que l'apporteur en industrie n'aura plus aucun droit de percevoir des bénéfices s'il vient à cesser son activité après vingt ans de bons et loyaux services. La situation est d'autant plus difficile pour l'apporteur en industrie qu'il lui est impossible de se substituer un tiers pour poursuivre sa contribution. Le caractère *intuitu personae* de ce type d'apport explique cette solution. L'apporteur en industrie reçoit, en échange de son apport, des parts d'industrie, mais contrairement aux parts sociales attribuées en rémunération des autres apports, ces parts sont incessibles et doivent être annulées lorsque leur titulaire perd la qualité d'associé pour quelque cause que ce soit. Sauf à considérer qu'une libération intégrale pourrait avoir lieu au moment de la constitution de la société, sous forme d'une transmission d'un savoir-faire par exemple, et que l'apporteur recevrait en contrepartie des parts sociales ou des actions cessibles ou négociables, l'apport en industrie restera pour longtemps un mal-aimé[201]. Une société ne peut être valablement constituée dans l'hypothèse où

---

l'Université de Dschang, 2009, pp. 199-226 ; DOUDOU GUEYE, *L'apport en industrie*, mémoire de master UCAD, 2001.

[200] V. art. 40 AUS ; DIALLO BADARA, *Le régime juridique des apports en industrie : réflexion sur une réalité inexistante*, mémoire de Master, UCAD, 2008 ; DAW PAPA IBRAHIMA, *Le régime juridique des apports en industrie : Réflexions sur une réalité inexistante*, Mémoire UCAD, 2008, 23 p ; GUEYE DOUDOU, *L'apport en industrie*, Mémoire UCAD, 2001, 18p.

[201] C. MALECKI, « L'apporteur en savoir-faire : du mal-aimé au bien-aimé ? », *Bull. Joly* 2004. 1169 ; L. NURIT-PONTIER, « Repenser les apports en industrie », *LPA* 3 juill. 2002, p. 4 ; E. RICHARD [sous la direction de], *Droit des affaires, Questions actuelles et perspectives historiques*, 2005, PU Rennes, p. 271.

les associés se contenteraient d'apporter exclusivement leur industrie. Il est vrai que cette forme d'apport est expressément interdite dans les sociétés anonymes. Cependant, la jurisprudence a déjà reconnu qu'une société de fait peut être créée entre deux associés, simples apporteurs en industrie[202].

S'il désire contribuer par son travail à l'entreprise commune, l'associé peut choisir un statut parfois plus attractif que celui d'apporteur en industrie. Il peut, en plus d'être associé par le biais d'un apport en numéraire ou en nature, devenir salarié ou dirigeant. En choisissant d'être salarié, l'associé percevra une rémunération en contrepartie de son travail même si la société ne réalise pas de bénéfices. Mieux, si la société réalise des bénéfices, il y aura droit, le cas échéant par le biais des règles de la participation et de l'intéressement. Le salarié peut même aujourd'hui devenir associé sans verser le moindre apport, au moyen d'une distribution d'actions gratuites[203]. Dans certains pays, le législateur souhaite même instaurer un *dividende du travail*[204]. L'évolution est telle que l'on peut sérieusement se demander si le futur modèle de la société n'est pas celui de la société anonyme à participation ouvrière[205]. Instituée en France par une loi du 26 avril 1917, cette société particulière est une structure dans laquelle une seule et même prestation de travail vaut à la fois exécution d'un contrat de travail et libération d'un apport en industrie. La pierre angulaire de cette construction est constituée par les *actions de travail* créées à côté des actions de capital et attribuées collectivement au personnel de la société[206]. Poursuivant dans cette logique, le législateur contemporain a tendance à considérer que le travail du personnel salarié de la société est une sorte d'apport qui doit être rémunéré par le versement d'une quote-part des bénéfices et par l'octroi de titres ayant les mêmes caractéristiques que les actions ordinaires. Mais contrairement à l'associé apporteur en industrie qui risque de ne pas être rémunéré pour le travail accompli, le salarié, devenu également associé perçoit un salaire, quels que soient les résultats de l'activité. Le statut de salarié est d'autant plus intéressant qu'il existe de nombreuses règles protectrices, par exemple en matière de salaire minimum, de licenciement, d'assujettissement à la sécurité sociale, de la fiscalité des traitements et salaires, etc. Les avantages du contrat de travail sont tels que

---

[202] V. DIALLO BADARA, *Le régime juridique des apports en industrie : réflexion sur une réalité inexistante*, op. cit. ; Cass. 1ère civ. 16 juill. 1997, Bull. Joly 1997. 992, note J.-J. Daigre, *RJDA* 1997, p. 925, n° 1352 ; J.-P. SORTAIS, « Constitution des sociétés », *Répertoire de droit des sociétés, op. cit.*

[203] J.-Ph. DOM, « L'attribution gratuite d'actions », *Bull. Joly* 2005. 188 ; M. VASSEUR, « La loi du 24 octobre 1980 créant une distribution gratuite d'actions en faveur des salariés des entreprises et les principes du droit français », *D.* 1981, chron. 63 ; Y. GUYON, « La distribution gratuite d'actions aux salariés », *JCP* 1982. I. 3006 ; A. VIANDIER, « La loi créant une distribution gratuite d'actions aux salariés », *Rev. sociétés* 1981. 475.

[204] En France par exemple, v. La Tribune, 10 mars 2006, p. 4.

[205] V. « Le salarié, sujet de droit des sociétés », Bull. Joly, n° spéc. juill. 2005.

[206] C. com. français, art. L. 225-260.

l'apport en industrie ne peut attirer que ceux qui trouvent le statut de salarié trop coûteux en raison précisément des charges sociales. Dans ce cas de figure, l'associé a alors la possibilité d'opter pour le statut de dirigeant.

125 Cela dit, il convient de noter que l'apport en industrie n'est pas admissible dans toutes les formes de société. Il ne peut être effectué au profit des sociétés dont la responsabilité des associés est limitée au montant de leurs apports, principalement la société anonyme[207]. Enfin, cette forme d'apport pose, plus que toute autre, le problème de son évaluation. Il est généralement admis que celui qui n'a apporté que son industrie doit être traité comme l'apporteur en numéraire ou en nature qui a le moins apporté[208].

Il convient de préciser que, quelle que soit la forme de l'apport, celui-ci doit être réel, effectif (c'est-à-dire de nature à procurer à la société un bien ou une activité représentant une valeur certaine) et non fictif. L'apport fictif est nul. Les tribunaux apprécient souverainement le caractère fictif ou non des apports. Ont été jugés fictifs : l'apport d'un bien par une personne qui n'en est pas ou plus propriétaire ; d'un bien sans valeur pécuniaire (brevet nul ou périmé) ; d'un bien ne pouvant être transféré à la société. Cette appréciation doit se faire au moment de la constitution de la société, soit au jour de la signature des statuts ou de l'augmentation du capital. C'est dire que toute perte de valeur postérieure du bien ne doit pas être prise en considération.

En définitive, il faut noter que les apports en industrie ne concourent pas à la formation du capital social, mais donnent lieu à l'attribution de titres sociaux ouvrant droit au vote et au partage des bénéfices et de l'actif net, à charge de contribuer aux pertes. Toutefois, les droits de vote attachés aux titres sociaux résultant d'apports en industrie ne peuvent être supérieurs à vingt-cinq pour cent (25%) de l'ensemble des droits de vote. La part totale attachée à ces titres sociaux ne peut excéder vingt-cinq pour cent (25%) des bénéfices, de l'actif net et des pertes de la société.

§3. LA PARTICIPATION AUX RÉSULTATS ET AUX PERTES

126 Des dispositions de l'art. 4 de l'AUS, il ressort que les associés créent la société *dans le but de partager le bénéfice ou de profiter de l'économie qui pourra en résulter* d'une part, et *s'engagent à contribuer aux pertes* d'autre part. Le contrat de société est ainsi un contrat intéressé. Les associés se regroupent dans le but d'obtenir un avantage économique. Plus précisément, ils espèrent soit partager entre eux des bénéfices, soit profiter d'économies (A). Les bénéfices proviennent d'une exploitation lucrative de l'entreprise commune, alors que les

---

[207] V. 50-1 AUS. V. M. L. DIOP, *L'apport dans la société commerciale OHADA,* mémoire de Maitrise, Université Gaston berger (Saint-Louis, Sénégal), 2008.

[208] V. art. 1853 al 2 C. civ cam : « *A l'égard de celui qui n'a apporté que son industrie, sa part dans les bénéfices ou dans les pertes est réglée comme si sa mise eût été égale à celle de l'associé qui a le moins apporté* ».

économies découlent plutôt d'une exploitation désintéressée. Dans tous les cas de figure, les associés doivent contribuer aux pertes (B). Il convient d'envisager séparément ces situations qui sont caractéristiques du contrat de société.

A- La vocation aux bénéfices

127 La notion de bénéfice est importante, car celui-ci constitue le critère caractéristique de la société et qui permet de la distinguer de l'association[209]. En effet, on considère que si un groupement est fondé dans le but de partager des bénéfices, il y a société. Au cas contraire, il s'agit d'une association. Malgré l'importance qu'il revêt, le législateur n'a pas défini ce qu'est un bénéfice. Sur le plan comptable, les bénéfices recouvrent généralement les résultats annuels de l'entreprise. Cette assimilation est cependant source de confusion. Les bénéfices (ou les pertes) d'un exercice ont toujours un caractère provisoire puisqu'un résultat en sens contraire, lors d'un autre exercice, peut les faire disparaître. Les *vrais* bénéfices n'apparaissent en réalité qu'au moment de la liquidation de la société (1). Par la suite, l'usage naîtra d'autoriser les associés à prélever des fonds en cours de vie sociale (2).

1- Le partage du bénéfice à la dissolution

128 Lorsque la société n'a pas la personnalité juridique, le bénéfice s'obtient en retranchant à tous les produits de l'exploitation les charges y afférentes[210]. Contrairement à une opinion répandue, la détermination du bénéfice est en réalité largement dépendante de la volonté des associés. Même lorsque les règles comptables s'imposent aux associés en raison de la nature commerciale de l'activité, les comptes sociaux peuvent être aménagés par les associés[211]. Dès la rédaction du contrat de société, les associés peuvent parfaitement décider si la contribution de l'un des associés présentera le caractère d'un apport ou d'une charge[212]. Si cette contribution est considérée comme une charge, l'associé aura droit à la rémunération prévue, qu'il y ait ou non des bénéfices. Il pourra même se retourner contre ses associés pour en exiger le paiement[213]. Par ailleurs, le bénéfice partageable entre les associés sera diminué du montant de cette charge. À l'inverse, si la contribution constitue un apport, la rémunération prévue ne sera versée que si les produits sont suffisants pour payer toutes les charges.

129 Dans l'hypothèse où la société a la personnalité juridique, le bénéfice à la dissolution se traduit par un boni de liquidation. Celui-ci peut être défini comme

---

[209] V. pour une vue générale, H. E. EYONG ONANA, *La participation aux résultats de la société commerciale*, mémoire de DEA, Faculté des Sciences Juridiques et Politiques de l'Université de Ngaoundéré (Cameroun), 2009.

[210] V. FATOU GUEYE, *La répartition des bénéfices*, mémoire de master, UCAD, 2001.

[211] H. HOVASSE, « Comptes sociaux et liberté contractuelle », *Dr. sociétés*, mars 2004, p. 7.

[212] CA Paris, 17 mai 1991, Bull. Joly 1991. 830, note X. Daverat.

[213] L. JOBERT, « L'obligation des associés aux dettes à l'égard du créancier associé », *JCP, éd. E*, 2005. 445.

ce qui reste après le désintéressement complet des créanciers sociaux et le remboursement des apports au moyen des sommes provenant de la vente des différents éléments du patrimoine de la société. Le bénéfice se présente comme un enrichissement du patrimoine social. Pour être précis, le bénéfice correspond à la valeur nette marchande de l'entreprise commune. Il est effectivement concevable que la liquidation de la société s'effectue en un seul bloc plutôt que par pièces détachées. Lors de la dissolution de la société, la cession de l'entreprise en entier, c'est-à-dire de l'ensemble des biens et/ou des ressources humaines réunis en vue d'une exploitation déterminée, est du reste plus intéressante pour les associés[214]. La valeur d'une entreprise vaut normalement plus que la somme des différents éléments la composant, et ce, en raison de l'effet de synergie provoqué par la réunion de ces mêmes éléments. Cette approche est conforme à la théorie économique[215]. L'évaluation des actions ou des parts sociales nécessite une évaluation préalable de l'entreprise commune. Chaque élément peut d'abord être évalué séparément. Mais il faut également prendre en compte la capacité de l'ensemble à générer des flux financiers supérieurs à ceux normalement produits par l'ensemble des éléments pris individuellement (les *goodwill* ou survaleur). Dans le cas d'une liquidation de la société, les associés se partagent ainsi la valeur nette marchande de l'entreprise, c'est-à-dire la valeur vénale de l'entreprise moins les dettes sociales et les apports. Si l'entreprise n'est plus capable de générer des profits, les éléments sont évalués et cédés individuellement. Dans le cas contraire, la cession de l'entreprise dans son entier reste l'opération la plus intéressante sur le plan financier. La répartition du boni de liquidation s'effectue en principe en fonction des apports. Mais cette règle n'est nullement d'ordre public. Les associés peuvent parfaitement convenir d'un autre mode de calcul. Il n'est, cependant, pas possible d'attribuer à l'un des associés la totalité du profit procuré par la société ou d'en exclure totalement un autre[216]. Ces clauses, nulles, sont à vrai dire rares. Il est par exemple parfaitement licite de prévoir l'attribution de la totalité du *boni* de liquidation et le remboursement de tous les apports au dernier associé survivant. Même s'il n'y a pas, au sens propre, de partage des résultats, la clause tontinière n'a rien de léonin puisqu'il est impossible de savoir *a priori* quel en sera le bénéficiaire[217].

---

[214] V. J.-P. SORTAIS, « Constitution des sociétés », *Répertoire de droit des sociétés, op. cit.*

[215] H. E. EYONG ONANA, *La participation aux résultats de la société commerciale*, op. cit. P. DE LA CHAPELLE et B. COUPEZ, *L'évaluation des entreprises*, 2004, Economica ; E. TCHEMINI, *Évaluation d'entreprises,* 2003, Economica ; R. BAKER, C. THIBIERGE et A.-M. SAHLA, *Évaluation des entreprises*, 2002, éd. Les Échos.

[216] V. art. 54 al. 2 AUS.

[217] G. BAFFOY, « L'usage de la tontine en droit des sociétés », *JCP, éd. E*, 2003. 306 ; M. COZIAN, « La clause tontinière », *Dr. et patrimoine* 1994, oct. 1994 ; A. DEPONDT, « Les applications du pacte tontinier », *Dr. et patrimoine*, mars 1995. 42 ; J.-G. RAFFRAY, « Tontine et contrat de société », *JCP*, éd. N, 1996. I. 375.

130 L'associé dispose en cours de vie sociale d'un droit latent sur le boni de liquidation. Ce droit peut en effet être analysé soit comme une créance conditionnelle, soit comme une créance à terme. Si l'on considère que le droit aux bénéfices est conditionné par deux événements à savoir : la dissolution de la société et l'existence d'un boni de liquidation, la thèse de la créance conditionnelle doit être retenue. En revanche, si l'on fait valoir que la dissolution de la société est un événement certain et que l'existence d'un boni de liquidation n'a pas d'influence sur la naissance de la créance, mais seulement sur son montant, alors la thèse de la créance à terme s'impose. Or, cette seconde analyse emporte la conviction. D'une part, le contrat de société est impérativement à durée déterminée. D'autre part, contrairement au remboursement de l'apport conditionné par le désintéressement préalable des créanciers sociaux, le partage entre les associés ne dépend d'aucun événement particulier ; il a lieu simplement après paiement des dettes et remboursement du capital.

Il est en effet toujours possible que les associés décident d'accroître le montant du capital social en sollicitant de nouveaux apports. Cette opération ne pose *a priori* pas de difficultés majeures. Il suffit juste d'une décision des associés prise en assemblée. Néanmoins, un problème peut apparaître si l'augmentation de capital est l'occasion de l'arrivée de nouveaux associés. Ces nouveaux membres obtiendront le droit au remboursement de leurs apports, mais également le droit au partage des bénéfices. Or, ce droit au partage des bénéfices concernera aussi bien les bénéfices que la société réalisera dans le futur que les bénéfices déjà réalisés et non distribués. De fait, les nouveaux arrivants acquièrent, dès leur entrée, un droit potentiel au partage des réserves accumulées. La multiplication des prétendants aux réserves accumulées entraîne mathématiquement une baisse de la valeur des droits des anciens associés. Pour que l'augmentation de capital social puisse se réaliser sans préjudice pour les anciens associés, le législateur a ainsi imposé le droit préférentiel de souscription, et la pratique a créé la prime d'émission afin de sauvegarder les droits latents des actionnaires sur les réserves[218]. En réalité, ces « réserves » ne sont rien d'autre qu'une extrapolation du boni de liquidation. Le mode de calcul du droit préférentiel atteste en effet que le législateur a voulu protéger le droit latent de l'actionnaire sur l'enrichissement net du patrimoine social et non seulement sur les seules réserves comptables. Il en ressort que l'associé d'une société dotée de la personnalité morale dispose d'un droit potentiel à une quote-part de la valeur marchande nette de l'entreprise.

---

[218] J.-M. DE BERMOND DE VAULX, « Les droits latents des actionnaires sur les réserves dans les SA », préf. R. HOUIN, 1964, Sirey, p. 3 ; D. GERRY, *Le droit préférentiel de souscription*, thèse, Paris, 1981 ; A. COURET, *Le droit préférentiel de souscription*, thèse, Toulouse, 1978.

2- Le partage du bénéfice en cours de vie sociale

131 En raison de la longévité de la société, le partage du bénéfice à la liquidation de la société s'avère *a priori* peu séduisant pour les associés[219]. Ainsi, annuellement, les associés approuvent les comptes de l'exercice écoulé, constatent l'existence de sommes distribuables et déterminent la part attribuée à chacun sous forme de dividendes[220].

132 Pour percevoir un dividende, deux conditions doivent être remplies. Les comptes de la société doivent attester l'existence de bénéfices distribuables, calculés selon les règles comptables. Une décision collective relative à l'affectation des bénéfices distribuables est également nécessaire[221]. Il est toutefois possible d'aménager ces deux conditions. Concernant la condition économique, le dividende ne peut être versé qu'après constatation de l'existence de sommes distribuables, et est prélevé par priorité sur le bénéfice distribuable de l'exercice. Il y a lieu également de déduire la réserve légale pour les sociétés à responsabilité limitée ou les sociétés par actions. Ces conditions, impératives, peuvent être complétées par d'autres, si les associés le désirent. Des *actions-reflet* dites aussi *actions traçantes* peuvent de la sorte être créées. Ces actions confèrent à leurs titulaires des dividendes qui reflètent le résultat d'une filiale ou d'une activité particulière de la société distributrice[222]. L'actionnaire perçoit un dividende à la double condition qu'existent des sommes distribuables, calculées selon le droit comptable et que l'activité ou la filiale génère des profits, calculés selon une méthode déterminée lors de l'émission des actions. Concernant la décision de distribution, des aménagements sont également envisageables. Le versement d'un dividende peut ainsi être prévu dans les statuts, limitant d'autant le rôle de l'assemblée générale. Il est également loisible de créer des actions dénommées actions de préférence, assorties de droits particuliers de toute nature, à titre temporaire ou permanent par rapport aux droits minimums attachés par la loi aux actions qu'on dénomme de ce fait actions ordinaires. Les actions de préférence peuvent par exemple conférer à leurs titulaires un dividende préciputaire. Dans ce cas, les dividendes leur sont d'abord versés, et si les bénéfices le permettent, le reliquat est attribué aux propriétaires d'actions ordinaires[223]. L'avantage peut être complété par un système de dividende

---

[219] V. pour plus de précision sur les conditions de répartition des bénéfices, CA de LOME, Arrêt n° 044 du 26 mars 2009, OHADA, Recueil de jurisprudence nationale, 2010, p. 95

[220] V. pour plus de détails Y. DJIGO, *La notion de dividende en droit OHADA*, Mémoire de DEA, Université Gaston berger (Sénégal), 2012 ; FATOU GUEYE, *La répartition des bénéfices*, op. cit.

[221] Art. 144 à 146 AUS.

[222] A. VIANDIER, « Les actions-reflet », *RJDA* 2001/1, p. 3.

[223] M. GERMAIN, « Les actions de préférence », *Rev. sociétés* 2004. 597 ; V. MAGNIER, « Les actions de préférence : à qui profite la préférence ? », *D.* 2004. 2559 ; C. BAERT, « Les actions de priorité : une catégorie de titres en voie d'extinction après l'ordonnance du 24 juin 2004 », *Bull. Joly* 2004. 1571 ; B. RICHARD, « Quels droits pour les actions dites de préférence », *Petites Affiches* 21 janv. 2005, n° 15, p. 7 ; J.-M. MOULIN, « Les actions de préférence », *Petites Affiches* 22 sept.

cumulatif. Au cas où l'insuffisance des bénéfices d'un exercice ne permettrait pas d'effectuer le paiement intégral des dividendes revenant aux titulaires d'actions de préférence, le solde impayé serait prélevé sur les bénéfices du ou des exercices suivants, avant tout prélèvement au profit des propriétaires d'actions ordinaires. Toutes ces combinaisons, et d'autres viennent limiter les pouvoirs de l'organe compétent relativement au montant de la distribution.

On s'accorde ainsi à reconnaître la naissance d'une créance sur le dividende entre les mains de chaque associé dès lors qu'il existe des sommes distribuables et une décision de distribution prise par l'assemblée des associés[224]. En revanche, l'origine de cette créance suscite une vive polémique. D'abord, certains se sont demandé si cette créance ne surgissait pas *ex nihilo.* Mais une telle allégation paraît difficile à soutenir puisque l'origine de cette dernière réside dans le contrat de société. D'autres ont ensuite vu dans le dividende le résultat d'une novation du droit dans les bénéfices. Enfin, d'autres ont estimé que la créance de dividende ne serait qu'une exécution anticipée du droit au boni de liquidation. Cette réflexion part de la constatation que le calcul des bénéfices distribuables pour un exercice déterminé vise justement à mettre en relief l'accroissement de la valeur nette du patrimoine social pendant cette période, comme s'il s'agissait d'une liquidation anticipée. D'autant que, comme le fait remarquer un auteur, *...même s'il n'y a pas de distribution, l'actionnaire retrouvera ces sommes à la dissolution ; il ne souffre que d'un retard*[225]. Toutefois, un obstacle important s'érige contre l'idée que la distribution de bénéfices puisse être considérée comme une exécution anticipée du droit au boni de liquidation. En effet, le jour de la dissolution, l'associé n'est nullement certain de récupérer les sommes non prélevées - et donc mises en réserve -, par exemple, le dernier exercice pourrait accuser un déficit qui engloutirait toutes les réserves accumulées. Toutes les sommes qui ne sont pas distribuées restent soumises à l'aléa de l'exploitation. La distribution de

---

2005, n° 189, p. 25 ; F. MONOD, « Droits financiers attachés aux actions privilégiées », *Dr. sociétés* mars 1995, chron. 3 ; Capital-développement. Les pactes d'actionnaires, Capital Finance 1993, p. 37 et s. ; « Droits non financiers attachés aux actions privilégiées », Dr. sociétés, juin 1996, chron. 9 ; « Trois innovations révolutionnaires pour les actions de préférence », Capital Finance 2 nov. 2004, p. 10 et 11 ; J.-J. DAIGRE, « Actions privilégiées, catégories d'actions et avantages particuliers », in *Prospectives du droit économique, Dialogues avec M. Jeantin*, 1999, Dalloz, p. 213 ; Colloque Paris II, du 24 juin 2004, « Le nouveau droit des valeurs mobilières », *in Dr. et patrimoine*, oct. 2004, p. 79 ; A. LIENHARD, « Présentation de l'ordonnance réformant les valeurs mobilières », *D.* 2004. 1956 ; Ph. BISSARA, « Commentaire de l'ordonnance portant réforme du régime des valeurs mobilières émises par les sociétés par actions », *Rev. sociétés* 2004. 461 ; dossier « La réforme du régime des valeurs mobilières », *RD bancaire et fin.* sept.-oct. 2004, p. 348 ; J. MESTRE, « La réforme des valeurs mobilières », *Lamy Sociétés commerciales*, Bull. n° 174, déc. 2004 ; M.R. KANA KENGNI, *La distribution des dividendes en droit des sociétés commerciales OHADA,* mémoire de Master, Dschang (Cameroun), Juin 2013, 126 pages.

224 J.-P. SORTAIS, « Constitution des sociétés », *Répertoire de droit des sociétés, op. cit.*

225 J. DU GARREAU DE LA MÉCHENIE, *Les droits propres de l'actionnaire*, thèse, Poitiers, 1937, p. 57.

dividendes est en réalité un moyen accordé aux associés de soustraire une partie de l'enrichissement du patrimoine social aux risques sociaux. Si cette distribution était considérée comme une exécution anticipée du boni de liquidation, les actionnaires devraient reverser les dividendes perçus en cas d'inexistence de boni de liquidation le jour de la dissolution. L'étude du régime juridique des acomptes sur dividendes atteste également de l'impossibilité de considérer les dividendes comme des exécutions partielles anticipées de la créance à terme sur la valeur nette marchande de l'entreprise. L'autorisation accordée aux associés de prélever certaines sommes en cours de vie sociale a bouleversé l'étendue de leur droit aux bénéfices. Les associés n'ont pas seulement une créance à terme correspondant à la valeur marchande nette de l'entreprise qui apparaîtra le jour de la liquidation, ils disposent également de possibilités conditionnelles de prélèvement sur l'actif en cours de vie sociale. La question se pose alors de savoir si cette faculté, accordée collectivement aux associés, n'entraîne pas la naissance d'un véritable droit individuel de percevoir un dividende lorsque la société réalise des bénéfices distribuables.

133 Dès l'instant où le législateur a prévu pour les sociétés par actions que la vie sociale serait divisée en exercices à l'issue desquels les associés devraient déterminer si la gestion commune a été bénéficiaire et éventuellement procéder à une répartition de ces bénéfices au titre de dividendes, la doctrine s'est interrogée afin de savoir si l'actionnaire n'avait pas un droit aux dividendes. Certains soutinrent que l'associé possède un droit absolu aux dividendes, car l'article 4 de l'AUS ou l'article 1832 du Code civil supposerait la recherche de bénéfices et leur partage immédiat et intégral[226]. Selon cette thèse, le rôle de l'assemblée serait uniquement de constater le montant exact du dividende à verser, la distribution étant quasi automatique. Cependant, cette conception s'avère critiquable, car l'article 4 AUS n'indique nullement que le partage des bénéfices doit être immédiat. Aussi, pour une autre partie de la doctrine, la mise en réserve ne serait jamais discutable, car il ne s'agirait que d'un simple retard. Sous cet angle, l'associé n'aurait aucun droit aux dividendes ; il bénéficierait essentiellement d'un droit au boni de liquidation. Mais, là encore, l'approche ne fut pas entièrement convaincante dans la mesure où la possibilité de distribuer des bénéfices en cours de vie sociale a été instaurée afin précisément de permettre aux associés de percevoir une partie des bénéfices sans attendre la dissolution de la société. Aujourd'hui, nombreux sont ceux qui pensent que *la société commerciale est constituée pour réaliser des profits et les distribuer à ses actionnaires. Elle méconnaîtrait gravement son objet qui est d'incarner l'intérêt commun de ceux-ci en les privant indûment de distribution* [227].

---

[226] V. AMIAUD, *Traité des comptes de réserves dans les sociétés par actions*, thèse, Paris, 1920, n° 141, p. 244.

[227] Ph. BISSARA, « L'intérêt social », *Rev. sociétés* 1999. 5, spéc. p. 25. M.-A. NDJANDEU MOUTHIEU, *L'intérêt social en droit des sociétés,* thèse, Yaoundé II, 2006.

B- La contribution aux pertes

134 Sa consécration est récente dans l'histoire. Il faut dire que la société étant principalement constituée pour partager des bénéfices et non pour se répartir d'éventuelles pertes, la loi n'avait pas cru bon d'évoquer cette occurrence malheureuse. Désormais, l'article 4 AUS, *in fine*, dispose que « les associés s'engagent à contribuer aux pertes ». L'introduction expresse de cette règle est cependant source de troubles en raison du vocabulaire employé. Qu'est-ce qu'une perte ? (1) Que signifie contribuer aux pertes ? (2).

1- La notion de pertes

135 La notion de pertes n'a pas été définie par le législateur et la doctrine peine à suppléer cette carence[228]. Les pertes sont généralement perçues comme l'opposé des bénéfices. Mais l'incertitude qui plane sur la notion de bénéfices ressurgit inévitablement sur celle de pertes. Par symétrie avec la distinction entre les bénéfices et les économies, la doctrine a tendance à dissocier la perte véritable du gain manqué. Cette analyse présente néanmoins un inconvénient majeur. Elle tend à entraîner une confusion entre la notion de pertes sociales et la notion de pertes subies par l'associé. Tel est le cas lorsque certains auteurs affirment que l'apporteur en industrie contribue aux pertes sociales en n'étant pas rémunéré pour le temps qu'il a passé, au motif qu'il subit un manque à gagner[229]. Il est vrai que l'économie est réalisée directement par l'associé et non par la société. Mais les pertes dont parle l'article 4 AUS sont celles générées par l'entreprise commune. Il s'agit des pertes sociales liées à l'activité. Lorsque la société n'a pas la personnalité juridique, une perte apparaît lorsque les charges sont plus importantes que les produits. C'est au terme de l'activité, à la dissolution de la société, qu'il est possible de mesurer le bénéfice ou la perte. Le compte annuel de résultat ne permet pas de connaître que le montant provisoire des gains ou des pertes. Lorsque la société est une personne morale, il suffit d'observer l'état de son patrimoine pour mesurer le montant des bénéfices ou des pertes. Si l'actif social est insuffisant pour payer les créanciers et rembourser la totalité des apports, la société subit des pertes sociales. De manière plus précise, et par symétrie avec la notion de bénéfice, la société accuse des pertes lorsque la valeur nette marchande de l'entreprise devient négative. Là encore, les bilans annuels comptables ne donnent qu'un montant provisoire. Comme l'indique la jurisprudence française, *il ne peut y avoir, du point de vue juridique, de véritables "pertes sociales" auxquelles un associé soit tenu de contribuer, que si le capital est réellement entamé, ce qui ne peut s'apprécier à l'occasion de chaque exercice annuel, mais seulement en cas de liquidation de la société* [230].

---

[228] F. KENDERIAN, « La contribution aux pertes sociales », *Rev. sociétés* 2002. 640.

[229] F. TERRÉ et A. VIANDIER, *Théorie des bénéfices et des pertes. La vocation aux bénéfices et la contribution aux pertes, J.-Cl. sociétés,* Traité, fasc. 17, n° 86.

[230] Com. 27 avr. 1993, *Gaz. Pal.* 1973. 2. 610.

2- La notion de contribution

136 L'expression « les associés s'engagent à contribuer » de l'article 4 suscite d'autres interrogations. Elle semble impliquer une obligation positive, une obligation de faire à la charge de l'associé, celle de combler les pertes. En réalité, la contribution aux pertes consiste essentiellement dans une obligation de ne pas faire. Pour comprendre cette affirmation, il convient d'abord de préciser ce que n'est pas la contribution aux pertes en la distinguant de notions voisines comme l'obligation aux dettes et l'obligation de répondre aux appels de fonds (a) ; avant de découvrir, par la suite, ce qu'elle est véritablement (b).

a- Ce que n'est pas la contribution

137 La contribution aux pertes sociales est relative aux rapports entre les associés et la société ou entre les associés entre eux, alors que l'obligation aux dettes sociales est relative aux rapports entre les associés et les créanciers sociaux. Les associés sont obligés aux dettes sociales lorsque les tiers peuvent leur demander directement le paiement d'une dette, même s'ils ne sont pas considérés comme parties au contrat passé. Les sociétés civiles et les sociétés en nom collectif fonctionnent selon ce principe. L'obligation aux dettes apparaît comme une garantie très importante pour les tiers qui contractent avec ces sociétés. Si des mesures d'exécution contre la société se révèlent infructueuses, voire si celle-ci refuse de payer, les créanciers pourront directement poursuivre les associés sur leur patrimoine personnel. Cette garantie exige que la société soit bénéficiaire ou déficitaire. Elle est d'autant plus intéressante pour les créanciers qu'elle est indéfinie. Mieux, dans les sociétés en nom collectif, les associés répondent indéfiniment et solidairement des dettes sociales. Autrement dit, le créancier peut à son gré se borner à attraire un seul des associés pour le paiement de l'intégralité de la dette. C'est après ce paiement que la contribution aux pertes jouera le cas échéant dans les relations entre les associés. Celui qui aura payé pourra se retourner contre ses coassociés en exigeant d'eux qu'ils contribuent aux pertes conformément aux dispositions statutaires. Si la contribution aux pertes est généralement fonction de la part de chaque associé dans le capital social[231], rien n'empêche les associés de prévoir un autre mode de répartition. La seule limite est fixée par l'article 54, alinéa 2 AUS qui prohibe les stipulations qui exonéreraient un associé de toute contribution aux pertes ou mettraient à la charge d'un autre la totalité des pertes[232].

L'obligation de contribuer aux pertes, qui existe dans toutes les sociétés, doit également être distinguée de l'obligation de répondre aux appels de fonds, qui n'existe que dans certaines sociétés. En effet, la responsabilité indéfinie des sociétés civiles et des sociétés en nom collectif invite parfois les associés à faire en sorte que leur société soit en mesure d'honorer ses engagements, sous peine de

---

[231] V. art. 54 al. 1 AUS.

[232] V. J.-P. SORTAIS, « Constitution des sociétés », *Répertoire de droit des sociétés, op. cit.*

poursuites directes et déplaisantes. Ces derniers prévoient par conséquent dans les statuts qu'ils reconstitueront, au fur et à mesure, l'actif de la société pour lui permettre de payer ses dettes. Le versement d'appels de fonds successifs est généralement lié à la constatation de pertes comptables. La répartition des charges peut être déterminée à proportion des apports de chaque associé ou à partir d'autres critères[233]. Une telle clause est très fréquente dans les sociétés dont l'objet n'est pas de réaliser des bénéfices, mais des économies. N'ayant pas vocation à réaliser des profits, leur résultat d'exploitation est chroniquement déficitaire et leurs comptes ne peuvent être équilibrés que si les associés leur donnent régulièrement des moyens financiers suffisants. Dans les sociétés qui ont pour objet la réalisation de bénéfices, une telle stipulation est plus exceptionnelle, mais elle demeure possible. Il est vrai que, pour ces sociétés, les bénéfices accumulés doivent normalement permettre le paiement des créanciers sociaux. Mais les statuts pourraient prévoir que l'appel de fonds interviendra, comme la répartition des bénéfices, chaque année, dès que l'assemblée aura approuvé les comptes de l'exercice au cours duquel une perte sera apparue. Une telle clause a l'avantage de faciliter la trésorerie de la société. On ne s'étonnera d'ailleurs pas que les appels de fonds soient souvent qualifiés d'appels de trésorerie.

138 Ces appels de fonds suscitent néanmoins diverses interrogations juridiques. S'agit-il d'apports nouveaux ? La réponse est assurément négative. L'apport en numéraire est bien la mise à disposition de la société d'une somme d'argent. Mais, contrairement à l'appel de fonds, l'apport en numéraire est rémunéré par un droit dans le capital social. À la dissolution de la société, l'associé aura le droit de reprendre ses apports, mais non les appels de fonds. S'il reste de l'argent après le remboursement des apports, les associés se partageront ce boni de liquidation comme s'il s'agissait d'un bénéfice. Par ailleurs, un associé ne peut jamais être contraint de faire un apport nouveau. En effet, même si la majorité peut décider de procéder à une augmentation du capital social, les associés ne sont pas tenus d'y souscrire[234]. Une augmentation obligatoire de ses apports, par l'associé, serait analysée en une augmentation de ses engagements, qui ne saurait lui être imposée. Par conséquent, si l'appel de trésorerie pouvait être qualifié d'apport nouveau, personne ne pourrait contraindre l'associé à y souscrire.

S'agit-il de l'exécution de l'obligation de contribuer aux pertes ? On peut penser que le versement de cotisations n'est qu'une modalité de la contribution aux pertes prévue par l'article 4 AUS. En vérité, cette affirmation n'est pas satisfaisante. Elle pourrait laisser croire que l'associé est toujours tenu de répondre aux appels de trésorerie même quand cette faculté n'a pas été prévue

---

233 CA Paris, 27 juin 2000, *Bull. Joly* 2001. 193, note H. Le Nabasque, *JCP,* éd. E, 2000. 1594.

234 V. *CCJA,* arrêt n° 12, affaire : Compagnie Bancaire de l'Atlantique Côte d'Ivoire dite cobaci c/ 1) Société Shaftesbury Overseas ltd ; 2) Société Benath Company ltd, le juris-ohada, n° 4/2006, p. 11.

dans les statuts. L'obligation de contribuer aux pertes ne joue en réalité qu'au moment de la dissolution de la société. Cette solution ne doit pas surprendre. La contribution aux pertes n'intervient, sauf dispositions statutaires contraires adoptées à l'unanimité, qu'à la dissolution. L'obligation de contribuer aux pertes impose-t-elle pour autant une obligation de combler le *mali* de liquidation ? Pour répondre à cette question, il convient d'approfondir la notion de contribution aux pertes.

b- Ce qu'est la contribution aux pertes

139 On prétend généralement que la contribution aux pertes serait la contrepartie du droit aux bénéfices (ou aux économies). Mais il a déjà été vu que le droit aux bénéfices avait pour contrepartie l'obligation de réaliser un apport. En réalité, la notion de contribution aux pertes est consubstantielle de la notion d'apport et de droit aux bénéfices. Parce que les apports ne sont remboursés qu'après désintéressement complet des créanciers sociaux, les associés supportent le risque de perdre leurs apports. Par là même, ils acceptent de contribuer aux pertes. De la même manière, les associés ne peuvent percevoir des dividendes tant qu'il n'y a pas de bénéfices distribuables. Si des pertes comptables sont enregistrées, les associés ne pourront percevoir aucune rémunération. Les gains que l'associé obtiendra de la société ne peuvent en aucun cas être certains. Les clauses d'intérêt fixe qui garantissent aux associés le paiement d'un intérêt en contrepartie de leurs apports, quels que soient les résultats de l'activité, sont nulles. De même, un dirigeant ne peut s'engager, en cette qualité, à verser aux autres associés de la même société une somme annuelle minimale en rétribution de leurs parts sociales. Un tel engagement aurait pour effet de dispenser ces associés de leur participation aux pertes pour les exercices déficitaires, tout en assurant la rémunération de leurs apports, quel que soit le résultat de l'exploitation. En fait, ce qui compte, c'est que subsiste pour chacun un espoir de profit, mais aussi un risque. L'obligation de contribuer aux pertes se traduit donc fondamentalement par une obligation de ne pas faire ; ne pas percevoir de dividendes tant qu'il y a des pertes (comptables), ne pas reprendre son apport tant que les créanciers ne sont pas désintéressés, sauf dérogations légales[235].

140 Dans les sociétés à risque illimité, telles les sociétés en nom collectif, les associés devront éventuellement payer certaines dettes si les actifs sont insuffisants pour régler l'intégralité du passif social. Mais cette obligation positive résulte avant tout de l'obligation aux dettes et non de la contribution aux pertes. Un associé, pourtant responsable indéfiniment des dettes sociales, pourrait parfaitement limiter son risque au montant de son apport. Si un créancier lui demande de payer une dette sociale, il devra s'exécuter, car la limitation de son engagement ne sera pas opposable aux tiers. En revanche, il pourra se retourner contre ses coassociés afin d'obtenir le remboursement du trop payé, c'est-à-dire

[235] J.-P. SORTAIS, « Constitution des sociétés », *Répertoire de droit des sociétés, op. cit.*

le remboursement de l'intégralité de la dette. Il aura en effet déjà contribué aux pertes en effectuant son apport et en acceptant de l'exposer aux risques de l'entreprise commune.

Dans les sociétés à risque limité, la mise en œuvre de la procédure de réduction du capital motivée par des pertes contraint parfois les associés à procéder à de nouveaux apports pour reconstituer le capital social[236]. En effet, lorsque le montant des pertes est tel qu'il dépasse la moitié de son capital, les associés peuvent être convoqués, aux fins de décider ou non la dissolution de la société. S'ils écartent la dissolution, les capitaux propres doivent être reconstitués à hauteur d'au moins la moitié du capital. Bien évidemment, si la réduction fait passer le capital social en dessous du minimum légal, les associés doivent s'engager dans le même temps à l'augmenter. Cette opération est qualifiée de *coup d'accordéon* , car on diminue le capital social pour l'augmenter dans la foulée[237]. Mais, même dans cette situation, les associés ne sont pas individuellement tenus de faire de nouveaux apports. Seuls certains d'entre eux pourraient participer à l'augmentation du capital social. De manière curieuse, la jurisprudence décide que lorsque le capital social est d'abord ramené à zéro, ceux qui n'ont pas souscrit à l'augmentation du capital social ne font plus partie de la société[238]. La Cour de cassation justifie cette exclusion en affirmant qu'il s'agit d'une modalité de la contribution aux pertes. Cette explication n'est pas très convaincante. La contribution aux pertes n'a pour limite que la règle selon laquelle *en aucun cas les engagements d'un associé ne peuvent être augmentés sans le consentement de celui-ci* . Une décision de la majorité des associés ne saurait ainsi contraindre l'un des associés à verser à la société une somme supérieure à celle qu'il s'était engagé à fournir. Même si une assemblée peut parfaitement décider, à la majorité qualifiée, de procéder à une augmentation du capïtal social, aucun associé ne peut être contraint à y souscrire. La survenance de difficultés financières n'impose en réalité aucune obligation supplémentaire à la charge des associés ou de l'un d'entre eux. Pour surmonter cet obstacle, la jurisprudence affirme que *la réduction de capital à zéro ne constitue pas une*

---

[236] Cour d'appel d'Abidjan, arrêt n° 27 du 13 janvier 2004, Affaire CMA-CI c/ Mlle EDDUKOU KWAME MOKOI Jocelyne Suzanne et autres, in Juridis Périodique n° 74-2008, pp.15 et s., Observations R. NEMEDEU.

[237] S. SYLVESTRE-TOUVIN, *Le coup d'accordéon ou les vicissitudes du capital*, 2003, PU Aix-Marseille ; B. MAUBRU, « La perte du capital des sociétés à risque limité », *Defrénois* 1983, art. 33142, p. 1185 ; A. FAUCHON, « La validité de l'opération-accordéon encore renforcée », *Bull. Joly* 1999. 943 ; B. CAILLAUD, *L'exclusion d'un associé*, 1966, Sirey ; M. BOIZARD, « La réduction du capital social à zéro », *Rev. sociétés* 1999. 735 ; J. NDOUR, *Le sens de la limitation de responsabilité des associés ou actionnaires dans les sociétés anonymes et les sociétés à responsabilité limitée*, mémoire de Master, UCAD, 2008.

[238] Cass. com. 18 juin 2002, Bull. Joly 2002. 1221, note S. Sylvestre, *JCP*, éd. E, 2002. 1728, n° 1556, note A. Viandier, D. 2002. 2190, obs. A. Lienhard, RTD com. 2002. 496, obs. J.-P. Chazal et Y. Reinhard ; D. COHEN, « La validité du « coup d'accordéon », à propos d'une jurisprudence récente », *D.* 2003. 410.

atteinte au droit de propriété des actionnaires, mais sanctionne leur obligation de contribuer aux pertes sociales dans la limite de leurs apports [239]. Autrement dit, les apports ayant été totalement perdus, les actionnaires n'auraient plus, de ce fait, de droits dans la société[240]. Mais le remboursement des apports en cours de vie sociale n'entraîne nullement l'exclusion de l'associé[241]. Ce dernier perd seulement le droit d'obtenir le remboursement du nominal des actions à la dissolution. Ses autres droits sont intacts (sauf éventuellement le droit au premier dividende). De manière paradoxale, c'est au moment même où ils contribuent aux pertes, puisque leurs apports ne leur seront définitivement plus remboursés, que les associés sont exclus de leur société ! Le processus est d'autant plus choquant que la valeur nette marchande de l'entreprise pourrait être positive. Les pertes dont il s'agit sont en effet des pertes purement comptables. Comme l'indiquent certains auteurs, *si la société demeure viable, la décision de l'assemblée est objectivement illicite puisqu'elle exproprie sans indemnisation l'associé de valeurs qui sont siennes - ce qui est une violation de son droit de propriété -, valeurs qu'il ne peut se réapproprier qu'en souscrivant à l'augmentation de capital subséquente, donc en réalisant un effort supplémentaire* [242]. En réalité, la jurisprudence tolère l'exclusion des associés dans les opérations de coup d'accordéon dans le seul but de faciliter la recapitalisation des sociétés et d'éviter les dépôts de bilan. Ce faisant, la Cour de cassation française semble réduire l'associé à un simple investisseur devant uniquement pourvoir aux besoins financiers de la personne morale. Or, l'associé est plus qu'un simple prêteur. Il s'agit d'un investisseur qui doit avoir l'*affectio societatis.*

§4. L'AFFECTIO SOCIETATIS

141 Bien que non prévues textuellement, la doctrine et la jurisprudence considèrent généralement l'*affectio societatis*[243] comme un élément spécifique du contrat de société. Cette locution latine, qui signifie littéralement intention de s'associer, puiserait sa source d'un texte d'ULPIEN rapporté au Digeste de JUSTINIEN[244]. En réalité, pendant des siècles, les auteurs ne prêteront pas une grande attention à l'intention de s'associer. POTHIER ne l'évoquera que d'une manière incidente. Le Code civil napoléonien n'attachera pas d'importance particulière à cet élément. La formule latine réapparaîtra pour la première fois en

---

[239] Cass. com. 18 juin 2002, Bull. Joly 2002, § 259, note S. Sylvestre.

[240] V. en ce sens, M. JEANTIN, note sous CA Versailles, 29 nov. 1990, *JCP,* éd. E, 1991. II, n° 168.

[241] C. DIAYE, *L'exclusion d'un associé dans les sociétés commerciales,* mémoire de Maitrise, Université Gaston berger (Saint-Louis, Sénégal), 2001

[242] M. COZIAN, A. VIANDIER et F. DEBOISSY, *op. cit.,* n° 809, p. 352.

[243] V. pour plus de détails sur la question A.K. KANTE, *Le rôle de l'affectio societatis dans le fonctionnement des sociétés*, Mémoire de maitrise, Université Gaston berger (Saint-Louis, Sénégal), 2003.

[244] Digeste, XVII, 2, Pro socio, 44.

1880 sous la plume de P. PONT[245]. C'est à partir de cette date que l'élément intentionnel du contrat de société prendra progressivement de l'importance.

Comme pour toutes les conventions[246], le contrat de société suppose que les associés aient bien l'intention de former une société, c'est-à-dire de s'associer. Une société dont les associés n'auraient pas l'intention de se comporter en associés serait fictive. L'hypothèse classique était celle où le consentement n'est donné que pour rendre service à un ami en lui permettant de constituer une société malgré l'absence d'une pluralité d'associés[247]. La création d'une société comportant une responsabilité limitée autorisait le complu à agir sous couvert d'une personne morale qui lui servait d'écran protecteur. La fictivité permettait de la sorte de sanctionner les sociétés unipersonnelles. Mais depuis l'avènement de l'OHADA, avec la reconnaissance et la banalisation des sociétés unipersonnelles, l'intention de s'associer est devenue un élément moins essentiel dans la formation du contrat de société.

Malgré tout, comme le souligne Y. GUYON, *de tous les éléments du contrat de société, l'affectio societatis est sans doute celui qui donne lieu aux difficultés les plus nombreuses et les plus graves* [248]. L'origine de ce trouble vient du fait que l'*affectio societatis* est une notion qui ne peut être ramenée à l'intention de s'associer. Dès ULPIEN, l'*affectio societatis* est apparu comme une notion fonctionnelle nécessaire pour départager le contrat de société de contrats ou de situations voisines. ULPIEN se demandait comment distinguer une indivision ordinaire née de l'ouverture d'une succession, d'une copropriété sociale née d'un contrat de société. Il fallait selon lui, rechercher si les parties avaient eu ou non l'*animus contrahendae societatis,* autrement dit, la volonté d'entrer en société. Par la suite, les juristes ont cherché à différencier la société du prêt. Le droit canonique autorisait les sociétés, mais condamnait fermement le prêt à intérêt. Même si le prêt à intérêt est aujourd'hui autorisé, la répression de l'usure invite parfois les parties à maquiller leurs conventions. La distinction conserve tout son intérêt, spécialement lorsqu'un prêteur est rémunéré par un intérêt variant en fonction des bénéfices[249]. S'agit-il d'un prêteur qui aura droit au remboursement des fonds en même temps que les autres créanciers sociaux, ou d'un associé qui n'aura droit au remboursement de son apport qu'après le désintéressement

---

[245] P. PONT, *Traité des sociétés civiles et commerciales*, Paris, Delamotte Fils et Compagnie, 1880, n° 84.

[246] C. civ., art. 1108.

[247] F. EPOKO MBONGO, *La bonne foi dans le contrat de société*, mémoire de Master, Douala (Cameroun), 2014.

[248] Y. GUYON, *Affectio societatis,* J.-Cl. sociétés, fasc. 20-10 ; V. aussi P. SERLOOTEEN, « L'*affectio societatis,* une notion à revisiter », *in* Mélanges Y. Guyon, 2003, *Dalloz,* p. 1007 ; N. REBOUL, « Remarques sur une notion conceptuelle ou fonctionnelle : l'*affectio societatis* », *Rev. sociétés* 2000. 425.

[249] V. déjà G. RIPERT, « Prêt avec participation aux bénéfices et société en participation », *Annales dr. com.* 1905. 53.

complet des créanciers sociaux ? S'agit-il d'un prêteur qui pourra se retourner contre les associés ou au contraire d'un associé déguisé qui sera obligé aux dettes sociales ? L'enjeu du débat est crucial tant pour les créanciers que pour le prêteur. Mais comment être certain de la qualité de l'apporteur des fonds ? L'intitulé du contrat ne fournit nullement une indication suffisante puisque les juges peuvent redonner à la convention sa qualification véritable. Le contrat a peut-être clairement déterminé les modalités de remboursement en prévoyant expressément l'absence de partage des risques de l'entreprise. Il s'agit d'un indice sérieux. Ainsi, la prise d'une sûreté par le prêteur peut relever sa volonté de ne pas partager les risques de l'opération[250]. Mais, d'un autre côté, il est également possible d'y voir une clause léonine nulle qui exclurait l'associé de toute participation aux pertes. Pour sortir de l'impasse, la doctrine précisa qu'il existe, en plus des deux éléments caractéristiques de la société que sont les apports et le partage des bénéfices, un troisième élément, l'*affectio societatis*. Ce raisonnement fut appliqué toutes les fois qu'il semblait difficile de distinguer à coup sûr la société d'un contrat ou d'une situation voisine. Les situations de conflit s'étaient d'ailleurs multipliées en raison de l'extrême plasticité des éléments caractéristiques du contrat de société. Analysons par exemple un contrat de travail avec intéressement aux bénéfices. Dans cette hypothèse, les deux éléments classiques du contrat de société semblent présents. Il existe un apport en industrie et une vocation au partage des bénéfices. Là encore, pour surmonter la question de la qualification, la doctrine trouvera la solution dans l'*affectio societatis*. Mais, comme l'indique avec pertinence A. VIANDIER, si l'*affectio societatis* est un instrument permettant, en cas de doute, de qualifier le contrat de société, « définir l'*affectio societatis* par la volonté d'entrer en société, c'est amorcer un cercle vicieux puisque l'objet de la recherche est, précisément, de déterminer qu'il y a société »[251]. L'*affectio societatis* ne peut donc être ramené à l'intention de s'associer.

142 La doctrine a cherché à donner une définition précise de l'*affectio societatis*. Étant un élément discriminant, la majorité des auteurs l'a généralement objectivé en y intégrant tout ce qui semble manquer pour caractériser suffisamment la société. Leurs tentatives se sont malheureusement révélées infructueuses. Pour certains, la notion d'*affectio societatis* rejoindrait *l'idée du partage d'un risque d'entreprise* [252]. J. HAMEL avait également défini l'*affectio societatis* comme « la volonté d'union dans un but intéressé et la volonté de courir les mêmes risques »[253]. Cette idée est *a priori* intéressante. Soulignons cependant que tous les participants, associés ou non, courent le risque de l'entreprise. Si les

---

[250] V. FALL FATIMA, *L'affectio societatis*, Mémoire UCAD, 1991, 39p.

[251] A. VIANDIER, *La notion d'associé,* 1978, Bibliothèque de droit privé, t. 156, *LGDJ*, p. 77.

[252] D. VIDAL, « *Affectio societatis* et partage du risque d'entreprise », *Rev. huissiers* 1993. 3 ; F. EPOKO MBONGO, *La bonne foi dans le contrat de société*, mémoire de Master, Douala (Caméroun), 2014

[253] J. HAMEL, « L'*affectio societatis* », *RTD civ.* 1925. 627.

affaires périclitent, les apports comme les prêts ordinaires ne seront probablement pas remboursés. Les associés acceptent seulement de souffrir un risque plus important que les autres[254]. Leurs apports ne leur seront remboursés qu'après désintéressement complet des créanciers sociaux, et les dividendes ne leur seront versés que si les produits de l'activité permettent d'abord de régler les charges. Ils acceptent de supporter, de plein fouet, le risque de l'entreprise commune. Mais le partage du risque d'entreprise est en réalité consubstantiel de la notion d'apport et de partage de bénéfices. N'apportant pas d'élément nouveau, le critère devient inutile. Il est même parfois inopérant. Quelques créanciers, comme les titulaires de titres subordonnés à durée indéterminée, acceptent aujourd'hui de courir le risque d'entreprise, alors que certains associés refusent de souffrir ce risque en intervenant comme simples porteurs de titres[255].

Pour d'autres auteurs, l'*affectio societatis* serait la désignation maladroite du droit pour les associés de participer à la gestion de la société[256]. Cette idée est également intéressante. Tout associé a le droit de participer aux décisions collectives. Celui qui n'est pas associé ne dispose en principe d'aucun droit de vote. Un bailleur de fonds peut parfaitement contrôler l'affectation des sommes versées. Mais il ne s'immisce pas dans la gestion ; il ne collabore pas de façon active à la marche de l'affaire. La vocation de participer à la gestion (ou au moins au contrôle de la gestion) n'est que le corollaire du risque important accepté par l'associé. La distinction n'est toutefois pas aisée en pratique. Par exemple, il a été jugé qu'une banque qui avait consenti un prêt puis une garantie d'achèvement à une société civile immobilière n'était pas sortie de son rôle de bailleur de fonds, alors qu'en l'espèce, face aux difficultés de trésorerie de la SCI, la banque menaçait la société de faire nommer un administrateur judiciaire et subordonnait le maintien ou l'augmentation des découverts à des versements complémentaires par les associés[257]. Lorsque les affaires vont mal, les dispensateurs de crédit ont fréquemment tendance à exercer une influence sur la gestion de l'entreprise. Mais en s'immisçant dans les affaires sociales, les banquiers ne souhaitent justement pas courir les mêmes risques que les associés. Leur but consiste à réduire leur

---

[254] J.-P. SORTAIS, « Constitution des sociétés », *Répertoire de droit des sociétés, op. cit.*

[255] F.-X. LUCAS, « Promesse d'achat de droits sociaux à prix garanti et prohibition des clauses léonines : à la recherche de la cohérence perdue », JCP, éd. E, 2000, p. 168 ; P. SOUMRANI, *Le portage d'actions*, 1996, coll. Bibliothèque de droit privé, t. 260, *LGDJ ;* A. COURET, « Les conventions de portage », *in Colloque de l'IDA d'Aix-en-Provence du 28 janv. 1994*, Presses Universitaires d'Aix-Marseille, 1994, p. 81 ; F. AUCKENTHALER, « Les transferts temporaires de titres », *RJDA* 1993/5, p. 315 ; J.-P. BERTREL et M. JEANTIN, « Le portage d'actions, » *RJDA* 1991/10, p. 683 ; M. JEANTIN, « Conventions de portage et droit des sociétés », *RD bancaire et bourse* 1991, p. 122 ; D. SCHMIDT, « Les opérations de portage de titres de sociétés », *in Les opérations fiduciaires*, Colloque de Luxembourg des 20 et 21 sept. 1984, *LGDJ*, 1985, p. 29 et s. ; J.-M. MOUSSERON, « Le devenir des conventions de portage », *RD bancaire et bourse* 1991. 131

[256] P. DIDIER, *Droit commercial, t. 2, L'entreprise en société, Les groupes de sociétés*, 3e éd., 1999, PUF, p. 32.

[257] Cass. com. 15 juin 1993, *Bull. Joly* 1993. 1262, note Y. Chaput.

exposition au risque de l'entreprise. Si leurs ingérences peuvent les transformer en dirigeants de fait, ils ne deviennent pas pour autant des associés de fait. Par ailleurs, d'une manière plus générale, il faut tenir compte de l'évolution du droit des sociétés, qui tend à disjoindre la fonction de preneur de risque de celle de participant à la gestion des affaires sociales. Dans les grandes sociétés anonymes, la gestion et le contrôle des affaires sociales sont aujourd'hui de plus en plus confiés à des professionnels (équipe de dirigeants professionnels, administrateurs, commissaires aux comptes, investisseurs institutionnels ou professionnels...). L'actionnaire est cantonné à un rôle de preneur de risque, autrement dit d'investisseur, et son droit de vote devient pour lui un élément secondaire. En autorisant la création d'actions de préférence sans droit de vote, donc pratiquement sans pouvoir d'intervention ou de contrôle de la gestion, le législateur a même accentué ce phénomène. Dans de nombreuses sociétés, certains associés se comportent comme des maîtres de l'affaire en occupant les postes de direction, alors que les autres ne font qu'apporter des capitaux à la société sans avoir l'intention de s'immiscer dans la gestion des affaires sociales. On en conclut que le contrat de société ne devrait s'appliquer que partiellement aux simples investisseurs. Parce qu'ils ne seraient pas habités par le moindre *affectio societatis,* la prohibition des clauses léonines ne s'appliquerait par exemple pas à ces associés-investisseurs[258]. Cette analyse est pour le moins contestable. La société en commandite, qui a longtemps été une figure essentielle dans le paysage juridique, fut construite à partir de l'idée que certains associés devaient s'occuper de la gestion des affaires sociales pendant que les autres participaient au financement de l'activité. Ainsi, les commanditaires ne peuvent en aucun cas s'immiscer dans la gestion externe de la société, sous peine d'engager leur responsabilité vis-à-vis des tiers[259]. Or, ces commanditaires sont bien des associés qui doivent, comme tous les autres associés, être habités par l'*affectio societatis.* La volonté de participer à la gestion des affaires sociales n'est par conséquent pas un critère suffisamment pertinent pour distinguer l'associé du tiers.

Enfin, certains auteurs proposent une synthèse des deux thèses précédentes. Il est en effet possible de voir dans l'*affectio societatis,* la volonté de supporter le risque d'entreprise et, éventuellement, de participer à la gestion ou au moins au contrôle de la gestion de l'entreprise. Force est d'admettre qu'une telle définition, encore plus évasive, n'est pas suffisamment discriminante. Quelques auteurs retiennent une approche plus précise en définissant l'*affectio societatis*

---

[258] V. en ce sens, F.-X. LUCAS, *Les transferts temporaires de valeurs mobilières. Pour une fiducie de valeurs mobilières*, 1997, Bibliothèque de droit privé, t. 283, *LGDJ*, n°s 292 et s., p. 152 ; Promesses d'achat de droits sociaux à prix garanti et prohibition des clauses léonines, JCP, éd. E, 2000. 168 ; V. égal., C. CHAMPAUD, « Catégories d'actions ou sortes d'actionnaires », in *Prospectives de droit économique, Dialogues avec M. Jeantin*, 1999, Dalloz, p. 161.

[259] Art. 299 AUS.

comme *une collaboration volontaire, active, intéressée et égalitaire* [260]. Mais, du coup, la définition semble trop riche. Le modèle dominant de la société n'est nullement aujourd'hui celui *d'un coude à coude entre associés* [261]. Le *jus fraternitatis* qui dominait l'ancien consortium entre frères est en général complètement absent[262].

143 La recherche d'une conception unitaire de l'*affectio societatis* se révélant une entreprise périlleuse, la doctrine adopte une conception pluraliste de l'*affectio societatis.* Comme le souligne Y. GUYON, *l'affectio societatis peut prendre diverses formes selon les types de sociétés et les circonstances, allant depuis la collaboration volontaire à la participation à la gestion jusqu'au parallélisme des intérêts et à l'absence de subordination* . Quatre définitions au moins de l'*affectio societatis* apparaissent en jurisprudence. Il s'agit tantôt d'une collaboration volontaire, tantôt d'une participation à la gestion, tantôt d'une convergence d'intérêts, tantôt enfin d'une absence de lien de subordination. La Cour de cassation française utilise l'*affectio societatis* comme un concept mou à géométrie variable sans jamais adopter une conception unitaire clairement définie. Par exemple, un arrêt du 3 juin 1986 de la chambre commerciale de la Cour de cassation a indiqué que l'*affectio societatis* implique que *les associés collaborent de façon effective à l'exploitation dans un intérêt commun et sur un pied d'égalité, chacun participant aux bénéfices comme aux pertes* [263]. Et une autre décision de cette même chambre a précisé en 1991 que l'*affectio societatis* doit être « *entendu comme la volonté d'union et l'acceptation d'aléas communs* [264]. En refusant d'opter pour une définition unique de l'*affectio societatis,* la Cour de cassation permet à cette notion de conserver toute sa souplesse et d'assurer pleinement sa fonction discriminante[265].

L'*affectio societatis* ne devrait être qu'un élément secondaire du contrat de société, un simple élément discriminant nécessaire en cas de doute sur la qualification de l'accord. Mais on estime également que l'*affectio societatis* n'est pas seulement une condition d'existence de la société, mais aussi de sa pérennité. Autrement dit, le défaut d'*affectio societatis* pendant l'exécution du contrat pourrait entraîner la dissolution de la société. D'ailleurs, si en cours de vie sociale, il apparaît que l'un des associés n'est plus animé par l'*affectio societatis* et que cette perte a des répercussions graves sur le fonctionnement de la société, entraînant sa paralysie, la dissolution de la société pourrait être prononcée par les

---

[260] E. THALLER et J. PERCEROU, *Traité élémentaire de droit commercial*, op. cit., n° 232 ; P. PIC et J. KREHER, *Des sociétés commerciales,* op. cit., n° 72.
[261] L. MAZEAUD, « Rapport sur la souveraineté de fait dans la société anonyme en droit français », *Travaux Assoc. H. Capitant*, 1963, p. 330.
[262] Y. GUYON, « La fraternité en droit des sociétés », *Rev. sociétés* 1989. 439.
[263] Cass. com. 3 juin 1986, *Rev. sociétés* 1986. 585, note Y. Guyon.
[264] Cass. com. 19 févr. 1991, n° 89-16-590.
[265] J.-P. SORTAIS, « Constitution des sociétés », *Répertoire de droit des sociétés, op. cit.*

tribunaux, à la demande d'un associé. La paralysie du fonctionnement de la société est cependant un élément déterminant pour le prononcé de la dissolution de la société par les tribunaux. L'absence d'*affectio societatis* en cours de vie sociale est à elle seule insuffisante pour provoquer la dissolution de la société, alors que son absence au moment de la constitution serait une cause de nullité. Mais la jurisprudence française a néanmoins estimé que la perte de tout *affectio societatis* pouvait entraîner la nullité de la société[266].

SECTION III- LA NULLITÉ DES SOCIÉTÉS

144 Avant d'envisager le régime de l'action en nullité (§2), il importe auparavant d'en déterminer les causes (§1).

§1. LES CAUSES DE LA NULLITÉ

145 C'est surtout à ce stade que l'annulation présente des inconvénients, puisqu'elle doit au moins, en principe, avoir pour conséquence la disparition complète de la société[267]. Aux termes de l'article 242, al.1 AUS la nullité d'une société ne peut résulter que d'une disposition expresse de la loi (A) ou des textes régissant la nullité des contrats en général (B).

A- Les nullités liées à la méconnaissance des dispositions régissant le contrat de société

146 Il convient d'évoquer séparément les incidences, que peut avoir sur la validité d'une société la méconnaissance des diverses conditions, dont la formulation de la loi implique le respect, à l'instar des apports (1), de la recherche et de la répartition des bénéfices (2) ou de l'*affectio societatis* (3).

1- Les apports

147 La mise en commun des apports est une condition indispensable à la constitution d'une société[268]. Sans cet investissement de départ, elle ne saurait en effet fonctionner. La nullité d'une société, à laquelle aucune espèce d'apport n'aurait été consentie, n'est donc pas contestée. Mais cette éventualité reste un peu théorique. En revanche, il est arrivé qu'un associé, après avoir promis un apport, refuse de le fournir. Dans ce cas, les arrêts hésitent sur la manière dont il convient de qualifier la situation. Certains ont admis que l'on était en présence d'une

---

[266] CA Paris, 8 déc. 2000, Bull. Joly 2001. 302, obs. A. Couret.

[267] V. pour plus de détails ABDOU DIALLO, *La nullité des sociétés commerciales,* mémoire de Master, UCAD, 2000.

[268] Y. Guyon, *op. cit.*, n° 99 ; V. également M. SENE, *Les irrégularités de constitution des sociétés commerciales : le sort des fondateurs d'une société irrégulière en droit OHADA*, Mémoire de maitrise, Université Gaston Berger (Saint-Louis, Sénégal), 2010.

nullité[269]. D'autres ont considéré qu'il s'agissait d'une hypothèse de résolution pour inexécution du contrat[270].

Une situation assez proche, mais où l'existence d'une véritable nullité ne semble pas douteuse, est celle des apports dépourvus de valeur. L'exemple, le plus couramment révélé par la jurisprudence française, est relatif à des biens grevés d'un passif, qui excède leur prix : immeubles hypothéqués[271] ou fonds de commerce donnés en nantissement. Il peut arriver qu'un apport en nature soit consenti par une personne qui n'en est pas propriétaire, ou parce que le bien ne lui a jamais appartenu, ou parce qu'il avait été revendu avant la constitution de la société. La question qui se pose alors est celle de l'étendue de la nullité, entraînée par cet apport irrégulier. La souscription de son auteur est certainement nulle, car la remise de titres, dont il bénéficierait, serait, en réalité, dépourvue de cause. Mais on se demande si la nullité s'étend ou non au contrat de société dans son ensemble. La question paraît dépendre de l'importance pour l'activité de la future société de l'apport, qui vient à lui faire défaut. Si son fonctionnement reste possible grâce aux apports des autres associés, il n'y a pas de raison de l'annuler. En revanche, si le bien, dont elle se trouve privée, était indispensable à la réalisation de son objet (exploitation d'un fonds de commerce, par exemple), la nullité de l'apport s'étendra fatalement au contrat de société dans son ensemble. Tout dépend donc finalement de la viabilité de la société malgré la carence de l'un des apporteurs.

2- La recherche et la répartition des bénéfices

148 L'existence d'une société ne suppose pas seulement la recherche d'un profit. Elle implique, aussi, sa répartition entre les associés[272]. En principe, celle-ci s'opère en fonction de la valeur des apports en numéraire et en nature. Mais il est donc possible de prévoir dans les statuts une répartition inégale, malgré l'égalité des apports ou, inversement, une répartition égale malgré leur valeur différente. Toutefois, cette liberté comporte une limite : il ne faut pas que certains associés s'attribuent la totalité des bénéfices ou s'exonèrent intégralement des pertes. Dans le passé, la jurisprudence admettait que la méconnaissance de cette règle, connue sous le nom de prohibition des clauses léonines, entraînait la nullité de la société[273]. La solution comportait des inconvénients tels que les arrêts

---

[269] BEMELINGUE GUY ARMAND, *La nullité des sociétés commerciales en droit OHADA*, mémoire de Master, Ngaoundéré (Cameroun), 2015. Cass. com., *Rev. sociétés* 1977.237, note J.H., *RTD com.* 1977.516, obs. R. Houin.

[270] V. BADARA, *Le régime juridique des apports en industrie : réflexion sur une réalité inexistante*, op. cit. ; DOUDOU GUEYE, *L'apport en industrie*, op. cit.

[271] . M. SENE, *Les irrégularités de constitution des sociétés commerciales : le sort des fondateurs d'une société irrégulière en droit OHADA*, Mémoire de maitrise, Université Gaston Berger (Saint-Louis Sénégal), op.cit.

[272] V. pour une vue d'ensemble, FATOU GUEYE, *La répartition des bénéfices*, mémoire de Master, UCAD, 2001.

[273] V. G. A. BEMELINGUE, *La nullité des sociétés commerciales en droit OHADA*, op. cit.

cherchaient parfois à l'éviter de manière indirecte : par exemple, en qualifiant celui qui se serait exonéré de toute participation aux pertes de prêteur et non d'associé[274].

Aujourd'hui, la question paraît résolue par l'article 54, alinéa 2 AUS qui répute « *non écrite* » la clause léonine. Le contrat subsiste donc, mais sous une forme expurgée. Cette disposition entraîne ainsi, puisque les statuts ne comportent plus de stipulation particulière à ce sujet, le retour, en ce qui concerne la répartition des résultats, au principe posé par l'article 54, alinéa 1er : c'est-à-dire une répartition au prorata des apports. Le droit des sociétés de l'OHADA consacre donc ici la solution, admise par la jurisprudence française, toutes les fois que figure dans un contrat une clause illicite, qui n'a pas joué de rôle déterminant dans sa conclusion. La nullité, en ce cas, n'est que partielle. Elle affecte exclusivement la clause prohibée et non le contrat en son entier[275]. Par rapport au droit commun, la règle que pose l'article 54, alinéa 2 AUS comporte, cependant, une particularité. Le législateur confère dans tous les cas à la nullité un caractère partiel. Il ne se préoccupe pas de savoir si la clause léonine a joué ou non un rôle décisif dans le consentement des associés qui en bénéficiaient. Son caractère accessoire est donc en quelque sorte présumé et la présomption n'est pas susceptible de preuve contraire, alors qu'en droit commun, le degré de solidarité existant entre la clause affectée par la nullité et le reste du contrat reste soumis à l'appréciation des tribunaux.

3- L'affectio societatis

149 Bien que l'article 4 AUS n'y fasse pas allusion, il n'est pas contesté que l'*affectio societatis*[276] est un élément indispensable à la validité du contrat de société. Son absence peut-elle, dès lors, constituer une cause de nullité ? L'éventualité n'est pas à exclure. Toutefois, étant donné la nature particulière, avant tout psychologique, de cet élément, de telles nullités ne peuvent qu'être rares. Plusieurs hypothèses doivent être distinguées à cet égard, car, selon la manière dont se présente le débat, le rôle de l'*affectio societatis* dans la formation de la société est variable.

La situation la plus courante est, évidemment, celle d'une société régulièrement constituée et publiée. Dans ces conditions, l'existence de l'*affectio societatis* ne prête *a priori* guère à discussion. En signant les statuts, en exécutant les obligations qui en découlent et en faisant procéder à l'immatriculation, les associés manifestent sans équivoque un désir de collaboration, qui répond à la

---

274 Cass. com. 12 déc. 1978, *Bull. civ.* IV, n° 306, *D.* 1980, IR 161, obs. J.-Cl. Bousquet.

275 V. MALAURIE et AYNES, *Obligations,* n° 580 et s. ; FLOUR et AUBERT, *Les obligations,* t. 1, n° 365 et s. ; FALL FATIMA, *L'affection societatis*, Mémoire UCAD, 1991, 39p.

276 A. D. BURKELE, *L'affectio societatis en droit des sociétés de l'OHADA,* mémoire de DEA, Faculté des Sciences Juridiques et Politiques de l'Université de Yaoundé II (Cameoun), 2003.

définition de l'*affectio societatis*. Dès lors qu'une telle volonté existe lors de sa fondation, la société se forme en principe, régulièrement. Comme pour tout autre acte juridique, il faut, en effet, se placer alors à la date de souscription pour apprécier si les conditions de validité sont réunies.

Ceci n'empêche sans doute pas qu'un défaut d'*affectio societatis* puisse se faire jour, ultérieurement, dans le cours de la vie sociale. Mais on entre en ce cas dans l'hypothèse de mésentente entre associés, qui constitue parfois une cause de dissolution anticipée de la société et non un motif d'annulation. Malgré cela, il n'est pas cependant entièrement exclu qu'une société puisse être déclarée nulle pour absence d'*affectio societatis,* en dépit de la régularité extérieure des conditions où elle a été fondée[277]. C'est ce qui se produit lorsque les associés, tout en effectuant les formalités de constitution, n'étaient pas animés par une réelle volonté associative. Il incombe naturellement au demandeur à l'action en nullité d'établir ce défaut de sincérité des prétendus associés, mais il peut le faire par tout moyen, son action étant, en réalité, fondée sur l'existence d'une fraude, parfois soulignée explicitement par les juges[278]. Dans ce cas, le défaut d'*affectio societatis* se combine donc avec une autre cause de nullité, relevant non plus de l'article 4 AUS, mais du droit commun des contrats. L'existence de la société était en réalité fictive[279].

150 S'agissant de sociétés non immatriculées, les débats qui s'engagent parfois autour de l'*affectio societatis* se présentent dans des conditions un peu différentes, puisque la volonté des associés à cet égard ne s'est pas manifestée par des signes extérieurs. L'*affectio societatis* intervient alors dans l'appréciation portée par les tribunaux sur l'éventuelle existence d'une société. Mais on ne saurait pour autant dire que son absence soit, véritablement, une cause de nullité. Deux situations sont en effet susceptibles de se présenter à cet égard[280].

Souvent, on est en présence de conventions écrites, mais rédigées de manière ambiguë, voire d'accords purement verbaux, puisque l'existence d'une société créée de fait ou d'une société en participation peut être prouvée par tous moyens[281]. La question, qui se pose alors, est de savoir quelle est la nature exacte du contrat passé ; et l'*affectio societatis* joue un rôle dans l'appréciation portée à ce sujet par les tribunaux. Si cet élément était réellement présent dans l'esprit des souscripteurs de l'acte, ils pourront être considérés comme associés de fait ou en participation. Mais, en son absence, leur accord pourra souvent se voir rattaché à un contrat de nature différente, dont il produira les effets. L'*affectio societatis*

---

[277] V. G. A. BEMELINGUE, *La nullité des sociétés commerciales en droit OHADA*, op. cit.

[278] Cass. 3e civ. 22 juin 1976, *D.* 1977.619, note P. Diener.

[279] V. ROUAST-BERTIER, « Société fictive et simulation », *Rev. sociétés* 1993.726.

[280] J.-P. SORTAIS, « Constitution des sociétés », *Répertoire de droit des sociétés, op. cit.*

[281] Art . 867 AUS.

n'est donc pas alors un élément de validité du contrat, mais uniquement de sa qualification.

De la même façon, la jurisprudence recourt souvent à l'*affectio societatis* quand il s'agit de distinguer la société et l'indivision[282]. La question s'est, dans quelques affaires, posée à propos des héritiers d'un commerçant qui continuaient l'exploitation du fonds sans procéder au partage. La jurisprudence tend alors à considérer que si le fonds est simplement maintenu en activité dans sa forme initiale, les héritiers peuvent être considérés comme des propriétaires indivis. En revanche, une gestion plus dynamique et la réalisation d'emprunts pour l'extension du commerce sont des circonstances propres à les faire qualifier d'associés de fait. On retrouve encore les mêmes discussions quand deux personnes procèdent à l'achat en commun d'un bien, spécialement d'un bien immobilier, sans indiquer avec précision le régime juridique qu'elles entendent appliquer à cette acquisition. En fonction de la présence ou de l'absence d'*affectio societatis,* l'opération ainsi réalisée sera considérée, tantôt comme une constitution de société créée de fait[283].

Bien que cela soit relativement rare, il peut pourtant arriver que l'absence d'*affectio societatis* ait des conséquences plus étendues et aboutisse, non au maintien de l'acte sous une qualification qui ne serait pas celle de société, mais à la constatation qu'il n'y a jamais eu de convention, quelle qu'elle soit entre les personnes en cause. C'est la solution retenue par certains arrêts rendus dans des affaires où était alléguée l'existence d'une société créée de fait entre concubins[284]. Mais les tribunaux, quand ils écartent ainsi l'existence de la société créée de fait, ne se bornent pas en général à constater le défaut d'*affectio societatis.* Ils relèvent aussi l'absence d'autres éléments caractéristiques du contrat de société, en particulier le défaut d'apports réels, au moins de la part du demandeur qui voudrait précisément se faire reconnaître des droits sur certains biens, en tant qu'associé de fait. Dans ce genre d'hypothèses, il n'y a donc, en réalité, jamais eu d'accord, même implicite, entre les parties. Les juges ne font rien d'autre que constater cet état de choses, sans même que la décision qu'ils rendent prononce une véritable annulation, puisqu'aucun acte ne concrétisait l'existence de la prétendue société créée de fait. Il serait alors permis de parler d'inexistence de la société, en donnant à cette formule son sens littéral, alors qu'habituellement, elle sert plutôt à caractériser une forme aggravée de nullité.

---

[282] P. CATALA, « L'indivision », *Defrénois* 1979.3, spéc.,n° 11, 15 et 20 ; F. CAPORALE, « Société et indivision », *Rev. sociétés* 1979.265 ; C. HOUIN-SAINT-ALARY, « Les caractères distinctifs de la société et de l'indivision depuis les réformes récentes du code civil », *RTD com.* 1979.645.

[283] A. D. BURKELE, *L'affectio societatis en droit des sociétés de l'OHADA,* mémoire de DEA, Yaoundé II (Cameroun), op. cit. ; ABDOU DIALLO, *La nullité des sociétés commerciales*, op. cit.

[284] Cass. 1re civ. 23 juin 1987, *Defrénois* 1987.1329, n° 6, obs. J. Honorat ; Cass. com. 9 nov. 1981, *ibid.* 1983.565, n° 2, obs. J. Honorat.

On en arrive ainsi, finalement, quant à la place de l'*affectio societatis* dans la théorie des nullités, à une constatation assez singulière : cette notion joue un rôle déterminant dans la formation du contrat de société. Mais, en même temps, il est rare qu'elle puisse servir de justification et surtout de fondement exclusif à une décision d'annulation, le défaut d'*affectio societatis* n'étant que la conséquence d'une absence complète de consentement.

B- Les nullités fondées sur la méconnaissance des dispositions régissant les contrats en général

151 La référence, par l'article 242, al.1 AUS, aux causes de nullité des contrats en général a pour corollaire la nécessité de respecter, lors des constitutions de sociétés, les dispositions des articles 1108 à 1113 du Code civil[285]. Il convient donc d'examiner quelles sont, dans le cadre particulier de ce contrat, les conséquences attachées à ces diverses exigences du droit civil que sont le consentement (1), la capacité (2), l'objet (3) ou la cause (4).

1- Le consentement

152 On retrouve, en matière de société, le principe selon lequel l'engagement des contractants doit être l'expression d'une volonté libre et cette condition comporte, là comme ailleurs, deux aspects. Il faut que le consentement donné à l'acte soit réel[286]. Il est également nécessaire qu'il soit exempt de vices, c'est-à-dire qu'il n'est pas entaché d'erreur, de dol ou de violence. Toutefois, dans la mesure où il est fréquemment multilatéral, le contrat de société peut présenter une complication particulière. Il est rare que les divers défauts, dont le consentement est susceptible d'être atteint, affectent la volonté de tous les associés en même temps. Si un seul ou quelques-uns d'entre eux seulement sont en droit d'invoquer la nullité, ses conséquences restent à définir : cette nullité est-elle limitée à l'engagement des associés en cause ou s'étend-elle au contrat dans sa totalité ? La réponse apportée à cette question n'est pas toujours la même et varie selon que la question concerne l'absence de consentement (a), les vices de consentement (b) et l'étendue de la nullité (c).

a- L'absence de consentement

153 L'hypothèse dans laquelle une telle absence d'adhésion au contrat se rencontre le plus couramment a été déjà évoquée. Il s'agit de celle où la constitution de la société a été simulée. L'*affectio societatis* fait alors défaut. Mais il n'y a pas non plus de volonté de s'engager à un autre titre, d'où pourrait résulter un contrat valable sous une qualification différente. La nullité a ainsi un double

[285] V. de manière sur la question de la nullité en droit OHADA, P. A. FAYE, *La spécificité de la nullité du contrat de société en droit des sociétés OHADA*, mémoire de Maitrise, Université Gaston Berger (Saint-Louis, Sénégal), 2008 ; DIALLO ABDOU, *La nullité des sociétés commerciales*, Mémoire UCAD, 2000, 25p.

[286] J.-P. SORTAIS, « Constitution des sociétés », *Répertoire de droit des sociétés, op. cit.*

ancrage dans le droit des sociétés et dans le droit des contrats en général. Mais ce point ayant été antérieurement souligné, on n'y reviendra pas.

154 En dehors de ce cas, le défaut de consentement reste nécessairement exceptionnel. S'agissant des personnes physiques, l'éventualité d'un acte souscrit sous l'empire de la démence ou de substances psychotropes se conçoit difficilement dans des relations d'affaires. L'hypothèse d'une signature falsifiée ne serait pas exclue, mais n'est pas révélée par la jurisprudence. S'agissant de personnes morales, en revanche, la participation au contrat d'une société, elle-même encore en cours de formation[287] ou nulle ne saurait être exclue. Enfin, il peut arriver que, quels que soient les souscripteurs, des discussions quant à l'effectivité de leur consentement se présentent. On se demande s'ils ont d'ores et déjà entendu souscrire un véritable contrat de société ou un simple document préparatoire à la rédaction d'une convention définitive[288]. La solution sera alors fonction de ce qu'ont été leurs véritables intentions. Mais, par là même elle ne peut être qu'affaire d'espèce[289].

b- Les vices de consentement

155 Il s'agit des trois éléments propres à fausser la volonté des contractants que seront l'erreur, la violence et le dol. Il est nécessaire de les envisager tour à tour.

L'erreur, comme l'exprime l'article 1110, n'est une cause de nullité de la convention que lorsqu'elle porte sur la substance de la chose ou sur la personne, à condition que la considération de celle-ci ait été déterminante. Dans le cadre de la société, l'erreur sur la substance est susceptible de plusieurs modalités. Il est arrivé qu'elle porte sur la nature du contrat. On rencontre ainsi des arrêts relatifs à des personnes, qui avaient adhéré à des sociétés d'assurances ou de crédits mutuels, en pensant qu'elles traitaient avec un organisme de banque ou d'assurances classiques[290]. Dans une autre affaire, l'un des signataires de l'acte avait cru souscrire une convention d'indivision, alors qu'il s'agissait d'une véritable société. L'erreur porte parfois aussi sur la forme de la société ou sur son objet. C'est ce qui s'était en particulier produit dans une espèce où l'objet statutaire était une reprise d'activités, qui s'était finalement révélée impossible[291]. En revanche, et conformément à une règle générale, l'erreur sur la valeur n'est pas

---

[287] Cass. com. 17 nov. 1969, préc.

[288] V. P. A. FAYE, *La spécificité de la nullité du contrat de société en droit des sociétés OHADA*, mémoire de Maitrise, Université Gaston Berger (Saint-Louis, Sénégal), op.cit. ; Cass. 1re civ. 16 févr. 1977, *Rev. sociétés* 1977.681, note Y. Guyon.

[289] J.-P. SORTAIS, « Constitution des sociétés », *Répertoire de droit des sociétés, op. cit.*

[290] V. G.A. BEMELINGUE, *La nullité des sociétés commerciales en droit OHADA*, op. cit.

[291] V. ABDOU DIALLO, *La nullité des sociétés commerciales*, op. cit. ; Cass. com. 8 mars 1965, *Bull. civ.* III, n° 173.

une cause de nullité[292]. La jurisprudence ne permet pas même d'invoquer la lésion des 7/12, en cas d'apport d'un bien immobilier, car l'article 1674 du Code civil ne vise que le contrat de vente et non le contrat de société[293]. Quant à l'erreur sur la personne, elle est nécessairement exceptionnelle ; et la pratique ne semble pas en fournir d'exemples. Elle ne pourrait, de plus, être déterminante que dans les sociétés où l'*intuitu personae* est la règle comme les sociétés en nom collectif, les SARL ou les sociétés civiles. Or, en ce cas, les futurs associés se connaissent et, de plus, ils doivent fournir des justifications d'identité au moment de l'immatriculation de la société. Bien que cette éventualité semble plutôt théorique, seule l'intervention de personnes morales à la constitution pourrait générer quelques risques : confusion entre les dénominations sociales voisines ou encore, doute sur le point de savoir si un dirigeant social est intervenu au nom de sa société ou à titre personnel. Les précautions prises lors de la rédaction des statuts paraissent, en fait, éliminer ce genre de difficultés. Mais la vigilance reste nécessaire.

Pour ce qui est de la violence, elle ne peut être mentionnée que pour mémoire, dans les opérations de sociétés. Elle ne serait, en réalité, concevable que si la jurisprudence y assimilait la contrainte liée aux circonstances économiques[294].

Le dol, enfin, est un vice de consentement, dont les intérêts en jeu, comme la complexité des données à prendre en considération lors de la fondation d'une société, rendent l'éventualité réaliste. Selon la conception du droit civil, il s'agit d'une erreur provoquée. Le dol implique donc des actes accomplis par une personne de mauvaise foi. En outre, ces agissements devront avoir été de nature à exercer une influence déterminante sur la volonté de la personne qui prétend avoir été trompée. On peut ainsi concevoir que des souscriptions soient obtenues à l'aide de renseignements inexacts.

156 Le prononcé d'une nullité pour dol est enfin subordonné à une condition, dont l'application au contrat de société se révèle délicate. Selon l'article 1116 du Code civil, le dol n'est une cause de nullité de la convention que s'il émane de la partie envers laquelle l'obligation est contractée. Il y a là une différence avec la violence, qui constitue un vice de consentement, même si elle a été pratiquée par un tiers. La jurisprudence en déduit notamment qu'un associé ne peut se prévaloir de la tromperie, dont il a été victime, à l'égard de créanciers sociaux[295].

---

[292] CA Paris, 23 mai 1958, *D.* 1959. somm. 31.

[293] Cass. req. 12 juin 1945, *JCP* 1946. II. 3203, note D.B.

[294] V. P. A. FAYE, *La spécificité de la nullité du contrat de société en droit des sociétés OHADA*, mémoire de Maitrise, Université Gaston berger (Sénégal).

[295] ABDOU DIALLO, *La nullité des sociétés commerciales*, mémoire de Master, UCAD, 2000 ; Cass. com. 26 avr. 1971, *Bull. civ.* IV, n° 104, *JCP* 1972. II. 16986, note N. Bernard, *Rev. sociétés* 1972.248, note J.G.

La principale question soulevée par l'article 1116 est, cependant, liée aux relations entre les associés eux-mêmes. Les termes de l'article 1116 montrent qu'il a été uniquement conçu en fonction de contrats conclus entre deux personnes. En cas de pluralité de parties, on se demande donc si le dol dont l'une d'elles se plaint doit être l'œuvre de toutes les autres ou peut, au contraire, n'être imputable qu'à certains de ses cocontractants, voire à un seul d'entre eux. Parfois aussi, la jurisprudence a utilisé le principe selon lequel le mandant est engagé par le dol de son mandataire[296].

c- L'étendue de la nullité

157 Aux termes de l'article 242 AUS, *en ce qui concerne les sociétés à responsabilité limitée et les sociétés anonymes, la nullité de la société ne peut résulter que d'un vice de consentement ou de l'incapacité, à moins que celle-ci n'atteigne tous les associés* . Une compréhension rapide de ce texte pourrait donc amener à la conclusion que l'étendue de la nullité dépend exclusivement de la forme sociale. En matière de société anonyme et de SARL, le vice de consentement de l'associé se traduirait uniquement par une impossibilité d'entrer personnellement dans la société. Dans les autres cas, c'est, au contraire, la société en son entier qui serait nulle[297].

Cette manière de raisonner semble pourtant trop simplificatrice. Dans les sociétés anonymes et, plus encore dans les SARL, on ne peut exclure que la présence de la personne, ou, en tous cas, l'apport de l'associé défaillant ait été la condition du consentement des autres associés. Ceux-ci seraient donc, eux-mêmes, en droit de demander la nullité de la société, soit sur le fondement de l'erreur, soit en invoquant l'impossibilité de réaliser l'objet social[298] (en cas d'annulation de l'apport d'un fonds de commerce par exemple).

158 Inversement, la présence d'un associé donné peut, dans d'autres formes de sociétés, n'être pas forcément indispensable. Des distinctions paraissent s'imposer à ce propos, tantôt en fonction de la forme sociale, tantôt du rôle joué personnellement par les associés dans la société. La société en nom collectif est, incontestablement, constituée en tenant compte de la participation de tous les associés d'origine, puisque le décès ou l'incapacité de l'un d'eux sont, pendant l'existence même de cette société, une cause de dissolution. L'*intuitu personae* dans cette forme d'organisation rend, par conséquent, l'annulation de la société inévitable, toutes les fois qu'il y a défaillance de l'un des contractants initiaux. Il en serait de même, dans les sociétés en commandité simple ou par actions, pour les associés commandités, dont la situation est d'ailleurs très proche de celle des associés en nom collectif.

---

[296] V. GHESTIN, *Traité de droit civil, la formation du contrat, LGDJ,* 4e éd., 2013 n° 573 et les arrêts cités en sous-note 198.

[297] J.-P. SORTAIS, « Constitution des sociétés », *Répertoire de droit des sociétés, op. cit.*

[298] Ibid.

Les conclusions sont, en revanche, nécessairement plus complexes lorsqu'on envisage l'hypothèse des commanditaires. Leur importance pour la société peut varier selon de nombreux critères : montant de leurs apports, niveau de leur compétence, consistance de leur patrimoine personnel. La question des effets de la défaillance de l'un de ces associés ne peut être résolue qu'en considération de la possibilité pour les autres de continuer la société sans lui, et cette possibilité varie nécessairement d'une espèce à l'autre. Le caractère total ou partiel de la nullité ne semble donc pas dépendre exclusivement de la forme sociale, mais plutôt de la possibilité de faire ou non fonctionner la société sans l'associé dont le consentement a été vicié.

2- La capacité

159 Cette condition de validité des contrats est formellement énoncée par l'article 1124 du Code civil. En matière d'incapacité, ce texte ne fait toutefois allusion qu'aux mineurs et aux majeurs protégés. Or, d'autres dispositions légales, dont la méconnaissance est parfois sanctionnée par une nullité, peuvent constituer un obstacle à l'entrée d'une personne dans une société. On rencontre en ce domaine des interdictions et incompatibilités spécifiques. Enfin, quelle que soit l'interdiction légale qui aura été transgressée, se pose toujours, comme en matière de consentement, la question des conséquences attachées à cette méconnaissance de la loi : nullité de la société, en son entier, ou nullité du seul apport irrégulièrement réalisé. Mais les solutions, dont ce problème est susceptible, sont diverses et ne peuvent être envisagées qu'en fonction des règles particulières à chaque genre d'incapacité.

Pour les mineurs, la question de leur entrée en société ne se pose pas dans les mêmes termes, selon qu'ils sont émancipés ou non. Le mineur émancipé bénéficie de la capacité civile, mais non de la capacité commerciale. Il ne saurait donc devenir associé d'une société en nom collectif ni associé commandité d'une société en commandite simple ou par actions, puisque ces associés ont, à titre personnel, la qualité de commerçant[299]. En revanche, le mineur émancipé est *capable comme un majeur de tous les actes de la vie* civile [300]. Rien ne s'oppose donc à ce qu'il entre dans une société, dont les membres ne sont pas commerçants. Une hésitation s'est pourtant parfois manifestée à ce propos, du fait que quelques arrêts ont considéré comme un acte de commerce la souscription de titres émis par des sociétés commerciales. Toutefois, l'accomplissement d'un acte de commerce isolé par un mineur émancipé semble rester possible. La loi lui

[299] V. H. GAUDEMET-TALLON, « Minorité et droit commercial [Loi du 14 décembre 1964] », *RTD com.* 1966.229 ; A. Jauffret, *ibid.*, 1974.229 ; J. MASSIP, « L'abaissement de l'âge de la majorité et ses conséquences », *Defrenois,* 1974.1057 ; G. COUCHEZ, « La fixation à dix-huit ans de l'âge de la majorité », *JCP* 1975. t. 2684 ; Lecourt, *JCP,* éd. N, 1974. I. 5788 ; S. MOREAU, « L'émancipation : rajeunissement ou déclin ? », *JCP* 1975. I. 2718.
[300] C. civ., art. 481.

interdit seulement, en effet, de devenir commerçant, c'est-à-dire de réaliser de tels actes à titre habituel et professionnel.

S'agissant des mineurs non émancipés, ils ne peuvent, pas plus que ceux qui sont émancipés, devenir commerçants. Leur entrée dans une société, dont les membres ont cette qualité, est donc également exclue. S'agissant d'autres types de société, en revanche, l'acquisition de leurs titres constitue, pour les mineurs, une forme d'investissement licite. Mais, à la différence du mineur émancipé, le mineur simple ne dispose pas de la capacité civile. L'acte d'apport sera donc souscrit en son nom par ses représentants légaux. De plus, les personnes habilitées à gérer ses biens ne peuvent, elles-mêmes et en d'assez nombreuses hypothèses, agir seules. Leur participation à la constitution de la société est soumise à autorisation. Les conditions qui doivent être réunies, pour que la souscription soit valable, sont donc nombreuses. Elles dépendent à la fois du régime de protection, sous lequel le mineur est placé (administration légale pure et simple, administration sous contrôle judiciaire, tutelle) et du type d'apport qui est effectué.

160 S'agissant des majeurs incapables, il faut distinguer plusieurs cas, en fonction du régime de protection auquel ils sont soumis.

Pour les majeurs aliénés non protégés, l'article 48, alinéa 1er du Code civil énonce que : *pour faire un acte valable, il faut être sain d'esprit. Mais c'est à ceux qui agissent en nullité pour cette cause de prouver l'existence du trouble mental au moment de l'acte* . La preuve d'un état chronique de démence ne suffit donc pas. Il faut établir que les facultés mentales du souscripteur de l'obligation étaient altérées au moment même où il s'est engagé. Cette condition de preuve est nécessairement difficile à remplir. De plus, les circonstances particulières entourant la conclusion du contrat de société y rendent la participation d'un aliéné assez peu concevable. La jurisprudence ne paraît pas, en tout cas, fournir d'exemple, en ce sens, bien que l'article 489 du Code civil soit théoriquement applicable à ce contrat comme à tout autre acte juridique.

Quant aux majeurs sous sauvegarde de justice, la situation de ces personnes est susceptible de plusieurs ménagements différents, en fonction desquels leur aptitude à contracter subit des restrictions plus ou moins importantes. Elles peuvent d'abord faire le choix d'un mandataire et lorsqu'il est spécifié que ce mandat est donné en vue de la sauvegarde de justice, il ne pourra être révoqué qu'avec l'autorisation du juge. Ce magistrat pourrait aussi prendre une telle mesure, soit d'office, soit à la requête de l'une des personnes qui auraient qualité pour demander l'ouverture d'une tutelle. Tant que ce mandat reste effectif, c'est donc le mandataire qui agit au nom de son mandant. Mais cette désignation n'est pas obligatoire. La personne sous sauvegarde reste donc en mesure d'agir seule. Néanmoins, elle n'est pas, même dans ce cas, entièrement dépourvue de protection. Ses actes, en effet, peuvent être rescindés pour lésion ou réduits pour excès, et ce, quand bien même ils n'encouraient pas l'annulation par application de l'article 489 du Code civil[301].

Bien que la jurisprudence n'offre pas de précédent en ce sens, on estime que l'application de ces dispositions à une constitution de société ne serait pas inconcevable. Ce serait le cas si les statuts faisaient clairement ressortir, au préjudice de la personne placée sous sauvegarde, une inégalité injustifiée par rapport aux autres associés. On peut songer dans cet ordre d'idées à une sous-évaluation des apports en nature ou encore à des clauses qui, sans être véritablement léonines, lui attribueraient, soit une fraction de bénéfices proportionnellement inférieure à ses apports, soit une part des pertes, qui leur serait supérieure. Toutefois, la conséquence de cette situation ne serait pas une véritable nullité. Les engagements de la personne sous sauvegarde de justice sont, en effet simplement susceptibles d'être rescindés. En d'autres termes, ni la société ni même l'apport de l'associé sous sauvegarde ne seraient nuls. Il faudrait simplement éliminer des statuts les clauses qui lui sont défavorables.

L'étendue de la capacité du majeur en curatelle se trouve délimitée par l'article 510 du Code civil. D'après ce texte, *Le majeur en curatelle ne peut, sans l'assistance de son curateur, faire aucun acte qui, sous le régime de la tutelle des majeurs, requerrait une autorisation du conseil de famille. Il ne peut non plus, sans cette assistance, recevoir des capitaux ou en faire emploi* .

Comme les dispositions sur la tutelle des majeurs, auxquelles renvoie ce texte, se réfèrent elles-mêmes à la tutelle des mineurs, il s'ensuit que le majeur en curatelle, à l'instar du mineur, n'a pas la capacité d'être commerçant. Il ne saurait donc faire partie d'une société en nom collectif ou entrer dans une société en commandite avec la qualité d'associé commandité. En ce qui concerne les autres formes de société, la réalisation d'apports ne lui sera permise qu'avec l'assistance de son curateur, sauf s'ils étaient faits au moyen de biens ayant le caractère de fruits ou de meubles d'usage courant. Telle est, tout au moins, la solution de principe[302].

Les règles édictées à propos de la tutelle des mineurs sont étendues par le Code civil à celles des majeurs[303]. Les formalités à accomplir, en cas de souscription de droits sociaux, seront donc, dans la mesure où cette opération est autorisée, les mêmes dans les deux hypothèses. Il convient de souligner toutefois que le jugement prononçant la tutelle, ou même une décision ultérieure, peuvent étendre la capacité de la personne protégée, en l'autorisant à passer seule certains actes qu'ils déterminent. Comme celle des majeurs sous curatelle, la situation des majeurs mis en tutelle implique donc, si l'on veut l'apprécier exactement, la connaissance des mesures individuelles dont ils ont fait l'objet.

---

301 J.-P. SORTAIS, « Constitution des sociétés », *Répertoire de droit des sociétés, op. cit.*
302 J.-P. SORTAIS, « Constitution des sociétés », *Répertoire de droit des sociétés, op. cit.*
303 art. 495 AUS.

161 Il existe une question commune aux mineurs et aux incapables majeurs : c'est celle des conséquences entraînées par la méconnaissance des dispositions légales applicables à leur situation. En l'une comme en l'autre hypothèse, on est en effet dans le domaine des incapacités classiques du droit civil, que régissent des principes généraux communs. De plus, les textes, même s'ils ne retiennent pas toujours des solutions identiques, comportent d'assez nombreux recoupements et font parfois référence les uns aux autres. Les sanctions, alors prévues par la loi, ne sont pas toujours les mêmes. La plus usuelle est une nullité qui entre alors dans la catégorie des nullités relatives.

Par ailleurs, s'agissant des SA et des SARL, l'AUS précise que l'incapacité n'entraîne pas la nullité de la société dans son entier, sauf dans l'hypothèse assez peu plausible où elle atteindrait en même temps tous les associés fondateurs. Il ne faut, cependant pas, comme on l'a déjà souligné à propos des vices du consentement, accorder une portée excessive à cette disposition. En effet, si l'apport d'un associé ou même sa personnalité avait déterminé l'engagement des autres, l'annulation de la société serait inéluctable, quelle que soit sa forme. Inversement, en admettant que la vie sociale puisse se dérouler normalement, malgré l'absence de l'associé dont l'incapacité aura été reconnue, il n'y a aucune raison pour que la société disparaisse, alors même qu'il ne s'agirait pas d'une SA ou d'une SARL. C'est donc le caractère *intuitu personae* de la société qui importe alors, plus que sa forme.

162 Enfin, s'agissant des incompatibilités, interdictions, déchéances, de nombreuses dispositions légales limitent la possibilité pour certaines catégories de personnes, de participer à la constitution de sociétés. Le plus souvent, ces prohibitions ne sont ni absolues ni générales. Elles s'opposent seulement à ce que ceux qui sont visés prennent la qualité de commerçant - et donc acquièrent des titres d'associés qui l'impliqueraient - ou encore exercent des fonctions de dirigeant social.

Étant donné leur portée limitée, ces prohibitions ne peuvent que très exceptionnellement entraîner l'annulation d'une société, puisqu'ils ne s'opposent pas à ce que les personnes visées deviennent associées, mais simplement à ce qu'elles prennent la qualité de dirigeant social et d'associé en nom collectif. La solution pourrait toutefois, être différente s'il apparaissait que le but recherché était précisément de tourner l'une des interdictions ou incompatibilités prévues par la loi. Mais le fondement juridique d'une telle nullité n'est pas tant l'incapacité d'un associé que l'illicéité de l'objet ou de la cause du contrat de société. La mesure ne peut donc frapper que la société en son entier et non pas seulement l'apport de l'associé, dont la souscription serait irrégulière.

3- L'objet

163 Une société totalement dépourvue d'objet est difficilement concevable. La loi oblige, en effet, à indiquer l'objet social dans les statuts. De manière très exceptionnelle, on pourrait tout au plus imaginer que des associés, par ignorance, oublient cette mention. Mais, dans ce cas, leur demande d'immatriculation ne manquerait pas d'être rejetée, au moins jusqu'à ce que l'acte ait été complété. Pour autant qu'elle fasse procéder à son immatriculation, la société aura toujours, au moins sur le plan formel, un objet.

L'objet doit être déterminé. Cette condition en revanche peut présenter plus de difficultés. Les rédacteurs de statuts, quand ils définissent l'objet, ont parfois tendance à utiliser des formules très générales afin de permettre à la société de s'adapter à des activités nouvelles sans avoir à effectuer les formalités complexes qu'impose une modification statutaire. L'emploi de termes trop extensifs ou une énumération pas trop exhaustive d'opérations risquent d'entraîner une incertitude quant à la nature exacte des opérations effectuées.

Lorsqu'une société n'est pas en mesure d'effectuer les opérations en vue desquelles elle a été constituée, il serait peu réaliste de la laisser subsister. C'est ce qui a notamment été jugé dans une affaire où l'objet de la société était la fondation d'une usine utilisant un brevet, dont l'exploitation s'était révélée impossible[304] que cet arrêt avait interprété la notion d'impossibilité de manière relativement large. En effet, dans le droit commun des contrats, l'impossibilité doit en principe présenter un caractère absolu, ce qui fait qu'elle est plus souvent liée à des motifs d'ordre juridique que matériel. Ainsi, a été considéré comme nul un mandat d'acheter des actions de compagnies d'assurances françaises, que le mandant, en raison de sa nationalité, n'avait pas le droit d'acquérir[305].

164 Par ailleurs, une société ne saurait servir de cadre à des entreprises prohibées par un texte formel ou qui, même en dehors de toute interdiction spécifique, seraient contraires à l'ordre public et aux bonnes mœurs. L'exigence de licéité de l'objet social est d'ailleurs, on l'a vu, explicitement formulée par l'article 1833 du Code civil. La jurisprudence a eu d'assez nombreuses occasions d'appliquer ces principes. Elle a ainsi annulé des sociétés qui étaient destinées à réaliser une fraude fiscale[306], des transactions avec un pays frappé d'embargo commercial[307].

Cette nullité présente des caractères particuliers qui sont la conséquence de la permanence des faits alors sanctionnés. À moins que la société ne révise entièrement son objet, elle se trouve, en quelque sorte de manière structurelle, en contrariété avec la loi. C'est pourquoi, sa nullité ne peut être ni réparée ni

---

[304]F. SEYE, *L'objet social*, mémoire de Maitrise, Université Gaston Berger (Saint-Louis, Sénégal), op. cit. ; Cass. civ. 30 juill. 1912, *Rev. sociétés* 1913.62. J. MESTRE, *Lamy sociétés commerciales,* n° 178.

[305] CA Paris, 27 oct. 1989, *Defrénois* 1990.636, n° 6, obs. J. Honorat.

[306] P. A. FAYE, *La spécificité de la nullité du contrat de société en droit des sociétés OHADA*, mémoire de Maitrise, Université Gaston Berger (Saint-Louis, Sénégal), op.cit.

[307] Cass. com. 19 juill. 2004, *JCP* 2004. II. 8322, note J.Gabin.

prescrite. Il y a là un risque d'autant plus grand pour les tiers que l'illicéité de l'objet social peut fort bien ne pas ressortir avec évidence du seul examen de ses statuts et ainsi échapper aux vérifications effectuées par le tribunal de commerce lors de son immatriculation. Mais il reste à l'heure actuelle à savoir si l'illicéité de l'objet réel peut, à elle seule, entraîner la nullité de la société, alors que son objet statutaire reste licite.

4- La cause

165 La nullité pour cause illicite peut se recouper avec d'autres motifs d'annulation déjà rencontrés tels que la simulation et la fraude. Mais il reste à savoir si, à l'heure actuelle, ces diverses nullités sont encore admissibles, en ce qui concerne du moins les SARL et les SA, eu égard à l'évolution du droit OHADA.

§2. L'ACTION EN NULLITÉ

166 Le terme nullité est employé ici de manière un peu approximative. En effet, le désir de prévenir ce résultat a conduit le législateur à instituer un régime dans lequel la nullité apparaît, souvent comme une menace destinée à inciter les auteurs de l'acte irrégulier à en éliminer les imperfections, plutôt que comme une sanction à caractère systématique. La nullité n'est donc pas en tout cas nécessairement synonyme d'annulation. Cette faculté de régularisation constitue avec les délais courts de prescription ou de l'exercice de l'action en nullité, une sorte d'obstacle à l'exercice de cette dernière (A). Enfin, quand une nullité est prononcée (B), malgré les possibilités de rattrapage ouvertes par la loi, l'importance du préjudice qui peut s'ensuivre a abouti à la mise en place d'un régime de responsabilité particulier, dans le but de faciliter l'indemnisation des personnes lésées (C).

A- Les obstacles à l'action en nullité

167 Il s'agit des actions en régularisation (1) et des fins de non-recevoir (2).

1- Les actions en régularisation

168 Il en existe deux qui diffèrent par leur domaine comme par leur objet. La première tend à expurger les actes de sociétés de certaines irrégularités en obligeant leurs auteurs à les mettre en conformité avec la loi[308]. La seconde, de nature plus complexe est une sorte de mise en demeure adressée à la personne qui peut se prévaloir d'une nullité relative. Elle se trouve sommée, ou de confirmer l'acte, ou de faire valoir ses droits en justice à bref délai[309].

L'article 248 AUS organise des mesures en vue de prévenir le prononcé d'une nullité qui serait fondée sur une incapacité ou un vice du consentement. Tant que

[308] ABDOU DIALLO, *La nullité des sociétés commerciales*, mémoire de master, UCAD, 2000 ;
[309] J.-P. SORTAIS, « Constitution des sociétés », *Répertoire de droit des sociétés, op. cit.*

le délai de prescription n'est pas écoulé, il subsiste en effet une incertitude sur l'attitude qu'adoptera le titulaire de l'action. Il s'agit donc de l'obliger à prendre rapidement position, en vue de faire disparaître cette cause de nullité. C'est pourquoi ces textes disposent que : *Lorsque la régularisation peut intervenir, toute personne y ayant intérêt peut mettre en demeure celui qui est susceptible de l'opérer, soit de régulariser, soit d'agir en nullité dans un délai de six mois* .

Cette demande est adressée à l'intéressé - ou à son représentant légal s'il s'agit d'un incapable - par acte extrajudiciaire ou par lettre recommandée avec accusé de réception et elle doit être dénoncée à la société[310]. La loi n'a ouvert cette possibilité qu'en cas de vice de consentement ou d'incapacité. On s'est pourtant demandé s'il ne fallait pas l'étendre à toutes les hypothèses où la confirmation est admise comme le défaut de consentement ou l'apport effectué sans les autorisations nécessaires par un incapable. Certains auteurs se montrent favorables à cette extension[311], mais elle n'est pas unanimement acceptée en doctrine[312]. La mise en demeure qui lui est ainsi adressée, place donc le titulaire de l'action devant un choix : ou bien il confirme- ce qui implique que les conditions auxquelles la confirmation est autorisée en droit civil soient remplies - ou bien il doit présenter en justice une demande en nullité dans le délai de six mois, faute de quoi il serait forclos. S'il décidait de confirmer, en revanche, on se demande dans quel délai il devrait manifester sa volonté. Pour certains, la confirmation doit également intervenir dans les six mois[313]. Pour d'autres, elle n'est enfermée dans aucun délai[314]. C'est la ponctuation du texte qui est l'origine du débat, mais, en pratique, il ne semble y avoir aucun inconvénient à laisser, s'ils le jugent utile, la victime du vice de consentement ou l'incapable confirmer un acte que, de toute manière, ils sont forclos pour attaquer par la voie de l'action en nullité.

169 Lorsque cette action est engagée en temps utile, elle ne débouche pas nécessairement sur une annulation. En effet, la société défenderesse à l'action ou un associé intervenant peut soumettre au tribunal toute mesure de nature à supprimer l'intérêt du demandeur, notamment par le rachat de ses droits sociaux. Pour faciliter cette cession, il est explicitement prévu que si le changement d'associés nécessite une modification des statuts, elle pourra être réalisée sans que soit pris en compte le vote de l'associé, dont les titres sont en jeu. Reste la question de la détermination du prix de cession. S'agissant d'une décision imposée à l'associé titulaire, la valeur des droits risque d'être plus discutée qu'en cas de cession amiable.

---

310 Art. 248, al. 2 AUS.

311 V. P. MACQUERON, *J.-Cl. sociétés* fasc. 32-8, n° 82.

312 HEMARD, TERRE, MABILAT, *op. cit.*, t. 3, n° 677.

313 NGUYEN XUAN CHAN, article préc., n° 43.

314 V. Macqueron, *op. cit.*, n° 84.

2- Les fins de non-recevoir

170 Il s'agit principalement de la prescription. Le régime de la prescription présente, ici, d'assez nombreuses particularités par rapport au droit commun[315].

La durée du délai de prescription est uniformément fixée à trois ans[316], que la nullité soit absolue ou relative, sauf en matière de fusion où il existe un délai particulier de six mois à dater de la dernière inscription au RCCM nécessitée par l'opération. Mais l'existence de cette prescription particulière aux sociétés suscite d'assez nombreuses controverses qui ne sont pas toutes éteintes[317].

Les domaines respectifs de la prescription particulière aux sociétés et des règles de droit commun en la matière ont suscité des débats. Il semble acquis, dans cet ordre d'idées, que l'adage *quae temporalia sunt ad agendum, perpétua sunt ad excipiendum* s'applique aux sociétés. La nullité d'une société pourra donc toujours être invoquée par voie d'exception, même si l'action qui aurait permis de faire prononcer cette nullité est éteinte. Mais on rencontre d'autres hypothèses où la situation est plus incertaine.

171 En admettant que la prescription particulière aux sociétés s'applique, quelques problèmes sont aussi apparus à propos de son point de départ. La loi le fixe au jour où la nullité est encourue. Mais, en cas d'incapacité ou de vice du consentement, faut-il ou non tenir compte des dispositions de l'article 1304 du Code civil qui retarde alors le départ de la prescription jusqu'à la date de la découverte du vice ou de la cessation de l'incapacité ? Un arrêt, au moins, s'est prononcé en ce sens[318] et la solution semble opportune, malgré les tendances restrictives du droit des sociétés, en matière de nullités, étant donné les facilités de régularisation particulière que la loi a prévues en ce cas.

On se demande aussi dans quelle mesure le délai, en certaines hypothèses particulières, peut véritablement commencer à courir. La question a souvent partagé les auteurs à propos de l'illicéité de l'objet social. Pour un important courant doctrinal, cette nullité qui, aux termes de la loi, n'est pas susceptible de régularisation ne saurait non plus se prescrire en raison du caractère permanent que présente l'infraction[319]. Ce point de vue, auquel au moins un arrêt semble

---

[315] Ch. HANNOUN, « Remarques sur la prescription de l'action en nullité en droit des sociétés », *Rev. sociétés* 1991.45.

[316] Art. 251 AUS.

[317] J.-P. SORTAIS, « Constitution des sociétés », *Répertoire de droit des sociétés, op. cit.*

[318] V. G.A. BEMELINGUE, *La nullité des sociétés commerciales en droit OHADA*, op. cit.

[319] En ce sens, V. Y. GUYON, t. 1, op. cit. n° 157 ; HAMEL, JAUFFRET, LAGARDE, t. 1, vol. 2, n° 457 ; J. Leblond, « Les actions en nullité en droit des sociétés », *Gaz. Pal.* 1976. I. doctr. 79, *Lamy sociétés commerciales* n° 2442.

favorable[320] ne fait cependant pas l'unanimité[321]. Pourtant, il serait paradoxal qu'une société, par le seul effet du temps écoulé, puisse se livrer, comme l'implique l'illicéité de son objet à une activité prohibée. Si la jurisprudence venait un jour à admettre la prescription d'une telle nullité, peut-être faudrait-il, alors, rechercher s'il ne serait pas possible d'assurer le respect de la loi, en demandant la dissolution anticipée de la société pour justes motifs, solution qui, au moins, permettrait d'échapper aux contraintes de la directive du 9 mars 1968, puisque ce texte, on l'a vu, ne s'applique qu'aux nullités.

172 La durée et le point de départ de la prescription étant connus, il reste à savoir si elle est susceptible d'être interrompue ou suspendue. Autrefois, les auteurs inclinaient à lui reconnaître le caractère d'un délai préfix[322]. La doctrine moderne, au contraire, a en général, abandonné ce point de vue[323] qui ne semble plus correspondre à l'état du droit positif. Dans une décision relative au transport aérien, la Cour de cassation française a, en effet, décidé que l'institution d'un délai préfix ne pouvait en règle générale, résulter que d'une disposition formelle de la loi. Par ailleurs, elle a reconnu le caractère d'une véritable prescription au délai triennal[324].

B- Les effets de l'annulation

173 Dans les rapports entre associés, la nullité opère sans rétroactivité et la liquidation a lieu comme s'il s'agissait d'une dissolution anticipée ordonnée par décision de justice. Ces dispositions comportent une série de conséquences, qu'il convient de préciser.

Les droits et obligations résultant pour les associés du pacte social restent valables. Ils sont tenus de verser la fraction du capital social qu'ils n'ont pas encore libérée. Les clauses pénales stipulées dans les statuts en cas d'actes de concurrence déloyale continuent à s'appliquer. De façon identique, on admet qu'une conversion de créance en actions devait produire ses effets malgré l'annulation, ou encore qu'un associé pouvait réclamer les avantages statutaires qui lui avaient été consentis.

La liquidation s'opère conformément aux dispositions[325] applicables en cas de dissolution sur décision de justice. Le liquidateur est donc désigné dans les

---

[320] P. A. FAYE, *La spécificité de la nullité du contrat de société en droit des sociétés OHADA*, mémoire de Maitrise, Université Gaston Berger (Saint-Louis, Sénégal), 2008 ; CA Paris, 5 juill. 1988, *Bull. Joly* 1988.674, *JCP,* éd. E, 1988. I. 17837.

[321] V. en sens opposé, D. BASTIAN, « La réforme du droit des sociétés commerciales », *JCP* 1967. I, doctr. 2121.

[322] V. J.-P. SORTAIS, « Constitution des sociétés », *Répertoire de droit des sociétés, op. cit.*

[323] HEMARD, TERRE, MABILAT, *op. cit.*, t. 3, n° 702, *Lamy sociétés commerciales* n° 2443, *Mémento* Francis Lefebvre n° 3763.

[324] Cass. com. 24 févr. 1976, *JCP* 1976. II. 18506, note Cl. Lucas de Leyssac ; 13 déc. 1976, préc.

[325] V. art. 203 et s. AUS.

conditions prévues à l'article 406 AUS et il procède à la réalisation de l'actif social comme s'il s'agissait d'une liquidation ordinaire. Les associés n'ont dès lors aucun droit à la reprise en nature de leurs apports, dont la vente par le liquidateur reste possible. En revanche, si les opérations de liquidation laissent un excédent d'actif, il sera partagé, conformément aux prévisions des statuts et au cas où le passif serait supérieur à l'actif, leur responsabilité personnelle serait appréciée en fonction de la forme donnée à la société dans les statuts[326].

Ici se pose la question de savoir dans quelle mesure une procédure collective peut être ouverte contre la société annulée. La possibilité d'un redressement judiciaire peut donner lieu à beaucoup de difficultés, mais elle se heurte à une objection rationnelle. Le but d'une telle procédure est la reprise de l'activité sociale sur des bases assainies. Or, la société annulée ne saurait poursuivre la sienne ; car si la liquidation opère sans rétroactivité, elle n'en a pas moins un effet immédiat[327]. La personnalité morale ne survit du reste que « pour les besoins de la liquidation »[328]. Cette formule semble donc exclusive d'une mesure qui tend précisément à éviter sa disparition.

174 Si, de manière générale, la nullité opère sans rétroactivité, le principe comporte, malgré tout, une série d'exceptions. Ainsi, la nullité résultant de l'incapacité ou d'un vice de consentement est opposable même aux tiers par l'incapable et ses représentants légaux, ou par l'associé dont le consentement a été surpris par erreur, dol ou violence. L'hypothèse visée n'est donc pas celle de la nullité de la société elle-même, mais uniquement de la souscription d'un associé, qui n'aurait pas émis un consentement valable ou aurait été incapable. La principale conséquence de cette disposition est que, cet associé pourra reprendre son apport entre les mains d'un tiers s'il a été aliéné[329] et que, de manière similaire, les sûretés, qui auraient été constituées sur le bien, ne lui seraient pas opposables.

La jurisprudence a admis la rétroactivité de la nullité dans une affaire où celle-ci était fondée sur une absence totale d'*affectio societatis,* le défaut de volonté de coopérer entre les associés étant exclusif de la formation d'un patrimoine social[330]. Aujourd'hui, on peut toutefois se demander si cette solution est encore compatible avec la jurisprudence, selon laquelle le défaut d'*affectio societatis* est un cas de nullité comme les autres et non une cause d'inexistence de la société[331].

---

[326] J.-P. SORTAIS, « Constitution des sociétés », *Répertoire de droit des sociétés, op. cit.*

[327] V. par ex., Cass. req. 29 mars 1898, *DP* 98.1.588 décidant qu'un associé, qui avait mis à la disposition de la société un compte courant pour une durée déterminée, n'est pas obligé de lui en maintenir le bénéfice jusqu'à son terme.

[328] V. art. 205 AUS.

[329] V. T. com. Alger, 30 janv. 1924, *Journ. sociétés* 1925.530.

[330] V. O. BASSE, *Les formalités de constitution des sociétés commerciales*, mémoire de Maitrise, Université Gaston Berger (Saint-Louis, Sénégal), op. cit. ; Cass. 3e civ. 8 janv. 1975, *Bull. civ.* III, n° 2, *Rev. sociétés* 1976.301, note I. Balensi.

[331] Cass. com. 15 juill. 1992, préc.

Dès lors que la société est nulle, ne faut-il pas, en effet, lui appliquer intégralement le régime de nullités prévu par loi ?

La nullité, en revanche semble bien être rétroactive quand la société était contraire à l'ordre public, car une convention présentant ce caractère ne saurait, même temporairement, être assortie d'effets[332].

175 Quant aux effets à l'égard des tiers, l'article 255 AUS précise que : *Ni la société ni les tiers ne peuvent se prévaloir d'une nullité à l'égard des tiers de bonne foi* . La formule comporte des conséquences ; nul ne conteste la possibilité pour les tiers de conserver les droits qu'ils auraient acquis de bonne foi, de la société annulée. Il appartient donc au liquidateur de veiller à ce que les contrats souscrits pendant la vie sociale soient exécutés, les dettes qui avaient été contractées, acquittées.

C- Les responsabilités liées aux irrégularités affectant les sociétés

176 Il faut distinguer trois hypothèses : les responsabilités liées à une annulation (1), celles découlant d'une cause de nullité n'ayant pas entraîné l'annulation (2) et celles qui sont encourues du seul fait que l'acte a été passé dans des conditions irrégulières, sans qu'il soit nécessairement annulable pour autant (3).

1- Les responsabilités consécutives à une annulation

177 La loi ne comporte d'indications précises que sur les personnes, dont la responsabilité peut être recherchée ainsi que sur la durée de prescription. Il est donc nécessaire de se référer aux règles habituelles en la matière, aussi bien au niveau de l'exercice de l'action (a) que de ses résultats (b).

a- L'exercice de l'action

178 Dans le silence de la loi sur ce point, la recevabilité de la demande n'est subordonnée à aucune autre exigence que la preuve d'un préjudice. L'action est donc ouverte aux associés et même aux fondateurs, pour autant que la nullité ne leur soit pas imputable. Sa recevabilité reste tout de même plus délicate à apprécier lorsque les demandeurs n'invoquent qu'un droit potentiel comme celui qui est attaché à une promesse de cession de titres[333] ou à un bon de souscription d'actions[334]. Cette action est individuelle et il semble qu'il faille continuer à lui reconnaître ce caractère. L'associé réclame, en effet, l'indemnisation du dommage qu'il subit personnellement du fait de la nullité. Il ne demande pas la réparation

---

[332]En ce sens, V. HEMARD, TERRE, MABILAT, *op. cit.*, t. 3, n° 711.

[333] CA Lyon, 9 juill. 1951, *D.* 1952, somm. 24.

[334] E. M. SENE, *Les irrégularités de constitution des sociétés commerciales : le sort des fondateurs d'une société irrégulière en droit OHADA*, mémoire de Maitrise, Université Gaston Berger (Sénégal), op. cit. ; Cass. com. 15 juill. 1992, D. 1992, IR 242 , *Bull. civ.* IV, n° 280, Rev. sociétés 1992.757, note P. Le Cannu.

d'un préjudice subi par la société, au nom de laquelle il agirait dans le cadre d'une action sociale exercée *ut singuli*. Mais la personne morale conserve le droit d'agir par l'intermédiaire de son liquidateur.

179 Les créanciers sociaux, eux aussi, sont naturellement recevables à solliciter l'indemnisation du dommage que la nullité peut leur causer ; et leur action étant dirigée contre certains associés personnellement, elle ne semble pas être soumise au principe de suspension des poursuites individuelles en cas d'ouverture d'une procédure collective contre la société.

La jurisprudence a longtemps considéré qu'il existait à l'encontre des dirigeants auxquels la nullité était imputable une présomption de faute[335]. La doctrine s'interroge aujourd'hui sur le maintien de cette solution[336]. En réalité, il n'existe certainement pas de présomption légale de faute en la matière. Mais il ne semble pas irréaliste de considérer que la loi fait peser sur ceux qui fondent une société une obligation déterminée d'éliminer tout vice de constitution, assez analogue à une obligation contractuelle de résultat. L'existence d'une cause de nullité suffirait donc à faire la preuve de la faute, l'exonération restant toutefois possible si les défendeurs démontrent qu'ils n'ont pu avoir connaissance de l'irrégularité qui a été commise.

Il résulte des articles 316 AUS que l'action en responsabilité fondée sur l'annulation d'une société ou des actes et délibérations postérieurs à sa constitution se prescrit par trois ans. Mais le point de départ du délai est fixé au jour où la décision d'annulation est passée en force de chose jugée.

b- Les résultats de l'action

180 Pour prétendre à l'indemnité, les demandeurs, conformément aux principes généraux de la responsabilité doivent à la fois établir la réalité et l'étendue de leur préjudice. Ils ne pourraient donc obtenir de dommages-intérêts si, par exemple, la société parvenait, malgré son annulation à acquitter les dettes qu'elle a envers eux. En plus, lorsqu'ils n'ont pas été désintéressés, les sommes qui leur seront allouées devront tenir compte non seulement des pertes entraînées par la nullité, mais aussi du manque à gagner en résultant. Étant donné la complexité des phénomènes économiques, la question s'est parfois posée de savoir si le préjudice dont il était demandé réparation était bien lié à l'annulation. La société n'était-elle pas de toute façon condamnée pour d'autres raisons comme l'état du marché ou la mauvaise qualité de sa gestion ? C'est alors la relation de causalité entre la faute et le dommage qui est discutée. Il appartient aux demandeurs de prouver cette relation. Mais, si elle est établie, les personnes auxquelles la nullité est imputable devront supporter la totalité du passif social

[335] Cass. civ. 26 nov. 1980, *DH* 1931.18, *S.* 1981.1.305, note Lasaer.

[336] V. MACQUERON, article préc., n° 157 et s., et dans un sens différent, HEMARD, TERRE, MALIBAT, t. 3, n° 723.

même si, en raison de la forme adoptée dans les statuts, la responsabilité des associés devait être limitée à la valeur de leurs apports[337].

2- Les responsabilités liées à une cause de nullité qui n'a pas eu l'annulation pour conséquence

181 D'après les articles 256, alinéa 3 AUS, la disparition de la cause de nullité ne met pas obstacle à l'exercice de l'action en dommages-intérêts tendant à la réparation du préjudice causé par le vice dont la société, l'acte (ou la délibération) était entaché. Cette action se prescrit par trois ans à dater du jour où la nullité a été couverte. L'existence de ce texte tient aux multiples possibilités de régularisation ouverte lorsqu'une cause de nullité vient à se révéler. La plupart du temps, l'acte initialement vicié peut être mis en conformité avec la loi, soit spontanément par ses auteurs, soit dans le cadre d'une action en régularisation, soit même en cours d'une instance en nullité[338]. La loi, bien que cela semble rare, a prévu ici l'hypothèse où un préjudice serait résulté de la seule existence de l'irrégularité commise, sans que son élimination ultérieure suffise à effacer les conséquences dommageables qu'elle avait pu avoir au départ. La responsabilité des auteurs de la nullité resterait alors engagée malgré la disparition de celle-ci, à la condition que l'action soit intentée dans un délai de trois ans à compter de la régularisation.

3- La responsabilité découlant de la seule existence d'un vice de forme

182 L'article 78 AUS met à la charge des fondateurs de la société ainsi que de ses premiers dirigeants une responsabilité solidaire en cas de préjudice causé par le défaut d'une mention obligatoire dans les statuts ou de l'omission d'une formalité de la constitution de la société. En cas de modification des statuts, la même responsabilité pèse sur les membres des organes de gestion, de direction et de contrôle en fonction lors de cette modification.

Par ailleurs, la loi organisant des responsabilités particulières en cas de nullité, on se demande si cette action englobe ou exclut les irrégularités de forme qui pourraient entraîner une annulation. Il faut songer notamment ici au défaut d'immatriculation d'une société en nom collectif ou encore, en cas de modification des statuts, aux nombreuses omissions qui peuvent entacher les décisions des assemblées générales extraordinaires. Si l'on applique aux responsabilités entraînées par ces irrégularités qui sont des causes de nullité, la prescription de trois ans, le résultat est paradoxal. L'action ouverte à raison des faits les plus graves puisque sanctionnée par une nullité sera éteinte au bout d'un temps beaucoup plus court que l'action sanctionnant les irrégularités n'entraînant pas de nullité et qui, elle, relève de la prescription décennale. Inversement, si l'on applique cette dernière prescription à toutes les irrégularités de forme, les textes

---

[337] J.-P. SORTAIS, « Constitution des sociétés », *Répertoire de droit des sociétés, op. cit.*
[338] Ibid.

instituant la prescription triennale n'ont plus grand sens. De toute façon, l'existence de ces deux délais très différents se justifie donc mal.

En conclusion, il faut noter que dans les SARL et plus encore dans les sociétés anonymes, de très nombreuses irrégularités susceptibles d'être commises à l'occasion de la constitution de la société sont pénalement réprimées. Mais ces agissements ne sont pas en général des causes d'annulation. Dans le souci de réduire les cas de nullité, sans pour autant renoncer à faire respecter la loi, les pouvoirs publics ont alors préféré la sanction pénale à la sanction civile.

CHAPITRE II

LA PERSONNALITE JURIDIQUE DE LA SOCIETE COMMERCIALE

183 En tant que personne morale, la société possède la personnalité juridique, c'est-à-dire la capacité à avoir des droits et des obligations. Il convient, pour entreprendre l'étude de la société en tant que personne juridique, de s'intéresser d'abord aux conditions d'existence de la personnalité juridique (Section I) avant d'envisager les conséquences qui en découlent (Section II).

SECTION I- L'EXISTENCE DE LA PERSONNALITÉ JURIDIQUE

184 Il convient d'emblée de rappeler que la reconnaissance de la personnalité juridique ou morale aux groupements a donné lieu à controverses. Trois conceptions ont été défendues. Pour les tenants de la théorie de la fiction (Ihéring), la personnalité morale supposant une existence corporelle et la faculté de vouloir et d'agir, seules les personnes physiques peuvent posséder une personnalité juridique. Dès lors, un groupement ne peut l'obtenir que par décision de la loi (reconnaissance artificielle : théorie de l'attribution légale). Quant aux promoteurs de la théorie de la réalité (Gény), la personnalité morale existe même en l'absence d'une reconnaissance légale dès lors qu'un groupement a un intérêt collectif distinct de celui de ses membres et qui implique un minimum d'organisation. C'est la volonté du groupe qui compte ici, et non celle de la loi. Enfin, les défenseurs de la théorie du patrimoine d'affectation avancent l'idée que la personnalité morale est un moyen de faire passer un bien d'un patrimoine à un autre[339].

L'AUS semble consacrer la théorie de la fiction en faisant naître la personnalité à compter de l'immatriculation (**§1**). C'est dire que les sociétés en formation et les sociétés non encore immatriculées n'ont pas de personnalité juridique (**§2**).

---

[339] V. I. DIAGNE, *Le rôle d'écran de la personnalité morale des sociétés*, mémoire de DEA, Université Gaston Berger (Saint-Louis, Sénégal), 2007.

§1. L'ACQUISITION DE LA PERSONNALITÉ JURIDIQUE

185 Aux termes de l'art. 98 de l'AUS, *Toute société jouit de la personnalité juridique à compter de son immatriculation au registre de commerce et du crédit mobilier* . Autrement dit, la société en constitution n'accède à la vie juridique qu'après son immatriculation. C'est celle-ci qui lui confère son statut de personne juridique autonome, distincte de celle de ses associés ou de ses dirigeants. Après avoir rappelé les règles en matière d'immatriculation des sociétés commerciales (A), on verra que la personnalité juridique dure tant que dure la société, quels que soient les événements qui l'affectent (B).

A- Le régime de l'immatriculation des sociétés commerciales

186 L'immatriculation des sociétés est régie par les articles 34 et suivants de l'AUDCG. Elle constitue une obligation fondamentale à laquelle aucune société ne saurait échapper. L'article 44 précise effectivement que toute société doit requérir son immatriculation dans le mois de sa constitution auprès du RCCM de la juridiction dans le ressort de laquelle son activité se déroule.

Le RCCM a, en effet, été institué pour permettre la publicité de certaines informations concernant les commerçants, assurer la sécurité des tiers et le contrôle des pouvoirs publics sur les conditions d'exercice de l'activité commerciale. La publicité légale a pour pôle principal le registre de commerce, aussi comprend-on que l'Acte uniforme lui ait consacré tout le Livre II.

Initialement, c'est la loi du 18 mars 1919 qui organisait le registre du commerce, alors considéré comme un simple répertoire dont le contenu n'avait pas en réalité de valeur juridique. L'Acte uniforme portant droit commercial lui donne désormais une destination précise. Selon l'exposé des motifs du projet de code, les dispositions relatives à l'immatriculation ont fait volontairement l'objet de descriptions détaillées de telle sorte qu'elles puissent recevoir immédiatement application.

Le RCCM a pour objet, dit l'article 35 alinéa 1 de l'AUDCG : de recevoir les demandes d'immatriculation notamment :

- des personnes physiques ayant la qualité de commerçant, au sens du présent Acte uniforme ;
- des sociétés commerciales ;
- des sociétés civiles par leur forme et commerciales par leur objet ;
- des groupements d'intérêt économique ;
- des succursales au sens de l'Acte uniforme relatif au droit des sociétés commerciales et du groupement d'intérêt économique,

- de tous les groupements dotés de la personnalité juridique que la loi soumet à l'immatriculation audit registre ;

- de toute personne physique exerçant une activité professionnelle que la loi soumet à l'immatriculation audit registre ;

- des établissements publics ayant une activité économique et bénéficiant de l'autonomie juridique et financière.

- L'immatriculation donne lieu à l'attribution dès le dépôt de sa demande par l'assujetti d'un numéro d'immatriculation qui est personnel à chaque personne immatriculée. Il reçoit également les inscriptions et les mentions constatant les modifications survenues depuis leur immatriculation, dans l'état et la capacité juridique des personnes physiques et morales inscrites.

- Il reçoit en outre les actes dont le dépôt est prévu par les dispositions du présent Acte uniforme, et par celles de l'Acte uniforme relatif au droit des sociétés commerciales et du groupement d'intérêt économique .

L'Acte uniforme innove dans la plupart des pays membres en prévoyant que le registre peut également recueillir l'inscription des sûretés mobilières. Ainsi, l'article 35-2° dispose que le registre a pour objet de recevoir la déclaration d'activité de l'entreprenant, de lui délivrer, dès le dépôt de sa déclaration, son numéro de déclaration d'activité, de recevoir ses déclarations modificatives et de prendre acte de sa déclaration de cessation d'activité ;

187 Il apparaît donc que l'ensemble de ce dispositif vise à « offrir aux entreprises une plus large possibilité d'informations commerciales sur la structure juridique et financière de leurs partenaires, ainsi que la possibilité de mettre en place des garanties juridiques fiables et, par voie de conséquence, de faciliter les échanges commerciaux »[340].

Il s'agit donc, pour le représentant de la société, de formuler une demande contenant certaines mentions[341].

188 L'AUDCG a institué à côté du RCCM tenu par le greffe de chaque tribunal, un Fichier national centralisant les renseignements consignés dans chaque registre, et un Fichier régional tenu auprès de la Cour Commune de Justice et d'Arbitrage[342], qui centralise les renseignements concernant les sociétés commerciales des États membres.

---

[340]V. P. AGBOYIBOR, « « Récents développements du projet d'harmonisation du droit des affaires en Afrique (OHADA) », *RDAI/IBLJ*, n° 3, 1996, p. 301 et s., spéc. p. 311.

[341] Art. 44 AUDCG.

[342] La Cour commune de justice et d'arbitrage est une juridiction régionale dotée d'un pouvoir très étendu ; elle assure l'interprétation et l'application commune du Traité, des règlements pris pour son application, ainsi que des actes uniformes ; c'est aussi la juridiction de cassation des décisions rendues par les juridictions d'appel des Etats parties dans toutes les affaires soulevant des questions relatives à l'application des actes uniformes et des règlements, etc.

Les articles 36 à 43 de l'AUDCG organisent le RCCM. Le registre est en fait un ensemble de dossiers assorti de fichiers récapitulatifs. Chaque société immatriculée au RCCM, est titulaire d'un dossier où sont regroupés tous les actes et toutes les mentions successives la concernant : par exemple, pour les mentions concernant l'état des personnes, il faut des renseignements sur l'état civil : âge, statut matrimonial[343] ; ou encore pour les mentions des actes dont l'opposabilité au tiers dépend de l'accomplissement d'une formalité de publicité, on y trouve des informations sur le nantissement ou la vente du fonds de commerce, sur l'entreprise, etc.

Dès lors, le registre tenu au greffe comprend un registre d'arrivée mentionnant par ordre chronologique la date et le numéro de chaque déclaration acceptée, les noms, prénoms, raison sociale ou dénomination sociale du déclarant, et l'objet de la déclaration ; il comprend aussi la collection des dossiers individuels tenus par ordre alphabétique avec des mentions différentes selon qu'il s'agit de personnes physiques ou morales[344]. Le Fichier national tenu par chaque État-partie et le Fichier Régional tenu par la Cour Commune de Justice et d'Arbitrage comprennent chacun un extrait de chaque dossier individuel tenu par ordre alphabétique avec des mentions différentes selon qu'il s'agit de personnes physiques ou morales[345].

189 Les articles 44 à 61 de l'AUDCG énoncent les conditions de l'immatriculation. Ainsi, la demande d'immatriculation doit contenir 1°) la raison sociale ou la dénomination sociale ou l'appellation suivant le cas ; 2°) le cas échéant, le sigle ou l'enseigne ; 3°) la ou les activités exercées ; 4°) la forme de la personne morale ; 5°) le cas échéant, le montant du capital social avec l'indication du montant des apports en numéraire et l'évaluation des apports en nature ; 6°) l'adresse du siège social, et le cas échéant, celle du principal établissement et de chacun des autres établissements ; 7°) la durée de la société ou de la personne morale telle que fixée par ses statuts ou le texte fondateur ; 8°) les noms, prénoms et domiciles personnels des associés tenus indéfiniment et personnellement responsables des dettes sociales avec mention de leur date et lieu de naissance de leur nationalité, le cas échéant, de la date et du lieu de leur mariage, du régime matrimonial adopté et des clauses opposables aux tiers restrictifs de la libre disposition des biens des époux ou l'absence de telles clauses ainsi que les demandes en séparation de biens ; 9°) les noms, prénoms, date et lieu de naissance, et domicile des gérants, dirigeants, administrateurs ou associés ayant le pouvoir général d'engager la personne morale ou le groupement ; 10°) les noms, prénoms, dates et lieux de naissance, domicile des commissaires aux comptes, lorsque leur désignation est prévue par l'Acte uniforme relatif au droit

---

[343] En droit commercial, il a toujours été prévu une publicité particulière au contrat de mariage du commerçant qui vient s'ajouter à la mention figurant dans l'acte de mariage.
[344] Art. 37-1° AUDCG
[345] Art.75 al. 2 et 77 al. 2.

des sociétés commerciales et des groupements d'intérêt économique ; 11°) ou toute autre indication prévue par une disposition légale particulière. La demande d'immatriculation doit être formulée dans le premier mois de l'exercice de son activité.

190 L'immatriculation a un caractère personnel. Elle ne concerne que la société visée et elle seule. La succursale n'a pas de personnalité juridique autonome et distincte de celle de la société propriétaire[346]. Aucune société ne peut être immatriculée à titre principal à plusieurs registres ou à un même registre sous plusieurs numéros[347]. En cas de transfert du siège social dans le territoire d'une autre juridiction, la société doit demander la radiation de sa première immatriculation et solliciter une nouvelle au RCCM de la juridiction de transfert[348].

L'immatriculation emporte un certain nombre d'effets. Selon l'article 59, toute personne immatriculée est présumée, sauf preuve contraire, avoir la qualité de commerçant[349]. Elle emporte pour la société commerciale reconnaissance de la personnalité juridique.

B- La continuité de la personnalité juridique

191 Au cours de la vie de la société, de nombreux événements peuvent modifier sa structure ou ses conditions de fonctionnement : changement d'objet, augmentation de capital, admission de nouveaux associés, changement de forme juridique de la société (SARL devenant une SA, SA devenant SAS…), changement de dirigeants, prorogation, etc. La question est de savoir si ces modifications exercent une influence sur la personnalité juridique, si celle-ci persiste ou disparaît. La réponse ne peut se faire qu'au cas par cas.

L'AUS n'envisage expressément que certaines hypothèses. Ainsi, l'article 99 dispose que *la transformation régulière d'une société en une société d'une autre forme n'entraîne pas la création d'une personne juridique nouvelle. Il en est de même de la prorogation ou de toute autre modification statutaire* [350]. Toutefois, il est prévu à l'art. 188 que *lorsque la société, à la suite de la transformation, n'a plus l'une des formes sociales prévues par le présent acte uniforme, elle perd la personnalité juridique si elle exerce une activité commerciale* .

---

[346] Art. 117 AUS. V. également I. DIAGNE, *Le rôle d'écran de la personnalité morale des sociétés*, mémoire de DEA, Université Gaston Berger (Saint-Louis, Sénégal), 2007.

[347] Art. 49 AUDCG.

[348] Art. 51 AUDCG.

[349] Pour les sociétés, l'immatriculation est l'acte par lequel elles accèdent à la vie juridique (art. 98 AUS).

[350] V. aussi art. 181 pour la transformation. V. également T.F. TCHUINGUE MONKAM, *La personnalité juridique des sociétés commerciales OHADA,* mémoire de Master, Dschang (Cameroun), 2011.

L'AUS envisage aussi le cas de la fusion et de la scission des sociétés. Aux termes de l'article 189, *la fusion est l'opération par laquelle deux sociétés se réunissent pour n'en former qu'une seule soit par création d'une société nouvelle soit par absorption de l'une par l'autre* . Il en résulte que dans le premier cas, seule la nouvelle société acquiert la personnalité juridique après immatriculation, et dans le second, la société ayant absorbé l'autre conserve normalement sa personnalité juridique[351].

La scission, dit l'article 190 de l'AUS, est *l'opération par laquelle le patrimoine d'une société est partagé entre plusieurs sociétés existantes ou nouvelles* . Dans une telle situation, il y a disparition de la société et par conséquent, disparition de sa personnalité morale.

Parlant maintenant du changement d'objet social, des dirigeants et d'autres modifications statutaires, il s'agit d'adaptations nécessaires imposées par les évolutions économiques qui ne justifient pas la disparition de la personnalité morale.

§2. L'ABSENCE DE PERSONNALITÉ MORALE

192 S'il apparaît donc que c'est l'immatriculation qui confère la personnalité juridique à la société, il est dès lors évident que la société en formation et la société constituée, mais non encore immatriculée n'ont pas de personnalité morale. Il en va également de la société en participation et de la société créée de fait qui sera examinée dans la deuxième partie, consacrée aux règles spéciales applicables aux sociétés commerciales. La question se pose alors de savoir ce qu'est une société en formation ou une société constituée, mais non encore immatriculée d'une part et (A), d'autre part, comment s'opère la reprise des actes qui ont pu être accompli pour le compte de la société avant son immatriculation (B).

A- Les cas d'absence de la personnalité morale

193 Il s'agit de l'hypothèse où la société est dite en formation (1) et de celle où la société est constituée, mais non encore immatriculée (2).

1- La société en formation

194 L'Acte uniforme formule vaguement que *La société est en formation lorsqu'elle n'est pas encore constituée* [352]. Il s'agit d'une société dont le processus de constitution n'est pas encore arrivé à terme. Le point de départ de la période de formation (a) traduit la conception que l'on se fait de la notion même

---

[351] V. cependant l'art. 191 qui parle de la dissolution des deux sociétés.

[352] V. art. 100 AUS ; COUMBA THIOYE, *La société en formation*, mémoire de Master, UCAD, 2007 ; IBRAHIM BODIAN, *Les sociétés dépourvues de personnalité morale*, mémoire de Master, UCAD, 2001.

de société en formation, laquelle doit être distinguée de la société créée de fait (b).

a- Le point de départ de la période de formation

195 C'est la possibilité de recourir au mécanisme de la reprise et, par-là, d'éviter les conséquences d'une double mutation qui marque l'intérêt qu'il y a à fixer le point de départ à partir duquel on peut parler de société en formation ; dès lors, la question ne se pose que dans la mesure où les fondateurs (ou les associés) ont l'intention de faire immatriculer la société et elle se pose notamment parce que les textes n'imposent aucun délai pour accomplir cette formalité : la période de formation peut donc s'étaler sur plusieurs semaines, plusieurs mois, voire plusieurs années[353]. D'où l'intérêt de fixer son point de départ[354], étant donné que seuls les actes accomplis alors que la société était *en formation* pourront donner lieu à reprise.

Parfois, le fisc fait partie des tiers intéressés à voir la date d'apparition d'une *société en formation* être fixée le plus tard possible : c'est sans doute ce qui a inspiré la position prise par l'Administration française qui, tout en reconnaissant qu'une société puisse être en formation *antérieurement à la signature du pacte social*, précise que, pour qu'il y ait société en formation, il faut qu'ait été accompli *un acte opposable aux tiers et, partant, inhérent à la procédure de constitution établie par les dispositions législatives et réglementaires*, ce qui revient à considérer que *la période de formation ne saurait en principe remonter au-delà du dépôt des fonds provenant des souscriptions ou, en cas d'apports en nature, antérieurement à la désignation de commissaires aux apports* [355]. C'est là une définition très étroite de la notion de société en formation, impliquant que seuls des actes en nombre limité pourront donner lieu à reprise[356].

Il semble qu'il soit possible de retenir une conception moins étroite de la notion de *société en formation* : sans aller jusqu'à retenir comme point de départ de la période de formation les premiers pourparlers ou une vague promesse de

---

[353] V. par ex. Cass. com. 20 nov. 1990, *Bull. civ.* IV, n° 296, *D.* 1990, IR 299, *Rev. sociétés* 1991.71, chron. Guyon, Bull. Joly 1991.204, note P. Le Cannu.

[354] V. D. PLANTAMP, « Le point de départ de la période de formation des sociétés commerciales », *RTD com.* 1994.1 ; M. GERMAIN, « Naissance et mort des sociétés commerciales », *Mélanges R. Roblot*, 1984, LGDJ, p. 217 ; D. BASTIAN, « La situation des sociétés commerciales avant leur immatriculation au registre du commerce », *Études de droit commercial à la mémoire d'H. Cabrillac*, 1968, Librairies techniques, p. 23 : l'auteur limitait la notion de société en formation aux SARL et aux SA, *op. cit.*, p. 33.

[355] BOED 1999.10602, JCP, éd. CI, 1999.86596, p. 938.

[356] V. à propos, M.N., MBAYE, « Société de fait et société créée de fait : une distinction empreinte de confusion en droit uniforme OHADA », in *Des contrats civils et commerciaux au contrat de consommation*, Nancy, Presses Universitaires de Nancy, 2009. V., pour une critique très argumentée de cette instruction : C. CHAMPAUD, obs. *RTD com.* 1969.993, n° 3.

société qui manquerait d'un minimum de précision[357], il serait raisonnable de tenir compte et de la volonté des fondateurs et des actes qu'ils accomplissent dès lors que ces actes obligent et surtout qu'ils sont univoques[358], c'est-à-dire que *leur cause ne peut résider que dans la volonté de créer une société et que leur objet se rattache sans ambiguïté à l'existence de l'entreprise sociétaire* [359].

b- La société en formation et la société créée de fait

196 La définition de la société en formation amène à la distinguer de la notion de société créée de fait. Les deux notions peuvent paraître voisines du fait que, comme l'observe C. CHAMPAUD[360], lorsqu'une société est en projet, *l'entreprise sociale précède presque toujours la société*, et ce, pour plusieurs raisons : soit que le projet de société corresponde à la transformation d'une entreprise jusqu'alors individuelle, soit que des actes juridiques aient été accomplis pour le compte de la société en devenir qui pourront donner lieu à reprise. Or, les deux situations obéissent à des règles différentes : si l'on a affaire à une société créée de fait, les associés seront tous tenus (et même tenus solidairement si la société a un objet commercial) à l'égard des tiers des actes accomplis par l'un d'eux en qualité d'associés.

Dès lors, comment faire démarcation entre les deux situations ? La question est délicate et a donné lieu à de très nombreuses analyses. Pour ce faire, il convient de tenir compte de plusieurs critères, les uns subjectifs, les autres objectifs, c'est-à-dire de partir d'un faisceau d'indices tirés du comportement, des intentions et des déclarations des associés : ont-ils conclu un contrat de société et publié les statuts ? Ont-ils déclaré vouloir faire immatriculer la société ? Les personnes qui ont agi ont-elles déclaré le faire au nom d'une société en formation ? Les actes accomplis se présentent-ils comme des actes préparatoires à la mise sur pied de la société ? On n'aura pas d'hésitation à dire qu'il s'agit d'une société en formation. À l'inverse, s'il n'y a pas eu de contrat conclu, mais que les intéressés se sont comportés comme s'ils étaient associés (la présence étant établie des trois éléments caractéristiques de la société : apports, vocation aux bénéfices et contribution aux pertes et, par-dessus tout, *affectio societatis,* dont les auteurs soulignent l'importance[361]), exploitant leur entreprise de manière régulière et continue, on n'aura guère de peine à y déceler une société créée de fait.

197 Entre les deux situations schématiquement décrites ci-dessus, une foule de situations intermédiaires peut se présenter : par exemple, après avoir signé les

---

[357] Pour un exemple, V. Cass. req. 20 déc. 1920, S. 1922.1.17 et comp. CA Versailles, 16 nov. 2000, *Bull. Joly* 2001.403, note B. Saintourens ; COUMBA THIOYE, *La société en formation*, op. cit.

[358] D. PLANTAMP, « Le point de départ de la période de formation des sociétés commerciales », *RTD com.* 1994.1.

[359] C. CHAMPAUD, obs. préc., p. 995.v. T.F. TCHUINGUE MONKAM, *La personnalité juridique des sociétés commerciales OHADA,* mémoire de DEA, Dschang (Cameroun), op. cit.

[360] Obs. préc., p. 992.

[361] V. par ex. P. MERLE et A. FAUCHON, *op. cit.,* p. 731-732, note 1, et p. 733, note 4.

statuts, les associés peuvent renoncer à continuer les démarches en vue de l'immatriculation et préférer poursuivre leurs activités dans le cadre d'une société en participation[362]. Le critère décisif pour qu'on puisse parler de société créée de fait est que celle-ci ait *développé de manière durable et importante une activité dépassant l'accomplissement de simples actes nécessaires à sa constitution* [363], *les actes réalisés s'inscrivent dans une structure large et permanente ; ce sont des actes d'exploitation, distincts des actes nécessaires à la création de la société et révélateurs d'une activité développée de manière importante et durable* .

198 Si, pour qu'il y ait société créée de fait, il faut une activité développée « de manière durable et importante », cela ne signifie nullement que la période intermédiaire pendant laquelle la société est en formation doive être nécessairement brève (la jurisprudence fournit quelques exemples de cas où plusieurs années se sont écoulées entre la signature des statuts et l'immatriculation) ou que les actes accomplis à cette occasion doivent être de pure bagatelle (les acquisitions d'immeubles n'en sont point exclues). Ce qui, en définitive, caractérise la société créée de fait, c'est une exploitation régulière et organisée correspondant à une entreprise structurée, étant précisé que, dans le cas de doute, préférence doit être donnée à la société en formation[364].

2- La société constituée, mais non encore immatriculée

199 Elle ne se confond pas avec la société en formation. La société constituée non encore immatriculée est une société dont les statuts ont été signés par les fondateurs[365] qui sont dès cet instant remplacés par les dirigeants sociaux[366]. Il s'agit donc d'une société déjà normalement formée, mais qui demeure dans l'attente de l'immatriculation qui va la faire accéder à l'existence juridique.

Les engagements susceptibles d'être pris par les dirigeants sociaux doivent être prévus par les statuts ou par acte séparé qui leur donnent ainsi mandat pour agir pour le compte de la société constituée. L'immatriculation emporte reprise par la société de ces engagements[367]. En revanche, les engagements ou actes pris au-delà des pouvoirs qui leur sont conférés peuvent être repris par la société à condition d'être approuvés par l'assemblée générale ordinaire, sauf clause

[362] V. ce mot ; *adde :* J. VALLANSAN et E. DESMORIEUX, « Société en participation et société créée de fait », 1996, *GLN-Joly éd.* ; F.-X. LUCAS, « La société dite « créée de fait », in *Aspects actuels du droit des affaires, Mélanges Y. Guyon*, 2003, Dalloz, p. 737, spéc., p. 740 à 745.

[363] Ces termes sont empruntés à l'arrêt de censure Cass. com. 17 mai 1989, *Bull. civ.* IV, n° 151, D. 1989, IR 185, *Rev. sociétés* 1990.32, note J.-P. Sortais, *Bull. Joly* 1989.628 ; comme l'exprime un auteur D. GIBIRILA, note au *JCP* 1998. II. 10031.

[364] V. P. LE CANNU, note *Bull. Joly* 1991.204.

[365] Art. 101 AUS.

[366] Art. 104 AUS.

[367] Art. 111 AUS.

contraire[368]. En cas de non-reprise, ces engagements sont inopposables à la société et les personnes les ayant pris sont tenues solidairement et indéfiniment envers les tiers[369]. En tout état de cause, ces actes sont à la charge de ceux qui ont donné mandat de les passer[370].

B- La reprise des actes

200 Après avoir précisé les actes pouvant donner lieu à reprise (1), on traitera des conditions (2), puis des effets de celle-ci (3).

1- Les actes pouvant donner lieu à reprise

201 Seuls les actes accomplis durant la période de formation de la société sont susceptibles de reprise[371]. Il faut, en outre, que la ou les personnes qui ont agi, non seulement aient entendu le faire pour le compte de la future société, mais encore qu'elles l'aient formellement précisé[372] : les tiers avec qui elles contractent doivent être informés de la situation[373]. Cette exigence est d'autant plus importante qu'il semble permis à ceux qui agissent pour le compte de la future société d'ériger l'absence ou le refus de reprise en condition résolutoire de leur propre engagement[374].

La reprise peut s'appliquer aux actes les plus divers accomplis pour le compte de la future société : prise à bail de locaux, voire acquisition d'immeuble, embauchage de personnel, conclusion de contrats variés (assurance, publicité, location-gérance, ouverture de compte en banque, etc.) ; on comprend que l'activité de la société en formation ait été l'objet d'études approfondies[375].

202 Il y a cependant des limites aux possibilités d'agir pour le compte d'une société en formation, notamment sur le terrain de la procédure : lorsqu'il s'agit de droits et obligations à caractère processuel, on constate que la personnalité processuelle obéit à un régime plus rigoureux que la personnalité juridique[376]. Ainsi, des arrêts répétés de la chambre commerciale de la Cour de cassation française décident que *l'irrégularité d'une procédure tenant à l'inexistence de la*

---

368 Art. 112 AUS.

369 L'art. 113 AUS renvoie à l'application de l'art. 110.

370 Com, 3 avr. 1973.

371 V. pour plus de détail DIALLO AMADOU, *La reprise des entreprises en difficulté dans l'OHADA*, mémoire de master, UCAD, 2008.

372 V. I. SIDDIBE, *Le sort des actes passés pendant la phase de constitution des sociétés commerciales*, mémoire de Maitrise, Université Gaston Berger (Saint-Louis, Sénégal), 2006 ; Cass. com. 1er avr. 1974, *Rev. sociétés* 1975.62, note M. Guilberteau, Bull. civ. IV, n° 116, Quot. jur. n° 29, 11 mars 1975, p. 6, *RTD com.* 1975.528, n° 8, obs. R. Houin.

373 Art. 106, al. 2 AUS.

374 V MAMA OTABELA HUGUES JOEL, *Les engagements des associés*, mémoire de Master, Ngaoundéré (Cameroun), 2011.

375 V. not. E. PAILLET, « L'activité de la société en formation », *Rev. sociétés* 1980.419.

376 V. E. SAVAUX, « La personnalité morale en procédure civile », *RTD civ.* 1995.1 ;

personne morale qui agit en justice ne peut être couverte [377], ou que *les assignations ayant été délivrées par une personne morale inexistante, il en résulte que la nullité [...] ne peut être couverte* [378].

Si les engagements ou contrats les plus divers peuvent être pris pour le compte d'une société en formation, il est un type d'engagement qui mérite ici une mention spéciale : ce sont les engagements envers les banques[379]. Le plus souvent, les fondateurs sont amenés à faire ouvrir un compte - et généralement plusieurs comptes - « au nom » de la société en formation. Lorsque la future société est une SARL ou une société par actions, les fonds correspondant aux apports en numéraire doivent être l'objet d'un dépôt obligatoire : il y a là un premier motif de faire ouvrir un compte, mais il s'agit d'un compte tout à fait spécial qui est l'objet d'une indisponibilité légale absolue[380], les fonds déposés ne pourront être retirés qu'après l'immatriculation et sur justification de celle-ci. D'où l'utilité pour les fondateurs de se faire ouvrir un ou plusieurs autres comptes (comptes de dépôt et/ou comptes courants) sur lesquels pourront être effectués des versements complémentaires par les associés ou portés le montant de prêts ou d'avance consentis par la banque. En pareil cas, le ou les titulaires véritables du compte sont des personnes qui l'ont fait ouvrir et qui sont personnellement engagées même si la dénomination sociale de la future société apparaît dans l'intitulé du compte.

Il n'y a en tout cas aucune faute en principe pour le banquier à délivrer un chéquier à une société en formation[381] : encore doit-il le faire avec discernement et en prenant certaines précautions[382].

203 Sur un autre plan, pour la jurisprudence, le mécanisme de la reprise est limité aux seuls engagements contractuels : les obligations nées de faits délictuels ou quasi délictuels ne pourraient donner lieu à reprise[383] : la solution paraît

---

377 Cass. 2e civ. 11 sept. 2003, JCP, éd. E, 2004.832, n° 23, 1re esp., note G. Chabot.

378 Cass. 2e civ. 12 févr. 2004, *Dr. et patrimoine* n° 126, mai 2004, p. 82, obs. D. Poracchia ; Cass. com. 14 juin 2000, Bull. Joly 2000.1078, note B. Saintourens : en l'espèce, les assignations avaient été lancées les 15 et 22 mars, l'immatriculation opérée le 23 mars suivant et le pourvoi faisait valoir qu'une société peut « reprendre, après son immatriculation, l'action en justice exercée pour son compte ».

379 V. H. BAUDELET, « Les banques et l'activité de la société en formation », *Rev. Banque* 1986.66.

380 V. SENOUSSI ALLAMINE, *Les engagements de la société en formation en droit OHADA*, mémoire de Master, Ngaoundéré (Cameroun), 2011

381 DIALLO AMADOU, *La reprise des entreprises en difficulté dans l'OHADA*, op. cit.

382 En France par exemple, il doit interroger la Banque de France sur les personnes agissant pour le compte de la future société et s'assurer qu'elles disposent d'une trésorerie suffisante, faute de quoi, la délivrance des chéquiers pourrait « constituer une imprudence engageant la responsabilité délictuelle de la banque » Cass. com. 31 mai 1988, Rev. sociétés 1988.37, note J. Stoufflet.

383 En ce sens : CA Paris, 24 févr. 1977, D. 1978.32, note J.-C. Bousquet, *Rev. sociétés* 1978.471, note D. Randoux, JCP 1978. II. 18957, note Y. Chartier, arrêt rendu à propos de faits constitutifs de concurrence déloyale.

justifiée dans la mesure où le mécanisme de la reprise est destiné à assurer non seulement la protection des tiers, mais aussi celle de la société elle-même et de ses membres ; cependant, la majorité des auteurs invoquant l'adage *ubi lex non distinguit...* se montre plutôt favorable à la possibilité d'une reprise même pour les obligations d'origine quasi délictuelle[384]. Une chose est certaine : toute reprise devrait être exclue lorsque l'engagement a sa source dans une infraction pénale. S'il s'agit de responsabilité délictuelle *stricto sensu,* c'est-à-dire supposant une faute intentionnelle, celui qui a agi au nom de la société en formation ne saurait, en aucun cas, faire écarter sa propre responsabilité et il y aura lieu de condamner à la fois l'auteur de la faute et la société solidairement.

2- Les conditions de la reprise

204 Plusieurs modalités de reprise sont possibles, et peuvent résulter soit de la signature des statuts (a), soit de l'immatriculation (b), soit d'une décision postérieure à celle-ci, prise par les associés (c).

a- La reprise résultant de la signature des statuts

205 Aux termes de l'article 106 de l'AUS , les actes et engagements pris par les fondateurs pour le compte de la société en formation, avant sa constitution, doivent être portés à la connaissance des associés avant la signature des statuts, lorsque la société ne fait pas publiquement appel à l'épargne, ou dans le cas contraire lors de l'assemblée générale constitutive. L'article 107 poursuit en ces termes *Dans les sociétés constituées sans assemblée constitutive, l'état des actes et engagements visé à l'article précédent est annexé aux statuts. La signature, par les associés, des statuts et de cet état emporte reprise, par la société, des actes et engagements indiqués dans cet état dès son immatriculation au registre du commerce et du crédit mobilier* .

Cette première modalité de reprise présente le double caractère d'être à la fois automatique (elle résulte de plein droit de la signature des statuts) et de ne pas produire d'effet immédiat (cet effet étant subordonné à l'immatriculation ultérieure, la reprise elle-même rétroagissant au jour où l'acte a été passé).

En pareil cas, la reprise porte, par définition même, sur des actes que ceux qui ont agi ont accomplis spontanément puisque, les statuts n'ayant - par hypothèse - pas été signés, la société n'est pas encore constituée.

206 Encore faut-il que l'état des actes accomplis pour le compte de la future société figure soit dans les statuts, soit dans un document annexé aux statuts, le tout devant être tenu à la disposition des actionnaires avant la date de la signature

---

[384] V. en ce sens : M. DAGOT, Un texte contestable : l'article 5 de la loi du 24 juillet 1966 sur les sociétés commerciales, D. 1974, chron. 241, spéc. p. 244, C ; J. HÉMARD, F. TERRÉ et P. MABILAT, *op. cit.*, t. 1, p. 152, n° 170 ; Y. GUYON, J.-Cl. soc., fasc. 47, n° 73 ; I. SIDDIBE, *Le sort des actes passés pendant la phase de constitution des sociétés commerciales*, mémoire de Maitrise, Université Gaston Berger (Saint-Louis, Sénégal), op. cit.

des statuts ; et il serait inopérant, de la part des fondateurs, de prétendre qu'il n'y a là que des formalités édictées exclusivement dans l'intérêt des associés[385]. Enfin, en l'absence d'état des actes accomplis annexé aux statuts et de mandat donné par les associés de prendre des engagements au nom de la société, la reprise ne peut résulter que d'une décision prise à la majorité des associés.

b- La reprise résultant du mandat

207 Cette modalité de reprise est consacrée par l'article 111 de l'AUS. En effet, aux termes de cette disposition, « Les associés peuvent, dans les statuts ou par acte séparé ou le cas échéant en assemblée générale constitutive, donner mandat à un ou plusieurs dirigeants sociaux, selon le cas, de prendre des engagements pour le compte de la société constituée et non encore immatriculée au registre du commerce et du crédit mobilier. Sous réserve qu'ils soient déterminés et que leurs modalités soient précisées dans le mandat, l'immatriculation de la société au registre du commerce et du crédit mobilier emporte reprise par la société de ces engagements ».

Le mandat dont il est question ici est un mandat spécial, portant sur une, voire plusieurs opérations, que le mandataire est chargé d'accomplir : les modalités doivent en être précisées (ex. : prix ou loyer maximum, ou *fourchette* de prix, durée de l'engagement, délais, etc.) de façon qu'on puisse se faire une idée précise de la portée des engagements qui incomberont à la société.

Cela exclut, à l'évidence, le mandat qui serait conçu en termes généraux[386] : ainsi la clause, tous les autres engagements pris par le futur gérant dans le cadre de l'objet social pour le compte de la société en formation seront repris par celle-ci dès son immatriculation, ne pourrait fonder la reprise. Ce n'est pas à dire qu'un mandat général soit totalement inefficace : il aura pour effet de justifier la condamnation des associés mandants à répondre des engagements souscrits.

En l'absence de mandat exprès, il va de soi que ce type de reprise ne peut qu'être écarté, quelle que soit la qualité (de futur dirigeant désigné par les statuts) de celui qui a agi.

Enfin, le mandat, qui doit donc être exprès et spécial, peut être donné par les statuts ou dans un acte séparé postérieur aux statuts : dans ce dernier cas, tous les associés devront avoir signé le document.

---

385 V. I. SIDDIBE, *Le sort des actes passés pendant la phase de constitution des sociétés commerciales*, mémoire de Maitrise, Université Gaston berger (Saint-Louis, Sénégal), op. cit. ; SENOUSSI ALLAMINE, *Les engagements de la société en formation en droit OHADA*, op. cit. ; Cass. com. 3 avr. 1983, Bull. civ. IV, n° 150, *RTD com.* 1973.804, n° 2, obs. R. Houin.

386 V. SENOUSSI ALLAMINE, *Les engagements de la société en formation en droit OHADA*, op. cit. V. dans des cas similaires en droit français, Cass. com. 24 mars 1998, *Defrénois* 1998, art. 36811, p. 677, n° 6, obs. J. Honorat et H. Hovasse, *Bull. Joly* 1998.770, note P. Le Cannu.

c- La reprise postérieure à l'immatriculation

208 Une fois la société immatriculée, la reprise des actes accomplis alors qu'elle était en formation est encore possible. Ainsi, aux termes de l'article 108 de l'AUS, les actes et engagements accomplis pour le compte de la société en formation peuvent également être repris par la société, postérieurement à sa constitution, à la condition qu'ils soient approuvés par l'assemblée générale ordinaire, dans les conditions prévues par le présent Acte uniforme pour chaque forme de société, sauf clause contraire des statuts. L'assemblée doit être complètement informée sur la nature et la portée de chacun des actes et engagements dont la reprise lui est proposée. Les personnes ayant accompli lesdits actes et engagements ne prennent pas part au vote et il n'est pas tenu compte de leurs voix pour le calcul du quorum et de la majorité.

3- La reprise implicite ou tacite

209 La reprise est une procédure formaliste et rigoureuse dans laquelle les formes prévues par les textes doivent être scrupuleusement observées. Il s'est pourtant trouvé des situations où la jurisprudence a pu accueillir l'idée de reprise tacite : ainsi jugés qu'en approuvant à l'unanimité les comptes du premier exercice social après l'immatriculation, les associés ont *implicitement, mais nécessairement repris les engagements souscrits par les fondateurs* [387].

Ce type de solution semble être condamné par le législateur OHADA, puisque les actes et engagements qui n'ont pas été repris par la société, dans les conditions prévues par le présent Acte uniforme, sont inopposables à la société et les personnes qui les ont souscrits sont tenues solidairement et indéfiniment par les obligations qu'ils comportent[388]. Les personnes qui ont agi au nom d'une société en formation avant qu'elle ait acquis la personnalité morale sont donc tenues solidairement et indéfiniment responsables des actes ainsi accomplis, à moins que la société ne reprenne les engagements souscrits ; la reprise de tels engagements ne peut résulter que, soit de la signature par les associés des statuts auxquels est annexé un état des actes accomplis pour le compte de la société, soit d'un mandat donné par les associés avant l'immatriculation de la société à l'un ou plusieurs des associés, ou au gérant non-associé, et déterminant dans leur nature, ainsi que dans leurs modalités, les engagements à prendre, soit encore, après l'immatriculation d'une décision prise à la majorité des associés[389].

---

[387] I. SIDDIBE, *Le sort des actes passés pendant la phase de constitution des sociétés commerciales*, mémoire de Maitrise, Université Gaston Berger (Saint-Louis, Sénégal), op. cit. ; CA Paris, 16 juin 1980, *BRDA* 1980/19, p. 10 ; *adde,* dans le même sens : CA Paris, 4 nov. 1994, *Bull. Joly* 1995.172, note P. Delebecque ; 12 mars 1990, *Dr. sociétés,* mai 1990, n° 116, note T. Bonneau.

[388] Art. 110, al. 2 de l'AUS.

[389] SENOUSSI ALLAMINE, *Les engagements de la société en formation en droit OHADA*, op. cit. ; Com., 9 oct. 2007, n° 06-16.483, *D.* 2007. AJ 2614 ; *JCP E* 2008, n° 1517, note Lebel ; LPA 18 sept. 2008, numéro spécial ; Cah. dr. affaires, p. 7, note Cuzacq.

4- La rétroactivité de la reprise

210 Dès lors que les formes de la reprise ont été respectées, la société se trouve substituée, activement et passivement, aux personnes qui avaient agi pour son compte avant son immatriculation ; corrélativement, ces personnes se trouvent libérées des engagements qu'elles avaient pris et qui, jusqu'alors, les obligeaient personnellement et, dans le cas des sociétés commerciales, solidairement. Et ce résultat se produit avec rétroactivité, les engagements souscrits étant réputés avoir été dès l'origine contractés par la société ; on voit quel argument peut être tiré de cette rétroactivité pour asseoir la thèse selon laquelle la personnalité morale naîtrait progressivement ; pourtant, la jurisprudence semble pencher pour la thèse opposée qui voudrait que la personnalité surgisse *ex nihilo* au jour de l'immatriculation[390].

C- Les conséquences du défaut de reprise

211 Le défaut de reprise peut survenir dans des circonstances variées : il peut y avoir refus des associés de la décider, ou non-respect des formalités imposées pour l'opérer, ou encore, défaut d'immatriculation de la société projetée. Ses conséquences sont à envisager de plusieurs points de vue. La question est alors de savoir quelles sont les personnes qui seront tenues des engagements pris.

L'AUS est clair sur cette question : les actes et engagements qui n'ont pas été repris par la société, dans les conditions prévues par le présent Acte uniforme, sont inopposables à la société et les personnes qui les ont souscrits sont tenues solidairement et indéfiniment par les obligations qu'ils comportent[391]. Toutes les personnes qui ont agi au nom de la société en projet ainsi que celles qui leur ont donné mandat d'agir : toutes ces personnes sont tenues, à moins que l'acte n'ait été conclu sous la condition suspensive d'une reprise par la société (mais on ne peut que déconseiller aux tiers de traiter dans de telles conditions).

212 Mais seules ces personnes sont tenues : ainsi, lorsqu'une des personnes exposées aux poursuites a cédé ses parts[392], le cessionnaire est-il, en l'absence de reprise, exposé aux mêmes poursuites que le cédant.

Il arrive qu'à l'occasion d'un acte passé pour le compte d'une société non encore immatriculée, un cautionnement soit donné[393]. Qu'advient-il du cautionnement si la société n'est finalement pas immatriculée ?

---

390 V. en ce sens, Cass. com. 12 févr. 1991, *Bull. civ.* IV, n° 73.

391 Art. 110, al. 2 de l'AUS.

392 Si tant est qu'on puisse parler de « parts sociales » avant l'immatriculation : V. I. TCHOTOURIAN, « A propos du flou entourant les rapports internes d'une société en formation », *LPA*, n° 179, 7 sept. 2000, p. 4, spéc. p. 8 et notes 44 à 54.

393 J. BONNARD, « Le cautionnement des engagements souscrits pour le compte d'une société en formation », *Rev. sociétés* 1992.255.

Si le cautionnement a été donné par la personne même qui a agi, on en déduira qu'elle sera tenue à tout événement, qu'il y ait - ou non - reprise. Si le cautionnement est donné par un tiers, la solution va dépendre d'une interprétation de volonté : si la caution a simplement garanti la dette de la société en projet, le cautionnement - à défaut d'immatriculation - sera frappé de caducité en l'absence de dette principale à garantir ; autrement dit, sauf clause particulière, la caution garantit uniquement la dette de la société[394]. Il faut donc une clause spéciale pour que la caution garantisse aussi la dette de la personne qui a agi au nom de la société en formation.

213 Enfin, en toute hypothèse, les cas de fraude à la reprise doivent être réservés : s'il apparaît que la décision - précipitée ou très tardive - de reprise n'a été inspirée que par la volonté de frauder les droits des créanciers, l'adage *fraus omnia corrumpit* permettra d'en neutraliser les effets. Encore faut-il que la fraude ait été invoquée.

En définitive, c'est l'immatriculation qui marque la naissance de la personnalité morale de la société. Cette formalité a en fait une double finalité : d'une part, c'est à la date de son accomplissement que la société accède pleinement à la vie juridique ; d'autre part, elle confère la qualité de commerçant à la société.

L'acquisition de la personnalité juridique emporte un certain nombre de conséquences qu'il conviendrait d'envisager à présent.

SECTION II- LES EFFETS DE LA PERSONNALITÉ JURIDIQUE

214 La personnalité morale transforme la société en sujet de droit et lui confère les principaux attributs de la personne physique, c'est-à-dire l'individualisation d'une part (§1) et la capacité d'agir d'autre part (§2).

§1. L'INDIVIDUALISATION DE LA SOCIÉTÉ

215 Comme une personne physique, la société réunit un certain nombre d'éléments qui permettent de l'identifier : elle a un nom c'est-à-dire une dénomination sociale (A), un domicile c'est-à-dire un siège social (B), et un patrimoine. Ce dernier élément sera étudié ultérieurement.

A- La dénomination sociale

216 À l'exception des sociétés civiles professionnelles qui sont tenues d'avoir une raison sociale, toutes les sociétés dotées d'une personnalité morale doivent

---

[394] En ce sens : Cass. com. 29 avr. 1997, *D.* 1998, somm. 178, note J.-C. Hallouin ; *adde* à propos du cautionnement donné pour une société en formation finalement non immatriculée : Cass. com. 16 juin 2004, arrêt n° 949 D, *Bull. Joly* 2004.1095, n° 214, note R. Routier.

ou, pour les sociétés civiles peuvent adopter une dénomination sociale[395]. À cet effet, elles disposent en principe d'une large liberté de choix (1). La date d'acquisition du droit sur la dénomination est fondamentale, car, en cas de litige, elle permet de déterminer le bénéficiaire de l'antériorité (2) et confère une sorte de droit à la société sur cette dénomination (3).

1- La désignation de la société par une dénomination sociale

217 Si la dénomination sociale est exclue pour les sociétés dépourvues de la personnalité morale, elle est obligatoire pour les sociétés commerciales.

Les sociétés commerciales doivent avoir une dénomination sociale. Celle-ci est inscrite dans les statuts de la société[396]. Cette exigence donne lieu à des dispositions et des sanctions propres à chaque type de société commerciale.

218 Dans les sociétés par actions, sont concernées la société anonyme et la société par actions simplifiées. L'article 386 de l'AUS prévoit ainsi que : « la société anonyme est désignée par une dénomination sociale qui doit être immédiatement précédée ou suivie en caractères lisibles des mots : *société anonyme* ou du sigle : « S.A. » et du mode d'administration de la société telle que prévu à l'article 414 ci-après ». De même, la société par actions simplifiées unipersonnelle, forme particulière de SAS, doit être désignée par sa dénomination, précédée ou suivie immédiatement des mots *société par actions simplifiée* ou des initiales « *SAS* »[397].

S'agissant de la société à responsabilité limitée, l'article 310 de l'AUS précise que la dénomination sociale, à laquelle peut être incorporé le nom d'un ou plusieurs associés, doit être précédée ou suivie immédiatement des mots "société à responsabilité limitée" ou des initiales "SARL" et de l'énonciation du capital social ». Il n'est pas nécessaire que ces indications soient intégrées à la dénomination elle-même[398].

La société à responsabilité limitée unipersonnelle, forme particulière de SARL, doit être désignée par une dénomination sociale précédée ou suivie immédiatement des mots *société à responsabilité limitée* ou des initiales « *SARL* ».

Quant à la société en nom collectif, elle est *désignée par une dénomination sociale à laquelle peut être incorporé le nom d'un ou plusieurs associés et qui doit être précédée ou suivie immédiatement des mots "société en nom collectif" ou du sigle « SNC »* [399].

---

395 J. P. A. BELOMO, *L'identification de la société commerciale*, mémoire de DEA, Faculté des Sciences Juridiques et Politiques de l'Université de Ngaoundéré (Cameroun), 2009.
396 Art. 17 de l'AUS.
397 Art. 853-1, al. 2 AUS.
398 CA Paris, 28 mai 2009, D. 2009, IR 218 , Dr. sociétés 2009, comm. 176, obs. T. Bonneau.
399 Art. 272 de l'AUS.

La société en commandite simple, enfin, est désignée *par une dénomination sociale à laquelle peut être incorporé le nom d'un ou plusieurs associés et qui doit être précédée ou suivie immédiatement des mots : "société en commandite simple" ou du sigle « SCS »* [400]. Le nom d'un associé commanditaire ne peut cependant être inséré dans la dénomination sociale.

Il faut relever par ailleurs que les groupements qui n'ont pas la personnalité morale ne peuvent acquérir de droit sur une dénomination. Tel est le cas de la société en participation. Certes, les associés d'une société en participation ostensible peuvent convenir d'individualiser leur activité par un nom et ainsi de la révéler aux tiers. Toutefois, cette société ne peut agir en justice sous ce nom. De même, la société créée de fait est dépourvue de personnalité morale. En conséquence, elle ne peut détenir de droit sur une quelconque appellation. Il en va de même pour la société en formation. Elle n'a pas de droit privatif sur la dénomination adoptée dans les statuts. Ce droit sera acquis avec l'immatriculation.

À l'inverse, la société qui avait été immatriculée perd, une fois dissoute, tout droit sur sa dénomination sociale. Si elle continue son activité, elle n'est plus qu'une société créée de fait dépourvue de personnalité morale ; sa dénomination est redevenue disponible. Néanmoins, la dissolution de la société entraînant, sauf exception, sa liquidation, « la personnalité morale de la société subsiste pour les besoins de la liquidation jusqu'à la clôture de celle-ci »[401]. Durant ce laps de temps, la société continue d'être désignée par sa dénomination sociale, mais celle-ci doit être suivie de la mention « société en liquidation ». Elle peut alors défendre sa dénomination contre les usurpations éventuelles.

2- Le choix d'une dénomination sociale

219 Le choix de la dénomination sociale est, sous certaines réserves, à la discrétion des fondateurs. Toutefois, cette dénomination doit répondre à divers critères de validité.

En effet, de manière générale, la dénomination est inspirée par l'objet de l'entreprise ou reprend un patronyme ; elle peut aussi relever de la pure fantaisie. Elle est souvent tirée de l'objet social. Néanmoins, elle ne doit pas être descriptive, ce qui amène souvent à combiner plusieurs mots. Certains termes afférents à une activité réglementée sont prohibés si la société ne remplit pas les conditions légales pour exercer celle-ci.

---

[400] Art. 294 de l'AUS.

[401] V. art. 201 al. 3 de l'AUS. D. W. EKOUMA, *L'individualisation de la société commerciale en droit des sociétés des pays membres de l'OHADA*, op. cit. ; J. P. A. BELOMO, *L'identification de la société commerciale*, mémoire de DEA, Faculté des Sciences Juridiques et Politiques de l'Université de Ngaoundéré (Cameroun), 2009.

220 Il est loisible d'inscrire dans la dénomination sociale le nom d'un ou de plusieurs associés. Un fondateur se plaît à laisser ainsi son empreinte. Mais, s'il quitte la société, peut-il obliger celle-ci à renoncer à cette dénomination et pourrait-il utiliser son patronyme pour dénommer une nouvelle société ?

La solution est donnée par la Cour de cassation française, dans l'arrêt Bordas du 12 mars 1985, où elle a estimé que *le principe de l'inaliénabilité et de l'imprescriptibilité du nom patronymique, qui empêche son titulaire d'en disposer librement pour identifier au même titre une autre personne physique, ne s'oppose pas à la conclusion d'un accord portant sur l'utilisation de ce nom comme dénomination sociale ou nom commercial*. Mais, ajoute-t-elle, *ce patronyme est devenu, en raison de son insertion [...] dans les statuts de la société signés par M. Pierre Bordas, un signe distinctif qui s'est détaché de la personne physique qui le porte, pour s'appliquer à la personne qu'il distingue, et devenir ainsi objet de propriété incorporelle...* [402].

La jurisprudence fait ainsi le départ entre le patronyme, droit inaliénable et imprescriptible de la personnalité qui identifie et distingue la personne physique et l'usage de ce même patronyme comme signe distinctif, objet pour la personne morale d'un droit de propriété incorporelle[403]. Rejetant la conception personnaliste, elle consacre l'autonomie de la personne morale par rapport aux membres qui la composent[404]. Toute société dotée de la personnalité morale a un nom, attribut de cette personnalité, et donc un droit propre sur sa dénomination et sur le maintien de celle-ci *en dépit de l'évolution dans la répartition du capital et de la perte d'influence du fondateur de la société qui avait laissé se perpétuer pendant longtemps l'incorporation de son nom patronymique dans la dénomination* [405]. À noter que la jurisprudence Bordas précitée ne s'applique pas aux sociétés qui ont une raison sociale.

221 Au demeurant, la société doit exercer son droit de propriété sur sa dénomination sans commettre d'abus. Par exemple, elle ne peut utiliser le nom que dans son intégralité et commet une faute si elle le modifie unilatéralement.

Quand l'associé dont le patronyme figure dans la dénomination sociale s'est retiré, il ne peut, sauf convention contraire, exiger que la dénomination soit modifiée[406]. S'il existe un risque de confusion, l'ancien associé ne saurait se servir

---

[402] Cass. com. 12 mars 1985, Bordas, préc. *supra*, n° 3 ; Cass. com. 12 nov. 1992, Dormeuil, préc.

[403] G. LOISEAU, *Le nom, objet d'un contrat*, préf. J. Ghestin, 1997, *Bibl. dr. privé*, t. 274, LGDJ, n° 229, p. 231.

[404] V. G. BONET, note sous Cass. com. 12 mars 1985, *JCP* 1985. II. 20400.

[405] H. CAPITANT, F. TERRÉ et Y. LEQUETTE, *Les grands arrêts de la jurisprudence civile*, t. 1, 13e éd., 2015, Dalloz, p. 110 et s., spéc. p. 114, n° 6.

[406] V. D. W. EKOUMA, *L'individualisation de la société commerciale en droit des sociétés des pays membres de l'OHADA*, op. cit., J. P. A. BELOMO, *L'identification de la société commerciale*, op. cit.

de son patronyme comme dénomination sociale d'une nouvelle société qui concurrencerait la première dans un secteur d'activité identique ou similaire.

Au demeurant, le consentement donné par un associé fondateur dont le nom est notoirement connu à l'insertion de son patronyme dans la dénomination d'une société exerçant son activité dans le même domaine ne saurait, sans accord dudit associé et en l'absence de renonciation expresse ou tacite à ses droits patrimoniaux, autoriser la société à déposer ce patronyme à titre de marque pour désigner les mêmes produits ou services. De sa propre initiative, la société ne peut décliner sa dénomination sociale à titre de marque, voire de nom commercial ou d'enseigne ; d'où l'intérêt d'une convention détaillant les droits de chacun[407].

222 Par ailleurs, à condition de ne susciter aucune confusion dans l'esprit du public, une société peut insérer dans sa dénomination le patronyme d'un associé, même si ce nom figure dans la dénomination d'une autre société.

Il convient d'évoquer l'hypothèse de la fraude. Tel sera le cas si l'homonyme est un prête-nom permettant à la société de bénéficier de la notoriété de celle qui utilise déjà ce patronyme dans des activités identiques ou similaires.

223 Enfin, la dénomination sociale peut être de pure fantaisie. Plus ,elle sera originale, mieux elle se trouvera protégée, car elle rendra évidente l'usurpation par un concurrent indélicat. La dénomination peut se composer d'un ou de plusieurs mots, de lettres, voire de chiffres. Peu importe la langue employée. Un vocable étranger, banal dans son pays d'origine, pourra être jugé original au Cameroun s'il n'est pas passé dans notre langage courant. Il est permis d'utiliser des caractères alphanumériques, non des dessins et des graphismes.

L'utilisation de l'astérisque (*) ou de la barre (/) a été admise pour une dénomination sociale, car cette dénomination (en l'espèce, « d/g*Desgrippes Gobé Group ») *n'est pas de nature à créer une tromperie ou une confusion sur la nature juridique du groupement auquel elle s'applique* [408].

Pour être valable cependant, la dénomination doit satisfaire à certaines exigences. La jurisprudence a précisé les conditions de validité de la dénomination sociale. Faute de textes spécifiques, celles-ci s'inspirent du droit des marques, distinctive et disponible.

Comme la marque, la dénomination sociale ne doit contrevenir ni à l'ordre public ou aux bonnes mœurs ni aux dispositions légales. La licéité est appréciée souverainement par les juges du fond. Elle doit permettre d'individualiser la

---

[407] T. LANCRENON, « Où l'on s'aperçoit de quelques menus effets de la notoriété d'un nom patronymique sur les signes distinctifs d'une entreprise », *Propr. ind. déc.* 2003, p. 8 et s., p. 11, n° 23 ; V. CA Aix-en-Provence, 25 nov. 2004, Coulbault, *D.* 2005.845, note D. Poracchia et C.-A. Maetz.

[408] CA Paris, 16 févr. 2001, D. 2001, IR 1248, *RJDA* 6/2001, n° 688, Bull. Joly 2001.907, note J.-M. Bahans, JCP, éd. E, 2001.543.

société et de la différencier des autres. Le caractère distinctif s'apprécie au moment où la dénomination est adoptée, si bien que la dénomination a pu devenir générique. L'exigence de distinctivité vise aussi à éviter que certaines sociétés ne monopolisent certains termes. Le signe ne doit pas être nécessaire ni aller de soi pour identifier la société. De la sorte, a été jugé distinctif le terme « Neurones » qui ne s'imposait pas pour désigner une société commercialisant des produits ou services dans le domaine informatique[409]. A été admise de même la dénomination « Atlas » pour désigner un restaurant de spécialités marocaines[410].

A fortiori, la dénomination ne doit pas être générique, c'est-à-dire inclure un terme que n'importe lequel des concurrents pourrait employer. Furent jugées génériques : « Société protectrice des animaux. De même, elle ne saurait être descriptive et se contenter d'indiquer l'activité de la société »[411].

224 Enfin - ce caractère est décisif si l'on entend éviter des conflits ultérieurs -, la dénomination sociale doit être disponible. Sous les réserves indiquées plus loin, le signe ne doit pas avoir été déjà adopté par un tiers qui posséderait encore des droits sur lui. Ainsi, sous peine de se voir intenter une action pour contrefaçon, une société évitera de choisir comme dénomination sociale un signe reprenant à l'identique une marque antérieure ou imitant une telle marque, dès lors qu'il existe un risque de confusion. Le risque de confusion impose qu'une société ne puisse retenir comme dénomination sociale une dénomination déjà choisie par une concurrente. En revanche, on peut se demander s'il n'y a pas lieu d'appliquer le principe dit « de spécialité » et d'admettre que la société puisse adopter une dénomination identique à celle d'une société avec laquelle elle n'est pas en concurrence. La question est controversée. Le respect de la liberté du commerce et de l'industrie, la raréfaction des signes disponibles, la crainte de voir se constituer des monopoles conduisent à adopter cette solution. L'emploi d'une dénomination déjà utilisée devrait donc être interdit aux seules sociétés du même secteur professionnel et géographique.

Par ailleurs, le nom de domaine s'imposant de plus en plus comme signe distinctif, il paraît prudent qu'une société évite de reprendre comme dénomination sociale le signe composant un nom de domaine déjà enregistré par une autre société.

---

409 V. D. W. EKOUMA, *L'individualisation de la société commerciale en droit des sociétés des pays membres de l'OHADA*, mémoire de DEA, Faculté des Sciences Juridiques et Politiques de l'Université de Yaoundé II (Cameroun), op. cit. ; . TGI Strasbourg, 5 févr. 2001, SA Neurones c/ SARL Neurone informatique et SARL Neurocim, *PIBD* 2001.716. III. 146.

410 CA Paris, 10 mars 2000, *PIBD* 2000.701. III. 339.

411 J. P. A. BELOMO, *L'identification de la société commerciale*, mémoire de DEA, Faculté des Sciences Juridiques et Politiques de l'Université de Ngaoundéré (Cameroun), 2009 ; CA Paris, 11 avr. 2002, Centre de chirurgie de la vision, RG 2000/10640.

225 Enfin, il est exclu d'adopter une dénomination sociale qui porterait atteinte au droit de la personnalité d'un tiers, notamment à son nom patronymique, à son pseudonyme ou à son image.

3- L'acquisition du droit sur la dénomination sociale

226 De prime à bord, il est important de savoir que la date d'acquisition de la dénomination sociale est importante, puisqu'elle permet, en cas de conflit, de déterminer le bénéficiaire de l'antériorité. Des opinions divergent à propos.

On a pu penser que le droit sur la dénomination sociale s'acquiert, comme le droit sur le nom commercial et le droit sur l'enseigne, par le premier usage public[412]. L'appropriation de la dénomination sociale ne se justifierait même « qu'après un usage prolongé de la dénomination »[413]. D'aucuns ont estimé que le droit sur la dénomination sociale trouvait son origine dans l'acte qui constitue la personne morale, c'est-à-dire dans les statuts de la société[414]. Il deviendrait opposable aux tiers avec l'immatriculation au RCCM[415].

La dénomination sociale étant un attribut de la personne morale, il semble que le droit sur la dénomination naisse en réalité à compter de l'immatriculation de la société au registre du commerce et du crédit mobilier, puisque c'est seulement à cet instant que la société acquiert la personnalité juridique. La jurisprudence française a d'ailleurs considéré que l'acquisition de la dénomination sociale n'est pas subordonnée à un quelconque usage, mais à la seule immatriculation de la société au registre du commerce et du crédit mobilier[416]. De l'adoption des statuts à l'immatriculation, la société n'est qu'une société en formation. Tant que l'immatriculation n'est pas intervenue, la dénomination sociale retenue dans les statuts n'est pas indisponible et peut être appropriée par un tiers à titre de signe distinctif. Faute d'avoir la personnalité morale, la société ne pourra intenter une action en justice.

Après l'adoption des statuts et avant l'immatriculation, il faut procéder aux formalités de l'enregistrement, de l'insertion d'un avis dans un journal d'annonces légales et du dépôt au greffe des actes constitutifs. À chacune de ces étapes, la dénomination sociale suivie, le cas échéant, de son sigle doit être mentionnée

---

[412] J.-C. GALLOUX, *Droit de la propriété industrielle*, 2e éd., 2003, *Dalloz*, p. 553, n° 1267 ; Cass. com. 24 nov. 1992, Sté Mécanelec, *PIBD* 1993.541. III. 235, *JCP*, éd. E, 1993, panor. 774, p. 244, RJDA 3/1993, n° 219.

[413] D. LAMÈTHE, « Conflits entre dénominations de sociétés », *RTD com.* 1978.67, spéc. p. 71.

[414] J. P. A. BELOMO, *L'identification de la société commerciale*, op. cit. ; A. CHAVANNE et J.-J. BURST, *Droit de la propriété industrielle*, 7e éd., 2012, *Précis Dalloz*, n° 1374, p. 835.

[415] F. POLLAUD-DULIAN, « Dénomination sociale », *J.-Cl. sociétés*, fasc. 28-20, 2001, spéc. n° 9, p. 4 ; *Droit de la propriété industrielle*, coll. Domat, Montchrestien, 2ème éd., 2014, n° 1102, p. 503.

[416] Cass. com. 19 janv. 1988, Rondeau, *Bull. civ.* IV, n° 41, *Ann. propr. ind.* 1989.26 .

dans les documents fournis, étant bien entendu que la société ne détient aucun droit sur elle jusqu'à l'immatriculation.

B- Le siège social

227 Parce que le droit attache des conséquences au siège social (2), celui-ci doit être déterminé (1).

1- La détermination du siège social

227 Le choix du siège social suppose une attention particulière. Mention obligatoire des statuts de la société, le siège social statutaire ne s'impose toutefois pas de manière incontournable aux tiers. Ceux-ci peuvent en effet se prévaloir du siège social réel (b), dès lors que le siège social indiqué dans les statuts s'avère fictif (a).

a- Le siège social statutaire

228 L'article 13 de l'AUS intègre l'indication du siège social parmi les mentions obligatoires devant figurer dans les statuts d'une société. On doit toutefois considérer qu'il s'agit là d'une exigence liée à la personnalité juridique, en tant qu'élément participant à son identification.

Aucun texte ne donne de définition du « siège » de la société. Cette notion, aux effets pourtant très importants, doit donc être construite à partir d'éléments identifiés par la doctrine et la jurisprudence. Par confrontation successive avec diverses notions ou éléments, on peut tenter de donner un contenu à cette notion.

Un lien évident semble unir siège social et domicile puisqu'il s'agit dans les deux cas de localiser une personne. Sur le terrain pénal, on admet même qu'une société puisse se dire titulaire d'un domicile au sens du droit pénal.

229 Toutefois, la notion de siège social ne saurait être totalement assimilée à celle de domicile. Des différences sensibles conduisent à réserver la notion de domicile aux personnes physiques. L'unicité du domicile ne coïncide pas avec le siège social qui doit faire place, à côté du siège statutaire, à la prise en compte du siège réel, effectif, de même qu'à un assouplissement dans les effets qui y sont attachés par la jurisprudence dite des « gares principales ». En outre, des conséquences sont attachées au siège social que l'on ne retrouve pas à propos du domicile, qu'il s'agisse de l'accomplissement d'actes juridiques liés à la vie de l'entreprise ou de l'attribution de la nationalité de la société, conséquences que l'on ne saurait retrouver attachées à la prise en compte du domicile d'une personne physique[417].

Le lieu où s'exerce l'activité économique de la société ne se confond pas, lui non plus, en principe, avec le siège social. La société peut exploiter un ou

---

417 Sur les différences, V. not. Y. GUYON, *Droit des affaires*, t. 1, 10e éd., 1998, Economica, n° 179.

plusieurs centres en y déployant l'activité matérielle, technique ou commerciale que suppose la réalisation de son objet social. Il peut s'agir d'usines, de bâtiments de stockage, de chantiers, de magasins de vente. Même si l'une de ces localisations est prépondérante, la nature du centre d'exploitation (production de biens ou de services, opérations de commercialisation...) ne permet pas de l'identifier au siège social, même s'il est inoccupé, en un lieu distinct de l'exploitation du fonds de commerce, dès lors que ce fonds a été donné en location-gérance et qu'elle n'a pas besoin de personnel pour exercer l'activité de bailleur de ce fonds.

Certes, la localisation d'un centre d'exploitation peut coïncider avec le siège social. Il en sera ainsi d'abord si le siège de la société est fixé au lieu même d'exercice de son activité. Il en sera ainsi en cas de fictivité du siège social statutaire, dès lors qu'il est établi que ce lieu d'exploitation est en réalité aussi celui où s'exerce le pouvoir de direction, mais il ne s'agira alors que du résultat de la prise en compte du siège social réel.

230 Sur un autre plan, il est *a priori* plus probable que le lieu où se tiennent les services administratifs de la société (service financier et comptable, gestion du personnel...) corresponde au siège social dans la mesure où les organes de direction exercent leurs fonctions le plus souvent dans les mêmes locaux, compte tenu des exigences de proximité des informations requises pour la prise de décisions comme pour la mise en œuvre des décisions prises. Cette coïncidence, statistiquement sans doute très fréquente, ne doit pas conduire à une position de principe sur la confusion de la localisation des services administratifs avec le siège de la société. De tels services peuvent être répartis en des lieux distincts sans que cette dispersion altère les conditions de fonctionnement de la société. Le développement des moyens techniques de transmission des informations et la pratique de la délocalisation de ses services pour des raisons d'abaissement des coûts de fonctionnement rendent même plus probables aujourd'hui que le lieu de direction effective de la société soit distinct des localisations de services administratifs. La détermination du siège social ne peut donc se faire exclusivement par référence à la localisation des services administratifs.

Enfin, en procédant par élimination, et même si des liens peuvent être établis avec des notions proches exposées ci-dessus, il apparaît que ce qui caractérise le siège social, ce qui permet son identification, est à rechercher avec l'exercice du pouvoir de direction au sein de la société.

231 Le siège social est donc le lieu où s'exerce la direction de la société[418]. Selon la forme de la société, il s'agira du lieu où se réunissent les membres du conseil d'administration ou de la direction, le lieu où se situe le bureau du gérant ou du président (pour la société par actions simplifiées [SAS]). Il s'agit de la

---

[418] V. en ce sens, *Lamy Sociétés commerciales,* éd. 2000, n° 484.

localisation du pouvoir juridique de direction de la société, du lieu où est exercé, au nom de la personne juridique, le pouvoir de décision d'actes de toute nature qui engagent la société. Selon une expression fréquemment utilisée, le siège social est *le centre de la vie juridique de la société* [419].

L'examen de la jurisprudence relative au siège réel de la société confirme cette conception du siège social dans la mesure où l'on ne trouve pas d'hypothèse où le siège retenu ne coïncide pas avec le lieu d'exercice du pouvoir de direction, même si d'autres paramètres complémentaires peuvent être envisagés par les tribunaux.

b- Le siège social réel

232 Le caractère réel et sérieux du siège social indiqué dans les statuts est présumé, mais il est possible de négliger la localisation statutaire au profit du siège effectif. Une fois établi, le siège réel l'emportera sur le siège fictif.

L'établissement en justice du siège social réel suppose que la preuve soit rapportée de la fictivité du lieu indiqué dans les statuts comme constituant le siège de la société. La charge de la preuve repose sur celui qui invoque la fictivité. S'agissant d'un fait, la preuve peut être rapportée par tous les moyens et l'appréciation des juges du fond est, sur ce point, souveraine.

C'est à partir des éléments constitutifs de la notion de siège social que va se trouver établi le siège social réel. La localisation du centre de décision de la société se détermine à partir d'indices tels que le lieu de réunion des assemblées et du conseil d'administration de la société, de la localisation de la signature des principaux contrats, de l'émission des commandes… Plusieurs de ces éléments peuvent se combiner pour faire ressortir le lieu où est établi le siège réel de la société, mais si l'absence de l'un ou l'autre est indifférente, il faut en toute hypothèse que le lieu retenu comme siège réel soit celui où les décisions qui sont prises engagent la société en tant que personne morale et où sont tenus et conservés les livres comptables et documents sociaux.

Hormis le caractère fictif qui peut affecter le siège statutaire, il peut également s'avérer frauduleux dès lors que le choix d'une localisation mentionnée dans les statuts est destiné à contourner des dispositions fiscales (élection du siège dans un « paradis fiscal ») ou des règles de compétence juridictionnelle, voire la reconnaissance d'une nationalité[420].

233 Dès lors qu'est établie la fictivité du siège social statutaire, les tiers disposent alors d'une option entre invoquer le siège statutaire ou le siège réel.

---

[419] V. not. D. VIDAL, *Droit des sociétés,* 7e éd., 2010, LGDJ, n° 130.

[420] V. D. W. EKOUMA, *L'individualisation de la société commerciale en droit des sociétés des pays membres de l'OHADA*, mémoire de DEA, Yaoundé II (Cameroun), op. cit. V. également en jurisprudence, Cass. com. 5 mai 1952, *D.* 1952.507.

En revanche, la société concernée ne dispose pas du même choix. Elle ne peut opposer son siège réel si les tiers préfèrent se référer au siège statutaire fictif. La société ne peut se prévaloir de son siège statutaire si son siège réel est établi en un autre lieu et si les tiers concernés entendent s'en prévaloir ; elle ne peut priver les tiers du droit d'option que leur offrent les textes. L'option entre le siège statutaire et le siège social n'est instaurée que dans l'intérêt des tiers ; elle ne saurait profiter à la société.

2- Les conséquences attachées au siège social

234 Le siège social joue notamment un rôle prépondérant pour la désignation de la nationalité et de la loi applicable à la société (a), en matière procédurale (b) et pour la désignation du lieu d'accomplissement d'obligations[421] (c).

a- La désignation de la nationalité et de la loi applicable à la société

235 Sans qu'il soit ici opportun de reprendre le débat sur l'existence même et les caractères d'une nationalité reconnue à une société[422], on peut retenir que la nationalité des sociétés se détermine par le recours à titre principal au critère du siège social. Même si, à titre complémentaire, le critère du contrôle peut occasionnellement intervenir dans la détermination de la nationalité de sociétés, c'est bien la prise en compte de la localisation du siège social qui est prépondérante. Le choix du pays d'implantation du siège est donc une question essentielle puisque, au titre de la nationalité, la localisation va conditionner la reconnaissance juridique de la société, le bénéfice des droits et des traités internationaux ainsi que la protection diplomatique de la société qui incombe à l'État dont elle a la nationalité.

Le droit fait jouer expressément au siège social une fonction de détermination de la loi applicable à la société. L'article 1er de l'AUS dispose ainsi que : *Toute société commerciale, y compris celle dans laquelle un État ou une personne morale de droit public est associé, dont le siège social est situé sur le territoire de l'un des États-parties au Traité relatif à l'harmonisation du droit des affaires en Afrique (ci-après désignés « les États-parties ») est soumise aux dispositions du présent Acte uniforme* .

236 La loi applicable à la société vise non seulement le fonctionnement de la société, mais aussi et surtout l'appréciation des pouvoirs des dirigeants d'une société. Il en est ainsi fait application pour les garanties et sûretés constituées par un dirigeant au nom de la société[423]. On relèvera que la chambre commerciale utilise le détour par la loi nationale de la société, alors que la Première chambre civile fixe directement la loi applicable en fonction de la localisation du siège

---

[421] Ph. MERLE, *Sociétés commerciales,* 7e éd., 2000, Précis Dalloz, n° 82.
[422] V. not. M. MENJUCQ, *La mobilité des sociétés dans l'espace européen,* 1997, LGDJ.
[423] En droit français, v. not. pour une hypothèque, Cass. com. 19 mai 1992, *Bull. Joly* 1992.758, note L. Faugerolas.

social. Ce détour paraît doublement inutile, d'une part parce que la nationalité de la société est déterminée essentiellement par la prise en compte de la localisation du siège social et d'autre part parce que le résultat atteint est en définitive le même pour ce qui concerne la loi applicable.

b- Les conséquences procédurales

237 Selon les principes de la procédure civile, la juridiction territorialement compétente est, en principe celle du lieu où demeure le défendeur[424] ; s'agissant d'une personne morale, le lieu où demeure le défendeur s'entend du lieu où elle est établie. Sur un plan procédural, le tribunal devant lequel la société doit être assignée lorsqu'elle est défenderesse et où tous les actes de procédure doivent lui être notifiés est le tribunal du lieu où est établi son siège social. Cette conception du siège social vise non seulement le siège statutaire, mais intègre également le siège réel, effectif. Cette approche pragmatique se traduit dans des décisions de justice. Ainsi, une société peut également être assignée au lieu, distinct du siège statutaire, où sont effectivement exercées, et de façon stable, les fonctions de direction de la société lorsque la société dispose de plusieurs centres d'intérêt ou d'un centre d'administration ou d'exploitation distinct du siège social[425]. De même, il a été jugé que l'assignation introductive d'instance peut être délivrée à une société non pas à son siège social, mais dans ses bureaux dont l'adresse figure sur la lettre de change acceptée par la société en cause.

Un courant jurisprudentiel ancien s'est par ailleurs formé à propos de sociétés disposant d'agences ou de succursales. Cette jurisprudence, dite « des gares principales », instaurée à propos des compagnies de chemin de fer[426], autorise qu'une société puisse être assignée non seulement devant le tribunal compétent en considération de la localisation de son siège social, mais aussi devant une juridiction dans le ressort de laquelle elle dispose d'une succursale[427]. Cette exception de compétence territoriale suppose la réunion de diverses conditions. Il faut notamment que le litige se rapporte à l'activité de la succursale ou que les faits générateurs de responsabilités se soient produits dans son ressort territorial. Il faut en outre que la société soit représentée au lieu de sa succursale par une personne ayant qualité pour traiter en son nom. En conséquence, une société ne peut être assignée au lieu où elle exerce son activité par l'intermédiaire d'un mandataire qui ne peut être considéré comme étant une succursale appartenant à la société. Cette exception ne peut toutefois être utilisée lorsque c'est la société qui assigne, la jurisprudence ayant pour fondement la protection du demandeur.

---

[424] Art. 42 du Code de procédure civile applicable au Cameroun.

[425] CA Paris, 9 nov. 1994, *RJDA* 1995, n° 148 et 226, *RTD com.* 1996.282, obs. Cl. Champaud et D. Danet.

[426] V. P. DIDIER, *Droit commercial,* t. 2, 2011, Thémis, PUF, p. 92.

[427] J. IKAMOUGUI, *Le siège social,* mémoire DEA, Yaoundé 2 (SOA), 2007, 87p..

238 Pour ce qui est de la signification d'un acte par huissier, elle doit être faite en principe à personne, c'est-à-dire au représentant légal de la société ou à toute personne habilitée à cet effet. Lorsque cette notification s'avère impossible, l'acte doit être délivré au siège social. En cas de pluralité d'établissements, la notification qui n'est pas faite au siège social de la société doit l'être au lieu de son établissement où le litige a pris naissance.

La notification d'actes de procédure par voie postale fait l'objet d'une appréciation jurisprudentielle particulière admettant que la formalité est réputée régulièrement accomplie dès lors que la lettre recommandée a été reçue au siège de la société, sans qu'il soit besoin de s'interroger sur la qualité et les pouvoirs de celui qui a signé l'avis de réception. Cette position jurisprudentielle apparaît d'autant plus importante.

c- La désignation du lieu d'accomplissement d'obligations

239 La localisation du siège social est par ailleurs prise en compte pour la détermination du lieu où doit s'accomplir, en principe, un certain nombre d'obligations dont est tenue la société. C'est au siège social que doivent être déposés les statuts de la société, les comptes sociaux et les procès-verbaux des séances du conseil d'administration ou du directoire et des assemblées générales. C'est au siège de la société que s'exerce le droit d'information sur les documents sociaux. Ainsi, préalablement à toute réunion d'assemblée générale, divers documents doivent être mis à la disposition des associés au siège social ou au lieu de la direction administrative. Il s'agit des documents qui doivent en principe être adressés aux actionnaires. Un droit d'information permanent est en outre reconnu aux associés. Chaque associé a droit, à toute époque, de prendre connaissance au siège social de documents portant sur les trois derniers exercices. Il s'agit notamment des inventaires et comptes annuels, des procès-verbaux des assemblées, des rapports soumis aux assemblées… Pour ce qui concerne la société anonyme, les textes qui organisent cette information des associés créent une incertitude. Dès lors que l'exercice du droit de communication peut s'exercer *au siège social ou au lieu de la direction administrative* .

Le siège social détermine également le greffe du tribunal auprès duquel les publicités et déclarations doivent être accomplies au cours de la vie sociale, de même que les inscriptions de nantissement sur le fonds de commerce en application de l'Acte uniforme relatif au droit commercial général.

§2. LA CAPACITÉ DE LA SOCIÉTÉ

240 Comme une personne physique, la société a la capacité juridique, c'est-à-dire la capacité de jouissance et d'exercice des droits. La société a ainsi l'aptitude à accomplir des actes juridiques (A) et à répondre des conséquences qui en résultent (B).

A- L'activité de la société

241 La société a l'aptitude à accomplir des actes juridiques. C'est dire qu'elle a la capacité de jouissance (1) et de l'exercice des droits de ses droits (2).

1- La jouissance des droits

242 La jouissance des droits par la société implique non seulement la possibilité pour elle d'être titulaire de droits réels et sujet actif ou passif de droits personnels, mais également la capacité d'agir en justice.

En effet, les sociétés peuvent, comme des personnes physiques, être titulaires de droits réels et être sujet de droits personnels. La société dispose ainsi d'un patrimoine qui lui est propre et qui ne saurait se confondre avec le patrimoine de chaque associé. De cette autonomie du patrimoine, résultent les conséquences suivantes :

Premièrement, le patrimoine social est le gage des créanciers de la société et non celui des créanciers personnels des associés. Les créanciers personnels d'un associé peuvent néanmoins saisir entre les mains de la société les droits sociaux appartenant à leur débiteur et toute somme dont la société serait redevable envers celui-ci. Ainsi, les créanciers personnels des associés de la SARL ne sauraient obtenir la vente forcée du fonds de commerce de cette société quand bien même ses débiteurs détiendraient la totalité des parts de la SARL.

Deuxièmement, il ne peut y avoir compensation entre les dettes sociales et les dettes personnelles d'un associé. Ainsi, un associé ne saurait refuser de payer l'un de ses créanciers personnels au motif que ce dernier est lui-même débiteur envers la société d'une somme au moins égale à sa propre dette.

243 Par ailleurs, l'acquéreur de toutes les parts d'une société, qui devient l'associé unique de celle-ci, ne peut pas demander la compensation entre le solde du prix d'achat des parts sociales qu'il doit encore à l'un des anciens associés et le solde débiteur du compte courant de cet associé dans la société.

Si la société est en difficulté, elle peut faire l'objet d'une procédure collective d'apurement du passif. Cette procédure n'est pas étendue aux associés, sauf confusion de patrimoine.

244 Enfin, les associés ne sont pas directement propriétaires des biens de la société et n'ont aucun droit sur l'actif social. Ils sont seulement titulaires de droits sociaux. Ces droits comportent des attributs pécuniaires et des attributs de participation à la vie sociale. Ces droits sociaux ont toujours une nature mobilière même si la société possède des immeubles.

La dissociation du patrimoine de la société de celui des différents associés n'est cependant pas un principe absolu. Pendant longtemps, on a sanctionné les abus de la personnalité morale (en matière de société fictive et frauduleuse notamment).

Cette utilisation frauduleuse de la personnalité morale est constatée fréquemment lors de la mise en œuvre de procédures collectives d'apurement du passif. Elle l'est aussi en cas d'utilisation de la personnalité morale d'une société par ses fondateurs afin d'échapper à leurs créanciers, ce qui peut, en tant que fraude paulienne, être sanctionné par l'inopposabilité de l'acte frauduleux au créancier poursuivant.

245 Il ne faut cependant pas confondre le patrimoine social du capital social.

Le capital social représente le montant des apports faits par les associés lors de la constitution de la société. Au cours de vie sociale, il peut être augmenté, soit par de nouveaux apports, soit par incorporation de bénéfices non distribués. Il peut également être réduit par des reprises d'apports ou suite à des pertes. Toute modification apportée au capital social est une modification statutaire qui suppose l'accomplissement de nombreuses formalités : réunion des associés, publicité ...

Le capital social est censé constituer un gage pour les créanciers de la société. Il en résulte notamment que le capital ne doit représenter que des apports susceptibles de réalisation forcée. Les apports en nature ne peuvent donc pas être rémunérés par des droits dans le capital social.Le patrimoine social comprend tous les droits et obligations de la société ; sa composition varie constamment en fonction des opérations effectuées par celle-ci ; il augmente ou diminue suivant que la société réalise des bénéfices ou des pertes. Il en ressort que, si le capital social a une relative fixité, le patrimoine social est essentiellement mouvant. Les deux notions ne coïncident qu'au moment de la constitution de la société.

Sur un autre plan, pour faciliter leurs relations avec les tiers, les sociétés ouvrent, sur le territoire national ou à l'étranger des établissements permanents appelés succursales ou agences. Quelle que soit l'autonomie dont elle jouit, la succursale n'a en aucun cas une autonomie propre, car elle n'a pas de personnalité autonome, distincte de celle de la société elle-même.

246 S'agissant des droits de la personnalité dont les sociétés peuvent jouir, il faut noter qu'il est courant de contester aux personnes morales la jouissance des droits, dits de la personnalité qui protègent l'individualité des personnes, tant ces droits paraissent indissolublement liés à une existence physique. Pourtant, il a été reconnu depuis longtemps que certains de ces droits sont effectivement détachables d'une existence corporelle et peuvent donc être reconnus également aux personnes morales. Une personne morale peut défendre son honneur contre toute atteinte à sa réputation par une action en diffamation ou par une action en dénonciation calomnieuse.

247 La société a, enfin, la capacité d'agir en justice tant en demande qu'en défense. Il suffit, comme pour tout plaideur, qu'elle justifie d'un intérêt à agir et de sa qualité. Pour apprécier ces conditions, on fait souvent application des règles de droit commun.

L'intérêt à agir est entendu largement : il a été jugé par exemple qu'une société peut agir contre une décision prise par les associés fondateurs affectant l'égalité entre associés. Cependant, la société n'a pas qualité pour agir si le préjudice a été subi personnellement par chacun des associés. Lorsque la société entend se constituer partie civile, les tribunaux répressifs apprécient très strictement l'intérêt personnel, actuel et direct que la société peut avoir à déclencher les poursuites pénales.

2- L'exercice des droits de la société

248 L'exercice des droits dont jouit la société suppose une volonté qui se charge de les mettre en œuvre. La société, entité abstraite est donc nécessairement représentée par des personnes physiques qui constituent ses organes de gestion.

Il s'agit, à notre avis, de toutes les personnes ayant légalement le pouvoir d'engager la société à l'égard des tiers, à savoir :

- Les gérants dans les sociétés en nom collectif, en commandite simple ou à responsabilité limitée ;
- Le directeur général, le président directeur général, l'administrateur général et les administrateurs, directeurs généraux adjoints dans les sociétés anonymes ;
- Le président ainsi que les directeurs généraux adjoints, si leurs statuts le prévoient, dans les sociétés par actions simplifiées ;
- Les liquidateurs si la société est dissoute ou en cours de liquidation.

249 La notion de *représentants légaux* ne concerne cependant que les organes de représentation de la société ; elle ne saurait être étendue aux personnes auxquelles les associés ou les dirigeants sociaux ont conféré le pouvoir d'accomplir un acte déterminé pour le compte de la société. Le représentant légal n'est tenu de répondre des engagements qu'il a souscrits au nom et pour le compte de la société auprès des tiers.

Il existe par ailleurs des situations dans lesquelles la société sera engagée par des personnes qui ne sont pas ses représentants légaux. En effet, lorsque des personnes, agissant seules ou en groupe, assument en fait la gestion d'une société sous le couvert ou au lieu et place de ses représentants légaux, elles s'exposent en cas d'infraction aux dispositions légales concernant les sociétés commerciales, aux mêmes sanctions pénales que les dirigeants de droit. Cette direction de fait d'une société constitue une activité illicite susceptible d'engendrer des responsabilités, mais non de créer des droits au profit de l'intéressé.

Une société peut aussi être engagée par toute personne, même non habilitée régulièrement, si les tiers avec qui cette personne a traité ont légitimement cru que celle-ci disposait des pouvoirs nécessaires. Mais il faut que les circonstances autorisent les tiers à ne pas vérifier les limites exactes de ces pouvoirs.

Enfin, l'administrateur judiciaire ou selon la terminologie courante, l'administrateur provisoire, est un mandataire désigné en justice et chargé, en cas de difficultés graves empêchant le fonctionnement normal de la société, d'assurer momentanément la gestion des affaires sociales.

Mais au lieu de désigner un administrateur provisoire, le juge peut désigner seulement un mandataire ad hoc, c'est-à-dire un mandataire ayant pour seule mission d'effectuer une opération ponctuelle et limitée : par exemple, représentation d'un actionnaire à une assemblée, contrôle de la gestion, convocation d'une assemblée de l'établissement de la feuille de présence…

B- La responsabilité de la société

250 La société répond des conséquences dommageables de son activité[428]. Cette responsabilité est essentiellement une responsabilité civile car, il est de règle que la société ne peut être pénalement responsable[429]. Seuls les dirigeants fautifs sont frappés par la peine en cas d'infraction[430]. Il convient de noter qu'en droit français, la responsabilité pénale des sociétés et des personnes morales en général est désormais admise. L'article 121-2 du Nouveau Code pénal prévoit que *Les personnes morales, à l'exclusion de l'État, sont pénalement responsables (...) dans les conditions prévues par la loi ou le règlement, des infractions commises, pour leur compte, par leurs organes ou représentants* .

251 Pour revenir à la responsabilité civile, il faut dire que celle-ci peut être contractuelle ou délictuelle. Dans le premier cas, la société répond, comme tout contractant, de l'inexécution ou du retard dans l'exécution de ses obligations. Dans le second cas, la société voit sa responsabilité engagée pour les délits ou quasi-délits commis par ses dirigeants ou salariés. Il est rare en effet que la jurisprudence retienne la responsabilité des dirigeants vis-à-vis des tiers, car elle considère que ceux-ci ne peuvent être condamnés que s'ils ont commis une faute détachable ou séparable de leurs fonctions et qui leur soit imputable personnellement. Autrement dit, la faute de gestion commise pour le compte de la société, à l'occasion ou dans l'exercice des fonctions et non séparable de celles-

---

[428] V. pour plus de détail P. F. OHANDJA, *La responsabilité pénale des personnes morales de droit privé en droit camerounais*, mémoire de Master, Douala (Cameroun), 2014 ; O. DIA, *La responsabilité pénale des personnes morales : étude comparative entre le Sénégal et en France*, mémoire de Maitrise, Université Gaston Berger (Saint-Louis, Sénégal), 2014.

[429] V. pour plus de détails sur la question, A. FOKO, « Analyse critique de quelques aspects du droit pénal OHADA », *Pénant*, 2007, Vol. 117, pp. 195-239.

[430] V. art.886 et s. de l'AUS.

ci, entraîne la responsabilité de la société envers le tiers qui en est victime, sauf pour elle à se retourner contre son dirigeant[431].

252 Quoi qu'il en soit, la responsabilité civile de la société peut être engagée dans deux cas : elle l'est d'abord du fait de ses représentants légaux. Les actes fautifs des représentants légaux de la société entraînent la responsabilité civile de cette dernière. Par ailleurs, la société peut être condamnée solidairement avec ses dirigeants au paiement des amendes prononcées contre ces derniers pour les infractions aux dispositions légales.

La responsabilité de la société peut être ensuite engagée du fait de ses préposés. Conformément à l'article 1384, alinéa 5 du Code civil, la société répond des fautes commises par ses préposés, salariés notamment, dans l'exercice de leurs fonctions. La société ne peut s'exonérer de sa responsabilité si la victime démontre qu'elle était fondée à croire que le préposé agissait dans l'exercice de ses fonctions.

253 Il reste à préciser que deux types d'action en responsabilité civile peuvent être exercés contre les dirigeants sociaux. Il y a d'une part l'action individuelle qui est l'action en réparation exercée par un associé ou un tiers lorsque l'un ou l'autre subit un dommage distinct du dommage de celui subi par la société. Cette action doit être intentée par celui-là même qui a souffert du dommage. Elle se prescrit par trois ans à compter du fait dommageable ou s'il a été dissimulé, de sa révélation. S'il s'agit d'un crime, la prescription est de dix ans[432]. Il y a d'autre part, l'action sociale qui est une action en réparation intentée par les dirigeants sociaux contre celui ou ceux ayant causé un dommage à la société. Cependant, un ou plusieurs associés peuvent intenter l'action sociale après mise en demeure des organes compétents non suivie d'effet dans le délai de trente jours. Cette action d'un associé pour le compte de la société est dite action ut singuli. Toute clause des statuts subordonnant l'exercice de cette action à l'avis préalable ou à l'autorisation de l'assemblée, d'un organe de gestion, de direction ou d'administration ou qui comporterait par avance renonciation à l'exercice de cette action est réputée non écrite. En cas de condamnation du dirigeant poursuivi, les dommages-intérêts reviennent à la société[433].

SECTION III- LA DOTATION DE LA PERSONNE MORALE

254 La société a un objet social qui correspond au programme qu'elle se propose d'exécuter et qu'elle se doit de financer[434]. La dotation initiale est fournie par les associés et elle correspond au capital social (§1). D'autres sources

---

[431] V. art. 165 et s. de l'AUS.
[432] V. art. 161 à 164 AUS.
[433] V. art. 165 à 172 AUS.
[434] C. Y. DJATCHE MBOUCHE, *L'autonomie patrimoniale des sociétés commerciales dans l'espace OHADA*, mémoire de Master, Douala (Cameroun), 2013.

viendront par la suite compléter cette dotation. Il s'agira par exemple du compte courant d'associé qui est différent du capital social (§2).

§1. LE CAPITAL SOCIAL

255 Il faut préciser successivement la notion (A), la constitution (B), les fonctions (C) et la protection du capital social (D).

A- La notion de capital social

256 Le capital social a un caractère ambivalent très marqué, qui ressort à la fois de sa perception juridique et de son approche purement comptable[435]. À défaut de définition légale du capital social, il faut se résoudre à une approche plus générale, qui entend le capital social comme la somme des valeurs d'origine apportées par les associés à la société. Ces valeurs sont mises à la disposition de la société par les associés sous forme d'apports en numéraire ou en nature. Cette définition souligne clairement le double aspect comptable et juridique du capital social. En effet, cette valeur est intégrée au passif du bilan et représente la dette que la société a vis-à-vis des associés apporteurs, qui ne sera remboursée qu'à sa dissolution, même si le remboursement, exceptionnellement, peut intervenir en cours de vie sociale, en cas d'amortissement du capital. En sens opposé, la valeur des éléments d'actifs (les apports en espèce et en nature) est incorporée à l'actif du bilan. Cependant, il convient de tempérer dès à présent une équation pas trop rigide, qui ne reflète pas totalement la réalité, qui unit systématiquement le capital social à la somme des apports. Le capital social peut en effet parfaitement être constitué par l'incorporation des réserves sans que la notion d'apport ait quelque chose à y voir. Le capital, dans cette hypothèse, ne se réduit pas à la somme des apports en numéraire et en nature.

257 De manière générale, le capital social ne se satisfait pas des seules approches juridique et comptable. Dans un sens plus global, le capital social est conçu comme un instrument de financement de l'activité sociale. Aux côtés de l'emprunt, il présente l'avantage de constituer un instrument de financement acquis pour toute la durée de vie de la société qui n'est remboursable qu'à la dissolution du groupement, donc par hypothèse à un moment où la société n'aura plus besoin d'un quelconque financement.

Le capital social est un mode de financement ouvert à toutes les sociétés, même les sociétés de personnes puisque les apports sont exigés par l'article 4 de l'AUS. Plus généralement, il est exigé que toute société immatriculée au registre du commerce et des sociétés, quelle que soit sa forme, est tenue d'indiquer le montant de son capital social.

---

[435] H. EBOA DORA, *Le capital social dans les sociétés commerciales*, mémoire de Master, Douala (Cameroun), 2013 ; Arrêt N° 103, Affaire : Elhadji B. K. L. commerçant demeurant à Maradi, contre Bia-Niger. Arrêt rendu sur renvoi de la Cs. Voir Arrêt N° 04-024 Du 22 Janvier 2004 Ohadata J-10-275.

258 Le capital social doit cependant être distingué de certaines notions voisines. Il doit d'abord être distingué de l'actif social. Cette notion recouvre l'ensemble des biens et des valeurs qui figurent à l'actif du bilan et dont la société peut effectivement disposer. Le capital social nécessite une approche différente, qui ne recouvre pas celle d'actif social. Si, à la seule époque de la constitution du groupement, ces deux notions peuvent renvoyer un temps à une même réalité, le paiement des dettes courantes va ensuite nécessairement entamer l'actif social, dont la valeur est fondamentalement fluctuante au gré de la vie de la société. Tous les bénéfices vont venir accroître l'actif social, qui pourra de fait devenir supérieur au montant du capital social. Les pertes vont en revanche peser sur l'actif social, ce qui entraîne des conséquences juridiques importantes. Mais ces flux restent sans incidence sur le capital lui-même. Lors de la constitution du groupement, actif social et capital social peuvent théoriquement se superposer parfaitement, car on peut supposer qu'à cette époque, les seuls biens de la société seront ceux qui lui auront été apportés. Mais il est également envisageable que, même à cet instant, les deux notions ne se recouvrent pas. En effet, si un emprunt est en cours ou si des avances en compte courant ont été effectuées par les associés, les deux notions ne correspondent plus. Dans ces hypothèses, l'actif social sera supérieur au capital social.

Le capital social doit encore être distingué du patrimoine social[436]. Les deux notions ne se recoupent pas, le patrimoine social étant beaucoup plus vaste que le capital social. Le patrimoine social, comme tout patrimoine, est une universalité de droit qui englobe des droits et des obligations, des créances et des dettes. Le capital social n'est donc qu'un élément de ce patrimoine. Les apports transmis à la société ne constituent qu'une parcelle de ce patrimoine social, lequel s'enrichira ou s'appauvrira en fonction des résultats financiers. Il est cependant intéressant de remarquer que seules les sociétés dotées de la personnalité morale, donc aptes à être titulaires d'un patrimoine, peuvent avoir un réel capital social. Les sociétés dépourvues de personnalité juridique, comme la société en participation, ne peuvent bénéficier d'un patrimoine propre faute d'existence juridique. Les biens à elles transmis pour les besoins de l'exploitation sont soit simplement mis à la disposition des associés, l'associé apporteur restant seul propriétaire du bien apporté à l'égard des tiers, soit mis en indivision entre tous les associés.

Le capital social doit encore être différencié de la notion *d'actif net social.* Cette dernière notion correspond aux capitaux propres. L'actif net renvoie à la valeur de l'actif restant disponible après extinction totale du passif social, que les associés pourraient se partager ; de fait, il peut être supérieur, égal ou inférieur au montant du capital social. Il peut parfaitement être négatif si le passif social a absorbé tout l'actif. L'appellation de capitaux propres met en évidence le fait que les sommes ainsi dégagées après remboursement du passif social appartiennent

---

436 C. Y. DJATCHE MBOUCHE, *L'autonomie patrimoniale des sociétés commerciales dans l'espace OHADA*, mémoire de Master, Douala (Cameroun), 2013.

en propre à la société ; dans le cadre des opérations de liquidation de la société, elles serviraient à rembourser les apports, le reliquat constituant le *boni* de liquidation. D'après les règles comptables, les capitaux propres sont la somme algébrique des apports, des écarts de réévaluation, des bénéfices autres que ceux pour lesquels une décision de distribution est intervenue, des pertes, des subventions d'investissement, des primes d'émission, de fusion ou d'apport, des reports à nouveau, des réserves légales ou statutaires et des provisions réglementées. Les prêts participatifs sont assimilés à des fonds propres ; ils constituent des dettes pour la société. Toutefois, ils ne peuvent être inclus dans les capitaux propres afin de déterminer si ceux-ci sont devenus inférieurs à la moitié du capital social. On comprend, aux termes de cette approche, que le capital social est donc l'un des éléments constitutifs des capitaux propres.

Le capital social appartient à la catégorie plus large des fonds propres de la société. Les fonds propres correspondent à la partie non exigible du passif ; ils appartiennent à la société et ils ne seront remboursés qu'après désintéressement de tous les créanciers.

Le capital social se distingue enfin de la notion de capitaux permanents. Cette notion recouvre tout à la fois les capitaux propres et les dettes à plus d'un an, auxquels on admet l'intégration des comptes courants d'associés. L'évaluation des capitaux permanents prend nécessairement en considération le capital social, élément des capitaux propres, mais constitue un paramètre comptable pour l'analyse du financement de l'actif durable.

B- La constitution du capital

259 Quels sont les apports capitalisants ? (1) Existe-t-il un minimum de capital exigé ? (2).

1- Les apports en capital

260 Il s'agit ici de déterminer quels sont les apports qui font ou non partie de composition du capital social.

Pour ce qui est des apports non capitalisés, la règle est sans équivoque : l'article 50-3 de l'AUS pose clairement que l'apport en industrie, c'est-à-dire la mise à disposition par l'apporteur de son travail, de sa compétence, de son crédit, de sa notoriété et de ses connaissances techniques, ne peut concourir à la formation du capital social, en raison de la très grande difficulté d'évaluation et de réalisation forcée qui le caractérise. En effet, le capital social est la résultante de valeurs économiques directement chiffrables correspondant à des engagements pouvant faire l'objet de mesures d'exécution forcée en cas de réticence de la part de l'apporteur au moment de la libération[437]. Or, évidemment,

---

[437] M. MOSSI DJESSI, *La participation au capital des sociétés commerciales*, mémoire de Master, Douala (Cameroun), 2014.

l'apport en industrie ne peut *a priori* être l'objet d'aucune sorte d'évaluation. Comment peut-on évaluer en capital ce que l'associé est en mesure d'apporter concrètement en travail, en capacité intellectuelle ? L'évaluation est surtout délicate et risque d'être une source non négligeable de litige, car elle doit prendre en considération la durée de la jouissance, c'est-à-dire la durée de la vie de la société. La durée de vie statutairement arrêtée n'est pas d'une grande pertinence de ce point de vue, car il peut y avoir dissolution anticipée ou au contraire prorogation de la société. Inclure dans le capital social les apports en industrie reviendrait à introduire une donnée par trop volatile, ce qui est en contradiction avec les caractéristiques essentielles du capital social. C'est la raison pour laquelle, aujourd'hui encore, la réglementation les prohibe expressément dans les sociétés de capitaux[438].

261 La doctrine tente de faire évoluer les choses, et propose une analyse renouvelée des apports en industrie. La tendance est à valoriser ces apports en les faisant apparaître au capital social. Selon un auteur, cette intégration ne nuirait pas aux créanciers, au contraire, dès lors que l'actif social dépend étroitement de l'activité des associés. En effet, leur gage en serait d'autant accru. L'incorporation au capital social se ferait alors pour la valeur estimée par les autres associés[439].

Plus généralement, la question devient récurrente de la légitimité de l'exclusion des apports en industrie du capital social[440]. En effet, à l'heure où le capital social ne joue plus réellement sa fonction de garantie des créanciers sociaux, la raison de l'exclusion des apports en industrie de la formation du capital tirée du défaut de gage pour les créanciers, n'a plus guère de portée. Par ailleurs, la déconnexion avancée entre les apports et le capital[441] pourrait constituer une solution pertinente afin de tenir compte de ce type d'apport, l'accès au capital social devenant un détour inutile. C'est en ces termes que l'AUS autorise désormais les apports en industrie, dans la SAS, cette société pouvant émettre des actions inaliénables résultant d'apports en industrie[442].

Les apports capitalisés quant à eux sont constitués uniquement des apports en numéraire et des apports en nature. Les apports en numéraire correspondent à l'apport d'une somme d'argent et représentent l'assise fondamentale du financement de l'activité sociale. Ils assurent immédiatement la trésorerie

---

[438] V. art. 50-3 de l'AUS qui dispose que « Les apports en industrie ne concourent pas à la formation du capital social mais donnent lieu à l'attribution de titres sociaux ouvrant droit au vote et au partage des bénéfices et de l'actif net, à charge de contribuer aux pertes. »

[439] L. NURIT-PONTIER, « Repenser les apports en industrie », *LPA*, 3 juill. 2002, p. 4.

[440] D. R. SOH FOGNO, C. TALLA, « L'apport en industrie en droit des sociétés de l'OHADA », *in* Annales de la Faculté des Sciences Juridiques et Politiques de l'Université de Dschang, 2009, pp. 199-226.

[441] H. LE NABASQUE, « La fin de la connexion apports/capital ? », *in* A. COURET et H. LE NABASQUE [sous la direction de], *op. cit.*, p. 103 ; C. MALECKI, « L'apporteur en savoir-faire : du mal-aimé au bien aimé ? », *Bull. Joly* 2004. 1169.

[442] Art. 853-5 de l'AUS.

nécessaire à l'exploitation, car dès son immatriculation, la société dispose de ces fonds propres et peut les investir pour les besoins de son activité. Ces apports en numéraire sont souvent complétés, voire concurrencés, par des prêts consentis par les associés à la société, que l'on appelle les avances en compte courant. Ces deux modes de financement ne doivent pas être mis en opposition, mais bien au contraire, être utilisés de manière cumulative, car ils présentent chacun des avantages spécifiques, dont le cumul ne peut qu'être bénéfique pour le groupement. L'apport en numéraire présente l'avantage de n'être remboursable qu'à la dissolution de la société, sauf l'hypothèse de l'amortissement du capital. L'avance en compte courant est un prêt ; elle devra donc être remboursée dans les conditions prévues par les parties ou à tout moment si elle est consentie à durée indéterminée. Cependant, le compte courant est un outil très souple, permettant d'augmenter rapidement et avec peu de contraintes la capacité financière de la société.

Les apports en nature, très diversifiés, correspondent aux biens meubles ou immeubles, corporels ou incorporels, évaluables en argent, qui peuvent faire l'objet d'une remise à la société aux fins de constituer ou de parfaire son capital social. Ces apports témoignent de l'acception capital-valeur d'actif, dans la mesure où les biens transmis figurent directement à l'actif du bilan ; cependant, leur valeur en somme d'argent est une composante du capital social, ce qui explique la nécessité d'une juste évaluation et par conséquent d'une vérification de l'estimation réalisée par l'apporteur

262. Il concourt naturellement à la formation du capital social.

Il est intéressant de remarquer que tant l'apport en jouissance que l'apport en usufruit soulèvent la question du gage des créanciers avec pertinence. Leur étude montre en effet que le capital social ne peut pas être appréhendé comme le gage direct des créanciers, puisque ceux-ci ne peuvent en aucun cas saisir les biens transmis suivant l'une ou l'autre de ces modalités, la société ne devenant pas propriétaire à part entière des biens considérés. Sous l'angle du capital-chiffre, il est donc parfaitement concevable que le capital social intègre des valeurs correspondant à des biens qui demeurent insaisissables par les créanciers sociaux.

La question est néanmoins aujourd'hui posée d'une éventuelle déconnexion des apports du capital. Si l'on enseigne fréquemment que la valeur de l'apport s'impute sur le compte capital, qui permet de définir les droits des associés dans le groupement, cette assertion doit être à présent assez largement tempérée. D'une part, le capital social peut n'être pas composé uniquement d'apports, mais s'enrichir, en cours de vie sociale, d'autres types de fonds telle l'augmentation de capital par la voie de l'incorporation des réserves ou de primes. D'autre part, les droits des associés ne sont pas toujours, loin s'en faut, proportionnels à leurs apports. Les actions de préférence, dont les déclinaisons sont multiples (actions de priorité, action à droit de vote double, action à droit de vote multiple...), permettent en effet d'influer sur cette équation. Enfin, il est des apports qui ne sont pas imputés sur le capital social. C'est le cas, naturellement, des apports en industrie.

Plus généralement, un auteur pose clairement le problème et les modalités d'une déconnexion des apports du capital social[443]. En effet, sous l'influence de la volonté des parties et, plus généralement de la liberté contractuelle, le capital social peut renvoyer une image décalée de la valeur d'un apport, ce qui prouve que les deux ne sont pas nécessairement corrélés. C'est le cas, d'une part, lorsque la convention d'apport envisage expressément un terme plus rapproché que celui du contrat de société, l'apport étant alors simplement temporaire (par exemple, l'associé apporte un immeuble pour 10 ans alors que la société est prévue pour une durée de 20 ans). Malgré tout, la valeur de cet apport, même après écoulement de la période stipulée dans l'acte d'apport, sera toujours inscrite en creux dans le compte capital qui, lui, par définition, est permanent. La solution est d'ailleurs transposable à l'hypothèse d'une destruction ou d'une consommation de l'apport. Bien que matériellement dissipé, le reflet de l'apport dans le capital social perdure. Mais plus encore, le capital social peut parfaitement être rémunéré par des titres de capital différé : les parties décident alors de ne rémunérer l'apport qu'à terme. Par suite, le capital ne reflète donc pas immédiatement la valeur de l'apport, qui peut toutefois être immédiatement saisi par les créanciers. La déconnexion des apports et du capital social est patente là encore.

Enfin, il est tout à fait envisageable qu'usant de la liberté contractuelle ainsi mise à leur disposition, les parties ne confèrent pas la même valeur à l'apport et au capital social. Autrement dit, le capital social peut ne pas refléter la valeur d'un apport[444]. D'une part, par le truchement des primes d'émission, les parties ont le loisir de ne pas imputer directement l'intégralité de la valeur d'un apport sur le capital social, car la prime divise cette valeur en deux fractions : l'une disponible à hauteur de la prime et l'autre indisponible, que les associés ne pourront se partager en cours de vie sociale. D'autre part, le même auteur[445] conçoit qu'il serait même permis à un associé, avec l'accord des autres, de distraire par convention son apport du capital social.

2- Le montant minimum du capital social

263 Si la question de l'absence ou de l'existence d'un capital social minimum est conçue de façon largement simple pour les sociétés de personnes (a), d'une part et pour les sociétés par actions d'autre part (b), le cas de la SARL soulève des interrogations dont l'utilité d'un maintien du capital social en droit des sociétés

---

[443] H. LE NABASQUE, « La fin de la connexion apports/capital ? », *in* A. COURET et H. LE NABASQUE [sous la direction de], *Quel avenir pour le capital social ?*, 2004, Thèmes et commentaires, Dalloz, p. 103.
[444] H. LE NABASQUE, article préc., p. 116.
[445] H. LE NABASQUE, article préc., p. 120.

n'est pas la moindre (c). Les autres formes sociales astreintes à un capital social minimum soulèvent moins de difficultés.

a- Les sociétés de personnes

264 Les choses sont ici assez cohérentes. Dès lors que les créanciers disposent d'un recours concevable contre le patrimoine personnel des associés tenus indéfiniment du passif social, la nécessité d'une protection supplémentaire n'est plus impérieuse. Les textes ne prévoient donc aucun capital social minimum pour les sociétés de personnes, qu'il s'agisse de la société en nom collectif ou de la société en commandite simple, car les associés en nom et les associés commandités sont tenus solidairement et indéfiniment des dettes sociales.

b- Les sociétés par actions

265 L'exigence d'une protection spécifique des créanciers est normale puisqu'ils perdent tout recours contre le patrimoine personnel des associés, tenus à concurrence de leurs apports seulement. En conséquence, un capital social est requis pour la constitution de ces formes sociales. La société anonyme doit par exemple disposer d'au moins dix millions de F CFA de capital social[446].

Le montant du capital social doit figurer obligatoirement sur tous les actes et documents émanant de la société et destinés aux tiers. Le montant du capital social peut d'ailleurs être arrondi à la valeur entière inférieure. La question s'est posée de savoir si les courriers électroniques émis par une société devaient comporter l'énonciation, entre autres, du capital social. À défaut de jurisprudence, la doctrine estime majoritairement qu'il est plus prudent que figurent sur ces courriers les mentions obligatoires, la réglementation ne distinguant pas selon que le support est électronique ou papier. En revanche, des tickets de caisse délivrés par des établissements de vente au détail n'ont pas à mentionner le capital social minimum du groupement, sauf s'ils sont destinés à tenir lieu de factures acquittées.

c- La société à responsabilité limitée

266 Pendant longtemps, le même raisonnement qu'en matière de sociétés par actions était transposable à la SARL. Contrairement au droit français où, loin de renforcer son capital social minimum, le législateur l'a au contraire supprimé purement et simplement, le capital social doit être au minimum d'un million (1 000 000 F CFA). On ne peut manquer d'être étonné par l'option retenue par le droit français. Alors que toute l'histoire du droit des sociétés commerciales s'oriente vers le renforcement du capital social des groupements. Le but poursuivi par les pouvoirs publics français est pourtant louable. La loi DUTREIL ambitionnait de permettre aux entrepreneurs « qui se mettent en société » d'avoir

[446] Art. 387 AUS. H. EBOA DORA, *Le capital social dans les sociétés commerciales*, mémoire de Master, Douala (Cameroun), 2013.

les fonds à leur disposition plutôt que de devoir les bloquer au titre du capital social. Clairement, la mesure s'adresse aux petites entreprises et particulièrement à celles dans lesquelles la considération de la personne et l'importance des apports en industrie induisent un besoin de liquidités à utiliser autrement qu'en constitution d'un capital social. La suppression d'un capital social minimum ouvre également la voie à l'adaptation sur mesure de la SARL par ses membres. Pourquoi, en effet, réunir 7 500 euros quand un centième à peine de cette somme, par exemple, répondrait tout autant au projet des associés ? Le tableau est séduisant. Il ne doit pas faire illusion. Il ne le fera sans doute que peu de temps.

267 La libéralisation du capital social de la SARL est, cependant, un leurre très dangereux. D'une part, les risques encourus sont nombreux et importants[447]. Ils étaient nécessairement connus du législateur. D'abord, la sous-capitalisation de la SARL va éreinter la confiance des tiers qui vont, pour compenser, exiger des garanties importantes, qui frapperont les associés eux-mêmes sur leur patrimoine personnel. La responsabilité limitée de la SARL ne sera alors plus qu'une illusion. Ensuite, la jurisprudence n'hésite guère, depuis quelques années, à condamner les dirigeants sociaux coupables de n'avoir pas fourni au groupement les fonds nécessaires à son bon fonctionnement[448]. On voit mal ce qui l'empêcherait de poursuivre ce mouvement. Enfin, que deviendront les créanciers sociaux qui n'auront pas pris le soin de se faire consentir de quelconques sûretés, soit par négligence, soit parce que leur puissance financière ne leur permettra pas d'exiger quoi que ce soit ?

D'autre part, la suppression du capital minimum de la SARL n'ira pas sans entraîner certaines conséquences juridiques iniques, sans rapport avec l'esprit de cette société. Comment pourra-t-on désormais assurer une répartition du capital social qui soit véritablement représentative de l'engagement des associés dans la SARL ? Car, si le capital est statutairement fixé à quelques francs, il sera techniquement délicat d'attribuer tel nombre de parts à tel associé et tel nombre à tel autre. Le nombre de voix restant proportionnel au nombre de parts sociales détenues par l'associé, la difficulté existante à déterminer la répartition du capital entraînera nécessairement une « répartition tronquée des parts sociales » et par conséquent, un « exercice artificiel du pouvoir social »[449]. On doute que cette conséquence soit tout à fait en adéquation avec l'*intuitu personae* caractérisant le groupement.

---

[447] L. NURIT-PONTIER, « La détermination statutaire du capital social : enjeux et conséquences », *D.* 2003. 1612.

[448] Com. 19 mars 1996, *Bull. Joly* 1996. 614, note Couret ; CA Aix-en-Provence, 16 mai 2001, *RD banc. fin.* 2001, n° 192, p. 291, obs. Lucas.

[449] J. MONNET, article préc.

C- Les fonctions du capital social

268 Le capital social joue des rôles diversifiés[450]. Ses fonctions sont multiples, qui renvoient directement à l'ambivalence de sa définition[451]. Le capital social, si l'on veut être exhaustif, assume trois types de fonctions : il est un mode de financement de la société, ce qui renvoie à une approche économique ; il est un instrument d'analyse de la solvabilité de la société et donc de garantie ; il assume un rôle répartiteur, car il constitue la clé de répartition des pouvoirs dans la société. Or, dans chacun de ces rôles, il semble que le capital social se délite, qu'il perd de sa consistance, de sa grandeur, de son utilité. Les réformes législatives successives en ont considérablement entamé le contenu.

D'un point de vue économique, le capital social est naturellement un instrument de financement de la société. Il présente d'ailleurs l'avantage primordial, en regard des autres modes de financement (emprûnt notamment), de ne pouvoir être remboursé par la société qu'au moment de sa dissolution et donc de se maintenir tout au long de la vie sociale. Le législateur a parfaitement saisi cette opportunité, qui multiplie les textes tendant à faciliter et à favoriser le renforcement de cette catégorie de fonds propres. Par ailleurs, cet avantage explique que le capital social est une donnée commune à l'ensemble des sociétés : les statuts de toute société doivent en effet le mentionner. La question a été posée de savoir si, en dehors des cas où la loi dispose d'un montant minimum obligatoire du capital social, les statuts pouvaient mentionner comme capital social une somme nulle, égale à zéro franc, ce qui signifierait que le groupement n'a reçu que des apports en industrie. Si la question est intéressante à la vue des réformes récentes, le débat est stérile. L'intérêt de ce mode de financement par rapport à son échéance de remboursement est tel qu'il semblerait bien inopportun en termes de stratégie financière de ne pas y recourir ; aucun autre mode de financement traditionnel n'est en effet assorti d'une échéance aussi importante, dépendant exclusivement de la dissolution de la société.

Il reste que, malgré ces indéniables avantages, la fonction de financement du capital social perd désormais considérablement de son influence[452]. La force du capital social c'est qu'il est à la fois un mode de financement très peu coûteux puisque les associés rémunèrent le capital comme ils l'entendent, et un instrument de crédit très sécurisant pour les créanciers puisqu'il n'est restituable qu'après paiement des créances. Ces deux assertions doivent être aujourd'hui largement

---

[450] V. pour plus de détails Ph. K. BASSENE, *L'utilité du capital social en droit des sociétés de l'OHADA*, mémoire de DEA, Université Gaston Berger (Saint-Louis, Sénégal), 2006.

[451] V. S. DIOMANDE, *Regards sur les fonctions attribuées au capital social : Aspects de droit comparé : droit uniforme de l'OHADA et droit français des sociétés*, thèse, Caen, Cocody (Abidjan, Côte d'Ivoire), 2012.

[452] P.-H. CONAC, « Le capital dans le droit américain des sociétés », *in* A. COURET et H. LE NABASQUE [sous la direction de], *Quel avenir pour le capital social ?*, 2004, Thèmes et commentaires, Dalloz, p. 155.

tempérées. D'une part, le capital social peut être un mode de financement coûteux si l'on prend soin d'examiner les taux d'intérêt. Plus ils seront bas, plus le capital social paraîtra onéreux au regard de l'endettement bancaire par exemple. Par ailleurs, d'autres instruments de crédit concurrencent directement le capital social sur ce terrain : avances en compte courant, appel de cotisation annuelle, dotation d'un fonds de création... D'autre part, la sécurité conférée aux créanciers n'est plus l'apanage du seul capital social. D'autres produits confèrent des avantages similaires aux créanciers tels des prêts participatifs. Ces titres sont en effet représentatifs de créances d'avant-dernier rang dont le remboursement n'interviendra que seulement avant celui du capital social. Enfin, la libération du capital est aujourd'hui beaucoup moins rigoureuse qu'à l'origine. Conçue comme devant être strictement respectée afin de conférer justement au capital social sa pleine fonction de financement, son approche contemporaine beaucoup plus souple retentit nécessairement sur la conception du capital social lui-même[453].

Cependant, du point de vue juridique, le rôle essentiel du capital social est de constituer un instrument de garantie, de protection des créanciers et des tiers en général. Cette idée de protection doit être précisée ; il est évidemment erroné de penser que le capital social constitue le gage direct des créanciers. On ne peut pas l'assimiler à une masse de biens directement saisissables ; ce serait le confondre avec l'actif social. En revanche, les principes de réalité, de fixité et d'intangibilité du capital social qui entourent son existence, sa composition et son maintien permettent de lui attribuer une fonction de garantie indirecte des créanciers sociaux ; il devient alors un paramètre de calcul et de référence pour certaines situations financières ou opérations qui pourraient avoir comme conséquence d'entamer de manière abusive l'actif social. C'est pourquoi un minimum obligatoire est prévu dans les sociétés par actions, car l'actif social est la seule garantie des créanciers. Dans la SARL, le problème est d'ailleurs aigu. Du reste, même dans ce cas, la garantie des créanciers doit être nuancée, le passif social pouvant absorber tout l'actif, voire le dépasser. L'ouverture d'une procédure collective est ainsi la marque de l'échec du capital social dans sa fonction de protection des créanciers.

Dans les sociétés de personnes, la fonction de garantie des créanciers se retrouve encore[454]. En effet, lorsque les créanciers sociaux poursuivent le patrimoine de chaque associé responsable indéfiniment du passif social, ils se trouvent en concours avec les créanciers personnels ; en revanche, ils sont seuls à pouvoir poursuivre leur paiement sur le patrimoine social. Ils ont donc tout intérêt à ce que la société dispose d'un patrimoine personnel, dont la composante de base est bien sûr le capital social. C'est pourquoi ils peuvent agir en versement

---

[453] P. LE CANNU, « Les rides du capital social », *in* A. COURET et H. LE NABASQUE (sous la direction de), *op. cit.*, p. 3 et spéc. p. 8.
[454] V. P.-G. POUGOUE, *L'encyclopédie du droit OHADA*, Paris, éd. Lamy, 2011, 2174 p.

du capital contre l'associé qui n'aurait pas effectué l'apport promis, soit directement, soit via l'action oblique[455].

Le capital social ne protège pas uniquement les tiers, les créanciers ; il est également une garantie au service des associés eux-mêmes. Cette fonction est évidente dans les sociétés dont la caractéristique première est d'organiser une limitation de la responsabilité financière des associés à la mesure des biens transmis (SARL et sociétés par actions essentiellement) ; la fraction du capital social détenue par chaque associé constitue pour lui la mesure des sommes engagées et qui peuvent n'être pas récupérées, mais le patrimoine de chacun est à l'abri des poursuites des créanciers sociaux. Le capital joue un rôle d'écran entre les créanciers sociaux et le patrimoine de chaque associé.

Ces assertions demeurent la règle. Mais elles doivent encore être tempérées, la fonction de garantie du capital social déclinant progressivement, au gré des réformes législatives. D'une part, il est aujourd'hui faux de considérer que le capital social constitue le gage des créanciers de la société[456].

Le capital social occupe enfin une fonction originale : il est une clé de répartition des droits et des pouvoirs dans la société. En ce qui concerne les droits pécuniaires, le capital social n'est cependant qu'un paramètre de calcul par défaut ; le principe de répartition proportionnelle envisagée à l'AUS est seulement supplétif, et les statuts peuvent aménager une répartition différente, sous la seule réserve de la prohibition des pactes léonins. On peut en conséquence organiser un partage égal des bénéfices et des pertes malgré une répartition inégalitaire du capital social, ou à l'inverse un partage inégalitaire des bénéfices et des pertes malgré une répartition égalitaire du capital social. Cette possibilité d'un partage détaché de toute référence à la détention du capital social permettra par exemple une juste rémunération des apports en industrie lorsqu'ils sont admis par les textes.

Les statuts de société anonyme ou une décision des actionnaires en assemblée générale extraordinaire peuvent encore prévoir la création d'actions de préférence. Celles-ci prennent place aux côtés des actions « *ordinaires* », et leur régime se substitue aux anciennes actions assorties de droits de priorité que sont les actions à dividende prioritaire sans droit de vote, les actions de priorité et les certificats d'investissement. Le choix est donc simplifié, présenté dès lors en une seule alternative pour les sociétés par actions : émettre des actions « ordinaires » et/ou des actions de préférence. Sous couvert de cette nouvelle appellation, il est toutefois toujours permis de créer des actions conférant un avantage pécuniaire

---

455 C. civ., art. 1166. Arrêt N° 103, Affaire : Elhadji B. K. L. commerçant demeurant à Maradi, contre Bia-Niger. Arrêt rendu sur renvoi de la Cs. Voir Arrêt N° 04-024 Du 22 Janvier 2004 Ohadata J-10-275, op. cit.

456 S. DIOMANDE, *Regards sur les fonctions attribuées au capital social : Aspects de droit comparé : droit uniforme de l'OHADA et droit français des sociétés*, op. cit.

(l'actionnaire percevra une quote-part de bénéfices supérieure à celle revenant aux actions ordinaires, un dividende préciputaire ou cumulatif). De même doit-il être encore permis d'envisager la création d'action sans droit de vote.

269 En ce qui concerne les pouvoirs dans la société et les droits de vote, le capital social n'est pas toujours le garant du contrôle. Il n'existe pas de principe général de proportionnalité des droits de vote à la fraction de capital social détenue. Tout dépend en réalité de la forme sociale. Dans les sociétés de personnes, voire même dans la SARL, où l'*intuitu personae* est très fort, la loi prévoit que les décisions qui sont prises excèdent les pouvoirs reconnus aux gérants, sauf disposition statutaire prévoyant d'autres majorités, à l'unanimité. Chaque associé est donc en principe traité de façon égalitaire. Le vote s'effectue par tête, qui ne dépend donc pas du pourcentage de détention du capital par chaque associé.

Par ailleurs, même lorsque le principe de proportionnalité entre le droit de vote et la quotité de capital social détenue est prévu par les textes, ce qui est le cas pour les sociétés anonymes, les exceptions sont fréquentes. D'une part, le législateur accepte qu'il soit créé statutairement ou par décision prise en assemblée générale une incitation à la stabilité en conférant des actions de préférence à un actionnaire. C'est donc une atteinte à la stricte proportionnalité. D'autre part, certains titres de capital sont dépourvus de droit de vote, en sorte que la société peut parfaitement avoir une partie de son capital social constituée de titres non votants ; ce sera un capital *muet*. Le contrôle de la société ne peut donc encore être strictement défini par la détention majoritaire du capital social ; il faut raisonner par rapport aux titres votants. Mais l'adéquation entre capital social et contrôle du groupement n'est plus une vérité absolue.

Enfin, la SAS opère également une nouvelle distribution des pouvoirs. Son étude démontre que le capital social ne peut plus être conçu comme le seul instrument répartiteur du pouvoir. Comme dans la société en commandite simple, le pouvoir peut parfaitement y être totalement dissocié du capital social. Il suffit d'y convenir, dans les statuts, de diverses clauses qui aménageront l'entrée et la sortie d'associé, l'inaliénabilité pendant une certaine durée des titres sociaux…

D- La protection du capital

270 Il existe, en ce domaine, un principe (1) ; principe qui connaît cependant quelques atténuations (2).

1- Le principe

271 Essentiel dans ses fonctions de financement et de garantie tant pour les associés que pour les créanciers sociaux, le capital social doit être pourvu d'attributs fondamentaux qui en assurent l'existence et le maintien. Si son existence est suffisamment assurée par l'ensemble du dispositif juridique entourant la souscription puis la libération et la réalité du capital social, le maintien du capital social fait l'objet de grandes caractéristiques, en principe, inaltérables. En effet, à défaut de pouvoir garantir le maintien absolu de biens saisissables dans le patrimoine social, ce qui supposerait qu'ils deviennent indisponibles, il est concevable de garantir que les valeurs d'actif correspondant au chiffre annoncé du capital ne seront pas entamées en cours de vie sociale. Le législateur impose ainsi que la valeur du capital social, telle qu'inscrite dans les statuts, ne varie pas librement, faute de quoi, les créanciers bénéficieraient d'une protection illusoire en cours de vie sociale. C'est pourquoi le capital obéit à deux caractéristiques essentielles : l'intangibilité et la fixité.

272 L'intangibilité du capital social vise à garantir la composition de sa substance, qui doit être maintenue intacte durant la vie sociale[457]. Cela signifie que les valeurs constituant le capital social ne peuvent pas être distribuées aux associés en cours de vie sociale, la clause prévoyant le versement d'un intérêt fixe aux actionnaires, même en l'absence de bénéfice, n'étant valable que sous certaines conditions. Ce principe s'inscrit dans la continuité du principe de réalité du capital social, qui justifie la réglementation de la contrepartie à l'actif du bilan des valeurs transmises.

273 La fixité vise à garantir la permanence de l'information financière donnée par l'indication du montant du capital social ; son respect justifie la réglementation des variations du capital social. Cela signifie que la modification du capital social n'est permise qu'à la condition de remplir certaines formalités prescrites pour la modification des statuts et dans des cas très spécifiques. Le principe de fixité est d'abord destiné à protéger les créanciers sociaux, et il est commun à toutes les sociétés. Le chiffre du capital inscrit au passif du bilan fixe ainsi des valeurs d'un montant correspondant à l'actif. La fixité ne porte pas sur les biens individualisés, elle ne touche que leur montant en valeur. Le principe de fixité se retrouve encore à la dissolution du groupement puisque les associés ne peuvent obtenir le remboursement de leurs apports qu'après avoir désintéressé tous les créanciers sociaux.

274 Ces deux principes sont étroitement liés, car, ils ont pour but de garantir les tiers qui doivent connaître avec précision le capital statutairement fixé et le montant des sommes intangibles. Cependant, par leur rigidité, ces principes sont susceptibles d'entraver la réalisation d'opérations opportunes, voire vitales, pour la société. C'est pourquoi le législateur leur a apporté un certain nombre d'exceptions : amortissement du capital, société à capital variable, possibilité d'émettre des titres donnant accès au capital, possibilité de payer des dividendes en actions… Mais dans toutes les hypothèses envisagées, le législateur procède à une libéralisation très mesurée et très encadrée. C'est dire plus généralement que les dérogations aux principes d'intangibilité et de fixité du capital social sont très

---

[457] M. M. ISSIFOU, *L'intangibilité du capital social en droit OHADA des sociétés*, mémoire de DEA, Université Gaston Berger (Saint-Louis, Sénégal), 2011.

strictement encadrées aussi bien en cas de profits qu'en cas de pertes engendrées par l'activité sociale.

2- Les exceptions

275 Les principes d'intangibilité et de fixité du capital social imposent le maintien à l'actif d'une somme déterminée par référence au capital social, qui est indisponible pour les associés durant la vie sociale. Une société qui entamerait son capital social viole les principes fondamentaux qui l'animent et effectuerait des prélèvements sur des sommes réputées indisponibles. Toutefois, il est des hypothèses dans lesquelles la société doit pouvoir procéder à ce type de prélèvements, notamment afin de répondre à des besoins spécifiques et ponctuels. C'est la raison pour laquelle le législateur a dégagé trois exceptions importantes aux principes d'intangibilité et de fixité du capital social, mais en prenant soin toutefois de les encadrer strictement. Il s'agit des hypothèses relatives à la distribution des bénéfices (a), à l'amortissement (b) et à la variabilité du capital social (c).

a- La distribution de bénéfices

276 Il est interdit en principe de distribuer des bénéfices à défaut de sommes disponibles[458]. Les sommes ainsi distribuées sont donc prélevées sur la substance patrimoniale fondamentale du groupement, qui devait servir de garantie aux créanciers sociaux. Le risque est donc important lorsque le capital intervient comme seule modalité de protection.

Il est évident que tous les bénéfices réalisés par la société ne sont pas distribuables. Pour qu'une distribution soit concevable, il faut naturellement qu'il existe des sommes disponibles affectées à cet usage.

Le bénéfice distribuable est alors conçu comme le bénéfice de l'exercice diminué des pertes antérieures ainsi que des sommes à porter en réserve en application de l'AUS ou des statuts, et majoré du report bénéficiaire. La loi applique ainsi aux réserves légales et statutaires le principe d'intangibilité, en les incorporant à l'intérieur du cercle d'indisponibilité. Cette identité de traitement juridique permet de les qualifier de quasi-capital social, qui augmente ainsi les sommes frappées d'intangibilité et restreint donc mécaniquement les sommes distribuables. Ce quasi-capital social contribue finalement à une plus grande assise financière de la société et à rassurer les créanciers sociaux. L'intangibilité se sépare ici de la fixité puisque les réserves indisponibles ne sont pas incorporées d'office dans le capital social. En effet, l'assemblée générale seule peut décider de la mise en distribution des sommes prélevées sur les réserves disponibles, même si les dividendes, en règle générale, sont prélevés prioritairement sur le bénéfice

---

[458] V. pour plus de précision sur les conditions de répartition des bénéfices, CA de LOME, Arrêt n° 044 du 26 mars 2009, OHADA, Recueil de jurisprudence nationale, 2010, p. 95.

distribuable de l'année. Cette approche du bénéfice distribuable est applicable à toutes les sociétés commerciales pourvues de la personnalité juridique. Toutefois, seules les sociétés à responsabilité limitée et les sociétés par actions sont tenues de constituer une réserve légale.

277 La nature juridique du bénéfice est plus discutée. S'il est aujourd'hui acquis que c'est la décision de l'assemblée générale de distribuer ou non les bénéfices réalisés au cours de l'exercice, sous forme de dividendes, qui leur confère une existence juridique[459] et que le droit aux dividendes appartient à celui qui est associé au jour de la décision de l'assemblée générale[460], en revanche, la question de savoir si le bénéfice relève de la nature juridique des fruits reste largement discutée, tout comme l'époque à laquelle le bénéfice peut être considéré comme existant juridiquement. Si les sommes qui, faisant partie du bénéfice distribuable sont après décision de l'assemblée générale réparties entre les associés, et qu'elles participent de la nature des fruits, elles n'ont cependant pas d'existence juridique avant l'approbation des comptes de l'exercice par l'assemblée générale, la constatation par celle-ci de l'existence de sommes distribuables, et la détermination de la part qui est attribuée à chaque associé. Par ailleurs, les bénéfices réalisés par une société ne deviennent des fruits ou des revenus de biens propres, susceptibles de constituer des acquêts de communauté, que lorsqu'ils sont attribués sous forme de dividendes.

278 Le principe d'intangibilité doit également être respecté lors de la distribution des bénéfices ainsi déterminés. Le capital social est ici un instrument de calcul. Or dans le cas d'une réduction de capital, aucune distribution ne peut être faite lorsque les capitaux propres sont ou deviendraient, à la suite de celle-ci, inférieurs au montant du capital augmenté des réserves que la loi ou les statuts ne permettent pas de distribuer. Le capital social et les réserves -constituant le quasi-capital social- ont pour but de dessiner les contours du cercle d'un ensemble de valeurs minimales - les capitaux propres - qui ne peuvent en aucun cas être distribuées. C'est l'assemblée générale qui a approuvé les comptes de l'exercice et constaté l'existence de sommes distribuables, après dotation des divers postes obligatoires (réserves…), qui procède à la distribution effective. La réglementation ne distingue pas cependant selon que cette distribution procède effectivement de l'assemblée générale annuelle ou découle de la distribution d'acomptes sur dividendes décidée par le conseil d'administration, le directoire ou

---

[459] V. M. R. KANA KENGNI, *La distribution des dividendes en droit des sociétés commerciales OHADA,* mémoire, Dschang (Cameroun), Juin 2013, 126 pages ; Com. 23 oct. 1990, *JCP E* 1991. II. 127, note P. Serlooten ; 19 sept. 2006, Bull. Joly 2007. 147, note P. Le Cannu ; CA Rouen, 23 mai 2002, *Bull. Joly* 2002. 1188, note A. Couret.

[460] V. M. R. KANA KENGNI, *La distribution des dividendes en droit des sociétés commerciales OHADA,* mémoire de Master, Dschang (Cameroun), Juin 2013, op. cit. ; Com. 9 juin 2004, *Bull. Joly* 2004. 1403, note H. Le Nabasque.

la gérance. L'identité de traitement est opportune, qui permet de réglementer aussi rigoureusement la distribution en assemblée que par les organes de la société.

279 Tout bénéfice distribué en violation de la réglementation constitue un dividende fictif. L'article 889 de l'AUS interdit en effet le fait pour les dirigeants sociaux d'opérer entre les associés la répartition de dividendes fictifs, en l'absence d'inventaire ou au moyen d'inventaires frauduleux. L'inventaire permet de connaître l'état du patrimoine et des dettes sociales ; c'est donc un élément de comptabilité important au regard du principe d'intangibilité.

b- L'amortissement du capital social

280 L'amortissement du capital est l'opération par laquelle la société rembourse tout ou partie du montant nominal des actions en cours de vie sociale aux actionnaires à titre d'avance sur le produit de la liquidation future de la société[461]. L'opération n'a réellement d'incidence que dans les rapports entre la société et les associés dont les actions amorties deviennent des actions de jouissance, qui perdent le droit au remboursement lors de la dissolution. Vis-à-vis des tiers, l'opération est neutre, le montant du capital social demeurant inchangé au passif du bilan. Ni l'intangibilité ni la fixité du capital ne sont atteintes, car l'amortissement ne peut s'effectuer que par prélèvement sur les bénéfices distribuables, qui ne doit jamais entraîner une réduction des capitaux propres à un montant inférieur au capital augmenté des réserves légales et statutaires. L'amortissement du capital s'opère concrètement en imputant sur les bénéfices ou sur les réserves disponibles les sommes versées aux associés.

Même lorsqu'il est autorisé, l'amortissement du capital reste fermement encadré par le législateur, qui dispose que cette décision relève de l'assemblée générale ordinaire lorsqu'il est prévu par les statuts (il s'agit d'un emploi classique des bénéfices) ou, à défaut, de l'assemblée générale extraordinaire.

c- La variabilité du capital social

281 La société à capital variable se définit comme celle dont le capital social est susceptible d'augmentation par des versements successifs des associés ou l'admission d'associés nouveaux et de diminution par la reprise totale ou partielle des apports effectués[462]. Cette particularité oppose les sociétés à capital variable aux sociétés à capital fixe pour lesquelles la modification du capital social obéit à des règles strictes et contraignantes aussi bien dans les conditions à remplir que dans la mise en œuvre de cette modification du capital social. Il s'agit d'une véritable innovation en droit OHADA.

---

[461] B. N. PAYE, *L'emploi des bénéfices de la société en droit OHADA*, mémoire de Maitrise, Université Gaston Berger (Saint-Louis, Sénégal), 2009.

[462] V. O. B. MANEWA, *La variabilité du capital social en droit OHADA*, mémoire de Master, Dschang (Cameroun), 2011 ; MEGOU EBOCK JOCELYNE YVONNE, *La variabilité du capital social dans l'Acte uniforme portant droit des sociétés commerciales*, op. cit.

Il faut d'emblée souligner que la société à capital variable n'est pas une forme particulière de société au même titre que la société anonyme[463]. En effet, la variabilité du capital social constitue une simple modalité du fonctionnement de la société qui peut être adoptée par les associés lorsque la loi leur en offre la possibilité. Cette modalité affectant le capital social de ce type de société n'altère pas la forme sociale adoptée par les associés[464].

La réglementation particulière de la société à capital variable se trouve aux articles 269 et suivants de l'AUS.

Les règles communes constituent le statut fondamental des sociétés à capital variable et à ce titre l'AUS porte principalement sur la variation du capital[465], mais il convient également de préciser les conditions d'adoption de la variabilité du capital et les conditions de constitution d'une telle société.

i- Les conditions d'adoption du statut de société à capital variable

282 Les associés peuvent décider lors de la création de la société d'insérer dans les statuts la variabilité du capital social, sans omettre de vérifier que l'activité envisagée pour la société ou que la forme sociale retenue est compatible avec le statut de société à capital variable.

De manière générale, les statuts feront référence expressément aux textes sur la société à capital variable, principalement l'article 269 de l'AUS.

283 Par ailleurs, une société créée à l'origine avec un capital fixe peut, au cours de sa vie sociale, avoir recours à la variabilité du capital. Comme cela a été admis précédemment, l'adoption de la variabilité du capital social est une simple modalité de fonctionnement, la société à capital variable ne constituant pas une forme sociale. Dès lors, cette modification pratiquée au cours de la vie sociale ne peut être qualifiée de transformation, cette opération correspondant à un changement de forme sociale. Les formalités liées à la transformation n'ont pas à être accomplies par les associés. L'adoption de la variabilité du capital social dans une société à capital fixe se réalise par une modification des statuts en introduisant les clauses établissant la variation du capital social et la nouvelle situation des associés.

---

[463] La société à capital variable, en raison de son statut juridique particulier, doit être distinguée des autres formes de sociétés. Cette distinction ne présente pas de difficulté en ce qui concerne les sociétés à capital fixe, mais se révèle plus délicate pour les sociétés coopératives qui, le plus souvent, sont à capital variable bien que cela ne soit pas une obligation. Mais, contrairement à la société à capital variable, la coopérative constitue un type de société bénéficiant d'un statut juridique particulier.

[464] M. Jeantin, *Sociétés à capital variable,* refondue par G. Durand-Lépine, *J.-Cl. sociétés,* Traité, fasc. 167-10, n° 4 ; G. BARANGER, *Société à capital variable,* Dictionnaire Joly Sociétés, n° 1 ; G. GOURLAY, « Sociétés à capital variable », *Dr. sociétés,* Actes pratiques, 1995, n° 24.

[465] K. NDOYE, *L'augmentation du capital social dans les sociétés commerciales de l'OHADA*, mémoire de Maitrise, Université Gaston Berger (Saint-Louis, Sénégal), 2013.

284 Comme toute modification statutaire, elle est de la compétence de l'assemblée générale extraordinaire[466], quelle que soit la forme de la société. Une difficulté apparaît pour déterminer à quelles conditions l'assemblée statue, conditions normales ou unanimité si la modification est considérée comme une augmentation des engagements des associés. Les auteurs se divisent sur ce point[467]. La réponse peut être nuancée en fonction de la forme de la société qui adopte la variabilité du capital social. D'une part, la règle de l'unanimité doit, à notre sens, être respectée dans les sociétés à responsabilité illimitée qui prévoit que les associés sont responsables envers les associés et les tiers, pendant cinq ans, de toutes les obligations existant au moment de leur retrait de la société. Cette responsabilité plus lourde que celle retenue classiquement conduit à une augmentation des engagements des associés. D'autre part, il est possible de se demander si la faculté d'exclusion des associés inhérente à l'adoption de la variabilité du capital social ne constitue pas une augmentation de leurs engagements justifiant dans toutes les sociétés l'exigence de l'unanimité. La réponse paraît pouvoir être négative, l'exclusion réduisant les droits des associés, notamment celui de demeurer dans la société, mais ne constituant pas un engagement supplémentaire[468].

ii- La constitution de la société à capital variable

285 Comme la constitution de toute société, celle de la société à capital variable obéit à des conditions de fond et de forme qui doivent être respectées pour que la société soit valablement constituée.

S'agissant des conditions de fond, d'une part, la société à capital variable n'étant pas une forme particulière de société, sa constitution obéit aux règles ordinaires applicables à toutes les sociétés, en tenant compte de la forme sociale choisie. Il en est ainsi pour les conditions tenant au siège social, à l'objet social, aux associés ou aux dirigeants.

D'autre part, comme dans toutes les sociétés, le capital social est constitué par les apports effectués par les associés. La société à capital variable ne déroge pas à cette règle et la nature des apports pouvant intervenir est déterminée en fonction de la forme de société adoptée. Ainsi, quelle que soit cette forme, les apports en nature et en numéraire peuvent être réalisés ; l'existence d'apports en industrie est, en revanche, limitée et ils ne concourent pas à la formation du capital. Les associés déterminent le capital social en tenant compte des règles légales

---

466 V. Cour d'Appel de Ouagadougou, Arrêt n° 39, Affaire : Ouattara Héma Bakary C/ Myaouenuh A. Damase ; Ohadata, J-09-11.

467 Pour les règles ordinaires, V. J. MESTRE, Ch. BLANCHARD-SEBASTIEN et D. VELARDOCCHIO, article préc., n° 4676 ; pour l'unanimité : G. Gourlay, article préc., n° 5 ; M. Jeantin, article préc., refondu par G. Durand-Lépine, fasc. 167-10, n° 98 ; Dict. perm. dr. affaires, V° *Sociétés à capital variable,* n° 10.

468 F. RIZZO, « Le principe d'intangibilité des engagements des associés », *RTD com.* 2000.27.

impératives qui imposent parfois l'existence d'un capital minimum pour certaines formes de société. Si la société à capital variable adopte l'une de ces formes, comme celle de la SA, elle devra être dotée d'un capital au moins égal à 10 000 000 de F CFA (sur la libération).

Pour ce qui est des conditions de fond, il faut relever que la constitution d'une société à capital variable est soumise aux règles classiques qui commandent la rédaction des statuts de la société et l'accomplissement des formalités de publicité.

286 La rédaction des statuts d'une société à capital variable demande une attention particulière, car il convient de respecter les dispositions applicables à la forme de société choisie et celles propres aux sociétés à capital variable. Au titre de ces dernières, il faut souligner qu'une stipulation expresse de variabilité du capital social est impérative dans les statuts[469]. En effet, le principe en droit des sociétés étant celui de la fixité du capital social, pour y déroger il convient de le préciser clairement lors de la rédaction des statuts. En l'absence de cette clause statutaire, le fonctionnement de la société ne pourrait être soumis aux règles des sociétés à capital variable. Les changements dans la composition des associés et le montant du capital relèveraient des règles classiques de la forme de société constituée, sauf à adopter ensuite la forme de société à capital variable. En outre, conformément à l'article 269-5 de l'AUS, les statuts devront déterminer la somme en dessous de laquelle le capital ne peut être réduit ainsi que les conditions de retrait et d'exclusion des associés, fréquents dans les sociétés à capital variable qui doivent obéir à une procédure aisée à mettre en œuvre, mais protectrice des droits des associés.

Par ailleurs, les formalités de publicité à accomplir lors de la constitution d'une société à capital variable sont, en premier lieu, commandées par la forme de société choisie. Ainsi, pour obtenir l'immatriculation de la société, il est nécessaire de faire enregistrer les statuts de la société, d'insérer un avis dans un journal d'annonces légales et de déposer un exemplaire desdits statuts au greffe du tribunal compétent.

iii- La variabilité du capital social

287 La singularité des sociétés relevant des articles 269 et suivants de l'AUS réside dans la possibilité de faire varier le capital social en s'affranchissant des règles normalement applicables aux augmentations ou aux réductions de capital. Les textes réglementent la mise en œuvre de la variabilité du capital social en ayant préalablement fixé ses modalités.

288 Pour ce qui est des modalités, notons que l'adoption de la clause de variabilité du capital social dans une société, si elle offre aux associés une certaine

---

[469] Art 269-2. V. O. B. MANEWA, *La variabilité du capital social en droit OHADA*, mémoire de Master, Dschang (Cameroun), op. cit.

souplesse dans le fonctionnement de la société, n'autorise pas sans limites toutes les opérations sur le capital. D'abord il faut souligner que lorsque l'article 269-1 mentionne que *le capital social est susceptible d'augmentation par des versements successifs des associés ou l'admission d'associés nouveaux et de diminution par la reprise totale ou partielle des apports* effectués, cela signifie que ces deux modalités de variations sont indissociables dans les sociétés à capital variable, comme le suggère l'utilisation de la conjonction « et »[470]. Les associés n'ont pas le loisir de retenir l'une ou l'autre des modifications du capital ; la variabilité implique que le capital peut diminuer ou augmenter sans formalités. Ensuite, la variation du capital, en dehors de toute formalité, ne pourra s'effectuer que dans certaines limites. L'appréhension du capital social doit se faire en distinguant différentes situations qui confèrent aux sociétés à capital variable l'une de leurs particularités.

Dans une première conception, il est possible de distinguer trois approches du capital social. Lors de la constitution de la société à capital variable, les fondateurs doivent déterminer le montant du capital statutaire. Pour cette détermination, ils doivent tenir compte des dispositions légales qui imposent un capital minimum pour certaines formes de société. La clause de variabilité du capital social ne permet pas de descendre en dessous de ce montant. De plus, l'article 269-5 de l'AUS indique que les statuts doivent déterminer une somme en dessous de laquelle le capital ne pourra être réduit par les reprises d'apport et l'alinéa 2 ajoute que cette somme ne peut être inférieure au dixième du capital social. Ainsi, pour une SA à capital variable dont le capital statutaire est fixé à cinquante millions de francs, ce texte impose que le capital ne descende pas en dessous de cinq millions de F alors que le minimum légal est de 10 000 000 de F CFA. En revanche, si la SA est constituée avec un capital statutaire de 10 000 000 F CFA, la variation du capital par réduction n'est pas envisageable sous peine de descendre en dessous du minimum légal. Dès lors, dans cette hypothèse, il est possible de s'interroger sur la réalité de la qualification de société à capital variable, aucune diminution par reprise des apports ne pouvant être réalisée. Le capital statutaire ne pourra être modifié que selon les règles classiques d'augmentation et de réduction du capital social.

289 Quant à la mise en œuvre de la variation du capital, comme cela a été précédemment signalé, la reconnaissance de l'existence d'une société à capital variable suppose que son capital puisse augmenter ou diminuer dans des conditions qui lui sont propres, c'est-à-dire sans que les formes attachées à ces opérations sociétaires soient nécessaires.

290 Pour les augmentations de capital dans les sociétés à capital variable, il convient de distinguer selon que cette modification vise le capital statutaire ou le capital souscrit. L'augmentation du capital statutaire correspond à la modification

---

[470] G. GOURLAY, article préc.

par les associés de la valeur théorique en dessus de laquelle le capital ne peut se situer[471]. Il faut remarquer que les textes régissant les sociétés à capital variable ne fournissent aucune indication concernant ce montant qui doit être impérativement fixé dans les statuts[472]. Toutefois, pour que la variabilité du capital de la société soit effective, il est nécessaire de fixer le montant maximum du capital à une valeur supérieure au capital souscrit. Les règles à observer pour cette modification sont celles applicables aux modifications statutaires et non celles propres aux augmentations de capital, le changement consistant seulement en une variation du capital théorique et non en une augmentation réelle des fonds propres de la société. Ainsi, la modification sera de la compétence de l'assemblée générale extraordinaire statuant aux conditions normales de majorité.

L'augmentation du capital souscrit à l'origine est envisagée par l'article 269-1 sous la forme de versements successifs par les associés ou l'admission d'associés nouveaux, donc d'un accroissement des fonds propres de la société[473]. Il faut distinguer cette situation de celle résultant de la libération du capital souscrit qui s'effectuera également par des versements successifs dans les années qui suivront la constitution de la société à capital variable. Mais ce mécanisme n'est pas propre aux sociétés à capital variable ; il se retrouve dans toutes les sociétés pour lesquelles le législateur n'a pas imposé une libération immédiate du capital social souscrit.

Cette forme simplifiée d'augmentation du capital social retenue à l'article 269-1 doit être appliquée restrictivement. D'une part, la mention dans le texte de « versements successifs » vise exclusivement les augmentations de capital souscrites en numéraire. Ainsi, lorsque l'opération doit se réaliser par des apports en nature, les dispositions du droit commun des sociétés, plus formalistes, doivent être respectées. Cette position apparaît raisonnable eu égard aux difficultés d'évaluation que soulève cette catégorie d'augmentation de capital qu'il serait dangereux de laisser intervenir sans contrôle. D'autre part, la mention de versements faits par les associés exclut également cette procédure dérogatoire lorsque l'augmentation de capital est réalisée par incorporation des réserves, par exemple. La solution peut paraître singulière, car cette augmentation du capital qui se traduit par un simple jeu d'écriture comptable sera soumise dans les sociétés à capital variable à une procédure plus lourde que celle de l'augmentation

---

[471] V. *CCJA*, arrêt n° 12, affaire : Compagnie Bancaire de l'Atlantique Côte d'Ivoire dite COBACI c/ 1) Société Shaftesbury Overseas ltd ; 2) Société Benath Company ltd, le juris-ohada, n° 4/2006, p. 11.

[472] M. JEANTIN, article préc., refondu par G. Durand-Lépine, fasc. 167-10, n° 17 ; G. BARANGER, article préc., n° 8 ; J. Mestre, Ch. BLANCHARD-SEBASTIEN et D. VELARDOCCHIO, article préc., n° 4668 ; G. GOURLAY, article préc., n° 21 ; Dict. perm. dr. affaires, V° *Sociétés à capital variable,* n° 13.

[473] K. NDOYE, *L'augmentation du capital social dans les sociétés commerciales de l'OHADA*, mémoire de Maitrise, Université Gaston Berger (Saint-Louis, Sénégal), 2013.

souscrite au moyen d'apports en numéraire. Cela crée une disparité avec le droit commun qui simplifie la mise en œuvre de la première de ces formes d'augmentation de capital.

291 Les textes autorisent dans les sociétés à capital variable la réduction du capital social, qui dans les autres sociétés est une procédure très encadrée, car elle conduit à réduire le gage des créanciers et représente donc un danger pour eux. Dans les sociétés à capital variable, cette réduction du capital social intervient au moyen de la reprise totale ou partielle de leurs apports par les associés. L'article 269-5 de l'AUS dispose que la réduction du capital social ne peut dépasser un certain seuil déterminé dans les statuts et cette somme, en dessous de laquelle le capital ne peut descendre, ne peut être inférieur à un dixième du capital.

La réduction du capital statutaire ne pourra intervenir que dans les conditions applicables aux modifications statutaires, solution identique à celle retenue pour les augmentations de ce même capital. Toutefois, il ne pourra jamais être inférieur au minimum fixé par la loi pour certaines formes de sociétés.

292 Cependant, la diminution du capital effectif résultant de cette reprise partielle ou totale des apports n'est pas sans limites. L'article 269-5 AUS dispose que les statuts détermineront une somme au-dessous de laquelle le capital ne pourra être réduit par les reprises des apports autorisées et il ajoute que cette somme ne pourra être inférieure au dixième du capital social. Cette disposition a été édictée dans l'intention évidente d'éviter que les retraits d'associés ne réduisent à rien ou presque rien le capital social. En outre, lorsque la société à capital variable est dotée par le législateur d'un capital minimum, la diminution du capital social ne peut autoriser de descendre en dessous de cette somme. Ainsi, comme le souligne un auteur[474], il convient, lors de la création de la société, de ne pas adopter un capital social trop proche du capital minimum, sous peine d'interdire rapidement les réductions de capital, ce qui peut même conduire à douter du bien-fondé de la qualification de société à capital variable.

La règle de l'article 269-5, alinéa 2, de l'AUS n'étant que supplétive, les statuts peuvent fixer un minimum supérieur au minimum légal (un quart, un cinquième du capital social, par exemple). Toutefois, dans la vue de conserver au capital un montant suffisant, ils ne pourraient valablement décider que le capital irréductible sera toujours égal au chiffre le plus élevé qui a été atteint depuis l'origine de la société ; ce serait par-là, en effet, supprimer le droit de retraite et la faculté de variation du capital dans le sens de la diminution. De même, le montant retenu par les statuts ne doit pas s'aligner sur le montant du capital statutaire, une telle clause conduisant alors à exclure toute diminution du capital social.

293 Au-delà de tout ce qui vient d'être noté, il faut féliciter le législateur OHADA d'avoir intégré ces mécanismes dans notre droit des sociétés. La société

[474] M. JEANTIN, article préc., refondu par G. DURAND-LEPINE, fasc. 167-10, n° 31.

à capital variable ne pourrait dans notre droit connaître qu'un grand succès, car, elle présente des avantages liés à ses caractéristiques propres, à savoir la possibilité de modifier le montant du capital social sans être soumis aux contraintes légales de ce genre d'opération et l'admission de l'exclusion et du retrait des associés dont l'utilisation est restreinte dans les sociétés à capital fixe. De ces deux spécificités, il découle que l'adoption de la société à capital variable sera principalement recommandée lorsque seront envisagés des changements fréquents d'associés, cette modalité facilitant leur entrée et leur sortie[475]. Ainsi, cette modalité peut être adoptée dans les sociétés qui souhaitent faire entrer les salariés dans le capital. La variabilité du capital social, le retrait et l'exclusion confèrent une grande souplesse pour les deux parties. La société à capital variable paraît également de nature à favoriser l'entrée des sociétés de capital-risque dans les entreprises en procurant une liquidité à l'investissement réalisé du fait de la faculté de retrait.

§2. LES COMPTES COURANTS D'ASSOCIES

294 Chaque associé doit participer au financement de la société par ses apports dont le total donne avec celui des autres associés, le capital social[476]. Mais il peut compléter ce financement en lui consentant des prêts. Cette pratique plus connue sous l'appellation de compte courant d'associé n'a pas fait l'objet de développement dans l'Acte uniforme. Pour l'essentiel, ses fonctions (A) et les conditions (B) de sa mise en œuvre ont été dégagées par la jurisprudence et la doctrine.

A- Les fonctions du compte courant d'associé

295 Le compte courant d'associé, malgré l'incertitude de son régime juridique, peut paraître séduisant par sa souplesse d'utilisation et par la pluralité de fonctions qu'il est susceptible de remplir.

Il peut d'abord être utilisé comme *crédit à court terme, à titre de délai de paiement,* pour soulager la trésorerie de l'entreprise, l'associé, personne physique ou personne morale, renonçant temporairement à percevoir certaines sommes qui lui sont dues au titre de dividendes ou de la rémunération de certaines fonctions exercées au sein de la société, par exemple, lorsque l'entreprise doit faire face à une échéance, en assurant une avance momentanée[477].

---

[475] J.-P. BERTREL, « La variabilité du capital social », *Dr. et patrimoine,* déc. 1998, p. 78 ; J.-L. TROUSSET, « De l'utilisation de la société à capital variable », *JCP,* éd. E, 1999.16.
[476] V. pour plus de détails Serigne MBACKE DIOP, *Le compte courant d'associé au Sénégal,* mémoire de Master, UCAD, 2011 ; AIDA GUEYE, *Les comptes courants d'associes,* mémoire de Master, UCAD, 2005.
[477] M. MOSSI DJESSI, *La participation au capital des sociétés commerciales*, mémoire de Master, Douala (Cameroun), 2014.

Il peut également être considéré comme un *instrument de financement permanent de l'entreprise,* surtout pour celles pour lesquelles la loi ne prévoit pas de capital social minimal. Ainsi lorsqu'une société est créée avec un capital de départ insignifiant, le compte courant d'associé peut constituer une alternative pertinente à un apport en numéraire, quoique, paradoxalement, c'est dans cette hypothèse que le compte courant d'associé présente le moins d'intérêt. Il est toutefois préférable que le compte soit assorti d'une clause contractuelle appropriée (clause de blocage, par exemple) ; il s'agit alors d'un crédit à long terme, qui peut concourir à renforcer les ressources stables de l'entreprise : on parle volontiers, à son propos, comme pour le prêt participatif, de quasi-fonds propres. Certains auteurs le désignent sous le terme de *quasi-apports*[478]. Ce crédit présente l'avantage d'être moins onéreux pour la société qu'un emprunt bancaire et celle-ci, en ne faisant pas appel à un financement externe, conserve une marge de manœuvre sans doute plus importante dans la conduite des affaires sociales. Un tel crédit peut être consenti lors de la constitution ou en cours de vie sociale, ce qui permet alors de faire l'économie du formalisme, parfois lourd, lié à une augmentation de capital, et d'épargner aux associés l'effet dilutif que provoque inévitablement une telle opération.

296 Le compte courant d'associé constitue d'abord un crédit, accordé à une société, et plus exactement un prêt, assorti, le cas échéant, d'un intérêt, et il est, à ce titre, largement régi par le droit applicable aux opérations de crédit (usure, responsabilité du prêteur pour rupture brutale de crédit, etc.). De cette qualification de crédit, on semble déduire qu'un apport en compte courant d'associé puisse constituer un élément de l'actif disponible suffisant pour faire face au passif exigible, et, ainsi, éviter à la société bénéficiaire d'être en état de cessation des paiements, critère de l'ouverture d'une procédure de redressement judiciaire[479].

Ce crédit présente ensuite la particularité d'être consenti par un associé, lequel n'est assurément pas un prêteur ordinaire. Il se pose alors la question de savoir si les droits de l'associé-prêteur, notamment lors de la demande de remboursement de cet emprunt, se rattachent plus à l'une ou à l'autre de ces deux qualités. Incontestablement, pour la jurisprudence contemporaine, l'associé dont le compte est créditeur se trouve dans la situation d'un créancier extérieur à la société, dans celle d'un prêteur et non pas d'un apporteur de capitaux (même si l'expression *apports en compte courant d'associé* est, à tort, couramment utilisée). Lorsqu'il demande le remboursement de ce prêt, il n'a donc pas à être animé d'un *affectio societatis* particulier, et le respect de la préservation de ses propres intérêts peut légitimement l'emporter sur le respect de l'intérêt social, lequel doit normalement guider la démarche de tout associé. De plus, l'alimentation du compte courant d'associé ne donne à l'intéressé aucune prérogative particulière : ni dividende (il

---

[478] M. GENINET, « Les quasi-apports en société », *Rev. Sociétés,* 1987, 25.
[479] GUEYE AIDA, *Le compte courant d'associé,* op. cit.

n'est rémunéré que par des intérêts), ni droit de vote supplémentaire, même si la société risque *de facto* de se trouver davantage sous l'emprise des associés bailleurs de fonds, qui pourront disposer d'une influence -sur le déroulement des affaires sociales- supérieure à ce que leur participation au capital social leur permet d'espérer, pour ne pas dire qu'ils exerceront un contrôle occulte[480].

297 Il convient, en outre, d'être très vigilant sur la qualification employée par les parties, surtout si une clause spécifique rapproche la situation du prêteur de celle de l'associé (par ex. clause dite de dernier rang). Les créanciers sociaux, en effet, soucieux d'étendre l'assiette de leur droit de gage général, pourront être tentés de rechercher la requalification des sommes mises à disposition de la société en apports. De même, s'il est établi que l'avance constitue en réalité un apport déguisé et que des intérêts sont versés à l'associé bailleur de fonds en l'absence de bénéfices distribuables, le délit de distribution de dividendes fictifs pourrait être retenu à l'encontre des dirigeants sociaux.

Par ailleurs, les créances des uns et des autres sont matérialisées par une écriture en compte courant, au sein duquel se dénouent les relations financières des parties à la convention de compte. Elles bénéficient alors de la compensation, mode simplifié des créances offert par la technique du compte. On a coutume de dire que le compte courant d'associé présente une originalité qui interdit tout rapprochement avec le compte courant bancaire, notamment parce qu'il n'est pas possible de faire fonctionner le compte d'associé avec un solde débiteur[481]. Pourtant, cette analyse n'est pas totalement convaincante.

298 Outre le fait que le compte courant ne constitue pas nécessairement une institution propre au droit bancaire - la technique du compte courant interentreprises, qui noue entre elles des relations d'affaires suivies, est d'ailleurs très développée - le critère classique du compte courant paraît se retrouver ici : la possibilité de remises réciproques. En plus, les effets habituels attachés au compte courant se produisent en matière de compte d'associé, en particulier l'effet novatoire attaché à l'entrée des créances en compte. En conséquence, si une créance de salaire de l'associé est appréhendée par le compte, elle perd son individualité. Cette qualification de compte courant ne peut toutefois être retenue que si le compte d'associé est ouvert et si les remises en compte sont faites avec l'accord des deux parties.

---

[480] D. DANET, « Comptes courants d'associés : pour en finir avec un apartheid juridique », *RTD com.* 1993. 55, spéc. p. 74.

[481] F. TERRÉ (sous la dir.), « Le dirigeant de société : risques et responsabilités », *Juris-Classeur,* 2002, n° 017-013 ; V. sur le rejet de la qualification de compte courant, notamment en ce que l'élément intentionnel attaché à un tel compte fait défaut, I. URBAIN-PARLÉANI, *Les comptes courants d'associés,* 1986, Bibl. droit privé, t. 189, LGDJ, n° 386.

B- La mise en place d'un compte courant d'associés

299 La convention de compte courant d'associé obéit, conformément au droit commun des contrats, au consensualisme ; elle n'est donc soumise à aucune condition de forme particulière, surtout si elle est stipulée entre deux commerçants (c'est le cas, par exemple, dans une société en nom collectif, dont les associés ont précisément la qualité de commerçant, ou encore dans les groupes de sociétés où les ayant-comptes sont tous des sociétés commerciales), hypothèse dans laquelle les conventions sont soumises à la liberté de la preuve[482]. Une convention purement verbale est donc parfaitement envisageable. Il n'empêche que si les parties souhaitent soumettre le compte d'associés à des clauses contractuelles dérogatoires au droit commun, par exemple, à une convention de blocage, un accord de volonté dénué d'ambiguïté de l'associé-prêteur est requis, ce qui pratiquement, suppose la rédaction d'un écrit. De même, l'obligation, dans les sociétés de capitaux et les SARL, de respecter la procédure d'approbation des conventions réglementées impose *de facto* une convention écrite.

300 Par ailleurs, le compte courant d'associé constitue une convention conclue entre une société et ses associés ; d'où le risque que ces derniers privilégient leur intérêt personnel au détriment de l'intérêt social. En même temps, dans les sociétés sous-capitalisées, cette source de financement alternative au capital social peut être précieuse. Il ne s'agit donc pas pour le droit des sociétés, sauf exception, et malgré les situations de conflit d'intérêts qu'ils peuvent susciter, d'interdire purement et simplement les comptes courants d'associés. Leur soumission à la procédure d'approbation des conventions réglementées, dans celles des sociétés où une telle réglementation est prévue, est plus réaliste : elle offre à la fois souplesse et sécurité.

Rien n'est prévu par la loi dans les sociétés de personnes, société en nom collectif, ou encore société en commandite simple. Il est utile, pour pallier ce silence du législateur, de soumettre le droit du gérant à faire fonctionner un compte courant d'associé (ouverture, remboursement de l'avance…) à une décision des associés. La procédure légale s'applique à la fois dans les SARL[483] et dans les sociétés de capitaux[484]. Dans les sociétés de capitaux, bien que la loi autorise désormais de faire l'économie de cette procédure pour les comptes courants d'un actionnaire détenant moins de 10 % des droits de vote, il est toutefois plus prudent de soumettre la convention à autorisation.

301 Il semble que la procédure d'autorisation doit être mise en œuvre uniquement lors de la convention initiale, c'est-à-dire au moment de l'ouverture du compte d'associés, et des avenants qui la modifient (modification de la rémunération de l'associé-prêteur, par exemple). Il est admis qu'elle est écartée

---

[482] V. SERIGNE MBACKE DIOP, *Le compte courant d'associé au Sénégal*, op. cit.

[483] Art. 350 et s. de l'AUS.

[484] Art. 438 et s. de l'AUS.

lors de chacune des opérations appréhendées par le compte, notamment en cas de nouvel « apport » en compte courant, ou encore en cas de remboursement, partiel ou total, de celui-ci par la société à l'associé-prêteur.

La convention de compte courant qui n'a pas été approuvée par l'assemblée des associés ou des actionnaires n'est en principe pas nulle pour autant (la nullité est prononcée uniquement dans les sociétés anonymes en cas de fraude ou si la convention n'a pas reçu l'autorisation préalable du conseil d'administration[485]). Elle produit ses effets ; néanmoins, *les conséquences, préjudiciables à la société, des conventions désapprouvées peuvent être mises à la charge de* [l'associé ou actionnaire] *intéressé*, et, éventuellement, des autres membres du conseil d'administration [486] et du président et des autres dirigeants dans la société par actions simplifiées. Le défaut d'autorisation est donc sanctionné, en principe, sur le seul terrain de la responsabilité civile, et encore, en pratique, en ce qui concerne spécifiquement les comptes d'associés, si le taux d'intérêt rémunérant les avances est excessif ou si l'avance consentie constitue pour la société un crédit ruineux.

La procédure d'approbation est écartée en présence d'une convention dite libre, c'est-à-dire celle qui porte « sur des opérations courantes et conclues à des conditions normales »[487]. La jurisprudence se montre réticente à l'idée de faire l'économie de la procédure d'autorisation en matière de compte courant d'associé[488], comme pour toute convention à objet financier, en raison des risques particuliers qu'elle présente pour la société. S'agissant d'un compte courant d'associé, l'opération sera dite courante lorsque l'ouverture d'un tel compte est prévue par les statuts et qu'elle est effectuée à titre habituel, ce qui pratiquement, suppose qu'un compte ne soit pas ouvert au profit d'un seul associé[489].

302 Le solde du compte ne doit jamais, dans les sociétés de capitaux et dans les SARL, du point de vue de l'associé-prêteur, être en position débitrice. L'on serait, en effet, en présence d'une convention interdite, liée au crédit, la loi prohibant d'ailleurs expressément le fait *de se faire consentir par* [la société] *un découvert en compte courant*, à peine de nullité absolue de l'opération[490]. À cette sanction civile peut venir s'ajouter, sur le plan pénal, lorsque l'associé est en même temps dirigeant d'une SARL ou d'une société de capitaux, celle d'abus de biens sociaux. Dans le cas où les associés ou dirigeants visés sont des personnes physiques, la prohibition s'applique également à leurs conjoints, descendants ou ascendants, ainsi qu'à toute personne interposée. En présence de personnes

---

[485] Art.443 AUS.

[486] Art. 443, al. 2.

[487] V. par exemple pour les SA, l'art.

[488] V. F. M. ZOGO, *Le financement des SA dans le droit OHADA*, mémoire de DEA, Yaoundé II (Cameroun), 2008 ; Com. 29 mars 1994, n° 92-13.584, *Dr. sociétés* 1994, comm. 119, obs. H. Le Nabasque, *Bull. Joly* 1994. 803, note G. Frechet.

[489] I. URBAIN-PARLÉANI, *op. cit*, n°s 198 et s. ; *Lamy Droit du financement*, 2009, n° 538.

[490] Art. 450 AUS.

morales, cette interdiction vise aussi leurs représentants légaux. Et pour la société qui exploite un établissement bancaire et financier, cette interdiction ne s'applique pas aux opérations courantes et conclues à des conditions normales.

Néanmoins, lorsque le solde du compte est exceptionnellement débiteur, il ne peut pas être mis un terme à cette situation de n'importe quelle manière. Ainsi, il a été jugé, dans une hypothèse où une personne était simultanément associée de deux sociétés appartenant à un même groupe, et en même temps titulaire d'un compte courant d'associé auprès de chacune de ces deux sociétés, l'un de ces deux comptes se trouvant en position débitrice, qu'une somme ne pouvait être prélevée sur le compte créditeur pour être créditée sur celui qui ne l'est pas (sans doute par le gérant de la société dont le compte d'associé se trouve en position créditrice du point de vue de l'associé), afin d'« effacer » le solde débiteur[491].

303 Enfin, la règle fondamentale, issue du droit commun des sociétés, selon laquelle nul ne peut augmenter les engagements d'un associé sans son consentement, a trouvé dans le compte courant d'associé un terrain d'élection, car, selon une définition classique, celui-ci va entraîner une aggravation de la dette contractée par les associés envers la société. Elle rejoint l'idée, déjà évoquée, qu'un tel compte repose toujours sur un fondement contractuel : la liberté contractuelle, c'est d'abord la liberté de ne pas contracter. Ce principe, également connu sous le nom d'intangibilité des engagements des associés, a vocation à s'appliquer que ce soit lors de l'ouverture du compte, ou au cours de son fonctionnement, à l'occasion d'un appel de fonds, ou encore lorsqu'une clause contractuelle rendant plus contraignant le droit au remboursement de l'associé-prêteur est adoptée (clause de blocage, clause soumettant le droit au remboursement au respect d'un délai de préavis, clause de dernier rang…). Il a pour conséquence que le juge n'est pas en droit de prononcer une mesure d'exécution forcée pour contraindre l'associé récalcitrant. L'accord exprès de celui-ci est indispensable.

L'accord de l'associé n'est pas requis uniquement s'il a pris un engagement préalable en ce sens, ou encore si un appel de fonds est exigé de la part des associés en vertu d'une décision prise conformément aux stipulations statutaires et dans le cadre de l'objet social. Dans le cas où une telle clause est insérée dans les statuts en cours de vie sociale, il conviendra non pas de réunir une majorité renforcée, comme pour toute modification statutaire, mais l'unanimité des associés.

---

[491] SERIGNE MBACKE DIOP, *Le compte courant d'associé au Sénégal*, op. cit. ; Com. 8 juill. 2008, F-D, n° 06-13.518.

TITRE II

LA VIE DE LA SOCIÉTÉ COMMERCIALE

304 Une fois immatriculée et par conséquent dotée de la personnalité morale, la société va pleinement entamer sa vie juridique et accomplir tous les actes nécessaires à la réalisation de son objet social. Pour fonctionner, la société a besoin de disposer d'un ensemble d'organes munis de pouvoirs adéquats (Chapitre I). Comme les êtres vivants, la société est aussi appelée à connaître des mutations au cours de sa vie, soit pour renforcer sa capacité d'action (Chapitre III), soit pour faire face aux difficultés susceptibles de se présenter (Chapitre II).

CHAPITRE I

LES ACTEURS DE LA SOCIÉTÉ COMMERCIALE

305 Les différences qui existent entre les sociétés de personnes et les sociétés de capitaux se ressentent aussi au niveau de leurs organes[492]. Il existe ainsi une diversité d'organes sociaux qui assurent la marche des affaires sociales. Dans l'organisation d'une société, on peut distinguer trois sortes d'organes impliqués dans son fonctionnement. Il y a d'une part des organes chargés de la gestion courante de la société (section 1), et d'autre part des organes de délibération (section 2) et de contrôle de l'activité sociale (section 3).

SECTION I- LES ORGANES DE GESTION

306 Il s'agira de voir quel est le régime de désignation et de cessation des fonctions des dirigeants sociaux (sous-section 1) ; quelle est l'étendue de leurs pouvoirs (sous-section 2) et dans quel cas peuvent-ils voir leur responsabilité engagée (sous-section 3).

S-SECTION I. LA DÉSIGNATION ET LA CESSATION DES FONCTIONS DES DIRIGEANTS SOCIAUX

307 Les organes de gestion varient suivant les formes des sociétés[493]. Après les avoir déterminé et indiqué les modalités de leur désignation (§1), sera envisagé le régime de leur cessation de fonction (§2).

---

[492] V. pour plus de détails, E. J. M. MFOU, *Le principe de la séparation des organes dans les sociétés anonymes*, mémoire de DEA, Faculté des Sciences Juridiques et Politiques de l'Université de Yaoundé II (Cameroun), 2001.

[493] Pour aller plus loin, voir ISSA SIDIBE, *La gouvernance des sociétés anonymes dans la zone OHADA*, thèse, UCAD, 2013 ; B. NJOYA KAMGA, *Les dirigeants sociaux*, thèse, Dschang, 2007 ; SECK, Mame Awa, *L'administration dans le droit des sociétés commerciales*, mémoire de Master, UCAD, 2008 ; ABSA NDOYE, *Les organes de gestion*, mémoire de Master, UCAD, 2007.

§1. LA DÉSIGNATION DES ORGANES DE GESTION

308 La gestion, c'est-à-dire la direction et l'administration des sociétés, incombe à des organes prévus par les statuts dans le strict respect des dispositions légales[494]. Ces organes diffèrent selon les types de sociétés concernées.

309. Les sociétés de personnes (société en nom collectif et société en commandite simple) et la société à responsabilité limitée sont dirigées par des gérants. Il peut s'agir d'un ou plusieurs gérants, associés ou non, personne physique ou morale (sauf dans le cas de la SARL où les gérants sont des personnes physiques[495]. Dans le cas de la SCS, la gérance peut être assurée par tous les associés commandités ou par un ou plusieurs gérants choisis parmi les associés commandités[496].

Dans tous les cas, les gérants sont désignés par les associés dans les statuts ou dans un acte postérieur. Les textes ne précisent pas la durée de leurs fonctions, celle-ci doit donc être prévue par les statuts. En ce qui concerne la SARL, l'art. 324 de l'AUS précise que si les statuts sont muets, le ou les gérants sont nommés pour quatre ans renouvelables.

310 La société anonyme est, quant à elle, soumise à des régimes de gestion variés. On distingue ainsi la société anonyme avec conseil d'administration et la société anonyme avec administrateur général. Dans le premier cas (SA avec conseil d'administration), la société est dirigée soit par un président-directeur général, soit par un président du conseil d'administration et un directeur général[497]. Le président directeur général (PDG) est nommé par le conseil d'administration parmi ses membres. Il doit être une personne physique à peine de nullité[498]. Le président du conseil d'administration (PCA) et le directeur général (DG) sont également nommés par le conseil d'administration parmi ses membres. Toutefois, le directeur général peut être choisi en dehors des membres du conseil d'administration. Dans le second cas (SA avec administration générale : la société a un nombre d'actionnaires égal ou inférieur à trois), la société est dirigée par un administrateur général désigné dans les statuts ou par l'assemblée générale constitutive (la durée de son mandat ne peut excéder 2 ans) ou par l'assemblée générale ordinaire en cours de vie sociale (pour une durée de 6 ans au plus)[499].

---

[494] V. pour de détails E. O. BEKAYE, *Le statut du dirigeant de sociétés commerciales en droit mauritanien*, mémoire de DEA, Université Gaston Berger (Saint-Louis, Sénégal), 2011 ; NDOYE ABSA, *Les organes de gestion,* Mémoire UCAD, 2007, 47p.

[495] V. art. 323 AUS ; NDOYE ABSA, *Les organes de gestion,* op. cit.

[496] V. pour la SCS, l'art. 298 AUS.

[497] V. art. 415 AUS. V. également E. J. M. MFOU, *Le principe de la séparation des organes dans les sociétés anonymes*, mémoire de DEA, Faculté des Sciences Juridiques et Politiques de l'Université de Yaoundé II (Cameroun), 2001.

[498] Art. 462 AUS.

[499] V. art. 495 et 496 AUS.

311 Enfin, dans les sociétés par actions simplifiées la société est représentée à l'égard des tiers par un président désigné dans les conditions prévues par les statuts[500].

§2. LE RÉGIME DE LA CESSATION DES FONCTIONS DES DIRIGEANTS

312 Les dirigeants sociaux peuvent quitter leurs fonctions soit volontairement en cas de démission (A), soit involontairement en cas de révocation (B).

A- La démission

313 Elle n'est expressément envisagée qu'en ce qui concerne les gérants de la Sarl[501] et ceux de la S.A[502]. Est-ce à dire que les dirigeants des sociétés de personnes ne peuvent démissionner ? Il n'en est rien. Les gérants de ces sociétés peuvent librement démissionner. Si tous les dirigeants peuvent démissionner, il convient de relever que leur responsabilité peut être recherchée, pour certains (SARL notamment) soit en cas de démission sans justes motifs[503] ou pour tous en raison des circonstances de la démission lorsque celles-ci confèrent un caractère abusif à la démission (ex. démission entourée d'une publicité excessive, ou assortie de menaces contre la société ou faite dans l'intention de nuire).

Cela étant, il faut préciser qu'il existe aussi des cas de démission forcée. Par exemple, il doit y avoir démission d'office lorsqu'une personne exerce simultanément plus de trois mandats de président du conseil d'administration de SA ayant leur siège social sur le territoire d'un même État-partie[504].

B- La révocation

314 L'AUS prévoit deux sortes de révocation des dirigeants[505] : la révocation contrôlée ou pour justes motifs et la révocation discrétionnaire ou *ad nutum*.

---

500 V.art.853-8 AUS.
501 V. art. 327 AUS.
502 V. par ex. art. 429 AUS.
503 V. art. 327 AUS.
504 V. art. 479 AUS.
505 Pour aller plus loin, v. A. AKAM AKAM, « Soliloque sur un exemple d'incohérence en droit OHADA : la cessation des fonctions des dirigeants sociaux », in *Les mutations juridiques dans l'espace OHADA*, l'Harmattan, pp. 101-132 ; B.Y. MEUKE, « Brèves réflexions sur la révocation des dirigeants sociaux dans l'espace OHADA », www.juriscope.org ou www.ohada.com ;_R. NEVRY, « La révocation des dirigeants des sociétés commerciales : droit OHADA, droit français », *Revue de droit international et de droit comparé*, Vol. 84, 2007, pp. 105-140 ; DIOUF CHEIKH AHMETH TIDIANE, *Causes de cessation des fonctions des dirigeants sociaux : étude comparative OHADA-droit français*, mémoire de Master, UCAD, 2008.

La révocation est dite contrôlée lorsque le juge a la possibilité de vérifier les motifs de la révocation décidée par l'organe compétent[506]. C'est le cas en ce qui concerne les sociétés de personnes[507] et de la Sarl[508]. C'est dire que les associés qui décident de mettre fin aux fonctions des gérants peuvent voir leur décision contestée et la responsabilité de la société engagée si les motifs allégués ne sont pas justes.

La révocation est dite discrétionnaire ou *ad nutum*[509] lorsqu'il peut être mis un terme aux fonctions du dirigeant à tout moment, sans préavis, sans motif ni indemnité. C'est le cas dans les sociétés anonymes[510], en ce qui concerne le président directeur général ou le président du conseil d'administration. Pour ce qui est du directeur général, les nouvelles dispositions de l'AUS précisent que sa révocation ne peut être décidée sans juste motif. Lorsque sa révocation est décidée sans juste motif, elle peut donner lieu à des dommages et intérêts[511]. Le droit ainsi reconnu soit au conseil d'administration[512], soit à l'Assemblée générale ne peut être remis en cause par les statuts. Il s'agit donc d'un régime sévère. C'est pourquoi, des tentatives sont entreprises en droit français pour mieux protéger les dirigeants : la jurisprudence exige désormais le respect du principe du contradictoire[513] et la pratique a créé les *golden parachutes* (indemnité conventionnelle d'éviction ou de départ consentie à un dirigeant).

S- SECTION II. LES POUVOIRS DES DIRIGEANTS SOCIAUX

315 La mise en œuvre de l'objet social est confiée aux organes sociaux et spécialement aux dirigeants de la société[514]. Limite statutaire de leurs pouvoirs, son influence est plus grande s'agissant des relations entre organes sociaux qu'à l'égard des tiers dont la sécurité doit être prise en considération. Le pouvoir des

---

[506] V. CCJA Arret n° 008/2003 du 24 avril 2003, Affaire ALY KARAKI c/ HANI MEZHER, in *Receuil de Jurisprudence CCJA* n° 1 2003, pp. 29 et s.

[507] V. l'art. 281 AUS qui prévoit que si la révocation du gérant est décidée sans justes motifs, elle peut donner lieu à des dommages intérêts.

[508] Art. 326 AUS.

[509] A. AKAM AKAM, « Soliloque sur un exemple d'incohérence en droit OHADA : la cessation des fonctions des dirigeants sociaux », op. cit. ; B.Y. MEUKE, « Brèves réflexions sur la révocation des dirigeants sociaux dans l'espace OHADA », op.cit. ; R. NEVRY, « La révocation des dirigeants des sociétés commerciales : droit OHADA, droit français », *Revue de droit international et de droit comparé*, Vol. 84, 2007, pp. 105-140.

[510] V. art. 469 AUS pour le PDG, 484 pour le PCA ; 492 pour le DG.

[511] V. art. 492 el. 2 AUS.

[512] 512 CCJA, arrêt n° 032/2007, 22 novembre 2007, Thomas Christophe Emmanuel Wielezynski c/ COFIPA Investment bank Côte d'Ivoire, *Recueil de jurisprudence CCJA* n° 10 2007, p. 19 ; in Les grandes décisions de la CCJA, p.189, obs. A. Kenmogné Simo.

[513] Com, 26 avr. 1994, *JCP* 1997. II. 22658.

[514] Pour aller plus loin, voir B. NJOYA KAMGA, *Les dirigeants sociaux*, thèse, Dschang (Cameroun), 2007.

organes de gestion varie donc selon qu'on se trouve à l'intérieur (§1) ou à l'extérieur de la société (§2).

§1. LES POUVOIRS DES DIRIGEANTS SOCIAUX DANS L'ORDRE INTERNE

316 Les organes de gestion ont tous pouvoirs pour diriger la société dans l'intérêt de celle-ci[515]. Ces pouvoirs sont considérables. Les dirigeants exercent d'abord les missions de tout chef d'entreprise : embaucher les salariés, assurer la production et la commercialisation des stocks, gérer la trésorerie. Sur le plan juridique, ils représentent la société, ils concluent les contrats, engagent les actions en justice, bref les dirigeants assument à la fois la direction économique de l'entreprise et la direction juridique de la société qu'ils structurent[516]. Il s'agit là d'un pouvoir quotidien alors que le contrôle des associés n'est qu'épisodique.

317 Les pouvoirs des dirigeants ne sont cependant pas absolus. La loi les oblige dans tous les cas à respecter les prérogatives des autres organes, spécialement celles de l'assemblée générale. C'est l'exigence du respect de la spécialisation.

Ainsi, la société étant une organisation hiérarchique[517], seule l'assemblée générale extraordinaire, compétente pour modifier les statuts, est habile à porter atteinte à l'objet social. Quelle que soit l'étendue des pouvoirs que la loi ou le pacte social reconnaissent aux dirigeants sociaux, ces derniers n'ont pas compétence pour modifier directement ou indirectement les statuts. Chaque organe social doit agir dans la limite des compétences qui lui sont reconnues par les statuts ou la loi. En effet, les statuts ou la loi aménagent une répartition des pouvoirs entre les organes sociaux[518]. Par exemple, en ce qui concerne la société anonyme avec conseil d'administration, l'AUS fixe d'une part les pouvoirs du conseil d'administration[519] et d'autre part, ceux du PDG[520] ou du DG[521] selon le cas. Chaque organe se doit de respecter ce partage des pouvoirs. Que se passerait-il en cas de non-respect de la spécialité ? Y a-t-il nullité de l'acte ? Force est de

[515] V. M. A. NDJANDEU MOUTHIEU, *L'intérêt social en droit des sociétés*, thèse, Yaoundé II (Cameroun), 2007 ; Cotonou, n° 65/ 99, du 29 avril 1999, op. cit. p. 79.

[516] CCJA, arrêt n° 042/2008 du 17 juillet 2008, Affaire Société LEV-Cote d'Ivoire c/ Peled Nthan, in Les grandes décisions de la CCJA, p. 129, obs. S.S. Kuate Tameghe et P. Amougui Galao ; Cour d'appel du Littoral à Douala, Arrêt n° 197/CC du 22 septembre 2003, Affaire Douala Moutome, Patrice Monthe et Etah et Nan II c/Société Beneficial Insurance, in Juridis Périodique n° 77-2009, p.41, obs. R. Nemedeu.

[517] V. Cass. civ. 4 juin 1946, S. 1947.1.153, note P. Barbry, *JCP* 1947. II. 3518, note D. Bastian.

[518] CCJA, arrêt n° 022/2003, 06 novembre, Affaire Biao Côte d'Ivoire c/ Nouvelle Scierie d'Agnibilikro, in Recueil de jurisprudence CCJA n° 2, 2003, p. 13.

[519] Art. 435.

[520] Art. 465.

[521] Art. 487.

constater que l'AUS ne répond pas directement à cette question. Précisons cependant que l'art. 244 énonce que

La nullité de tous actes, décisions ou délibérations ne modifiant pas les statuts de la société, ne peut résulter que d'une disposition du présent Acte uniforme la prévoyant expressément ; de la violation d'une disposition impérative du présent Acte uniforme ; de la violation d'une disposition impérative des textes régissant les contrats ; ou de la violation d'une disposition des statuts jugée essentielle par la juridiction compétente.

Aucun texte n'édictant la nullité en cas de violation de la spécialisation, il faut donc dire que l'acte accompli en violation des statuts ou de la loi reste valable. Il en va autrement en droit français : les actes accomplis par un organe dans la zone légale des pouvoirs d'un autre organe sont entachés de nullité.

Il est en pratique nécessaire de distinguer le dépassement de l'objet social, de l'acte de gestion inopportun et critiquable, dû à une mauvaise appréciation de l'intérêt de la société, mais conforme aux stipulations statutaires, bien que l'une et l'autre faute puissent engager la responsabilité de leur auteur. Mais le dépassement de l'objet social dans les relations avec les tiers est soumis à un régime spécifique. La détermination du dépassement d'objet social par les actes des dirigeants est rendue délicate, d'une part en raison de la rédaction souvent imprécise des statuts et d'autre part, en fonction de la finalité d'actes isolés. C'est ainsi que s'est posée la question de savoir si la modification du mode d'exploitation ne portait pas atteinte à l'objet social, tel le passage d'une gestion directe à une location-gérance. Les tribunaux rechercheront si le pacte social, serait-ce par des termes laxistes, n'en interdit pas la faculté. D'autant que, le plus souvent, les statuts visent l'exploitation d'une entreprise déterminée par les procédés les plus favorables aux associés. Savoir si l'exploitation indirecte est prévue à titre d'objet principal relève donc de l'appréciation souveraine des juges du fond. Sa régularité dépend de la rédaction des statuts.

§2. LES POUVOIRS DES DIRIGEANTS DANS L'ORDRE EXTERNE

318 Dans l'ordre externe, le législateur est soucieux de la protection des tiers qui contractent avec la société en la personne de ses représentants légaux[522]. Celui qui est investi de cette qualité est habilité à représenter la société dans ses rapports avec les tiers, dans la limite des pouvoirs que la loi lui reconnaît, quelles que puissent être par ailleurs les restrictions qui leur sont apportées par les statuts. Les règles relatives à la représentation légale des sociétés visent à assurer la sécurité des tiers en réservant l'opposabilité de plein de droit de leurs pouvoirs aux seuls

[522] CCJA, arrêt n° 022/2003, 06 novembre, Affaire Biao Côte d'Ivoire c/ Nouvelle Scierie d'Agnibilikro, op. cit. ; CCJA, arrêt n° 042/2008 du 17 juillet 2008, Affaire Société LEV-Côte d'Ivoire c/ Peled Nathan, op. cit.

représentants définis par la loi et dans les limites proposées par elle. Cette règle n'est pas forcement entendue de la même manière selon qu'on se trouve dans les sociétés de personnes (A) ou dans les sociétés de capitaux (B).

A- L'opposabilité aux tiers par les sociétés de capitaux

319 En principe, pour les sociétés par actions et les sociétés à responsabilité limitée, dans les rapports avec les tiers, la société est engagée même par les actes des dirigeants qui ne relèvent pas de l'objet social[523]. Aussi parle-t-on de leur pouvoir légal, puisque ni le pacte social ni les délibérations des organes sociaux ne sauraient écarter la solution. Toutefois, il conviendra de tenir compte de la mauvaise foi du cocontractant et de l'atteinte à la spécialité légale.

Pour que la personne morale soit, en principe, engagée, il suffira donc que l'acte ait été conclu au nom de la société par un dirigeant social. Ce dernier devra être régulièrement nommé et ne pas avoir cessé ses fonctions, ce qui ressortira, le plus souvent, de la publicité donnée à ces décisions. Le dirigeant devra, toutefois, être un organe social doté d'un pouvoir de représentation. Applicable à un gérant ou à un président de conseil d'administration ou à l'administrateur général, la solution ne le serait plus par rapport à un directeur salarié, soumis à un autre régime juridique, le dirigeant pouvant engager sa responsabilité à l'égard de la société pour le préjudice que cause la violation des statuts.

320 La question s'est posée de savoir, en revanche, si le tiers cocontractant pouvait se prévaloir, lui, du dépassement d'objet social pour ne pas exécuter sa propre prestation. En principe, le tiers peut contester l'acte en l'absence de régularisation. Il en irait autrement des tiers étrangers à la société ou à l'acte.

321 En cas de mauvaise foi du cocontractant, la société est engagée : *à moins qu'elle ne prouve que le tiers savait que l'acte dépassait cet objet ou qu'il ne pouvait l'ignorer compte tenu des circonstances, étant exclu que la seule publication des statuts suffise à constituer cette preuve*[524] ; mauvaise foi pouvant être appréciée, *in concreto,* par la preuve de la connaissance par le tiers du dépassement ou, *in abstracto,* s'il ne pouvait l'ignorer.

La société sera ainsi libérée si elle démontre que le tiers, non seulement connaissait l'objet social, mais aussi le dépassement par l'acte accompli. Les tiers ne sauraient être tenus de s'enquérir des intentions ni de vérifier les éventuelles affirmations des dirigeants. D'autant qu'il existe peu d'actes qui ne puissent, en théorie, se rattacher à un objet social. La rédaction des statuts sur ce point étant déterminante. Tous les moyens de preuve seront admissibles pour démontrer la véracité de ce fait juridique. L'importance de l'engagement ou sa nature

---

[523] NGUYEN XUAN CHANH, « Le sort des actes irrégulièrement accomplis au nom d'une société commerciale », *D.* 1978, chron. 69.
[524] Art. 122 AUS.

intrinsèquement exceptionnelle pouvant être un indice. Mais la seule publication des statuts ne suffit pas à constituer cette preuve.

La mauvaise foi peut aussi résulter des circonstances extérieures à la conclusion de l'acte, notamment lorsque le tiers par ses fonctions ou des relations antérieures avec la société se devait de connaître l'objet. Encore que place soit faite à l'interprétation souveraine des tribunaux. Le dépassement de l'objet d'une filiale ne devrait pas profiter à une société mère. Selon certains auteurs, le banquier qui bénéficie du cautionnement donné par une société pour garantir l'emprunt contracté par une autre société ne pourrait ignorer le dépassement en raison des précautions d'usage et de ses activités[525]. Le commissaire aux comptes de la société ou un notaire dépositaire des statuts sont dans la même situation. En revanche, si le tiers a, au moment de contracter avec la société, demandé communication des statuts, ce fait devrait être considéré comme lui ayant permis d'avoir une connaissance personnelle et effective de l'objet social, et cela le priverait de la possibilité d'invoquer un engagement de la société dépassant cet objet.

En outre, du dépassement social *stricto sensu*, doit être distingué de la violation de la spécialité légale. Les tiers ne sauraient ignorer les restrictions impératives légalement apportées aux pouvoirs des dirigeants sociaux : autorisations nécessaires pour des avals et garanties, actes purement gratuits... Ce qui n'est pas le cas de la cession du fonds de commerce exploité par la société[526].

322 Toutefois, encore faut-il tenir compte des actes qui relèvent de la compétence exclusive d'un organe social précis. Certaines décisions judiciaires prennent en considération la compétence reconnue aux assemblées générales extraordinaires et le pouvoir hiérarchique des organes sociaux. La question se pose notamment à propos de la cession du fonds de commerce exploité par la société, lorsqu'il est statutairement apporté des précisions qui le caractérisent et précisent sa localisation ou l'identification d'éléments spécifiques attractifs de la clientèle. La cession d'un tel fonds par les seuls dirigeants sociaux serait annulable parce que cette modification indirecte emporte une violation des statuts, sanctionnée par la nullité de l'acte.

Cependant, on a fait valoir que la solution est paradoxale en ce qu'elle permettrait d'annuler tout acte irrégulier des dirigeants qui, parce qu'il ne serait pas conforme aux statuts, empiéterait sur la compétence de l'assemblée générale extraordinaire, malgré les dispositions légales selon lesquelles : les clauses

---

[525] J. HÉMARD, F. TERRÉ et P. MABILAT, « La réforme de la réforme des sociétés commerciales [suite…] », *D.* 1970, chron. 45, spéc. 52 et s.

[526] V. cep. Y. SERRA, « Nullité et inopposabilité au regard de la réception de la directive 68-151 du Conseil des Communautés européennes par la législation française des sociétés », *D.* 1973, chron. 97 ; J. HÉMARD, F. TERRÉ et P. MABILAT, *Sociétés commerciales*, t. 1, 1972, Dalloz.

statutaires limitant les pouvoirs des dirigeants sont inopposables aux tiers[527]. Aussi conviendrait-il de ne pas assimiler la modification formelle des statuts, de la seule compétence des associés, avec sa transgression, qui n'est pas une modification *stricto sensu*.

Au cas de mauvaise foi du tiers, la nullité de l'acte irrégulièrement conclu pourra être demandée par la société, selon le droit commun de la nullité des actes sociaux. L'action est prescrite par trois ans à compter du jour où la nullité est encourue. La question est controversée de savoir si la nullité ne peut être invoquée que dans l'intérêt de la société ou par tout intéressé. La procédure de régularisation est applicable, la confirmation étant de la compétence de l'organe habilité à modifier les statuts. En outre, selon le droit commun de la responsabilité, des actions pourront être engagées par les victimes respectives des engagements fautifs : société à l'égard du dirigeant ou du tiers ; tiers à l'égard du dirigeant. Enfin, le dépassement d'objet social peut être qualifié de faute de gestion caractérisant la condition d'une action en comblement de passif au cas de redressement de liquidation judiciaire de la société.

B- L'opposabilité aux tiers par les sociétés de personnes

323 En l'absence de dispositions spécifiques comparables à celles applicables aux sociétés de capitaux, les dirigeants sociaux n'engagent pas la société par des actes non conformes à l'objet social. De principe, la souscription d'une garantie, spécialement d'un cautionnement, par le gérant au nom de la société sans qu'elle soit prévue à tout le moins indirectement par l'objet social serait annulable, sauf à démontrer qu'elle est conforme à l'intérêt social, ou à la volonté unanime des associés. Encore faut-il réserver la collusion frauduleuse[528]. Le principe demeure qu'un cautionnement consenti par le gérant d'une société civile est inopposable à cette société dès lors qu'il est étranger à l'objet social. Le tiers pourra invoquer la responsabilité du dirigeant pour une faute détachable de la fonction. La question est controversée de savoir si la nullité ne peut être invoquée que dans l'intérêt de la société ou par tout intéressé.

324 Toutefois, en cas de dépassement, l'acte pourrait encore être validé par une ratification. Ainsi, avant même la conclusion de l'acte, l'organe compétent pour modifier les statuts pourrait-il autoriser le dirigeant à engager valablement la société hors de son objet social, à titre exceptionnel ou par une modification définitive. L'acte irrégulièrement conclu pourrait encore être rétroactivement ratifié par une décision de l'organe compétent pour modifier les statuts, soit par une confirmation expresse, soit par une modification de l'objet. Dans tous les autres cas, la responsabilité du dirigeant pourrait éventuellement être recherchée.

---

[527] Art. 123 AUS.

[528] J.-P. GARÇON, « La validation atypique du cautionnement hypothécaire non directement conforme à l'objet social », *JCP*, éd. N, 2000.1404.

S-SECTION III. LA RESPONSABILITÉ DES DIRIGEANTS SOCIAUX

325 Les fonctions de dirigeant de société ne sont pas une tâche facile, car, dans l'exercice de ces fonctions les dirigeants sociaux peuvent être amenés à faire face à leur responsabilité, qu'elle soit civile (§1) ou pénale (§2).

§1. LA RESPONSABILITÉ CIVILE

326 Le livre 3 de l'AUS prévoit la responsabilité civile des dirigeants sociaux[529], qu'ils soient des personnes physiques ou morales[530]. Si, pour que la responsabilité soit engagée, la faute des dirigeants doit être établie, il n'en reste pas moins vrai que celle-ci est susceptible de l'être plus facilement lorsque l'action est exercée par la société ou les associés (A) qu'en cas de recours formé par les tiers (B).

A- La responsabilité des dirigeants à l'égard de la société ou des associés

327 La mise en œuvre de la responsabilité des dirigeants envers la société et les associés se fait par l'entremise de deux actions bien distinctes : l'action sociale qui est ouverte à la société (1), et l'action individuelle qui est reconnue aux associés (2). Cependant, les conditions de la responsabilité sont exactement les mêmes dans l'un et l'autre cas (3).

1- L'action sociale

328 Le principe de la responsabilité d'un dirigeant envers la société qu'il dirige ou administre est posé par l'article 165 alinéa 1er de l'AUS en ces termes : *Chaque dirigeant social est responsable individuellement envers la société, des fautes qu'il commet dans l'exercice de ses fonctions.* Pour mettre en jeu cette responsabilité, la société dispose d'une action dite *action sociale*[531]. Celle-ci vise à obtenir la condamnation du dirigeant à réparer le préjudice subi par la société. En quelque sorte, elle a pour objet le maintien ou la reconstitution du patrimoine social[532]. Une telle conception est certainement étroite, car la responsabilité d'un dirigeant peut être recherchée pour des actes, faits ou abstentions n'ayant aucune incidence sur la situation matérielle ou patrimoniale de la société[533]. Tel est le cas lorsque la société subit un préjudice moral.

---

[529] Pour aller plus loin, v. A. AKAM AKAM, « La responsabilité civile des dirigeants sociaux en droit OHADA », op. cit. ; W. J. NGOUE, « La mise en œuvre de la responsabilité des dirigeants de sociétés anonymes en droit OHADA », in *L'effectivité du droit de l'OHADA*, Yaoundé, PUA, 2006, pp. 179-213.

[530] S'agissant d'une personne morale dirigeante, l'article 276 al. 2 de l'AUS prévoit que « ses dirigeants sont soumis aux mêmes conditions et obligations et encourent les mêmes responsabilités civiles et pénales que s'ils étaient gérants en leur propre nom, sans préjudice de la responsabilité solidaire de la personne morale qu'ils dirigent ».

[531] Sur une vue d'ensemble, v. J.-P. Berdah, *op. cit.*, notam. n° 117 et s.

[532] Mercadal et Janin, *op. cit.*, n° 8513.

[533] A. AKAM AKAM, « La responsabilité civile des dirigeants sociaux en droit OHADA », op. cit.

L'action sociale exercée contre un ou plusieurs dirigeants sociaux[534] peut être engagée soit par la société elle-même, soit par un ou plusieurs associés en cas de défaillance des organes compétents[535]. La société agit normalement par ses représentants légaux[536]. Cette action est dite *ut universi*. Elle est exercée soit par les autres dirigeants en fonction, soit par les nouveaux dirigeants. Il est évident que l'action intentée par un dirigeant contre un autre suppose que celui qui agit soit complètement étranger aux actes ou faits commis par le dirigeant poursuivi. Autrement dit, il doit personnellement être hors de cause. En tout cas, lorsque la faute est commune ou collective (faute commise par les administrateurs ou tous les gérants par exemple), l'exercice de l'action sociale par la société ne sera guère envisageable. Cette situation explique certainement que le droit d'agir soit aussi reconnu aux associés.

L'action sociale exercée par les associés ou actionnaires est dite *ut singuli*[537]. Elle peut d'abord être intentée par un associé agissant individuellement[538]. La jurisprudence décide que celui qui a perdu la qualité d'actionnaire n'est plus habilité à exercer l'action sociale, même si elle vise la réparation d'un préjudice né alors qu'il était encore actionnaire[539]. Autrement dit, un associé ou un actionnaire ne peut agir au nom de la société que s'il détient effectivement une part du capital social, quel qu'en soit le montant[540]. Il en va autrement s'il cède ou vend ses parts ou actions, se retire volontairement ou est exclu de la société. L'action sociale peut aussi être exercée par plusieurs associés. Lorsqu'il s'agit d'une société à responsabilité limitée, l'article 331 de l'AUS prévoit que plusieurs associés ne peuvent demander la réparation du préjudice subi par la société que s'ils représentent le quart des associés et le quart des parts sociales. Ces deux conditions sont cumulatives. Par contre, lorsqu'il s'agit d'une société anonyme, les actionnaires ne peuvent exercer l'action sociale que s'ils représentent au moins le vingtième du capital social.

---

[534] V. art. 166 al. 2 AUS. Faut-il y intégrer les dirigeants de fait ? La jurisprudence répond par la négative, de sorte que ceux-ci sont responsables conformément au droit commun (art. 1382 ou 1383 du code civil). V. Cass. com., 6 oct. 1981, *D.*, 1983, 133, *JCP*, 1982, II, 19891.

[535] V. art. 167.

[536] À cet effet, les statuts précisent généralement les organes qui représentent la société en justice.

[537] V. S. OUSMANOU, « L'action sociale ut singuli ou l'apport éthique de l'Acte uniforme relatif au droit des sociétés commerciales et du GIE », Juridis Périodique, n° 38, Janvier-Mars 1999, pp. 93-100 ; J.-P. Berdah, *op. cit.*, n° 142 et s. ; G. Chesné, « L'exercice "ut singuli" de l'action sociale dans la société anonyme », *RTD com.*, 1962, 347 ; Lacan, « L'action sociale exercée *ut singuli* », *Rev. Sociétés*, 1946, 223 ; M.R.E. DIOUF, *L'action individuelle et l'action sociale*, mémoire de Master, UCAD, 2004.

[538] V. art. 167 AUS.

[539] T.A. BAZAA, *Protection de l'enrichissement de l'associé en droit OHADA des sociétés commerciales et GIE,* mémoire de DEA, Université Gaston Berger, 2007 ; Cass. com., 26 janv. 1970, *JCP*, 1970, II, 16385, note Guyon ; Cass. Civ., 12 nov. 1987, *Gaz. Pal.*, 1988, pan. 31 ; Paris, 6 avril 2001, *RJDA*, 10/01, n° 982.

[540] Il a été jugé qu'il est recevable à agir même s'il est actionnaire de fraîche date. En ce sens, Cass. crim., 2 avril 1998, *Rev. Sociétés*, 1998, p. 614.

329 Ainsi, l'action sociale ne peut-elle être exercée par un ou plusieurs associés qu'après une mise en demeure des organes compétents non suivie d'effet dans un délai de trente jours[541]. Elle se justifie donc par l'inaction des représentants sociaux[542].

C'est dire que le tribunal ne peut connaître de l'action sociale intentée par les associés que si la défaillance des représentants légaux de la société est démontrée. Par ailleurs, l'exercice de l'action sociale par les associés ne souffre d'aucune restriction. Aussi, toute clause des statuts ayant pour effet de le subordonner à l'avis préalable ou à l'autorisation de l'assemblée des associés, d'un organe de gestion, de direction ou d'administration, ou d'y renoncer est réputée non écrite[543]. De même, aucune décision des organes précités ne peut avoir pour effet d'éteindre une telle action[544].

Enfin, pour éviter que l'action *ut singuli* ne puisse être exercée à cause des frais de procédure, l'AUS innove par rapport au droit français en prévoyant que *les frais et honoraires occasionnés par l'action sociale, lorsqu'elle est intentée par un ou plusieurs associés, sont avancés par la société*. Les associés sont donc dispensés de faire l'avance des frais dès lors qu'il s'agit de poursuivre le dirigeant dans l'intérêt de la société.

L'action sociale peut être intentée soit contre les dirigeants en fonction, soit contre les dirigeants retirés. Dans le premier cas, l'action est exercée contre les responsables actuels de la marche des affaires sociales et vise à obtenir la réparation du préjudice qu'ils auraient causé à la société dans l'usage des pouvoirs qui leur sont dévolus. Si cette action ne soulève pas de difficulté particulière, il en va autrement de celle intentée contre les dirigeants retirés[545].

330 Le dirigeant retiré n'est pas responsable des faits antérieurs à son entrée en fonction[546]. Il ne peut être poursuivi que pour des faits postérieurs à celle-ci et antérieurs à la cessation des fonctions. En d'autres termes, sa responsabilité ne peut être recherchée que pour des fautes commises pendant sa période d'activité

---

541 V. art 167 AUS. Par cette disposition, celui-ci se démarque du droit français qui ne contient aucune règle de ce genre. On peut effectivement se demander si une telle action y a encore un caractère supplétif ou subsidiaire. V. la Cour de cassation (Com., 12 déc. 2000, *Bull. Joly*, mai 2001, p. 508, § 131) qui a cassé un arrêt d'une cour d'appel en relevant que « l'intervention devant les premiers juges du représentant légal de la société ne pouvait priver le demandeur du droit propre, appartenant à l'actionnaire, de présenter des demandes au profit de celle-ci et de relever appel en son nom ».

542 Paris, 4 févr. 1994, *Bull. Joly*, 1994, p. 403.

543 V. art. 168 AUS. Sur la pratique de telles clauses qui avaient pour but de mettre les dirigeants à l'abri de recours individuels, v. G. Chesné, *op. cit.*, n° 3.

544 V. art. 169. Jugé en droit français que le *quitus* donné aux gérants est sans effet. Rouen, 12 janv. 1973, *D.*, 1973, somm. 28.

545 Sur cette difficile question, v. G. Creff, « La responsabilité des dirigeants sociaux retirés », *RTD com.*, 1978, 479

546 Sur cette irresponsabilité, v. Paris 24 févr. 1977, *D.*, 1978, 33.

dans la société[547]. Le principe est donc celui de l'irresponsabilité du dirigeant retiré tant pour les faits antérieurs à son entrée en fonction que pour les faits qui sont postérieurs.

Ceux-ci ne lui sont pas imputables. Toutefois, sa responsabilité peut être envisagée pour les faits qu'il aurait directement commis après avoir quitté ses fonctions et qui seraient à l'origine du dommage subi par la société. Dans ce cas, l'action en responsabilité est une action en responsabilité civile de droit commun et qui, comme telle, échappe normalement au régime de l'action sociale.

2- L'action individuelle de l'associé

331 Aux termes de l'article 162 de l'AUS, *l'action individuelle est l'action en réparation du dommage subi par un tiers ou par un associé, lorsque celui-ci subit un dommage distinct du dommage que pourrait subir la société, du fait de la faute commise individuellement ou collectivement par les dirigeants sociaux dans l'exercice de leurs fonctions. Cette action est intentée par celui qui subit le dommage*[548]. La responsabilité des dirigeants envers les associés est ainsi énoncée pratiquement dans les mêmes termes que celle à l'égard de la société. Cependant, sa mise en œuvre est plus difficile en raison de la condition à laquelle elle est subordonnée. En effet, pour admettre l'action individuelle d'un associé, la loi exige que celui- ci ait subi un préjudice distinct de celui éprouvé par la société. Il s'agit donc de rapporter la preuve d'un dommage indépendant ou « détachable » de celui souffert par la société. Force est de reconnaître qu'une telle preuve est particulièrement difficile[549]. En général, toute faute commise par un dirigeant cause avant tout un préjudice à la société, c'est-à-dire à une personne morale dont la personnalité juridique est distincte de celle de chaque associé qui la constitue. En tant que membre de la société (comme détenteur de parts sociales ou d'actions), l'associé est aussi victime du dommage subi par la société, fut-ce de

---

[547] V. Cass. Com., 24 févr. 1998, *JCP*, E, 1998, pan. 637, *D. affaires*, 1999, 850. Dans cette espèce, la haute juridiction affirme que l'ex-dirigeant d'une société est tenu d'une obligation de loyauté à l'égard de celle-ci et encourt donc une condamnation, au titre de la responsabilité délictuelle, en cas d'actes de concurrence déloyale. V. aussi, Cass. com., 10 févr. 1998, *Rev. Sociétés*, 1998, 546. Par ailleurs, il a été jugé qu'engage sa responsabilité pour manquement à son obligation de loyauté et de fidélité à l'égard de la société, le gérant qui crée sa société et commence son exploitation avant l'expiration du préavis : Cass. com., 12 févr. 2002, *JCP*, E, 2002, n° 1603, p. 1776, *Bull. Joly*, 2002, p. 617, note B. Saintourens. En présence d'une clause de non-concurrence valable, l'ancien dirigeant doit la respecter sous peine de responsabilité. V. Cass. com., 17 déc. 2002, *Bull. Joly*, 2003, p. 302,
note Couret.

[548] V. aussi l'art. 172 qui précise que « l'exercice de l'action sociale ne s'oppose pas à ce qu'un associé exerce contre la société l'action en réparation du préjudice qu'il pourrait personnellement subir ».

[549] V. A. COURET, « Interrogations autour de la réparation du préjudice individuel de l'actionnaire », *RJDA*, 5/97, p. 391 ; P. Le CANNU, *Droit des sociétés*, Montchrestien, 2002, n° 481 ; R. VATINET, « La réparation du préjudice causé par la faute des dirigeants sociaux devant les juridictions civiles », *Rev. Sociétés*, 2003, p. 247

manière indirecte. Mais il reste que, si le préjudice subi par l'associé est en réalité celui souffert par la société ou en est simplement le corollaire, la loi lui refuse toute action directe[550]. Ainsi, pour agir en son nom et pour son compte, l'associé doit démontrer qu'il a personnellement et exclusivement souffert du dommage. L'existence d'un préjudice individuel, distinct de celui subi par la société, résulte généralement des actes discriminatoires commis par les dirigeants à l'encontre d'un associé. Un auteur cite par exemple le fait par un conseil d'administration de refuser à un associé de lui payer le dividende, de le laisser participer à une assemblée générale, à une distribution de réserves ou d'actions, à une augmentation de capital[551]. Quant à la jurisprudence, elle a admis l'existence d'un dommage personnel en cas d'atteintes aux droits individuels des actionnaires ou des associés[552] ou de manquement au devoir de loyauté qui s'impose au dirigeant à l'égard de tout associé[553].

332 L'action individuelle de l'associé est une action personnelle qui ne peut être intentée que par lui seul, en tant que victime directe du dommage. Pour ce faire, il peut agir de deux manières : soit par voie d'action directe en saisissant le tribunal compétent pour connaître des affaires commerciales ; soit par voie d'action civile lorsque le fait reproché aux dirigeants constitue une infraction pénale susceptible d'être qualifiée de crime ou délit.

L'action individuelle ne saurait être éteinte par le *quitus* donné aux dirigeants par les organes compétents[554]. Toutefois, l'associé peut volontairement renoncer à l'exercer, à condition de le faire après la naissance du préjudice[555]. Bien entendu, si d'autres associés ont souffert du même préjudice, cette renonciation est sans effet sur leur propre action.

Telles sont les règles qui régissent l'action individuelle et l'action sociale. Toutes les deux doivent être portées devant la juridiction chargée des affaires commerciales dans le ressort de laquelle est situé le siège de la société. Rien n'interdit, cependant, que les statuts prévoient une clause attribuant la

---

[550] En droit français où la situation est exactement la même, la jurisprudence est ferme dans le sens du rejet de toute action d'un associé n'ayant pas subi un préjudice direct et personnel. V. Cass. crim., 13 déc. 2000, *Dr. pénal*, 2001, comm. n° 47, *Rev. Sociétés*, 2001, p. 394 ; 4 avril 2001, *JCP*, E, 2001, n° 46, p. 1817, note J.-H. Robert ; Cass. com., 15 janv. 2002, *RJDA*, 6/02, n° 650.

[551] A. TUNC, « La responsabilité civile des organes de gestion des sociétés et les règles générales de la responsabilité civile en droit français », *in Trav. Ass. H. Capitant*, 1967, t. XV, p. 26.

[552] Cass. com., 18 févr. 1997, *Quot. Jur.*, 3 avr. 1997, n° 27 ; 18 juil. 1989, *Dr. Sociétés*, (août-sept.) 1989, 13 ; Paris, 15 déc. 1995 et 19 janv. 1996, *RTD com.*, 97, 286 ; 2 mai 1935, *Gaz. Pal.*, 1935, 2, 113.

[553] Cass. com., 27 févr. 1996 (arrêt *Vilgrain*) *JCP*, G, 1996, II, 22665, note J. Ghestin, *D.*, 1996, 518, note Ph. Malaurie ; 12 mai 2004, *Juris-Data,* n° 2004-023739, *Dr. Sociétés*, 2004 (août-sept.), p. 10, note F.G.T.

[554] Bien que les textes ne le prévoient pas expressément, la doctrine (notam. Mercadal et Janin,*op. cit.*, n° 8524) considère que l'on doit étendre l'interdiction des clauses limitatives à l'action individuelle.

[555] Paris, 14 déc. 1987, *D.*, 1988, somm. p. 248 ; Versailles, 1er déc. 1988, *D.*, 1989, somm. p. 155.

compétence à une autre juridiction, car les règles de compétence territoriale ne sont pas d'ordre public. Par ailleurs, les deux actions se prescrivent par trois ans à compter du fait dommageable ou, s'il a été dissimulé, de sa révélation, et par dix ans si le fait dommageable est un crime[556]. Il s'agit donc de délais de prescription spéciaux.

3- Les conditions de responsabilité

333 Comme en droit commun de la responsabilité civile, la responsabilité des dirigeants envers la société ou les associés, tel que prévu par l'AUS, est subordonnée à la preuve d'une faute commise par ceux-ci (a), d'un dommage subi par la société ou les associés (b) et d'un lien de causalité (c) entre la faute et le dommage[557].

a- La faute

334 L'exigence d'une faute des dirigeants est générale. De la combinaison des dispositions des différents textes de l'AUS[558], il résulte que les dirigeants sont individuellement ou solidairement responsables envers la société ou les associés soit des infractions aux dispositions législatives ou réglementaires, soit des violations des dispositions des statuts, soit des fautes commises dans leur gestion[559]. Ces différentes fautes méritent d'être mieux précisées.

En premier lieu, la faute peut consister dans la violation des lois et règlements applicables à la société, telle que les règles relatives à sa constitution et à son fonctionnement (par exemple : inobservation des règles relatives au fonctionnement du conseil d'administration, à la tenue des assemblées des associés, à l'information des associés ou à la tenue des comptes sociaux). Ainsi, en droit français, a été jugé responsable pour violation des lois et règlements, le dirigeant qui refuse de convoquer l'assemblée des associés, qui n'observe pas

---

[556] V. art. 164 (action individuelle) et 170 (action sociale) de l'AUS. Sur le point de départ de la prescription en cas de dissimulation des faits, v. Cass. com., 20 mars 1984, *Bulletin rapide de droit des affaires*, 1984/11, p. 10.

[557] Sur l'appréciation de cette triple exigence en droit des affaires en général, v. F. POLLAUD-DULIAN, « De quelques avatars de l'action en responsabilité civile dans le droit des affaires », *RTD com.*, 1997, 349.

[558] V. art. 330 (responsabilité des gérants de SARL) et 740 (responsabilité des administrateurs, de l'administrateur général).

[559] V. pour plus de détails à propos de la notion de faute de gestion, P. ETHY NYAKE, « La notion de faute de gestion en matière de comblement de passif (contribution à l'appropriation de l'article 183 de l'Acte uniforme portant organisation des procédures collectives d'apurement du passif) », *Juridis Périodique*, n° 71, Juillet-Août-Septembre 2007, pp. 43-53

l'obligation d'information à l'égard des actionnaires[560], ou qui conclut une convention sans l'autorisation préalable de l'autorité compétente[561].

En deuxième lieu, la faute des dirigeants peut résulter de la violation des statuts. Il s'agit d'une hypothèse où les dirigeants ne se conforment pas aux dispositions statutaires régissant la société. Tel est le cas lorsqu'un dirigeant méconnaît une prescription statutaire l'obligeant à obtenir exceptionnellement l'accord des associés pour accomplir un acte ou, sans l'autorisation des associés, promet d'acquérir un terrain en vue de la construction d'une usine alors que les statuts limitent ses pouvoirs aux affaires courantes de la société ne présentant aucun caractère exceptionnel.

Enfin, la responsabilité des dirigeants est généralement la conséquence d'une faute de gestion. Celle-ci suppose un manquement (acte, fait ou abstention) commis dans l'exécution du « mandat » social et qui porte atteinte aux intérêts de la société ou des associés. Les fautes de gestion couvrent ainsi un éventail large d'actions ou omissions[562] qui sont susceptibles d'engager la responsabilité des dirigeants envers la société, les associés ou les tiers.

335 Comme en droit commun, toute faute personnelle du dirigeant entraîne sa responsabilité dès lors qu'elle est la cause d'un dommage pour la société ou les associés. Il n'est pas nécessaire que la faute soit lourde ou dolosive. Il suffit qu'elle existe et qu'elle soit caractérisée. On peut alors se demander si le dirigeant peut essayer de s'exonérer en invoquant par exemple la délégation de pouvoirs qu'il aurait consentie à un préposé. En principe, cette cause d'exonération n'est pas admise, la jurisprudence considérant que la gestion de la société relève tout entière de sa responsabilité. Toutefois, les juges semblent s'orienter vers une telle exonération en matière civile comme en matière pénale, lorsque le dirigeant peut

[560] Cass. com. 17 mai 1965, *JCP*, G, 1966, II, 14647. Sur cette question en général, v. I. Urbain-Parléani, « Les nouvelles obligations d'information des dirigeants envers les actionnaires », *Rev. Sociétés*, 2001, 781.

[561] Paris, 7 nov. 1984, *BRDA*, 1984/24, p. 18. Il faut préciser en outre que les conventions conclues sans autorisation préalable du conseil d'administration peuvent être annulées. C'est au moment où il statue sur la demande en nullité que le juge doit apprécier si une telle convention a eu des conséquences dommageables pour la société. V. Cass. com., 1er oct. 1996, *RJDA*, 1/97, n° 65 ; 15 mai 1998, *RJDA*, 8-9/98, n° 996.

[562] Ainsi, la responsabilité des dirigeants a été engagée pour : absence d'avis aux associés sur la gravité de la situation financière de la société (Cass. com., 5 juin 1961, *Bull. civ.*, III, n° 254), conclusion d'un bail dans des conditions préjudiciables à la société (Cass. com., 8 juin 1963, *Bull. civ.*, III, n° 283), distribution de commissions à des tiers (Cass. com., 14 déc. 1960, *D.*, 1961, 402), fraudes fiscales (Cass. com., 3 nov. 1988, *BRDA*, 1989/1, p. 11), négligences ayant conduit à la condamnation de la société à des dommages-intérêts pour concurrence déloyale (Paris, 21 mars 1984, *BRDA*, 1984/11, p. 9), prêt consenti à des particuliers en violation de l'objet social (Cass. com., 10 mars 1976, *JCP*, 1977, II, 18566), concurrence à la société dirigée (Cass. com., 7 oct. 1997, *JCP*, E, 1997, I, n° 710, p. 500), retard dans le remboursement de sommes dues par la société et paiement consécutif d'intérêts moratoires (Cass. com., 12 janv. 1993, *RJDA*, 1993, n° 800, p. 698)

établir que le délégué était doté des compétences techniques, d'autorité et d'indépendance suffisantes et des moyens nécessaires. Encore faut-il que le dirigeant soit totalement étranger à la commission de la faute ou de l'infraction[563]. Le délégant est tenu d'une obligation de surveiller le délégué et de prendre les mesures qui s'imposent en cas d'agissements répréhensibles de ce dernier.

En somme, comme en droit commun, le dirigeant ne peut s'exonérer qu'en faisant la preuve que le dommage résulte, soit de la force majeure, soit d'une faute de la victime (la société ou l'associé) ou d'un tiers.

b- Le dommage

336 Le dommage subi par la société ou l'associé doit être prouvé pour que la responsabilité du dirigeant soit engagée. Conformément au droit commun, le demandeur doit démontrer que la faute reprochée au dirigeant lui a causé un dommage dont il entend obtenir réparation. Ce dommage peut être matériel ou moral. La jurisprudence exige simplement la preuve d'un dommage direct, certain et personnel[564]. À défaut d'une telle preuve, la responsabilité du dirigeant doit être écartée. Ainsi, la responsabilité d'un dirigeant n'a pas été retenue dans une espèce où il a été démontré que la communication tardive de certaines informations aux actionnaires ne leur avait point été préjudiciable. De même, la responsabilité d'un gérant a été écartée en l'absence de la preuve que la résiliation d'un contrat par son fait, avait causé un préjudice personnel à l'associé demandeur[565].

c- Le lien de causalité entre la faute et le dommage

337 La responsabilité du dirigeant est enfin subordonnée à la preuve par le demandeur de l'existence d'un rapport de causalité entre le dommage subi par la société ou l'associé et la faute reprochée au dirigeant. Il appartient donc aux juges du fond de constater que le préjudice allégué par la société ou les associés a bien sa source dans un acte, un fait ou une abstention du dirigeant poursuivi. Il est évident que l'établissement de ce lien de causalité est difficile, car il est rare que la faute du dirigeant poursuivi soit la cause unique ou principale du dommage. En tout cas, les juges du fond apprécient souverainement les preuves produites par le demandeur pour décider si le dommage est ou non la conséquence du manquement reproché au dirigeant.

Au total, la responsabilité des dirigeants à l'égard de la société ou des associés, tel qu'elle est organisée par le droit des sociétés, est pratiquement subordonnée

---

[563] S'il y a participé ou n'a pu empêcher sa commission alors qu'il en avait connaissance, la délégation perd son effet exonératoire. V. Cass. crim., 15 oct. 1970, *Dr. soc.*, 1970, p. 733 ; 23 janv. 1975, *D.*, 1976, 376 ; 6 oct. 1993, *RJDA*, 1994/1, p. 94, n° 110 ; 13 mars 1995, *RJDA*, 1995/7, p. 730, n° 927 ; 20 mars 1995, *RJDA*, 1995/6, p. 570, n° 717 ; 20 mai 2003, *Bull. Joly*, 2003, p. 242.

[564] En ce sens, Paris, 4 févr. 2000, *Bull. Joly*, 2000, p. 817.

[565] Cass. com., 5 mars 1991, *Liaisons juridiques et fiscales*, 28 mars 1991, p. 2.

aux conditions exigées par le droit commun en matière de responsabilité civile. Il en est d'ailleurs ainsi en ce qui concerne leur responsabilité à l'égard des tiers.

B- La responsabilité des dirigeants à l'égard des tiers

338 Les règles qui gouvernent la responsabilité des dirigeants envers les tiers sont, pour l'essentiel, identiques à celles applicables aux rapports entre les dirigeants et la société ou les associés. Néanmoins, en droit français où le problème se pose de la même manière, la jurisprudence subordonne cette responsabilité à la preuve par le tiers demandeur d'une faute du dirigeant séparable des fonctions.

De la combinaison des articles 330 et 740 de l'AUS, il résulte que les gérants, les administrateurs ou l'administrateur général sont responsables individuellement ou solidairement envers les tiers, soit des infractions aux dispositions législatives ou réglementaires applicables aux sociétés, soit des violations des dispositions des statuts, soit des fautes commises dans leur gestion. La loi française est pratiquement identique[566]. Pour la Chambre commerciale de la Cour de cassation, la seule preuve d'une faute quelconque ne suffit pas à engager la responsabilité des dirigeants à l'égard des tiers. S'inspirant de la distinction classique en droit administratif entre la faute de service et la faute personnelle[567], elle décide que *la responsabilité personnelle d'un dirigeant à l'égard des tiers ne peut être retenue que s'il commet une faute séparable de ses fonctions et qui lui soit imputable personnellement*[568].

339 D'ailleurs, les chambres civiles ont statué dans le même sens[569]. Cette jurisprudence a suscité une abondante doctrine[570] et fait l'objet d'une critique acerbe sous la forme de trois principales objections.

---

[566] V. art. L223-22 (responsabilité des gérants de SARL) et art. L 225-251 (responsabilité des administrateurs et du directeur général de SA) du code de commerce.

[567] G. VEDEL, P. DELVOLVE, *Droit administratif*, t. 1, Thémis, 12e éd., 1992, p. 551 et s. ; R. Chapus, *Droit administratif général*, t. 1, Montchrestien, 11e éd. ,1997, p. 1242 et s.

[568] Cass. com., 27 janv. 1998, *Bull. Joly*, 1998, p. 535, *Dr. Sociétés*, 1998, comm. n° 46, obs. Vidal.

[569] Cass. civ., 4 avr. 2001, *JCP*, E, 2001, p. 977 ; 1er juil. 1997, *D.*, 1997, IR p. 207 ; 18 juin 2003, *Dr. Sociétés*, nov. 2003, p. 27, note J. Monnet.

[570] C. Freyria, « Libres propos sur la responsabilité civile dans la gestion d'une entreprise », *in Mélanges L. Boyer*, Presses de l'Université Toulouse 1 Sciences sociales, 1996, p. 178 ; B. Petit, Y. Reinhard, « Responsabilité civile des dirigeants », *RTD com.*, 1997, p. 282 ; G. Auzero, « L'application de la notion de faute personnelle détachable des fonctions en droit privé », *D. affaires*, 1998, p. 502 ; V. Wester-Ouisse, « Critique d'une notion imprécise : la faute séparable de ses fonctions », *D. affaires*,
1999, p. 782 ; D. VIDAL, « La responsabilité civile des dirigeants sociaux », *Cah. dr. entr.*, 3/2001, p. 16. Il faut préciser que l'extension de la notion de « faute séparable » s'observe dans d'autres matières et notamment en ce qui concerne la responsabilité des préposés. V. TERRE, SIMLER ET LEQUETTE, *op. cit.*, p. 795 et s., notam. n° 838 ; B. PUILL, « Les fautes du préposé : s'inspirer de certaines solutions du droit administratif ? », *JCP*, 1996, I, n° 3939 ; S. FOURNIER, « La faute "personnelle" du préposé », *Petites affiches*, 1997, n° 88 ; J.-P. DORLY, « La responsabilité du

En premier lieu, on lui reproche d'avoir créé *une véritable immunité des dirigeants à l'égard des tiers* en reportant toute la responsabilité sur la société[571].

En second lieu, certains[572] lui font grief, d'une part, d'être contraire aux textes qui ne subordonnent nullement la responsabilité des dirigeants à la preuve d'une faute séparable ou détachable des fonctions ; et, d'autre part, d'être l'œuvre de juges statuant *contra legem* ou *ultra legem.*

Enfin, on relève que la position de la Chambre commerciale est contraire à celle adoptée par la Chambre criminelle. Rejetant la distinction entre la faute séparable et la faute non séparable des fonctions, la Chambre criminelle décide que le dirigeant qui a intentionnellement commis une infraction ayant porté préjudice à un tiers engage sa responsabilité à l'égard de celui-ci[573]. La situation des tiers est ainsi tributaire de la nature et de la qualification des faits reprochés au dirigeant. Comme cela a été justement écrit, *la stratégie contentieuse est dès lors passablement compliquée pour la victime d'une faute commise par un dirigeant social.* Pour des agissements identiques, pénalement qualifiables, mais réalisés dans le cadre des fonctions, le dirigeant échappera à toute responsabilité civile s'il est poursuivi devant une juridiction civile, alors qu'il sera au contraire civilement responsable de ses fautes si la victime sollicite réparation devant une juridiction pénale.

340 En réalité, c'est moins le recours que la conception particulièrement restrictive de la notion de faute séparable ou détachable des fonctions ainsi que le fait de ne pas définir de manière concrète que l'on doit reprocher à la jurisprudence de la Chambre commerciale[574]. En effet, le raisonnement de la jurisprudence se cristallise essentiellement sur les conditions d'exercice par le dirigeant de ses fonctions. Ainsi, elle considère que la faute séparable est une faute étrangère ou extérieure aux fonctions.

Tel est le cas lorsque le dirigeant n'a pas agi *ès qualités*, ou a commis une infraction dans l'exercice de ses fonctions, ou a agi dans son intérêt personnel, c'est-à-dire au détriment de la société. En revanche, lorsque la faute reprochée au dirigeant a un lien avec les fonctions, la jurisprudence estime qu'elle ne constitue

---

préposé à l'occasion des actes accomplis dans l'exercice des fonctions », *RJDA*, 2000, chron., p. 395.

[571] V. notam. J.-F. Barbiéri, « Responsabilité de la personne morale ou responsabilité de ses dirigeants ? La responsabilité personnelle à la dérive », *in Mélanges Y. Guyon*, Dalloz, 2003, p. 41 ; Note sous Cass. com., 20 mai 2003, *Rev. Sociétés*, 2003, p. 479 ; F. Descorps Declère, « Pour une réhabilitation de la responsabilité civile des dirigeants sociaux », *RTD com.*, 2003, p. 25.

[572] V. notam. V. Wester-Ouisse, *op. cit.*, p. 784 ; F. Descorps Declère, *op. cit.*, p. 31 et s. ; M. Laugier, « L'introuvable responsabilité du dirigeant social envers les tiers pour fautes de gestion ? », *Bull. Joly*, 2003, p. 261 et spéc., n° 11.

[573] Cass. crim., 20 mai 2003, *Bull. Joly*, 2003, p. 242, note Th. Massart. V. E. Dezeuze, « La réparation du préjudice devant la juridiction pénale », *Rev. Sociétés*, 2003, p. 261.

[574] Pour une vue d'ensemble des fondements de cette jurisprudence et leur critique, v. notam. V. Wester-Ouisse, *op. cit.*, p. 783 et s. ; F. Descorps Declère, *op. cit.*, p. 29 et s.

pas une faute séparable ou détachable des fonctions. Par conséquent, la responsabilité de la société est engagée, à l'exclusion de celle du dirigeant.

341 Face aux critiques suscitées par sa jurisprudence, la Chambre commerciale, dans un arrêt rendu le 20 mai 2003, a entrepris de circonscrire la notion de faute séparable en décidant que *la responsabilité personnelle d'un dirigeant à l'égard des tiers ne peut être retenue que s'il a commis une faute personnelle séparable des fonctions ; qu'il en est ainsi lorsque le dirigeant commet intentionnellement une faute d'une particulière gravité incompatible avec l'exercice normal des fonctions sociales*[575]. Cette décision a été accueillie de manière contrastée par la doctrine. C'est ainsi que, pour un auteur[576], la définition de la faute séparable qu'elle propose est floue et soulève de nombreuses questions en raison des termes utilisés. Par contre, le professeur Barbiéri considère que la définition de la faute séparable retenue prend en compte le caractère délibéré de la faute (faute intentionnelle) et sa gravité (faute d'une extrême gravité), et surtout, il observe que *c'est le fait que la faute soit exclusive d'un exercice normal des fonctions qui paraît essentiel, puisque c'est ce qui exprime qu'elle est séparable*.

342 La controverse sur la notion de faute séparable est donc loin d'être épuisée. La « dramatisation » de la problématique de la faute séparable ou détachable des fonctions paraît procéder de l'opposition de la doctrine et de la jurisprudence quant au choix du responsable, d'une part, et de la fonction de la responsabilité en droit des sociétés, d'autre part. S'agissant du choix du responsable, c'est-à-dire celui qui doit supporter la charge de la réparation des dommages subis par les tiers, il semble bien que la doctrine et la jurisprudence soient « *obnubilées* » par la volonté de désigner à tout prix un seul responsable, soit la société, soit le dirigeant. Il est évident que la conception restrictive de la faute séparable des fonctions en jurisprudence tend à reporter sur la société la responsabilité de l'activité dommageable de ses dirigeants. L'argument serait ici que, comme le préposé ou le fonctionnaire, le dirigeant est un simple *rouage*, un organe social parmi d'autres, qui agit pour le compte d'autrui, à savoir la société, c'est lui qui doit alors supporter les risques liés aux actes ou faits de ses dirigeants. En revanche, les auteurs qui critiquent cette solution souhaitent essentiellement *responsabiliser* les dirigeants.

L'opposition paraît donc nette entre la jurisprudence et la doctrine. Dans un tel climat, aucune solution sereine ne peut être trouvée au problème de la responsabilité des dirigeants à l'égard des tiers si l'on ne sort de ce *face à face* stérile qui impose dans la recherche du responsable à choisir entre la société

---

[575] *D.*, 2003, p. 1502, obs. Lienhard ; *JCP*, E, 2003, n° 1099, p. 1221 ; *Bull.* Joly, 2003, p. 786, note Le Nabasque ; *Rev. Sociétés*, 2003, p. 479, note J.-F. Barbiéri.

[576] En ce sens, I. GROSSI, « La responsabilité des dirigeants », *Dr. et patrim.*, 2003, n° 118, sept, spéc. p. 56.

et le dirigeant. Il faudrait alors explorer une troisième voie qui consisterait à envisager la responsabilité solidaire de la société et des dirigeants. Ainsi, lorsque la faute du dirigeant ne serait pas dépourvue de tout lien avec les fonctions sociales, la responsabilité de la société et du dirigeant serait retenue. Une telle solution aurait l'avantage d'offrir à la victime deux personnes ayant la charge de la réparation de son entier préjudice.

343 Le droit OHADA semble bien retenir cette *co-responsabilité*. En effet, l'article 161 de l'AUS dispose : *Sans préjudice de la responsabilité éventuelle de la société, chaque dirigeant social est responsable individuellement envers les tiers des fautes qu'il commet dans l'exercice de ses fonctions*. Ce texte permettrait aux tiers de poursuivre le dirigeant et la société dès lors que les conditions de la responsabilité de l'un et l'autre sont réunies. Pour éviter de se retrouver « piégés » par le débat ayant cours en France, les juges africains ont là un instrument juridique qui peut être utile dans la recherche d'un juste équilibre entre les intérêts de la société et ceux de ses dirigeants.

Quant à la fonction de la responsabilité civile en droit des sociétés, les approches de la doctrine et de la jurisprudence paraissent diverger également[577]. En effet, alors que la jurisprudence semble surtout se préoccuper de la fonction réparatrice de la responsabilité en reportant la charge de la réparation sur la société, la doctrine, privilégiant plutôt la fonction normative de la responsabilité dont l'objectif est de sanctionner et de dissuader les comportements fautifs, est favorable à la condamnation des dirigeants. Faut-il donc forcément choisir entre ces deux fonctions ou ne vaut-il pas mieux essayer de les faire « cohabiter » ? La réponse est difficile. C'est au législateur qu'il appartient de prendre position : la question de la répartition des responsabilités relève de la politique juridique dont la définition lui incombe. C'est à lui qu'il revient de se demander si l'application des règles de la responsabilité civile est encore adaptée à la réparation des dommages causés aux tiers par les dirigeants. On peut en douter. Le recours à d'autres solutions, telle l'assurance[578], tend à préfigurer, voire à confirmer le *déclin de la responsabilité* en la matière.

En définitive, l'exigence d'une faute séparable des fonctions demeure au centre du débat sur la responsabilité des dirigeants d'une société *in bonis*. En la maintenant, la jurisprudence instaure une ligne de démarcation entre le droit des

---

[577] Sur cette question et notamment en ce qui concerne les dirigeants, v. F. Pollaud-Dulian, « De quelques avatars de l'action en responsabilité civile dans le droit des affaires », *RTD com.*, 1997, 349 ; Ph. Didier, « Les fonctions de la responsabilité civile des dirigeants sociaux », *Rev. Sociétés*, 2003, p. 238.

[578] Le recours à l'assurance de responsabilité qui se développe montre bien que d'autres voies existent. V. F. Descorps Declère, *op. cit.*, p. 33 et s. ; L. Reiner, « Les protections des dirigeants d'entreprise », *Dr. et patrim.*, 1995, janv., p. 23 et s. ; Ch. Freyria, *L'assurance de responsabilité civile du «management*, Dalloz, 1995, 121. Sur l'assurance de responsabilité en général, v. M. BRUSCHI, « L'assurance et la responsabilité civile professionnelle », *in La responsabilité professionnelle, une spécificité réelle ou apparente*, Petites affiches, 11 juill. 2001, n° 137, p. 70.

sociétés et le droit des procédures collectives. En effet, la preuve d'une faute séparable des fonctions n'est point une condition du succès de l'action en comblement du passif.

§2. LA RESPONSABILITÉ PÉNALE

344 Les dirigeants sont également responsables pénalement[579]. Ainsi, dans les sociétés à risque, des infractions spécifiques ont été conçues pour donner une morale des affaires à ceux qui n'en ont pas. Tel a été le cas notamment des dispositions relatives à la présentation des comptes infidèles ou de l'abus de biens sociaux. En effet, l'AUS a prévu tout un Titre consacré aux infractions relatives à la gérance, à l'administration et à la direction des sociétés. Ainsi, encourent une sanction pénale, ceux qui ont sciemment négocié : des actions non entièrement libérées ; des actions de numéraire pour lesquelles le versement du quart du nominal n'a pas été effectué[580]. De même, encourent une sanction pénale, les dirigeants sociaux qui, en l'absence d'inventaire ou au moyen d'inventaire frauduleux, ont sciemment opéré entre les actionnaires ou les associés la répartition de dividendes fictifs[581]. Les dirigeants sociaux qui ont sciemment, même en l'absence de toute distribution de dividendes, publié ou présenté aux actionnaires ou associés, en vue de dissimuler la véritable situation de la société, des états financiers de synthèse ne donnant pas, pour chaque exercice, une image fidèle des opérations de l'exercice, de la situation financière et de celle du patrimoine de la société, à l'expiration de cette période, encourent également des sanctions pénales[582]. Encourent la même sanction, les dirigeants sociaux qui n'ont pas déposé, dans le mois qui suit leur approbation, les états financiers de synthèse[583] ou le gérant de la société à responsabilité limitée, les administrateurs, le président-directeur général, le directeur général, le directeur général adjoint, le président de la société par actions simplifiée, l'administrateur général ou l'administrateur général adjoint qui, de mauvaise foi, font des biens ou du crédit de la société, un usage qu'ils savent contraire à l'intérêt de celle-ci, à des fins personnelles, matérielles ou morales, ou pour favoriser une autre personne morale dans laquelle ils sont intéressés, directement ou indirectement[584].

345 Enfin, sont exposés à des sanctions pénales, les dirigeants sociaux qui, sciemment : ne font pas figurer la dénomination sociale sur tous les actes et documents émanant de la société et destinés aux tiers ; ne font pas précéder ou

[579] E. N. NOGA, *La responsabilité pénale des dirigeants de sociétés dans l'espace OHADA*, mémoire de Master, Douala, 2014 ; T. GNINGUE, *La responsabilité pénale des dirigeants des sociétés commerciales en droit OHADA*, mémoire de Maitrise, Université Gaston Berger (Saint-Louis, Sénégal), 2012.
[580] Art. 888 AUS.
[581] Art. 889 AUS.
[582] Art. 890 AUS.
[583] Art. 890-1 AUS.
[584] Art.891 AUS.

suivre immédiatement la dénomination de l'indication, en caractères lisibles, de la forme de la société, du montant de son capital social, de l'adresse de son siège social et de la mention de son immatriculation au registre du commerce et du crédit mobilier[585] ou les dirigeants sociaux d'une société étrangère ou la personne physique étrangère dont la succursale, au-delà d'une durée de deux (2) ans, n'a été ni apportée à une société de droit préexistante ou à créer de l'un des États-parties ni radiée dans les conditions fixées par l'AUS[586].

346 L'AUS se borne ainsi à énoncer et à définir les infractions susceptibles de s'appliquer aux dirigeants sociaux. La détermination des peines est de la compétence de chaque État- partie. Ainsi, certains États ont mis en œuvre des textes portant détermination de certaines infractions contenues dans l'AUS. Ce fut le cas du Sénégal[587] et du Cameroun[588]. Pour des raisons pratiques[589], le législateur OHADA a opté pour les incriminations dans les actes uniformes et pour le renvoi aux législations nationales pour la détermination des peines. Mais cette solution a été décriée en doctrine, certains auteurs[590] estimant qu'en restituant aux législations nationales la plénitude de leur compétence dans la détermination des peines applicables aux atteintes au droit OHADA et leur laissant toute la liberté dans la détermination de leur quantum et de leur nature, le Traité OHADA compromettait déjà l'application de ce droit. Ainsi, selon les États, la violation d'une norme communautaire pouvait être diversement sanctionnée. Et NDIAW DIOUF[591] y voyait une véritable source d'inégalité et d'insécurité juridique, puisqu'un acte passible de peines correctionnelles dans tel État pourrait être frappé de peines de police dans tel autre, chaque État déterminant les sanctions conformément à sa propre politique pénale.

Les dirigeants encourent ainsi qu'on le voit plusieurs types de responsabilités. La mise en œuvre de ces ordres de responsabilité est pour la plupart la conséquence du contrôle opéré par l'organe de délibération.

SECTION II- LES ASSOCIES

347 Le statut de l'associé varie suivant le type de société. Mais au-delà de cette diversité, il existe néanmoins un certain nombre de points qui leur sont

---

585 Art. 891-1 AUS.

586 Art. 891-2 AUS.

587 V. la *loi* sénégalaise n°*98/22 du 26 mars 1998* portant sur les sanctions pénales applicables aux infractions contenues dans l'AUSCGIE

588 Loi n° 2003/008 du 10 juillet portant répression des infractions contenues dans certains Actes uniformes OHADA.

589 NDIAW DIOUF, *« Actes uniformes et droit pénal des Etats signataires du Traité de l'OHADA : la difficile émergence d'un droit pénal communautaire des affaires dans l'espace OHADA »,* www.ohada.com, *ohadata D-05-41.*

590 Ibid. ; N. C. NDOKO, S. YAWAGA, « Infractions relatives à la gestion des sociétés », *in* P.-G. POUGOUE (dir.), *Encyclopédie du droit OHADA,* Lamy, 2011, pp.981 et s.

591 Ibid.

communs. Ainsi, ils ont les mêmes attributs, quelle que soit la société en cause (§1) ; le droit protège la qualité d'associé sans distinction du type de société (§2) ils ont des pouvoirs identiques (§3) et peuvent disposer des moyens pour l'aménagement de leurs droits ou du fonctionnement de la société (§4).

§1. LES ATTRIBUTS DE LA QUALITÉ D'ASSOCIE

348 On distingue traditionnellement trois types d'attributs : les droits politiques (A), les droits financiers (B) et les droits patrimoniaux (C).

A- Les droits politiques

349 Certains auteurs[592] considèrent l'associé comme un citoyen de cette cité qu'est la société, d'où ses prérogatives politiques[593]. Non seulement cette citoyenneté ne peut lui être retirée contre son gré et tout associé a le droit de participer aux votes des décisions collectives[594]. Cette prérogative revêt en réalité deux formes : la première est le droit à l'information de l'associé sur les comptes et la politique sociale[595] ; la seconde est le droit de vote qui lui permet de participer aux décisions stratégiques et d'exercer son droit de contrôle sur les dirigeants, en mettant fin à leurs fonctions au besoin[596]. Le droit pour tout associé de participer aux décisions collectives est d'ordre public ; les statuts ne peuvent en conséquence déroger à ces dispositions. Autrement dit, les statuts ne peuvent contenir une suppression pour certains associés du droit de vote non prévue par la loi[597]. Ainsi, dans les SA, la possession d'une action ouvre l'accès aux assemblées générales ; l'AUS ne contenant aucune possibilité de subordonner, par une clause spécifique des statuts, cet accès à la possession d'un minimum d'actions.

350 Le principe d'égalité est ainsi une vertu d'ordre politique encore qu'elle n'ait pas la même portée qu'en droit constitutionnel[598]. Le droit de vote est en effet attaché aux parts sociales ou actions et, par principe, un associé a autant de voix que de titres ; de ce point de vue, le régime peut paraître inégalitaire. La règle selon laquelle un homme vaut une voix est retenue dans les sociétés

---

[592] M. COZIAN, F. DEBOISSY, A.VIANDIER, *Droit des Sociétés*, 29ème éd., *Litec*, 2016, p ; 169 et s.

[593] Y. GUEUKAM TCHAKO, *Les prérogatives des associés dans les sociétés commerciales OHADA*, mémoire de Master, Douala (Cameroun), 2014 Y. R., ESSENGUE NSON, *Le droit de vote de l'associé dans l'Acte uniforme sur le droit des sociétés commerciales et du GIE*, mémoire de Master, Douala (Cameroun), 2010.

[594] V. art. 125 AUS.

[595] L. D. NGNINTEDEM, *L'information en droit des sociétés commerciales*, mémoire de Master, Douala (Cameroun), 2013.

[596] H. MBOVUA EBANG, *Le droit de vote des actionnaires*, mémoire de Master, UCAD, 2010.

[597] F. M. FATOU, *Le droit de contrôle des associés de la gestion sociale*, mémoire de Maitrise, Université Gaston Berger (Saint-Louis, Sénégal), 2003 ; Cass. com. ; 9 févr. 1999 : *Rev. sociétés* 1999, p.80, note Le CANNU.

[598] M. COZIAN, F.DEBOISSY, A.VIANDIER, op. cit., p. 170.

d'essence non *capitalistique* telles que la SNC ou les GIE. Les statuts peuvent toutefois retenir une solution contraire. La loi autorise dans les SA des fantaisies qui seraient irrecevables dans les autres types de sociétés ; on peut en effet y trouver des formules aussi insolites que les actions sans droit de vote, et les actions à droit de vote double. Enfin, on peut rencontrer dans les SAS des actions à droit de vote multiples.

B- Les droits financiers

351 La société a un but lucratif ; les associés y entrent pour gagner de l'argent. Les droits financiers s'expriment essentiellement par la perception de dividendes[599], lesquels correspondent à la distribution des bénéfices réalisés, et par un droit aux réserves qui représentent les bénéfices non distribués. En outre à la dissolution de la société, c'est le boni de liquidation qui sera partagé entre les associés.

C- Les droits patrimoniaux

352 Les parts sociales ou actions ont une valeur vénale et font partie du patrimoine de l'associé. Celui-ci peut les monnayer en tirant argent comptant de leur cession, avec une plus-value le cas échéant[600]. Une telle cession sera plus ou moins aisée selon le type de société et selon que les titres sont ou non cotés. Les titres peuvent enfin être d'utiles instruments de garantie ou de crédit ; ils peuvent faire l'objet d'un nantissement au profit des créanciers.

Il faut cependant préciser que l'apporteur en industrie, bien qu'ayant la qualité d'associé, est privé des attributs patrimoniaux puisque ses droits sont incessibles.

§2. LA PROTECTION DE LA QUALITÉ D'ASSOCIE

353 L'associé ne peut sortir de la société contre son gré. Par principe, on ne peut l'évincer sans son consentement ; c'est le problème de son exclusion (A). Mais le droit de rester dans la société implique-t-il pour autant l'obligation d'y demeurer ? C'est poser ainsi la question du droit de retrait de l'associé (B). Enfin, il s'agit du droit de rester dans la société aux conditions qui étaient convenues dès le départ ; ce qui justifie l'interdiction d'augmenter ses engagements (C).

---

[599] Y. DJIGO, *La notion de dividende en droit OHADA*, mémoire de DEA, Université Gaston Berger, 2012

[600] V. Cour suprême du Cameroun, arrêt n° 21/ civ. du 15 juillet 2010, affaire ZOUHAIR FADOUL c/ OMAIS KASIM et Sté de Transport OMAIS KASSIM SELECTA SARL (inédit). Y. GUEUKAM TCHAKO, *Les prérogatives des associés dans les sociétés commerciales OHADA*, op. cit. ; v. également A. SAKHO, « L'exécution forcée des obligations de faire résultant des pactes de préférence dans la cession d'action », in *L'obligation*, Mél. en l'honneur de P.-G. POUGOUE, l'Harmattan Cameroun, 2015, p. 809.

A- L'exclusion de l'associé

354 La question est de savoir si on peut retirer à un associé sa qualité de citoyen de la société en l'excluant de la société[601] . La jurisprudence a proclamé très nettement, en 1996, le principe de l'interdiction de l'exclusion de l'associé[602] ; c'est donc un droit fondamental pour l'associé de le demeurer quoiqu'il arrive[603]. La solution est donc claire : en l'absence de texte ou de clause statutaire, le juge ne peut de lui-même prononcer l'exclusion d'un associé.

355 Les exceptions légalement admises concernent un certain nombre d'hypothèses : dans les sociétés à capital variable[604] ; lorsque l'incapacité ou le vice du consentement d'un associé risque d'entraîner l'annulation de la société ; à l'encontre des dirigeants en cas de redressement ou de liquidation des biens de la société.

De même, rien n'interdit d'insérer dans les statuts une clause autorisant l'exclusion d'un associé si certains événements nettement précis à l'avance viennent à se réaliser. L'exclusion doit, cependant, avoir un motif objectif prévu dans les statuts (perte de la qualité de salarié ou de dirigeant, diminution d'un pourcentage de détention de capital, accomplissement d'un acte de concurrence ...) et résulter d'une procédure contradictoire par laquelle l'associé objet de la procédure d'exclusion a la possibilité de se défendre. L'exclusion d'un associé doit, en effet, impérativement être prévue dans les statuts. Sans une clause d'exclusion, un associé ne peut pas être exclu et une situation de blocage peut alors apparaître. L'adoption ou la modification d'une clause d'exclusion doit, en effet, être votée à l'unanimité des associés.

Par ailleurs, l'article 544 du Code civil, selon lequel la propriété est en effet le droit de jouir et de disposer des choses de la manière la plus absolue, rend impossible l'exclusion d'un associé si cette dernière n'a pas été prévue par les statuts. Seul le consentement de l'ensemble des associés tel que retranscrit dans les statuts de la société peut en effet permettre l'exclusion d'un des associés par les associés ou par certains d'entre eux. Cette solution est conforme à l'article 1134 du Code civil selon lequel *les conventions légalement formées tiennent lieu de loi à ceux qui les ont faites. Elles ne peuvent être révoquées que de leur consentement mutuel, ou pour les causes que la loi autorise. Elles doivent être exécutées de bonne foi.* En application de cette disposition du Code civil, les

---

[601] V. pour plus de détails Q. DJAPITE NDOUMBE, *L'exclusion de l'associé*, mémoire de DEA, Ngaoundéré (Cameroun), 2009.

[602] V. pour plus de détails sur la question C. DIAYE, *L'exclusion d'un associé dans les sociétés commerciales,* mémoire de Maitrise, Université Gaston Berger (Saint-Louis, Sénégal), 2001 ; NDYAYE BOUBA, *Les litiges entre associés*, Mémoire UCAD, 2007, 57p.

[603] Cass. com., 12 mars 1996 : *Rev. sociétés* 1996, p. 554.

[604] V. BA AMINA TOUTY, *Le droit de retrait de l'associé de la société commerciale*, Mémoire UCAD, 2001,
39p.

règles d'un contrat ne peuvent donc être modifiées sans l'accord de l'ensemble des parties ou pour les causes que la loi autorise.

Or, l'AUS n'évoque l'exclusion d'un associé, d'une façon d'ailleurs très générale, que pour les seules sociétés par actions simplifiées (SAS). L'article 853-19, spécifique aux SAS, se contente de rappeler l'importance des règles statutaires : *Dans les conditions qu'ils déterminent, les statuts peuvent prévoir qu'un associé peut être tenu de céder ses actions. Les statuts peuvent également prévoir la suspension des droits non pécuniaires de cet associé tant que celui-ci n'a pas procédé à cette cession.*

356 Cependant, la loi et la jurisprudence laissent aux dirigeants ou aux associés une grande liberté pour fixer dans leurs statuts les causes et les modalités de l'exclusion d'un associé. L'exclusion doit uniquement être fondée sur un motif conforme à l'intérêt de la société et à l'ordre public[605]. Rien ne s'oppose donc à ce que cette exclusion puisse être prononcée même en l'absence de faute de l'intéressé, même si, en pratique, une telle solution est rarement retenue dans les statuts. À titre d'exemple, les statuts peuvent valablement prévoir qu'en cas de survenance d'un événement déterminé, un associé pourra être exclu à la discrétion du président[606]. En l'espèce, les statuts d'une société civile prévoyaient qu'en cas de survenance d'un événement déterminé, à savoir le cas où l'un des associés ne remplirait plus les conditions requises pour le demeurer, notamment en raison de son licenciement lorsqu'il est salarié du groupe, un associé pourrait faire l'objet d'une exclusion à la discrétion du gérant sans que les associés soient consultés.

Dans son arrêt du 20 mars 2011, la Cour de cassation française a jugé qu'ayant relevé que la décision de racheter une partie des droits sociaux à la suite de la perte par ce dernier de la qualité de salarié d'une société du groupe avait été prise conformément aux statuts, la Cour d'appel en avait exactement déduit que cette décision était régulière, peu important que l'exclusion de l'associé fût une simple faculté pour le gérant, statutairement investi du pouvoir de la prononcer.

Il est ici à préciser que les statuts doivent également indiquer les modalités de calcul du prix de rachat des actions. À défaut, et sauf accord entre les parties, ce prix est fixé par un expert dans les conditions prévues à l'article 1843-4 du Code civil. Pour les Sociétés par actions simplifiées (SAS), les statuts peuvent fixer les modalités de rachat des actions en cas d'exclusion.

Si les statuts subordonnent l'exclusion d'un associé à une décision collective, ils ne peuvent toutefois pas interdire à l'associé dont l'exclusion est envisagée de voter sur la proposition. L'article 125 AUS dispose, en effet, que *sauf disposition*

---

[605] C. DIAYE, *L'exclusion d'un associé dans les sociétés commerciales,* Mémoire de maitrise, Université Gaston Berger (Saint-Louis, Sénégal), op.cit.
[606] Cass. com. 20 mars 2012, n° 11-10855.

contraire du présent Acte uniforme, tout associé a le droit de participer aux votes des décisions collectives et donc de voter.

357 Une clause d'exclusion statuaire prévoyant l'interdiction pour l'associé dont l'exclusion est envisagée de prendre part au vote doit être réputée non écrite.

La situation peut conduire assurément à une impasse. En effet, l'exclusion de l'associé ne peut pas être prononcée tant que les statuts n'ont pas été modifiés en vue d'écarter l'interdiction de voter et il faut alors que l'associé dont l'exclusion est envisagée accepte de se prononcer en faveur de cette modification qui ne peut être décidée qu'à l'unanimité des associés. Pour éviter cet état de blocage, la solution peut être de prévoir que l'exclusion sera décidée autrement que par une décision collective et confiée, par exemple, à un organe de direction ou un tiers arbitre. Il est également possible de subordonner l'exclusion à une décision collective, mais en aménageant les modalités d'adoption de celle-ci de telle sorte que l'associé dont l'exclusion est envisagée puisse voter sans être en mesure de faire obstacle à la décision même s'il est majoritaire ou s'il dispose d'une minorité de blocage. Il est, ainsi, possible de prévoir que chaque associé ne dispose que d'une seule voix quelle que soit sa participation en capital ou d'instituer un plafonnement des voix.

B- Le retrait de l'associé

358 Le retrait de l'associé est l'acte par lequel celui-ci cesse de faire partie de la société en abandonnant sa qualité d'associé[607]. Plus précisément, c'est *la faculté reconnue à un associé de quitter la société, en obtenant que celle-ci ou ses coassociés lui remboursent la valeur de ses droits sociaux*[608]. Il y a donc retrait lorsqu'un associé désireux de quitter la société, sans avoir à proposer un quelconque remplaçant, exige le remboursement de son apport[609]. C'est une faveur accordée à l'associé *puisque ce dernier dispose alors d'un choix : celui de rester ou de partir de la société*[610]. C'est non seulement une formule qui garantit la liberté de l'associé de sortir de la société, mais aussi qui permet aux autres associés de demeurer entre eux. À cet égard, le droit de retrait se distingue d'autres institutions. Il se distingue, ainsi, de l'exclusion. Certes, aussi bien le retrait que l'exclusion entraîne la sortie de l'associé de la société et par là même la perte de la qualité d'associé. Mais, bien que l'issue soit la même, le retrait diffère de l'exclusion dans la mesure où il relève non pas de l'initiative de la société, mais plutôt de celle de l'associé lui-même.

---

[607] V. pour plus de détails sur la question, AMINA TOUTY BA, *Le droit de retrait de l'associé de la société commerciale*, mémoire de Master, UCAD, 2001.

[608] Yves GUYON, *Traité des contrats, Les sociétés, Aménagements statutaires et conventions entre associés*, op. cit., n° 119.

[609]

[610] [645] Anne CATHELINEAU, « Le retrait dans les sociétés civiles professionnelles », *JCP.*, éd. E, n° 22 du 31 mai 2001, p. 888.

Le retrait se distingue, également, de la cession des droits sociaux. D'une part, *le retrait ne constitue pas l'objet d'une convention passée avec la société, mais procède d'une décision unilatérale de celui qui l'exerce* [611]. D'autre part, la cession nécessite de trouver un acquéreur qui remplacera l'associé sortant et n'entraîne pas une réduction du capital social. En revanche, le retrait n'oblige pas son auteur à trouver un acquéreur et peut entraîner une réduction du capital.

Le droit de retrait traduit la volonté de l'associé désireux de mettre fin à sa participation sociale. Il marque chez lui la disparition de l'affectio societatis[612]. En exerçant ce droit, l'associé renonce à sa qualité sans avoir à obtenir le consentement mutuel pour défaire le contrat.

Le droit de retrait est expressément consacré dans certaines législations au profit des associés des sociétés à capital variable (1). Ce droit peut aussi être reconnu par une clause aux associés des sociétés à capital fixe **(2).**

***1- La consécration du retrait dans les sociétés** à capital variable*

359 Les nouvelles dispositions de l'AUS reconnaissent un droit de retrait au profit des associés des sociétés à capital variable. En effet, l'art. 269-6 AUS dispose qu' *à moins de conventions contraires et sauf application du premier alinéa de l'article 269-5 ci-dessus, chaque associé peut se retirer de la société à tout moment*. Ainsi, le droit de retrait d'un associé d'une société à capital variable est-il consacré dans son principe par le législateur lui-même. Il a même été unanimement considéré par la doctrine et la jurisprudence comme étant d'ordre public.

Le droit de retrait est généralement perçu comme la contrepartie du droit d'exclusion de l'associé. Ce droit est unanimement considéré par la doctrine et la jurisprudence comme étant de l'essence même des sociétés à capital variable[613]. En effet, contrairement à l'exclusion d'un associé de ces sociétés dont l'exercice est subordonné à l'existence d'une stipulation statutaire, le droit de retrait peut être exercé même en l'absence d'une telle stipulation. Chaque associé pourra donc se retirer de la société lorsqu'il le jugera convenable, sans subordonner l'exercice du droit de retrait à l'existence d'une stipulation statutaire.

---

[611] A. SAKHO, « L'exécution forcée des obligations de faire résultant des pactes de préférence dans la cession d'action », in *L'obligation*, Mél. En l'honneur de P.-G. POUGOUE, op. cit. ; Alain VIANDIER, note sous Paris, 12 janvier 1982, J.C.P. 1983, 19949.

[612] D. GIBIRILA, « Parts sociales : droits et obligations de l'associé », art. préc., p. 15.

[613] B. CAILLAUD, « L'exclusion d'un associé dans les sociétés », op. cit., p. 25 ; O. DOUVRELEUR, « Faut-il admettre un droit de retrait au profit des minoritaires ? », art. préc., p. 123 ; Ch. LAPOYADE DESCHAMPS, « La liberté de se retirer d'une société », art. préc., p. 128 ; D. GIBIRILA, « Parts sociales : droits et obligations de l'associé », art. préc., p. 18 ; E. GEORGES, *Essai de généralisation d'un droit de retrait dans la société anonyme*, thèse préc., p. 25. V. en jurisprudence française Civ., 8 juin 1939, Sirey 1939, I, p. 249, note ROUSSEAU.

Le retrait d'un associé d'une société à capital variable n'a d'ailleurs pas à être motivé. En effet, l'expression *chaque associé peut se retirer de la société à tout moment* utilisée par l'article 269-6 AUS signifie que l'associé dispose d'un droit légal de retrait qu'il peut exercer à sa guise sans avoir à exciper d'un juste motif de retrait[614]. Le retrait dans le cadre de la société à capital variable participe donc de l'idée d'un groupement peu contraignant pour les associés qui le composent ; le principe de la « *porte ouverte* » leur autorise de pouvoir en sortir facilement[615].

Prise ainsi, la société à capital variable témoigne d'une structure d'accueil transitoire. Ce caractère transitoire confère à l'engagement de l'associé une nature telle qu'il n'a pas de vocation à rester indéfiniment au sein de la société ; le passage de la personne dans une telle société *est comparable à une phase de construction-déconstruction de la qualité d'associé : ce qui, un jour, est, devient susceptible de ne plus être le lendemain*[616].

360 Il faut noter que l'associé qui se retire bénéficie de certains droits[617] et supporte aussi certaines obligations[618]. D'un côté, il a droit au remboursement de son apport et à sa quote-part dans les éventuels bénéfices et réserves. La reprise de l'apport est, en effet, un corollaire du retrait. Il s'agit d'un droit d'ordre public qui ne peut être supprimé. Toute tentative de suppression de ce droit serait donc inéluctablement vouée à l'échec. D'un autre côté, l'associé qui cesse de faire partie de la société, soit par l'effet de sa volonté, soit par suite de la décision de l'assemblée générale ou de la collectivité des associés, reste tenu, pendant cinq (5) ans envers les associés et envers les tiers, de toutes les obligations existant au moment de son retrait. L'associé n'est tenu que dans la limite des sommes qui lui ont été restituées avant son départ[619].

Le retrait d'un associé d'une société à capital variable permet ainsi la conciliation des intérêts en présence, à savoir l'intérêt de l'associé, d'une part et celui de la société et des tiers, d'autre part. On permet, en effet, à l'associé d'abandonner sa qualité et d'être investi de certains droits à l'encontre de la société tout en préservant les intérêts de celle-ci et des tiers à travers les obligations incombant au retrayant.

---

[614] D. VELARDOCCHIO, note sous Cass. com., 21 octobre 1997, *JCP.*, éd. G, 1998, II, 10047, p. 559.

[615] V. en ce sens E. GEORGES, *Essai de généralisation d'un droit de retrait dans la société anonyme*, thèse préc., p. 63.

[616] Ibid.

[617] Sur les droits de l'associé retiré, v. CHIRAZ TOUIL, *Le droit de retrait de l'associé*, mémoire préc., p. 122 et s.

[618] Sur les obligations de l'associé retiré, v. CHIRAZ TOUIL, *Le droit de retrait de l'associé*, mémoire préc., p. 140 et s. V. en droit français E. GEORGES, *Essai de généralisation d'un droit de retrait dans la société anonyme*, thèse préc., p. 33 et s.

[619] V. art. 269-6, al. 3. AUS.

2- La validité des clauses de retrait dans les sociétés à capital fixe

361 Le droit de retrait est, comme on l'a déjà vu, reconnu par la loi aux associés des sociétés à capital variable[620]. En revanche, ce droit n'est pas expressément consacré dans les sociétés à capital fixe. On se demande, par conséquent, si une clause peut, dans ce dernier cas, en permettre l'existence.

Si l'on se base sur la théorie générale du droit des contrats, une telle hypothèse n'est pas à exclure ; la clause de retrait peut y être également valable et doit recevoir exécution[621] par application du principe de la liberté contractuelle. Cette validité peut donc être fondée sur l'article 1134 du Code civil, aux termes duquel *les conventions légalement formées tiennent lieu de loi à ceux qui les ont faites*. Ainsi, la validité des clauses de retrait dans les sociétés à capital fixe procède-t-elle de la liberté de compléter le régime légal de la société[622].

362 Au regard du droit des sociétés, on pourrait de prime abord s'opposer à la validité des clauses de retrait en s'appuyant sur les principes de fixité et d'intangibilité du capital. La difficulté tient aux suites de la mise en œuvre de telles clauses ; celle-ci peut en effet entraîner une réduction du capital social consécutive à l'annulation des titres de l'associé sortant.

Certains auteurs se sont opposés à la validité des clauses de retrait en invoquant le principe de fixité du capital social[623]. Ils affirment que si la validité des clauses de retrait ne devrait pas faire de difficulté au regard du droit des contrats, elle peut se heurter au principe de la non-variabilité du capital[624]. Aussi, a-t-on pu affirmer que *la fixité du capital et le droit de retrait sont deux mécanismes nécessairement incompatibles*[625].

Une autre partie de la doctrine justifie son hostilité aux clauses de retrait par le principe d'intangibilité du capital social[626]. Ce principe vient certifier que la substance figurant à l'actif et représentant la contrepartie de la valeur du capital

---

[620] V. A. SAKHO, « L'exécution forcée des obligations de faire résultant des pactes de préférence dans la cession d'action », in *L'obligation*, Mél. en l'honneur de P.-G. POUGOUE, l'Harmattan Cameroun, 2015, p. 809.

[621] J.-J. DAIGRE, « La perte de la qualité d'actionnaire », art. préc., p. 538.

[622] Les statuts constituent l'acte de constitution de la société. Ils décrivent et définissent les règles de fonctionnement de la société. Ils doivent, en principe, être rédigés par écrit et comporter un certain nombre de mentions obligatoires. Des mentions facultatives peuvent également y figurer, dès lors qu'elles ne violent pas des dispositions d'ordre public. V. en ce sens M.-Ch. MONSALLIER, « L'aménagement contractuel du fonctionnement de la société anonyme », op. cit. ; Y. GUYON, *Traité des contrats, Les sociétés, Aménagements statutaires et conventions entre associés*, op. cit., p. 163 et s.

[623] v. S. DANA-DEMARET, « Le capital social », op.cit., p.299 et s.

[624] Ibid.

[625] V. Y. GUYON, *Traité des contrats, Les sociétés, Aménagements statutaires et conventions entre associés*, op. cit., p. 100.

[626] S. DANA-DEMARET, « Le capital social », op. cit., p. 273, n° 252.

social ne doit être entamée en cours de vie sociale[627]. Il traduit cette volonté de maintenir à l'actif une contrepartie équivalente au montant du capital, qui sera indisponible pour les associés toute la durée de la société et qui constitue la garantie des créanciers. Cette règle est donc destinée à protéger les créanciers sociaux. Or, le retrait d'un associé implique le remboursement à ce dernier de son apport, qui peut être effectué par prélèvement sur l'actif social. Le retrait peut, par conséquent, entraîner une atteinte à l'intangibilité du capital et par là même une diminution du gage des créanciers sociaux[628]. C'est, d'ailleurs, la raison pour laquelle on considère généralement que si les clauses de retrait sont valables dans les sociétés de personnes dans lesquelles la responsabilité des associés est illimitée, elles ne le sont pas dans les sociétés de capitaux et les sociétés à responsabilité limitée. On estime en effet que le droit de retrait d'origine statutaire est condamné dans ces sociétés puisque contrariant des règles impératives destinées à la protection des tiers.

363 Cependant, la position hostile aux clauses de retrait n'emporte pas la conviction. Ces clauses sont valables non seulement au regard du droit des contrats, mais aussi au regard du droit des sociétés.

S'agissant du principe de fixité du capital social, il ne constitue pas un obstacle à la validité des clauses de retrait. En effet, et contrairement à ce qu'il pourrait laisser entendre, ce principe n'interdit pas toute modification du capital[629] ; il exige simplement que les formalités prescrites pour la modification des statuts soient respectées.

L'argument tiré du principe d'intangibilité du capital social ne constitue pas non plus un obstacle à la validité desdites clauses. Certes, le retrait d'un associé peut entraîner une atteinte à ce principe ainsi qu'un danger pour les créanciers qui voient l'assiette de leur gage diminuer. Cependant, le prélèvement en cours de vie sociale sur les sommes bloquées à l'actif en vertu du principe d'intangibilité pour permettre le remboursement des apports est parfois nécessaire. Il faut donc bien admettre la possibilité d'une telle atteinte tout en essayant d'en limiter les conséquences néfastes. C'est, d'ailleurs, dans la perspective de concilier ces deux impératifs qu'a été aménagé le cadre juridique de la réduction de capital non motivée par des pertes. D'une part, les articles 69 et 70 AUS disposent que la réduction du capital peut avoir pour objet la restitution d'apports. D'autre part, pour préserver les droits des créanciers antérieurs dont le gage est amoindri par l'effet de la réduction du capital, le législateur leur a ouvert le droit d'agir en amont

---

[627] Ibid.

[628] V. A. MAMLOUK, *Le capital social gage des créanciers*, thèse préc. ; L'apport du Code des sociétés commerciales à la protection des créanciers par le capital social », *R.J.L.* novembre 2001, p. 9.

[629] M. COZIAN, A. VIANDIER et F. DEBOISSY, *Droit des sociétés*, op. cit., p. 106 : le principe de fixité du capital social « *ne doit pas être pris à la lettre car il est possible d'augmenter ou de réduire le capital en respectant le formalisme lié aux modifications statutaires* ».

de la réduction en leur reconnaissant un droit d'opposition dans les sociétés à responsabilité limitée et dans les sociétés par actions.

Ainsi, les créanciers sociaux dont la créance est antérieure à la décision de réduction du capital peuvent-ils s'opposer à cette réduction jusqu'à ce que la société leur ait octroyé des garanties suffisantes, sous forme de cautionnement ou autre, pour leurs créances non échues[630]. Le juge peut également déclarer la déchéance des termes.

Le droit d'opposition apparaît ainsi comme une mesure de conciliation des intérêts en présence puisqu'il respecte la décision de la société de réduire son capital et ménage les droits des créanciers qui veillent ainsi à la sauvegarde de leurs intérêts. Ce droit est, comme on l'a déjà vu, reconnu au profit des créanciers sociaux dont la créance est antérieure à la réduction du capital. Tous les créanciers ne sont donc pas dans la même situation face à la réduction. De prime abord, on pourrait en conclure que les créanciers dont la créance est postérieure à cette réduction ne sont pas protégés puisqu'ils ne bénéficient pas du droit d'opposition. Mais en réalité, la diminution d'actif ne lèse pas lesdits créanciers, car la réduction du capital implique le respect des règles relatives à la modification des statuts et doit être régulièrement publiée pour devenir opposable[631]. Pour les créanciers dont la créance est postérieure à la réduction du capital, le principe d'intangibilité va donc s'appliquer au seul montant qu'ils connaissent, c'est-à-dire le montant après réduction.

Les clauses de retrait sont, ainsi qu'on l'observe, valables tant au regard du droit des contrats qu'au regard du droit des sociétés et, ce, quelle que soit la forme sociale en question. Les statuts pourraient créer un droit de retrait au profit des associés même dans les sociétés où ce droit n'est pas organisé. En France, certaines décisions semblent, d'ailleurs, favorables à la validité du droit de retrait conventionnel[632].

C- L'interdiction d'augmenter les engagements de l'associé

364 En entrant en société, l'associé a pris un certain nombre d'engagements dont il connaît la nature et l'étendue et dont il accepte la responsabilité. Cet engagement ne peut être subordonné à l'obligation pour l'associé d'accepter un sacrifice supplémentaire, présent ou futur, pour rester associé. C'est ce qu'énonce l'article 1836 du Code civil : *En aucun cas, les engagements d'un associé ne peuvent être augmentés sans le consentement de celui-ci*[633].

[630] V. art. 633 AUS.

[631] Art. 638 AUS.

[632] V. Paris, 18 novembre 1969, J.C.P. 1970, II, 16303, note N. BERNARD.

[633] V. également OMAR CISS, *L'égalité des associés dans le droit des sociétés commerciales OHADA*, mémoire de Master, UCAD, 2011 ; AHMED IBRAHIMA ABDALLAH, *La protection des associés dans les sociétés commerciales*, mémoire de Master, UCAD, 2011.

L'interdiction faite d'augmenter les engagements des associés justifie notamment que l'assemblée générale, même extraordinaire, ne puisse imposer à un associé de souscrire à une augmentation de capital contre sa volonté ; elle ne peut davantage subordonner le maintien de sa qualité d'associé à la condition d'opérer un versement supplémentaire permettant d'augmenter le capital social ; elle ne peut pas non plus lui imposer une mesure de blocage de son compte courant. Par ailleurs la transformation d'une société dans laquelle la responsabilité des associés est limitée à leurs apports en une société en nom collectif (responsabilité illimitée des associés) exige l'accord unanime des associés. En outre, dans une société en nom collectif, l'assemblée ne peut imposer aux associés le versement de fonds complémentaires pour faire face aux exigences du créancier.

§3. LES ASSEMBLÉES DES ASSOCIES

365 Les différentes assemblées d'associés (A) ne jouent pas les mêmes rôles (B).

A- Les différentes assemblées d'associés

366 La collectivité des associés constitue l'organe suprême de la société[634]. Quelle que soit la forme de la société, tout associé a le droit de participer aux assemblées générales de la société. Il suffit de rappeler l'art. 53 de l'AUS qui précise que les titres sociaux confèrent à leur titulaire *le droit de participer et de voter aux décisions collectives des associés*. Lorsqu'il s'agit des *sociétés de personnes* ou de la *SARL*, les assemblées générales sont convoquées par le ou les gérants dans les conditions prévues par les statuts. Dans le cas d'une SARL, l'AG peut aussi se réunir à la demande d'un ou plusieurs associés détenant la moitié du capital ou s'ils représentent au moins le quart des associés et détiennent le quart des parts sociales[635]. Il se tient au moins une assemblée générale ordinaire annuelle dans les six mois de la clôture de l'exercice[636]. L'assemblée est présidée par le ou les gérants s'il s'agit d'une Sarl[637], ou par l'associé représentant par lui-même ou comme mandataire, le plus grand nombre de parts sociales[638]. Les associés peuvent aussi se réunir en assemblée générale extraordinaire.

---

[634] SERIGNE ABDOU KASSE, *Les assemblées générales des sociétés commerciales*, mémoire de Master, UCAD, 2000.

[635] Art. 337 AUS. V. CCJA Arrêt n° 034/2007 du 22 décembre 2007, Affaire Mireille PARLALIDIS c/ FOUQUIER Françoise, épouse BLANC et BLANC André Joseph et Sté de Publicité de de Promotion par l'Objet dite « S2PO » SARL, in *Recueil de Jurisprudence CCJA* n° 1-2003, pp. 27 et s. ; V. à propos, CA d'Abidjan, Arrêt n° 712 du 13 juin 2006, OHADA, Recueil de jurisprudence nationale, 2010, p. 89.

[636] CA, Port-Gentil, 1er mars 2007, OHADA, Recueil de jurisprudence nationale, 2010, p. 103.

[637] Art. 341 AUS.

[638] Art. 288 pour la SNC, art. 306 pour la SCS.

367 Lorsqu'il s'agit d'une *société anonyme*, l'assemblée des actionnaires est convoquée par le conseil d'administration ou l'administrateur général, selon le cas[639]. Elle peut aussi être convoquée par le commissaire aux comptes ou par un mandataire désigné par le président de la juridiction compétente statuant à bref délai ou par le liquidateur[640]. Selon le cas, l'AG est présidée par le PDG, le PCA ou l'AG ou en cas d'empêchement de ceux-ci, par l'associé ayant ou représentant le plus grand nombre d'actions ou en cas d'égalité, par le doyen d'âge[641].

Toute assemblée irrégulièrement convoquée peut être annulée[642]. Ont été déclarées nulles les résolutions prises lors d'une assemblée générale extraordinaire à laquelle certains associés n'ont pas participé, faute d'avoir été convoqués[643].

B- Le pouvoir des assemblées d'associés

368 Quelle que soit la forme de la société, c'est l'assemblée des associés qui est compétente pour prendre les décisions collectives. Toutes les décisions qui excèdent les pouvoirs des dirigeants sociaux sont prises par la collectivité des associés. Comme le précise l'art. 125, *tout associé a le droit de participer aux décisions collectives. Toute clause statutaire contraire est réputée non écrite.* L'art. 892 sanctionne pénalement ceux qui, sciemment, auront empêché un associé quelconque de participer à une assemblée.

369 Il y a deux sortes de décisions collectives : les décisions ordinaires et les décisions extraordinaires. Elles sont prises en assemblée générale ou par correspondance (en cas de consultation écrite des associés).

Les décisions collectives ordinaires consistent à statuer sur les états financiers de synthèse de l'exercice écoulé, d'autoriser les dirigeants à effectuer les opérations soumises dans les statuts à l'accord préalable des associés, de procéder à leur désignation ou remplacement, d'approuver les conventions intervenues entre la société et l'un de ses dirigeants, de décider de l'affectation du résultat, etc. En bref, l'assemblée générale ordinaire a le pouvoir de statuer sur toutes les questions qui n'entraînent pas de modification des statuts[644].

---

[639] AW SOKNA OUMOU, *Le droit de vote des actionnaires*, Mémoire UCAD, 2010, 38p.

[640] V. art. 516 AUS. V. Cour suprême du Niger, arrêt n° 01-158/C du 16/8/01, Snar Leyma c/Groupe Hinma Souley, Juriscope.org ; v. également pour une décision rendue dans une affaire relative à une carence des dirigeants sociaux d'une SARL, V. à propos, CA d'Abidjan, Arrêt n° 712 du 13 juin 2006, OHADA, *Récueil de jurisprudence nationale*, 2010, p. 89

[641] Art. 529 AUS.

[642] Art. 339 AUS. V. AW SOKNA OUMOU, *Le droit de vote des actionnaires*, Mémoire UCAD, 2010, 38p.

[643] CCJA Arrêt n° 034/2008/PC du 03 juillet 2008, Affaire BASSIROU KA c/ABDOULAYE CISSE, MOHAMED EL BECHIR SISSOKO et DJIBRIL CISSE, in *Les grandes décisions de la CCJA* , pp. 121, Observations R. NDJEUFACK TEMGWA.

[644] V. art. 347 AUS Sarl ; 546 SA.

Les décisions collectives extraordinaires ont pour objet de statuer sur la modification des statuts. Elles sont prises en assemblée générale extraordinaire. S'agissant par exemple de la SA, l'art. 551 AUS précise que *l'assemblée générale extraordinaire est seule habilitée à modifier les statuts dans toutes leurs dispositions*[645]. Ainsi, c'est l'AGE qui est compétente pour décider du transfert du siège social d'une ville à une autre, des transformations, scissions ou fusions, du changement d'objet social, de la dissolution ou de la prorogation de la durée de la société, etc.

370 L'assemblée générale doit agir en conformité avec l'intérêt social. Par ailleurs, les associés ou les groupes d'associés doivent aussi agir avec loyauté et ne privilégier que l'intérêt de la société (problème de l'abus de majorité ou de minorité déjà évoqué). Cela dit, l'assemblée générale doit intervenir dans le domaine de compétence qui lui est reconnu par les statuts ou la loi. En vertu de la règle de la spécialisation des organes, elle ne saurait prendre des décisions relevant des prérogatives des autres organes et notamment des organes de direction. Le principe de la séparation des pouvoirs des différents organes s'impose à elle aussi. Les associés disposent cependant d'une large faculté d'organiser leurs rapports à travers des pactes extrastatutaires.

§4. LES PACTES EXTRASTATUTAIRES

371 La réforme du droit des sociétés de l'OHADA confirme la validité des conventions extrastatutaires et met ainsi fin à une insécurité juridique qui s'était installée dans les esprits de façon plus ou moins clandestine[646]. Déjà bien connues en pratique, ces conventions poursuivent divers objectifs dont celui d'assurer la stabilité de l'actionnariat ou d'organiser le pouvoir entre des actionnaires aux intérêts parfois divergents (ex. : sponsors, fonds d'investissement, etc.). En effet, les statuts sont parfois complétés, voire infléchis par des accords extrastatutaires conclus soit entre tous les associés, soit entre certains d'entre eux seulement[647]. Ces accords sont notamment conclus au sein des filiales communes, car ils permettent aux associés minoritaires de compenser cette infériorité par toutes sortes de garanties : promesse de rachat en cas de cession de contrôle par les majoritaires, droit de participer à la constitution de filiales, droit de préemption

---

[645] V. également Cour d'Appel de Ouagadougou, Arrêt n° 39, Affaire : Ouattara Héma Bakary C/ Myaouenuh A. Damase ; Ohadata, J-09-11.

[646] V. pour plus de détail sur la question CHIEUDJI NGUEDOU CHRISTELLE, *Les pactes d'actionnaires*, mémoire de DEA, Ngaoundéré, 2009 ; SOULEYMANE DIALLO, *Les pactes d'associés*, mémoire de Master, UCAD, 2006 ; DIENG MOUSSA, *Les pactes d'associés*, Mémoire UCAD, 2006, 38p.

[647] Y. Guyon, *Traité des contrats. Sociétés. Aménagements statutaires et conventions entre associés,* 2e éd., 1995 ; D. MARTIN et L. FAUGEROLAS, « Les pactes d'actionnaires », *JCP* 1989. I. 3412 ; G. PARLEANI, « Les pactes d'actionnaires », *Rev. sociétés* 1991.1 ; J.-P. STORCK, « La validité des conventions extrastatutaires », *D.* 1989, chron. 267 ; D. VELARDOCCHIO-FLORES, *Les accords extrastatutaires entre associés,* 1993 ; SEYNABOU LY , *Le pacte d'actionnaire*, mémoire de Master, UCAD, 2010.

réciproque, mise en place d'un comité de direction, protection anti-dilution, droit de faire procéder à un audit approfondi des comptes, etc.

372 Les accords extrastatutaires présentent un double avantage par rapport aux statuts. Ils sont simples, puisque soumis au principe du consensualisme alors que l'établissement et la modification des statuts sont subordonnés à des conditions contraignantes. Ils sont souples à la fois dans leur contenu, qui est celui de la liberté contractuelle, et dans leur domaine. En effet alors que les statuts ont un domaine d'application général, ces accords peuvent soit ne lier que certains associés, soit à l'inverse englober des tiers. Ils sont flexibles, car ils peuvent s'adapter rapidement aux situations nouvelles. Enfin, ils sont discrets puisque, à la différence des statuts, ils ne donnent lieu en principe à aucune publicité légale.

Il ne saurait être question ici d'étudier ou même d'énumérer ces accords extrastatutaires puisque, soumis au principe de la liberté contractuelle, ils varient à l'infini, compte tenu des objectifs poursuivis par les associés. En revanche, on peut s'interroger sur leur validité (A) et leur efficacité (B). En effet, les pactes ne doivent pas porter atteinte à des dispositions de l'AUS ou à des clauses statutaires[648] qu'ils ont vocation à compléter (non à contredire). On observera par ailleurs qu'en termes d'opposabilité, les clauses statutaires ont une efficacité supérieure aux pactes extrastatutaires, lesquels sont inopposables aux tiers de bonne foi.

A- La validité des pactes extrastatutaires

373 La validité des pactes extrastatutaires place le juriste en face d'un dilemme. D'un côté le principe de la liberté contractuelle s'applique aux contrats conclus entre associés. Le seul fait que des cocontractants soient associés n'entraîne aucune incapacité ou aucune interdiction de contracter. Bien au contraire, ces accords peuvent conforter et renforcer les relations purement statutaires. D'un autre côté les associés ne sauraient faire indirectement, par le biais d'accords extrastatutaires, ce qu'ils ne sauraient réaliser directement dans les statuts, parce que l'ordre public sociétaire l'interdit. En outre n'est-il pas anormal que les statuts soient réduits à un simple accord de principe ou à de simples apparences, l'essentiel se jouant en coulisse par application de pactes d'actionnaires ?

374 En principe, les pactes extrastatutaires sont valables. Cette validité se fonde sur le principe de la liberté contractuelle qui implique que, même en matière de sociétés, tout ce qui n'est pas interdit est permis[649]. Sont notamment valables les pactes non contraires à l'intérêt de la société du moment qu'ils ne

---

648 V. art. 2-1 AUS.

649 V. pour plus de détails sur la question CHIEUDJI NGUEDOU CHRISTELLE, *Les pactes d'actionnaires*, mémoire de DEA, Faculté des Sciences Juridiques et Politiques de l'Université de Ngaoundéré (Cameroun), 2009 ; Cass. com. 3 juin 1986, *D.* 1987.95, note J.-J. Daigre.

portent atteinte ni aux droits essentiels des associés ni aux principes fondamentaux de l'organisation des sociétés. Tel est le cas de beaucoup de conventions de vote. De toute manière, l'application de ces critères laisse place à une marge d'incertitude non négligeable, de telle sorte qu'il est difficile de se prononcer *a priori* sur la validité de ces conventions[650].

En revanche d'autres pactes extrastatutaires sont nuls parce qu'ils dérogent à l'ordre public applicable aux contrats en général, aux dispositions impératives édictées par les articles 1832 et suivants du code civil et par les lois sur les sociétés, et enfin aux principes fondamentaux du droit des sociétés. Cet ordre public est particulièrement étendu dans les sociétés anonymes, spécialement lorsque celles-ci sont cotées en bourse, car la liberté contractuelle se trouve en conflit avec la nécessaire protection de l'épargne publique. C'est pourtant dans ces sociétés que les pactes d'actionnaires sont les plus nombreux, mais d'une validité souvent contestable. Ainsi, malgré leur fréquence, sont annulés par les tribunaux les accords par lesquels un actionnaire, qui généralement vient de prendre le contrôle de la société, s'engage à maintenir en fonction un organe social révocable *ad nutum*[651]. En effet, le principe de la révocabilité *ad nutum* étant d'ordre public ne peut être tourné par un accord extrastatutaire entre actionnaires.

375 Enfin, dans des cas relativement nombreux, il est sinon impossible du moins très difficile de se prononcer sur la validité d'un pacte extrastatutaire parce que celui-ci, sans contrevenir ouvertement à l'ordre public, y apporte des infléchissements dont seuls les tribunaux peuvent apprécier la portée compte tenu des circonstances de fait. Ainsi les statuts d'une société ne peuvent pas stipuler une clause d'agrément applicable aux aliénations d'actions intervenant entre actionnaires. On s'est demandé si, afin d'assurer la stabilité du pouvoir, les actionnaires pourraient se lier par des clauses extrastatutaires de préemption. La question est embarrassante, car si d'un côté une clause de préemption n'est pas une clause d'agrément, d'un autre côté, dans l'un et l'autre cas, l'actionnaire perd la libre négociabilité de ses actions à l'égard de ses coactionnaires. Par faveur pour la liberté contractuelle, les tribunaux admettent la validité de ces accords[652].

De même, dans un domaine différent, on se demande si un pacte extrastatutaire peut déroger non plus à la loi, mais aux statuts eux-mêmes. Contrairement à certaines décisions qui admettent la validité de ces accords,

---

650 Y. Guyon, *Traité des contrats. Sociétés. Aménagements statutaires et conventions entre associés,* n° 287 et s.

651 Y. Guyon, *op. cit.,* n° 273 et s.

652 V. pour plus de détails sur la question CHIEUDJI NGUEDOU CHRISTELLE, *Les pactes d'actionnaires,* mémoire de DEA, Faculté des Sciences Juridiques et Politiques de l'Université de Ngaoundéré (Cameroun), 2009 ; CA Angers, 20 sept. 1988, *Rev. sociétés* 1989.288 ; plus implicitement V. CA Paris, 14 mars 1990, Rev. sociétés 1990.643, RTD com. 1990.413, note C. Champaud.

notamment lorsque tous les associés y participent[653], l'AUS est formel : *sous réserve du respect des dispositions du présent Acte uniforme auxquelles il ne peut être dérogé et des clauses statutaires, les associés peuvent conclure des conventions extrastatutaires en vue notamment d'organiser (...).* Les pactes ne doivent donc pas porter atteinte à des dispositions de l'AUS ou à des clauses statutaires[654] qu'ils ont vocation à compléter, et non de contredire.

B- L'efficacité des pactes extrastatutaires

376 Entre associés-parties à l'accord, les pactes extrastatutaires ont la force obligatoire qui s'attache aux contrats[655]. Leur inexécution donne lieu à des dommages-intérêts, à moins qu'une clause pénale ait été stipulée. En revanche, l'exécution forcée paraît difficile à admettre, sauf cas exceptionnels, tant en raison de l'article 1142 du Code civil que des obstacles pratiques auxquels elle se heurterait, car la violation de l'accord traduit un affaiblissement sinon une disparition de l'*affectio societatis*[656].

Les pactes extrastatutaires sont inopposables aux tiers et à la société. Par conséquent, la violation d'une clause extrastatutaire de préemption ne permet pas de faire annuler l'aliénation opérée en faveur d'un acquéreur de bonne foi. De même l'inexécution d'une convention de vote valable ne permet pas d'obtenir l'annulation de la résolution votée au mépris de celle-ci[657]. Par conséquent l'efficacité des conventions extrastatutaires est limitée. Il arrive parfois qu'une convention extrastatutaire produise effet à l'égard de la société par application du mécanisme de la stipulation pour autrui. Ainsi les conventions de garantie stipulées à l'occasion des aliénations de droits sociaux profitent en principe au cessionnaire. Cependant, le cessionnaire peut stipuler que la garantie sera mise en œuvre par la société.

Enfin, on notera, par ailleurs, qu'en termes d'opposabilité, les clauses statutaires ont une efficacité supérieure aux pactes extrastatutaires, lesquels sont inopposables aux tiers de bonne foi. Par exemple, là où l'AUS sanctionne toute cession d'actions réalisée en violation d'une clause statutaire d'inaliénabilité, il ressort du nouvel article (art. 765-2) qu'en matière de pacte extrastatutaire cette nullité ne joue que si l'un des cessionnaires en avait connaissance ou ne pouvait en ignorer l'existence. Quoi qu'il en soit, les clauses d'inaliénabilité (statutaires

---

[653] V. SEYNABOU LY, *Le pacte d'actionnaire*, op. cit. ; CA Rouen, 27 févr. 1991, *RTD com.* 1992.401, note E. Alfandari à propos d'un partage des bénéfices selon une clef de répartition autre que celle prévue par les statuts. Cette solution n'est pas à l'abri des critiques car les statuts, étant publiés, sont connus des tiers qui peuvent compter sur leur respect.

[654] V. art. 2-1 AUS.

[655] D. VELARDOCCHIO-FLORES, *Les accords extrastatutaires entre associés,* n° 301.

[656] V. cependant H. Le NABASQUE et G. TERRIER, « L'exécution forcée des pactes d'actionnaires », *Dr. sociétés,* n° spécial Actes pratiques, 1994, n° 14.

[657] Y. GUYON, *op. cit.,* n° 291.

ou non) doivent désormais être temporaires (maximum 10 ans) et justifiées par un motif sérieux et légitime (art. 765-1 nouveau). Ces solutions ne sont donc pas fondamentalement différentes du droit français tel qu'appliqué par la Cour de cassation.

SECTION III- LES COMMISSAIRES AUX COMPTES

377 Le contrôle[658] de l'administration par les dirigeants de la société relève en principe des prérogatives des actionnaires[659]. Cependant, en raison de la complexité des décisions sociales ou l'absentéisme dont font souvent preuve les actionnaires, l'existence d'organes spécifiques de contrôle est une nécessité. C'est la raison pour laquelle il existe un organe chargé spécifiquement du contrôle et de la certification des comptes sociaux, en l'occurrence le commissaire aux comptes.

378 Les nouvelles dispositions de l'AUS généralisent la présence des commissaires aux comptes à toutes les formes de sociétés. Ainsi, la nomination des commissaires aux comptes est exigée non seulement dans les SARL et les SAS dont le capital social est supérieur à dix millions ou qui remplissent deux des trois conditions suivantes : total du bilan supérieur à 125 millions de F CFA, chiffre d'affaires annuel supérieur à 250 millions de FCFA ou effectif permanent supérieur à 50 personnes[660] et dans les sociétés anonymes[661] ; mais également dans les SNC[662] et les SCS[663] qui remplissent les mêmes conditions. L'AUS prend le soin de définir le statut de cet organe (§1). De même, les missions (§2) et les hypothèses de mise en œuvre de sa responsabilité ont été clairement abordées (§3).

§1. LE STATUT DES COMMISSAIRES AUX COMPTES

379 Le contrôle est exercé, dans chaque société anonyme, par un ou plusieurs commissaires aux comptes[664]. Les fonctions de commissaire aux comptes sont exercées par des personnes physiques ou par des sociétés constituées par ces personnes physiques, sous l'une des formes prévues en droit OHADA[665].

---

[658] V. pour aller plus loin sur la question du contrôle, E. AHOUANGANSI, *Audit et révision des comptes : aspects internationaux et espace OHADA*, Abidjan, Ed. Mondexperts, 2006, 729 p.
[659] V. particulièrement, HOMMAN-LUDIYE, J. E. MISSAINHOUN, « Le contrôle de gestion des SARL et des SA », op. cit., p. 3O7.
[660] Art. 376 AUS pour la Sarl et 853-15 pour la SAS. V. également J. A. AMONT, *Le contrôle des sociétés commerciales par le commissaire aux comptes*, Mémoire UCAD, 2003, 51p.
[661] Art. 694 AUS.
[662] V. art. 289-1 AUS.
[663] Art. 293-1 AUS.
[664] S. ALGADI AZIBER, « Commissaire aux comptes et prévention de difficultés des entreprises dans l'espace OHADA », *Pénant*, n° 870, 2009, p. 215 et s.
[665] Art. 694 AUS

Lorsqu'il existe un ordre des experts-comptables dans l'État-partie du siège de la société[666], objet du contrôle, seuls les experts-comptables inscrits au tableau de l'ordre peuvent exercer les fonctions de commissaires aux comptes[667]. Lorsqu'il n'existe pas un ordre des experts comptables, seuls peuvent exercer les fonctions de commissaire aux comptes les experts comptables inscrits préalablement sur une liste établie par une commission siégeant auprès d'une cour d'appel, dans le ressort de l'État-partie du siège de la société objet du contrôle[668].

380 Pour pouvoir exercer sa mission, le commissaire aux comptes ne doit pas être en situation d'incompatibilité. Celle-ci peut être générale ou au contraire être rattachée aux relations pouvant exister entre le commissaire aux comptes et les personnes qui lui sont liées, avec la personne contrôlée ou les sociétés qu'elle contrôle ou qui sont contrôlées par elle.

Notons en premier lieu que les fonctions de commissaire aux comptes, titulaire ou suppléant, sont incompatibles avec toute activité commerciale, qu'elle soit exercée directement ou par personne interposée, et avec toute activité salariée[669]. Dans ce dernier cas cependant, la loi admet que le commissaire aux comptes puisse dispenser un enseignement se rattachant à l'exercice de sa profession ou occuper un emploi rémunéré chez un commissaire aux comptes ou un expert-comptable.

381 Le commissaire doit ensuite exercer sa profession de manière indépendante. Par conséquent, sont incompatibles avec les fonctions de commissaire aux comptes, toute activité ou tout acte de nature à porter atteinte à son indépendance. Pour assurer son indépendance, le commissaire aux comptes doit donc éviter toute situation de conflit d'intérêts. À ce titre, on notera que la SEC (*Securities Exchange Commission)* des États-Unis d'Amérique) définit le principe général d'indépendance à partir de la perception que pourrait avoir un investisseur de la perte d'indépendance d'un auditeur légal en raison de faits ou circonstances dont il aurait connaissance et qui le conduiraient à conclure que l'auditeur n'est pas en mesure d'exercer un jugement objectif et impartial[670]. Aussi, avant d'accepter une mission de certification, le commissaire aux comptes

---

[666] V. pour plus de détails M. DOBIL, *Comptabilité OHADA*, Paris, Karthala, 2008 ; *Tome 1 Comptabilité générale*, Paris, Karthala, 2008 ; *Tome 2 Systèmes comptables, Opérations spécifiques, Travaux de fin d'exercice, Karthala, 2008, 214 p. ; Tome* 3, Comptabilité des sociétés Karthala, 2008, 133 p.

[667] quel que soit le pays, il suffit d'être agréé par l'ordre des experts comptables pour être désigné commissaire aux comptes. Ainsi, dans les Etats membres de la CEMAC, les experts comptables doivent être agréés par décision du Comité de direction de la CEMAC (v. Acte du Conseil des Chefs d'Etats UDEAC n° 5/82-UDEAC-324 adopté le 18 décembre 1982 relatif au commissariat aux comptes et à l'expertise judiciaire en comptabilité dans les Etats membres de l'UDEAC.

[668] Art. 696 AUS

[669] Art. 697 AUS.

[670670] A. MERCIER, Ph. MERLE et C. FLAHAUT-JASSON, *Audit et commissariat aux comptes*, 2007-2008, Mémento pratique Francis Lefebvre, n° 3564.

doit vérifier qu'il se trouve dans une situation d'indépendance vis-à-vis de la personne ou de l'entité dont il est appelé à certifier les comptes.

L'obligation générale d'indépendance ne se limite pas à ces seules hypothèses envisagées. En d'autres termes, l'indépendance du commissaire aux comptes peut se trouver atteinte dans d'autres situations. Ainsi, l'AUS formule aussi que :

Ne peuvent être commissaires aux comptes : 1°) les fondateurs, actionnaires, bénéficiaires d'avantages particuliers, dirigeants sociaux de la société ou de ses filiales, ainsi que leur(s) conjoint(s) ; 2°) les parents et alliés, jusqu'au quatrième degré inclus, des personnes visées au 1°) du présent article ; 3°) les dirigeants sociaux de sociétés possédant le dixième du capital de la société ou dont celle-ci possède le dixième du capital, ainsi que leur(s) conjoint(s) ; 4°) les personnes qui, directement ou indirectement, ou par personne interposée, reçoivent, soit des personnes figurant au 1°) du présent article, soit de toute société visée au 3°) du présent article, un salaire ou une rémunération quelconque en raison d'une activité permanente autre que celle de commissaire aux comptes ; il en est de même pour les conjoints de ces personnes ; 5°) les sociétés de commissaires aux comptes dont l'un des associés, actionnaires ou dirigeants se trouve dans l'une des situations visées aux alinéas précédents ; 6°) les sociétés de commissaires aux comptes dont soit l'un des dirigeants, soit l'associé ou l'actionnaire exerçant les fonctions de commissaire aux comptes, à son conjoint qui se trouve dans l'une des situations prévues au 5°) du présent article[671].

De même, le commissaire aux comptes ne peut être nommé administrateur, administrateur général, administrateur général adjoint, directeur général directeur général adjoint ou plus généralement dirigeant social des sociétés qu'il contrôle moins de cinq (5) années après la cessation de sa mission de contrôle de ladite société.

La même interdiction est applicable aux associés d'une société de commissaire aux comptes.

Pendant le même délai, il ne peut exercer la même mission de contrôle ni dans les sociétés possédant le dixième du capital de la société contrôlée par lui ni dans les sociétés dans lesquelles la société contrôlée par lui possède le dixième du capital, lors de la cessation de sa mission de contrôle de commissaire aux comptes[672]. Les personnes ayant été administrateurs, administrateurs généraux, administrateurs généraux adjoints, directeurs généraux ou directeurs généraux adjoints, gérants ou salariés d'une société ne peuvent être nommées commissaires aux comptes de la société moins de cinq (5) années après la cessation de leurs fonctions dans ladite société. Pendant le même délai, elles ne peuvent être

[671] Art. 698 AUS. V. également J. A. AMONT, *Le contrôle des sociétés commerciales par le commissaire aux comptes*, Mémoire UCAD, 2003, 51p.
[672] Art. 699 AUS

nommées commissaires aux comptes dans les sociétés possédant dix pour cent (10%) du capital de la société dans laquelle elles exerçaient leurs fonctions ou dont celles-ci possédaient dix pour cent (10%) du capital lors de la cessation de leurs fonctions[673].

382 Pour ce qui est de la désignation des commissaires aux comptes, les sociétés anonymes ne faisant pas publiquement appel à l'épargne sont tenues d'en désigner un et un suppléant au moins. Les sociétés anonymes faisant publiquement appel à l'épargne quant à elles, sont tenues de nommer au moins deux (2) commissaires aux comptes et deux (2) suppléants[674]. Les SARL et les SAS dont le capital social est supérieur à dix millions ou qui remplissent deux des trois conditions suivantes : total du bilan supérieur à 125 millions de F CFA, chiffre d'affaires annuel supérieur à 250 millions de FCFA ou effectif permanent supérieur à 50 personnes[675], sont tenues d'en désigner au moins un comme dans les sociétés anonymes[676]. Il en va de même des SNC[677] et des SCS[678] qui remplissent les mêmes conditions.

Le premier commissaire aux comptes et son suppléant sont désignés dans les statuts ou par l'assemblée générale constitutive. En cours de vie sociale, le commissaire aux comptes et son suppléant sont désignés par l'assemblée générale ordinaire.

Dans les SARL, le commissaire aux comptes est nommé pour trois (3) exercices par un ou plusieurs associés représentant plus de la moitié du capital social. Dans les SA, la durée des fonctions du commissaire aux comptes désigné dans les statuts ou par l'assemblée générale constitutive est de deux (2) exercices sociaux. Lorsqu'il est désigné par l'assemblée générale ordinaire, le commissaire aux comptes exerce ses fonctions durant six (6) exercices sociaux[679]. Les fonctions du commissaire aux comptes expirent à l'issue de l'assemblée générale qui statue soit sur les comptes du deuxième exercice, lorsqu'il est désigné dans les statuts ou par l'assemblée générale constitutive, soit sur les comptes du sixième exercice, lorsqu'il est nommé par l'assemblée générale ordinaire.

383 Lorsque, à l'expiration des fonctions du commissaire aux comptes, il est proposé à l'assemblée de ne pas renouveler son mandat, le commissaire aux comptes peut, à sa demande, être entendu par l'assemblée. Si l'assemblée omet d'élire un commissaire aux comptes titulaire ou suppléant tout actionnaire peut demander en référé à la juridiction compétente, la désignation d'un commissaire aux comptes - titulaire ou suppléant -, le président du conseil d'administration, le

---

673 Art. 700 AUS.
674 Art. 702 AUS
675 Art. 376 AUS pour la Sarl et 853-15 pour la SAS.
676 Art. 694 AUS.
677 V. art. 289-1 AUS.
678 Art. 293-1 AUS.
679 Art. 704 AUS.

président-directeur général ou l'administrateur général dûment appelé[680]. Le mandat ainsi conféré prend fin lorsqu'il a été procédé par l'assemblée générale à la nomination du commissaire. Si l'assemblée omet de renouveler le mandat d'un commissaire aux comptes ou de le remplacer à l'expiration de son mandat et, sauf refus exprès du commissaire, sa mission est prorogée jusqu'à la plus prochaine assemblée générale ordinaire annuelle.

§2. LES ATTRIBUTIONS DES COMMISSAIRES AUX COMPTES

384 Dans les sociétés commerciales, les commissaires aux comptes jouent plusieurs rôles qui se rapportent à deux missions essentielles[681] : les missions de contrôle (A) et les missions d'information et d'alerte (B).

A- La mission de contrôle

385 Le commissaire aux comptes n'est pas un mandataire des associés, c'est un véritable organe social de contrôle de la situation financière et comptable de la société, un *organe supra-social de contrôle*. Sa mission principale est une mission de révision comptable, c'est-à-dire de contrôle et, s'il y a lieu, de certification de la régularité et de la sincérité ou fidélité des comptes sociaux (qu'il ne dresse pas)[682].

Il s'agit ainsi d'un simple réviseur, auditeur ou contrôleur légal des comptes et, dans ce cadre, il ne doit pas s'immiscer dans la gestion de la société.

Le commissaire aux comptes doit procéder tout au long de l'année par sondages et échantillons à un contrôle des comptes sociaux. Ce contrôle lui permet de se forger une opinion sur la régularité, la sincérité et la fidélité de la comptabilité sociale (opinion exprimée dans le rapport général qui sera adressé aux actionnaires). Si ces exigences sont satisfaites, il procède alors à leur certification. Dans le cas contraire, il émet des réserves et peut même aller jusqu'à refuser purement et simplement la certification. Mais, dans tous les cas, l'assemblée générale demeure libre d'approuver ou non les comptes.

386 Pour l'exercice de sa mission de contrôle, le commissaire aux comptes dispose d'un certain nombre de prérogatives, en particulier d'un droit d'investigation relativement étendu. À toute époque de l'année, les commissaires aux comptes, ensemble ou séparément, opèrent toutes vérifications et tous contrôles qu'ils jugent opportuns et peuvent se faire communiquer sur place toutes les pièces qu'ils estiment utiles à l'exercice de leur mission et notamment tous contrats, livres, documents comptables et registres de procès-verbaux.

---

[680] Art. 708 AUS.

[681] A. P. NGIPOUPE, *Les missions du commissaire aux comptes dans l'Acte uniforme sur les sociétés commerciales*, mémoire de Master, Douala (Cameroun), 2014.

[682] R. E. NGUE, *Mon commissaire aux comptes dans l'espace OHADA*, Douala, Ed. AFECAC, 2009.

Les commissaires aux comptes peuvent également recueillir toutes informations utiles à l'exercice de leurs missions auprès des tiers qui ont accompli des opérations pour le compte de la société. Toutefois, ce droit d'information ne peut s'étendre à la communication des pièces, contrats et documents quelconques détenus par des tiers, à moins qu'ils ne soient autorisés par une décision de justice. Le secret professionnel ne peut être opposé aux commissaires aux comptes, sauf par les auxiliaires de justice.

B- La mission d'information et d'alerte

387 Le commissaire aux comptes est tenu d'informer principalement les actionnaires ou associés, et parfois, quand cela est nécessaire de sonner l'alarme quand il estime que la gestion de la société va à la dérive. Toujours est-il que dans les deux cas, c'est l'associé qui est protégé.

Pour ce qui est de la mission d'information, il faut relever que le commissaire aux comptes est tenu d'informer principalement les associés ou les actionnaires. Il doit aussi révéler les faits délictueux dont il a connaissance à l'occasion de l'exercice de sa mission au Procureur de la République. Cette dénonciation inclut les actes même antérieurs à sa prise des fonctions[683]. Pour l'essentiel, le commissaire aux comptes doit transmettre aux associés un rapport à cette fin. Ce rapport constitue un acte essentiel de l'exercice des fonctions du commissaire aux comptes. Il décrit l'ensemble du travail effectué et exprime clairement sa position sur les comptes en question. Il s'agit également d'une sorte de courroie de transmission entre les associés et les commissaires aux comptes, relativement aux informations et aux implications des comptes sociaux. En outre, un rapport spécial est également dressé relativement aux conventions réglementées.

Quant à la mission d'alerte[684] du commissaire aux comptes, il convient de noter que, lorsqu'il découvre ou a connaissance, lors de l'examen des documents qui lui sont communiqués, d'un fait de nature à compromettre la continuité de l'exploitation, le commissaire aux comptes doit déclencher l'alerte destinée à provoquer les mesures de redressement[685]. Le législateur OHADA met ainsi à la charge du commissaire aux comptes un devoir supplémentaire, celui d'alerter en cas de suspicion[686]. À cet effet, il demande par lettre au porteur contre récépissé ou par lettre recommandée avec demande d'avis de réception, des explications au

---

683 V. M-A. NDJANDEU, *L'intérêt social en droit des société,* thèse, Faculté des Sciences Juridiques et Politiques de l'Université de Yaoundé II (Cameroun), mai 2006 ; M. KONE, *Le nouveau droit commercial des pays de la zone OHADA, comparaison avec le droit français*, thèse, LGDJ, 2003, pp. 149-150.

684 V. art. 150 et s. AUS. A. P. NGIPOUPE, *Les missions du commissaire aux comptes dans l'Acte uniforme sur les sociétés commerciales* op. cit.

685 V. les art. 153 à 156 de l'AUS.

686 Sur ces points, on peut consulter : Y. GUYON, *Droit des affaires,* t. 2, 1993, Économica, pp. 62 et s. ; C. QUEMENT, *Le commissaire aux comptes et la prévention des difficultés dans les sociétés anonymes,* thèse, Poitiers, 1991.

gérant, au président du conseil d'administration, au président directeur général ou à l'administrateur général, qui est tenu de répondre dans les mêmes conditions, dans le mois qui suit la réception de la demande d'inscription[687]. Dans sa réponse, il doit donner une analyse complète de la situation et préciser, le cas échéant, les mesures envisagées[688]. En cas d'absence de réponse, ou si celle-ci n'est pas satisfaisante, le commissaire aux comptes invite, dans les quinze jours qui suivent la réponse ou la constatation de l'absence de réponse à l'expiration du délai d'un mois suivant la demande d'explication, selon les cas, le président du conseil d'administration ou le président directeur général à faire délibérer le conseil d'administration ou l'administrateur général, à se prononcer sur les faits révélés[689]. Un extrait du procès-verbal des délibérations du conseil d'administration ou de l'administrateur général, selon les cas, est adressé au commissaire aux comptes dans le mois qui suit la délibération du conseil ou de l'administrateur général[690].

388 En cas d'inobservation de ces dispositions ou si, en dépit des décisions prises, le commissaire aux comptes constate que la continuité de l'exploitation demeure compromise, il établit un rapport spécial destiné cette fois à informer les associés ou actionnaires. Ce rapport est présenté à la prochaine assemblée générale ou, en cas d'urgence, à une assemblée générale des actionnaires[691].

Au total de tout ce qui précède, il convient de retenir que le législateur semble s'être soucié de l'intérêt des associés, car il élargit sans cesse l'étendue des missions du commissaire aux comptes dont l'objectif primordial est de garantir aux associés une information permanente, fiable et de qualité suffisante. C'est en raison de l'importance de ces missions que des garanties lui sont accordées pour l'accomplissement desdites missions.

§3. LA RESPONSABILITÉ DES COMMISSAIRES AUX COMPTES

389 La victime d'un fait dommageable, l'associé, l'actionnaire, agissant au nom de la société ou en son nom propre, sera toujours tenté de rechercher la responsabilité professionnelle du commissaire aux comptes. La victime agira en responsabilité civile, directement ou par le biais d'une action pénale, ou encore après avoir exercé une action disciplinaire, celle-ci ayant, dans nombre de cas, un caractère vindicatif ou présentant une facilité procédurale.

---

[687] Art. 153 de l'AUS.
[688] Art. 154 AUS.
[689] Art. 155 AUS.
[690] Ibid.
[691] Cette assemblée est convoquée par le commissaire aux comptes lui-même pour soumettre ses conclusions, après avoir vainement requis sa convocation du conseil d'administration ou l'administrateur général, selon les cas, par lettre au porteur contre récépissé ou par lettre recommandée avec demande d'avis de réception.

Ces trois formes de responsabilité, bien que proches, souvent liées – la faute peut être la même, l'action civile peut être exercée devant la juridiction pénale, l'action disciplinaire est mise en œuvre pour faciliter la reconnaissance de la faute professionnelle – restent autonomes. En dépit des liens entre les ordres de responsabilité, ceux-ci seront examinés séparément. Ce qui donne la possibilité d'envisager successivement la responsabilité civile (A), ensuite la responsabilité pénale (B) et enfin la responsabilité disciplinaire (C).

A- La responsabilité civile du commissaire aux comptes

390 Pour un meilleur compte rendu de cet ordre de responsabilité, il est important de rappeler auparavant son fondement et sa nature avant de s'étaler sur ses conditions et le régime de l'action en responsabilité.

391 La détermination du fondement et de la nature de la responsabilité civile du commissaire aux comptes appelle peu de commentaires. Jadis déterminée dans son étendue et ses effets envers la société d'après les règles générales du mandat, la responsabilité civile du commissaire aux comptes a aujourd'hui en droit OHADA pour fondement l'article 725 de l'AUSC[692]. Cet article énonce clairement que *le commissaire aux comptes est civilement responsable tant à l'égard de la société que des tiers, des faits et négligences qu'il commet dans l'exercice de ses fonctions*.

392 Pour ce qui est de la nature de cette responsabilité, il faut relever que, la force de la tradition et le mutisme du texte ont provoqué une interrogation sur la nature délictuelle ou contractuelle de la responsabilité du commissaire aux comptes. Le débat semble clos aujourd'hui en droit français, même si une éventuelle survivance de la vision contractuelle de l'exercice des missions est marginalement envisageable[693]. Car on se demande encore si, nommé par les associés, lorsque la loi n'impose pas sa présence, le commissaire aux comptes n'agit- il pas sur le fondement d'un mandat à lui donné par eux ?

En droit OHADA, la question n'a pas été totalement tranchée, même la jurisprudence n'a pas pu se prononcer clairement. La question n'a pas non plus été clairement tranchée en droit français. En effet, seules deux décisions ayant trait à la question ont été publiées et elles sont divergentes. La loi n° 94-475 du 10 juin 1994[694] relative à la prévention et au traitement des difficultés des entreprises apporte une réponse partielle en son article 2 qui modifie l'article 27

---

[692] A. P. NGIPOUPE, *Les missions du commissaire aux comptes dans l'Acte uniforme sur les sociétés commerciales*, op.cit.

[693] L'art. 234 de la loi française du 24 juillet 1966 a marqué un tournant dans la conception de la responsabilité des commissaires aux comptes. La tradition historique du mandat est sans force depuis justement cette loi, toute référence à l'idée de mandat étant évincée du texte de 1986. V. dans ce sens Y. GUYON, « La responsabilité civile des commissaires aux comptes », *JCP,* éd. Cl, 1969. II. 87239

[694] D.1994.308.

de la loi n° 84-148 du 1er mars 1984. Une note de la compagnie nationale explicite la position de la profession à l'égard du commissaire placé dans cette situation quant à l'obligation de révélation des faits délictueux.

Quoi qu'il en soit, tout porte à croire que la responsabilité civile du commissaire aux comptes ne peut qu'être contractuelle, car, la faute susceptible de la justifier est une faute causée lors de l'exercice de sa mission ; le commissaire aux comptes ayant reçu mandat de ceux qui l'ont nommé (les associés), dès lors, la faute dans l'exercice de sa fonction apparaît comme une faute contractuelle et non une faute délictuelle. Cette dernière devant être recherchée à l'occasion de la mise en œuvre d'ordres de responsabilités différentes.

393 Pour ce qui est de ses conditions, notons que la responsabilité du commissaire aux comptes n'échappe pas aux conditions classiques de la responsabilité civile. Ainsi, le demandeur doit apporter la preuve d'une faute du commissaire aux comptes[695]. Cette faute doit être une faute personnelle constitutive d'un manquement aux obligations professionnelles. Ce n'est que normal ! Car, logiquement le commissaire aux comptes ne saurait répondre des fautes commises par une autre personne, un dirigeant par exemple.

Généralement, la faute du commissaire aux comptes susceptible d'engager sa responsabilité résulte de l'inexécution d'une obligation que la loi et les normes professionnelles lui imposent. En raison de la diversité de ces obligations, il convient de dissocier, selon la distinction traditionnelle, les obligations de résultat et de moyen qui pèsent sur le commissaire aux comptes. Il s'agit de savoir si, comme tous les prestataires de services et hommes de l'art, le commissaire aux comptes a une obligation de moyen ou s'il est tenu à une obligation de résultat.

Les juges français ont depuis longtemps retenu le principe selon lequel sous réserve des exceptions légales, le commissaire aux comptes n'est tenu que d'une obligation de moyens. C'est la Cour de Rennes, dans un arrêt du 27 mai 1975[696] qui a, pour la première fois, énoncé *qu'il est tenu d'une obligation de moyens dans les vérifications et contrôles qu'il opère*. La formulation a été reprise, avec quelques variantes, par nombre de juges du fond, du premier degré[697]. La question

---

[695] Y. GUYON, « La responsabilité civile des commissaires aux comptes », *Rev. Fr. de comptabilité*, septembre 1998, p.33.

[696] A. P. NGIPOUPE, *Les missions du commissaire aux comptes dans l'Acte uniforme sur les sociétés commerciales*, mémoire de Master, Douala, 2014. V. la décision rendue par la Cour d'appel de Rennes le 27 mai1975 (*Rev. sociétés,* 1976, p.120, note Y. GUYON, *Gaz. Pal.*, 1975.2.525, note A. P. S., *RTD com.*, 1976.561, n°29, obs. R.HOUIN.

[697] A. A. MANGA, *Contrôle et protection de la société commerciale*, mémoire de DEA, Université Gaston Berger (Saint-Louis, Sénégal), 2006 ; TGI Paris, 12 juill.1984, *Bull. CNCC,* 1987, p.76 ; TGI Lyon, 19 déc.1984, ibid. 1985, p. 224, note E. Du PONTAVICE ; Amiens, 20 juin1988, ibid. 1988, p.317, note E. Du PONTAVICE ; Grenoble ,7 mars 1989, ibid. 1989, p.356.

paraît clairement tranchée désormais ! Un arrêt du 06 octobre 1992[698] a implicitement consacré la nature d'obligation de moyens de la certification de la régularité et de la sincérité des comptes.

Par ailleurs, quand bien même la faute serait avérée, encore faut-il établir que cette faute a été à l'origine d'un préjudice causé au demandeur, pour que celui-ci puisse engager la responsabilité du contrôleur[699]. Ici les règles du droit commun retrouvent leur empire. Il faut qu'un préjudice *sérieux et appréciable* soit démontré et qu'il résulte de la faute du commissaire aux comptes pour que le juge prononce une condamnation à son égard.

Il faut donc que le dommage ait la nature et les caractères du dommage réparable selon le droit commun, notamment, le dommage devra être direct, certain, porter atteinte à un droit, et être personnel à la personne morale contrôlée ou à tout associé ou actionnaire victime.

Enfin, toujours relativement aux conditions de la responsabilité civile, la constatation d'une relation causale entre la faute et le dommage devra être établie. C'est le nœud gordien de la mise en jeu de la responsabilité du commissaire aux comptes. Nombreux sont les demandeurs qui trébuchent sur l'exigence de droit commun quant à la causalité. Il ne suffit pas en effet d'établir la faute, de prouver l'existence d'un préjudice, encore faut-il les lier de manière indéfectible.

Les exigences du droit commun, notamment quant à la causalité adéquate, jouent pleinement. S'y ajoutent des contraintes propres dans la mesure où, le plus souvent, c'est une faute d'abstention qui est la cause du dommage.

394 Pour l'exercice de l'action en responsabilité, il faut noter que si les demandeurs sont multiples, les défendeurs sont toujours les commissaires aux comptes, auxquels les premiers reprochent de ne pas avoir exécuté correctement les diligences propres à leurs missions.

Pour ce qui est du demandeur, il s'agira le plus souvent de la personne morale soumise au contrôle, des associés ou des créanciers de la personne morale. Pour la société, l'action s'apparente à l'action sociale et doit pouvoir être exercée par les dirigeants de droit, gérant ou président du conseil d'administration ou du directoire. La protection de la société commande que cette action puisse également être exercée par les associés, pour le compte de la société. Mais delà, les associés pourront en outre agir à chaque fois qu'ils pourront apporter la preuve d'un préjudice distinct de celui subi par la société. De fait, pour les actionnaires,

---

[698] Dans le même sens : D.VIDAL, Note sous Cass.com., 6oct. 1992, *RJ com.,* 1993, pp.166 et s., spéc.n° 5 ; V. les réserves de Th. BONNEAU, sous le même arrêt, *Dr. Sociétés,* 1992, n° 242, depuis un arrêt de la Chambre commerciale de la Cour de cassation du 9 février 1988 (*Bull. civ.* IV, no 68, *Bull. CNCC,* 1988, pp.197et s., note E. Du PONTAVICE, *PA,* 7 mars 1988, p.13 et s., note P. MORETTI, *Bull. Joly* 1988.275, note P.L.C., *Rev. sociétés,* 1988.555 et s., note J. MONEGER.
[699] Paris, 20 mars 2000. 159. J.-F. BARBIERI.

il a été reconnu que celui qui avait accepté de souscrire à une augmentation de capital ou qui avait acquis des titres de la société sur le fondement des diligences du commissaire aux comptes, en particulier suite à la certification des comptes sociaux, pouvait agir en responsabilité contre le commissaire aux comptes pour obtenir réparation de sa perte[700].

L'associé qui estime avoir subi un préjudice du fait d'un commissaire aux comptes dispose de trois ans, à compter de la date du fait dommageable, ou s'il a été dissimulé, de sa révélation, pour agir. Dès lors qu'elle a été intentée, l'action en responsabilité civile peut ainsi aboutir à la condamnation du commissaire aux comptes à payer des dommages et intérêts à la personne lésée. Cette responsabilité civile est d'ailleurs facile à établir lorsque le commissaire aux comptes a été condamné au pénal.

B- La responsabilité pénale du commissaire aux comptes

395 En plus de la responsabilité civile, le commissaire aux comptes peut-il voir sa responsabilité pénale engagée suite à des infractions commises durant l'exercice de sa profession ? En effet aux termes de l'article 716 de l'AUS,

le commissaire aux comptes signale les irrégularités et inexactitudes relevées par lui au cours de l'accomplissement de sa mission, à la plus proche assemblée générale. En outre, il révèle au ministère public les faits dont il a eu connaissance dans l'exercice de sa mission, sans que sa responsabilité puisse être engagée par cette révélation.

Ainsi, le commissaire aux comptes est investi d'une mission permanente de contrôle de la situation comptable de la société. En violant cette mission, il commet un délit analysé comme une complicité ou un délit autonome[701].

396 Concrètement, le commissaire aux comptes peut commettre une infraction au sens de l'article 899 de l'AUSC en donnant ou en confirmant *des informations mensongères sur la situation de la société* ou en omettant, en ne révélant pas *au ministère public les faits délictueux dont il aura eu connaissance.*

Pour ce qui est des informations mensongères, l'article 710 AUSC précise que *le commissaire aux comptes certifie que les états financiers de synthèse sont réguliers et sincères et donnent une image fidèle du résultat des opérations de l'exercice écoulé, ainsi que de la situation financière et du patrimoine de la société à la fin de cet exercice.* Et pour éviter que ce rôle de contrôle ne soit un mot vide de sens, l'article 899 du même texte prévoit une sanction pénale contre tout *commissaire aux comptes qui, soit en son nom personnel, soit au titre d'associé dans une société de commissaire aux comptes, aura sciemment donné*

[700] V. les arrêts des 17 oct. 1983 et 9 janv.1988 ; CA Paris, 1er févr.1984, *Rev. sociétés,* 1984.779, note D. SCHMIDT.

[701] N. STOLOWY, « La responsabilité pénale du commissaire aux comptes », *Rev. sociétés,* Juillet-septembre 1998, p.521.

ou confirmé des informations mensongères sur la situation de la société. Ce faisant, le législateur met le commissaire aux comptes en garde contre toute tentative de détournement de leur rôle, qui est celui de gardien de l'information des associés.

397 Toutefois, pour que son comportement tombe sous le coup d'une sanction pénale, il est nécessaire que soient réunis les éléments constitutifs de l'infraction visée. Il faut d'une part l'existence d'un élément matériel et d'autre part, la présence d'une intention coupable.

L'élément matériel est double, consistant en fait en la présence d'une information mensongère qui se rapporte à la mission du commissaire aux comptes, et la communication de cette information mensongère aux associés[702].

Quant à l'intention coupable, il faut dire que le délit de confirmation d'informations mensongères n'existe que si l'auteur des infractions a eu connaissance du caractère inexact de celle-ci ; la nécessité de l'intention coupable est ainsi relevée par la jurisprudence qui vérifie à chaque fois si le commissaire aux comptes savait que telles informations étaient mensongères. L'article 899 précise bien que ces informations doivent avoir été données ou confirmées « *sciemment* ».

La deuxième infraction dont le commissaire aux comptes peut être coupable est la non-révélation de faits délictueux. En effet, malgré le principe du secret professionnel, la loi impose au commissaire aux comptes l'obligation de révéler au Procureur de la République *les faits délictueux dont il a eu connaissance* à l'occasion de l'accomplissement de sa mission[703]. Bien que critiquée par certains auteurs, l'obligation de dénonciation paraît opportune, du moment qu'elle est entendue de manière raisonnable et qu'elle s'accompagne de relations confiantes entre les commissaires aux comptes et les magistrats du parquet.

Ce délit suppose réunis un élément matériel qui caractérise une non-dénonciation portant sur des faits délictueux et un élément moral qui résulte de la mauvaise foi.

398 Quoi qu'il en soit, et au vu de tout ce qui précède, on peut retenir que la responsabilité du commissaire aux comptes peut être mise en jeu soit pour confirmation ou certification d'informations mensongères, soit pour une non-dénonciation aux autorités judiciaires, des faits délictueux dont il a connaissance. Dans les deux cas, le droit à l'information des associés se trouve garanti, puisque même lorsque sa responsabilité est mise en cause pour défaut de dénonciation des faits délictueux au procureur de la République, l'information dans ce cas bénéficie également aux associés.

---

[702] F. ANOUKAHA, C. ABDOULLAH et al., *OHADA, Sociétés commerciales et GIE*, op. cit., p. 277, n° 472.
[703] Art. 899 de l'AUS.

C- La responsabilité disciplinaire du commissaire aux comptes

399 Cet ordre de responsabilité n'appellera pas trop de développement, car le législateur OHADA ne s'est pas trop étalé sur la question. En droit français par contre, au plan disciplinaire, il est traditionnellement reconnu que le commissaire aux comptes est tenu de répondre de toute négligence grave ou tout fait contraire à la probité ou à l'honneur, même ne se rattachant pas à sa profession. Il est ainsi reconnu que toute infraction aux lois, aux règlements et règles professionnels constitue une faute disciplinaire sanctionnée à l'article L.822-8 du Code de commerce à des peines allant de l'avertissement à la radiation. Ces sanctions prononcées par le conseil régional de l'inscription qui, depuis la loi du 1er août 2003, fait office de chambre disciplinaire dont les décisions peuvent faire l'objet d'un appel devant le haut conseil des commissaires aux comptes.

Malheureusement, cet organe disciplinaire important n'a pas préoccupé le législateur OHADA. On espère tout au moins que le législateur, à défaut, le juge, ou les pratiques dans les différents pays membres peuvent combler cette lacune législative.

Au regard de tout ce qui précède, le commissaire aux comptes apparaît comme un véritable gardien du droit à la transparence des associés. À travers la multitude de missions qu'il est appelé à accomplir, il exerce un contrôle *a priori* de la qualité et de la disponibilité de l'information des associés. Sa mission est par ailleurs bien encadrée par un régime rigoureux de responsabilité qui lui permet de l'exercer dans l'intérêt bien compris de ceux qui l'ont désigné, à savoir les associés. Le législateur OHADA semble s'être soucié véritablement de l'effectivité du droit des associés à la transparence, au point où il a associé le juge à cette mission de contrôle préventif de ce droit.

400 En conclusion, il apparaît que tant les statuts que la loi essaient d'organiser le fonctionnement harmonieux de la société en procédant à une subtile répartition des pouvoirs entre les divers organes sociaux. Tous ces organes doivent agir dans le respect de l'objet social et de leurs compétences respectives. Les rapports au sein de la société ont donc évolué. Au temps où la *théorie contractuelle* dominait, les associés avaient tous les pouvoirs qu'ils pouvaient déléguer aux dirigeants qui étaient ainsi de simples mandataires. La *théorie institutionnelle* qui s'est développée au XXe siècle a introduit un autre type de hiérarchie : aux associés revient le pouvoir de prendre les décisions les plus importantes et aux dirigeants sont reconnus les autres pouvoirs, sans que les uns puissent empiéter sur les prérogatives des autres. Il y a là une hiérarchie bien atténuée, les dirigeants ayant acquis une réelle autonomie.

CHAPITRE II

LES CRISES DE LA SOCIÉTÉ COMMERCIALE

401 Toute société commerciale connaît forcément à une étape de son existence ou à une autre des crises qui peuvent être plus ou moins graves. Ces crises peuvent être de diverses sources. Mais il ne sera pas question, dans le cadre de ce chapitre, de se livrer à une étude systématique des crises susceptibles d'intervenir[704]. Ne seront envisagées que des crises internes opposant entre eux les membres de la société, c'est-à-dire dirigeants et associés. Mais dans ce cas, il convient de soustraire les crises économiques qui, elles, sont étudiées dans le cadre du droit des entreprises en difficultés. Par conséquent, il ne reste que les crises essentiellement politiques, encore qualifiées de crises de pouvoir (section 1), et les crises de confiance (section 2).

SECTION I- LES CRISES DE POUVOIR

402 L'idée de crise de pouvoir renvoie aux extravagances des dirigeants ou aux dissensions entre les associés. Elles peuvent affecter l'existence même de la société lorsqu'elles ne sont pas bien encadrées ; il est des mésintelligences qui conduisent à la dissolution de la société.

Quand la solution à ces crises ne peut être trouvée amiablement, il peut être utile de faire recours à un arbitre extérieur qui peut être le juge. Ce dernier devient ainsi un personnage clé de la société. Avant de voir avec quelle casquette il intervient dans ces hypothèses de crises (§2), il importe auparavant de déterminer celles-ci (§2).

§1. LES DIFFÉRENTES CRISES DE POUVOIR

403 Malgré leur diversité, les crises politiques rencontrées en droit des sociétés ont toutes pour origine la violation de l'intérêt social. Ce dernier constitue donc la boussole qui indique la conduite à tenir et qui permet de détecter

[704] D'autres crises mettent en cause les relations avec l'extérieur : clients, fournisseurs, fisc, banquiers…v. pour plus de détails, I. M. THIOUNE, *Les mécanismes préventifs de protection de la société commerciale*, mémoire de DEA, Université Gaston Berger (Saint-Louis, Sénégal), 2002.

les déviations[705], les abus du droit de vote (B) ou les abus dans la gestion et commis par les dirigeants sociaux (A).

A- Les crises occasionnées par les dirigeants

404 La loyauté, en droit commun, c'est la répression du mensonge. Mais puisqu'il ne s'agit pas, en droit des sociétés, ou alors très rarement, d'abuser de la personne de son cocontractant, on abusera de ses biens ou de sa crédulité, pour faire une bonne affaire[706]. On abusera aussi, comme en droit commun, de son autorité ou de ses pouvoirs pour forcer un contrat, privilégier un intérêt... Toutes ces situations traduisent, en fait, le manquement du dirigeant à son devoir de loyauté envers la société et constituent des conflits d'intérêts.

Pour l'essentiel, les crises occasionnées par les dirigeants ont trait aux abus de gestion (1). Mais il peut en exister d'autres sans liens avec la gestion de la société (2).

1- L'abus de gestion

405 L'administration des sociétés expose leurs dirigeants à certaines tentations auxquelles la pratique montre qu'il n'est pas rare de succomber. C'est dans ce sens que l'AUS OHADA a entendu instituer des garde-fous, en incriminant à l'article 891 des abus portant sur des valeurs patrimoniales que représentent les biens sociaux ou le crédit de la société. En fait, il dispose qu'*encourent une sanction pénale le gérant de la société à responsabilité limitée, les administrateurs, le président-directeur général, le directeur général, le directeur général adjoint, le président de la société par actions simplifiées, l'administrateur général ou l'administrateur général adjoint qui, de mauvaise foi, font des biens ou du crédit de la société, un usage qu'ils savent contraire à l'intérêt de celle-ci, à des fins personnelles, matérielles ou morales, ou pour favoriser une autre personne morale dans laquelle ils sont intéressés, directement ou indirectement*. Les délits visés sont l'abus de biens et de crédits sociaux. Ce faisant, le législateur OHADA paraît être moins sévère que son homologue français qui prévoit d'autres délits[707]. Cela étant, et dans tous les cas, l'infraction d'abus de biens et crédit sociaux n'est réalisé qu'à la condition que soient réunis ses éléments constitutifs, c'est-à-dire matériel (a) et moral (b).

a- L'élément matériel de l'infraction d'abus de biens et de crédit sociaux

406 Les abus incriminés sont caractérisés par un usage contraire à l'intérêt social. Les biens sociaux correspondent ici à l'ensemble de l'actif mobilier et immobilier de la société destiné à l'intérêt social. Le crédit, par contre, c'est la confiance qui s'attache à la société, en raison de son capital, de la nature de ses

---

[705] V. M. COSIAN, A. VIANDIER et F. DEBOISSY, *Droit des sociétés*, op. cit., p. 193.

[706] F. DIAO, *De l'abus dans le fonctionnement des sociétés commerciales OHADA*, mémoire de Maitrise, Université Gaston Berger (Saint-Louis, Sénégal), 2010.

[707] V. à ce sujet l'art. 425 de la loi française du 24 juillet 1966, ou l'art. 1502-3°et 4° COCC.

activités et sa bonne marche[708] ; c'est la réputation de la société, sa surface[709]. Mais, quel qu'en soit l'objet, l'abus nécessite un élément matériel double : il suppose un usage qui doit être ensuite contraire à l'intérêt social[710].

L'élément matériel du délit d'abus de biens ou de crédit sociaux consistant en un usage contraire à l'intérêt social, l'infraction est réalisée par le seul usage, même en dehors de toute appropriation. Que faut-il entendre par usage ?

L'usage, c'est bien entendu l'appropriation ou la dissipation : par exemple, le dirigeant dispose, à son profit personnel, de sommes revenant à la société, en s'octroyant des rémunérations abusives ou des avantages en nature[711], ou donne du mobilier appartenant à la société ou vend une maison faisant partie de l'actif social. L'usage peut résulter également d'actes de disposition ou d'administration. Il peut même résulter d'actes positifs, ou alors d'une simple abstention, voire d'une omission d'agir. C'est par exemple le cas dans l'hypothèse d'abstention par un dirigeant de réclamer, à une autre société dans laquelle il était intéressé, le paiement de livraisons fait à cette société.

Au total, tous ces cas qui illustrent l'usage ont en commun le fait de porter atteinte à l'intérêt social, du moins fait courir à celui-ci un risque anormal, auquel il n'aurait pas dû être exposé.

407 Par ailleurs, toutes les descriptions du délit d'abus de biens et crédits sociaux reprennent une formule identique : se rend coupable d'un délit d'abus de biens sociaux le dirigeant, qui de mauvaise foi, fait usage des biens, du crédit, qu'il sait contraire à l'intérêt social. L'appréciation de la contrariété de l'usage à l'intérêt social peut cependant être nuancée selon qu'il s'agit d'une simple société ou d'un groupe de sociétés.

Dans l'hypothèse d'une simple société, un acte n'est pas contraire à l'intérêt social du seul fait qu'il lui est étranger, car un acte qui ne se rattache pas directement à l'intérêt social peut lui être bénéfique. Il est d'ailleurs insuffisant que l'acte comporte les risques de perte. Pourtant la jurisprudence paraît être d'avis contraire, puisqu'elle adopte une vision extensive ; en estimant suffisant le simple fait d'exposer le patrimoine social *à des risques de perte auxquels il ne devrait pas être exposé*[712].

---

[708] V. M. DELMAS-MARTY, op.cit., p. 286 ; ABDOULAYE SECK, *Abus de biens sociaux, étude de jurisprudence*, mémoire UCAD, 2011.

[709] W. JEANDIDIER, *Droit pénal des affaires*, 2è éd., D. 1994, p.284, n°259.

[710] V. à propos de la notion, M-A. NDJANDEU MOUTHIEU, *L'intérêt social en droit des sociétés*, op. cit.

[711] B. M. KEM CHE KEM, *Le devoir de loyauté dans les relations sociétaires en droits OHADA et français*, thèse, Faculté des Sciences Juridiques et Politiques de l'Université de Dschang, Octobre 2012 ; Crim. 25 novembre 1975, n°257, *JCP* 1976, II, 18476, note DELMAS-MARTY.

[712] V. DABO SAMBA, *Abus des biens sociaux : étude de la jurisprudence sénégalaise de 2001 à 2007*, mémoire de Master, UCAD, 2008.

La construction jurisprudentielle relative à l'usage contraire à l'intérêt social est en effet fort extensive. Sont évidemment d'abord concernés, tous les actes qui portent atteinte au patrimoine social ; l'exemple classique est le dirigeant qui puise dans les caisses sociales pour ses besoins personnels. Rémunérations excessivement versées par la société, commissions injustifiées sont fréquentes dans la pratique[713]. Plus subtil, est le fait pour le dirigeant de faire supporter, par la trésorerie de la société, le règlement des amendes auxquelles il est personnellement condamné.

Le Professeur M. DELMAS-MARTY se veut plus restrictive, lorsqu'elle affirme que la position de la jurisprudence paraît bien trop large, compte tenu de la vie quotidienne des sociétés, où toute décision importante fait courir à la société un risque. C'est pourquoi elle propose une définition étroite, selon laquelle *l'acte contraire à l'intérêt social est l'acte qui expose la société, sans nécessité pour elle, à des risques anormaux et graves*[714] .

408 Reste maintenant à préciser le moment d'appréciation. À propos, on soutient parfois que si l'acte se révèle conforme à l'intérêt social par la suite, l'infraction peut disparaître ; alors même qu'au moment de son accomplissement, il lui était contraire[715]. De même, l'infraction n'existe plus si, à l'origine, l'acte était conforme à l'intérêt social et qu'ensuite il lui apparaît contraire.

Dans l'hypothèse spécifique du groupe de sociétés, la question est de savoir si l'acte contraire à l'intérêt social d'une société peut être justifié par le fait d'avoir été accompli dans l'intérêt du groupe auquel cette société appartient. La question mérite d'être posée, ce d'autant plus que la mise en œuvre d'une politique de groupe se fait au moyen de flux financiers permanents entre des sociétés dont les caractères s'accordent mal avec les exigences d'une législation en matière d'abus de biens sociaux[716].

En France, une jurisprudence s'est dégagée et qui admet ce que l'on pourrait appeler *des faits justificatifs*. Tout est parti de la célèbre affaire WILLOT[717] qui a permis au tribunal correctionnel de Paris de donner une réponse de principe au problème posé. Le tribunal pose trois conditions pour l'admission des *faits justificatifs* :

- l'acte ou les actes doivent avoir été réalisés au sein d'un groupe structuré ;

- le concours financier doit être dicté dans l'intérêt du groupe et ne pas être dénué de contrepartie ;

---

[713]Crim.13 oct. 1986, *Bull. Joly* 1987,1029 ; I. M. THIOUNE, *Les mécanismes préventifs de protection de la société commerciale*, op. cit.
[714]DELMAS-MARTY, précité.
[715] F. ANOUKAHA, A. CISE, N. DJOUF, J. NGUEBOU TOUKAM, P.-G POUGOUE, M. SAMB, *OHADA, Sociétés commerciales et GIE*, op. cit.
[716]V. R. SOCKENG, *Droit pénal des affaires OHADA*, UNIDA, 1ère éd. mars 2007, p.102.
[717]Trib. Corr. de Paris16 mai 1974, *D.* 1975, 37

- le concours ne doit pas excéder les possibilités financières de la société qui en supporte la charge.

Il faudra attendre onze ans plus tard pour voir la Cour de cassation Française reprendre à son compte ces conditions. C'est à l'occasion de l'affaire Rozenblum[718] qu'elle va entériner la décision du tribunal correctionnel. Selon la Cour de cassation en effet, il est possible d'échapper à la condamnation à une double condition : il faut, en premier lieu que, le concours financier apporté par le dirigeant d'une société à une autre, du même groupe dans laquelle il est intéressé directement ou indirectement, soit dicté par un intérêt économique, social ou financier commun, apprécié au regard d'une politique élaborée pour l'ensemble de ce groupe. Il faut en outre que le concours financier ne soit pas dénué de contrepartie et qu'il n'excède pas les possibilités financières de celle qui en supporte la charge. Cette dernière condition consiste en une limite financière, tenant au résultat du concours. Celui-ci ne doit pas être d'une importance telle qu'il fasse courir un risque inacceptable à la société.

Si toutes ces conditions sont réunies, les faits justificatifs permettront au dirigeant de ne pas être poursuivi pour abus de biens sociaux quand bien même l'élément moral existerait.

b- L'élément moral de l'abus de biens et de crédit sociaux

409 L'élément moral de l'infraction d'abus de biens et de crédit sociaux est double. L'article 891 AUS se réfère seulement à la « *mauvaise foi de l'auteur de l'abus* ». Mais, il faut en plus un dol spécial, souvent caractérisé par le but poursuivi par le dirigeant.

S'agissant du dol général ou de la mauvaise foi, l'étude de la jurisprudence française fait apparaître deux catégories de fautes. Le plus souvent, on est présence d'une faute intentionnelle classique, qui est *la conscience chez le délinquant, du caractère contraire à l'intérêt social de ses agissements et la volonté d'enfreindre la loi* [719] ; ou encore la conscience de faire courir à la société un risque anormal, distinct du risque inhérent à la nature du marché.

L'acte incriminé est donc une infraction intentionnelle, caractérisée par la conscience que l'usage des biens ou du crédit est contraire à l'intérêt social. Cette mauvaise foi doit s'apprécier au moment où l'acte constitutif de délit est posé. Mais il arrive qu'à partir d'un simple défaut de surveillance, les juges retiennent la responsabilité du prévenu, pourvu qu'il ait connu les agissements délictueux qu'il pouvait *es qualites* empêcher. Il suffit donc, dans ce cas de figure, pour prouver le dol général, d'établir la connaissance des agissements délictueux.

---

[718] Cass. Crim ; 4 fév. 1985, *D.*1985, 478.

[719] B. M. KEM CHE KEM, *Le devoir de loyauté dans les relations sociétaires en droits OHADA et français*, Thèse, Faculté des Sciences Juridiques et Politiques de l'Université de Dschang, Octobre 2012 ; Crim.19 juin 1978, B. n°202.

En définitive, le dol général c'est l'intention d'user des biens ou du crédit de manière contraire à l'intérêt social. Il faut donc non seulement que le dirigeant ait la conscience d'agir contre de l'intérêt la société, mais qu'en outre il ait la volonté[720] d'agir contre cet intérêt.

410 Quant au dol spécial ou le but de l'intérêt personnel, -il faut dire que l'intérêt personnel dont il est question peut être double- l'article 891 l'AUS visant aussi bien un usage à des fins personnelles, donc directes, que la faveur accordée à une ou plusieurs autres personnels.

L'intérêt personnel peut être, selon la jurisprudence, pécuniaire et directe, mais aussi professionnelle ou morale. Ainsi cet intérêt personnel a été considéré comme caractérisé à l'égard de l'aliénation gratuite par un gérant d'une option portant sur le terrain de la société, au bénéfice d'un tiers dont le gérant obtiendra par la suite des fonctions bien rémunérées[721]. De même l'intérêt personnel peut résulter du souci d'un gérant d'entretenir des relations d'amitié avec un tiers, ou encore la volonté de consolider une situation au sein de la société et *d'entretenir des relations avantageuses avec de personnes influentes*[722]. L'intérêt personnel indirect quant à lui, consiste dans l'abus commis pour favoriser une autre personne morale (société ou entreprise) dans laquelle il était intéressé directement ou indirectement. Alors deux hypothèses peuvent être envisagées : d'abord, si la société victime et la personne morale bénéficiaire n'ont en fait aucun rapport économique, le délit est réalisé s'il s'est avéré que le dirigeant *utilise indifféremment, selon les opportunités du moment, les biens de l'un au profit de l'autre* [723]. Ensuite, si la société et l'autre personne morale constituent en fait un groupe économique parce qu'ayant des intérêts complémentaires ; alors l'abus est justifié lorsque l'intérêt du groupe est en cause et non intérêt du dirigeant.

Au vu de tout ce qui précède, on peut retenir essentiellement que le délit d'abus de biens et de crédit sociaux n'est consommé qu'à la condition que soient réunis les éléments constitutifs. La réunion de ces conditions rend l'infraction réelle et donc punissable, au même titre que les autres manquements du dirigeant à son devoir de loyauté.

2- Les autres manquements du dirigeant

411 En dehors des cas qui viennent d'être examinés plus haut, l'abus de pouvoir peut constituer une autre forme de manquement du dirigeant à son devoir de loyauté envers la société (a). Bien plus, le dirigeant se met souvent dans une situation de concurrence déloyale vis-à-vis de la société (b).

---

[720] R. SOCKENG, *Le droit pénal des affaires OHADA*, op.cit., p.104.
[721] V. not. ABDOULAYE SECK, *Abus de biens sociaux, étude de jurisprudence*, op. cit. ; DABO SAMBA, *Abus des biens sociaux : étude de la jurisprudence sénégalaise de 2001 à 2007*, op. cit.
[722] Cass. crim., 8 déc. 1971, *Rév. Soc*, 1972, 515, note Bouloc.
[723] Cass. crim., 16 déc. 1975, *Rev. Soc*, 1979, 335.

a- L'abus de pouvoir

412 En dehors des situations décrites par l'abus de biens et de crédits sociaux, le dirigeant peut se trouver dans une situation de conflit d'intérêts en abusant de son pouvoir. L'on doit entendre par pouvoir, tous les droits accordés par la loi ou les statuts aux dirigeants sociaux. Souvent, d'ailleurs, l'abus de pouvoir s'accompagnera d'abus de biens. Mais l'abus des pouvoirs peut exister seul, lorsque par exemple, un administrateur conclut un contrat avec sa société, sans profit ni perte pour celle-ci, mais pour se faire attribuer une commission. Il peut constituer parfois comme une tentative d'abus des biens sociaux, laquelle comme telle ne sera pas punissable. Il va de soi que le délit n'existe que si les éléments définis plus haut sont réunis. Autrement dit, l'abus de pouvoir dont il s'agit ici ne doit pas se confondre avec l'abus de biens ou de crédits sociaux décrit plus haut, car il n'existe que lorsque les éléments constitutifs de l'abus de biens sociaux ne sont pas réunis. Ainsi, les juges ne peuvent punir l'acte incriminé, au motif qu'il a fait sciemment courir le risque anormal à la société en faisant souscrire à la société un marché de sous-traitance avec une entreprise dans laquelle il a des intérêts.

b- La concurrence déloyale du dirigeant

413 Dans l'exercice de ses fonctions, le dirigeant peut être tenté de faire une concurrence déloyale à la société qu'il dirige. Sous l'influence des principes du *gouvernement d'entreprise*, la jurisprudence a eu à consacrer cette idée, en reconnaissant un devoir de loyauté qui pèserait sur le dirigeant envers la société. L'occasion lui en a été, en effet, donnée à l'occasion de la fameuse affaire KOPSIO[724]. Les faits de la cause méritent d'être rappelés.

Au cas particulier, le directeur général d'une société anonyme, après avoir démissionné de ses fonctions avait créé une maison concurrente de celle qu'il dirigeait auparavant et embauché plusieurs salariés de l'ancienne société, qui, eux aussi avaient démissionné. La Cour d'appel, saisie par l'ancienne société d'une action en concurrence déloyale, fondée sur l'article 1382 du Code civil, avait écarté le grief au motif qu'il n'apparaissait pas établi que les démissions concertées avaient relevé d'une action concertée organisée par l'ancien dirigeant. La Cour de cassation cassera cet arrêt au motif que celle-ci *aurait dû vérifier les conditions dans lesquelles certains salariés de la société, ultérieurement embauchés par l'ancien directeur général de cette société, tenus à une obligation de loyauté envers cette entreprise, avaient été déliés par ce directeur général alors en fonction, de la clause de non-concurrence qu'ils avaient souscrite*[725].

[724]Com. 24 février 1998, op. cit.
[725] Ibid.

Cet arrêt de la Cour de cassation a été diversement interprété par la doctrine. Pour le professeur Hervé LENABASQUE[726], cet arrêt est plutôt *décevant*. En effet il constate que si Monsieur KOPSIO est condamné, c'est en effet sur le fondement de l'article 1382 du Code civil, au résultat d'une action somme toute banale en concurrence déloyale. Car il y a faute, incontestablement, à relever des salariés de leur obligation de non-concurrence, à seule fin, semble-t-il, de les rembaucher ensuite dans une activité concurrentielle. Plus fortement, la faute repose ici sur l'existence d'une *action concertée*, voire de *manœuvres* de l'ancien dirigeant, ce qui est conforme, en tout point, au droit commun de la responsabilité pour *concurrence déloyale*.

Cette manière de voir paraît bien fort logique, car dans l'affaire KOPSIO, le dirigeant, en relevant les salariés de leur obligation de non-concurrence avait agi cette fois en qualité de dirigeant. Il avait bien usé de ses pouvoirs pour relever les salariés de leur obligation. Ce faisant, il avait violé son devoir de loyauté envers la société qu'il dirigeait, qui lui impose de ne pas concurrencer cette société, la concurrence étant jugée déloyale parce que le dirigeant a usé de ses pouvoirs dans son intérêt personnel. Sans cette faute préalable, il n'y aurait pas eu de concurrence déloyale ainsi, d'ailleurs, que l'avait jugé la Cour d'appel.

De l'économie de ce qui vient d'être dit, on peut retenir que le dirigeant est tenu d'une obligation de loyauté envers la société qu'il dirige ; et cette obligation lui impose de ne pas abuser des biens et du crédit de la société ; de ne pas la concurrencer de manière déloyale. Lorsqu'il n'observe pas cette obligation, il se place dans une situation de conflit d'intérêts vis-à-vis de la société. Mais de plus en plus, la tendance est de reconnaître ce devoir de loyauté, pesant sur le dirigeant à l'égard des associés aussi.

B- Les crises occasionnées par les associés

414 Tous les associés manifestent un intérêt convergeant dans la société : partager loyalement la richesse sociale. Cette communauté d'intérêts unit les associés et assure le bon fonctionnement de ladite société. En revanche, le mécanisme de la société se grippe lorsqu'un associé choisit de satisfaire son intérêt personnel, contraire à l'intérêt commun des associés[727]. Il s'agira généralement de l'abus de majorité (1) ou de l'abus de minorité (2).

---

[726] H. le NABASQUE, « Le développement du devoir de loyauté en droit de sociétés », *Rev. soc.*1999.1873.

[727] V. pour plus de détails J.-C. HOUNKPE, *Les conflits entre actionnaires dans la société anonyme de l'OHADA : mécanisme de prévention et de règlement*, Sarrebruck, Editions universitaires européennes, 2011, 88 p. ; NZOUABETH DIEUNEDORT, *Les litiges entre associes*, thèse, UCAD, 2005 ; P. A. LETTE, *Les litiges entre associés dans l'espace OHADA*, Mémoire de maitrise, Université Gaston berger (Sénégal), 2009 ; BOUBA NDIAYE, *Les litiges entre associés*, mémoire de Master, UCAD, 2007.

1- L'abus de majorité

415 La théorie de l'abus de majorité a été développée par les cours et les tribunaux et se fonde essentiellement en droit français sur l'article 1382 du Code civil[728]. En effet, pour comprendre en quoi il y a abus, il faut se rapporter à une loi du droit des sociétés, celle de la majorité. De fait, le contrat de société est différent des autres. Dans ceux-ci, l'unanimité est nécessaire pour modifier une clause du contrat conclu. Mais dans les sociétés commerciales, l'unanimité est souvent difficile à réaliser surtout dans les sociétés où les associés se connaissent mal par principe. Pour éviter les blocages dans la prise des décisions, il est nécessaire que la minorité s'incline devant la majorité. Mais, il ne faut pourtant pas que la loi de la majorité aboutisse à nuire aux associés[729].

Aujourd'hui, le législateur a pris en compte cet abus en définissant les conditions de sa mise en œuvre (a). L'abus peut par ailleurs se poser au sein de divers organes (b).

a- La notion d'abus de majorité

416 L'abus de minorité est la transposition en droit des sociétés de la théorie civiliste de l'abus de droit[730]. Dans un arrêt de principe du 18 avril 1961[731], la Cour de cassation l'a défini comme la « *résolution prise contrairement à l'intérêt général de la société et dans l'unique dessein de favoriser les membres de majorité au détriment des membres de la minorité* ». L'AUS reprend à son compte cette définition lorsqu'il formule qu' *il y a abus de majorité lorsque les associés majoritaires ont voté une décision dans leur seul intérêt, contrairement aux intérêts des associés minoritaires, sans que cette décision ne puisse être justifiée par l'intérêt de la société*[732].

Il en découle que l'abus n'est caractérisé qu'à la réunion de deux conditions cumulatives : la résolution doit être contraire à l'intérêt social et doit constituer une rupture d'égalité entre les associés.

Par rapport à la première exigence, la définition donnée par la Cour de cassation française dans l'arrêt du 18 avril 1961 et reprise par le législateur OHADA n'est pas explicite sur certains points. En effet, comme le législateur

---

[728] F. DIAO, *De l'abus dans le fonctionnement des sociétés commerciales OHADA*, mémoire de Maitrise, Université Gaston Berger (Saint-Louis, Sénégal), 2010 ; OMAR CISS, *L'égalité des associés dans le droit des sociétés commerciales OHADA*, mémoire de Master, UCAD, 2011.

[729] V. B. KAMENA, *La situation de l'actionnaire minoritaire en France et dans l'espace OHADA*, thèse, Pierre Mendès France, 2005.

[730] V. M. COZIAN, A.VIANDIER et F. DEBOISSY, *Droit des sociétés*, éd. Litec, 13ᵉ, 2000, n°71, p.177.

[731] Com. 18 avril 1961, établissement Picard, JCP 1961, II, n°12164.

[732] V. art. 130 AUS.

OHADA, la Cour de cassation ne parle guère de l'atteinte à l'intérêt social[733], mais de l'atteinte à *l'intérêt général* pour le premier et à *l'intérêt de la société* pour le second. Ces expressions peuvent être tenues pour synonymes. Mais à une époque où l'entreprise est en train de devenir une réalité économique dont l'activité est un critère de décision judiciaire, la référence à l'intérêt général permet de prendre en compte l'avenir de l'entreprise. Et dès lors qu'il inclut l'intérêt social, l'intérêt général de la société se distingue nettement de l'intérêt commun des associés[734].

La généralité de l'intérêt de la société ne doit cependant pas faire penser que l'abus est susceptible d'être retenu largement. En effet, la jurisprudence reconnaît rarement l'existence de l'abus de majorité ; car une résolution contraire à l'intérêt social suppose un appauvrissement, ce qui en pratique est assez rare, et en cas d'une mise en réserve comme c'est le cas de l'espèce de 1961, la société s'enrichit plutôt.

Cependant, il faut signaler que la Cour de cassation, dans un arrêt du 22 avril 1976[735] a qualifié d'abus la mise en réserve pendant 20 ans, de la totalité de bénéfices, dès lors que les sommes correspondantes à ce bénéfice n'avaient pas été justifiées par l'intérêt public, mais simplement thésaurisées par inscription en compte bancaire. Cet arrêt a été fort remarqué en doctrine, car il a été qualifié d'abus de majorité de résolutions ce qui ne constituait pas une rupture d'égalité entre les associés. La violation de l'objet et de l'intérêt social a été retenue comme un élément suffisant par la Cour de cassation ; ce qui a été approuvé par une partie de la doctrine.

Néanmoins, cet arrêt est resté isolé, la jurisprudence continuant de se référer aux deux conditions cumulatives posées par l'arrêt du 18 avril 1961, puis par le législateur OHADA, pour caractériser l'abus de majorité. En outre, ce qui est considéré comme contraire à l'objet et à l'intérêt social dans l'arrêt du 22 avril 1976, ce n'est pas tant la mise en réserve des bénéfices pendant 20 années consécutives, mais plutôt le fait que ces bénéfices mis en réserve aient été uniquement thésaurisés au lieu d'être investis dans l'activité de l'entreprise.

417 Relativement au second critère cumulatif de l'abus de majorité, en plus de la contrariété à l'intérêt social, la majorité doit avoir pris la résolution dans l'unique dessein de favoriser ses membres (au détriment des membres de la minorité) l'abus n'est donc caractérisé qu'autant que la résolution porte atteinte

---

733 M-A. NDJANDEU MOUTHIEU, *L'intérêt social en droit des sociétés*, op. cit. ; D. NZOUABETH, *Les litiges entre associés*, op. cit. p. 79.

734 V. A. S. NKUISSU NKUISSU, *La protection des minoritaires en droit des sociétés commerciales OHADA*, op. cit. ; D. SCHMIDT, « De l'intérêt commun des associés », *JCP*. 1994, 3793, n°5.

735Cass. Com., 22 Avril 1976, *Rev. soc,* p.479, note SCHMIDT.

à l'intérêt social, elle doit toucher totalement des intérêts particuliers, en l'occurrence de la minorité.

La Cour de cassation française a clairement distingué l'intérêt général de la société et l'intérêt particulier de la minorité[736]. Cette distinction est évidente, en cas d'abus de majorité, puisque la Cour de cassation énonce d'un côté que l'intérêt social ne soit en cause ou lésé et d'un autre côté, que la décision se justifie uniquement pour la majorité au détriment des associés minoritaires.

On constate finalement que par l'exigence de ce second critère lié aux intérêts particuliers, l'AUS tout comme la Cour de cassation, demande au juge du fond d'effectuer un contrôle de légitimité de la décision en cause, et non pas un contrôle de son opportunité[737]. La rupture de l'égalité entre les associés ne sera en pratique caractérisée que par un détournement manifeste de pouvoir. Cela explique par ailleurs le faible rendement de la jurisprudence sur l'abus de majorité et dénote la volonté jurisprudentielle de favoriser la gestion à long terme de la société.

Au total, il convient de retenir que la société est un instrument qui autorise certes de nombreux choix, mais lorsque cet instrument est utilisé sans rapport avec intérêt social, la décision devient illégitime, elle est étrangère à l'intérêt social qui ne sert que de prétexte. Elle doit pour ce fait être sanctionnée. La sanction doit alors jouer en faveur de la société, quel que soit l'organe au sein duquel l'abus est orchestré.

b- Les illustrations de l'abus de majorité

418 Comme il vient d'être dit, la théorie de l'abus de majorité a été développée par la jurisprudence se fondant sur l'article 1382 du Code civil. Si les conditions sont réunies, le plaignant obtiendra l'annulation de la décision abusive, ainsi que l'octroi des dommages et intérêts éventuels. Ce qu'il convient de noter c'est que l'abus de majorité peut se manifester au sein d'un conseil d'administration ou au sein d'une assemblée générale.

Dans le premier cas, notons que l'administrateur est titulaire d'un droit fonction, ce qui signifie qu'il doit suivre l'intérêt de la société et ne peut rechercher son intérêt personnel lorsqu'il prend une décision. Il est, en outre le mandataire de l'assemblée générale dans son ensemble et non celui d'un groupe particulier. Il va de soi qu'il existe des affinités particulières entre les actionnaires, majorité d'une société et le conseil d'administration. Ce dernier sera d'ailleurs régulièrement amené à prendre l'avis des actionnaires lorsqu'il doit prendre des décisions importantes.

---

[736] B. M. KEM CHE KEM, *Le devoir de loyauté dans les relations sociétaires en droits OHADA et français*, op. cit. ; D. TRICOT, « Abus de droit dans les sociétés commerciales », *RTD Com.* 1994, Chron. p. 67.
[737] D. TRICOT, op. cit. ; D. NZOUABETH, *Les litiges entre associés*, op. cit.

De façon générale, la jurisprudence exige pour l'annulation d'une décision d'un conseil d'administration pour abus de majorité, que soient réunies deux conditions : que la minorité ait délibérément sacrifié les intérêts de la société au sien propre ou ceux des tiers et que la décision ait causé un préjudice à la société ou ait été, à tout le moins, susceptible d'en causer un.[738]

419 Il n'est pas toujours aisé de prouver qu'une décision a été prise délibérément en vue de sacrifier les intérêts de la société. La jurisprudence accepte dès lors, parfois, d'annuler une décision du conseil d'administration lorsqu'elle est manifestement contraire à l'intérêt social et que le conseil d'administration a fait preuve d'une imprudence caractérisée. En droit OHADA, aucune définition n'a été donnée encore moins n'y a fait allusion. Mais on peut voir à travers l'article 453 AUS une volonté du législateur de laisser cette question à l'appréciation ou au soin des associés. Cet article dispose en effet que *sous réserve des dispositions du présent acte uniforme, les statuts déterminent les règles relatives à la convocation et à la délibération du conseil d'administration.* Ainsi les statuts peuvent envisager le problème de l'abus de majorité au sein du conseil d'administration, le définir en posant clairement les conditions de sa mise en œuvre.

420 Pour l'instant, on peut citer quelques hypothèses, qui ont le mérite de retenir l'attention et qui se poseront peut-être un jour devant les juges camerounais.

A été notamment considéré comme abus de majorité, le fait qu'une société dominante utilise le pouvoir qu'elle détient dans une filiale pour se servir de ses avoirs, en les engageant comme sûreté de ses propres obligations financières résultant de l'acquisition des titres de cette filiale. La société dominante avait en effet utilisé les avoirs de sa filiale afin d'obtenir un crédit pour acquérir le titre de cette même filiale. La société dominante a utilisé sa filiale non dans l'intérêt du groupe, mais afin de servir son intérêt égoïste. La filiale et les actionnaires minoritaires de cette filiale en furent gravement préjudiciés[739].

La seconde hypothèse, c'est-à-dire l'abus de majorité au sein de l'assemblée générale, est visée expressément par l'article 130 AUS. En effet un abus de majorité peut également intervenir au sein de l'assemblée générale. Il tire généralement son origine dans les conflits entre les associés lors de la répartition ou de la mise en réserve des bénéfices. Les minoritaires souhaitent très souvent percevoir immédiatement les dividendes de leurs placements, alors que la

---

[738] A. S. NKUISSU NKUISSU, *La protection des minoritaires en droit des sociétés commerciales OHADA*, op. cit.

[739] Pour plus de détails sur les faits très importants de cette affaire, voir JT ; 1993, p. 313.

majorité ambitionne de mettre en réserve le bénéfice social afin d'assurer le développement et la pérennité de la société[740].

Il convient de noter toutefois qu'il sera en général plus difficile d'établir l'existence d'un abus au sein de l'assemblée générale qu'au sein du conseil d'administration. En effet, c'est en principe la loi de la majorité qui régit le fonctionnement de celle-ci au sein des sociétés anonymes. L'actionnaire est normalement libre de voter dans le sens qu'il souhaite et il est même en droit de rechercher son intérêt personnel. Son droit de vote est à la fois un droit égoïste et un droit fonction. Pour que l'exercice du droit de vote soit abusif, il faut que les conditions de l'abus de la majorité soient réunies. Jusqu'en 1993, l'annulation d'une décision de l'assemblée générale pour abus de majorité était une création jurisprudentielle. Mais depuis lors, plusieurs textes sont intervenus pour définir les causes de nullité des décisions de l'assemblée générale, ainsi l'excès du pouvoir ou le détournement du pouvoir est souvent utilisé pour soutenir l'abus de majorité. Tel est le sens pris par le législateur français. Pour l'essentiel et pour exemple, on peut citer :

- une décision de mise en réserve systématique des bénéfices

- la décision de transformation d'une société anonyme en société en commandite simple

- la décision d'une assemblée générale prise en méconnaissance d'une convention de vote ou d'une clause statutaire de limitation du pouvoir votal.

De tout ce qui vient d'être décrit, il convient de retenir simplement que les associés majoritaires peuvent user de leurs droits de vote, mais ils ne doivent pas en abuser dans le seul but de nuire aux associés minoritaires. Cette règle n'est pas seulement valable lors des assemblées générales, elle s'applique également aux délibérations du conseil d'administration. Cette règle apparaît comme le pendant de l'abus de minorité.

2- L'abus de minorité

421 Le droit positif prend l'initiative de protéger les associés contre les décisions collectives. Ainsi, la jurisprudence, tout comme le législateur, reconnaît la liberté de vote des associés, mais elle condamne également leurs comportements abusifs[741]. Il est ainsi paru nécessaire de concilier ses propres intérêts avec ceux des autres associés ou celui de la société[742]. Les abus sont

---

[740] Voir C. BAILLY- MASSON, « L'intérêt social : une notion fondamentale », *Petites Affiches,* 9 nov. 2000, n° 224 ; P.A. LETTE, *Les litiges entre associés dans l'espace OHADA*, op. cit.

[741] BREHIMA KAMENA, *La situation de l'associé minoritaire en France et dans l'espace OHADA*, thèse, Grenoble II, 2005 ; J. N. LEYAMA, *L'abus de minorité,* Mémoire UCAD, 2000, 25p..

[742] B. M. KEM CHE KEM, *Le devoir de loyauté dans les relations sociétaires en droits OHADA et français*, op. cit. ; D. NZOUABETH, *Les litiges entre associés*, op. cit.

souvent sanctionnés en préconisant une certaine protection des minorités ; mais la jurisprudence veille également à ce que cette minorité n'utilise pas injustement la fraction de blocage dont elle dispose, pour empêcher le fonctionnement de la société[743]. Dans ces conditions, même l'abus d'égalité est également sanctionné[744]. Il s'agit en effet d'une variété d'abus de minorité. Aussi, l'abus de minorité proprement dit (a) sera examiné avant la deuxième variante qu'est l'abus d'égalité (b).

a- L'abus de minorité proprement dit

422 L'abus de minorité sur lequel la Cour de cassation française n'a eu à se prononcer que tardivement[745] depuis la loi de 4 juillet 1976 est également caractérisé par une attitude contraire à l'intérêt social. Néanmoins, la jurisprudence a posé une autre condition supplémentaire pour reconnaître le caractère abusif aux agissements des minorités.

S'agissant des critères de l'abus de minorité, l'AUS a pris le soin de définir ce qu'il faut entendre par abus de minorité. En effet, l'article 131 (2) dispose qu'*il y a abus de minorité ou d'égalité lorsque, en exerçant leur vote, les associés minoritaires ou égalitaires s'opposent à ce que des décisions soient prises, alors qu'elles sont nécessitées par l'intérêt de la société et qu'ils ne peuvent justifier d'un intérêt légitime*. De la définition ainsi donnée, il ressort que l'abus n'est caractérisé qu'à la condition que soient réunis deux critères cumulatifs : il faut d'une part une opération envisagée et jugée essentielle pour la société. Il faut d'autre part que l'opposition de minorité soit contraire à l'intérêt social.

Pour la première condition, selon la jurisprudence, pour que l'abus de minorité puisse être retenu, il faut que l'attitude de la minorité soit contraire à l'intérêt social et qu'elle interdise la réalisation d'une opération essentielle, et dans l'unique dessein de favoriser les propres intérêts de l'associé minoritaire au détriment de l'ensemble des autres associés. Le rapprochement avec l'abus de minorité est évident, mais il s'en démarque, car la jurisprudence ajoute une autre condition pour que l'abus soit caractérisé : il faut que la résolution litigieuse constitue une opération essentielle pour la société[746].

La caractérisation de l'abus de minorité nécessite qu'on définisse par ailleurs ce qu'est une opération essentielle à la société. Selon le professeur Merle, l' *opération essentielle* est incontestablement celle qui s'impose pour la survie immédiate de la société : ainsi en va-t-il de la transformation à réaliser sous peine

---

[743] F. DIAO, *De l'abus dans le fonctionnement des sociétés commerciales OHADA*, mémoire de Maitrise, Université Gaston Berger (Saint-Louis, Sénégal), 2010 ; OMAR CISS, *L'égalité des associés dans le droit des sociétés commerciales OHADA*, op. cit.

[744] V. M. COZIAN et A.VIANDIER, op. cit. n°'477.

[745] Cass. Com., 14 Jan 1992, VITAMA, *Bull. Joly. sociétés* 1992, P 273 ; KEITA KHADIDIA, *La sanction de l'abus de minorité*, mémoire de Master, UCAD, 2008.

[746] Cass. com., 15 Juillet 1992, *Bull. Joly ; société,* Octobre 1992, p. 1083

de dissolution ou de l'augmentation de capital exigé par le législateur[747]. On estime que si la société est largement endettée et rencontre de graves problèmes il pourrait y avoir un abus de la part de minorité qui empêcherait toute solution. En revanche, le refus du minoritaire ne serait pas considérable s'il ne faisait que s'opposer à une augmentation du capital destinée à permettre le développement d'une société prospère[748]. D'autres craignent déjà que les juges du fond soient invités à se placer dans une perspective à long ou à moyen terme, celle de la vie économique de l'entreprise, afin d'apprécier le caractère essentiel de l'opération et ils redoutent une dérive de cette condition[749].

Pour le professeur TRICOT, relève d'une opération essentielle celle portant augmentation du capital imposé pour supporter le nouveau minimum légal, puisqu'il y va de la survie de la société.

L'arrêt Flandin[750] en date du 9 mars 1993 confirme clairement la justesse de cette affirmation du professeur TRICOT, en affirmant qu'un associé minoritaire avait commis un abus *en s'opposant à l'augmentation de capital à hauteur de cinquante mille francs qui a été légalement requise et était nécessaire à la survie de la société*. Une opération essentielle est en conséquence une opération prescrite impérativement par la loi ou toute autre opération nécessaire à la survie de la société.

En fin de compte, cette jurisprudence apparaît insuffisamment protectrice de la société, en ce qui concerne la qualité de son fonctionnement. En effet, seule la pérennité de la société est assurée par l'abus de minorité dès lors que la résolution litigieuse ne constitue pas une opération essentielle, le minoritaire peut s'y opposer, même si cette opération permet d'assurer le développement de la société ou son meilleur fonctionnement.

En résumé, la Cour de cassation réduit considérablement le domaine d'application d'abus de minorité en exigeant que la minorité se soit opposée à une *opération essentielle* pour la société. La solution peut paraître bonne, car, l'abus de minorité ne peut se concevoir que comme un mécanisme correcteur qui ne doit jouer que dans les hypothèses limitées[751]. Reste tout de même que les décisions ultérieures auront -à n'en pas douter- l'occasion de se prononcer sur ce qu'il faut entendre par opération essentielle.

---

[747] PH. MERLE, « Définition et sanction de l'abus de minorité », *Rev. Soc.* 1994, Chron. p. 400

[748] Cf. P. M. Sous com. 9 Mars 1993, les petites affiches, 24 Mars 1993, P 12.

[749] M. CABRILLAC, « De quelques handicaps dans la construction de la théorie de l'abus de minorité », in *Mél. Offert à A. COLOMER,* LITEC 1993, p.109.

[750] KEITA KHADIDIA, *La sanction de l'abus de minorité*, op. cit. ; Cass. com., 9 Mars 1993, Flandin, *Rev Soc.*, 2000, p. 36.

[751] Cf., « Rapport du colloque droit et patrimoine, l'abus de minorité », in *Rev. Jurispr. Com,* nov.1991, p.81 spéc. n°10

Quant à la deuxième exigence, la faute qui caractérise l'abus de minorité est quasi-délictuelle[752], son effet préjudiciel ne se produit pas seulement au regard des associés, mais surtout aussi à l'encontre de la société. En effet, ce sont les conditions de quorum et de majorité variables selon l'importance des décisions, qui permettent à un groupe majoritaire de prendre abusivement ou un groupe minoritaire d'empêcher abusivement une décision. Dans les deux cas, c'est le caractère abusif des décisions qui est en cause ; or l'abus résulte d'une atteinte essentielle à l'intérêt de la société.

Pour que l'abus de minorité soit valablement caractérisé, en plus de la condition d'opération essentielle que pose la jurisprudence, il faut que la résolution ait porté atteinte à l'intérêt social. Le rapprochement s'impose évidemment sur ce point, avec la définition de l'abus de majorité, tel qu'elle résulte d'une jurisprudence désormais bien établie et selon laquelle est abusive la décision prise *contrairement à l'intérêt général de la société et dans l'unique dessein de favoriser les membres de la majorité au détriment des membres de la minorité*[753].

En somme, il convient de noter simplement que l'abus de minorité cousine sur beaucoup de points avec l'abus de majorité ; car dans les deux cas, la jurisprudence pose des conditions semblables (atteinte à l'intérêt social et rupture de légalité entre associés). La ressemblance se rompt cependant lorsque la jurisprudence en vient à surajouter une condition supplémentaire à l'abus de minorité, celle d'opération essentielle.

423 Pour ce qui est des modalités de l'abus de minorité**,** selon le Pr Merle[754], les associés minoritaires peuvent commettre deux types d'abus : l'opposition légitime et normale et l'abus négatif.

Dans le premier cas, c'est un abus qui se traduit par une décision sociale obtenue par surprise ou par une action en justice. Comme le rappellent les professeurs COZIAN et VIANDIER[755], *certaines décisions sociales notamment celles qui entraînent une modification des statuts ne peuvent être prises qu'à une majorité qualifiée*. Aussi les associés disposent-ils parfois d'un pouvoir de blocage social qui peut nuire au fonctionnement de la société. C'est en raison de cette atteinte à l'intérêt social que l'abus de minorité est sanctionné.

Mais une réflexion *à contrario* permet d'affirmer que lorsque la résolution ne porte atteinte à l'intérêt social ou à celui de la majorité et dont ne concerne pas une opération essentielle, l'opposition peut être légitimée. Cette situation décrit l'abus positif. En effet, toute opposition de la minorité n'est pas pour autant

---

752 D. TRICOT op. cit.

753 Com., 18 avril 1961, *JCP* 1961. II. 12164, D. BASTIAN.

754 P. MERLE, D*roit commercial : sociétés commerciales*, Dalloz, 20ème éd., 2016, n°581, p.625.

755 COZIAN M. VIANDIER A. DEBOISSY F., op. cit. n° 474, p.179

illégitime du simple fait qu'elle est une opposition. C'est aussi l'avis de BAILLY-MASSON lorsqu'il affirme : l*es minoritaires ou les associés égalitaires ont la possibilité de bloquer la prise d'une décision conforme à l'intérêt social comme une augmentation de capital nécessaire au développement de la société, mais pas à leurs intérêts propres respectifs*[756]. Voter contre est bien donc un droit, mais il n'est pas absolu. Ainsi, de la jurisprudence se raisonnait la liberté de vote aux associés, mais elle n'en condamne que les abus. À titre d'exemple on admet comme légitime l'obstruction à une transformation d'une SARL en SA. On admet également comme légitime l'opposition à une augmentation de capital qui était destinée à la modernisation des instruments de fabrication, mais non indispensable à la survie de la société alors qu'une augmentation d'un montant inférieur serait suffisant à établir un rapport correct entre capitaux propres et l'endettement à long et à moyen terme. De façon générale, l'abus positif est un abus qui ne porte pas atteinte à l'intérêt social et dont ne menace pas la survie de la société. Ce type d'abus est dit légitime et n'est pas sanctionné. Ce qui ne paraît être le cas de l'abus négatif.

Dans le second cas, l'abus consiste à bloquer toute modification de statut en refusant par exemple de voter une décision d'augmentation de capital ou de prorogation de la société[757] ; l'opposition ici est dite illégitime, en raison de l'atteinte à l'intérêt essentiel de la société.

Mais la frontière entre l'opposition légitime à une décision sociale ci-dessus étudiée et l'opposition illégitime, constitutive d'abus de minorité n'est pas toujours aisée à tracer. Dans les deux cas, la minorité vote contre parce que cela sert ses intérêts propres et non l'intérêt social[758]. Le critère de la légitimité ou de l'illégitimité de ce vote devrait donc être recherché en dehors de l'intérêt personnel d'une minorité.

Il ressort de l'article 131 AUS que l'abus requiert deux conditions cumulatives : des décisions nécessitées par l'intérêt social et une absence de justification d'un intérêt légitime pour la minorité. L'abus de minorité sur lequel la Cour de cassation française n'a eu à se prononcer que tardivement[759] est caractérisé par une attitude contraire à l'intérêt social et une rupture d'égalité au profit de la minorité à propos d'une opération essentielle.

Quoi qu'il en soit, l'abus négatif n'est caractérisé que lorsque la résolution prise contredit l'intérêt social et qu'elle concerne une opération essentielle. Dès lors que ces conditions sont réunies, il est possible de mieux caractériser cet avis et d'en prononcer les sanctions. Plusieurs sanctions sont envisagées, il peut s'agir d'une part d'une condamnation à des dommages et intérêts, conformément au

---

[756] BAILLY- MASSONS, op cit ; n° 224, p.8

[757] B.Y. MEUKE op. cit. p. 9.

[758] BAILLY- MASSONS, op cit , p. 8.

[759]Cass. Com., 14 Jan 1992, VITAMA, *Bull. Joly société*, mars 1992, p. 273.

droit commun de la responsabilité civile[760] ; d'autre part de la nomination par le juge d'un mandataire qui se substituerait aux minoritaires défaillants afin de voter dans le sens des décisions conformes à l'intérêt social. Enfin, une dernière sanction consiste, pour le juge, à rendre une décision ayant valeur de vote, sans convoquer une nouvelle assemblée.

b- L'abus d'égalité

424 L'abus d'égalité constitue la troisième modalité du comportement abusif d'un associé au sein de l'assemblée générale. Il se ramène en principe à l'abus de minorité, car, dans les deux cas celui qui fait obstruction empêche la prise de décision. Pourtant, souvent, la jurisprudence utilise les critères de l'abus de majorité pour le caractériser.

Comme il a été dit plus haut, l'abus d'égalité constitue une autre illustration du comportement abusif qu'un associé peut commettre au sein de la société. C'est pourquoi l'AUS le consacre expressément à l'article 131, alinéa 1 qui dispose que *les associés minoritaires ou égalitaires peuvent engager leur responsabilité en cas d'abus de minorité ou d'égalité*. Un associé peut, par son vote, empêcher qu'une décision soit prise par la collectivité des associés. Dans un arrêt du 8 juillet 1997, la Cour de cassation française a ainsi admis *à contrario* cette analyse en rejetant une demande fondée sur l'existence d'un abus d'égalité, au motif qu'il n'était démontré que l'attitude de l'associé en cause *répondait à l'unique dessein de favoriser ses intérêts au détriment de l'intérêt général de la société* et que l*a preuve d'une telle atteinte n'était pas apportée*[761]. En décidant ainsi, la cour entend étendre les mêmes conditions nécessaires pour l'abus de majorité à l'abus d'égalité, en l'occurrence l'atteinte à l'intérêt social et la rupture d'égalité entre les associés.

Une autre illustration est donnée par une décision du 16 juin 1998 par laquelle, la même juridiction a admis que, commettait un abus de son droit de vote un associé égalitaire qui empêchait pendant plusieurs années l'affectation des bénéfices sociaux dont il demandait la distribution en totalité, en s'opposant à la mise en réserve pour les investissements et l'autofinancement, dans un intérêt égoïste et contrairement à l'intérêt social[762].

Ainsi, les associés ont-ils un devoir de faire valoir l'intérêt commun sur leurs intérêts personnels et, quelle que soit l'hypothèse dans laquelle l'abus peut se poser.

La question qui est ici posée est celle de savoir quelles sont les situations qui peuvent provoquer l'abus d'égalité. La jurisprudence, tout en protégeant les

---

[760]Le POUTRE., « Les sanctions d'abus de minorité et de majorité dans les sociétés commerciales », *Droit et patrimoine*, déc. 1995, p. 68.
[761]Cass. Com., 8 juil. 1997, *Bull.Joly*, nov. 1997, p.980.
[762] Com., 16 juin 1998, RJDA oct. 1998, n°1114.

associés minoritaires, veille ainsi à ce que cette minorité n'utilise injustement sa fraction de blocage pour empêcher le fonctionnement de la société.

Les hypothèses dans lesquelles l'abus d'égalité est souvent rencontré sont celles des sociétés à responsabilité limitée (SARL) ou celles des sociétés en nom collectif (SNC), composées de deux associés possédant chacun la moitié des parts sociales. Dans tous les cas, ces abus se produisent dans les assemblées où toutes les décisions impliquent l'unanimité, l'obstruction de l'un par un vote négatif ou par une simple abstention bloquant toute décision[763].

§2. L'INTERVENTION D'UN JUGE : L'ADMINISTRATION PROVISOIRE

425 Pour éviter que les crises de politiques aboutissent à la dissolution de la société, l'intervention d'un tiers désigné par le juge est parfois nécessaire[764]. La désignation d'un administrateur provisoire qui se substituera momentanément aux organes sociaux en cause participe justement de cette idée[765]. C'est dans ce sens que le législateur OHADA, à travers la réforme de son droit des sociétés du 30 janvier 2014, consacre désormais cette solution.

Mais en réalité, il faut reconnaître que ce souci de règlement de difficultés des sociétés affiché par le législateur OHADA ne date pas d'aujourd'hui[766]. Il a toujours été une préoccupation constante dans les pays de l'OHADA. L'administration provisoire était déjà une pratique courante avant l'entrée en vigueur des nouvelles dispositions de l'Acte uniforme sur le droit des sociétés commerciales et du GIE (ci-après AUS). Elle l'était en droit des sociétés, notamment par l'expertise de gestion, la procédure d'alerte et le mandat ad hoc. Elle l'était également en droit des procédures collectives avec le règlement préventif, le redressement judiciaire ou la liquidation des biens. Toutes ces procédures conduisaient dans la plupart, en effet, à la nomination d'une personne autre que les organes de gestions mis en cause : expert de gestion, mandataire ad hoc expert du règlement préventif, syndic, juge commissaire…

L'administration provisoire était même de mise dans les sociétés du secteur public et parapublic[767]. Quelques textes épars nationaux ou communautaires de

[763] V. P.-G. POUGOUE, F. ANOUKAHA et J. NGUEBOU, *Le droit des sociétés commerciales et GIE,* op. cit., n°177

[764] MOUNTAGA DIOUF, *L'intervention des juges dans la vie des sociétés*, thèse, UCAD, 2007

[765] V. FATOU KATY SECK, *L'administrateur provisoire*, mémoire de master, UCAD, 2001.

[766] V. pour amples explications B. NJOYA KAMGA, *L'administration provisoire des sociétés dans l'espace OHADA*, Véritas, 2012, p.538

[767] V. par exemple la loi gabonaise n° 1/96 du 13 décembre 1996 relative à la privatisation ; la loi camerounaise n° 99/016 du 22 décembre 1999 portant statut général des établissements publics et des entreprises du secteur public et parapublic.

l'UEMOA[768], de la CEMAC[769] et de la CIMA[770] abordaient également la question.

426 Toutefois, toutes les techniques de sauvetage des entreprises notées par-ci et par-là n'avaient pas jusqu'à lors fait l'objet d'une réglementation spécifique ou d'ensemble dans le cadre de l'OHADA, même si les juges ont eu de façon prétorienne à évoquer la question[771]. C'est sans doute parce que ces applications disparates n'ont pas tardé à se révéler inappropriées que la consécration de l'administration provisoire apparaîtra comme la formule achevée de ces constructions jurisprudentielles[772].

La nouvelle institution est prévue aux articles 160-1 et suivants. Il s'agit d'une technique qui permet à l'autorité compétente[773], à l'effet de régler la crise sociale qui motive sa mise en œuvre, de désigner temporairement un administrateur à la tête d'une société, en remplacement ou en assistance des organes normaux de gestion. Ces dispositions précisent désormais les conditions d'ouverture de l'administration provisoire (A) et les règles relatives à son déroulement (B).

A- L'ouverture de l'administration provisoire

427 La nomination d'un administrateur provisoire est une mesure grave : elle ne se justifie qu'au regard de circonstances exceptionnelles intervenant au cours de la vie sociale. Puisque la désignation d'un administrateur constitue le moyen classique de résoudre une difficulté de caractère exceptionnel, elle obéit à des règles particulières qui ont trait aux causes de désignation, à la qualité du demandeur et à la procédure. Il convient, dans cette perspective, d'apporter un certain nombre de précisions quant aux causes de la désignation de l'administrateur provisoire (1) et les conditions de l'ouverture de l'administration provisoire (2).

1- Les cas d'ouverture de l'administration provisoire

428 Les nouvelles dispositions de l'Acte uniforme ne fournissent pas de cas originaux d'ouverture de l'administration provisoire, l'article 160-1 se bornant à rappeler que *lorsque le fonctionnement normal de la société est rendu impossible,*

---

768 V. la loi uniforme portant réglementation des systèmes financiers décentralisés, adoptée par le Conseil des Ministres de l'UEMOA le 06 avril 2007.

769 V. le Règlement nº 01/02/CEMAC/UEMOA relatif aux conditions d'exercice de l'activité de micro-finance dans la CEMAC du 26 janvier 2002.

770 V. le Code CIMA notamment.

771 V. par exemple CA Centre/Yaoundé, Arrêt nº 223/CIV/03-04 du 23 avril 2004.

772 Y. R. KALIEU, note sous CA Littoral, Arrêt nº 38/REF du 10 février 1999, *Juridis Périodique*, nº 42, avril-mai-juin 2000, p. 54.

773 A l'origine de sa création, il s'agissait exclusivement du juge. Mais la pratique dans les pays de l'OHADA l'a généralisé à divers organes : commission bancaire, Conseil des Ministres, ministre des finances, etc. mais l'AUS revient sur la solution classique à savoir la limitation au juge du pouvoir de nommer un administrateur provisoire.

soit du fait des organes de gestion, de direction ou d'administration, soit du fait des associés, la juridiction compétente statuant à bref délai peut décider de nommer un administrateur provisoire aux fins d'assurer momentanément la gestion des affaires sociales. Cette disposition résume, en effet, les deux conditions dégagées par la jurisprudence pour l'ouverture de l'administration provisoire : l'atteinte au fonctionnement normal des organes sociaux et le fait que l'intérêt social soit exposé à un péril imminent (a). Mais à ces cas, il convient certainement d'ajouter ceux légalement prévus, avant l'entrée en vigueur des nouvelles dispositions de l'AUS, par des dispositions non contraires à l'AUS, conformément aux articles 1 et 916 de l'AUS (b).

a- Les cas d'ouverture jurisprudentiels repris par l'AUS

429 Le caractère exceptionnel de la mesure justifie les deux conditions posées au départ par la jurisprudence et que l'AUS semble avoir repris, à savoir : l'atteinte au fonctionnement normal des organes sociaux et le fait que l'intérêt social soit exposé à un péril imminent.

La première condition est primordiale, mais elle a été assouplie par la jurisprudence. Comme le précise Y. GUYON, dans le langage juridique, l'adjectif *normal* désigne aussi et surtout ce qui est en fait le plus fréquent ou le plus habituel. Dès lors, les dirigeants peuvent, tout en prenant des décisions qui ne violent ni la loi ni les statuts, avoir un comportement anormal. Le juge ne doit pas pour autant accepter de les suspendre, à la demande des minoritaires, car son rôle n'est pas de s'immiscer dans la gestion de la société ou d'apprécier l'opportunité de celle-ci.

430 Pour avoir une idée de la notion d'« atteinte au fonctionnement normal », il convient de passer en revue les différentes solutions susceptibles de se présenter. Plusieurs situations doivent être envisagées : l'absence ou la défaillance des organes sociaux ; la disparition de l'*affectio societatis* ; les conflits sociaux ; le droit de regard des associés.

Premièrement, avant l'entrée en vigueur des nouvelles dispositions de l'AUS, la désignation d'un administrateur provisoire était pour la plupart réservée aux hypothèses d'absence ou de défaillance des organes sociaux : une société, effectivement, ne peut plus fonctionner si elle n'a plus de dirigeant ou si ceux-ci sont défaillants.

Manifestement, il peut y avoir carence justifiant la nomination d'un administrateur provisoire en cas d'absence des organes de représentation, ou lorsqu'à la suite de la révocation valablement intervenue du gérant, la société est privée d'organe de gestion[774]. Lorsque le gérant est dans l'incapacité de rendre compte de sa gestion, de justifier de l'encaissement des loyers et de présenter tant

[774] V. MOUNTAGA DIOUF, *L'intervention des juges dans la vie des sociétés*, thèse, op. cit.

des comptes approuvés que des procès-verbaux de l'assemblée générale, la gérance est défaillante, le fonctionnement de la société anormal, ce qui justifie la désignation d'un administrateur provisoire. Les irrégularités doivent être manifestes. Si le dirigeant fait l'objet d'une incarcération, la désignation d'un administrateur provisoire est envisageable. D'une manière générale, il est clair que la mise en cause pénale des organes sociaux justifie la désignation d'un administrateur provisoire dès l'instant où leurs agissements mettent en péril les intérêts de la société.

La paralysie du conseil d'administration justifie, également, la désignation d'un administrateur provisoire. Cette paralysie résulte le plus souvent de désaccords, rarement d'un nombre insuffisant d'administrateurs au sein du conseil. En effet, si des administrateurs peuvent suppléer la vacance d'un siège de telle sorte que le fonctionnement de la société n'est pas affecté, il n'y a pas lieu de désigner un administrateur provisoire. Dès lors, un simple conflit entre administrateurs ne peut justifier la nomination d'un administrateur provisoire.

La désignation de l'administrateur pourrait encore résulter du fait que la société est en proie à un blocage qui peut résulter d'une perte de confiance entre l'équipe dirigeante et l'assemblée[775]. Le blocage peut également se produire dans l'hypothèse de deux blocs égaux paralysant tout processus décisionnel.

Dans le même ordre d'idées, les dirigeants sociaux peuvent demander la désignation d'un administrateur provisoire dès lors que la société connaît des difficultés financières : il s'agit alors de gérer une crise sociale de nature financière, cela afin d'éviter que la société soit en état de cessation de paiements. La jurisprudence se montre, toutefois, assez stricte : le simple fait de connaître des difficultés financières ne suffit pas. Il faut en fait et cette condition demeure toujours essentielle, que l'intérêt social soit compromis par des initiatives manifestement excessives.

Chaque année, les associés doivent tenir une assemblée. Un mandataire *ad hoc* peut être chargé de la réunir si le conseil d'administration ou le gérant s'y refusent ou s'ils se livrent à des manœuvres ayant pour objet de l'empêcher de délibérer valablement. Un administrateur provisoire sera également désigné si l'assemblée se trouve dans l'impossibilité de prendre une décision, ce qui résultera en particulier de l'absence de *quorum,* de la répartition des actions entre deux groupes antagonistes, d'une contestation concernant la propriété d'une part importante des actions, ou de la présence d'actions indivises ou litigieuses. Dès

---

[775] V. Com. 17 oct. 1989, Bull. civ. IV, n° 250 ; *Rev. sociétés* 1989. 30, note Y. Chartier : dans cette décision, il « n'était pas possible de maintenir l'administration sociale entre les mains d'un gérant sérieusement accusé de ne pas l'avoir conduite de façon normale et qui avait perdu la confiance de l'associé porteur de la moitié des parts, dès lors que les faits imputés étaient de nature à porter préjudice irrémédiablement aux intérêts de la société et qu'ils induisaient une suspicion qui bloquait son administration ».

lors, c'est à bon droit que, relevant que le cédant de parts d'une société civile immobilière, donnant droit à l'attribution de locaux a refusé d'admettre l'acquéreur comme associé, les juges français chargent un administrateur provisoire de convoquer l'assemblée générale de la société et de tenir pour favorable, quel qu'en soit le sens, le vote du cédant sur l'admission du cessionnaire[776].

Deuxièmement, s'agissant de l'*affectio societatis*, sa disparition entre les associés d'une société peut justifier la désignation d'un administrateur provisoire[777]. Si cette disparition est définitive, il y aura lieu de prononcer la dissolution de la société.

Troisièmement, la désignation d'un administrateur provisoire peut aussi permettre de résoudre un conflit entre associés. On remarque, effectivement, que la désignation d'un administrateur provisoire peut être conçue comme un moyen efficace d'assurer la protection des minoritaires. Les minoritaires demandent souvent la nomination d'un administrateur provisoire lorsqu'ils sont en désaccord avec la politique suivie par les dirigeants majoritaires. Ils pourraient certes invoquer l'abus de majorité, et cela semble plus logique, mais le droit de désigner un administrateur provisoire dans cette hypothèse semble plus adéquat selon la jurisprudence. En effet, depuis la célèbre décision *Fruehauf* de la cour d'appel de Paris du 22 mai 1965[778], les juges reconnaissent la possibilité de désigner un administrateur provisoire, à la demande des minoritaires, alors que la société fonctionne normalement[779]. Mais, le simple dissentiment entre les associés ne saurait donner cependant lieu à la nomination d'un administrateur provisoire : ce cas classique de conflit social doit se dénouer selon les règles du droit des sociétés entre autres, par la loi de la majorité. Il est nécessaire que cette mésentente grave

---

776 Civ. 3e, 19 févr. 1970, Bull. civ. III, n° 123.

777 Pour une société en commandite par actions, V. dans la jurisprudence française CA Paris, 17 mars 1999, Bull. Joly 1999. 809, note P. S. - T. com. Paris, réf., 25 nov. 1993, *RJ com.* 1994. 161, note Vincent.

778 JCP 1965. II. 14274 *bis*, concl. av. gén. Nepveu ; D. 1968. 147, note R. Contin ; *RTD com.* 1965. 631, obs. R. Rodière ; Grands arrêts du droit des affaires, 1995, Dalloz, n° 44, p. 487. - R. CONTIN, « L'arrêt *Fruehauf* et l'évolution du droit des sociétés », *D.* 1968. Chron. 45.

779 Dans cette affaire, un différend opposait la majorité des administrateurs représentant un groupe étranger et les représentants de capitaux français minoritaires : les administrateurs géraient une filiale française d'une société mère américaine ; cette dernière leur avait demandé de résilier un contrat de sous-traitance dont le bénéficiaire était la République populaire de Chine, les administrateurs suivant purement et simplement la politique décidée par la société mère. Cette politique, si elle servait les intérêts de la société mère, était contraire en revanche à ceux de la filiale. C'est dans ce contexte que les minoritaires ont pu obtenir la désignation d'un administrateur provisoire chargé de gérer la société pour un temps déterminé. Cette solution, si elle apparaît concevable pour protéger efficacement les minoritaires, devrait cependant être entourée de conditions strictes dans la mesure où elle ne doit pas non plus être motivée par les craintes des minoritaires, suscitées par la politique menée par les majoritaires. La condition relative à l'intérêt social gravement compromis ne doit donc pas être perdue de vue.

fasse obstacle au fonctionnement normal de la société ou la mette en péril. Ainsi, est justifiée la nomination d'un administrateur provisoire, alors que des cohéritiers sont manifestement opposés sur les mesures à prendre en ce qui concerne la gestion et l'administration des biens dont ils sont copropriétaires indivis et que le grave désaccord entre eux et les sentiments d'animosité qu'ils manifestent rendent difficile, pour tout autre qu'un mandataire de justice, la gestion des parts de la SARL dont ils ont hérité[780].

De même, l'existence de relations personnelles conflictuelles entre certains associés n'est pas de nature à elle seule à démontrer que la gestion de la société met en péril son existence ou compromet son fonctionnement, et à justifier la nomination d'un administrateur provisoire[781].

431 Quant à la deuxième condition, c'est-à-dire la mise en péril imminent de l'intérêt social, elle permet finalement d'encadrer strictement l'intervention du juge dans la vie sociale et de remédier à l'absence de base légale. Par là même, cette condition délimite le domaine d'application de l'administration provisoire, mesure particulièrement attentatoire aux principes fondamentaux du droit des sociétés[782]. La jurisprudence rappelle donc très souvent l'exigence de cette condition relative à un péril imminent[783], et il appartient aux juges du fond d'apprécier souverainement la situation de crise qui justifie la nomination d'un administrateur provisoire. À ce titre, ces derniers disposent d'un pouvoir considérable, car ils demeurent libres quant à l'appréciation de l'intérêt social et des menaces qui risquent de la compromettre. Cette liberté est d'autant plus grande que le législateur n'a jamais défini la notion d'intérêt social ; on sait d'ailleurs qu'elle donne lieu à des controverses doctrinales diverses[784]. Par conséquent, les juges du fond disposent finalement de larges pouvoirs d'appréciation, car ils définiront l'intérêt social par rapport à la conception qu'ils se font de la société. Dans cette perspective, deux hypothèses doivent être distinguées : la réunion des conditions requises ; la non-réunion des conditions requises.

---

[780] Com. 5 janv. 1976, Bull. civ. IV, n° 4 ; *Rev. sociétés* 1976. 635, note M. Guilberteau.

[781] CA Paris, 27 oct. 1999, Bull. Joly 2000. 338, note B. Saintourens.

[782] C. RUELLAN, « Les conditions de désignation d'un administrateur provisoire », *Dr. sociétés* 2000. Chron. 4. - M. JEANTIN, « Le rôle du juge en droit des sociétés », Mélanges R. Perrot, 1996, *Dalloz*, p. 149. - J. MESTRE, « Réflexions sur les pouvoirs du juge en droit des sociétés », *RJ com.* 1985. 1.

[783] V. CA Paris, 5 nov. 1993, *Bull. Joly* 1994. 59, note M. Germain. - Com. 26 nov. 1996, RJDA 1997, n° 210.

[784] M. A. NDJANDEU, *L'intérêt social en droit des sociétés*, op. cit. ; A. PIROVANO, « La « boussole » de la société. Intérêt commun, intérêt social, intérêt de l'entreprise ? », *D.* 1997, chron. 189 . - A. COURET, « L'intérêt social », *Cah. dr. entr.* oct. 1996, n° 4, p. 1. - D. SCHMIDT, « De l'intérêt social », op. cit.

La nomination d'un administrateur provisoire étant une mesure grave ne se justifiant qu'en cas de circonstances exceptionnelles, telle la défaillance irrémédiable des organes de gestion ou un dissentiment sérieux entre associés entraînant la paralysie du fonctionnement, il convient de rapporter la preuve que l'intérêt social est menacé. De l'analyse de la jurisprudence, on peut tirer les conclusions suivantes. Soit la deuxième condition relative à l'atteinte à l'intérêt social découle de la première concernant le fonctionnement anormal de la société : bien souvent, le fonctionnement anormal des organes sociaux est de nature à mettre en péril l'intérêt social. On voit donc bien qu'il existe un lien entre ces deux conditions. Soit les décisions sont plus exigeantes en imposant la réunion des deux conditions. Par conséquent, les juges rappellent qu'en l'absence de toute conséquence sur le fonctionnement de la société, le conflit ne peut être réglé par la désignation d'un administrateur provisoire. De même, lorsque l'assemblée des associés s'est réunie à plusieurs reprises depuis la constitution de la société, qu'elle est l'organe normalement habilité par les statuts à mettre un terme au litige existant entre les deux gérants et qu'à cette fin, il est loisible à l'un ou l'autre des associés de saisir l'assemblée, en l'absence d'une part, de péril actuel causé par ce dissentiment pour le fonctionnement de la société et d'autre part d'impossibilité pour l'assemblée de régler le conflit, il n'y a pas lieu de désigner en référé un administrateur provisoire[785].

432 On notera que certaines décisions font référence non pas au péril imminent de l'intérêt social, mais à un dommage imminent[786]. À notre avis, les deux notions se rejoignent, le caractère imminent du dommage menaçant de manière inéluctable l'intérêt social.

Si la preuve est rapportée que l'intérêt social est exposé à un péril imminent, il semble bien que la jurisprudence tolère parfois qu'il s'agisse d'une condition autonome. Les conditions seraient alors alternatives et non plus cumulatives. On notera d'ailleurs que dans l'arrêt *Fruehauf* de la Cour d'appel de Paris du 22 mai 1965 précité, la condition relative à l'intérêt social exposé à un péril imminent passait au premier plan. En effet, la politique sociale, sur laquelle existaient des divergences de vues, était de nature à conduire la société au dépôt de bilan.

Si les conditions deviennent ainsi alternatives, on pourrait craindre un gouvernement des juges. La critique est cependant excessive dans la mesure où le juge ne peut se fonder sur une simple faute de gestion[787], ni même sur une

---

785 CA Paris, 5 oct. 1988, Bull. Joly 1988. 936 ; *RTD com.* 1989. 86, obs. E. Alfandari et M. Jeantin. Dans la décision du 11 février 2003, la cour d'appel d'Amiens se montre également exigeante (Bull. Joly 2003. 440, note A. Constantin.

786 V. par ex., Com. 25 janv. 2005, n° 00-22.457 ; *Rev. sociétés* 2005. 828, note B. Lecourt : « la désignation d'un administrateur provisoire est une mesure exceptionnelle, qui suppose rapportée la preuve de circonstances rendant impossible le fonctionnement normal de la société, et menaçant celle-ci d'un dommage imminent ».

787 V. M. ARMAD-PREVOST, « Les attentes du juge », *RJ com.* 2000, hors-série, n° 9, p. 7 et s.

situation que l'on pourrait considérer comme simplement contraire à l'intérêt social. D'ailleurs, on peut constater que, même lorsqu'ils ne relèvent pas spécifiquement l'existence de l'une ou de l'autre condition, les juges se livrent souvent à une appréciation globale : une paralysie des organes sociaux devrait avoir obligatoirement des incidences sur l'intérêt social ; la constatation d'un fonctionnement anormal devrait impliquer, en revanche, un examen approfondi de la condition relative à la mise en péril de l'intérêt social.

Si les conditions de désignation de l'administrateur provisoire ne sont pas réunies, d'autres alternatives demeurent envisageables. En effet, la crise sociale, le mauvais fonctionnement de la société et les intérêts sociaux menacés sont de nature à permettre, suivant les cas, de déboucher soit sur des missions emportant dessaisissement, soit encore sur des missions d'assistance des organes sociaux. La nomination d'un administrateur judiciaire chargé d'un mandat général de gestion de la société, emportant dessaisissement des organes statutaires, est effectivement une mesure exceptionnelle, destinée à remédier à une situation de crise grave de nature à paralyser le fonctionnement de la société et à compromettre gravement les intérêts sociaux. Ainsi, si la situation sociale n'était pas à ce point affectée, elle exige uniquement la prise de décisions à long terme, mesure qui relève de la mission des organes de gestion.

La caractéristique de *ces autres mandataires de justice* est donc de ne pas dessaisir les dirigeants sociaux. Les mesures proposées sont diverses et ne font pas toujours preuve d'une certaine logique jurisprudentielle, d'autant plus que les tribunaux utilisent souvent les mêmes termes pour désigner des situations qui, en fait, ne sont pas identiques. On voit finalement ici que les juges recourent au principe de proportionnalité qui doit guider la mesure d'intervention judiciaire en considération de la gravité de la situation sociale.

L'absence de réunion des conditions requises peut aussi résulter du fait que la crise est irrémédiable et que seule une dissolution judiciaire pourrait être décidée. Par conséquent, du moins en théorie, les juges devraient s'interroger sur l'existence de chances permettant une résolution de la crise.

b- Les cas d'ouvertures prévus par des textes applicables dans l'espace OHADA non contraires à l'AUS

433 Conscient de la nécessité de l'administration provisoire telle que mise en place par la jurisprudence, plusieurs législations africaines avaient déjà, avant l'entrée en vigueur des nouvelles dispositions de l'AUS prévu un certain nombre de cas d'ouverture de cette mesure. Il ne s'agissait cependant pas d'une réglementation globale, les législations communautaires et nationales de l'espace OHADA préféraient faire une administration provisoire limitée à quelques entités économiques et à quelques-uns des aspects de son régime juridique seulement. C'est ce qu'ont fait la majorité des réglementations communautaires de la

CEMAC, de L'UEMOA et de la CIMA ou des législations nationales relatives aux entreprises publiques.

De l'économie des textes communautaires et nationaux, il ressort que malgré le caractère exceptionnel de la mesure, les hypothèses de recours à l'administration provisoire sont nombreuses. Une catégorisation est cependant possible si l'on tient compte du caractère international ou interne de la source qui la consacre.

434 Au plan international, il s'agit des causes qui sont prévues par les textes de la CEMAC, l'UEMOA et la CIMA. Elles sont légion.

Ainsi, les articles 16 de l'Annexe de la Convention du 16 octobre portant création de la COBAC, 39 de la Convention du 17 janvier 1992 et 63 du règlement CEMAC n° 1/02.CEMAC/UMAC relatif aux conditions d'exercice des activités de microfinances dans la CEMAC, énumère un certain nombre d'hypothèses de désignation de l'administrateur provisoire. Pour l'essentiel, ces dispositions recouvrent les cas où la gestion de l'entreprise ne peut plus être assurée dans les conditions normales, les cas de démission d'office des dirigeants prononcés à titre de sanction et les cas de carence dans l'administration, la gérance ou la direction de l'établissement.

Il en découle que l'administration provisoire est non seulement une mesure de sauvetage de l'entreprise en difficulté, mais aussi une sanction, voire une mesure d'accompagnement des sanctions de la gestion inconséquente des établissements de crédit et de microfinance.

En plus de ces causes qui viennent d'être étudiées, l'UEMOA institue une autre cause d'institution de l'administration provisoire dans les banques et les établissements financiers. L'article 31 de l'Annexe à la Convention du 03 avril 2007 précise que

La commission bancaire peut décider la mise sous administration provisoire d'un établissement de crédit soit : sur requête des dirigeants sociaux, lorsqu'ils estiment ne plus être en mesure d'exercer normalement leurs fonctions ; lorsqu'elle constate que la gestion ne peut plus être assurée dans des conditions normales ; lorsqu'elle a prononcé en vertu de l'article 28, la suspension ou la démission d'office des dirigeants responsables d'une infraction à la législation bancaire.

Le Code CIMA institue lui aussi des causes d'ouverture de l'administration provisoire. Ainsi, l'article 17 (d) de ce texte pose comme principe que *pour l'exécution des sanctions prévues à l'article 17, alinéa c, la Commission propose au ministre en charge du secteur des assurances, le cas échéant, la nomination d'un administrateur provisoire.* L'administration provisoire est visée ici comme une mesure d'exécution des sanctions disciplinaires prises par la Commission

Régionale de contrôle des Assurances (CRCA) à l'encontre d'assurances ou de leurs dirigeants.

Par ailleurs, comme toutes les entreprises, les compagnies d'assurance peuvent être en proie à des difficultés de divers ordres et de nature à paralyser leur vie. C'est pourquoi, l'article 321 du Code CIMA prévoit quatre autres causes d'ouverture de l'administration provisoire : lorsque la situation financière de la compagnie d'assurance est telle que les intérêts des assurés et bénéficiaires de contrats sont compromis ou susceptibles de l'être ; lorsque les dirigeants de la société estiment ne plus être en mesure d'exercer normalement leurs fonctions ; lorsque la gestion de l'établissement ne peut plus être assurée dans des conditions normales et ; lorsqu'a été prise une sanction de suspension ou la démission des dirigeants responsables[788].

On le voit, pour le législateur CIMA, il y a pas que la mise en péril des intérêts des actionnaires qui justifie l'ouverture d'une administration provisoire. La sauvegarde des intérêts des assurés et des bénéficiaires de contrats d'assurance le justifient également.

435 Sur le plan national, plusieurs législations des États de l'OHADA ont mis en place des mécanismes de recours à l'administration provisoire pour assurer le sauvetage des sociétés à capital public et des établissements publics administratifs en difficulté. Cette initiative a consisté en l'octroi à une autorité nationale le pouvoir de désigner un administrateur provisoire à la tête de telle ou telle entreprise publique lorsqu'une situation donnée le justifie.

Pour l'essentiel, les formules dégagées par la plupart des législations nationales font état de l'ouverture de l'administration provisoire pour des causes de crises graves susceptibles de mettre en péril les missions d'intérêt général, l'objet social ou les objectifs sectoriels du gouvernement ou pour des nécessités de restructuration de l'entreprise.

C'est ce qui ressort pour le premier cas, de la loi gabonaise n° 1/96 du 13 décembre 1996 relative à la privatisation, ou de l'article 23 de la loi camerounaise n° 99/016 du 22 décembre 1999 qui pose le principe de l'administration provisoire des entreprises publiques et parapubliques. En effet, ce dernier texte énonce que

Nonobstant les dispositions de la présente loi, en cas de crise grave susceptible de mettre en péril les missions d'intérêt général, l'objet social ou les objectifs sectoriels du gouvernement, un administrateur provisoire peut être désigné par acte réglementaire en place et lieu des organes dirigeants des

---

[788] J. GAYKI SENGHOR, *L'administration dans la société anonyme*, Mémoire UCAD, 2008 ; DYAYE MBAYE, *L'intervention du juge dans la société commerciale*, Mémoire UCAD, 1995, 32p.

établissements publics administratifs et des sociétés à capital public ayant l'État comme unique actionnaire.

Pour le second cas, l'administration provisoire est perçue comme une mesure de restructuration permettant d'assurer la transition devant conduire les entreprises vers leurs cessions. Dans bien des cas, il s'est agi de cession au privé dans le cadre des privatisations. Mais dans d'autres cas, il s'est agi de cession à l'État. Ce fut le cas à propos de la banque VERSUS BANK en Côte d'Ivoire. En effet, suite à des difficultés survenues en 2006, lesquelles ont conduit à une décote de plus d'un tiers de ses actifs, elle fut placée sous administration provisoire en 2006. À la suite de cette administration provisoire, VERSUS BANK fut reprise par l'Etat de Côte d'Ivoire qui acquit la totalité de son capital social en 2009. C'est dans la même lancée que l'administration provisoire de la Société Agrogabon au Gabon avait été ordonnée en vue *d'assurer la transition devant conduire l'entreprise vers sa cession au secteur privé.* On peut également citer l'administration provisoire installée le 23 février 2005 à la Cameroon Airlines (CAMAIR) au Cameroun et dont la mission était de *veiller essentiellement à la poursuite harmonieuse du processus de restructuration-privatisation de la société, ainsi qu'à la continuité du service*. Il faut citer également l'administration provisoire qui fut installée à la CAMPOST au Cameroun en 2005 et celle mise en place dans la Société Nationale des Eaux du Cameroun (SNEC) mise en place le 24 avril 2001.

2- Les conditions de l'ouverture de l'administration provisoire

436 Elles ont trait à la fois à la qualité du demandeur (a) et à celle de la personne qui doit être désignée comme administrateur provisoire (b).

a- Les conditions tenant à la qualité du demandeur

437 Toute personne demandant la désignation d'un administrateur provisoire doit avoir un intérêt à agir et c'est la jurisprudence qui, au fil des décisions, a déterminé les personnes habilitées à le saisir. Mais l'AUS se veut plus précis : *La juridiction compétente est saisie à la requête soit des organes de gestion, de direction ou d'administration, soit d'un ou plusieurs associés*[789].

Il convient ici d'être particulièrement vigilant, dans la mesure où l'accroissement du nombre des demandes pose le problème de l'immixtion des juges dans la vie des sociétés. Par conséquent, une distinction très nette doit être opérée entre les personnes ayant un intérêt dans la société et celles qui n'en possèdent pas.

L'AUS exige que le demandeur ait un lien de droit avec la société. C'est ce qui ressort de l'article 160-2 ci-dessus cité[790]. Ont un intérêt à agir, toutes les

---

[789] Art. 160-2 de l'AUS.

[790] V. également en jurisprudence, Com. 16 févr. 1988, *Bull. Joly* 1988. 270, note P. L. C.

personnes qui possèdent un intérêt dans la société : directeur général ; président du conseil d'administration, président-directeur général, administrateur général ou gérant, membres du conseil d'administration. Il semble que selon la jurisprudence, seul le dirigeant en fonction peut agir[791]. Ont également un intérêt dans la société et sont par suite recevables, les porteurs de parts ou actionnaires, même si le requérant ne possède qu'un seul titre, à la condition que sa demande ne soit pas le résultat d'une entente dolosive et qu'il n'ait pas cédé son ou ses titres depuis l'introduction de l'instance. Peu importe que les associés soient minoritaires[792].

438 La question s'est cependant posée de savoir : les personnes n'ayant pas d'intérêt dans la société, mais ayant un intérêt à la bonne marche de la société, peuvent-elles demander la nomination d'un administrateur provisoire ? En principe, une réponse affirmative s'impose, étant entendu que dans chaque hypothèse, les tribunaux doivent apprécier le degré d'intérêt du requérant et qu'ils ont tendance à lier la question de recevabilité au problème de fond, en accueillant de manière non restrictive la demande, si la mesure sollicitée s'avère indispensable. En revanche, ils se montrent beaucoup plus attentifs à la qualité ou au défaut de qualité du requérant, si la nomination d'un administrateur provisoire ne s'impose pas de façon évidente.

b- Les conditions tenant à la qualité d'administrateur

439 Aux termes de l'article 160-2,

La juridiction compétente nomme en qualité d'administrateur provisoire une personne physique qui peut être un mandataire judiciaire inscrit sur une liste spéciale ou toute autre personne justifiant d'une expérience ou une qualification particulière au regard de la nature de l'affaire et remplissant certaines conditions de qualification et de réputation.

Les administrateurs provisoires *stricto sensu* ont vocation à intervenir dans les sociétés *in bonis* : ils se différencient des administrateurs judiciaires qui interviennent dans les sociétés qui font l'objet d'une procédure collective. Ce n'est donc que de manière exceptionnelle que les tribunaux peuvent désigner une personne ayant des qualités et une expérience particulières, alors qu'elle n'est pas inscrite sur la liste des administrateurs judiciaires. L'AUS ne précise pas si oui

---

[791] Req. 16 déc. 1942, *JCP* 1942. II. 1861, note D. Bastian. - CA Paris, 20 déc. 1991, *Dr. sociétés* 1992, n° 131.

[792] CA Paris, 22 mai 1965, JCP 1965. II. 14274 *bis,* concl. av. gén. Nepveu ; *D.* 1968. 147, note R. Contin ; *RTD com.* 1965. 631, obs. R. Rodière, *Grands arrêts du droit des affaires*, 1995, *Dalloz*, n° 44, p. 487. - R. CONTIN, « L'arrêt Fruehauf et l'évolution du droit des sociétés », *D.* 1968. Chron. 45 : « le juge des référés doit s'inspirer des intérêts sociaux par préférence aux intérêts personnels de certains associés, fussent-ils majoritaires ». - Pour une SARL, V. CA Versailles, 1er oct. 1998, Juris-Data n° 213342.

ou non la profession d'administrateur judiciaire a un caractère exclusif. On estime que la réponse devrait pencher en faveur de l'exclusivité, comme c'est la solution retenue en droit français par l'article 11 de la loi de 1985 énonçant que *la qualité d'administrateur judiciaire inscrit sur la liste est incompatible avec l'exercice de toute autre profession.* C'est la raison pour laquelle un commissaire aux comptes ne peut être valablement désigné comme administrateur provisoire.

L'administrateur peut se faire assister par un technicien, dont la présence est rendue souvent indispensable au regard de la complexité croissante des affaires. C'est l'ordonnance de référé qui nomme le technicien. L'administrateur provisoire s'oblige personnellement envers le technicien en vue de l'accomplissement de sa mission. Dans les sociétés spécialement réglementées, la présence d'un technicien est obligatoire, sauf si la mission de l'administrateur exclut tout contact avec la clientèle ou si l'administrateur est lui-même une personne qualifiée, membre de la profession exercée par la société[793]. Si le technicien est choisi parmi les salariés de la société, sa désignation emporte résiliation ou suspension de son contrat de travail au sein de la société. En revanche, la solution serait différente si le technicien était maintenu dans un lien de subordination par rapport à la société[794]. On notera qu'une délégation par l'administrateur provisoire de l'intégralité de ses pouvoirs de gestion serait nulle[795].

La nomination de l'administrateur provisoire n'est opposable aux tiers que si elle est publiée. Cette exigence figure à l'article 160-3, qui énonce que

La nomination de l'administrateur provisoire est publiée dans un délai de 15 jours, à compter de sa date de nomination, dans un avis habilité à recevoir des annonces légales dans l'État-partie du siège social. Il doit contenir les indications suivantes : 1) la cause de l'administration provisoire ; 2) les noms, prénoms usuels et domicile du ou des administrateurs provisoires ; 3) le cas échéant, les limitations apportées à leurs pouvoirs ; 4) le lieu où la correspondance doit être adressée et celui où les actes et documents concernant l'administration provisoire doivent être notifiés ; 5) ainsi que le tribunal chargé des affaires commerciales au greffe duquel sera effectué, en annexe au registre du commerce et du crédit mobilier, le dépôt des actes et pièces relatifs à l'administration provisoire.

---

[793] V. spécialement les règles en vigueur pour les sociétés soumises au régime particulier institué par l'article 916 AUS.

[794] Soc. 13 nov. 1986, Bull. civ. V, n° 523 ; *Rev. sociétés* 1987. Somm. 436, obs. Y. Guyon.

[795] Pour la nullité de la délégation consentie à un ancien syndic dont le mandat avait cessé de plein droit à compter de la nomination de l'administrateur provisoire, V. Civ. 3e, 22 juin 2005, *Juris-Data* n° 2005-029065.

B- Le déroulement de l'administration provisoire

440 Les fonctions de l'administrateur provisoire soulèvent un certain nombre de questions intéressant le départ de la mission qui doit fixer les contours exacts de la mission de l'administrateur et les règles de la mise en œuvre de sa responsabilité (1), et la cessation de ses fonctions (2).

1- Le départ de la mission

L'administrateur provisoire doit être régulièrement saisi afin que sa mission puisse commencer. En cas d'extrême urgence et de nécessité absolue, le président peut requérir, dans l'ordonnance de référé, l'exécution sur minute de celle-ci. L'exécution de l'ordonnance sur minute écarte la règle de la signification et saisit par conséquent, dans les heures qui suivent, le mandataire de justice de sa mission. Cette hypothèse mise à part, l'ordonnance doit être signifiée, conformément aux règles de procédure, afin que l'administrateur soit à même juridiquement et matériellement de prendre possession. Tant que la signification n'est pas faite, il ne peut agir, car il est sans titre, sauf si les parties acquiescent à la décision. Les organes de la société sont réputés être dans la même situation que durant l'instance, pendant le temps que dure la signification. Cela étant, dans la mesure où l'assignation a été régulièrement délivrée, ils connaissent la demande en justice et leur responsabilité à la suite de l'audience est d'autant plus lourde. Engager des opérations nouvelles inhabituelles, contracter des emprunts subitement, vendre à des conditions préférentielles et effectuer d'autres manœuvres préjudiciables à l'intérêt social et aux tiers sont des opérations qui pourraient être remises en cause.

L'administrateur provisoire doit accepter sa mission, comme tout mandataire de justice. Il prend matériellement possession de ses fonctions en se rendant au siège social de la société afin d'avoir accès au maximum d'informations. Cette visite fait souvent l'objet d'un procès-verbal. Deux points méritent une analyse : le contenu de la mission de l'administrateur (a) ; l'étendue de la responsabilité qu'il peut encourir dans le cadre de l'exercice de ses fonctions (b).

a- Le contenu de la mission

441 Le contenu de la mission de l'administrateur est en principe déterminé par l'ordonnance qui le désigne[796]. La mission de l'administrateur est tournée vers un objectif principal : résoudre la crise affectant la société. On notera que la détermination, par le juge, des pouvoirs de l'administrateur provisoire demeure essentielle, car en dépend la validité des actes conclus ainsi que la responsabilité des organes dessaisis et de l'administrateur. D'après l'article 160-2, al. 2 plusieurs possibilités s'offrent au juge : soit il désigne un administrateur provisoire dessaisissant les dirigeants, soit il envisage des solutions médianes.

---

[796] Art. 160-2, al. 3.

Dans le premier cas, la jurisprudence a progressivement étendu les pouvoirs de l'administrateur. À l'origine, il était investi de missions ponctuelles. À l'heure actuelle, les tribunaux ont plutôt tendance à confier aux administrateurs provisoires des pouvoirs d'administration et de représentation[797]. Ainsi, les juges ont-ils considéré, dans une décision du 31 mars 1999[798], qu'*un administrateur provisoire devait être désigné, avec mission de gérer et d'administrer la société avec tous les pouvoirs du gérant et de prendre toutes les mesures qu'imposent l'urgence et la nécessité.* Il est d'ailleurs conseillé au juge désignant l'administrateur provisoire de ne pas déterminer avec détail les missions imparties audit administrateur, cela afin d'éviter qu'il ait à redéfinir ces missions si la situation sociale évolue dans tel ou tel sens.

De plus, le juge des référés peut compléter la mission de l'administrateur provisoire ; ainsi, dans l'arrêt de la Cour d'appel de Rennes du 29 avril 2008[799], le juge des référés donna à l'administrateur de nouvelles missions en lui confiant les pouvoirs du conseil d'administration et la rédaction du règlement intérieur ; il s'agissait en effet de la seule solution permettant de convoquer régulièrement une assemblée générale et de sortir l'association de la crise qu'elle traversait.

Si l'administrateur provisoire a été désigné, c'est en vue de la résolution de la crise sociale. Or, résoudre une crise sociale implique la mise en œuvre de moyens appropriés, des choix d'opportunité, au vu d'une situation sociale concrète et au vu d'un contexte économique. Entre autres, l'administrateur provisoire doit se demander si, finalement, la dissolution de la société pour mésentente[800] n'est pas la meilleure solution. De même, la résolution de la crise implique, pendant le temps du dessaisissement, que la société continue à être gouvernée : la gestion quotidienne de la société doit être assurée. Cela conduit, par conséquent, à la reconnaissance de larges pouvoirs et, inéluctablement, à un risque d'une mise en œuvre de la responsabilité de l'administrateur. On pourrait en effet plus aisément reprocher à l'administrateur d'avoir pris des mesures de gestion irréversibles. Par conséquent, dès lors qu'il intervient dans cette *zone d'opportunité*[801], il convient de garder à l'esprit le caractère exceptionnel de la mesure.

442 L'idée de dessaisissement suggère la substitution, dans les pouvoirs, des dirigeants par le mandataire de justice. La conséquence est que l'administrateur dispose des mêmes pouvoirs que les dirigeants : l'administrateur provisoire d'une société, désigné par l'autorité judiciaire, est investi des pouvoirs conférés par la

---

797 Y. GUYON, « Les missions des administrateurs provisoires de sociétés », *Mélanges D. Bastian*, t. I, 1974, Litec, p. 103.

798 Juris-Data n° 022794.

799 N° 07/02965.

800 Arrêt n° 037/09, Société Atlantique Telecom et Société Etisalat c/ Société Planor Afrique et Société Telecel, Ohadata, J-10-214.

801 J. CAVALLINI, « Le juge des référés et les mandataires de justice dans les sociétés *in bonis* », *Rev. sociétés* 1998. 247, spéc. p. 264.

loi à un dirigeant social. Durant la période de l'administration provisoire, sont donc suspendus les pouvoirs conférés par la loi aux dirigeants. Le dessaisissement peut être total ou partiel : dans tous les cas, on ne devrait en principe parler d'administration provisoire que dans le cadre d'un dessaisissement total. La jurisprudence n'est pourtant pas toujours aussi claire et utilise quelquefois le terme « administration provisoire » pour des missions qui, finalement, sont ponctuelles.

Concernant certains actes, on peut se demander s'ils s'inscrivent bien dans le cadre d'une administration provisoire. En effet, des actes pourraient engager l'avenir de la société et par conséquent dépasser les pouvoirs reconnus à l'administrateur. Il est certain que l'administrateur provisoire peut effectuer des actes de conservation et d'administration, actes impliqués par toute gestion courante. Dans ces conditions, il peut faire fonctionner les comptes bancaires et postaux de la société, tenir la comptabilité et payer les dettes sociales. En outre, l'administrateur pourrait mettre le fonds de commerce en location-gérance pour éviter la cessation des paiements. L'administrateur peut-il effectuer des actes de disposition ? Ces actes sont particulièrement graves et n'entrent pas en principe dans le cadre de mandats conçus en des termes généraux. Pourtant, la jurisprudence a admis que l'administrateur pouvait réaliser un élément de l'actif social d'une société civile, constituée en vue de la vente d'immeubles ou de fractions d'immeubles[802]. En outre, un juge des référés a pu désigner un administrateur provisoire *pour gérer la société avec les pouvoirs les plus étendus* et notamment celui de *procéder à des réalisations d'actifs qui ne seraient pas jugés utiles à une éventuelle continuation de l'exploitation*[803]. De plus, un administrateur provisoire a pu être désigné lorsque la mésentente entre les deux associés en instance de divorce paralysait le fonctionnement de la société et qu'il était indispensable de conférer à cet administrateur le pouvoir de vendre l'immeuble appartenant à la société ; d'ailleurs, l'administrateur ne faisait qu'agir conformément à la volonté exprimée par les deux associés dans une assemblée[804].

443 Par ailleurs, il a été admis en droit français que l'administrateur provisoire puisse convoquer une assemblée générale extraordinaire afin de provoquer la dissolution de la société, cela en raison de la perte de plus de la moitié de son capital social[805], ce qui est logique puisque l'administrateur ne fait ici que permettre aux associés de décider du sort de la société. En revanche, le juge ne

---

[802] Civ. 3e, 11 mai 1982, *RTD com.* 1982. 566, obs. E. Alfandari et M. Jeantin ; on notera toutefois qu'il s'agissait d'une société civile dont le fonctionnement impliquait la cession des immeubles ou de fractions d'immeubles au fur et à mesure de leur achèvement.

[803] Com. 5 nov. 1971, Bull. civ. 1971. IV. n° 261 ; *RTD com.* 1972. 404.

[804] V. MOUNTAGA DIOUF, *L'intervention des juges dans la vie des sociétés*, thèse, op. cit.

[805] V. Y. R. KALIEU, note sous CA Littoral, Arrêt n° 38/REF du 10 février 1999, *Juridis Périodique,* n° 42, avril-mai-juin 2000, p. 54. CA Paris, 3 déc. 1993, *Dr. sociétés* 1994, n° 58, obs. H. Le Nabasque. - *Contra,* Com. 27 oct. 1969, *RTD com.* 1970. 423, obs. Houin.

peut charger un administrateur provisoire de décider de la dissolution de la société ou de révoquer un gérant : en effet, la nature de la mission de l'administrateur provisoire est conservatoire. Ces solutions doivent donc être approuvées, car la révocation du gérant, ou la dissolution de la société relèvent du pouvoir des seuls associés ; en vertu des principes généraux du droit des sociétés, l'administrateur provisoire ne saurait donc empiéter sur les pouvoirs des autres organes. Se pose alors la question de savoir s'il pourrait solliciter du juge la dissolution judiciaire.

Une grande prudence s'impose donc et il est vivement conseillé aux administrateurs désireux de réaliser des actes de disposition de solliciter l'autorisation des associés ou du juge. D'ailleurs, dès qu'il a des doutes sur l'étendue de sa mission, l'administrateur devrait s'en remettre au tribunal. N'oublions pas que sa responsabilité pourrait être engagée. Ainsi, sa responsabilité a été retenue dans le cadre d'un dépôt de bilan, car il n'avait pas observé un certain nombre de précautions, telles que l'audition des anciens dirigeants ou la consultation des associés ou encore l'audition de l'associé et les délais de convocation.

Par conséquent, puisque les pouvoirs de l'administrateur sont limités par la nature conservatoire et provisoire de la mission conférée par le juge, ils ne peuvent finalement être parfaitement identiques à ceux dont disposent les dirigeants. C'est la raison pour laquelle l'administrateur ne peut, entre autres, agréer des actionnaires conformément à une clause statutaire, ni même convoquer une assemblée générale extraordinaire s'il ne dispose que des pouvoirs d'usage.

444 Par ailleurs, en conséquence de leur dessaisissement, les dirigeants ne peuvent plus conduire un procès au nom de la société. Par conséquent, l'administrateur provisoire peut prendre toutes dispositions utiles pour la conduite du procès dont la société est l'objet. La désignation d'un administrateur provisoire n'entache pas une procédure engagée. Par ailleurs, un administrateur provisoire chargé de représenter une indivision successorale dans une société, à la suite du décès d'un associé, peut valablement exercer au nom de l'indivision une action en justice contre la société[806].

En conclusion, l'administrateur provisoire, parce qu'il tient ses pouvoirs du juge, demeure l'émanation de la puissance publique[807] et non des associés. C'est pourquoi il ne rend pas compte aux associés. Dans le cadre d'un dessaisissement complet, il serait d'ailleurs possible de l'assimiler à un dirigeant de fait[808]. Encore faut-il qu'il exerce un véritable pouvoir de direction, ce qui implique une participation continue à cette direction et un contrôle effectif et constant de la marche de la société en cause. Il faut donc que cette activité soit exercée de

---

806 CA Rouen, 23 janv. 1986, *BRDA* 1986, n° 20, p. 15.

807 En ce sens, J. HONORAT, note sous Com. 6 mai 1986, *Defrénois* 1987, art. 33950, spéc. p. 609.

808 En ce sens, C. RUELLAN, « La responsabilité pénale des administrateurs provisoires et judiciaires du fait de leur administration », *Dr. pénal* 2000. Chron. 25 et 28.

manière indépendante. Dès lors qu'il est reconnu comme un dirigeant de fait, l'administrateur tombe sous le coup d'incriminations pénales, tel l'abus de biens sociaux. À partir du moment où l'on considère que l'administrateur doit faire tout ce qui est utile à la survie de la société et donc assurer la gestion quotidienne de celle-ci, on peut donc plus aisément lui reprocher une direction de fait.

Ainsi, on précisera, *in fine,* que si l'administrateur outrepasse les missions qui lui sont imparties, toutes les résolutions qu'il aura prises seront inopposables à la société[809]. On pourrait cependant faire appel à la théorie du mandat apparent dès lors que la croyance du tiers dans les pouvoirs de l'administrateur était légitime[810].

445 Quant aux solutions médianes, l'AUS autorise au juge de recourir à des solutions quelque peu différentes des précédentes. C'est du moins ce qui ressort de l'article 160-2, alinéa 3. La jurisprudence a fait preuve d'imagination en multipliant les solutions médianes susceptibles de se présenter. L'administrateur peut ainsi être simplement désigné comme mandataire ad hoc ou être un simple contrôleur de gestion. Il peut également être désigné en qualité de mandataire séquestre ou mandataire « *ad litem* ».

Le mandataire *ad hoc* est une autre possibilité pouvant être choisie par le juge ; ce dernier ne doit pas être confondu avec l'administrateur provisoire et pourtant, les tribunaux utilisent souvent le terme d'administrateur provisoire au lieu de celui d'administrateur *ad hoc.* Il est vrai aussi qu'une même personne se voit souvent confier les deux types de mandats par la même décision. Pourtant, la qualification d'administrateur provisoire doit être réservée au cas de remplacement des dirigeants et celle d'administrateur *ad hoc* lorsque ce dernier a pour mission d'accomplir une mission ponctuelle sans qu'il y ait substitution des dirigeants.

La jurisprudence rappelle que le mandataire *ad hoc* ne dessaisit pas les dirigeants sociaux qui continuent d'exercer toutes leurs attributions[811]. De même, les juges rappellent le caractère subsidiaire et exceptionnel de la mission et sa nature provisoire[812]. Le juge va donc lui confier une mission ponctuelle : convoquer une assemblée. Un mandataire *ad hoc* peut effectivement être désigné en cas d'abus de minorité pour prendre part au vote et voter dans l'intérêt social au cas où l'absence de vote entraînerait un blocage de la vie sociale.

Le juge peut également décider de nommer un contrôleur de gestion. Il s'agit alors de mettre en place une mesure d'information destinée à sauvegarder les droits du demandeur. On parle encore d'observateur de gestion. Un contrôleur de gestion aura par exemple pour mission de veiller à ce que la gestion de la société

---

[809] Art. 160-4 AUS.

[810] En ce sens, J. MESTRE et D. VELARDOCCHIO, *Lamy Sociétés commerciales*, 2010, n° 785.

[811] Com. 14 févr. 1989, *JCP* 1989. IV. 143 ; *Rev. sociétés* 1989. 633, note D. Randoux.

[812] CA Paris, 3 avr. 1998, Juris-Data n° 020715.

par les cessionnaires n'entraîne pas sa liquidation avant qu'il ne soit statué sur la résolution de la vente.

Un administrateur provisoire peut en outre être désigné en qualité de séquestre d'actions dont la propriété est litigieuse, en vue d'une assemblée déterminée, avec mission d'y prendre, en s'inspirant de l'intérêt social, toutes résolutions utiles, la sauvegarde des intérêts sociaux et la conservation même de ces actions nécessitant parfois l'exercice de certains droits qui y sont attachés.

La jurisprudence a également fondé des désignations sur ce qu'il est convenu d'appeler le *mandat ad litem.* Il s'agit en l'espèce de représenter en justice les intérêts de la société lorsqu'un litige l'oppose à son représentant légal[813] ou encore lorsqu'il n'y a plus personne pour représenter la société dans une instance.

Enfin, le juge peut désigner un enquêteur conciliateur. Qualifié par certains d'*administrateur aux petits pieds*[814], l'enquêteur se verra chargé de faire un rapport sur les causes de la crise, sur la situation du groupement et invitera les parties, sous sa médiation, à trouver une solution amiable[815]. L'enquêteur conciliateur ne doit pas être confondu avec l'expert *in futurum.* Ce dernier n'a donc pas à proposer une solution et il appartient aux parties de tirer profit de cette expertise et de demander au juge de sanctionner s'il y a lieu. De même, l'enquêteur a une mission plus large que le mandataire *ad hoc* et le contrôleur de gestion.

446 Quoi qu'il en soit, il faut en outre que la nature et la durée de la mission soient déterminées dans le dispositif de l'ordonnance ou du jugement commettant l'administrateur. La durée ne doit cependant pas excéder six mois[816].

Si l'administrateur continue d'exercer ses fonctions alors que la crise est résolue, il sera possible de le considérer comme un gérant d'affaires au sens de l'article 1372 du Code civil[817]. C'est le juge qui doit mettre un terme aux fonctions de l'administrateur provisoire, ce dernier ne pouvant le faire lui-même. À l'inverse, la mission de l'administrateur peut faire l'objet d'une prorogation par le juge[818], mais cette mesure doit intervenir dans le respect du principe du contradictoire, c'est-à-dire que les parties doivent être appelées.

b- La responsabilité de l'administrateur provisoire

447 L'article 160-8 énonce que *l'administrateur provisoire est responsable, à l'égard tant de la société que des tiers, des conséquences dommageables des fautes qu'il commet dans l'exercice de ses fonctions.* Rien n'est dit sur la nature

---

813 Com. 12 avr. 1956, Bull. civ. III, n° 127.

814 G. BOLARD, « Administrateur provisoire et mandataire *ad hoc* », *JCP E* 1995. I. 509.

815 CA Paris, 7 mars 1990, *Rev. sociétés* 1990. 256, note J.-J. Daigre.

816 Art. 160-2 al. 3, AUS.

817 V. Y. R. KALIEU, note sous CA Littoral, Arrêt n° 38/REF du 10 février 1999, *Juridis Périodique*, n° 42, avril-mai-juin 2000, p. 54..

818 Art. 160-2 al. 3, AUS.

de cette responsabilité. Il semble selon la jurisprudence, cependant, que l'administrateur provisoire pourrait ainsi être responsable d'un point de vue tant civil que pénal.

448 Sur le plan civil, l'administrateur provisoire est responsable, en tant que mandataire, des fautes qu'il a pu commettre et qui ont causé un préjudice. Dès lors, il encourt les mêmes responsabilités qu'un dirigeant social à l'égard de la société, des actionnaires ou des tiers[819]. La faute devra s'analyser comme un manquement caractérisé aux obligations mises à sa charge.

Il ne convient pas, dans l'intérêt même de la société et de ses créanciers, de paralyser les efforts de l'administrateur provisoire. Dès lors, ce n'est qu'en cas de manquement caractérisé aux obligations de prudence et de diligence que la responsabilité civile de l'administrateur pourra être engagée. S'il n'est pas attesté que celui-ci a commis des actes de mauvaise gestion ou s'il a effectué toutes les diligences nécessaires pour connaître la situation financière de la société, sa responsabilité ne pourra être ainsi retenue. De plus, on ne peut reprocher à l'administrateur provisoire une poursuite d'activité déficitaire dès lors que sa mission, impartie par le tribunal, a été jugée utile et donc d'avoir retardé la cessation des paiements[820] ou la dissolution d'une société. On précisera également que le dirigeant destitué ne peut se décharger sur l'administrateur provisoire afin d'échapper à une responsabilité.

449 Au plan pénal, il n'existe aucun texte relatif à la responsabilité pénale de l'administrateur provisoire. La question se pose alors de savoir s'il peut être poursuivi pour abus de biens sociaux[821]. Les décisions en la matière sont rares, mais il semble bien que la jurisprudence s'en tienne à la réalité des pouvoirs et donc à la participation personnelle de l'administrateur. Il s'agit en fait de mettre en œuvre deux principes du droit pénal : le caractère personnel de la responsabilité pénale, et le principe de l'autonomie du droit pénal, qui veut que le droit pénal puisse en principe s'affranchir des autres branches du droit. Dans cette perspective, un arrêt de la chambre criminelle de la Cour de cassation française a déclaré coupable du délit d'entrave aux fonctions de délégué du personnel un administrateur provisoire d'une étude notariale[822].

450 Sur un autre plan, on peut se demander si l'administrateur provisoire peut valablement engager la responsabilité pénale de la personne morale. Il est

---

[819] Pour une responsabilité vis-à-vis des tiers, V. Com. 6 mai 1986, Bull. civ. IV, n° 77 ; *RTD civ.* 1990. 275, note J. Mestre. - Com. 22 juin 1993, *RJ com.* 1994. 406, note F. Pasqualini. - Sur la responsabilité d'un administrateur provisoire d'une SCP, V. Civ.1re, 19 sept. 2010, n° 09-68.720.

[820] Com. 3 déc. 1966, Juris-Data n° 1996-005118.

[821] C. RUELLAN, « La responsabilité pénale des administrateurs provisoires et judiciaires du fait de leur administration », *Dr. pénal* 2000. Chron. 25 et 28.

[822] Crim. 1er déc. 1998, Juris-Data n° 005085. - Pour la méconnaissance des règles de sécurité à la suite d'un accident de travail, Crim. 28 nov. 1995, *Dr. pénal* 1996, n° 164, note J.-H. Robert.

généralement admis dans les systèmes qui ont consacré la responsabilité pénale des personnes morales que les personnes morales soient responsables pénalement des *infractions commises, pour leur compte, par leurs organes ou représentants*[823]. *A priori,* il ressort de cette énumération que seuls les organes ou les représentants peuvent engager cette responsabilité, dès lors qu'ils ont agi pour le compte de la société. Pourtant, il semble possible de considérer l'administrateur comme un représentant. En effet, le texte ne distingue pas au sein de la catégorie des représentants de sorte que la doctrine considère que sont visés également les représentants statutaires et judiciaires[824].

2- La cessation de l'administration provisoire

451 Plusieurs circonstances (a) sont de nature à conduire à la cessation des missions de l'administrateur provisoire. Il faudra alors prévoir les suites de cessation des fonctions (b).

a- Les causes de la cessation de l'administration provisoire

452 À la lecture des articles 160-1 et suivants de l'AUS, on se rend compte que l'administration provisoire peut prendre fin suite à plusieurs évènements.

Il faut *a priori* noter que l'administration provisoire, par essence, est limitée dans le temps. Si la mission est ponctuelle, elle cesse dès qu'a été accomplie la tâche en question. Si l'administrateur est investi d'une mission générale, la mission sera généralement à durée indéterminée : la mission se terminera lorsqu'elle aura été exécutée, c'est-à-dire lorsque le fonctionnement normal de la société sera rétabli. L'administration provisoire prendra ainsi fin à l'arrivée du terme pour lequel elle avait été ordonnée. En effet, l'acte de désignation doit, conformément à l'article 160-2, al. 3 AUS fixe également la durée de l'administration provisoire. La mission de l'administrateur général est alors une mission à durée déterminée. Avant l'entrée en vigueur des nouvelles dispositions de l'AUS, certaines lois régissant l'administration provisoire en fixaient directement la durée. C'est par exemple le cas de la loi camerounaise n° 99/016 du 22 décembre 1999 précitée qui précise à son article 23 *que l'acte portant désignation de l'administrateur provisoire précise les attributions et a durée de son mandat, laquelle, en tout état de cause, ne saurait excéder six (6) mois.* L'article 160-1 de l'AUS ci-dessus cité a repris pratiquement les mêmes propos. Au Burkina Faso, le Décret n° 96-378/PRES/PM/MCIA portant attribution des administrateurs provisoires dans sociétés à capitaux publics prévoyait la même durée[825].

---

[823] V. l'article 121-2 du code pénal français.

[824] M. DELMAS-MARTY, « Les conditions de fond de mise en jeu de la responsabilité pénale », *Rev. sociétés* 1993. 301.

[825] V. art. 5 de ladite loi.

Lorsque le délai du mandat ainsi fixé arrive à expédition, l'administration provisoire prend également fin. En principe l'administrateur provisoire cesse de l'être, sauf prorogation de son mandat par l'organe habilité à le désigner[826]. Il peut même arriver que la durée prévue par le juge soit réduite. C'est notamment le cas lorsque la crise qui motive la constitution de l'administration provisoire prend fin entre temps, par exemple si une issue a pu être trouvée aux dissentiments. Cependant, si la réduction peut avoir lieu sans l'intervention du juge qui a désigné l'administrateur provisoire, la prorogation quant à elle suppose toujours que le tribunal intervienne de nouveau.

L'administration provisoire peut également prendre fin parce que l'administrateur a été relevé de ses fonctions en cas de faute ou d'empêchement si, bien entendu, le demandeur fait valoir des reproches précis à l'administrateur. L'AUS parle dans cette hypothèse de la révocation. En effet, l'article 160-7 précise que *l'administrateur provisoire peut être révoqué et remplacé selon les formes prévues pour sa nomination. Tout associé peut obtenir en justice la révocation de l'administrateur provisoire si cette demande est fondée sur un motif légitime*. Le principe est donc celui de la libre révocation de l'administrateur provisoire par les personnes et selon les formes de sa nomination. En pratique, cette révocation sera souvent demandée par les associés et/ou les administrateurs et autres dirigeants qui ont été suspendus ou révoqués de leurs fonctions du fait de l'ouverture de cette procédure. Il reviendra alors au tribunal, saisi de cette demande, de juger de l'opportunité de cette révocation. Lorsque la demande de révocation est formulée par un associé le juge devra s'assurer de l'existence d'un motif légitime ou du bien-fondé de cette demande avant de décider toute mesure de révocation.

Sur un autre plan, même si l'AUS ne l'envisage pas expressément, il va de soi que le décès de l'administrateur provisoire met fin à son mandat, même si l'administration provisoire ne cesse pas elle-même du fait de ce décès. De même, il faut reconnaître que l'administration provisoire ne saurait être plus longue que les circonstances exceptionnelles qui l'ont justifiée[827]. Ainsi, la fin de la mésentente entre associés constitue, dès qu'elle est constatée, une cause de cessation des fonctions de l'administrateur provisoire.

La cessation de l'administration provisoire pourra également faire intervenir des circonstances comme la dissolution de la société sous administration provisoire ou lorsqu'une procédure de redressement ou de liquidation des biens est ouverte dans la même société. Dans le premier cas, par exemple, la cessation de l'administration provisoire est une hypothèse qui donne lieu à un sérieux contentieux si la décision de dissolution de la société est contestée.

---

[826] Art. 160-2, al.3 AUS.

[827] Y. R. KALIEU, note sous CA Littoral, Arrêt n° 38/REF du 10 février 1999, op. cit., p. 54.

Enfin, la démission constitue une cause de cessation de l'administration provisoire. Il est vrai que le régime de la démission de l'administrateur provisoire tel qu'il apparaît désormais en droit OHADA ressemble à celui des dirigeants de sociétés en général, à la différence que l'AUS a consacré quelques rares dispositions à la démission des organes de gestion des sociétés commerciales. Il y a un vide juridique en ce qui concerne la démission spécifique des administrateurs provisoires. Ce silence n'exclut pas pour autant toute possibilité de démission de l'administrateur provisoire.

Pour finir avec les causes de cessation des fonctions de l'administrateur provisoire, il faut préciser que pour être opposable aux tiers, la cessation des fonctions de l'administrateur provisoire doit être publiée dans les mêmes conditions que sa désignation. Les dirigeants sociaux retrouvent leurs fonctions. Si la tentative de rétablissement de la société a échoué, l'administrateur peut demander à être déchargé de sa mission et inviter le tribunal à se saisir d'office pour prononcer éventuellement l'ouverture d'une procédure collective. Dans ce cas, le tribunal qui ouvre la procédure peut en même temps nommer l'administrateur provisoire démissionnaire aux fonctions d'administrateur judiciaire[828].

b- Les suites de l'administration provisoire

453 La cessation des fonctions de l'administrateur est une étape importante qui est entourée d'un certain nombre de formalismes. Ces formalismes ont trait à ce qu'on pourrait qualifier d'approbation des comptes qui doit être alors suivie de la délivrance du quitus. Cependant, deux points méritent d'être précisés : l'approbation et le *quitus* des comptes de gestion ; la rémunération et les frais.

Comme tout mandataire, l'administrateur doit rendre compte. L'approbation du compte d'un administrateur provisoire porte sur la régularité matérielle de l'ensemble des écritures comptables. En revanche, elle ne doit et ne peut s'étendre aux opérations, commerciales ou financières, et d'une façon générale à la gestion des affaires sociales dont l'appréciation relève du *quitus* proprement dit. L'administrateur doit solliciter le *quitus,* soit à l'amiable, soit par voie judiciaire, après avoir fait approuver les comptes de sa gestion.

En effet, en fin de mandat, l'administrateur doit faire approuver les comptes de sa gestion afin d'éviter toute confusion ou toute accusation ultérieure. En pratique, à l'instar de ce qui se passe dans les sociétés en général, cette opération consiste à soumettre l'ensemble des écritures à la sanction des personnes habilitées à exercer le contrôle de ses actes et de la société. C'est qui ressort de l'article 160-5 qui précise que *l'administrateur provisoire doit présenter à la juridiction compétente, au moins une (1) fois tous les trois (3) mois, un rapport sur les opérations qu'il a accomplies ainsi que sur l'évolution de sa mission.*

---

[828] Com. 5 déc. 1995, *Bull. Joly* 1996. 213.

454 Par ailleurs, lorsque l'administrateur provisoire dispose de tous les pouvoirs d'administration au sein de la société, il doit dans les quatre (4) mois de la clôture de l'exercice établir les états financiers de synthèse annuels au vu de l'inventaire qu'il a dressé des divers éléments de l'actif et du passif existant à cette date et écrire un rapport par lequel il rend compte des opérations de l'administration provisoire au cours de l'exercice écoulé[829]. De même, sauf dispense accordée par la juridiction compétente, l'administrateur provisoire convoque, selon les modalités prévues par les statuts, dans les six (6) mois de la clôture de l'exercice, l'assemblée des associés qui statue sur les états financiers de synthèse annuels, donne les autorisations nécessaires et, le cas échéant, renouvelle le mandat du commissaire aux comptes. En période d'administration provisoire, les associés peuvent prendre communication des documents sociaux dans les mêmes conditions qu'antérieurement[830].

Pour ce qui est de l'obtention du quitus, il faut relever que, quel que soit la fin de sa mission, l'administrateur provisoire devrait demander quitus de sa gestion. À l'image de ce qui se passe dans les sociétés *in bonis*, il s'agit pour lui d'obtenir quitus auprès de l'assemblée générale des associés lorsqu'il a eu des missions générales. En conséquence, il devra établir comme précisé ci-dessus, un rapport de gestion. Ce rapport doit exposer la situation de la société durant la période écoulée, son évolution prévisible et en particulier les perspectives de continuation de l'activité, l'évolution de la situation de trésorerie et le plan de financement.

455 Les rémunérations de l'administrateur provisoire sont fixées par la décision qui le nomme[831]. Il n'en demeure pas moins que ceux-ci peuvent également être fixés, par les parties, de manière forfaitaire. Les honoraires de l'administrateur provisoire et tous les frais de l'administration provisoire peuvent être mis à la charge personnelle des associés dont les agissements sont à l'origine des difficultés qui ont conduit à la nomination de l'administrateur provisoire. De plus, les honoraires peuvent aussi être mis à la charge des actionnaires ayant sollicité la mesure alors qu'il n'y avait pas lieu à désignation bien qu'elle ait été ordonnée. Enfin, les honoraires de l'administrateur provisoire peuvent être mis à la charge du gérant responsable de la situation sociale ayant motivé la désignation de ce mandataire[832]. Les émoluments de l'administrateur sont la plupart du temps à la charge de la société lorsqu'il s'agit de missions de gestion.

En tout état de cause, il faut simplement retenir que, d'une manière générale, il apparaît que l'administration provisoire ainsi consacrée par le législateur OHADA, dont la vocation est de faire substituer un expert aux organes sociaux est une création d'essence prétorienne des tribunaux de commerce. La pratique de

[829] Art. 160-6, al. 2 AUS
[830] Art. 160-6, al. 4 AUS
[831] Art. 160-2 al. 3, AUS.
[832] Com. 12 janv. 1970, *Bull. Joly* 1970. 177.

ces mandataires de justice rompus au mécanisme des défaillances sera certainement de nature à permettre l'élaboration de solutions pragmatiques aux conflits. Au regard du caractère exceptionnel de la mesure et dans le but d'éviter un gouvernement des juges, il faudra sans doute veiller à nuancer les solutions consacrées en limitant la mission de l'administrateur provisoire à des tâches ponctuelles. Par là même, l'administration provisoire changerait de nature, car elle ne devrait, en principe, concerner que des hypothèses relatives à de véritables dessaisissements des dirigeants. Elle pourrait se rapprocher sur ce plan de l'expertise de gestion qui est quant à elle une mesure adaptée aux crises de confiance.

SECTION II- LES CRISES DE CONFIANCE

456 La société peut également être secouée par une crise de confiance, notamment lorsque les dirigeants sont soupçonnés de gérer la société de manière irrégulière et contrairement à l'intérêt social. La désignation d'un expert chargé d'enquêter sur le climat de doute qui s'est installé entre les dirigeants et les associés sera suffisante.

De nombreux experts peuvent ainsi apparaître lorsque la marche de la société est émaillée d'incidents perturbateurs occasionnés par une crise de confiance. Les associés qui prétendent ainsi ne plus avoir confiance en l'équipe dirigeante vont disposer de renseignements spéciaux, si leur sentiment est justifié[833]. Ainsi, une expertise de gestion ne saurait être ordonnée que lorsqu'il existe des présomptions suffisantes d'irrégularités affectant une ou plusieurs opérations de gestion. De même, une expertise préventive fondée sur les dispositions du Code de procédure civile et commerciale ne peut être ordonnée que pour établir avant tout procès, la preuve d'un fait dont pourrait dépendre la solution d'un litige. Ce qui suppose que les allégations du demandeur relatives aux anomalies ne soient pas une pure invention.

Mais dès l'instant où les griefs du demandeur lui apparaissent sérieux, le juge pourra donc accepter de désigner un expert pour enquêter sur les actes de gestion contestables. Il pourra ainsi ordonner une expertise de gestion (§1), ou une expertise préventive à but probatoire (§2).

§1. L'EXPERTISE DE GESTION

457 L'institution de l'expertise de gestion en droit OHADA est l'une des innovations les plus marquantes du droit des sociétés en Afrique. Inconnu dans les législations antérieures des pays membres de l'OHADA, cette mesure qui sort du cadre traditionnel de l'information des associés s'intègre dans la sphère

---

[833] En effet, comme toujours en matière de transparence interne, l'intérêt social doit prévaloir sur les intérêts égoïstes.

judiciaire[834]. Elle répond au souci de garantir une information fiable aux actionnaires minoritaires. Il s'agit d'une procédure tendant à faire respecter les droits des actionnaires minoritaires par une autorité judiciaire[835], et donc à les renforcer. L'intégration de l'expertise de gestion dans les législations des États membres de l'OHADA participe de l'objectif d'améliorer le climat au sein des sociétés, et de garantir une participation efficace des associés dans la gestion de leurs affaires[836].

458 L'expertise de gestion ainsi constituée en droit OHADA est d'application générale ; car elle ne comporte aucune restriction relativement aux formes commerciales[837].

Le régime de l'expertise de gestion est déterminé par les articles 159 et suivants de l'AUS. Sa mise en œuvre suppose réunies certaines conditions (A), puisque pour arriver au résultat qu'elle doit produire(C). Le juge devra nommer un expert(B) chargé de conduire toutes les opérations d'expertise.

A- Les conditions de l'expertise de gestion

459 Les conditions de l'expertise de gestion sont relatives à sa demande (1), à son objet (2) et au bien-fondé de ladite demande (3).

1- Les conditions relatives à la demande de l'expertise de gestion

460 Comme précédemment précisé[838], l'expertise de gestion en droit OHADA est une mesure d'application générale. Il s'agit là de la volonté du législateur OHADA de protéger les minoritaires de tout bord.

L'expertise de gestion est conçue pour les opérations accomplies en cours de fonctionnement de la société, c'est-à-dire après son immatriculation au registre du commerce et du crédit et avant sa dissolution[839].

Mais la question qu'on peut alors se poser est celle de savoir si l'expertise pourra s'appliquer aux opérations de gestion conclues au cours de la période constitutive. À notre avis, la demande de l'associé ne devrait être reçue que

---

[834] H.-D. MODI KOKO BEBEY, « La réforme du droit des sociétés commerciales de l'OHADA », *Rév. sociétés,* 2002, p. 255.
[835] A. FENON, « Les droits des actionnaires minoritaires dans les sociétés commerciales de l'espace OHADA », *Rév. Penant,* 2002, p.153.
[836] A. FOKO, « L'essor de l'expertise de gestion dans l'espace OHADA », in *Les mutations juridiques dans l'espace OHADA* (S/D A. AKAM AKAM), L'Harmatan, 2009, pp.147 et s. L'auteur pense qu'en droit OHADA, l'expertise de gestion a pour souci d'assurer la transparence et la protection des associés minoritaires.
[837] V. art. 159 et s. de l'AUS.
[838] V. supra, n° 105.
[839] C'est ce qui est dit à l'article 159 AUS.

lorsqu'il a ratifié les actes. Autrement dit, après qu'il ait d'abord expressément et individuellement consenti à l'acte[840].

Telle que conçue en droit OHADA, et contrairement au droit français qui donne la latitude à d'autres requérants[841] d'y recourir, l'expertise de gestion semble avoir été réservée aux seuls associés minoritaires. On a pu à cet effet suggérer de parler plutôt d'*expertise de minorité* comme ce fut le cas en France avant que la loi n°84-148 du 1er mars 1984 ne permette aux demandeurs autres que les associés d'y recourir.

Il est regrettable que le législateur OHADA ait manqué une fois de plus l'occasion, avec la réforme du droit des sociétés du 30 janvier 2014, d'ouvrir la possibilité à d'autres acteurs de demander cette expertise, de sorte qu'on puisse assister à un véritable renouveau de la politique managériale des entreprises africaines. Les salariés par exemple ont pu avoir ainsi en France, en raison de leur rôle dans la société, un véritable pouvoir de contrôle sur la gestion de la société[842].

461 En plus de la qualité d'associé dont il faut justifier pour pouvoir demander l'expertise de gestion, le droit OHADA exige la détention par le demandeur du dixième du capital social. En effet, l'*associé ayant des parts sociales qui représentent plus d'un cinquième du capital social (pouvait) demander avec succès une expertise des comptes*[843]. S'il fallait justifier par le passé, de la détention d'au moins du cinquième du capital pour demander une telle mesure, désormais l'AUS exige le dixième du capital social. Le législateur OHADA rejoint sur ce point le droit français[844], et crée une sorte d'inégalité entre les catégories d'associés.

En même temps, l'expertise de gestion n'étant qu'une mesure d'information et n'a pas de véritable conséquence coercitive, pour autant elle n'est pas neutre, eu égard à l'opinion que les tiers se feront de la société. Elle peut même jeter le doute dans leur esprit sur la santé de la personne morale. C'est certainement pour empêcher des demandes abusives et intempestives d'associés isolés ou groupés qui pourraient être motivés par des raisons purement personnelles et moins tournées vers la protection de l'intérêt général, que cette obligation de détention

[840] V. Cour d'Appel de Cotonou, arrêt n° 256/2000, affaire Société Continentale des Pétroles et d'Investissements, Monsieur SEFOU FAGBOHOUN, SONACOP, Monsieur Cyr KOTY, Monsieur Mounirou OMICHESSAN c/ Etat béninois. J-06-101.

[841] Le droit français ne limite pas le domaine de l'expertise aux seuls associés et l'étend ainsi aux demandeurs tels que le ministère public, le comité d'entreprise, ou la COB devenue l'AMF.

[842] R. D. GNAHOUI, « Intérêt de l'entreprise et droit des salariés », *Rév. Sénégalaise des affaires*, janv. Juin 2003, p. 16.

[843] C.A d'Abidjan 2 mars 2004, arrêté n° 376- société METALOCK PROCESS- CI SARL c/ TOURREGUITART, www.ohada.com (ohadata J-04-489).

[844] La loi française dans ses articles L.225-231 et L.223-37 du Code de commerce fixe respectivement à 5% dans les sociétés par action et 10% dans les sociétés à responsabilité limitée, le pourcentage minimum à détenir.

minimale a été renforcée[845]. La même explication peut être appliquée au caractère subsidiaire de l'expertise de gestion[846] qui lui est reconnu par la loi française du 15 mai 2001[847].

La jurisprudence elle-même semblait être favorable à cette solution. En effet, dans une espèce[848] la Cour d'appel d'Abidjan a décidé qu'en application de l'article159 AUS, un associé qui ne détenait que 8% du capital social ne pouvait obtenir la nomination d'un expert de gestion. En l'espèce, le pourcentage de capital social détenu pour le requérant était sans doute très faible pour qu'une expertise de gestion soit ordonnée. *La demande d'expertise de BASSIT ASSAD, qui n'a que 152 parts sur 1900 parts, soit 8% du capital social, doit être déclarée irrecevable par défaut de qualité*, avait décidé la cour.

Cependant pour contourner cette exigence, les associés pourraient recourir, comme dans le passé, à d'autres procédés. Ainsi, pourraient-ils, soit individuellement, soit collectivement, c'est-à-dire en se groupant sous quelque forme que ce soit, demander une expertise de gestion.

Lorsqu'ils décident d'agir collectivement, ils pourront s'y prendre de deux manières[849] : soit le groupement n'agit que comme mandataire des associés et la règle, *nul ne plaide par procureur* oblige chacun de ceux-ci à figurer nominativement dans la procédure ; soit alors, le groupement agit en son nom propre et le problème est alors de déterminer s'il serait possible d'exercer collectivement un droit que chacun de ses membres pourrait exercer individuellement, ou encore qu'il puisse détenir le minimum de pourcentage requis, ce qui peut entraîner un risque de cession massif de droits sociaux au profit du groupement. Ne s'agit-il pas là d'un simple moyen, donné par le législateur, de faciliter l'exercice de l'action ? Il semble évident que, pour le législateur OHADA, il est question ici de donner aux petits actionnaires les moyens de défense. Et il doit en être ainsi, si l'on veut encourager l'actionnariat populaire et, par conséquent, pousser vers la bourse ceux qui n'ont que des moyens modestes et qui seront nécessairement des petits actionnaires minoritaires.

---

[845] V. déjà à propos des anciennes conditions posées : S. ZEINDENBERG, cité par M. A. NDJANDEU, « La protection de la société commerciale en droit OHADA », in *Les mutations juridiques dans l'espace OHADA* (S/D A. AKAM AKAM), L'Harmatan, 2009, pp. 234 et s

[846] L. GODON, « La protection des actionnaires minoritaires dans la loi relative aux Nouvelles régulations économiques », *Bull. Joly,* 2001, p.732.

[847] Cette loi précise que l'action en justice de l'actionnaire doit être précédée d'une demande amiable d'information présentée au président du conseil d'administration ou du directoire. Ce n'est qu'à défaut de réponse satisfaisante dans un délai d'un mois que les actionnaires peuvent passer à la phase contentieuse.

[848] C.A. d'Abidjan, 5èmech. A. n°10, 2 janv.2001, www.ohada.com (ohadata.J.02.113).

[849] B. Y. MEUKEU, « L'information des actionnaires minoritaires dans l'OHADA. Réflexion sur l'expertise de gestion », op.cit., p. 8.

En tout état de cause, le demandeur de l'expertise doit justifier de la qualité d'associé pour prétendre y avoir droit. Il devra entre autres faire la preuve d'une détention minimale d'un dixième du capital. Peu importe cependant, qu'il le détienne individuellement ou collectivement avec d'autres associés ; pourvu que l'opération sur laquelle il demande l'expertise soit une opération de gestion.

2- Les conditions relatives à l'objet de la demande

462 Le demandeur de l'expertise de gestion doit en outre, avoir des soupçons relatifs à la régularité d'une ou plusieurs opérations de gestion. Mais qu'entend-on réellement par opération de gestion ?

Le législateur OHADA ne donne aucune précision sur ce qu'il faut entendre par opération de gestion. En effet, l'article 159 AUS ne donne aucune définition de l'acte de gestion susceptible de conduire à une expertise de gestion. Le législateur OHADA aurait-il de ce fait laissé le soin au juge de déterminer au cas par cas ce qu'il faut en entendre ? Dans un premier temps, furent considérées comme telles toutes les opérations décidées aussi bien par les organes de délibération[850] que par le conseil d'administration. Aujourd'hui, seuls les actes des organes de gestion peuvent être concernés par l'expertise de gestion[851]. Celles émanant de l'assemblée sont de ce fait exclues[852]. La jurisprudence semble donc avoir retenu un critère organique pour précéder à un tri entre toutes les opérations décidées au sein de la société.

463 Ce critère pose cependant des difficultés d'appréciation. Ainsi, dans une affaire relative à un rachat par les salariés, la demande de nomination d'un expert de gestion formée par un minoritaire fut, dans un premier temps accueillie favorablement par le président du tribunal de commerce ; elle a été par la suite confirmée grâce à une analyse très extensive de l'opération de gestion effectuée par la Cour d'appel de Versailles dans un arrêt du 19 décembre 1989[853]. La chambre commerciale cassa cet arrêt par une décision du 19 novembre 1991[854].

Face à cette difficulté que pose la notion d'opération de gestion, il serait plutôt intéressant de délimiter le domaine de l'expertise de gestion. Doivent donc en être exclues, a priori, les décisions prises par l'assemblée générale des actionnaires, même si quelques inquiétudes subsistent, concernant les opérations

[850] Ce cas est toutefois spécifique, puisqu'en l'espèce, l'expertise devait démontrer un défaut d'information lors des assemblées générales. V. également DIALLO AWA, *L'expertise de gestion,* Mémoire UCAD, 2003, 39p.

[851] V. en matière de SARL, Cass. com., 30 mai 1989, *Rév. sociétés,* 1989, p.

[852] Certains auteurs s'y opposent néanmoins. Citons : M. MARTEAU-PETIT (note sous Cass. com., 19 nov. 1991, *Rev. sociétés* 1992, p.510) ; Y. CHARTIER (note sous Cass. com., 25 mars 1974, *JCP* 1974.II.17853) : vouloir exclure de l'expertise tout ce qui a été voté par l'assemblée serait en réduire de façon très sensible l'utilité.

[853] C.A. Versailles, 19 déc. 1989, *Bull. Joly,* 1989, p.183, note P. Le CANNU.

[854] Cass.com., 19 nov. 1991, *Rév. sociétés* 1991, note M. MARTEAU-PETIT.

qui, bien que relevant des organes de direction nécessitent néanmoins une intervention de l'assemblée générale.

Mais en pratique, cette notion d'opération de gestion semble être une notion à contenu variable[855]. Ont été considérés comme opération de gestion, les transferts de fonds relatifs aux opérations de rachat des actions des cautions d'une société par une autre, ainsi que les mouvements de fonds entre deux sociétés[856]. Pareillement pour d'autres auteurs[857], la seule conception organique de l'opération de gestion ne saurait suffire. Selon une analyse matérielle, l'acte de gestion pourrait être défini par rapport à son objet. Ainsi, l'acte de gestion serait l'acte permettant la réalisation de l'objet social.

En définitive, l'expertise de gestion ne saurait porter sur l'ensemble de la gestion[858], elle ne devra porter que sur une ou plusieurs opérations de gestion. L'expertise de gestion n'étant que le contrôle des comptes, la demande des minoritaires ne doit pas mettre en péril l'ensemble de la gestion sociale.

3- Le bien-fondé de la demande d'expertise de gestion

464 L'information constitue le critère essentiel de l'expertise de gestion. Comme l'écrivait le Professeur CHARTIER, *les demandeurs se sont vu reprocher, tantôt de n'en avoir pas su assez, tantôt d'en avoir su trop long*[859]. Ainsi, on ne devrait exiger de l'associé minoritaire qu'il établisse la preuve d'une atteinte à l'intérêt social, car, c'est le but même de la procédure. Par conséquent, l'expertise de gestion n'est pas une sanction de la gestion. En revanche, elle sanctionne une information insuffisante[860]. C'est pourquoi elle doit être ordonnée, dès lors qu'elle a été demandée par un associé qui se plaint de n'être pas informé de la vie sociale et doute de la sincérité et du sérieux des résolutions prises en assemblée[861].

Le juge ne peut ordonner l'expertise de gestion cependant qu'après avoir apprécié le bien-fondé de la demande. Même lorsqu'elle est intentée par un actionnaire remplissant toutes les conditions de recevabilité, cette expertise ne s'impose pas au tribunal qui dispose d'un pouvoir souverain d'appréciation. C'est

---

855 V. M. MARTEAU-PETIT, *La notion d'acte de gestion et le droit des sociétés*, thèse, Paris II, 1992, n°686.
856 Cotonou, n° 256/ 2000, 17 août 2000, affaire Société Continentale des Pétroles et d'Investissement, M. SEFOU FAGBOHOUN, SONACOP, M. Cyr KOTY c/ Etat Béninois.
312 M. MARTEAU-PETIT, thèse, op.cit.
857 M. MARTEAU-PETIT, thèse, op.cit.
858 Tribunal Régional hors classe de Dakar, ord. réf. n° 901 du 9 août 1999, www.ohada.com (ohadata J-02-185).
859 Ibid.
860 P. Le CANNU, « Eléments de réflexion sur la nature de l'expertise judiciaire de gestion », *Bull.Joly*, 1988, p. 553.
861 Tribunal régional de Niamey, ord. réf. n°245 du 22 oct. 2002, Abbas Hammoud c/ Jacques Claude Lacour et Dame Evelyne Dorothée Flambard, www.ohada.com(ohadata J-04-489).

du moins ce qui ressort de l'article 160 de l'AUS qui indique, l'expertise ne sera ordonnée que *s'il est fait droit à la demande* du requérant. En le précisant ainsi expressément le législateur entend bien donner un caractère facultatif à la procédure.

465 Par ailleurs, tel que prévu en droit OHADA, l'expertise de gestion n'est nullement une mesure subsidiaire, car, elle vient en complément des autres moyens de contrôle et d'information dont disposent les actionnaires. Il n'est pas exigé de l'associé minoritaire qu'il ait épuisé tous les autres moyens d'information mis à sa disposition[862]. Cette situation semble différente de celle en vigueur en droit français - même si là non plus la procédure n'est pas véritablement subsidiaire - où les associés des sociétés par actions doivent accomplir des formalités préalables consistant à poser des questions écrites aux dirigeants de la société sur l'opération suspecte ou a priori contestable.

À notre avis, il serait louable que le juge n'exige pas du demandeur qu'il établisse la preuve d'avoir épuisé tous les autres moyens d'information dont il dispose ; afin non seulement de ne pas décourager l'initiative d'un associé parfois embarrassé par la difficulté d'apporter la preuve d'avoir exercé les autres voies possibles d'information, mais aussi d'éviter à cette procédure le caractère subsidiaire, voire une trop grande lourdeur.

466 Au demeurant, le demandeur de l'expertise de gestion doit solliciter des informations sur des actes de gestion suspects et contestables. Cette condition du caractère suspect de l'opération devra être évidente ; car elle permet de limiter des actions intempestives. Mais la question qui demeure est celle de savoir quel critère adopter pour décider si oui ou non une opération est suffisamment contestable et suspecte pour demander des informations supplémentaires.

Le législateur OHADA ne donne aucune précision relativement à la notion de gestion normale ou anormale. Face à cette difficulté, la solution consiste à rechercher si l'opération en cause risque de porter atteinte à l'intérêt social[863]. Le juge devra ainsi faire droit à une demande d'expertise de gestion lorsqu'il est établi qu'il existe des présomptions d'irrégularité, susceptibles de porter préjudice au demandeur et d'être contraires à l'intérêt social et ceci, au risque de ne pas priver l'article 159 de l'AUS de toute son utilité[864].

En fin de compte, le juge n'a pas à juger les opérations en cause, il devra juger seulement de l'opportunité de la nomination sollicitée pour l'information du demandeur, car, la mesure d'information organisée par l'expertise de gestion tend justement à l'établissement de cette preuve[865].

---

[862] Y compris aux art. 157 et 158 de l'AUS qui traitent respectivement de la faculté offerte aux associés de déclencher l'alerte dans les sociétés autres qu'anonymes et dans les sociétés anonymes.
[863] B.Y. MEUKEU, op. cit., p.11.
[864] Article qui, faut-il le rappeler, consacre l'expertise de gestion.
[865] Y. REINHARD, « Note sous Cass. com., 15 juin 1987 », *RTD com.* 1988, p.75.

Dans tous les cas, il faudra toujours trouver un équilibre entre la protection légitime du minoritaire et le souci d'une gestion efficace de la société. Dès lorsqu'il a la conviction d'avoir trouvé un tel équilibre, le juge procédera alors à la désignation de l'expert chargé de diligenter la procédure.

B- La désignation de l'expert

467 Les règles relatives à la désignation de l'expert se rapportent à la détermination de la juridiction compétente et à la détermination de la mission de l'expert. Relativement à la compétence, la juridiction compétente est celle du président du siège social[866]. Et selon toute apparence, la procédure semble être celle d'une assignation en référé[867]. La demande de nomination d'expert doit être commandée par l'urgence et le juge de référé devra s'assurer, entre autres conditions, de ce qu'elle se rattache à un litige sinon né et actuel, du moins possible et sérieux[868].

Comme en droit français, l'AUS ne précise pas dans quel délai le juge doit être saisi par le demandeur. Mais si la demande est formulée normalement et que le juge y a fait droit, il devra non seulement désigner un expert, mais aussi déterminer l'étendue de sa mission et de ses pouvoirs. Ainsi, le juge saisi peut désigner un ou plusieurs experts. Il reste cependant libre dans le choix de l'expert. Le nombre d'experts à nommer dépend en principe de la nature et de la complexité des opérations de gestion en cause. Il peut de ce fait s'adresser à un expert judiciaire, un expert-comptable, un dirigeant de société averti spécialement des problèmes de gestion, un commissaire aux comptes… Pour ce dernier, il serait anormal qu'il soit en fonction dans la société dans laquelle est diligentée la procédure.

468 Quant à la mission de l'expert, elle doit être entendue de façon stricte et est circonstanciée rigoureusement dans le cadre de la loi ou des opérations de gestion. Elle est par ailleurs strictement déterminée par le juge[869]. En se référant au critère organique de gestion, il semble que la mission de l'expert ne se limitera qu'aux décisions prises par les organes de direction. Mais en aucun cas, la mission de l'expert ne devra faire double emploi avec celle d'autres organes chargés eux aussi d'informer les associés, tels que les commissaires aux comptes.

Pour ce qui est des frais engendrés par la procédure, ils sont à la charge de la société. Ce qui, à notre avis, est une mesure salutaire, la procédure étant généralement consécutive à des dissensions entre associés, susceptibles de paralyser le bon fonctionnement de la société. Une solution différente n'aurait

---

[866] Art. 159 de l'AUS.

[867] Cotonou, n° 256/ 2000, 17 août 2000, affaire Société Continentale de Pétrole et d'Investissement, M. SEFOU FAGBOHOUN, SONACOP, M. Cyr KOTY c/ Etat Béninois

[868] Ibid.

[869] Art. 160 de l'AUS.

contribué qu'à réduire les résultats attendus d'une procédure d'expertise de gestion.

C- Le résultat de l'expertise de gestion

469 À l'issue de sa mission, l'expert est tenu d'établir un rapport adressé non seulement au demandeur, mais également à tous les demandeurs potentiels, c'est-à-dire les commissaires aux comptes et les dirigeants sociaux[870], voire le ministère public et l'autorité du marché, lorsque la société fait appel public à l'épargne. Ce rapport doit être annexé à celui du commissaire aux comptes et doit recevoir la même publication en vue de la prochaine assemblée générale, à laquelle il sera soumis à l'approbation des associés. Le rapport de l'expert devra comporter une partie informative et un avis sur l'opportunité de l'acte de gestion[871].

En fin de compte, l'information délivrée par l'expertise de gestion n'est pas limitée au seul demandeur initial. Elle peut être communiquée à tous ceux qui sont susceptibles d'en faire la demande.

À notre avis, et pour partager l'opinion d'autres auteurs[872], le législateur OHADA aurait pu aller plus loin en faisant du rapport de l'expert le préalable d'une mesure de suspension des dirigeants ou d'une annulation des actes fautifs ou abusifs, voire d'un rachat forcé des cautions du minoritaire par les majoritaires à la demande du premier. Mais il faut dire qu'au vu du rapport de l'expert, si les révélations sont compromettantes, alors les hostilités peuvent être lancées[873]. L'expertise fournit ainsi les armes à des associés recherchant l'affrontement avec les dirigeants en place.

Finalement, le législateur OHADA a eu le mérite, en dépit de la faiblesse des résultats qu'elle produit parfois, de consacrer une procédure d'expertise de gestion souple et pouvant, contrairement à la procédure applicable en droit français, mieux garantir le droit à l'information des associés. Il s'agit d'une avancée considérable dans l'objectif de transparence dans la gestion des sociétés commerciales, affiché par le législateur OHADA. Mais il ne s'agit là que d'une mesure, parmi d'autres, destinée à renforcer le droit à la transparence des associés en période de crise de confiance.

§2. LE DROIT A UNE EXPERTISE PRÉVENTIVE

470 L'expertise préventive ou expertise *in futurum* est une mesure d'instruction destinée à obtenir des preuves en vue d'une action en justice

---

[870] Art. 160 AUS.

[871] I. URBAIN-PARLEANI, « L'expertise de gestion et l'expertise *in futurum* », *Rév. sociétés,* 2003, p. 234.

[872] Y. GUYON, op. cit., pp. 489-490 ; M.-A. NDJANDEU, op. cit., p. 240, n°15.

[873] Elle peut notamment justifier la mise en œuvre d'une action en responsabilité, la demande de révocation, l'action en nullité des décisions,

éventuelle. Parfois assimilée à des référés probatoires[874], ou préventifs[875], l'expertise *in futurum* tend à conserver ou à établir, avant tout procès, la preuve dont pourrait dépendre la solution d'un litige. Elle consiste, pour une personne de se prémunir des preuves qu'elle pourra utiliser lors d'un procès éventuel. Il s'agit d'un moyen non négligeable permettant ainsi à son demandeur de percer le secret des affaires de la société, parfois injustement conservé par les dirigeants. En droit OHADA, cette procédure se dégage implicitement des dispositions du droit interne de certains pays membres. Au Cameroun par exemple, elle est déduite de l'article 116 du Code de procédure civile et commerciale[876] qui prévoit *qu'un ou plusieurs experts peuvent être désignés avant le cours d'une contestation afin d'établir la preuve de certains faits et actes.*

Il faut toutefois relever que cette procédure n'est pas réclamée dans le même état d'esprit que l'expertise de gestion (relevant du droit des sociétés), puisqu'elle est le prélude à une action en justice visant à sanctionner les fautes de gestion perpétrées par les dirigeants[877]. Sa mise en œuvre (C) suppose que soient réunies certaines conditions qui ont trait à l'exigence d'un motif légitime pour justifier la demande (A) et l'absence de toute autre condition lui ouvre alors un vaste domaine d'application (B).

A- Les conditions de l'expertise *in futurum*

471 L'utilisation de cette expertise est toujours redoutée par les opérateurs économiques qui craignent que cette procédure ne soit pas juste un moyen de percer leur secret des affaires par leurs adversaires en dehors de tout procès[878]. Se pose alors la question de savoir si le défendeur peut utiliser le secret des affaires pour faire obstacle à la mise en œuvre de l'expertise *in futurum*.

La jurisprudence classique, confrontée à ce problème répond par l'affirmative 335. La Cour de cassation française considère en effet comme ayant justifié son refus d'ordonner une expertise sollicitée en l'application de l'article 145 du nouveau Code de procédure civile et commerciale pour déterminer *tous faits susceptibles de caractériser des actes de commerce déloyaux* commis par la société créée par deux anciens employés de la société demanderesse, la Cour d'appel qui constate l'absence d'un intérêt légitime.

Cette position de la Cour de cassation est d'ailleurs suivie par une partie de la doctrine, qui pense que cette mesure *ne saurait être utilisée en vue de mettre le*

---

874 Req., 4 janv. 1926. *Rec. Des som. de jurisprudence,* 1926, n°3327.

875 V. M. FOULON, « Quelques remarques d'un président de tribunal d'instance sur l'article 145 du Code de procédure civile », *Mél. P. DRAI, D.* 2000, pp. 310 à 327.

876 V. dans le même sens l'art. 167 du Code de procédure civile et commerciale malien.

877 E. GARAUD, thèse, op. cit., p. 91, n° 161.

878 S.-P. MAURICE, « Secret des affaires et mesures d'instruction *in futurum* », op. cit., n°41, p. 31.

demandeur en possession de documents couverts par le secret. La solution contraire aboutirait, en effet, à donner au bénéficiaire un avantage excessif[879].

Une autre partie de la doctrine pense cependant qu'il ne suffit pas d'invoquer le secret des affaires pour évincer la mise en œuvre de l'expertise *in futurum*. Cette position est par ailleurs partagée par la jurisprudence actuelle et selon laquelle, « *le secret des affaires ne constitue pas en lui-même un obstacle aux mesures d'instruction in futurum dès lors que le juge constate que les mesures qu'il ordonne procèdent d'un motif légitime et sont nécessaires à la protection de la partie qui les a sollicitées* »[880].

Le motif légitime constitue donc le seul verrou pour l'obtention d'une expertise préventive. Il doit cependant être circonscrit avec précision afin d'éviter, pour évoquer l'inquiétude du Professeur PERROT, qu'il n'ouvre la voie à de dangereuses immixtions dans les affaires d'autrui[881]. L'appréciation de la légitimité relève alors du pouvoir souverain des juges de fonds. Ce motif légitime postule l'existence d'une situation litigieuse dont la preuve appartient au demandeur en référé.

Concrètement, l'associé qui sollicite l'expertise *in futurum* ne doit pas indiquer lors de la demande, s'il engagera un procès par la suite, ni énoncer la nature et le fondement juridique de celle-ci de façon précise, mais il doit donner la preuve d'une part de l'existence d'une situation litigieuse, et d'autre part, établir que la preuve des faits qu'il cherche à mettre en lumière est utile pour la solution du litige. Ainsi, un arrêt de la Cour d'appel de Paris du 7 décembre 1981 a admis l'existence d'un motif légitime dès lors que *la mesure d'instruction sollicitée consistait à recueillir des éléments d'information relatifs à une opération de gestion, son objet étant d'établir, avant tout procès, la preuve des faits dont pourrait dépendre la solution d'un litige se rapportant à une convention conclue entre la société et son président directeur général, désapprouvée à des reprises par l'assemblée générale des actionnaires*. En revanche, la mesure d'instruction est sans objet lorsque le demandeur dispose des éléments de preuve qui pourront lui permettre d'engager la procédure[882]. Autrement dit, *quelle que soit la gravité du motif invoqué la mesure d'instruction devra être refusée si son intérêt probatoire disparaît*[883].

---

[879] M. JEANTIN, « Les mesures d'instruction *in futurum* », *Juris-classeur procédure civile*, fasc., 634, n°109.

[880] Cass. 2ème civ. 7 janv. 1999, *Bull. Joly*, n°1, §148, jurisprudence, note X.-F. LUCAS ; C.A. Paris, 14ème ch.A. 2 juin 1999, *Juris-Data*, n°023375.

[881] PERROT, obs. *RTD civ.*, 1993, 165, cité par I. URBAIN-PARLEANI, « L'expertise de gestion et l'expertise *in futurum* », op. cit., p. 213.

[882] Versailles 4 juin 1999, *Bull. Joly,* 1999, p.1124, note M. MENJUCQ.

[883] A.-S. MAIGRET-MATHIOT, *L'expertise dans les sociétés commerciales*, thèse, Rennes, 2003, pp. 125 et s.

Sous cette réserve de justification d'un motif légitime, le domaine de l'expertise préventive reste cependant illimité.

B- Le domaine de l'expertise préventive

472 Le domaine de l'expertise préventive ne soulève aucun problème, car par principe, il s'agit d'un domaine illimité. Par rapport à l'expertise de gestion, ce domaine présente quelques particularités qu'il faut relever.

Ainsi, comme l'expertise de gestion, l'expertise *in futurum* peut être exercée dans toutes les sociétés et non uniquement dans les sociétés à responsabilité limitée et les sociétés par actions. Mais contrairement à l'expertise de gestion, elle peut avoir pour objet toute opération, quel que soit l'organe qui en a décidé[884]. Elle peut donc être ordonnée à propos d'une décision émanant de l'assemblée générale.

En outre, et toujours comparativement à l'expertise de gestion, elle peut être intentée par tout intéressé. Ce n'est pas une action attitrée. En conséquence, un actionnaire possédant moins de 5 % du capital, ou un associé détenant moins de 10 % du capital d'une société à responsabilité limitée peuvent solliciter une mesure à futur.

De même, l'expertise *in futurum* peut être exercée au sein de groupes de sociétés sans être limitée aux seules demandes émanant d'un actionnaire de la société mère pour des actes accomplis par une filiale ou sous filiale de la société contrôlaire. C'est ainsi, et à la différence de l'expertise de gestion, qu'une demande d'expertise pourrait être sollicitée par un associé de la filiale pour une opération effectuée chez la société mère, ou par un actionnaire d'une société du groupe pour un acte de gestion accompli chez une société-sœur. Enfin, l'expertise *in futurum* constituant une mesure d'instruction - relevant de la procédure indépendamment de loi applicable au fond du litige - peut s'appliquer à une société étrangère. C'est la solution retenue par la Cour d'appel de Versailles dans un arrêt du 27 février 1997. Reste maintenant à déterminer la mise en œuvre d'une telle procédure.

C- La mise en œuvre de l'expertise préventive

473 Avant d'examiner le déroulement de l'expertise préventive, il importe auparavant de répondre à la délicate question de savoir si le demandeur dispose toujours d'un libre choix entre l'expertise de gestion et l'expertise préventive.

Dans un arrêt du 7 décembre 1981[885], la Cour de cassation française avait admis la concurrence entre les deux textes alors que le pourvoi soutenait que dans les rapports entre sociétés et associés, l'expertise devait demeurer dans le champ d'application de l'article 226 de la loi du 24 juillet 1966. Ainsi que l'observait le

---

[884] I. URBAIN-PARLEANI, « L'expertise de gestion et l'expertise *in futurum* », op. cit., p. 214.

[885] V. S. MICHELIN-FINIELZ, « L'expertise de l'article 226 et l'expertise préventive dans la société anonyme », *Rév. sociétés,* 1982, p.33.

Professeur Guyon *les actionnaires qui ne peuvent pas ou ne veulent pas demander la désignation d'un expert de gestion peuvent obtenir un résultat presque analogue sur la base de l'article 145 du nouveau code de procédure civile*[886]. L'on admettait même la possibilité, pour un demandeur débouté d'une demande d'expertise de gestion, de solliciter la désignation d'un expert sur le fondement de l'article 145 du NCPC.

Cette jurisprudence a été diversement appréciée par la doctrine. Selon certains auteurs[887], la Cour de cassation avait fait prévaloir l'intérêt majeur de la bonne information des associés et après, une subtile pesée des intérêts en cause avait retenu l'application concurrente des deux textes. D'autres étaient réticents à ce cumul, évoquant alors une concurrence indélicate de l'article 145, voire, étaient hostiles à cette concurrence dénonçant alors le vampirisme de l'article 145 devenu une expertise omnibus[888], ou encore *la session de rattrapage qui, à la façon de la voiture-balai du tour de France recueille les éclopés de l'expertise de gestion*[889].

474 Quoi qu'il en soit, il semble plus judicieux d'opter pour la voie de la concurrence entre ces deux types d'expertise, car, à s'en tenir à l'état actuel du droit OHADA, l'expertise préventive complète l'expertise de gestion, en ce qu'elle contribue au contrôle de la gestion sociale, même si les tribunaux africains doivent encore rechercher un véritable point de départ entre les domaines d'application respectifs de ces deux actions[890].

Il est donc nécessaire de garantir d'un côté l'information économique, financière et de l'autre le contrôle de la gestion sociale. Et à défaut de remplir les conditions de la mise en œuvre d'une expertise de gestion, les associés ne détenant pas le cinquième du capital pourront ainsi y recourir à l'expertise préventive. Cette dernière pourrait ainsi être pour les associés ne remplissant pas les conditions de l'expertise de gestion, une mesure de dernier recours ; ce d'autant plus que les raisons qui commandent sa mise à l'écart en droit français[891] sont sans objet en droit OHADA.

La concurrence entre les deux actions doit rester ouverte. Cette concurrence offre aux associés une chance de plus d'être informés et s'inscrit dans le mouvement général du droit des sociétés. Le droit de solliciter une expertise de gestion ne saurait empêcher un actionnaire d'exercer l'action qu'il a préféré engager sur le fondement de l'expertise *in futurum*[892].

---

[886] Y. GUYON, *Droit des affaires*, op. cit., n° 447.
[887] M. JEANTIN, op. cit., p.79.
[888] A. VIANDIER, « Note sous T. com. Paris, 24 juin 2002 », *JCP* E 2002.II.1253.
[889] F. X. LUCAS, *Bull. Joly,* 1999, p. 250.
[890] A. COURET, « Note sous CA Paris 25 oct. 2002 », *Bull. Joly,* 2003, p.217.
[891] La mise à l'écart est souhaitée en France au motif qu'elle risquerait d'être utilisée par les actionnaires pour contourner la phase préalable (du dialogue) à la mise en œuvre de l'expertise de gestion.
[892] Paris, 4 oct. 2002, *RG,* n°2002/06830.

475 Pour ce qui est du déroulement de la procédure proprement dit, on se gardera de faire de longs commentaires[893]. On relèvera quand même que le juge peut désigner toute personne de son choix et déterminera sa mission[894]. Cette mission se limite à des questions techniques. Les frais de l'expertise sont à la charge du demandeur, contrairement à l'expertise de gestion. Le rapport reçoit moins de publicité qu'en procédure d'expertise de gestion, puisqu'il n'est remis qu'au demandeur et au défendeur.

En guise de conclusion à tout ce qui précède, retenons qu'en cas de crise de confiance, le droit à la transparence de l'associé se trouve renforcé par deux types d'expertise, dont l'un lui permet d'avoir un surplus d'informations financières et économiques, et l'autre lui fournit des moyens nécessaires pour le contrôle de gestion. Du simple rôle de garant de la transparence dans les affaires sociales, les types d'expertise participent à l'évaluation de l'entreprise ou de la société en termes de valeur et de risque. Dans les deux cas, le droit à l'information de l'associé se trouve renforcé comme en cas de crise économique.

---

[893] A.-S. MAIGRET-MATHIOT, *L'expertise dans les sociétés commerciales*, thèse, op. cit., pp. 130 et s.
[894] Sur la conciliation du secret des affaires et de l'expertise, v. ibid., pp. 384 et s.

CHAPITRE III

LES MUTATIONS DE LA SOCIÉTÉ COMMERCIALE

476 La vie de la société peut être affectée de plusieurs événements. D'abord, la société peut décider de s'étendre ou de s'ouvrir à d'autres sociétés lorsque ses moyens le lui permettent. Il en est par exemple ainsi lorsqu'elle fait partie d'un groupe de sociétés[895] ou participe au capital d'une autre société[896] ou devient société mère en ayant des filiales (art. 179 à 180 AUS). Ces événements qui tournent la société vers l'extérieur ne seront pas étudiés ici. Ensuite et surtout, la société peut soit se transformer (Section I), soit se restructurer (Section II). Dans le premier cas, la société reste en vie, dans le second, elle disparaît pour donner naissance à une nouvelle société.

SECTION I- LA TRANSFORMATION DE LA SOCIÉTÉ

477 Aux termes de l'article 181 de l'AUS, *la transformation de la société est l'opération par laquelle une société change de forme juridique par décision des associés*. Il s'agit donc d'une décision collective dont il faut déterminer le régime juridique (§1) et les effets (§2).

§1. LES CONDITIONS DE LA TRANSFORMATION DES SOCIÉTÉS

478 La transformation des sociétés ne peut se réaliser sans la volonté des associés dont elle affecte peu ou prou les droits. Ils sont maîtres de la décision de transformation (A). Mais elle intéresse aussi les tiers, qu'ils soient déjà créanciers de la société ou qu'ils soient simplement appelés à traiter avec elle (B). Reste alors à fixer le sort des transformations irrégulières (C).

A- La protection des associés

479 La nature complexe de la transformation de sociétés engendre nécessairement la complexité des règles selon lesquelles elle est décidée. Pour y

---

[895] V. art. 173 à 175 AUS.
[896] V. art. 176 à 178 AUS.

voir clair, il est utile de dégager quelques principes gouvernant toute transformation qui seront autant de références, soit pour comprendre et interpréter les règles spéciales à certaines transformations, soit pour pallier leur absence (1). On présentera ensuite les règles spécifiques à la décision de transformation des sociétés selon leurs formes (2).

1- Les conditions générales de la transformation

480 En tant que modification statutaire, la décision de transformation doit obéir aux règles imposées par la loi pour la modification des statuts. L'assemblée générale extraordinaire a donc seule compétence pour décider de la transformation[897].

À s'en tenir à la règle de principe[898], elle ne pourrait décider qu'à l'unanimité. En réalité, d'une part, les statuts peuvent prévoir leurs modifications, donc la transformation, par simple décision majoritaire, d'autre part, les règles particulières aux sociétés selon leur forme dérogent largement à cette règle d'unanimité. C'est donc au régime de modification statutaire applicable selon la forme de la société à transformer qu'il faut se reporter. Le souci de favoriser l'adaptation de la structure juridique à l'évolution économique de l'entreprise n'est pas étranger à ces tempéraments.

481 Par ailleurs, pour toute société, le régime légal de la transformation rencontre le butoir de l'article 72 alinéa 2 AUS : en aucun cas, les engagements d'un associé ne peuvent être augmentés sans le consentement de celui-ci[899]. Ce principe général du droit des sociétés, protecteur du droit individuel de l'associé, peut être lourd de conséquences au regard de certaines transformations qui ne pourraient intervenir qu'à l'unanimité. D'où l'intérêt de circonscrire son champ d'application[900].

À cet égard, engendre incontestablement une augmentation des engagements des associés la décision qui entraîne une aggravation de la responsabilité des associés aux dettes sociales ou celle qui a pour objet d'imposer aux associés des apports nouveaux à la société. En revanche, une décision ayant pour effet de diminuer les droits de l'associé n'équivaut pas à une augmentation de ses engagements. Ainsi, la limitation de la liberté de cession des droits d'associé, qui

---

[897] V. K. BALDE, *La transformation de la société commerciale en droit OHADA*, Mémoire de Maitrise, Université Gaston Berger (Saint-Louis, Sénégal), 2009, AHMED IBRAHIMA ABDALLAH, *La protection des associés dans les sociétés commerciales*, mémoire de Master, UCAD, 2011.

[898] Art.

[899] ABOUBAKAR, *La volonté des associés et la modification de la forme sociétale OHADA*, mémoire de Master, Ngaoundéré, 2012.

[900] Sur la notion : L. JOBERT, « La notion d'augmentation des engagements », *Bull. Joly* 2004.627 ; H. LE NABASQUE, « La notion d'engagements nouveaux en droit des sociétés », *Dr. sociétés, Actes pratiques*, 1997, n° 36.

diminue incontestablement les droits de l'associé, n'en constitue pas pour autant une décision d'augmentation de ses engagements. Le critère est la création d'une obligation qui ne résulte pas du pacte d'origine à la charge de l'associé.

Le refus d'un associé ou d'une minorité d'associés d'apporter son concours à une transformation engendrant une augmentation des engagements résistera-t-il, dans toutes les circonstances, à la volonté d'une majorité d'associés de voir adopter une nouvelle forme ? Au nom de l'intérêt social à la transformation, une majorité d'associés tentera de dénoncer au juge l'abus de minorité pour passer l'obstacle. Mais la seule affirmation de l'intérêt social à la transformation ne suffira pas à constituer l'abus de minorité de la part d'un associé qui ne se prononce pas ou refuse son consentement. Il faudra convaincre le juge que l'attitude de l'associé (refus exprès ou inertie) a été contraire à l'intérêt général de la société, en ce qu'elle a interdit la réalisation d'une opération essentielle pour celle-ci, et dans l'unique dessein de favoriser les propres intérêts de cet associé au détriment de l'ensemble des autres associés.

2 - Conditions particulières de la transformation

482 Les conditions sont commandées aussi bien par la forme initiale que par la forme finale de la société à transformer, pour la raison que le régime de la société ne peut être différent selon qu'elle s'est constituée sous cette forme dès l'origine ou après transformation. La mise en œuvre de ce principe prend toute sa force lorsque, par transformation, une société de personne devient une société de capitaux (a) ou inversement (b).

a- La transformation des sociétés de personnes

483 Dans ces sociétés, les modifications statutaires, donc *a priori* la transformation, sont décidées à l'unanimité des associés. La règle comporte cependant un certain nombre de tempéraments.

Pour la société en nom collectif, les statuts peuvent, selon l'article 283 AUS, prévoir que « certaines décisions », parmi lesquelles peut se ranger la transformation, seront prises à une majorité qu'ils fixent[901]. La décision est en principe prise en assemblée, mais les statuts peuvent prévoir qu'elle sera arrêtée à l'issue d'une consultation écrite, si la réunion de l'assemblée n'est pas demandée par les associés[902].

Pour la société en commandite simple, l'article 305 AUS prévoit que les modifications statutaires, donc la transformation, peuvent être décidées avec le consentement de tous les commandités et de la majorité en nombre et en capital

---

[901] V. KEITE CHEIKHOU, *La transformation des sociétés commerciales*, Mémoire UCAD, 2008, 41p ; ABOUBAKAR, *La volonté des associés et la modification de la forme sociétale en droit OHADA*, op. cit.

[902] V. art. 284 AUS. V. également K. BALDE, *La transformation de la société commerciale en droit OHADA*, Mémoire de maitrise, Université Gaston berger (Saint-Louis, Sénégal), op. cit.

de commanditaires. Toute clause imposant des conditions plus strictes serait réputée non écrite. En revanche, dans le silence du texte, les clauses autorisant la modification statutaire à des conditions moins strictes seraient valables[903]. Mais la transformation en société en nom collectif exigerait évidemment l'unanimité des commanditaires dont l'engagement se trouverait ainsi accru.

484 Pour toutes ces sociétés, la transformation en société par actions, société anonyme ou société par actions simplifiée, suppose bien évidemment que la société remplisse toutes les conditions exigées de la forme future. Mais ces conditions n'ont pas à être remplies préalablement à la prise de décision. Il suffit qu'elles le soient lors de sa prise d'effet.

Enfin, les associés statuent sur l'évaluation des biens composant l'actif social et des avantages particuliers au vu d'un rapport établi par un ou plusieurs commissaires à la transformation[904]. Dans le détail, la loi n'échappe pas au reproche de complexité génératrice de confusions. La rédaction chaotique et laborieuse de l'article 187-1, alinéa 2 en est la cause. Il englobe dans un même mouvement la désignation nécessaire d'un commissaire à la transformation et la définition de sa mission. La désignation du ou des commissaires à la transformation résulte, à défaut d'accord unanime des associés, d'une décision de justice sur requête au président du tribunal de commerce présentée par les dirigeants sociaux ou l'un d'entre eux. Ces commissaires sont soumis aux mêmes incompatibilités que les commissaires aux comptes, définies dans les conditions de l'article 378 AUS.

La mission du commissaire à la transformation est d'apprécier, sous sa responsabilité, la valeur des biens composant l'actif social et les avantages pouvant exister au profit d'associés ou de tiers. Le rapport du commissaire à la transformation doit attester que le montant des capitaux propres est au moins égal au capital social.

b- La transformation des sociétés par actions

485 Posées pour la transformation des sociétés anonymes, ces conditions sont applicables à la transformation des commandites par actions et à la transformation des sociétés par actions simplifiées, dans la mesure où elles sont compatibles avec les dispositions particulières à ces formes de sociétés.

Aux termes de l'article 690 AUS, *toute société anonyme peut se transformer en société d'une autre forme si, au moment de la transformation, elle a au moins deux ans d'existence et si elle a établi et fait approuver par les actionnaires le bilan de ses deux premiers exercices*. Le cumul des conditions doit être respecté, en particulier lorsque la durée de l'exercice est supérieure ou inférieure à l'année.

---

[903] En ce sens : V. G. RIPERT et R. ROBLOT, *Traité de droit commercial, t. 1, vol. 2, Les sociétés commerciales*, par M. GERMAIN, 18e éd., 2002, LGDJ, n° 1201 et 1221.
[904] Art. al. 3 AUS.

Mais elles ne s'appliquent pas à la transformation d'une société anonyme en société en nom collectif[905]. Elle ne s'applique pas non plus lorsque la société anonyme doit se transformer en société à responsabilité limitée[906].

La décision de transformation, en tant que modification statutaire, appartient à l'assemblée générale extraordinaire. Mais elle doit respecter également les dispositions écrites spécialement pour la transformation.

La décision de transformation doit être précédée d'un rapport des commissaires aux comptes de la société attestant que le montant des capitaux propres est au moins égal au montant du capital social[907]. Destinée à garantir la réalité du capital social, cette attestation du commissaire aux comptes est une condition de la transformation. L'assemblée ne pourrait donc en principe décider la transformation en présence d'un rapport concluant à des capitaux propres inférieurs au capital social[908]. Elle devrait au préalable procéder à une réduction du capital social. La faiblesse de la règle est dans l'incertitude de sa sanction.

486 La loi prévoit l'intervention des obligataires. Ils sont concernés par l'abandon de la forme société anonyme. Les sociétés autres que les sociétés de capitaux ne pouvant émettre de titres négociables, le maintien de la négociabilité des obligations ne serait pas compatible avec le régime de la nouvelle forme sociale. C'est pourquoi l'article 691, al. 3 AUS soumet la transformation à l'assemblée des obligataires. La transformation est considérée comme l'une des propositions tendant à la modification du contrat obligataire sur lesquelles délibère l'assemblée générale de chaque masse obligataire.

En cas de refus d'approbation, la société peut passer outre en offrant de rembourser les obligataires qui en feraient la demande.

Enfin, les droits des associés font l'objet d'une attention particulière, à la mesure de la modification qu'ils subiront sous la forme nouvelle. Il en résulte notamment un régime particulier des conditions de majorité auxquelles l'assemblée générale décide la transformation.

La transformation en société en nom collectif nécessite l'accord de tous les associés[909]. C'est l'application du principe selon lequel l'assemblée générale extraordinaire ne peut augmenter les engagements des actionnaires. L'augmentation de l'engagement des associés qui réside dans leur responsabilité indéfinie et solidaire des dettes sociales sous la forme nouvelle ne peut être décidée par l'assemblée générale extraordinaire, sauf à l'unanimité. En outre, la

---

905 Art. 692 AUS.

906 Art. 693 AUS ; CHEIKHOU KEITA, *La transformation des sociétés commerciales*, op. cit.

907 Art. 691 AUS.

908 En ce sens : J. HÉMARD, F. TERRÉ et P. MABILAT, *Sociétés commerciales, t. 2,* 1974, Dalloz, n° 1094.

909 Art. 692 AUS.

qualité de commerçant des associés de la société en nom collectif exclut qu'un mineur puisse figurer au nombre des associés sous la forme nouvelle.

La transformation en SARL doit être décidée aux conditions prévues pour la modification des statuts des sociétés de cette forme[910], c'est-à-dire à la majorité des trois quarts du capital social[911]. La raison du renforcement des conditions de majorité d'une telle modification statutaire réside dans la diminution des droits des actionnaires par suite de la transformation puisqu'ils ne seront plus titulaires d'actions négociables, mais de parts cessibles à des conditions plus strictes[912].

Faut-il aller plus loin et exiger l'unanimité lorsque, la société anonyme ayant bénéficié d'apports en nature depuis moins de cinq ans, les associés de la société transformée seraient indéfiniment et solidairement responsables de la valeur attribuée à ces apports et subiraient ainsi une aggravation de leur engagement ? C'est ce qu'avait décidé une célèbre jurisprudence [913]. C'est une manière de conjurer la persistance d'une surévaluation des apports, seule susceptible de faire naître le risque d'augmentation des engagements des actionnaires.

B- La protection des tiers

487 Les formalités à accomplir sont, pour l'essentiel, le préalable nécessaire à la publicité qui doit suivre la transformation pour la rendre opposable aux tiers[914]. Les pièces (1) qui sont le support de la publicité (2) doivent d'abord être correctement établies.

1- Les formalités

488 La transformation de la société prend forme dans l'acte constatant la décision des associés et les documents qui doivent y être joints. Cet acte n'est rien d'autre que le procès-verbal de l'assemblée générale extraordinaire ou un acte sous seing privé, signé de tous les associés, en cas de consultation écrite. Dans ce dernier cas, il doit être établi autant d'originaux qu'il est nécessaire pour en conserver un au siège social et procéder à la publicité[915].

---

[910] Art. 693 AUS.

[911] Sur l'application de la règle, V. les réserves de A. CHARVÉRIAT, A. COURET et B. MERCADAL, *op. cit.*, n° 13214.

[912] Y. GUYON, *Droit des affaires, t. 1 : Droit commercial général et sociétés*, 12e éd., 2003, Economica, n° 568.

[913] Cass. civ. 28 nov. 1950, D. 1951.109, note G. Ripert, JCP 1951. II. 6341, note D. Bastian.

[914] V. pour plus de détails sur la protection des tiers, P. S. A. BADJI, « La protection des tiers par l'Acte uniforme relatif au droit des sociétés commerciales et GIE », *Revue des nouvelles annales africaines,* 2013.

[915] V. pour plus de détails DIALLO LAMINE, *La protection des salariés dans les fusions, scissions et apports partiels d'actifs : réflexion pour un véritable régime protecteur*, mémoire de Master, UCAD, 2008.

Les statuts modifiés sont évidemment une pièce essentielle de la transformation. Ils seront soumis à l'approbation des associés, avec son cortège de clauses autorisées, dans les conditions propres à la forme actuelle de la société.

Les statuts doivent comporter toutes les indications légales requises par la nouvelle forme de la société. À cet égard, une difficulté particulière peut surgir lors de la transformation d'une société anonyme en société de personnes ou en SARL. Elle implique en effet la suppression de tout anonymat des associés puisque les nouveaux statuts devront indiquer la répartition des droits sociaux entre les associés.

2- La publicité

489 Elle porte essentiellement sur les modifications affectant la société. La transformation constitue une modification des statuts. Elle ne devient opposable aux tiers qu'après accomplissement des formalités de publicité.

Il va de soi que la transformation peut être périlleuse pour les tiers, notamment dans le cas où elle affecte leur garantie de paiement (ex. transformation d'une SNC en une SARL). La loi n'interdit pas pour autant la transformation. Mais celle-ci ne devient opposable aux tiers que si les formalités de publicité prévues à l'article 265 de l'AUS ont été accomplies. Aux termes de ce texte, la transformation donne lieu d'abord à une insertion dans un journal habilité à recevoir des annonces légales, ensuite au dépôt au greffe du tribunal compétent de deux exemplaires du procès-verbal de la décision l'ayant décidé et du P-V de la décision ayant désigné les nouveaux dirigeants sociaux, enfin à une inscription modificative au registre du commerce et du crédit mobilier. En outre, les nouveaux statuts doivent être déposés au greffe. Il doit aussi être fait mention de la transformation au bureau chargé des hypothèques lorsque la société est propriétaire d'un ou plusieurs immeubles soumis à publicité foncière.

Toutes ces formalités visent donc à informer les tiers.

§2. LES CONSÉQUENCES DE LA TRANSFORMATION

490 Les conséquences de la transformation d'une société sont faites de changement et de continuité. *La transformation implique un changement de régime comme suite à un changement de forme*[916].

La transformation de la société a pour conséquence tout à la fois, le changement de son régime juridique et la continuité de sa personnalité morale. Il faut donc tirer successivement toutes les conséquences aussi bien du changement de régime (A) que de la continuité de la personnalité morale (B).

---

[916] J. TREILLARD, thèse préc., p. 146 ; CHEIKHOU KEITA, *La transformation des sociétés commerciales*, op. cit.

A- Les conséquences du changement de régime

491 La soumission à un régime juridique nouveau implique une modification des dispositions statutaires d'une part, pour profiter des possibilités de dérogation aux dispositions supplétives et, d'autre part, pour se conformer aux dispositions impératives du régime légal désormais applicable. Mais le défaut d'adaptation des statuts n'aura été qu'une occasion perdue d'user des libertés laissées par la loi, sans que soit retardée l'entrée en vigueur du nouveau régime dans ses dispositions supplétives comme dans ses dispositions impératives.

C'est à compter de la décision de transformation que la société est soumise aux dispositions de la loi à raison de sa nouvelle forme. Mais ce n'est qu'à compter de l'achèvement des formalités de publicité que le nouveau régime légal est opposable aux tiers. La nuance n'est pas sans importance. Elle implique que la société ou les associés ne pourront se prévaloir du changement de régime à l'égard des tiers qu'à compter de l'achèvement des formalités, alors que les tiers pourront invoquer ce changement, à l'encontre de la société, dès la décision de transformation si leur intérêt le commande. Seront donc d'abord examinées les conséquences pour la société (1), puis les effets à l'égard des associés (2).

1- Les conséquences pour la société

492 Elles concernent la libération du capital (a), les dirigeants sociaux (b) et les commissaires aux comptes (c).

a- La libération du capital

493 La société sera soumise à l'ensemble des obligations de la forme adoptée et bénéficiera, sans aucune restriction, de son nouveau régime. Ainsi, la transformation de SARL en société anonyme lui permet de profiter de la règle limitant la libération immédiate du capital au quart des apports en numéraire, en cas d'augmentation de capital[917]. La mesure peut se révéler d'un grand intérêt si, comme c'est probable, la société se trouve contrainte d'augmenter substantiellement son capital pour atteindre le minimum légal imposé à raison de sa nouvelle forme.

b- Les dirigeants

494 La conséquence la plus visible touchera les organes sociaux. Pour les organes de gestion, d'administration et de direction, le lien avec la forme sociale est trop fort pour que la transformation n'entraîne pas la fin des fonctions des personnes en place. Le changement de terminologie désignant l'organe recouvre une différence de pouvoir ou de compétence ; sans compter, et ce n'est pas le moindre, que la majorité pour porter au pouvoir les dirigeants de la nouvelle

---

[917] V ; CHEIKHOU KEITA, *La transformation des sociétés commerciales*, op. cit. ; Rép. min. n° 5345, JO, Déb. Ass. nat., 6 déc. 1973, p. 6685, *Rev. sociétés* 1974.187 et C. com., art. L. 225-144.

forme sociale ne sera pas nécessairement la même. Le principe en a été posé sans ambiguïté par la Cour de cassation française :

« ... si l'article 1844-3 du Code civil dispose que la transformation régulière d'une société en une société d'une autre forme n'entraîne pas la création d'une personne morale nouvelle, il demeure que doivent être successivement appliquées les dispositions légales particulières à chaque type de société et que, notamment, les pouvoirs du président du conseil d'administration d'une société anonyme ne peuvent se perpétuer après la transformation de cette dernière en société en nom collectif »[918].

L'AUS a consacré cette solution à l'article 184 en disposant que la décision de transformation met fin aux pouvoirs des organes d'administration ou de gestion de la société.

495 Les dirigeants qui voient ainsi arriver le terme de leurs fonctions ne sauraient prétendre que la décision de transformation équivaut à une révocation sans juste motif leur donnant droit éventuellement à des dommages-intérêts. La seule voie qui leur reste ouverte consisterait à convaincre le juge que la transformation a eu pour seul objet de porter atteinte à leurs droits. La critique porterait alors sur la cause de la transformation et non sur son effet qui demeure inéluctable. Elle viserait l'annulation de la transformation pour revenir au *statu quo ante*. Mais le seul fait que la transformation entraîne la perte de certains avantages statutairement reconnus au gérant, notamment la garantie que l'un de ses héritiers devait lui succéder dans ses fonctions, ne suffit pas à établir l'existence d'une intention malicieuse.

496 Généralement, les dirigeants en place seront reconduits dans les fonctions nouvelles. Mais leur statut dans la société sera désormais fixé en conformité avec les règles applicables selon la forme nouvelle. C'est selon le régime nouveau qu'ils pourront acquérir des droits contre la société. Mais, symétriquement, les droits régulièrement acquis sous le régime antérieurement applicable à la société seront conservés, sauf si leur maintien se révélait contraire à une disposition impérative du régime nouveau. C'est ainsi que les conventions passées entre la société et l'un de ses dirigeants avant la transformation conformément au régime alors applicable, continueront de produire leurs effets en application du principe de continuité de la personnalité morale, sans qu'il soit nécessaire de les soumettre à la procédure d'autorisation ou de réitérer, selon le nouveau régime, une autorisation précédemment donnée[919].

---

[918] Cass. crim. 3 janv. 1986, D. 1987.84, note B. Bouloc, *Rev. sociétés* 1986.221, *RTD com.* 1987.396, obs. Y. Reinhard.
[919] En ce sens : Cass. com. 4 mars 1969, *JCP* 1969. II. 15949, note Y. Guyon, *D.* 1969.687 ; égal., pour une convention de compte courant : Cass. com. 29 mars 1994, *Bull. Joly* 1994.803, note Fréchet.

c- Le commissaire aux comptes

497 Les commissaires aux comptes devaient, en l'absence de texte prévoyant leur maintien, cesser leurs fonctions et être remplacés par des organes désignés selon les règles propres de la société transformée. Les seules différences qui subsistent d'une forme sociale à l'autre portent sur le caractère obligatoire ou simplement facultatif de sa nomination. En conséquence, il semble possible de poser qu'en principe, la transformation de société ne met pas fin automatiquement aux fonctions du commissaire aux comptes et que le sort de celui-ci dépendra du caractère obligatoire ou non de sa présence dans la société sous sa nouvelle forme sociale. Ainsi, la transformation en société anonyme d'une société d'une autre forme déjà dotée d'un commissaire aux comptes ne mettra pas fin aux fonctions de celui-ci[920]. Elles se poursuivront jusqu'à la date initialement prévue, en tenant compte du temps accompli dans la société sous son ancienne forme. En revanche, sauf décision contraire des associés, les fonctions des commissaires aux comptes devraient cesser au jour de la transformation en cas de transformation d'une société anonyme en une forme sociale pour laquelle la loi n'impose pas sa présence[921].

2- Les conséquences pour les associés

498 La transformation produit, à l'égard des associés, trois séries de conséquences. Elle modifie aussi bien les droits (a) que les obligations des associés (b) et peut avoir une incidence sur la qualité des personnes associées (c).

a- Les conséquences sur les droits d'associés

499 Tous les associés conservent la qualité d'associé de la société sous sa forme nouvelle. Mais cette qualité confère des droits qui s'exerceront désormais selon le régime applicable à la société. La jouissance de leurs droits sociales, nouvelle formule leur est reconnue à compter de la décision de transformation.

Par-delà le changement de forme et de nature des droits sociaux, des parts sociales en actions ou inversement, les droits sociaux sont soumis, dans le patrimoine des associés, au même régime que les droits anciens qu'ils remplacent. Ainsi, les actions qui remplacent les parts sociales dans une société en nom collectif, ayant la nature de bien propre dans le patrimoine de l'associé, conservent cette qualification. De même, en cas de partage d'une communauté comprenant des parts d'une SARL transformée en société anonyme postérieurement à la dissolution de la communauté, on doit retenir la valeur, au jour du partage, des actions substituées aux parts sociales.

---

920 Art. 187, al. 1 AUS.
921 Art. 187, al. 2 AUS.

b- Les conséquences sur les obligations d'associés

500 La question centrale est celle de l'incidence du changement de forme sociale sur l'engagement de l'associé au passif social.

Le principe ici encore est l'application immédiate du régime correspondant à la nouvelle forme sociale, substitué au régime propre à la forme abandonnée. Mais l'obligation qui pèse sur l'associé crée corrélativement un droit pour les créanciers sociaux. Le degré de l'engagement des associés au passif social est nécessairement un élément du crédit de la société pris en considération par le créancier. Le principe d'application immédiate du nouveau régime de l'obligation de l'associé aux dettes sociales doit donc être combiné avec celui du maintien des droits acquis par les créanciers sociaux. La situation de l'associé comme du créancier social est nouée par le lien d'obligation créé entre le créancier et la société. C'est à la naissance de la dette qu'il faut se placer pour déterminer le régime de l'obligation de l'associé et le droit du créancier. Il en résulte que l'associé d'une société à responsabilité illimitée transformée en société à responsabilité limitée, s'il ne répond pas, au-delà de son apport, des dettes sociales nées postérieurement à la publication de la transformation, reste tenu du passif social antérieur.

c- Les conséquences sur la qualité des personnes associées

501 On sait que, selon la forme de la société, les associés conservent la qualité de personne civile ou acquièrent celle de commerçant. Quel changement de qualité des personnes associées peut être induit du changement de forme sociale ? L'intérêt de la question apparaît avec celle du choix du tribunal compétent pour connaître du litige exposant l'associé, ou de sa soumission éventuelle aux procédures collectives, ou même de la compatibilité avec la condition juridique ou professionnelle d'un associé.

Il faut partir du principe que le changement de qualité des personnes associées est lié au changement de la forme sociale qui l'implique et qu'il peut être opposé aux tiers dès l'accomplissement des formalités de publicité. Cependant, il faut ici tenir compte de deux correctifs destinés à ménager les intérêts des tiers.

502 La transformation de société anonyme ou SARL en société en nom collectif peut se trouver exposée à la nullité en raison de l'incompatibilité de la qualité de commerçant avec le statut personnel ou professionnel d'un associé. Ainsi, le médecin ne peut être dans le même temps commerçant. Mais il ne pourra pas se soustraire à l'engagement de l'associé de la société en nom collectif aux dettes sociales en demandant pour ce motif l'annulation de la transformation.

B- Les conséquences de la continuité de la personnalité morale

503 Le principe de continuité de la personnalité morale emporte des conséquences importantes. Elles pourraient être résumées d'une phrase : la personne morale conserve intacts ses attributs patrimoniaux et extrapatrimoniaux dont l'exercice et la jouissance doivent seulement s'accomplir conformément au régime juridique applicable selon sa forme nouvelle.

504, Mais c'est bien sûr au regard des *attributs patrimoniaux* que le principe prend toute son ampleur. C'est le même patrimoine qui conserve les mêmes biens, les mêmes droits et obligations, les créances et les dettes. La conséquence la plus attendue réside dans les effets civils de la continuité patrimoniale, notamment quant au sort du passif en cours (1), et par là des droits des créanciers, et quant au sort des contrats (2).

1- Le passif en cours et les droits des créanciers

505 Le passif social est constitué des dettes de la personne morale. Le principe de continuité de la personnalité morale malgré le changement de forme fait que la transformation de la société ne devrait pas avoir de conséquences sur l'état du passif comme sur son règlement. Les dettes sociales sont, en effet, intégralement maintenues et, corrélativement, les droits des créanciers sociaux. Les créanciers chirographaires conservent leurs créances en l'état. Les créanciers privilégiés, hypothécaires ou nantis conservent leurs sûretés et garanties, accessoires de leurs créances. La règle n'a jamais été discutée pour les sûretés réelles. Pour les sûretés personnelles, la question est plus délicate. Le cautionnement met en jeu une tierce personne, la caution, qui garantit la dette de la société au bénéfice d'un créancier social. Le cautionnement est-il intégralement maintenu après transformation de la société ?

506 Le principe selon lequel la transformation n'entraîne pas création d'une personne morale nouvelle constitue le fondement du maintien du cautionnement[922]. Le cautionnement d'une dette déterminée est un engagement à exécution instantanée différée. Il n'engendre, pour la caution, que l'obligation de payer la dette sociale si la société est défaillante. Les modifications ultérieures affectant le débiteur cautionné n'ont pas d'influence sur l'engagement certain de la caution. Ce cautionnement est donc insensible au changement de forme sociale. Le maintien à titre principal de l'engagement de la caution est hors du champ d'influence du maintien de la personnalité morale. La persistance de la dette sociale par-delà la transformation, par application de la continuité de la personnalité morale, suffit. Elle interdit d'invoquer l'extinction du cautionnement par voie accessoire.

Le cautionnement de dettes futures et incertaines, couvrant un certain type de dettes sociales, tel le solde d'un compte courant, pose le problème de l'incidence de la transformation de la société cautionnée dans des termes différents. Il fait peser sur la caution une obligation de couverture à exécution successive. Pour les

---

[922] V. pour plus de détails sur le cautionnement, les articles 13 et suivants de l'Acte uniforme portant organisation des sûretés.

dettes nées avant transformation, elles ont donné naissance à une obligation de règlement insensible au changement de forme. Mais que devient l'obligation de couverture après transformation de la société cautionnée ?

507 La survie de cette obligation affirmée par la jurisprudence[923] n'est en réalité que l'affirmation du maintien du contrat de cautionnement malgré la transformation de la société cautionnée. Sans doute, la transformation n'affecte en rien l'objet du cautionnement. La caution s'est engagée à garantir le paiement des dettes de la société. La transformation n'affecte pas l'identité du débiteur cautionné. Ses dettes continuent donc d'être dans le champ du cautionnement. C'est le sens qu'il faut donner au motif que reprend constamment la Cour de cassation pour maintenir le cautionnement. Mais le cautionnement peut aussi prendre fin par l'arrivée du terme. Or, le terme du contrat dépend avant tout de la volonté des parties. Il ne fait pas de doute que les parties peuvent fixer comme terme du cautionnement la survenance d'un événement tel que la transformation de la société cautionnée. La caution restera tenue de garantir les dettes sociales nées antérieurement à la publication de la transformation. Mais elle ne devra pas sa garantie pour les dettes sociales postérieures. Le terme exprès doit être respecté.

508 Quant au paiement des dettes sociales par la société transformée, il est la conséquence normale de la continuité de la personnalité morale. C'est le défaut de paiement qui soulève des difficultés dans la résolution desquelles le principe d'identité de la personnalité morale, mais aussi le changement de forme, donc le changement de régime applicable à la société et aux associés, exercent une influence importante.

Une jurisprudence classique a déduit du fait que la transformation n'entraîne pas la création d'une personne morale nouvelle, que la société sous sa forme ancienne et la société sous sa forme nouvelle, objet du jugement déclaratif de faillite (aujourd'hui redressement judiciaire), *représentaient sous des aspects juridiques et un régime de droit différent, la même personne morale*[924]. C'est pour cette personne morale, dès lors qu'elle est en état de cessation des paiements, qu'est ouverte une procédure de redressement judiciaire.

2- Les contrats en cours

509 Dans son principe, la continuité de la personnalité morale produira tous ses effets : les contrats continuent. La transformation ne change pas la personne contractante. Elle modifie seulement le régime juridique qui lui est applicable. C'est à ce dernier titre, et notamment à propos du passage à la responsabilité

---

923 Cass. com. 20 févr. 2001 ; V. égal. Cass. com. 10 mai 1988, *Bull. civ.* IV, n° 152.

924 Cass. req. 3 nov. 1937, *DC* 1941.13, note P. Pic, S. 1938.1.9, note H. Rousseau ; CA Paris, 24 mars 1932, *DP* 1938.2.116.

limitée des associés diminuant la garantie du cocontractant, que quelques doutes ont pu naître à propos du contrat de bail (a) et du contrat de travail (b).

a- Le contrat de bail

510 Le bail commercial ou désormais le bail à usage professionnel[925] continue de plein droit, sans qu'il y ait lieu de signifier la transformation au bailleur[926]. La société sous sa nouvelle forme doit donc exécuter le bail sous les mêmes conditions pour conserver intactes ses prérogatives.

Précisément, la transformation par l'effet du changement de régime peut entraîner une diminution des garanties sur lesquelles, lors de la conclusion, le bailleur pouvait légitimement compter. Ainsi, lorsque le bail a été consenti à une société en nom collectif qui se transforme en SARL ou en société anonyme, le bailleur perd, pour l'avenir, la garantie solidaire des associés pour le paiement des loyers. Cependant, si le bailleur établissait qu'il n'avait consenti au bail qu'en considération de la garantie due par les associés à raison de la forme sociale, la transformation pourrait lui être déclarée inopposable sauf substitution de toutes garanties jugées suffisantes. De fait, il est prudent de stipuler au bail qu'en cas de transformation de la société preneuse, elle doit à tout le moins informer le bailleur, voire fournir des garanties équivalentes à celles qui résultaient de la forme sociale. Mais en aucun cas, la transformation de la société preneuse pourrait être constituée en cause légitime de non-renouvellement du bail.

b- Le contrat de travail

511 Les contrats de travail ont également été l'objet d'une attention particulière. Les concernant, le principe de continuation de la personne morale, malgré le changement de forme, aurait dû largement suffire. Aucun *intuitu personae* ne vient marquer le contrat de travail en ce qui concerne l'employeur ; alors, qu'importe le changement de régime qui l'affecte. Les contrats de travail ont donc toutes les raisons de continuer sans modification après la transformation. On peut dès lors s'étonner que le législateur ait cru bon de coucher la transformation sur la liste non limitative des cas dans lesquels s'il survient une modification dans la situation juridique de l'employeur tous les contrats de travail en cours au jour de la modification subsistent entre le nouvel employeur et le personnel de l'entreprise. La transformation ne génère pas un nouvel employeur.

SECTION II- LA RESTRUCTURATION DE LA SOCIÉTÉ

512 Les opérations de restructuration peuvent avoir pour finalité la croissance ou l'expansion de la société, le renforcement de sa capacité concurrentielle ou

---

[925] Le législateur a substitué le terme « bail à usage professionnel » à celui de bail commercial avec la réforme de l'Acte uniforme portant droit commercial général (v. notamment les articles 101 et s. de l'AUDCG).

[926] En ce sens : A. CHARVÉRIAT, A. COURET et B. MERCADAL, *op. cit.*, n° 1223.

son adaptation à une conjoncture difficile au plan économique ou financier. Elles peuvent se réaliser, soit sous la forme d'une fusion ou d'une scission[927] (§1), soit d'apports partiels d'actifs (§2).

§1. LA FUSION ET LA SCISSION

513 L'histoire récente a été marquée par de grandes concentrations économiques[928]. Il s'agit là d'exemples de fusions. L'article 189 al. 1er AUS énonce que *la fusion est l'opération par laquelle deux sociétés se réunissent pour n'en former qu'une seule soit par création d'une société nouvelle soit par absorption de l'une par l'autre*. De ces deux modalités, c'est la *fusion-absorption* qui est beaucoup plus utilisée, notamment lorsque les sociétés fusionnantes sont d'importance inégale.

514 Quant à la scission, elle est, aux termes de l'art. 190 AUS, *l'opération par laquelle le patrimoine d'une société est partagé entre plusieurs sociétés existantes ou nouvelles*. Il s'agit donc d'un démembrement d'une société au profit d'autres sociétés.

L'AUS soumet globalement ces deux opérations au même régime (A) et leur reconnaît presque les mêmes effets (B).

A- La mise en œuvre de la fusion et de la scission

515 Il convient de préciser que les opérations de fusion ou de scission peuvent intervenir entre des sociétés de forme différentes[929] et concerner des sociétés dont le siège social n'est pas situé sur le territoire d'un même État-partie à l'OHADA.

Cela dit, on peut distinguer dans le processus de fusion ou de scission, deux étapes importantes : la préparation (1) et la décision (2) ; auxquelles faut-il cependant adjoindre pour parfaire l'opération, la publicité des opérations elles-mêmes (3).

---

[927] L. KINGUE DIBONGUE, *L'intérêt du groupe des sociétés commerciales en droit des affaires*, mémoire de Master, Douala (Cameroun), 2014.

[928] V. pour plus de détails sur la question DAMY GREGORY, *Les aspects juridiques des fusions et acquisitions bancaires nationales et européennes*, thèse, université de Nice Sophia Antipolis, 2004 ; M. P. BLIN-FRANCHOMME, *Essai sur la notion de contrôle en droit des affaires,* thèse, Toulouse I 1998. ; Nd. M. MBAYE, *Fusions, scissions et apports partiels d'actifs transfrontaliers en Afrique*, thèse , Paris X Nanterre, 2006 ; M. M. LOKA NYUE, *Les aspects juridiques des opérations de restructuration dans l'Acte uniforme sur le droit des sociétés commerciales et du GIE*, mémoire de master, Douala (Cameroun), 2010.

[929] V. art. 196 AUS. V. également pour une étude comparative A. NIANG, *La fusion des sociétés commerciales en droit sénégalais*, Mémoire de Maitrise, Université Gaston Berger (Saint-Louis, Sénégal), 1997 ; IBRAHIMA SECK, *Les groupes des sociétés dans l'espace OHADA, problématique, enjeux et perspectives*, mémoire de Master, UCAD, 2013.

1- La préparation des opérations de fusion et de scission

516 En ce qui concerne la préparation, il faut relever qu'il incombe aux sociétés souhaitant fusionner ou se scinder d'établir un projet de fusion ou de scission par les soins du Conseil d'administration ou de l'Administrateur général (SA) ou des gérants (autres sociétés) ou président (SAS) et qui doit contenir un certain nombre d'indications[930]. Le contenu du projet de fusion ou de scission est impératif et détaillé à l'article 193 AUS. Toutes les sociétés qui participent à une opération de fusion ou de scission établissent un projet de fusion ou de scission arrêté, selon le cas, par le conseil d'administration, l'administrateur général, le ou les gérants de chacune des sociétés participant à l'opération. Le projet de fusion ou de scission doit indiquer : 1°) la forme, la dénomination, le numéro d'immatriculation au registre du commerce et du crédit mobilier ainsi que le siège social de toutes les sociétés participantes ; 2°) les motifs et les conditions de la fusion ou de la scission ; 3°) la désignation et l'évaluation de l'actif et du passif dont la transmission aux sociétés absorbantes ou nouvelles est prévue ; 4°) les modalités de remise des parts ou actions et la date à partir de laquelle ces parts ou actions donnent droit aux bénéfices, ainsi que toute modalité particulière relative à ce droit, et la date à partir de laquelle les opérations de la société absorbée ou scindée sont du point de vue comptable, considérées comme accomplies par la ou les sociétés bénéficiaires des apports ; 5°) les dates auxquelles ont été arrêtés les comptes des sociétés intéressées utilisés pour établir les conditions de l'opération ; 6°) le rapport d'échange des titres sociaux et, le cas échéant, le montant de la soulte ; 7°) le montant prévu de la prime de fusion ou de scission ; 8°) les droits accordés aux associés ayant des droits spéciaux et aux porteurs de titres autres que des actions ainsi que le cas échéant, tous avantages particuliers.

517 Ce contenu légal impératif n'épuise pas les informations qui peuvent figurer dans le projet de fusion. Le projet de fusion ou de scission ainsi établi fait l'objet de nombreuses mesures de publicité[931]. Il est déposé au registre du commerce et du crédit mobilier du siège social desdites sociétés et fait l'objet d'un avis inséré dans un journal habilité à recevoir les annonces légales par chacune des sociétés participant à l'opération. Cet avis indique : 1°) la dénomination sociale suivie, le cas échéant, de son sigle, la forme, l'adresse du siège social, le montant du capital et le numéro d'immatriculation au registre du commerce et du crédit mobilier de chacune des sociétés participant à l'opération ; 2°) la dénomination sociale suivie, le cas échéant, de son sigle, la forme, l'adresse du siège social et le montant du capital de la ou des sociétés nouvelles qui résultent

---

[930] V. art. 193 AUS. V. NDOYE BENETA, *La fusion*, Mémoire UCAD, 1999, 38p ; G. de MARE OUSSAC KABOU, *Fusion internationale*, Mémoire UCAD, 2004, 26p ; DOUMBOUYA BAFODE, *La fusion internationale*, Mémoire UCAD, 2001, 31p ; CISSE OULIMATOU, *La fusion des sociétés en matière bancaire*, Mémoire UCAD, 2008, 28p.

[931] Art. 194 AUS.

de l'opération ou le montant de capital des sociétés existantes ; 3°) l'évaluation de l'actif et du passif dont la transmission aux sociétés absorbantes ou nouvelles est prévue ; 4°) le rapport d'échange des titres sociaux ; 5°) le montant prévu de la prime de fusion ou de scission.

518 Le dépôt au registre du commerce et du crédit mobilier et la publicité ainsi prévus doivent avoir lieu au moins un (1) mois avant la date de la première assemblée générale appelée à statuer sur l'opération. Toute irrégularité dans le contenu de l'avis du projet de fusion est de nature à empêcher de faire courir le délai de forclusion de trente jours pendant lequel les créanciers peuvent former opposition dès lors que ceux-ci ne peuvent y procéder effectivement[932]. Plus encore, il a été jugé que l'absence de preuve du dépôt préalable du projet de fusion au greffe du tribunal de commerce rend irrégulières les publications légales relatives à l'opération de fusion-absorption empêchant que les droits et obligations de la société candidate à la disparition puissent être transmis à la société qui devait être l'absorbante[933].

2- La décision de la fusion ou de la scission

519 Pour passer du stade de projet à celui de réalisation effective, les associés des sociétés concernées doivent être consultés pour se prononcer[934]. S'agissant d'une opération conduisant à modifier les statuts des sociétés y participant (augmentation de capital - dissolution), ce sont les règles propres à ce genre d'opération dans chaque forme sociale (assemblée, consultation écrite, acte) qu'il conviendra de suivre[935]. Ce sont alors les règles propres à ces assemblées (convocation, tenue, publicité) qu'il conviendra de mettre en œuvre.

Le plus souvent néanmoins, ce sont les assemblées générales extraordinaires qui devront être réunies et se prononcer. Elles sont normalement convoquées par les dirigeants des sociétés concernées, mais peuvent, à titre exceptionnel, être aussi valablement convoquées par d'autres personnes[936].

520 À côté de ce régime général succinct, le législateur a prévu des règles plus spécifiques concernant les fusions et les scissions entre les seules sociétés par actions. Ces règles peuvent néanmoins être reprises volontairement dans les opérations de fusion intéressant d'autres formes sociales. Il y a lieu de relever immédiatement que, lorsque deux ou plusieurs sociétés par actions participant à

---

[932] DAMY GREGORY, *Les aspects juridiques des fusions et acquisitions bancaires nationales et européennes*, thèse, op. cit. p. 301.

[933] Com. 9 déc. 2008, n° 07-15.976, *Bull. Joly* 2009. 399, obs. Couret, cette décision empêchant aux cautions de la société devant être absorbée d'être libérées.

[934] P. O. SECK, *Les opérations de fusions des sociétés en droit OHADA*, Mémoire de Maitrise, Université Gaston Berger (Saint-Louis, Sénégal), 2011.

[935] Art. 197 AUS.

[936] V. Com. 9 juin 1969, D. 1970. 106, note Pirovano, à propos de la convocation jugée régulière de l'assemblée par le commissaire aux comptes en raison de l'urgence à décider de l'opération.

la même opération ont des dirigeants communs, il n'y a pas lieu de diligenter la procédure relative aux conventions réglementées.

521 Au-delà, il est expressément prévu que les associés des sociétés participant à l'opération doivent se prononcer au vu des rapports présentés par les organes d'administration ou de direction de la société, de la lecture du projet de fusion. Le conseil d'administration ou l'administrateur dans les sociétés anonymes, le président ou le dirigeant désigné par les statuts dans les sociétés par actions simplifiées de chacune des sociétés participant à l'opération de fusion doivent établir un rapport qui doit être mis à la disposition des associés au moins un mois avant la tenue des assemblées appelées à statuer sur l'opération. Dans ce rapport, les dirigeants sociaux doivent expliquer et justifier le projet de fusion de manière détaillée, du point de vue juridique et économique, notamment en ce qui concerne le rapport d'échange des actions et les méthodes d'évaluation utilisées, qui doivent être concordants pour les sociétés concernées ainsi que, le cas échéant, les difficultés particulières d'évaluation.

Naturellement, les associés de chaque société participante disposent de l'information concernant la société dont ils détiennent des titres de capital, mais aussi de toutes celles participant à l'opération. Par ailleurs, lorsque la fusion se réalise par création d'une société nouvelle, le projet de statuts de celle-ci doit être approuvé par l'assemblée générale extraordinaire de chacune des sociétés qui disparaissent ; en revanche, il n'y a pas lieu à approbation de l'opération par l'assemblée générale de la société nouvelle, les actionnaires de celle-ci ayant, par construction, déjà approuvé les statuts au sein des assemblées qui ont disparu. Après lecture du rapport des organes de direction du projet de fusion ou de scission, l'assemblée générale de la société appelée à disparaître se prononce sur l'opération[937]. Si elle approuve l'opération de fusion, sa décision vaut dissolution anticipée, sans liquidation, de la société et transmission universelle de son patrimoine. L'assemblée générale de la société bénéficiaire se prononce dans les mêmes conditions sur l'augmentation du capital et la modification corrélative des statuts.

522 Notons par ailleurs certaines spécificités lorsque la fusion ou la scission se réalise par voie de création d'une société nouvelle. Tout d'abord, l'opération de transfert universel et l'acquisition de la qualité d'associé de la société nouvelle par

---

[937] V. IBRAHIMA SECK, *Les groupes des sociétés dans l'espace OHADA, problématique, enjeux et perspectives*, mémoire de Master, UCAD, 2013 ; Paris, 14 juin 1988, *D.* 1988. 505, note Viandier, ordonnant le report de l'assemblée en raison d'une insuffisante information des associés et la commission d'un expert chargé de se prononcer sur l'évaluation des actifs. - T. com. Paris, réf., 1er déc. 1992, *JCP E* 1993. II. 384, note Viandier, décidant qu'il n'y avait pas lieu d'ajourner une assemblée dès lors que les associés avaient été parfaitement informés. - Paris, 28 déc. 1992, *JCP E* 1992. I. 250, note Guyon, adoptant la même solution dès lors qu'il n'est pas démontré que l'opération de fusion en cause est un montage artificiel ou fictif visant à éluder les règles de fonctionnement de la forme sociale considérée.

les associés des sociétés qui fusionnent ne pourront avoir lieu qu'à compter du moment où cette société nouvelle aura été immatriculée au registre du commerce et des sociétés, date à compter de laquelle la société jouira de la personnalité morale[938]. Par ailleurs, la création d'une société nouvelle impose que les assemblées générales extraordinaires de chacune des sociétés concernées approuvent les statuts de la société nouvelle ; en revanche, l'opération n'a pas à être approuvée par l'assemblée générale de la société nouvelle. Il résulte de cette disposition que les membres du conseil d'administration ou du directoire de la société nouvelle comme les commissaires aux comptes devront être désignés par les statuts. Ce qui implique que la durée de leurs fonctions et mandats ne saurait excéder trois années. Ces assemblées devront se prononcer non seulement après avoir entendu lecture et pris connaissance des différents rapports propres à l'opération de fusion, mais aussi après avoir pris connaissance du rapport du commissaire aux apports dont le rapport sera utilement annexé au projet de statuts dans lequel ce dernier attestera que le montant de l'actif net apporté par les sociétés absorbées est au moins égal au montant du capital social de la société nouvelle issue de la fusion .

523 Il importe de relever que les associés bénéficient d'autres choix que ceux d'accepter ou de refuser le projet de fusion. Ils peuvent notamment décider de modifier les termes du projet qui leur est présenté ; dans une telle circonstance, il convient alors d'étendre la modification aux assemblées des autres sociétés appelées à se prononcer, car seule l'adoption d'un texte identique peut emporter effectivement fusion des sociétés en cause. Ce risque souligne l'importance du dialogue et de la concertation entre les dirigeants et les associés dans cette opération surtout lorsque la direction ne bénéficie que d'une faible majorité. Si l'opération conduit à la désignation de nouveaux membres au conseil d'administration ou de surveillance, ces nominations peuvent intervenir au cours de l'assemblée générale extraordinaire statuant sur l'opération.

3- La publicité de la fusion et de la scission

524 Lorsque les opérations sont réalisées, il y a lieu de procéder à de nouvelles mesures de publicité. À peine de nullité, les sociétés participant à une opération de fusion ou scission sont tenues de déposer au greffe une déclaration dans laquelle elles relatent tous les actes effectués en vue d'y procéder et par laquelle elles affirment que l'opération a été réalisée en conformité du présent Acte uniforme[939].

Pour la société absorbée, il convient de réaliser les mesures de publicité liées normalement à la dissolution de la société. La jurisprudence a eu l'occasion de

[938] Art. 192 AUS.
[939] Art. 198 AUS. DIALLO LAMINE, *La protection des salariés dans les fusions, scissions et apports partiels d'actifs : réflexion pour un véritable régime protecteur*, op. cit.

rappeler que c'est à compter de la publicité au registre du commerce et du crédit mobilier, que la fusion-absorption est opposable aux tiers[940].

Pour la société absorbante, les formalités de publicité à accomplir sont celles prévues pour les augmentations de capital soit le dépôt au greffe du tribunal compétent du procès-verbal de la décision de fusion emportant augmentation de capital, les statuts mis à jour, une copie de la déclaration de conformité, une demande d'inscription modificative au registre du commerce et des sociétés en vue de la mention de l'augmentation de capital et l'insertion d'un avis dans un journal d'annonces légales.

Enfin, lorsque la fusion ou la scission opère création d'une société nouvelle, toutes les formalités liées à cette création doivent être respectées : insertion dans un journal d'annonces légales, dépôt au greffe du tribunal de commerce des procès-verbaux des assemblées générales en cause, des statuts de la société créée et des déclarations de conformité, demande d'immatriculation au registre du commerce et du crédit mobilier.

B- Les effets de la fusion et de la scission

525 Ces opérations emportent plusieurs conséquences dès leur prise d'effet[941]. En premier, elles entraînent la dissolution sans liquidation des sociétés[942]. Autrement dit, en cas de fusion ayant pour finalité la création d'une société nouvelle ou de scission, il y a disparition des sociétés participant à l'opération. Il y a création d'une ou de plusieurs sociétés nouvelles qui doivent procéder à leur immatriculation pour obtenir leur personnalité juridique ou morale. En cas de fusion-absorption, il y a dissolution de la société absorbée qui perd alors sa personnalité morale[943]. Mais se produisent surtout d'importants effets, tant sur le plan interne (2) qu'externe (3), dès leur prise d'effet (1).

1- La date de prise d'effet de la fusion

526 La date de prise d'effet de la fusion est fixée, dans le cadre d'une fusion par création d'une société nouvelle, au jour de l'immatriculation de cette nouvelle société sans que la règle ne souffre d'aucun tempérament et, dans le cadre d'une fusion-absorption, à la date de la dernière assemblée générale ayant approuvé l'opération[944]. Dans tous les cas, l'opération ne devient opposable aux tiers qu'à compter de sa publication au registre du commerce et des sociétés.

---

[940] IBRAHIMA NDIAYE, *Fusion et scission*, mémoire de Master, UCAD, 1999 ; Com. 23 janv. 2007, n° 05-16.460 , *Bull. Joly* 2007. 616, note J.-F. Barbièri.

[941] Art. 192 AUS.

[942] Art. 191 AUS

[943] Il a même été jugé qu'elle ne peut interjeter appel d'une décision judiciaire prononcée à son encontre postérieurement à son absorption (Com, 11 févr. 1986).

[944] Art. 192 AUS. V. DAMY GREGORY, *Les aspects juridiques des fusions et acquisitions bancaires nationales et européennes*, thèse, op. cit. ; L. KINGUE DIBONGUE, *L'intérêt du groupe des sociétés commerciales en droit des affaires*, mémoire de master, op. cit. ; IBRAHIMA SECK,

527 La liberté des sociétés participantes n'est cependant pas totale puisque la date retenue doit impérativement être contenue entre, d'une part, la date de clôture du dernier exercice clos de la ou les sociétés qui transmettent leur patrimoine et, d'autre part, la date de clôture de l'exercice en cours de la société bénéficiaire.

Il reste que le traité de fusion peut décider soit de faire rétroagir la date d'effet de la fusion, soit de la différer même si en pratique cette seconde solution n'est préconisée ni par les autorités comptables à raison des incertitudes qui pèsent alors sur la valeur des apports alors que le capital est supposé être libéré.

528 La question est de savoir pourquoi les sociétés parties à une opération de fusion-absorption décident de faire rétroagir la date d'effet ? La raison en est simple même si les problèmes techniques sont nombreux. Les négociations entre les sociétés vont durer dans le temps alors qu'à un moment donné il faudra arrêter les valeurs respectives des sociétés pour arrêter définitivement la parité d'échange. Or, après la fixation de cette parité, les négociations peuvent encore durer tandis que les sociétés continuent leurs activités respectives ce qui conduit à faire varier journellement leur valeur.

Par convention, il est dès lors préférable d'arrêter une date de fixation définitive de la valeur respective des sociétés en cause et de la parité d'échange. Il s'agit le plus souvent de la date d'arrêté des bilans servant de base à l'évaluation respective des sociétés en cause. Lorsque toutes les négociations auront abouti, la fusion sera réputée être intervenue à compter de cette date. Aussi, les diverses opérations réalisées par l'absorbée entre la date de la fusion retenue conventionnellement et celle de la dernière assemblée sont réputées avoir été accomplies par la société absorbante. Pratiquement, les déficits générés par l'absorbée durant la période intercalaire seront mis à la charge de l'absorbante et les opérations réalisées entre les deux sociétés ne sont pas prises en compte pour la détermination du résultat imposable de l'absorbante. Si des pertes sont prévues du côté de la société absorbée, il doit en être tenu compte au moment de l'évaluation des sociétés sauf à craindre de devoir reconsidérer les termes du traité de fusion voire une action fondée sur la majoration frauduleuse des apports[945].

529 Relevons que cette rétroactivité n'a d'effet qu'entre les parties et son bénéfice ne saurait être ainsi revendiqué par un tiers, une caution, par exemple. La portée de cette rétroactivité est néanmoins discutée : doit-elle être limitée à des considérations purement comptables et fiscales ou doit-elle aussi produire de véritables effets juridiques[946].

Les groupes des sociétés dans l'espace OHADA, problématique, enjeux et perspectives, mémoire de master, op. cit.

945 *Contra :* SOLLE, « Traitement juridique de la perte subie par la société absorbée durant la période intercalaire : histoire d'un malentendu », *RJDA* 1992. 335.

946 VIANDIER, « La portée de l'effet rétroactif de la fusion », *RJDA* 1999/8-9, p. 699. - C. Civ. 3e, 17 mai 2006, n° 05-10.936, *D.* 2006. AJ 1687, note Lienhard ; *Bull. Joly* 2006. 1450, note

2- Les effets internes

530 S'agissant des effets de ces opérations sur la ou les sociétés bénéficiaires, ceux-ci doivent être appréciés tant au regard des organes sociaux (a) que des porteurs de titres de capital (b).

a- Les organes sociaux

531 Les dirigeants des sociétés qui disparaissent voient leurs fonctions prendre fin, sous réserve de leur responsabilité tant civile que pénale qui peut être mise en cause ultérieurement pour des faits ayant trait à la période antérieure à la fusion pendant laquelle ils dirigeaient la société disparue.

Nonobstant le transfert du contrat de travail, les délégations de pouvoirs tombent et les juges ne peuvent pas condamner un salarié pour prêt illicite de main-d'œuvre sans rechercher si la fusion-absorption invoquée, qui avait donné lieu à la création d'une société distincte de la précédente et à un changement de dirigeant social, n'avait pas eu pour effet d'entraîner la caducité de la délégation de pouvoirs accordée pour la durée de la responsabilité au sein de la société absorbée[947].

b- Les porteurs de titres de capital

532 Les associés des sociétés qui disparaissent deviennent automatiquement associés ; ce qui, concrètement, se traduit par la remise à ces derniers de parts ou actions de la société à laquelle ils vont dorénavant participer.

533 Les titres de capital remis aux actionnaires de la société absorbée peuvent être des titres neufs, au sens où ils proviennent de l'augmentation de capital subséquente chez la société absorbante, comme provenir d'un stock d'actions autodétenues par la société absorbante. En effet, dès lors que les opérations de fusion continuent de participer des opérations pour lesquelles un programme de rachat d'actions propres est autorisé même sans le bénéfice de la présomption irréfragable de légitimité, rien ne s'oppose à ce que les actions remises à l'échange proviennent d'un stock d'actions autodétenues par l'absorbante. Toutefois, par exception, si les actions autodétenues par la société absorbée devaient servir au respect d'un plan de stock-options, la société absorbante doit créer et échanger des actions selon la parité arrêtée.

Concrètement, l'inscription en compte des titres issus de la fusion peut intervenir dès la réalisation définitive de l'opération de fusion, c'est-à-dire à compter de la dernière assemblée générale de l'absorbante ou de l'immatriculation de la société nouvelle au registre du commerce et des sociétés. La société absorbante ou nouvelle, après avoir informé les titulaires des comptes titres de la

---

Vamparys, optant pour une approche extensive de cette rétroactivité et privant de la sorte la société du droit de se pourvoir en cassation à compter de la date de fusion.

[947] Crim. 20 juill. 2011, n° 10-87.348, Bull. Joly 2011. 957, note Ferrier.

réalisation de la fusion, va inscrire d'office, à un compte ouvert au nom de chacun des actionnaires de la société absorbée, le nombre entier de titres lui revenant, en conformité avec les inscriptions figurant dans les comptes titres de l'absorbée qu'elle annule.

3- Les effets externes

534 La fusion et scission emportent transmission universelle du patrimoine de la ou des sociétés dissoutes à la société bénéficiaire, absorbante ou nouvelle[948]. Cette règle souligne l'extrême particularisme des opérations de fusion et de scission qui, par le recours à une procédure unique, permet de transférer l'intégralité du patrimoine d'une personne à une autre. Cela signifie que la société bénéficiaire des apports se substitue activement et passivement, dans tous les droits et obligations, contractuels et délictuels, des sociétés fusionnées sans que cela entraîne novation ou déchéance du terme.

535 À l'actif, il n'est donc pas nécessaire de recourir, en matière de créances ou de parts sociales à la signification de la cession faite au débiteur pour rendre la transmission opposable aux tiers, les publicités entourant l'opération de fusion y pourvoyant, ou encore de diligenter les formalités de publicité liées à l'apport ou à la vente d'un fonds de commerce en cas de transmission d'un tel fonds à l'occasion de la fusion. Plus précisément, il est prévu que, sauf pour les créanciers d'une somme d'argent devenue certaine, liquide et exigible avant la publicité de l'opération de fusion et qui bénéficient d'un droit d'opposition, la société absorbante ou nouvelle devient l'unique débitrice en lieu et place des sociétés qui disparaissent. Cette solution légale avait déjà été consacrée par la jurisprudence antérieure[949]. Cette transmission universelle étant le résultat d'une disposition légale et intervenant de plein droit, elle concerne tous les biens qui appartenaient à la société absorbée, même ceux qui n'auraient pas été spécialement visés par le traité de fusion.

536 Au passif, la nouvelle société peut à l'inverse se voir opposer l'autorité de la chose jugée à l'égard de la société absorbée ou être tenue de remettre en état un site qui appartenait à la société absorbée et qui avait été cédé avant la fusion, ou encore de respecter les obligations de garantie prises par la société absorbée nonobstant les limites fixées par le traité de fusion, ou enfin de se voir transmettre une faute inexcusable de l'absorbée.

---

[948] V. l'art. 189, al. 3 AUS pour la fusion et l'art. 190, al. 3 du même Acte uniforme pour la scission. V également IBRAHIMA SECK, *Les groupes des sociétés dans l'espace OHADA, problématique, enjeux et perspectives*, op.cit.

[949] V. IBRAHIMA NDIAYE, *Fusion et scission*, op. cit. ; BINETA NDOYE, *La fusion*, mémoire de Master, UCAD, 1999 ; Com. 13 févr. 1963, Bull. civ. III, n° 104, à propos d'un engagement de non-concurrence pesant sur la société absorbée. - Paris, 11 juin 1969, *D.* 1969. 611, à propos du paiement des cotisations sociales.

537 Le caractère automatique de la transmission universelle connaît cependant un certain nombre d'exceptions et de tempéraments. Il en va tout d'abord ainsi pour les contrats conclus *intuitu personae,* fondés sur la personnalité irréductible de celui qui doit exécuter la prestation.Ces contrats sont par définition intransmissibles. Tel est le cas notamment pour le mandat de syndic le contrat d'agent revendeur qui prévoit son intransmissibilité, raison prise de l'existence d'un *intuitu personae*[950].

Mais, si la fusion ou la scission ne permet pas la transmission à la nouvelle personne (morale ou physique) des contrats conclus *intuitu personae* qui liaient la société qui disparaît à des tiers, en revanche, elle ne s'oppose pas à la transmission des créances et des dettes antérieurement nées dans le patrimoine social de la société qui disparaît au titre de ce même contrat.

538 Ces solutions ne prévalent qu'en l'absence de dispositions contraires dans lesdits contrats qui prévoiraient par exemple la continuation du contrat avec la nouvelle société. Il importera en conséquence au stade de la préparation de la fusion, de bien vérifier le portefeuille des contrats assurant à la société appelée à disparaître son activité de l'existence ou non de telle clause ; en leur absence, il conviendra d'obtenir la poursuite de ces contrats en sollicitant l'agrément de la partie qui peut s'opposer à leur transmission. L'exercice de cette liberté peut cependant toujours faire l'objet d'un contrôle par le juge sur le fondement de l'abus de droit lorsque le refus de voir transmettre un contrat n'est fondé sur aucune raison économique sérieuse.

Peuvent être adjoints à cette première catégorie d'exception, au caractère automatique de la transmission universelle du patrimoine, les biens rendus intransmissibles en vertu d'une disposition légale qui, le plus souvent, s'inspire aussi de cet *intuitu personae*.

Par ailleurs, les parts et actions détenues par la ou les sociétés fusionnées, figurant à l'actif de leur bilan peuvent conduire à subir la mise en œuvre d'une procédure d'[951]. Aussi importe-t-il de les diligenter le plus tôt possible dans le déroulement de l'opération. Les mêmes solutions s'appliquent à l'hypothèse des clauses statutaires ou extrastatutaires de préemption[952] : ces dernières ne trouveront à s'appliquer que pour autant qu'elles visent expressément la fusion comme l'une des causes de leur application ; à défaut d'une telle précision, elles seront déclarées inopposables aux parties.

---

[950] PERREAU et ACKERMANN, « La transmission de contrats *intuitu personae* dans le cadre d'opérations d'apport partiel d'actif et de fusion », *LPA* 3 juin 2004, p. 4.

[951] M. JEANTIN, « Clauses d'agrément et fusion de sociétés commerciales », *Dr. sociétés* mai 1988, p. 2.

[952] V. par ex. Chambéry, 26 nov. 2002, *D.* 2003. 1216, note Espesson-Vergeat à propos cette fois d'une clause extrastatutaire de préemption et faisant montre d'une interprétation restrictive dans l'examen des termes employés.

Il revient donc à la société nouvelle de diligenter la mise en œuvre de ces clauses préalablement à l'opération de fusion. Si l'agrément est accordé, la société bénéficiaire des apports inscrira ces titres à son actif ; dans le cas inverse, il y a lieu soit de cesser les opérations de fusion si la réalisation de cette dernière s'est trouvée subordonnée à l'obtention de cet agrément (hypothèse d'une participation stratégique), soit de demander le rachat des titres avant la réalisation de la fusion.

539 Enfin, la matière pénale appelle aussi des réserves quant à la transmission universelle du patrimoine de l'absorbée à l'absorbante[953]. En effet, si la société absorbante ou nouvelle est responsable des amendes et frais de justice auxquels la (ou les) nouvelle société absorbée a été condamnée[954], en revanche la société absorbante ne saurait être condamnée pénalement pour des infractions commises par l'ancienne société en vertu du principe général de droit pénal selon lequel « nul n'est responsable pénalement que de son propre fait ».

§2. L'APPORT PARTIEL D'ACTIF

540 L'apport partiel d'actif consiste pour une société, à faire apport à une autre société, nouvelle ou préexistante, d'une partie de ses éléments d'actifs et à recevoir, en contrepartie, des droits sociaux de la société bénéficiaire[955]. Autrement dit, il s'agit d'une simple opération d'apport soumise au régime des augmentations de capital par apports en nature ou des constitutions de société du côté de la société bénéficiaire et une simple décision de gestion relevant des organes de direction du côté de la société apporteuse.

541 Deux différences essentielles caractérisent l'apport partiel d'actif par rapport à la fusion et à la scission : d'une part, la non-disparition de la société qui réalise l'apport, l'apport partiel d'actif ne constituant pas une opération emportant un transfert universel de tout ou partie du patrimoine d'une personne morale à une ou plusieurs autres et, d'autre part, les titres émis en contrepartie de l'apport sont remis à la société qui effectue celui-ci et non à ses associés.

542 Il reste que les traits caractéristiques de l'apport partiel d'actif peuvent conduire à qualifier une opération comme tel, soumis au régime des scissions, même si l'opération en cause n'y faisait pas expressément référence dès lors que le traité d'apport comportait des clauses similaires à celles stipulées dans deux autres traités d'apport qui optaient pour ce genre d'opération (A). Relevons par ailleurs qu'est récemment apparue une nouvelle figure juridique portant le nom de *scission partielle* et consistant à faire apport à une société d'une partie des

---

[953] STASIAK, « Fusion et responsabilité pénale des personnes morales en droit boursier », Mélanges Bouloc, 2006, *Dalloz*, p. 1100. - GAMET, « Le principe de personnalité des peines à l'épreuve des fusions et des scissions de sociétés », *JCP* 2001. I. 345.

[954] C. pén., art. 133-1 francais ; Crim. 20 juin 2000, n° 99-86.742 , *Bull. Joly* 2001. 39, note Mascala.

[955] DAMY GREGORY, *Les aspects juridiques des fusions et acquisitions bancaires nationales et européennes*, thèse, op. cit. p.301 ; SATTA SOW, *Les apports partiels d'actif*, mémoire de Master, UCAD, 2001.

actifs d'une autre, les titres rémunérant cet apport n'étant cependant pas remis à la société apporteuse, mais directement aux associés de celle-ci qui bénéficient directement de la valorisation de la branche d'activité apportée[956] (B).

A- Les régimes juridiques de l'apport partiel d'actif

543 L'apport partiel d'actif connaît deux régimes juridiques : à côté d'un régime de droit commun (1) coexiste un régime particulier (2).

1- le régime de droit commun

544 Si l'apport suit le régime de droit commun, il y a lieu de mettre en œuvre du côté de la société bénéficiaire de l'apport, soit la procédure propre aux augmentations de capital sous forme d'apport en nature si la société est préexistante à l'opération, soit celle propre aux constitutions s'il s'agit de la création d'une société nouvelle. Ainsi, à titre d'exemple, si l'apport est réalisé au profit d'une société anonyme nouvellement créée pour l'occasion, l'ensemble de la procédure de constitution propre à cette forme sociale devra être suivi. Si l'apport est réalisé au profit d'une société préexistante, il y aura lieu de respecter la procédure propre aux augmentations de capital en nature. Cela implique, chez la société bénéficiaire de l'apport, la réunion d'une assemblée générale extraordinaire. Du côté de la société apporteuse, il y a lieu pour les organes de gestion de rédiger un contrat d'apport désignant précisément l'objet de l'apport et de procéder à la nomination d'un commissaire aux apports par décision de justice dont la mission consistera d'une part à apprécier, sous sa responsabilité, la valeur des apports en nature[957] et d'autre part à rédiger un rapport qui doit décrire les apports et indiquer leur mode d'évaluation afin d'éclairer la décision des associés.

Réunis en assemblée, les associés vont pouvoir se prononcer sur l'augmentation de capital qui leur est présentée.

545 En revanche, du point de vue de la société apporteuse, seuls les organes de gestion sont appelés à intervenir, car l'opération d'apport en nature s'analyse en un acte de gestion qui relève de la compétence exclusive du directeur général, du directoire ou du gérant[958] ; du moins, tant que l'opération d'apport ne porte pas sur un bien ou un ensemble de biens dont la transmission devrait entraîner une modification des statuts, ce qui conduirait à réserver la compétence de cette

---

[956] Au plan juridique, la « scission partielle », qui n'a pas été introduite en droit OHADA se réalise au moyen de deux opérations successives : un apport de biens (actifs divers dont des titres de participation dans d'autres sociétés) à une société rémunérée par des titres de capital suivi, puis l'attribution de ces titres aux associés de la société apporteuse dans le délai d'un an.

[957] V., Paris, 21 janv. 2003, Bull. Joly 2003. 543, note Barbièri, jugeant que les minoritaires sont infondés à agir pour voir sanctionner une surévaluation des éléments d'actif ayant conduit à une dilution excessive de leur participation, le préjudice direct d'une telle surévaluation étant subi par la société et le dommage subi par les associés n'étant que le reflet de celui qui a affecté la société.

[958] V. Com. 12 janv. 1993, Bull. Joly 1993. 343, note Le Cannu, à propos d'une demande d'expertise de gestion.

décision à l'assemblée générale extraordinaire des associés[959]. À la différence de ce qui a été dit en matière de fusion ou de scission[960], la présence de dirigeants communs entre au moins deux sociétés parties à l'opération d'apport implique la mise en œuvre de la procédure des conventions réglementées ; la société bénéficiaire de l'apport n'a par contre pas à suivre cette procédure puisque l'opération est du ressort de l'assemblée générale statuant sur le rapport d'un commissaire aux apports ; elle sera seulement informée de l'existence de dirigeants communs. Enfin, les associés de la société qu'ils soient porteurs de droits sociaux ordinaires ou privilégiés n'ont pas à être consultés ni réunis au sein d'assemblées générales ou spéciales afin d'approuver l'opération d'apport.

Cette transmission d'actifs selon le régime de droit commun des apports en nature se fait uniquement à titre particulier. Il en résulte plusieurs effets. Ainsi, si l'apport comporte la transmission de créances, il faudra signifier la cession aux créanciers cédés selon les formes prévues à l'article 1690 du Code civil[961].

2- L'application du régime des scissions

546 La procédure d'apport est donc lourde à mettre en œuvre et ses effets sont limités. C'est la raison pour laquelle le législateur a prévu un régime de faveur. Aux termes de l'article 195 AUS *(...) L'apport partie d'actif est soumis au régime de la scission.* Cet alignement du régime de l'apport partiel d'actif sur celui des scissions impacte directement sur le régime de l'opération, mais aussi et surtout sur les effets de celle-ci puisque alors, l'opération d'apport n'est plus une opération à titre particulier, mais devient une opération à titre universel entraînant transmission à la fois des éléments patrimoniaux actifs et passifs se rattachant à la branche d'activité transférée. *L'apport partiel d'actif est ainsi perçu comme l'opération par laquelle une société fait apport d'une branche autonome d'activité à une société préexistante ou à créer*[962]. L'AU ne précise pas ce qu'il faut entendre par branche autonome d'activité. Il faut donc préciser le contenu de cette notion (a) et celle de transmission à titre universel de patrimoine (b) avant de voir le régime juridique proprement dit (c).

a- La branche complète d'activité

547 Il n'y a cependant pas de définition légale de la branche complète d'activité qui demeure une notion essentiellement économique de nature à varier au gré des circonstances de chaque espèce. Néanmoins, la directive française n°

[959] V. M. P. BLIN-FRANCHOMME, *Essai sur la notion de contrôle en droit des affaires,* op. cit. ; ND. M. MBAYE., *Fusions, scissions et apports partiels d'actif transfrontaliers en Afrique*, thèse , Paris X Nanterre, 2006.
[960] V. supra...
[961] V. DIALLO LAMINE, *La protection des salariés dans les fusions, scissions et apports partiels d'actifs : réflexion pour un véritable régime protecteur*, op. cit. ; Paris, 27 févr. 1992, *Dr. sociétés* 1992, n° 142, obs. Le Nabasque, à propos d'un bail commercial.
[962] V. art. 195 de l'AUS.

90/434/CEE du 23 juillet 1990, relative au régime fiscal de ces opérations définit la branche complète d'activité comme *l'ensemble des éléments d'actifs et de passif d'une division d'une société qui constituent, du point de vue de l'organisation, une exploitation autonome, c'est-à-dire un ensemble capable de fonctionner par ses propres moyens* ». Quant à la jurisprudence, elle la caractérise en présence de « *l'ensemble des éléments qui constituent une exploitation autonome susceptible de fonctionner par ses propres moyens*[963].

548 Par ailleurs, l'existence d'une branche complète d'activité semble impliquer la réunion d'un ensemble d'éléments actifs et passifs nécessaires à l'exploitation économique autonome d'une activité. Pour autant, toute latitude n'est pas retirée aux parties à l'opération. La société à l'origine de l'apport peut ne transmettre qu'une partie de son actif à une autre société ; la formule laisse une certaine liberté aux parties qui peuvent très bien délimiter, dans leur convention d'apport, l'ensemble des biens qui fera l'objet du transfert universel sans que ces biens constituent en eux-mêmes une universalité. L'essentiel réside dans le caractère autonome de l'exploitation de la branche d'activité ainsi transmise.

b- La transmission à titre universel de patrimoine

549 Cette transmission à titre universel opère avec les mêmes effets et les mêmes réserves qu'en matière de fusion, la transmission des créances et des dettes, des droits et obligations opérant de plein droit, sans avoir par exemple à respecter le formalisme imposé par l'article 1690 du Code civil en matière de signification de la cession de créances au débiteur cédé, même pour les créances non spécialement visées au traité d'apport, mais qui se rattachent économiquement à la branche transférée ou qui par suite d'une erreur ou d'un oubli ces droits et obligations ne figurent pas dans le traité d'apport[964] ; ces solutions doivent conduire l'ensemble des parties intéressées à une grande

---

[963] DAMY GREGORY, *Les aspects juridiques des fusions et acquisitions bancaires nationales et européennes*, thèse, op. cit. ; Com. 6 févr. 1990, *Bull. Joly* 1990. 377, note Derouin, jugeant que ne revêt pas ses caractères le stock actif circulant. - V. aussi CJCE, 13 oct. 1992, *Bull. Joly* 1992. 1323, note Derouin, jugeant que revêt ces caractères une succursale ; ce que ne constitue pas en revanche la transmission de la clientèle d'un fonds de commerce sans les marques pourtant essentielles à l'existence du fonds et l'exploitation effective de la clientèle, Com. 13 mai 1980, Bull. civ. IV, n° 200 ; ce que ne constitue pas non plus un droit d'usage précaire sur les noms commerciaux, Com. 10 janv. 2006, n° 02-17.279 , Bull. Joly 2006. 945, note Couret et Dondero ; ce que ne peut être l'apport de titres de créances de type obligataire tandis que l'est le produit de l'émission de ces titres dans la société apporteuse, CJCE, 15 janv. 2002, LPA 16 mai 2002, p. 12, note Meier ; ce que n'est pas un ensemble de placements financiers et de participations, TA Poitiers, 29 juin 1998, req. n° 95.1795, *RTD com.* 1999. 688, obs. Champaud et Danet et Rép. min., JOAN Q 18 mars 1996, p. 1487 ; ce que n'est pas l'apport d'un ensemble d'actions qu'une société détient dans une autre et qui représente 100 % du capital de cette dernière, CJCE, 13 déc. 1991, Bull. Joly 1992. 197, note Derouin.

[964] Com. 4 févr. 2004, *Bull. Joly* 2004. 649, note critique de Le Cannu, à propos d'un prêt qui n'avait pas été mentionné dans le traité d'apport. - 19 déc. 2006, n° 05-18.836, *RJDA* 6/07, n° 619.

vigilance : tout d'abord de la part des tiers à la société apporteuse qui doivent se livrer à un examen détaillé de l'opération pour savoir si leur créance ou leur dette est comprise ou non dans le périmètre de la branche apportée ; ensuite de la société bénéficiaire qui peut se retrouver débitrice de dettes qu'elle n'avait pas spécialement eues en vue lors de la préparation de l'opération. Il y a lieu de relever que les créances se trouvent transmises avec leurs accessoires telles les garanties et sûretés[965].

c- Le régime juridique

550 Lorsque l'apport partiel est placé sous le régime des scissions, il convient de respecter un certain nombre de dispositions : rédaction d'un projet d'apport partiel d'actif par les organes dirigeants des sociétés participantes, projet qui doit avoir le même contenu que le projet de fusion ou de scission en s'appesantissant sur les biens et obligations qui feront l'objet du transfert effectif afin de délimiter au mieux les biens qui feront ou non l'objet de la transmission à l'occasion de l'apport. Ce projet est soumis aux mêmes obligations de mise à disposition et de publicité que le projet de fusion ou de scission. Les organes dirigeants des sociétés participantes doivent rédiger un rapport écrit qui explicitera les modalités et les motivations de l'opération et qui sera mis à la disposition des associés au moins un mois avant la tenue de la première assemblée appelée à statuer sur l'apport. La décision finale nécessite la réunion des assemblées générales des associés des sociétés en cause qui doivent se prononcer après avoir pris connaissance du rapport des organes de direction ainsi que de celui du commissaire à la scission qui aura été mis à leur disposition au siège de chaque société. Concrètement, les associés de la société bénéficiaire devront se prononcer sur l'approbation du traité d'apport partiel, sur l'évaluation des apports en nature et des éventuels avantages particuliers, sur la constatation de la réalisation définitive de l'augmentation de capital et enfin sur la modification des statuts.

551 En cas d'apport partiel d'actif placé sous le régime des scissions à une société nouvelle, l'assemblée générale extraordinaire de la société apporteuse doit approuver les statuts de la société nouvelle alors qu'il n'y a pas lieu de tenir une telle assemblée dans la société qui reçoit l'apport. En outre, lorsqu'il n'y a pas d'autres apports que ceux de la société qui réalise l'apport et si les associés de la société apporteuse reçoivent les actions de la société bénéficiaire au prorata de leur participation dans la société apporteuse, il n'est pas nécessaire de faire établir un rapport par les commissaires à la scission.

552 Le régime des scissions applicables aux opérations d'apport partiel d'actif crée de surcroît une solidarité entre les sociétés intéressées à hauteur des

---

[965] Paris, 20 sept. 1990, *Dr. sociétés* 1991, n° 31, à propos de la possibilité d'agir contre la caution hypothécaire.

dettes effectivement transmises à la société bénéficiaire à l'occasion de l'apport ; selon la jurisprudence appliquant cette disposition, *dans le cas d'un apport partiel d'actif placé sous le régime des scissions, la société apporteuse reste solidairement obligée avec la société bénéficiaire au paiement des dettes transmises par cette dernière*[966]. Néanmoins, les sociétés participantes peuvent, au terme du traité d'apport, écarter totalement ou partiellement cette solidarité.

553 Eu égard à la soumission de l'apport partiel d'actif au régime des scissions, il y a lieu de considérer que la nullité d'une telle opération ne saurait résulter que des hypothèses visées par la loi en matière de fusion, à savoir la nullité d'une délibération de l'une des assemblées qui ont décidé l'opération d'apport et le défaut de dépôt de déclaration de conformité. Cet avis a été confirmé par la jurisprudence qui, s'agissant du délai de prescription de l'action en nullité intentée contre un apport partiel d'actif, a fait pleinement jouer la règle de l'assimilation de cette opération à la fusion lorsque l'opération d'apport est placée sous le régime des scissions[967].

B- La scission partielle

554 Il peut arriver que la société apporteuse des actifs décide de ne pas conserver les titres de capital remis par la société bénéficiaire de l'apport, mais de les répartir directement entre ses associés. C'est la figure dite de la « *scission partielle* »[968]. Elle présente de nombreux intérêts économiques lorsqu'une société qui concentre dans son bilan de différentes activités décide de rationaliser celles-ci en les faisant gérer par des sociétés distinctes dont elle-même qui en conserve une et sans désir de devenir un pur holding financier. Elle présente aussi un intérêt certain lorsqu'une société veut externaliser rapidement une partie de ses actifs sans être tenue de réaliser les formalités liées à la transmission d'actifs particuliers tels que des immeubles ou des droits de propriété intellectuelle ou encore lorsque certains contrats importants figurant à l'actif de son portefeuille risquent d'être remis en cause à l'occasion d'une opération de scission classique en vertu d'une clause d'*intuitu personae*.

---

[966] V. pour un exemple d'application de la solidarité permettant à un créancier de poursuivre le recouvrement de sa créance impayée contre la société apporteuse en raison de la faillite de la société bénéficiaire de l'apport, V. Com. 12 déc. 2006, n° 05-15.619 , *Rev. sociétés* 2007. 76, note Barbièri ; *Bull. Joly* 2007. 492, note Hallouin.

[967] Com. 3 juin 2003, n° 99-18.707, *Rev. sociétés* 2003. 489, note Le Cannu ; *Bull. Joly* 2003. 933, note Saintourens.

[968] CHABERT, « La figure de la scission partielle en droit français », *Rev. sociétés* 2005. 759. - LE NABASQUE, « Le régime juridique de la répartition des titres entre les actionnaires dans la figure de la scission partielle », *Rev. sociétés* 2005. 779. - COUDIN, « La fiscalité de la scission partielle », *Journ. sociétés* janv. 2007, p. 44.

555 Pourtant, cette opération ne fait à ce jour l'objet d'aucune définition en droit OHADA. Elle est quand même définie en droit comparé, notamment par la directive française n° 90/434/CEE du Conseil, du 23 juillet 1990[969] comme

l'opération par laquelle une société transfère sans être dissoute, une ou plusieurs branches d'activités à une ou plusieurs sociétés préexistantes ou nouvelles, en laissant au moins une branche d'activité dans la société apporteuse, en échange de l'attribution à ses associés, au prorata de titres représentatifs du capital des sociétés qui bénéficient des éléments d'actif et de passif et éventuellement d'une soulte en espèces ne dépassant pas 10 % de la valeur nominale ou, à défaut de valeur nominale, du pair comptable de ces titres.

La doctrine, généralement, partage cette définition de la scission partielle. Elle y ajoute toutefois une variante qui se rencontre lorsque les actifs et passifs à séparer sont déjà logés dans une société filiale existante ; dans ce cas, la figure de la scission partielle revient simplement à attribuer les titres de cette filiale directement aux associés de la société mère de manière égalitaire.

556 Il reste que cette définition française permet de rapprocher la « scission partielle » de l'apport partiel d'actif dans la mesure où la société apporteuse d'un ensemble patrimonial, en ses composantes active et passive, ne se trouve pas dissoute à l'issue de l'opération, mais bien au contraire, y survit, ce qui la distingue nettement d'une opération de fusion. En revanche, elle se distingue de l'apport partiel d'actif classique dans la mesure où la société apporteuse ne conserve pas dans son propre patrimoine et ne maintient donc pas inscrit à son bilan les titres de capital remis par la ou les sociétés bénéficiaires des apports, mais décide de les distribuer directement à ses propres associés. La scission partielle est donc une figure originale qui combine des éléments propres aux scissions et aux apports partiels d'actifs pour mieux s'en distinguer. Il reste que l'apport originel est soumis au régime des scissions comme dans le cadre d'un apport partiel d'actif. Néanmoins, cette opération originale soulève des questions quant au régime juridique devant lui être appliqué : doit-on lui appliquer les règles légales et réglementaires prévues en matière de scission ou bien celles prévues en matière d'apport en nature ? Eu égard au caractère universel attaché à l'apport placé sous le régime des scissions, c'est le régime juridique propre à ces opérations qui devrait normalement trouver à s'appliquer aux opérations de scission partielle. La scission partielle a d'abord bien pour objectif de transmettre d'une société à une autre, préexistante ou non, une branche complète et autonome d'activité. C'est donc d'abord une opération d'apport partiel qui, pour bénéficier pleinement des effets attachés à la transmission universelle d'un patrimoine, sera placée sous le régime des scissions.

---

[969] Mod. par Dir. n° 2005/19/CE du Conseil, 17 févr. 2005, JOUE n° L 58, 4 mars.

557 D'un point de vue juridique, cette scission partielle nécessite la réalisation de diverses opérations et l'exercice d'options qui, faute d'un régime juridique propre et clairement précisé, la rendent parfois peu certaine. Dans la société bénéficiaire des apports, la scission partielle revient à réaliser une augmentation de capital par apport en nature comme dans une opération classique d'apport partiel d'actif. Dans la société initiatrice du projet, la situation est un peu plus complexe. La scission partielle revient à mettre en œuvre une opération classique d'apport partiel d'actif, soumise ou non au régime des scissions (même si en pratique c'est le plus souvent le cas), suivie soit d'une réduction de capital social, soit d'une distribution d'actifs qui s'impose aux associés. Il en résulte que, si l'opération d'apport est placée sous le régime des scissions, elle doit être décidée par l'assemblée générale extraordinaire des deux. Se pose ensuite la question de savoir quel organe de la société apporteuse est habilité à décider la répartition des titres remis par la société bénéficiaire des apports. Tout dépend alors de l'imputation de cette répartition. Dans l'hypothèse où la société apporteuse décide de réaliser une réduction de son capital à la suite de la remise à ses associés des titres de capital rémunérant l'apport qu'elle a préalablement ou concomitamment effectué, cette réduction peut s'opérer soit par réduction du nombre de titres de capital, soit par réduction du nominal de ces mêmes titres. La compétence revient alors dans les deux cas à l'assemblée générale extraordinaire statuant aux conditions de quorum et de majorité requises pour la modification des statuts. On relèvera cependant que cette réduction du capital de la société apporteuse non motivée par des pertes ouvre un droit d'opposition aux créanciers sociaux dans le délai de vingt jours suivant le dépôt au greffe du procès-verbal de délibération de l'assemblée qui a décidé ou autorisé l'opération, délai peu compatible avec celui de trente jours ouvert depuis la publication du projet de scission aux créanciers de toute société décidant une telle opération.

558 Dans l'hypothèse où la société apporteuse décide de réaliser une distribution en nature des titres de la société bénéficiaire des apports, elle devra imputer cette distribution en priorité sur le bénéfice distribuable de l'exercice clos puis, en tant que de besoin, sur les réserves dont l'assemblée générale a la libre disponibilité (postes de primes et réserves autres que la réserve légale, la réserve statutaire et les écarts de réévaluation), la décision de distribution devant expressément indiquer sur quels postes les prélèvements seront effectués. Dans ce cas, la compétence de distribution appartient à l'assemblée générale ordinaire, annuelle obligatoire si l'imputation se réalise sur les bénéfices distribuables de l'exercice, et à n'importe quelle assemblée si l'imputation se fait sur les postes de réserves et primes disponibles. Mais, il est alors permis avec une doctrine très autorisée[970], de douter de ce qu'une assemblée générale ordinaire puisse, à une majorité simple, imposer une telle distribution d'actifs à tous ses associés lorsque l'opération d'apport n'a pas été soumise au régime des scissions ; il conviendrait

---

[970] LE NABASQUE, article préc. *Rev. sociétés* 2005. 779, n° 30 s.

dans ce cas, soit d'introduire dans les statuts d'origine ou en cours de vie sociale une clause autorisant cette distribution, soit d'offrir une option aux associés lors de la distribution des titres de la société bénéficiaire des apports leur permettant de ne pas opter pour cette distribution et, subséquemment de résister à la proposition qui leur est faite d'entrer dans le capital d'une société qu'ils n'auraient pas choisie.

559 Deux conditions de fond doivent être respectées pour valider l'opération de scission partielle : d'une part, les actifs attribués aux associés de la société apporteuse doivent être fongibles afin que tous se voient attribuer des biens de même qualité et d'autre part le principe d'égalité impose que les associés reçoivent une fraction des titres émis par la société bénéficiaire des apports ou la filiale au prorata de leur participation dans la société apporteuse ou mère. À défaut de respecter ces conditions, l'opération ne s'analyse plus en une scission partielle, mais en une scission-partage requérant l'unanimité et ne pouvant bénéficier du régime fiscal de faveur. Il reste que l'exigence du respect du principe d'égalité peut parfois être difficile à satisfaire lorsque des associés ne pourront prétendre à un nombre entier de titres de capital de la société bénéficiaire des apports ou de la société fille à raison de leur propre participation dans la société apporteuse ou mère. Dans cette circonstance, il est préférable d'essayer de calibrer exactement l'apport pour obtenir un nombre entier de titres pour chaque associé de la société apporteuse ou mère.

560 Pour terminer, il faut noter que les sociétés participant à une opération de fusion, scission, apport partiel d'actif doivent à peine de nullité déposer au greffe une déclaration relatant tous les actes effectués et affirmant que l'opération a été réalisée conformément à l'AUS[971].

---

[971] V. art. 198 AUS.

TITRE III

LA DISPARITION DE LA SOCIÉTÉ COMMERCIALE

561 La société n'est pas constituée *ad vitam eternam.* Elle peut disparaître lorsque l'un des événements prévus par loi survient. Il s'agit donc des causes de dissolution de la société qu'il faut étudier en premier lieu (Chapitre 1). En second lieu, sera examinée la liquidation de la société qui est la suite normale de la dissolution (Chapitre 2).

CHAPITRE I

LA DISSOLUTION DE LA SOCIÉTÉ COMMERCIALE

562 Il faut d'emblée préciser que les causes de dissolution des sociétés sont nombreuses et variées. Il y en a qui sont particulières à certaines formes de sociétés[972]. Elles ne seront pas étudiées ici. En revanche, seules vont être examinées les causes de dissolution communes à toutes les sociétés.

L'article 200 de l'AUS énumère les causes de dissolution de la société (Section 1). Après les avoir étudiées, seront précisés le régime et les effets de la dissolution (Section 2).

SECTION I- LES CAUSES DE DISSOLUTION COMMUNES A TOUTES LES SOCIÉTÉS

563 Aux termes de l'article 200 AUS, la société prend fin : 1°) par l'expiration du temps pour lequel elle a été constituée ; 2°) par la réalisation ou l'extinction de son objet ; 3°) par l'annulation du contrat de société ; 4°) par décision des associés aux conditions prévues pour modifier les statuts ; 5°) par la dissolution anticipée prononcée par la juridiction compétente, à la demande d'un associé pour justes motifs, notamment en cas d'inexécution de ses obligations par un associé ou de mésentente entre associés empêchant le fonctionnement normal de la société ; 6°) par l'effet d'un jugement ordonnant la liquidation des biens de la société ; 7°) pour toute autre cause prévue par les statuts.

Les causes de dissolution sont donc nombreuses. Elles peuvent être classées en deux catégories, la dissolution s'opérant soit en raison de causes non judiciaires (§1), soit pour des causes judiciaires (**§2**).

[972] V. pour plus de détails sur la question en droit OHADA, M. R. BINEMBE, *La dissolution des sociétés commerciales*, Mémoire de Master, Douala (Cameroun), 2013 ; ALMAMY MBALLO, *La dissolution des sociétés commerciales, bilan et perspectives*, Mémoire de Master, UCAD, 2010.

§1. LES CAUSES NON JUDICIAIRES

564 Parmi les causes non judiciaires de la dissolution des sociétés, il faut distinguer les hypothèses de dissolution qui opèrent de plein droit (A), de l'hypothèse d'une dissolution intervenant sur décision des associés (B).

A- La dissolution de plein droit

565 Les hypothèses de dissolution de plein droit sont l'arrivée du terme (1), la réalisation ou l'extinction de l'objet social (2) et la cause statutaire (3).

1- L'arrivée du terme

566 Selon l'article 30 AUS, la société prend fin : *par l'expiration du temps pour lequel elle a été constituée, à moins que sa prorogation ait été décidée dans les conditions de l'article 32 et suivants ci-après*. C'est dire que le principe est celui de la dissolution de plein droit (a), principe assorti d'un tempérament, constitué par une décision de prorogation de la société (b).

a- Le principe de dissolution à l'arrivée du terme

567 La première cause de dissolution visée par l'article 200 AUS est donc l'arrivée du terme prévu dans les statuts, la société commerciale ayant une durée déterminée ne pouvant excéder 99 ans[973].

La société prend fin de plein droit. À défaut d'une décision de prorogation avant la survenance du terme, on perçoit alors les inconvénients d'une dissolution automatique d'une société viable. Et il n'existe pas ici comme parfois ailleurs, une régularisation prévue par le législateur. Une réforme législative pourrait supprimer ces inconvénients, en ne rendant plus obligatoire la mention dans les statuts d'une durée qui ne peut excéder 99 ans.

À côté de l'inaction des dirigeants eux-mêmes -en vue de décider d'une prorogation- a pu être invoquée l'inaction des commissaires aux comptes, dans la mesure où ils ont le devoir de demander des explications aux dirigeants sur tout fait de nature à compromettre la continuité de l'exploitation, ce qui correspond à la procédure d'alerte prévue par l'AUS.

b- La décision de prorogation

568 Si la prorogation est décidée par les associés, encore faut-il que les modalités applicables, dans cette hypothèse, soient respectées. Ceci étant, il faut envisager le cas du refus de prorogation.

La prorogation doit en effet être conforme aux termes de l'article 32 et suivants de l'AUS ; elle ne peut être décidée qu'à l'unanimité des associés, ou si les statuts

---

[973] C. civ., art. 1838. V. également R. LIBCHABER, « Réflexions sur les engagements perpétuels et la durée des sociétés », *Rev. sociétés* 1995.437.

le prévoient, à la majorité prévue pour la modification de ceux-ci[974]. Les associés doivent être consultés à l'effet de décider si la société doit être prorogée, un an au moins avant la date d'expiration de la société. À défaut, tout associé peut demander au président du tribunal statuant sur requête, la désignation d'un mandataire de justice chargé de provoquer cette consultation.

En tout état de cause, la décision de prorogation doit donc intervenir avant l'arrivée du terme. À défaut, selon le droit commun, la société est dissoute de plein droit, mais elle conservera toutefois sa personnalité morale pour les besoins de la liquidation. Il n'y a pas de prorogation tacite. Si les associés continuent l'exploitation au lieu de procéder à la liquidation, la société n'est plus qu'une société créée de fait[975]. Dès lors qu'à l'expiration du terme aucune décision de prorogation n'a été prise, la société est dissoute et un liquidateur doit être désigné, sans que des héritiers puissent invoquer la prorogation tacite.

Toute prorogation tardive est inefficace. Ainsi en est-il d'une prorogation tardive, assortie d'une clause de rétroactivité[976], même si les associés soutiennent notamment que cette prorogation ne nuit pas aux tiers[977].

569 Par ailleurs, si un nombre important d'associés disposant d'une minorité de blocage refuse la prorogation, celle-ci ne pourra pas avoir lieu. Ainsi en est-il dans une affaire ayant donné lieu à un arrêt de la première chambre civile de la Cour de cassation française, le 8 mars 1988[978]. En l'espèce, une société à responsabilité limitée avait été constituée pour une durée de cinquante ans. L'un des fondateurs de la société avait fait donation à ses enfants de la nue-propriété de 162 parts de la société, s'en réservant l'usufruit. La question s'est posée de la prorogation de la société, transformée entre temps en société anonyme. L'usufruitier avait fait signifier à ses enfants, titulaires du droit de vote en leur qualité de nu-propriétaire des parts, une sommation leur faisant défense de refuser la prorogation au motif qu'une telle décision lui ferait perdre la jouissance à laquelle il avait droit jusqu'à son décès et constituerait une violation de ses droits d'usufruitier. Il les avisait également de son intention de révoquer la donation au cas où ils refuseraient la prorogation. Or, lors de l'assemblée générale extraordinaire, les nus-propriétaires se sont opposés à la prorogation, laquelle n'a pu être adoptée faute d'avoir obtenu la majorité des deux tiers nécessaire. Pour la cour d'appel, en refusant de voter la prorogation de la société, les nus-propriétaires *ont précipité le terme de l'usufruit du vivant de leur père, ce qui [...]*

---

974 M. R. BINEMBE, *La dissolution des sociétés commerciales*, mémoire de Master, Douala (Cameroun), 2013.

975 Cass. com. 3 mai 1984, *Rev. sociétés* 1985.87, note Y. Chartier.

976 CA Paris, 21 oct. 1994, *Bull. Joly* 1995.43, note M. Jeantin.

977 CA Paris, 28 avr. 2000, *RTD com.* 2000.950, obs. C. Champaud et D. Danet, Bull. Joly 2001.399, note J.-M. Bahans.

978 Bull. civ. I, n° 67, *Rev. sociétés* 1988.409, note A. Viandier, Bull. Joly 1988.360, note G. Lesguillier.

portait incontestablement atteinte aux droits de l'usufruitier. Cette position est censurée par la Cour de cassation. Par un moyen relevé d'office, celle-ci se prononce au visa de l'article 599, alinéa 1er, du Code civil. Elle énonce d'abord : *Attendu qu'aux termes de ce texte, le propriétaire ne peut, par son fait, ni de quelque manière que ce soit, nuire aux droits de l'usufruitier*. Puis elle ajoute cependant que l'usufruit portait sur des parts, puis sur des actions, d'une société qui devait prendre fin le 31 décembre 1985,

d'où il suivait qu'à partir de cette date, l'usufruit ne pourrait s'exercer que selon des modes différents ; qu'en refusant de voter la prorogation de la société, les enfants [...] n'ont porté aucune atteinte aux droits de ce dernier [...], la cour d'appel a violé par fausse application le texte susvisé.

2- La réalisation ou l'extinction de l'objet social

570 La société est également dissoute par la réalisation (a) ou l'extinction de son objet (b). Il faut réserver le cas des sociétés mises en sommeil (c).

a- La réalisation de l'objet

571 La réalisation de l'objet se comprend comme l'achèvement de l'activité statutaire de la société, de sorte que, lorsque la société a été constituée en vue d'une opération déterminée, la dissolution est acquise une fois cette opération réalisée, et ce, même si le terme fixé pour la durée de la société n'est pas encore expiré[979].

La réalisation de l'objet peut être assimilée à un cas d'expiration de la société par l'arrivée du terme, car la consommation de l'affaire est un terme incertain que se sont implicitement proposé les parties, même si le terme stipulé ne se trouve pas expiré.

La dissolution de la société par la réalisation de son objet est une cause de dissolution qui ne joue que rarement. Elle peut être illustrée par l'hypothèse de sociétés en participation créées pour une opération ponctuelle. La société peut avoir réalisé l'objectif qu'elle s'était fixé. La réalisation de l'objet entraînant la dissolution de la société jouera lorsque la société avait un objet social étroit, par exemple lorsque la société a été créée pour l'exploitation d'un gisement qui est épuisé ou pour le percement d'une voie qui est terminée. La dissolution de la société s'impose encore lorsque son objet est constitué par la construction d'un immeuble d'habitation en vue de sa division et que cette construction est achevée ouvrant la voie à la répartition des lots[980].

---

[979] M. R. BINEMBE, *La dissolution des sociétés commerciales*, op. cit. p. 323.
[980] ALMAMY MBALLO, *La dissolution des sociétés commerciales, bilan et perspectives*, op. cit.

b- L'extinction de l'objet

572 La dissolution de la société pour extinction de l'objet recouvre les hypothèses dans lesquelles l'objet devient illicite ou impossible. Si la société avait pour objet une activité unique, il ne peut y avoir de survie. Ainsi en est-il lorsque l'activité était soumise à autorisation et que celle-ci lui est retirée[981]. Ainsi en est-il également à propos d'une société qui avait pour objet la réalisation d'expertises pour le compte de compagnies d'assurances et qui ne fonctionnait que grâce à son gérant. À la suite de la démission de celui-ci et à défaut de successeur agréé, l'assemblée a constaté l'extinction de l'objet social et a sollicité en justice la désignation d'un liquidateur. En outre, dans cette affaire, le bail commercial avait été résilié et le personnel licencié[982]. La dissolution est encore survenue dans le cas de la révocation d'une concession minière dont l'exploitation constituait l'objet social [983] ou de l'annulation de la vente du bien dont l'exploitation était la seule activité de la société[984].

Les statuts de la plupart des sociétés fixent rarement une activité déterminée, mais stipulent que la société peut accomplir, outre son objet principal, tous les actes qui se rattachent directement ou indirectement à celui-ci. Ainsi, lorsque l'objet devient impossible ou illicite, il est toujours loisible à la société d'exercer une autre activité, en raison de la rédaction de la clause relative à l'objet social. Autrement dit, la dissolution de la société n'est acquise que s'il y a extinction totale et non partielle de l'objet.

573 Si une activité peut se poursuivre, la dissolution ne sera pas prononcée[985]. C'est ainsi que la nationalisation du canal de Suez par les Égyptiens n'a pas entraîné la dissolution de la Compagnie du canal de Suez. C'est en 1854 que Ferdinand de Lesseps avait obtenu la concession de l'exploitation du canal de Suez (unique objet statutaire) pour une durée de 99 ans. L'inauguration ayant eu lieu le 17 novembre 1868, l'expiration de la concession devait donc intervenir le 17 novembre 1967. Mais par une loi du 26 juillet 1956, le colonel Nasser décidait de nationaliser le canal moyennant une indemnité de 43 milliards de francs. Par une assemblée générale extraordinaire du 25 juin 1957, la compagnie qui changea alors de nom devint la Compagnie Financière de Suez. Elle transforma son objet social, puisque depuis plusieurs années déjà, elle menait des activités financières

---

981 Pour les établissements de crédit : V. M. VASSEUR, « L'affaire de la banque Majorel », *D.* 1994, chron. 317 ; C. CORNUT, « Les tribulations de la personne morale d'une banque », Mélanges Vasseur, 2000, Banque éditeur, p. 51.

982 M. R. BINEMBE, *La dissolution des sociétés commerciales*, mémoire de Master, Douala (Cameroun).

983 Cass. civ. 17 déc. 1934, DP 1935.1.651.

984 CA Paris, 23 juill. 1894, S. 1895.2.105 ; V. égal. l'hypothèse dans laquelle, dans une société anonyme, le conseil d'administration, agissant à la place de l'assemblée générale extraordinaire, mettait fin indirectement à la société en cédant l'unique fonds de commerce, cette aliénation entraînant par voie de conséquence la dissolution de la société par extinction de l'objet.

985 L. AMIEL-COSME, *Dissolution, Répertoire de droit des sociétés*, Dalloz, juin 2014, n° 41 et s.

et industrielles. Sa durée fut prorogée jusqu'au 31 décembre 2050. Dans ces circonstances, un actionnaire, estimant que la société avait été dissoute de plein droit dès le 26 juillet 1956, devait voir ses prétentions rejetées.

574. Si seul un secteur de l'activité de la société est interdit, celle-ci peut toutefois continuer à exploiter ses autres branches d'activité. Ainsi, n'est pas dissoute une société en participation dont l'objet est d'acheter et de vendre du minerai sur les marchés marocains, bien que l'administration de ce pays lui ait interdit cette activité[986].

c- Les cas des sociétés mises en sommeil

575 Il arrive qu'une société cesse toute activité et soit mise en sommeil[987]. Pour reprendre certaines formules particulièrement expressives, ce sont *des sociétés économiquement mortes, mais juridiquement vivantes* et *si ce n'est pas encore la mort, c'est déjà le coma*[988].

La question se pose alors particulièrement à propos de ces sociétés mises en sommeil : doit-on y voir une cause de dissolution tenant à la réalisation ou à l'extinction de l'objet social ? La jurisprudence a eu l'occasion de se prononcer. Cette mise en sommeil n'équivaut pas à une dissolution[989] sauf si les circonstances de fait montrent que la cessation d'activité a un caractère définitif : la société mise en sommeil est devenue en réalité une société en voie de liquidation, même si la dissolution n'a pas été prononcée[990].

3- Les causes statutaires

576 Les statuts peuvent stipuler d'autres causes de dissolution, ce que la jurisprudence a admis depuis longtemps [991]et qu'autorise l'article 200 AUS. La liberté est donc laissée aux associés de mentionner toute autre cause de dissolution (baisse continue du résultat sur un nombre déterminé d'exercices déficitaires, modification de la situation juridique d'un associé, prise de contrôle par une société concurrente, etc.).

---

986 Cass. com. 9 déc. 1957, Bull. civ. III, n° 339.

987 B. BOULOC, « La disparition des sociétés et le registre du commerce », *Rev. sociétés* 1978.419 ; G. NOTTÉ, « Les sociétés en sommeil », *JCP* 1981. I. 3022 ; P. DIENER, « Un abus de la personnalité morale : les sociétés en sommeil », *in* Dix ans de droit de l'entreprise, 1978, Librairies techniques, p. 81.

988 M. COZIAN, A. VIANDIER et F. DEBOISSY, *Droit des sociétés,* op. cit. n° 443, p. 206 ; ces auteurs distinguent les « sociétés infantiles », régulièrement conçues et immatriculées mais sans activité, qui ne sont que des coquilles vides en attente d'emploi, que l'on trouve essentiellement dans les banques d'affaires et les groupes, dotées d'un objet « attrape-tout », et les « sociétés séniles », qui ont eu une activité mais qui l'ont cessée et sont devenues ainsi inactives.

989 Cass. com. 17 janv. 1977, *JCP*, éd. CI, 1978.12653, note D. R., D. 1977, IR 311, note J.-C. Bousquet, *Rev. sociétés* 1978.479, *Gaz. Pal.* 1978.2.519, note J. Guyénot.

990 Cass. com. 26 nov. 1975, *RTD com.* 1976.109, note C. Champaud.

991 M. R. BINEMBE, *La dissolution des sociétés commerciales*, op. cit. p.323.

Pour éviter une dissolution judiciaire, une clause des statuts peut prévoir le rachat des droits sociaux à l'associé demandeur à l'action en dissolution[992] (le juge ne pouvant pas substituer lui-même, à la dissolution, le rachat des droits de l'associé ; et pour une disposition statutaire prévoyant l'absence de dissolution et l'exclusion d'un associé avec remboursement de la valeur de ses droits, dans une société en nom collectif.

A priori, il serait permis également de stipuler qu'un associé peut unilatéralement demander la dissolution.

B- La dissolution sur décision des associés

577 Parmi les causes non judiciaires de la dissolution des sociétés, et à côté des causes de dissolution de plein droit, une place doit être faite à la dissolution intervenant sur décision des associés. Si les associés peuvent décider de modifier le pacte social, en prorogeant, on l'a vu, une société parvenue à son terme, ils peuvent également à tout moment décider la dissolution anticipée du contrat de société. Cette cause de dissolution équivaut à une rupture volontaire du contrat de société. On pourrait alors, avec d'autres, estimer que « *c'est sans doute, de toutes les causes de dissolution, la plus contractuelle, car cette dissolution anticipée n'est rien d'autre que la rupture du contrat de société* »[993]. Mais ces auteurs ajoutent alors que cette rupture n'est pas totalement contractuelle, car dans la plupart des sociétés, la décision est prise à la majorité et non à l'unanimité, contrairement au précepte posé par l'article 1134, alinéa 2, du Code civil.

Il convient d'apporter des précisions quant à la mise en œuvre de cette cause de dissolution (1) et de se poser également la question de savoir s'il existe, à côté de la décision des associés, une place pour une volonté unilatérale de dissolution (2).

1- La mise en œuvre de la dissolution par la décision des associés

578 La décision de dissolution est prise par délibération extraordinaire, en observant les conditions légales ou statutaires pour les modifications des statuts. Dans une société anonyme par exemple, la décision doit être adoptée à la majorité requise pour les modifications statutaires, à savoir à la majorité des deux tiers des voix dont disposent les actionnaires présents ou représentés. Dans la plupart des sociétés, cette décision est prise à la majorité (et non à l'unanimité). Dans la société anonyme, cette modification statutaire ne peut donc résulter de la décision du Conseil d'administration, lequel ne saurait agir à la place de l'assemblée générale extraordinaire. Si la violation directe de la compétence de l'assemblée générale extraordinaire se rencontre rarement, elle peut être en revanche

[992] V. Cour d'Appel de Bobo-Dioulasso, Arrêt n° 10/09, Union Des Transporteurs Ivoiro-Burkinabè, Sawadogo Komyaba Issaka, Sawadogo Hada, Sokoto Haoudou, Sawadogo Djibril C/ Bokoum Samba Amadou, Ohadata J-10-177.

[993] M. COZIAN, A. VIANDIER et F. DEBOISSY, *op. cit.*, n° 417, p. 196.

indirecte : ainsi, le conseil d'administration ne peut pas indirectement mettre fin à la société en cédant seul l'unique fonds de commerce, cette aliénation entraînant par voie de conséquence la dissolution de la société par extinction de l'objet[994].

Si la décision de dissolution devait porter préjudice à la société et aux minoritaires, ceux-ci pourraient exercer une action en abus de majorité. Constitue un abus de majorité la décision de dissolution prise contrairement à l'intérêt social et dans l'unique dessein de permettre à l'associé majoritaire de se soustraire à ses engagements envers l'associé minoritaire[995].

2- La question de la dissolution par la volonté unilatérale d'un associé

579 *A priori,* la formule de l'article 200 AUS qui vise comme cause de dissolution la dissolution anticipée par *décision des associés* semble exclure celle résultant de la volonté unilatérale d'un associé.

L'hypothèse d'une décision unilatérale de dissolution n'est cependant pas à exclure. D'abord, parce que l'article 200 *in fine* de l'AUS faisant de la clause statutaire une cause de dissolution des sociétés, on peut sans doute admettre que la volonté unilatérale d'un associé soit stipulée comme cause de dissolution, en sachant qu'une telle décision serait susceptible de faire l'objet d'un contrôle de l'abus ou d'une intention frauduleuse. Ensuite, elle constitue une cause de dissolution propre à certaines sociétés. Ainsi se rencontre-t-elle dans les sociétés unipersonnelles. Il s'agira alors de la décision de l'associé unique, notamment dans la SARL ou la SA unipersonnelle ou dans la SAS unipersonnelle.

§2. LES CAUSES JUDICIAIRES

580 Parmi les causes judiciaires de dissolution des sociétés, il faut retenir principalement la dissolution judiciaire pour justes motifs (A). Mais il existe d'autres causes judiciaires de dissolution également(B).

A- La dissolution judiciaire pour justes motifs

581 Cette cause de dissolution judiciaire nécessite deux séries de précisions : la première porte sur la question de savoir quels peuvent être ces justes motifs (1). La seconde intéresse l'action en dissolution pour justes motifs (2).

1- Les justes motifs de dissolution

582 L'article 200 AUS précise que la société prend fin « *(...) par la dissolution anticipée prononcée par la juridiction compétente, à la demande d'un associé pour justes motifs, notamment en cas d'inexécution de ses obligations par un associé ou de mésentente entre associés empêchant le fonctionnement normal de la société*. Cette disposition mentionne ainsi deux exemples de « justes

---

[994] M. R. BINEMBE, *La dissolution des sociétés commerciales*, op. cit. p. 323.

[995] Com. 8 févr. 2011, n° 10-11.788, *Bull. Joly* 2011. 288, note Lucas.

motifs », que sont l'inexécution de ses obligations par un associé (a) et la mésentente entre associés (b).

a- L'inexécution de ses obligations par un associé

583 En parallèle avec le droit des obligations, il s'agit ici d'une résolution du contrat pour inexécution[996]. Ce motif joue rarement. Si par exemple un associé n'avait pas exécuté son obligation de libérer l'apport souscrit, des sanctions spécifiques existent, sauf à vérifier que l'associé n'est pas tenu par une obligation particulière au titre des statuts. Si l'associé refuse de remplir son obligation, on peut y voir la preuve d'un défaut d'*affectio societatis*. Toujours est-il que la dissolution ne paraît pas opportune, dans cette hypothèse, car les autres associés pourraient souhaiter la poursuite de la société. On peut également songer à l'abus de majorité dès lors que la société ne fonctionne plus dans l'intérêt commun des associés.

Ont été reconnus comme justes motifs de dissolution le fait pour un associé de manquer à ses engagements en s'appropriant diverses sommes au mépris du pacte social[997], le fait de travailler pour un concurrent ou si les associés, au mépris de leurs engagements formels, exploitent une entreprise similaire[998], le fait de mal gérer ses affaires[999].

b- La mésentente entre associés

584 L'article 200 AUS vise la mésentente entre associés[1000] et précise que celle-ci doit provoquer la paralysie de la société. Ajoutons que les juges peuvent tenir compte également de la situation économique de la société.

Constitue un juste motif de dissolution l'impossibilité pour une société anonyme d'avoir un conseil d'administration parce qu'aucune majorité ne se dégage, en raison du désaccord entre deux groupes d'actionnaires possédant chacun la moitié du capital social. De même, la dissolution judiciaire d'une société à responsabilité limitée peut être prononcée lorsqu'il existe un conflit irréductible entre les deux seuls associés sur la désignation d'un directeur de laboratoire, dont la présence est indispensable au fonctionnement de la société[1001].

---

[996] C. civ., art. 1184. V. dans le même sens M. R. BINEMBE, *La dissolution des sociétés commerciales*, Mémoire de Master, Douala, 2013.

[997] Cass. req. 21 févr. 1998, *DP* 1998.1.152.

[998] Cass. req. 16 juill. 1999, *Rev. sociétés* 1999.335.

[999] CA Rennes, 7 .éc. 1893, DP 1894.2.87 ; Cass. 1re civ. 27 avr. 1964, Bull. civ. I, n° 214 ; pour une société civile, V. aussi CA Paris, 6 mars 1996, *D.* 1996, somm. 344, obs. J.-C. Hallouin, *RTD com.* 1996.470, obs. C. Champaud et D. Danet.

[1000] V. Arrêt n° 037/09, Société Atlantique Telecom et Société Etisalat c/ Société Planor Afrique et Société Telecel, Ohadata, J-10-214 ; P. CANIN, « La mésentente entre associés, cause de dissolution judiciaire anticipée des sociétés », *Dr. sociétés* 1998, n° 4 ; H. MATSOPOULOU, « La dissolution pour mésentente entre associés », *Rev. sociétés* 1998.21.

[1001] M. R. BINEMBE, *La dissolution des sociétés commerciales*, op. cit. p. 323.

C'est encore l'hypothèse d'une grave mésentente entre les associés qui paralyse le fonctionnement de la société et empêche la décision d'augmentation du capital social au minimum requis par la loi.

585 À défaut de paralysie dans le fonctionnement de la société, la jurisprudence semble refuser de prononcer la dissolution[1002]. Le blocage de la vie sociale durable et avéré caractérise la paralysie du fonctionnement de la société. Mais, la mésentente entre associés patente et ancienne et les dissensions entre associés suffisamment profondes et persistantes pour nuire au fonctionnement de la société ne suffisent pas à caractériser la paralysie du fonctionnement de la société.

La paralysie peut résulter d'un abus de majorité. C'est du moins la solution adoptée par la jurisprudence française[1003]. Dans une SARL, l'associé majoritaire avait abusé de ses prérogatives et avait imposé la réduction de l'activité sociale à des relations commerciales avec deux sociétés auxquelles il était lié, organisant cette situation contrairement à l'intérêt social, servant ses intérêts au détriment de sa coassociée. Dans cette affaire, la cour d'appel de Paris constatait l'abus de majorité, mais rejetait la demande en dissolution formée par l'associé minoritaire. Selon la Cour de cassation française en effet, la mésintelligence entre les deux associés n'avait pas paralysé le fonctionnement de la société, les résultats de l'activité étant restés équivalents à ceux recueillis antérieurement.

2- L'action en dissolution judiciaire pour justes motifs

586 Quels sont les titulaires de l'action en dissolution ?[1004] Et quels sont les pouvoirs du tribunal saisi ?

En principe, l'action en dissolution appartient aux associés, sauf à réserver l'hypothèse dans laquelle la faute tient à l'un d'entre eux, auquel cas le droit d'agir lui est refusé. Si la mésentente est reconnue entre deux associés d'une société en nom collectif sans que puisse être déterminé à qui elle est imputable, la dissolution anticipée peut toutefois être prononcée.

L'action en dissolution étant d'ordre public, aucune stipulation conventionnelle ou statutaire ne peut porter atteinte au droit de chaque associé de demander la dissolution. Des décisions ayant pour effet de porter indirectement atteinte à ce droit d'action ne sont pas admises, telles que le rachat des parts ou actions par les coassociés à un prix fixé par expertise. Aucun texte ne donne le pouvoir au juge saisi d'obliger l'associé qui demande la dissolution, à céder ses

---

[1002] Cass. com. 31 janv. 1989, Bull. civ. IV, n° 46, *Rev. sociétés* 1989, somm. 289, obs. Y. Guyon.

[1003] *Rev. sociétés* 1982.804, note P. Le Cannu.

[1004] V. Cour d'Appel de Bobo-Dioulasso, Arrêt n° 10/09, Union Des Transporteurs Ivoiro-Burkinabè, Sawadogo Komyaba Issaka, Sawadogo Hada, Sokoto Haoudou, Sawadogo Djibril C/ Bokoum Samba Amadou, Ohadata J-10-177.

parts. En l'absence de texte ou de clause statutaire, le juge ne peut pas, de lui-même, prononcer une décision d'exclusion de l'associé perturbateur[1005].

B- Les autres causes judiciaires de dissolution

587 À côté de la dissolution judiciaire pour justes motifs, doivent être successivement traitées d'autres causes judiciaires : le prononcé de la liquidation judiciaire, la cession totale des actifs (1) et l'annulation du contrat de société (2).

1- Le prononcé de la liquidation judiciaire et cession totale des actifs

588 La société est-elle dissoute lorsqu'elle est mise en liquidation,

À l'inverse, un jugement de redressement judiciaire ou une cession partielle n'entraîne pas la dissolution[1006].

Lorsque l'article 200 AUS s'applique, la loi attache un effet automatique au prononcé de la liquidation de la société : la dissolution. Pour autant, cette dissolution s'impose-t-elle lorsque la liquidation de la société est clôturée par extinction de passif ? Il semble que oui. C'est dire que la dissolution est irrévocable, et que si « sursis » de la personnalité il y a, point de « résurrection » toutefois.

2- L'annulation du contrat de société

589 La société est dissoute lorsqu'elle est annulée. Afin de protéger les tiers, l'annulation n'opère pas rétroactivement. La société a fonctionné comme une société de fait et les actes conclus ne sont pas remis en cause. Produisant ses effets seulement pour l'avenir, l'annulation équivaut donc à une dissolution. Certains auteurs avaient pu soutenir que la théorie des sociétés de fait laissait subsister un droit d'option pour les tiers, qui pouvaient invoquer soit l'existence de la société en tant que société de fait, soit sa nullité rétroactive[1007]. L'AUS ne consacre pas cette thèse puisque selon lui, *lorsque la nullité de la société est prononcée, elle*

[1005] J.-J. DAIGRE, « De l'exclusion d'un associé en réponse à une demande de dissolution », *Bull. Joly* 1996.576 ; S. DARIOSECQ et N. METAIS, « Les clauses d'exclusion, solution à la mésentente entre associés », *Bull. Joly* 1998.893 ; V. égal. J.-M. DE BERMOND DE VAULX, « La mésentente entre associés pourrait-elle devenir un juste motif d'exclusion d'un associé d'une société ? », *JCP*, éd. E, 1990. II. 15921 ; « L'exclusion d'un associé », *Dr. sociétés* 1996, chron. 14 ; D. VIDAL, « Le contrôle judiciaire de l'exclusion d'un associé », *Dr. sociétés,* janv. 1998, repères, p. 3 ; « Le juge peut-il exclure un associé sans disposition expresse ? », *Dr. sociétés*, oct. 1998, repères, p. 3.

[1006] CA Paris, 6 mai 1993, *Dr. sociétés* 1993, n° 203, obs. Y. Chaput ; CA Douai, 18 févr. 1999, *Bull. Joly* 1999.769, P. Le Cannu, *Dalloz Affaires* 1999.599, obs. P. P.

[1007] V. NGUYEN XUAN CHANH, « La nullité des sociétés commerciales dans la loi du 24 juillet 1966 », D. 1968, chron. 27 ; J. CARBONNIER, *Droit civil, t. 4, Les obligations*, 12e éd., 1985, PUF, coll. Thémis, n° 49 ; PIEDELIÈVRE, « La maxime *quod nullum est nullum producit effectum* », Mélanges P. Voirin, 1966, LGDJ, p. 638 ; J. CALAIS-AULOY, *Essai sur la notion d'apparence en droit commercial,* thèse, Montpellier, 1959, n° 142 et s.

met fin, sans rétroactivité, à l'exécution du contrat[1008] ; et à l'égard de la personne morale qui a pu prendre naissance, elle produit les effets d'une dissolution prononcée par justice. Les effets de la nullité et de la dissolution sont donc identiques.

SECTION II- LE RÉGIME ET LES EFFETS DE LA DISSOLUTION

590 L'AUS prévoit quelques dispositions en ce qui concerne le régime (§1) et les effets (§2) de la dissolution.

§1. LE RÉGIME DE LA DISSOLUTION

591 Il s'agit de préciser brièvement les conditions (A) et les formalités de publicité (B) auxquelles est subordonnée la dissolution.

A- Les conditions

592 Si les cas de dissolution de plein droit ne posent pas de problème particulier puisque celle-ci intervient de manière automatique, il en va autrement en cas de dissolution décidée par les associés ou par le juge.

En cas de dissolution par les associés, la décision de dissolution doit être prise aux conditions prévues pour modifier les statuts. Il faut donc se reporter aux conditions prévues pour chaque forme de société. Ainsi, s'il s'agit d'une SCS, la dissolution ne peut être décidée qu'avec le consentement de tous les associés commandités et la majorité en nombre et en capital des associés commanditaires[1009]. En ce qui concerne la SARL, c'est l'assemblée générale extraordinaire qui est compétente pour décider de la dissolution puisque c'est elle qui est seule compétente pour se prononcer sur la modification des statuts[1010]). Enfin, s'agissant de la société anonyme et de la société par actions simplifiées, c'est également l'assemblée générale extraordinaire qui est seule habilitée à dissoudre par anticipation[1011].

Quant à la dissolution judiciaire, force est de constater que l'AUS ne précise pas le régime de l'action en dissolution[1012] ni le délai de prescription. Il faut alors recourir au délai de prescription de droit commun qui est en matière commerciale de cinq ans[1013].

[1008] V. ALMAMY MBALLO, *La dissolution des sociétés commerciales, bilan et perspectives*, op. cit.
[1009] V. art. 305 al. 1 AUS.
[1010] V. art. 357 AUS.
[1011] V. art. 551 AUS.
[1012] V. Cour d'Appel de Bobo-Dioulasso, Arrêt n° 10/09, Union Des Transporteurs Ivoiro-Burkinabè, Sawadogo Komyaba Issaka, Sawadogo Hada, Sokoto Haoudou, Sawadogo Djibril C/ Bokoum Samba Amadou, Ohadata J-10-177, op. cit.
[1013] V. art. 33 AUDCG.

B- Les formalités de publicité

593 L'article 202 de l'AUS prévoit trois formalités de publicité en cas de dissolution. En premier lieu, la décision de dissolution doit être publiée dans un journal habilité à recevoir des annonces légales au lieu du siège social. En second lieu, il faut un dépôt au greffe des actes ou procès-verbaux décidant ou constatant la dissolution. Enfin, il faut une modification de l'inscription au registre de commerce et du crédit mobilier. Toutes ces formalités visent à informer les tiers et à leur permettre de prendre toutes dispositions pour protéger leurs intérêts. Il convient d'ailleurs de préciser que la dissolution n'a d'effet à l'égard des tiers qu'à compter de sa publication dans un journal habilité à recevoir les annonces légales[1014].

§2. LES EFFETS DE LA DISSOLUTION

594 Le principal effet de la dissolution qui est la liquidation sera étudié dans le chapitre suivant. Il faut donc ici envisager les autres effets de la dissolution. Dans cette optique, ces effets intéressent surtout la société elle-même, à propos de laquelle, et en dépit de la dissolution intervenue, est prévue une survie de la personnalité morale.

Les effets de la dissolution sur la société peuvent s'exprimer par trois propositions : d'abord, parce que la société est dissoute, il convient d'assurer une publicité de cette dissolution. La dissolution oblige ainsi à respecter les formalités de publicité prescrites dans cette hypothèse[1015]. Mais surtout, parce que la société est dissoute, il va falloir procéder en principe aux opérations de liquidation de la société. La dissolution entraîne ainsi, sauf exception, la liquidation de la société (A). Pour les besoins de cette liquidation, la personnalité morale de la société va subsister. La dissolution n'a donc pas pour effet immédiat de mettre fin à la personnalité morale de la société (B).

A- La nécessité de la liquidation

595 Lorsqu'une société est dissoute, cette dissolution entraîne en principe la liquidation de la société (1). Mais ce principe est assorti d'un tempérament, dans les hypothèses où la dissolution laisse place à une transmission universelle du patrimoine social (2).

1- Le principe : la liquidation consécutive à la dissolution

596 La dissolution de la société pluripersonnelle entraîne de plein droit sa mise en liquidation[1016]. Et il n'est pas au pouvoir de la volonté des associés, même unanimes, de décider qu'il n'y a pas lieu de procéder à la liquidation et au partage

---

[1014] V. art. 201 al. 1 AUS.
[1015] V. art. 201, al. 1 AUS.
[1016] V. art. 201, al. 2 AUS.

d'une société dissoute non plus qu'à la désignation d'un liquidateur, seul habilité à représenter la société jusqu'à la clôture de la liquidation.

Si une société est dissoute, mais qu'elle ne procède pas aux opérations de liquidation, tout en continuant de fonctionner, elle doit être considérée comme une société créée de fait dépourvue de personnalité morale.

2- Le tempérament : transmission universelle du patrimoine social

597 Si le principe de la liquidation consécutive à la dissolution est posé à l'article 201 AUS, alinéa 2, celui-ci réserve les hypothèses de fusion ou de scission (a) et le cas de sociétés unipersonnelles (b).

a- Les hypothèses de fusion ou de scission

598 Pour le premier cas, il s'agit de l'hypothèse d'une société, même en liquidation, qui peut être absorbée par une autre société ou participer à la constitution d'une société nouvelle, par voie de fusion. Elle peut aussi transmettre son patrimoine par voie de scission. Ces diverses opérations entraînent le transfert global du patrimoine social aux sociétés absorbantes ou nouvelles.

La règle est clairement énoncée par les premiers termes de l'article 191 AUS (la fusion ou la scission entraîne la dissolution sans liquidation des sociétés qui disparaissent et la transmission universelle de leur patrimoine aux sociétés bénéficiaires, dans l'état où il se trouve à la date de réalisation définitive de l'opération).

Ce qui caractérise ces opérations, c'est à la fois la dissolution de la société et la transmission du patrimoine. Ainsi, lors d'une opération de fusion par exemple, la disparition de la société absorbée va-t-elle se réaliser dès la transmission de son patrimoine, c'est-à-dire de son actif et de son passif à la société absorbante au jour de la fusion. Pour reprendre une formule imagée, *la société absorbante succède à la société absorbée comme l'héritier succède au défunt*[1017]. Il est donc inutile d'appliquer ici le principe de la survie de la personnalité morale. La personnalité morale disparaît, la société n'ayant plus d'existence légale à la suite de la fusion-absorption.

b- L'hypothèse des sociétés unipersonnelles

599 La seconde hypothèse est celle de sociétés unipersonnelles, en raison de la réunion de toutes les parts ou actions en une seule main. Il s'agit de la dissolution applicable aux sociétés unipersonnelles *ab initio* ou aux sociétés devenues unipersonnelles.

Dans une société devenue unipersonnelle, si l'associé unique est une personne morale, aucune des règles relatives à la liquidation des sociétés ne trouve à

[1017] Y. GUYON, *Droit des affaires*, *op. cit.*, n° 635, p. 689.

s'appliquer (nomination d'un liquidateur, opérations de liquidation, clôture de la liquidation). La dissolution entraîne la transmission universelle du patrimoine de la société à l'associé unique. De même, s'agissant de la dissolution d'une société unipersonnelle *ab initio,* l'associé unique peut à tout moment décider de dissoudre la société[1018]. Cette dissolution n'entraîne pas une liquidation lorsque l'associé unique est une personne morale[1019].

La dissolution d'une société dont les parts sont réunies en une seule main entraîne la transmission universelle du patrimoine à l'associé unique, sans qu'il y ait lieu à liquidation ; sauf accord du cocontractant, un contrat conclu en considération de la personne d'une telle société prend fin au plus tard par l'effet de la dissolution de celle-ci ; l'associé unique n'en recueille pas moins les créances et les dettes antérieurement nées dans le patrimoine social au titre de ce contrat.

600 Lorsque la dissolution doit entraîner la transmission universelle du patrimoine à l'associé unique, personne morale, les créanciers sociaux peuvent faire opposition à la dissolution, ce qu'ils feront dans l'hypothèse d'une société solvable et d'associé insolvable[1020]. Ce droit d'opposition est analogue à celui mis en place en cas de fusion. L'opposition doit être faite dans le délai de trente jours à compter de la publication de la dissolution dans un journal d'annonces légales. La demande, qui met en cause le représentant légal de la société (puisqu'aucun liquidateur chargé de représenter la société n'a été nommé), est présentée devant la juridiction compétente du lieu du siège social de la société dissoute. Une décision de justice rejette l'opposition ou ordonne soit le remboursement des créances, soit la constitution de garanties si la société en offre et si elles sont jugées suffisantes. La transmission du patrimoine n'est réalisée et il n'y a disparition de la personne morale qu'à l'issue du délai d'opposition ou, le cas échéant, lorsque l'opposition a été rejetée en première instance ou que le remboursement des créances a été effectué ou les garanties constituées. Encore faut-il que la créance soit certaine et née antérieurement à la décision de dissolution[1021].

À défaut d'opposition, la dissolution est opposable à compter des formalités de publicité.

[1018] Art. 201, al. 4.

[1019] Sur la transmission universelle, V. M. JEANTIN, « La transmission universelle du patrimoine d'une société », Mélanges J. Derruppé, 1991, GLN Joly et Litec, p. 290 ; O. BARRET, « À propos de la « transmission universelle du patrimoine d'une société », *Mélanges M. Jeantin*, 1999, Dalloz ; D. VIDAL, « La transmission universelle du patrimoine d'une EURL à l'associé unique en cas de dissolution », *Dr. sociétés,* févr. 1999, p. 3 ; B. ROLLAND, « Dissolution des sociétés unipersonnelles et transmission universelle du patrimoine », *JCP*, éd. E, 2000.406.

[1020] Art. 201, al. 4.

[1021] V. sur les exigences quant à la créance : CA Versailles, 11 févr. 1993, Dr. sociétés 1993, n° 136, note T. Bonneau, *RTD com.* 1993.665, obs. C. Champaud et D. Danet , *RJDA* 1993, n° 623.

B- La survie de la personnalité morale

601 S'il existe un principe de survie de la personnalité morale (1), encore doit-on observer les limites du principe (2).

1- Le principe de survie

602 Conformément à ce que prévoit l'article 201, al. 3, *la personnalité morale de la société subsiste pour les besoins de la liquidation et jusqu'à la clôture de celle-ci*[1022]. La société continue donc d'exister, en conservant les attributs de la personnalité morale. Ainsi, conserve-t-elle sa dénomination sociale, mais avec l'ajout de la mention « *société en liquidation* », conformément aux formalités de publicité qui ont dû être effectuées.

603 La société conserve son siège social et peut donc être assignée à ce domicile pendant toute la durée de la liquidation, voire au domicile personnel du liquidateur. Dans l'hypothèse d'un transfert de siège social pour les besoins de la liquidation, il faut que les formalités de publicité imposées pour ce transfert aient été respectées. À défaut de notification aux tiers, la société conserve le même siège social durant les opérations de liquidation, siège où elle sera donc régulièrement assignée.

604 La société conserve son patrimoine social. Elle demeure propriétaire des biens sociaux. Ce patrimoine social constitue le gage des créanciers sociaux, à l'exclusion des créanciers personnels des associés (sur la situation des créanciers à compter de la dissolution,).

605 La société conserve sa pleine capacité pour agir en justice. Elle peut donc agir en justice, mais ce sera alors par l'intermédiaire de son liquidateur. Par exemple, peut-elle agir en concurrence déloyale pour détournement de clientèle.

Bien que dissoute, la société, qui a conservé sa personnalité morale pour les besoins de la liquidation, peut faire l'objet d'une procédure de redressement ou de liquidation judiciaires.

2- Les limites au principe de survie

606 Ce principe de survie de la personnalité morale se voit doublement limité : d'abord, parce que la personnalité morale ne va perdurer que pour les besoins de la liquidation. Ensuite, parce que sa durée est limitée, ne subsistant que jusqu'à la clôture des opérations de liquidation.

[1022] E. BORONAD-LESOIN, « La survie de la personne morale dissoute », *RTD com.* 2003.1 ; A. BOUILLOUX, « La survie de la personnalité morale pour les besoins de la liquidation », *Rev. sociétés* 1994.393 ; C. GAVALDA, « La personnalité morale des sociétés en voie de liquidation », in *Dix ans de conférences d'agrégation*, Études de droit commercial offertes à J. Hamel, 1961, Dalloz, p. 253.

La survie de la personnalité morale se limite aux besoins de la liquidation. La société ne peut pas entreprendre d'opérations nouvelles. Une prorogation ou une transformation n'est pas admise. L'octroi par les actionnaires d'une indemnité à l'ancien président de la société pour le rémunérer de son activité avant la dissolution, activité jusqu'alors non rétribuée, ne se rattache pas aux opérations de liquidation[1023]. Un compte courant ouvert au nom de la société dans les livres d'une banque est nécessairement clôturé à la dissolution de cette société, sauf prorogation de son fonctionnement pour les besoins des opérations de liquidation.

On l'a dit plus haut, la personnalité morale de la société subsiste pour les besoins de la liquidation jusqu'à la clôture de celle-ci. C'est dire que la dissolution de la société n'entraîne pas *ipso facto* la disparition de la personnalité morale, cette disparition est reportée à la clôture des opérations de liquidation.

607 En définitive, il convient de retenir que la société dissoute perd sa capacité à agir. Mais une telle société ne perd pas immédiatement sa personnalité morale. Celle-ci subsiste pour les besoins de la liquidation et jusqu'à sa clôture[1024]. C'est dire que la personnalité morale ne survit que pour l'accomplissement des actes ou opérations nécessaires à la liquidation. En revanche, elle ne saurait être invoquée pour tous autres actes ne rentrant pas dans le cadre de la liquidation. Autrement dit, la société ne peut plus mener des activités liées à son objet social.

Si la dissolution entraîne la liquidation de la société, il en va autrement en cas de dissolution d'une société dans laquelle tous les titres sont détenus par un seul associé. Dans ce cas, la dissolution entraîne simplement la transmission universelle du patrimoine de la société à l'associé unique. En vue d'assurer la protection des droits des créanciers sociaux, l'AUS leur permet de faire opposition à la dissolution devant la juridiction compétente dans les trente jours à compter de la publication de la décision. Le tribunal peut soit rejeter l'opposition, soit ordonner le remboursement des créances, soit décider de la constitution de garanties si la société en offre et si elles sont jugées suffisantes[1025].

1023 V. Y. CHARTIER et J. MESTRE, *Les grandes décisions de la jurisprudence, Les sociétés,* 1988, PUF, p. 33, n° 6. Il en va de même d'opérations financières spéculatives.

1024 V. art. 201 al. 3 AUS.

1025 V. art. 201 al. 4 AUS.

CHAPITRE II
LA LIQUIDATION DE LA SOCIÉTÉ COMMERCIALE

608 La liquidation de la société dissoute est organisée par les articles 203 et suivants de l'AUS. Elle désigne l'ensemble des opérations qui, après dissolution d'une société, ont pour objet la réalisation des éléments d'actif en vue du paiement des créanciers sociaux (apurement du passif) et d'un éventuel partage entre les associés de l'actif net subsistant[1026]. La société dissoute conserve sa personnalité morale pour les besoins de cette liquidation[1027]. Pendant la durée de la liquidation, elle continue d'être désignée par sa dénomination sociale, mais suivie de la mention *société en liquidation*. Cette mention ainsi que le nom du ou des liquidateurs doivent figurer tous les actes et documents émanant de la société[1028].

Cela étant, la liquidation se fait à l'amiable conformément aux statuts. Mais à défaut de stipulations statutaires, elle est soumise aux dispositions de l'AUS. Pour l'étudier, il faut successivement envisager l'ouverture (Section1), le déroulement (Section 2) et la clôture (Section 3) de la liquidation.

SECTION I- L'OUVERTURE DE LA LIQUIDATION

609 Aux termes de l'article 204 al. 1 AUS, *la société est en liquidation dès l'instant de sa dissolution pour quelle que cause que ce soit*. C'est donc la décision de dissolution qui marque le point de départ de la liquidation. Dès cet instant, il faut mettre en place les organes de la liquidation que sont les liquidateurs. Il convient de préciser les modalités de leur désignation et de leur cessation de fonction **(§1)**. Par la suite, il faudra brièvement évoquer ses pouvoirs **(§2)**.

§1. LA NOMINATION DU LIQUIDATEUR

610 La désignation du liquidateur obéit à certaines exigences (A). Pour être valable, elle doit également être suivie de sa publication (B).

1026 V. pour plus de détails, V. H. M. KENFACK TAMEGUI, *La liquidation des sociétés commerciales dans l'espace OHADA*, Mémoire de DEA, Yaoundé II (Cameroun), 2008.

1027 V. art. 205 AUS.

1028 V. art. 204 AUS.

A- Les conditions de désignation

611 Le choix de la personne du liquidateur est libre et les fonctions peuvent donc être confiées indifféremment à un associé ou à plusieurs d'entre eux, ou à un tiers. D'une manière générale, les liquidateurs ayant un statut voisin de celui des gérants ou administrateurs qu'ils remplacent comme représentants de la personne morale, il n'existe pas en droit OHADA de liquidateurs de plein droit, c'est-à-dire de personnes auxquelles cette qualité soit attribuée par la loi. La loi n'apporte pas de restriction particulière au choix des liquidateurs. Elle se borne à poser quelques incompatibilités et à déterminer les sources de la désignation.

612 En principe, *ne peuvent être nommées liquidateurs, les personnes auxquelles l'exercice des fonctions de directeur général, d'administrateur, de gérant de société, de membre du directoire ou du conseil de surveillance est interdit ou qui sont déchues du droit d'exercer ces fonctions*[1029].

Tout en fixant avec une relative précision les autorités compétentes et les modalités de leur intervention en cas de liquidation légale, le législateur OHADA a laissé aux statuts ou à la convention des parties le soin de désigner le ou les liquidateurs. Et comme en cas de liquidation légale, les associés conservent normalement le droit de nommer le liquidateur, on peut encore distinguer trois sortes de liquidateurs, selon qu'ils sont nommés par les statuts, choisis par les associés ou désignés par la juridiction compétente.

Le liquidateur statutaire est celui qui est désigné par les statuts alors qu'il n'y a pas liquidation légale et décision de justice[1030]. Le liquidateur désigné à l'avance, dès l'origine de la constitution de la société, entre en fonction sitôt la dissolution intervenue.

Il est fréquent que les statuts, sans désigner nommément le liquidateur, décident que le gérant ou un administrateur exercera les fonctions de liquidateur, ou encore que la liquidation sera faite par celui des associés qui aura été désigné par les autres. Dans ce dernier cas, il a été jugé que c'est en usant du pouvoir qui lui appartient d'interpréter les statuts, que la cour d'appel décide que la cession de ses parts par l'associé régulièrement désigné comme liquidateur n'a pas entraîné automatiquement la perte de sa qualité de liquidateur[1031].

Le liquidateur nommé par les associés était, avant l'OHADA, ou bien un liquidateur statutaire, lorsque les statuts confiaient aux associés le soin de le désigner, en faisant alors en général de cette désignation une des attributions de l'assemblée générale et en précisant les conditions de la décision de celle-ci

---

[1029] V. l'article L. 237-4 du code de commerce français. Il n'existe pas d'interdiction expressément formulée à l'égard de ces personnes en droit OHADA. Mais elle va de soi, puisque parfois l'opération a également pour but de dessaisir ces organes.

[1030] V. art. 203 AUS.

[1031] Cass. com. 11 janv. 1995, Bull. civ. III, n° 29.

(quorum et majorité), ou bien dans le silence des statuts, un liquidateur amiable. On considérait que l'acte de nomination faisait naître un contrat nouveau, un contrat de mandat qui, conformément à la théorie générale des obligations, nécessitait l'accord de toutes les volontés présentes, indépendamment de la position de majoritaires ou de minoritaires des associés dans la société dissoute. Lorsque l'assemblée générale extraordinaire procédait à cette nomination, ses pouvoirs en ce domaine devaient être établis dès l'acte de constitution de la société, ainsi que les conditions de quorum et de majorité. L'irrespect de ces conditions entraînait la nullité de la délibération. Si l'absence de majorité ou de quorum empêchait la nomination, la décision revenait alors au juge. Mais cela était très rare. L'AUS a maintenu aussi la dualité des sources de nomination par les associés. D'une part, les statuts ou les conventions entre associés qui demeurent la base en la matière peuvent confier aux associés la charge de désigner le ou les liquidateurs, dans les conditions qu'ils précisent. D'autre part, en l'absence de dispositions statutaires ou conventionnelles, ou bien, même en leur présence, mais sur décision du juge, obtenue dans les conditions fixées par l'article 223, le ou les liquidateurs sont désignés par les associés.

Dans ce cas, les associés désignent le ou les liquidateurs dans les conditions suivantes 1°) dans les sociétés en nom collectif, à l'unanimité des associés ; 2°) dans les sociétés en commandite simple, à l'unanimité des commandités et à la majorité en capital des commanditaires ; 3°) dans les sociétés à responsabilité limitée, à la majorité en capital des associés ; 4°) dans les sociétés par actions, aux conditions de quorum et de majorité prévues pour les assemblées générales extraordinaires[1032]. Il convient de remarquer, cependant, que la désignation du liquidateur par les associés doit être expresse. On ne saurait déduire cette nomination du comportement d'un ancien dirigeant de la société qui semblait remplir un mandat tacite et apparent. Seul le liquidateur, c'est-à-dire celui qui est désigné, est habilité à représenter la société.

613 Lorsque les associés ne parviennent pas à désigner un liquidateur, c'est alors le juge qui est appelé à le nommer. Le liquidateur nommé par voie de justice était, avant l'OHADA, désigné à la demande de l'un des associés, à défaut de clause statutaire ou de désignation amiable, ou encore en cas de révocation du liquidateur amiable ou lorsqu'il y avait de justes causes soit de ne pas confier la liquidation à un associé désigné par une clause du pacte social, soit de ne pas le maintenir dans les fonctions de liquidateur. Le liquidateur ainsi désigné était considéré comme un mandataire commun de la société et des associés, et pouvait donc être révoqué par une délibération ultérieure prise à l'unanimité, et remplacé par un liquidateur amiable. Depuis l'OHADA, la désignation judiciaire du liquidateur peut se produire dans deux cas différents.

[1032] Art. 206 AUS. V. également V. H. M. KENFACK TAMEGUI, *La liquidation des sociétés commerciales dans l'espace OHADA*, op. cit. P. 341.

Il s'agit tout d'abord du cas où la dissolution était statutaire ou amiable, lorsque les associés n'ont pu nommer un liquidateur ; ensuite, chaque fois que la dissolution est prononcée par décision de justice.

Dans les autres cas, le liquidateur sera encore nommé par décision de justice si les associés « n'ont pu nommer un liquidateur »[1033]. Tout intéressé peut demander cette désignation et saisir par requête le président du tribunal de commerce.

B- La publicité de la nomination

614 L'acte de nomination du liquidateur doit être publié par le liquidateur lui-même[1034].

Cette publicité, obligatoire quelle que soit la forme de l'acte de nomination (statuts, décision des associés, décision de justice), doit se faire dans un journal d'annonces légales ; en outre, pour les sociétés ayant fait publiquement appel à l'épargne, une publicité au Bulletin des annonces légales obligatoires.

L'acte de nomination publié doit contenir des indications permettant d'identifier la société, la cause de la liquidation (dissolution, nullité), les liquidateurs ainsi que les limites de leurs pouvoirs. Aussi est-il nécessaire que l'acte contienne les mentions suivantes : 1° la raison sociale ou la dénomination sociale suivie le cas échéant de son sigle ; 2° la forme de la société suivie de la mention « *en liquidation* » ; 3° le montant du capital social ; 4° l'adresse du siège social ; 5° les numéros d'immatriculation de la société au registre du commerce et à l'Institut national de la statistique et des études économiques ; 6° la cause de la liquidation ; 7° les noms, prénoms usuels et domiciles des liquidateurs ainsi que le nom d'usage ; 8° le cas échéant, les limitations apportées à leurs pouvoirs. Sont en outre indiqués dans la même insertion : *a)* le lieu où la correspondance doit être adressée et celui où les actes et documents concernant la liquidation doivent être notifiés ; *b)* le tribunal de commerce au greffe duquel sera effectué en annexe au registre du commerce le dépôt des actes et pièces relatifs à la liquidation.

Enfin, l'article 212, alinéa 2 AUS dispose que la nomination et la révocation ne sont opposables aux tiers qu'à compter de leur publication.

§2. LA CESSATION DES FONCTIONS DE LIQUIDATEUR

615 La clôture de la liquidation met normalement fin aux fonctions des liquidateurs. Cependant, avant cette époque, lesdites fonctions peuvent prendre fin par suite de circonstances diverses, les unes tenant à la personne même du

---

1033 Art. 208 AUS.

1034 Art. 212 AUS

liquidateur, les autres tenant à la volonté des associés ou de l'autorité judiciaire compétente. Au premier groupe, appartiennent le décès, l'interdiction, la déconfiture, la mise en redressement judiciaire du liquidateur, comme aussi le fait de sa démission ; au second, se rattachent les différents cas où la révocation du liquidateur est prononcée. Le problème de son remplacement se pose alors parfois. La loi fixe, en cas de liquidation légale, la durée du mandat du liquidateur et les conditions de son éventuel renouvellement (A) ainsi que celles de la révocation et du remplacement (B).

A- La durée du mandat et renouvellement

616 La durée du mandat du liquidateur est normalement fixée par les statuts ou par les conventions entre les associés qui l'ont désigné. Cette durée est déterminée par la libre volonté de ces derniers. Mais, à défaut de durée prévue dans l'acte de désignation du liquidateur ou dans les statuts ou encore de renouvellement à leur terme, les fonctions du liquidateur prennent fin à l'expiration du délai de trois ans prévu par la loi[1035]. En outre, la forme impérative de l'article 227 AUS devrait conduire à poser qu'en toute hypothèse, *la durée du mandat de liquidateur ne peut excéder trois ans*. Au-delà, il est nécessaire que le mandat soit renouvelé, sans que ce renouvellement puisse être décidé de manière rétroactive par les associés. Cette limitation a pour but d'éviter les liquidations trop longues. Elle a vocation également à s'appliquer à titre supplétif, en cas de liquidation *conventionnelle* dans le silence des statuts et en l'absence de convention expresse des associés sur ce point[1036]. Le point de départ des fonctions permettant de calculer la durée de trois ans est la désignation du liquidateur, soit par les associés, soit par décision de justice.

Le renouvellement du mandat est possible par les associés si le liquidateur a été nommé par eux, ou par décision de justice. L'assemblée générale ne peut renouveler de manière rétroactive ses fonctions dans le but de régulariser la situation en ratifiant les actes passés. Il a été ainsi jugé que l'assignation lancée par les liquidateurs au-delà de la durée légale de leurs fonctions est irrecevable nonobstant toute décision des associés destinée à éteindre l'irrégularité[1037]. La solution est techniquement irréprochable si l'on réduit les pouvoirs du liquidateur à ceux d'un mandataire. À l'expiration du contrat de mandat, il n'est pas possible de le faire renaître. Une autre analyse est possible. Elle consiste à considérer que le mandat à l'issue du délai triennal serait maintenu par l'effet de la loi, jusqu'au renouvellement du liquidateur ou son remplacement. Cette dernière analyse est plus proche des techniques du droit des sociétés en ce qu'elle tire les

---

[1035] Art. 227 AUS.

[1036] V. H. M. KENFACK TAMEGUI, *La liquidation des sociétés commerciales dans l'espace OHADA*, op. cit. p. 341.

Cass. com. 23 mai 2006, préc. ; Cass. com. 23 nov. 1993, *RJDA* 1994, n°174.

[1037] Cass. com. 8 nov. 2005, *D.* 2005, AJ 3015, obs. A. Lienhard.

conséquences de la qualité d'organe social du liquidateur qui fonde par l'effet de la loi la nécessité d'une représentation légale de la personne morale. La solution a le mérite également de contribuer à la sécurité des tiers et d'éviter les contentieux dilatoires, d'autant que la nécessité d'une publicité du renouvellement des fonctions du liquidateur peut être discutée[1038].

B- Les causes de cessation des fonctions personnelles du liquidateur

617 Tout liquidateur décédé doit être remplacé ; ni ses héritiers ni l'administrateur de sa succession ne peuvent lui succéder dans l'exercice de pouvoirs qui ne lui ont été consentis qu'en considération de sa personne. Toutefois, lorsque le liquidateur décédé se trouve, en qualité d'associé, tenu de toutes les dettes et copropriétaire de toutes les valeurs qui en dépendent, ses héritiers ou représentants ont qualité pour faire rentrer les créances actives dans la caisse sociale et pour demander l'exécution contre les débiteurs de la société.

Le mandat de liquidateur prend fin également par l'interdiction et la déconfiture. Mais ces événements sont sans effets sur les fonctions du liquidateur quand ils atteignent chacun des associés considérés isolément, car aucun de ceux-ci n'est à proprement parler le mandant du liquidateur.

Le liquidateur peut, comme tout mandataire, renoncer à ses fonctions et donner sa démission. Une démission causant un préjudice à la société donnerait naissance à une action en dommages et intérêts contre l'intéressé (démission intempestive ou de mauvaise foi). Cependant, celui qui se serait engagé, dans le traité d'acquisition du fonds immobilier d'une société, à en opérer la liquidation, pourrait être contraint de continuer ladite liquidation jusqu'à ce que le juge ait statué sur le mérite de son action en résolution du traité par lui souscrit avec les vendeurs.

C- La révocation

618 En principe, tout liquidateur peut être révoqué, mais les conditions de la révocation sont variables en fonction de celles de sa nomination, en particulier selon qu'il a été désigné par les statuts, les associés ou le juge. Le principe général de concordance ou de symétrie des formes, déjà appliqué par la doctrine et la jurisprudence en ce domaine, a été consacré par le législateur puisque l'article 211 AUS dispose que *le liquidateur peut être révoqué et remplacé selon les formes prévues pour sa nomination*. Il faut cependant distinguer selon qu'il s'agit d'un liquidateur statutaire ou nommé par les associés (1) ou d'un liquidateur désigné par décision de justice (2).

[1038] V. en ce sens, Sociétés commerciales, Francis Lefebvre, 2007, n° 27637, qui cite : Rép. RICKERT, AN 16-5-1972, p. 1561, n° 23022.

1- Le liquidateur statutaire ou nommé par les associés

619 Désigné par hypothèse dans le cadre d'une liquidation « *conventionnelle* », le liquidateur statutaire est révoqué dans les conditions prévues par les statuts. Dans le silence de ceux-ci relativement à la révocation, la doctrine exigeait l'unanimité des associés[1039], bien que certains auteurs ne la considéraient nécessaire que dans les sociétés de personnes. Mais, dans le silence des statuts, les règles de la liquidation légale ont vocation à jouer leur rôle supplétif, ce qui permet l'application des conditions légales de nomination et de révocation du liquidateur dans chaque type de société.

De la même manière, lorsque le liquidateur est nommé par décision des associés, à l'occasion d'une dissolution qui n'a pas été prononcée en justice, il doit être révoqué dans des conditions identiques à celles de sa nomination. Aussi convient-il de distinguer le cadre de la liquidation conventionnelle de celui de la liquidation légale.

En cas de liquidation conventionnelle, il importe d'appliquer les dispositions relatives aux statuts qui confiaient aux associés le soin de désigner le liquidateur, ou de la décision de nomination de cette révocation. Si ces dispositions sont muettes en ce qui concerne la révocation, celle-ci interviendra dans les conditions qu'elles posaient pour la nomination elle-même. Mais en aucun cas le consentement du liquidateur n'est requis *ès qualités*.

2- Le liquidateur désigné par décision de justice

620 Deux cas doivent être distingués[1040], selon que la dissolution de la société a été statutaire ou amiable, ou au contraire décidée par voie de justice.

En cas de dissolution statutaire (terme prévu) ou décidée par les associés, le liquidateur désigné par la juridiction compétente, parce que les associés n'ont pu se mettre d'accord, ne peut être révoqué que par cette juridiction. Il paraît en effet nécessaire de refuser aux associés le droit de révoquer le liquidateur judiciaire sans s'adresser au juge, afin d'éviter l'incertitude des tiers et le désordre dans la liquidation.

En cas de dissolution prononcée par décision de justice, le liquidateur désigné par cette même décision ne peut être révoqué que par l'autorité qui l'a nommé. Passant outre les objections que certains auteurs avaient adressées à cette solution au motif que le tribunal, en désignant le liquidateur, n'avait agi qu'à la place des associés, et qui y voyaient une application abusive de l'idée de concordance des formes[1041].

[1039] J. HAMEL, G. LAGARDE et A. JAUFFRET, *op. cit.*, n° 487 ; C. HOUPIN et H. BOSVIEUX, *op. cit.*, n°s 242 et 271.
[1040] D. BASTIAN, note sous CA Paris, 14 févr. 1959, préc.
[1041] D. BASTIAN, note préc.

Les cas de cessation de fonctions autres que la révocation ne donnent pas lieu à publicité, l'événement qui l'entraîne étant connu par d'autres voies.

§3. LE RÔLE DU LIQUIDATEUR

621 Chargé par la loi de réaliser l'actif, de régler le passif et de répartir en cours de liquidation des fonds devenus disponibles, le liquidateur est à effectuer quatre catégories d'opérations : des actes conservatoires, préparatoires ou accessoires ; des actes conduisant à la réalisation de l'actif (B) ; les opérations de règlement du passif et éventuellement la répartition des fonds devenus disponibles en cours de liquidation. Préalablement, il importe de déterminer comment ces pouvoirs sont exercés en cas de pluralité de liquidateurs (A).

A- La pluralité de liquidateurs

622 Lorsque plusieurs liquidateurs avaient été nommés sans que les attributions aient été l'objet d'une répartition entre eux, il y avait controverse en doctrine sur la question de savoir s'ils pouvaient accomplir séparément les actes de la liquidation. Les uns répondaient par l'affirmative[1042] ; les autres estimaient au contraire que les liquidateurs ne peuvent agir qu'en commun, à moins que l'acte par lequel ils ont été investis de leur mandat ne les autorise à agir séparément, le principe formulé par l'article 1857 du Code civil ne pouvant être étendu aux coliquidateurs[1043].

En réalité, il semble logique d'étendre aux liquidateurs les solutions admises relativement aux gérants et aux administrateurs, ce qui conduit à établir une distinction entre les sociétés de personnes et les sociétés par actions. Dans les sociétés de personnes et aussi dans les sociétés à responsabilité limitée, chacun des gérants peut agir seul, à moins que les statuts, le tribunal ou la délibération des associés n'en aient décidé autrement[1044]. Dans les sociétés par actions en revanche, les liquidateurs ne pourraient, à moins de conventions contraires, agir qu'en commun[1045].

Le législateur s'est rendu à ces raisons, et l'article 209 AUS pose le principe que les liquidateurs peuvent « exercer leurs fonctions séparément », permettant ainsi à chacun de prendre isolément des décisions. S'il est à prévoir qu'en pratique

---

[1042] V. H. M. KENFACK TAMEGUI, *La liquidation des sociétés commerciales dans l'espace OHADA*, op. cit. ; C. HOUIN et H. BOSVIEUX, *op. cit.*, t. 1, n° 281 ; L. LACOUR et J. BOUTERON, *op. cit.*, n° 360 ; P. PIC et J. KRÉHER, *op. cit.*, n° 624 ;

[1043] V. pour plus de détails, S. TIETO JOGUE, *La fonction du liquidateur dans les opérations de liquidation de bien*, Mémoire de DEA, Faculté des Sciences Juridiques et Politiques de l'Université de Yaoundé II (Cameroun), 2009. C. L. LYON-CAEN et L. RENAULT, *op. cit.*, t. 1, n° 894 ; J. COPPER-ROYER, *op. cit.*, t. 4, n° 671.

[1044] P. PIC et J. KRÉHER, *op. cit.*, n° 624 ; PIC, « Le problème de la gestion collective dans les SARL », *DH* 1928, chron. 73.

[1045] P. PIC et J. KRÉHER, *op. cit.*, t. 2, n° 3099.

les liquidateurs arrêteront en commun une répartition des tâches, il s'agit uniquement pour eux que d'une faculté, et rien ne leur interdit d'agir isolément ou au contraire de se fixer une règle de conduite selon laquelle toutes décisions seront prises et toutes les opérations effectuées d'un commun accord.

623 Toutefois, le texte réserve la « disposition contraire de l'acte de nomination » ; il laisse ainsi le champ libre à des restrictions obligeant les liquidateurs à décider et à agir ensemble, soit en général, soit pour certaines opérations.

À l'inverse, les pouvoirs correspondant à cette dernière étaient du domaine exclusif de celui à qui elle avait été confiée[1046], lorsque le tribunal qui a nommé les liquidateurs a décidé qu'ils agiraient, conjointement ou séparément, en se conformant aux délibérations de l'assemblée générale pour remplir leur mission, que les délibérations de l'assemblée prévoyaient également qu'ils agiraient conjointement ou séparément, tout en leur attribuant à chacun spécialement une mission.

Enfin, l'art. 209, al. 2 AUS apporte un tempérament d'importance au droit des liquidateurs d'agir séparément : en tout état de cause, *ils établissent et présentent un rapport commun* . Il ne fait pas de doute que sont visés tous les rapports que les liquidateurs sont appelés à présenter aux associés. En cas de divergence de vues entre eux, certains auteurs suggèrent à juste titre d'étendre aux liquidateurs la règle posée pour les commissaires aux comptes et de faire apparaître l'opinion de chacun[1047] dans le rapport.

B- Les opérations diverses conservatoires ou annexes

624 Le liquidateur peut procéder à tous les actes nécessaires pour assurer la conservation de l'actif social. Au nombre des actes conservatoires, figurent notamment les actes interruptifs de prescription, l'inscription ou le renouvellement d'une inscription de privilège ou d'hypothèque, la production à la faillite d'un débiteur de la société, les saisies-arrêts, les mesures diverses tendant à assurer l'entretien de divers éléments de l'actif, telles que les réparations, les demandes en renouvellement de baux commerciaux.

Représentant de la société en liquidation, le liquidateur a qualité pour ester en justice pour le compte de la société devant toutes les juridictions, tant en demande qu'en défense, devant les juridictions de tout ordre, sans qu'il soit nécessaire de mettre individuellement en cause les associés. Toute assignation délivrée à un autre qu'au liquidateur n'atteindrait pas valablement la société.

[1046] V. S. TIETO JOGUE, *La fonction du liquidateur dans les opérations de liquidation de biens*, op. cit.,

[1047] J. HÉMARD, F. TERRÉ et P. MABILAT, *La réforme des sociétés commerciales*, op. cit., p. 226.

625 Ces règles sont indispensables. En effet, pour acquitter l'actif, le liquidateur doit pouvoir, à défaut de paiement spontané de la part du débiteur, poursuivre par toutes les voies de droit le recouvrement des créances sociales. La société devrait également remplir les engagements contractés à l'égard des tiers ; ceux-ci doivent pouvoir assigner le liquidateur, lequel représente la personne morale en liquidation. Les jugements rendus contre lui sont opposables aux associés qui ne peuvent les attaquer par voie de tierce opposition.

Représentant de la société, et non simple mandataire des associés *ut singuli,* le liquidateur peut n'être pas nominativement visé dans les actes de procédure. Ceux-ci sont réguliers, même lorsqu'ils se bornent à mentionner la société par son ancienne raison sociale. La jurisprudence a cependant admis à plusieurs reprises que les associés pourraient poursuivre les débiteurs de la société, en raison de leur vocation au partage des bénéfices, en cas d'inaction du liquidateur. La transaction et le compromis comptent parmi les actes qui ont soulevé le plus de controverses et pour lesquels, les liquidateurs prennent souvent en pratique la précaution d'obtenir une autorisation spéciale du tribunal ou des associés.

626 Ces facultés ont été refusées par les auteurs qui déniaient au liquidateur le droit de faire des actes de disposition - la transaction et le compromis -, même lorsqu'ils concernent des intérêts mobiliers, entrant dans cette catégorie. La majorité des auteurs et des arrêts ont été favorables à la validité de la transaction ou du compromis. En effet, le fondement du mandat du liquidateur est la conversion, effectuée le plus rapidement possible, de l'actif en espèces liquides, et par conséquent, de mettre fin au prix de certaines concessions, aux litiges susceptibles d'entraver la procédure. On fait valoir que la transaction n'est en somme qu'une variété de cession, admise en général, et quant au compromis, il peut être dans certains cas, le moyen le plus rapide et le plus économique de trancher une contestation susceptible de faire obstacle à la réalisation de l'actif. ; Ces deux opérations, vues avec une certaine défiance par la loi civile, sont au contraire courantes en matière commerciale[1048]. Les dispositions de l'AUS paraissent de nature à lever toute hésitation dans ce domaine. En reconnaissant au liquidateur les pouvoirs les plus étendus pour réaliser l'actif, même à l'amiable, elles visent à n'en pas douter, ces modes de règlements amiables que sont la transaction et le compromis. Par suite, sous réserve de dispositions contraires des statuts ou de l'acte de nomination, dans la mesure du moins où elles seraient opposables aux tiers, le liquidateur peut y avoir recours.

627 Enfin, l'étendue des pouvoirs reconnus au liquidateur modifie quelque peu les données du problème des emprunts effectués par celui-ci au nom de la société. Les pouvoirs en matière de réalisation d'actif et de règlement du passif attribués au liquidateur conduisent à lui reconnaître le droit de procéder à des

---

[1048] J. HAMEL, G. LAGARDE et A. JAUFFRET, *op. cit.*, n° 488 ; G. VUILLERMET, *op. cit.*, p. 118.

emprunts, mais sous deux réserves. D'une part, les statuts ou l'acte de nomination peuvent le restreindre, sans du reste que ces restrictions soient toujours opposables aux tiers. D'autre part, lorsque ces emprunts ont pour but de permettre à la société de parachever les affaires en cours ou d'en engager de nouvelles, il semble qu'ils doivent être autorisés par les associés ou par décision de justice, à moins que les statuts ou conventions expresses les aient d'avance autorisés.

SECTION II- LE DÉROULEMENT DE LA LIQUIDATION

628 On peut distinguer deux principales opérations dans le cadre de la liquidation : la réalisation de l'actif d'une part (§1) et sa répartition (§2) d'autre part. Ces opérations se déroulent sous le contrôle des associés et même du commissaire aux comptes (§3).

§1. LA RÉALISATION DE L'ACTIF

629 Pour parvenir à la réalisation de l'actif qui est la transformation en espèces des biens non partageables, le liquidateur doit le plus souvent effectuer un certain nombre d'opérations (B) d'aliénations diverses (C) en vue de la continuation de l'exploitation (D). Avant d'envisager l'analyse de ces opérations, il convient auparavant d'examiner la portée des restrictions aux pouvoirs des liquidateurs à l'égard des tiers (A).

A- La portée des restrictions aux pouvoirs des liquidateurs à l'égard des tiers

630 Le liquidateur est investi des pouvoirs les plus étendus pour réaliser l'actif, même à l'amiable. Selon l'article 230 AUS, les restrictions à ces pouvoirs, résultant des statuts ou de l'acte de nomination, ne sont pas opposables aux tiers. Il en ressort incontestablement que de telles restrictions produisent leurs effets à l'égard des associés ; par suite, la responsabilité du liquidateur[1049] qui les a méconnues se trouve engagée à leur égard dès lors que les actes passés avec des tiers et dont ceux-ci exigent l'exécution leur causent un préjudice.

En revanche, les auteurs ne s'accordent pas sur la portée à donner à cette disposition. Les uns estiment que l'inopposabilité aux tiers concerne aussi bien le cas de liquidation amiable que celui de liquidation légale[1050]. D'autres la considèrent au contraire comme « inapplicable dans la liquidation amiable »[1051]. Une compréhension intermédiaire du texte paraît préférable, sur la base des rapports entre les deux procédures de liquidation. Si la liquidation est purement

---

[1049] CCJA, Arrêt n° 050/2009, Affaire : Société Centrafricaine Méridien Industries Forestières dite Camif (Conseils : Maître Noulowe Michel et Celestin Nzala, Avocats à la Cour) Contre Société Arenas Negoce International dite Ani (Conseil : Maître Nicolas Tiangaye, Avocat à la Cour), Recueil De Jurisprudence De La Ccja, n° 14, Juillet-Décembre 2009, p. 23.

[1050] G. VUILLERMET, *op. cit.*, p. 118.

[1051] G. RIPERT et R. ROBLOT, *op. cit.*, t. 1, par M. GERMAIN, n° 1115.

amiable, c'est-à-dire entièrement régie par les statuts ou les conventions expresses, il semble difficile de lui appliquer l'article 230, car ce serait enlever une grande partie de son intérêt à l'organisation prévue par les accords. Les restrictions aux pouvoirs du liquidateur sont alors opposables aux tiers, qui les connaissent grâce à la publicité des statuts ou de l'acte de nomination. Cette inopposabilité est fondée sur l'importance de ces actes : la réalisation de l'actif est l'opération essentielle qui incombe au liquidateur, puisqu'elle conditionne les autres, c'est-à-dire le règlement du passif et la répartition du solde disponible. Il est donc normal que ces actes soient au maximum facilités et les pouvoirs du liquidateur préservés dans ce domaine ; or, l'inopposabilité aux tiers des restrictions à ses pouvoirs en est le meilleur moyen.

B- Le recouvrement des créances

631 Dans ce domaine, le liquidateur peut agir soit contre les tiers, soit contre les associés eux-mêmes.

C'est au liquidateur seul, représentant de la société personnifiée, qu'il appartient de poursuivre, par toutes les voies de droit, le recouvrement des sommes dues à la société. Par suite, la quittance qu'un associé non-liquidateur s'aviserait de donner, même pour sa part, à un débiteur de la société, ne serait pas libératoire. Si la créance dont le liquidateur reçoit le remboursement était garantie par une hypothèque, il peut en donner mainlevée.

Parmi les débiteurs sociaux figurent les associés eux-mêmes pour le complément de leur part sociale, le remboursement des avances qui ont pu leur être faites, ou s'ils sont associés en nom, leur part contributive dans l'acquittement du passif. Le liquidateur a en conséquence, comme l'aurait eu le gérant, le droit de réclamer le versement intégral de l'apport. Il peut actionner chacun des associés sans avoir à justifier de l'insuffisance de sa caisse en face du passif[1052]. Il en est ainsi, en tout cas, dans les sociétés par actions, où il est matériellement impossible d'établir *a priori* le compte exact de la quote-part qui incombera définitivement à chaque actionnaire dans le passif social[1053].

632 Quant au remboursement des avances consenties à un associé, et aux dettes quelconques, contractuelles ou délictuelles, autres que la dette d'apport, dont il peut être tenu vis-à-vis de la société, l'associé en est tenu comme un tiers quelconque et ne saurait être admis à n'opposer aucune exception dilatoire.

D'autre part, le liquidateur d'une société en commandite ayant pour mission, comme représentant de la société, de répartir entre les associés le solde de l'actif social après paiement du passif, a qualité pour faire régler en vue de cette répartition définitive, les droits et les obligations de chacun des associés au regard

---

[1052] Paris, 12 déc. 1919, *Journ. soc.* 1920. 25 ; J. COPPER-ROYER, *op. cit.*, t. 4, n° 679 ; V. cep. Paris, 2 août 1901, Le Droit 16 nov.
[1053] A. BOISTEL, DP 1889. 2. 1, note 1-2.

les uns des autres, notamment pour réclamer contre l'associé gérant les sommes par lui dues à raison de sa contribution dans les pertes de la société.

C- Les aliénations

633 Si l'aliénation des meubles n'a guère soulevé de difficultés, excepté pour la vente ou le nantissement du fonds de commerce, celle des immeubles a divisé les auteurs. Mais il faut en outre tenir compte de la réglementation ou de l'interdiction de certaines opérations. C'est ainsi que les cessions totales ou partielles d'actifs, donc les aliénations d'éléments mobiliers ou immobiliers faites au profit de certaines personnes, sont tantôt interdites, tantôt subordonnées au consentement unanime des associés ou à décision judiciaire. Le liquidateur ayant pour mission de réaliser l'actif, la jurisprudence estime déjà, à juste titre, qu'une décision faisant sortir du patrimoine d'une société dissoute l'élément essentiel de son actif crée un préjudice qui, ne fut-il qu'éventuel, est certain et suffisant à justifier la tierce opposition et l'action du liquidateur qui n'a pas figuré au procès et n'y a pas été représenté. De même, un associé ne peut disposer personnellement des biens sociaux, et est nul l'acte par lequel un associé offre de verser à son ex-épouse la somme représentant les droits de celle-ci sur les parts de la société (à responsabilité limitée) dépendant de la communauté. En revanche, lorsque le liquidateur d'une société irrégulièrement nommé a vendu une partie de l'actif social, la bonne foi de l'acquéreur met obstacle à l'annulation de la vente.

634 En outre, les cessions globales d'actif, y compris les apports en société sont soumis à certaines conditions. C'est donc sous réserve de ces réglementations qu'il convient d'envisager les ventes de meubles, les ventes et hypothèques d'immeubles et les cessions d'actif, de même qu'en tenant compte des stipulations des statuts ou des conventions expresses dans les conditions découlant des rapports entre les deux procédures de liquidation, amiable et légale. D'une manière générale, même en l'absence de toute clause spéciale insérée à cet effet dans le jugement ou l'acte de nomination, le liquidateur ayant pour mission d'acquitter le passif social et de distribuer l'actif net aux associés doit pouvoir posséder les fonds nécessaires à sa mission. Il appartient au liquidateur, à moins de restriction spéciale dans les pouvoirs à lui conférés, de prendre à l'égard de l'actif mobilier toutes les mesures qu'autorisent les usages du commerce et que comportent les nécessités de la liquidation, alors surtout que les mesures ont pour objet non d'engager de nouvelles entreprises, mais de consommer des opérations entamées avant la mise en liquidation.

Le liquidateur dispose donc en ce domaine de pouvoirs plus étendus que ceux d'un gérant. Il a ainsi le pouvoir de vendre les éléments faisant partie de l'actif social mobilier sans qu'il y ait lieu de distinguer entre les meubles corporels, l'outillage, les marchandises et les valeurs incorporelles de toute nature (titres, créances, brevets, etc.). Les auteurs sont généralement d'accord pour étendre à la vente de fonds de commerce, la liberté laissée au liquidateur de disposer des biens mobiliers[1054], sauf si l'acte qui l'a investi subordonne la validité de cette opération à l'approbation des intéressés ou à l'homologation du tribunal.

635 Avant toute vente du fonds, les associés ont le droit d'exiger que le liquidateur n'aliène pas ceux des éléments du fonds apportés par eux et dont les statuts leur réserveraient, expressément ou implicitement, la reprise en nature, tels que les brevets d'invention ou le droit au bail apporté à la société pour la jouissance seulement. Cette reprise en nature ne peut soulever aucune difficulté lorsque les statuts ont expressément reconnu à l'associé le droit de l'effectuer. ; Dans ce cas, l'apporteurrecouvre tous ses droits sur l'apport retiré de la société dissoute, notamment sur le brevet d'invention, et pourrait même le céder à une société nouvelle, d'autant plus que la liquidation s'est déroulée entre les associés, aucun créancier social ne s'étant révélé.

S'agissant des ventes et hypothèques des immeubles, ces opérations sont celles qui ont soulevé le plus de controverses en doctrine et d'indécisions en jurisprudence. Ce qui explique qu'en pratique, les liquidateurs prennent la précaution de se faire couvrir par une autorisation des associés ou par une décision de justice.

En ce qui concerne spécifiquement la constitution d'hypothèque, les partisans de la validité de l'hypothèque constituée par le liquidateur sans autorisation spéciale étaient moins nombreux. Non seulement la constitution d'hypothèque est, comme l'aliénation des immeubles, un acte de disposition excédant les pouvoirs d'un administrateur général, mais elle est, de plus, de l'avis de certains auteurs, contraire au principe que le liquidateur ne saurait être admis à créer une charge nouvelle pour les associés.

Cependant, certains auteurs sont d'avis que si le liquidateur a le droit d'aliéner les immeubles, il a également le droit d'hypothéquer, d'abord parce que le second droit dérive du premier, ensuite parce que l'hypothèque n'a pas forcément pour résultat l'aliénation[1055].

D- La continuation de l'exploitation sociale

636 L'AUS permet expressément, sous réserve de dispositions contraires des statuts ou conventions, la continuation de l'exploitation sociale ; mais il soumet la continuation des affaires en cours et l'engagement d'affaires nouvelles, d'une part aux besoins de la liquidation, d'autre part à une autorisation du juge[1056]. Il est remarquable que les deux catégories d'opérations dont la distinction était la base essentielle de la jurisprudence et de la doctrine relativement à l'étendue des pouvoirs du liquidateur, soient ainsi assimilées et identiquement traitées.

[1054] J. HAMEL, G. LAGARDE et A. JAUFFRET, *op. cit.*

[1055] C. L. LYON-CAEN et L. RENAULT, *op. cit.*, t. 2, n° 386.

[1056] Art. 231 AUS.

Mais en réalité, lorsque les pouvoirs du liquidateur sont régis par des dispositions des statuts ou des conventions expresses, il convient de se référer à celles-ci pour déterminer si, et dans quelle mesure, le liquidateur peut continuer les affaires en cours et en engager de nouvelles. Il en sera ainsi quand les clauses statutaires ou conventionnelles seront suffisamment précises et claires.

En cas de décision de justice ou d'insuffisance des clauses statutaires ou conventionnelles, en tout état de cause, la continuation des affaires en cours ou l'engagement de nouvelles opérations, dans le cadre de la continuation de l'exploitation sociale, sont limités par les « *besoins de la liquidation* » conformément au fondement de la survie de la personnalité morale de la société que le liquidateur représente.

§2. LA RÉPARTITION DU PRODUIT DES RÉALISATIONS

637 L'acquittement des dettes sociales soulève beaucoup moins de difficultés quant aux pouvoirs du liquidateur que les opérations qui ont pour objectif la réalisation de l'actif. Les auteurs sont en général d'accord pour reconnaître au liquidateur les plus larges pouvoirs[1057]. Aussi les problèmes qui se posent concernent moins les pouvoirs du liquidateur en général que la procédure qu'il doit suivre (A), le sort des créances à terme (B), la situation des créanciers de la liquidation avec lesquels le liquidateur a traité pour les besoins de la liquidation (C) et le partage de l'actif net entre les associés (D).

A- Le mode de règlement du passif

638 La législation ne règle pas l'ordre de paiement des créanciers sociaux, et certains auteurs ont regretté que le législateur n'ait pas osé imposer aux liquidateurs l'obligation d'observer les règles de la distribution par contribution. La pratique avait suppléé la carence légale, les liquidateurs professionnels dressant, avant de procéder à un paiement, un état liquidatif complet et détaillé leur permettant de déterminer l'actif et le passif, ainsi que la répartition des créanciers en chirographaires ou privilégiés.

La loi n'ayant organisé aucune procédure particulière de règlement pour la liquidation, il a déjà été débattu du point de savoir si le liquidateur devait respecter un principe d'égalité entre créanciers tel qu'il existe en matière de procédure collective, et répartir l'actif social au marc le franc, ou s'il devait, au contraire, comme l'héritier bénéficiaire, désintéresser les créanciers au fur et à mesure qu'ils se présentent. Il semble que ce soit plutôt la seconde solution qui a prévalu chez les auteurs et dans la jurisprudence, et que ce soit des règles applicables en

---

1057 J. HAMEL, G. LAGARDE et A. JAUFFRET, *op. cit.*, n° 488 ; G. RIPERT et R. ROBLOT, *op. cit.*, t. 1, par M. GERMAIN, n° 1113.

matière de succession bénéficiaire dont on s'inspire[1058]. Cependant, les usages commerciaux apportent à cette solution logique des tempéraments pour permettre d'assurer une plus grande égalité entre les créanciers ; mais ceux-ci se heurtent à la règle d'après laquelle le droit de poursuite des créanciers n'est pas suspendu par la liquidation puisque le liquidateur est le représentant de la société et non des créanciers.

Comme l'héritier bénéficiaire, le liquidateur règle les créanciers dans l'ordre où ils se présentent.

B- Les créances à terme

639 Les créanciers à terme ne perdent pas, du fait de la mise en liquidation, leur droit de réclamer le remboursement de leur créance. Au cas où, avant l'arrivée du terme, l'actif disponible après paiement des dettes échues, sans qu'il ait été tenu compte des sommes non encore exigibles, aurait été distribué entre les associés, les créanciers à terme conserveraient le droit d'agir contre les associés tenus personnellement et solidairement du passif, pour les contraindre au remboursement de leurs créances ou tout au moins au rapport, à concurrence de ce qui leur est dû, des sommes provenant de la liquidation. En outre, ils conserveraient sur ces sommes, un droit de préférence à l'encontre des créanciers personnels des anciens associés[1059]. Toutefois, en pratique, le plus souvent, les créanciers à terme chercheront à obtenir des garanties de paiement, ou bien le liquidateur s'efforcera d'effectuer immédiatement le paiement des sommes non encore exigibles. Aussi la mise en liquidation d'une société soulève-t-elle, en ce qui concerne les créances à terme, deux questions symétriques : le liquidateur peut-il contraindre les créanciers à accepter un remboursement anticipé. Le créancier peut-il exiger de son côté le paiement immédiat de sa créance par la société ?

640 La question de savoir si le liquidateur peut imposer aux créanciers à terme le paiement anticipé de leur créance pour hâter la liquidation est controversée. Pour certains auteurs, le liquidateur ne peut contraindre les créanciers à recevoir leur paiement avant l'époque convenue. Il pourrait uniquement consigner les sommes dues, certains auteurs allant même jusqu'à obliger la société à se maintenir en liquidation jusqu'à l'arrivée du terme[1060]. Selon une autre opinion, la liquidation serait assimilable à un cas de force majeure et délierait la société de l'obligation de respecter le terme, en sorte que le créancier dont la créance n'est

---

[1058] G. RIPERT et R. ROBLOT, *op. cit.,* t. 1, par M. GERMAIN, n° 1116 ; J. HAMEL, G. LAGARDE et A. JAUFFRET, *op. cit.*, n° 488 ; P. PIC et J. KRÉHER, *op. cit.,* n° 633.

[1059] C. HOUPIN et H. BOSVIEUX, *op. cit.,* n° 285 ; BUCHÈRE, « Situation des créanciers d'une société commerciale en liquidation », Journ. soc. 1896. 241 et s.

[1060] C. HOUPIN et H. BOSVIEUX, *op. cit.*, n° 356 ; C. L. LYON-CAEN et L. RENAULT, *op. cit.*, t. 2, n° 409.

pas échue ne pourrait se refuser à recevoir un paiement immédiat[1061]. Enfin, certains auteurs admettent le remboursement anticipé contre le gré des créanciers si le terme n'est pas en leur faveur.

Inversement, les créanciers à terme peuvent-ils exiger un remboursement immédiat ? En principe, la mise en liquidation d'une société n'entraîne pas contre elle la déchéance du terme, et les créanciers à terme ne peuvent exiger un paiement immédiat. Ils ont toutefois le droit de faire opposition comme les créanciers de sommes exigibles, mais celle-ci a un caractère purement conservatoire, son effet se limitant en principe à l'obtention de garanties de paiement telles que la consignation des sommes dues, mais non encore exigibles. Les créanciers à terme ont ainsi le droit d'être compris dans la distribution de l'actif social, sauf à ne toucher leur dividende qu'à l'échéance du terme. Par suite, le liquidateur qui, chargé de faire cette distribution, en a, dans un intérêt personnel, exclut les créanciers, doit être condamné à réparer le préjudice qu'il leur a ainsi causé[1062].

641 Cependant, si la liquidation n'emporte pas par elle-même la déchéance du terme, celle-ci peut avoir lieu lorsque les sûretés attachées à la garantie des créances viennent à être diminuées par le fait de la liquidation, par application des dispositions de l'article 1188 du Code civil. Or, tel est le cas, en pratique, de tout paiement des créances échues, surtout lorsqu'il est effectué en fonction d'un plan de répartition proportionnelle, étant de nature à rendre précaire le paiement des créances à terme. C'est la raison pour laquelle les tribunaux déduisent aisément des circonstances que la liquidation entraîne la diminution des sûretés des créanciers à terme[1063]. La majorité des auteurs approuvent la jurisprudence et estiment que l'opposition des créanciers à terme a les mêmes effets que celle des titulaires de créances échues [1064] ; certains, toutefois, limitent même en ce cas l'effet de l'opposition à des sommes dues[1065].

Toutefois, les auteurs qui admettent la possibilité d'un paiement immédiat à la demande des créanciers considèrent qu'il doit être effectué sous déduction d'un escompte ou d'un rabais de la prime d'amortissement s'il s'agit d'une obligation, au moins chaque fois que le remboursement anticipé procure un avantage au créancier[1066].

[1061] E. THALLER et J. PERCEROU, *op. cit.,* t. 1, n° 455 ; P. PIC et J. KRÉHER, *op. cit.,* n° 654 ; comp. L. LACOUR et J. BOUTERON, *op. cit.,* n°s 356 et 646.

[1062]V. Y. DJIGO, *La protection des créanciers sociaux dans l'espace OHADA*, Mémoire de Maitrise, Université Gaston Berger (Saint-Louis, Sénégal), 2011 ; T. civ. Seine, 26 déc. 1995, Journ. soc. 1996. 371.

[1063] Cass. civ. 9 févr. 1964, Cass. req. 24 nov. 1969 et T. civ. Seine, 26 déc. 1895, préc.

[1064] G. RIPERT, *op. cit.,* n° 702 ; E. THALLER et J. PERCEROU, *op. cit.,* t. 1, n° 457.

[1065] C. HOUPIN et H. BOSVIEUX, *op. cit.,* n° 285 ; BUCHÈRE, article préc., Journ. soc. 1896. 241 et s.

[1066] E. THALLER et J. PERCEROU, *op. cit.,* t. 1, n° 457.

C- La situation des créanciers de la liquidation

642 Les tiers avec lesquels le liquidateur a traité pour les besoins de la liquidation et dans la limite de ses pouvoirs, devenus par suite créanciers de la liquidation doivent être en principe lors du règlement du passif, préférés aux créanciers sociaux proprement dits, dont ils ont contribué, le plus souvent, à conserver le gage[1067]. En conséquence, ils doivent bénéficier du privilège spécial prévu par l'article 2102-3° du Code civil.

D- Le partage de l'actif net entre les associés

643 Le partage est l'autre but de la liquidation. Mais, il n'est possible ou valable que si les créanciers sont ou ont été payés. Il peut donc être remis en cause lorsqu'il est démontré que des dettes sociales non prescrites existent.

Cela étant, l'AUS consacre quelques dispositions au partage. L'idée dominante est que le partage intervient normalement après la satisfaction des créanciers. Il est prévu, sauf clause contraire que *le partage des capitaux propres subsistant après remboursement du nominal des actions ou des parts sociales est effectué entre les associés dans les mêmes proportions que leur participation au capital social* [1068]. C'est dire que le liquidateur doit d'abord rembourser à chaque associé la valeur nominale de ses actions ou parts sociales, c'est-à-dire leur apport et ce n'est qu'ensuite, s'il y a un reste, qu'il doit partager les capitaux restants, c'est-à-dire l'excédent d'actif (boni de liquidation) au prorata de la participation de chacun au capital.

644 L'AUS envisage aussi la possibilité d'une distribution des fonds par anticipation, c'est-à-dire un partage en cours de liquidation. Aux termes de l'art. 241 al. 1 AUS *Sous réserve des droits des créanciers, le liquidateur décide s'il y a lieu de distribuer les fonds disponibles en cours de liquidation* . Il s'agit donc pour le liquidateur de faire des acomptes sur liquidation. Cette décision du liquidateur peut être contestée par toute personne intéressée, et notamment par les créanciers. À cet effet, une mise en demeure doit être adressée au liquidateur et si elle reste infructueuse, la personne intéressée peut alors saisir le président de la juridiction compétente pour qu'il soit statué à bref délai sur l'opportunité d'une répartition en cours de liquidation[1069].

Telles sont les règles de la répartition de l'actif social. Il reste à préciser que si les sommes affectées à des créanciers ou à des associés n'ont pu leur être versées, le liquidateur doit, à l'expiration du délai d'un an à compter de la clôture de la liquidation, les déposer sur un compte séquestre ouvert auprès du Trésor public[1070].

[1067] J. HAMEL, G. LAGARDE et A. JAUFFRET, *op. cit.*, n° 488.
[1068] V. art. 237 AUS.
[1069] V. art. 241 al. 2 AUS.
[1070] V. art. 24 AUS.

§3. L'INTERVENTION DES ASSOCIÉS ET DU COMMISSAIRE AUX COMPTES

645 Les associés (A) et le commissaire aux comptes (B) ne sont pas totalement étrangers ou indifférents au processus de liquidation.

A- Les droits des associés

646 La loi reconnaît un droit à l'information (1) et un droit de décision aux associés (2).

1- Le droit à l'information

647 Il faut d'emblée préciser que les associés conservent, durant la période de liquidation, le droit de communiquer des documents sociaux[1071]. Autrement dit, ils peuvent demander que leur soient transmises toutes informations sur la société en liquidation.

Cela dit, le liquidateur est également obligé d'informer les associés. L'art. 228 al. 1 AUS prévoit que : *Dans les six mois de sa nomination, le liquidateur convoque l'assemblée des associés à laquelle il fait rapport sur la situation active et passive de la société, sur la poursuite des opérations de la liquidation, le délai nécessaire pour les terminer* . En cas de défaillance, les associés peuvent obtenir, par décision de justice, la convocation de l'assemblée par un mandataire désigné à cet effet[1072].

La réunion de l'assemblée des associés doit donc permettre à ceux-ci de prendre connaissance de la situation réelle de la société en liquidation (actif et passif) et du programme ainsi que du chronogramme d'actions du liquidateur. Ce n'est que mieux informés qu'ils peuvent prendre les décisions nécessaires.

2- Le pouvoir de décision

648 Il revient aux assemblées des associés de prendre les décisions nécessaires, et notamment d'accorder les autorisations exigées par la loi au liquidateur : par exemple en cas de cession globale d'actif ou d'apport en société[1073]. En tout cas, lorsque certaines opérations que doit mener le liquidateur nécessitent une autorisation préalable, il revient aux associés de prendre la décision dans les conditions de quorum et de majorité prévues pour chaque forme de société[1074]. Si la décision ne peut être prise pour défaut de majorité, le liquidateur peut saisir le président de la juridiction compétente qui statue à bref délai[1075].

[1071] V. art. 234 AUS.
[1072] V. art. 228 al.4 AUS.
[1073] V. art. 215 AUS.
[1074] V. art. 228, 233 et 234 AUS.
[1075] V. art. 235 al. 2 AUS.

B- Le rôle du commissaire aux comptes

649 Il convient de rappeler que la dissolution de la société ne met pas fin aux fonctions du commissaire aux comptes (art. 225 AUS). Celui-ci reste donc en place durant toute la période de la liquidation. Sa mission consiste essentiellement à s'assurer de la régularité des opérations financières ou comptables réalisées par le liquidateur.

SECTION III- LA CLÔTURE DE LA LIQUIDATION

650 La clôture de la liquidation marque la fin des opérations de liquidation. Il convient d'en préciser le régime (§1) avant d'évoquer la responsabilité éventuelle du liquidateur (§2).

§1. LE RÉGIME DE LA LIQUIDATION

651 Il faut d'emblée rappeler que la clôture de la liquidation doit intervenir normalement dans un délai de trois ans à compter de la dissolution de la société. Au cas où elle n'est pas achevée, le liquidateur peut demander la prorogation de son mandat. De même, le ministère public ou tout intéressé peut saisir la juridiction compétente afin qu'il soit procédé à l'achèvement[1076]. Cela étant, il faut préciser les conditions dans lesquelles intervient la clôture (A) et les effets qu'elle emporte (B).

A- Les conditions

652 L'AUS précise d'une part, la manière et les conditions dans lesquelles est prise la décision de clôture (1), d'autre part la publicité à laquelle elle doit donner lieu, sous forme d'un avis (2).

1- La décision de clôture

653 La décision appartient aux associés, réunis en assemblée ; mais la loi a prévu le cas où celle-ci ne parviendrait pas à une approbation des comptes présentés par le liquidateur, et confie alors la décision au juge. Quelle que soit l'autorité qui se prononce (a), elle le fait après examen des comptes du liquidateur (b), auquel elle délivre un quitus (c) avant de constater officiellement la clôture de la liquidation (d).

a- L'autorité compétente

654 C'est normalement à l'assemblée des associés qu'il appartient de statuer sur le compte définitif, sur le quitus, la décharge du mandat du liquidateur et la clôture de la liquidation. Il ne s'agit plus d'une convention, mais d'une décision prise en assemblée, c'est-à-dire à la majorité, et dans certaines conditions. Par suite, la question n'est pas de savoir à quelles conditions et à quel moment les

---

[1076] V. art. 216 al. 2 AUS.

associés pouvaient décider la clôture de la liquidation avec tous les effets qu'elle implique. Cette question avait divisé la doctrine et conduit la jurisprudence à apporter à sa position de principe des réserves nombreuses, mais quelque peu incertaines. Il est clair que le pouvoir de clore la liquidation appartient aux associés, dans les conditions qui vont être précisées et à la date à laquelle ils estiment pouvoir le faire. Mais en conséquence, si le problème de la détermination de la date de la clôture ne se pose plus, subsiste en revanche celui de la portée de cette clôture.

La convocation de l'assemblée de clôture est normalement effectuée par le liquidateur, mieux à même que quiconque d'apprécier son opportunité en fonction de l'état d'achèvement de la liquidation. Toutefois, en cas d'inaction du liquidateur, tout associé peut demander en justice la désignation d'un mandataire chargé de procéder à la convocation[1077].

Le juge décide alors s'il y a lieu de faire procéder à la convocation de l'assemblée de clôture. Il lui appartient pour cela d'apprécier si la liquidation est achevée, la désignation d'un mandataire chargé de convoquer les associés ne se justifiant que s'il en est ainsi. Il entendra donc le liquidateur, auquel l'associé demandeur devra donner assignation et qui pourra ainsi exposer les raisons pour lesquelles il n'a pas encore convoqué l'assemblée de clôture.

La convocation de l'assemblée de clôture en fin de liquidation constitue une obligation pour le liquidateur, qui encourt une sanction pénale[1078]. Il appartiendra au juge d'apprécier si véritablement la liquidation était achevée.

655 Par ailleurs, la juridiction compétente peut être appelée à statuer sur la clôture même de la liquidation au cas où l'assemblée de clôture ne peut délibérer ou si elle refuse d'approuver les comptes du liquidateur, ou à la demande de celui-ci ou de tout intéressé. Cette intervention ne se produit que si le liquidateur ou un intéressé (associé ou créancier) la demande ; elle est donc destinée le plus souvent à trancher le conflit qui oppose le liquidateur aux associés ou les associés entre eux. Obligation est faite au liquidateur de saisir le juge pour faire approuver ses comptes, puisqu'il encourt des sanctions pénales.

Afin de permettre au tribunal de se prononcer en connaissance de cause et aussi en vue de permettre aux intéressés de connaître les comptes, l'AUS exige du liquidateur qu'il dépose ses comptes au greffe du tribunal de commerce où tout intéressé peut en prendre connaissance et obtenir à ses frais, délivrance d'une copie.

[1077] Art. 228, al. 4 AUS.
[1078] Art. 902 AUS.

b- La reddition des comptes définitifs du liquidateur

656 Les dispositions relatives à la présentation du compte définitif du liquidateur ne concernent que le cas où la juridiction compétente est saisie à la suite de l'impossibilité pour l'assemblée des associés de délibérer ou de son refus d'approuver les comptes ; elle impose alors un dépôt de ces comptes au greffe du tribunal de commerce. Implicitement, en organisant la clôture, le législateur a cependant posé le principe de l'obligation pour le liquidateur de rendre des comptes définitifs, principe déjà affirmé par la doctrine qui, en l'absence de textes particuliers régissant les comptes du liquidateur, appliquait les règles relatives aux comptes des gérants ou des administrateurs de sociétés, sous réserve des adaptations nécessaires.

657 Quant à son contenu, le compte du liquidateur consiste essentiellement en un compte de recettes et de dépenses. C'est un compte détaillé, qui doit indiquer, d'une part toutes les sommes dont le liquidateur est comptable envers ses mandants, d'autre part, toutes celles dont lui sont redevables les mandants à un titre quelconque[1079].

Aux recettes du compte du liquidateur figurent les sommes dont celui-ci est comptable à un titre quelconque (sommes encaissées, intérêts des sommes perçues, bénéfices réalisés) ; mais il ne doit les intérêts des sommes perçues qu'à partir de la mise en demeure ou s'il est établi qu'il les a employées à son profit.

Sont au contraire portées en dépenses les dettes et charges sociales payées par le liquidateur, ses honoraires, les sommes qui lui sont dues à titre de réparation des dommages qu'il a subis dans l'exécution de son mandat. Si les honoraires du liquidateur n'ont pas été fixés d'avance, il appartient au tribunal de les arbitrer. Quant aux sommes que le liquidateur a payées de ses deniers personnels pour le compte de la société, elles portent intérêt à dater du jour des avances constatées[1080].

c- Le quitus

658 La reddition des comptes du liquidateur n'intéresse que les associés, plus exactement la société ; elle n'est donc pas opposable aux créanciers sociaux non payés et, par suite, le quitus accordé par l'assemblée générale au liquidateur ne saurait priver les créanciers du droit d'agir contre celui-ci en restitution des sommes qu'il aurait indûment réparties entre les actionnaires avant d'avoir apuré le passif social.

2- La publicité

708 Elle est double et concerne d'une part la décision relative aux comptes, au quitus et à la décharge du mandat (a) et d'autre part l'avis de la clôture (b).

[1079] P. PIC et J. KRÉHER, *op. cit.*, n° 651 ; L. LACOUR et J. BOUTERON, *op. cit.*, n° 362.
[1080] C. HOUPIN et H. BOSVIEUX, *loc. cit.*

a- Les comptes et la gestion

659 Aux termes des articles 218 et suivants, les comptes définitifs établis par le liquidateur sont déposés au greffe du tribunal de commerce en annexe au registre du commerce et des sociétés. Il y est joint la décision de l'assemblée des associés statuant sur ces comptes, sur le quitus de la gestion du liquidateur et la décharge de son mandat, ou à défaut, la décision de justice visée à l'article précédent. Ce dépôt est destiné à permettre aux associés et aux tiers de connaître les conditions dans lesquelles la société a été liquidée et tout intéressé pourra demander la délivrance d'une copie intégrale ou partielle des comptes de liquidation et de la délibération ou du jugement joint. Les comptes sont déposés en annexe au registre du commerce et du crédit mobilier.

Dans le cas où le liquidateur avait déposé les comptes au greffe pour que la juridiction statue à leur sujet, il ne paraît pas indispensable qu'il renouvelle le dépôt, puisque ces comptes ont été approuvés sans modification par le jugement. Le liquidateur pourra demander que le dépôt fait en vue de l'instance soit transformé en dépôt définitif. Toutefois, il n'appartient pas au greffier de prendre cette initiative.

Enfin, le dépôt doit nécessairement être antérieur à la publicité de l'avis de clôture, puisque cet avis doit contenir l'indication du greffe de la juridiction où sont déposés les comptes du liquidateur.

b- L'avis de clôture

660 La publicité s'achève par la publication d'un avis de clôture dans un journal d'annonces légales, dont le choix n'est pas libre. En effet, aux termes de l'article 268 AUS, l'avis de clôture de la liquidation, signé par le liquidateur, est publié à la diligence de celui-ci, dans le journal d'annonces légales ayant reçu la publicité (pour l'acte de nomination des liquidateurs. Il indique : 1° la raison sociale ou la dénomination sociale, suivie le cas échéant, de son sigle ; 2° la forme de la société, suivie de la mention « *en liquidation* » ; 3° le montant du capital social ; 4° l'adresse du siège social ; 5° les numéros d'immatriculation de la société au registre du commerce et à l'institut national de la statistique et des études économiques ; 6° les noms, prénoms usuels et domiciles des liquidateurs ; 7° la date et le lieu de réunion de l'assemblée de clôture, si les comptes des liquidateurs ont été approuvés par elle ou, à défaut, la date de la décision de justice prévue par l'article 269, ainsi que l'indication du tribunal qui l'a prononcée ; 8° l'indication du greffe du tribunal où sont déposés les comptes des liquidateurs.

B- Les effets de la clôture

661 Ils peuvent paraître, à première vue, symétriques aux effets de l'ouverture de la liquidation, au prononcé de la dissolution. En effet, la clôture de la liquidation entraîne la disparition de la personnalité morale et la cessation des fonctions du liquidateur. Pourtant, la jurisprudence a apporté quelques aménagements à la rigueur de ce principe, qui permet de sauvegarder les droits des tiers, mais aussi ceux de la société et de ses associés. Pour cette raison, il importe de considérer les effets de la clôture sur la société en tant que personne juridique (1), puis d'envisager le devenir des représentants qui ont été les siens durant la liquidation (2).

1- Les effets de la clôture sur la société

662 D'un point de vue strictement procédural, la clôture de la liquidation entraîne la radiation de la société du registre du commerce et des sociétés (a). Sur le fond, la société perd sa personnalité morale au jour de la clôture (b).

a- La radiation de la société

663 Le liquidateur est obligé de demander la radiation de la société dans le délai d'un mois à compter de la clôture des opérations de liquidation[1081]. La radiation consécutive à la clôture laisse entier le problème d'une éventuelle survie de la société au-delà de la clôture.

La radiation du registre du commerce et du crédit mobilier est effectuée sur justification c'est-à-dire du dépôt des comptes et de la publicité de l'avis de clôture. Le liquidateur produira le récépissé du dépôt et le numéro du journal contenant l'avis.

À défaut, c'est-à-dire si le liquidateur se dérobe à cette dernière mission, tout intéressé, et en premier lieu un associé, peut demander au juge d'ordonner cette radiation.

En tout état de cause, l'immatriculation de la société devient caduque et la radiation est faite d'office par le greffier trois ans après la date de la mention au registre du commerce et du crédit mobilier de la dissolution, et il en serait ainsi avant même l'achèvement de la liquidation, si celle-ci durait plus d'un an et si le liquidateur ne demandait pas la prorogation de l'immatriculation, ce qu'il prendra toujours soin de faire. Chaque prorogation étant annuelle, le greffier pourra procéder d'office à la radiation à l'expiration de la prorogation en cours. Ainsi, la société dont la liquidation est achevée disparaîtra à coup sûr du registre du commerce et du crédit mobilier.

b- La disparition de la personnalité morale

664 En principe, la clôture de la liquidation entraîne la disparition de la société en tant qu'être moral, la continuation de sa personnalité juridique durant la liquidation ayant pour support les besoins de celle-ci. Il semble donc qu'à partir de la publicité de la clôture, la disparition de la société soit définitive, d'autant

---

[1081] Art. 220 AUS.

plus que les conditions de la clôture garantissent que la clôture correspondrait le plus souvent à l'achèvement complet des opérations de liquidation.

Néanmoins, il peut se produire qu'après la clôture, des opérations soient nécessaires[1082], et le législateur ne se prononce pas sur une éventuelle prolongation de la survie de la personnalité morale au-delà de la clôture dans ce cas. La réalisation de l'actif et la répartition du solde disponible étant le plus souvent effectuées avant la constatation de la clôture, c'est surtout en pratique le règlement du passif qui risque de ne pas être entièrement achevé lors de celle-ci.

665 La clôture de la liquidation, formalisée par les articles 216 et suivants de l'AUS, ainsi que la reddition et l'approbation des comptes définitifs sont concomitantes. En revanche, il n'est plus possible de repousser la clôture jusqu'au partage effectif, puisque la loi prend soin de l'en distinguer. La clôture est indiscutablement acquise à partir du moment où la double publicité prévue par la loi est effectuée, corroborée par la radiation du registre du commerce et du crédit mobilier qui la suit normalement.

Aussi, la seule question qui se pose est celle de savoir si la survie (ou la continuation) de la société peut être prolongée jusqu'à la réalisation totale de l'actif ou le règlement complet du passif. Certes, la loi prévoit la survie « *jusqu'à la clôture* » de la liquidation, et pas au-delà, semble-t-il. Mais la formule employée n'exclut pas qu'elle puisse dépasser la clôture formalisée qui serait, dans cette conception, une date avant laquelle la personnalité morale en tout état de cause ne saurait disparaître. En pratique, il s'agit de savoir si un associé pourrait poursuivre le paiement d'une créance sociale ou si un créancier social pourrait réclamer à la société le règlement d'une dette impayée.

La jurisprudence a tranché puisqu'elle a décidé que la personnalité morale subsiste tant que tous les droits et obligations à caractère social n'ont pas été liquidés. La société survit pour les besoins de la liquidation puisqu'elle doit recouvrer toutes ses créances, sans que la radiation du registre du commerce et du crédit mobilier fasse obstacle à cette survie[1083]. Les créanciers n'auront donc pas à agir individuellement contre les associés et à être, le cas échéant, en concours avec leurs créanciers personnels, puisqu'ils pourront assigner la société, même après la décision de clôture, même après la radiation. Y. GUYON fait remarquer toutefois que cette position peut conduire à attendre que la prescription extinctive la plus longue (trente ans) soit écoulée pour que la société disparaisse définitivement[1084].

[1082] V. R. HOUIN et F. GORÉ, « La réforme des sociétés commerciales », *D.* 1967, chron. 121, spéc. 132.

[1083] Cass. 2e civ. 19 nov. 1986, *Bull. Joly* 1986. 1143.

[1084] V. note sous Cass. com. 11 juill. 1988, *Rev. sociétés* 1988. 521.

666 Par ailleurs, en ce qui concerne la représentation de la société, les positions sont contrastées. En effet, contrairement à l'ouverture de la liquidation où le maintien de la personnalité morale est étroitement lié à la nomination du liquidateur, lors de la clôture de la liquidation, le mandat du liquidateur prend définitivement fin, alors même que la personnalité morale subsisterait en raison de l'existence de droits et obligations à caractère social non liquidés. N'est-ce pas, cependant, à ce dernier stade de la liquidation, les seules conséquences logiques de l'existence de la personne morale qui survivent bien plus que l'être moral lui-même, comme le pensent les partisans de la théorie de la réalité ? La nomination en justice d'un mandataire *ad hoc* n'est de ce point de vue que l'expression d'une fiction judiciaire destinée à donner corps à une personne morale dont la trace laissée par elle ne subsiste plus que dans l'ordonnancement juridique.

2- Les effets de la clôture sur les représentants de la société

667 À l' égard des représentants de la société, la clôture emporte cessation définitive de leurs fonctions (a). Mais parfois il peut s'avérer nécessaire de procéder à la désignation de mandataires *ad hoc (b).*

a- La cessation définitive des fonctions du liquidateur et le paiement du solde définitif

668 Lorsque la clôture de la liquidation est décidée, par les associés ou par la décision de justice, le liquidateur se trouve normalement déchargé de son mandat en même temps qu'il lui est donné quitus de sa gestion. Par suite, ses fonctions cessent aussitôt. Néanmoins, le compte définitif approuvé peut faire apparaître un solde qui devra être payé.

669 Le compte ainsi dressé peut être débiteur ou créditeur vis-à-vis de la personne du liquidateur :

- en cas de solde débiteur à la charge du liquidateur, chacun des associés pourra, si des difficultés se présentent à l'occasion du règlement, exercer contre celui-ci l'action tirée du mandat, et demander au tribunal que tout ou partie de la somme réclamée soit consignée jusqu'à l'issue du litige.

- Si le compte fait ressortir un solde créditeur, le liquidateur dispose de deux actions dans les sociétés de personnes : action contre les associés en nom, action contre la société, elle-même envisagée comme personne juridique. S'il agit contre les associés, il peut poursuivre chacun d'eux pour le tout, *in solidum*, à l'exception toutefois du cas où la somme dont il réclame le remboursement aurait été payée par lui en sa qualité d'associé en nom, auquel cas il devrait diviser son recours[1085], mais seuls les associés en nom peuvent être poursuivis, les commanditaires

---

[1085] V. H. M. KENFACK TAMEGUI, *La liquidation des sociétés commerciales dans l'espace OHADA*, op. cit., p 341.

n'étant tenus des charges de la liquidation que s'ils ont donné mandat spécial de liquider.

670 Si le liquidateur agit contre la société elle-même (seule voie dont il dispose dans les sociétés par actions) et entend par suite être payé sur l'actif social, le problème se pose de savoir s'il doit ou non subir le concours des autres créanciers sociaux ou si son action est au contraire privilégiée. Il ne saurait en effet être question de considérer le liquidateur comme étant créancier de la masse des créanciers sociaux qui n'existe pas en matière de liquidation[1086].

La réponse doit être tirée de la trace laissée par elle la nature des rapports existant entre le liquidateur et les créanciers sociaux : en principe, il ne les représente pas et c'est à tort que certaines décisions anciennes lui ont par suite valu un privilège à leur égard pour tous engagements contractés en sa qualité de liquidateur, alors même qu'il aurait été nommé par les associés[1087]. C'est seulement dans les cas où le liquidateur peut être considéré comme ayant représenté les créanciers sociaux qu'il bénéficierait d'une préférence par rapport à eux.

Toutefois, la question ne présente pas un grand intérêt pratique, le liquidateur se trouvant à l'abri du concours des créanciers sociaux grâce aux privilèges de droit commun dont la jurisprudence lui reconnaît le bénéfice, à savoir le privilège général des frais de justice pour ses honoraires et pour les frais nécessités par la liquidation.

b- La désignation d'un mandataire ad hoc

671 Le caractère définitif de la cessation des fonctions du liquidateur paraît contradictoire avec le maintien de la personnalité morale tant que tous les droits et obligations à caractère social n'ont pas été liquidés, selon la formule consacrée par la Cour de cassation. Et ce, d'autant plus qu'à l'ouverture de la liquidation, le défaut de nomination d'un représentant de la société empêche la personnalité morale de celle-ci de subsister.

Pourtant, la société doit être représentée, que ce soit pour intenter ou défendre à une action. Les auteurs pensent que cette désignation peut avoir lieu sur le fondement de l'article 875 du nouveau code de procédure civile[1088]. Toutefois, il appartient au demandeur à l'action de prendre l'initiative de faire désigner ce mandataire chargé de reprendre les opérations de liquidation[1089].

[1086] P. PIC et J. KRÉHER, *op. cit.*, n° 672 ; C. HOUPIN et H. BOSVIEUX, *op. cit.*

[1087] CA Dijon, 17 mars 1962, DP 1962. 2. 94 .

[1088] Y. GUYON, note sous Cass. com. 11 juill. 1988, préc. ; V. égal. J.-P. SORTAIS, note sous Cass. com. 25 janv. 1993, préc.

[1089] Jurisprudence constante : not. Cass. com. 26 janv. 1993, *Rev. sociétés* 1993. 394, note Y. Chartier, *Dr. sociétés* 1993, n° 66, note Th. Bonneau.

§2. LA RESPONSABILITÉ DU LIQUIDATEUR

672 La responsabilité du liquidateur[1090] est essentiellement celle d'un mandataire, qu'il ait été désigné par les statuts, par une délibération spéciale des associés ou par décision de justice, et, en général, d'un mandataire salarié. Mais il convient, en outre, d'envisager la responsabilité que le liquidateur ou les associés peuvent encourir à l'égard des tiers, c'est-à-dire des créanciers sociaux, pour les actes de la liquidation. Enfin, comme ceux des gérants ou administrateurs, les actes du liquidateur peuvent être également sanctionnés. Les solutions dégagées par la jurisprudence ont été reprises à l'article 221, al. 1 AUS, « *le liquidateur est responsable, à l'égard tant de la société que des tiers, des conséquences dommageables des fautes par lui commises dans l'exercice de ses fonctions* ». Au total, il existe donc deux ordres de responsabilité : la responsabilité civile (A) et la responsabilité pénale (B).

A- La responsabilité civile

673 Sur le plan civil, la responsabilité du liquidateur peut être engagée aussi bien à l'égard de la société (1) qu'à l'égard des tiers (2).

1- La responsabilité envers la société

674 Les règles relatives à la responsabilité du mandataire sont, d'une façon générale, applicables à celle du liquidateur[1091]. On pourrait penser à cet égard qu'il encourt les mêmes responsabilités que le dirigeant d'une société qui n'est pas en liquidation. Comme le fait remarquer un auteur, si l'on considère que le liquidateur n'est qu'un dirigeant chargé de la liquidation de la société, il n'y a aucune raison de ne pas autoriser l'exercice de l'action *ut singuli.*

675 Cependant, la responsabilité prévue par l'article 221, al.1 AUS n'est pas subordonnée à la démonstration d'une faute du liquidateur séparable de ses fonctions. Il peut donc être déclaré responsable de toute négligence grave ou faute lourde par lui commise. Ainsi de l'absence de production à la faillite de l'un des débiteurs ou du défaut de renouvellement de l'inscription d'une hypothèque de la société, des expédients ruineux employés par lui en vue de retarder une déclaration de faillite qui, intervenue en temps utile, aurait sauvegardé le gage des créanciers en facilitant un arrangement concordataire, ou s'il a disposé à son profit comme sociétaire, et au profit de ses coparticipants, des fonds restant libres, avant d'avoir procédé à l'extinction des dettes et charges grevant la société. Dans ce cas, le liquidateur peut être condamné à payer aux obligataires, à titre

---

[1090] CCJA, Arrêt n° 050/2009, Affaire : Société Centrafricaine Méridien Industries Forestières dite Camif (Conseils : Maître Noulowe Michel et Celestin Nzala, Avocats à la Cour) contre Société Arenas Negoce International Dite Ani (Conseil : Maître Nicolas Tiangaye, Avocat à la Cour), Recueil De Jurisprudence De La Ccja, n° 14, Juillet-Décembre 2009, p. 23.

[1091] V. P. PIC et J. KRÉHER, *op. cit.*, n° 652 ; C. HOUPIN et H. BOSVIEUX, *op. cit.* ; J. HAMEL, G. LAGARDE et A. JAUFFRET, *op. cit.*

d'indemnité, le montant intégral des obligations s'il est constaté que, sans la faute de ce liquidateur, les obligataires l'auraient touché dans la liquidation. De même, est responsable le liquidateur, chargé par l'assemblée générale des actionnaires de céder l'actif social de façon à donner aux actionnaires un dividende fixé par cette assemblée, qui accepte de payer le dividende à certains actionnaires désignés par le tiers acquéreur au moyen de versements effectués par ce dernier, sans réserver aucun fonds pour les autres, celui qui fait figurer à un poste du bilan une écriture qu'il sait être inexacte, ou qui dépose avec retard le bilan.

676 En cas de pluralité de liquidateurs, en principe, leur responsabilité n'est solidaire qu'autant que l'acte de nomination l'a prévu, de même que pour les gérants. Mais, en matière commerciale, la jurisprudence admet facilement l'existence d'une obligation solidaire par analogie avec les règles admises en matière d'effets de commerce, de société en nom collectif, etc., alors surtout que les liquidateurs peuvent être tenus responsables d'une faute commune. Dans ce cas, et conformément aux principes généraux de la responsabilité, il y aurait entre eux une obligation *in solidum*[1092].

Le quitus donné par les associés au liquidateur décharge celui-ci de toute responsabilité à leur égard et, par suite, le fait, pour un actionnaire, d'encaisser, sans faire de réserves, le dividende pour solde mis en répartition par les liquidateurs, emporte acquiescement et ratification des opérations des liquidateurs, surtout lorsque le reçu délivré par cet actionnaire emportait acquiescement formel aux comptes de la liquidation.

2- La responsabilité envers les tiers

677 À l'égard des tiers, la responsabilité du liquidateur peut être engagée à plusieurs titres, en vertu des principes généraux : les créanciers sociaux peuvent mettre en jeu la responsabilité délictuelle du liquidateur dont les actes auraient compromis leurs intérêts, par exemple en diminuant leur gage. La responsabilité pour faute du liquidateur est le plus souvent retenue lorsqu'il a délibérément omis d'inclure dans les comptes de liquidation une créance dont il avait connaissance, ou encore lorsque le comportement du liquidateur visait manifestement à éviter que la créance de l'employé devînt liquide et exigible en temps utile. De même, commet une faute, le liquidateur qui s'abstient de prévoir une provision pour assurer le paiement des indemnités litigieuses (de licenciement) qui constituaient une créance privilégiée. La faute ayant conduit à l'omission de la créance peut être caractérisée par l'absence de contrôle du liquidateur sur les documents reçus par la société, les agissements du gérant de fait de celle-ci et la mauvaise tenue de la comptabilité. Enfin, les créanciers peuvent mettre en jeu la responsabilité du liquidateur envers la société par la voie de l'action oblique[1093] pour faire rentrer

---

[1092] C. HOUPIN et H. BOSVIEUX, *op. cit.*, n° 289.
[1093] C. civ., art. 1166.

dans la caisse sociale le montant des sommes ou indemnités dues par le liquidateur à la société et que celle-ci négligerait de réclamer[1094].

Quoi qu'il en soit, qu'elle soit intentée par les associés ou par les tiers, l'action se prescrit par cinq ans à compter du fait dommageable ou, s'il a été dissimulé, de sa révélation[1095].

B- La responsabilité pénale

678 D'une manière générale, le liquidateur s'expose à toutes les sanctions prévues par la législation sur les procédures collectives à l'encontre des dirigeants de la personne morale, car il est le représentant de la personne morale chargé de la gestion jusqu'à la clôture de la liquidation.

Toutes les infractions prévues sont intentionnelles et concernent le début et la fin de la liquidation, les opérations de la liquidation ainsi que l'abus des biens ou du crédit de la société et la cession de tout ou partie de l'actif. Selon l'article 902 encourt une sanction pénale, le liquidateur d'une société qui, sciemment : 1°) n'a pas dans le délai d'un (1) mois à compter de sa nomination, publiée dans un journal habilité à recevoir les annonces légales du lieu du siège social, l'acte le nommant liquidateur et déposé au registre du commerce et du crédit mobilier les décisions prononçant la dissolution ; 2°) n'a pas convoqué les associés, en fin de liquidation, pour statuer sur le compte définitif de la liquidation, sur le quitus de sa gestion et la décharge de son mandat et pour constater la clôture de la liquidation ; 3°) n'a pas, dans le cas prévu à l'article 219 ci-dessus, déposé ses comptes définitifs au registre du commerce et du crédit mobilier du lieu du siège social, ni demande en justice l'approbation de ceux-ci.

679 De même, relativement au déroulement des opérations de liquidation, lorsque la liquidation intervient sur décision judiciaire, encourt une sanction pénale le liquidateur qui, sciemment : 1°) n'a pas dans les six (6) mois de sa nomination, présenté un rapport sur la situation active et passive de la société en liquidation et sur la poursuite des opérations de liquidation, ni sollicité les autorisations nécessaires pour les terminer ; 2°) n'a pas dans les trois (3) mois de la clôture de chaque exercice établi les états financiers de synthèse au vu de l'inventaire et un rapport écrit dans lequel il rend compte des opérations de la liquidation au cours de l'exercice écoulé ; 3°) n'a pas permis aux associés d'exercer en période de liquidation, leur droit de communication des documents sociaux dans les mêmes conditions qu'antérieurement ; 4°) n'a pas convoqué les associés, au moins une fois par an, pour leur rendre compte des états financiers de synthèse en cas de continuation de l'exploitation sociale ; 5°) n'a pas déposé à un compte ouvert dans une banque au nom de la société en liquidation, dans le

---

[1094] C. L. LYON-CAEN et L. RENAULT, *op. cit.*, t. 2, n° 395 ; V. sur tous ces points, C. HOUPIN et H. BOSVIEUX, *op. cit.*, n° 289 ; J. COPPER-ROYER, *op. cit.*, t. 4, n° 700.
[1095] Art. 222 AUS.

délai de quinze (15) jours à compter de la décision de répartition, les sommes affectées aux répartitions entre les associés et les créanciers ; 6°) n'a pas déposé, sur un compte de consignation ouvert dans les écritures du Trésor, dans le délai d'un (1) an à compter de la clôture de la liquidation, les sommes attribuées à des créanciers ou à des associés et non réclamées par eux[1096].

680 Enfin, quant aux actes du liquidateur relatifs aux biens ou au crédit de la société, selon l'article 904 AUS encourt une sanction pénale le liquidateur qui, de mauvaise foi : 1°) a fait des biens ou du crédit de la société en liquidation, un usage qu'il savait contraire à l'intérêt de celle-ci, à des fins personnelles ou pour favoriser une autre personne morale dans laquelle il est intéressé, directement ou indirectement ; 2°) a cédé tout ou partie de l'actif de la société en liquidation à une personne ayant eu dans la société la qualité d'associé en nom, de commandité, de gérant, de membre du conseil d'administration, d'administrateur général ou de commissaire aux comptes, sans avoir obtenu le consentement unanime des associés ou à défaut, l'autorisation de la juridiction compétente.

[1096] Art. 903 AUS.

DEUXIÈME PARTIE

LES RÈGLES SPÉCIALES À CHAQUE TYPE DE SOCIÉTÉ COMMERCIALE

681 Le droit spécial des sociétés commerciales est constitué des règles propres à chaque type de société commerciale. Il s'agit des règles qui complètent les règles communes à toutes les sociétés et qui ont été envisagées dans la première partie.

Cela étant, il convient de relever que malgré les particularités qui les caractérisent, l'on dénote certaines affinités qui permettent de regrouper les sociétés entre elles. Ainsi, il est classique, en raison des risques encourus par les associés, d'opposer les sociétés où les risques sont illimités (Titre 1) aux sociétés aux risques limités (Titre 2).

TITRE I

LES SOCIÉTÉS À RISQUES ILLIMITÉS

682 Les sociétés à risques illimités ont des caractères communs. Il s'agit des sociétés dans lesquelles les associés se connaissent tous et contractent en considération de la personne. Le contrat de société est conclu *intuitu personae*. Ce sont des sociétés à haut risque dans la mesure où l'on ne peut à l'avance fixer un minimum de mise à ne pas dépasser, si les affaires tournent mal, on peut y laisser toute sa fortune.

683 Cependant, au-delà de ces points communs, chaque société a son caractère propre, les fondateurs pouvant choisir entre différents modèles. Il importe alors de faire le départ entre les deux catégories :

- La première catégorie regroupe les sociétés immatriculées, lesquelles sont dotées de la personnalité morale (Chapitre 1),

- La deuxième est celle des sociétés non immatriculées, dépourvues de ce fait de la personnalité morale (Chapitre 2).

CHAPITRE I

LES SOCIÉTÉS COMMERCIALES DOTÉES DE LA PERSONNALITÉ MORALE

684 Elles se divisent en deux catégories : la Société en Nom Collectif (SNC) et la Société en Commandite Simple (SCS). La première qui est la plus ancienne et au demeurant la plus simple, constitue l'archétype de la société de personnes. D'ailleurs, lorsqu'aucune forme sociale n'a été retenue, c'est celle de la SNC qu'on retient.

685 Ces deux types de sociétés présentent différents traits communs qui tiennent à leur caractère fermé, à la place laissée à la liberté contractuelle, à la liberté illimitée des associés, sans oublier qu'il s'agit des sociétés par intérêts pour lesquelles la loi n'impose pas un minimum de capital social. Au-delà de ces éléments qu'elles ont en commun, la SNC (Section 1) et la SCS (Section 2) restent bien distinctes sur plusieurs points.

SECTION I- LA SOCIÉTÉ EN NOM COLLECTIF

686 La société en nom collectif (SNC) est une société dans laquelle les associés ont tous la qualité de commerçant et répondent indéfiniment et solidairement des dettes sociales (art. 270 AUS). Tous les associés ont donc du seul fait de leur appartenance à la société, la qualité de commerçant et sont assujettis à toutes les obligations de ceux-ci[1097]. Ils sont solidairement et indéfiniment tenus du passif de la société. En dépit de l'étendue de cette responsabilité, plusieurs raisons peuvent justifier le choix d'une telle forme sociale : ainsi, le choix du type de société dépend des circonstances de fait propres à chaque entreprise (nature de l'activité, importance de l'investissement ou nombre de participants, etc.). Cette forme de société convient plus particulièrement aux entreprises ne groupant qu'un petit nombre d'associés[1098].

1097 T. FALL, *Les aspects de l'exercice du commerce dans l'espace OHADA*, Sarrebruck, Éditions universitaires européennes, 2012, p.72.

1098 V. E. B. LAWSON, *La société commerciale, un pôle de développement ? Comprendre le droit commercial, outil de développement capitaliste*, Paris, l'Harmattan, 2012, p.372 .

En outre, la SNC présente l'avantage d'être une société dont la constitution est soumise à des règles simples et moins coûteuses.

Étant donné le lien de confiance qui doit exister entre les différents associés, en raison de la responsabilité encourue, la SNC est toujours fondée sur l'*intuitu personae*[1099], c'est-à-dire que la personnalité de chaque associé joue un rôle déterminant dans la constitution (sous-section 1), le fonctionnement (sous-section 2) et la dissolution de la société (sous-section3).

S-SECTION I. LA CONSTITUTION D'UNE SOCIÉTÉ EN NOM COLLECTIF

687 Toutes les règles générales de constitution des sociétés commerciales s'appliquent ici, mais en outre, les SNC sont astreintes à des conditions spécifiques de constitution. Ce sont ces dernières, constituées de conditions de fond (§1) et des conditions de forme (§2) qui retiendront l'attention.

§1. LES CONDITIONS DE FOND

688 Elles ont trait aux associés (A), à l'objet (B) et au capital social (C).

A- Les conditions relatives aux associés

689 Les conditions relatives aux associés sont légion :

Tout d'abord, comme pour toute autre forme de société, le consentement des associés doit être réel et exempt de tout vice de consentement. La SNC est, avec la société en commandite simple, la seule forme sociale dans laquelle les vices de consentement sont cause de nullité[1100].

690 Les associés doivent être au nombre de deux au minimum[1101], mais il n'existe pas de plafond (maximum). Ils peuvent être des personnes physiques ou morales. En raison de la réunion de toutes les parts sociales entre les mains d'une seule personne (par exemple, à la suite d'un rachat, d'une succession), la situation doit être régularisée dans le délai d'un an. Passé ce délai, tout intéressé peut demander en justice la dissolution de la société.

691 Toute personne peut en principe être associée en nom collectif. Cependant, outre le fait que les associés en nom collectif sont nécessairement commerçants, ils peuvent revêtir d'autres qualités. Une personne n'est

---

[1099] M. A., MOUTHIEU NDJANDEU, « L'intuitu personae au regard de l'Acte uniforme sur le droit des sociétés commerciales et du GIE », *Juridis Périodique*, n° 41, Janvier-Mars 2000, pp. 128-137.

[1100] F. ANOUKAHA, J. NGUEBOU TOUKAM, P-G. POUGOUE, *Le droit des sociétés commerciales et du groupement d'intérêt économique OHADA*, Yaoundé, PUA, 1998, 636 p. ; H.D. MODI KOKO BEBEY, « *La réforme du droit des sociétés commerciales dans l'OHADA* », *Rev. Soc.* n°2, Avril-Juin 2002, p.225 et s.

[1101] Art. 4 et 385 AUS.

commerçante que si son activité personnelle répond aux conditions posées pour acquérir cette qualité. Or, l'associé en nom collectif présente la caractéristique d'avoir la qualité personnelle de commerçant[1102], alors même qu'il n'accomplit aucune opération commerciale. Il en résulte que nul ne peut faire partie d'une SNC, s'il n'a pas la capacité spéciale requise pour faire le commerce[1103]. Corrélativement, l'adhésion à une telle société en qualité d'associé confère de plein droit la qualité de commerçant. Cette règle semble *a priori* surprenante dans la mesure où, comme dans tout groupement commercial, c'est la personne morale commerçante qui fait le commerce. Or, excepté les commandités, les associés et même les dirigeants des autres sociétés commerciales ne sont pas eux-mêmes commerçants. La situation de la société en nom collectif s'explique par le fait que celle-ci constitue un groupe de commerçants agissant en commun et qu'il n'existe pas une séparation absolue entre la personne morale et ses membres[1104] ; la commercialité de la société s'étend à ses membres. La responsabilité indéfinie et solidaire des associés est parfois invoquée à l'appui de la qualification de commerçant. Cet argument ne peut être retenu, car les membres de groupements civils tels que les sociétés civiles de construction-vente ou de groupements pas nécessairement commerciaux, tels que les groupements d'intérêt économique, assument une pareille responsabilité.

Reste à déterminer le moment auquel l'associé en nom collectif, indépendamment de l'exercice d'une activité commerciale à titre personnel, acquiert la qualité de commerçant. Est-ce lors de la signature des statuts de la société ou de l'immatriculation de celle-ci au registre du commerce ? En cas d'acquisition des parts d'une société déjà existante, est-ce à la suite de l'acte de cession impliquant notamment l'accord des parties sur la chose et sur le prix, lors de l'agrément de la cession, c'est-à-dire l'accord des associés du cédant sur la cession, ou lors de la publication de la cession ? Étant donné que la qualité de commerçant des associés en nom collectif tient à la structure sociétaire dont ils sont membres et non à leur activité propre, il convient d'admettre que leur statut de commerçant s'acquiert à partir de l'immatriculation de la société ou de la publication de l'acte leur conférant le titre d'associé.

Les règles concernant la capacité des associés sont dictées par la qualité de commerçant qu'ils obtiennent dès leur entrée dans la société. Ainsi, les membres d'une SNC ayant la qualité de commerçant, nul ne peut faire partie d'une telle

---

[1102] V. art. 270 AUS. V. également LUCAS, « Interrogations sur la qualité de commerçant de l'associé en nom », Mélanges Honorat, 2000, éd. Frison-Roche, p. 281. ; E. A. NDENGA BAJAN, *La qualité d'associé dans l'espace OHADA,* Sarrebruck, Editions universitaires européennes, 2012, 136 p. ; MONNET, « Qualité de commerçant de l'associé en nom : un repère en discussion », *Dr. sociétés* mars 2005. Repère 3.

[1103] V. pour plus détails sur cette qualité, M. KONE, *Le nouveau droit commercial de zone OHADA : comparaison avec le droit français*, Paris, LGDJ, 2003, Coll. Bibliothèque de Droit Privé, 399 p.

[1104] T. DIOP, *L'intuitu personae dans les sociétés commerciales immatriculées*, op. cit., p. 402.

société s'il n'a pas la capacité spéciale requise pour faire le commerce[1105]. En l'absence, en droit des sociétés, de textes définissant l'incapacité, il faut se référer au droit commun. Et on considère, en application de telles règles, comme incapable, toutes personnes auxquelles la loi retire le droit de participer au commerce juridique, pour les protéger, contre leur inexpérience (le cas des mineurs) ou contre la défaillance de leurs facultés mentales ou corporelles (les incapables majeurs)[1106]. L'exercice du commerce étant interdit à tous les mineurs, sauf ceux qui sont émancipés, ceux-ci ne peuvent participer à la constitution d'une société en nom collectif ou en acquérir des parts. Au cas où ils en deviendraient propriétaires par succession, la société devrait dans le délai d'un an, être transformée en une société en commandite, les mineurs devenant alors commanditaires[1107]. À défaut, la société serait dissoute et entrerait de plein droit en liquidation. Sur un autre plan, l'AUS formule que deux époux ne peuvent faire partie, seuls ou avec des tiers, d'une même SNC, car, ils ne peuvent être associés d'une société dans laquelle ils seraient tenus des dettes sociales indéfiniment ou solidairement[1108].

692 Enfin, les règles d'interdiction[1109] et d'incompatibilité[1110] du droit commercial doivent être respectées[1111]. En effet, les personnes dont la profession est incompatible avec l'exercice d'une activité commerciale ne peuvent pas participer à une SNC. La diversité des situations est telle que seule l'analyse des textes applicable à chaque profession permet de déterminer si les personnes exerçant cette profession peuvent ou non être associées en nom[1112]. Pour l'essentiel, la réglementation de nombreuses professions interdit à leurs membres d'avoir la qualité de commerçant et en conséquence, de participer à une société en nom collectif. C'est le cas des officiers ministériels ainsi que des membres des professions libérales (avocats, notaires, avoués, expert-comptable, commissaires aux comptes, huissiers, géomètres experts…). Cette interdiction s'applique aux fonctionnaires[1113].

[1105] Art. 7 AUDCG.

[1106] V. art. 487 C. civ ;

[1107] Art. 290 AUS.

[1108] Art. 9 AUS. V. également R. ADIDO, « Les sociétés entre époux : survivance du principe de la prohibition dans la réforme de l'OHADA », *Pénant*, n° 848, 2004, pp. 380-395.

[1109] Art. 10 AUDCG.

[1110] Art. 10 AUDCG.

[1111] A. MOULOUL, *Le régime juridique des sociétés commerciales dans l'espace OHADA : l'exemple du Niger*, Paris, LGDJ, 2005, Coll. Bibliothèque de Droit Privé, p 604.

[1112] V. art. 8 et s. AUDCG qui déclare certaines fonctions incompatibles avec l'exercice du commerce.

[1113] V. art. 8 et s. AUDCG.

B- Les conditions de fond relatives à la société

693 Elles ont trait à l'objet (1), à la dénomination sociale (2), aux apports qui doivent constituer le capital social (3) et à répartition des bénéfices et des pertes (4)

1- L'objet social

694 Si, en règle ordinaire, la SNC peut exercer n'importe quelle activité, qu'elle soit civile ou commerciale[1114] - la société étant de toute façon toujours commerciale du fait de sa forme[1115] - certaines activités lui sont exceptionnellement interdites : il s'agit des assurances et des professions libérales réglementées (médecins, avocats par exemple). De même, une société en nom collectif ne saurait faire une offre au public de titres financiers ou émettre des titres négociables, car cela contrarierait son caractère fermé.

La règle selon laquelle la société commerciale a toujours un objet commercial n'entraîne pas seulement la commercialité de ses actes sociaux, mais également celle de tous les associés. Ceux-ci deviennent effectivement commerçants, alors que ni la société, ni même eux n'accomplissent un seul acte qui soit commercial par nature. Aussi, l'entrée dans une société en nom collectif, même à objet civil est interdite à toute personne qui ne peut ou ne veut devenir commerçante.

695 La rédaction de l'objet social revêt une importance particulière : elle conditionne la compétence des gérants et constitue l'unique moyen pour les associés, responsables indéfiniment et solidairement des dettes sociales, de se protéger contre certaines décisions abusives que pourraient prendre ces gérants. Ces derniers disposent certes des pouvoirs très étendus, mais seulement pour les actes « *entrant dans l'objet social* »[1116]. Comme pour toute société, son objet doit être déterminé dans les statuts, être licite et non contraire à la morale, faute de quoi elle est nulle, sans possibilité de régularisation. La détermination de l'objet social dans les statuts revêt une très grande importance puisqu'elle conditionne les limites des pouvoirs des gérants vis-à-vis des tiers. En effet, toute limitation statutaire étant inopposable aux tiers, les gérants disposent de pouvoirs très étendus pour engager la société quant à des actes entrant dans l'objet social.

2- La dénomination sociale

696 C'est sous son nom qui est une dénomination sociale que la société agit, est connue des tiers, contracte des droits et des obligations, este en justice. La société en nom collectif, à l'instar des sociétés en commandite simple et par

[1114] CA Paris 20 février 1975, *JCP* 1975.IV.299.
[1115] V. pour plus de détails, TCHIKOUA ISIYAKOU, *L'objet social en droit des sociétés OHADA*, mémoire de DEA, Faculté des Sciences Juridiques et Politiques de l'Université de Ngaoundéré (Cameroun), op. cit. p. 54.
[1116] Art. 277-1 AUS.

actions, des sociétés anonymes, à responsabilité limitée et par actions simplifiée, est désignée par une dénomination sociale[1117].

À l'inverse de la raison sociale, la dénomination sociale ne peut être exclusivement composée du nom d'un ou de plusieurs associés. La dénomination sociale peut être purement fantaisiste. Elle peut constituer un rappel de l'activité de l'entreprise. Les associés peuvent librement choisir la dénomination de leur société, à condition de ne pas porter atteinte aux droits que les tiers pourraient avoir sur cette dénomination. L'usurpation de la dénomination d'une société existante et le choix d'une dénomination identique ou presque semblable de nature à créer une confusion dans l'esprit du public constituent un acte de concurrence déloyale. Les fondateurs ont donc tout intérêt à procéder à une recherche préalable à l'Institut National de la Propriété Industrielle, afin de savoir si la dénomination qu'ils envisagent de donner à leur société est ou non déjà prise. À défaut et au cas où des confusions seraient possibles, le tribunal peut interdire à celui qui a pris, même de bonne foi, un nom déjà utilisé, de continuer à s'en servir, sans exclure des dommages et intérêts pour le préjudice précédemment subi. À l'inverse, il est possible d'utiliser la même dénomination sociale si les deux sociétés exercent des activités tout à fait différentes et si aucune confusion entre elles n'est possible.

697 La dénomination sociale doit être mentionnée dans les statuts. Les actes et documents émanant d'une société en nom collectif et destinés aux tiers, notamment les lettres, factures, annonces et publications diverses, doivent indiquer la dénomination sociale, précédée ou immédiatement suivie en caractères lisibles des mots « *société en nom collectif* » ou des lettres « *SNC* »[1118].

Toute société en nom collectif peut également utiliser une enseigne pour désigner un établissement qui lui appartient.

3- Les apports et le capital social

698 L'AUS ne fixe pas de montant minimal pour le capital[1119] de la société en nom collectif. Les créanciers sociaux sont en effet suffisamment garantis par l'obligation indéfinie et solidaire au passif qui incombe aux associés[1120]. On peut donc très bien se contenter d'un capital au montant symbolique, sans pour autant indiquer un capital de zéro, supposant que les associés n'ont fait que des apports en industrie, ce qui en pratique ne s'avère guère possible.

[1117] Art. 272 AUS.

[1118] Art. 272 AUS. H. EBOA DORA, *Le capital social dans les sociétés commerciales*, mémoire de Master, Douala, 2013.

[1119] S. DIOMANDE, *Regards sur les fonctions attribuées au capital social : Aspects de droit comparé : droit uniforme de l'OHADA et droit français des sociétés*, thèse, Caen, Cocody (Abidjan, Cote d'Ivoire), 2012.

[1120] P.-G. POUGOUE, *L'encyclopédie du droit OHADA*, Paris, Ed. Lamy, 2011, P. 2174 .

Les apports peuvent être en numéraire, en nature ou en industrie. Les apports en espèces peuvent être libérés d'une manière échelonnée, conformément aux stipulations statutaires. Généralement, les apports en nature consistent en un fonds de commerce. Ils sont évalués dans le contrat de société et forment le capital social. Les apports en industrie n'étant pas susceptibles d'une vente forcée n'entrent pas dans la composition du capital et ne peuvent donc pas donner lieu à une attribution de parts sociales représentatives d'une fraction de ce capital[1121].

699 Chaque associé a droit à un certain nombre de parts sociales proportionnelles à ses apports en nature et en espèces, lesquelles ne peuvent être représentées par des titres négociables, les sociétés en nom collectif n'étant pas autorisées à effectuer une offre au public de titres financiers. Ces interdictions sont sanctionnées par la nullité des contrats conclus ou des titres émis. La loi n'exige aucune valeur minimale des parts sociales. Elle n'impose pas non plus la libération immédiate ou dans un délai déterminé des parts sociales (versement des espèces ou mise à la disposition de la société du bien apporté). Les associés peuvent donc librement convenir que les parts représentatives d'apports en numéraire seront libérées sur appel de la gérance, au fur et à mesure de la précision des besoins de la société. Les statuts précisent en général à quelle date ou dans quel délai les apports devront être libérés. À défaut, les apports sont immédiatement exigibles et les sommes impayées produisent des intérêts. Les apports en numéraire doivent être intégralement libérés au moment de la constitution[1122]. L'intervention d'un commissaire aux apports n'est pas nécessaire pour les apports en nature (contrairement à ce qui est dit à l'art. 49 AUSC). Enfin, les parts : elles doivent être de même valeur nominale[1123].

4- La répartition des bénéfices et des pertes

700 Le droit de chaque associé dans les bénéfices et sa contribution aux pertes se déterminent à proportion de sa part dans le capital social[1124]. La part de l'associé qui n'a apporté que son industrie est égale à celle de l'associé qui a le moins apporté. Est réputée non écrite, comme constitutive d'une clause léonine, la convention attribuant à l'un des associés la totalité des bénéfices. Il en est de même de la stipulation qui exonère de toute contribution aux pertes un ou plusieurs associés. Mais il est licite de prévoir une répartition non proportionnelle aux apports.

Il convient de souligner le caractère licite entre associés, de la clause statutaire interdisant d'engager la société, sans que les tiers renoncent expressément à se

---

[1121] D. R. SOH FOGNO, C. TALLA, « L'apport en industrie en droit des sociétés de l'OHADA », *in Annales de la Faculté des Sciences Juridiques et Politique de l'Université de Dschang*, 2009, pp. 199-226.

[1122] Art. 41 al. 2 AUS.

[1123] Art. 273 AUS.

[1124] TCHAMABE BAUDOUIN, *La responsabilité des associés dans les sociétés de personnes en droit OHADA*, mémoire de Master, Ngaoundéré (Cameroun), 2015.

prévaloir de la responsabilité indéfinie de ces associés. Une telle clause, valable entre associés, est inopposable aux tiers. À été considérée par les juges français comme nulle et de nul effet en tant que clause léonine, la convention entre deux associés en nom collectif de « *délégation forfaitaire de bénéfices* » ayant pour effet d'assurer en toute circonstance à son bénéficiaire, la certitude d'un profit, quand bien même la société générerait des pertes qui seraient à la charge de l'autre associé[1125]. En l'espèce, un des associés abandonnait tous les bénéfices correspondant à ses parts sociales, moyennant une redevance mensuelle forfaitaire indexée sur la moyenne arithmétique du prix de vente de certains articles du fonds.

N'a pas été annulée en revanche, la résolution votée au cours d'une assemblée générale extraordinaire d'une société en nom collectif par laquelle deux des associés avaient abandonné à un autre leur part dans les bénéfices d'une année considérée. Cet abandon tirait sa cause de la garantie souscrite par l'associé gérant pour les conséquences fiscales d'un éventuel redressement fiscal pour l'exercice en cause.

Les conditions de fond sont, ainsi qu'on vient de le constater, très importantes pour la constitution d'une SNC. Mais cela ne doit pas occulter les exigences de forme qui mettent également un accent sur les formalités constitutives.

§2. LES CONDITIONS DE FORME ET DE PUBLICITÉ

701 La volonté des associés doit être matérialisée dans les statuts de la société (A). Ceux-ci, pour être utiles, doivent faire l'objet d'une publicité (B).

A- Les statuts

702 À l'instar de toute société, la société en nom collectif doit être constatée par un acte authentique ou sous seing privé. Cette exigence de forme et de preuve comporte un double fondement. D'une part, la rédaction d'un écrit s'impose pour l'accomplissement des formalités de publicité prescrites par la loi. D'autre part, la complexité du contrat de société et la multiplicité des clauses qu'il est susceptible de comporter excluent toute possibilité d'établissement de son contenu par témoins. Les statuts doivent ainsi être passés par écrit (acte sous seing privé ou acte authentique). Ils sont signés par tous les associés-fondateurs intervenants en personne ou par mandataire dûment habilité à cet effet, conformément au droit commun de la formation des engagements de plusieurs personnes. La réponse à la question de savoir si ces exigences légales doivent être respectées en tant que règles de forme solennelles ou simplement comme règles de preuve, demeure incertaine[1126]. L'absence d'écrit peut entraîner la nullité de la société, car elle rend impossible l'accomplissement des formalités de publicité. Lorsque les statuts sont

---

[1125] Com. 18 oct. 1994, n° 92-18.188 , Bull. civ. IV, n° 300 ; *Dr. sociétés* 1994, n° 205, obs. Le Nabasque.

[1126] Art. 10 AUS.

établis par acte sous seing privé, il doit être dressé autant d'originaux qu'il est nécessaire pour permettre à la fois le dépôt d'un exemplaire au siège social, la remise d'un exemplaire à chaque associé et l'exécution des diverses formalités requises[1127].

703 Les statuts sont plus ou moins détaillés selon le désir des associés. Toujours est-il qu'ils doivent comporter les mentions habituelles : la forme, la durée qui ne peut excéder 99 ans, la dénomination sociale, le siège social et le montant du capital social[1128]. Bien évidemment, une rédaction complète de ces indications est souhaitable. Néanmoins, une description sommaire est possible, dès lors que la loi prévoit des équivalences en l'absence de certaines indications. Ainsi, le défaut de désignation du gérant confère à tous les associés le pouvoir de gérer[1129]. De même, faute d'organisation de la répartition des bénéfices et des pertes, celle-ci a lieu proportionnellement aux apports. En revanche, sont réputées non écrites les clauses qui dérogent d'une part à l'obligation du ou des gérants d'une SNC de communiquer aux associés non gérants les comptes annuels et de les présenter, pour approbation par l'assemblée des associés, dans les six mois suivants la clôture de chaque exercice[1130] ; d'autre part à l'interdiction de représentation des parts sociales par des titres négociables et de leur cession sans le consentement de tous les associés[1131].

B- Les formalités

704 Il est nécessaire que les tiers prennent connaissance de l'existence de la société. Il faut donc, après la rédaction des statuts, procéder aux formalités de publicité suivantes[1132] :

- insertion d'un avis dans un journal d'annonces légales du lieu du siège social. Cet avis, qui doit être signé par le notaire (en cas d'un acte notarié) doit contenir les mentions prévues à l'article 262 AUS. Il s'agit entre autres 1°) l'objet social indique sommairement ; 2°) la durée de la société ; 3°) le montant des apports en numéraire et des apports en nature ; 4°) le nombre de titres émis en contrepartie d'apports en numéraire, d'apports en nature et d'apports en industrie ; 5°) les noms, prénoms usuels et domiciles des associés tenus indéfiniment des dettes sociales ; 6°) les noms, prénoms et domicile des premiers dirigeants et des premiers commissaires aux comptes 7°) les références du dépôt, au registre du commerce et du crédit mobilier de l'État-partie du siège social, des pièces de constitution ; 8°) les références de l'immatriculation au registre du commerce et

[1127] Art. 11 AUS.
[1128] Art. 10 AUS.
[1129] Art. 276 al. 4 AUS.
[1130] Art. 289 AUS.
[1131] Art. 274 AUS.
[1132] A. FENEON, A. DELABRIERE, *Rapport relatif à l'élaboration des formulaires et du registre du commerce et du crédit mobilier prescrits par l'Acte uniforme sur le droit commercial général de l'OHADA*, Paris, Cabinet Fénéon, 1998.

du crédit mobilier ; 9°) le montant de la partie libérée, si le capital n'est pas entièrement libéré ; 10°) les avantages particuliers stipulés.

- l'immatriculation au registre du commerce et du crédit mobilier[1133]. L'absence d'immatriculation prive d'ailleurs la société de la personnalité morale[1134] (à noter que les associés, bien qu'étant commerçants, n'ont pas besoin de s'immatriculer individuellement).

705 Les règles de constitution, qu'elles soient de fond ou de forme, sont juridiquement sanctionnées. Ainsi, le défaut d'accomplissement des formalités constitutives entraîne, au même titre que les conditions de fond, la nullité de la société. Cette nullité peut être demandée par tout intéressé, mais une régularisation, même tardive permet d'échapper à cette nullité. Mais ce défaut engendre d'autres sanctions. Ainsi, si les statuts ne contiennent pas toutes les mentions exigées par le présent Acte uniforme ou si une formalité prescrite par celui-ci pour la constitution de la société a été omise ou irrégulièrement accomplie, tout intéressé peut demander à la juridiction compétente, dans le ressort de laquelle est situé le siège social, que soit ordonnée sous astreinte la régularisation de la constitution. Le ministère public peut également agir aux mêmes fins[1135]. L'action aux fins de régularisation se prescrit par trois (3) ans à compter de l'immatriculation de la société ou de la publication de l'acte modifiant les statuts. Les fondateurs, ainsi que les premiers membres des organes de gestion, de direction ou d'administration, sont solidairement responsables du préjudice causé soit par le défaut d'une mention obligatoire dans les statuts, soit par l'omission ou l'accomplissement irrégulier d'une formalité prescrite pour la constitution de la société[1136].

S-SECTION II. LA STRUCTURE DE LA SOCIÉTÉ EN NOM COLLECTIF

706 La structure de la SNC obéit à un découpage tripartite :

- les organes de direction, à savoir le ou les gérants (§1) ;

- les associés réunis en assemblée générale (§2) ;

- les organes de contrôle, en l'occurrence le commissariat aux comptes. Mais si avant la loi n'imposait pas la présence d'un commissaire aux comptes pour ce

---

[1133] P. S. AKUETE, « L'immatriculation au nouveau registre du commerce et du crédit mobilier », *Revue Togolaise de Droit des Affaires et de l'Arbitrage*, mars 2000, p. 2.
[1134] Art. 98 AUS. V. également M. S. KANDJO, *Connaitre le registre du commerce et du crédit mobilier*, Dakar, Ed. Comptables et Juridiques, 1998 ; A. DELABRIERE, « Le registre du commerce et du crédit mobilier, instrument d'information et de sécurité des créanciers dans l'espace OHADA », *Pénant*, n° 840, 2002, p. 369.
[1135] Art. 75 AUS.
[1136] Art. 78 AUS.

type de société, désormais les SNC remplissant certaines conditions doivent en disposer obligatoirement (art. 289-1 AUS). Ainsi, les SNC qui remplissent, à la clôture de l'exercice social, deux des conditions suivantes : total du bilan supérieur à 250 millions F CFA ; chiffre d'affaires supérieur à 500 millions de F CFA ; effectif permanent de 50 personnels, sont tenues de désigner au moins un commissaire aux comptes. Mais l'essentiel du contrôle reste assuré uniquement par les associés pour les SNC ne remplissant pas ces conditions. Pour cette raison, ne seront présentés que les deux premiers organes.

§1. LA GÉRANCE DE LA SOCIÉTÉ EN NOM COLLECTIF

707 Le législateur se montre très souple concernant le statut du gérant, c'est-à-dire désignation (A) et révocation (C). En revanche, l'encadrement légal devient plus strict s'agissant de ses pouvoirs ainsi que de sa responsabilité (B).

A- L'accession aux fonctions de gérant

708 Le gérant est l'organe par lequel la société agit et s'exprime[1137]. Il est doté de pouvoirs de gestion interne et externe et il a le pouvoir d'engager la société vis-à-vis des tiers. On verra d'abord les règles de sa désignation (1) avant d'examiner celles relatives à la cessation de ses fonctions (2).

1- Les personnes susceptibles d'accéder aux fonctions de gérant

709 En plus des règles communes (a), les personnes morales sont soumises à des règles spécifiques (b).

a- Les règles communes aux personnes physiques et morales

710 L'AUS laisse une grande liberté aux associés pour la désignation de la gérance[1138]. Ainsi le gérant peut-il être désigné soit dans les statuts, dans les conditions requises pour la modification des statuts, soit par un acte ultérieur, selon les conditions fixées par les statuts. Il est possible de désigner un ou plusieurs gérants, lesquels peuvent être associés ou non. Cette dernière éventualité est plutôt théorique. Les associés en nom collectif, responsables indéfiniment et solidairement, sont en effet peu enclins à confier la gestion des affaires sociales à une personne non associée. Elle se rencontre toutefois dans les sociétés en nom collectif exclusivement composées de personnes morales qui, pour ne créer aucune disparité entre elles, conviennent de confier la gérance à une personne non associée. En réalité, ces différences entre gérant associé ou non, statutaire ou non, traduisent simplement la liberté dont bénéficient les associés dans l'organisation de la gérance, qui contraste avec le caractère impératif de la gestion des SARL et surtout des sociétés anonymes. Elles n'ont véritablement de portée qu'en ce qui concerne les modalités de révocation du gérant.

[1137] Pour aller plus loin, voir B. NJOYA KAMGA, *Les dirigeants sociaux*, thèse, Dschang, 2007.
[1138] V. art. 276 al. 2AUS.

Dans le silence des statuts, tous les associés sont gérants[1139]. C'est également le cas lorsque tous les gérants de la société ont démissionné de leurs fonctions et n'ont pas été remplacés, tout comme en cas de révocation du gérant unique. Chacun d'eux dispose alors de la signature sociale et peut engager la société[1140]. Il a même été jugé en droit français qu'il devrait en être également ainsi lorsque les gérants ont démissionné de leurs fonctions et n'ont pas été remplacés[1141].

Mais dès lors que les statuts prévoient que la société est administrée par un ou plusieurs gérants pris parmi les associés, ces derniers ne peuvent être considérés comme gérants. Le gérant, s'il est associé, doit avoir la capacité de faire le commerce. S'il ne l'est pas, il peut être choisi parmi toutes les personnes civilement capables. C'est le cas du mineur émancipé, mais non du mineur non émancipé, du majeur en tutelle ou en curatelle. Aucun texte ne l'interdisant, une même personne peut en principe assumer plusieurs gérances. Les statuts peuvent cependant refuser cette faculté.

b- Les règles spécifiques aux personnes morales

711 Il n'est pas interdit de désigner comme gérant une ou plusieurs personnes morales[1142]. C'est ce qui se passe dans les grosses sociétés qui choisissent parfois la forme de société en nom collectif pour gérer leurs filiales. Quand une société en nom collectif est gérée par une autre société, celle-ci n'est pas tenue, à la différence des personnes morales administrateurs de sociétés anonymes, de désigner un représentant permanent[1143]. Mais si elle le fait, ce représentant permanent doit être éventuellement déclaré au registre du commerce et du crédit immobilier comme ayant reçu le pouvoir général d'engager la société.

Les dirigeants de la personne morale gérante sont soumis aux mêmes responsabilités civiles que s'ils l'étaient en leur nom propre, sans préjudice de la responsabilité solidaire de la personne morale qu'ils dirigent[1144]. Dans l'hypothèse où cette personne morale est une société anonyme, il faut entendre par dirigeants les membres du conseil d'administration ou du directoire chargés d'administrer et de diriger la société. En toute hypothèse, les dirigeants de la société gérante ne sont pas indéfiniment et solidairement soumis au passif social, dans la mesure où ils ne sont pas eux-mêmes associés.

1139 V. art. 276 al. 2.AUS.
1140 V. art. 277 AUS.
1141 Cass. com. 24 oct. 1977, JCP 1977.IV.310.
1142 RICHARD, « La personne morale gérante d'une société de personnes », *Dr. sociétés avr.* 1987, p. 3.
1143 Art. 276 AUS.
1144 Ibid.

2- Les modalités d'accession aux fonctions de gérant

712 La nomination du ou des gérants intervient soit au moment de la signature des statuts, soit à une date postérieure (b). Quoi qu'il en soit, il est exigé du gérant un minimum de qualité (a).

a- La qualité du gérant

713 Le gérant peut être désigné à la signature des statuts ou après la constitution de la société. À l'origine, l'appellation de gérant statutaire ne s'appliquait que dans le premier cas, si bien qu'elle pouvait tout à fait logiquement concerner tout gérant, associé ou non. En effet, la qualification de statutaire se rapporte seulement à la forme. Cette règle visait surtout à protéger le gérant non associé contre des révocations trop facilement prononcées. Néanmoins, il apparaît sans intérêt aujourd'hui de parler de gérants statutaires non associés, dès lors que l'AUS traite des gérants non associés en eux-mêmes, indépendamment des modalités de leur nomination[1145].

Par la suite, la notion de gérant statutaire a pu englober les gérants nommés dans un acte postérieur au pacte social, afin de les faire profiter des garanties conférées à ceux initialement désignés. En France, la jurisprudence en vigueur reste attachée à cette solution selon laquelle la qualité de gérant statutaire appartient à celui qui, étant associé, est désigné dans les statuts, même si son nom n'y a été inscrit par un acte modificatif qu'en cours de vie sociale[1146]. C'est dire que le critère ne résulte pas de l'époque de la nomination, mais de la volonté des associés, exprimée lors des délibérations précédant la nomination. Dès lors qu'ils ont envisagé d'inscrire le nom du gérant dans les statuts et ont à cette fin régulièrement modifié les statuts, le gérant qu'ils ont nommé doit être considéré comme statutaire. Il a été ainsi décidé que peut avoir la qualité de gérant statutaire celui qui, « *étant associé, n'aurait pas conclu le pacte social, sans se voir attribuer la fonction de gérant* », même si son nom ne figurait pas dans les statuts.

b- La désignation du gérant

714 Quand la nomination du gérant coïncide avec la signature de l'acte constitutif de société, elle requiert l'accord unanime des associés, car elle se présente comme une clause particulière des statuts. Qu'en est-il lorsque, comme l'AUS le permet, les associés n'ont pas désigné le gérant dans les statuts ? Ce mutisme traduit l'une des deux situations suivantes.

715 Ou bien, les associés sont tous considérés comme gérants en vertu de l'article 276 AUS ; ce qui ne les empêche pas de procéder par la suite à la désignation d'un gérant. Cette nomination postérieure doit cependant répondre à

[1145] Art 276 et s. AUS.

[1146] Com. 12 juill. 1955, Bull. civ. III, n° 254 ; *JCP* 1955. II. 8908, note Bastian ; D. 1956. 593, note Copper-Royer, décision rendue à propos de la SARL, mais applicable à la SNC.

des conditions de fond et de forme des modifications statutaires et par conséquent, résulter ici également du consentement de tous les associés, sauf disposition contraire des statuts instaurant une simple majorité pour effectuer cette rectification. La règle ainsi prévue, supplétive de la volonté des parties est d'application assez rare. Dès qu'il existe plus de deux ou trois associés, la solution d'une gérance appartenant à tous les associés est difficilement praticable. En outre, même quand tous les associés sont gérants, cette situation résulte en général de la désignation des intéressés soit dans le pacte social, soit dans un acte ultérieur. En vertu de cette règle, il a été décidé en droit français que tous les associés redeviennent gérants lorsque les gérants désignés ont tous démissionné[1147].

716 Ou bien, le défaut de nomination initiale du gérant dans les statuts n'est que temporaire, les associés ayant prévu dans l'acte constitutif, la désignation ultérieure d'un dirigeant. Auquel cas, il convient d'appliquer une fois de plus la règle de l'unanimité qui régit la prise de décision dans les sociétés de personnes. Il n'en serait autrement que si une clause spéciale des statuts avait organisé cette nomination postérieure, à la simple majorité. En définitive, dans le silence des statuts, le gérant associé ou non est désigné à l'unanimité.

B- L'exercice des fonctions de gérant

717 Les engagements contractés par un ou plusieurs gérants ne deviennent sociaux que lorsqu'ils l'ont été par un organe agissant dans le cadre de ses pouvoirs. La gérance revêt cependant deux aspects, selon qu'elle est unique (1) ou collective (2).

1- Le gérant unique

718 Dans cette hypothèse les pouvoirs du gérant varient selon qu'il s'agit du rapport avec les associés (a) ou avec l'extérieur (b).

a- Les pouvoirs dans les rapports avec les associés

719 Dans l'ordre interne, les pouvoirs du gérant sont librement déterminés dans les statuts[1148]. Ceux-ci peuvent limiter ces pouvoirs et subordonner à l'autorisation préalable des associés la possibilité pour les gérants de conclure tel ou tel acte. Ils peuvent notamment stipuler que le gérant n'a pas qualité pour souscrire seul des effets de commerce, les souscrire au-delà d'un certain montant ou les souscrire à d'autres fins qu'un achat de marchandises. Pareilles clauses restrictives des pouvoirs des gérants sont tout à fait valables dans l'ordre interne, quand bien même n'auraient-elles pas été publiées. En cas de violation de l'une d'elles, les associés peuvent intenter contre le gérant une action en réparation du

[1147] Com. 24 oct. 1977, *JCP* 1977. IV. 310.
[1148] V. art. 277 AUS ; v. également. - D. MARTIN, « Les pouvoirs des gérants de sociétés de personnes », *RTD com.* 1973. p.185.

préjudice subi de ce fait ou le révoquer sans dommages et intérêts, compte tenu de l'existence d'un juste motif. En revanche, ces clauses ne sont pas opposables aux tiers. Dans le silence des statuts, le gérant peut accomplir tous les actes de gestion dans l'intérêt de la société[1149] ; ce qui conduit à distinguer les actes autorisés des actes interdits.

Les actes autorisés comportent tout d'abord ceux qui se rapportent aux fonctions de direction et d'autorité du gérant. Celui-ci est en effet investi d'une autorité étendue sur tout le personnel salarié. À ce titre, il remplit les fonctions dévolues à un employeur. Ainsi, il recrute les employés, les surveille et les révoque. C'est également lui qui détermine leurs salaires et leurs rémunérations fixes ou proportionnelles. L'autorité du gérant s'exerce également, dans une certaine mesure, sur les associés. Il peut le cas échéant les contraindre à effectuer leur apport et plus généralement, prendre toutes les dispositions nécessaires pour assurer l'exécution par eux du contrat de société.

720 Parmi les actes autorisés, le gérant accomplit ensuite ceux qui se rattachent à la gestion du patrimoine social. L'acte de gestion, étant plus large que l'acte d'administration, peut comprendre des actes de disposition dès lors qu'ils se rattachent à l'exploitation de l'entreprise[1150]. Ainsi, le gérant peut signer des effets de commerce, payer les dettes de la société, représenter la société en justice, renouveler le matériel si l'opération correspond aux besoins et aux ressources de la société. Il a également qualité pour recevoir et donner décharge des sommes dues à la société et mainlevée des inscriptions hypothécaires garantissant les créances payées. Ce dirigeant peut prendre à bail les locaux nécessaires à l'exploitation sociale et consentir tous les baux de biens réservés à la location par la société. Il dispose du libre exercice en demande et en défense des actions en justice intéressant la société, quelle que soit la juridiction compétente.

Il faut en outre insérer parmi les actes autorisés ceux qui se rattachent à l'exercice du commerce par la société. Ils sont multiples : il peut s'agir d'achat de matières premières, de vente de produits fabriqués, d'opérations courantes de crédit, telles que l'escompte, l'endossement ou le renouvellement d'effets de commerce, le paiement des impôts ou la déclaration de cessation des paiements de la société, en cas d'impossibilité pour celle-ci de faire face au passif exigible avec l'actif disponible.

Enfin, rien n'empêche le gérant de conclure des actes présentant pour lui un intérêt personnel, autrement dit de contracter *ès qualités* avec lui-même ou avec une autre société dont il est également le représentant. Il a donc toute possibilité de contracter avec la société qu'il dirige[1151]. Néanmoins, il doit prendre garde à

[1149] Art. 277 AUS.

[1150] MARTEAU-PETIT, *La notion d'acte de gestion et le droit des sociétés,* thèse, Paris II, 1992.

[1151] DEMOGUE, « Des rapports pécuniaires entre une société et ses administrateurs ou gérants pendant la durée de la société », *Journ. sociétés* 1933. P.192.

ne pas conclure un acte susceptible de nuire à l'intérêt social, sous peine d'engager sa responsabilité personnelle. Mais on se situe déjà là dans le cadre des actes prohibés.

721 En contrepartie de la liberté dont il dispose pour agir dans l'intérêt de la société, le gérant ne peut effectuer des actes tendant à compromettre l'existence de la personne morale (par ex., vendre le fonds de commerce) sans le consentement unanime des associés. Cela reviendrait à prendre une décision indirecte de modification des statuts ou de dissolution de la société avant le terme prévu par les statuts, relevant de la compétence des associés. De la vente du fonds de commerce, il faut rapprocher d'autres actes de disposition, à l'instar du nantissement qui constitue souvent le prélude à l'aliénation à titre onéreux de ce fonds. De même, la mise en location-gérance du fonds de commerce excède en général les pouvoirs du gérant, du fait qu'elle constitue une modification implicite du pacte social. Il en serait autrement si la location-gérance portait seulement sur un ou quelques secteurs du fonds de commerce ou si la société disposait de plusieurs fonds de commerce.

Le gérant ne doit pas empiéter sur les prérogatives dévolues par la loi aux associés. Il n'est pas fondé à modifier les statuts, à agréer les cessions des parts et à provoquer la dissolution de la société. De tels actes exigent l'accord unanime des associés, quoique les statuts puissent substituer la règle de la majorité à celle de l'unanimité. C'est également l'assemblée des associés réunie annuellement qui approuve les comptes sociaux.

Si les statuts ont déterminé les pouvoirs du gérant, les clauses relatives à ces pouvoirs sont valables dans les rapports de ce gérant avec les associés.

b- Les pouvoirs dans les rapports avec les tiers

722 Le gérant est non seulement un organe de gestion investi de la mission de réaliser l'objet social et d'assurer la bonne marche de la société, mais également un organe de représentation de celle-ci à l'égard des tiers. Il agit au nom et pour le compte de la société ; sa volonté est celle de l'associé qu'il incarne ; il dispose à cet effet et en toutes circonstances des pouvoirs les plus étendus. Le tiers ne saurait prétexter avoir ignoré la désignation du gérant, supposée être publiée, pour réclamer à la société l'exécution de l'engagement. Il convient toutefois de réserver le cas où les associés ont par leur attitude exprimé qu'ils ont renoncé à la désignation du gérant et fréquemment réalisé des opérations qui ont été exécutées sans contestation. L'associé est alors censé avoir agi en vertu d'un mandat tacite de ses coassociés.

À l'égard des tiers, le gérant engage donc la société et par voie de conséquence, les associés eux-mêmes. L'article 277-1 AUS pose le principe de l'omnipotence du gérant à l'égard des tiers, sous réserve que l'acte excédant ses pouvoirs statutaires entre dans l'objet social. La doctrine a contesté l'opportunité de cette solution, au motif que le souci d'assurer la sécurité des tiers compromet gravement les intérêts des associés indéfiniment et solidairement tenus du passif social ; ces derniers n'ont plus les moyens de se protéger contre les excès de pouvoir, en dépit de la volonté qu'ils ont exprimée[1152]. Il ne reste qu'à déterminer avec précision l'objet social et à ne plus se contenter de formules larges et imprécises utilisées autrefois.

723 La prééminence du gérant connaît cependant une limite, celle de l'objet social tel que défini par les statuts et en dehors duquel il ne doit pas agir. La société peut refuser d'exécuter les actes qui, même en l'absence de toute disposition limitative du pacte social, excèdent les pouvoirs normaux du gérant. Ainsi, elle n'est pas liée par les opérations qui compromettent la réalisation de l'objet social, telle que l'aliénation du fonds de commerce. D'une manière plus générale, le gérant ne peut apporter de manière directe ou indirecte, ouverte ou occulte, aucune modification au pacte social, toute rectification nécessitant l'accord unanime des associés. Ainsi est nulle toute convention qui paraît respecter le pacte social, mais qui en réalité, a pour résultat d'imprimer à la société un caractère nouveau, comme la fusion avec une société connexe ou similaire. De même, le gérant ne peut accomplir les actes de disposition susceptibles de porter atteinte au patrimoine social. Aussi, lui sont interdites les aliénations d'immeubles, sauf si la société a précisément pour objet les spéculations immobilières.

Dès lors que le gérant passe un acte qui dépasse ses pouvoirs, parce qu'il entre dans la compétence d'un autre organe ou sort de l'objet social, le principe est que cet engagement n'est pas social. Cet acte peut toutefois engager la société si les associés l'approuvent ou le ratifient, ou s'ils ont préalablement expressément et spécialement habilité le gérant à le conclure.

L'objet social se distingue de l'objet du contrat de société, lequel traduit l'objet de l'obligation de chacun des associés, à savoir la mise en commun de biens ou d'activités en vue de partager le bénéfice ou de profiter de l'économie qui pourra en résulter, autrement dit les apports et la participation aux résultats de l'exploitation. Il ne se confond pas non plus avec l'intérêt social qui est à la fois l'intérêt des associés et de la personne morale[1153]. La conformité à l'objet social

---

[1152] BASTIAN, « La réforme du droit des sociétés commerciales », *JCP* 1967. I. 2121, n° 202.

[1153] M-A. NDJANDEU MOUTHIEU, *L'intérêt social en droit des sociétés*, op. cit. p. 79 ; BAILLY-MASSON, « L'intérêt social, une notion fondamentale », *LPA* 9 nov. 2000, n° 224, p. 6. - PORACCHIA, « Le rôle de l'intérêt social dans la société par actions simplifiée », *Rev. sociétés* 2000. 223- DUPUIS, *La notion d'intérêt social*, thèse, Paris XIII, 2001. - DELECOURT, *L'intérêt social*, thèse, Lille II, 2001. - COURET, « Le désintérêt social », Mélanges Bézard, 2002, p. 63, LPA et Montchrestien. - CONSTANTIN, « L'intérêt social : quel intérêt ? », Mélanges Mercadal, 2002, Francis Lefebvre, p. 315. - GOFFAUX-CALLEBAUT, « La définition de l'intérêt social », RTD com. 2004. 35 . - BASUYAUX, « L'intérêt social, une notion aux contours aléatoires qui

tient uniquement à la nature de l'acte, tandis que la conformité à l'intérêt social dépend de l'utilité de l'acte et de son opportunité vis-à-vis de la société et de ses membres. Il en découle qu'un acte peut être profitable à la société, tout en excédant les limites de l'objet social. Inversement, un acte, quoique conforme à l'objet social, peut nuire à la société.

724 Les clauses statutaires limitatives des pouvoirs du gérant sont inopposables aux tiers[1154], ce qui assure la sécurité des tiers au détriment de l'intérêt des associés. Il s'ensuit que le gérant ou les associés ne peuvent invoquer à l'encontre des créanciers, les clauses restrictives, même régulièrement publiées, afin de se soustraire à l'exécution d'un engagement conforme à l'objet social. Les cocontractants d'une société en nom collectif bénéficient donc d'une importante sécurité. Le gérant peut engager la responsabilité solidaire des associés, même en accomplissant une opération en violation d'une clause limitative de ses pouvoirs.

En dépit de sa connaissance, au moment de la signature du contrat, des limitations des pouvoirs du gérant, le tiers dispose d'une action contre la société afin d'obtenir l'exécution de l'acte répondant à l'objet social, mais excédant les pouvoirs statutaires du représentant social. Cela ne s'opère différemment qu'en cas de preuve d'une collusion frauduleuse entre le gérant et le créancier destinée à nuire à la société. Ce dernier se rend alors complice de la violation par le gérant de ses obligations et, par conséquent, engage sa responsabilité. À l'inverse, le tiers ne pourrait invoquer à son profit ces restrictions statutaires pour refuser d'exécuter l'engagement qu'il a contracté.

2- La pluralité de gérants

725 La société en nom collectif peut dans deux situations avoir deux gérants, chacun d'eux ayant le pouvoir de représenter seul la société : - soit, hypothèse rare en pratique, qui se présente seulement pour les sociétés créées de fait, les statuts ou les associés n'ont pas désigné de gérant, chacun de ceux-ci étant alors gérant ; - soit, les statuts ou les associés ont expressément désigné deux ou plusieurs personnes pour diriger la société. Dans ce domaine, il convient de distinguer les pouvoirs internes (a) et externes (b).

a- Les pouvoirs dans les rapports avec les associés

726 Tout comme dans l'hypothèse d'une gérance unique, les statuts peuvent, au sein de la société, répartir les tâches des gérants en fonction des compétences de chacun d'eux : direction administrative, direction technique, direction commerciale. Chaque gérant doit alors se cantonner dans la sphère d'activité qui lui est assignée ou, au contraire, exiger l'accord unanime des gérants pour toute opération sociale. Le gérant qui enfreint les clauses statutaires répartissant les

---

conduit à des situations paradoxales », *LPA* 6 janv. 2005, n° 4, p. 3. - PORACCHIA et MARTIN, « Regard sur l'intérêt social », *Rev. Sociétés* 2012. 475.

[1154] Art. 277-1

pouvoirs, engage sa responsabilité à l'égard de la société et de ses membres. Cette faute constitue là encore un juste motif de révocation et tout comme en cas d'unicité de la gérance, elle entraîne, sauf disposition contraire des statuts, la dissolution de la société. Aussi, est-elle rarement prononcée.

La répartition des pouvoirs entre les gérants est une mesure d'ordre interne qui n'empêche pas chacun d'eux de faire opposition aux actes d'un autre qu'il considère nuisibles à la société, puisque tous les gérants sont responsables de la gestion. En effet, de la même manière que dans l'ordre externe, l'article 277 AUS confère aux gérants la faculté de s'opposer à l'opération envisagée par l'un d'eux, tant qu'elle n'a pas encore été conclue. Une opération est considérée comme conclue à la date où elle est décidée. Dès lors qu'en matière contractuelle on retient le jour d'échange des consentements, un gérant ne peut plus s'opposer à l'exécution d'un contrat auquel la société a déjà consenti à l'initiative d'un cogérant. La simple manifestation de l'opposition suffit dans la mesure où la loi reste muette sur le mode d'expression de la désapprobation. Cette opposition peut revêtir n'importe quelle forme (exploit d'huissier, simple lettre, déclaration devant témoins), pourvu qu'elle soit expressément affirmée et puisse être prouvée. Néanmoins, l'opposition d'un des gérants peut être réduite à néant par la majorité des associés, si l'acte projeté entre dans l'objet social. L'accord unanime s'impose si le *veto* manifesté par le gérant réfractaire repose sur la non-conformité aux statuts de l'opération projetée.

b- Les pouvoirs dans les rapports avec les tiers

727 Envers les tiers, les gérants peuvent séparément engager la société par des actes entrant dans l'objet social, chacun d'eux disposant de la totalité du pouvoir de représentation. Cette règle signifie que la société n'est pas engagée par les actes étrangers à l'objet social. À défaut de clause statutaire répartissant les pouvoirs entre les dirigeants, la gérance revêt donc un aspect individuel et non collégial.

C- La cessation des fonctions de gérant

728 Les causes de cessation des fonctions de gérant sont variées[1155]. Il peut s'agir, en cas de nomination pour une durée limitée, de l'expiration du temps pour lequel il a été nommé. La perte de la qualité de gérant peut également résulter d'un fait personnel le mettant dans l'impossibilité d'exercer ses fonctions. Il en est ainsi du décès, de la survenance d'une incapacité, de l'interdiction de gérer une entreprise, du prononcé de la faillite personnelle et de tout événement tel que la maladie, empêchant de manière durable le gérant d'assumer ses fonctions. À côté

[1155] V. sur la question de la révocation gérant de la SNC A. AKAM AKAM, « Soliloque sur un exemple d'incohérence en droit OHADA : la cessation des fonctions des dirigeants sociaux », in *Les mutations juridiques dans l'espace OHADA,* l'Harmattan, pp. 101-132 ; B.Y. MEUKE, « *Brèves réflexions sur la révocation des dirigeants sociaux dans l'espace OHADA* », www.juriscope.org ou www.ohada.com

de cela, la révocation (1) et la démission (2) restent les causes essentielles de la cessation des fonctions de dirigeant. Elles constituent les formes symétriques des modalités de nomination.

1- La révocation du gérant

729 Ses causes (a) seront examinées avant ses modalités (b).

a- Les causes de révocation

730 La mise en œuvre de la révocation du gérant de la société en nom collectif s'appuie sur la preuve de l'existence d'un juste motif, en l'absence de laquelle la victime de la mesure peut obtenir des dommages-intérêts[1156]. La notion même de juste motif repose essentiellement sur la faute du dirigeant, sans toutefois bannir le concept d'intérêt social qui s'est progressivement affirmé sur le terrain jurisprudentiel[1157].

S'il est évident que la faute du dirigeant constitue un juste motif de destitution de ses fonctions, elle doit cependant obéir à certains critères pour être exclusive de toute indemnisation.

Tout d'abord, la faute doit avoir été commise dans le cadre du mandat social. À ce titre, elle doit être intimement liée à la gestion de la société[1158]. L'attitude extra-professionnelle du dirigeant susceptible d'influencer le climat social ou d'avoir un impact sur la crédibilité de la société peut être prise en compte pour apprécier le juste motif. Le mandataire qui dénigre la société aux yeux des tiers, même en dehors de sa mission sociale, commet indéniablement une faute. Ensuite, la faute doit être suffisamment grave pour justifier une révocation sans dédommagement. L'importance de cette faute permet de différencier la révocation *ad nutum,* qui peut intervenir pour une quelconque cause, quelle que soit l'importance de la faute et même sans motif, de la révocation pour juste motif. Il revient aux tribunaux de constater les faits et d'en apprécier la teneur. Il semble plus approprié de parler de caractère objectif de la faute qui implique la nécessité d'une vraie faute, d'une faute objective et non d'un simple prétexte, d'une cause subjective.

Cette faute du dirigeant revêt plusieurs aspects. Elle peut provenir d'actes positifs, tels que l'inobservation de dispositions légales ou de stipulations statutaires, des comportements répréhensibles[1159]. Elle peut aussi résulter de

---

[1156] R. NEVRY, « La révocation des dirigeants des sociétés commerciales : droit OHADA, droit français », *Revue de droit international et de droit comparé*, Vol. 84, 2007, pp. 105-140.

[1157] GIBIRILA, « Le juste motif de révocation des dirigeants de sociétés », *Journ. sociétés* avr. 2012, p. 58.

[1158] HADJI-ARTINIAN, *La faute de gestion en droit des sociétés*, 2001, Affaires-Finances, Litec ; VITERBO, « La faute de gestion », *RLDA* nov. 2006, p. 89.

[1159] V. sur la question de la révocation du directeur général A. AKAM AKAM, « Soliloque sur un exemple d'incohérence en droit OHADA : la cessation des fonctions des dirigeants sociaux », in

manquements à des obligations de faire, tels que l'absence de prise de décision face à l'aggravation de la situation de la société, le non-respect de la décision collective prise par les associés ou la signature d'un contrat en qualité de gérant, sans obtenir l'accord des associés, ni même les tenir informés. La finalité étant que la faute soit actuelle ; des griefs trop anciens ne sauraient constituer les justes motifs d'une révocation tardive, privatifs de dommages et intérêts. En revanche, constitue une révocation sans juste motif ouvrant droit à la réparation du préjudice subi, la destitution d'un gérant à qui aucune faute de gestion ne pouvait être reprochée dans la mesure où il avait reçu *quitus* de sa gestion. Les griefs développés contre lui n'étant pas établis, les attestations des salariés de la société manquant de force probante, dès lors que leurs auteurs étaient liés par un lien de subordination à la partie qui les produisait en justice.

Le juste motif peut exister en dehors de toute faute, la révocation étant alors justifiée par l'intérêt social : réorganisation de la société, perte de confiance envers le gérant, mésentente entre associés ne permettant pas au gérant d'assurer sa mission, mésentente entre cogérants de nature à compromettre l'intérêt social.

La notion de juste motif devient moins aisée à cerner. Elle peut être assimilée à la réorganisation ou à la baisse de l'activité sociale liée à la conjoncture économique. Elle peut aussi être illustrée par l'antagonisme entre le dirigeant et les autres mandataires sociaux ou l'ensemble des associés, sur la politique sociale à conduire. En pareille situation, il s'avère nécessaire à la fois de préserver la souveraineté des associés et de maintenir la distinction entre les deux modes de révocation (discrétionnaire et contrôlée). Or, une conception extensive des justes motifs risque d'entraîner une confusion avec les motifs subjectifs retenus pour la révocation *ad nutum*. Si dans les textes la différence est flagrante, elle l'est moins dans la réalité. Les décisions rendues en la matière traduisent l'imprécision de la notion d'intérêt social, due à la prise en compte aussi bien des données objectives que des éléments subjectifs. Pourtant, malgré les atermoiements qu'ont pu connaître les juges du fond, la jurisprudence dominante paraît désormais fermement orientée vers une conception large de la notion d'intérêt social.

b- Les modalités de révocation

731 Aux termes de l'article 279 AUS, il convient sur cette question de distinguer selon que le ou les gérants sont associés ou non, statutaires ou non. En revanche se pose la question de la possibilité de demander en justice la révocation du gérant[1160].

Les mutations juridiques dans l'espace OHADA, l'Harmattan, pp. 101-132, B. Y. MEUKE, « Brèves réflexions sur la révocation des dirigeants sociaux dans l'espace OHADA », op. cit. p.11.

[1160] V. pour plus de détails, M. DJOUF, *L'intervention du juge dans les sociétés commerciales*, Dakar, *Université Cheick Anta Diop*, 2007, p. 491 .

Si tous les associés sont gérants, ou si un ou plusieurs des gérants sont des associés et ont été nommés par les statuts, la révocation de l'un d'entre eux ne peut être décidée qu'à l'unanimité des autres. La destitution entraîne de plein droit la dissolution de la société, sauf clause contraire des statuts ou décision unanime des associés prise en même temps que la décision relative à la révocation du gérant. La solution contraire échelonnant dans le temps les deux décisions aboutirait à faire renaître *a posteriori* une société dissoute du fait de la révocation statutaire.

À défaut de dissolution, le gérant révoqué, d'autant plus s'il l'a été sans juste motif, peut décider de se retirer de la société en demandant le remboursement de ses droits sociaux, encore faut-il que le retrait ne soit pas imposé par une clause statutaire et que la société poursuive son activité. À défaut d'accord entre les parties, la valeur de ses titres sera déterminée par un expert désigné par la juridiction compétente statuant à bref délai. La décision du gérant statutaire révoqué de se retirer doit être sinon immédiate, tout au moins rapide. S'il accepte implicitement ou par des actes positifs sa nouvelle situation d'associé non gérant, il lui sera difficile de voir le tribunal accueillir sa demande de remboursement.

732 Dans ces deux situations, une clause statutaire ne saurait déroger à la règle de l'unanimité. Bien évidemment, en présence de deux associés, qui sont également gérants, la révocation de l'un par l'autre ne peut s'opérer, ce qui conduit à recourir à la révocation judiciaire. Outre le fait que la faculté de retrait n'existe qu'en cas de poursuite de l'activité sociale, ce retrait ne saurait être imposé par une clause statutaire.

Si seulement certains associés sont gérants et n'ont pas été désignés par les statuts, mais par un acte postérieur, le ou les gérants peuvent être révoqués de leurs fonctions dans les conditions prévues par les statuts, notamment à la majorité simple ou, à défaut, par une décision des autres associés, gérants ou non, prise à l'unanimité. Autrement dit, la révocation n'entraînant pas la modification du pacte social, toute latitude est ici laissée aux statuts : s'ils sont muets, l'unanimité est requise. Cette révocation n'est envisageable que dans l'hypothèse où la société comprend au moins deux autres associés en dehors du gérant lui-même.

733 Quant aux gérants non associés, ils peuvent être révoqués dans les conditions prévues par les statuts et en l'absence de clause à cet égard, par une décision prise à la majorité[1161]. Il n'est donc pas tenu compte, comme l'imposerait le principe du parallélisme des formes, des conditions dans lesquelles ils ont été nommés : unanimité ou simple majorité. Cela confirme bien la disparition des gérants statutaires non associés auxquels la doctrine accordait le bénéfice d'une révocation prononcée dans les conditions exigées pour la modification des statuts.

[1161] Art. 280, al. 2. AUS ; MANE YOUSSOUF, *Les risques encourus par les dirigeants dans la gestion de l'affaire sociale*, Mémoire UCAD, 2005, p. 57.

La destitution de cette catégorie de gérants ne remet pas en cause le maintien de la société. Les associés doivent simplement désigner un nouveau gérant ou décider de gérer collectivement la société.

En principe, doit être écartée ici la révocation judiciaire pour cause légitime demandée par les associés. Néanmoins, dans d'autres législations, cette révocation par les tribunaux semble encore pratiquée pour les gérants associés des SNC[1162].

En pratique, du fait de sa situation inébranlable, les associés minoritaires ne disposent pas d'autres solutions pour se débarrasser du gérant majoritaire, que celle d'agir en justice.

2- Les modalités de la démission

734 L'assimilation de principe à la libre démission se traduit par le caractère unilatéral de la démission qui produit ses effets dès sa notification, sans que sa validité soit conditionnée par un acquiescement de la société. Cette solution, acquise pour les sociétés anonymes, a pu poser des difficultés dans les sociétés de personnes et les SARL. En effet, pour la jurisprudence en vigueur avant la loi de 1966 et dans les premières années d'application de ce texte, la démission des gérants devait être acceptée. Ainsi, un gérant associé statutaire a été admis à rétracter sa démission dans le délai imparti par l'assemblée générale ordinaire qui ne l'avait acceptée ni expressément ni tacitement[1163].

Les fondements de cette jurisprudence paraissent aujourd'hui désuets. Celle-ci était conforme à une législation qui soumettait la révocation du gérant à une cause légitime. Par réciprocité, le droit à démission du gérant était subordonné à une nécessaire acceptation par la société. Parallèlement, certaines décisions de justice avaient tenté, au motif d'échapper à leurs responsabilités, de priver les dirigeants de la faculté de démissionner, alors que certains auteurs avaient émis l'idée selon laquelle seule la démission du gérant associé statutaire devait être acceptée, dans la mesure où la modification des statuts doit, pour être valable, être acceptée[1164].

735 De nos jours, quelle que soit la nature de la société, la démission du dirigeant est libre. Elle doit résulter du seul acte de volonté du mandataire social concrétisé par un acte unilatéral exprès, c'est-à-dire un acte positif non susceptible d'être déduit de la cessation en fait de l'exercice des fonctions qui, de surcroît, doit résulter d'une volonté « sérieuse et non équivoque » ; ce qui n'est pas le cas lorsque la démission est donnée « sous le coup de l'émotion dans une situation de

---

[1162] V. en France notamment, T. com. Paris, 4 avr. 1995, *Dr. sociétés* 1995, n° 200, obs. Vidal.

[1163] Com. 13 janv. 1969, *Rev. sociétés* 1969. 262 ; D. 1969. 393, note Dalsace, à propos d'un gérant associé statutaire d'une SARL, rejetant le pourvoi contre Rennes, 17 oct. 1966, *Rev. sociétés* 1967. 40, note D. Martin.

[1164] HÉMARD, TERRÉ et MABILAT, *Sociétés commerciales, op.cit.*, n° 266, p. 253.

crise », alors que le dirigeant se trouve confronté aux critiques d'autres dirigeants. Il ne peut donc être maintenu contre sa volonté dans des fonctions qu'il souhaite abandonner. Il serait contraire au principe du parallélisme des formes, que la volonté du dirigeant démissionnaire fût assujettie à une acceptation de la société, alors que cette dernière dispose d'un droit de révocation unilatérale. La démission doit seulement obéir à des conditions de forme, notamment l'information régulière de la société qui conditionne son opposabilité. En effet, la décision de démission ne permet pas à elle seule de rendre effectif et opposable à la société le retrait de l'intéressé. La sécurité du fonctionnement social et le souci d'éviter toute confusion commandent à la personne démissionnaire d'informer de sa décision.

§2. LES ASSOCIÉS

736 La loi reconnaît aux associés en nom un certain nombre de droits (A), mais elle les soumet également à de strictes obligations (B). Leurs droits et obligations peuvent s'exprimer diversement (C).

A- Les droits des associés de la société en nom collectif

737 Les membres d'une SNC ont en contrepartie de leur responsabilité solidaire et indéfinie, le droit de participer au profit collectif réalisé dans le cadre de l'exploitation sociale (1), mais ils ont aussi le droit de faire partie de la vie de la société, exprimé par leurs droits politiques (2).

1- Les droits pécuniaires

738 Les droits pécuniaires dont jouissent les associés en nom collectif ne présentent pas de particularités[1165]. Ils s'analysent en un droit de créance sur une fraction de l'actif social net résultant de leurs apports. C'est ce droit de créance qui leur confère un droit au remboursement des apports et à une part du *boni* de liquidation ; il ne suscite pas d'observation. Seuls appellent quelques commentaires : le droit aux parts sociales (a), la cession entre vifs (b) et la transmission par décès de ces parts (c).

a- Le droit aux parts sociales

739 C'est le propriétaire des parts ayant qualité d'associé, qui jouit des prérogatives attachées à cette qualité et en assume les obligations. Le droit aux parts sociales confère à leurs titulaires un certain nombre de prérogatives : hormis le droit au remboursement de l'apport et au *boni* de liquidation en cas de dissolution de la société, celles-ci sont illustrées par le droit aux bénéfices sociaux. Cette répartition des bénéfices s'effectue conformément aux statuts ou, dans le silence de ceux-ci, proportionnellement aux apports, les clauses léonines étant réputées non écrites. En cas d'apport en industrie, sauf clause contraire, la

---

[1165] Y. GUEUKAM TCHAKO, *Les prérogatives des associés dans les sociétés commerciales OHADA*, op. cit., p. 202.

part de celui qui en est l'auteur vaut celle de l'associé apporteur le plus modique en nature ou en numéraire[1166]. L'usufruitier faisant les fruits siens a également droit aux revenus des parts sociales. Il a donc droit aux dividendes[1167]. Toute convention qui le priverait de cette prérogative, même en lui laissant le droit de vote, serait frappée d'une nullité absolue[1168].

Les SNC ne sont pas tenues de constituer une réserve légale parce que les associés en nom collectif sont indéfiniment et solidairement responsables. Par conséquent, il importe peu que la totalité des bénéfices réalisés soit distribuée ou mise en réserve. Les créanciers sociaux peuvent en effet, sous certaines conditions, poursuivre les associés. Mais les statuts ou les associés délibérant en commun peuvent décider de constituer des réserves avant de distribuer des bénéfices[1169].

L'usufruitier a-t-il alors droit aux réserves ? Tout va dépendre de la qualification conférée aux réserves. Si elles constituent des bénéfices accumulés, l'usufruitier peut y prétendre. Dès lors que les réserves constituent des fruits, notamment lorsque la distribution de réserves vise à pallier l'absence de bénéfices au cours d'un exercice déterminé, l'usufruitier demeure seul bénéficiaire. En revanche, si elles constituent non point des fruits, mais un accroissement du capital, la propriété du capital étant acquise au nu-propriétaire, c'est lui qui perçoit ces réserves. Il bénéficie également des parts émises lors d'une augmentation du capital, quand celle-ci se réalise par incorporation de réserves, alors que l'usufruitier va exercer son droit de jouissance sur les nouveaux titres et les anciens. Outre le droit aux réserves et éventuellement le droit préférentiel de souscription à la suite d'une augmentation de capital, le nu-propriétaire a droit au remboursement des apports, ainsi qu'au *boni* de liquidation lors de la dissolution de la société.

En outre, comme dans les autres sociétés, sont prohibées les clauses attributives d'un dividende fixe même en l'absence de bénéfices, soit à toute époque de la vie sociale (clause d'intérêt fixe), soit dans la période de démarrage de l'activité sociale (clause d'intérêt intercalaire). La règle de la fixité du capital, essentielle dans les sociétés où l'obligation aux dettes des membres est limitée aux parts sociales, reçoit application ici. La distribution de dividendes fictifs peut être rendue possible par les opérations faisant apparaître au bilan des bénéfices inexistants : majorations de l'actif, minorations du passif, omission des

---

[1166] V. pour plus de précision sur les conditions de répartition des bénéfices, CA de LOME, Arrêt n° 044 du 26 mars 2009, OHADA, Recueil de jurisprudence nationale, 2010, p. 95

[1167] V. M. R. KANA KENGNI, *La distribution des dividendes en droit des sociétés commerciales OHADA,* mémoire de Master, Dschang, Juin 2013, 126 pages.

[1168] Paris, 17 nov. 1965, D. 1966. 10 ; JCP 1966. II. 14553, note J.R. ; *RTD com.* 1966. 611, obs. Rodière.

[1169] Y. DJIGO, *La notion de dividende en droit OHADA*, Mémoire de DEA, Université Gaston Berger (Saint-Louis, Sénégal), 2012.

amortissements... Les sommes ainsi distribuées sont prélevées sur les valeurs qui constituent le gage des créanciers sociaux et diminuent d'autant la garantie de leurs droits.

b- La cession entre vifs des parts sociales

740 La cession de parts sociales est en principe un acte civil dont la preuve doit être rapportée selon les règles du Code civil[1170]. Cette opération revêt toutefois un caractère commercial dans trois hypothèses : - lorsqu'en raison du nombre de parts cédées, elle emporte transfert aux acquéreurs du contrôle de la société ; - lorsqu'une des parties, dotée du statut de commerçant, accomplit cet acte dans le cadre de sa profession ; - lorsqu'elle fait l'objet d'un litige pour lequel le tribunal de commerce a compétence.

La cession de droits sociaux s'entend de la transmission au cessionnaire dans leur universalité individuelle, des droits dont le cédant est investi dans la société en qualité d'associé, à l'exclusion de ceux qu'il pourrait avoir à l'encontre de la société à un titre différent[1171]. Ainsi, la cession, par un associé, de sa part dans les bénéfices de la société ne confère pas au cessionnaire la qualité d'associé et ne l'autorise pas à obtenir communication de documents sociaux, sauf pour les autres associés d'avoir pris, vis-à-vis du cessionnaire, un engagement relatif à cette communication. L'objet de la cession est bien la part sociale et non une fraction du patrimoine. Dès lors, la cession, même totale, de ses parts sociales par un associé à un ou plusieurs autres n'équivaut pas à la vente du fonds de commerce appartenant à la société. Les modalités de la cession varient selon qu'elle est ou non autorisée.

Dans le premier cas, il faut relever que la société en nom collectif, comme la société civile, est constituée *intuitu personae*[1172]. Les associés ont eu confiance, lors de la constitution, les uns envers les autres. Cette règle a pour contrepartie l'impossibilité pour un associé de se retirer de la société afin d'y être remplacé par un tiers, après lui avoir cédé ses parts, sans le consentement unanime des associés. Toute clause contraire est réputée non écrite, tant dans la stipulation de l'incessibilité, que dans l'autorisation de cession avec l'accord de la majorité des associés[1173]. Il est par conséquent incorrect de parler d'incessibilité des parts de société en nom collectif, puisque la cession est licite dès lors que tous les associés y consentent. En raison de la généralité de cette règle, l'autorisation des associés

---

[1170] V. pour plus de détails sur la cession des titres sociaux en droit OHADA E. H NDIAYE, *Les modalités de cessions d'actions et de parts sociales*, Mémoire de Maitrise, Université Gaston Berger (Saint-Louis, Sénégal), 2005 ; ABDOU MAJIB BEN GELOUNE, *Cession des droits sociaux dans les sociétés cotées*, mémoire de Master, UCAD, 1999 ; E. JOEL COLY, *La cession et la transmission de parts dans les SARL et SNC*, mémoire de Master, UCAD, 1999.

[1171] En général, BUTTET, « Cession de parts de société en nom collectif », Bull. Joly 1991. p., 889.

[1172] T. DIOP, *L'intuitu personae dans les sociétés commerciales immatriculées*, mémoire de DEA, Université Gaston Berger (Saint-Louis, Sénégal), 2008.

[1173] Art. 274 AUS.

se prononçant à l'unanimité est également requise pour les cessions de parts entre associés, nonobstant toute clause contraire des statuts.

La règle s'applique, quels que soient le mode de cession et la personne du cessionnaire. Elle vaut non seulement pour les cessions à titre gratuit ou à titre onéreux, les cessions à un coassocié ou à un tiers étranger à la société, les cessions de la totalité des parts ou d'une partie d'entre elles, mais également pour les échanges, car ils modifient la composition de la société et par conséquent, le pacte social auquel le cédant qui y constitue partie ne saurait unilatéralement apporter de modification.

L'exigence d'un consentement unanime est d'ordre public, puisque toute cession intervenue contrairement à cette règle est nulle[1174]. Aucune convention ne saurait valablement déroger à la règle de l'unanimité pour la cession des parts sociales. En d'autres termes est interdite toute clause statutaire permettant aux associés de consentir à une cession de parts à la majorité qu'ils fixent. Cette règle est commandée par l'*intuitu personae* qui régit les sociétés de personnes, plus particulièrement la société en nom collectif. Chaque associé bénéficie donc d'un droit purement discrétionnaire de consentir à la cession ou de la rejeter. S'il refuse son agrément, il n'a pas à se justifier ; toute absence de motif de sa part ne saurait donc constituer un abus de droit. Réciproquement, en cas de refus de sa part et dans le silence du pacte social, il ne pourrait imposer à celui qui avait envisagé de céder ses parts de les lui racheter. La liberté de décider n'autorise pas pour autant le cédant à se prononcer contre l'agrément de l'acquéreur.

La jurisprudence estime en outre que les associés ne peuvent valablement donner leur agrément à l'avance et « *en blanc* » à la cession que l'un d'eux pourrait faire ultérieurement à une personne non encore identifiée au moment de l'agrément[1175], quand bien même le consentement serait unanime. Ils ont toutefois la faculté d'autoriser par avance une cession au profit d'une personne déterminée ou aisément déterminable, tout comme est licite la stipulation du pacte social selon laquelle un associé se réserve le droit de céder ses parts à une personne déterminée. En effet, en pareille circonstance, la clause peut être analysée comme une stipulation pour autrui.

Dans le second cas, c'est-à-dire en l'hypothèse de refus d'agrément d'une cession, toute cession qui n'est pas approuvée par l'ensemble des associés ne produit pas son plein effet. Cela signifie-t-il qu'elle est nulle et donc censée n'avoir jamais existé ou qu'elle existe, mais demeure inopposable aux associés et aux tiers ? La réponse à cette interrogation est aujourd'hui quelque peu incertaine. Si à l'origine on considérait que seule l'inopposabilité sanctionnait le défaut d'agrément, cette tendance a été par la suite remise en cause.

[1174] Ibid.

[1175] E. J. COLY, *La cession et la transmissions des parts dans les SARL et LES SNC,* Mémoire UCAD, 1999, p 44.

741 Les statuts peuvent énoncer qu'à défaut d'agrément, les parts de l'associé désireux de se retirer seront rachetées par la société ou les associés. Quelle est la validité d'une telle disposition ? En faveur de cette clause, il est possible d'invoquer le principe d'autonomie de la volonté en vertu de laquelle, sauf objection des textes légaux et réglementaires, toute manifestation de volonté conventionnelle est licite. Elle présente de surcroît l'avantage d'éviter que les associés en nom collectif restent prisonniers de leurs titres, le législateur n'ayant pas contraint les coassociés à racheter les parts sociales. On peut toutefois objecter qu'une clause semblable aboutit à une nouvelle répartition non désirée par certains associés. En outre, les cessionnaires ne sont pas précisément déterminés par avance ; ce qui n'est pas le cas de la société en faveur de qui une clause de rachat pourrait être stipulée, cette dernière étant une personne juridique préalablement déterminée. Encore faut-il que cette acquisition ne nuise point aux intérêts du ou des opposants à la cession. La validité de la clause tient en effet à l'usage qu'en fait la société. Elle est licite dans trois hypothèses.

La société peut tout d'abord tenter de rétrocéder les parts acquises par elle aux associés ou à des tiers. Cette rétrocession n'est valable que si elle est unanimement agréée par les associés. Elle peut ensuite appliquer les dispositions d'une clause statutaire aux termes de laquelle les associés s'engagent réciproquement à se céder mutuellement à un prix forfaitaire, le nombre de parts nécessaire pour établir l'égalité de leurs droits dans la société. Si cette dernière, cédant les parts, respecte strictement les termes de la stipulation statutaire, la nouvelle cession n'a pas lieu d'être agréée de nouveau. En revanche, l'agrément des associés s'impose lorsque les propositions de la société diffèrent des modalités inscrites dans la clause. Enfin, faute d'avoir trouvé un acquéreur agréé, la société cessionnaire va annuler les titres acquis, réduisant ainsi le montant du capital social.

L'associé désireux de céder ses parts, mais qui n'obtient pas les consentements requis peut parvenir à un résultat assez proche, en concluant une convention de croupier[1176]. Pour cela, il s'accorde avec un tiers à qui il cède les bénéfices générés par ces parts. En contrepartie, ce dernier lui rembourse leur valeur et s'engage à assumer l'éventuel passif social. Cette convention qui opère une dissociation entre le titre appartenant toujours à l'associé et la rémunération cédée au croupier ne joue que dans les rapports entre les parties ; la société n'entretient de relations qu'avec l'associé. Le tiers, le « *croupier* », ne peut exercer aucune des prérogatives attachées à la qualité d'associé : en particulier, il ne participe pas aux assemblées, ne dispose d'aucun pouvoir de contrôle sur la gestion et ne perçoit aucun bénéfice. À l'inverse, il n'assume à l'égard de la société aucune des obligations incombant aux associés (libération des apports, contribution au passif social…). La convention de croupier ne doit pas cependant être utilisée pour contourner les dispositions légales ou statutaires relatives à l'entrée dans la société

[1176] RICHARD, « La convention de croupier », *Dr. sociétés* déc. 1986, p. 3.

de nouveaux associés. Il a été ainsi jugé qu'une telle convention portant sur la majorité des parts d'une société en nom collectif peut en raison des droits consentis au croupier, aboutir à une cession déguisée de ces parts, laquelle serait nulle, faute d'avoir été autorisée par les autres associés[1177].

742 Quoiqu'il convient de relever volontaire ou non, la cession de parts de SNC est soumise à certaines conditions de validité posées par l'article 275 AUS. La cession doit être tout d'abord signifiée à la société, cette signification résultant d'un exploit d'huissier. Cette formalité qui rend la cession opposable à la société est indépendante de l'agrément du cessionnaire que doivent donner les associés.

La cession de parts doit être ensuite acceptée par la société dans un acte authentique. Ce formalisme se justifie d'autant plus que cette opération modifie les statuts, même lorsqu'il s'agit d'une cession partielle d'un associé à un autre n'entraînant ni sortie d'un associé ni entrée d'un tiers dans la société et que les statuts doivent eux-mêmes être établis par écrit. La teneur des textes incline à exclure toute possibilité d'acceptation tacite déduite de ce que les associés ont consenti à la cession.

743 Enfin, pour être opposable aux tiers, la cession doit, outre les formalités ci-dessus, faire l'objet d'une publicité au registre du commerce et du crédit mobilier. À cet effet, il convient de déposer un original de l'acte de cession au siège social de la société et procéder à une publication par dépôt en annexe au registre du commerce et du crédit mobilier. L'accomplissement des formalités de publicité rend la cession opposable aux tiers, peu importe que les statuts aient été modifiés ou non. En l'absence de ces formalités, la cession est inopposable aux tiers, quand bien même en auraient-ils eu parfaitement connaissance. En l'absence d'opposabilité aux tiers de la cession des parts sociales, les associés cédants demeurent indéfiniment et solidairement responsables du passif social et peuvent faire l'objet de mesures de redressement ou de liquidation judiciaire[1178].

c- La transmission par décès des parts sociales

744 L'article 290 dispose que la société prend fin par le décès d'un associé. Toutefois, les statuts peuvent prévoir que la société continue soit entre les associés survivants, soit entre les associés survivants et les héritiers ou successeurs de l'associé décédé avec ou sans l'agrément des associés survivants[1179]. Les associés peuvent, si les statuts les y autorisent, ne se prononcer pour l'une de ses solutions qu'au moment du décès de l'un d'entre eux. Ces

[1177] Paris, 19 févr. 1979 et T. com. Paris, 12 mars 1979, *Rev. Sociétés* 1980. 284, note Randoux.

[1178] Y. GUEUKAM TCHAKO, *Les prérogatives des associés dans les sociétés commerciales OHADA,* op. cit.,p. 202.

[1179] ABDOU MAJIB BEN GELOUNE, *Cession des droits sociaux dans les sociétés cotées*, op. cit. ; E. J. COLY, *La cession et la transmissions des parts dans les SARL et LES SNC,* mémoire UCAD, 1999, p. 44.

diverses dispositions n'excluent pas éventuellement la mise en œuvre d'une attribution préférentielle.

Quand les statuts prévoient qu'à la suite du décès d'un associé, la société n'est pas dissoute, mais se poursuit avec les seuls associés survivants, toute mutation des parts sociales aux héritiers est exclue ; les parts du défunt sont transmises de plein droit aux associés survivants. Ainsi, les ayants droit de l'associé décédé n'acquièrent à aucun moment la qualité d'associé et n'ont droit qu'à la valeur liquidative des parts de leur auteur. Tout se passe comme si la société était fictivement dissoute uniquement à l'égard des héritiers qui sont seulement créanciers de la société de la valeur des droits sociaux de l'associé défunt.

L'efficacité de la clause de continuation est subordonnée à l'existence d'au moins deux associés survivants. Si un seul associé survit, la réunion entre ses mains de toutes les parts sociales ne peut être que temporaire et suppose une régularisation dans le délai d'un an. Si la société est dissoute à l'expiration de ce délai, l'associé survivant recueille tout l'actif social.

745 Les statuts peuvent en outre prévoir que la société se maintiendra avec tous les héritiers ou l'héritier unique ou encore avec le conjoint survivant ou un ou plusieurs héritiers de l'associé décédé.

En pareille hypothèse, la société se poursuit avec les associés et les héritiers de l'associé décédé qui accèdent de plein droit au statut d'associé en nom collectif[1180]. C'est là un régime privilégié de mutation de parts sociales, dans la mesure où celle-ci s'opère sans que les associés aient besoin de donner un quelconque consentement ; il suffit qu'ils aient accepté la succession. Certes, les associés ont-ils acquiescé dans l'acte de société et il s'agit simplement d'exécuter leur volonté préalablement exprimée dans le pacte social. Toutefois, cet agrément revêt un caractère général et indéterminé, altérant quelque peu l'*intuitu personae,* car les qualités d'une personne ne préjugent nullement celles de ses héritiers. En outre, la clause de continuation au profit des héritiers vaut en principe par l'effet du mécanisme légal de la représentation, à l'égard des héritiers de ces héritiers, en cas de décès de ceux-ci. Le terme héritier exclut les légataires désignés par testament ; il ne vise que les héritiers *ab intestat,* et non pas un légataire.

746 Si certains héritiers renoncent à la succession à cause notamment des risques encourus, ils ne deviennent pas associés et leurs parts s'ajoutent à celles de leurs cohéritiers, conformément aux règles de la dévolution successorale.

747 En cas de continuation avec le conjoint survivant ou avec un ou plusieurs héritiers, les exclus de l'entrée dans la société n'ont droit qu'à la valeur des parts de leur auteur. La société n'est pas partie prenante dans ce règlement financier qui n'intéresse que les héritiers copartageants.

[1180] SAINTOURENS, « L'héritier de l'associé », Mélanges Bouloc, 2006, Dalloz, p. 1025.

2- Les droits extra-pécuniaires

748 Dès lors que, sauf stipulation contraire des statuts, les associés en nom collectif sont effectivement tous gérants, deux hypothèses doivent être envisagées : - soit que les associés sont tous gérants, comme le prévoit le code de commerce et mettent en œuvre leur droit à la gestion sociale conjointement avec les autres droits que leur confèrent les textes législatifs et réglementaires ; - soit qu'une clause statutaire confère la gérance à un ou plusieurs d'entre eux, ou à un tiers non associé. Il s'ensuit que les associés non-gérants ont besoin d'être protégés contre les pouvoirs des gérants associés ou non.

En effet, les associés non-gérants ne restent pas étrangers à l'administration de la société ; ils jouent même un rôle déterminant dans la société en nom collectif. Les associés en nom collectif ne peuvent, notamment en raison des risques courus sur leurs biens personnels, se désintéresser de la marche des affaires sociales. Ces droits sont d'une importance aussi évidente, sinon plus, que ceux d'accomplir des actes conservatoires du patrimoine et d'exercer certaines actions en justice. Ils sont d'ordre individuel et collectif. Leurs droits politiques collectifs s'expriment généralement à l'occasion des assemblées, c'est pourquoi ils seront étudiés dans la rubrique consacrée à ce thème.

S'agissant donc de leurs droits individuels, les associés non-gérants disposent en tant que tels, d'un droit à l'information (a) et d'un droit de contrôle (b).

a- Droit à l'information

749 Les associés disposent tout de même du droit d'être informés à l'occasion des assemblées générales et à deux moments de l'année choisis par eux.

Le droit à l'information préalable ne joue pas lorsque tous les associés sont gérants, les intéressés étant parfaitement au courant de la gestion de la société et n'ayant nul besoin de se voir reconnaître par la loi un droit de contrôle qu'ils tiennent déjà de leur qualité de gérant. En revanche, s'ils n'ont pas la qualité de gérant, les associés disposent d'un droit de communication préalable à l'assemblée annuelle qui doit se tenir dans un délai de six mois à compter de la clôture de l'exercice, en vue d'approuver les comptes et d'affecter le résultat[1181].

750 Les documents à communiquer aux associés, dont les textes de résolution et les rapports des commissaires aux comptes, le cas échéant, doivent leur être adressés au moins quinze jours avant la réunion de l'assemblée qui doit statuer sur les comptes annuels[1182].

[1181] Art. 288, al. 1 AUS. L. D. NGNINTEDEM, *L'information en droit des sociétés commerciales*, mémoire de Master, Douala (Cameroun), 2013.
[1182] Art. 288, al. 2 AUS. V. également F. M. FATOU, *Le droit de contrôle des associés de la gestion sociale*, op. cit.

Par ailleurs, en plus du droit d'information annuelle en rapport avec la tenue de l'assemblée chargée d'approuver les comptes, les associés peuvent exiger deux fois par an des informations sur les affaires sociales[1183]. Ainsi, peuvent-ils consulter au siège social tous les documents établis par la société ou reçus par elle (livres de commerce, contrats, factures, correspondances...). Ces dispositions suscitent quelques observations.

Tout d'abord, les associés doivent se rendre personnellement au siège social ; ce qui exclut toute possibilité de donner mandat à quelqu'un, un associé ou un tiers, pour agir à leur place. Ils peuvent néanmoins emporter les documents sous forme de photocopie. Cette règle est particulièrement gênante pour les associés qui rencontrent quelques difficultés pour se déplacer. En revanche, ils ont la faculté de prendre copie des documents sociaux.

Ensuite, les associés peuvent, dans l'exercice de ce droit, se faire assister par un expert choisi sur une des listes établies par les cours et tribunaux. Cette possibilité n'implique pas pour autant celle de se faire représenter par cet expert. Admettre le contraire irait à l'encontre du caractère personnel du droit d'accès aux documents sociaux.

Enfin, le pacte social peut accroître le nombre de consultations annuelles des documents sociaux instauré par le législateur.

751 Comme dans les autres types de sociétés, conjointement au droit de consultation des pièces sociales, les associés non-gérants peuvent deux fois par an poser par écrit, à propos de la gestion sociale, des questions auxquelles il leur est répondu également par écrit. Le nombre de questions n'étant pas limité par la loi, les intéressés peuvent donc en poser plusieurs. Là encore, les statuts peuvent ouvrir plus largement ce droit, dans la limite des énonciations légales. Les textes n'édictent aucune sanction pénale pour le défaut de réponse ; ils ne prévoient pas non plus de sanction civile spécifique. Le gérant qui néglige ou s'abstient de répondre dans un délai normal, s'expose à des dommages-intérêts ou à une condamnation sous astreinte. Son comportement peut également constituer un juste motif de révocation, surtout s'il s'agit d'un gérant non associé dont la destitution n'exige pas l'unanimité des voix. Ces mesures menacent par ailleurs le gérant qui ne satisfait pas au droit de communication de l'associé en nom collectif lequel, se heurtant à un refus, peut notamment saisir le président du tribunal de commerce et obtenir une ordonnance de référé enjoignant au gérant, sous astreinte, de communiquer les documents demandés.

b- Le droit de contrôle

752 Les nouvelles dispositions de l'AUS adoptée le 30 janvier 2014 ont grandement innové en instituant la nomination facultative ou obligatoire, selon

---

[1183] Art. 289 AUS.

certaines circonstances, par les associés des sociétés de personnes, de commissaires aux comptes chargés de contrôler la gestion et les comptes sociaux[1184]. La désignation de ce commissaire dans la société en nom collectif s'impose pour les groupements qui, à la clôture de l'exercice social, remplissent deux des trois conditions suivantes : - total du bilan (somme des montants nets des éléments d'actif) supérieur à 250 millions de F CFA ; - nombre moyen de salariés (moyenne arithmétique des effectifs à la fin de chaque trimestre de l'exercice comptable liés à l'entreprise par un contrat de travail à durée indéterminée) : cinquante.

Lorsque la société ne remplit pas deux de ces trois conditions, ce qui est le plus courant dans la société en nom collectif, la nomination d'un commissaire aux comptes est facultative. Elle peut être décidée par les associés aux conditions de majorité prévues par le pacte social ou à l'unanimité, en l'absence de stipulations statutaires. Elle peut également être demandée en justice, c'est-à-dire au président du tribunal de commerce statuant en référé, par tout associé, quelle que soit sa participation au capital social.

753 Les commissaires aux comptes (un titulaire et un suppléant) nommés dans une société en nom collectif assument les mêmes fonctions, subissent les mêmes interdictions et incompatibilités, encourent les mêmes responsabilités, s'exposent à la récusation ou à la révocation et sont rémunérés de la même manière que les commissaires des sociétés anonymes[1185].

754 Par ailleurs, les délibérations prises à défaut de désignation régulière des commissaires aux comptes ou sur le rapport de commissaires nommés ou demeurés en fonction contrairement aux dispositions textuelles, sont nulles. L'action en nullité est éteinte si ces délibérations sont expressément confirmées par une assemblée, sur le rapport des commissaires régulièrement nommés.

B- Les obligations des associés

755 Il y a d'abord, bien entendu, l'obligation de libérer les apports[1186]. Mais il y a surtout, dans les SNC, l'obligation indéfinie et solidaire au passif social[1187]. Cette obligation doit être distinguée de la contribution aux pertes. La première concerne les rapports de la société avec les tiers, la seconde les rapports des associés entre eux[1188].

L'obligation solidaire est attachée de plein droit à la qualité d'associé en nom. Il s'ensuit notamment que si les parts sont grevées d'usufruits, cette obligation

[1184] Art. 289-1 AUS.
[1185] V. art. 289-1 AUS qui renvoie à l'art. 377 du même Acte uniforme.
[1186] Art. 41 al. 2 AUS.
[1187] Art. 270 AUS.
[1188] V. TCHAMABE BAUDOUIN, *La responsabilité des associés dans les sociétés de personnes en droit OHADA*, op. cit. ; CA Paris 12 mai 2000, RJDA 2/01 n° 170 ; Cass. civ. 6 juillet 1994, RJDA 12/94 n° 1310.

n'incombe qu'au nu-propriétaire puisque l'usufruitier n'a pas la qualité d'associé. Cette obligation étant légale, aucune clause statutaire ne pourrait en dispenser un associé ; étant indéfinie, chaque associé est tenu de la totalité des dettes sociales.

756 Rappelons que cette obligation indéfinie et solidaire ne vaut que pour les dettes sociales contractées par la gérance dans les limites de l'objet social. En outre, le paiement ne peut être demandé aux associés qu'après une mise en demeure de la société restée vaine[1189]. Le délai de 60 jours qui doit séparer la mise en demeure des poursuites peut être prorogé par ordonnance du président de la juridiction compétente statuant à bref délai, sans que cette prorogation puisse excéder 30 jours[1190].

757 Notons enfin que lorsqu'un associé entre dans la société pendant la vie sociale (en se portant cessionnaire de parts), il est en principe tenu de l'ensemble du passif social, même du passif antérieur. Cette règle très rigoureuse conduit très souvent pour ne pas dire systématiquement l'acquéreur de parts de SNC à stipuler une clause de garantie de passif qui limitera sa responsabilité aux dettes connues au moment de la cession.

Dans l'hypothèse inverse où un associé quitte la société, celui-ci ne sera tenu que du passif antérieur à son départ, le point de référence étant l'inscription modificative au RCCM. En plus de cette obligation solidaire et indéfinie, on admet également que l'associé est tenu d'une obligation de non-concurrence, si les statuts en décident ainsi ou si l'apport promis est un apport en industrie.

C- Les assemblées d'associés

758 Tous les associés ont le droit de prendre part aux décisions collectives. Ce droit relevant de l'ordre public, aucune disposition statutaire ou conventionnelle ne pourrait l'écarter ni en subordonner la mise en œuvre à une condition particulière. De surcroît, un associé peut invoquer le défaut de convocation d'un autre associé à une assemblée pour agir en annulation de cette assemblée[1191]. Néanmoins, l'action en nullité n'est pas recevable quand tous les associés ont été présents ou représentés à l'assemblée.

Il n'y a pas lieu, comme dans la SARL ou la société anonyme, de distinguer les assemblées générales ordinaires et les assemblées générales extraordinaires, puisqu'en toute hypothèse, la règle de l'unanimité s'applique (1). Cela n'empêche pas les statuts d'instaurer une pareille différenciation, en fonction de la nature de la décision à prendre (2) même si elle n'offre pas un grand intérêt.

[1189] Art. 271 AUS.

[1190] Art. 271 AUS.

[1191] V. Y. R., ESSENGUE NSON, *Le droit de vote de l'associé dans l'Acte uniforme sur le droit des sociétés commerciales et du GIE*, mémoire de Master, Douala (Cameroun), 2010.

1- Les règles applicables aux décisions prises par les assemblées

759 La prise des décisions collectives intervient à la suite de la convocation et de la tenue de l'assemblée. Elle s'effectue selon certaines modalités (a) et obéit à des conditions précises (b).

a- La convocation et tenue de l'assemblée

760 Les statuts déterminent qui a le droit de convoquer l'assemblée. À défaut, ce droit appartient au gérant. Les statuts fixent également les formes de la convocation qui, en pratique, a lieu par une lettre simple ou recommandée. Il est toutefois concevable de convoquer verbalement les associés, dès lors qu'en toute certitude ils seront tous présents ou représentés à l'assemblée. La lettre recommandée avec demande d'avis de réception est cependant préférable et fortement préconisée pour des raisons probatoires. En effet, en cas de demande d'annulation d'une assemblée par un associé qui prétend ne pas avoir été convoqué par le gérant, la société doit pouvoir prouver que le plaignant l'a été réellement.

761 Lorsque l'assemblée doit statuer sur les comptes de l'exercice écoulé, la convocation est adressée au plus tard quinze jours avant la réunion[1192]. Elle doit en indiquer l'ordre du jour. Cette assemblée doit se réunir dans les six mois de la clôture dudit exercice[1193]. Seuls les associés peuvent participer à l'assemblée, avec toutefois la possibilité d'une représentation par mandataire, si les statuts l'ont prévue. Sauf clause contraire des statuts, le mandat n'est donné qu'à un autre associé. Si les conditions de représentation aux assemblées devaient constituer une entrave au libre exercice du droit de vote ou s'il en résultait une utilisation abusive des pouvoirs, les associés qui s'estimeraient lésés auraient la faculté d'agir en responsabilité contre les auteurs de ces actes illicites.

b- Les conditions de prise des décisions

762 Les décisions adoptées au sein de la société en nom collectif n'obéissent pas, comme dans les sociétés de capitaux, à la loi de la majorité. Selon l'article 283 AUS, elles sont prises à l'unanimité, qu'il s'agisse de décisions importantes telles que la modification des statuts, la révocation d'un associé statutaire, la décision de continuer la société malgré cette révocation, en l'absence d'une clause expresse des statuts, la cession de parts sociales, la transformation de la société en SAS, l'absorption de la société par une SAS, ou de délibérations plus communes comme celle concernant l'approbation des comptes annuels. Dans les autres cas, l'unanimité n'est requise qu'en l'absence de clauses statutaires particulières. Les statuts peuvent alors déterminer à loisir la règle de majorité applicable à telle ou telle décision[1194]. La majorité varie généralement en fonction

---

[1192] Art. 286 AUS.
[1193] Ibid.
[1194] Art. 283, al. 2 AUS.

de l'importance de la décision à prendre. Pour les parts d'industrie, les statuts doivent indiquer les conditions dans lesquelles leurs titulaires vont exercer leur droit de vote.

763 La règle de l'unanimité se justifie par le caractère indéfini et solidaire de la responsabilité des membres d'une SNC. Ainsi, relève de l'unanimité une décision d'assemblée d'augmenter les engagements des associés.

764 Au principe de l'unanimité, la loi apporte une dérogation notamment pour la révocation du gérant non associé qui, dans le silence des statuts, n'exige qu'une décision à la majorité[1195]. Par ailleurs, les statuts peuvent prévoir une disposition différente, par exemple une majorité des deux tiers ou de plus de la moitié pour telle ou telle décision, excepté en matière de cession de parts entre vifs, de révocation d'un gérant associé statutaire ou d'un gérant lorsque tous les associés ont cette qualité et de la continuité de la société, en dépit d'un événement frappant un associé, tel que son décès, son incapacité, etc.

765 À moins d'une énonciation contraire des statuts, chaque associé dispose d'une voix. La majorité pouvant être en nombre et en capital, ou en nombre ou en capital, on peut tout à fait admettre que chaque part sociale donne droit à une voix. Reste à déterminer qui, du nu-propriétaire ou de l'usufruitier, sera le titulaire du droit de vote. Bien que n'ayant pas la qualité d'associé, l'usufruitier peut prendre part à la vie sociale dans la mesure utile à la jouissance des parts dont il a l'usufruit[1196]. Quant au droit de vote, une clause statutaire peut en régler les conditions d'exercice entre l'usufruitier et le nu-propriétaire. Mais, dans le silence des statuts, le droit de vote appartient au nu-propriétaire, sauf pour les décisions se rapportant à l'affectation des bénéfices pour lesquelles il est octroyé à l'usufruitier, dès lors qu'ils ne dérogent pas au droit du nu-propriétaire de participer aux décisions collectives. En effet, le nu-propriétaire doit être convoqué et peut participer à toutes les assemblées, toute clause contraire étant réputée non écrite. Si, en vertu des statuts, le droit de vote est confié à l'usufruitier, cela n'empêche pas le nu-propriétaire de participer à l'assemblée et de s'y exprimer. Cette disposition à caractère général, sauf s'il n'en est autrement disposé par la loi en raison de la forme ou de l'objet de la société, a bien évidemment vocation à s'appliquer à la société en nom collectif.

2- La nature des décisions prises par les assemblées

766 Les décisions prises par les associés en assemblée portent essentiellement sur l'approbation de la gestion (a) et la modification des statuts (b).

[1195] Art. 280 al.2 AUS.

[1196] Sur la question en général, LE BAYON, « L'usufruit des parts sociales », *Rev. Sociétés* 1973, p. 435.

a- L'approbation de la gestion

767 Comme dans toute société, les associés en nom collectif ne participant pas à la gestion quotidienne des affaires sociales doivent être conviés périodiquement à se prononcer collectivement sur la conduite des affaires sociales par le ou les gérants. Ainsi, disposent-ils du pouvoir d'approuver ou non la gestion des organes sociaux. Dans l'affirmative, ils ratifient la gestion sociale, sans pour autant que le *quitus* donné à celle-ci leur fasse perdre, comme dans le passé, la faculté d'agir en responsabilité contre leurs dirigeants. Dans l'hypothèse inverse, celle où les associés désapprouvent un acte du gérant soumis à leur appréciation, celui-ci est privé de tout effet. Le gérant ne saurait transgresser la volonté collective des associés. Si ces derniers décident de mettre en réserve les bénéfices, aucune distribution de dividendes ne peut avoir lieu. En revanche, le gérant ne peut, sans leur accord, prétendre priver les associés de leur droit aux bénéfices.

768 Pour autant, les associés ne peuvent faire obstacle à l'accomplissement par le gérant d'un acte qui relève de ses prérogatives. Effectivement, une pareille réduction de pouvoirs ne peut intervenir qu'en vertu des règles applicables aux modifications statutaires ; d'où la nécessité de procéder à une distinction entre le gérant statutaire et le gérant non statutaire. Seul ce dernier s'expose à subir une réduction partielle de ses pouvoirs en raison de la désapprobation par les associés d'un acte qu'il peut accomplir en vertu de ses pouvoirs. Quant au premier, le gérant statutaire, il est sujet à révocation de la part des associés, s'il ne tient pas compte de leur opinion. Néanmoins, le fait de ne pas suivre les conseils ou les délibérations des associés ne constitue pas obligatoirement une faute. Sa responsabilité ne sera engagée que s'il s'est rendu coupable d'une faute caractérisée, notamment, s'il a agi contrairement à l'intérêt social.

769 Les associés non-gérants délibèrent obligatoirement sur le rapport de gestion et les documents comptables établis par le gérant. En contrepartie du fait qu'ils ne participent pas à la confection du rapport de gestion et des documents comptables, ces associés vérifient la conformité des comptes et approuvent la situation de l'entreprise telle qu'elle leur apparaît d'après les comptes.

Ces associés doivent également se prononcer sur les conventions conclues par le gérant avec sa société. Bien que la doctrine et la jurisprudence envisagent avec réticence ces conventions, aucun principe général du droit n'empêche le représentant d'une société de contracter *ès qualités* avec lui-même ou sa propre société[1197]. Pour sa part, la doctrine préconise que les associés donnent leur accord

[1197] DEMOGUE, « Des rapports pécuniaires entre une société et ses administrateurs ou gérants pendant la durée de la société », *Journ. Sociétés* 1933, p. 192.

formel ou tacite à la suite d'une demande du gérant et que le contrat soit exempt de fraude et conclu à des conditions normales[1198].

770 Indépendamment de ces différents actes sur lesquels ils doivent impérativement se prononcer, les associés non-gérants sont d'une manière plus générale invités à prendre part à la vie sociale et, par conséquent, à exercer une surveillance sur le fonctionnement de la société. Cette participation est cependant facultative. Ainsi, les intéressés sont éventuellement appelés à surveiller les actes accomplis par le gérant de sa propre initiative, mais qui échappent à leur approbation obligatoire. En effet, le gérant peut effectuer seul et sans contrôle formel tous les actes qui relèvent de ces prérogatives. Cela ne l'empêche pas de solliciter l'avis et les conseils d'un ou plusieurs associés, auquel cas, il s'agit davantage d'une collaboration que d'une surveillance. Il peut notamment soumettre à l'accord des associés des projets de conventions ou d'accords avec d'autres entreprises, l'acquisition de brevets, les conditions de vente de produits ou de marchandises…

b- La modification des statuts

771 Les statuts constituent le pacte social qui régit les relations entre les associés au sein de la société. Il s'impose donc à eux, en vertu de l'article 1134 du Code civil relatif aux conventions légalement formées qui tiennent lieu de loi à ceux qui les ont faites. Les modifications de ces conventions liées à des circonstances imprévues ne peuvent résulter que du consentement de tous les associés. Toutefois, la situation varie selon que ces modifications sont occasionnelles ou durables.

Dans la première hypothèse, les statuts déterminant librement l'étendue des pouvoirs du gérant dans les rapports entre associés, faute de disposition statutaire, celui-ci ne peut accomplir que les actes de gestion dans l'intérêt de la société[1199]. Cela signifie que dans certaines circonstances, le gérant est tenu de demander une habilitation de la part des associés. Si celle-ci répond aux intérêts des associés, elle sera accordée, sinon elle sera refusée, d'autant plus que la responsabilité qui pèse sur ces derniers est illimitée. Cette situation demeure néanmoins exceptionnelle et n'implique pas une modification profonde et définitive des statuts.

Dans la seconde hypothèse d'une modification durable des statuts, il s'agit de mettre les statuts en harmonie avec des situations nouvelles. C'est une prérogative essentielle des associés qui requiert leur accord unanime, puisqu'elle constitue une modification statutaire, à moins que les statuts renferment une disposition

---

[1198] LYON-CAEN et RENAULT, *Traité de droit commercial*, 5e éd. par AMIAUD, t. 2, 1re partie, 1926-1929, LGDJ, n° 263. - THALLER, PIC et KRÉHER, *Traité général théorique et pratique de droit commercial*, t. 1, 3e éd., n° 472.
[1199] Art. 277 AUS.

permettant de prendre cette décision à la majorité. La règle de l'unanimité se justifie à la fois par le caractère contractuel de la société et par la gravité de la mesure relative à la modification des statuts.

772 Les tiers, en particulier les créanciers, ne sauraient en ces diverses circonstances, s'immiscer dans les affaires sociales. Ils ne peuvent par exemple, s'opposer à la transformation de la société en nom collectif en société à responsabilité limitée. Ils conservent tout de même leurs droits antérieurs et un recours contre chaque associé pris individuellement. La modification statutaire intervenue dans les mêmes conditions que la constitution de la société, ne leur est opposable qu'après sa publication.

S-SECTION III. LA DISPARITION DE LA SOCIÉTÉ EN NOM COLLECTIF

773 Deux événements participent à la disparition de la société en nom collectif : la transformation qui ne touche pas la personne morale, laquelle se maintient sous une forme autre que celle initialement adoptée (§1) ; la dissolution qui fait complètement disparaître l'entreprise (§2).

§1. LA TRANSFORMATION DE LA SOCIÉTÉ EN NOM COLLECTIF

774 Comme toute transformation, la mutation d'une SNC en une autre société fait disparaître la forme sociale initiale, mais non la personne morale qui subsiste sous une autre forme[1200]. Elle n'entraîne donc pas la création d'une personne morale nouvelle.

La transformation ne produit d'effets que pour l'avenir, de sorte que si elle s'opère au profit d'une forme juridique dans laquelle la responsabilité est limitée au montant de leurs apports (SARL ou SA), les associés restent indéfiniment et solidairement tenus des dettes contractées par la société avant sa transformation[1201].

La transformation d'une société répond à des motifs (A) et s'opère selon certaines modalités (B).

A- Les motifs de la transformation

775 Une société peut se trouver dans une situation où sa forme actuelle s'avère contre-indiquée et où une autre structure sociétaire paraît plus appropriée[1202]. La

[1200] V. en général, BATTEUR, « Le changement de nature juridique des personnes morales », *LPA* 27 juill. 1992, n° 90, p. 12 et 29 juill. 1992, n° 91, p. 20. - ROURE, *La transformation des sociétés*, thèse, Lyon III, 1993.
[1201] Paris, 25 mai 1993, *Bull. Joly* 1993. 871, note Couret.
[1202] K. BALDE, *La transformation de la société commerciale en droit OHADA*, mémoire de Maîtrise, Université Gaston Berger (Saint-Louis, Sénégal), 2009 ; DAMY GREGORY, *Les aspects*

transformation envisagée par les associés procède alors d'un acte volontaire. De ce point de vue, la transformation traduit bien l'importance du critère de la dimension dans les sociétés[1203] (1). Il convient toutefois de nuancer ce propos, dans la mesure où la transformation d'une société ne résulte pas toujours d'un choix. Aussi, à la raison d'une simple opportunité susceptible de conduire une société à se transformer, s'ajoutent des obligations impératives prévues par la loi : celle-ci impose certaines transformations aux sociétés, sans que leur dimension soit toujours en cause (2).

1- La transformation volontaire

776 Les raisons qui participent à la transformation volontaire d'une société sont variables. Dégagée de toute contrainte légale, la transformation se révèle opportune pour satisfaire aux impératifs de gestion de l'entreprise sociétaire. Cette conversion peut être décidée par les associés qui souhaitent par exemple disposer d'un régime fiscal plus favorable ou d'une structure sociétaire mieux adaptée à l'activité sociale ou à la taille de l'entreprise. La transformation permet alors à la structure juridique d'évoluer parallèlement à l'entreprise qu'elle recouvre. Ainsi, la forme de société en nom collectif familiale sera abandonnée au profit de celle de SARL. Ce constat illustre le caractère souvent temporaire de cette forme sociale.

Parmi les diverses raisons susceptibles de conduire les membres d'une société en nom collectif à changer la forme initialement adoptée, on peut citer : - le développement d'une société qui nécessite l'apport de nouveaux capitaux et l'entrée d'autres associés qui sont des opérations souvent difficiles à réaliser sous la forme d'une société de personnes ; - le désir d'une société importante de faire une offre au public de titres financiers, ce qui n'est possible que pour les sociétés par actions, hormis la société par actions simplifiée ; - le souhait du gérant associé de prendre sa retraite sans pour cela quitter la société : la situation de commanditaire est tout à fait appropriée et plus logique que celle d'un ancien gérant qui demeurerait associé en nom collectif ; - le régime fiscal peu avantageux pour les associés en nom collectif, par comparaison à celui d'autres formes sociales. La transformation trouve parfois son fondement dans l'apparition de nouvelles formes de sociétés telles que la société par actions simplifiées, notamment depuis la réforme de l'AUS le 30 janvier 2014.

777 En toute circonstance, les avantages et inconvénients spécifiques à chaque type de société sont pris en considération. Se pose alors la question du choix de la structure à adopter, dans les mêmes termes qu'au moment de la

---

juridiques des fusions et acquisitions bancaires nationales et européennes, thèse, op. cit., p. 301; DAMY GREGORY, *Les aspects juridiques des fusions et acquisitions bancaires nationales et européennes*, thèse, op. cit.

[1203] NOCQUET, « Le critère de la dimension dans les sociétés commerciales », *Rev. Sociétés* 1974, p. 643.

constitution de la société. Il n'existe donc pas de règle générale qui permette de se prononcer en faveur de telle ou telle forme sociale, sinon à retenir des critères comme la nature de l'activité, le nombre d'associés, l'étendue de leur responsabilité, le montant du capital social... Il convient d'observer simplement qu'en général, la mutation se fait d'une structure simple à une structure complexe, notamment la conversion de la SNC en SARL. Mais la situation inverse n'est pas exclue. Ainsi, les SARL se transforment parfois en société en nom collectif, en particulier lorsque la société exploite une officine pharmaceutique. L'intérêt de cette transformation réside dans la cession des parts sociales à des conditions financièrement avantageuses. En effet, la forme de société en nom collectif, soumise à l'impôt sur le revenu, permet au cessionnaire de déduire fiscalement les intérêts de l'emprunt souscrit pour l'acquisition des parts.

2- La transformation forcée

778 La transformation peut être imposée par la loi aux associés, en tant que condition de survie de la société. Telle est la situation d'une société en nom collectif dans laquelle les parts d'un associé décédé sont transmises à un héritier mineur. Ce dernier ne pouvant être associé en nom, faute d'obtenir la qualité de commerçant, la société doit dans un délai d'un an se transformer le plus souvent en société en commandite simple dans laquelle il aura la qualité de commanditaire responsable des dettes sociales à concurrence du montant de l'apport en société réalisé par son auteur et recueilli dans le patrimoine successoral[1204].

B- Les effets de la transformation à l'égard des associés

779 Il s'agit essentiellement de l'influence sur la responsabilité (1) et sur la qualité des associés (2).

1- L'influence sur la responsabilité des associés

780 L'influence de la transformation sur la responsabilité financière des associés s'exerce à un double point de vue.

D'abord, à compter de la décision de transformation, les associés sont pour l'avenir, assujettis à toutes les règles de la société transformée, mais demeurent pour le passé, subordonnés aux règles de la société d'origine. Si une société à risque illimité se transforme en société à risque limité, les associés bénéficient désormais d'une responsabilité limitée à leurs apports, mais restent tenus indéfiniment et éventuellement solidaires des dettes sociales antérieures à la transformation. À la suite de la mutation de la société en nom collectif en société anonyme, les associés demeurent indéfiniment et solidairement responsables du passif de la SNC, sous réserve d'une mise en demeure de la société elle-même. Décider du contraire reviendrait à admettre une atteinte portée à la transformation aux droits des créanciers.

[1204] BÉHAR-TOUCHAIS, *Le décès du contractant*, 1988, Economica, n° 273

781 Pareillement, la transformation en SARL d'une SNC n'exonère pas les associés de l'obligation aux dettes antérieures. Cette règle permet, entre autres, d'éviter que les associés, en vue d'éluder ou de limiter leur responsabilité, transforment la société avant un dépôt de bilan[1205].

782 Dans l'hypothèse d'un parcours inverse, celui d'une société à risque limité vers une société à risque illimité, les associés deviennent indéfiniment et, le cas échéant, solidairement engagés, y compris pour les dettes contractées auparavant.

Ensuite, rappelons que les associés en nom collectif, bien qu'indéfiniment et solidairement obligés au passif social, ne subissent plus la procédure collective ouverte à l'encontre de la société. Par conséquent, il importe peu, sur ce point, que la transformation intervienne avant ou après la date de cessation des paiements de la personne morale.

2- L'influence sur la qualité des associés

783 Indépendamment de l'obligation des associés aux dettes sociales contractées auparavant, se pose parfois la question de la modification de leur qualité. À la suite de la transformation d'une société en nom collectif en SARL, les associés conservent-ils leur statut de commerçant et, en conséquence, peuvent-ils être poursuivis devant les tribunaux de commerce ou au contraire peuvent-ils plaider l'incompétence de ces juridictions à leur égard ? La jurisprudence s'est prononcée en faveur du maintien de cette qualité au-delà de la transformation dans un litige mettant aux prises un associé et le demandeur crédit-bailleur qui avait contracté avec la société avant la transformation. Le contrat de crédit-bail stipulait que l'opposabilité d'une transformation du crédit-preneur au crédit-bailleur était subordonnée à des mesures particulières d'information auxquelles le crédit-preneur ne s'était pas conformé. Mais pour les juges du droit, cela importait peu, dès lors que les mesures de publicité avaient été accomplies). De cette décision de justice, il faut probablement déduire que pour les dettes sociales contractées avant la transformation de la société en nom collectif, les associés conservent leur statut de commerçant et qu'il en va différemment pour celles contractées postérieurement à la transformation.

§2. LA DISSOLUTION DE LA SOCIÉTÉ EN NOM COLLECTIF

784 Les causes de dissolutions de la SNC sont nombreuses (A). Leur étude précédera celle de ses conséquences (B).

[1205] V. note Le Cannu, sur l'obligation de l'associé en nom, aux dettes issues d'un crédit-bail conclu avant la transformation en SARL. - Paris, 2 juill. 1998, *Bull. Joly* 1998. 1282, note Delebecque.

A- Les causes de dissolution

785 En dehors des causes de dissolution communes à toutes les sociétés, il existe des causes spécifiques à la société en nom collectif[1206]. Ce sont celles qui touchent à l'*intuitu personae*[1207], c'est-à-dire celles qui concernent l'état et la capacité des personnes. Étant donné le caractère personnel de la société, il s'agit là de causes de dissolution de plein droit. Pour éviter cette dissolution, la pratique a forgé des clauses qui ont permis la continuation de la société par des solutions appropriées. Dans l'hypothèse où les clauses de continuation sont ineffectives, la dissolution entraîne les conséquences communes à toutes les sociétés, à savoir la liquidation et le partage. Il s'agira généralement de la révocation d'un gérant associé statutaire (1) de l'état et capacité (2) ou du décès d'un associé (3).

1- La révocation d'un gérant associé statutaire

786 Une semblable révocation entraîne en principe la dissolution de la société. Il en va ainsi également de la décision qui destitue un associé de son mandat de gérant, alors qu'en l'absence d'une disposition statutaire, il exerçait sa fonction avec d'autres membres de la société. L'article 290 AUS permet cependant d'écarter cette dissolution, soit par une stipulation des statuts, soit par une décision unanime des associés prise au moment de la révocation. Dans ce cas, l'activité sociale se poursuit, mais l'ancien gérant a la faculté de se retirer en obtenant le remboursement de ses parts sociales. Si le prix de celles-ci ne peut être fixé amiablement, un expert est désigné à cet effet par les parties ou à défaut d'accord entre elles, par ordonnance de la juridiction compétente statuant en référé, sans que l'existence d'une clause statutaire d'évaluation des titres puisse y faire obstacle[1208]. Si en définitive ce remboursement s'avère impossible, il s'ensuit une dissolution de la société.

2- L'état et la capacité d'un associé

787 Selon le principe édicté par l'article 291, la société prend également fin « *lorsqu'une décision de liquidation des biens, de faillite ou de mesure d'incapacité ou l'interdiction d'exercer une profession commerciale sont prononcées à l'égard de l'un des associés (...)* ». Il en va de même selon le juge français, en cas de perte de la qualité de pharmacien qui est essentielle pour détenir des parts d'une SNC ayant pour objet l'exploitation d'une officine

---

[1206] M. R. BINEMBE, *La dissolution des sociétés commerciales*, mémoire de Master, Douala (Cameroun), 2013.

[1207] M. A., MOUTHIEU NDJANDEU, « L'intuitu personae au regard de l'Acte uniforme sur le droit des sociétés commerciales et du GIE », *Juridis Périodique*, n° 41, Janvier-Mars 2000, pp. 128-137.

[1208] M. R. BINEMBE, *La dissolution des sociétés commerciales*, op. cit. Com. 4 déc. 2007, n° 06-13.912, *RJDA* 2008, n° 421.

pharmaceutique[1209]. Sous peine de rendre cette exploitation irrégulière, l'intéressé doit céder ses parts et son coassocié doit lui en rembourser la valeur.

S'agissant de l'interdiction de gérer, l'associé de SNC qui en est frappé perd sa qualité d'associé et, par conséquent, celle de commerçant. Il ne peut d'ailleurs plus acquérir cette dernière qualité à titre personnel, il résulte en qu'il ne peut demander à faire l'objet d'une procédure de liquidation judiciaire, sauf à établir qu'il exerce une activité professionnelle indépendante.

En cas de tutelle ou de curatelle, l'associé est dans l'impossibilité de s'occuper seul des affaires de la société et la présence d'un tuteur ou d'un curateur est contraire à l'*intuitu personae*[1210] qui caractérise la SNC. La mise sous sauvegarde de justice n'a aucune incidence sur la société. Si le juge considère qu'il faut assurer une meilleure protection de l'associé, il ouvrira la tutelle ou la curatelle.

Dans l'hypothèse d'une liquidation des biens, l'associé ne peut continuer à faire partie d'une société en nom collectif, puisque désormais il ne peut plus exercer le commerce. Une clause statutaire a valablement étendu le champ d'application de cette disposition au cas de redressement judiciaire d'un associé, dès lors que lui était due la valeur des droits sociaux dont il était privé. En revanche, il a été jugé que la cession de la totalité des parts sociales ne constitue pas une cause de dissolution d'une SNC. L'article 291 AUS précise toutefois que la continuation de la société peut être stipulée dans les statuts ou décidée à l'unanimité par les autres associés. Ceux-ci devront alors verser à l'associé exclu la valeur des droits sociaux qui sera, ou bien déterminée à l'amiable ou, à défaut, par un expert désigné par voie de justice.

Faute d'exclure l'associé frappé d'incapacité ou de liquidation judiciaire ou encore d'interdiction, la société peut se transformer en une autre structure sociale, en particulier une SARL dans laquelle aucune condition spécifique n'est exigée de ses membres.

3- Le décès d'un associé

788 En principe, le décès d'un associé provoque la dissolution de la société qui a été constituée en raison de la personne même des associés[1211]. La disparition d'un des associés ne doit pas obliger les autres à rester en présence d'héritiers qu'ils ne connaissent pas[1212]. Pourtant, le plus souvent, une pareille dissolution ne correspond pas à la volonté présumée des associés qui, à l'origine, ont conclu le

---

[1209] Aix-en-Provence, 27 juin 2003, *Dr. sociétés* 2004, n° 86, obs. Monnet, incapacité par perte de la qualité de pharmacien.

[1210] M. A., MOUTHIEU NDJANDEU, « L'intuitu personae au regard de l'Acte uniforme sur le droit des sociétés commerciales et du GIE », op. cit., p. 128 ets.

[1211] V. M. KENFACK, *Le départ d'un associé dans les sociétés commerciales en droit OHADA*, Mémoire de DEA, Faculté des Sciences juridiques et Politiques de l'Université de Yaoundé II (Cameroun), 2009.

[1212]Art. 290 AUS.

contrat de société. Elle risque d'entraîner des conséquences désastreuses, notamment lorsque la société est prospère, car il faut alors la liquider. C'est pourquoi l'article 290 prévoit également la possibilité d'insérer dans les statuts des clauses dites de continuation qui permettent d'éviter la dissolution de la société[1213]. Ces clauses sont de trois ordres : - clause de continuation avec les associés survivants ; - avec tous les héritiers de l'associé prédécédé ; - avec certains héritiers de l'associé défunt ou toute autre personne désignée dans les statuts. La dissolution se produit immédiatement après le décès ; elle est irrémédiable. Aucune décision postérieure ne peut faire revivre la société ; la seule solution relève de l'anticipation des associés qui auront préalablement prévu une clause de continuation de la société.

B- Les conséquences de la dissolution : la liquidation

789 Puisque la dissolution entraîne la liquidation, il faut voir quelles sont les règles qui l'organisent (1) et quelles en peuvent être les conséquences (2).

1- L'organisation de la liquidation

790 La société étant dissoute, il faut procéder à sa liquidation en vue de partager le patrimoine social. La société n'est toutefois pas liquidée dans deux hypothèses : - celle de la fusion-absorption d'une société en liquidation ou de la cession du patrimoine au profit d'autres sociétés ; - celle de la transmission universelle du patrimoine de la société à l'associé unique, personne morale, sans procéder à sa liquidation.

La liquidation de la société en nom collectif obéit aux règles générales applicables à toute société. Il prévoit donc un mode de liquidation soumis à la seule volonté des parties et un régime légal qui supplée à la carence ou à l'insuffisance du mode de liquidation conventionnel : c'est la liquidation sur décision judiciaire. Elle n'impose son régime impératif qu'à défaut d'entente au départ entre les associés ou si, au bout du compte, la liquidation amiable ne réussit pas. Cette entente de début suppose l'unanimité des associés, car elle ne peut provenir que d'une liquidation déterminée à l'avance par les statuts ou, lors de la dissolution, d'un accord de liquidation conclu par tous les associés. Néanmoins, à tout moment, au cours des opérations de liquidation, les associés ou les créanciers sociaux peuvent demander en justice la substitution du régime légal au régime conventionnel.

La personnalité morale de la société subsiste pour les besoins de sa liquidation jusqu'à la clôture de celle-ci[1214]. Cette personnalité ne varie pas ; c'est une société en nom collectif qui subsiste, avec toutes ses caractéristiques essentielles, dont

[1213] DERRUPPÉ, « Un trou législatif, le choix du successeur d'un associé décédé », *Mélanges Breton et Derrida,* 1991, Dalloz, p. 73.

[1214] BOUILLOUX, « La survie de la personnalité morale pour les besoins de la liquidation », *Rev. Sociétés* 1994, p. 393.

l'obligation personnelle et solidaire des associés aux dettes sociales. Ceux-ci restent responsables des dettes nées après la publication de la dissolution, dans les mêmes conditions que le passif antérieur.

2- La clôture et issue de la liquidation

791 La personnalité morale de la société se trouve définitivement éteinte à partir du jour de la constatation, par les associés ou par le tribunal, de la clôture de la liquidation. Le liquidateur n'a plus alors qualité pour représenter celle-ci. À l'achèvement des opérations de liquidation, les créanciers sociaux ayant été payés, il convient de partager l'éventuel actif net qui reste, proportionnellement à la participation des associés au capital social. Les règles concernant le partage des successions, y compris l'attribution préférentielle, s'appliquent au partage entre les associés. En conséquence, si les statuts n'ont pas prévu les modalités de partage, il convient de respecter les règles du partage successoral. En général, le partage est amiable. Il peut être judiciaire en cas de conflit entre associés ou si des incapables figurent parmi eux.

Les associés peuvent subir une action directe des créanciers sociaux qui n'ont plus d'action contre la société puisque la personnalité morale de celle-ci a disparu, si l'actif net a été partagé alors qu'ils n'ont pas été désintéressés. Les poursuites sont individuelles, si bien qu'il n'existe pas de procédure organisée de répartition des actifs entre les créanciers agissant en justice.

SECTION II- LA SOCIÉTÉ EN COMMANDITE SIMPLE

792 Comme la SNC, la société en commandite simple est une société commerciale par la forme et elle est aussi fondée sur *l'intuitu personae*[1215]. La personnalité de chaque associé y joue un rôle déterminant et à tous les niveaux (constitution, fonctionnement, dissolution). Mais la caractéristique essentielle propre à ce type de société réside dans la dualité de statuts applicables aux associés qui la composent (art. 293 AUS). On a d'abord les associés commandités qui ont un statut équivalent à celui des associés de SNC (commerçants tenus personnellement, indéfiniment et solidairement du passif social). On a ensuite les associés commanditaires dont le statut est équivalent à celui d'associés dont la responsabilité est limitée (associés de SARL ou actionnaires).

Avec cette distinction, la société en commandite simple présente l'intérêt majeur de permettre la réunion d'entrepreneurs prêts à prendre des risques et d'investisseurs qui se comporteront comme de simples bailleurs de fonds.

[1215] V. M. A., MOUTHIEU NDJANDEU, « L'intuitu personae au regard de l'Acte uniforme sur le droit des sociétés commerciales et du GIE », Juridis Périodique, n° 41, Janvier-Mars 2000, pp. 128-137 ; NDEYE DIENABA NDIAYE, *La Société en Commandite Simple*, mémoire de Master, UCAD, 1998.

Certains inconvénients existent toutefois, notamment la grande rigueur attachée au statut des commandités. À cela s'ajoute le fait que l'*intuitu personae*[1216] rend difficiles les cessions de parts sociales.

793 Concernant les règles applicables, retenons que de manière générale, ce sont celles de la SNC sauf disposition contraire. Du reste, souvent les sociétés en commandite simple sont le résultat de transformation de SNC afin de pouvoir intégrer des associés mineurs (héritiers d'un associé prédécédé).

Parce que les règles applicables à la société en commandite simple sont, pour l'essentiel, très proches, voire analogues à celles régissant la SNC, cette étude sera des plus sommaires. On reviendra bien sûr, sans trop insister, sur quelques particularités des règles de constitution (sous-section 1). On verra ensuite, les règles de fonctionnement (sous-section 2), puis celles de sa disparition (sous-section 3).

S-SECTION I. LA CONSTITUTION D'UNE SOCIÉTÉ EN COMMANDITE SIMPLE

794 Comme la SNC, la constitution de la société en commandite simple obéit à une dualité de conditions, de fond (§1), mais aussi de forme (§2).

§1. LES CONDITIONS DE FOND

795 Il s'agit comme pour toute forme de société des conditions relatives à la société elle-même (A) et de celles qui se rapportent aux associés (B).

A- Les conditions relatives à la société

796 Il s'agit du capital et des apports d'une part (1) et de la dénomination sociale d'autre part (2).

1- Le capital social, les apports et les parts sociales

797 La loi ne fixe aucun capital minimal pour la constitution d'une pareille société[1217].

Pour ce qui est des apports[1218], un commandité peut, comme un associé en nom collectif, réaliser des apports en industrie, en numéraire et en nature. Il pourrait donc apporter son savoir-faire rémunéré par une participation aux résultats. En cette qualité, il serait directement impliqué dans la bonne marche de l'affaire, alors que le ou les commanditaires procureraient les capitaux nécessaires

---

[1216] M. A., MOUTHIEU NDJANDEU, art. précité, pp. 128 et s.

[1217] DIOMANDE, *Regards sur les fonctions attribuées au capital social : Aspects de droit comparé : droit uniforme de l'OHADA et droit français des sociétés*, thèse, op. cit. ; H. EBOA DORA, *Le capital social dans les sociétés commerciales*, mémoire de Master, Douala, 2013.

[1218] V. M. L. DIOP, *L'apport dans la société commerciale OHADA,* Mémoire de Maitrise, Université Gaston Berger (Saint-Louis, Sénégal), 2008.

au fonctionnement de l'entreprise envisagée. Constitue un apport en industrie permettant de rémunérer en contrepartie le commandité par une participation au capital, l'apport « *en garantie* » qui consiste, pour un commandité, à apporter son crédit commercial (nom, réputation professionnelle et solvabilité financière) au travers de la dénomination sociale. Les apports en nature ne subissent aucune procédure de vérification. Il appartient aux associés de les évaluer sous leur responsabilité. Les parts représentatives d'apport en industrie[1219] ne peuvent avoir une valeur nominale représentative d'une fraction du capital.

798 De leur côté, les commanditaires font le plus souvent des apports en espèces ; c'est ce qui leur vaut le qualificatif de bailleurs de fonds. La remise de la somme d'argent peut être immédiate ou retardée, mais doit être effective. Les statuts en fixent les modalités. La jurisprudence rejette, au moins à l'égard des tiers, toute convention qui les en décharge, toute dation en paiement et tout accord de compensation conventionnelle entre le gérant et le commanditaire. En revanche, la compensation légale pourrait jouer. La jurisprudence admet l'apport d'un capital en jouissance, auquel cas le commanditaire est, à la dissolution de la société, créancier du capital apporté et vient en concours avec les créanciers sociaux. En réalité, l'expression de bailleur de fonds utilisée à propos du commanditaire est incorrecte, dans la mesure où il lui est possible d'effectuer un apport en nature, tel qu'un fonds de commerce. La commandite se distingue donc bien d'un prêt. Ainsi, constitue un prêt et non une société en commandite, la convention par laquelle une personne fournit des capitaux pour l'exploitation d'une industrie et stipule, outre l'intérêt légal, une part dans les bénéfices, alors qu'il n'existe pas de mise en commun de capitaux ni de participation aux pertes.

799 Aucune mesure n'a cependant été édictée contre une éventuelle surévaluation de pareils apports, la présence des commandités tenus des dettes sociales sur leur propre patrimoine ayant paru suffisante pour garantir les tiers. En revanche, il est interdit à tout commanditaire de faire un apport en industrie. L'argument selon lequel le principe de la défense d'immixtion du commanditaire interdit un semblable apport paraît insuffisant, dans la mesure où l'apport en industrie n'implique pas obligatoirement des actes de gestion externe seuls interdits. En réalité, un tel apport se concilie mal avec la conception classique de la société en commandite, qui est d'instaurer une collaboration entre le travail des commandités et le capital des commanditaires. Quoi qu'il en soit, l'apport du commanditaire doit être déterminé, ou tout au moins déterminable, afin de limiter l'étendue de son engagement. À défaut, le commanditaire serait indéfiniment tenu. Le commanditaire pourrait également limiter son apport à une certaine catégorie de biens déterminés ou déterminables, mais une pareille clause ne serait opposable aux tiers que par sa publication.

[1219] D. R. SOH FOGNO, C. TALLA, « L'apport en industrie en droit des sociétés de l'OHADA », *in Annales de la Faculté des Sciences Juridiques et Politique de l'Université de Dschang*, 2009, pp. 199-226, NDEYE DIENABA NDIAYE, *La société en commandite simple*, op. cit., p. 422.

800 Les parts d'une société en commandite ne sont pas représentées par des titres négociables. La loi n'impose aucune valeur minimale des parts sociales. Elle n'exige pas non plus la libération immédiate des parts sociales. Les statuts peuvent donc prévoir que les parts soient libérées proportionnellement aux besoins de la société, sur appel de la gérance. Il va de soi que les parts sociales révèlent l'ampleur de la participation des associés dans le capital social et non l'étendue de leur responsabilité ; celle-ci tient à la qualité de l'associé, selon qu'il est commandité ou commanditaire.

La dualité de la qualité d'associé n'aboutit donc pas à la coexistence de deux catégories de parts sociales (parts de commandités et de commanditaires) préjugeant de l'étendue de la responsabilité de leurs détenteurs. Aussi, lorsqu'un commandité cède une partie de ses parts à un commanditaire, ce dernier ne prend pas pour autant la qualité de commandité : soit le cessionnaire demeure dans la société en tant que commanditaire, les parts acquises du commandité changent alors de nature et deviennent des parts de commanditaire ; soit le cessionnaire succède au commandité en adoptant cette qualité, tout en gardant ses parts de commanditaire.

2- La dénomination sociale

801 Comme les autres sociétés commerciales, la société en commandite simple doit être désignée par une dénomination sociale[1220].

La dénomination sociale peut comporter le nom d'un ou plusieurs associés précédé ou immédiatement suivi des mots : « *société en commandite simple* » écrits en toutes lettres, aucune disposition légale ou réglementaire ne permettant de les remplacer par des initiales, comme pour les sociétés anonymes et à responsabilité limitée.

802 Cette dénomination peut être de pure fantaisie. Elle doit figurer sur tous les actes et documents émanant de la société et être destinée aux tiers, notamment les lettres, factures, annonces et publications diverses. La société en commandite simple peut utiliser un nom commercial distinct de la dénomination sociale. Celui-ci permet d'identifier l'activité de la société.

B- Les conditions relatives aux associés

803 La société en commandite simple comprend au moins deux associés : un commandité (1) et un commanditaire (2). Leurs qualités respectives ne résultent pas des parts sociales détenues par eux. Les publications ne suffisent pas pour connaître les commanditaires : ceux-ci ne figurent pas obligatoirement au registre du commerce et des sociétés ; les avis dans les journaux d'annonces légales n'en font pas non plus état. Seule la consultation des statuts à travers la clause d'identification des associés et celle des apports, la part de chaque associé

[1220] Art. 294 AUS

commandité ou commanditaire devant être indiquées, permet de connaître le choix opéré par chacun d'eux. Cependant, les statuts ne sont pas obligés d'indiquer la part individuelle des commandités dans les bénéfices.

1- Les commandités

804 Les commandités étant investis d'un statut identique à celui des associés en nom collectif (qualité de commerçant et obligation indéfinie et solidaire au passif social)[1221], il suffit de se reporter aux règles de capacité indiquées à propos de la société en nom collectif. En particulier, leur qualité de commerçant les rend indéfiniment et solidairement responsables des dettes sociales et les soumet aux dispositions du code de commerce sur le redressement et la liquidation judiciaires des entreprises en difficulté. Pour l'essentiel, retenons qu'un mineur ne peut devenir commandité, en raison de l'interdiction qui lui est faite d'être commerçant[1222].

805 Une personne morale, au même titre qu'une personne physique, peut participer à une commandite simple en qualité de commandité ou de commanditaire, sans exclure la réglementation des participations croisées entre les sociétés en commandite simple et les sociétés anonymes. Signalons toutefois qu'il avait été envisagé d'interdire aux personnes morales d'être commanditées. La solution se fondait sur la crainte que l'obligation illimitée au passif social incombant aux commandités soit restreinte à l'actif de la personne morale, alors que les membres de celle-ci ne répondraient pas du passif social sur leurs biens propres. Il eût fallu toutefois, pour une raison identique, interdire aux personnes morales d'être associées en nom collectif ; ce qui ne fut pas le cas. Aussi, la proposition fut-elle écartée.

Le statut d'associé commandité est inconciliable avec l'exercice de certaines activités professionnelles : fonctionnaires, officiers ministériels, avocats... Le commandité, gérant ou non, est assujetti aux différents régimes de protection sociale des non-salariés, même si le fonds de commerce, propriété de la société, a été mis en location-gérance.

2- Les commanditaires

806 La qualité de commerçant et par conséquent la capacité commerciale, n'étant pas exigée du commanditaire, toute personne qui en est privée peut être commanditaire, alors même que la souscription d'une part de commandite relève nécessairement de la commercialité[1223], car la participation à une société

[1221] T. DIOP, *L'intuitu personae dans les sociétés commerciales immatriculées*, mémoire de DEA, Université Gaston Berger (Saint-Louis, Sénégal), 2008.

[1222] V. également pour plus de détails sur la qualité d'associé commandité, DIOUF OUSMANE, *La société entre époux,* mémoire UCAD, 2003, p. 30. ; D. NDYAYE NDEYE, *La société en commandite simple,* Mémoire UCAD, 1998, 28p. ; SECK FATOU KATY, *Les époux associés*, Mémoire UCAD, 2001, p. 34.

[1223] NDEYE DIENABA NDIAYE, *La société en commandite simple*, op. cit., p. 422.

commerciale ne peut avoir qu'un tel caractère. Le commanditaire donne mandat au gérant d'accomplir des opérations commerciales auxquelles il est intéressé et qui l'obligent à concurrence de sa mise. L'engagement de verser cette mise qui est accessoire à une semblable entreprise est donc commercial. En outre, pour la société, l'engagement du commanditaire est nécessairement inhérent à sa forme commerciale. De plus, les modes de preuve recevables sont ceux admis en matière commerciale. La souscription peut être prouvée par témoins ou par présomption et, bien que constatée par écrit, son existence peut être contestée par la preuve testimoniale ou par présomption.

La souscription de parts de commanditaires implique seulement la capacité civile. Bien qu'un mineur non émancipé ne soit pas personnellement apte à souscrire de telles parts, son représentant légal (administrateur ou tuteur) peut valablement le faire en son nom et pour son compte. Un mineur émancipé et un majeur protégé peuvent, sans difficulté, souscrire des parts de commanditaire. Les personnes dont la profession est incompatible avec l'exercice d'un commerce, notamment les fonctionnaires, les avocats et les officiers ministériels, peuvent souscrire des parts de commanditaire. C'est en cela que réside un des aspects intéressants de la société en commandite simple : permettre à une personne de participer à l'activité d'une entreprise commerciale, sans pour cela revêtir le statut de commerçant, notamment à une personne frappée d'incapacité ou d'interdiction d'exercer une profession commerciale de s'intéresser à une exploitation commerciale en la commanditant, encore faut-il que la qualité de commanditaire ait été portée à la connaissance des tiers par la publication des statuts, pour leur être opposable. Cette situation n'empêche pas le commanditaire, s'il en a la capacité, d'être commerçant en raison d'une entreprise qu'il exploite par ailleurs, ou en raison de sa participation à une société en nom collectif. Mais s'il vient à être mis en redressement ou en liquidation judiciaire, cette procédure n'a aucune incidence sur la société en commandite simple.

Le commanditaire étant juridiquement un associé, il participe en cette qualité aux bénéfices et aux pertes de la société, faute de quoi celle-ci serait nulle. Il est engagé par les opérations réalisées par le gérant et participe à la vie sociale.

§2. LES CONDITIONS DE FORME

807 Elles concernent la rédaction (A) et la publication (B) des statuts.

A- Les statuts

808 Comme dans toute société, les statuts doivent être établis par écrit. L'acte peut être sous seing privé ou notarié. Quand ils sont établis sous seing privé, les statuts sont dressés en autant d'originaux qu'il est nécessaire pour le dépôt d'un exemplaire au siège social, l'accomplissement des diverses formalités requises et la remise d'un exemplaire à chaque associé, y compris les commanditaires. Cet écrit doit contenir la limitation de responsabilité des commanditaires. En l'absence d'écrit, cette limitation de responsabilité ne peut jouer et la société ne peut être qualifiée de commandite simple. Certaines mentions des statuts s'imposent ou sont autorisées (1), tandis que d'autres sont prohibées (2).

1- Les mentions obligatoires ou facultatives

809 Les statuts comprennent les mêmes indications que ceux d'une société en nom collectif. Hormis les six mentions obligatoires (forme, durée, dénomination sociale, siège social, objet social, montant du capital social), ils doivent mentionner[1224] : - le montant ou la valeur des apports de tous les associés, la part dans cette valeur de chaque associé commandité ou commanditaire, la part globale des associés commandités et de chaque associé commanditaire dans la répartition des bénéfices ou du boni de liquidation. Pour déterminer l'identité des commandités, les tiers ont également la possibilité de se prévaloir des mentions inscrites au registre du commerce et des sociétés, puisque celles-ci comportent les noms, prénoms et domiciles des associés indéfiniment et solidairement tenus des dettes sociales. Ces mentions permettent : d'une part d'éviter toute discussion entre associés et toute équivoque dans leur situation respective ; d'autre part de donner aux tiers la possibilité de connaître les droits et intérêts respectifs des associés, ainsi que leurs obligations au passif social.

810 Parallèlement à ces mentions obligatoires, les statuts peuvent facultativement prévoir, contrairement au principe selon lequel les parts sociales ne sont cessibles qu'avec l'accord unanime des associés que : - les parts des associés commanditaires sont librement cessibles entre associés ; - les parts des associés commanditaires sont cédées aux tiers avec le consentement de tous les commandités et de la majorité en nombre et en capital des commanditaires[1225] ; - un associé commandité peut céder une partie de ses parts à un commanditaire ou à un tiers étranger à la société, dans les conditions prévues à l'alinéa précédent[1226]. Ils peuvent également stipuler : - que la société continue, malgré le décès de l'un des commandités, avec les héritiers de ce dernier[1227] ou qu'elle n'est pas dissoute, malgré le redressement judiciaire, l'interdiction d'exercer une profession commerciale ou l'incapacité atteignant l'un des commandités ; - avec l'accord unanime des associés, une clause qui permette d'exclure l'un d'eux en cas de faits graves, en l'obligeant à céder ses parts.

Précisons qu'en l'absence d'une mention obligatoire dans les statuts, tout intéressé peut demander en justice que soit ordonnée sous astreinte la régularisation de la situation.

1224 Art. 295 AUS.
1225 Art. 296 AUS.
1226 Ibid ;
1227 Art. 308 AUS.

2- Les mentions interdites

811 Les clauses statutaires réputées non écrites pour la société en nom collectif, parce qu'interdites, le sont également à propos de la société en commandite simple. Il en est ainsi, outre des clauses léonines, des clauses statutaires s'opposant aux caractères fondamentaux des sociétés de personnes (émission de valeurs mobilières, création de titres négociables) ou contraires à des règles légales impératives (clause d'intérêt fixe, clause instituant l'appel public à l'épargne). Pareillement sont prohibées les clauses qui énoncent des conditions plus sévères de majorité pour toute modification des statuts autre que le changement de nationalité, lequel relève de l'unanimité.

B- La publicité

812 La société en commandite simple est l'objet d'une publicité semblable à celle applicable à toutes les sociétés commerciales. En plus de la présentation à l'enregistrement des actes constitutifs, elle connaît les formalités traditionnelles qui suivent : - l'insertion dans un journal d'annonces légales du lieu du siège social ; - l'immatriculation au registre du commerce et du crédit mobilier[1228], à l'appui de laquelle des pièces justificatives sont exigées.

813 L'absence d'immatriculation empêche la société d'acquérir la personnalité morale. À défaut d'accomplissement des formalités de publicité, tout intéressé peut demander la nullité de la société, mais une régularisation même tardive permet d'éviter cette sanction. En l'absence d'une semblable demande, les dispositions du pacte social doivent être respectées. Tout demandeur peut seulement agir contre les commanditaires qui ne se sont pas immiscés dans la gestion sociale, dans la limite des apports de ces derniers, à moins que la société n'ait fonctionné en fait comme une société en nom collectif. Il appartient aux commandités d'effectuer la publicité, la responsabilité des commanditaires n'étant engagée qu'à défaut ou d'insuffisance de publicité. Cette irrégularité n'est d'ailleurs pas exclusive de la qualification de commandite.

S-SECTION II. LE FONCTIONNEMENT DE LA SOCIÉTÉ EN COMMANDITE SIMPLE

814 La structure de la société en commandite simple est semblable à celle de la SNC. Quelques particularités peuvent cependant être notées en ce qui concerne la gérance (§1) et l'assemblée générale des associés (§2).

1228 P. S. AKUETE, « L'immatriculation au nouveau registre du commerce et du crédit mobilier », *Revue Togolaise de Droit des Affaires et de l'Arbitrage,* mars 2000, p. 2 ; A. DELABRIERE, « Le registre du commerce et du crédit mobilier, instrument d'information et de sécurité des créanciers dans l'espace OHADA », *Pénant,* n° 840, 2002, p. 369.

§1. LA GÉRANCE

815 Il est interdit aux associés commanditaires (B) de s'immiscer dans la gestion de la société, qui ne revient en principe qu'au gérant (A).

A- Le statut du gérant

816 La condition générale du gérant de commandite simple est celle du gérant de société en nom collectif ; aussi, les règles relatives à la nomination, la cessation des fonctions, les pouvoirs, la rémunération et la responsabilité du ou des gérants instaurées pour la société en nom collectif, s'étendent à la société en commandite simple[1229]. L'application combinée des dispositions relatives à la société en nom collectif et des règles spécifiques à la société en commandite simple conduit à certaines solutions en matière d'accession aux fonctions de gérant (1), ainsi que d'exercice (2).

1- La nomination et la révocation du gérant

817 L'article 293-1 AUS renvoie de manière générale aux dispositions relatives à la société en nom collectif. Cela signifie que sauf stipulation contraire, tous les associés commandités sont gérants. Mais les statuts peuvent confier la gestion à un ou plusieurs gérants choisis parmi les commandités ou en dehors des membres de la société, ou prévoir leur désignation par un acte ultérieur[1230]. Le plus souvent, le gérant fait partie de la société en qualité de commandité. En application du droit commun des sociétés commerciales, si une personne morale est gérante, ses dirigeants sont soumis aux mêmes conditions et obligations et encourent les mêmes responsabilités civile et pénale que s'ils étaient gérants en leur nom propre, sans préjudice de la responsabilité solidaire de la personne morale qu'ils dirigent. Cette liberté dans la désignation du gérant supporte une limite : l'interdiction faite à un commanditaire d'assumer la gérance, car il s'exposerait à répondre solidairement avec les commandités des engagements de la société. Pour autant, en l'absence d'une disposition légale expresse l'interdisant, la nomination comme gérant d'un commanditaire n'entraîne pas la nullité de celle-ci et ne remet pas en cause la validité des engagements pris par lui au nom de la société. L'intéressé est simplement indéfiniment et solidairement tenu des engagements sociaux. En outre, cette nomination ne fait pas perdre à l'associé sa qualité de commanditaire, si bien qu'il n'acquiert pas automatiquement celle de commandité ; celle-ci ne peut résulter que d'un accord des autres associés, en particulier des autres commandités, dans les conditions prescrites à cet effet par les statuts.

818 Lorsqu'ils ne le sont pas dans les statuts, le ou les gérants sont nommés aux conditions de majorité posées par les statuts ou, à défaut, à l'unanimité[1231].

[1229] Pour aller plus loin, voir B. NJOYA KAMGA, *Les dirigeants sociaux*, thèse, Dschang, 2007.
[1230] Art. 298 AUS.
[1231] Art. 298 AUS.

Les statuts peuvent organiser une gérance héréditaire ; ils désignent alors comme futurs gérants, les héritiers du gérant commandité. Si le gérant pressenti est un commanditaire, la clause statutaire doit préciser qu'il succédera également au gérant dans sa situation de commandité, faute de quoi le commanditaire ne pourra accéder à la gérance. Précisément, selon une décision de justice, lorsque l'unique associé commandité a donné sa démission et que celle-ci n'a pas été acceptée par l'une des deux associées commanditaires, tandis que l'autre (fille du gérant) a refusé d'accepter la gérance, dont les statuts lui confiaient la charge en cas de départ de son père, ceci en invoquant son état de santé, il y a lieu de prononcer la dissolution de la commandite si le seul candidat aux fonctions de gérant, l'époux de l'associée commanditaire, n'a pas été agréé[1232].

819 Sur un autre plan, l'AUS ne fixe pas expressément les conditions de révocation[1233]. De manière générale on peut les déduire des règles en vigueur dans les sociétés en nom collectif, puisque l'AUS étend l'application des dispositions relatives à ces sociétés à la société en commandite simple[1234]. Mais la jurisprudence française est assez claire sur cette question. Selon elle, les conditions de la révocation varient selon que le gérant est associé ou non, statutaire ou non.

La chambre commerciale admet la révocation judiciaire du gérant, pour cause légitime. Constitue une faute le fait de s'opposer à l'exécution de décisions de justice rendues à l'encontre de la société. Ce refus est contraire à l'intérêt social en ce qu'il a aggravé le passif de la société.

820 Le gérant associé non statutaire est révocable dans les conditions inscrites dans les statuts ou, à défaut, par une décision des autres associés, gérants ou non, adoptée à l'unanimité[1235].

Quant au gérant non associé, il peut être révoqué dans les conditions mentionnées dans les statuts ou, à défaut, par une décision des associés prise à la majorité. Il faut noter que l'application des dispositions relatives à la société en nom collectif, en l'absence de clause statutaire, aboutit à une situation paradoxale : le gérant statutaire associé peut être destitué plus aisément que le gérant associé non statutaire pour lequel, dans le silence des statuts, le consentement unanime des autres associés est exigé. S'agissant des conséquences de la révocation, constitue un juste motif de dissolution de la société,

---

1232 CA Rennes, 3 mai 1977, *RTD com.* 1978.391, obs. C. Champaud.

1233 V. sur la question de la révocation du gérant de la SCS A. AKAM AKAM, « Soliloque sur un exemple d'incohérence en droit OHADA : la cessation des fonctions des dirigeants sociaux », in *Les mutations juridiques dans l'espace OHADA,* l'Harmattan, pp. 101-132 ; B.Y. MEUKE, « *Brèves réflexions sur la révocation des dirigeants sociaux dans l'espace OHADA* », www.juriscope.org ou www.ohada.com

1234 Art. 293-1 AUS.

1235 R. NEVRY, « La révocation des dirigeants des sociétés commerciales : droit OHADA, droit français », *Revue de droit international et de droit comparé*, Vol. 84, 2007, pp. 105-140.

l'impossibilité pour les associés de parvenir à un accord destiné à remplacer le gérant, seul associé commandité, démissionnaire pour raison de santé[1236].

2- L'exercice des fonctions de gérant

821 Les pouvoirs du gérant de commandite sont identiques à ceux du gérant de SNC[1237]. Chacun des gérants est considéré dans ses relations avec les tiers, comme unique et investi de la compétence générale conférée par la loi. À l'égard des associés, chaque gérant est réputé détenir séparément des autres, les pouvoirs dont il serait légalement investi, en l'absence de clause contraire restrictive ou qui lui auraient été confiés par le pacte social, s'il avait été gérant exclusif. Cette règle paraît condamner toute clause statutaire tendant soit à diviser les pouvoirs de gestion entre les dirigeants sociaux, soit à les obliger à agir communément pour accomplir certains actes déterminés[1238]. Bien que peu fréquentes dans la société en commandite simple, les clauses d'aménagement d'une gérance collégiale organisent une gérance indivisible ou opèrent une répartition de compétences fondée sur une division préalable des tâches de gestion.

822 Une pareille conception semble bien rigoriste en l'absence de raison particulière d'empêcher les associés d'aménager à leur gré une pluralité de gérants. Une partie de la doctrine admet d'ailleurs la validité de semblables clauses restrictives, même si elles n'ont pas été publiées[1239]. En toute hypothèse, la société, même dont les statuts ont été régulièrement publiés, n'est pas engagée par les actes du gérant contraires au but ou à l'objet social et excédant ainsi les pouvoirs de celui-ci. Le commanditaire est par conséquent recevable, dans la mesure de son intérêt personnel, à agir en annulation des actes effectués par le gérant commandité en dehors des prérogatives qui lui sont dévolues pour la gestion des affaires sociales et en la réparation du préjudice causé à la société ou subi par lui. Il en va ainsi, alors même que la dissolution de la société a été ordonnée et qu'un liquidateur a été nommé.

823 Pour ce qui est de la responsabilité civile[1240] et de la responsabilité pénale[1241] du gérant, elles sont pareilles à celles du gérant de SNC. Cette responsabilité est susceptible d'être mise en cause quand le gérant contrevient à

[1236] CA Rennes, 3 mai 1977, préc.

[1237] Art. 293-1 AUS.

[1238] D. MARTIN, « Les pouvoirs des gérants des sociétés de personnes », *RTD com.* 1973.185, n° 21 et s.

[1239] J. HÉMARD, F. TERRÉ et P. MABILAT, *Sociétés commerciales,* t. I, 1972, Dalloz, n° 272 ; B. PIEDELIÈVRE et P. CATALA, *Gérance et direction des SARL et des sociétés de personnes*, 1970, Dunod, n° 50.

[1240] A. AKAM AKAM, « La responsabilité civile des dirigeants sociaux en droit OHADA », op. cit. ; W. J. NGOUE, « La mise en œuvre de la responsabilité des dirigeants de sociétés anonymes en droit OHADA », in *L'effectivité du droit de l'OHADA*, Yaoundé, PUA, 2006, pp. 179-213.

[1241] C. MASCALA, « La responsabilité pénale des dirigeants sociaux », *La semaine juridique*, n° 3, 2001, p. 1-17.

la stipulation statutaire qui l'oblige à consacrer tout son temps et tous ses soins à la société. Une clause des statuts pourrait également interdire au gérant de s'intéresser en dehors de la société, à tout autre commerce analogue. Enfreint cette double obligation, le gérant qui constitue avec un tiers en cours de vie sociale, une société en nom collectif dotée d'un objet analogue à celui de société en commandite simple et qui, dans le même temps, entre comme associé en nom collectif dans une autre société pourvue d'un objet différent. Ce gérant est, de ce fait, responsable du préjudice causé aux commanditaires par sa participation à ces deux sociétés.

B- La défense d'immixtion dans la gestion

824 La qualité d'associé à responsabilité limitée du commanditaire lui interdit tout acte de gestion sociale. Il ne peut donc effectuer, même en vertu d'une procuration, aucun acte de gestion externe[1242]. La prohibition peut consister, pour le commanditaire, à se donner l'apparence d'un véritable cogérant. Il en est ainsi quand toutes les affaires doivent passer entre ses mains, être étudiées, vérifiées ou directement traitées par lui. C'est également le cas lorsqu'il intervient constamment dans la conduite des affaires sociales, c'est-à-dire la direction de la société, signe les lettres envoyées par celle-ci, intente les actions relevant de ses prérogatives. Une immixtion totale est cependant très peu fréquente. Le plus souvent, le commanditaire effectue des actes de gestion isolés en vertu d'un mandat tacite ou d'une tolérance de la société ou du gérant, lorsque celui-ci se trouve empêché d'assurer en personne la direction des affaires sociales. Ce comportement n'en demeure pas moins critiquable, car en assurant la gérance, le commanditaire assume des fonctions incompatibles avec son statut d'origine et, par conséquent, modifie complètement sa situation personnelle ainsi que les dispositions du pacte social le concernant.

Quels sont le fondement (1) et la portée de la défense d'immixtion dans la commandite simple (2), ainsi que les effets du non-respect de celle-ci ? (3).

1- Le fondement de l'interdiction

825 La défense d'immixtion repose essentiellement sur un double fondement. Elle émane d'une part de la volonté de préserver l'indépendance des commandités qui assument seuls le passif social sur leur propre patrimoine et conservent ainsi le pouvoir d'agir. Elle s'appuie d'autre part sur la préoccupation de protéger les tiers qui peuvent ne pas connaître la position exacte du commanditaire et ainsi croire être en contact avec un obligé au passif social. Ce dernier fondement se heurte cependant à des limites, puisque la loi admet tout à fait que le gérant ne soit pas associé, alors même que les risques pour les tiers sont plus importants en pareille circonstance. La protection des tiers requiert l'exclusion de toute confusion possible entre les deux catégories d'associés, commandités et

[1242] Art. 299 AUS.

commanditaires, afin qu'en traitant avec la société, ces tiers ne prennent pas en considération le crédit personnel du commanditaire.

826 Il est impératif qu'un commanditaire ne puisse pas traiter au nom de la société, car les tiers avec qui il contracterait seraient influencés par sa responsabilité, son propre crédit. Ces derniers feraient confiance à la société en fonction de sa solvabilité personnelle, alors que leur action à l'encontre du commanditaire pourrait ultérieurement se heurter à la limitation de sa responsabilité. Il existe là un péril contre lequel il faut protéger les tiers qui risquent d'être induits en erreur sur la véritable identité du commanditaire lorsqu'il détient la signature sociale, et croire ainsi qu'il est l'associé principal tenu des dettes sociales sur ses biens personnels. Certes, peut-on reprocher aux tiers leur propre confusion sur la qualité du commanditaire, dans la mesure où le nom du gérant est porté à leur connaissance par les différentes publications légales. Mais à leur décharge, il convient d'invoquer la conception initiale de la commandite perçue comme une structure proche de la société en participation et la mauvaise accommodation de la vie des affaires avec les recherches permanentes sur les pouvoirs respectifs des organes sociaux et des associés. Aussi, dans l'intérêt des tiers et afin d'éviter une quelconque erreur, tout acte de gestion a été interdit au commanditaire.

2- La portée de l'interdiction

827 La principale conséquence de l'interdiction est l'impossibilité, pour le commanditaire, de se faire attribuer ostensiblement la qualité de gérant de la société, par les statuts ou par une délibération des associés. Toute la difficulté réside dans la détermination précise des actes interdits au commanditaire (a) et de ceux susceptibles d'être légitimement accomplis par lui, sans encourir de responsabilité indéfinie (b).

a- Les actes prohibés

828 Il s'agit d'actes de gestion externe, c'est-à-dire d'actes mettant le commanditaire en relation avec des tiers et susceptibles de laisser croire que ce dernier est un cogérant commandité tenu du passif social sur ses biens personnels. Ainsi, ont été considérés comme des actes de gestion externe caractérisant une immixtion, des marchés conclus au nom de la société, une intervention permanente dans la direction de la société, ou des travaux exécutés par celle-ci, des démarches auprès d'un banquier en vue d'obtenir un emprunt[1243]. Tous ces actes sont interdits, même s'ils sont effectués en vertu d'une procuration ; que celle-ci émane des autres associés ou du gérant, le commanditaire ne peut recevoir mandat d'agir au nom de la société, même pour un acte isolé.

[1243] A. E. BURNINBE, *Les associés de la société en commandite simple*, mémoire de DEA, Faculté des Sciences juridiques et Politiques de l'Université de Yaoundé II (Cameroun), 2005.

Il semble qu'il n'est même pas nécessaire que le commanditaire ait lui-même conclu les conventions ; il suffit qu'il les ait préparées et que les tiers aient été induits en erreur sur la qualité de l'intervenant, lequel peut prouver qu'il en était rien. Néanmoins, il revient aux créanciers sociaux d'établir l'ingérence qui ne saurait se présumer. Cette preuve peut être rapportée par tous moyens : correspondance, autre écrit, témoignage, présomptions... Elle peut résulter du caractère équivoque de l'acte accompli qui n'a pas nécessairement trompé les tiers et suscité leur confiance ou de réserves expressément faites par le commanditaire ou notifiées aux tiers.

829 En revanche, les créanciers ne sont recevables à rechercher la responsabilité d'un commanditaire qu'à condition de démontrer que c'est seulement à la suite de l'intervention de celui-ci et sur la foi des engagements pris à leur égard, qu'ils ont été amenés à faire crédit à la société et à contracter. Si le caractère d'un acte d'immixtion n'est pas établi et si l'action intentée contre le commanditaire paraît de ce fait intempestive, les créanciers sont tenus de réparer le préjudice éventuellement causé.

b- Les actes autorisés

830 La différenciation entre les actes de gestion externe interdits et les autres, c'est-à-dire ceux que le commanditaire peut valablement accomplir, n'est pas évidente. Sont permis au commanditaire tous les actes accomplis à l'intérieur de la société, qu'il s'agisse d'actes de gestion proprement dits, d'avis ou de conseils, d'actes relatifs à l'organisation et au fonctionnement de la société. De même, il est permis au commanditaire de conclure des contrats avec la société. Enfin sont exclus de la défense d'immixtion, les actes effectués après la dissolution de la société.

831 Pour ce qui est des actes de gestion interne, au sens strict, elles comportent, selon le juge, les délibérations par lesquelles les commanditaires autorisent le gérant à accomplir des actes excédant ses pouvoirs normaux, alors que ces actes ne sont interdits qu'au gérant et non à la société elle-même. Il faut y ajouter les délibérations par lesquelles les commanditaires approuvent les actes passés par le gérant, le soustrayant ainsi à sa responsabilité éventuelle, celles limitant les pouvoirs actuels du gérant ou remplaçant un gérant démissionnaire. Il faut voir là une différence entre l'immixtion dans la gestion externe, défendue aux commanditaires, et la gestion interne qui leur est permise.

832 D'une manière générale, les commanditaires peuvent s'octroyer le droit de dicter quelques règles de conduite au gérant, à condition que ce dernier conserve une certaine indépendance. En revanche, bien que non constitutifs d'immixtion, les actes de gestion interne peuvent revêtir une ampleur telle, qu'ils feraient du commanditaire un dirigeant de fait de la société, le commandité se contentant d'exécuter à l'extérieur ses décisions. En pareille circonstance, le commanditaire pourrait, si les conditions étaient remplies, être mis personnellement en redressement ou liquidation judiciaire, à la suite de l'ouverture d'une procédure collective à l'encontre de la société.

833 Les commanditaires ont à la fois le droit et le devoir de participer aux décisions ayant trait à l'organisation et au fonctionnement de la société. Ils ne s'impliquent pas dans la gestion prohibée de la société quand ils s'accordent dans l'acte de société la prérogative de nommer le gérant, de le révoquer ou de le remplacer[1244]. Les commanditaires ne portent pas non plus atteinte à l'interdiction d'ingérence, quand ils participent aux délibérations relatives à la vie de la société, même si celles-ci sont adoptées par une assemblée votant à la majorité. C'est le cas lorsqu'ils adoptent une décision de dissolution anticipée, peu importe que le pacte social leur ait reconnu ou non le pouvoir de la prendre. Cette solution a même été appliquée à la participation des commanditaires à une délibération à laquelle seuls les commandités auraient dû prendre part.

834 Sur un autre plan, il a été jugé que tout commanditaire peut traiter avec la société comme le ferait un quelconque tiers. Il peut donc conclure avec elle un contrat de travail, à condition de ne pas, en tant que salarié, traiter au nom de la société avec les clients et les fournisseurs de celle-ci et d'une manière générale, avec les tiers. Il est apte à consentir des avances de fonds à la société pour payer les fournisseurs et faciliter l'exploitation de l'entreprise, payer directement les créanciers sociaux ou garantir les engagements sociaux en avalisant des traites. L'intéressé peut enfin réaliser avec les tiers des opérations pour lesquelles il se présente comme un personnage indépendant et distinct de la société, bien qu'agissant dans l'intérêt de cette dernière. La finalité étant que le commanditaire ait eu le comportement d'un quelconque tiers qui fournirait un cautionnement à la société ou qui avancerait les fonds à la société. Il convient par conséquent qu'il ait agi indépendamment de sa qualité de commanditaire, c'est-à-dire comme un personnage indépendant et distinct de la société.

835 Enfin, l'ingérence dans la gestion externe n'est critiquable que si elle a lieu durant l'existence de la société. La défense d'immixtion prend donc fin avec la société. Ainsi, les commanditaires peuvent accomplir toutes les opérations postérieures à la dissolution, prendre toute mesure destinée à liquider la société dissoute, en particulier, céder l'actif de la société à une société nouvelle chargée d'opérer la liquidation de la première, ou se charger de la gestion des intérêts sociaux. De ce fait, ils veillent à la conservation de leur propriété commune. Tout commanditaire pourrait même être liquidateur de la société.

3- Les effets du non-respect de l'interdiction

836 L'acte d'immixtion réalisé par le commanditaire n'est pas nul. Il produit des effets vis-à-vis de lui-même (a) et d'autres personnes (b).

[1244] Y. R., ESSENGUE NSON, *Le droit de vote de l'associé dans l'Acte uniforme sur le droit des sociétés commerciales et du GIE*, mémoire de Master, Douala (Cameroun), 2010.

a- Les effets à l'égard du commanditaire

837 L'associé commanditaire qui s'est ingéré dans la gestion externe de la société doit, sur son patrimoine personnel, répondre solidairement avec les commandités, des dettes de la société issues des engagements prohibés[1245].

Il ne suffit pas, pour que sa responsabilité soit engagée, que le commanditaire ait accompli un acte susceptible de tromper les tiers en se comportant comme un commandité. Il faut que cet acte ait effectivement trompé le tiers. Néanmoins, lorsque le commanditaire a effectué un acte susceptible de tromper le tiers, l'erreur de ce dernier est présumée. Par conséquent, la responsabilité du commanditaire n'est pas engagée s'il a émis des réserves expresses sur sa qualité ou si les circonstances révèlent que le tiers a connu la qualité en laquelle agissait le commanditaire et envisagé de traiter seulement avec la société. On justifie la responsabilité du commanditaire par la faute qu'il a commise en usurpant une qualité qu'il n'a pas. S'étant comporté comme associé en nom collectif, il doit en assumer le régime. En outre, le commanditaire qui s'immisce dans la gestion renonce à la limitation de responsabilité inhérente à sa qualité. Cette dernière idée permettrait d'expliquer que le commanditaire qui a pris la peine d'informer le tiers de sa situation dans la société n'encourait pas la responsabilité légale. Mais cette solution serait incompatible avec la notion de déchéance ; aussi, la doctrine propose-t-elle d'expliquer par la théorie de l'apparence, la sanction attachée à la défense d'immixtion[1246].

838 Le commanditaire qui s'immisce indûment dans la gestion de la société peut se voir appliquer en tant que dirigeant de fait, les sanctions édictées pour les dirigeants sociaux à l'encontre desquels est ouverte une procédure de redressement ou de liquidation judiciaire[1247]. Il encourt également la qualification de commerçant, avec le risque d'ouverture d'une procédure collective à son encontre. Le commanditaire qui ne s'est pas comporté en gérant n'est en principe considéré comme responsable sur ses biens propres, solidairement avec les commandités, que des actes commis par lui ou présentant un lien de connexité avec les opérations qu'il a traitées seul ou avec le gérant. En cas d'immixtion totale de nature à faire croire aux tiers que le commanditaire avait la qualité d'associé en nom collectif, les juges peuvent le condamner à payer solidairement avec le gérant tout le passif de la société. Le commanditaire est ici assimilé à un cogérant. Les juges disposent dans ce domaine d'un large pouvoir d'appréciation de la responsabilité du commanditaire qui est facultative. Ils ne prononcent véritablement la sanction que si les tiers ont subi un préjudice du fait de l'immixtion du commanditaire.

[1245] Art. 300 AUS.

[1246] J. CALAIS-AULOY, *Essai sur la notion d'apparence en droit commercial*, thèse, Montpellier, 1959, p. 162.

[1247] D. GIBIRILA, « Responsabilité civile des dirigeants sociaux », *J.-Cl. com.*, Traité, fasc. 1050.

839 Le commanditaire qui s'est immiscé acquiert-il pour autant la qualité de commerçant ? La réponse est assurément négative quand le commanditaire assume seulement les conséquences des actes d'immixtion isolés qu'il a accomplis. La question est discutée lorsque le tribunal met à sa charge l'ensemble des dettes sociales. Le commanditaire, alors traité comme un associé en nom collectif, doit nécessairement être considéré comme commerçant et, à ce titre, peut être mis en redressement ou en liquidation judiciaire et même, être déclaré en faillite personnelle. On objecte souvent qu'en dépit de son obligation aux dettes sociales, le commanditaire n'exerce pas nécessairement et habituellement une profession commerciale. Dès lors, il ne faut le déclarer commerçant que si, en raison du nombre et de l'ampleur des actes de gestion, il fait du commerce sa profession habituelle. L'argument n'est pas décisif, car l'associé en nom collectif est considéré comme commerçant, sans avoir à rechercher s'il a participé ou non à la gestion. La qualité de commerçant est en principe attachée à l'obligation personnelle et solidaire au passif social, si bien que le commanditaire tenu de ce passif doit être traité comme un commerçant. Enfin, quand bien même le passif entier serait mis à sa charge, le commanditaire pourrait réclamer le paiement des sommes qui lui seraient dues en vertu des contrats passés avec la société.

b- Les effets à l'égard d'autres personnes

840 Vis-à-vis des tiers, en principe, seul celui avec qui a été conclu l'acte d'immixtion peut invoquer l'obligation aux dettes sociales du commanditaire. Un autre créancier, même ayant eu connaissance des actes d'immixtion, ne le pourrait pas. La solution est incontestable pour les actes d'immixtion isolés ou qui ne confèrent pas la qualité de commerçant au commanditaire. En revanche, en présence d'un commanditaire qui, s'étant largement immiscé dans la gestion sociale, s'est comporté comme le gérant de la société, tous les créanciers peuvent agir contre lui. En toute hypothèse, le commanditaire engage sa responsabilité dans les termes du droit commun à l'égard des tiers auxquels il a, par sa faute, causé un préjudice.

Sont solidairement responsables de tous les engagements sociaux les commanditaires dont l'immixtion dans la gestion a été la cause directe de la ruine de la société qui s'est trouvée transformée en société de fait, et régie par les principes du droit commun, c'est-à-dire par les règles de la société en nom collectif[1248].

Vis-à-vis de la société, les actes d'immixtion ne sauraient normalement engager la société, sauf si le commanditaire a reçu mandat d'agir au nom de la société ou que l'opération a tourné au profit de cette dernière. Les tribunaux considèrent généralement que l'incompatibilité de l'immixtion avec le type même de société en commandite a pour résultat d'écarter cette qualification donnée au

---

A. E. BURNINBE, *Les associés de la société en commandite simple*, mémoire de DEA, Faculté des Sciences juridiques et Politiques de l'Université de Yaoundé II (Cameroun), op. cit., p. 434.

groupement. Celui-ci doit être considéré comme une société en nom collectif et le prétendu commanditaire, dont les pouvoirs sont inconciliables avec sa qualité, comme un associé en nom collectif.

841 Le commanditaire qui, par un acte d'immixtion, a engagé sa responsabilité personnelle dispose d'un recours contre la société lorsque l'opération constitue en définitive une opération sociale. S'il est créancier de la société, indépendamment de son immixtion, il conserve ses droits et peut venir en concours avec les autres créanciers sociaux, afin d'obtenir le paiement de son dû. En revanche, pour le recours qu'il exercerait à la suite de son immixtion, il ne saurait concourir avec les créanciers sociaux, tout au moins avec ceux envers qui il est personnellement tenu.

C- Le contrôle de la gestion

842 Ce contrôle est de deux ordres : individuel ou collectif ; ces deux modes pouvant s'exercer simultanément. Comme la société en nom collectif, la société en commandite simple d'une certaine importance a l'obligation d'avoir un commissaire aux comptes. Dans ce domaine, s'étendent à cette dernière les règles applicables à la première[1249]. Par ailleurs, les associés de la commandite simple bénéficient d'un droit de contrôle de la société. À ce propos, les commandités disposent là encore des mêmes droits que les associés en nom collectif, sur le fondement du renvoi effectué par l'article 293-1 AUS. Pour leur part, les commanditaires tirent ce pouvoir de contrôle de leur qualité d'associé. Le droit de contrôle conféré par la loi aux commanditaires est d'ordre public ; il s'ensuit que les statuts ne pourraient y porter atteinte en le supprimant, en le restreignant ou en le réservant à certains commanditaires. En revanche, dès lors que la loi n'annule pas toute stipulation contraire à ses dispositions, les statuts ont toute possibilité d'élargir ce droit, dans la limite de l'interdiction légale d'immixtion dans la gestion externe de la société.

§2. LES ASSOCIÉS DE LA SOCIÉTÉ EN COMMANDITE SIMPLE

843 Comme les associés d'une société en nom collectif, ceux des SCS sont également soumis à des obligations (B) et ont un certain type de droits (A) qui peuvent s'exprimer de plusieurs manières (C).

A- Les droits des associés

844 Les droits sont légion. Ils sont pour l'essentiel des droits pécuniaires (B) ou extra-pécuniaires (A).

[1249] Art. 293-1 AUS.

1- Les droits extra-pécuniaires

845 Le commandité se trouve placé dans une situation identique à celle de l'associé en nom collectif. Les règles qui concernent ce dernier s'appliquent purement et simplement à lui. Le commanditaire, comme tous les associés, a le droit de participer à la vie sociale[1250]. À cet effet, il peut prendre connaissance de tous les documents comptables, afin de s'assurer de la sincérité du bilan et de la consistance du bénéfice. Il a même la possibilité de vérifier si les documents comptables reflètent la situation effective de la société et, de ce chef, contrôler la caisse ainsi que les magasins de la société. Quant à savoir si ce droit de contrôle peut être exercé de manière permanente à toute époque de l'année, les textes répondent négativement à cette interrogation. Le commanditaire a le droit, deux fois par an, d'obtenir communication des livres et documents, ainsi que de poser par écrit, à propos de la gestion sociale, des questions auxquelles il lui est également répondu par écrit[1251]. Il peut prendre par lui-même, au siège social, connaissance des livres de commerce et de comptabilité, des contrats, factures, correspondances, procès-verbaux et en général, de tout document établi ou reçu par la société. Le droit de prendre connaissance l'emporte sur celui de prendre copie.

846 Dans la mise en œuvre de ces droits, l'associé peut se faire assister d'un expert. En revanche, l'intéressé ne pourrait désigner un mandataire qui exercerait les droits à sa place, notamment se présenter au siège social et demander à consulter les documents en son nom. Enfin, sans que l'on puisse lui faire grief de s'immiscer dans la gestion sociale, le commanditaire dispose normalement de la faculté de faire désigner en justice un administrateur provisoire ou d'obtenir la nomination d'un observateur de gestion chargé de se tenir informé de la gestion sociale.

847 Les statuts peuvent-ils valablement restreindre le droit de communication tel que l'établissent les textes ? Une réponse négative s'impose. Il ne pouvait y être dérogé. Si les statuts ne peuvent réduire les prérogatives légales des commanditaires, à l'inverse, ont-ils la possibilité de les accroître et ainsi, d'organiser un droit de contrôle plus étendu que le fait le législateur ? L'affirmative ne fait aucun doute, puisque la loi n'a pas réputé non écrite, toute clause contraire à ses dispositions. Les statuts pourraient donc instaurer un droit de contrôle permanent. Pour autant, il convient d'éviter que l'exercice de ce droit ne sème le trouble dans le fonctionnement de la société. En définitive, le droit de communication du commanditaire, tel que le réglemente la loi, constitue des prérogatives minimales.

[1250] Y. GUEUKAM TCHAKO, *Les prérogatives des associés dans les sociétés commerciales OHADA*, op. cit., p. 202.
[1251] Art. 307 AUS.

2- Les droits pécuniaires

848 Les droits pécuniaires s'expriment de diverses manières. Ils peuvent s'analyser ainsi en des droits divers ; tels celui, pour l'associé, de céder de vivant (b) ou pour cause de mort (c) les titres sociaux. Dans tous ces cas, il faut une détermination préalable du régime des droits attachés aux parts sociales (a).

a- Le régime des droits attachés aux parts sociales

849 Les statuts déterminent impérativement la part globale des associés commandités et la part individuelle de chaque associé commanditaire, dans la répartition des bénéfices[1252] et dans le boni de liquidation[1253]. En l'absence d'une clause particulière sur ce point, la répartition se fait proportionnellement aux apports. Le commandité gérant perçoit en général un certain pourcentage des bénéfices[1254], au titre de son apport en industrie à la société en commandite, le surplus étant réparti entre les autres associés, proportionnellement à leurs apports, le commandité étant aussi souvent apporteur en capital. Le revenu net lié à des parts sociales peut valablement faire l'objet d'une donation temporaire par un associé au profit d'une association déclarée d'utilité publique. Elle ne dépend pas d'une condition potestative, à savoir de la seule volonté du donateur même majoritaire et maître des délibérations, car elle est tributaire des résultats d'exercice, c'est-à-dire de circonstances économiques.

b- La cession entre vifs des parts sociales

849 La société en commandite simple étant une société de personnes, *l'intuitu personae* y joue un rôle important, non seulement à l'égard des commandités, mais également des commanditaires[1255]. L'unanimité des associés est par conséquent requise pour la cession des parts sociales[1256]. Par dérogation à ce principe, les statuts peuvent stipuler la libre cession entre associés des parts des commanditaires ou la cession de celles-ci à des tiers étrangers à la société avec l'accord de tous les commandités et de la majorité en nombre et en capital des commanditaires[1257].

Cependant, il résulte de la formule utilisée par les textes : d'une part, que les statuts ne sauraient autoriser la cession de toutes les parts du commandité, avec

[1252] V ; pour plus de précision sur les conditions de répartition des bénéfices, v. CA de LOME, Arrêt n° 044 du 26 mars 2009, OHADA, *Recueil de jurisprudence nationale*, 2010, p. 95.
[1253] Art. 295 AUS.
[1254] Y. DJIGO, *La notion de dividende en droit OHADA*, Mémoire de DEA, Université Gaston Berger (Saint-Louis, Sénégal), 2012.
[1255] V. pour de détails E. H NDIAYE, *Les modalités de cessions d'actions et de parts sociales*, Mémoire de maitrise, Université Gaston berger (Sénégal), 2005.
[1256] Art. 296 al. 1 AUS ; ABDOU MAJIB BEN GELOUNE, *Cession des droits sociaux dans les sociétés cotées*, mémoire de Master, UCAD, 1999 ; E. J. COLY, *La cession et la transmissions des parts dans les SARL et LES SNC,* Mémoire UCAD, 1999, p. 44.
[1257] Art. 296 al. 2 AUS.

le consentement de la seule majorité des commanditaires, en nombre et en capital ; il faudrait obtenir leur consentement unanime ; d'autre part, que les statuts ne sauraient permettre la cession d'une portion des parts des commandités à des conditions moindres, notamment une des deux majorités en nombre ou en capital des commanditaires. Ils pourraient au contraire, imposer des conditions plus strictes, telles qu'une majorité des trois quarts en capital.

Pour le surplus, le régime de l'agrément est identique à celui relatif aux cessions de parts de sociétés en nom collectif. Précisons que, même autorisée par les statuts ou les autres associés, la cession ne libère pas le commanditaire à l'égard des tiers dont le droit est né avant la publication de celle-ci, de son obligation de réaliser son apport.

850 Soumis au même régime juridique que l'associé en nom collectif, le commandité qui se retire de la société en vendant ses parts sociales, reste tenu à l'égard des tiers de l'ensemble des dettes sociales antérieures à son départ, alors même que celui-ci aurait été publié et peu importe la date d'exigibilité de la dette sociale.

c- La transmission par décès des parts sociales

851 Comme préalablement dit, avec toutes les conséquences qui s'ensuivent, le décès d'un associé commandité met fin en principe à la société, sauf clause contraire des statuts. Les héritiers du commandité défunt ne participent pas à la liquidation ; ils n'ont que la qualité de créanciers de la société, tant qu'ils n'ont pas été indemnisés. La transmission des parts se règle comme dans la SNC, notamment pour leur évaluation et l'indemnisation des héritiers évincés[1258]. S'il est prévu que la société se poursuit avec les seuls associés survivants, les parts du commandité décédé sont transmises de plein droit aux autres commandités. S'il est stipulé qu'elle continue avec le ou les héritiers du commandité défunt, l'héritier qui succède à son auteur prend la qualité de ce dernier, s'il n'est pas envisagé qu'il ne restera dans la société qu'en tant que commanditaire. Les héritiers encore mineurs deviennent commanditaires et, au cas où l'associé décédé serait le seul commandité laissant des héritiers mineurs, la disparition de l'une des deux catégories d'associés devrait entraîner la dissolution de la société. Seule la transformation de la société en commandite ou l'entrée dans celle-ci d'un nouveau commandité permettrait d'éviter cette solution. Le décès d'un commanditaire ne nuit pas à la survie du groupement[1259]. Les statuts peuvent prévoir l'agrément des héritiers du commanditaire décédé, dans les conditions identiques à celles du décès d'un associé en nom collectif.

[1258] Art. 290 AUS.

[1259] Art. 308 AUS

B- Les obligations des associés

852 Ces obligations résident dans la réalisation de l'apport (1) et dans la prise en charge du passif social (2).

1- La réalisation de l'apport

853 Les associés doivent effectuer un apport. Cette obligation pèse non seulement sur le commandité, mais aussi sur le commanditaire, et ceci, dans l'intérêt de la société (a) et dans celui des créanciers sociaux (b). Le commanditaire qui a réalisé son apport se trouve libéré et de ce fait, échappe à toute poursuite personnelle intentée par ses coassociés ou les créanciers sociaux. Il n'a donc pas à répondre à leur égard de la perte ou de la dissipation de l'apport par la société.

a- La réalisation de l'apport à l'égard de la société

854 Il appartient au gérant de la commandite d'exiger le cas échéant la réalisation de l'apport dans les termes du statut[1260]. Il en est de même du liquidateur de la société. En cas de litige, la jurisprudence estime que c'est au commanditaire d'apporter la preuve de cette réalisation[1261]. Toute convention entre le gérant et l'un des commanditaires visant à soustraire celui-ci au versement de son apport est nulle. Ne sauraient donc produire d'effet, l'annulation par le gérant de la souscription du commanditaire et le remboursement de la commandite, même selon un procédé indirect, comme la distribution de dividendes fictifs. Il s'agit ainsi de protéger les commandités et les créanciers sociaux.

855 À défaut de disposition contraire, le commanditaire qui ne réalise pas son apport dans le délai prévu est redevable de plein droit des intérêts moratoires et peut être condamné à des dommages-intérêts. Le redressement ou la liquidation des biens de la société rend exigibles toutes les sommes dues par le commanditaire, sans que ce dernier puisse se prévaloir du terme prévu par les statuts ni exiger de justification sur l'emploi des sommes réclamées. Cette solution traduit la différence qui existe entre un débiteur ordinaire qui n'est pas privé de son terme lorsque le créancier se trouve confronté à une procédure collective, et l'associé commanditaire qui doit fournir à la société les sommes nécessaires pour faire face à ses besoins. Mais, en pareille circonstance, les intérêts moratoires ne courent pas de plein droit. L'action peut être dirigée contre seulement certains commanditaires qui doivent alors s'exécuter, sauf leur recours contre leurs coassociés.

[1260] V. M. L. DIOP, *L'apport dans la société commerciale OHADA,* op. cit., p. 73.
[1261] Cass. civ. 4 janv. 1887, *DP* 1887.1.124.

b- La réalisation de l'apport à l'égard des créanciers sociaux

856 Les créanciers sociaux tirent profit de la réalisation de l'apport des commanditaires qui forme une partie de leur gage. Pour l'obtenir, ils peuvent agir contre eux au moyen de l'action oblique appartenant à la société et que la loi leur confère[1262]. Parallèlement à cette action, la jurisprudence leur reconnaît une action directe contre le commanditaire[1263].

L'action directe trouve son fondement dans l'engagement pris par le commanditaire à l'égard des tiers, de constituer le capital social sur lequel les créanciers sociaux sont en droit de compter. Ces derniers peuvent donc agir contre toute personne qui détient ce capital. Cette action est le plus souvent intentée après la dissolution de la société et surtout après la liquidation judiciaire. L'action directe présente des intérêts évidents. Ainsi, permet-elle aux créanciers sociaux de mettre directement en cause le commanditaire et d'obtenir le versement de sa commandite ou du solde encore impayé, sans avoir à repousser les exceptions que le commanditaire aurait pu opposer à la société elle-même ou aux commandités, notamment : la nullité de son engagement, par suite du défaut de publicité de la société, l'exception de dol, s'il n'était devenu associé qu'à la suite de manœuvres frauduleuses des autres associés ou de leur représentant. En outre, les conventions intervenues entre les associés et relatives à la réalisation de l'apport, notamment celles tendant à garantir au commanditaire la restitution entière ou partielle de son apport, ne sont pas opposables aux créanciers. L'action directe permet également aux créanciers sociaux d'éviter la discussion des biens de la société ou des commandités, avant d'agir contre les commanditaires.

2- Les obligations au passif social

857 Le commandité répond des dettes sociales dans les mêmes termes que l'associé en nom collectif, c'est-à-dire sur ses biens personnels. Par ailleurs, sauf stipulation particulière, c'est seulement en cas de dissolution de la société en commandite simple que cette dernière peut agir contre ses membres en paiement de ses pertes. À propos de la répartition des pertes entre les associés, les statuts pourraient tout à fait exiger que chaque associé comble sa part du déficit annuel à l'aide, par exemple, du débit de son compte courant créditeur. Cette obligation aux dettes n'a pas pour corollaire un droit de créance des associés de la commandite sur les débiteurs de la société[1264]. En cas de pluralité de commandités, ils en sont solidairement tenus. Cette solidarité inhérente à leur qualité d'associé existe indépendamment de tout engagement ou de toute garantie

---

[1262] V. C. civ., art. 1166.

[1263] M. COZIAN, *L'action directe*, Bibl. dr. pr., t. 92, 1969, LGDJ ; C. JAMIN, *La notion d'action directe*, 1991, Bibl. dr. pr., t. 215, LGDJ.

[1264] Cass. com. 20 juin 2000, *JCP*, éd. E, 2000.1912, *Dr. sociétés* août-sept. 2000, n° 126, obs. D. Vidal.

personnels. Comme dans la société en nom collectif, les créanciers doivent vainement avoir mis en demeure la société.

858 Le commanditaire n'est responsable du passif social qu'à concurrence de son apport. Cette règle vaut tant vis-à-vis des créanciers sociaux, qu'entre associés, de sorte que si le commanditaire a trop versé, il bénéficie d'un recours contre la société et ses coassociés, aussi bien pour les dettes contractuelles que délictuelles. Par cette caractéristique et les conséquences qu'elle entraîne, la situation du commanditaire se différencie de celle du commandité, véritable associé en nom : collectif, indéfiniment et solidairement tenu du passif social. À cette limitation de responsabilité, se rattachent d'une part, le défaut de qualité de commerçant du commanditaire, d'autre part, l'interdiction de s'immiscer dans la gestion sociale externe. Afin de reconnaître la qualité des commanditaires, la jurisprudence exige que le montant de la commandite soit précisément indiqué dans les statuts pour chacun d'eux et traite comme des associés en nom collectif, les prétendus commanditaires dont la responsabilité n'a pas été ainsi limitée à un chiffre déterminé.

La disposition relative à l'obligation aux dettes du commanditaire relève de l'ordre public à l'égard des créanciers sociaux. Par conséquent, toute convention interne destinée à lui faire échec leur est inopposable. Ainsi, celle tendant à exonérer le commanditaire, sous une forme quelconque, de l'obligation au passif, est inopposable aux créanciers sociaux, même si elle revêt la signature de tous les associés et est régulièrement publiée. Pareilles clauses équivaudraient à donner au commanditaire un droit de reprise de tout ou partie de son apport sur l'actif brut de la société, par préférence aux créanciers sociaux, et conduiraient à faire coexister chez le commanditaire, en vertu de son consentement au pacte social, les deux qualités contradictoires d'associé et de créancier. Lorsque pareilles conventions sont publiées et déclarées inopposables aux créanciers dont le droit est né avant la publication, les créanciers postérieurs peuvent également se prévaloir de l'inopposabilité.

859 Dans les relations entre associés, les clauses restrictives de la contribution aux dettes du commanditaire sont valables, sous réserve d'une clause léonine le dispensant complètement de cette obligation, l'autorisant à reprendre son capital et stipulant un intérêt fixe payable à tout moment ou qui garantirait au commanditaire la restitution de sa mise par tous les coassociés. S'il obtenait le remboursement de cette mise par les commandités, la société disposerait d'une action en restitution. Il est également loisible aux associés de stipuler dans les statuts une obligation aux dettes des commanditaires, supérieure au montant de leur apport. L'article L. 222-1 du code de commerce ne semble pas interdire une telle clause qui favoriserait la situation des créanciers en accroissant leur gage.

C- Les décisions collectives

860 Le mutisme des textes incline à appliquer au mode de consultation des associés, le principe selon lequel les décisions sont prises dans les conditions fixées par les statuts[1265]. C'est dire que les associés disposent d'une grande liberté qui leur permet de choisir entre la réunion en assemblée et la consultation par correspondance, ces deux formules pouvant d'ailleurs être utilisées selon les circonstances : la réunion d'une assemblée pour les décisions les plus graves, la consultation par écrit pour les autres. À ce propos, les statuts pourraient confier au gérant la charge de décider pour chaque événement, celui des deux procédés auquel il faut recourir.

861 Cette liberté statutaire supporte néanmoins une double limite. La première est incontournable dans la mesure où elle émane de l'AUS : en vertu de l'article 302 al. 3, « *la réunion d'une assemblée de tous les associés est de droit, si elle est demandée soit par un commandité, soit par le quart en nombre et en capital des associés commanditaires* ». La seconde est controversée en doctrine, compte tenu de l'imprécision des textes. On peut penser, comme certains auteurs, que le principe de liberté édicté par l'article 302 AUS confère la possibilité aux statuts de prévoir la consultation écrite pour l'approbation annuelle des comptes[1266]. Mais il est tout aussi possible de convenir avec d'autres auteurs que le renvoi général de l'article 293-1 AUS aux règles de la société en nom collectif commande de réunir une assemblée des associés pour cette approbation[1267]. Cette dernière opinion présente l'avantage, outre de renforcer l'information des associés, de permettre la discussion entre eux. Elle est préférable à la précédente dans la mesure où l'exclusion de l'article L. 221-7 reviendrait à supprimer le droit d'information des associés (commandités et commanditaires) sur les comptes annuels.

862 En dehors de ces restrictions, la liberté statutaire retrouve sa pleine expression en ce qui concerne la détermination les modalités de tenue des assemblées, sous réserve de l'obligation de constater dans un procès-verbal, signé par chacun des associés présents, toutes les délibérations et consultations d'associés[1268].

L'AUS laisse aux statuts le soin de fixer les conditions d'adoption des décisions[1269] ; ceux-ci déterminent donc librement la majorité requise. Pour autant, ils ne sauraient imposer, pour ces délibérations, des conditions plus strictes que la loi, pour les délibérations rectifiant les statuts. À l'inverse, les statuts pourraient assouplir les conditions légales, notamment en renonçant à la

---

[1265] Art. 302 et s. AUS.

[1266] J. HÉMARD, F. TERRÉ et P. MABILAT, *op. cit. p. 63.*

[1267] B. MERCADAL et P. JANIN, *Sociétés commerciales,* F. Lefebvre, 2016, n° 4820.

[1268] Art. 304 AUS.

[1269] Art. 302 AUS

double condition en nombre et en capital pour les commanditaires, ou en dérogeant à la règle de l'unanimité pour les commandités. Il existe là une différence notable de régime avec la société en nom collectif. Alors que le consentement de tous les commandités est nécessaire pour modifier les statuts, la majorité en nombre et en capital des commanditaires suffit[1270]. S'agissant précisément du transfert du siège social, il est décidé aux conditions d'une modification des statuts. L'unanimité s'impose néanmoins en cas de conversion de la commandite simple en société en nom collectif.

S-SECTION III. LA DISPARITION DE LA SOCIÉTÉ EN COMMANDITE SIMPLE

863 La SCS disparaît suite à sa dissolution (§1) ou suite à sa transformation (§2).

§1. LA DISSOLUTION DE LA SOCIÉTÉ EN COMMANDITE SIMPLE

864 Il convient d'étudier les causes de la dissolution (A) avant d'en présenter les conséquences éventuelles (B).

A- Les causes de dissolution

865 La société en commandite simple connaît les causes de dissolution communes à toutes les sociétés[1271]. Elle est ainsi dissoute lorsque survient l'arrivée du terme, la réalisation ou l'extinction de l'objet, la liquidation judiciaire, l'annulation du contrat de société, une décision des associés, une dissolution judiciaire… Cette structure sociétaire subit des causes de dissolution qui lui sont propres, selon que l'événement touche un commandité (1) ou un commanditaire (2).

1- Les événements concernant un commandité

866 Si le décès d'un commanditaire ou tout événement touchant sa personne n'a aucune incidence sur la vie de la société, celle-ci se poursuivant avec les autres commanditaires et commandités, il en va différemment pour un commandité, puisque ce dernier a le statut d'associé en nom collectif. Par analogie à la SNC, la société en commandite simple est en principe dissoute par le décès, l'interdiction d'exercer une profession commerciale ou l'incapacité juridique frappant l'un des associés commandités. Mais, à la différence de la SNC qui est seulement dissoute par une décision de liquidation de biens ou de faillite prononcée à l'encontre d'un associé[1272], le redressement et *a fortiori,* la décision de liquidation de biens d'un commandité, entraîne la dissolution de la commandite. Seule une disposition

---

[1270] Art. 305 AUS.
[1271] V. M.R. BINEMBE, *La dissolution des sociétés commerciales*, op. cit. p. 323.
[1272] Art. 291 AUS.

statutaire ou une décision unanime des associés permettrait à la société de se maintenir, sous réserve qu'il existe un ou plusieurs autres commandités. Mais, sans la décider à l'avance, les statuts pourraient subordonner la continuation de la société à certaines conditions. Ils pourraient ainsi valablement se contenter de l'accord de la majorité des commanditaires. *A contrario,* la société disparaît inévitablement si l'associé décédé est le seul commandité.

867 Si, malgré le décès d'un commandité, les statuts prévoient la continuation de la société avec les héritiers du défunt, ceux-ci, lorsqu'ils sont mineurs, prennent obligatoirement la qualité de commanditaire. Si leur auteur était l'unique commandité, il est nécessairement remplacé par un nouvel associé commandité, à moins que la société se transforme dans l'année de son décès, sans quoi, elle est dissoute de plein droit à l'expiration de ce délai[1273]. La dissolution est évitée si, dans le délai légal, l'héritier du commandité décédé, initialement mineur, a atteint la majorité pour remplacer le défunt en tant que commandité. Jusqu'à la désignation du nouveau commandité, la transformation ou l'expiration du délai légal, la société va fonctionner avec une seule catégorie d'associés : le ou les commanditaires. Ceux-ci devront veiller à ne pas s'immiscer dans la gestion externe. Ils n'auront pour seule ressource, en raison de l'urgence, que de faire désigner par le juge des référés, un administrateur provisoire chargé de gérer la société jusqu'à la régularisation de la situation.

2- Les événements concernant un commanditaire

868 On a souvent admis qu'en raison de l'*intuitu personae* qui gouvernait la société en commandite simple, les événements relatifs à la personne d'un commandité, qui entraînaient la dissolution de la société, devaient produire le même effet lorsqu'ils affectaient la personne du ou des commanditaires. Sauf clause contraire, la déconfiture, la faillite, le règlement judiciaire, le décès, l'interdiction du commanditaire provoquaient la dissolution de la commandite simple. En pratique, le pacte social contient toujours une clause stipulant, en cas de décès du commanditaire, le maintien de la société avec les héritiers. L'article 308, alinéa 1 a consacré cette solution en prévoyant la continuation de la société malgré le décès d'un commanditaire[1274]. De ce fait, ce texte a rendu les parts de commandite librement transmissibles à cause de mort. Cette disposition n'étant pas d'ordre public, les statuts peuvent fort bien prévoir la dissolution de la société à la suite du décès d'un commanditaire ou le rachat par les associés survivants des parts du commanditaire prédécédé. Ils peuvent également déterminer l'incidence, sur le sort de la société, des autres événements susceptibles de frapper un commanditaire : incapacité (mise en tutelle ou en curatelle), redressement ou liquidation de biens, faillite. Dans le silence des statuts, la société se maintient.

[1273] Art. 308 AUS.

[1274] Pour plus de détails V. M. R. BINEMBE, *La dissolution des sociétés commerciales*, op. cit. p. 323

B- Les conséquences de la dissolution

869 La liquidation de la société en commandite simple qui suit la dissolution obéit aux règles communes à toutes les sociétés. Il faut toutefois relever quelques particularités.

En cas de liquidation de la société, les commanditaires ne peuvent demander la restitution de leur apport que lorsque le passif social a été entièrement réglé. Ils ne peuvent en effet venir en concours avec les créanciers de la société, sauf s'ils sont eux-mêmes créanciers à un autre titre. Si le passif absorbe complètement l'actif, les commanditaires ne peuvent réclamer le remboursement de leur mise aux gérants commandités, sauf faute de gestion commise par ces derniers. Si l'actif ne permet pas de désintéresser les créanciers, ceux-ci peuvent agir contre les commandités indéfiniment et solidairement responsables, mais non contre les commanditaires, à moins que ces derniers n'aient pas effectué d'apport ou se soient immiscés dans la gestion de la société. Lorsque l'actif social restant ne suffit pas à la restitution des apports de tous les associés, la perte est répartie entre eux, à proportion, sauf clause contraire, de leurs apports. Les commanditaires ne sauraient prétendre à un droit de préférence par rapport aux commandités[1275]. En cas d'insolvabilité d'un des associés, sa part dans les dettes sociales se répartit entre les autres, commandités et commanditaires, dans la limite de leurs apports pour ces derniers.

§2. LA TRANSFORMATION DE LA SOCIÉTÉ EN COMMANDITE SIMPLE

870 Cette hypothèse est adaptée en cas de décès de l'unique commandité de la société ne laissant que des héritiers mineurs, ceux-ci ne pouvant revêtir que la qualité de commanditaire et la société devant en principe être dissoute, faute d'avoir procédé au remplacement de l'associé défunt par un nouveau commandité ou à la transformation de la société dans le délai d'un an à compter du décès[1276]. Le plus souvent, la commandite est transformée en SARL décidée aux conditions ordinaires de la modification des statuts, dans le délai d'un an à compter du décès.

871 Bien que l'AUS ne mentionne aucune disposition particulière sur la transformation d'une société en commandite simple en société anonyme, il faut procéder à une vérification des éléments composant l'actif net par un commissaire à la transformation, et à l'approbation de leur évaluation par les associés, pour toute mutation en une des formes de sociétés par actions. Mais l'intervention d'un commissaire aux comptes établissant un rapport sur la situation de la société n'est

---

[1275] V. K. BALDE, *La transformation de la société commerciale en droit OHADA*, Mémoire de Maitrise, Université Gaston Berger, 2009 ; CA Paris, 18 juill. 1911, DP 1915.5.9.

[1276] Art. 308, al. 2 AUS. V. pour une vue d'ensemble K. BALDE, *La transformation de la société commerciale en droit OHADA*, op. cit. ; 2009 ; DAMY GREGORY, *Les aspects juridiques des fusions et acquisitions bancaires nationales et européennes*, thèse, op. cit., p. 301.

pas nécessaire, quoique vivement conseillée. Il s'agit d'un rapport attestant que le montant des capitaux propres est au moins égal au capital social et appréciant la valeur des biens en nature se trouvant dans l'actif social à ce même moment. À défaut de vérification, les associés sont responsables pendant cinq ans à l'égard des tiers, de la valeur attribuée à ces biens en nature.

872 La transformation en société en nom collectif est plutôt rare. Dans cette éventualité, le consentement unanime des associés, commandités et commanditaires est requis dans la mesure où pareille opération entraîne une aggravation des engagements des commanditaires désormais indéfiniment et solidairement tenus du passif social et où l'article 1836, alinéa 2, du Code civil précise que « *les engagements d'un associé ne peuvent être augmentés sans le consentement de celui-ci* ».

CHAPITRE II

LES SOCIÉTÉS COMMERCIALES DÉPOURVUES DE LA PERSONNALITÉ MORALE

873 Il s'agit des sociétés qui ne sont pas immatriculées[1277] ; ce qui leur donne une nature quelque peu spéciale. Il en existe plusieurs catégories, la société en participation et la société de fait ou la société créée de fait[1278].

La société en participation est une société créée en connaissance de cause ; elle résulte d'un choix express et délibéré des partenaires en présence, qui décident, après mûre réflexion de se mettre ensemble au sein d'une société non immatriculée. Dans la société créée de fait par contre, quelques personnes œuvrent ensemble sans se soucier autrement de la qualification juridique de leur collaboration ; elles n'ont pas conscience d'avoir créé une société ad hoc. Ce n'est qu'ultérieurement, quand il y a généralement crise ou litige, que l'on cherchera si les partenaires ne se sont pas comportés comme des associés.

La société en participation et la société créée de fait sont ainsi distinctes l'une de l'autre. Mais au fond, il s'agit bien là d'une distinction inutile, car la loi les soumet pratiquement au même régime juridique. Étant toutes deux dépourvues de la personnalité juridique, elles ne peuvent avoir de patrimoine propre, ni ester en justice. Mais pour un souci de présentation, elles seront étudiées séparément. Seront donc envisagées dans un premier temps la société en participation (Section 1), puis dans un second temps la société créée de fait et la société de fait (Section 2).

[1277] Pour plus de détails sur ce type de sociétés, v. A. M.MBAYE, *Les sociétés commerciales non immatriculées*, mémoire de DEA, Université Gaston Berger (Saint-Louis, Sénégal), 2008 ; OMGBWA CHRISTOPHE YANNICK, *Les sociétés non immatriculées en droit OHADA*, mémoire de Master, Ngaoundéré (Cameroun), 2012 ; ESPERANCE SINGAMOND, *Les sociétés commerciales sans personnalité juridique dans l'OHADA*, mémoire de Master, UCAD, 2010.

[1278] V. IBRAHIM BODIAN, *ibid.*.

SECTION I- LA SOCIÉTÉ EN PARTICIPATION

874 La société en participation est une société[1279]. Mais à la différence de la société créée de fait, que ses associés n'ont pas voulu créer en tant que société, parce qu'ils ont refusé cette qualification ou n'en ont pas eu conscience, la société en participation est créée par des associés qui savent et acceptent d'être liés par un contrat de société. L'article 854 AUS l'exprime clairement lorsqu'il dispose que « *les associés peuvent convenir que la société ne sera point immatriculée* ». Les participants ont distinctement voulu constituer une société, mais ils ont décidé de la soustraire à la formalité de l'immatriculation au registre du commerce et des sociétés, ce qui a pour conséquence de priver leur société de la personnalité morale, attribut attaché à l'immatriculation. On étudiera les règles relatives à son existence (Sous-section1) avant celles qui gouvernent sa disparition (Sous-section 2).

S-SECTION I. L'EXISTENCE DE LA SOCIÉTÉ EN PARTICIPATION

875 On présentera tour à tour les règles de constitution de la société en participation (§1) et celles relatives à son fonctionnement (§2).

§1. LA CONSTITUTION DE LA SOCIÉTÉ EN PARTICIPATION

876 La constitution de la société en participation[1280] est subordonnée à la réunion d'un certain nombre de conditions. Il conviendrait d'évoquer les conditions auxquelles la société en participation est soumise (A), et celles auxquelles elle n'est pas, contrairement aux autres sociétés, soumise (B).

A- Les conditions auxquelles la société en participation est soumise

877 L'article 855 AUS soumet les sociétés en participation aux mêmes exigences que les autres formes de sociétés, à l'exception de celles qui sont relatives à la personnalité morale. On peut donc en déduire que pour être valablement constituée, deux conditions sont inévitables : la souscription d'apports (1) et l'intention des associés de participer aux résultats de la société en participation (2). Une troisième condition, celle de l'*affectio societatis*, est traditionnellement ajoutée, bien qu'elle ne soit pas expressément dictée (3). Il y a enfin une pluralité (4), le consentement des participants (5) et la licéité de l'objet social (6) qui semblent également être des exigences de constitution.

[1279] V. R A. NAPELE, *La société en participation*, mémoire de Maitrise, Université Gaston Berger (Saint-Louis, Sénégal), 2008.

[1280] T. NAH FUASHI, « Corporate advantages without incorporation ? The case of « société en participation » and « société de fait » within the OHADA zone », *Annales de la Faculté des Sciences Juridiques et Politique de l'Université de Dschang*, 2009, pp. 67-84.

1- Les apports

878 Il est nécessaire pour la société en participation de recevoir des apports - plus précisément de voir les associés souscrire des apports, la libération de tout ou partie des apports n'étant pas une condition de validité de la constitution de la société en participation[1281]. Le groupement auquel des apports n'auront pas été faits ne pourra être qualifié de société en participation[1282]. La société en participation dépourvue d'apports sera donc nulle. Cette nullité sera par principe totale, mais il semble qu'elle pourrait n'être que partielle, et conduire avec l'accord des associés restants à n'écarter du contrat de société que les associés n'ayant pas réalisé d'apports.

879 Le fait que la société en participation ne soit pas une personne morale n'empêche pas de réaliser un apport à son profit. Simplement, les droits résultant de cet apport ne naîtront pas dans un patrimoine social qui n'existe pas, mais dans les patrimoines des différents participants. De ce fait, l'action en exécution forcée de l'apport que le participant se refuserait de libérer sera intentée par ses coassociés[1283].

L'absence de personnalité morale de la société en participation explique également que cette société ne soit pas dotée d'un capital social, bien que certaines décisions de juridictions aient pu, occasionnellement, évoquer le « *capital social de la société en participation* »[1284].

880 De manière quelque peu surprenante, l'article 857 AUS, relatif aux apports à la société en participation, ne mentionne que l'apport de « *biens* ». Ceux-ci peuvent d'ailleurs être très variés. Toutefois, l'apport en industrie doit également être admis dans la société en participation. Ce type d'apport, qui n'est pas ignoré de la pratique des sociétés en participation, est en effet admis par le droit commun et n'est pas interdit par le droit spécial de la société en participation, bien que celui-ci ne l'admette pas expressément.

881 Les articles 857 et suivants AUS traitent du statut des biens apportés à la société en participation. Ces textes énoncent trois statuts différents, auxquels les apports peuvent être soumis. Les apports peuvent ainsi demeurer la propriété de l'apporteur ; être mis en indivision entre les associés ; être la propriété d'un associé qui les acquiert en vue de la réalisation de l'objet social. Les règles proposées ne sont cependant pas dépourvues de nuances.

[1281] BADIAN IBRAHIM, *Les sociétés dépourvues de personnalité morale*, Mémoire UCAD, 2001, p. 60.

[1282] OMGBWA CHRISTOPHE YANNICK, *Les sociétés non immatriculées en droit OHADA*, op. cit., p. 451.

[1283] V. E. SINGAMOND, *Les sociétés commerciales sans personnalité juridique dans l'OHADA*, op. cit. ; v. égal. J. VALLANSAN et E. DESMORIEUX, *Société en participation et société créée de fait : aspects juridiques et fiscaux*, 1996, GLN-Joly, n° 43 ; Y. CHARTIER, *op. cit.*, p. 484.

[1284] V. ainsi CA Versailles, 23 janv. 1992, Bull. Joly 1992, p. 454.

À titre liminaire, on précisera que l'apport à la société en participation, quelle qu'en soit la forme, implique pour celui qui détient le bien ou le droit apporté de l'utiliser dans l'intérêt commun des participants. L'usage des biens ou droits apportés dans un autre intérêt, et notamment dans l'intérêt personnel du détenteur, constituerait le délit d'abus de confiance[1285]. Sur le plan civil, la cession par un associé du bien exploité dans le cadre de la société en participation en fraude des droits de son coassocié pourrait voir celui-ci exercer avec succès l'action paulienne de l'article 1167 du Code civil.

882 Lorsque la propriété est conservée par l'apporteur la solution semble aller de soi, dès lors que la société est dépourvue de la personnalité morale. Si la société ne peut recevoir dans un patrimoine social - qui n'existe pas - le bien apporté, il apparaît logique que le bien demeure dans le patrimoine de l'apporteur, qui va de fait « *prêter* » son patrimoine à la société non personnifiée. On observera ensuite que la règle ainsi formulée semble constituer un principe, auquel viendraient déroger les autres modalités d'apport à la société en participation (indivision, acquisition de la propriété des apports par un associé). Le maintien de la propriété des biens apportés dans le patrimoine de l'associé apporteur sera donc la règle, lorsqu'une des autres modalités n'aura pas été choisie[1286].

Il est intéressant de constater que la conservation de la propriété des biens apportés vaut, à l'égard des tiers, ce qui laisserait entendre que cette règle ne joue pas dans les rapports entre associés. L'emploi de ces termes s'explique, semble-t-il, par le fait que, dans les rapports entre associés, l'apporteur n'a plus, désormais, l'entière disposition de son bien, qu'il doit utiliser dans l'intérêt social, et conformément aux décisions qui lui seront imparties par le gérant ou les décisions collectives.

En revanche, l'apporteur demeure à l'égard des tiers, le seul propriétaire des biens. Il pourrait ainsi voir ses créanciers personnels saisir les biens apportés, puisqu'à leur égard, ces biens sont l'entière propriété de leur débiteur. Cette vulnérabilité des apports sociaux ne vaut cependant qu'à l'égard des créanciers personnels de l'apporteur, et non des créanciers personnels des autres associés. Par ailleurs, parce qu'il est à l'égard des tiers, seul propriétaire du bien apporté, l'apporteur peut le céder valablement aux tiers. Mais si cette cession le place dans l'impossibilité de fournir à la société en participation la prestation promise, ses coassociés pourront lui demander de l'indemniser de l'inexécution contractuelle dont il se rendra coupable. Propriétaire à l'égard des tiers, l'apporteur ne devrait pas supporter les risques liés à la perte de la chose. Plus précisément, les conséquences de cette perte ne devraient pas peser sur lui dans le cadre des rapports avec ses coassociés, dès lors que l'apporteur du bien n'en est plus

---

[1285] V. A. M. MBAYE, *Les sociétés commerciales non immatriculées*, op. cit.. p 541.
[1286] V. R. A. NAPELE, *La société en participation*, op. cit., p. 452.

propriétaire à leur égard. La charge des risques devra donc être supportée par la collectivité des participants.

883 Enfin et surtout, l'apport qui voit le participant conserver la propriété du bien apporté n'est pas nécessairement un apport en jouissance. On pourrait le croire, dès lors que l'apport en jouissance fait à une société dotée de la personnalité morale voit justement l'apporteur conserver la propriété du bien pour ne reconnaître à la société qu'un droit d'usage sur le bien. Mais dans le cadre de la société en participation, la conservation de la propriété par l'apporteur ne vaut, encore une fois, qu'à l'égard des tiers. Il est envisageable que l'apporteur soit convenu avec ses coassociés d'affecter l'entière propriété du bien à la société en participation. De ce fait, il acceptera de céder le bien à des tiers si l'activité de la société l'exige, ou de voir ce même bien saisi par des « créanciers de la société en participation », c'est-à-dire des créanciers dont le droit sera né du fait de l'activité sociale. Dans cette dernière hypothèse, la disparition du bien sera une perte pour la société, à laquelle tous les associés sont tenus de contribuer.

884 Une forme d'apport que l'on peut rencontrer dans les sociétés en participation peut être dénommée « apport en crédit » et consiste pour l'apporteur à s'engager à régler les dettes de la société en participation directement auprès de ses créanciers[1287] bien que cet apport n'ait pas reçu, à notre connaissance, de consécration de la part de la jurisprudence. Il s'agit là d'une forme d'apport en numéraire. Cette forme d'apport en numéraire présentera cependant la particularité de disparaître dès l'instant de sa réalisation, à la différence des sommes qui pourraient être mises à la disposition d'une société personnifiée, qui les conserverait dans son patrimoine jusqu'à leur utilisation. L'associé qui aura réalisé un tel apport se trouvera par conséquent, lors de la dissolution de la société en participation, dans l'impossibilité d'en obtenir restitution. Mais si les autres apports faits à la société sont eux encore présents, il conviendra d'opérer un règlement de comptes entre les associés, de sorte que tous contribuent aux pertes subies par l'apport réalisé par le règlement de dettes sociales. Lorsque l'apport est mis en indivision en réalité, on ne sait là encore s'il s'agit ou non d'une véritable indivision.

Indépendamment de la nature authentique ou non de l'indivision ainsi reconnue, les biens concernés sont ceux « *acquis par emploi ou remploi de deniers indivis pendant la durée de la société* »[1288], « *ceux qui se trouvaient indivis avant d'être mis à la disposition de la société* »[1289], et « *ceux que les associés auraient convenu de mettre en indivision* ».

[1287] J. DERRUPPÉ, « Sociétés en participation – Constitution », *J.-Cl. Sociétés Traité, fasc.* 44-20, n° 11.

[1288] Art. 859 AUS. OMGBWA CHRISTOPHE YANNICK, *Les sociétés non immatriculées en droit OHADA*, op. cit. p. 451.

[1289] Ibid.

885 Par ailleurs, les associés ne peuvent, tant que la société en participation n'est pas dissoute, demander le partage des biens qui sont indivis en application de l'article 860 AUS, à moins qu'il n'en soit autrement convenu, aux termes de l'article 1872-2, alinéa 2, du Code civil.

886 Enfin, en cas d'apport par transfert des biens apportés dans le patrimoine d'un autre associé la situation est proche de celle visée par le premier alinéa, ce n'est pas l'apporteur qui est, à l'égard des tiers, propriétaire du bien affecté à la société en participation, mais un autre associé. Là encore, cette propriété est instituée « *à l'égard des tiers* », puisque la propriété en question est une propriété fiduciaire, le néo-propriétaire s'engageant à utiliser les biens reçus dans l'intérêt de la société en participation. Ce mode d'apport devra être adopté lorsque ce sont des biens fongibles ou consomptibles qui sont mis à la disposition de la société en participation, et que l'apporteur ne sera pas celui qui utilisera les biens concernés. Dans cette hypothèse, il y aura transfert de la propriété des biens apportés du patrimoine de l'apporteur à l'associé devant faire usage des biens. Ce mode d'apport à la société en participation soulève une difficulté particulière, tenant à l'incertitude de la possibilité pour le gérant non associé de la société en participation d'être, à l'égard des tiers, le propriétaire des biens acquis en vue de la réalisation de l'objet social.

Lorsqu'un associé recevra d'un autre associé la propriété d'un bien, au titre d'un apport à la société en participation, il conviendra de respecter les règles relatives à la cession dudit bien.

2- L'intention de participer aux résultats de la société

887 La société en participation implique, de la part des associés, la volonté de participer aux résultats de la société, c'est-à-dire de se partager le bénéfice social ou de profiter de l'économie résultant de la société (a), et, le cas échéant, de contribuer aux pertes (b).

a- L'intention de partager le bénéfice social ou de profiter de l'économie résultant de la société

888 Les participants doivent avoir l'intention de partager entre eux le bénéfice social ou de profiter de l'économie résultant de la société en participation. La clause qui remettrait en cause l'intention des participants de partager les bénéfices serait une clause léonine, interdite dans le cadre de la société en participation comme dans toute société. Les modalités de partage du bénéfice social seront librement déterminées par les associés. Un partage régulier, avec une distribution annuelle de dividendes, pourra être prévu, aussi bien qu'un partage intervenant uniquement au moment de la dissolution de la société en participation. Cette option sera retenue plus facilement lorsque la société en participation aura pour objet la seule réalisation d'une opération déterminée, se déroulant en un laps de temps plus ou moins bref.

b- L'intention de contribuer aux pertes

889 L'intention des associés de contribuer aux pertes, c'est-à-dire à la disparition totale ou partielle des valeurs affectées à l'activité de la société en participation, est également une condition nécessaire. Cela explique qu'un associé ne puisse se prétendre créancier de son coparticipant et lui réclamer le remboursement intégral de son apport avant qu'un compte de profits et pertes ait été établi. La clause qui remettrait en cause l'intention des participants de contribuer aux pertes, du chef d'un ou de plusieurs associés, serait une clause léonine. Or celles-ci sont interdites dans le cadre de la société en participation, comme dans toute société.

3- L'affectio societatis

890 Cet élément constitutif de la société, qui n'est pas mentionné expressément par l'AUS, est défini tant par la doctrine que par la jurisprudence comme la volonté des associés de collaborer ensemble à l'entreprise commune sur un pied d'égalité, ce qui rend cette notion d'appréhension moins aisée qu'elle ne paraît. L'*affectio societatis* est indéniablement l'un des éléments constitutifs de la société en participation[1290].

4- La pluralité d'associés

891 La lecture des dispositions de l'AUS ne semble pas autoriser l'institution des sociétés par l'acte de volonté d'une seule personne, que « *dans les cas prévus par la loi* ». L'absence d'autorisation de créer une société en participation par l'acte de volonté d'une seule personne, ajouté au fait que cette forme sociale est un pur contrat de société, dont il est difficilement concevable qu'il soit le fait d'une seule personne, exclut la possibilité de constituer des sociétés en participation unipersonnelles. Il est en revanche à noter qu'au-delà de l'exigence de pluralité, aucun minimum particulier ou maximum particulier n'est imposé quant au nombre des participants.

En règle générale, aucune exigence particulière n'est requise quant aux qualités personnelles des participants. La qualité d'associé de société en participation peut donc par principe être reconnue à une personne physique comme à une personne morale, à un mineur comme à un majeur, etc., sous réserve d'une série d'exceptions.

892 Tout d'abord, des dispositions particulières pourront déroger au principe de liberté précédemment exposé. Ensuite, la constitution d'une société en participation ne permettra pas à une personne qui ne pourrait exercer individuellement une activité de le faire dans un cadre sociétaire. D'une part,

---

[1290] V. not. A. K. KANTE, *Le rôle de l'affectio societatis dans le fonctionnement des sociétés*, Mémoire de maitrise, Université Gaston Berger (Sénégal), 2003 ; OMGBWA CHRISTOPHE YANNICK, *Les sociétés non immatriculées en droit OHADA*, op. cit. p. 451.

l'accomplissement des actes requérant une capacité ou des qualités particulières supposera que ces conditions soient satisfaites par le participant accomplissant les actes en question. D'autre part, la constitution d'une société en participation ne saurait permettre à une personne de contourner une interdiction d'exercer une activité. Il est ainsi certain que le commerçant frappé d'une interdiction d'exercer son activité ne saurait apporter son fonds de commerce à une société en participation afin de poursuivre son activité en qualité de participant, en laissant un autre associé ou le gérant accomplir les actes liés à l'exploitation du fonds. Il y aurait là mise en œuvre d'une fraude à l'interdiction frappant le commerçant.

5- Le consentement des participants

893 La société en participation suppose, comme toute société fondée sur un contrat, que les associés aient consenti à ce contrat. L'importance du consentement des participants est d'autant plus grande que la particularité de la société en participation consiste à n'être qu'un contrat. Il conviendra donc que les participants soient entrés en société sans que leur consentement ait été vicié par l'erreur, le dol ou la violence.

La société en participation étant généralement considérée comme fortement teintée d'*intuitu personae*[1291], l'erreur sur la personne d'un participant, commise par un ou plusieurs autres, devrait en principe entraîner la nullité du contrat de société. Il conviendra cependant de vérifier l'existence de cet *intuitu personae,* qui ne se rencontre pas systématiquement dans toutes les sociétés en participation[1292].

6- La licéité de l'objet social

894 La société en participation doit avoir un objet licite et être constituée dans l'intérêt commun des associés. La licéité de l'objet est pratiquement la seule limitation que rencontreront les organisateurs d'une société en participation dans la définition de son objet, dont on sait qu'il peut être aussi bien civil que commercial. L'illicéité de l'objet de la société en participation s'appréciera au regard de ses statuts, mais également au regard de l'activité véritablement exercée par la société. L'inscription dans les statuts de la société en participation d'un objet social réservé à d'autres formes sociales constituerait également un cas d'illicéité de l'objet.

B- Les conditions auxquelles la société en participation n'est pas soumise

895 La société en participation n'est soumise ni à la limitation de durée à quatre-vingt-dix-neuf ans que connaissent les sociétés personnifiées ni à l'exigence d'un écrit.

[1291] T. DIOP, *L'intuitu personae dans les sociétés commerciales immatriculées*, op. cit., p. 402.

[1292] V. J. DERRUPPÉ, « Sociétés en participation – Constitution », *J.-Cl. Sociétés Traité,* fasc. 44-20, n° 4.

Ainsi, la société en participation n'est pas soumise, ainsi que cela a été vu précédemment, à la fixation d'une durée de vie limitée à quatre-vingt-dix-neuf ans. De même, les dispositions de l'AUS qui impose la rédaction d'un écrit pour les statuts ne sont pas applicables aux sociétés en participation. De ce fait, celle-ci peut être constituée sur simple accord verbal des parties. Il apparaît de la nature de la société en participation qu'elle puisse se constituer sans écrit. Les règles relatives aux sociétés personnifiées ne sont plus applicables à la société conformément aux dispositions de l'article 854, alinéa 2, qui conforte cette opinion en disposant que la société en participation « *peut être prouvée par tous les moyens* ».

C- La preuve de la société en participation

896 L'article 854, alinéa 2 dispose que la société en participation « *peut être prouvée par tous moyens* ». La portée de cette règle varie selon les personnes concernées. La liberté de la preuve était déjà admise lorsque ce sont des tiers qui invoquent l'existence de la société en participation. À leur égard, le contrat de société n'est pas un acte juridique, mais un fait juridique, dont la preuve est libre. Entre participants en revanche, la liberté de la preuve constitue une dérogation au droit commun lorsque la société en participation a un objet civil ou lorsque les participants, à l'égard desquels on entend prouver l'existence de la société, ne sont pas commerçants.

897 Une question sensible se pose lorsque ce sont des tiers qui invoquent l'existence de la société en participation, parce qu'ils ont contracté avec un participant et souhaitent pouvoir poursuivre les autres. Dans ce cas, la preuve de l'existence de la société est libre, par application de l'article 854, alinéa 2 AUS.

D- La nullité de la société en participation

898 Contrat de société, la société en participation doit logiquement pouvoir être annulée pour toutes les causes justifiant l'annulation des contrats ou l'annulation d'une société. Cette question n'est cependant pas si simple, dès lors que la nature particulière de la société en participation invite à se demander si les textes relatifs à la nullité des sociétés sont ou non applicables à cette forme sociale particulière.

§2. LE FONCTIONNEMENT DE LA SOCIÉTÉ EN PARTICIPATION EN COURS DE VIE

899 Deux questions méritent d'être examinées ici : le statut des associés de la société en participation (A) et la gérance de la société en participation (B).

A- Le statut des associés de la société en participation

900 Il s'agit de déterminer les droits (1) et obligations des associés (2), l'organisation des rapports de l'associé (3) et la question de leur responsabilité à l'égard des tiers (4).

1- Les droits des associés

901 Les participants disposent, tant dans leurs rapports qu'à l'égard du gérant, de tous les droits reconnus aux associés d'une société : droit de participer aux décisions collectives (a), droit d'information (b), droit à la répartition des bénéfices (c), droit de contrôle de la gestion de la société, droit de céder leurs droits sociaux sous réserve de l'agrément des autres associés (d).

a- Les droits de participer aux décisions collectives

902 Le droit des associés d'une société en participation de participer aux décisions collectives est affirmé par l'article 856 de l'AUS, par le renvoi qu'il opère aux règles applicables aux sociétés en nom collectif. Si un participant ne saurait donc être privé du droit de participer aux décisions collectives, on peut en revanche s'interroger sur l'admissibilité d'une clause qui le priverait du droit de voter lors des assemblées de participants.

Si le droit des associés de la société en participation de participer aux décisions collectives doit être respecté, les modalités de sa mise en œuvre (organisation d'assemblées, de consultations écrites, de réunions « *virtuelles* » par visioconférences, etc.) sont laissées à l'entière discrétion des organisateurs de la société, par application du principe de liberté contractuelle régissant la société en participation. Les conditions de convocation, de quorum et de majorité requises pour la prise des décisions seront donc fixées par les participants, en premier lieu dans les statuts de la société en participation.

À défaut d'une organisation particulière, les modalités de la prise des décisions collectives, aspect essentiel des rapports entre associés, seront déterminées par renvoi au régime de la société en nom collectif.

L'application des règles relatives à la société en nom collectif permettra également de compléter l'organisation de la société en participation lorsque celle-ci se révélera insuffisamment précise sur tel ou tel point.

903 L'application supplétive des règles relatives à la SNC conduit à requérir par principe, pour la prise des décisions collectives dans la société en participation, l'unanimité des voix des participants. En pratique, le caractère *intuitu personae* de la société en participation et le faible nombre des associés conduiront souvent les organisateurs de la société à requérir l'unanimité. Ce n'est cependant pas là une obligation, et les décisions pourraient valablement être prises à la majorité, simple ou qualifiée, voire par une décision du seul gérant, si les statuts le permettaient.

b- Le droit à l'information

904 Le droit à l'information des participants n'est pas expressément consacré par un texte impératif, comme l'est leur droit de participer aux décisions collectives. Ceci s'explique sans doute par l'absence de texte consacrant le droit d'information dans les dispositions du Code civil applicables à toutes les sociétés, texte auquel les dispositions relatives à la société en participation auraient pu renvoyer. Mais le droit à l'information du participant peut sans doute trouver une assise suffisamment solide dans L'AUS. Le droit de participer aux décisions collectives doit en effet supposer, pour que cette participation se fasse de manière effective et utile, une information préalable à la participation proprement dite, et une information suffisante[1293].

905 Si les statuts de la société en participation n'ont pas prévu les modalités d'exercice du droit à l'information, celles-ci seront déterminées, une fois encore, par renvoi aux dispositions relatives aux sociétés en nom collectif. Le principe de liberté contractuelle régissant le fonctionnement de la société en participation pourra conduire à des difficultés. Ainsi, lorsque les statuts auront prévu une modalité de prise de décision collective autre que la réunion en assemblée ou la consultation écrite, mais n'auront pas prévu les conditions d'exercice du droit à l'information des participants, préalable à la prise de la décision, ces conditions devront être déterminées par la seule référence à la nécessité d'une information suffisante et préalable.

c- Le droit de participer aux bénéfices

906 Le droit reconnu aux associés de participer aux bénéfices est de l'essence de la société, et donc de la société en participation. L'existence de ce droit est, ainsi que cela a été vu, l'une des conditions de la constitution de la société en participation.

Lorsque la société en participation aura été conclue pour une longue durée, le droit des associés à se partager les bénéfices sociaux sera, en pratique, souvent reconnu avec une certaine périodicité, chaque année par exemple. En revanche, lorsque la société en participation n'aura été constituée que pour la réalisation d'une opération déterminée ou pour une durée limitée, le droit des associés sur les bénéfices réalisés par la société s'exercera alors plutôt en une seule fois, lors de la dissolution de leur groupement. Lorsqu'un associé ne restituera pas aux autres les fonds qui leur seront dûs, cette non-restitution constituera un abus de confiance.

d- Le droit de céder les droits sociaux

907 La cession de ses droits par le participant soulève une difficulté qui tient à ce que, à la différence des droits de l'associé d'une société personnifiée, ce ne sont pas des droits sur un sujet unique, personne morale, qui sont cédés, mais des droits contre les différents associés de la société en participation, et éventuellement des droits réels ou personnels, sur les apports faits à la société en participation.

[1293] V. les dispositions relatives aux sociétés en nom collectif notamment l'art. 288 AUS.

Le fait que le participant détienne des droits, non pas sur un sujet unique, mais sur ses coassociés, ne soulève cependant pas en réalité de difficulté particulière. Les droits du participant sont identiques quant à leur objet à ceux de l'associé d'une société personnifiée[1294]. La différence entre la société en participation et une société dotée de la personnalité morale réside simplement dans l'identité du débiteur des droits d'associé. Le participant ne sera pas créancier de la société elle-même, du fait de l'incapacité de jouissance de celle-ci, mais de ses coassociés. J. VALLANSAN écrit ainsi que « *les droits d'associé sont des droits personnels à l'égard des coassociés* »[1295]. Or ces droits seront « *cessibles par principe selon les modalités d'une cession de créances* »[1296].

908 Cependant, la cession des droits du participant dans la société en participation peut également impliquer celle de droits réels ou personnels relatifs aux apports faits à la société. Ce sera le cas lorsqu'un apport aura été fait par un participant, maintenu dans son patrimoine, ou mis en indivision, et qu'il voudra céder ses droits dans la société. Sauf convention contraire, le maintien de ces droits impliquera que le cessionnaire soit en mesure de continuer à fournir à la société en participation l'apport que fournissait le cédant. De ce fait, la cession des droits du participant dans la société devra s'accompagner de la cession des droits apportés à cette société. La gestion de droits indivis par un participant entraînera l'application des règles propres à cette cession (droits de préemption et de substitution notamment).

909 Si la cession des droits du participant est admissible par principe, les statuts de la société en participation peuvent soumettre cette cession à l'agrément des participants. À défaut de clause particulière, l'application supplétive du régime de la société en nom collectif subordonnera la cession des parts sociales de la société en participation au consentement de tous les participants.

Les statuts pourraient prévoir un droit de retrait au profit des participants.

2- Les obligations des associés

910 Dans les rapports qu'ils entretiennent entre eux, les participants s'engagent à respecter les stipulations du contrat de société et les statuts de la société en participation. Cela impliquera notamment l'obligation pour les associés de répondre aux appels de fonds du gérant lorsqu'une telle obligation aura été convenue, sans que l'on puisse voir dans les versements demandés une augmentation des engagements des associés, nécessitant que leur consentement soit obtenu. Il faudrait y voir, plus sûrement, la mise en œuvre provisionnelle de

---

[1294] D. PERNOT, thèse préc., n° 266 ; GERRY, *in* J.-J. DAIGRE et *alii, La société en participation instrument de coopération, Actes pratiques,* n° 16, 1994, n° 48.

[1295] J. VALLANSAN et E. DESMORIEUX, *op. cit.,* n° 19.

[1296] J. VALLANSAN et E. DESMORIEUX, *op. cit.,* n° 71.

la contribution aux pertes des participants[1297]. De même, les associés pourront être contraints par celui d'entre eux qui contracte des obligations à l'égard des tiers de lui fournir les sommes nécessaires à l'acquittement des obligations contractées.

L'inexécution de leurs obligations par les participants justifie, outre une action en exécution forcée desdites obligations, la dissolution de la société pour justes motifs.

3- L'organisation des rapports des associés

911 L'organisation des rapports entre associés n'intéresse en principe qu'eux. Toutefois, il convient de noter que les tiers peuvent également opposer aux participants ou aux cessionnaires de leurs droits, qui leur réclameraient tout ou partie d'une créance commune, la non-conformité de telles prétentions à leur pacte social, et ce jusqu'à la dissolution du groupement. La liberté dans l'organisation de leur société est supérieure à celle que connaît la société par actions simplifiée, puisque le champ d'application de cette liberté est bien plus vaste ici, et les exceptions plus réduites.

912 Les associés organisent librement la prise des décisions collectives. Les statuts de la société en participation sont cependant libres de définir le champ d'application desdites décisions collectives, et ils peuvent ainsi reconnaître de très vastes pouvoirs au gérant, ce qui limitera suffisamment les cas dans lesquels les associés seront amenés à prendre collectivement des décisions. Il convient de préciser que lorsqu'une décision collective devra être prise par les associés de la société en participation, ceux-ci devront prendre leur décision à l'unanimité, sauf à ce qu'ils aient préalablement opté pour l'application de la règle majoritaire, ou à ce que celle-ci soit mise en œuvre du fait de l'application supplétive des règles relatives aux sociétés civiles ou en nom collectif.

Aux termes de l'article 1871-1 du Code civil, « *à moins qu'une organisation différente n'ait été prévue, les rapports entre associés sont régis par les dispositions applicables aux sociétés en nom collectif* ». Il s'en suit que les dispositions applicables aux sociétés en nom collectif sont en réalité de deux ordres. Ce sont tout d'abord les dispositions spécifiques à ces sociétés en nom collectif qui recevront, en tant que de raison, application dans le cadre de la société en participation. Mais c'est également le droit commun des sociétés applicable aux sociétés civiles et aux sociétés en nom collectif qui trouvera, en

---

[1297] V. E. SINGAMOND, *Les sociétés commerciales sans personnalité juridique dans l'OHADA*, op. cit. ;. CA Paris, 1er déc. 1999, *Bull. Joly* 2000. 741, note J. Vallansan ; V. égal. Cass. com. 22 févr. 2005, *Bull. civ.* IV, n° 36, D. 2005, AJ 892, obs. A. Lienhard, *Bull. Joly* 2005. 871, note F. Kenderian, sur la prescription de l'action exercée aux fins d'obtenir d'un participant l'exécution de son obligation de contribution aux pertes.

tant que de raison une fois de plus, à s'appliquer à la société en participation lorsqu'il n'aura pas été écarté par une stipulation particulière.

4- La responsabilité des associés à l'égard des tiers

913 L'article 861 AUS régit cette question. Ce texte pose un principe (a), qu'il assortit d'exceptions (b). Toutefois, la question des rapports des associés avec les tiers se complexifie lorsque des biens sont indivis entre les associés, hypothèse qui n'est pas prévue.

a- Le principe

914 Les membres de la société en participation ne sont pas nécessairement connus des tiers. La constitution de la société n'étant en règle générale pas sujette à publicité, l'appartenance à une société en participation peut par principe demeurer occulte, comme l'existence même de la société. Toutefois, la possibilité offerte aux participants de garder secrète la société ou simplement leur participation à celle-ci explique sans doute la règle formulée par le premier alinéa de l'article 861 AUS, aux termes duquel « *chaque associé contracte en son nom personnel et est seul engagé à l'égard des tiers* ». Ce premier alinéa pose ainsi un principe, auquel vont déroger les alinéas suivants, dans les situations qu'ils décrivent.

915 Lorsque le principe selon lequel les participants n'engagent qu'eux-mêmes par leurs actes trouve à s'appliquer, les tiers se trouveront dépourvus d'action directe à l'encontre des autres participants et ne pourront par conséquent agir que par la voie de l'action oblique, lorsque les conditions de celle-ci seront réunies[1298]. Encore faudra-t-il que la créance dont le paiement est exigé se rattache à la société en participation et non à une spéculation personnelle du participant.

b- Les exceptions

916 L'exception la plus importante au principe selon lequel seul l'associé qui contracte en son nom personnel est engagé à l'égard des tiers est celle prévue par le deuxième alinéa de l'article 861. Aux termes de ce texte, lorsque les participants agissent expressément en qualité d'associés à l'égard des tiers, chacun d'eux est tenu à leur égard des obligations nées des actes accomplis par l'un des autres participants en cette qualité. Cet engagement est solidaire et indéfini[1299].

917 Par ailleurs, de manière moins précise, le quatrième alinéa de l'article 861 AUS prévoit une règle identique à propos de l'associé qui, « *par son immixtion, a laissé croire au cocontractant qu'il entendait s'engager à son égard, ou dont il est prouvé que l'engagement a tourné à son profit* ».

[1298] V. J. DERRUPPÉ, « Sociétés en participation – Fonctionnement », *J.-Cl. Sociétés Traité, fasc.* 44-30, n°s 33 et s.

[1299] Art. 861, al. 3 AUS.

La première de ces exceptions, fondée sur la théorie de l'apparence, est aisément compréhensible.

La seconde exception au principe selon lequel, seul le participant qui contracte avec les tiers est engagé à leur égard, est en revanche moins claire. Il faudrait comprendre que celui qui n'a contracté qu'avec un seul des associés de la société en participation doit pouvoir obtenir paiement de sa créance auprès des autres participants, dès lors qu'il est en mesure de démontrer qu'ils sont associés de son débiteur, d'une part, et que l'engagement pris par son débiteur à son égard a « *tourné à leur profit* », d'autre part. Ce cas d'engagement des participants, qui s'explique, pour un auteur, « *par l'idée que le bénéficiaire, en s'enrichissant, a ainsi révélé sa qualité* »[1300]. Ce cas d'engagement du participant à l'égard de tiers avec lesquels il n'a pas contracté, et qui consiste en réalité à appliquer l'action *de in rem verso* dans le cadre de la société en participation, suppose sans doute qu'il soit démontré que l'enrichissement du participant trouve sa cause hors de l'exploitation sociale[1301].

B- La gérance de la société en participation

918 Bien qu'il soit tentant de rattacher la notion de gérance à la personnalité morale de la société et que cette modalité de fonctionnement de la société en participation ne soit expressément mentionnée par aucun des articles du Code civil relatifs à cette forme sociale, la liberté qui en régit l'organisation doit permettre aux participants de confier la direction de leur société à une personne physique ou morale (1). Cet agent de la société en participation sera généralement dénommé « *gérant* » (2), gérant qui peut voir sa responsabilité engagée (3).

1- Désignation et cessation des fonctions du gérant

919 Si les statuts de la société en participation n'ont pas prévu la désignation d'un gérant, le renvoi aux textes des sociétés en nom collectif[1302] devrait permettre cette désignation. Ce point mérite toutefois d'être discuté, dès lors que le renvoi opère seulement, aux termes de la disposition précitée, « *en tant que de raison* », et qu'il ne concerne que « *les rapports entre associés* ». La désignation d'un gérant, apte à représenter les différents participants à l'égard des tiers, relève-t-elle des rapports entre associés ? Oui, si l'on considère que cette désignation concerne les relations des associés entre eux avant d'intéresser leurs rapports avec les tiers. Non, si l'on considère, avec certains auteurs[1303] que l'application de ces dispositions à la société en participation ne serait pas fondée, dès lors que la notion de gérant ne prend véritablement son sens que lorsque la société a la

---

[1300] Y. CHARTIER, *op. cit.*, n° 244.

[1301] V. A. PICAND-L'AMÉZEC, article préc., spéc. n° 10

[1302] V. art. 276 et s. AUS ; KHADY MBOUP, *La gérance de la société en participation,* mémoire de Master, UCAD, 2010.

[1303] J. VALLANSAN, *Société en participation*, *Traité Joly Sociétés*, n° 88.

personnalité morale. La fragilité du recours aux textes relatifs aux sociétés civiles et en nom collectif apparaît encore lorsque ces textes impliquent de prendre en compte le nombre de parts sociales détenues par les participants, alors que cette notion peut être totalement étrangère à l'organisation de certaines sociétés en participation. L'efficacité de la gérance de la société en participation passera donc idéalement par une organisation statutaire précise, dispensant les participants de se référer aux dispositions relatives aux sociétés civiles et aux sociétés en nom collectif.

920 S'agissant des modalités de désignation, à moins qu'une clause statutaire ne restreigne la liberté des associés dans le choix du gérant, celui-ci pourra être une personne physique aussi bien qu'une personne morale, et avoir ou non la qualité d'associé de la société en participation. Ce libre choix de la personne du gérant de la société en participation connaît, en réalité, un certain nombre de restrictions.

Avant tout, il conviendra que le gérant soit en mesure, notamment au regard de sa capacité, d'accomplir les actes requis par ses fonctions, s'il n'a pas simplement la qualité de mandataire des participants. Si le gérant de la société en participation n'est que le représentant des participants, sa capacité ne sera pas prise en considération, puisqu'il n'interviendra pas personnellement à l'acte. En revanche, le gérant de la société en participation occulte à objet commercial devra lui-même avoir la capacité requise pour l'accomplissement d'actes de commerce, voire pour exercer la profession de commerçant, si l'accomplissement des actes de commerce se fait à titre professionnel et habituel. De même, la présence d'une indivision non conventionnelle restreindra la liberté de choix du gérant de cette indivision, qui devra être choisi, parmi les indivisaires.

921 S'agissant de la décision de nomination, les associés pourront avoir prévu les modalités de désignation du gérant de la société en participation. Si le gérant n'est pas désigné à l'unanimité, une clause des statuts de la société en participation ou une décision prise à l'unanimité par les participants peut prévoir que la désignation du gérant se fera par un vote à la majorité.

Si les participants n'ont pas prévu les modalités de désignation du gérant, il conviendra de se tourner vers les dispositions applicables aux sociétés civiles ou aux sociétés en nom collectif, selon que la société en participation aura un objet civil ou commercial, sous réserve des hésitations évoquées plus haut. Lorsque la société en participation recevra application des textes relatifs à la société civile, c'est à l'article 1846 du code civil qu'il conviendra de se référer. Celui-ci attribue la charge de nommer le gérant dans l'ordre, aux statuts ou à une décision des associés représentant plus de la moitié des parts sociales. Aux termes de ce texte, si la société se trouve dépourvue de gérant, tout associé peut demander au président du tribunal statuant sur requête la désignation d'un mandataire chargé de réunir les associés en vue de nommer un ou plusieurs gérants. Lorsque la société en participation recevra application des textes relatifs à la société en nom collectif, c'est vers l'article L. 221-3 du code de commerce qu'il conviendra de se tourner, qui prévoit que par principe, tous les associés sont gérants, sauf stipulation contraire des statuts qui peuvent désigner un ou plusieurs gérants, associés ou non, ou en prévoir la nomination par un acte ultérieur.

922 Enfin, le mandat du gérant de la société en participation prendra fin bien évidemment à l'expiration du terme de ses fonctions, lorsqu'il aura été nommé pour une durée déterminée. Le gérant pourra également mettre fin à ses fonctions par la démission.

923 Quant à la révocation du gérant de la société en participation, elle devra idéalement être régie par les statuts de la société. À défaut, les utilisateurs de la société en participation risquent de se heurter à des incertitudes. En effet, si la question de la désignation du gérant pouvait encore être rattachée à la sphère des rapports entre associés, la révocation du gérant apparaît quant à elle en être plus éloignée, dès lors qu'elle concerne leurs rapports avec leur cocontractant commun, et plus indirectement seulement leurs rapports réciproques. À défaut de pouvoir appliquer les règles relatives à la révocation du gérant de société en nom collectif, il faudrait recourir aux articles du Code civil relatifs à la révocation du mandat. Le gérant de la société en participation serait alors révocable *ad nutum*[1304].

2- Le statut du gérant

924 La nature des fonctions du gérant de la société en participation, que ces fonctions soient déterminées par les participants ou définies par application des textes relatifs aux sociétés en nom collectif, peut comprendre, comme dans tout groupement deux sortes d'attributs. Des pouvoirs de décision d'une part, des pouvoirs de représentation d'autre part.

925 Le pouvoir de décision du gérant lui permettra de prendre des initiatives dans la direction de la société et, par exemple de décider de la manière dont l'activité de la société sera réalisée, et dont tel ou tel actif social sera utilisé. Ce pouvoir pourra être encadré par les statuts de la société en participation ou par la décision de nomination du gérant, et lui imposer notamment de ne pas s'engager au-delà d'un certain montant, ou de requérir pour l'accomplissement de certains actes, l'autorisation des participants.

926 Le pouvoir de représentation du gérant lui permettra de donner exécution aux décisions qui auront été prises antérieurement par lui ou par les participants, dans les rapports que la société en participation aura avec les tiers. S'il a été décidé de procéder à la vente d'un actif social, par exemple, c'est dans l'exercice de son

---

[1304] V. en ce sens, P. LE CANNU, *Droit des sociétés*, 2e éd., 2003, Montchrestien, n° 1365 ; KHADY MBOUP, *La gérance de la société en participation*, op. cit. p. 465.

pouvoir de représentation que le gérant signera l'acte de vente du bien concerné, au nom de (ou des) associé(s) propriétaire(s) du bien vendu. Mais la représentation instituée dans le cadre de la société en participation n'est bien souvent qu'une représentation imparfaite, qui voit le gérant s'engager personnellement dans ses relations avec les tiers, puis répercuter les avantages et les obligations résultant des actes conclus avec les tiers, dans ses relations avec les participants.

3- La responsabilité du gérant de la société en participation

927 À l' égard des participants, le gérant sera tenu des conséquences de la mauvaise exécution de ses fonctions, de ses fautes de gestion par exemple, ou du dépassement des pouvoirs que lui ont consentis les associés.

Le gérant a l'obligation de rendre compte de sa gestion aux participants. Des auteurs admettaient cependant qu'une clause idoine des statuts puisse le dispenser de cette obligation[1305]. La jurisprudence française a pu juger que le simple retard dans la reddition des comptes ne suffisait pas à justifier la révocation du gérant[1306].

928 La question de la responsabilité du gérant de la société en participation à l'égard des tiers est plus délicate qu'elle ne le paraît. Lorsque le gérant agit au nom des participants, comme leur mandataire, il est tentant de le faire bénéficier, en sa qualité de dirigeant d'une société, de la protection résultant de la théorie de la faute détachable des fonctions. La mise en cause de la responsabilité du gérant de la société en participation serait donc subordonnée à la preuve de ce qu'il a commis « *intentionnellement une faute d'une particulière gravité incompatible avec l'exercice normal des fonctions sociales* », selon la définition de la faute détachable des fonctions retenue par la jurisprudence[1307].

C- La vie sociale

929 Le renvoi opéré par l'article 856 AUS impose à la société en participation d'être constituée dans l'intérêt commun des associés. Mais en réalité, c'est plus au stade du fonctionnement de la société en participation qu'à celui de sa constitution (où l'exigence de l'*affectio societatis* doit suffire) que l'exigence du respect de l'intérêt commun est appelé à jouer.

[1305] V. not. J. HÉMARD, F. TERRÉ et P. MABILAT, *op. cit.*, n° 361.

[1306] Cass. com. 12 mars 1992, préc.

[1307] V. E. SINGAMOND, *Les sociétés commerciales sans personnalité juridique dans l'OHADA*, mémoire de Master, UCAD, 2010 ; v. en droit français Cass. com. 20 mai 2003, Bull. civ. IV, n° 84, *D.* 2003, AJ 1502, obs. A. Lienhard , *D.* 2003. 2623, note B. Dondero , *Rev. sociétés* 2003. 479, note J.-F. Barbièri , *Bull. Joly* 2003. 786, note H. Le Nabasque, *JCP,* éd. E, 2003. 1203, n° 2, obs. J.-J. Caussain, F. Deboissy et G. Wicker.

930 L'exigence de l'intérêt commun se manifeste notamment dans l'utilisation que les associés ou le gérant de la société en participation font des biens qui ont été apportés à la société. Ces biens doivent être utilisés dans l'intérêt commun des participants. L'associé ou le gérant de société en participation qui ferait usage d'un bien affecté à la société en participation dans son intérêt personnel commettrait le délit d'abus de confiance.

931 Par ailleurs, l'impératif de l'intérêt commun justifie que les abus de majorité ou de minorité puissent également être sanctionnés dans le cadre de la société en participation.

S-SECTION II. LA DISSOLUTION DE LA SOCIÉTÉ EN PARTICIPATION

932 La dissolution de la société en participation est prévue à l'article 862 AUS. Il n'en règle cependant que quelques aspects, et doit être complété, soit par les statuts de la société en participation ou des décisions collectives de ses associés, soit par l'application, à titre supplétif, des dispositions relatives aux sociétés en nom collectif. Il est par ailleurs à noter que les causes de dissolution applicables à toutes les sociétés trouvent à s'appliquer en matière de société en participation (§1) et produisent les mêmes effets (§2).

§1. LES CAUSES DE DISSOLUTION

933 L'article 862 AUS prévoit une cause de dissolution spécifique à certaines sociétés en participation (A). Les autres causes de dissolution sont soit empruntées au droit général des sociétés, soit aux dispositions spécifiques aux sociétés civiles et aux sociétés en nom collectif (B).

A- Les causes de dissolution spécifique à certaines sociétés en participation

934 L'article 863 AUS dispose que la dissolution de la société en participation à durée indéterminée peut résulter à tout moment de la notification adressée par un associé à tous les autres, à condition que cette demande soit de bonne foi et ne soit pas faite à contretemps.

Si la demande de dissolution de la société en participation n'a pas à être motivée, elle doit être faite de bonne foi, c'est-à-dire sans volonté de nuire aux autres associés, et elle ne doit pas être faite à contretemps, c'est-à-dire ne pas intervenir de manière intempestive, sauf à justifier alors de la réparation du préjudice causé aux autres participants.

La clause qui interdirait à l'associé d'une société en participation à durée indéterminée d'en demander unilatéralement la dissolution serait sans doute nulle ou du moins ne saurait produire d'effets.

B- Les autres causes de dissolution applicables à la société en participation

935 Comme précisé ci-haut, il s'agit des causes relevant du droit général des sociétés (1) ou de celles relevant des règles relatives aux sociétés en nom collectif (2) qui trouvent à s'appliquer également à la société en participation.

1- Les causes relevant du droit général des sociétés

936 Les différentes causes de dissolution visées à l'article 200 AUS doivent trouver à s'appliquer en matière de société en participation.

Cette application de l'article 200 à la société en participation aura pour conséquence de provoquer sa dissolution par la survenance du terme prévu[1308], par la réalisation ou l'extinction de son objet, par l'annulation du contrat de société en participation, par la dissolution anticipée décidée par les participants. Cette application aura surtout pour conséquence la plus notable d'ouvrir aux associés de la société en participation à durée déterminée la possibilité d'en demander en justice la dissolution pour justes motifs.

937 En revanche, la dissolution pour réunion de toutes les parts sociales en une seule main ne devrait pas trouver à s'appliquer à la société en participation, cette réunion de toutes les parts sociales en une seule main ne devant pas donner lieu, s'agissant d'une société dépourvue de la personnalité morale, à la dissolution anticipée de la société prononcée par le tribunal, mais à une résolution du contrat de société en participation (et donc tout de même à la dissolution de celle-ci). La liquidation judiciaire sera également écartée s'agissant de la société en participation, qui ne saurait faire l'objet d'un jugement ordonnant sa liquidation judiciaire ou la cession totale de ses actifs, son absence de personnalité morale l'empêchant de faire l'objet d'une mesure de redressement ou de liquidation judiciaire.

2- Les causes relevant des règles relatives aux SNC

938 Lorsque les associés n'ont pas expressément prévu une organisation différente, la société en participation doit être dissoute pour les mêmes motifs que peut l'être une société en nom collectif. Il apparaît en effet que la dissolution de la société en participation relève des rapports entre associés, pour lesquels cette application supplétive peut jouer. Il a ainsi été jugé que le jugement de liquidation judiciaire prononcé à l'égard d'un associé emporte dissolution de la société[1309].

939 Si la société en participation a un objet commercial, l'application supplétive des règles relatives à la société en nom collectif conduira à la dissolution de la société en participation lorsque le gérant de la société en

---

[1308] Art. 30 AUS.

[1309] CA Paris, 30 janv. 1997, *Rev. Sociétés* 1997. 182, obs. Y. Guyon, *Dr. sociétés* 1997, n° 109, note Y. Chaput.

participation sera révoqué alors que tous les associés sont gérants ou que ledit gérant est désigné dans les statuts, en cas de décès d'un associé, et en cas de jugement de liquidation judiciaire ou arrêtant un plan de cession totale, de mesure d'interdiction d'exercer une profession commerciale ou de mesure d'incapacité, devenue définitive à l'égard d'un associé.

Toutefois, si les participants ont clairement identifié dans les statuts de la société en participation les causes emportant la dissolution de leur groupement, les causes de dissolution propres aux sociétés personnifiées ne trouveront pas à s'appliquer.

§2. LES EFFETS DE LA DISSOLUTION

940 La détermination de la date d'effet de la dissolution (A) est aussi importante que celle de la période de liquidation (B).

A- La date d'effet de la dissolution

941 À l'égard des associés, la date d'effet de la demande unilatérale de dissolution d'une société en participation à durée indéterminée ou illimitée doit être située au jour de la date de la notification faite par l'associé. Cette solution apparaît certes rigoureuse, en ce qu'elle fait prendre effet à la dissolution alors qu'elle n'est pas encore connue des associés. Elle est néanmoins préférable à la solution qui verrait la dissolution de la société en participation prendre effet au jour de la réception de la notification, qui ferait produire à la dissolution ses effets à des dates potentiellement différentes pour chaque associé, en fonction de la date de réception de la demande de dissolution.

942 À l' égard des tiers, aucun système de publicité n'est prévu par l'AUS dès lors que l'article 854 AUS dispose que la société en participation « *n'est pas soumise à publicité* ». Ceci importe cependant peu, en réalité, dès lors que la dissolution de la société en participation, simple contrat de société, ne saurait par principe influer sur la situation des tiers à ce contrat. Les participants auront néanmoins intérêt à faire connaître à certains tiers la dissolution de leur groupement lorsque de la survie du groupement dépendra le maintien d'une ou plusieurs obligations à la charge des participants.

B- La période de « liquidation »

943 Alors que la liquidation des sociétés dotées de la personnalité morale est relativement encadrée par le législateur, en ce qu'elle implique de procéder à la réalisation de l'actif et au règlement du passif du patrimoine d'un sujet de droit, la période suivant la dissolution d'une société en participation n'est pas envisagée par l'AUS[1310].

[1310] S. H. APIEMBOMVE, *La liquidation des biens de la société en participation*, mémoire de Master, Douala (Cameroun), 2014.

944 La dissolution de la société en participation doit, par définition, entraîner la cessation de l'activité commune, dès lors que la relation contractuelle dans le cadre de laquelle cette activité était exercée disparaît. Si une activité commune se poursuivait, entre tous les associés ou certains d'entre eux seulement, elle pourra entraîner l'apparition d'une société créée de fait, ce qui permettra au créancier, qui en démontrera l'existence ou l'apparence, d'avoir pour débiteur non seulement l'ex-participant avec lequel il aura contracté, mais également les autres associés de fait.

945 La dissolution ne donne pas lieu à une liquidation au sens strict, visant à réaliser l'actif compris dans un patrimoine pour régler le passif de celui-ci, mais à un règlement de comptes entre associés. La « liquidation » de la société en participation consistera à faire la balance des bénéfices et des pertes, en vue d'attribuer à chaque participant sa part de bénéfice et à lui restituer son apport, le cas échéant. Les associés pourront désigner un mandataire chargé de réaliser ces opérations.

Bien évidemment, les associés ne seront pas fondés à reprendre automatiquement leurs apports du seul fait de la dissolution de la société. Une telle reprise supposera que soit constatée la survie des biens ou des valeurs apportées. Lors de la reprise par les participants de biens constituant des apports en nature, il devra en principe être tenu compte aux autres associés de la plus-value résultant pour ces apports de l'activité des autres associés, ainsi que des investissements et équipements particuliers dont ils auront bénéficié. Si rien n'a été prévu à cet égard dans les statuts de la société en participation, l'application supplétive des dispositions relatives aux sociétés en nom collectif conduit à restituer à chaque associé ses apports.

Une incertitude entoure la reprise de son apport par l'apporteur en industrie, mais cette incertitude n'est pas propre à la société en participation.

Les participants, une fois les apports repris, pourront se partager le bénéfice dont l'existence sera constatée.

SECTION II- LA SOCIÉTÉ CRÉÉE DE FAIT ET LA SOCIÉTÉ DE FAIT

946 Dans le souci d'éviter le risque de confusion qui a existé en droit français entre la société de fait et la société créée de fait[1311], l'AUS prend le soin d'en donner des définitions précises. Ainsi, aux termes de l'article 864, « *il y a société créée de fait lorsque deux ou plusieurs personnes physiques ou morales se*

[1311] V. à propos, M. N., MBAYE, « Société de fait et société créée de fait : une distinction empreinte de confusion en droit uniforme OHADA », in *Des contrats civils et commerciaux au contrat de consommation*, Nancy, Presses Universitaires de Nancy, 2009 ; MEDRET LUKUNGA, *La société créée de fait en droit OHADA*, mémoire de Master, Ngaoundéré (Cameroun), 2012.

comportent comme des associés sans avoir constitué entre elles l'une des sociétés reconnues par le présent Acte uniforme ». L'article 865 poursuit en ces termes, « *lorsque deux ou plusieurs personnes physiques ou morales ont constitué entre elles une société reconnue par le présent Acte uniforme, mais qui comporte un vice de formation non régularisé ou ont constitué entre elles une société non reconnue par le présent Acte uniforme, il y a société de fait* ». Dans ce dernier cas, la « *société de fait* » désigne la société que ses associés ont refusé d'immatriculer, c'est-à-dire, en réalité, la société en participation ; alors que le premier cas correspond à la société dite « *créée de fait* ». Pendant que les parties se comportent comme des associés, elles refusent de qualifier leur relation de société, ou omettent simplement de le faire. C'est à la société créée de fait *stricto sensu* qu'il faut s'intéresser dans les développements qui suivent, dès lors que la société de fait qui n'est rien d'autre que la société en participation fait l'objet de développements substantiels par ailleurs[1312], de même que la société faisant l'objet d'un jugement d'annulation et survivant pour le passé.

947 La société créée de fait, a-t-on pu dire, est « *à la fois un moyen d'organisation précieux et un instrument de revendication susceptible d'abus* »[1313]. Instrument de revendication, elle l'est certainement, dès lors qu'elle permet à celui qui traite avec une société qui n'avoue pas son nom, ou à celui qui est associé d'une telle société de faire rétablir par le juge la réalité juridique des choses. En revanche, moyen d'organisation précieux, la société créée de fait ne l'est pas, car c'est sa cousine, la société en participation seule, qui peut prétendre à ce titre.

La société créée de fait est surtout caractérisée par des incertitudes. Incertitudes quant à sa définition, tout d'abord et surtout (sous-section 1), incertitudes ensuite quant aux règles applicables à la société créée de fait (sous-section 2).

S-SECTION I. LA RECONNAISSANCE D'UNE SOCIÉTÉ CRÉÉE DE FAIT

948 La société créée de fait est soumise aux dispositions applicables à la société en nom collectif[1314], ce qui suppose qu'elle satisfasse aux conditions requises pour la caractérisation d'une telle société (§1), pour pouvoir être prouvée (§2). Elle recouvre plusieurs catégories (§3).

[1312] V. société en participation.

[1313] C. CHAMPAUD et D. DANET, obs. sous Paris, 12 nov. 1991, RTD com. 1992. 812 ; S. TALLYNG, *La société créée de fait en droit de l'OHADA*, mémoire de DEA en Droit Communautaire et Comparé CEMAC, FSJP de l'Université de Dschang (Cameroun), 2007-2008, p.130.

[1314] Art. 868 AUS ; MEDRET LUKUNGA, *La société créée de fait en droit OHADA*, op. cit. ; *Cour d'Appel de Ouagadougou,* Arrêt n° 86, Affaire : Adoko Sessinou Bernard C/ Nacoulma Désiré, Yanogo B. Michael, Songnaba / Compaore Claudine ; Ohadata, J-09-24.

§1. LES ÉLÉMENTS CONSTITUTIFS

949 De manière surprenante, la loi ne définit pas les éléments constitutifs de la société créée de fait, l'article 868 AUS se contentant d'affirmer l'applicabilité aux sociétés créées de fait des dispositions relatives à la société en nom collectif. Ce laconisme du législateur renvoie aux conditions requises pour la caractérisation d'une société en nom collectif ; la jurisprudence a donc exigé la présence des différents éléments positifs de cette société (A), un certain nombre d'éléments négatifs devant également être vérifiés (B).

A- Les éléments positifs

950 Les associés de fait se comportent comme les associés des autres sociétés ; les trois éléments du contrat de société doivent être démontrés par ceux qui se prétendent associés d'une société créée de fait. La preuve de l'existence d'une société créée de fait suppose donc que celui qui s'en prétend l'associé établisse la preuve d'apports (1), de l'intention commune de participer au résultat de l'entreprise commune (2) et de l'*affectio societatis (3),* c'est-à-dire d'une volonté commune de collaborer avec les autres associés sur un pied d'égalité. On peut s'étonner de ces exigences qui conduisent à aligner la société créée de fait sur le contrat de société. Comment peut-on à la fois être animé de l'*affectio societatis* et ne pas avoir conscience d'être associé ? Il faut cependant comprendre que ce n'est pas tant la volonté d'être associé que l'on recherche, que le comportement correspondant à la qualité d'associé.

1- Les apports

951 Il faut avant tout rapporter la preuve d'un apport, ou du moins de l'engagement de réaliser un apport[1315]. La société créée de fait peut en effet exister sans pour autant que tous les apports aient reçu une utilisation effective, plus précisément, sans que tous les apports aient été libérés. Ceci dit, la preuve d'un apport exécuté pourra être plus facile à rapporter que celle d'un apport simplement souscrit, l'existence de la société créée de fait étant souvent déduite du seul comportement des parties.

952 Les différents types d'apports sont admissibles dans une société créée de fait, mais ils ne seront pas logés dans un patrimoine social autonome en l'absence de personnalité morale de la société. À défaut d'un patrimoine propre, les apports faits à une société créée de fait peuvent, comme ceux faits au bénéfice d'une société en participation, ne se matérialiser par aucun déplacement du bien apporté, et ne donner naissance qu'à une obligation de l'apporteur d'utiliser le bien dans l'intérêt de la société.

[1315] V. A. M. MBAYE, *Les sociétés commerciales non immatriculées*, Mémoire de DEA, Université Gaston Berger (Saint-Louis, Sénégal), 2008 ; MEDRET LUKUNGA, *La société créée de fait en droit OHADA*, op. cit..

953 Quant aux biens qui peuvent être apportés à la société créée de fait, il peut s'agir d'argent dans le cas d'un apport en numéraire, ou de tout autre bien dans le cas d'un apport en nature : par exemple des locaux, ou le simple droit de les utiliser. On relèvera enfin que l'apport en industrie est fréquent dans les sociétés créées de fait.

2- L'intention de participer aux résultats

954 Si cet élément n'était pas exigé, la simple mise à disposition d'un bien par une personne serait susceptible d'être interprétée comme manifestant sa volonté de constituer une société créée de fait. Il faut donc que les associés de la société créée de fait aient eu l'intention de partager le bénéfice éventuel de la société et aient accepté de subir le risque de ne pas reprendre tout ou partie de leurs apports, c'est-à-dire de contribuer aux pertes. La jurisprudence française a eu l'occasion de préciser, à propos d'une société dont les associés avaient vécu des fruits de l'exploitation commune, qu'une participation cumulative aux bénéfices et aux pertes n'était pas requise, en l'absence de pertes auxquelles les associés eussent dû contribuer[1316]. C'est dire que la participation effective, et encore moins cumulative n'est pas requise, mais qu'il faut démontrer que les associés de fait avaient l'intention de mettre en commun les résultats, bons ou mauvais.

3- L'affectio societatis

955 Il peut être surprenant de parler d'*affectio societatis en* pareil cas[1317]. Comment peut-on ignorer ou refuser sa qualité d'associé, et avoir été animé de l'*affectio societatis* ? L'exigence de l'*affectio societatis* n'est compréhensible que si ce n'est qu'un comportement extérieur que l'on exige des associés de fait, et pas nécessairement le sentiment d'être associé. La société créée de fait ne peut être reconnue qu'à l'égard des personnes animées de l'intention de s'associer (ou se comportant comme telles), les personnes pour lesquelles cette intention n'est pas établie devant être écartées du périmètre de la société[1318]. Sans *affectio societatis,* la relation entre les parties devra recevoir une autre qualification que celle de société, par exemple celle d'indivision. Il faut pourtant penser que c'est la preuve d'un comportement plus que d'une intention véritable de constituer une société que l'on exige.

956 Comme l'a écrit justement un auteur, la société créée de fait « n'existe et ne trouve de raison d'être qu'au sein d'un tribunal arbitrant les requêtes des

[1316] S. TALLYNG, *La société créée de fait en droit de l'OHADA*, mémoire de DEA en Droit Communautaire et Comparé CEMAC, FSJP de l'Université de Dschang, 2007-2008, op. cit. ; Com. 16 juin 1998, n° 96-12.337 , Bull. civ. IV, n° 203, *D. Affaires* 1998. 1537, obs. M. B., *Bull. Joly* 1998. 1279, note S. Noémie, *Dr. sociétés* 1998, comm. n° 122, note T. Bonneau.
[1317] V. A. K. KANTE, *Le rôle de l'affectio societatis dans le fonctionnement des sociétés*, mémoire de Maitrise, Université Gaston berger (Saint-Louis, Sénégal), 2003
[1318] MEDRET LUKUNGA, *La société créée de fait en droit OHADA*, op. cit.

plaideurs »[1319]. Parce que la société créée de fait unit des associés dont certains sont inconscients de cette qualité ou réticents à la reconnaître, elle suppose en principe l'intervention du juge. Cette notion est ici entendue largement, le juge en question pouvant être aussi bien un juge étatique qu'un arbitre[1320].

B- Les éléments négatifs

957 En plus des conditions qui viennent d'être présentées, il faut en outre, pour la reconnaissance d'une société de fait, une absence de cause de nullité (1), l'ignorance ou refus de la qualité d'associé (2) et une absence de personnalité morale (3).

1- L'absence de personnalité morale

958 Une société créée de fait est dépourvue de la personnalité morale. Une telle affirmation semble relever de l'évidence, et le rapprochement de la société créée de fait et de la société en participation s'explique sans doute par cette commune absence d'autonomie juridique. La société créée de fait et la personnalité morale apparaissent en effet antinomiques : si la société créée de fait est celle dont l'existence est ignorée ou niée par ceux qui en sont les associés, cette caractéristique n'est pas compatible avec la démarche de l'immatriculation au registre du commerce et du crédit mobilier, à laquelle l'article 1842 du Code civil subordonne la reconnaissance de la personnalité morale. Les conséquences de l'absence de personnalité morale sont diverses, et seront étudiées ultérieurement.

2- L'ignorance ou refus de la qualité d'associé

959 En dépit du fait que la jurisprudence exige d'eux l'*affectio societatis,* les associés de fait sont, pour tous ou certains d'entre eux seulement, soit inconscients de leur qualité, soit réticents à l'assumer. L'inconscience se rencontre chez les associés de fait qui agissent comme tels sans avoir exprimé leur intention d'entrer en société. La réticence se rencontrera chez ceux qui, ayant agi comme des associés, refuseront de reconnaître leur qualité d'associé. Ce sont en principe tous les associés de fait qui sont inconscients de cette qualité ou réticents à l'admettre, cette unanimité valant au moins au début de leur relation. Par la suite, il est possible qu'une prise de conscience soit opérée par certains d'entre eux, qui vont alors réclamer l'application du régime juridique approprié, celui de la société. Mais tous les associés de fait peuvent refuser jusqu'au bout de se voir reconnaître cette qualité. Il en sera ainsi lorsque la reconnaissance de l'existence d'une société créée de fait est demandée au juge par un tiers à cette société.

[1319] S. VACRATE, *op. cit.,* n° 200, qui voit d'ailleurs en la « nature contentieuse » de la société créée de fait la « seule certitude » en ce domaine.

[1320] V. ainsi Paris, 3 nov. 1998, *JCP E* 1999. 1197, note J.-J. Daigre, *Bull. Joly* 1999. 359, note A. Couret, confirmant la sentence arbitrale qui avait retenu l'existence d'une société créée de fait entre deux sociétés civiles professionnelles d'avocats.

3- L'absence de cause de nullité

960 Même si la société créée de fait est le plus souvent reconnue simplement pour constater sa dissolution et procéder à sa liquidation, il convient de préciser qu'elle ne pourrait pas se maintenir si sa constitution était entachée d'une cause de nullité, comme celle consistant à permettre l'exploitation d'un fonds de commerce à une personne frappée d'une interdiction d'exercer le commerce[1321].

§2. LA PREUVE

961 Il faut ici distinguer selon que c'est l'un des associés de fait (A) ou bien un tiers (B) à la société créée de fait qui invoque l'existence de cette société.

A- La preuve par les associés de fait

962 Lorsqu'un plaideur invoque à son profit la qualité d'associé d'une société créée de fait, il devra prouver les *différents éléments de la société.* Il devra donc démontrer : avoir effectué des apports ou au moins avoir pris l'engagement de le faire ; avoir eu l'intention de contribuer aux résultats ; avoir été animé de l'*affectio societatis.* Par application de l'article 867 AUS, la société créée de fait se prouve par tous moyens.

L'appréciation de l'existence des différents éléments nécessaires à la constitution d'une société créée de fait relève du pouvoir souverain des juges du fond[1322].

B- La preuve par les tiers à la société créée de fait

963 La jurisprudence fait bénéficier les tiers qui veulent rapporter la preuve de l'existence d'une société créée de fait d'un régime très favorable. La preuve des différents éléments de la société serait très difficile pour quelqu'un d'extérieur, en dépit du fait que cette preuve peut être rapportée par tous moyens, par application de l'article 867 AUS (et de la règle de droit commun si l'on considère qu'il s'agit de rapporter la preuve d'un fait juridique). Dès lors, on admet généralement que les tiers n'aient qu'à prouver l'apparence d'une société créée de fait[1323]. Cette apparence s'apprécie globalement, indépendamment de l'existence de chacun des trois éléments et cette appréciation relèvent du pouvoir souverain des juges du fond. Elle permet au tiers de poursuivre les associés de fait apparents, mais aussi de se libérer de leur emprise en versant la somme due entre les mains d'un seul d'entre eux.

[1321] V. S. TALLYNG, *La société créée de fait en droit de l'OHADA*, op. cit.

[1322] MEDRET LUKUNGA, *La société créée de fait en droit OHADA*, op. cit..

[1323] V. S. TALLYNG, *La société créée de fait en droit de l'OHADA*, mémoire de DEA en Droit Communautaire et Comparé CEMAC, Faculté des Sciences Juridiques et Politiques de l'Université de Dschang (Cameroun), 2007-2008, 130 pages.

§3. LA TYPOLOGIE DES SOCIÉTÉS CRÉÉES DE FAIT

964 La société créée de fait fait l'objet d'une grande diversité. On s'intéressera ici aux principales situations pouvant donner lieu à la reconnaissance d'une société créée de fait. La première série d'hypothèses concerne les sociétés réunissant deux concubins, deux époux, ou les membres d'une même famille (A). La deuxième série d'hypothèses est relative à la reconnaissance d'une société créée de fait à partir d'un autre groupement (B). La troisième série d'hypothèses concerne les autres situations (C).

A- La société de concubins, d'époux, de membres d'une même famille

965 La rupture d'un concubinage n'emporte en principe pas d'effets juridiques : pas de reprise d'apports, pas de partage du bénéfice commun, ce qui est cohérent lorsque le concubinage ne s'est pas doublé de l'exploitation en commun d'une activité. Pourtant, il n'est pas rare que l'un des concubins se prévale de la théorie de la société créée de fait, et cette vision des choses est parfois consacrée par les tribunaux.

Cette application de la société à des relations qui ne visent pas à l'exploitation d'une entreprise commune a été critiquée par une partie de la doctrine. La caractérisation d'une société créée de fait entre les concubins suppose la réunion des différents éléments du contrat de société, comme pour toute autre société créée de fait. On ajoutera que la qualification de donation appliquée à des rapports entre concubins est exclusive de la qualification de société créée de fait s'agissant de ces mêmes rapports.

966 Il faut signaler que l'utilisation de la notion d'exploitation en commun d'un fonds de commerce par deux concubins a permis à la jurisprudence par le passé, de faire supporter à l'un des concubins des dettes relatives à l'exploitation du fonds, alors qu'il ne les avait pas personnellement contractées, sans constater l'existence d'une société créée de fait entre lesdits concubins[1324].

967 La société créée de fait peut être invoquée non seulement par les époux eux-mêmes (ce qui peut présenter un intérêt particulier lorsque les époux sont mariés sous un régime de séparation de biens), mais également par un créancier aux fins de recouvrer le paiement des dettes liées à l'entreprise de l'un des époux sur le patrimoine de l'autre. Là encore, les différents éléments du contrat de société devront en principe être établis. Ces éléments ont pu être déduits notamment de la confusion des patrimoines de deux époux exerçant la même profession. Le créancier peut cependant se contenter d'invoquer la simple apparence de société créée de fait, ce qui le dispense d'avoir à démontrer les différents éléments de la société.

[1324] V. MEDRET LUKUNGA, *La société créée de fait en droit OHADA*, op. cit. V. également Com. 27 mars 1984, JCP 1986. II. 20530, note M. Défossez.

B- La société créée de fait reconnue à partir d'un autre groupement

968 La société créée de fait peut être reconnue par le juge alors que les parties concernées sont déjà réunies au sein d'un groupement. La société créée de fait peut alors résulter de la requalification de ce groupement (1) ou s'adjoindre à ce groupement, qui continue alors d'exister (2).

1- La société en formation requalifiée

969 Une première hypothèse qui peut se rencontrer est celle de la société en formation précédant une société créée de fait. Dans ce cas de figure, des personnes constituent une société qu'elles destinent à l'immatriculation. Cette société n'est cependant jamais immatriculée, ou ne l'est que longtemps après. L'utilité de la mise en évidence d'une société créée de fait, dans cette hypothèse, tient à la possibilité de poursuivre tous les associés de la société créée de fait. La situation des associés de la société en formation est différente. À défaut de démontrer la modification de la situation des associés de la société en formation, seuls les fondateurs qui auront agi pourront donc être poursuivis.

Afin de profiter de cette différence de régime entre les deux sociétés, le créancier social concerné devra cependant rapporter la preuve de ce que les parties avaient bien changé d'optique, et qu'une société créée de fait avait succédé à la société en formation. La distinction est difficile, car il faut séparer la société (créée de fait) de la société (en formation) ! La doctrine avait pu distinguer la société en cours de constitution et la société créée de fait par l'accomplissement, dans le cadre de la seconde, d'actes d'exploitation anticipée. La jurisprudence retient effectivement ce critère[1325]. La durée de la période de constitution de la société en formation semble également un critère pertinent[1326]. S'agissant d'une demande de requalification formulée par les tiers, la simple démonstration de l'apparence d'une société créée de fait devrait également être suffisante. Encore faudra-t-il que cette apparence permette de distinguer le groupement en question de la société en formation initiale.

2- Le groupement d'intérêt économique requalifié

970 Cette situation supposera qu'à un groupement d'intérêt économique initialement constitué vienne se superposer une société. Les deux groupements se caractérisent par une finalité potentiellement différente : à la différence de la société, le groupement d'intérêt économique vise à favoriser l'exercice ou le développement de l'activité économique de ses membres, et non à réaliser des bénéfices pour lui-même, son activité ne pouvant avoir qu'un caractère auxiliaire par rapport à l'activité économique de ses membres. La société créée de fait a, quant à elle, généralement pour objet la réalisation « directe » de bénéfices, et ne

---

[1325] V. ainsi Com. 2 mai 1989, n° 87-18.712, *JCP E* 1990. I. 15658, § 1, obs. M. Cabrillac et Ph. Pétel.

[1326] M. GERMAIN, « Société en formation et société créée de fait », *Dr. sociétés* mai 1982, p. 2.

vise pas à favoriser des activités distinctes de son objet social. Comme en matière d'association, la requalification du groupement d'intérêt économique en société créée de fait entraînera l'annulation ou du moins la disparition du groupement initial.

S-SECTION II. LE RÉGIME DE LA SOCIÉTÉ CRÉÉE DE FAIT

971 Il convient d'étudier ce régime juridique à la fois au regard des rapports entre associés (§1) et des rapports de la société avec les tiers (§2).

§1. DANS LES RAPPORTS ENTRE ASSOCIES

972 Deux types de rapports retiennent l'attention ici : les rapports en cours de vie (A) et les rapports lors de la dissolution de la société créée de fait (B).

A- Les rapports en cours de vie sociale

973 Il peut arriver que des associés de fait demandent au juge de constater l'existence de leur société aux fins de bénéficier d'une règle particulière, issue du régime de la société en nom collectif, et relative au fonctionnement de la société créée de fait. Tout cela semble quelque peu théorique, mais l'hypothèse ne doit pas être exclue. Même si l'on peut être d'accord avec l'affirmation selon laquelle « *la société créée de fait n'accède à la vie juridique que pour disparaître* »[1327], les associés de fait peuvent demander l'application d'une règle issue du régime de la société en participation pour régler une opération passée. Il peut sembler excessif cependant d'affirmer que pour les vraies sociétés créées de fait, les conséquences entre les parties se résument à une demande de liquidation et de partage de l'actif de la société. Il convient alors de présenter les rapports entre associés proprement dits (2) et le cas de la gérance (2).

1- Les relations entre associés proprement dits

974 La société créée de fait est soumise au régime de la société en collectif. De ce fait, la société créée de fait est une société dont les membres conviennent librement de l'objet, du fonctionnement et des conditions, dans la limite des quelques textes de l'AUS d'application impérative énumérés. Lorsque la question se pose véritablement, la société créée de fait est donc une société essentiellement souple, car soumise à peu de contraintes dans son organisation interne.

La société créée de fait peut avoir un objet commercial, qui sera fonction de l'objet de la société. L'existence de la société créée de fait pourrait parallèlement contribuer à donner à un acte une nature commerciale.

[1327] B. MERCADAL, cité par J. VALLANSAN et E. DESMORIEUX, *op. cit.* ; MEDRET LUKUNGA, *La société créée de fait en droit OHADA*, op. cit.

La société créée de fait, reconnue par le juge, emporte application d'un régime déterminé par le législateur : celui de la société en nom collectif.

Les associés d'une société créée de fait ont, comme ceux d'une société en participation, le droit d'exiger de leurs coassociés l'exécution des engagements nés du contrat de société, et notamment l'exécution de l'engagement d'apport qui prend, dans les sociétés non personnifiées, l'une des formes prévues par l'AUS.

975 La cession de ses droits par l'associé de fait, question rarement posée, soulève les mêmes difficultés que celles posées par les cessions des droits des membres d'une société en participation, tenant notamment à ce que, à la différence des droits de l'associé d'une société personnifiée, ce ne sont pas des droits sur un sujet unique, personne morale, qui sont cédés, mais des droits contre les coassociés du cédant et éventuellement, des droits réels ou personnels sur les apports faits à la société. Le fait que l'associé détienne des droits, non pas sur un sujet unique, mais sur ses coassociés, ne soulève cependant pas, en réalité, de difficulté particulière. Les droits du participant sont identiques quant à leur objet à ceux de l'associé d'une société personnifiée[1328]. La différence entre la société créée de fait ou la société en participation et une société dotée de la personnalité morale réside simplement dans l'identité du débiteur des droits d'associé. L'associé d'une société sans personnalité morale ne sera pas créancier de la société elle-même, du fait de l'incapacité de jouissance de cette société, mais de ses coassociés. Mme VALLANSAN écrit ainsi justement que « *les droits d'associé sont des droits personnels à l'égard des coassociés* »[1329].

La cession des droits dans la société créée de fait peut également impliquer celle de droits réels ou personnels sur les apports faits à la société. Ce sera le cas lorsqu'un apport aura été fait par un associé de fait, maintenu dans son patrimoine, ou mis en indivision, et qu'il voudra céder ses droits dans la société. Sauf convention contraire, le maintien de ces droits impliquera que le cessionnaire soit en mesure de continuer à fournir à la société en participation l'apport que fournissait le cédant. De ce fait, la cession des droits du participant dans la société devra s'accompagner de la cession des droits apportés à cette société.

2- La gérance

976 On peut imaginer, par exemple, que des personnes agissant en commun pour des opérations commerciales aient confié à un tiers la mission de gérer leurs intérêts, et qu'un désaccord naisse entre les mandants sur la poursuite de ce contrat de gestion. Le mandat est certes révocable, mais on peut penser que le concours de tous ceux qui ont donné mandat est nécessaire pour le révoquer, ce qui revient à exiger l'unanimité des mandants. La caractérisation d'une société créée de fait

---

[1328] D. PERNOT, *La société sans personnalité morale*, thèse, Université de Franche-Comté, 1988, n° 266.

[1329] J. VALLANSAN et E. DESMORIEUX, *op. cit.*

aura, dans cette hypothèse, l'avantage de substituer la règle majoritaire à une unanimité qui peut être difficile à atteindre. La mise en évidence d'une société créée de fait placera en effet les rapports des associés sous l'empire des règles applicables à la société en nom collectif. Cette application aura donc pour effet de permettre l'application du régime de la société en nom collectif aux rapports des associés de fait, et plus particulièrement le gérant non associé peut être révoqué dans les conditions prévues par les statuts ou à défaut, par une décision des associés prise à la majorité.

B- La dissolution de la société créée de fait

977 L'utilité de la société créée de fait, dans les rapports entre les associés d'une telle société, consiste principalement à régler leurs rapports passés. Ils ont donné à leur groupement, à leur entreprise commune un autre statut que celui de société, ou bien ils ne lui ont donné aucun statut juridique. On peut prendre l'exemple fréquemment employé de la collaboration entre concubins pour l'exploitation d'un fonds de commerce qui n'appartient qu'à l'un d'entre eux. Un boucher pourra ainsi demander à sa concubine de l'aider à l'exploitation de son fonds (elle tiendra la caisse par exemple, et participera de différentes manières à l'activité). Au fil des ans, le fonds prendra de la valeur du fait de cette exploitation commune. Par la suite, les concubins se séparent. La concubine a fourni son activité et contribué à augmenter la valeur du fonds. Cependant, elle ne peut en principe rien reprendre, car le fond reste entre les mains de son propriétaire, enrichissement compris, sauf si… une société est reconnue entre les concubins. Les apports auront été le fonds de commerce pour l'un, son activité pour l'autre. Il faudra aussi démontrer l'intention de participer au résultat de l'exploitation en commun et l'*affectio societatis* de ceux que l'on prétend être associés. On fera donc constater au juge qu'une société a existé, qu'elle est aujourd'hui dissoute, du fait de la séparation des concubins, et qu'un bénéfice a été réalisé, sous la forme de la plus-value affectant le fonds. La clientèle de celui-ci a augmenté, et donc sa valeur. C'est un bénéfice, qui résulte de l'activité de la société entre les concubins. Si la société est dissoute, ce bénéfice doit être distribué entre les associés. Le propriétaire du fonds devra donc verser à son ex-concubine une somme équivalant à une partie de la plus-value du fonds. Il conviendra cependant que la dissolution de la société soit décidée par le juge ou les associés, ou provoquée par un événement, un fait de dissolution, en somme, puis qu'il soit procédé à la liquidation de la société.

978 Dans la mesure où les statuts de la société créée de fait n'auront le plus souvent pas d'existence véritable, il ne sera pas possible de se référer à cette norme pour régler les modalités de la liquidation de la société. Ce seront alors à titre supplétif les dispositions relatives aux sociétés en nom collectif. Lorsque la société créée de fait sera dotée de statuts, ceux-ci pourront édicter des normes dérogeant aux régimes légaux.

§2. À L'ÉGARD DES TIERS

979 À l' égard des tiers, la caractérisation d'une société créée de fait vise dans la très grande majorité des cas à permettre à un créancier de poursuivre d'autres personnes que le débiteur ayant contracté la dette, parce qu'elles sont plus solvables que ce débiteur.

Dépourvue de personnalité morale, parce que n'ayant pas été immatriculée au Registre du commerce et du crédit mobilier, la société créée de fait est incapable de conclure un acte juridique. Un contrat conclu au nom de cette société, comme un acte de procédure, serait frappé de nullité. On retrouve ici les conséquences de l'absence d'autonomie juridique rencontrées à propos de la société en participation. Les dettes d'une société créée de fait ne pèsent pas sur la société elle-même, qui ne peut être débitrice, faute de capacité juridique. L'ouverture d'une procédure collective du chef de la société créée de fait est également exclue.

À l'égard des tiers, la démonstration d'une société créée de fait est porteuse de conséquences significatives. La condition essentielle tient à la démonstration de l'existence ou au moins de l'apparence d'une société créée de fait. Cette condition est bien souvent la seule utile. Une personne ne peut être tenue des obligations d'une société de fait que s'il est établi qu'elle agissait au vu et au su des tiers comme un associé de la société créée de fait.

980 Pour ce qui est des effets de la poursuite, les associés de fait codébiteurs des engagements sociaux le sont sur l'intégralité de leur patrimoine. Il convient de préciser, même si la question se pose peu en pratique, que la clause convenue entre les associés de fait et limitant leur responsabilité aux apports mis en société devrait recevoir effet à l'égard des tiers, à la condition qu'ils l'aient acceptée. L'engagement des associés de fait est solidaire. Ce caractère solidaire a notamment pour effet de permettre à un associé d'invoquer à son profit la transaction conclue par un autre avec le créancier social.

Une difficulté particulière se rencontrera quant à la détermination de l'étendue de l'engagement de chacun. À défaut de précisions par l'AUS, on peut penser que la dette se répartit par parts viriles.

Enfin, lorsqu'un associé a payé plus que sa part, il peut exiger le remboursement du trop versé de ses coassociés, dans le respect des liens d'associé.

TITRE II

LES SOCIÉTÉS COMMERCIALES À RISQUES LIMITÉS

981 Elles se distinguent particulièrement des sociétés de personnes en ce qu'elles sont soumises à une législation contraignante, à l'exception de la dernière-née de la famille, la société par actions simplifiée (SAS), qui se signale par sa souplesse et son caractère largement contractuel.

982 On distingue deux types de sociétés à risques limités : la société à responsabilité limitée (SARL) qui associe les règles des sociétés de personnes et celles des sociétés de capitaux d'une part (chapitre 1), les sociétés par actions constituées de la société anonyme (SA) et de la société par actions simplifiée (SAS) (chapitre 2).

CHAPITRE I

LA SOCIÉTÉ À RESPONSABILITÉ LIMITÉE

983 Les structures sociétaires qui permettent aux associés de bénéficier d'une responsabilité limitée à leurs apports sont particulièrement attirantes pour la mise en place d'une activité économique[1330]. Les avantages de ce type de société ont conduit à son essor (en termes d'importance pratique).

984 Ces avantages, notamment par rapport à l'entreprise individuelle ont aussi hélas conduit parfois à des constructions assez artificielles, beaucoup de sociétés à responsabilité limitée cachant en fait l'activité d'entrepreneurs individuels soucieux de protéger leur patrimoine. C'est cette réalité qui a certainement motivé le législateur OHADA à instituer la société à responsabilité limitée (SARL) unipersonnelle, qui est l'avatar de l'entreprise unipersonnelle à responsabilité limitée (EURL) prévue en France. Cette SARL unipersonnelle devrait être un moyen d'éviter les sociétés de façade.

Toujours est-il que la SARL, l'une des sociétés commerciales par la forme visées par l'article 6 AUS, connaît aujourd'hui deux variantes :

- la SARL *stricto sensu* pluripersonnelle (section 1) ;

- la SARL unipersonnelle (section 2).

SECTION I- LA SARL PROPREMENT DITE (SARL PLURIPERSONNELLE)

985 La SARL est la société « *dans laquelle les associés ne sont responsables des dettes sociales qu'à concurrence de leurs apports et dont les droits sont représentés par des parts sociales* »[1331]. Le premier trait distinctif de cette société

[1330] V. plus généralement J. NDOUR, *Le sens de la limitation de responsabilité des associés ou actionnaires dans les sociétés anonymes et les sociétés à responsabilité limitée*, mémoire de Master, UCAD, 2008 ; DIALLO KHADIDIATOU, *Le sens de la délimitation de responsabilité des associés ou des actionnaires dans les sociétés à responsabilité limitée et dans les sociétés anonymes*, mémoire de Master, UCAD, 2008.

[1331] Art. 309 AUS. V. F. C MOKOKO, « La SARL de l'OHADA : du sang nouveau dans un vieux corps », *Bulletin OHADA*, n° 1, Août- septembre 2000, p. 8 ; S. DIOUF, *La SARL en droit OHADA*

réside donc dans la limitation des risques pris par les associés. À cela s'ajoute un autre critère, à savoir la division du capital social en parts sociales (et non en actions) qui, en principe, ne sont pas librement cessibles.

Ces deux critères distinctifs révèlent très nettement la nature hybride ou mixte de la SARL qui, en effet, constitue une structure à mi-chemin entre la société de personnes et la société de capitaux. Cette nature originale permet aux associés d'échapper à la qualité de commerçant et à la responsabilité indéfinie qui en découle, mais leur permet aussi de bénéficier de l'influence de *l'intuitu personae* qui évitera l'entrée dans le groupement de personnes indésirables.

986 Ces caractéristiques font de la SARL la formule à recommander pour l'exploitation des petites et moyennes entreprises, notamment lorsqu'elles sont familiales. Plusieurs avantages sont attachés à cette forme de société, en particulier le fait qu'elle ne demande pas, pour sa constitution, des capitaux importants.

Pour un meilleur compte rendu de cette forme sociale, seront précisées tour à tour les règles de sa constitution (sous-section 1), celles qui gouvernent son fonctionnement (sous-section 2) et sa disparition (sous-section 3).

S-SECTION I. LA CONSTITUTION DE LA SARL

987 Elle obéit à des conditions de fond (§1) et de forme (§2).

§1. LES CONDITIONS DE FOND

988 Elles concernent les associés (A), le capital (B), l'objet social (C) et la dénomination sociale (D).

A- Les associés

989 Les associés doivent avoir la capacité pour être comme tels (1). Leur nombre ne pose pas trop de problèmes, la SARL pouvant être unipersonnelle (2).

1- La capacité pour être associé

990 La capacité est commandée par l'absence de principe de la responsabilité indéfinie et solidaire des associés ; ceux-ci échappent donc en principe à la procédure collective éventuellement ouverte à l'encontre de la personne morale[1332]. Il n'est pas nécessaire pour eux d'avoir la capacité requise pour être commerçant ou pour faire un acte de commerce isolé, contrairement aux associés en nom collectif et aux commandités de la société en commandite qui sont investis de la qualité de commerçant. Il leur suffit d'être capables d'administrer

---

et le PME, mémoire de Maitrise, Université Gaston Berger (Saint-Louis, Sénégal), 2014 ; C. DIOH, *La SARL*, mémoire de Master, UCAD, 2000.

[1332] S. DIOUF, *La SARL en droit OHADA et le PME,* mémoire de Maitrise, Université Gaston Berger (Saint-Louis, Sénégal), 2014.

des biens, étant entendu que la seule signature des statuts d'une SARL prévoyant également la nomination du gérant ne saurait conférer la qualité de commerçant aux associés, faute d'une participation personnelle à l'activité commerciale objet de la société. Il s'ensuit que le mineur, même non émancipé, le majeur aliéné sans aucune protection et les majeurs incapables peuvent souscrire des parts d'une SARL. À cet égard, ces incapables peuvent conclure par acte sous seing privé ou notarié un mandat de protection future auprès d'une personne chargée de souscrire en leur nom des parts sociales ou des actions[1333]. Il s'agit pour eux de prévenir le cas où ils ne pourraient pourvoir seuls à leurs intérêts en raison de l'altération de leurs facultés mentales ou corporelles[1334].

991 Le mineur non émancipé n'agit pas personnellement ; les parts sociales sont souscrites en son nom par son représentant légal : l'administrateur légal, s'il est sous le régime de l'administration légale pure et simple ou sous contrôle judiciaire, le tuteur, s'il est sous tutelle. L'apport d'un immeuble ou d'un fonds de commerce lui appartenant implique des formalités particulières qui varient selon le régime de gestion de ses biens. Il est autorisé par le conseil de famille qui ne peut donner son accord qu'après réalisation d'une mesure d'instruction exécutée par un technicien ou le recueil de l'avis d'au moins deux professionnels qualifiés[1335].

Quoique valables, les actes effectués par un majeur aliéné non protégé sont exposés à la nullité, celle-ci étant tout de même difficile à obtenir. L'intéressé, majeur aliéné ou ses héritiers, doit prouver l'existence d'un trouble mental lors de la conclusion de l'acte[1336].

992 Le majeur placé sous sauvegarde de justice conservant l'exercice de ses droits est le seul à souscrire des parts de SARL sans toutefois, à peine de nullité, pouvoir faire les actes pour lesquels un mandataire a été désigné en justice[1337]. En outre, les actes passés et les engagements contractés sont rescindables pour lésion et réductibles pour excès[1338]. La lésion est appréciée par les tribunaux au regard de l'utilité ou de l'inutilité de l'opération, de l'importance ou de la consistance du patrimoine de la personne protégée, de la bonne ou mauvaise foi de ceux avec qui elle a traité. Ce majeur incapable ou ses héritiers ont la faculté de demander l'annulation de l'apport, s'il prouve son insanité d'esprit au moment où il a contracté.

993 Le majeur sous curatelle peut acquérir seul des parts de SARL, si ses apports consistent en des meubles d'usage courant ou en des biens ayant le

---

[1333] C. civ., art. 477 à 494.

[1334] C. civ., art. 477, al. 1er.

[1335] C. civ., art. 505, al. 3 ; C. DIOH, *La SARL*, op. cit.

[1336] C. civ., art. 414.

[1337] C. civ., art. 435, al. 1er, renvoyant à l'art. 437.

[1338] C. civ., art. 435, al. 2.

caractère de fruits. Il doit obtenir l'assistance de son curateur pour les apports de tous les autres biens : un immeuble, un fonds de commerce, des instruments financiers non admis à la négociation sur un marché réglementé. Une décision de justice peut néanmoins énoncer certains actes que l'intéressé a le pouvoir d'effectuer seul, ou au contraire, pour lesquels l'assistance du curateur est obligatoire[1339]. L'incapable a la possibilité d'agir en rescision pour lésion ou en réduction pour excès des actes qui ne requièrent pas l'assentiment du curateur[1340].

Le majeur sous tutelle est soumis aux mêmes règles que celles relatives à la tutelle des mineurs. Sa capacité peut cependant être accrue par le juge[1341].

994 Enfin, deux époux peuvent participer ensemble à une SARL[1342]. Ainsi, la société peut être uniquement créée avec des biens communs. En outre, à la suite du décès de l'un des époux, l'attribution préférentielle des parts sociales à l'autre met la société à l'abri de tout démantèlement. Quant aux apports en industrie dont la réalisation était réglementée avant la loi NRE, ils sont désormais permis. La constitution d'une SARL entre seulement deux époux pose toutefois un double problème. D'une part, le droit de représentation de l'associé par son conjoint devenant impossible, il convient de prévoir une clause statutaire qui admet la représentation de l'associé par un tiers. D'autre part, la gérance exercée par l'un des époux est nécessairement majoritaire avec toutes les conséquences fiscales et sociales qui en découlent.

Les associés n'ont pas la qualité de commerçant, de sorte qu'un mineur même non émancipé ou un majeur incapable peuvent parfaitement entrer dans ce type de société sans réserve de règles de représentation. Les associés de SARL peuvent aussi être des personnes morales.

995 Soulignons qu'étant pluripersonnelle, la SARL *stricto sensu* comporte au moins deux associés. Dès lors, lorsque toutes les parts se retrouvent en une seule main au cours de la vie sociale, la société n'est pas dissoute, mais devient une SARL unipersonnelle. En droit français, la SARL se singularise par l'existence d'un nombre maximal d'associés : cent depuis l'ordonnance n° 2004-274 du 25 mars 2004 (cinquante auparavant). En cas de dépassement du plafond légal, la société devra, dans un délai d'un an (deux ans avant l'ordonnance de 2004), se transformer en une autre forme de société (SA ou, depuis l'ordonnance de 2004, autre forme sociétaire comme une SAS) sous peine de dissolution automatique (à moins que le nombre des associés ne soit ramené à 100 au maximum).

Le législateur OHADA, quant à lui, certainement pour promouvoir davantage d'investissements, a préféré laisser libre cours aux associés du choix du nombre.

1339 C. civ., art. 471.

1340 C. civ., art. 465, al. 2.

1341 C. civ., art. 473.

1342 BARDOUL, « Le conjoint associé », *Rev. sociétés* 1983. 5 ; TCHENDJOU, « Le conjoint de l'associé », *RTD com.* 1996. 409.

La question intéresse donc exclusivement les rapports entre associés et ils doivent la gérer seuls.

2- Le nombre d'associés

996 La SARL est une société originale ; bien qu'en principe constituée de deux personnes physiques ou morales[1343], elle peut n'en comporter qu'une seule qui devient ainsi l'associée unique. Cette société est dite entreprise unipersonnelle à responsabilité limitée. Une SARL pluripersonnelle pourrait au cours de son existence devenir unipersonnelle et fonctionner ainsi durablement[1344]. Il suffit que les parts soient réunies entre les mains d'un seul associé.

Contrairement au système en vigueur dans les pays comme le Mali, le Sénégal ou le Niger dans lequel le nombre des associés ne pouvait dépasser cinquante, avant l'entrée en vigueur de l'OHADA qui, certainement pour promouvoir l'investissement, a préféré laisser libre arbitre aux associés dans le choix du nombre. La question intéresse uniquement les associés et eux seuls. Cette limitation, actuellement en vigueur en France, se fonde sur la volonté de cantonner la SARL dans des dimensions relativement modestes et par conséquent, de faire en sorte que les associés se connaissent[1345]. Ainsi, au cas où, ce qui est improbable, la société se constituerait avec plus de cent associés et serait immatriculée, elle ne serait pas nulle. Elle s'exposerait simplement à une action en régularisation dans les conditions de l'article L. 210-7 du code de commerce. Mais, si en cours de vie sociale, notamment à la suite d'une dévolution successorale, la société vient à comprendre plus de cent associés, elle dispose du délai d'un an, et non de deux pour faire cesser cette situation. Au bout d'un an, il faut ou bien que le nombre de ses membres ait été ramené à cent au plus, ou bien, que la société ait été convertie en une autre forme sociale, alors qu'auparavant le législateur n'envisageait que la transformation en société anonyme, bien que la disposition textuelle ne constituait qu'une proposition et n'avait donc pas de valeur obligatoire[1346]. Ainsi, une SARL à objet civil pourrait se muer en société civile. À défaut de régularisation dans le délai imparti, la société se trouverait automatiquement dissoute[1347].

[1343] LE FLOC'H-DESSERTINE, *La société bi-personnelle*, thèse, Bordeaux IV, 2000.

[1344] Art. 309 AUS.

[1345] V. GUYON, *Droit des affaires,* t. 1, 12e éd., 2003, Économica, n° 474, qui suggère de laisser aux associés le soin d'apprécier l'opportunité du maximum.

[1346] MERCADAL, JANIN, COURET et CHARVÉRIAT, *Sociétés commerciales*, 2016, F. Lefebvre, n° 5067.

[1347] C. com. français, art. L. 223-3 et R. 210-15. V. en droit OHADA Arrêt n° 103, Affaire : Elhadji B. K. L. commerçant demeurant à Maradi, contre Bia-Niger. Arrêt rendu sur renvoi de La Cs. Voir Arrêt n° 04-024 du 22 Janvier 2004 Ohadata J-10-275.

B- Le capital, les parts sociales et les apports

997 Avant l'entrée en vigueur de l'AUS, les législations de certains pays membres de l'OHADA fixaient un montant minimum du capital social nécessaire à la constitution d'une SARL (au Cameroun et dans les États encore régis par la loi de 1925 il était fixé à 250 000 F CFA au moins ; au Sénégal, il était de 500 000). Ce capital est divisé en parts sociales d'une valeur nominale de 5 000 F CFA au minimum[1348].

Aujourd'hui, il doit être, selon l'AUS[1349], d'un million de F CFA au minimum et il est divisé en parts sociales dont la valeur nominale ne peut être inférieure à 5 000 F CFA[1350]. Certaines législations internes des États membres sont encore moins exigeantes en ce qui concerne ce minimum requis du capital social. Il en est par exemple ainsi de la loi gabonaise de 2016[1351], relative à la simplification de la création de la SARL, qui fixe le montant du capital requis à cent mille (100 000) F CFA. Il en est également ainsi au Cameroun avec la loi du 14 décembre 2016[1352] qui opte pour le même montant. Il doit être divisé en parts sociales égales réparties entre les associés en représentation de leurs apports, de sorte que certains associés peuvent n'avoir qu'un nombre restreint de parts[1353].

998 La règle relative à la répartition des parts vaut non seulement pour celles représentatives des apports en nature et en numéraire, mais également pour celles attribuées en contrepartie d'un apport en industrie. Bien que les parts confèrent en principe des droits égaux, rien n'interdit la création de parts sociales privilégiées[1354]. Certains associés peuvent donc recevoir des parts leur accordant un droit de priorité quant aux dividendes ou au remboursement du capital. À la différence des actions, les parts sociales ne sont pas négociables[1355]. Les parts sociales dont la cession et la transmission obéissent à un régime particulier peuvent être l'objet d'un nantissement et de procédures d'exécution. Les parts sociales doivent être souscrites en totalité par les associés. Celles représentatives d'apports en nature sont libérées intégralement lors de la constitution de la société, c'est-à-dire lors de la signature des statuts[1356].

[1348] H. EBOA DORA, *Le capital social dans les sociétés commerciales*, mémoire de Master, Douala, 2013.
[1349] V. art. 311 AUS.
[1350] DIOMANDE, *Regards sur les fonctions attribuées au capital social : Aspects de droit comparé : droit uniforme de l'OHADA et droit français des sociétés*, thèse, op. cit.
[1351] V. la loi 013/2016 du 05 septembre 2016 relative à la simplification de la création des sociétés à responsabilité limitée en République gabonaise.
[1352] V. la loi n° 2016/014 du 14 décembre 2016 fixant le capital social minimum et les modalités de recours aux services du notaire dans le cadre de la création d'une société à responsabilité limitée.
[1353] V. art. 311 AUS.
[1354] DE BERMOND DE VAULX, « Les parts sociales privilégiées », *JCP E* 1993. I. 294.
[1355] Art. 317 AUS.
[1356] Art. 311-1 AUS

999 Élément indispensable du contrat de société, un apport est effectué par chaque associé. En contrepartie de cet apport, chaque associé reçoit un certain nombre de parts sociales. L'obligation de réaliser un apport se traduit par la prohibition des apports fictifs. La fictivité de l'apport peut revêtir plusieurs aspects : le défaut de propriété de l'apporteur, l'absence de valeur pécuniaire du bien apporté, l'existence d'un passif grevant ce bien pour un montant supérieur à sa valeur. Pour apprécier le caractère fictif de l'apport, il convient de se placer au moment de la constitution de la société, plus précisément au jour de la signature des statuts. La fictivité est sanctionnée par la nullité de l'apport qui ne peut donc être pris en considération pour la constitution du capital, mais sans porter atteinte à l'existence de la société.

L'obligation d'effectuer un apport peut se heurter à l'action de créanciers personnels de l'apporteur qui veulent s'opposer à la sortie du bien du patrimoine de leur débiteur et ainsi empêcher qu'il échappe à leur droit de poursuite. Ces créanciers agissant en lieu et place du débiteur qui s'abstiendrait de récupérer son bien malgré la nullité de l'apport ou de la société peuvent intenter une action oblique aux fins d'obtenir la réintégration du bien dans le patrimoine de l'apporteur[1357]. Ils peuvent également intenter une action paulienne, pour rendre inopposable à leur égard un apport réalisé en fraude de leurs droits[1358].

1000 Pour ce qui est de la typologie des apports admis[1359], il convient de noter que les apports en industrie sont en principe interdits, bien que l'Acte uniforme n'en dise rien, car, en plus de la responsabilité limitée, l'associé en industrie serait dans l'impossibilité de libérer immédiatement son apport puisque sa prestation est successive. En outre, le capital social constituant la seule garantie des créanciers sociaux dans ce type de société, on ne saurait considérer le travail d'un associé comme une partie du capital social. Par contre, tout bien meuble ou immeuble, corporel (immeuble au sens strict du terme) ou incorporel (droit au bail, fonds de commerce, brevet, créance…) peut être apporté en toute propriété, en nue-propriété, en usufruit ou en jouissance. Afin d'éviter tout risque de surestimation préjudiciable aux intérêts des autres associés et surtout des créanciers, en conférant un caractère fictif au capital, les statuts doivent contenir l'évaluation de chaque apport en nature. Les apports en nature doivent être libérés intégralement. Conscient des risques de surévaluation de la valeur des biens apportés, le législateur a étendu aux SARL la procédure d'évaluation par un commissaire aux apports qui est un commissaire aux comptes ou un expert[1360]. Cette évaluation est obligatoirement faite par ces derniers dès lors que la valeur de l'apport ou l'avantage considéré, ou que la valeur de l'ensemble des apports

[1357] C. civ., art. 1166.
[1358] C. civ., art. 1167.
[1359] V. M. L. DIOP, *L'apport dans la société commerciale OHADA,* mémoire de Maitrise, Université Gaston Berger (Saint-Louis, Sénégal), 2008.
[1360] Art. 312 AUS.

ou avantages considérés, est supérieure à cinq millions (5 000 000) de F CFA[1361]. Cependant, les associés peuvent décider de ne pas y recourir et de procéder eux-mêmes à l'évaluation dans deux cas : lorsque la désignation d'un commissaire aux comptes n'est pas exigée ou lorsque, malgré la désignation du commissaire aux comptes, ils refusent de retenir la valeur proposée par cet expert. Que les apports en nature s'accompagnent ou non de l'intervention d'un commissaire, ils sont donc évalués par les associés sous leur propre responsabilité. Ces derniers ne sont donc pas obligés de tenir compte de l'évaluation faite par le commissaire aux apports. Mais s'ils retiennent une valeur supérieure ou inférieure à celle proposée par lui, par exemple en fraude des droits des héritiers des apporteurs, ils s'exposent à une responsabilité solidaire identique à celle encourue lorsque ces apports n'ont pas fait l'objet d'une vérification par un tel commissaire. Ils demeurent pendant cinq ans à l'égard des tiers, solidairement tenus sur leur patrimoine entier de la valeur attribuée aux apports. Les associés sont par conséquent exonérés de leur responsabilité lorsque la valeur des apports en nature a été appréciée par un commissaire et qu'ils ont retenu l'évaluation préconisée par celui-ci[1362]. C'est la seule hypothèse dans laquelle les associés de la SARL sont solidairement et indéfiniment tenus.

Cette responsabilité fondée sur une obligation légale de garantie à l'égard des tiers pèse sur tous les associés apporteurs en nature et en numéraire, lesquels ne peuvent y échapper en apportant la preuve de leur diligence pour connaître la valeur exacte des apports en nature. Il semble même que cette responsabilité soit assumée par tous les associés des cinq premières années ayant participé ou non aux opérations de constitution. Néanmoins, l'associé cessionnaire dispose d'une action en garantie à l'encontre de l'associé cédant[1363]. La portée de ladite responsabilité ne concerne que la différence entre la valeur réelle de l'apport et son évaluation, sauf pour le tiers à prouver une faute lui ouvrant droit à une réparation intégrale du préjudice.

Pour ce qui est des apports en numéraire, les fonds provenant de la libération des parts sociales sont déposés en banque par les fondateurs, contre récépissé, dans un compte ouvert au nom de la société en formation, en l'étude d'un notaire[1364].

Les fonds déposés sont indisponibles. Ils ne peuvent donc faire l'objet ni d'une saisie de la part des créanciers personnels des apporteurs ni d'une compensation avec une dette de l'apporteur à l'égard du dépositaire des fonds ou avec un compte destiné à enregistrer les opérations passées au nom de la future société. Ainsi,

---

[1361] Art. 312 al. 2 AUS.

[1362] V. art. 312 al. 7.

[1363] MERCADAL, JANIN, COURET et CHARVÉRIAT, *Sociétés commerciales,* 2004, F. Lefebvre, n° 5086.

[1364] Art. 313 AUS.

commet une faute, la banque qui, sur ordre du gérant, paye une lettre de change avant l'immatriculation de la société par le débit du compte sur lequel a été portée la somme représentant l'apport en capital. Dès que cette indisponibilité prend fin à la suite, soit de l'immatriculation de la société au RCCM, soit de la demande par les associés de la restitution de leurs fonds en cas de non-immatriculation, la compensation peut produire ses effets, même si elle a été convenue pendant la période d'indisponibilité.

La société dispose de moyens légaux de contraindre l'associé défaillant d'apporter à la société la somme due. L'intéressé devient de plein droit et sans demande, débiteur des intérêts de cette somme à compter du jour où elle devait être versée, et ce, sans préjudice de plus amples dommages-intérêts s'il y a lieu.

La libération et le dépôt des fonds sont constatés par un notaire du ressort du siège social, au moyen d'une déclaration notariée de souscription et de versement qui indique la liste des souscripteurs avec les noms, prénoms, domiciles pour les personnes physiques, dénomination sociale, forme juridique et siège social pour les personnes morales.

C- L'objet social

1001 En principe, une SARL peut exercer n'importe quelle activité économique. Il suffit donc, comme pour toute société, que l'objet soit licite[1365].

La détermination de l'objet social doit être suffisamment précise et explicite, si bien que serait insuffisante une formule générale se rapportant à « *toutes opérations commerciales, industrielles ou financières* », sans autre précision. Il convient d'indiquer au moins le genre de commerce ou d'industrie qu'entend exploiter la société, sans pour autant donner une définition trop rigide de l'objet social. C'est en effet à partir de cet objet que s'apprécie la nécessité d'une modification statutaire en cas de changement d'activité.

1002 La SARL connaît une limitation générale fondée sur le caractère licite de l'objet qui, figurant dans les statuts, doit être conforme à l'ordre public ou aux bonnes mœurs, sinon sa nullité pourrait être prononcée. Il en est ainsi, même lorsqu'en apparence l'objet social est licite, mais qu'en réalité la société a été constituée en vue de se livrer à des opérations prohibées par la loi.

L'objet social rencontre également des limitations spécifiques qui se justifient par l'insuffisance de la surface financière qu'offre cette structure sociale pour des activités qui présentent des risques. D'autres activités sont formellement réservées par la loi à un autre type de société : c'est le cas pour la société anonyme, des sociétés d'investissement en valeurs mobilières, des sociétés publiques. Toute société qui, au mépris de cette réglementation, adopterait la forme de SARL serait nulle pour objet illicite.

[1365] V. TCHIKOUA ISIYAKOU, *L'objet social en droit des sociétés OHADA*, op. cit. p. 54.

D- La dénomination

1003 La société à responsabilité limitée est désignée par une dénomination sociale[1366]. Celle-ci doit être suivie immédiatement des mots « société à responsabilité limitée » ou des initiales « SARL », ainsi que de l'énonciation du capital social[1367]. Les textes n'imposent pas que les mots « société à responsabilité limitée » ou les initiales « SARL » soient incorporés à la dénomination sociale, mais exigent seulement qu'ils précèdent ou suivent immédiatement la dénomination sociale[1368]. La dénomination sociale ne doit pas comporter les mots « et compagnie » susceptibles de créer une confusion avec les sociétés en nom collectif, dotées d'une raison sociale. Rien n'empêche cependant d'utiliser les termes « *et associés* » qui évoquent pourtant également une raison sociale, dès lors qu'ils sont immédiatement suivis des mots « *société à responsabilité limitée* » et de l'énonciation du capital social. Il n'y a en effet aucun risque de confusion avec une société dont les associés sont indéfiniment tenus du passif social.

1004 Lorsqu'un nom de famille (patronyme) figure dans la dénomination sociale, il devient un signe distinct de la personne physique qui le porte, pour s'appliquer à la personne morale. Néanmoins, tout usage du nom autre qu'à titre de dénomination sociale par la société nécessite l'accord de l'associé concerné ou sa renonciation expresse ou tacite à ses droits patrimoniaux.

Tout comme la forme sociale, le capital social et la durée, la dénomination sociale doit figurer sur tous les actes et documents émanant de la société et destinés aux tiers, notamment les lettres, factures, annonces et publications diverses.

§2. LES CONDITIONS DE FORME

1005 Les statuts sont toujours écrits. L'acte peut être sous seing privé, mais l'acte notarié est obligatoire lorsqu'il y a apport d'un immeuble et recommandé pour les sociétés entre époux. Les associés doivent tous intervenir à l'acte instituant la société, en personne ou par mandataire. À défaut, la société est nulle (art. 315 AUS).

Quant à leur contenu, les statuts doivent mentionner, outre les éléments requis dans tous les types de sociétés, la répartition des parts sociales entre les associés, leur libération et le dépôt des fonds correspondant aux apports en numéraire (v. art. 312 AUS).

[1366] DAGOT, « Le nom des personnes morales », *JCP N* 1991. I. 479 ; « Une intervention législative nécessaire : faire que le nom des personnes morales serve vraiment à leur identification », *JCP* 1992. I. 3579. - BONNEAU, « Nom patronymique et dénomination sociale », *Dr. sociétés* oct. 1993. 1.

[1367] Art. 310 AUS.

[1368] Paris, 28 mai 1999, *RJDA* 12/1999, n° 1344 ; *Rev. sociétés* 1999. 872, obs. Guyon ; *Bull. Joly* 1999. 1233, note Loiseau ; *JCP E* 2000. 798, obs. Viandier et Caussain.

Les formalités de publicité sont les mêmes : extrait dans un journal d'annonces légales, dépôt du dossier de constitution pour l'immatriculation au RCCM[1369], insertion au bulletin d'annonces légales.

S-SECTION II. LA STRUCTURE DE LA SARL

1006 La SARL est composée d'une gérance (§3), des associés (§3) et des organes de contrôle (§3).

§1. LA GÉRANCE

1007 La question est traitée par les articles 323 et suivants de l'Acte uniforme. La SARL est administrée par un ou plusieurs gérants, associés ou non, désignés par les statuts ou dans un acte postérieur, salariés ou gratuit[1370]. Les statuts ne peuvent désigner leurs dirigeants sous une appellation réservée aux organes d'autres sociétés. Toutes clauses qui le feraient seraient nulles et il y aurait lieu à les rectifier[1371]. Ces textes déterminent en effet le statut (A), la responsabilité (C), les pouvoirs (B) et les hypothèses de cessation des fonctions des organes de gestion de la SARL (D).

A- La désignation du gérant

1008 Les règles sont différentes selon qu'il s'agit du gérant de droit (1) ou du gérant de fait (2).

1- Le gérant de droit

1009 Le ou les gérants sont nommés par les associés dans les statuts ou dans un acte postérieur, c'est-à-dire par une décision de l'assemblée générale des associés. Dans cette dernière hypothèse, leur désignation doit intervenir à bref délai, car la publicité légale à laquelle est subordonnée l'immatriculation au RCCM (et donc l'acquisition de la personnalité morale de la société) doit mentionner leur identité. La désignation du gérant dans les statuts présente l'avantage de démarrer au plus vite l'activité sociale.

La nomination d'un gérant en cours de vie sociale est décidée à la majorité de plus de la moitié des parts sociales[1372], sans pouvoir recourir à une majorité plus faible, mais il est possible de stipuler une majorité plus importante, et de renforcer

---

1369 P. S. AKUETE, « L'immatriculation au nouveau registre du commerce et du crédit mobilier », *Revue Togolaise de Droit des Affaires et de l'Arbitrage,* mars 2000, p. 2 ; A. DELABRIERE, « Le registre du commerce et du crédit mobilier, instrument information et de sécurité des créanciers dans l'espace OHADA », *Pénant*, n° 840, 2002, p. 369.

1370 Pour aller plus loin, voir B. NJOYA KAMGA, *Les dirigeants sociaux, thèse,* Dschang, 2007 ; A. GAYE, *La gérance de la SARL en droit uniforme OHADA*, mémoire de Maitrise, Université Gaston Berger (Saint-Louis, Sénégal), 2008.

1371 Cotonou, n° 67/99, 29 avril 1999 ; M. Guy BARBARA c/ Sé Sivapt, solution implicite.

1372 Art. 323, al. 2 AUS

ainsi la position du gérant. Cette exigence repose sur la volonté de conférer à celui-ci la confiance d'une fraction aussi large que possible des associés, sans aller jusqu'à imposer l'unanimité, car il convient, à la différence de la SNC, qu'un gérant soit impérativement nommé. Un associé majoritaire peut donc à lui seul se désigner valablement gérant.

1010 Quelle que soit l'époque, le gérant peut être nommé pour une durée limitée ou sans limitation. En l'absence de dispositions statutaires, il l'est pour une durée de quatre ans[1373]. Il n'est pas exclu qu'un acte ultérieur distinct des statuts et conférant le mandat de gérance en détermine la durée. Mais en pareille circonstance, une autorisation statutaire s'impose.

Le gérant doit accepter les fonctions qui lui sont confiées. C'est à compter de cette acceptation que sa nomination prend effet dans les rapports avec les associés. L'acceptation peut être expresse et ainsi résulter d'un courrier de l'intéressé ou de sa signature au bas de la décision qui l'a nommé et elle doit être précédée de la mention manuscrite « *Bon pour acceptation des fonctions de gérant* ». Elle peut également être tacite et émaner de l'exécution par le gérant de son mandat social.

1011 Il est possible de prévoir dans les statuts ou par une décision collective, la nomination d'un gérant suppléant qui n'entrera en fonctions qu'en cas de cessation du mandat du gérant titulaire[1374]. Ce système de dévolution de la gérance est intéressant pour les SARL dotées d'un gérant unique nommé sans limitation de durée et pour celles comportant deux associés égalitaires, afin d'éviter un éventuel blocage en cas de vacance de poste consécutif au décès du gérant titulaire. Il permet également de prévoir la transmission du pouvoir et ainsi d'éviter toute procédure de remplacement.

Une telle gérance n'est pas constitutive d'une gérance majoritaire. En effet, le suppléant n'exerce pas les fonctions de gérant et ses parts ne sont pas prises en compte pour l'appréciation du caractère majoritaire de la gérance. Sa nomination n'est pas soumise à une publicité ; celle-ci n'a lieu qu'au moment de sa prise effective de fonctions[1375].

2- Le gérant de fait

1012 Le gérant de fait est toute personne qui, sans être officiellement investie du mandat de gérant (gérant de droit), réalise des actes de gestion sociale interne ou externe et dispose en fait d'un pouvoir de décision ou de contrôle effectif et constant. La notion de dirigeant de fait suppose que la personne concernée,

---

[1373] Art. 324 AUS.

[1374] DE VENDEUIL, « Peut-il exister au sein de la SARL un système de dévolution de la gérance ? », *JCP E* 1996. 226.

[1375] E. G. BINYAME DIBONGUE, *La transparence dans la société à responsabilité limitée*, mémoire de Master, Douala (Cameroun), 2014.

physique ou morale, dépourvue de mandat social, s'est effectivement immiscée dans l'administration, la gestion ou la direction de la société et a en toute indépendance et liberté, exercé une action positive de cette nature[1376]. Ainsi, a été perçu en droit français comme gérant de fait d'une SARL le directeur salarié qui a agi en tant que dirigeant de l'entreprise, en prenant l'initiative de l'embauche du personnel, des décisions en matière bancaire et comptable, qui était habilité à faire fonctionner les comptes bancaires dont il détenait la signature et a fait des avances en compte courant à la SARL[1377].

Le gérant de fait est généralement une personne qui a un lien avec la société concernée : soit qu'elle en fasse partie (associé, salarié), soit qu'elle est en relation d'affaires avec elle (fournisseur, client). L'attribution de la qualité de dirigeant de fait à une personne n'implique donc pas qu'elle soit membre à part entière de la société. Une simple autorité de fait concrétisée par des actes positifs suffit. Tel est le cas d'un architecte et d'un expert-comptable liés à la société débitrice par un contrat de maîtrise d'ouvrage déléguée, qui se sont passés à maintes reprises de la signature du gérant pour procéder à des règlements bancaires, faire intervenir des entreprises sur le chantier, embaucher du personnel ou se consentir des avantages financiers réciproques. En outre, la gérance de fait peut être exercée par société interposée.

En revanche, la possession par un salarié de près de 25 % du capital social, comme la souscription par lui d'un engagement de caution au bénéfice d'un créancier de la société à la bonne marche de laquelle il est intéressé en raison même de sa participation au capital ne suffit pas à établir la qualité de gérant de fait. D'ailleurs, la qualité d'associé, même majoritaire, n'emporte pas nécessairement celle de dirigeant de fait, car elle n'implique pas en elle-même une participation effective à la gestion sociale.

1013 La gérance de fait doit être établie. Il n'existe aucune présomption légale de cette situation et un associé n'a pas à rapporter la preuve qu'il a outrepassé ses

---

[1376] Sur le dirigeant de fait, TRICOT, « Les critères de la gestion de fait », *Dr. et patr.* janv. 1996. 24. - DEDESSUS-LE-MOUSTIER, « La responsabilité du dirigeant de fait », *Rev. Sociétés* 1997. 499. - LE CANNU, « Direction de fait et contrat avec la société dirigée », Bull. Joly 1998. 5. - RÉMERY, « Notion de dirigeant de fait », *RJDA* 11/1999, p. 945. - DELATTRE, « L'inlassable travail de la Cour de cassation quant à la détermination de la notion de direction de fait », *JCP E* 2007, n° 1872. - Sur l'immixtion, FAIDIDE, *L'immixtion dans la gestion des sociétés commerciales*, thèse, Paris, 1973. - CLET-DESDEVISES, *L'immixtion dans la gestion d'une société*, Éco et compt. déc. 1980, p. 3 ; CALAIS, *La notion d'immixtion en droit privé*, thèse, Paris II, 1984. - GERSCHEL, « Le principe de non-immixtion en droit des affaires », *LPA* 30 août 1995, n° 104, p. 8, et 1er sept. 1995, n° 105, p. 4.

[1377] Com. 19 févr. 2002, *RJDA* 7/2002, n° 791.

pouvoirs au point de s'immiscer dans la gestion de la société[1378]. Il appartient à celui qui soutient l'existence d'une pareille gérance d'en faire la démonstration. La preuve de la qualité de gérant de fait résulte d'un faisceau d'indices parmi lesquels figurent : l'exercice de pouvoirs de gestion au sein de la société et de pouvoirs financiers ainsi que l'importance de la rémunération. L'effectivité d'une direction ou d'une gestion de fait relève de l'appréciation souveraine des juges du fond.

1014 À n'en point douter, le gérant de fait, qu'il soit associé ou non, salarié ou non, assume une responsabilité complètement différente selon les domaines où elle s'applique. Cette responsabilité est de nature contractuelle lorsque l'intéressé a « *géré* » à la suite d'une procuration que lui a conférée le gérant de droit.

Quoi qu'il en soit, pour éviter toute confusion, la nomination du gérant doit être publiée. Quand il s'agit des premiers gérants, leur nomination est publiée en même temps que l'acte constitutif de la société par : une insertion dans un journal d'annonces légales ; - l'immatriculation au RCCM.

B- Les pouvoirs du gérant

1015 Les pouvoirs conférés au gérant par la loi ou les statuts lui sont propres, peu importe qu'il soit associé ou non ; il n'a donc pas le droit de déléguer l'intégralité de ses pouvoirs. Ce dirigeant ne saurait non plus s'engager à n'exercer aucun des actes de sa fonction sans l'accord de quelqu'un, fut-il associé. Quoi qu'il en soit, les articles 328 et suivants AUS retiennent à propos des pouvoirs du gérant les mêmes principes que ceux appliqués dans les autres sociétés, en distinguant les relations avec les associés (1) et celles avec les tiers (2), sans exclure la possibilité pour lui de déléguer une partie de ses pouvoirs (3).

1- Les pouvoirs dans les rapports avec les associés

1016 Les pouvoirs d'ordre interne dont dispose le gérant varient au gré de deux circonstances : l'unicité (a) et la pluralité de gérants (b).

a- En cas d'unicité de gérant

1017 L'étendue des pouvoirs des gérants est *librement déterminée par les associés dans les statuts*[1379]. Ceux-ci peuvent limiter ces pouvoirs et imposer une autorisation préalable de la collectivité des associés, pour la conclusion de certains contrats ou la réalisation d'opérations jugées trop importantes pour être laissées à la seule initiative du ou des gérants (par ex., le nantissement du fonds de commerce, l'hypothèque sur les immeubles sociaux, la conclusion de contrats d'un montant supérieur à une certaine somme…). Par conséquent, aucune

---

[1378] V. A. GAYE, *La gérance de la SARL en droit uniforme OHADA*, mémoire de Maitrise, Université Gaston Berger (Saint-Louis, Sénégal), 2008 ; Paris, 28 janv. 1985, *Bull. Joly* 1985, p. 637.

[1379] Art. 328 AUS.

limitation des pouvoirs du gérant ne peut résulter de la décision collective le nommant. Elle ne peut valablement émaner que des statuts, lesquels ne sont modifiés que par l'assemblée générale extraordinaire des associés statuant à la majorité des trois quarts des parts sociales. Les limitations statutaires valables entre associés sont inopposables aux tiers. À la suite de la violation par le gérant d'une clause restreignant ces pouvoirs, les associés peuvent lui demander réparation du préjudice subi de ce fait et le révoquer au motif de la méconnaissance des statuts.

En l'absence de clause statutaire déterminant ses pouvoirs, le gérant peut accomplir « *tous les actes de gestion dans l'intérêt de la société* »[1380]. La notion d'intérêt social est distincte de celle d'objet social retenue pour les rapports du gérant avec les tiers[1381]. La conformité à l'objet social dépend de la nature de l'acte, alors que la conformité à l'intérêt social dépend de l'utilité de l'acte et de son opportunité pour la société. La conclusion par le gérant d'un tel acte peut engager sa responsabilité à l'égard de la société, quoique, comme cela a été jugé, l'offre de vente du fonds de commerce d'une SARL souscrit par le gérant sans l'accord des associés soit inopposable à la société, dès lors que celle-ci n'a pas pour objet la vente de fonds de commerce. Réciproquement, un acte conforme à l'intérêt social peut sortir de l'objet social. Quant aux actes, ils doivent être conçus d'une manière large. Ils comprennent aussi bien des actes de simple gestion que certains actes de disposition des biens sociaux, dès lors que ceux-ci concernent l'exploitation de l'entreprise, c'est-à-dire répondent à l'objet social. A été ainsi jugé comme ne constituant pas un acte accompli dans l'intérêt de la société, le fait pour le gérant de céder un bien social à un autre associé[1382].

1018 Le gérant ne doit pas de son propre chef modifier directement ou indirectement l'objet social, le restreindre, l'élargir ou y déroger, même exceptionnellement. Il ne doit pas non plus empiéter sur les prérogatives conférées par la loi aux associés : approbation annuelle des comptes, modification

---

[1380] Ibid.

[1381] V. à propos de la notion, M-A. NDJANDEU MOUTHIEU, *L'intérêt social en droit des sociétés*, thèse, Yaoundé II-SOA ; Y. BERENGER, B. MEUKE, « De l'intérêt social dans l'Acte uniforme relatif au droit des sociétés commerciales et du groupement d'intérêt économique », *Penant* 2007, p. 401 ; BAILLY-MASSON, « L'intérêt social, une notion fondamentale », *LPA* 9 nov. 2000, n° 224, p. 6. - PORACCHIA, « Le rôle de l'intérêt social dans la société par actions simplifiée », *Rev. sociétés* 2000. 223. - DUPUIS, *La notion d'intérêt social*, thèse, Paris XIII, 2001. - DELECOURT, *L'intérêt social, thèse*, Lille II, 2001. - COURET, « Le désintérêt social », *Mélanges P. Bézard,* 2002, LPA et Montchrestien, p. 63. - CONSTANTIN, « L'intérêt social : quel intérêt ? », *Mélanges B. Mercadal,* 2002, F. Lefebvre, p. 315. - GOFFAUX-CALLEBAUT, « La définition de l'intérêt social », *RTD com.* 2004. 35. - BASUYAUX, « L'intérêt social, une notion aux contours aléatoires qui conduit à des situations paradoxales », *LPA* 6 janv. 2005, n° 4, p. 3.

[1382] E. O.BEKAYE, *Le statut du dirigeant de sociétés commerciales en droit mauritanien*, mémoire de DEA, Université Gaston Berger (Saint-Louis, Sénégal), 2011 ; Cotonou, n° 65/ 99, du 29 avril 1999, op. cit.

des statuts, contrôle des conventions passées entre le gérant et la société. Il a cependant le pouvoir de céder le droit au bail portant sur le local d'exploitation du fonds de commerce, lorsque cette cession ne met pas fin à l'activité de la société. En outre, à peine de nullité de contrat, il est interdit au gérant comme à tout associé-personne physique, de contracter, sous quelque forme que ce soit, des emprunts auprès de la société, de se faire consentir par elle un découvert en compte courant ou autrement, ainsi que de se faire cautionner ou avaliser par elle leurs engagements avec les tiers.

b- En cas de pluralité de gérants

1019 Lorsqu'il existe plusieurs gérants et que les statuts n'ont pas déterminé leurs fonctions respectives, ni précisé qu'ils doivent agir conjointement, chacun peut intervenir séparément, sauf s'il prévaut le droit pour les autres, de s'opposer à toute opération non encore conclue[1383]. L'opposition peut se manifester sous une forme quelconque. Elle permet au gérant hostile à un acte qu'envisage de passer un autre gérant de dégager sa responsabilité à l'égard des associés.

Il a été décidé qu'un cogérant ne peut toutefois s'opposer à la convocation d'une assemblée lancée par un autre gérant, en l'absence de clause contraire aux statuts. En effet, si les gérants peuvent s'opposer à toute opération envisagée par l'un d'eux, cette faculté offerte en l'occurrence par les statuts ne concerne pas la convocation aux assemblées, mais seulement la conclusion d'une opération.

Une opération est considérée comme conclue à la date où elle est décidée, et non à celle où elle est réalisée. Il s'agit en matière contractuelle du jour d'échange des consentements, à compter duquel un gérant ne peut plus s'opposer à l'exécution du contrat auquel la société a déjà consenti à l'initiative d'un cogérant.

2- Les pouvoirs dans les rapports avec les tiers

1020 En tant que personne morale, la société doit impérativement être représentée dans la vie juridique par une ou plusieurs personnes juridiques agissant en son nom et pour son compte. Il en va particulièrement ainsi de la conclusion des contrats qui engagent la société et également de la conduite des procédures auxquelles celle-ci peut être confrontée. S'agissant de la SARL, le gérant est son représentant légal vis-à-vis des tiers.

1021 Le gérant est investi des pouvoirs les plus étendus pour agir en toute circonstance au nom de la société, notamment pour engager la société comme caution sans l'accord des associés, pourvu que l'opération entre dans l'objet social et réponde à l'intérêt social. Il en va de même en cas de pluralité de gérants, chacun d'eux pouvant là encore s'opposer à toute opération effectuée par les autres avant qu'elle soit conclue. Cette opposition permet également au gérant qui en est l'auteur de dégager sa responsabilité à l'égard des auteur associés. Toute

---

[1383] Art. 328, al. 2 AUS.

stipulation statutaire limitant les pouvoirs des gérants est inopposable aux tiers, quand bien même en auraient-ils eu connaissance[1384]. Une SARL ne peut donc, par exemple, opposer à une banque créancière la clause statutaire prévoyant que les emprunts doivent être autorisés par l'assemblée des associés, en soutenant que cette banque avait pris connaissance des statuts et aurait dû vérifier les pouvoirs du gérant[1385].

La société est engagée même si les actes accomplis par le gérant n'entrent pas dans l'objet social, « *à moins qu'elle ne prouve que le tiers savait que l'acte dépassait cet objet ou qu'il ne pouvait l'ignorer, compte tenu des circonstances* »[1386], étant exclu que la seule publication des statuts suffise à constituer cette preuve.

La preuve de la connaissance de l'objet social peut résulter des relations nouées entre la société et le cocontractant qui ont permis à ce dernier de connaître la nature de l'activité sociale. C'est dire que l'opposition formée par un gérant aux actes d'un autre ne produit d'effet que si le tiers en a eu personnellement connaissance avant leur réalisation. En dehors de cette exception, la pluralité des gérants permet à chacun d'agir séparément à l'égard des tiers comme s'il était seul.

3- La délégation de pouvoirs

1022 Compte tenu de la lourdeur de sa responsabilité due à la présomption presque irréfragable attachée au fait des préposés et à son obligation personnelle de veiller à la bonne application des textes régissant l'activité sociale, le gérant va déléguer une partie de ses pouvoirs[1387]. Étant donné la multiplicité des tâches dans l'entreprise, le délégataire peut subdéléguer à son tour tout ou partie des pouvoirs dont il est investi à un tiers.

La jurisprudence considère comme licites la délégation et la subdélégation de pouvoirs, non point en termes d'échappatoire à la loi ou d'indice d'irresponsabilité organisée, mais de gage d'une bonne gestion destinée à parfaire la surveillance de l'application desdits textes. Sauf disposition contraire des statuts, le gérant a la possibilité de conférer des délégations spéciales et temporaires pour des opérations bien précises à des cadres ou à des personnes extérieures à la société, sauf si les statuts requièrent en pareille circonstance une autorisation préalable

---

[1384] Art. 32 , al. 3 AUS.

[1385] E. G. BINYAME DIBONGUE, *La transparence dans la société à responsabilité limitée*, op. cit. p. 498.

[1386] 329, al. 2 AUS

[1387] DALMASSO, *La délégation de pouvoirs*, 2000, éd. Joly. - MARMOZ, *La délégation de pouvoir*, t. 43, 2000, coll. Bibl. dr. entr., Litec. - FERRIER, *La délégation de pouvoir, technique d'organisation de l'entreprise*, Litec, 2005 ; MOREAU, « Certitudes et incertitudes des délégations de pouvoirs », *D.* 2006. Point de vue 290. - VITERBO, « La mise en œuvre pratique de la délégation de pouvoirs », *RLDA* nov. 2006. 86. - Dossier, « La délégation de pouvoir », *Journ. Sociétés* mars 2010, p. 11. - Colloque, « La délégation de pouvoirs dans l'entreprise : nécessité et dangers », *RLDA* juin 2012, n° 4101.

des associés. Il peut ainsi déléguer à un expert-comptable la réalisation d'obligations fiscales, ou au responsable du contentieux le pouvoir d'agir au nom de la société à l'égard des tiers, notamment pour intenter une action en justice au nom de la société.

1023 La validité de la délégation de pouvoirs n'est pas liée à une autorisation ou à une stipulation statutaire. Aucun texte ne pose le principe de la délégation de pouvoirs ni ne détermine ses conditions de validité. Celle-ci tient à l'existence de trois conditions : être limitée dans le temps, être déterminée et ne pas concerner les pouvoirs spécifiquement octroyés par la loi à un organe. Le gérant ne saurait conférer une délégation générale de pouvoirs, étant donné le caractère personnel de son mandat.

1024 La délégation peut être consentie dans le silence des statuts, mais ceux-ci peuvent l'interdire ou la subordonner à certaines conditions, telles que l'autorisation des associés. Elle est effectuée sous la responsabilité du gérant qui répond à l'égard de la société des fautes que le délégataire commettrait à cette occasion.

Que ce soit en matière civile ou pénale, c'est au demandeur qu'incombe la charge de la preuve de la délégation de pouvoirs[1388]. En pratique, c'est souvent le délégant qui se prévaut d'une délégation de pouvoirs aux fins de s'exonérer de sa responsabilité, car le dirigeant est constamment présumé pénalement responsable de ses actes personnels et des actes de ses préposés. Néanmoins, l'existence d'un écrit permettra de transférer la charge de la preuve sur le délégataire qui sera contraint de contester la délégation invoquée.

Les juges du fond disposent d'un pouvoir souverain d'appréciation de la preuve de la réalité d'une délégation de pouvoirs, dans la mesure où en la matière, la preuve est libre et aucun moyen de preuve n'est privilégié.

1025 Pour ce qui est des effets de la délégation, il faut noter que le titulaire d'une délégation de pouvoirs régulière engage la SARL par les actes qu'il conclut, sous réserve que ces derniers entrent dans le cadre de la délégation qui lui a été consentie. Néanmoins, en réalité, les limitations de pouvoirs auxquelles se trouve confronté le délégataire sont inopposables aux tiers, ces derniers pouvant invoquer à l'encontre de la société l'existence d'un mandat apparent. La société n'est pas engagée si le délégataire a commis un abus de pouvoir. Par ailleurs, en déléguant certains de ses pouvoirs, le gérant engage sa responsabilité civile vis-à-vis de la société. En effet, ces délégations étant effectuées sous sa responsabilité, il répond à l'égard de la société des fautes qu'il commet à cette occasion (mauvais choix du délégué, erreurs dans la détermination de ses attributions, défaut de surveillance…).

[1388] C. civ., art. 1315

1026 La délégation de pouvoirs peut toutefois, sous certaines conditions, constituer une cause d'exonération de la responsabilité pénale. En effet, pour s'exonérer de celle-ci, le dirigeant ne saurait se prévaloir d'une délégation qu'il n'a pas lui-même consentie. La délégation accordée n'est donc pas anéantie du seul fait d'un changement de direction ; le gérant suivant peut s'en prévaloir. En outre, le gérant qui n'a pas personnellement pris part à la réalisation de l'infraction peut, sauf si la loi en dispose autrement, échapper à la responsabilité pénale, s'il prouve qu'il a délégué ses pouvoirs[1389].

De son côté, le préposé titulaire de la délégation, c'est-à-dire le délégataire, engage sa responsabilité pénale dans les mêmes termes que le dirigeant-délégant, responsable de principe. La mise en cause de sa responsabilité n'est pas subordonnée à sa présence sur les lieux lors de l'accident. Bien évidemment, il ne peut y avoir transfert de la responsabilité pénale au délégataire si l'infraction constatée n'entre pas dans l'objet de la délégation, ce dont pourrait se prévaloir le délégataire pour échapper à sa responsabilité.

C- La responsabilité du gérant

1027 Elle obéit aux règles classiques, c'est-à-dire la responsabilité civile (1) ou pénale (2)

1- La responsabilité civile

1028 La SARL ne procure qu'une faible garantie aux tiers en raison de la modestie de son activité et de la faiblesse de son capital qui rendent son sort très aléatoire. Aussi, certains créanciers dont principalement les établissements de crédit, recherchent dans l'octroi de garanties personnelles du gérant, la sécurité que ne leur procure pas la société. Ce dirigeant est par conséquent amené à consentir son cautionnement au créancier social à l'égard duquel il s'engage personnellement en cas de défaillance de la société. Pareil cautionnement présente un réel danger pour son auteur, dans la mesure où il peut conserver toute sa vigueur au-delà de l'expiration des fonctions de ce dernier.

1029 À côté de cette responsabilité spéciale qui se trouve alors engagée, indépendamment de toute faute de sa part vis-à-vis de créanciers particuliers, le gérant comme tout dirigeant assume une responsabilité civile générale consécutive à l'exercice de sa fonction[1390]. Comme pour tout dirigeant, le rôle du

---

[1389] GIACOPELLI-MORI, « La délégation de pouvoirs en matière de responsabilité pénale du chef d'entreprise », RSC 2000. 525. - CLÉMENT et VICENTINI, « La délégation de pouvoirs du chef d'entreprise en matière pénale », *LPA* 22 oct. 2001, n° 210, p. 5. - DREYER, « Les pouvoirs délégués afin d'exonérer pénalement le chef d'entreprise », *D.* 2004. Chron. 937. - BROM, « Quand la délégation de pouvoirs ne suffit pas à exonérer le dirigeant, *RLDA* mars 2010, n° 2736.

[1390] A. AKAM AKAM, « La responsabilité civile des dirigeants sociaux en droit OHADA », *RIDE,* 2007, p.212 et s. ; Ph. DIDIER, « Les fonctions de la responsabilité civile des dirigeants sociaux », *Rev. Sociétés* 2003. 238. - GROSSI, La responsabilité des dirigeants, *Dr. et patr.* sept. 2003, n°

gérant est ambivalent en ce qu'une même personne physique agit tantôt au titre de représentant légal de la société, tantôt en son propre nom. Il s'ensuit que selon les cas, ses agissements engagent la responsabilité de la société, la sienne ou celle des deux à la fois. Les gérants sont responsables individuellement ou solidairement envers la société (a) ou envers les tiers (b) soit des infractions aux dispositions législatives ou réglementaires applicables aux SARL, soit des violations des statuts, soit des fautes commises dans leur gestion[1391]. Dans ces deux hypothèses prévues par l'article 330 AUS, la responsabilité repose sur des fondements différents.

a- La responsabilité à l'égard de la société et des associés

1030 Généralement, la faute du gérant réside dans des agissements contraires aux intérêts de la société ou de ses membres. Elle peut notamment consister dans le manquement au devoir de loyauté, notamment une concurrence déloyale de l'intéressé à l'égard des associés ou de la société[1392]. Elle peut également résider dans des propos auxquels une certaine publicité a été donnée, caractérisant un dénigrement à l'égard d'un associé et entraînant la condamnation du gérant à payer des dommages-intérêts à la victime.

L'article 330 AUS édicte la responsabilité individuelle[1393] et solidaire des gérants de SARL pour les infractions aux dispositions légales ou réglementaires, les violations statutaires et les fautes commises dans leur gestion.

1031 S'agissant des infractions aux dispositions légales ou réglementaires, la responsabilité n'est pas invoquée à la suite d'une simple abstention, mais d'une attitude positive de fraude à la loi ou au règlement. Dès lors, l'intéressé est conscient du caractère illicite de son comportement tout à fait contraire à la loyauté dont doit faire montre un dirigeant social ; d'où le caractère plus sévère

---

118.50. - LUCAS, « La responsabilité civile des dirigeants d'entreprise », *RLDC* janv. 2004, n° 1, p. 48. - MESSAÏ-BAHRI, *La responsabilité civile des dirigeants sociaux*, thèse, Paris I, 2005. - RONTCHEVSKY, NEAU-LEDUC, LOPEZ et VITERBO, « La responsabilité des dirigeants - Question d'actualité », *RLDA* nov. 2006. 77. - V. égal. GIBIRILA et FEUGÈRE, *Maîtrise des risques du dirigeant*, 2009, coll. Dossiers pratiques, F. Lefebvre, n°s 1 à 143

1391 Art. 330 AUS.

1392 DAILLE-DUCLOS, « Le devoir de loyauté du dirigeant », *JCP E* 1998. 1486. - LE NABASQUE, « Le développement du devoir de loyauté en droit des sociétés », *RTD com.* 1999. 273 . - GODON, « L'obligation de non-concurrence des dirigeants sociaux », *Bull. Joly* 1999. 5. - LATHELIZE-BONNEMAISON, « Bilan et perspectives du devoir de loyauté en droit des sociétés », LPA 23 juin 2000, n° 125, p. 7. - CAUSSAIN, « À propos du devoir de loyauté des dirigeants de sociétés », *Études offertes à B. Mercadal,* 2001, F. Lefebvre, p. 303. - DAIGRE, « Le petit air anglais du devoir de loyauté des dirigeants », *Mélanges P. Bézard,* 2002, LPA et Montchrestien, p. 79. - GROSSI, « Le devoir de loyauté du dirigeant à l'égard de la société, un devoir décidément bien exigeant… », *Bull. act. Lamy droit des sociétés* mars 2002, n° 144.

1393 S. OUSMANOU, « L'action sociale ut singuli ou l'apport éthique de l'Acte uniforme relatif au droit des sociétés commerciales et du GIE », *Juridis Périodique*, n° 38, Janvier-Mars 1999, pp. 93-100.

et tout à fait justifié des sanctions. La responsabilité des dirigeants, plus exactement de ceux à qui elle est imputable, peut être recherchée dans l'annulation de la société ou des actes et délibérations postérieurs à sa constitution. La mise en jeu de la responsabilité du dirigeant peut également intervenir en raison de la méconnaissance des dispositions légales applicables aux différentes sociétés. Peuvent être évoquées à ce propos, l'inobservation des formalités prévues pour la modification des statuts, l'augmentation du capital social d'une SARL réalisée totalement ou partiellement par des apports en nature, la violation des règles relatives au fonctionnement du conseil d'administration. Peuvent être également cités : le refus de communiquer les documents sociaux à un associé ; la distribution de dividendes fictifs ou le défaut de mise en paiement des dividendes dans le délai imparti ; les irrégularités commises dans la convocation, la tenue et la constatation des décisions des assemblées ; la décision sans concertation avec les autres associés et au mépris de leurs intérêts. Il va de soi que cette liste est loin d'être limitative. Toujours est-il que dans toutes ces hypothèses, il doit en principe résulter un dommage pour la société ou les associés.

1032 Pour ce qui est de la violation des statuts, il faut dire que les statuts sont assimilables aux prescriptions légales, mais aussi aux dispositions d'un règlement intérieur. Leur inobservation est génératrice de responsabilités envers la société ou les associés et non les tiers, puisque sont inopposables à ces derniers les limites apportées par les statuts aux pouvoirs des dirigeants[1394]. La société demeure tout de même engagée vis-à-vis des tiers de bonne foi. Mais si l'exécution de l'acte lui est préjudiciable, elle conserve la faculté de demander réparation au dirigeant qui n'a pas respecté les statuts. Il en est autrement si le dirigeant est intervenu en exécution d'une décision de la majorité des associés, auquel cas, est écartée sa responsabilité pour violation des statuts. L'atteinte au pacte social constitue en elle-même une faute indépendante de toute notion de mauvaise foi ou de fraude. Elle peut être volontaire, mais peut aussi consister en une négligence due à une méconnaissance des statuts. Elle est le plus souvent invoquée lorsque le dirigeant omet sciemment ou non de solliciter l'autorisation requise avant de conclure un contrat avec les tiers. En outre, un rapprochement peut être opéré entre la violation des statuts et la faute de gestion, tant la frontière entre ces deux notions est étroite, rendant difficile leur distinction. Parmi les cas de violation des statuts, peuvent être mentionnés : l'exercice d'une activité outrepassant l'objet social ou prohibée par les statuts ; la souscription d'emprunts, sans autorisation de l'assemblée générale ; le non-respect du délai de convocation des associés.

1033 Enfin, pour ce qui est de la faute de gestion, elle est le type de faute le plus malaisé à mettre en évidence, dans la mesure où elle suppose une

---

[1394] A. AKAM AKAM, « La responsabilité civile des dirigeants sociaux en droit OHADA », op. cit. ; BORNHAUSER-MITRANI, « La violation d'une clause statutaire », *LPA* 8 avr. 1998, n° 42, p. 11.

appréciation du comportement requis d'un dirigeant prudent, diligent et actif, au regard des circonstances de fait de l'époque de sa commission. Pour l'heure, il n'existe pas encore de règles suffisamment précises permettant d'appréhender avec certitude la faute de gestion. En effet, la référence à la conduite d'un bon père de famille ne suffit pas, dans la mesure où les dirigeants chargés de la direction et de la gestion des entreprises prennent inévitablement des risques importants difficilement appréciables au regard de simples obligations de prudence et de diligence. De surcroît, les mêmes diligences ne peuvent être exigées du dirigeant d'une société familiale et de celui d'une société cotée en bourse dont les décisions sont rigoureusement analysées et contrôlées par les administrateurs et les éventuels comités financiers ou de direction. Cette question relève davantage du cas particulier que du cas général, étant donné la prise de risques qu'implique la conduite des affaires sociales. Aussi, le juge doit-il vérifier si, compte tenu de l'activité économique de l'entreprise, le dirigeant a commis une faute manifestement contraire à l'intérêt social. Par ailleurs, le comportement du dirigeant rémunéré est examiné avec davantage de sévérité que celui du dirigeant bénévole.

Il convient par conséquent d'attribuer au concept de gestion un sens beaucoup plus large que celui habituellement retenu et susceptible de recouvrir des situations assez variées, tant à l'égard de la société que des tiers. Ceci étant, la notion de faute de gestion doit être perçue d'une façon plus restrictive en ce qui concerne les simples mandataires sociaux tels que les administrateurs ou les membres du directoire, qu'au sujet de ceux investis d'une fonction effective de direction, notamment le gérant de SARL.

b- La responsabilité à l'égard des tiers

1034 En principe, tout dirigeant, notamment le gérant de SARL, engage par sa faute sa responsabilité envers la société, mais non à l'égard des tiers. Le caractère exceptionnel de cette dernière responsabilité s'explique par le principe de l'autonomie de la personnalité morale de la société. Le dirigeant n'est que le représentant de la société[1395]. Celle-ci est seule tenue vis-à-vis des tiers qui pourront l'assigner en cas de mauvaise exécution du contrat. Pas plus qu'il ne garantit la bonne exécution du contrat par la société, le dirigeant ne répond envers celle-ci du défaut d'exécution de la convention par le tiers. Par ailleurs, aussi longtemps que la société est *in bonis,* les tiers préfèrent s'adresser à la personne morale elle-même, en raison de sa solvabilité plus grande, plutôt qu'à son représentant.

En dépit de son caractère en principe subsidiaire, la responsabilité personnelle du gérant est de plus en plus souvent retenue par la jurisprudence. Cette tendance repose sur l'équité. Le gérant n'est pas en effet un simple organe de représentation

---

[1395] ASENCIO, « Le dirigeant de société, un mandataire « spécial » d'intérêt commun », *Rev. Sociétés* 2000, p. 683.

ou d'exécution. Il est doté d'un pouvoir de gestion, de décision dont l'exercice peut causer un préjudice à un tiers, à la suite de quoi ,il sera tenu d'indemniser les victimes si la société n'est pas capable de le dédommager. Il peut notamment être appelé par les tribunaux à répondre de l'insuffisance d'actif causée par sa faute de gestion[1396].

1035 La responsabilité des dirigeants, du gérant en particulier envers les tiers est d'ordre délictuel ou quasi délictuel ayant pour fondement les articles 1382 et suivants du Code civil, sans pour autant que la seule constatation d'un fait délictuel ou quasi délictuel imputable à une société implique nécessairement une faute personnelle du dirigeant social[1397]. Cette responsabilité peut être invoquée indépendamment de celle de la société. Il en est ainsi quand la responsabilité de la société est mise en cause en matière contractuelle ; auquel cas, la condamnation du dirigeant est subordonnée à la preuve d'une faute personnelle étrangère à l'activité de représentation, c'est-à-dire d'une faute extérieure à la conclusion ou à l'exécution d'un contrat. Il en va de même lorsque la responsabilité de la société est invoquée en matière délictuelle ; dans ce cas, le gérant qui a causé un préjudice à un tiers ne peut voir sa responsabilité engagée que s'il a commis une faute séparable de ses fonctions et qui lui soit personnellement imputable.

La chambre commerciale de la Cour de cassation française indique que la faute détachable « *est une faute institutionnelle d'une particulière gravité incompatible avec l'exercice normal des fonctions sociales* », posant ainsi deux critères cumulatifs, la faute intentionnelle d'une part, et la faute d'une particulière gravité d'autre part[1398]. C'est le cas du gérant d'une société mandatée pour vendre une automobile qui, avec l'autorisation du vendeur, a utilisé le véhicule pour effectuer des démonstrations aux acquéreurs potentiels et a prêté la voiture à un ami qui l'a accidentée et abandonnée sur une autoroute[1399]. Il en va pareillement : du gérant qui se rend coupable d'une faute d'une particulière gravité incompatible avec l'exercice normal des fonctions sociales du dirigeant[1400] .

En pratique, la faute détachable est celle commise pour des motifs personnels ou d'une gravité exceptionnelle, excluant l'exercice normal des fonctions. La jurisprudence retient l'existence d'une faute détachable lorsque les agissements

---

[1396] V. supra....

[1397] A. AKAM AKAM, « La responsabilité civile des dirigeants sociaux en droit OHADA », op. cit.

[1398] LAUGIER, « L'introuvable responsabilité du dirigeant envers les tiers pour faute de gestion », *Bull. Joly* 2003. 1231. - ABRAS, L'exigence d'une faute séparable des fonctions entendue restrictivement : présent offert aux dirigeants ou nécessité ?, *JCP E* 2008. 1912. - V. égal. BARBIÈRI, « Responsabilité de la personne morale ou responsabilité de ses dirigeants », *Mélanges Y. Guyon*, 2003, Dalloz, p. 41.

[1399] Paris, 22 mars 2002, RJDA 8-9/2002, n° 901 ; Dr. sociétés oct. 2002, n° 178, 2e esp., obs. Monnet.

[1400] Civ. 1re, 16 nov. 2004, *Bull. Joly* 2005. 370, note Dondero.

du dirigeant sont pénalement répréhensibles. Si plusieurs gérants ont coopéré aux mêmes faits délictueux, le tribunal détermine la part contributive de chacun d'eux dans la réparation du dommage[1401].

La conception de la faute détachable émane du droit administratif qui y a recours pour différencier la responsabilité de l'État de celle des agents publics. Contrairement à la faute de service dont seule répond la personne morale de droit public, la faute personnelle soumet l'agent qui en est l'auteur à l'action directe de la victime. Elle se rapproche également de celle qui distingue la faute de fonction de la faute personnelle du préposé susceptible d'engager la responsabilité de celui-ci vis-à-vis du commettant[1402].

Si en principe la responsabilité du dirigeant social envers les tiers est une responsabilité délictuelle et quasi délictuelle fondée sur les articles 1382 et 1383 du Code civil, elle peut, en matière contractuelle, être recherchée dans quatre hypothèses. Le premier cas concerne le dépassement des limites de ses pouvoirs par l'intéressé. Ce dernier est personnellement tenu d'exécuter le contrat, car la société n'est pas engagée. Dans la deuxième situation, le dirigeant néglige d'informer le cocontractant qu'il agit au nom d'une société. Il devient alors son débiteur direct et personnel. Ensuite, quand la société est frauduleuse ou simplement fictive, le dirigeant est personnellement engagé. En dernier lieu, le dirigeant est coupable de la mauvaise exécution du contrat s'il s'est personnellement engagé aux côtés de la société. Ainsi, à l'occasion de prêts, les banques exigent souvent que le dirigeant se porte caution de la société qu'il représente. Cette pratique fréquente dans les relations des banques avec les SARL et les petites sociétés anonymes permet au créancier de se ménager un recours meilleur à tous points de vue qu'une action en responsabilité.

1036 Quoiqu'il en soit, la seule preuve de l'existence d'une faute ne suffit pas pour engager la responsabilité du gérant. La mise en cause de cette responsabilité suppose en effet que les conditions d'exercice de l'action en responsabilité soient présentes : une faute, un dommage et un lien de causalité. La nature de l'action en responsabilité varie selon qu'elle est individuelle ou sociale. Sa détermination permet d'identifier les personnes aptes à la mettre en œuvre.

1037 La responsabilité du gérant peut être mise en cause par tout associé ou tiers justifiant d'un préjudice personnel, indépendamment de l'action sociale ou cumulativement avec elle ; il s'agit alors d'une action individuelle. Cela peut être un associé qui a perçu un dividende moindre ou un tiers trompé sur l'étendue de la solvabilité de la société.

La responsabilité du gérant peut aussi être engagée à la suite d'une action sociale destinée à réparer le préjudice subi par la société. Cette action est en

---

1401 Art. 330, al. 2 AUS.

1402 D. GIBIRILA, « Société à responsabilité limitée », *Repertoire droit des sociétés*, 2014.

principe intentée par le représentant légal de la société ; il s'agit de l'action sociale *ut universi.* Elle a vocation à n'être exercée, au titre de représentant de la société, que par le nouveau gérant après la révocation du précédent ou par l'administrateur ou le liquidateur nommé à la tête de celle-ci. Il n'est en effet pas concevable qu'un gérant fautif encore en poste agisse en responsabilité contre lui-même pour le compte de la société. Aussi, pour éviter la paralysie de l'action sociale due à l'inertie du gérant en fonctions, le législateur a instauré l'action sociale *ut singuli*[1403]. Une telle action est introduite par un associé agissant individuellement ou par des associés représentant au moins le dixième du capital et, éventuellement représentés par un ou plusieurs d'entre eux[1404].

Toute clause des statuts qui subordonne l'exercice de l'action sociale à l'avis préalable ou à l'autorisation de l'assemblée ou qui comporte par avance renonciation à l'exercice de cette action, est nulle[1405].

1038 Soulignons pour terminer que l'action en responsabilité contre le gérant, qu'elle soit individuelle ou sociale, se prescrit par trois ans à compter du fait dommageable ou de sa révélation si le fait a été dissimulé[1406]. Néanmoins, si le fait en question constitue un crime, le délai de prescription sera porté à dix ans.

2- La responsabilité pénale

1039 En plus des sanctions pénales applicables aux infractions susceptibles d'être commises en d'autres circonstances de la vie sociale (constitution, approbation des comptes, modification des statuts), le gérant encourt une responsabilité pénale au titre de sa gestion[1407]. Ainsi, peut-il être poursuivi pour répartition entre les associés de dividendes fictifs[1408], en l'absence d'inventaire ou au moyen d'inventaire frauduleux ; de présentation aux associés des comptes annuels ne donnant pas, pour chaque exercice, une image fidèle du résultat des opérations de l'exercice, de la situation financière et du patrimoine à l'expiration de cette période en vue de dissimuler la véritable situation de la société, même en

---

[1403] PAGNUCCO, *L'action sociale ut singuli et ut universi en droit des groupements*, thèse, Bordeaux IV, 2005 ; S. OUSMANOU, « L'action sociale ut singuli ou l'apport éthique de l'Acte uniforme relatif au droit des sociétés commerciales et du GIE », *op.cit.*

[1404] Art. 331, al. 1 AUS.

[1405] Art. 331, al. 3 AUS.

[1406] Art. 331, al. 5 AUS.

[1407] Pour une étude générale sur la responsabilité pénale des dirigeants, v. E. N. NOGA, *La responsabilité pénale des dirigeants de sociétés dans l'espace OHADA*, mémoire de Master, Douala (Cameroun), 2014 ; GIBIRILA et FEUGÈRE, *Maîtrise des risques du dirigeant*, 2009, coll. Dossiers pratiques, F. Lefebvre, n°s 150 à 431 ; ANTONA, COLIN et ENGLART, *La responsabilité pénale des cadres et des dirigeants dans le monde des affaires*, 1996, Dalloz ; C. MASCALA, « La responsabilité pénale des dirigeants sociaux », *La semaine juridique*, n° 3, 2001, p. 1-17 ; W. J. NGOUE, « La mise en œuvre de la responsabilité des dirigeants de sociétés anonymes en droit OHADA », *in L'effectivité du droit de l'OHADA*, Yaoundé, PUA, 2006, pp. 179-213.

[1408] Art. 889 AUS.

l'absence de toute distribution de dividendes[1409] ; d'usage de mauvaise foi, des biens ou du crédit de la société, qu'il savait contraire à l'intérêt de celle-ci, à des fins personnelles ou pour favoriser une autre société dans laquelle il était directement ou indirectement intéressé[1410]. Il s'agit du délit d'abus de biens sociaux. Selon la jurisprudence, pour qualifier une opération d'abus de biens sociaux, il convient d'établir que celle-ci est à la fois étrangère à l'objet de la société et contraire à son intérêt[1411]. Les abus de biens sociaux portent atteinte non seulement aux intérêts des associés, mais aussi à ceux des tiers qui contractent avec la société. Il importe donc peu que la société soit composée de membres d'une même famille[1412].

D- La cessation des fonctions de gérant

1040 À l'instar du gérant de SNC, il est mis fin aux fonctions du gérant de SARL par l'arrivée du terme ou la survenance d'un événement tel que le décès, l'incapacité, l'interdiction de gérer une entreprise, le prononcé de la faillite personnelle et tout autre événement empêchant de manière durable le gérant d'assumer ses fonctions. Ce gérant peut également se démettre de ses fonctions. En pratique, c'est sa révocation (1) qui préoccupe le plus en raison des difficultés qu'elle engendre, contrairement aux autres causes (2). La cessation pour une cause quelconque des fonctions du ou des gérants fait l'objet de mesures de publicité.

1- La révocation du gérant

1041 La révocation du gérant[1413] revêt deux formes selon qu'elle est décidée par les associés (a) ou par les tribunaux (b).

[1409] Art. 890 AUS.

[1410] Art. 891 AUS.

[1411] Crim. 6 févr. 1997, *JCP* 1997. II. 22823, note Pralus ; LPA 14 févr. 1997, n° 20, p. 12, note Ducouloux-Favard ; *Bull. Joly* 1997. 291, note Barbièri. - DUCOULOUX-FAVARD et JEAN-PIERRE, « À propos d'un arrêt de la Cour de cassation sur l'abus de bien social… », La Tribune 13 févr. 1997, p. 22. - SOUSI, Abus de biens sociaux : un arrêt qui appelle un renforcement de l'arsenal pénal, LPA 26 févr. 1997, n° 25, p. 8. - GODON, « Abus de confiance et abus de biens sociaux », *Rev. sociétés* 1997. 289. - MULLER, « Le délit d'abus de biens sociaux ou la symbolique de l'abus », *Gaz. Pal.* 19 déc. 2009, p. 30. - LASSERRE CAPDEVILLE, « Abus de biens sociaux et banqueroute », 2010, éd. Joly. - GIBIRILA, « L'identification de l'abus de biens sociaux », *Journ. sociétés avr.* 2011. 10. - DISA, « La répression de l'abus de biens sociaux », *Journ. Sociétés avr.* 2011. 17.

[1412] Crim. 26 mai 1994, *Bull. Joly* 1994. 1295, note Saintourens.

[1413] V. sur la question de la révocation du gérant A. AKAM AKAM, « Soliloque sur un exemple d'incohérence en droit OHADA : la cessation des fonctions des dirigeants sociaux », in *Les mutations juridiques dans l'espace OHADA,* l'Harmattan, pp. 101-132 ; B.Y. MEUKE, « *Brèves réflexions sur la révocation des dirigeants sociaux dans l'espace OHADA* », www.juriscope.org ou www.ohada.com

a- La révocation par les associés

1042 Conformément à l'article 236 AUS, le gérant, statutaire ou non est révocable sur décision des associés représentant plus de la moitié des parts sociales, malgré toute clause statutaire contraire. En effet, cette disposition est impérative, si bien que les statuts ou l'acte de nomination séparé ne sauraient y déroger, c'est-à-dire prévoir une majorité plus stricte ou plus souple.

Hormis la convocation de l'assemblée ou la consultation par correspondance sur la révocation, à l'initiative d'un ou de plusieurs gérants en cas de pluralité de ceux-ci, tout associé peut demander à la juridiction compétente, la désignation d'un mandataire chargé de convoquer l'assemblée et de fixer son ordre du jour[1414]. En l'absence de toute disposition légale contraire, le gérant, s'il est associé, participe au vote de l'assemblée.

1043 Lorsque la société ne comporte que deux associés égalitaires, celui qui veut révoquer son coassocié gérant, doit à cette fin s'adresser au tribunal compétent. Cette règle impérative suscite des difficultés si les statuts prévoient une majorité de plus de la moitié, par exemple des deux tiers, pour la nomination d'un nouveau gérant, car cette majorité risque de ne pas être atteinte. Aussi est-il préférable, pour cette désignation, de prévoir une majorité simple. Lorsqu'il n'existe que deux associés dont l'un est minoritaire, il n'est pas possible d'admettre la validité d'une clause statutaire prévoyant que la décision de révocation du gérant devra résulter de l'unanimité, aussi longtemps que le nombre des associés n'excédera pas deux.

La jurisprudence s'inspirant de la solution retenue par la loi au sujet des administrateurs rend possible une révocation même non inscrite à l'ordre du jour[1415]. Ainsi, l'absence d'indication dans l'ordre du jour de la révocation du gérant ne constitue pas un abus de droit lorsque cette sanction a pu apparaître comme la seule façon de surmonter une divergence si grave que la perpétuation aurait entraîné des conséquences préjudiciables à la bonne marche des affaires sociales[1416].

1044 Quand bien même l'assemblée prononçant la révocation aurait été irrégulièrement convoquée, aucune action en nullité des délibérations ne serait recevable, dès lors que tous les associés étaient présents. Une gérante non associée a été ainsi déboutée d'une pareille demande, de sorte que l'assemblée irrégulière a pu valablement statuer sur la révocation de son dirigeant[1417].

[1414] Art. 236 AUS.

[1415] Com. 29 juin 1993, n° 91-14.778 , Bull. civ. IV, n° 277 ; *Bull. Joly* 1993. 1142, note Le Cannu ; *Rev. Sociétés* 1994. 63, note Pasqualini. - Paris, 26 nov. 1999, *Bull. Joly* 2000. 340, note Dessertine.

[1416] Paris, 10 janv. 2006, *Bull. Joly* 2006. 597, note Baranger.

[1417] Paris, 2 oct. 1997, *RJDA* 3/1998, n° 297 ; *Dalloz Affaires* 1997, n° 41, p. 1365, obs. Boizard ; *Rev. sociétés* 1998. 160, obs. Guyon ; *Bull. Joly* 1998. 131, note Le Cannu.

En outre, la révocation obéit au principe de la contradiction, afin que le gérant soit informé du projet de révocation et invité à se justifier sur les fautes qui lui sont reprochées[1418]. La loyauté élémentaire commande que les associés convient le gérant destitué de ses fonctions à se justifier avant la désignation d'un nouveau gérant. En ne mettant pas l'intéressé en situation d'entendre les griefs qui lui sont faits de faire valoir ses observations, la société a méconnu le principe du respect des droits de la défense et de la contradiction[1419]. Rien n'oblige toutefois les associés qui décident, conformément à leur droit de révoquer le gérant, de l'aviser à l'avance des motifs de son éviction. Il suffit que celle-ci soit notifiée au domicile personnel de ce dirigeant.

1045 Bien que l'on relève une tendance marquée de la jurisprudence à assimiler l'irrégularité à l'abus de droit, il convient de distinguer la révocation irrégulière de la révocation abusive. La première tient, soit à l'incompétence de l'organe prononçant la révocation, soit au non-respect des règles relatives à la convocation et à la tenue de l'assemblée. La seconde tient, soit à des circonstances vexatoires ou injurieuses portant atteinte à sa réputation, soit à l'inobservation du principe de la contradiction et du respect des droits de la défense. S'agissant de l'inobservation du principe de la contradiction, elle constitue en principe une irrégularité dans la procédure de révocation, mais les tribunaux la considèrent comme un abus de droit.

1046 Une révocation peut revêtir un caractère à la fois irrégulier et abusif, notamment quand elle est prise en violation flagrante des règles légales relatives à la tenue et à la convocation des assemblées, qu'elle est inspirée par une intention vexatoire et contraire à l'intérêt social caractérisant de la part de ses auteurs une volonté de nuire constitutive d'une faute, qu'elle met le gérant dans l'impossibilité de présenter sa défense et s'accompagne d'une publicité malveillante des griefs émis à son encontre, ainsi que de menaces tendant à la diffamation[1420].

La révocation abusive se différencie également de la révocation sans juste motif. Le gérant destitué est par conséquent habilité à invoquer à la fois l'absence de juste motif et l'abus de droit incarné par les conditions brusques et vexatoires de la révocation ou le non-respect du principe du contradictoire et du respect des

---

[1418] LE CANNU, « Le principe de contradiction et la protection des dirigeants », *Bull. Joly* 1996. 11. - VIDAL, « Le respect du principe du contradictoire : une exigence du droit des sociétés », *Dr. sociétés* nov. 1998. Repères. - V. aussi FRISON-ROCHE, *Généralités sur le principe du contradictoire*, thèse, Paris II, 1988. - Versailles, 25 janv. 2007, *RJDA* 5/2007, n° 502.

[1419] Rouen, 16 déc. 2004, RJDA 1/2006, n° 36 ; *Bull. Joly* 2005. 738, note Saintourens ; *Dr. sociétés* mars 2005, n° 52, obs. Monnet. - Pour un gérant non associé, Versailles, 29 mars 2007, *Bull. Joly* 2007. 973, note Messaï-Barhi.

[1420] Com. 13 mars 2001, n° 98-16.197, Bull. civ. IV, n° 60 ; BRDA 7/2001, p. 3, n° 3 ; *RJDA* 8-9/2001, n° 872 ; RJ com. 2001. 235, obs. Gibirila ; *JCP E* 2001. 953, obs. Viandier ; *RTD com.* 2001. 443, obs. Champaud et Danet ; *Defrénois* 2001. 1196, obs. Honorat ; *Bull. Joly* 2001. 811, note Priéto ; *Dr. sociétés* juin 2001, n° 101, obs. Lucas ; *Rev. Sociétés* 2001. 818, note Dondero.

droits de la défense. Il peut donc se placer sur ces deux terrains pour obtenir des dommages-intérêts.

L'allocation de dommages-intérêts reste la seule possibilité offerte au gérant qui estime que son éviction a été décidée sans juste motif, sous réserve qu'il fasse la preuve du caractère injustifié de la sanction. Il convient en effet que le gérant demandeur à l'action en dommages et intérêts établisse le défaut de justes motifs[1421]. Mais il ne peut en aucun cas prétendre à une réintégration dans ses fonctions, qui n'est envisageable qu'en cas d'annulation de la révocation. Des dommages-intérêts peuvent également lui être alloués quand la décision de révocation a été prise dans des conditions abusives, notamment si elle a été décidée dans l'intention de nuire au gérant ou si elle est intervenue dans des circonstances portant atteinte à la réputation de l'intéressé.

b- La révocation judiciaire

1047 La révocation des dirigeants relève en principe du pouvoir souverain des organes sociaux, si bien que les tribunaux n'ont pas à intervenir en la circonstance, sauf à statuer sur un éventuel abus de droit et, par conséquent, l'allocation de dommages-intérêts. C'est donc exceptionnellement, dans des hypothèses et des conditions limitativement énumérées par la loi, que les juridictions vont prononcer cette révocation pour cause légitime.

Afin d'empêcher l'inamovibilité du gérant associé majoritaire ou égalitaire contre qui une mesure de destitution ne pourrait être prononcée, faute de rassembler le nombre de voix nécessaires, tout associé, peu importe le nombre de ses parts, peut demander en justice sa révocation[1422]. Chaque associé dispose donc du droit d'agir individuellement. Son action ne nécessite pas en principe la consultation préalable et, *a fortiori* l'accord des autres associés ; elle ne saurait non plus être limitée ou interdite par les statuts. Pourtant, des juges du fond ont estimé à tort, semble-t-il, puisqu'aucun texte ne l'exige, que l'associé demandeur devait mettre en cause la société elle-même et les autres associés.

1048 Ce mode de révocation constitue une particularité des SARL. Elle ne se retrouve pas dans les textes applicables à la société en nom collectif, sinon dans la jurisprudence, pas plus que dans la société anonyme où il existe pourtant une similitude avec le gérant de SARL, quant au juste motif de révocation des dirigeants de ces sociétés.

La révocation judiciaire ouverte quelle que soit la part de capital social détenue par le demandeur doit cependant, pour être recevable, reposer une cause légitime appréciée au regard de l'intérêt social, qui ne coïncide pas nécessairement avec celui des seuls associés. La cause légitime s'apparente au

---

[1421] Caen, 19 mai 2005, *Dr. sociétés* oct. 2005, n° 181, obs. Monnet.

[1422] A. AKAM AKAM, « Soliloque sur un exemple d'incohérence en droit OHADA : la cessation des fonctions des dirigeants sociaux », op. cit., pp. 115 et s.

juste motif requis dans le cadre de la révocation par les associés. La révocation judiciaire a été prononcée à l'encontre d'un gérant égalitaire à qui le cogérant demandeur reprochait de ne plus convoquer l'assemblée générale annuelle, de ne plus établir le rapport de gestion, de ne plus assister aux assemblées générales, empêchant ainsi que le *quorum* soit atteint et paralysant la vie sociale, et de mettre en péril les intérêts de la société par des pratiques comptables peu orthodoxes.

Dans tous les cas, la question de la révocation, et plus particulièrement celle de la qualité de l'associé qui y procède, relève de la compétence, non du juge de référé, mais de celle du fond[1423].

2- Les autres causes de cessation des fonctions

1049 Le gérant, comme tout mandataire a le droit de démissionner. Elle est réglementée en droit OHADA par l'article 327 AUS. Cette notion est complètement ignorée par le législateur français et les études doctrinales qui y sont consacrées, ne sont pas légion[1424].

Le pouvoir de libre révocation des mandataires sociaux est compensé par celui de leur libre démission. Le principe selon lequel nul ne peut s'engager à vie participe à leur mise en œuvre. Néanmoins, il arrive parfois que la démission ne procède pas d'une libre expression de la volonté et résulte donc d'une contrainte.

1050 La démission peut être libre. La libre démission se traduit par le caractère unilatéral de la décision qui produit ses effets dès sa notification, sans que sa validité soit conditionnée par un acquiescement de la société. Cette solution, acquise pour la société anonyme a pu poser des difficultés dans les sociétés de personnes et la SARL.

Il serait contraire au principe du parallélisme des formes, que la volonté du dirigeant démissionnaire fut assujettie à une acceptation de la société, alors que cette dernière dispose d'un droit de révocation unilatérale. La démission qui résulte de la seule volonté du gérant n'a donc pas besoin d'être acceptée par les associés pour produire ses effets. La démission doit seulement obéir à des conditions de forme, notamment l'information régulière de la société qui conditionne son opposabilité. En effet, la décision de démission toute seule ne permet pas de rendre effectif et opposable à la société, le retrait de l'intéressé. La sécurité du fonctionnement social et le souci d'éviter toute confusion commandent à la personne démissionnaire d'informer de sa décision.

[1423] V. CCJA Arrêt n° 008/2003 du 24 avril 2003, Affaire ALY KARAKI c/ HANI MEZHER, in *Recueil de Jurisprudence CCJA*, n° 1 2003, pp. 29 et s.

[1424] V. A. AKAM AKAM, « Soliloque sur un exemple d'incohérence en droit OHADA, La cessation des fonctions des dirigeants sociaux », in *Les mutations juridiques dans le système OHADA*, Ouvrage collectif, Paris, l'Harmattan, 2009, pp. 101-132 ; A. LECOURT, « Retour sur la démission des dirigeants de groupement », *Dr. sociétés* juill. 2006. Étude 15.

1051 La société étant une personne morale *a priori* dépourvue de volonté et de discernement, la notification de la démission doit être faite à un de ses organes, plus précisément à l'organe compétent pour nommer ou révoquer le dirigeant. Le gérant démissionnaire doit ainsi notifier sa décision aux autres associés par lettre recommandée avec avis de réception et en même temps, convoquer une assemblée en vue de la désignation de son successeur. En présence de plusieurs gérants, l'intéressé doit prévenir, outre les associés, les autres gérants.

Dans la plupart des cas, les modalités de la démission sont fixées par les statuts. Néanmoins, les conditions de validité de la démission peuvent être circonscrites par l'établissement d'un parallélisme de formes entre celle-ci et la révocation. En effet, lorsque la révocation doit être valablement motivée, en retour, le gérant doit justifier sa démission par un juste motif. Pour peu que son départ volontaire cause un préjudice à la société, il ouvre droit au profit de celle-ci à des dommages et intérêts, mais ne saurait donner lieu à une réparation en nature consistant à poursuivre la gestion sociale.

§2. LES ASSOCIÉS DE SARL

1052 Le droit reconnaît aux associés de la SARL des droits individuels (A) et des droits qui peuvent s'exprimer collectivement (B).

A- Les droits individuels

1053 Ils sont d'ordre pécuniaire (2) et extra pécuniaire (1).

1- Les droits extra pécuniaires des associés

1054 Outre le droit d'information préalable à la tenue de l'assemblée ordinaire annuelle et celui préalable à toutes les autres assemblées ou à toute consultation écrite, les associés jouissent d'un droit de communication permanent de certains documents (a) et d'un droit d'information exceptionnelle (b).

a- Les droits d'information permanente

1055 Chaque associé a le droit à toute époque de prendre connaissance au siège social de certains documents relatifs aux trois derniers exercices : inventaires, comptes annuels, rapports soumis aux assemblées, procès-verbaux de ces assemblées[1425]. Il peut également en prendre copie, sauf pour l'inventaire ; ce qui suppose comme cela a été décidé, que la société mette à sa disposition un photocopieur[1426].

1056 Ce droit de communication permanent doit être exercé par l'associé en personne, ce qui exclut toute représentation par un mandataire. Cependant, il peut

---

[1425] Art. 345, al. 5 AUS. L. D. NGNINTEDEM, *L'information en droit des sociétés commerciales*, op. cit.

[1426] E. G. BINYAME DIBONGUE, *La transparence dans la société à responsabilité limitée*, op. cit. p. 498.

se faire assister par un expert inscrit sur une liste des cours et des tribunaux. Contrairement à la règle appliquée dans la société en nom collectif, l'intéressé ne peut consulter directement les comptes et documents sociaux de l'exercice en cours. Ce droit de communication est complété par celui d'obtenir à toute époque au siège social, la délivrance d'une copie certifiée conforme des statuts en vigueur au jour de la demande.

1057 Enfin, les associés ont le droit deux fois par exercice de poser des questions au gérant, s'ils ont connaissance d'un fait susceptible de compromettre la continuité de l'exploitation[1427]. Ce dernier procédé vise non pas tant à obtenir des informations, mais à inciter le gérant à prendre rapidement des mesures de redressement de la situation de l'entreprise, dont la teneur est communiquée aux commissaires aux comptes.

b- Droits d'information préalable aux assemblées générales

1058 Quinze jours avant l'assemblée annuelle, le gérant doit communiquer aux associés un certain nombre de documents relatifs à l'exercice écoulé. Il s'agit de son rapport sur la gestion, des comptes annuels (bilan, compte de résultat et annexe), du texte des résolutions proposées et, le cas échéant, du rapport du commissaire aux comptes[1428]. Il convient d'y joindre éventuellement le rapport sur la gestion du groupe et les comptes consolidés ainsi que le rapport du commissaire aux comptes sur ces comptes consolidés. Il n'est cependant pas obligatoire de communiquer aux associés le rapport spécial sur les conventions réglementées. Ces documents sont systématiquement envoyés au domicile des associés, sans qu'ils aient besoin de les réclamer. Pendant ce délai de quinze jours, ces documents sont tenus au siège social à la disposition des associés qui peuvent en prendre connaissance et copie. Le non-respect de cette disposition apparemment impérative entraînerait la nullité de l'assemblée.

À compter de l'envoi de ces documents, tout associé a la faculté de poser par écrit des questions auxquelles le gérant est tenu de répondre au cours de l'assemblée[1429]. Cette faculté permet aux associés de débattre sur une question que le gérant n'a pas insérée dans l'ordre du jour ; mais aucun vote ne peut intervenir sur le point soulevé. Le droit de poser des questions écrites doit s'exercer dans des conditions qui permettent au gérant de les étudier et de préparer sa réponse. Ainsi, le gérant confronté à des questions complexes posées par courrier arrivé la veille de l'assemblée peut se contenter de fournir quelques explications orales et renvoyer à une correspondance ultérieure adressée neuf jours plus tard, la fourniture d'explications plus complètes[1430]. L'associé peut également, avant l'assemblée annuelle, se rendre au siège social afin de prendre

---

[1427] Ibid.

[1428] Art. 345, al. 1er AUS.

[1429] Art. 345, al. 3AUS.

[1430] Paris, 23 avr. 1985, *Bull. Joly* 1985. 1032 ; *RJ com.* 1986. 143, note Le Cannu ;

connaissance de l'inventaire. Ce droit de communication ne s'accompagne pas toutefois de celui de prendre copie.

1059 Ces différentes informations sont destinées à permettre à l'associé de prendre sa décision en connaissance de cause de la situation présente de la société[1431]. Il peut en particulier apprécier la portée des résolutions qui lui sont soumises en assemblée et décider sereinement du sens de son vote. En cours de séance, le texte de résolution pourra ainsi être modifié et complété par des résolutions supplémentaires.

2- Les droits pécuniaires des associés

1060 Les droits des associés dans le capital, c'est-à-dire les parts sociales, ne peuvent être représentés par des titres négociables (à ordre, nominatifs ou au porteur). De plus, il est interdit aux SARL de faire une offre au public de titres financiers, cette interdiction étant sanctionnée par la nullité des contrats conclus et des titres émis irrégulièrement.

En principe, c'est le propriétaire des parts ayant la qualité d'associé qui exerce les prérogatives attachées à cette qualité et en assume les obligations. Cependant, les parts sociales sont des valeurs patrimoniales et en conséquence, soumises au même régime que tous les biens figurant dans un patrimoine. De ce fait, elles peuvent être aliénées, faire l'objet d'un usufruit, être données en gage. Dans l'hypothèse d'un usufruit, l'usufruitier a droit aux fruits de la part sociale, c'est-à-dire aux dividendes. Le nu-propriétaire a droit au remboursement des apports, aux distributions de réserve et au *boni* de liquidation.

1061 En plus du droit sur les parts sociales, l'associé dispose de droits liés aux résultats de la SARL et incarnés par le droit aux bénéfices (a) ainsi que par le droit aux réserves. Il a par ailleurs droit au remboursement de l'apport et au *boni* de liquidation.

Les parts sociales peuvent être cédées entre vifs et être transmises par succession ou par liquidation de communauté. En outre, le créancier d'un associé peut saisir les parts que détient son débiteur dans une SARL et les faire vendre. La saisie est généralement pratiquée sous la forme d'une saisie-attribution. Enfin, tout associé peut donner ses parts en nantissement (b).

a- Le droit aux bénéfices

1062 N'est ici envisagé que le droit de percevoir des bénéfices, s'il en est réalisé, à la fin de chaque exercice annuel[1432]. La part de chaque associé dans les bénéfices se détermine à proportion de celle-ci dans le capital.

[1431] E. G. BINYAME DIBONGUE, *La transparence dans la société à responsabilité limitée*, Mémoire de Master, Douala, 2014.

[1432] V ; pour plus de précision sur les conditions de répartition des bénéfices, CA de LOME, Arrêt n° 044 du 26 mars 2009, OHADA, *Recueil de jurisprudence nationale*, 2010, p. 95.

Les associés ont cependant toute latitude pour choisir d'autres bases de répartition des bénéfices et des pertes, sans pour autant priver l'un d'eux de toute part dans les bénéfices ou encore réduire cette part à une portion insignifiante, ce qui constituerait une clause léonine réputée non écrite[1433]. Il est donc possible de prévoir dans les statuts un partage égal des bénéfices et des pertes malgré une inégalité des apports et inversement, un partage inégal des bénéfices et des pertes, malgré une égalité des apports[1434].

1063 Comme pour toutes les sociétés commerciales, le bénéfice distribuable aux associés de la SARL est constitué par le bénéfice de l'exercice figurant au compte de résultat[1435]. Chaque année, après approbation des comptes annuels et constatation de l'existence de sommes distribuables, l'assemblée générale détermine la part attribuée aux associés sous forme de dividendes. S'il est décidé de les distribuer, ces bénéfices sont répartis entre les associés conformément aux stipulations statutaires ou à défaut, proportionnellement aux parts possédées par les associés.

Le dividende, qui est la partie attachée à chaque part sociale est acquis aux associés au jour de la délibération de l'assemblée générale, de sorte que si la société était ultérieurement mise en redressement ou en liquidation judiciaire, les associés pourraient y venir comme créanciers de leurs dividendes, en concours avec les créanciers sociaux. En outre, devrait être annulée la délibération d'une assemblée postérieure qui porterait atteinte au droit des associés régulièrement et définitivement acquis.

Les modalités de mise en paiement des dividendes votés par l'assemblée générale sont fixées par elle ou à défaut par le gérant. Il a été jugé qu'en l'absence de preuve qu'il « *y a eu des assemblées générales, lesquelles auraient d'une part approuvé les bilans (...) et d'autre part constaté l'existence des bénéfices* », il est interdit de procéder à la distribution des biens de la société sous forme de dividende[1436].

b- La cession des parts sociales

1064 L'AUS envisage deux types de cessions : la cession entre vifs et la cession pour cause de mort[1437].

1433 KULLMANN, « Remarques sur les clauses réputées non écrites », *D.* 1993. Chron. 59. - SECNAZI, *Le contrat léonin*, thèse, Paris I, 2000. - V. aussi CLAUDEL, « Clauses léonines extrastatutaires ; les voies d'un compromis », *Dialogues avec M. Jeantin*, 1999, Dalloz, p. 183. - LUCAS, « Promesse d'achats de droits sociaux à prix garanti et prohibition des clauses léonines ; à la recherche de la cohérence perdue », *JCP E* 2000. 168.

1434 MARTEL, *Les clauses de répartition inégale des résultats sociaux*, thèse, Rennes, 2000.

1435 Art. 346, al. 2 AUS.

1436 V. pour plus de précision sur les conditions de répartition des bénéfices, CA de LOME, Arrêt n° 044 du 26 mars 2009, OHADA, *Recueil de jurisprudence nationale,* 2010, p. 95.

1437 V ; pour aller plus loin sur la question E. H NDIAYE, *Les modalités de cessions d'actions et de parts sociales*, mémoire de Maitrise, Université Gaston Berger (Saint-Louis, Sénégal), 2005 ;

Dans le premier cas, entre associés, les statuts organisent librement les modalités de transmission des parts sociales entre associés. À défaut, la transmission des parts entre associés est libre. Les statuts peuvent également prévoir les modalités de transmission des parts sociales entre conjoints, ascendants et descendants. À défaut, les parts sont librement cessibles entre les intéressés. Est par conséquent nulle toute cession de parts intervenue en violation des clauses statutaires établies conformément aux dispositions de l'AUS[1438].

1065 À l' égard des tiers, les statuts organisent librement les modalités de transmission des parts sociales à titre onéreux à des tiers étrangers à la société[1439]. À défaut : - la transmission n'est possible qu'avec le consentement de la majorité des associés non cédants représentant les trois quarts des parts sociales déduction faite des parts de l'associé cédant ; - le projet de cession doit être notifié par l'associé cédant à la société et à chacun des autres associés. Si la société n'a pas fait connaître sa décision dans le délai de trois (3) mois à compter de la dernière notification, le consentement à la cession est réputé acquis. Si la société refuse de consentir à la cession, les associés sont indéfiniment et solidairement tenus dans le délai de trois (3) mois qui suit la notification du refus à l'associé cédant, d'acquérir les parts à un prix qui, à défaut d'accord entre les parties, est fixé par un expert nommé par la juridiction compétente, à la demande de la partie la plus diligente. Le délai de trois (3) mois peut être prorogé une seule fois par décision de la juridiction compétente, sans que cette prorogation puisse excéder cent vingt (120) jours. Dans un tel cas, les sommes dues portent intérêt au taux légal. La société peut également, avec le consentement de l'associé cédant, décider dans les mêmes délais, de réduire le montant du capital social du montant de la valeur nominale des parts de cet associé et de racheter ces parts au prix fixe d'un commun accord entre les parties, ou déterminé conformément à l'alinéa 4 du présent article. Est donc nulle toute cession de parts intervenue en violation de clauses statutaires.

Si à l'expiration des délais impartis ci-dessus, aucune des solutions prévues n'est intervenue, l'associé cédant peut librement réaliser la cession initialement prévue ou, s'il le juge préférable, renoncer à la cession et conserver ses parts[1440].

Dans la deuxième hypothèse, c'est-à-dire la cession pour cause de mort, en dehors des règles de droit commun auxquelles elle est soumise (consentement, capacité…), la transmission des parts de la société à responsabilité limitée répond à des conditions propres au droit des sociétés qui, sur certains points, se rapprochent de celles applicables à la société en nom collectif et s'en éloignent sur d'autres.

ABDOU MAJIB BEN GELOUNE, *Cession des droits sociaux dans les sociétés cotées*, op. cit. ; E. JOEL COLY, *La cession et la transmission de parts dans les SARL et SNC*, mémoire de Master, UCAD, 1999.

[1438] Art. 318 AUS.

[1439] Art. 319 AUS.

[1440] Article 320

1066 Sauf énonciation statutaire contraire, la SARL n'est pas dissoute par le décès d'un associé[1441]. Dans le silence des statuts, la société continue et l'article 319 et suivants AUS prévoient expressément la libre transmissibilité par voie de succession des parts sociales. Ce texte intéresse toute transmission à cause de mort au profit des héritiers et des légataires, même à titre particulier. Les associés survivants ne peuvent s'opposer à leur entrée dans la société.

Par dérogation au principe de la libre transmissibilité des parts sociales, l'article 321 AUS permet aux statuts de subordonner à un agrément l'entrée dans la société du conjoint ou d'un héritier[1442]. La clause statutaire d'agrément des intéressés ne s'applique pas s'ils sont déjà associés. En effet, cette clause destinée à permettre aux associés de refuser un héritier jugé indésirable ne se justifie pas lorsque l'héritier est déjà associé ; ce qui est souvent le cas des SARL à caractère familial. En revanche, la clause statutaire qui dispense d'agrément les cessions au profit du conjoint ou des héritiers en ligne directe des associés ne saurait s'appliquer à l'héritier du conjoint[1443].

Les associés survivants ne sont donc appelés à exercer leur droit d'agrément[1444] et éventuellement de rachat, que sur la fraction des parts du défunt qui serait dévolue dans le partage successoral, aux héritiers non encore associés. Si la succession comporte deux héritiers parmi lesquels un seul est associé et que l'autre renonce à la succession au profit de son cohéritier, ce dernier peut se faire attribuer la totalité des parts du défunt ; auquel cas, les autres associés ne peuvent exercer leur droit d'agrément sur les parts initialement réservées à l'héritier renonçant[1445].

1067 Quoiqu'il en soit, la cession des parts sociales entre vifs doit être constatée par écrit. Elle n'est rendue opposable à la société qu'après l'accomplissement de l'une des formalités suivantes[1446] : 1°) signification de la cession à la société par exploit d'huissier ou notification par tout moyen permettant d'établir sa réception effective par le destinataire ; 2°) acceptation de la cession par la société dans un acte authentique ; 3°) dépôt d'un original de l'acte de cession au siège social contre remise par le gérant d'une attestation de ce dépôt. La cession n'est opposable aux tiers qu'après l'accomplissement de l'une des

---

1441 Art. 384, al. 3 AUS.

1442 BOULARAN, « L'agrément des héritiers », *JCP* N 1987. I. 24. - RICHARD, « L'application d'une clause d'agrément des héritiers de l'associé décédé d'une SARL », *JCP* 1990. II. 15785.

1443 Aix-en-Provence, 8 févr. 1982, *BRDA* 14/1983, p. 18.

1444 V. notamment, ALEXANDRE GOMIS, *Les clauses d'agréments dans les sociétés de capitaux*, mémoire UCAD, 2007.

1445 Voir Cour suprême du Cameroun, arrêt n° 21/ civ. du 15 juillet 2010, affaire ZOUHAIR FADOUL c/ OMAIS KASIM et Sté de Transport OMAIS KASSIM SELECTA SARL (inédit), où la question posée a été renvoyée à la CCJA par la Cour suprême qui s'est, bon droit, déclarée incompétente pour en connaitre.

1446 Art. 319 AUS.

formalités ci-dessus et modification des statuts et publicité au registre du commerce et du crédit mobilier.

c- Le nantissement des parts sociales

1068 Il est seulement question ici du nantissement conventionnel[1447]. Il n'existe pas de texte d'ensemble relatif au nantissement des droits sociaux dans la société à responsabilité limitée, ni d'ailleurs dans les sociétés commerciales de personnes.

Le nantissement des parts sociales est constitué par un associé, pour garantir soit des dettes personnelles, soit la dette d'un tiers[1448]. Il suffit pour cela qu'il ait la capacité de disposer, car le bien nanti est susceptible d'être réalisé sans une nouvelle intervention du débiteur. Conformément à l'article 322 AUS, le nantissement de parts sociales de SARL doit être constaté par écrit dans un acte notarié ou sous seing privé signifié à la société et publié au RCCM.

1069 Contrairement au régime applicable dans les autres sociétés, il existe pour la SARL une procédure d'agrément du futur cessionnaire, qui n'est toutefois pas obligatoire. Le consentement de la société au projet de nantissement emporte agrément du cessionnaire en cas de réalisation forcée des parts sociales nanties selon les dispositions de l'article 322 AUS. Le cessionnaire peut être le créancier nanti ou l'adjudicataire des parts au cas où ces dernières seraient vendues aux enchères publiques. Il devient associé de plein droit. Néanmoins, la société peut décider de racheter sans délai les parts après adjudication, par la réduction de son capital. Ce rachat n'est opposable à l'adjudicataire ou au créancier attributaire desdites parts, que si c'est la société qui y procède, à l'exclusion de toute autre personne, associé ou tiers. Auquel cas, l'accord de l'adjudicataire ou du créancier attributaire n'est pas en principe exigé, malgré sa qualité d'associé.

Bien que la loi ne précise pas quel prix doit être payé par la société et n'en détermine pas les modalités de fixation, on peut penser qu'il s'agit du prix initial d'achat, auquel doivent s'ajouter les frais de la vente ou de l'attribution. Ce rachat peut générer des inconvénients pour la société : le risque d'une réduction du capital au-dessous du minimum légal ; l'éventuelle opposition de ses créanciers et le cas échéant, l'obligation d'un remboursement des créances ou d'une constitution de garantie. Ces quelques difficultés invitent souvent les associés à refuser le consentement préalable au nantissement.

B- Les droits collectifs des associés : les assemblées d'associés

1070 Bien que le gérant dispose d'un plus large pouvoir pour agir en toutes circonstances au nom de la société, il n'est pourtant que le mandataire des associés

---

[1447] R. NJEUFACK TEMGWA, « Les titres sociaux assortis de droits particuliers », *Juridis Périodique*, n° 77, Janvier-Mars 2009, pp. 83-88.
[1448] C. civ., art. 2334.

à qui il doit rendre compte et de qui il doit obtenir l'autorisation pour tout ce qui excède ses pouvoirs de gestion[1449]. En définitive et sous réserve des pouvoirs légaux du gérant, la décision appartient aux associés réunis en assemblée et dont les résolutions sont la manifestation de la volonté de la société, personne morale.

Chaque associé de la SARL dispose donc impérativement d'un droit de participation aux délibérations collectives. Selon la nature de la décision à prendre, il existe deux types d'assemblées, les assemblées générales ordinaires et les assemblées générales extraordinaires auxquelles s'appliquent non seulement des règles spécifiques, mais également des règles communes.

1- Les règles communes aux assemblées générales

1071 Les règles communes concernent la convocation des assemblées (a), la tenue de ces assemblés (b) et les sanctions de violation de ces règles (c).

a- La convocation des assemblées

1072 Le soin de convoquer les assemblées incombe à la gérance qui y procède chaque fois qu'elle le juge utile. En cas de carence ou de décès du gérant, un ou plusieurs associés détenant la moitié des parts ou détenant, s'ils représentent au moins le quart des associés, le quart des parts sociales peuvent demander la tenue d'une assemblée[1450], mais ce droit ne leur permet pas de procéder eux-mêmes à la convocation de l'assemblée[1451]. Toute clause statutaire contraire est réputée non écrite. En effet, les associés ne sauraient, en dehors du gérant et de leur propre initiative, convoquer eux-mêmes une assemblée générale. Les décisions prises en pareille circonstance sont nulles, à moins que l'irrégularité soit couverte par la présence ou la représentation de tous les associés et par la signature, par le demandeur, du procès-verbal de l'assemblée, sans protestation ni réserve[1452].

En cas de négligence ou de refus du gérant de répondre favorablement à leur sollicitation, les associés ont la possibilité de demander à la juridiction compétente statuant en référé, la désignation d'un mandataire chargé de convoquer l'assemblée et de fixer son ordre du jour[1453]. Il ne leur appartient pas

---

[1449] Y. GUEUKAM TCHAKO, *Les prérogatives des associés dans les sociétés commerciales OHADA*, op. cit. Y. R., ESSENGUE NSON, *Le droit de vote de l'associé dans l'Acte uniforme sur le droit des sociétés commerciales et du GIE*, mémoire de Master, Douala (Cameroun), 2010 ; SERIGNE ABDOU KASSE, *Les assemblées générales des sociétés commerciales*, op. cit.

[1450] Art. 337 AUS.

[1451] V. CCJA Arrêt n° 034/2007 du 22 décembre 2007, Affaire Mireille PARLALIDIS c/ FOUQUIER Françoise, épouse BLANC et BLANC André Joseph et Sté de Publicité de de Promotion par l'Objet dite « S2PO » SARL, in Recueil de Jurisprudence CCJA n° 1-2003, pp. 27 et s.

[1452] E. G. BINYAME DIBONGUE, *La transparence dans la société à responsabilité limitée*, Mémoire de Master, Douala, 2014. Metz, 19 janv. 1999, *Dr. sociétés* juill. 1999, n° 119, obs. Vidal.

[1453] E. G. BINYAME DIBONGUE, *La transparence dans la société à responsabilité limitée*, op. cit.

de démontrer que l'assemblée n'a pas été convoquée ou tenue ; c'est au gérant qui soutient que cette assemblée a eu lieu, de justifier du fait qui l'a libéré de son obligation, notamment de produire les lettres de convocation avec avis de réception[1454]. Cette faculté offerte aux associés vise à vaincre la résistance du gérant qui refuse de réunir l'assemblée. Leur demande n'est cependant recevable qu'après une mise en demeure infructueuse du gérant.

1073 Il peut se poser la question de savoir qui a compétence pour convoquer l'assemblée en cas de pluralité de gérants ? Le droit de convocation est librement déterminé dans les statuts et confié soit à chaque gérant, soit à tous les gérants agissant collectivement. La validité de la convocation à l'assemblée d'une société cogérée et, par conséquent, la détermination de l'organe convocateur compétent dépendent de la personne de l'auteur de la demande d'annulation de l'assemblée prétendument irrégulière.

Les convocations doivent être adressées à chacun des associés par lettre au porteur contre récépissé ou par lettre recommandée avec demande d'avis de réception, télécopie ou courrier électronique , quinze jours au moins avant la date de la réunion[1455]. L'exigence de la lettre doit être interprétée comme dictée par le seul souci de constituer, dans l'intérêt réciproque de l'expéditeur et du destinataire, la preuve de la réception en temps utile. Auquel cas, toute demande en nullité est irrecevable, encore faut-il que les associés aient été en mesure d'exercer leur droit de communication. Rappelons en effet que quinze jours au moins avant la date de toute assemblée, la gérance doit adresser aux associés certains documents et qu'à compter de cet envoi, tout associé a la faculté de poser par écrit des questions au gérant.

1074 La fixation de l'ordre du jour[1456] par le gérant ou le mandataire de justice désigné pour convoquer l'assemblée est impérative, car celle-ci ne peut valablement délibérer que sur des questions inscrites à cet ordre du jour. Le caractère impératif de l'ordre du jour est destiné à protéger aussi bien les associés que les gérants contre le vote de résolutions non prévues. Sous réserve de diverses questions d'ordre secondaire, celles portées à l'ordre du jour doivent être explicitement libellées, de sorte qu'il ne soit pas nécessaire de se référer à d'autres documents.

Les associés ne peuvent exiger l'inscription d'une question à l'ordre du jour ; ils sont seulement habilités à solliciter en référé du président du tribunal de commerce la désignation d'un mandataire avec pour mission de convoquer une réunion comportant telle ou telle question à l'ordre du jour.

1454 Com. 11 févr. 1992, RJDA 5/1992, n° 469. L. D. NGNINTEDEM, *L'information en droit des sociétés commerciales*, op. cit.

1455 Art.338 AUS. CA, LOME, Arrêt n° 089 du 28 mai 2009, OHADA, *Recueil de jurisprudence nationale*, 2010, p. 110.

1456 Art.338, al. 2AUS.

Toute assemblée irrégulièrement convoquée peut être annulée[1457]. Ont été déclarées nulles les résolutions prises lors d'une assemblée générale extraordinaire à laquelle certains associés n'ont pas participé, faute d'avoir été convoqués[1458].

b- La tenue des assemblées

1075 Aucun associé ne peut être exclu de l'assemblée[1459], ni d'ailleurs le gérant même non associé. Le commissaire aux comptes, s'il en existe, a accès à toutes les assemblées, mais sans prendre part au scrutin.

Le vote par correspondance n'étant pas autorisé dans le cadre d'une SARL, en l'absence de dispositions analogues à celles prescrites pour les sociétés par actions, un associé absent d'une assemblée a pour solution de se faire représenter. Ainsi, peut-il se faire représenter par son conjoint, sauf si la société ne comprend que les deux époux. Il peut aussi se faire représenter par un autre associé, mais seulement si le nombre des associés est supérieur à deux[1460]. Il ne peut se faire représenter par une autre personne (tiers non associé), que si les statuts le permettent[1461].

1076 S'agissant des associés-personnes morales qui assistent aux assemblées par l'entremise de leur représentant légal, il s'avère judicieux que les statuts prévoient la possibilité pour ce dernier de déléguer une autre personne physique, de préférence d'ailleurs une personne associée de la SARL.

Les assemblées générales d'associés ne sont pas librement accessibles au public ; un tiers tel qu'un journaliste ou un avocat ne peut y avoir accès que si aucun associé ne s'y oppose. En principe, une personne constituée séquestre judiciaire de parts sociales devrait pouvoir accéder à l'assemblée. La présence aux assemblées d'un notaire n'est nécessaire que pour donner une forme authentique à une délibération ou à un procès-verbal.

L'assemblée est présidée par le gérant ou l'un des gérants. Toutefois, si aucun d'eux n'est associé, elle est présidée par l'associé présent et acceptant qui possède ou représente le plus grand nombre de parts et, en cas d'égalité de parts entre deux associés, par le plus âgé[1462]. À défaut, tout associé peut présider l'assemblée, dans la mesure où aucun texte n'interdit aux statuts de déroger aux règles de présidence. Néanmoins, un gérant non associé ne peut présider une assemblée.

[1457] Art. 339 AUS.

[1458] CCJA Arrêt n° 034/2008/PC du 03 juillet 2008, Affaire BASSIROU KA c/ABDOULAYE CISSE, MOHAMED EL BECHIR SISSOKO et DJIBRIL CISSE, in *Les grandes décisions de la CCJA* , pp. 121, Observations R. NDJEUFACK TEMGWA.

[1459] Art. 334 AUS

[1460] Art 334, al. 2 et 3 AUS.

[1461] Ibid.

[1462] Art. 341 AUS.

Chaque associé dispose d'un nombre de voix égal au nombre de parts sociales qu'il possède. Le droit de vote ne peut être exercé que par l'associé ou son mandataire. Il est incessible. Le droit de vote appartient à l'époux marié sous le régime de la communauté qui a acquis ou souscrit des parts de SARL avec des deniers communs, à moins que son conjoint ait revendiqué et obtenu la qualité d'associé pour la moitié des parts ; auquel cas les voix se partagent comme les parts[1463].

Les délibérations sont constatées par un procès-verbal établi et signé par le gérant et par chaque associé président de la séance[1464].

c- La violation des règles relatives aux assemblées

1077 À défaut de convocation d'un associé, l'assemblée générale qui s'est tenue en dehors de sa présence doit être sanctionnée par la nullité[1465]. Les règles de convocation s'imposent donc à peine de nullité. Ainsi, l'assemblée convoquée par un associé titulaire de plus d'un quart des parts sociales, mais n'ayant pas qualité pour effectuer cette convocation, doit être annulée comme irrégulièrement tenue. La nullité d'une assemblée irrégulièrement convoquée a inévitablement une incidence sur les décisions prises, notamment sur la révocation du gérant effectuée au cours de cette assemblée[1466].

1078 Il convient d'exclure des irrégularités susceptibles d'entraîner l'annulation de l'assemblée générale, le défaut de signature par le gérant de la lettre de convocation, aucune disposition légale n'imposant au gérant de signer personnellement, l'absence d'établissement d'une feuille de présence qui n'est pas exigée dans les assemblées de SARL ou le fait qu'un associé n'ait pas signé la feuille de présence.

La nullité d'une assemblée peut également être demandée lorsqu'une décision a été votée sans que ne soient respectées les règles de *quorum* ou de majorité. L'exercice de l'action en nullité relève normalement des prérogatives du gérant.

2- Les différentes sortes d'assemblées

1079 Il s'agit des assemblées ordinaires (a) et des assemblées extraordinaires (b).

a- Les assemblées ordinaires

1080 Ces assemblées ont pour objet de statuer sur les comptes de l'exercice écoulé et de fixer les dividendes, d'autoriser la gérance à effectuer telle ou telle opération subordonnée, dans les statuts, à l'accord préalable des associés, de procéder à la nomination ou au remplacement des gérants (et le cas échéant, des

---

[1463] C. civ., art. 1832-2.
[1464] Art. 342 al. 2AUS.
[1465] Art. 338-1 AUS.
[1466] CA, Port-Gentil, 1er mars 2007, OHADA, *Recueil de jurisprudence nationale*, 2010, p. 103.

commissaires aux comptes), de fixer leur rémunération, d'approuver les conventions intervenues entre la société et l'un de ses gérants ou associés et plus généralement, de statuer sur toutes les questions qui n'entraînent pas de modification des statuts.

Pour ce qui est spécialement des conventions, il convient de noter que sous peine de nullité du contrat considéré, la loi interdit aux associés-personnes physiques et au gérant : de se servir de leur position pour contracter un emprunt auprès de la société ; de se faire consentir un découvert ; de faire cautionner ou avaliser par elle leurs engagements personnels auprès des tiers[1467].

1081 La procédure d'approbation n'est pas applicable aux conventions portant sur des opérations courantes conclues à des conditions normales. On entend par « *opérations courantes* » celles qui sont habituellement effectuées par la société dans le cadre de ses activités. Elles sont conclues à des « *conditions normales* » lorsqu'elles sont conformes aux conditions usuellement pratiquées dans la société ainsi que dans les sociétés du même secteur d'activités[1468].

En dehors des opérations interdites et des conventions libres, toutes les autres sont réglementées, c'est-à-dire qu'elles sont soumises à la procédure d'approbation par l'assemblée générale[1469].

Les décisions ordinaires sont valablement adoptées : sur une première consultation, par un total de voix correspondant à plus de la moitié des parts sociales (majorité absolue), que ce résultat soit obtenu par le vote d'un seul ou de plusieurs associés ; sur une seconde consultation, par la majorité des voix émises (majorité relative), quel que soit le nombre de votants. Toutefois, les statuts peuvent écarter cette seconde consultation et par là même, imposer la majorité absolue pour toutes les décisions ordinaires. Par ailleurs, ils peuvent exiger une majorité plus élevée que la majorité légale, par exemple les deux tiers ou les trois quarts[1470].

b- Les assemblées extraordinaires

1082 Comme dans les autres types de sociétés les assemblées extraordinaires ont également pour objet d'agréer de nouveaux associés ou de se prononcer sur les modifications des statuts. Les principales décisions extraordinaires vont porter sur : le transfert du siège sociétal ; les augmentations et réductions de capital ; les fusions, scissions et apports partiels d'actif ; les transformations de SARL en une autre forme sociale ; l'opportunité de prononcer la dissolution de la société, en

---

[1467] Art 356 AUS.
[1468] Art 352 AUS.
[1469] Art. 350 AUS.
[1470] MERCADAL, « Majorité absolue et majorité relative dans les SARL », *RJDA* 2/1994, p. 119. - Douai, 9 févr. 1973, Journ. Sociétés 1973. 318, note Bosvieux.

raison de la perte de plus de la moitié du capital social. Toutes les modifications apportées aux statuts doivent faire l'objet de formalités de publicité.

Le gérant demeure tout de même compétent pour effectuer certaines modifications statutaires, sous réserve de ratification de cette décision par les associés dans les conditions requises pour les décisions extraordinaires. Il a ainsi la faculté de : déplacer le siège social dans le même département ou dans un département limitrophe ; mettre les statuts en conformité avec les dispositions impératives de la loi et des règlements ; modifier les statuts en cas de location de parts sociales, à des conditions de majorité plus souples.

C- Les obligations des associés

1083 Les obligations sont ici bien moindres que celles imposées aux associés de SNC. En effet, n'ayant pas la qualité de commerçant, les associés de SARL ne sont par conséquent tenus du passif social qu'à concurrence de leurs apports. Il a même été jugé que les héritiers de l'associé d'une SARL venant aux droits de leur auteur ne peuvent voir engager leur propre patrimoine pour les dettes sociales[1471]. Toutefois, ils peuvent être tenus au-delà de ce montant, en particulier s'ils se sont comportés comme des gérants de fait (alors que la société fait l'objet d'une procédure collective) ou s'ils ont cautionné une ou plusieurs dettes sociales.

Comme autres obligations, il y a celles relatives à la libération des apports. Une éventuelle obligation de non-concurrence pourrait être prévue statutairement, surtout s'il y a eu apport d'un fonds de commerce. Pour terminer, soulignons que les associés pourraient être tenus de restituer des dividendes fictifs perçus et que leur responsabilité pénale pourrait être engagée dans certains cas (fausse déclaration dans les statuts, attribution frauduleuse à un apport en nature d'une valeur supérieure à sa valeur réelle).

§3. LES ORGANES DE CONTRÔLE

1084 À côté du contrôle effectué par les associés, l'Acte uniforme institue purement et simplement un contrôle éventuel par des commissaires aux comptes[1472].

Les critères pour la nomination d'un commissaire aux comptes ont été bien définis. D'après l'article 376, la SARL est tenue de désigner un commissaire au

[1471] Cour d'appel d'Abidjan, arrêt n° 27 du 13 janvier 2004, Affaire CMA-CI c/ Mlle EDDUKOU KWAME MOKOI Jocelyne Suzanne et autres, in Juridis Périodique n° 74-2008, pp.15 et s., Observations R. NEMEDEU ; J. NDOUR, *Le sens de la limitation de responsabilité des associés ou actionnaires dans les sociétés anonymes et les sociétés à responsabilité limitée,* op. cit. ; DIALLO KHADIDIATOU, *Le sens de la délimitation de responsabilité des associés ou des actionnaires dans les sociétés à responsabilité limitée et dans les sociétés anonymes*, op. cit.

[1472] A. P. NGIPOUPE, *Les missions du commissaire aux comptes dans l'Acte uniforme sur les sociétés commerciales*, mémoire de Master, Douala, 2014. V. particulièrement, HOMMAN-LUDIYE, « Le contrôle de gestion des SARL et des SA », *Cahiers Juridiques et fiscaux de l'expertation*, n° 2, 1998, p. 307.

moins (et autant de suppléants qu'il y a de titulaires) si deux des conditions suivantes sont remplies :

- un total du bilan supérieur à cent vingt-cinq millions (125 000 000) ;

- un chiffre d'affaires annuel supérieur à deux cent cinquante millions (250 000 000) de francs CFA ;

- un effectif permanent de plus de 50 salariés.

La société n'est plus tenue de désigner un commissaire aux comptes dès lors qu'elle n'a pas rempli deux (2) des conditions fixées ci-dessus pendant les deux (2) exercices précédant l'expiration du mandat du commissaire aux comptes[1473]. Pour les autres sociétés à responsabilité limitée ne remplissant pas ces critères, la nomination d'un commissaire aux comptes est facultative. Elle peut toutefois être demandée en justice par un ou plusieurs associés détenant au moins le dixième du capital social[1474].

1085 La nomination constitue une décision collective ordinaire : elle requiert la majorité des parts sociales sur première consultation, une majorité simple ensuite, sauf clause statutaire contraire[1475]. Les associés désignent au moins un commissaire titulaire et un commissaire suppléant.

Ne peuvent être commissaires aux comptes de la société : - les fondateurs, associés, bénéficiaires d'avantages particuliers, dirigeants sociaux de la société ou de ses filiales, ainsi que leur(s) conjoint(s) ; - les parents et alliés, jusqu'au quatrième degré inclus, des personnes visées des mêmes personnes ; - les dirigeants sociaux de sociétés possédant le dixième du capital de la société ou dont celle-ci possède le dixième du capital, ainsi que leur(s) conjoint(s) ; - les personnes qui, directement ou indirectement, ou par personne interposée reçoivent soit des fondateurs, associés, bénéficiaires d'avantages particuliers, dirigeants sociaux de la société ou de ses filiales, soit les dirigeants sociaux de sociétés possédant le dixième du capital de la société ou dont celle-ci possède le dixième du capital, ainsi que leur(s) conjoint(s), un salaire ou une rémunération quelconque en raison d'une activité permanente autre que celle de commissaire aux comptes ; il en est de même pour les conjoints de ces personnes ; - les sociétés de commissaires aux comptes dont l'un des associés, actionnaires ou dirigeants se trouve dans l'une des situations visées par l'alinéa 1 et 3 de l'article 378 AUS.

1086 Le commissaire aux comptes est nommé pour trois (3) exercices par un ou plusieurs associés représentant plus de la moitié du capital social. Si cette

[1473] Art. 376 al. 2 AUS.
[1474] Art. 376 al. 3 AUS.
[1475] Art 379 AUS.

majorité n'est pas obtenue et sauf clause contraire des statuts, il est nommé à la majorité des votes émis, quelle que soit la portion du capital représentée[1476].

Étant entendu que les règles de nomination font l'objet de diverses sanctions tant civiles (nullité des assemblées) que pénales (visant le gérant fautif). Les délibérations prises à défaut de désignation régulière du commissaire aux comptes ou sur le rapport d'un commissaire aux comptes nommé ou demeuré en fonction contrairement aux dispositions de l'article 379 ci-dessus cité sont nulles[1477]. L'action en nullité est éteinte si ces délibérations ont été expressément confirmées par une assemblée sur le rapport d'un commissaire aux comptes régulièrement désigné[1478].

Les dispositions concernant les pouvoirs, les fonctions, les obligations, la responsabilité, la révocation et la rémunération du commissaire aux comptes sont régies par un texte particulier réglementant cette profession[1479].

S-SECTION III. LA DISPARITION DE LA SARL

1087 Deux types d'opérations font disparaître la SARL : sa transformation (§1) et sa dissolution (§2).

§1. LA TRANSFORMATION DE LA SOCIÉTÉ À RESPONSABILITÉ LIMITÉE

1088 Si d'une façon générale la conversion d'une société en une autre forme tient à des motifs très variés, pour ce qui est de la SARL, il s'agit soit de motifs de pure opportunité tels que l'inadaptation de la structure sociétaire à l'activité réalisée, le désir d'émettre des actions dans le public ou de disposer d'un capital plus important nécessité par le développement de ses activités, soit de contraintes légales[1480].

La transformation régulière de toute société assure le maintien de la personnalité morale existante et n'entraîne donc pas la création d'une personne morale nouvelle[1481]. Il s'ensuit entre autres que la nouvelle société dispose des mêmes biens que l'ancienne SARL, ainsi que des mêmes droits et obligations à l'égard des tiers contractants antérieurs.

[1476] M. M. LOKA NYUE, *Les aspects juridiques des opérations de restructuration dans l'Acte uniforme sur le droit des sociétés commerciales et du GIE*, mémoire de Master, Douala (Cameroun), 2010. Art. 379 AUS.
[1477] Art. 380 AUS.
[1478] Art. 380 al. 2 AUS.
[1479] Art. 381 AUS.
[1480] V. en général BATTEUR, « Le changement de nature juridique des personnes morales », *LPA* 27 juill. 1992, n° 90, p. 12, et 29 juill. 1992, n° 91, p. 20. - ROURE, *La transformation des sociétés*, thèse, Lyon III, 1993.
[1481] FISCEL, « L'absence d'être moral nouveau dans les transformations de sociétés », *Gaz. Pal.* 1986. 2. Doctr. 724.

Bien que la transformation de la SARL en une société anonyme constitue l'hypothèse la plus fréquente (A), les dispositions de l'AUS n'excluent pas la possibilité du passage d'une SARL à une société en nom collectif, à une société en commandite simple ou par actions (B), sachant que la transformation en une société de capitaux obéit à des règles particulières. Il réglemente ces divers cas de mutation, tout en précisant que serait nulle une transformation exécutée en violation des règles édictées.

A- La transformation en une société de capitaux

1089 Au-delà des règles spécifiques de transformation de la SARL en une société de capitaux ou par actions, il existe des règles générales de conversion d'un tel groupement en une société de capitaux[1482].

En cas de transformation en une des formes de sociétés de capitaux (SA et dans une certaine mesure, SAS), si la SARL n'a pas de commissaire aux comptes, il est nécessaire de nommer un ou plusieurs commissaires à la transformation chargés d'apprécier sous leur responsabilité la valeur des biens composant l'actif social et les avantages particuliers[1483]. À moins d'un accord unanime des associés, le commissaire à la transformation est désigné en justice. En présence déjà d'un commissaire aux comptes, la désignation d'un commissaire aux apports n'est pas obligatoire. Si la société est déjà dotée d'un commissaire aux comptes, il peut être nommé commissaire à la transformation, sur décision unanime des associés, faisant ainsi l'économie d'une désignation en justice.

1090 L'opération est en outre soumise à certaines conditions et formalités[1484]. La décision doit tout d'abord être précédée du rapport d'un commissaire aux comptes inscrit sur la situation de la société[1485]. Il n'est pas nécessaire que ce commissaire certifie dans son rapport que les capitaux propres sont égaux ou supérieurs au capital social. Cette charge relève de la compétence du ou des commissaires à la transformation désignés à l'unanimité des associés.

Ces commissaires ont en effet pour mission d'apprécier sous leur responsabilité la valeur des biens composant l'actif social et les avantages particuliers. Ils doivent s'assurer que les biens composant l'actif social ne sont pas surévalués et qu'il n'existe aucun fait jusqu'à la date de transformation susceptible d'affecter la valeur de ces biens. Ces commissaires peuvent également être chargés d'établir ledit rapport sur la situation de la société ; auquel cas, il n'est rédigé qu'un seul rapport. À ce sujet, lorsqu'il existe déjà un commissaire aux comptes, il n'est plus nécessaire de désigner un commissaire à la transformation.

[1482] V. K. BALDE, *La transformation de la société commerciale en droit OHADA*, mémoire de Maitrise, Université Gaston Berger, 2009.

[1483] Art. 375 AUS.

[1484] E. G. BINYAME DIBONGUE, *La transparence dans la société à responsabilité limitée*, op. cit. p. 498.

[1485] Ibid.

B- Les autres transformations

1091 La transformation en SNC d'une SARL par exemple s'avère assez exceptionnelle pour deux raisons. Sur le plan juridique, étant donné la responsabilité indéfinie et solidaire de ses membres, la SNC demeure fort éloignée de la SARL.

Contrairement à ce que l'on rencontre pour l'accession d'une SARL à la forme de société anonyme, sa conversion en SNC ou en société en commandite ne connaît pas de réglementation spéciale. La raison toute simple réside dans l'engagement personnel qu'elle entraîne de la part des associés à répondre indéfiniment et solidairement du passif social. Aussi, la réalisation d'une semblable opération résulte essentiellement d'une délibération prise à l'unanimité des associés, car la majorité ne peut suffire pour obliger un associé à accroître son engagement social. La règle de l'accord de tous les associés vaut pour les futurs commanditaires, alors même que la responsabilité de ceux-ci à l'égard des dettes sociales n'est pas aggravée par la transformation en une société en commandite. La soumission des associés au régime sévère de la responsabilité indéfinie et solidaire ne se limite pas aux dettes sociales à venir ; elle s'étend à celles nées antérieurement à la transformation.

Bien évidemment, la transformation en SNC nécessite l'absence de mineurs ou de majeurs incapables, puisqu'ils ne peuvent acquérir la qualité de commerçant exigée pour être membre de cette société.

§2. LA DISSOLUTION DE LA SARL

1092 Les causes générales de dissolution (déjà énoncées lors de l'examen de la SNC) sont applicables à la SARL : arrivée du terme ; réalisation ou extinction de l'objet ; annulation de la société ; décision des associés ; dissolution judiciaire[1486].

À cela, s'ajoutent des causes de dissolution propres à la SARL : nombre d'associés supérieur à cinquante sans qu'il y ait eu régularisation dans un délai de deux ans ; en cas de pertes réduisant les capitaux propres à moins de la moitié du capital social.

En revanche, et malgré le caractère *intuitu personae* de la SARL, celle-ci ne peut être dissoute du fait des événements frappant les associés (décès, incapacité ou faillite personnelle) (art. 384 AUS), sauf si les statuts en ont disposé autrement. À noter aussi que, la SARL n'est guère dissoute lorsque toutes les parts se trouvent réunies en une seule main (mutation en SARL unipersonnelle). Concernant le cas échéant la procédure de liquidation, elle est équivalente à celle de la SNC.

[1486] M. R. BINEMBE, *La dissolution des sociétés commerciales*, op. cit.

1093 La SARL, tout comme la SNC, est marquée par la liberté qui est laissée le plus souvent aux associés de prévoir les modalités de fonctionnement de la société. En effet, sauf quelques dispositions impératives, les associés ont la possibilité d'adopter dans les statuts les règles les mieux adaptées à la situation de la société.

Le grief essentiel fréquemment retenu contre cette forme de société réside dans la différence des statuts entre les catégories de gérant.

SECTION II- LA SARL UNIPERSONNELLE

1094 La spécificité de la SARL unipersonnelle par rapport à la SARL classique réside justement dans son caractère unipersonnel[1487]. Cependant, elle est soumise à toutes les règles applicables à la SARL, sous réserve bien entendu des aménagements nécessités par la présence d'un seul associé. Mais le fait que la SARL unipersonnelle ne constitue pas une véritable nouvelle forme de société n'empêche pas qu'elle présente des avantages et des inconvénients qui lui sont propres.

Les faiblesses majeures résident dans le statut social accordé à l'associé unique (en principe, le même que celui de l'entrepreneur individuel, en l'occurrence le régime des travailleurs non-salariés). D'autres inconvénients non négligeables existent. Par exemple, la limitation de responsabilité de l'associé unique peut s'avérer chimérique dans plusieurs cas de figure : lorsqu'il a consenti des garanties personnelles des dettes sociales ; lorsqu'il fait l'objet d'une action en comblement de passif ; lorsque la société est dissoute, car l'associé unique supportera alors l'intégralité du passif social…

1095 Malgré ces remarques plutôt alarmistes, la SARL unipersonnelle n'en présente pas moins certains avantages dont le principal est de limiter la responsabilité pécuniaire de l'associé unique au montant de ses apports.

Le développement de la formule n'est certes pas spectaculaire, mais il n'est pas non plus insignifiant. Cela dit, la SARL unipersonnelle, comme on l'a déjà souligné, emprunte son régime à la SARL pluripersonnelle sous réserve de quelques adaptations rendues indispensables par l'unipersonnalité. L'exposé de ce régime sera assez bref, car l'on se contentera, pour l'essentiel, de préciser les particularités de ce type de société.

[1487] V. E. N. DIONE, *Les spécificité de la société unipersonnelle en droit OHADA*, mémoire de maitrise, Université Gaston berger (Sénégal), 2011 ; FATOUMATA DIALLO, *La société unipersonnelle au Sénégal 11 ans après la mise en œuvre de l AUSC*, mémoire de Master, UCAD, 2009 ; DIALLO FATOU, *La pratique de la société unipersonnelle au Sénégal*, mémoire de Master, UCAD, 2008.

S-SECTION I. LA CONSTITUTION DE LA SARL UNIPERSONNELLE

1096 La création de la SARL unipersonnelle peut résulter de différentes situations[1488]. En premier lieu, elle peut être constituée dès l'origine, c'est-à-dire dès le début de l'activité ou par transformation d'une entreprise individuelle. Cela, de par la volonté unilatérale d'une personne physique ou morale.

En second lieu, la SARL unipersonnelle peut naître des changements intervenus dans une SARL, en l'occurrence la réunion en une seule main des parts sociales ; étant entendu que ce passage de la pluripersonnalité à l'unipersonnalité ou inversement n'est entouré par la loi d'aucune formalité particulière à part celles prévues pour les cessions de parts sociales.

En général, les règles de constitution sont relatives à l'associé unique et à l'objet.

L'associé unique peut être une personne physique ou une personne morale. Il n'a pas la qualité de commerçant et la capacité commerciale n'est donc pas requise. Il peut s'agir d'un mineur ou d'un majeur incapable, encore que dans ces situations, la gérance devra nécessairement être assurée par un tiers jouissant de la capacité civile.

1097 Les règles sont les mêmes que celles applicables à la SARL. L'activité de la société peut être la même que pour la société pluripersonnelle. L'associé unique réalise un apport, en nature ou en numéraire de manière à doter la société du capital minimum de 1 000 000 F CFA exigé par la loi (art. 311 AUS). L'intervention du commissaire aux comptes est possible dans les mêmes conditions que pour la SARL pluripersonnelle. La société unipersonnelle doit avoir une dénomination sociale, dans laquelle figure le nom de l'associé unique. Elle doit avoir un siège social et une domiciliation précise.

Les conditions de forme sont semblables à celles de la SARL pluripersonnelle[1489].

[1488] V. Y. AGNIGNA, *La société unipersonnelle : une solution à la crise de l'entreprise en Afrique ? (une lecture critique de l'Acte uniforme relatif au droit des sociétés commerciales et du GIE)*, Lomé, 2001 ; F. MEMAN THIERO, « La société unipersonnelle dans le droit des affaires OHADA : une œuvre (législative) à parfaire », Pénant, n° 8-8, 2009, p.312 ; SECK NDEYE SALL DIOP, *La société unipersonnelle*, mémoire UCAD, 2003, 49p. ; SARR IBOU, *La société unipersonnelle*, mémoire UCAD, 2006, 44p. ; E. NGOM MALICK, *La société unipersonnelle, conséquences théoriques et intérêts pratiques*, mémoire UCAD, 1998, 79p. ; L. MISSOU ANOI, *La société Unipersonnelle dans L'AUSCGIE*, mémoire UCAD, 1998, 32p. ; DIOUF NDEYE, *La société unipersonnelle*, mémoire UCAD, 2006, 60p. ; DIAGNE PAPA ALY, *La société unipersonnelle*, mémoire UCAD, 2002, 58p.

[1489] P. S. AKUETE, « L'immatriculation au nouveau registre du commerce et du crédit mobilier », *Revue Togolaise de Droit des Affaires et de l'Arbitrage*, mars 2000, p. 2 ; E. MALICK NGOM, *La société unipersonnelle, conséquences théoriques et intérêts pratiques*, mémoire de Master, UCAD, 1998.

S-SECTION II. LE FONCTIONNEMENT DE LA SARL UNIPERSONNELLE

1098 L'existence d'un associé unique rend un peu artificielle l'application du régime de la SARL pluripersonnelle. Ce constat a amené le législateur à assouplir certaines règles de fonctionnement de la SARL unipersonnelle. En revanche, concernant le contrôle de la SARL unipersonnelle, la réglementation est exactement la même que pour la SARL (voir supra, dispositions relatives à la désignation d'un commissaire aux comptes). Ne seront présentées que la gérance (§1) et l'assemblée unipersonnelle (§2).

§1. LE GÉRANT

1099 La gérance de la SARL unipersonnelle peut être assurée par l'associé unique lui-même, mais elle peut aussi être réalisée par un ou plusieurs tiers (cette dernière solution s'imposant du reste lorsque l'associé unique est incapable ou constitue une personne morale).

Les conditions de la nomination du gérant, la durée de ses fonctions, la portée de ses attributions et les conditions de sa rémunération sont les mêmes que dans les SARL pluripersonnelles. Quelques particularités néanmoins : dans le cas de l'associé gérant, cette position fait obstacle à sa révocation et interdit une limitation des pouvoirs.

Enfin, notons que la responsabilité du gérant associé unique est accrue en cas d'ouverture d'une procédure collective. Cet événement sera généralement l'occasion de sanctionner l'irrespect de la séparation devant exister entre les affaires sociales et les affaires personnelles de l'associé gérant. En effet, si celui-ci a disposé des biens sociaux comme des biens propres, il se verra étendre la procédure collective avec les conséquences qui en découlent (le verrou de la limitation de responsabilité saute, sans préjudice de l'éventuel prononcé de la faillite personnelle).

Pour terminer, il convient de relever que le tiers gérant est juridiquement un mandataire, mais sur le plan fiscal, il est imposé comme un salarié.

§2. L'ASSEMBLÉE UNIPERSONNELLE

1100 L'associé unique se voit attribuer les pouvoirs qui, dans la SARL, sont confiés à l'assemblée générale[1490]. Les décisions prises doivent être, sous peine de nullité, transcrites sur un registre d'assemblée, et ces décisions sont les mêmes que dans la SARL pluripersonnelle (approbation des comptes sociaux ; distribution des bénéfices ; modification des statuts).

[1490] Art. 558 AUS. V. A. AYAWA TSAKADI, « Réflexions sur les pouvoirs de l'associé unique », Juridis Périodique, n° 81, Janvier-février-mars 2010, pp. 82-103 ; A. F. ABDOULAYE DIOME, *L'associé unique*, mémoire de mater ; UCAD, 1998.

Les règles peuvent être sensiblement différentes selon que l'associé unique est ou non gérant. Par exemple, si la procédure d'approbation des conventions subsiste lorsque le gérant est un tiers, son formalisme est supprimé lorsque la convention concerne l'associé. Notons que le décès de l'associé unique ne met pas fin à la société, sauf clause contraire des statuts. Les parts sociales sont alors transmises aux héritiers, ce qui entraîne la mutation de la SARL unipersonnelle en SARL pluripersonnelle en cas de pluralité d'ayants cause.

S-SECTION III. LA DISSOLUTION DE LA SARL UNIPERSONNELLE

1101 Les causes de dissolution communes à toutes les sociétés sont bien évidemment applicables à la SARL unipersonnelle, sauf celles parmi ces causes qui impliquent une pluralité d'associés (par exemple, de la dissolution pour mésintelligence entre les associés).[1491]

Cela étant, qu'elle soit volontaire ou judiciaire, la dissolution de la SARL unipersonnelle n'est pas suivie d'une liquidation[1492]. Il y aura en effet transmission universelle du patrimoine à l'associé unique, sauf la possibilité pour les créanciers sociaux de faire opposition à la dissolution dès la publication de celle-ci.

[1491] M. R. BINEMBE, *La dissolution des sociétés commerciales*, mémoire de Master, Douala (Cameroun), 2013 ; NTSAME ELLA ANIKA LAURE, *La liquidation de la société unipersonnelle en droit OHADA*, mémoire de Master, Ngaoundéré (Cameroun), 2012.

[1492] F. NDIENG, « Les effets de la dissolution d'une société unipersonnelle en droit OHADA », *Revue Sénégalaise de Droit des Affaires*, n° 5-6-7-8, 2005-2006, pp. 35-60.

CHAPITRE II

LA SOCIÉTÉ ANONYME

1102 La société anonyme est une société dont le capital est divisé en actions et qui est constituée entre associés qui ne supportent les pertes qu'à concurrence de leurs apports. Elle constitue par là même une société commerciale (par la forme) à risque limité puisque les associés n'ont pas la qualité de commerçant et ne sont tenus que dans la limite de leurs apports[1493]. C'est aussi une société de capitaux et, plus précisément, une société par actions puisque les associés détiennent des titres négociables (valeurs mobilières qui, parce que fongibles, sont susceptibles d'être cotées en bourse).

Les SA sont moins nombreuses que les SARL même si elles réalisent un chiffre d'affaires six fois supérieur. La réglementation de la SA, sans doute la plus complexe de toutes se trouve aux articles 380 et suivants de l'AUS. À cela s'ajoute la réglementation des valeurs mobilières, telle que les textes de la Bourse régionale des valeurs mobilières (BRVM)[1494] ou ceux de la Douala Stock Exchange[1495].

Seront examinées successivement les conditions de constitution de la société anonyme (section1), sa structure (section 2), ainsi que son mode de fonctionnement (section3).

SECTION I- LA CONSTITUTION DE LA SOCIÉTÉ ANONYME

1103 La constitution des SA obéit à des règles différentes (quant à la forme en tout cas), selon qu'elles se créent avec ou sans appel public à l'épargne. La notion d'appel public à l'épargne est définie selon deux critères alternatifs : soit par l'admission aux négociations sur un marché réglementé d'un instrument

[1493] DIALLO KHADIDIATOU, *Le sens de la délimitation de responsabilité des associés ou des actionnaires dans les sociétés à responsabilités limitée et dans les sociétés anonymes,* op. cit.
[1494] V. le Règlement n° 06/03 CEMAC-UMAC portant organisation, fonctionnement et surveillance du Marché financier de l'Afrique Centrale ; la décision n° 02/002 du 3 décembre 2002 portant Règlement général de la Commission des marchés financiers.
[1495]V. la Loi n° 99/015 du 22 décembre 1999 portant création et organisation d'un marché financier et le décret n° 2001/213 du 31 juillet 2001 précisant l'organisation et le fonctionnement de la Commission des marchés financiers.

financier, soit par l'émission ou la cession d'instruments financiers dans le public en ayant recours soit à la publicité, soit au démarchage, soit à des établissements de crédit ou à des prestataires de services d'investissement. La procédure de constitution de la SA (S-Section 1), assortie de sanctions en cas de violations (S-Section 2) est beaucoup plus complexe lorsqu'elle fait appel public à l'épargne, mais cette voie est aussi d'application plus rare.

S-SECTION I. LES RÈGLES DE CONSTITUTION

1104 Malgré les simplifications intervenues dans l'AUS, les règles de constitution de la SA demeurent les plus élaborées. Alors que les conditions de fond (§1) sont à quelques nuances près équivalentes quelle que soit la formule de SA retenue, les règles de forme (§2), elles, varient sensiblement selon que la société fait ou non appel public à l'épargne.

§1- LES CONDITIONS DE FOND

1105 Elles concernent les actionnaires (A), le capital social (B), les apports (C) et l'objet social (D).

A- Les actionnaires

1106 Initialement, la règle ordinaire était que dans la SA, les actionnaires doivent être au moins au nombre de sept, mais aucun maximum n'était pas prévu (voir la loi de 1867)[1496]. Si lors de la constitution de la SA, les associés n'étaient pas au nombre de 7, la société ne pouvait cependant pas être annulée, car aucune disposition de la loi de 1867 ne sanctionnait l'inobservation de cette condition de fond par la nullité. La société devait être simplement régularisée, par application des dispositions de cette loi, selon lesquelles, tout intéressé pouvait demander en justice que soit ordonnée sous astreinte, la régularisation de la constitution. En pratique, une telle irrégularité était difficilement concevable.

L'AUS dans son article 385 vient complètement remettre en cause cette règle, puisqu'aux termes de ce texte « *la société anonyme peut ne comprendre qu'un seul actionnaire* »[1497]. Cette disposition renforce ainsi l'idée déjà émise par l'article 5 aux termes duquel « *La société commerciale peut également être créée, dans les cas prévus par le présent acte uniforme par une seule personne, dénommé associé unique par un acte écrit* ». La société anonyme peut ne comprendre ainsi qu'un seul actionnaire.

[1496] Cette règle est encore en vigueur en France, mais connait une exception tout de même. En effet, la loi du 31 décembre 1990 qui a créé la société d'exercice libéral (S.E.L.) prévoit que lorsqu'elle prend la forme de la SA (on parle alors de société d'exercice libéral à forme anonyme ou SELAFA), le nombre d'actionnaires est de trois.

[1497] O. TANDIAN, *Étude comparative sur la société anonyme unipersonnelle de l'OHADA et la société par actions simplifiée unipersonnelle de droit français*, mémoire de DEA, Université Gaston berger (Sénégal), 2006.

1107 Les actionnaires n'ayant pas la qualité de commerçant, aucune condition de capacité n'est requise des personnes physiques pour entrer dans une SA, sous réserve toutefois des règles de représentation légale des incapables ou des incidences du droit des régimes matrimoniaux (l'apport en société d'un bien commun suppose le respect de certaines règles dont certaines sont communes à toutes les formes de société et s'appliquent donc aux SA ; par exemple, l'époux qui désirerait apporter un immeuble ou un fonds de commerce dépendant de la communauté devra obtenir l'accord de son conjoint,).

Au-delà des actionnaires-personnes physiques, la SA peut comprendre parmi ses membres des personnes morales et, en particulier, d'autres sociétés commerciales voire des personnes morales de droit public[1498].

B- Le capital social

1108 Le montant minimum du capital est fixé à dix millions de F CFA (10 000 000)[1499].

Le capital social est divisé en actions dont le montant nominal est fixé librement par les statuts[1500]. Les actions représentant des apports en numéraire sont libérées, lors de la souscription du capital, d'un quart au moins de leur valeur nominale (avant la signature des statuts)[1501]. La loi n'impose que la libération immédiate d'au moins le quart des apports en numéraire, la libération du surplus devant intervenir dans un délai qui ne peut excéder trois (3) ans à compter de l'immatriculation au registre du commerce et du crédit mobilier, selon les modalités définies par les statuts ou par une décision du conseil d'administration ou de l'administrateur général[1502]. Les actions représentant des apports en numéraire non intégralement libérées doivent rester sous la forme nominative[1503]. Tant que le capital n'est pas entièrement libéré, la société ne peut ni augmenter son capital sauf si cette augmentation de capital est réalisée par des apports en nature ni émettre des obligations[1504].

C- Les apports

1109 Selon le dernier alinéa (4) de l'article 389 AUS[1505], *les actions ne peuvent représenter des apports en industrie*, cela du fait de la responsabilité limitée des

[1498] Voir l'art. 916 AUS. H. EBOA DORA, *Le capital social dans les sociétés commerciales*, mémoire de Master, Douala (Cameroun), 2013 ; V. infra les droits et obligations des actionnaires.
[1499] Art. 387 AUS. V. DIOMANDE, *Regards sur les fonctions attribuées au capital social : Aspects de droit comparé : droit uniforme de l'OHADA et droit français des sociétés*, thèse, op. cit.
[1500] Art. 387 de l'AUS.
[1501] Art. 389 AUS.
[1502] Art. 389 al. 2 AUS.
[1503] Art. 389 al. 3 AUS.
[1504] Art. 389 al. 4 AUS.
[1505] V. dans le même sens, en droit français, l'art. 75 de la loi de 1966 et le dernier alinéa (4) de l'article L. 225-3 du Code de commerce.

actionnaires. En revanche, les actionnaires peuvent faire des apports en numéraire ou en nature[1506]. La souscription des actions représentant des apports en numéraire est constatée par un bulletin de souscription établi par les fondateurs ou par l'un d'entre eux, bulletin daté et signé par le souscripteur ou par son mandataire, qui écrit en toutes lettres le nombre de titres souscrits[1507]. Le bulletin de souscription est établi en deux (2) exemplaires originaux, l'un pour la société en formation et l'autre pour le notaire chargé de dresser la déclaration de souscription et de versement[1508]. Et le bulletin de souscription doit, aux termes de l'article 392 AUS mentionner : la dénomination sociale de la société à constituer, suivie le cas échéant de son sigle, la forme de la société ; le montant du capital social à souscrire en précisant la part du capital représentée par des apports en nature et celle à souscrire en numéraire ; l'adresse prévue du siège social, le nombre d'actions émises et leur valeur nominale en désignant le cas échéant les différentes catégories d'actions créées, les modalités d'émission des actions souscrites en numéraire, le nom ou la dénomination sociale et l'adresse du souscripteur ainsi que le nombre de titres qu'il souscrit et les versements qu'il effectue, l'indication du dépositaire chargé de conserver les fonds jusqu'à l'immatriculation de la société au registre du commerce et du crédit mobilier, l'indication du notaire chargé de dresser la déclaration de souscription et de versement et la mention de la remise au souscripteur, d'une copie du bulletin de souscription.

1110 Les fonds provenant de la souscription des actions de numéraire sont déposés par les personnes qui les ont reçus, pour le compte de la société en formation, soit chez un notaire, soit dans un établissement de crédit ou de micro finance dûment agréé domicilié dans l'État partie du siège de la société en formation, sur un compte spécial ouvert au nom de cette société. Le dépôt des fonds doit être fait dans un délai de huit (8) jours à compter de la réception des fonds[1509]. En outre, le déposant remet au dépositaire, au moment du dépôt des fonds, une liste mentionnant l'identité des souscripteurs et indiquant pour chacun d'eux le montant des sommes versées. Le dépositaire est tenu, jusqu'au retrait des fonds, de communiquer la liste visée à l'alinéa 3 ci-dessus à tout souscripteur qui, justifiant de sa souscription, en fait la demande. Le requérant peut en prendre connaissance et obtenir à ses frais la délivrance d'une copie[1510].

1111 Sur présentation des bulletins de souscription et le cas échéant d'un certificat du dépositaire attestant le dépôt des fonds, le notaire affirme dans l'acte qu'il dresse, dénommé *déclaration notariée de souscription et de versement*, que le montant des souscriptions déclarées est conforme au montant figurant sur les

---

[1506] M. L. DIOP, *L'apport dans la société commerciale OHADA,* op. cit. p. 66.
[1507] Art. 390 AUS.
[1508] Art. 391 AUS.
[1509] Art. 393 al. 2 AUS.
[1510] Art. 393 al. 3.

bulletins de souscription et que celui du versement est conforme au montant des sommes déposées en son étude ou, le cas échéant, figurant au certificat précité. Le certificat du dépositaire est annexé à la déclaration notariée de souscription et de versement. Le notaire tient la déclaration notariée à la disposition des souscripteurs qui peuvent en prendre connaissance, et copie en son étude (art. 394 AUS).

1112 Cependant, le retrait des fonds provenant des souscriptions en numéraire ne peut avoir lieu qu'après l'immatriculation de la société au registre du commerce et du crédit mobilier. Il est effectué, selon le cas, par le président directeur général, le directeur général ou l'administrateur général, sur présentation au dépositaire du certificat du greffier ou de l'organe compétent de l'État-partie attestant l'immatriculation de la société au registre du commerce et du crédit mobilier. Tout souscripteur, six (6) mois après le versement des fonds peut demander en référé à la juridiction compétente, la nomination d'un administrateur chargé de retirer les fonds pour les restituer aux souscripteurs, sous déduction de ses frais de répartition si, à cette date, la société n'est pas immatriculée[1511].

Quant aux apports en nature, ils doivent être intégralement et immédiatement libérés. En outre, la méfiance du législateur a conduit à les soumettre nécessairement à la procédure d'évaluation par un ou plusieurs commissaires aux apports. Outre les conditions qui viennent d'être étudiées, les sociétés anonymes sont en effet soumises à des conditions supplémentaires en cas d'apport en nature et/ou de stipulation d'avantage particulier. Ainsi, en cas d'apport en nature, les statuts doivent nécessairement contenir l'évaluation de chaque apport en nature et la description des avantages particuliers stipulés, ainsi que, le cas échéant leur évaluation. La valeur des apports en nature et/ou les avantages particuliers doivent être contrôlés par un commissaire aux apports. Le commissaire aux apports, choisi sur la liste des commissaires aux comptes, est désigné à l'unanimité par les futurs associés ou à défaut, par la juridiction compétente, à la demande des fondateurs de la société ou de l'un d'entre eux. Le commissaire aux apports élabore, sous sa responsabilité[1512], un rapport qui décrit chacun des apports et/ou des avantages particuliers, en indique la valeur, précise le mode d'évaluation retenu et les raisons de ce choix, établit que la valeur des apports et/ou des avantages particuliers correspond au moins à la valeur du nominal des actions à émettre. Il peut se faire assister, dans l'accomplissement de sa mission, par un ou plusieurs experts de son choix. Les honoraires de ces experts sont à la charge de la société, sauf clause contraire des statuts.

1113 Quoiqu'il en soit, le rapport du commissaire aux apports est annexé aux statuts et lorsque la valeur retenue est différente de celle proposée par le

---

[1511] Art. 398 AUS.

[1512] Sous sa responsabilité civile (fautes) voire pénale (en cas de majoration frauduleuse des apports).

commissaire aux apports, les actionnaires sont solidairement responsables pendant cinq (5) ans, à l'égard des tiers, de la valeur attribuée aux apports en nature[1513]. L'obligation de garantie ne vise cependant que la valeur des apports au moment de la constitution et non pas le maintien de cette valeur (art. 403 al. 3).

La mission du commissaire aux apports est d'évaluer, sous sa responsabilité civile (fautes) voire pénale (en cas de majoration frauduleuse des apports), la valeur des apports en nature. Cela signifie qu'il doit répondre du dommage que causerait une éventuelle surévaluation ou sous-évaluation fautive des apports. Il établit un rapport qui n'est destiné qu'à éclairer les actionnaires, ces derniers n'étant pas tenus par l'estimation faite par le commissaire. Ils peuvent parfaitement retenir une évaluation supérieure, avec les risques que cela implique en cas de surévaluation (sanctions pénales notamment). Quoi qu'il en soit, le rapport doit être communiqué aux actionnaires avant la signature des statuts, laquelle signature vaudra approbation des apports.

D- L'objet social

1114 La société anonyme est commerciale par sa forme, que son objet soit commercial ou civil. Celui-ci doit être, comme pour toutes les sociétés, possible et licite. On relèvera simplement que certaines activités sont interdites aux sociétés anonymes. C'est ainsi qu'une officine de pharmacie ne peut être exploitée sous forme sociétaire que dans le cadre d'une société en nom collectif, d'une société à responsabilité limitée. D'autres au contraire doivent revêtir nécessairement la forme de sociétés anonymes : c'est le cas, par exemple, des sociétés immobilières d'investissement.

§2. LES CONDITIONS DE FORME

1115 Elles concernent la procédure de constitution (A), la rédaction des statuts (B) et les formalités de publicité (C).

A- La procédure

1116 Elle diffère selon qu'à sa constitution, la société anonyme recourt (1) ou non (2) à un appel public à l'épargne.

1- La procédure dans les SA faisant appel public à l'épargne

1117 Dans les SA faisant appel public à l'épargne, la procédure est très formaliste et peut durer plusieurs mois, ce qui rend plus rare cette forme de constitution. Comme pour toutes les autres formes de société, il est nécessaire d'établir un projet de statuts (un exemplaire est déposé au greffe où il peut être consulté par les tiers qui peuvent en obtenir copie à leurs frais), mais il est surtout exigé de ce type de SA qu'elle produise, d'une part une notice d'information (destinée à renseigner les souscripteurs sur les principales caractéristiques de la

[1513] Art. 403 AUS.

société, elle est signée par les fondateurs et indique leurs noms, prénoms, domiciles et nationalités, leur siège social, leur forme ou leur dénomination s'il s'agit de personnes morales) qui sera publiée au bulletin des annonces légales obligatoires (BALO) (a), et d'autre part une note d'information rédigée à l'attention du public (b).

a- Le document d'information

1118 Pour l'information du public, les fondateurs d'une société faisant appel public à l'épargne doivent, préalablement à l'opération, présenter à l'organisme de contrôle de la bourse des valeurs[1514] des États-parties dont le public est sollicité, un projet de document d'information destiné aux épargnants. L'information du public en cas d'appel public à l'épargne est ainsi strictement réglementée par les articles 86 et 96 de l'AUS qui font de l'établissement du document d'information une condition de validité de toute sollicitation de l'épargne du public. Ce document doit porter sur l'organisation, la situation financière, l'activité et les perspectives ainsi que les droits attachés aux titres offerts au public de cette société. En plus de ces informations, la société émettrice doit, au cas où son appel des fonds se ferait dans un autre État-partie que celui de son siège social, fournir des renseignements relatifs au régime fiscal, aux établissements qui assurent le service financier de l'émetteur dans cet État-partie, aux modes de publication des avis destinés aux investisseurs[1515]. Le document doit donc contenir tous les renseignements nécessaires aux investisseurs pour fonder leur jugement sur le patrimoine, la situation financière, les résultats et perspectives de l'émetteur ainsi que les droits attachés offerts à l'épargne.

1119 Cependant, il est admis que certaines informations peuvent ne pas être insérées dans le document d'information. Ainsi, ne peuvent être insérés dans ce document d'information, les renseignements de faible importance qui ne sont pas susceptibles d'influencer l'appréciation portée au patrimoine, à la situation financière, aux résultats et aux perspectives de la société émettrice[1516]. Pareillement, ne peuvent être divulguées, les informations contraires à l'ordre public ou celles dont la publication peut causer un préjudice grave à la société émettrice. L'absence de publication de ces informations ne doit pas être de nature à induire les épargnants en erreur. On aurait pu craindre que cette limite apportée par l'article 88 de l'AUS ne soit une autre voie ouverte au secret des affaires. Mais ce n'est pas le cas. En effet, l'article 90 du même texte oblige la société

[1514] D. LOUKAKOU, « Les valeurs mobilières dans l'Acte uniforme relatif au droit des sociétés commerciales de l'espace OHADA », Pénant, n° 844, Juillet-Septembre 2003, p.261 ; I. N'DIAYE, « La notion de valeur mobilière après l'adoption des actes uniformes pris en application du Traité OHADA », *Revue International de Droit Africain,* n° 38, Juillet-Septembre 1998, p. 45 ; MOUHOUAIN SALIFOU, *L'information en droit des sociétés : Le cas des sociétés faisant appel public à l'épargne*, mémoire de Master, Ngaoundéré (Cameroun), 2009.
[1515] Art. 87 AUSC.
[1516] Art. 88, ibid.

émettrice à soumettre le projet de ce document indispensable et de la société émettrice ; lequel « *s'assure que l'opération ne comporte pas d'irrégularités et ne comporte pas d'actes contraires aux intérêts des épargnants ou des investisseurs* ». Bien plus, s'il apparaît entre la date du visa et le début de l'opération projetée des faits nouveaux significatifs, l'émetteur ou l'initiateur de l'offre doit établir un document complémentaire mis à jour[1517] qui avant toute communication au public est également soumis au visa des autorités boursières[1518].

1120 Quoiqu'il en soit, le document final d'information qui a pour objet de décrire les objectifs et les modalités du programme d'émission des titres, ne peut en principe être modifié. Il doit être publié dans un journal habilité à recevoir les annonces légales dans l'État-partie du siège social de la société émettrice et dans les autres États-parties dont le public est sollicité. Il s'agit d'une véritable transparence supranationale qui serait plus efficace, si le législateur communautaire africain avait canalisé la publication dans un journal unique, à l'exemple du journal officiel de l'OHADA. Néanmoins, afin de faciliter l'information des souscripteurs potentiels, des brochures sont mises à disposition, pour consultation, de toute personne qui en fait la demande au siège social de la société émettrice[1519]. Également, une copie du document doit être adressée sans frais à tout intéressé. Ce qui signifie en fait que le document peut être remis ou adressé de manière systématique à toute personne dont la souscription est sollicitée. De même, tout communiqué, affiche, annonce ou circulaire qui porte l'opération à la connaissance du public, doit mentionner de façon apparente, l'existence de ce document d'information[1520].

Le document d'information ainsi présenté n'est pas exigé si l'offre est destinée à des personnes dans le cadre de leurs activités professionnelles ou lorsqu'elle est destinée à rémunérer en valeurs mobilières, des apports effectués à l'occasion d'une fusion ou d'un apport partiel d'actif. De même, par souci d'éviter un double emploi, l'établissement du document d'information est exclu lorsque les valeurs mobilières offertes proviennent de l'exercice d'un droit issu des titres dont l'émission a donné lieu à l'établissement de ce document. C'est également le cas lorsque les valeurs mobilières sont offertes en substitution d'actions de la même société, sans que leur émission puisse entraîner une augmentation du capital de la société émettrice. Une exclusion semblable est applicable lorsque l'offre concerne les actions ou des parts d'organismes de placement collectif de valeurs

[1517] Art. 92 du même texte.
[1518] Ainsi, par souci de garantir les droits des investisseurs en leur donnant la confiance nécessaire au fonctionnement des mécanismes du marché, l'organe de contrôle boursier peut aller jusqu'à demander à la société de faire figurer sur le document final d'information un avertissement rédigé par leurs soins.
[1519] Art. 93 AUS. L. D. NGNINTEDEM, *L'information en droit des sociétés commerciales*, op. cit.
[1520] Art. 93 AUS.

mobilières autres que fermés, ou bien si le montant global de l'offre est inférieur à 50 millions de francs CFA. Ces limites ainsi apportées à la transparence de l'appel public à l'épargne peuvent être interprétées comme la subsistance d'une certaine opacité en la matière.

Après visa de sa publication, la note d'information est remise ou adressée sans frais à tout souscripteur, acheteur ou investisseur potentiel sollicité ou à toute personne qui en fait la demande. Ladite note est également tenue à la disposition du public :

« *Au siège de l'émetteur, au siège de la bourse des valeurs appelées à admettre les titres aux négociations, dans tous les établissements chargés de recueillir les souscriptions ou des achats. L'émetteur ou son représentant est tenu d'informer la Commission des Marchés Financiers au plus tard le jour de l'ouverture des souscriptions, du nombre de notes d'information imprimées et diffusées dans le public* »[1521].

Le document d'information ainsi étudié ne doit cependant pas être confondu avec la notice qui semble moins explicite et nettement moins contrôlée que lui.

b- La notice d'information

1121 La notice est une sorte de déclaration publique faite par les fondateurs qui se proposent de constituer une société ; elle contient alors la description de la personne morale[1522].

La notice doit contenir des mentions utiles à l'information du souscripteur, comme le document d'information. Elle doit contenir les informations sur l'état civil de la société, le nombre des actions à souscrire, la valeur nominale des actions à émettre, la description sommaire des apports en nature, leur évaluation globale, leur mode de rémunération avec indication du caractère provisoire de cette évaluation, les avantages particuliers stipulés dans le projet de statuts au profit de toute personne et les conditions d'admission d'actionnaires et l'exercice du droit de vote. Figurent également dans cette notice le délai ouvert pour la souscription avec l'indication de la possibilité de clôture anticipée, les dispositions concernant la répartition des bénéfices à la constitution de réserves ainsi que la répartition du *boni* de liquidation. Enfin, les modalités de convocation de l'assemblée générale constitutive et le lieu de la réunion doivent être mentionnés dans la notice.

1122 L'article 825 de l'AUS oblige les sociétés anonymes qui font publiquement appel à l'épargne « *d'insérer préalablement à la souscription des actions, la notice plutôt dans les journaux habilités à recevoir les annonces*

[1521] V. art. 19 du Règlement de la Commission des Marchés Financiers camerounais.

[1522] MOUHOUAIN SALIFOU, *L'information en droit des sociétés : Le cas des sociétés faisant appel public à l'épargne*, op. cit. p. 545.

légales de l'État de leur siège social ou le cas échéant des États-parties dont le public est sollicité ». C'est dire que cette insertion peut se faire soit au journal officiel de l'État-partie, soit dans les quotidiens nationaux d'informations générales.

Contrairement au document d'information, la publication de la notice n'est soumise à aucune formalité. Si la notice est d'une importance fondamentale pour l'information du public, il apparaît en pratique que ce n'est pas elle qui informe le public, mais plutôt les circulaires qui reproduisent les énonciations de la notice. Ces circulaires contiennent la mention de l'insertion de la notice dans le journal habilité à recevoir les annonces légales où elle a été publiée[1523]. Les affiches, prospectus et annonces dans les journaux, doivent reproduire les mêmes énonciations, voire un extrait de ces énonciations, avec référence à la notice ainsi que l'indication du numéro du journal dans lequel cette notice a été publiée. Ils doivent également mentionner la signature de la personne ou du représentant de la société d'où provient l'offre ainsi que les précisions sur l'inscription des valeurs offertes.

1123 De toute manière, tous ces documents doivent, en plus des énonciations susmentionnées, exposer les projets des fondateurs quant à l'emploi des fonds provenant de la libération des actions souscrites[1524].

Après ces formalités qui viennent d'être citées, les opérations de publicité peuvent alors commencer (annonces de presse, prospectus et circulaires qui reproduisent les indications du bulletin d'annonces légales dans lequel la notice d'information a été publiée).

On en vient alors à la phase de formation du capital social. Les apporteurs en numéraire doivent signer eux-mêmes des bulletins de souscription indiquant le nombre de titres souscrits. Une copie sur papier libre de ce bulletin obligatoire est remise au souscripteur. À l'appui de sa souscription, le futur actionnaire doit libérer la fraction du montant nominal des actions à verser immédiatement, qui ne peut être inférieure à la moitié. Les souscriptions et les versements sont constatés par un certificat du dépositaire (qui remplace la déclaration notariée), établi sur présentation des bulletins de souscription.

Et lorsque l'intégralité du capital est souscrite, une assemblée générale constitutive doit être réunie. Après avoir constaté que le capital a été intégralement souscrit et que les actions ont été libérées du montant exigible (au minimum la moitié), cette assemblée adoptera les statuts et nommera les organes de la société (dirigeants et un ou plusieurs commissaires aux comptes).

[1523] Art. 827 AUS.

[1524] Y.-R. NGO NDJIGUI, *Le secret des affaires dans le droit des pays de l'espace OHADA et en droit français*, op. cit., pp. 323 et s.

2- La procédure dans les SA sans appel public à l'épargne

1124 Les formalités rencontrées dans les SA faisant appel public à l'épargne ne sont pas nécessaires dans les SA classiques qui ne font pas appel public à l'épargne.

Cela dit, quelquefois, les fondateurs de la société qui seront en principe les futurs actionnaires signent un protocole d'accord qui consigne leur engagement sur les points les plus importants que soulèvent la création et le fonctionnement ou structure de la société. Ce protocole peut s'analyser en une promesse de société génératrice d'une obligation de faire, dont l'inexécution ne pourrait toutefois être sanctionnée que par des dommages-intérêts.

Dans l'indifférence de la loi, les besoins pratiques conduiront à la rédaction d'un projet de statuts, le plus souvent par un praticien.

Normalement, il n'y a pas lieu d'établir des bulletins de souscription, l'engagement des souscripteurs résultant de la seule signature des statuts (a). Par contre, d'autres formalités s'imposent à ces types de sociétés lorsqu'il y a eu apport en nature (b).

a- L'établissement des bulletins de souscription

1125 Les fondateurs de la société sont chargés d'établir les bulletins de souscription. Ils doivent pour ce faire, contacter personnellement les futurs actionnaires individuellement. En cas d'accord, ceux-ci datent et signent le bulletin en mentionnant en toutes lettres le nombre d'actions souscrites[1525].

Selon l'AUS, le bulletin doit être établi en deux exemplaires ; l'un pour la société en formation et l'autre pour le notaire qui dressera la déclaration de souscription et de versement[1526]. Il n'est pas prévu d'exemplaire pour le souscripteur. Il lui est toutefois reconnu le droit à une copie.

1126 Le bulletin de souscription doit contenir les mentions suivantes : l'indication du dépositaire chargé de conserver les fonds jusqu'à l'immatriculation de la société au registre du commerce et du crédit mobilier[1527] ; l'indication du notaire chargé de dresser la déclaration de souscription et de versement.

Le souscripteur peut ainsi vérifier par lui-même, si la constitution projetée est réelle et non fictive.

[1525] MOUHOUAIN SALIFOU, *L'information en droit des sociétés : Le cas des sociétés faisant appel public à l'épargne,* op. cit. p. 545.

[1526] Art. 391 AUS.

[1527] P. S. AKUETE, « L'immatriculation au nouveau registre du commerce et du crédit mobilier », *Revue Togolaise de Droit des Affaires et de l'Arbitrage*, mars 2000, p. 2.

b- La constitution avec apport en nature et/ou stipulation d'avantages particuliers

1127 En cas d'apport en nature ou stipulation d'avantages particuliers[1528], en plus des règles générales qui viennent d'être étudiées, une assemblée générale constitutive est nécessaire. Souvent, il sera même nécessaire de faire précéder celle-ci d'une assemblée dite préconstitutive. En effet, bien que l'Acte uniforme ne l'envisage pas comme une formalité qui s'impose, celle-ci peut s'avérer parfois nécessaire. Ainsi, pour désigner le commissaire aux apports, il est demandé que les futurs associés doivent faire l'unanimité[1529]. Pour éviter tout blocage, cette assemblée préconstitutive s'impose. Son rôle consiste donc à désigner ce commissaire qui évaluera les apports en nature ou les avantages particuliers stipulés. Elle ne devient inutile que lorsqu'à défaut de l'unanimité recherchée, les fondateurs se sont adressés à la justice pour la désignation du commissaire aux apports. Il s'agit en effet d'assurer l'égalité entre les futurs actionnaires en faisant valeur aussi exactement que possible leurs différents apports.

Le commissaire aux apports est choisi sur la liste des commissaires aux comptes. L'AUS ne parle que de la désignation d'un seul[1530], contrairement au droit français qui prévoit l'éventualité d'en désigner plusieurs[1531]. Il peut cependant se faire assister dans l'accomplissement de sa mission par un ou plusieurs experts de son choix[1532].

Quant à l'assemblée générale constitutive proprement dite, elle a pour but de signer l'acte de naissance de la société anonyme. Elle doit se prononcer sur l'évaluation des apports en nature ou des avantages particuliers faite par le commissaire aux apports. Elle a en outre pour mission : de constater que le capital social est entièrement souscrit et que les actions de numéraire sont libérées au moins du quart, d'adopter les statuts de la société avec possibilité de modification à l'unanimité, de reprendre éventuellement des engagements souscrits par les fondateurs pour le compte de la société en formation, de nommer les premiers dirigeants sociaux ainsi que le ou les commissaires aux comptes, de donner le cas échéant aux premiers administrateurs mandat de prendre des engagements pour le compte de la société avant l'acquisition de la personnalité morale, c'est-à-dire avant l'immatriculation au registre du commerce et du crédit mobilier[1533].

1128 Parce que cette assemblée revêt une importance particulière, la loi encadre son fonctionnement par des règles très strictes de convocation, de

---

[1528] R. NJEUFACK TEMGWA, « Les titres sociaux assortis de droits particuliers », *Juridis Périodique*, n° 77, Janvier-Mars 2009, pp. 83-88.
[1529] V. Art. 400 al. 3 AUS.
[1530] V. Art. 400 AUS.
[1531] V. la loi de 1966.
[1532] V. Art. 402 AUS.
[1533] V. Art. 410 AUS.

majorité et de quorum. L'assemblée est convoquée par les fondateurs quinze (15) jours au moins avant la date. La convocation est faite soit par lettre au porteur contre récépissé, soit par lettre recommandée avec demande d'avis de réception[1534]. La lettre doit mentionner l'ordre du jour, le lieu, la date et l'heure de l'assemblée. L'inobservation de ces règles est sanctionnée par la nullité de l'assemblée générale constitutive[1535].

1129 Pour délibérer valablement, les souscripteurs présents ou représentés doivent posséder au moins la moitié des actions[1536]. Si ce quorum n'est pas atteint, une deuxième convocation doit être adressée aux souscripteurs six jours au moins avant la date de l'assemblée. Le quorum est fixé au quart des actions[1537]. À défaut, une troisième convocation peut être adressée aux souscripteurs dans les mêmes conditions que la deuxième, pourvu qu'elle le soit dans un délai maximum de deux mois à compter de la date fixée par la deuxième convocation[1538].

L'assemblée est présidée par l'actionnaire majoritaire ou, à défaut, par le doyen d'âge assisté d'un bureau[1539]. Elle statue à la majorité des deux tiers des voix dont disposent les souscripteurs présents ou représentés. Mais il n'est pas pris en compte pour le calcul du quorum et de la majorité, les actions de l'apporteur en nature ou du bénéficiaire d'avantages particuliers même s'il a également la qualité d'apporteur en numéraire[1540], nul ne pouvant être à la fois juge et partie. Et il ne faut pas oublier le fait que l'assemblée générale constitutive a surtout pour mission de juger le rapport du commissaire sur l'évaluation des apports en nature et l'octroi d'avantages particuliers. Une double voie s'ouvre alors à elle : soit elle approuve ce rapport, la société peut se constituer, soit elle le désapprouve. Bien souvent, elle estimera que l'apport ou l'avantage particulier a été surévalué. Elle proposera donc une diminution de sa valeur[1541]. La résolution doit être votée à l'unanimité des souscripteurs. Il faut en plus et surtout le consentement de l'apporteur[1542].

1130 L'hypothèse de la sous-évaluation n'a pas été envisagée par le législateur. Mais il ne fait aucun doute qu'étant souveraine, l'assemblée peut revoir à la hausse l'évaluation faite par le commissaire[1543]. Il convient de noter cependant que cela sera fait aux risques et périls des souscripteurs qui bien

---

[1534] V. Art. 404 AUS.
[1535] Ibid.
[1536] V. Art. 405 al. 1 AUS.
[1537] V. Art. 405 al. 2 AUS.
[1538] V. Art. 405 al. 3 AUS.
[1539] V. Art. 407 AUS.
[1540] V. Art. 408 al. 3 AUS.
[1541] F. ANOUKAHA, C. ABDOULLAH et al., *OHADA, Sociétés commerciales et GIE*, op. cit., p. 414
[1542] V. Art. 409 AUS.
[1543] F. ANOUKAHA, C. ABDOULLAH et al., *OHADA, Sociétés commerciales et GIE*, op. cit., p. 414

souvent ne disposent pas d'assez d'éléments techniques pour y procéder. Quoi qu'il en soit, les actionnaires et les administrateurs sont solidairement responsables à l'égard des tiers pendant cinq (5) ans de la valeur attribuée aux apports en nature ou aux avantages particuliers[1544].

À la fin de l'assemblée générale constitutive, un procès-verbal doit être établi, indiquant la date, le lieu de la réunion, la nature de l'assemblée, le mode de convocation, l'ordre du jour, le quorum, les résolutions soumises au vote, les conditions de quorum et de vote pour chaque résolution et le résultat des votes pour chacune d'elle, l'acceptation de leurs fonctions par les premiers responsables. Ces derniers vont ensuite procéder à l'immatriculation de la société au registre du commerce et du crédit mobilier.

B- Les statuts

1131 Un choix s'offre aux actionnaires entre les statuts simplifiés (ou courts) ou développés (ou longs). Les premiers mentionnent seulement les éléments impérativement prévus pour la SA et se contentent ensuite de faire référence aux dispositions légales. Dans la formule développée, on rédige entièrement les statuts en reprenant les indications légales. Cette seconde formule présente l'inconvénient majeur de nécessiter une modification des statuts à chaque réforme des dispositions applicables.

1132 Quel que soit le choix opéré, les statuts doivent toujours préciser, en plus des mentions classiques (forme, dénomination sociale, durée, objet social, siège social, montant du capital), le mode d'administration et de direction retenu, la désignation des premiers responsables de la société anonyme à savoir les membres du conseil d'administration ou l'administrateur général, les commissaires aux comptes et leurs suppléants, les stipulations relatives à la composition, au fonctionnement et aux pouvoirs des organes de la société.

Sont annexés aux statuts, le rapport du commissaire aux apports en cas d'apports en nature et l'état des actes accomplis pour le compte de la société en formation, avec l'indication pour chacun d'eux, de l'engagement qui en résulte pour la société. La signature des statuts, qui est nécessaire (en personne ou par mandataire justifiant d'un pouvoir spécial), marque l'engagement définitif des associés fondateurs. C'est à cette date que la société est réputée constituée, mais elle n'aura la personnalité morale qu'à compter de son immatriculation.

Si la signature n'intervient pas dans les six mois du dépôt des fonds, les actionnaires fondateurs peuvent demander au président du tribunal, l'autorisation de récupérer ces sommes[1545].

[1544] V. Art. 409 AUS.
[1545] V. Art. 398 AUS.

C- Les formalités

1133 Ce sont les mêmes formalités, que la société fasse ou non appel à l'épargne. Il s'agit principalement de la publicité dans un journal d'annonces légales, d'un dépôt du dossier au greffe du siège social pour immatriculation au registre du commerce et du crédit mobilier.

S-SECTION II. LA SANCTION DES RÈGLES DE CONSTITUTION

1134 La nullité de la SA peut être encourue dans des conditions similaires à celles imposées pour les autres sociétés (sociétés fictives ou frauduleuses, objet illicite), avec deux particularités toutefois. D'une part, les vices du consentement ou l'incapacité n'entraînent la nullité d'une SA que s'ils atteignent l'ensemble des associés fondateurs.

D'autre part, l'AUS n'a prévu aucun cas de nullité spécifique à la SA, le non-respect des règles propres à celle-ci ne donnant lieu qu'à une dissolution (en l'absence de régularisation).

Par ailleurs, l'AUS a prévu les infractions relatives à la constitution des SA. Ainsi, constitue une infraction pénale, le fait pour les fondateurs, le président-directeur général, le directeur général, l'administrateur général ou l'administrateur général adjoint d'une société anonyme d'émettre des actions avant l'immatriculation ou à n'importe quelle époque lorsque l'immatriculation est obtenue par fraude ou que la société est irrégulièrement constituée[1546]. De même, encourent une sanction pénale : 1°) ceux qui, sciemment, par l'établissement de la déclaration notariée de souscription et de versement ou du certificat du dépositaire, auront affirmé sincères et véritables des souscriptions qu'ils savaient fictives ou auront déclaré que les fonds qui n'ont pas été mis définitivement à la disposition de la société ont été effectivement versés ; 2°) ceux qui auront remis au notaire ou au dépositaire, une liste des actionnaires ou des bulletins de souscription et de versement mentionnant des souscriptions fictives ou des versements de fonds qui n'ont pas été mis définitivement à la disposition de la société ; 3°) ceux qui sciemment, par simulation de souscription ou de versement ou par publication de souscription ou de versement qui n'existent pas ou de tous autres faits faux, auront obtenu ou tenteront d'obtenir des souscriptions ou des versements ; 4°) ceux qui, sciemment, pour provoquer des souscriptions ou des versements, auront publié les noms de personnes désignées contrairement à la vérité comme étant ou devant être attachées à la société à un titre quelconque ; ceux qui, frauduleusement, auront fait attribuer à un apport en nature, une évaluation supérieure à sa valeur réelle[1547].

[1546] Art. 886 AUS.
[1547] Art. 887 AUS.

Il y a, ainsi comme on peut l'observer, une nette complexité des règles de constitution des SA, mais cela n'a guère constitué un frein à l'essor d'une formule sociétaire que le Doyen Ripert a pu qualifier de « *merveilleux instrument du capitalisme moderne* »[1548].

SECTION II- LA STRUCTURE DE LA SOCIÉTÉ ANONYME

1135 La structure de la SA n'est pas profondément différente de celle des autres sociétés, puisque l'on retrouve les trois catégories d'organes classiques : les organes de gestion (S-section 1), l'assemblée générale des actionnaires (S-section 2) et le commissaire aux comptes dont la présence est obligatoire (S-section 3).

S-SECTION I. LES ORGANES DE GESTION

1136 L'AUS offre aux fondateurs un choix entre deux formules en ce qui concerne la structure des organes de gestion[1549] qui vont assurer la direction de la société[1550] : la forme classique ou moniste avec conseil d'administration[1551] (§1), et la forme nouvelle de la société anonyme avec administrateur général (§2). Mais en réalité, seules les sociétés anonymes comprenant au moins trois actionnaires bénéficient de cette option.

§1. LA SOCIÉTÉ ANONYME AVEC CONSEIL D'ADMINISTRATION

1185 Cette formule fait une nette distinction entre l'administration de la société anonyme (B) et sa direction (B).

A- L'administration de la société

1137 C'est celui de droit commun en ce sens qu'il s'applique, lorsque la société compte au moins trois actionnaires, sauf volonté contraire des actionnaires[1552]. En réalité, cette structure cache divers organes dont les statuts et les pouvoirs sont bien définis par l'Acte uniforme : d'abord le conseil d'administration (1), ensuite son président (2) et enfin le directeur général (3).

[1548] RIPERT G. et ROBLOT R., *Traité de Droit commercial,* t. 2, par GERMAIN M. et MAGNIER V., 20ème éd., 2011, LGDJ.

[1549] NDOYE ABSA, *Les organes de gestion,* Mémoire UCAD, 2007, 47p.

[1550] Pour aller plus loin, voir B. NJOYA KAMGA, *Les dirigeants sociaux,* thèse, Dschang, 2007.

[1551] V. pour plus de détails, C. BITTY-KOYATE, *OHADA-Société Anonyme avec conseil d'administration : repères juridiques des dirigeants*, Abidjan, Win édition, 2012 ; *OHADA-Droit des sociétés Anonymes avec conseil d'administration, 100 questions 100 réponses pratiques*, Win édition, 2012

[1552] V. Art. 416 AUS ; J. GAYKI SENGHOR, *L'administration dans la société anonyme*, Mémoire UCAD, 2008.

1- Le conseil d'administration

1138 L'accès au conseil d'administration est entouré d'un certain nombre d'exigences (a) qui confèrent un statut particulier aux administrateurs (b). Le fonctionnement de cet organe repose cependant sur des principes simples (c).

a- L'accès au conseil d'administration

1139 Il est généralement admis que seuls les actionnaires peuvent accéder aux fonctions d'administrateur, à condition de posséder un certain nombre d'actions de la société déterminé par les statuts[1553]. L'acte uniforme va plus loin et formule que la société anonyme peut être administrée par un conseil d'administration composé de trois (3) membres au moins et de douze (12) membres au plus, actionnaires ou non[1554]. Cette mesure a certainement pour but de faire intégrer les salariés non actionnaires à l'administration de la société[1555], bien que cette intégration ne soit envisagée que comme une faculté[1556]. En France, avant la loi NRE, ce nombre d'actions exigées pour faire partie du conseil d'administration ne pouvait être inférieur à celui requis par les statuts pour l'admission aux assemblées générales ordinaires. Désormais, cette loi ayant supprimé la faculté statutaire d'exiger la détention d'un nombre minimal d'actions pour participer aux assemblées générales, l'article L. 225-25 a été modifié. Ainsi, les statuts peuvent désormais librement déterminer, comme en droit OHADA le nombre d'actions que doit posséder un actionnaire pour pouvoir devenir administrateur. Seule réserve, cette règle de détention d'un nombre minimal d'actions ne s'applique pas pour qu'un salarié devienne administrateur[1557], puisque l'acte uniforme précise bien que les statuts peuvent imposer que chaque administrateur soit propriétaire d'un nombre d'actions de la société qu'ils déterminent. Cette disposition ne s'applique pas dans le cas des salariés nommés administrateurs. Tout administrateur qui, au jour de sa nomination, n'est pas titulaire du nombre d'actions requis par les statuts ou, en cours de mandat, cesse d'en être propriétaire, se trouve en infraction avec les dispositions de l'alinéa qui précède. Dans ce cas, il doit, dans les trois (3) mois de sa nomination ou si l'infraction survient en cours de mandat, dans les trois (3) mois de la date de la cession d'actions à l'origine de

---

[1553] V. pour plus de détails ISSA SIDIBE, *La gouvernance des sociétés anonymes dans la zone OHADA*, thèse, UCAD, 2013 ; E. O.BEKAYE, *Le statut du dirigeant de sociétés commerciales en droit mauritanien*, mémoire de DEA, Université Gaston Berger (Saint-Louis, Sénégal), 2011.
[1554] V. Art. 416 AUS.
[1555] L'art. 22 de la loi de 1867 ne l'admettait guère.
[1556] Au total, bien que le législateur OHADA marque une évolution significative par rapport à la loi du 24 juillet 1867 relative aux sociétés anonymes, il reste que cette participation facultative est très restreinte. Et l'utilisation par le législateur du verbe « *pouvoir* » illustre bien cette faiblesse de la représentation du salarié aux instances de décisions sociales. Leur représentation au sein du conseil d'administration, étant laissée à la seule volonté soit des dirigeants, soit des actionnaires, il est à craindre qu'il leur soit parfois injustement refusées certaines informations pourtant nécessaires pour eux
[1557]V. art. L. 225-25, al. 3.

l'infraction, se démettre de son mandat. À l'expiration de ce délai, il est réputé s'être démis de son mandat et doit restituer les rémunérations perçues, sous quelque forme que ce soit, sans que puisse être remise en cause la validité des délibérations auxquelles il a pris part[1558].

1140 L'administrateur peut être une personne physique ou une personne morale. Pour le cas de la personne morale, lors de sa nomination, elle est tenue de désigner, par lettre au porteur contre récépissé ou par lettre recommandée avec demande d'avis de réception adressée à la société, pour la durée de son mandat, un représentant permanent. Bien que ce représentant permanent ne soit pas personnellement administrateur de la société, il est soumis aux mêmes conditions et obligations et encourt les mêmes responsabilités civiles et pénales que s'il était administrateur en son nom propre, sans préjudice de la responsabilité solidaire de la personne morale qu'il représente[1559].

Outre ces conditions générales, la loi prévoit une limitation particulière quant aux conditions d'accès au conseil. La loi pose une règle de limitation du nombre des mandats[1560] : une personne physique, administrateur en nom propre ou représentant permanent d'une personne morale administrateur, ne peut appartenir simultanément à plus de cinq (5) conseils d'administration de sociétés anonymes ayant leur siège sur le territoire d'un même État-partie. Ne sont pas pris en compte les mandats d'administrateur exercés par cette personne dans les sociétés contrôlées par la société dont elle est administratrice. Toute personne physique qui, lorsqu'elle accède à un nouveau mandat, se trouve au-delà du seuil légal doit donc, dans les trois (3) mois de sa nomination, se démettre de l'un de ses mandats. D'ailleurs, à l'expiration de ce délai, elle est réputée s'être démise de son nouveau mandat et doit restituer les rémunérations perçues, sous quelque forme que ce soit, sans que soit remise en cause la validité des délibérations auxquelles elle a pris part[1561]. La limitation du nombre de mandats n'est pas applicable aux personnes morales[1562].

Il faut relever, enfin, que les statuts peuvent subordonner l'élection aux fonctions d'administrateur à l'existence d'autres qualités ; par exemple la possession de diplômes particuliers. En matière bancaire, cette exigence est même légale[1563].

1558 V. art. 417 AUS ; B. NTYAM MEZUI, *Le pouvoir dans les sociétés anonymes*, mémoire de Master, Ngaoundéré, 2012.
1559 V. art. 421 AUS.
1560V. art. 425 AUS. V. dans le même sens en droit français, l'article L. 225-21, réd. loi NRE, avec les éclaircissements et assouplissements apportés par la loi « Houillon » du 29 octobre 2002 et la loi de sécurité financière du 1er août 2003.
1561 V. art. 425 al. 4 AUS.
1562 V. R. NEMEDEU, *Le contrôle des dirigeants des sociétés anonymes*, thèse, Robert Schuman, 2000.
1563 V. art. 15 du Le Règlement n° 04/08/CEMAC/UMAC/COBAC relatif au Gouvernement d'entreprise dans les établissements de crédit de la CEMAC.

1141 Le conseil d'administration est un organe collégial composé de trois membres au moins et le maximum est fixé par les statuts dans la limite du plafond légal qui est de douze. Il est obligatoirement composé de trois membres au moins lorsque la société fait appel public à l'épargne et de quinze membres au plus lorsque ses actions sont admises à la bourse des valeurs.

Le nombre des administrateurs de la société anonyme peut être provisoirement dépassé, en cas de fusion avec une ou plusieurs sociétés, jusqu'à concurrence du nombre total des administrateurs en fonction depuis plus de six (6) mois dans les sociétés fusionnées, sans pouvoir être supérieur à vingt-quatre (24)[1564]. Les administrateurs décédés ou ayant cessé leurs fonctions ne peuvent être remplacés, de même que de nouveaux administrateurs ne peuvent être nommés, sauf lors d'une nouvelle fusion, tant que le nombre d'administrateurs en fonction n'a pas été ramené à douze (12).Un tel encadrement du nombre des administrateurs s'explique par le fait qu'un caractère pléthorique du conseil le rendrait moins dynamique (dans la prise des décisions) et plus onéreux (du fait de leur rémunération).

Les premiers administrateurs sont désignés par les statuts ou le cas échéant par l'assemblée générale constitutive. En cours de vie sociale, les administrateurs sont désignés par l'assemblée générale ordinaire. Toutefois, en cas de fusion, l'assemblée générale extraordinaire peut procéder à la nomination de nouveaux administrateurs[1565]. La durée du mandat des administrateurs est fixée librement par les statuts sans pouvoir excéder six (6) ans en cas de nomination en cours de vie sociale et deux (2) ans, en cas de désignation par les statuts ou par l'assemblée générale constitutive.

Le point de départ du délai se situe au jour de l'immatriculation de la société. Toute nomination qui interviendrait dans des conditions différentes serait nulle. Les modalités de l'élection des administrateurs sont librement fixées par les statuts qui peuvent prévoir une répartition des sièges en fonction des catégories d'actions. Toutefois, et sous réserve des dispositions du présent Acte uniforme, cette répartition ne peut priver les actionnaires de leur éligibilité au conseil, ni priver une catégorie d'actions de sa représentation au conseil[1566]. Les administrateurs sont rééligibles sans limites, sauf stipulation contraire des statuts[1567].

1142 Les causes de cessation des fonctions sont diverses :

- limite d'âge atteinte ;

- décès ;

[1564] V. art. 418 AUS

[1565] V. art. 419 AUS.

[1566] V. art. 424 AUS

[1567] V. art. 424 al. 2 AUS.

- arrivée du terme du mandat ;

- dissolution ou transformation de la société.

Pour ce qui est par exemple de la démission, il faut noter que l'administrateur peut démissionner à tout moment sans justification (l'assemblée ne peut pas refuser cette démission), mais il doit le faire sans intention de nuire à la société sous peine d'engager sa responsabilité civile. À l'égard de la société, l'administrateur se trouve libéré de ces fonctions dès qu'il a notifié sa démission à la société, mais la décision n'est opposable aux tiers qu'après l'accomplissement des formalités de publicité. Il est à relever que l'administrateur peut être tenu de démissionner lorsqu'il est frappé d'une incapacité ou d'une déchéance incompatible avec l'exercice de sa fonction.

Quant à la révocation, les administrateurs peuvent être révoqués[1568] à tout moment par l'assemblée générale ordinaire, même lorsque la question n'est pas inscrite à l'ordre du jour. La révocation peut être également décidée par l'assemblée générale extraordinaire, mais dans les conditions de quorum et de majorité prévues pour les assemblées générales ordinaires. Cette règle légale est d'ordre public et toute disposition contraire est réputée non écrite. Il s'agit donc d'une révocation *ad nutum* des administrateurs : pas d'obligation de motiver la décision, pas de préavis à respecter, aucune indemnité n'est due au révoqué, sauf abus de droit (révocation précipitée, révocation entourée de circonstances injurieuses ou ayant un caractère vexatoire). Cette idée est d'ailleurs renforcée par leur statut de membres du conseil d'administration.

b- Le statut des membres du conseil d'administration

1143 Les administrateurs sont tenus comme tout dirigeant de certaines obligations. Ils doivent exercer leur mission avec diligence et bonne foi[1569]. Ils

[1568] V. pour plus de détails sur la question de la révocation K. ADOM, « La révocation des dirigeants de sociétés commerciales », *Rev. sociétés* 1998.487. - BERTREL, « Révocabilité *ad nutum* et contradictoire », Dr. et patrimoine oct. 1998.74. - CAUSSAIN, « Révocation et modes de protection », *Bull. Joly* 1993.523. - DE LAENDER, « Révocation des dirigeants sociaux », *Dr. sociétés* 2000, chron. 9. - FRÉMEAUX, « L'avenir du régime de révocation des dirigeants sociaux », *Petites affiches*, 20 déc. 2000, p. 6. - LE CANNU, « Principe de contradiction et protection des dirigeants », *Bull. Joly* 1996.11. - LYON-CAEN, « Protection sociale des dirigeants non-salariés », *Études A. Weill*, p. 405 ; E. O. BEKAYE, *Le statut du dirigeant de sociétés commerciales en droit mauritanien*, Mémoire de DEA, Université Gaston berger (Sénégal), 2011.

[1569] V. à propos du gouvernement d'entreprise : G. R. MPONDO MBOKA, « Le gouvernement d'entreprise dans le droit OHADA des sociétés commerciales », *RTD act.*, n° 17, janvier-février-mars 2011, pp. 27-67 ; ISSA SIDIBE, *La gouvernance des sociétés anonymes dans la zone OHADA*, thèse, op. cit. p. 179 ; V. également A. COURET, « Le gouvernement d'entreprise : la *corporate governance* », *D.*1995, pp. 163 et s. ; J. PAILLUSSEAU, « La *corporate governance.* A propos du rapport *Bouton* », *D.* 2002, pp. 2722 et s. ; Ph. BISSARA, « Le gouvernement d'entreprise en France : faut-il légiférer encore et de quelle manière ? », *Rev. sociétés,* 2003, pp. 51 et s., A. SAMB, *L'impact des principes de la corporate governance sur le droit OHADA des sociétés*, mémoire de Maitrise, Université Gaston Berger (Saint-Louis, Sénégal), 2002.

doivent assister aux réunions du conseil d'administration. Ils sont tenus également au secret en ce qui concerne les informations confidentielles communiquées comme telles par le président du conseil d'administration[1570].

Chaque administrateur doit individuellement recevoir les informations nécessaires à l'accomplissement de sa mission et peut, dès lors, se faire communiquer par le président tous les documents qu'il juge utiles. Ce droit, que le législateur n'avait pas initialement prévu, fut consacré par la jurisprudence française[1571] le sanctionnant, en cas de violation, par la nullité des délibérations. L'Acte uniforme a consacré ce droit personnel d'information, sans préciser sa sanction : « *le président ou le directeur général de la société est tenu de communiquer à chaque administrateur tous les documents et informations nécessaires à l'accomplissement de sa mission* »[1572]. La qualité d'administrateur fait aussi naître d'autres droits comme le droit à la rémunération.

1144 Si les fonctions d'administrateur sont recherchées, c'est qu'elles sont exercées, à titre onéreux, sauf dans les petites SA familiales. Toutefois, la loi a voulu limiter les possibilités de rémunération, puisque, selon l'article 43O AUS, les administrateurs ne peuvent recevoir de la société aucune rémunération, permanente ou non, autre que celles prévues par des textes déterminés[1573].

La rémunération des administrateurs est représentée par des jetons de présence, c'est-à-dire une somme globale fixée chaque année par l'assemblée générale, que le conseil répartit librement entre ses membres sans avoir à respecter le principe d'égalité. La présence dans les conseils d'administration peut être très lucrative, d'autant plus que la rémunération n'est pas, en l'absence de précisions statutaires, nécessairement subordonnée à une présence effective à tous les conseils.

Les jetons de présence ne constituent pas l'unique moyen de rémunération des administrateurs[1574]. En effet, sans préjudice des salaires perçus par ceux qui cumulent leurs fonctions avec celles de salariés, peuvent être attribués (malgré les réserves du fiscal qui n'admet à la déduction du résultat imposable de la société que les rémunérations correspondant à un travail effectif et pas excessif eu égard à l'importance du service rendu) des rémunérations exceptionnelles (pour les missions ou les mandats confiés à des administrateurs) et des avantages pécuniaires indirects[1575]. Il s'agit des rémunérations exceptionnelles pour les missions et mandats qui leur sont confiés, le remboursement des frais de voyage, déplacements et dépenses engagées dans l'intérêt de la société sous réserve des

[1570] V. art. 455 AUS.
[1571] Arrêt Cointreau du 24 avril 1990.
[1572] V. art. 435 al. 2 AUS. V. dans le même sens en droit français art. L. 225-35, al. 3, C. com., réd. Loi de sécurité financière du 1er août 2003.
[1573] Les textes visés sont les articles 431 et 432.
[1574] DIENG MAGATTE FALL, *La rémunération des dirigeants sociaux,* Mémoire UCAD, 2008.
[1575] Art. 432 AUS.

dispositions relatives aux conventions réglementées ou interdites prévues aux articles 438 et suivants.

1145 Au rebours de la culture africaine attachée au secret des rémunérations[1576] (et, sans doute, sous l'influence des fonds de pension anglo-saxons et de la *corporate governance*), les pouvoirs publics ont établi, dans le cadre de l'OHADA, un dispositif de publicité des rémunérations. L'objectif affiché était que la transparence sur ces rémunérations puisse modérer les excès[1577]. L'idée de cette intervention était également d'éviter comme le dit B. SAINTOURENS que *« des patrons-mercenaires »*[1578] ne compromettent gravement la santé financière de la société.

Les documents fournis aux actionnaires en vue de la tenue de l'assemblée générale annuelle doivent contenir le montant global certifié par les commissaires aux comptes des rémunérations versées aux dirigeants sociaux[1579]. En France, les actionnaires sont également mieux informés sur les options de souscription ou d'achat d'actions consenties ou levées (stock-options). En effet, chaque année, l'assemblée générale ordinaire doit être informée, dans un rapport spécial établi par le conseil d'administration, des plans d'options mis en œuvre. Le rapport concerne chacun des mandataires sociaux ayant bénéficié de stock-options, consentis par la société et, éventuellement, par des sociétés liées à celle-ci[1580].

[1576] Longtemps, la question des rémunérations des dirigeants sociaux a été un tabou. La loi prévoyait certes leur détermination par le conseil d'administration, mais elles étaient dans la pratique déterminées lors des réunions informelles. Toute interrogation sur ces rémunérations était une *« question épineuse »* (Du PONTAVICE, « La fixation de la rémunération des organes de direction et de surveillance de la société anonyme », in *Mél. Bastian*, Litec, 1974, t.1, p.177). Plusieurs raisons avaient été avancées pour justifier cet état de chose. D'abord, on soutenait que les dirigeants n'étaient pas salariés de la société, mais la société elle-même dont ils incarnent la personnalité morale, *« aucune disposition contractuelle ne saurait modifier les règles qui déterminent leurs rémunérations et la connaissance du montant versé à ceux-ci »* (J. HAMEL, « L'article 40 de la loi de 1867 et la rémunération des présidents des sociétés anonymes », *Gaz. Pal.*, 20-22 nov. 1957 ; v. dans le même sens Y.- R. NGO NDJIGUI, thèse, op. cit., pp.390 et s.). De ce fait, les actionnaires ne pouvaient prétendre à aucune information, encore moins de contrôle sur les rémunérations des dirigeants. D'ailleurs ces rémunérations, sur le plan comptable, étaient enregistrées à la rubrique des frais généraux. Ce qui ne laissait aucune possibilité de dégager le montant réel de ce que les dirigeants avaient réellement perçu. Ensuite, la question des rémunérations a été considérée comme faisant partie de la vie privée, pouvant échapper de ce fait à la connaissance des actionnaires. Toute intrusion dans cette sphère était considérée comme illégitime. Pendant tout ce temps, les rémunérations excessives grevant le fonctionnement de la société et diminuant la rentabilité des actions échappaient totalement au contrôle et à la connaissance des actionnaires.

[1577] V. plus généralement sur les devoirs des administrateurs AGUIDE MESSIE, *Le devoir de diligence des administrateurs des sociétés commerciales dans l'espace OHADA*, mémoire de Master, Ngaoundéré, 2015.

[1578] B. SAINTOURENS, « Les reformes du droit des sociétés par la loi relative aux nouvelles régulations économiques », *Défrenois*, n° 24/01, 1496.

[1579] Art. 525

[1580] V. art. L. 225-184 du Code de commerce.

1146 L'administrateur d'une société anonyme peut-il être en même temps son salarié ? La question est de grande importance, car le cumul est avantageux pour l'administrateur qui obtient par cela, un complément de rémunération et une protection sociale accrue[1581].

Cependant, libéraliser le cumul est dangereux, car cela peut conduire à la création d'emplois fictifs sans négliger le fait que le cumul aboutit à soumettre une même personne à deux régimes juridiques différents (en particulier, il y a complexité de la situation lorsque, par exemple, l'administrateur révoqué pour faute demeure néanmoins salarié de la société). Deux principes de solution doivent être distingués.

Initialement, le principe de base était qu'un administrateur en fonction ne peut être désigné en qualité de salarié de la société. Désormais, il est possible en droit OHADA qu'un administrateur conclut un contrat de travail avec la société, à condition que ce contrat corresponde à un emploi effectif[1582].

Le second principe est que la loi admet, sous certaines conditions, qu'un salarié devienne administrateur de la société qui l'emploie sans perdre le bénéfice de son contrat de travail. Il faut également aux termes de l'article 426 AUS, que le contrat de travail corresponde à un emploi effectif distinct des fonctions d'administration. Dans ce cas, le contrat est soumis aux dispositions des articles 438 et suivants relatives aux conventions réglementées. Toute nomination intervenue en violation de ces conditions est nulle, sans que cette nullité puisse entraîner celle des délibérations auxquelles a pris part l'administrateur irrégulièrement nommé.

Au cas où le contrat de travail serait modifié, il devrait être soumis à la procédure de contrôle des articles 438 et suivants de l'AUS.

Aujourd'hui, se développe une situation intermédiaire qui consiste dans la technique de suspension du contrat de travail qui permet de retrouver son emploi après cessation des fonctions d'administrateur.

c- Le fonctionnement du conseil d'administration

1147 Bien que dépourvu de personnalité morale, le conseil d'administration est un organe collégial (et non une somme de gérants), ce qui fait que toute action individuelle des administrateurs est, sauf mission spéciale, interdite. Ainsi, son fonctionnement nécessite des réunions et il est doté de prérogatives particulières.

[1581] C. D. DOKAM TCHAPTCHA, *Les rapports de l'administrateur avec la société commerciale*, mémoire de Master, Ngaoundéré, 2009.

[1582] Art. 426 AUS. S. A. NGO KALDJOP, *L'efficacité de l'administration de la société anonyme en droit OHADA*, mémoire de Master, Douala, 2010.

Les modalités et les fréquences de convocation du conseil d'administration sont déterminées par les statuts[1583]. Légalement, la réunion du conseil n'est prévue qu'une fois par an.

Le pouvoir de convoquer le conseil appartient en principe au président qui en fixe l'ordre du jour[1584]. Toutefois, à défaut de réunion depuis plus de deux mois, le tiers des administrateurs peut demander au président de procéder à la convocation sur un ordre du jour déterminé[1585]. Le directeur général peut aussi demander au président de convoquer le conseil sur un ordre du jour précis, sans que le texte ne fasse ici référence au délai écoulé depuis le précédent conseil. Mais dans tous les cas de figure, le président est lié par les demandes qui lui sont adressées.

1148 Pour le reste, la loi prévoit un régime assez strict concernant la participation aux séances du conseil :

- règles strictes de représentation : sauf clause statutaire contraire, un administrateur ne peut être représenté que par un autre administrateur ; de plus, chaque administrateur ne peut disposer, au cours d'une même séance, que d'une seule des procurations qu'il a reçues de la part de ses collègues[1586] ;

- règles de quorum : le CA ne peut délibérer que si la moitié au moins de ses membres sont effectivement présents. Les décisions du conseil d'administration sont prises à la majorité des membres présents ou représentés, à moins que les statuts ne prévoient une majorité plus forte. En cas de partage des voix, la voix du président de séance est prépondérante, sauf clauses contraires des statuts. Toute décision prise en violation du présent article ou le cas échéant des conditions prévues par les statuts est nulle[1587].

L'Acte uniforme fait preuve d'innovation sur certains points en facilitant la participation aux réunions du conseil d'administration. En effet, si les statuts le prévoient, les administrateurs qui participent au conseil par visioconférence ou par d'autres moyens de télécommunication permettant leur identification et garantissant leur participation effective peuvent voter oralement[1588]. Afin de garantir l'identification et la participation effective à la réunion du conseil des administrateurs y participant par des moyens de télécommunication, ces moyens transmettent au moins la voix des participants et satisfont à des caractéristiques

[1583] V. art. 453 AUS ; SECK MAME AWA, *L'administration dans le droit des sociétés commerciales,* mémoire de Master, UCAD, 2008

[1584] CA de Lome, Arrêt N° 089/09, Se2m-Togo Et Se3m-Togo / Société Sdv Togo, Société Socopao Sa, Société Participaciones Ibero Internacionales, Ohadata J-10-158.

[1585] V art. 453 al. 3 AUS.

[1586] Art. 456 AUS.

[1587] Art. 454 AUS.

[1588] Art. 454-1 al. 1 AUS.

techniques permettant la retransmission continue et simultanée des délibérations[1589].

Cependant, en cas de participation d'administrateur(s) par visioconférence ou par d'autres moyens de télécommunication, le conseil ne peut valablement délibérer que si au moins un tiers des administrateurs est physiquement présent. Les statuts peuvent limiter la nature des décisions pouvant être prises lors d'une réunion tenue dans ces conditions[1590].

1149 Les délibérations du conseil d'administration sont constatées par des procès-verbaux établis sur un registre spécial tenu au siège social, coté et paraphé par le juge de la juridiction compétente faisant foi jusqu'à preuve du contraire. Toutefois, les procès-verbaux peuvent être établis sur des feuilles mobiles numérotées sans discontinuité, paraphées dans les conditions prévues à l'alinéa précédent et revêtues du sceau de l'autorité qui les a paraphées. Dès qu'une feuille a été remplie, même partiellement, elle doit être jointe à celles précédemment utilisées[1591]. Toutes les personnes ayant assisté aux réunions du conseil d'administration sont tenues à la discrétion à l'égard des informations présentant un caractère confidentiel et données comme telles par le président du conseil. Il n'y a toutefois pas de sanctions pénales (puisqu'il n'y a pas de violation d'un secret professionnel), seule une action en responsabilité civile étant possible.

1150 Les pouvoirs généraux du conseil d'administration ont été redéfinis par l'AUS[1592]. Auparavant, il était investi des pouvoirs les plus étendus pour agir en toute circonstance au nom de la société. Désormais, il résulte de l'article 435 AUS qu'il dispose de trois missions distinctes :

- pouvoir d'orientation : il détermine les orientations de l'activité de la société et veille à leur mise en œuvre ;

- pouvoir d'évocation : Sous réserve des pouvoirs expressément attribués aux assemblées d'actionnaires et dans la limite de l'objet social, il se saisit de toute question intéressant la bonne marche de la société et règle par ses délibérations les affaires qui la concernent ;

- pouvoir de surveillance : il procède aux contrôles et vérifications qu'il juge opportuns.

Pour ce faire, le conseil d'administration peut confier à un ou à plusieurs de ses membres tous mandats spéciaux pour un ou plusieurs objets déterminés. Il peut décider la création de comités composés d'administrateurs chargés d'étudier les questions que lui-même ou son président soumet, pour avis, à leur examen. Il

---

1589 Art. 454-1 al. 2 AUS.
1590 Art. 454-1 al. 4 AUS.
1591 Art. 458 AUS.
1592 NTYAM MEZUI BISCOTINE, *Le pouvoir dans les sociétés anonymes*, op. cit.

fixe la composition et les attributions des comités qui exercent leur activité sous sa responsabilité[1593].

Quant aux pouvoirs spéciaux, indépendamment de la mission d'administration, le conseil dispose d'attributions spécifiques précises : arrêté des comptes annuels, convocations des assemblées générales, présentation du rapport annuel, cooptation des administrateurs, nomination, révocation et fixation de la rémunération du président et le cas échéant du directeur général, répartition des jetons de présence, transfert du siège social[1594]. Il dispose surtout du pouvoir d'autoriser la conclusion de certaines conventions dites réglementées[1595].

Ainsi, doivent être soumises à l'autorisation préalable du conseil d'administration[1596] :

- toute convention entre une société anonyme et l'un de ses administrateurs, directeurs généraux ou directeurs généraux adjoints ; - toute convention entre une société et un actionnaire détenant une participation supérieure ou égale à dix pour cent (10%) du capital de la société ; - toute convention à laquelle un administrateur, un directeur général, un directeur général adjoint ou un actionnaire détenant une participation supérieure ou égale à dix pour cent (10%) du capital de la société est indirectement intéressé ou dans laquelle il traite avec la société par personne interposée ; - toute convention intervenant entre une société et une entreprise ou une personne morale, si l'un des administrateurs, le directeur général, le directeur général adjoint ou un actionnaire détenant une participation supérieure ou égale à dix pour cent (10%) du capital de la société est propriétaire de l'entreprise ou associé indéfiniment responsable, gérant, administrateur, administrateur général, administrateur général adjoint, directeur général, directeur général adjoint ou autre dirigeant social de la personne morale contractante[1597].

L'autorisation n'est pas nécessaire lorsque les conventions portent sur des opérations courantes conclues à des conditions normales. Les opérations courantes sont celles qui sont effectuées par une société, d'une manière habituelle, dans le cadre de ses activités.

1593 Art. 437 AUS.

1594 Art. 27 AUS

1595 D. LOUKAKOU, « Les conventions règlementées dans les sociétés commerciales de l'espace OHADA », Pénant, n° 848, Juillet-Septembre 2004, p.280 ; FALL MOHAMMADOU LAMINE, *La convention entre la société anonyme et ses administrateurs,* Mémoire UCAD, 1993, 44p. ; FALL MAMADOU, *Le contrôle des SA en jurisprudence*, Mémoire UCAD, 2005, 42p.

1596 A. SENE, *Le cautionnement des dettes sociales par le dirigeant*, mémoire de Maitrise, Université Gaston Berger (Saint-Louis, Sénégal), 2010.

1597 Art. 438 AUS.

Les conditions normales sont celles qui sont appliquées, pour des conventions semblables, non seulement par la société en cause, mais également par les autres sociétés du même secteur d'activité.

L'administrateur, le directeur général, le directeur général adjoint ou l'actionnaire intéressé est tenu d'informer le conseil d'administration dès qu'il a connaissance d'une convention soumise à autorisation[1598]. Il indique, en particulier, sa situation et son intérêt personnel au regard de ladite convention, en précisant ses participations, son rôle et ses liens personnels avec les autres parties à la convention et la mesure dans laquelle il pourrait en tirer un avantage personnel. Il ne peut pas prendre part au vote sur l'autorisation sollicitée lorsqu'il est administrateur et sa voix n'est pas prise en compte pour le calcul du quorum et de la majorité pour les besoins de cette délibération. À défaut, l'autorisation est nulle.

Le président du conseil d'administration ou le président-directeur général avise le commissaire aux comptes, dans le délai d'un (1) mois à compter de leur conclusion, de toute convention autorisée par le conseil d'administration et la soumet à l'approbation de l'assemblée générale ordinaire statuant sur les comptes de l'exercice écoulé.

Le commissaire aux comptes présente, sur ces conventions, un rapport spécial à l'assemblée générale ordinaire qui statue sur ce rapport et approuve ou désapprouve les conventions autorisées.

Le rapport indique les conventions soumises à l'approbation de l'assemblée générale ordinaire, le nom des administrateurs, directeurs généraux, directeurs généraux adjoints ou actionnaires intéressés, la nature et l'objet des conventions, leurs modalités essentielles notamment l'indication du prix ou des tarifs pratiqués, des ristournes ou des commissions consenties, des sûretés conférées et toutes autres indications permettant aux actionnaires d'apprécier l'intérêt qui s'attache à la conclusion des conventions analysées. Le rapport fait aussi état de l'importance des fournitures livrées et des prestations de service fournies ainsi que du montant des sommes versées ou reçues au cours de l'exercice, en exécution des conventions visées. L'intéressé ne peut prendre part au vote et ses actions ne sont pas prises en compte pour le calcul du quorum et de la majorité.

L'AUS précise en outre qu'est nulle toute délibération prise en violation du présent alinéa. Lorsque l'exécution de conventions conclues et autorisées au cours d'exercices antérieurs a été poursuivie au cours du dernier exercice, le commissaire aux comptes est informé de cette situation dans le délai d'un (1) mois à compter la clôture de l'exercice. Les délibérations portant approbation des conventions visées à l'article 438 ci-dessus sont nulles lorsqu'elles sont prises à

[1598] D. LOUKAKOU, « Les conventions règlementées dans les sociétés commerciales de l'espace OHADA », op. cit., p. 280 et s..

défaut du rapport spécial du commissaire aux comptes. Elles peuvent être annulées dans le cas où le rapport spécial du commissaire aux comptes ne contient pas les informations prévues au présent article.

Le commissaire aux comptes veille, sous sa responsabilité, à l'observation des dispositions de cette réglementation et en dénonce toute violation dans son rapport à l'assemblée générale[1599]. Il doit établir et déposer au siège social le rapport spécial prévu à cet effet quinze (15) jours au moins avant la réunion de l'assemblée générale ordinaire[1600].

1151 Les conventions approuvées ou désapprouvées par l'assemblée générale ordinaire produisent leurs effets à l'égard des cocontractants et des tiers sauf lorsqu'elles sont annulées pour fraude[1601]. Toutefois et même en l'absence de fraude, les conséquences dommageables pour la société des conventions réglementées, notamment les pertes subies par la société et les bénéfices indus tirés de la convention, peuvent être mises à la charge de l'administrateur, du directeur général, du directeur général adjoint ou de l'actionnaire intéressé et éventuellement des autres membres du conseil d'administration.

Sans préjudice de la responsabilité de l'intéressé, les conventions visées et conclues sans autorisation préalable du conseil d'administration peuvent être annulées si elles ont eu des conséquences dommageables pour la société[1602]. L'action en nullité se prescrit par trois (3) ans à compter de la date de la convention. Toutefois, si la convention a été dissimulée, le point de départ du délai de la prescription est réputé fixé au jour où elle a été révélée[1603]. L'action en nullité peut être exercée par les organes de la société ou par tout actionnaire agissant à titre individuel.

La nullité peut être couverte par un vote spécial de l'assemblée générale ordinaire intervenant sur rapport spécial du commissaire aux comptes exposant les circonstances en raison desquelles la procédure d'autorisation n'a pas été suivie. L'administrateur, le directeur général, le directeur général adjoint ou l'actionnaire intéressé ne prend pas part au vote et ses actions ne sont pas prises en compte pour le calcul du quorum et de la majorité.

1152 Par ailleurs, les cautionnements, avals, garanties autonomes, contre-garanties autonomes et autres garanties souscrits par des sociétés autres que celles exploitant des établissements de crédit, de micro finance ou d'assurance caution dûment agréés et pour des engagements pris par des tiers font l'objet d'une

---

[1599] Art. 441 AUS. NTYAM MEZUI BISCOTINE, *Le pouvoir dans les sociétés anonymes*, op. cit. ; J. GAYKI SENGHOR, *L'administration dans la société anonyme*, Mémoire UCAD, 2008.
[1600] Art. 442 AUS.
[1601] Art. 443 AUS.
[1602] Art. 444 AUS.
[1603] Art. 445 AUS.

autorisation préalable du conseil d'administration[1604]. Le conseil d'administration peut, dans la limite d'un montant total qu'il fixe, autoriser le président-directeur général ou le directeur général, selon le cas, à donner des cautionnements, avals, garanties, garanties autonomes ou contre-garanties autonomes pour des engagements pris par des tiers. Cette autorisation peut également fixer, par engagement, un montant au-delà duquel le cautionnement, l'aval, la garantie ou la garantie autonome ou la contre-garantie autonome de la société ne peut être donné. Lorsqu'un engagement dépasse l'un ou l'autre des montants ainsi fixés, l'autorisation du conseil d'administration est requise. La durée des autorisations prévues aux alinéas précédents ne peut être supérieure à un (1) an, quelle que soit la durée des engagements cautionnés, avalisés ou garantis. Le président-directeur général ou le directeur général, selon le cas, peut déléguer le pouvoir qu'il a reçu en application des alinéas qui précèdent. Les cautionnements, aval, garanties autonomes et autres garanties donnés, sans autorisation, pour des engagements pris par des tiers sont nuls. Si les cautionnements, avals, garanties autonomes et autres garanties ont été donnés pour un montant total supérieur à la limite fixée pour la période en cours, le dépassement ne peut être opposé aux tiers qui n'en ont pas eu connaissance à moins que le montant de l'engagement invoqué excède à lui seul l'une des limites fixées par la décision du conseil d'administration prise en application des dispositions du présent article. Dans ce cas, les cautionnements, avals, garanties autonomes ou autres garanties sont nuls.

1153 Enfin, à peine de nullité de la convention, il est interdit aux administrateurs, aux directeurs généraux et aux directeurs généraux adjoints ainsi qu'à leurs conjoints, ascendants ou descendants et aux autres personnes interposées de contracter, sous quelque forme que ce soit, des emprunts auprès de la société, de se faire consentir par elle un découvert en compte-courant ou autrement, ainsi que de faire cautionner ou avaliser par elle leurs engagements envers les tiers[1605]. Cette interdiction ne s'applique pas aux personnes morales membres du conseil d'administration. Toutefois, leur représentant permanent lorsqu'il agit à titre personnel est également soumis aux dispositions de l'alinéa premier du présent article. Lorsque la société exploite un établissement bancaire ou financier, cette interdiction ne s'applique pas aux opérations courantes conclues à des conditions normales. C'est la solution retenue par la CCJA dans une espèce du 26 avril 2000 où elle estime que

« les dispositions de l'Acte uniforme relatif au droit des sociétés commerciales et du groupement d'intérêt économique étant d'ordre public et s'appliquant à toutes les sociétés commerciales en raison de leur forme et quel que soit leur objet, l'article 449 dudit Acte uniforme s'applique aux Banques et aux Établissements financiers entrant dans cette dénomination juridique. Les seules

---

[1604] Art. 449 et s. AUS.

[1605] Art. 450 AUS ; SECK MAME AWA, *L'administration dans le droit des sociétés commerciales*, mémoire de Master, UCAD, 2008.

dérogations admises sont celles prévues par l'Acte uniforme lui-même qui renvoie à cet égard aux dispositions législatives nationales auxquelles sont assujetties les sociétés soumises à un régime particulier »[1606].

2- Le président du conseil d'administration

1154 Les règles relatives à sa nomination (a) seront présentées avant celles qui organisent son statut juridique (b) et à sa responsabilité (c).

a- La nomination du président du conseil d'administration

1155 Aux termes de l'article 477 AUS, le conseil d'administration élit parmi ses membres un président qui est, à peine de nullité de la nomination, une personne physique[1607]. Les premières conditions requises pour qu'une personne puisse être nommée président du conseil d'administration apparaissent : le choix est restreint à un administrateur-personne physique. Les conditions préalables sont donc fournies par la qualité d'administrateur, qu'il s'agisse de la qualité d'actionnaire, des conditions de capacité, des règles relatives aux incompatibilités, interdictions ou déchéances.

La fonction de président du conseil d'administration devant être obligatoirement exercée par une personne physique, la personne choisie devra donc être actionnaire ou salarié et administrateur à titre personnel et ne saurait être seulement le représentant permanent d'une personne morale administrateur. Ce représentant permanent ne fait qu'exercer le mandat d'administrateur ; il n'en détient pas la qualité, celle-ci étant détenue par la personne morale. Il est donc exclu qu'une société anonyme ne comporte que des actionnaires-personne morale. En revanche, peut être nommé président indifféremment un administrateur nommé par les actionnaires ou un administrateur élu par les salariés.

Le texte de l'article 477 AUS n'envisage que la nomination d'« un » président. Il ne saurait donc y avoir une coprésidence du conseil d'administration. La pratique quelquefois rencontrée de la désignation d'un vice-président ne paraît pas directement contraire aux textes puisque la fonction présidentielle demeure bien entre les mains d'une seule personne. Sous réserve que le vice-président n'empiète pas sur les pouvoirs légaux du président, les statuts pourraient prévoir des stipulations sur ce point.

1156 L'article 477 AUS réserve au conseil d'administration la compétence exclusive pour élire son président. Les actionnaires, même réunis en assemblée

---

[1606] V. CCJA, Avis n° 02/2000/EP, 26 avril 2000, Juriscope.org, Ohada.com/Ohadata J-02-04.

[1607] V. pour plus de détails sur le PCA en droit OHADA, P. G. WENKAK, *Le président du conseil d'administration dans les sociétés anonymes en droit OHADA*, mémoire de Master, Douala (Cameroun), 2014.

générale, sont donc incompétents pour exercer ce choix[1608]. La décision est prise par le conseil dans les conditions normales de fonctionnement, c'est-à-dire selon les stipulations statutaires relatives à la convocation et aux délibérations de cet organe[1609], sachant qu'il ne délibère valablement que si la moitié au moins de ses membres sont présents[1610]. Les statuts pourraient imposer la réunion d'une majorité renforcée. On remarquera toutefois que le conseil devra d'abord désigner un président de séance pour organiser les débats et le vote. La règle, figurant à l'article 454 AUS selon laquelle sauf disposition contraire des statuts, la voix du président de séance est prépondérante en cas de partage doit naturellement trouver à s'appliquer. C'est le conseil d'administration dans sa composition complète qui doit voter, c'est-à-dire incluant le cas échéant les administrateurs élus par les salariés ou ceux élus pour représenter les salariés actionnaires. L'exigence d'un vote au sein du conseil d'administration exclut que le premier président d'une société nouvelle puisse être nommé dans les statuts.

Le choix du président du conseil d'administration doit être porté à la connaissance des tiers par le biais des formalités de publicité traditionnelles : insertion dans un journal d'annonces légales du lieu du siège social, dépôt au greffe du procès-verbal du conseil d'administration le nommant et mention modificative au registre du commerce et du crédit mobilier du lieu du siège social. Ni la société ni les tiers ne peuvent, pour se soustraire à leurs engagements, se prévaloir d'une irrégularité dans la nomination des personnes chargées de gérer, d'administrer ou de diriger la société, lorsque cette nomination a été régulièrement publiée. En outre, la société ne peut se prévaloir, à l'égard des tiers, des nominations et cessations de fonction de ces personnes, tant qu'elles n'ont pas été régulièrement publiées.

Lorsque la personne qui avait été nommée président du conseil d'administration fait l'objet d'un renouvellement à l'expiration de son mandat, il n'y a pas lieu de procéder à de nouvelles formalités de publicité puisqu'aucune modification n'a à être portée à la connaissance des tiers[1611].

Compte tenu du fait que deux modalités d'exercice de la direction générale existent (direction générale dissociée ou cumulée par le président du conseil d'administration), la publicité spécifique prévue relativement au choix effectué par le conseil d'administration doit bien sûr avoir été préalablement effectuée[1612].

1608 V. S. A. NGO KALDJOP, *L'efficacité de l'administration de la société anonyme en droit OHADA*, mémoire de Master, Douala (Cameroun), 2010. Cass. com. 31 janv. 1968, *D.* 1968.321, jugeant que l'assemblée générale ne peut couvrir le vice affectant la nomination d'un président par le conseil d'administration.

1609 V. art. 453 AUS.

1610 V. art. 454 al. 1er.

1611 V. Rép. min. n° 22012, JOAN Q 4 mars 1972.

1612 V. art. 414 AUS al. 4.

b- Le statut juridique du président du conseil d'administration

1157 Le mandat de président du conseil d'administration ne confère pas par lui-même la qualité de commerçant. Pour l'essentiel, le statut juridique du président découle d'abord de sa qualité d'administrateur. Seront donc ici examinés seulement les aspects spécifiquement attachés à cette fonction.

Selon les dispositions de l'article 482 AUS, les modalités et le montant de la rémunération du président du conseil d'administration sont fixés par le conseil d'administration. Si cette règle ne saurait avoir pour effet de rendre obligatoire l'octroi d'une rémunération (le président peut accepter d'exercer bénévolement ses fonctions), elle exprime en revanche clairement qu'une telle décision relève de la compétence exclusive du conseil d'administration. Il n'appartient pas à l'assemblée générale de statuer sur cette question et s'il peut prendre un avis d'un comité *ad hoc,* l'attribution de la rémunération doit résulter d'une délibération du conseil[1613]. Il doit s'agir d'une délibération expresse du conseil et cette décision ne peut résulter d'une simple ratification implicite[1614]. Évidemment, la modification comme la suppression de la rémunération du président doit également résulter d'une délibération du conseil d'administration. Comme les autres administrateurs, le président peut se voir allouer des jetons de présence ; logiquement, une part supérieure à celle des administrateurs de base doit lui être attribuée. Mais des indemnités spécifiques pourraient également lui être allouées[1615], de même qu'un complément de retraite ou des stock-options.

1158 La perte de confiance justifie la révocation des avantages matériels consentis à ses anciens présidents en contrepartie de l'assistance et de l'expérience qu'ils continuent à lui apporter. La Cour de cassation française a jugé qu'il n'y avait pas lieu d'appliquer la procédure d'autorisation des conventions passées entre la société et l'un des administrateurs[1616]. Toutefois, la haute juridiction ayant entouré sa position de conditions (l'octroi du complément de retraite est la contrepartie de services particuliers rendus à la société ; cet avantage est proportionné aux services rendus et ne constitue pas une charge excessive pour la société), on peut en conclure qu'en l'absence de telles conditions, la procédure des conventions réglementées devra être suivie. Pour sa part, la Chambre sociale de la Cour de cassation a considéré que relève de la procédure d'autorisation des

---

[1613] V. P. G. WENKAK, *Le président du conseil d'administration dans les sociétés anonymes en droit OHADA*, op. cit. ; Cour d'Appel du Littoral, Ordonnance n° 197 /Cc/Pca/Dla, affaire maitres Douala Moutome Patrice Monthe Etah & Nan Ii C/ Société Beneficial Life Assurance Sa, Ohadata j-06-97.

[1614] V. pour plus de détails ISSA SIDIBE, *La gouvernance des sociétés anonymes dans la zone OHADA*, thèse, op. cit. p. 179.

[1615] V. art. 482 al. 2 AUS.

[1616] Cass. com. 3 mars 1987, *Rev. sociétés* 1987.266, note Y. Guyon, Gaz. Pal. 1987.1.264, note Hatoux.

conventions réglementées l'octroi d'une retraite complémentaire, commune à l'ensemble du personnel, à un président titulaire d'un contrat de travail[1617].

1159 Il est à noter enfin que des mesures de publicité ont été instituées et concernent la rémunération de tout mandataire social et donc du président du conseil d'administration. Aux termes de l'article 525 AUS, le conseil d'administration doit, dans son rapport annuel à l'assemblée, rendre compte du montant global certifié par les commissaires aux comptes des rémunérations versées aux dix (10) ou cinq (5) dirigeants sociaux et salariés les mieux rémunérés selon que l'effectif de la société excède ou non deux cents salariés (jetons de présence, indemnités, avantages en nature).

1160 C'est en sa qualité d'administrateur de la société anonyme que le président se trouve soumis aux règles limitant le nombre de mandats sociaux qu'une même personne physique peut occuper au sein des sociétés anonymes. L'AUS a aligné la situation du président du conseil d'administration sur celle des simples administrateurs[1618]. La fonction de président du conseil d'administration ne s'isole pas de celle d'administrateur pour l'application des règles relatives au cumul des mandats sociaux. Une même personne peut donc occuper, en qualité de président du conseil d'administration non-directeur général, autant de fois cette fonction qu'elle pourrait être titulaire de mandats de simple administrateur.

Cependant, nul ne peut exercer simultanément plus de trois (3) mandats de président du conseil d'administration de sociétés anonymes ayant leur siège social sur le territoire d'un même État-partie. De même, le mandat de président du conseil d'administration n'est pas cumulable avec plus de deux (2) mandats d'administrateur général ou de directeur général de sociétés anonymes ayant leur siège social sur le territoire d'un même État-partie[1619].

1161 Un point demeure discuté et qui peut s'apparenter à une question de cumul de mandats. Il concerne la possibilité, pour une personne nommée président du conseil d'administration, d'être également nommée directeur général adjoint de la même société. Si l'AUS réglemente le cumul de la fonction de président avec celle de directeur[1620], il n'évoque pas un éventuel exercice par une même personne de la fonction de président du conseil d'administration et de celle de directeur général adjoint. Des opinions contraires ont été exprimées sur ce point en droit français[1621]. Aucune prohibition légale n'étant formulée, il apparaît

---

[1617]Cass. soc. 14 janv. 1999, *Rev. sociétés* 1999.616, note B. Saintourens.

[1618] V. art. 479 al. 3 AUS. V. également pour cette question B. SAINTOURENS, « Le cumul des mandats sociaux au sein de la société anonyme après la loi du 29 octobre 2002 », *Rev. sociétés* 2003.1.

[1619] V. art. 479 AUS.

[1620] V. art. 479 al.2 AUS.

[1621] V., écartant cette possibilité, P. LE CANNU, *op. cit.*, n° 687 ; en sens contraire, *Mémento pratique Francis Lefebvre, Sociétés commerciales* 2003, n° 8796.

possible de recourir à une telle formule. Elle pourrait être considérée comme un moyen d'équilibrer les pouvoirs au sein de la société anonyme, le directeur général pouvant apparaître comme le principal organe. Et pour partager l'avis d'un auteur[1622], ce cumul devrait être exclu, car il apparaît contraire à l'esprit de la loi précitée qui est à l'origine de la distinction entre la présidence du conseil d'administration et la direction générale. Si le conseil d'administration n'a pas souhaité confier à la même personne les deux fonctions (ce qui est légalement possible), il se contredirait en nommant le président du conseil d'administration directeur général adjoint puisqu'à l'égard des tiers, ce dernier dispose des mêmes pouvoirs que le directeur général, sans qu'aucune restriction (décidée par le conseil d'administration) ne soit opposable aux tiers[1623]. En considération de l'aspect essentiel de la direction générale (l'engagement de la société à l'égard des tiers), il n'y a donc aucune distinction entre le directeur général (fonction à laquelle le conseil d'administration n'a pas souhaité nommer le président) et le directeur général adjoint. Or, la procédure et les conditions requises pour que la direction générale puisse être confiée au président du conseil d'administration n'auront pas été respectées, puisque le directeur général adjoint est simplement nommé, sur proposition du directeur général, par une délibération du conseil d'administration[1624]. Dans l'attente d'une éventuelle position sur ce point de la jurisprudence OHADA, il apparaît prudent de s'abstenir de nommer comme directeur général adjoint la personne choisie pour être le président du conseil d'administration[1625].

1162 *A priori,* le président peut, comme tout administrateur et dans les mêmes conditions prévues à l'article 426 AUS, cumuler ce mandat avec un contrat de travail[1626]. On se limitera ici à rappeler l'exigence d'un emploi effectif se caractérisant par un lien de subordination. À une certaine époque, cette condition pouvait poser des difficultés en pratique dans la mesure où le président du conseil d'administration était, avant l'OHADA, nécessairement directeur général de la société[1627]. Cette situation pouvait également entraîner une absorption des fonctions salariées dans l'exercice du mandat social (surtout dans les petites sociétés) et une disparition de l'état de subordination puisque l'intéressé disposait

---

1622 Ph. DELEBECQUE, « Le conseil d'administration », *Répertoire Dalloz sociétés,* 2013.

1623 V. art. 498 AUS.

1624 V. art. 485 AUS.

1625 V. par exemple en droit français où la cour d'appel de Lyon exclut toute possibilité de désigner le président « dissocié » comme directeur général délégué (Lyon, 25 sept. 2003, BICC 2004, n° 361, *D.* 2004. 808 ; *Rev. sociétés* 2004. 881, note Conac.

1626 POUYE PAPE KOKOL, Le cumul de mandat d'administrateur et d'un contrat de travail dans l'acte uniforme portant droit des sociétés commerciales, mémoire de Master, UCAD, 2004 ; ***Cour d'Appel de Dakar,* Arrêt n° 263, Bank Of Africa C/ Bonneau.- Revue Edja N° 76 Janvier - Février - Mars 2008, p. 75.**

1627 V., rappelant cette exigence, Cass. soc. 11 mai 1999, *Bull. Joly* 2000.197, note Th. Granier.

des pleins pouvoirs dans l'entreprise[1628]. Ce type de difficulté, et donc les contributions jurisprudentielles et doctrinales y afférentes, ne devrait désormais subsister que dans l'hypothèse où le choix est fait par le conseil d'administration de confier la direction générale à la personne désignée en qualité de président du conseil d'administration. Dans la configuration actuelle du droit OHADA, les exigences tenant au caractère effectif d'un emploi subordonné devraient être plus facilement respectées dans la mesure où le président n'assure pas la direction générale de la société. Il ne détient plus l'ensemble des pouvoirs et pour l'exécution de son activité de salarié, il se trouve normalement sous l'autorité du directeur général. Le choix pour une dissociation des fonctions de président et de directeur général pourrait bien résulter, entre autres paramètres, de cette facilité pour le cumul de la fonction de président du conseil d'administration avec un contrat de travail.

c- La responsabilité du président du conseil d'administration

1163 Sur le plan civil, aucune disposition ne fixe un régime de responsabilité spécifique pour le président du conseil d'administration. C'est en sa qualité d'administrateur qu'il est donc susceptible d'engager sa responsabilité. La jurisprudence retient traditionnellement ce principe.

L'exercice du seul mandat de président du conseil d'administration, dissocié de celui de directeur général, devrait avoir une incidence sur l'éventualité de la mise en jeu de sa responsabilité civile. La redéfinition de ses fonctions, plus centrées sur le fonctionnement interne de la société devrait réduire les hypothèses d'engagement de responsabilité. En effet, la plupart des fautes reprochées aux dirigeants étant des fautes de gestion, le président n'ayant aucun pouvoir de gestion, les risques de mise en jeu de la responsabilité sont naturellement reportés sur le directeur général (la différence avec la fonction de président-directeur général sera surtout sensible en cas de redressement ou de liquidation judiciaire de la société[1629]). Les conditions d'exercice de ses diverses missions, notamment d'information des administrateurs et de surveillance du bon fonctionnement des organes de la société, peuvent constituer le cas échéant autant d'hypothèses de mise en jeu de sa responsabilité civile. On pourrait même considérer qu'étant libéré de la lourde charge que constitue la direction générale de la société, le président du conseil d'administration doit apporter une attention d'autant plus grande à l'exercice de ses missions spécifiques. La jurisprudence ancienne retenant la responsabilité personnelle du président notamment pour des

[1628] V. à propos d'un directeur commercial devenu président du conseil d'administration considéré comme n'étant plus uni à la société par un lien de subordination, Cass. soc. 12 déc. 1990, *Bull. Joly* 1991.842, note P. Le Cannu ; *adde :* CA Paris, 28 janv. 1997, *Bull. Joly* 1997.658, note P. Le Cannu.

[1629] V. A. AKAM AKAM, « La responsabilité civile des dirigeants sociaux en droit OHADA », op. cit.

négligences dans la communication des documents sociaux aux administrateurs demeure à l'évidence d'actualité[1630].

En cas de redressement ou de liquidation judiciaire de la société, une action en comblement du passif est possible contre le président s'il a commis une faute de gestion ayant contribué à l'insuffisance d'actif.

Enfin, si une infraction pénale est commise, la responsabilité de la société n'exclut pas celle du président auteur ou complice des mêmes faits[1631].

d- La cessation des fonctions du président du conseil d'administration

1164 Quelles que soient les causes provoquant la cessation des fonctions du président du conseil d'administration, celle-ci doit faire l'objet des mêmes formalités de publicité que la nomination

Que l'on fonde le droit pour le président de démissionner de ses fonctions sur sa qualité de mandataire[1632] ou sur la contrepartie au principe de la révocation *ad nutum*[1633], il est incontestable que le président dispose du droit de mettre un terme aux fonctions qui lui ont été confiées.

1165 Si le principe de la libre décision de démission est clairement admis, ce sont les modalités de mise en œuvre de cette démission qui peuvent poser problème. Compte tenu de l'importance des fonctions exercées et de l'intérêt pour la société d'une continuité dans l'accomplissement d'un tel mandat, il est admis que les statuts peuvent aménager les conditions de la démission en imposant par exemple un préavis dont la durée pourrait être de quelques semaines, voire de quelques mois. En pratique, la démission peut se matérialiser soit par l'envoi d'une lettre recommandée adressée à chaque administrateur, soit par une déclaration faite lors d'une séance du conseil d'administration ; elle sera alors mentionnée au procès-verbal. De telles modalités permettront d'éviter d'éventuelles difficultés de preuve, qu'il s'agisse de la réalité de la démission elle-même ou de sa date d'effet.

Dès lors que la démission est considérée comme donnée de manière intempestive, elle est susceptible d'entraîner la condamnation du président démissionnaire au versement de dommages et intérêts. Même si, pour écarter toute condamnation à des dommages-intérêts, la jurisprudence prend parfois le

---

[1630] V. not. SENGHOR, J. GAYKY, *L'administration dans la société anonyme, mémoire de master* op. cit. ; Cass. crim. 18 avr. 1983, *Rev. sociétés* 1983.803, note P. Sibon ; CA Paris, 1er févr. 1984, *Rev. sociétés* 1984.779, note J. Schmidt.

[1631] C. MASCALA, « La responsabilité pénale des dirigeants sociaux », *La semaine juridique*, n° 3, 2001, p. 1-17.

[1632] C. civ., art. 2003 et 2007.

[1633] Art. 484 AU .

soin de relever que l'intéressé avait respecté un préavis[1634], d'autres décisions aboutissent à la même conclusion, en l'absence de tout préavis, en considérant qu'il s'agit d'une faculté existant en contrepartie du principe de la révocation *ad nutum*[1635]. Cette position jurisprudentielle nuancée incite fortement à imposer dans les statuts un délai de préavis dont le simple non-respect par le président fondera le droit à l'octroi de dommages-intérêts au profit de la société.

La décision de révoquer le président du conseil d'administration appartient d'abord logiquement à l'organe qui l'a nommé[1636], c'est-à-dire le conseil d'administration lui-même[1637]. Les statuts pourraient fixer une condition de majorité renforcée pour la prise d'une telle décision. À défaut, la décision est prise à la majorité des membres du conseil, présents ou représentés, étant entendu que le président peut prendre part au vote.

1166 Indirectement, la révocation du président résultera de sa révocation de la qualité d'administrateur que pourrait décider l'assemblée générale des actionnaires. La condition première pour pouvoir être président du conseil d'administration étant d'être administrateur, la perte de cette dernière qualité entraîne *ipso facto* la perte de celle de président.

Le principe d'une révocation « *à tout moment* » du président par le conseil d'administration est posé à l'article 484. Alors même que le texte ne fait état que du paramètre temporel, la jurisprudence et la doctrine en ont depuis longtemps inféré que la révocation pouvait également avoir lieu sans indication de motif, utilisant l'expression latine « ad nutum », qui signifie « *d'un signe de tête* ». Sans doute faut-il considérer que cette conception de la révocation *ad nutum* du président du conseil d'administration s'impose, malgré la faiblesse de son support textuel[1638]. La rigueur du principe de la révocation *ad nutum* a conduit la jurisprudence à quelques précisions. Ainsi, il a été jugé qu'une obligation de rachat, mise à la charge de la société, des actions détenues par le président à l'occasion de sa révocation, n'était pas susceptible d'avoir une influence réelle sur la décision de révocation, car ce rachat représentait pour la société une somme peu élevée[1639].

1634 ISSA SIDIBE, *La gouvernance des sociétés anonymes dans la zone OHADA*, thèse, op. cit. p. 179.

1635 CA Paris, 31 oct. 1995, *Dr. sociétés* 1996, n° 66, obs. D. Vidal.

1636 Art. 484 AUS. V. sur la question de la révocation du président du conseil d'administration A. AKAM AKAM, « Soliloque sur un exemple d'incohérence en droit OHADA : la cessation des fonctions des dirigeants sociaux », in *Les mutations juridiques dans l'espace OHADA*, L'Harmattan, 2009, pp. 101-132.

1637 B.Y. MEUKE, « *Brèves réflexions sur la révocation des dirigeants sociaux dans l'espace OHADA* », www.juriscope.org ou www.ohada.com.

1638 R. NEVRY, « La révocation des dirigeants des sociétés commerciales : droit OHADA, droit français », *Revue de droit international et de droit comparé*, Vol. 84, 2007, pp. 105-140.

1639 Cass. com. 7 févr. 1989, *Rev. sociétés* 1989.643, note Y. Chartier, *Bull. Joly* 1989.334, note P. Le Cannu.

Par ailleurs, pour tenter d'atténuer les excès auxquels peut conduire l'usage d'un principe de libre révocation, le juge ne pouvant se livrer à une appréciation des griefs faits par la société à son président[1640], la jurisprudence a développé un courant protecteur de la personne et des intérêts du président révoqué. Depuis de nombreuses années, selon la position adoptée par la jurisprudence, le président révoqué se voit allouer des dommages-intérêts si sa révocation est jugée abusive, c'est-à-dire réalisée dans des circonstances injurieuses ou vexatoires[1641]. Plus récemment, le respect du principe du contradictoire a été en outre imposé par les cours et tribunaux. Une indemnisation du président révoqué pourra ainsi être également obtenue si l'intéressé n'a pas été prévenu suffisamment tôt du projet de révocation, l'empêchant de préparer et présenter utilement sa défense[1642]. En imposant le respect du contradictoire, la jurisprudence porte indirectement, mais nécessairement, atteinte au principe de la révocation à tout moment puisqu'il conduit à imposer une discussion des motifs de révocation entre le président et le conseil d'administration. Quid de la direction de la société ?

B- La direction de la société

1167 La direction de la société peut être assurée soit par un président directeur général (1), soit par un directeur général (2).

1- Le président-directeur général

1168 On a vu liminairement que le cumul des postes de directeur général et président du conseil d'administration est possible[1643]. L'article 415 AUS offre aux sociétés anonymes avec conseil d'administration, la faculté de séparer la direction générale de la présidence du conseil d'administration, mais mentionne expressément que la direction générale de la société peut toujours être assumée par le président du conseil d'administration. Toutes les dispositions relatives au directeur général sont par défaut applicables à ce président. Mais leurs régimes respectifs sont parfois amenés à interagir. Seront examinés successivement son statut (a), ses pouvoirs (b) et sa responsabilité (c).

a- Le statut du président directeur général

1169 Le président-directeur général est le responsable suprême de la société. Son statut juridique original le distingue des administrateurs et du directeur général « dissocié » que l'on vient d'évoquer.

[1640] V. Cass. com. 26 nov. 1996, *D.* 1997.493, note D. Gibirila.

[1641] Cass. com. 21 juin 1988, *Rev. sociétés* 1989.46, note Y. Chartier ; *adde :* Ph. REIGNÉ, « Révocabilité *ad nutum* des mandataires sociaux et faute de la société », *Rev. sociétés 1991*.499.

[1642] V. P. LE CANNU, « Le principe de contradiction et la protection des dirigeants », *Bull. Joly* 1996.11.

[1643] Art. 464 AUS.

Le président-directeur général est d'abord élu parmi les membres du conseil d'administration[1644], il a donc obligatoirement la qualité d'administrateur. Il ne peut s'agir ensuite que d'une personne physique[1645]. Cette exigence qui atteste du souci du législateur de personnaliser la fonction montre l'importance qu'il attache à la représentation de la société. Ces premières conditions sont posées à peine de nullité de la nomination.

1170 Afin qu'il puisse se consacrer pleinement aux nouveaux devoirs de sa charge, le président, en sa qualité de directeur général, ne peut enfin exercer qu'un seul mandat. S'il occupe déjà une fonction similaire dans une autre société, il devra donc démissionner. Ne sont pas non plus concernés par la règle du non-cumul, sans limitation, les mandats exercés dans des sociétés dont le siège n'est pas situé sur le territoire d'un État-partie[1646]. Il ne peut pas non plus occuper plus de cinq mandats d'administrateur[1647], ni plus de deux (2) mandats d'administrateur général ou de directeur général de sociétés anonymes ayant leur siège social sur le territoire d'un même État-partie, même dans sa seule qualité de président.

Le conseil d'administration élit le président et il est seul habilité à le faire. Les statuts ou l'assemblée générale ne peuvent donc y suppléer, pas même pour réparer le vice entachant sa désignation par un conseil irrégulièrement composé[1648]. Le président est élu pour la durée du mandat statutairement prévue ; cette durée ne peut excéder celle du mandat des administrateurs. Il est indéfiniment rééligible[1649].

Dans le silence des statuts, le mandat du président prend fin en même temps que ses fonctions d'administrateur.

Lorsque le président-directeur général est empêché d'exercer ses fonctions, c'est éventuellement le directeur général adjoint qui exerce la direction générale. En effet, l'AUS ne prévoit pas un poste de vice-président, le président directeur général peut tout simplement être secondé par un ou plusieurs directeurs généraux adjoints. Un avis de la CCJA du 26 avril 2000 vient préciser qu'il n'est pas possible sans violer la loi de créer un tel poste dans les statuts de la société[1650]. Pour ses fonctions de président du conseil d'administration, il est possible de procéder provisoirement à son remplacement ; le conseil d'administration pouvant en effet « déléguer un administrateur dans les fonctions de président »[1651]. Cet administrateur délégué n'est pas à proprement parler un

---

[1644] Art. 462 AUS.
[1645] Art. 462 al. 2 AUS.
[1646] Art. 464 AUS.
[1647] Art. 464 al. 2 AUS qui renvoie à l'article 425 relatif aux administrateurs.
[1648] Cass. com. 31 janv. 1968, *D.* 1968.321.
[1649] Art. 463 al. 3 AUS
[1650] CCJA, Avis n° 02/2000/EP du 26 avril 2000, 2e question, Juriscope.org ; Ohada.com/Ohadata J-02-04.
[1651] Art. 468 AUS.

troisième personnage de la direction, car il n'est pas doté de pouvoirs concurrents. Il peut être vu cependant comme un troisième mode d'exercice de la direction générale, dans les sociétés anonymes à direction générale unitaire, en palliant la vacance du pouvoir qui découlerait de circonstances exceptionnelles.

L'administrateur délégué n'est susceptible d'intervenir d'abord qu'en cas d'empêchement du président. Le législateur vise l'empêchement temporaire qui commande une délégation limitée à une durée déterminée par le conseil, laquelle peut toujours être renouvelée par celui-ci. Mais est visé également le décès du président où cette fois la délégation vaut jusqu'à l'élection du nouveau président[1652]. La mission de l'administrateur délégué étant par nature passagère, il ne devra jamais remplacer définitivement le président. Le législateur reste silencieux sur ce qu'il conviendrait de faire face à un président, qui, sans être décédé, ferait l'objet d'un empêchement durable, voire définitif (coma, invalidité...)[1653]. On peut raisonnablement penser qu'un administrateur délégué pourrait utilement intervenir ici, comme en cas de décès, jusqu'à l'élection d'un nouveau président. D'ailleurs, si d'aventure l'ancien président venait à ne plus être empêché, le conseil d'administration pourrait toujours régulariser la situation en usant de son pouvoir de révocation. Plus généralement, cette faculté laissée au conseil de déléguer un administrateur doit être assez largement entendue. Suffisamment pour admettre qu'il puisse valablement décider de faire intervenir l'administrateur délégué quand le président s'absente pendant un certain temps ; par exemple lorsqu'il est en déplacement ou en vacances.

1171 Le choix de l'administrateur délégué relève ainsi juridiquement du seul conseil d'administration. C'est aussi à celui-ci qu'il incombe de décider de l'opportunité d'une telle désignation, la vacance de la présidence n'étant pas en soi une cause de paralysie, ou encore d'en arrêter les modalités, et notamment la rémunération. En se substituant au président, l'administrateur délégué exerce enfin les pouvoirs qui lui sont attachés et peut être révoqué dans les mêmes conditions.

1172 Le conseil d'administration peut révoquer le président « *à tout moment* »[1654]. Le président « directeur général » ne peut par conséquent plus se prévaloir des « justes motifs » attachés à cette seule qualité[1655].

[1652] Art. 468 al. 2 AUS.

[1653] B. NJOYA KAMGA, *L'administration provisoire des sociétés dans l'espace OHADA*, Québec, Veritas, 2012, Coll. Economica, 540 p.

[1654] Art. 469 AUS. V. sur la question de la révocation du président-directeur général A. AKAM AKAM, « Soliloque sur un exemple d'incohérence en droit OHADA : la cessation des fonctions des dirigeants sociaux », in *Les mutations juridiques dans l'espace OHADA,* l'Harmattan, pp. 101-132 ; B.Y. MEUKE, « *Brèves réflexions sur la révocation des dirigeants sociaux dans l'espace OHADA »,* www.juriscope.org ou www.ohada.com.

[1655] R. NEVRY, « La révocation des dirigeants des sociétés commerciales : droit OHADA, droit français », *Revue de droit international et de droit comparé*, Vol. 84, 2007, pp. 105-140.

Il s'agit d'une véritable révocabilité *ad nutum,* identique dans son principe à celle prévue pour les administrateurs. Certes, c'est le conseil d'administration qui est directement compétent pour le révoquer, alors que les administrateurs sont révocables par l'assemblée générale. Mais l'assemblée n'est pas sans pouvoirs sur le président : elle peut le révoquer dans sa qualité d'administrateur, ce qui agira indirectement sur celle de président, puisque perdant son aptitude à présider un conseil auquel il n'appartient plus, il devra cesser ses fonctions. Cette situation est en réalité assez théorique, car la plupart du temps le président détiendra personnellement la majorité des actions.

Tout ce que l'on a vu à propos des rémunérations du directeur général[1656] s'applique au président-directeur général. C'est donc le conseil d'administration qui détermine le montant de la rémunération du président[1657].

b- Les pouvoirs du président directeur général

1173 Le législateur OHADA fait du président-directeur général le véritable maître de la société. Cela tient au transfert au profit du président ou du directeur général de certaines prérogatives du conseil, alors que le président peut toujours récupérer ses prérogatives transférées au directeur général en exerçant lui-même cette fonction. Face à la diminution corrélative des pouvoirs du conseil d'administration[1658] qui n'est plus investi des pouvoirs les plus étendus, mais se borne à déterminer les orientations de l'activité de la société et à procéder aux contrôles opportuns, le président-directeur général apparaît comme la plaque tournante de la société.

À l'égard des organes sociaux, le président-directeur général, en sa qualité de président, dispose d'abord d'un pouvoir de contrôle général puisqu'il

« Assure la direction générale de la société »[1659]. Cette mission, qui lui est ainsi dévolue, devrait lui permettre de prendre toute mesure qui serait de nature à pallier le fonctionnement irrégulier des organes sociaux. Ce pouvoir de contrôle s'exerce toutefois concurremment avec le conseil d'administration qui « procède aux contrôles et vérifications qu'il juge opportuns »[1660].

Par rapport au conseil d'administration, le président joue un rôle essentiel au sein dudit conseil. Comme son nom l'indique, il assure naturellement la présidence de droit des séances du conseil d'administration. Ce sont les statuts qui déterminent les règles relatives à la convocation et aux délibérations du conseil d'administration, mais en pratique c'est à lui qu'il revient de le convoquer

---

1656 V. *supra*....
1657 Art. 467 AUS.
1658 Sur l'observation de ce phénomène, V. déjà : R. BADINTER, « Les pouvoirs du président-directeur général de la société anonyme de type classique après la réforme du droit des sociétés commerciales », *D.* 1969, chron. 188.
1659 Art. 467 al. 2 AUS.
1660 Art. 435 al. 2 AUS.

et d'en fixer l'ordre du jour, même si cette compétence n'est pas exclusive[1661]. La formulation très générale employée semble inclure l'information préalable à toute réunion.

Le président représente le conseil d'administration. Ce pouvoir de représentation permanent ne peut pas être compris comme un véritable mandat, au sens juridique du terme. D'une part, parce que le conseil d'administration, dénué de la personnalité juridique, n'est pas sujet de droit. D'autre part, parce que cela reviendrait à donner à une seule personne le pouvoir de prendre des décisions qui seraient privées de leur caractère collégial. Ce pouvoir de représentation signifie simplement que le président est le porte-parole du conseil ; une sorte d'interface entre celui-ci et l'assemblée des actionnaires. C'est donc à lui qu'il reviendra en pratique de répondre aux questions des actionnaires, ou encore de réceptionner certaines conventions : celles de l'article 438 et suivants, pour les soumettre à autorisation, et celles portant sur des opérations courantes et conclues à des conditions normales.

Par rapport à l'assemblée générale, en principe, c'est le président du conseil d'administration qui préside les assemblées d'actionnaires[1662]. Il est des hypothèses cependant où la présidence de l'assemblée sera assurée par une autre personne. En l'absence de celui-ci, d'abord, l'assemblée générale sera présidée conformément aux statuts, et si rien n'est prévu, l'assemblée procédera elle-même à la désignation de son président. Lorsque la convocation de l'assemblée n'émane pas du président, ensuite l'assemblée est présidée par l'auteur de la convocation.

À l'égard de la société, le président-directeur général exerce également la direction générale de la société. Il est à ce titre « *investi des pouvoirs les plus étendus pour agir en toute circonstance au nom de la société* »[1663]. Mais l'étendue de ces pouvoirs, telle qu'elle résulte du cumul de ses fonctions, est déterminée à titre résiduel : il faut donc considérer que tout ce qui n'entre pas expressément dans la sphère de compétence des assemblées d'actionnaires ou du conseil d'administration relève de ses pouvoirs. Il a été jugé que seul le président-directeur général a la qualité de représentant légal ou statutaire et peut valablement former appel au nom de la société[1664]. Par conséquent, le directeur du risque et du crédit de la société n'est pas le représentant légal de la société. Il ne peut valablement agir en cette qualité qu'après avoir reçu un pouvoir spécial

---

1661 Art. 453 AUS.

1662 Art. 465 &l. 1 AUS.

1663 Art. 465 al. 4 AUS.

1664 CCJA, arrêt n° 022/2003, 06 novembre, Affaire Biao Côte d'Ivoire c/ Nouvelle Scierie d'Agnibilikro, *Recueil de jurisprudence CCJA* n° 2, 2003, p.

donné à cet effet par le représentant légal[1665]. Il en est de même du président du conseil d'administration[1666]

1174 À l' égard des tiers, le président-directeur général, qui exerce tout à la fois un pouvoir de contrôle et la direction générale de la société, a naturellement le pouvoir d'engager la société. Les tiers n'ont donc pas, en principe, à rechercher si tel ou tel acte accompli par le président-directeur général relève de la compétence du conseil ou de la direction générale. Mais comme on l'a vu pour le directeur général, les tiers ne peuvent se prévaloir des actes que le législateur attribue spécialement à un autre organe social.

c- La responsabilité du président-directeur général

1175 Dans la direction générale unitaire, le président-directeur général cumule naturellement les responsabilités respectives du président du conseil d'administration et du directeur général[1667]. Mais on pouvait légitimement s'attendre à ce que l'application distributive des pouvoirs du président du conseil d'administration ait une incidence sur le régime de responsabilité ; notamment qu'elle s'accompagne d'un allégement de la responsabilité du président dans la direction générale dissociée. En se mirant dans la responsabilité civile prévue pour les administrateurs, la responsabilité propre au président est en effet très voisine de celle du directeur général, avec lequel il est du reste solidairement tenu. Cela étant, si le président est un administrateur, ce n'est pas un administrateur comme les autres. Sa responsabilité pourra donc être engagée pour toute faute qui relèverait de ses obligations spécifiques.

1176 La responsabilité pénale du président-directeur général est à l'image de celle du directeur général[1668]. Notons simplement que dans la direction générale dissociée, la responsabilité du président du conseil d'administration, qui est dépourvu des prérogatives de gestion, ne devrait pouvoir être engagée que pour les fautes relevant de ses attributions propres. Néanmoins, la mise en jeu de la responsabilité pénale du président reste toujours concevable, comme auteur principal, ou comme complice du directeur général.

[1665]Ibid.

[1666] CCJA, arrêt n° 042/2008 du 17 juillet 2008, Affaire Société LEV-Cote d'Ivoire c/ Peled Nathan, in Les grandes décisions de la CCJA, p. 129, obs. S. S. Kuate Tameghe et P. Amougui Galao ; Cour d'appel du Littoral à Douala, Arrêt n° 197/CC du 22 septembre 2003, Affaire Douala Moutome, Patrice Monthe et Etah et Nan II c/Société Beneficial Insurance, *Juridis Périodique* n° 77-2009, p.41, obs. R. Nemedeu.

[1667]V. A. AKAM AKAM, « La responsabilité des dirigeants sociaux en droit OHADA », op. cit. ; W. J. NGOUE, « La mise en œuvre de la responsabilité des dirigeants de sociétés anonymes en droit OHADA », *in L'effectivité du droit de l'OHADA*, Yaoundé, PUA, 2006, pp. 179-213

[1668] C. MASCALA, « La responsabilité pénale des dirigeants sociaux », *JCP*, n° 3, 2001, p. 1-17.

2- Le directeur général

1177 La direction générale de la société peut être assumée, soit par le président du conseil d'administration, soit par une autre personne physique qui prend alors le titre de directeur général. Le choix doit s'exprimer dans les statuts.

Le directeur général a un statut bien défini (a), les pouvoirs qui lui sont reconnus (b) et la responsabilité (c) qu'il est susceptible d'encourir seront examinés successivement.

a- Le statut du directeur général

1178 Dans une société anonyme, il ne peut y avoir qu'un seul directeur général. Une multiplication des directeurs généraux n'étant en effet pas souhaitable au regard de l'éparpillement des responsabilités qu'elle induit.

Le directeur général est nommé par le conseil d'administration. Il faut une délibération conforme aux prescriptions législatives et réglementaires, la qualité de directeur général ne pouvant être déduite des fonctions exercées[1669]. Mais, en n'étant plus l'auxiliaire du président ni son subordonné, il n'a juridiquement plus à être présenté par celui-ci. Ainsi, l'initiative et la décision de nommer le directeur général relèvent exclusivement de la compétence du conseil d'administration. Reste qu'en pratique, le président du conseil d'administration est l'émanation d'une majorité, et au moment où la question se pose, on peut penser que dans la plupart des cas, il ne sera pas totalement étranger à la nomination du directeur général.

1179 Les conditions de nomination sont de deux ordres : Le directeur général ne peut être qu'une personne physique[1670]. Celle-ci peut assez librement être. Ainsi peut-elle indifféremment appartenir au conseil d'administration, lui être extérieure et même ne pas être actionnaire du tout.

Pour être nommée en qualité de directeur général, cette personne ne doit cependant pas avoir été frappée par certaines incapacités. Sont visées notamment les peines d'emprisonnement. C'est le cas ensuite pour la faillite personnelle et les interdictions intervenues dans le cadre des dispositions relatives au redressement et à la liquidation judiciaires des entreprises.

1180 La question du cumul par une même personne des fonctions de directeur général avec d'autres fonctions est importante. Plusieurs situations de cumul peuvent se présenter qui doivent être distinguées.

[1669] CA Pau, 31 janv. 1967, D. 1967.476.
[1670] Art. 485 AUS.

L'hypothèse est celle du directeur général qui conclut un contrat de travail, mais aussi celle du salarié qui est nommé directeur général[1671]. Le cumul est en principe admis même s'il peut y avoir quelque embarras pour un directeur général à conserver par ailleurs une relation subordonnée dans le cadre d'un contrat de travail[1672].

Pour être admis, le cumul n'en doit pas moins répondre à certaines exigences. Si la conclusion du contrat de travail peut intervenir postérieurement à une nomination en qualité de directeur général - dès lors que le directeur général n'est pas en même temps administrateur cette qualité est au nombre de celles visées par les articles 438 et suivants : le contrat de travail intervenant entre le directeur général et la société doit donc déjà être soumis à l'autorisation préalable du conseil d'administration.

Le contrat de travail lui-même doit aussi remplir plusieurs conditions qui ont été posées par la jurisprudence. Il doit d'abord être réel. L'emploi ne doit ainsi pas être fictif en n'ayant d'autre but que de prémunir le directeur général de la révocabilité plus facile qu'il encourt. Il doit ensuite être sérieux, c'est-à-dire correspondre à des fonctions techniques distinctes de la direction générale, ce qui ne peut se concevoir que dans une société d'une certaine importance. Il doit enfin être effectif : le travail qu'il suppose doit donc être effectivement accompli[1673].

Si un cumul régulier au départ devenait sans objet par la suite - le conseil d'administration maintenant le contrat de travail uniquement pour conserver à son titulaire certains avantages acquis -, il devrait alors être considéré comme irrégulier.

Le cumul de fonctions découle en principe de la coexistence des deux actes juridiques que sont la désignation par le conseil d'administration et la conclusion du contrat de travail. Mais, dans l'hypothèse particulière où c'est le salarié qui est nommé directeur général, le cumul doit être expressément prévu. À défaut, le contrat de travail est suspendu[1674]. Il reprendra donc immédiatement son cours

---

1671 V. pour plus de détails POUYE PAPE KOKOL, *Le cumul de mandat d'administrateur et d'un contrat de travail dans l'acte uniforme portant droit des sociétés commerciales*, mémoire de Master, UCAD, 2004 ; **Cour d'Appel de Dakar, Arrêt n° 263, Bank Of Africa C/ Bonneau.- Revue Edja N° 76 Janvier - Février - Mars 2008, p. 75.**

1672 V. déjà sur cette question du lien de subordination : G. ARMAND, « Réflexions sur le statut des dirigeants sociaux dans les deux types de sociétés anonymes », *JCP*, éd. CI, 1981. II. 13649 ; M. DESLANDES, « Réflexions sur le cumul d'un mandat social et d'un contrat de travail », *D.* 1982, chron. 19 ; A. SAYAG, « Mandat social et contrat de travail : attraits, limites et fictions », *Rev. sociétés* 1981.1 ; B. PETIT, « Le sort du contrat de travail des directeurs généraux », *Dr. social* 1991.463.

1673 F. MANSUY, « La notion d'emploi effectif et les conséquences sur le maintien du contrat de travail des dirigeants sociaux », *Rev. sociétés* 1987.1.

1674 R. VATINET, « Des hypothèses de non-cumul d'un contrat de travail et d'un mandat social », *Rev. sociétés* 1999.273.

lorsque les fonctions de directeur général cesseront. Le contrat est également suspendu si le cumul n'a pas été invoqué par le salarié.

Lorsque le cumul est reconnu, chacune des fonctions suit son propre régime. Ainsi, l'augmentation de la rémunération relative au contrat de travail est soumise à la procédure des conventions réglementées, alors que l'augmentation de la rémunération relative au mandat social doit être déterminée par le conseil d'administration[1675].

On l'a vu, le directeur général peut avoir la qualité d'administrateur, et celle de salarié. Il pourrait donc très bien, au moins en théorie, cumuler ces trois fonctions. Une telle possibilité a pu être condamnée. Mais en réalité, la question se ramène à celle du cumul, qui n'est pas sans limites, des fonctions d'administrateur avec un contrat de travail. Mais le cumul ne doit pas toujours être vu négativement. Dans les petites sociétés anonymes, il peut paraître assez naturel qu'un dirigeant remplisse à la fois des fonctions techniques et d'administration. Il peut être vu aussi comme un vecteur du progrès social en permettant à un salarié de devenir administrateur.

Parallèlement, même comme l'AUS n'en dit rien, il est possible qu'une autre limite vienne circonscrire le nombre maximal de mandats, toute nature confondue, que le directeur général peut se voir confier. Il est ainsi acquis en droit français, qu'une même personne physique ne peut en effet pas exercer simultanément plus de cinq mandats de directeur général, de membre du directoire, de directeur général unique, d'administrateur ou de membre du conseil de surveillance de sociétés anonymes situées sur le territoire d'un même État-partie[1676]. Certains mandats ne sont cependant pas pris en compte. Ainsi en va-t-il des mandats d'administrateur. La question s'est posée de savoir comment décompter le mandat d'administrateur éventuellement exercé par le directeur général dans la même société. Comme on considère qu'il s'agit moins d'une situation de cumul que d'une adjonction de compétence, cette situation paraît ne devoir compter que pour un seul mandat.

Si le directeur général est dans une situation irrégulière de cumul, il doit se démettre de l'un de ses mandats ou du mandat en cause dans le délai de trois mois, à compter de sa nomination ou de l'événement ayant entraîné la disparition de l'une des conditions dérogatoires. Passé ce délai, il est réputé s'être démis de son nouveau mandat, ou du mandat ne répondant plus aux conditions fixées[1677].

[1675] SENGHOR JOSEPH GAYKY, *L'administration dans la société anonyme*, op. cit. ; de la même manière, le directeur général peut être révoqué en cette qualité à tout moment sans que cela ait d'incidence sur le contrat de travail dont il a conservé le bénéfice (Cass. soc. 14 juin 2000, Bull. civ. V, n° 229, *Bull. Joly* 2000.949, note G. Auzero).

[1676] C. com., art. L. 225-94-1, al. 1er.

[1677] C. com., art. L. 225-54-1, al. 3, et L. 225-94-1, al. 3.

1181 Le directeur général peut quitter ses fonctions à l'occasion d'événements qui ne sont pas propres à celles-ci, suivant les causes d'extinction classiques. Mais, en étant placée à la tête de la société, la direction générale est un poste particulièrement sensible. Cette situation implique qu'un certain nombre d'hypothèses originales puissent aussi mettre un terme à de telles fonctions.

Le directeur général est révocable à tout moment[1678]. Le directeur général est révocable *ad nutum* par le conseil d'administration[1679], une révocation décidée sans justes motifs peut dorénavant donner lieu à dommages-intérêts. La révocation *ad nutum,* qui était susceptible d'intervenir sans préavis, ni indemnité ni motivation[1680], semble donc remise en cause aujourd'hui par le législateur, au moins pour deux de ses termes. Des «*justes motifs* » supposent en effet que le conseil d'administration donne les raisons de sa décision, ce qui paraît aller à l'encontre du caractère discrétionnaire des révocations intervenues sous l'empire du droit antérieur. La révocation du directeur général peut aussi être indemnisée dès lors qu'elle est injustifiée ce qui est encore une nouveauté. En réalité, il s'agit moins d'une révolution que d'une clarification, car la révocation *ad nutum* connaissait déjà le contrôle des tribunaux dans ses conditions de mise en œuvre et, le cas échéant, la limite de l'abus de droit. Les événements qui caractérisent une révocation abusive tiennent surtout aux circonstances qui l'accompagnent : brusquerie peu commune de la révocation, circonstances vexatoires et atteinte à la réputation ou à l'honneur du dirigeant révoqué ont ainsi été jugées abusives en droit français. L'auteur de la révocation est toujours le conseil d'administration[1681], mais il agit désormais de son propre chef puisqu'il n'intervient plus sur proposition du président du conseil d'administration[1682].

Les fonctions de directeur général peuvent cesser à son initiative par la remise de sa démission. Le directeur général dispose de cette faculté comme tout

[1678] V. sur la question de la révocation du directeur général A. AKAM AKAM, « Soliloque sur un exemple d'incohérence en droit OHADA : la cessation des fonctions des dirigeants sociaux », in *Les mutations juridiques dans l'espace OHADA*, l'Harmattan, pp. 101-132.

[1679] Art. 492 AL.1er AUS.

[1680] V. l'ancienne version de l'art. 492 AUS. V. B. Y. MEUKE, « *Brèves réflexions sur la révocation des dirigeants sociaux dans l'espace OHADA* », www.juriscope.org ou www.ohada.com ; R. NEVRY, « La révocation des dirigeants des sociétés commerciales : droit OHADA, droit français », *Revue de droit international et de droit comparé,* Vol. 84, 2007, pp. 105-140.

[1681] CCJA, arrêt n° 032/2007, 22 novembre 2007, Thomas Christophe Emmanuel Wielezynski c/ COFIPA Investment bank Côte d'Ivoire, *Recueil de jurisprudence* CCJA n° 10 2007, p. 19 ; in *Les grandes décisions de la CCJA*, p.189, obs. A. Kenmogne Simo.

[1682] Art. 492 AUS.

mandataire social[1683]. L'exercice de cette faculté ne devrait cependant pas aboutir à une démission intempestive ou abusive[1684].

Plusieurs événements sont de nature à mettre un terme aux fonctions du directeur général. L'expiration de la durée pour laquelle le mandataire a été nommé est une première hypothèse. L'arrivée du terme obéit toutefois à un nouveau régime. Les autres événements qui mettront automatiquement un terme à ses fonctions peuvent concerner le directeur général lui-même ou la société. S'agissant du directeur général, ses fonctions prendront fin s'il fait l'objet d'une incapacité, d'une incompatibilité, d'une interdiction ou d'une déchéance, ou naturellement s'il décède. S'agissant de la société, c'est sa transformation en une société d'une autre forme ou sa dissolution qui entraîneront cette fois la cessation de ses fonctions.

b- L'exercice des fonctions du directeur général

1182 Comme par le passé, l'exercice de la direction générale emporte des droits et des obligations. Il dispose désormais de pouvoirs renforcés pour exercer ses nouvelles fonctions, lesquelles peuvent toujours être rémunérées et engager sa responsabilité[1685].

Aux termes du nouvel article 487 al. 2, « *pour l'exercice de ses fonctions, il est investi des pouvoirs les plus étendus qu'il exerce dans la limite de l'objet social et sous réserve de ceux expressément attribués aux assemblées générales ou spécialement réservés au conseil d'administration par des dispositions légales ou statutaires* ».

1183 Dans ses rapports internes, le directeur général de la société est tenu de communiquer à chaque administrateur tous les documents et informations nécessaires à l'accomplissement de sa mission. À l'égard des tiers, seul le directeur général représente la société[1686], laquelle est engagée même par les actes ne relevant pas de l'objet social. Cette solution, soucieuse de l'intérêt des tiers, n'a plus de raison d'être lorsque ceux-ci sont parfaitement informés de la situation. Aussi, une dérogation a-t-elle été prévue : si la société prouve que le tiers connaissait le dépassement (appréciation *in concreto*) ou qu'il ne pouvait l'ignorer compte tenu des circonstances (appréciation *in abstracto*), elle n'est plus

---

[1683] H. SOULEAU, « La démission des dirigeants des sociétés commerciales », *RTD com.* 1972.21 ; D. MARTIN, « La démission des organes de gestion des sociétés commerciales », *Rev. sociétés* 1973.273.

[1684] CA Paris, 12 mai 1993, *JCP* 1994. I. 3746, n° 7, obs. A. Viandier et J.-J. Caussain, à propos d'une démission jugée non abusive.

[1685] V. pour plus de détails, BABACAR BA, *Pouvoir et responsabilité du DG d'une société commerciale*, mémoire de Master, UCAD, 2003.

[1686] CCJA, arrêt n° 022/2003, 06 novembre, Affaire Biao Côte d'Ivoire c/ Nouvelle Scierie d'Agnibilikro, op. cit. ; CCJA, arrêt n° 042/2008 du 17 juillet 2008, Affaire Société LEV-Cote d'Ivoire c/ Peled Nthan, op. cit.

engagée[1687]. La seule publication des statuts est insuffisante pour caractériser la connaissance du dépassement. D'ailleurs, les dispositions des statuts - comme les décisions du conseil d'administration - qui viendraient à limiter les pouvoirs des directeurs généraux sont inopposables aux tiers[1688]. Cela étant, si l'on peut admettre que les tiers ne sont pas toujours en mesure de prendre connaissance des statuts ou des procès-verbaux du conseil, il n'en va pas de même d'une limitation des pouvoirs voulue par la loi que nul n'est censé ignorer. C'est la raison pour laquelle, l'acte d'un directeur général qui viendrait à outrepasser ses pouvoirs en relevant de ceux réservés par la loi à un autre organe social, serait inopposable à la société. Ainsi en irait-il par exemple des cautions, avals, et garanties donnés par la société du seul chef du directeur général puisque ces actes ne peuvent être autorisés que par le conseil d'administration[1689].

1184 Le directeur général peut déléguer certains de ses pouvoirs. Cette possibilité, qui lui était classiquement reconnue[1690], même dans le silence des statuts, dès lors que le pouvoir donné était limité à un objet déterminé[1691], fait naturellement toujours partie de ses prérogatives ; le renforcement général de ses pouvoirs supposant le maintien de ce qu'il lui était déjà possible de faire. La solution ne paraît en revanche plus possible en présence d'une stipulation contraire des statuts. Dans le silence de ceux-ci, il n'est pas certain non plus que le directeur général puisse déléguer librement ses pouvoirs au président.

1185 La rémunération du directeur général est déterminée par le conseil d'administration[1692]. Comme il s'agit d'une compétence exclusive, personne ne peut se substituer au conseil : pas même une filiale chargée du recrutement et encore moins le directeur général par le biais d'une « *autorémunération* »[1693]. La rémunération doit faire l'objet d'une délibération formelle du conseil d'administration quant à son montant et ses modalités. Une fixation du montant par un comité *ad hoc* désigné par le conseil d'administration serait donc irrégulière. Ceci vaut pour la détermination initiale, mais aussi pour une éventuelle modification ultérieure.

1687 Art. 122 et 488 AUS.

1688 art. 488 al. 2 AUS

1689 J.-P. LANGLADE, « Le pouvoir de fournir des sûretés dans les sociétés anonymes », *RTD com.* 1979.355 ; C. MOULY et M. DAGOT, « L'usage personnel du crédit social et son abus », *Rev. sociétés* 1988.1

1690 Y. REINHARD, « Les délégations de pouvoirs des dirigeants dans les sociétés par actions », *RTD com.* 1988.634 ; T. DALMASSO, « La délégation de pouvoirs », 2000, éd. *Joly.*

1691 Rép. min. à M. LEBAS, JOAN 3 déc. 1970, p. 6095.

1692 Art. 490 AUS.

1693 Suivant une jurisprudence rendue à propos du président du conseil d'administration mais que l'on peut aujourd'hui parfaitement transposer au directeur général : Cass. com. 15 déc. 1987, *Bull. Joly* 1988.80 ; A. PICAND-L'AMEZEC, « L'autorémunération du président du conseil d'administration », *Bull. Joly* 1988.319)

La nature de la rémunération du directeur général est aussi une spécificité. Pour la doctrine dominante, sa rémunération n'est ni un salaire ni une commission, lesquels supposent un contrat. Il n'y a en effet rien de tel avec la fixation de la rémunération par un conseil dont la délibération constitue un acte unilatéral, ce qui explique qu'elle échappe à la procédure des conventions réglementées.

La rémunération du directeur général peut prendre diverses formes[1694]. Les fonctions ne sont d'abord pas obligatoirement rémunérées. Lorsqu'elles le sont, la rémunération peut ensuite être fixe, variable, voire les deux à la fois. Enfin, si le conseil d'administration a tout le loisir de décider de la forme la plus appropriée de la rémunération, sa liberté n'est pas absolue pour en fixer le montant. Comme dans les autres droits[1695], la rémunération ne peut être admise que dans la mesure où elle n'est pas abusive ; l'abus étant notamment apprécié au regard de l'intérêt social.

À la rémunération ordinaire des dirigeants, viennent s'ajouter parfois certains avantages qui sont autant de rémunérations spéciales (jetons de présence, options de souscription ou d'achat d'actions, plans d'épargne entreprise, indemnités de départ...). Le directeur général fait partie des personnes énumérées à l'article 438 et suivants. Les conventions qu'il conclut durant son mandat social doivent donc être préalablement autorisées par le conseil d'administration[1696], l'intéressé ne prenant pas part au vote.

En France, ce régime est ainsi applicable aux indemnités de départ (golden parachute), encore qu'il faille distinguer entre celles qui revêtent un caractère exceptionnel et celles qui ont été expressément prévues par les statuts ou lors de la nomination du dirigeant. Les premières constituent des conventions réglementées, tandis que les secondes doivent s'analyser en un complément de rémunération non soumis à la procédure[1697]. Par ailleurs, il convient de préciser que, pour ne pas faire échec au principe de la révocabilité du directeur général - en raison d'un montant trop dissuasif -, de telles promesses sont susceptibles d'être annulées. C'est le cas lorsque l'indemnité est promise par la société ou un actionnaire majoritaire, mais elle peut valablement produire ses effets si elle est consentie par un tiers[1698].

[1694] P. SERLOOTEN, « Rémunération du dirigeant, liberté et impôt »,*Cah. dr. entr.* 2001, n° 3, p. 7 ; « Le choix du mode de rémunération des dirigeants sociaux : critère fiscal », *Bull. Joly* 2000.887 ; C. VERMOT, Rémunération des dirigeants sociaux. Aspects sociaux et économiques », *Cah. dr. entr.* 2001, n° 3, p. 13.

[1695] A. TUNC, « La rémunération des dirigeants de sociétés, le rapport Greenbury et la réponse de la Bourse », *RID comp.* 1996.113.

[1696] Y. BALENSI, *Les conventions entre les sociétés commerciales et leurs dirigeants*, Economica, 1975 ; C. PRIÉTO, *La société contractante*, 1995, PUAM, n° 148 et s.

[1697] D. BUREAU, « Rémunération des administrateurs », *J.-Cl. sociétés, fasc.* 130-40, n° 52.

[1698] Y. GUYON, « Les dirigeants sociaux. Conclusions », *Cah. dr. entr.* 2001, n° 3, p. 39.

c- La responsabilité du directeur général

1186 Les actes du directeur général, en sa qualité de dirigeant social ont toujours été source de responsabilité, laquelle n'est que la contrepartie des pouvoirs dont il est le dépositaire. Les prérogatives qui lui sont désormais reconnues entraînent corrélativement une aggravation de cette responsabilité, qui peut être de nature civile[1699] ou pénale.

Il engage ainsi sa responsabilité, aux côtés des administrateurs, pour les infractions aux dispositions législatives ou réglementaires, la violation des statuts et les fautes de gestion. S'il a coopéré aux mêmes faits avec plusieurs administrateurs, le tribunal détermine leur part respective dans la réparation du dommage. Cette responsabilité est engagée dans les rapports internes comme à l'égard des tiers.

S'agissant des rapports internes, le directeur général devra réparer le préjudice subi personnellement par les actionnaires ou par la société. Dans cette dernière hypothèse, les actionnaires peuvent exercer l'action sociale de deux manières : individuellement, en se groupant dans les conditions de représentativité du capital réglementairement prévues ; la société devant, dans les deux cas, être mise en cause par l'intermédiaire de ses représentants légaux.

À l'égard des tiers, le directeur général peut, pour les mêmes raisons, également engager sa responsabilité. Le principe de la séparation des patrimoines est alors transcendé. Si la société n'est plus *in bonis,* il pourra encore être touché par les mesures propres au redressement et à la liquidation judiciaires des entreprises. Un directeur général fautif serait ainsi susceptible de faire l'objet d'une action en comblement de l'insuffisance d'actif[1700], d'un redressement judiciaire personnel[1701], voire d'une faillite personnelle[1702]. S'agissant plus spécialement de l'action en comblement, on remarquera que, par ses conséquences patrimoniales et sa mise en œuvre, elle relève de la responsabilité civile, même s'il s'agit d'une action « *spéciale [...] dont le régime est particulier* »[1703]. En effet, contrairement au droit commun, où le dommage causé doit toujours être réparé en totalité, le tribunal se livre à une appréciation du

---

[1699] A. AKAM AKAM, « La responsabilité civile des dirigeants sociaux en droit OHADA », op. cit. ; D. SOSSA, « La responsabilité des dirigeants de société et le nouveau droit de l'arbitrage interne et international », Cotonou, *CCIB*, 1999.

[1700] Art. 183 et s. de l'acte uniforme portant organisation procédure collective d'apurement du passif.

[1701] Art. 189, ibid.

[1702] Art. 196, ibid.

[1703] V. A. AKAM AKAM, « La responsabilité civile des dirigeants sociaux en droit OHADA », op. cit. ; W. J. NGOUE, « La mise en œuvre de la responsabilité des dirigeants de sociétés anonymes en droit OHADA », *in L'effectivité du droit de l'OHADA,* Yaoundé, PUA, 2006, pp. 179-213. Ph. le TOURNEAU et L. CADIET, « Droit de la responsabilité et des contrats », 2000, *Dalloz Action*, n° 4114.

montant mis à la charge du dirigeant. Après quelques hésitations[1704], la jurisprudence considère que la responsabilité civile de droit commun est exclusive de celle qui est susceptible d'intervenir dans le cadre du droit du redressement ou de la liquidation judiciaire[1705] .

1187 La responsabilité pénale du directeur général[1706] peut avoir plusieurs sources bien que le Code pénal ne contienne aucune disposition générale visant spécialement les dirigeants sociaux[1707]. Elle peut résulter de textes généraux, qui relèvent du droit pénal des affaires, de textes particuliers au droit du redressement ou de la liquidation judiciaire des entreprises, et de textes encore plus particuliers, propres au droit de la société anonyme.

§2. LA SOCIÉTÉ ANONYME AVEC ADMINISTRATEUR GÉNÉRAL

1188 Cette forme constitue une création originale du législateur OHADA. Elle a été instituée dans l'intention de favoriser la création des sociétés anonymes en attirant dans les pays membres de l'OHADA les investissements étrangers et de simplifier leur structure de gestion. Sa création est donc justifiée par les mêmes raisons qui ont conduit à l'institution de la société anonyme ou la SARL unipersonnelle[1708].

Le recours à ce type de direction n'est possible que si la société anonyme comprend un nombre d'actionnaires égal ou inférieur à trois[1709]. Ceux-ci peuvent, s'ils le souhaitent, s'affranchir d'un conseil d'administration qui serait encombrant[1710] et désigner plutôt un administrateur général. L'administrateur général cumule alors, sous sa responsabilité, les fonctions d'administration et de direction de la société.

[1704] Cass. com. 16 avr. 1991, *Rev. sociétés* 1992.102, note Y. Chaput.

[1705] Cass. com. 28 juin 1995, *Rev. sociétés* 1995.555, note F. Derrida ; 3 oct. 2000, *Bull. Joly* 2001.24, n° 4, note J.-J. Daigre.

[1706] V. A. AFANI, *La responsabilité pénale des dirigeants de la société anonyme ; étude de droit comparé : France-Allemagne-Espace OHADA*, thèse, Perpignan, 2009 ; C. MASCALA, « La responsabilité pénale des dirigeants sociaux », *JCP*, n° 3, 2001, p. 1-17.

[1707] V. les articles 888 à 891-2 de l'AUS ; v. R. SOKENG, *Droit pénal des affaires dans l'espace OHADA*, PUA, 2008, 300 p.

[1708] V. pour plus de détails, D. Ch. DOKAM TCHAPTCHA, *Les rapports de l'administrateur avec la société commerciale*, mémoire de Master, Ngaoundéré, 2009 ; J. SENGHOR GAYKY, *L'administration dans la société anonyme*, op. cit. ; J. GAYKI SENGHOR, *L'administration dans la société anonyme*, Mémoire UCAD, 2008. ; NDYAYE IBRAHIMA, *La SA avec administrateur et directeur général,* Mémoire UCAD, 1992, 52p. ; C. P. FOSTER, *L'administrateur général et l'acte uniforme*, Mémoire UCAD, 1999, 13p. ;

[1709] V. pour plus de détails, B. LE BARS et B. MARTOR, « Management et financement de la SA de droit OHADA », La semaine Juridique, E. et Affaires, Supplément n° 5, n° 44, 28 octobre 2004, p.12 ; J. PAILLUSSEAU, « L'Acte uniforme sur le droit des sociétés », *Petites Affiches* 2004, n° 205, 19.

[1710] V. F. ANOUKAHA, C. ABDOULLAH et al., *OHADA, Sociétés commerciales et GIE*, op. cit.

L'administrateur peut être assisté dans sa charge par une ou plusieurs personnes physiques désignées par l'assemblée générale, à titre d'administrateur général adjoint. L'assemblée fixe la durée et les pouvoirs d'administrateur général adjoint en accord avec l'administrateur général. Elle peut aussi mettre fin à cette fonction ainsi qu'à celle de l'administrateur général.

1189 Dans l'ordre de ses pouvoirs, il est la véritable cheville ouvrière de la société. Dans ses rapports avec la société, il convoque et préside les assemblées d'actionnaires. Il est investi des pouvoirs les plus étendus pour agir en toute circonstance au nom de la société, mais dans la limite de l'objet social et des pouvoirs reconnus à l'assemblée des actionnaires. Dans ses rapports avec les tiers, l'administrateur général peut engager la société même pour des actes qui ne relèvent pas de l'objet social. Toutes limitations de pouvoirs ne sont pas opposables aux tiers de bonne foi.

Cependant tout comme l'administrateur général adjoint, il lui est interdit de contracter sous quel que prétexte que ce soit un emprunt auprès de la société, de se faire consentir par elle un découvert en compte courant ou autrement, ainsi que de se faire cautionner ou avaliser par elle ses engagements envers les tiers. La même interdiction s'applique à ses conjoints descendants, ascendants ou toute autre personne interposée. L'interdiction ne s'applique pas lorsque la société est un établissement bancaire ou financier. Elle peut donc consentir ses facilités à l'administrateur, pourvu que les conventions portent sur des opérations courantes conclues à des conditions normales[1711]. L'absence de conseil d'administration dispense l'administrateur général de la nécessité d'obtenir une autorisation préalable pour conclure certains contrats avec la société qu'il dirige. Il peut en principe conclure toute convention directement ou indirectement par personne interposée avec la société qu'il dirige ou alors avec celle-ci et une autre personne morale dont il est propriétaire, associé indéfiniment responsable ou d'une manière générale dirigeant social. Cependant, un mois au plus après leur conclusion, il doit en informer le commissaire aux comptes pour lui permettre de préparer son rapport annuel qu'il présentera à l'assemblée générale. Les conventions concernées produisent toujours les effets à l'égard des tiers, qu'elles soient approuvées ou désapprouvées par l'assemblée générale. Dans le dernier cas, la responsabilité de l'administrateur peut être engagée. Il est même dispensé de ces formalités lorsqu'il se trouve être l'actionnaire unique de la société.

Cependant, les cautions, aval et garanties que pourrait donner la société demeurent soumis à l'autorisation préalable, non pas du conseil d'administration qui n'existe pas, mais plutôt de l'assemblée générale[1712]. Cette exigence devient

---

[1711] Une liste complète est donnée à l'art. 439 AUS.

[1712] D. LOUKAKOU, « Les conventions règlementées dans les sociétés commerciales de l'espace OHADA », *Pénant*, n° 848, Juillet-Septembre 2004, p.280.

inutile lorsque ces avals, cautions et garanties sont donnés aux administrations douanières et fiscales.

Le nombre réduit d'actionnaires devrait faciliter la réunion de l'assemblée générale aussi souvent que possible pour se prononcer sur des opérations de tel type. Pour le reste, l'administrateur général exerce la totalité des pouvoirs dans la société anonyme.

1190 L'administrateur général peut être désigné dans les statuts ou par l'assemblée générale constitutive. Le premier administrateur général est désigné dans les statuts. En cours de vie sociale, l'administrateur général est nommé par l'assemblée générale ordinaire. Il est choisi parmi les actionnaires ou en dehors d'eux[1713]. La durée du mandat de l'administrateur général est fixée librement par les statuts sans pouvoir excéder six (6) ans en cas de nomination en cours de vie sociale et deux (2) ans en cas de nomination par les statuts. Ce mandat est renouvelable. Dans le dernier cas, il faudra une marque particulière de confiance puisque pratiquement, il ne s'opère aucun contrôle interne de son activité.

La limitation de mandats a été également confirmée pour l'administrateur général par la récente réforme de l'AUS. En effet, il n'est pas permis d'exercer simultanément plus de trois (3) mandats d'administrateur général de sociétés anonymes ayant leur siège sur le territoire d'un même État-partie[1714]. De même, le mandat d'administrateur général n'est pas cumulable avec plus de deux (2) mandats de président directeur général ou de directeur général de sociétés anonymes ayant leur siège social sur le territoire d'un même État-partie. L'administrateur qui, lorsqu'il accède à un nouveau mandat, se trouve en infraction avec les ci-dessus, doit dans les trois (3) mois de sa nomination, se démettre de l'un de ses mandats. À l'expiration de ce délai, il est réputé s'être demis de son nouveau mandat et doit restituer les rémunérations perçues, sous quelque forme que ce soit, sans que soit remise en cause, de ce chef, la validité des décisions qu'il a pu prendre.

1191 En cas d'empêchement temporaire de l'administrateur général, ses fonctions sont provisoirement exercées par l'administrateur général adjoint lorsqu'il en a été nommé un. À défaut, les fonctions d'administrateur général sont provisoirement exercées par toute personne que l'assemblée générale ordinaire des actionnaires juge bon de désigner[1715]. En cas de décès ou de démission de l'administrateur général, ses fonctions sont exercées par l'administrateur général adjoint jusqu'à la nomination, à la prochaine assemblée générale ordinaire, d'un nouvel administrateur général.

[1713] Art. 495 AUS.
[1714] Art. 497 AUS.
[1715] Art. 508 AUS.

Pour conclure avec cette étude relative à l'administrateur général, il convient de relever que les pouvoirs dévolus au conseil d'administration dans une société anonyme avec conseil d'administration sont ici partagés entre l'administrateur général et l'assemblée générale des actionnaires.

S-SECTION II. LES MODALITÉS DE DÉLIBÉRATION

1192 Il convient de présenter les organes (§1) avant d'examiner les règles de délibération (§2).

§1. LES DIFFÉRENTS ORGANES DE DÉLIBÉRATION

1193 Il s'agit de l'assemblée des associés (actionnaires) qui existe dans toutes les sociétés et du conseil d'administration qui est un organe spécifique à la société anonyme. Dans une société anonyme, on peut également y adjoindre l'assemblée des obligataires. Le conseil d'administration ayant été étudié précédemment, ne seront envisagés que les cas des actionnaires (A) et des obligataires (B).

A- Les actionnaires

1194 La collectivité des actionnaires constitue l'organe suprême de la société anonyme[1716]. Tout actionnaire a le droit de participer aux assemblées générales de la société. Il suffit de rappeler l'art. 53 de l'AUS qui précise que les titres sociaux confèrent à leur titulaire « *le droit de participer et de voter aux décisions collectives des associés* »[1717].

L'assemblée des actionnaires est convoquée selon, l'article 516, par le conseil d'administration ou par l'administrateur général, selon le cas. À défaut, elle peut être convoquée : 1°) par le commissaire aux comptes, après que celui-ci ait vainement requis la convocation du conseil d'administration[1718] ou de l'administrateur général selon le cas, par lettre au porteur contre récépissé ou par lettre recommandée avec demande d'avis de réception. Lorsque le commissaire aux comptes procède à cette convocation, il fixe l'ordre du jour et peut, pour des motifs déterminants, choisir un lieu de réunion autre que celui éventuellement prévu par les statuts. Il expose les motifs de la convocation dans un rapport lu à l'assemblée ; 2°) par un mandataire désigné par la juridiction compétente, statuant à bref délai, à la demande soit de tout intéressé en cas d'urgence, soit d'un ou de plusieurs actionnaires représentant au moins le dixième du capital social s'il s'agit

---

[1716] V. pour aller loin sur la question de l'assemblée générale dans les SA, v. P. J. DJAMPA, l'*assemblée générale dans les SA : paradoxe entre nécessité et adaptation,* Mémoire de DEA, Faculté des Sciences Juridiques et Politiques de l'Université de Yaoundé II (Cameroun), 2006 ; SILEYMANE BA, *Le contrôle des de la SA par les actionnaires*, mémoire de Master, UCAD, 2011 ; ABDOURAHMANE DIALLO, *La gouvernance d'entreprise dans l'AUSCGIE*, op. cit.

[1717] Y. GUEUKAM TCHAKO, *Les prérogatives des associés dans les sociétés commerciales OHADA*, op. cit. p.202.

[1718] CA de Lome, Arrêt N° 089/09, Se2m-Togo et Se3m-Togo / Société Sdv Togo, Société Socopao Sa, Société Participaciones Ibero Internacionales, Ohadata J-10-158.

d'une assemblée générale ou le dixième des actions de la catégorie intéressée s'il s'agit d'une assemblée spéciale ; 3°) par le liquidateur.

Sauf clause contraire des statuts, les assemblées d'actionnaires sont réunies au siège social ou en tout autre lieu du territoire de l'État-partie où se situe le siège social[1719]. Sous réserve des dispositions du présent article, les statuts de la société fixent les règles de convocation des assemblées d'actionnaires. La convocation des assemblées est faite par avis de convocation inséré dans un journal habilité à recevoir les annonces légales[1720].

1195 Si toutes les actions sont nominatives, cette insertion peut être remplacée par une convocation faite aux frais de la société par lettre au porteur contre récépissé ou par lettre recommandée avec demande d'avis de réception, télécopie ou courrier électronique. Les convocations par télécopie et courrier électronique ne sont valables que si l'actionnaire a préalablement donné son accord écrit et communiqué son numéro de télécopie ou son adresse électronique, selon le cas. Il peut à tout moment demander expressément à la société par lettre recommandée avec demande d'avis de réception que le moyen de communication susmentionné soit remplacé à l'avenir par un envoi postal. La convocation indique la date, le lieu de la réunion et l'ordre du jour. L'avis de convocation doit parvenir ou être porté à la connaissance des actionnaires quinze (15) jours au moins avant la date de l'assemblée sur première convocation et, le cas échéant, six (6) jours au moins pour les convocations suivantes. Lorsque l'assemblée est convoquée par un mandataire ad hoc, le juge peut fixer un délai différent.

L'avis de convocation indique la dénomination de la société, suivie le cas échéant de son sigle, la forme de la société, le montant du capital social, l'adresse du siège social, le numéro d'immatriculation au registre du commerce et du crédit mobilier, le jour, l'heure et le lieu de l'assemblée, ainsi que sa nature ordinaire, extraordinaire ou spéciale et son ordre du jour[1721].

Le cas échéant, l'avis indique où doivent être déposés les actions au porteur ou le certificat de dépôt de ces actions, pour ouvrir droit de participer à l'assemblée, ainsi que la date à laquelle ce dépôt doit être fait. Les copropriétaires d'actions indivises, les nus-propriétaires et les usufruitiers d'actions sont convoqués suivant les formes ci-dessus mentionnées. Toute assemblée irrégulièrement convoquée peut être annulée[1722].

L'ordre du jour de l'assemblée est arrêté par l'auteur de la convocation. Toutefois, lorsque l'assemblée est convoquée par un mandataire ad hoc, l'ordre du jour est fixé par la juridiction compétente qui l'a désigné[1723]. De même, un ou

---

[1719] Art. 517 AUS.
[1720] Art. 518 AUS.
[1721] Art. 519 AUS.
[1722] V. supra
[1723] Art. 520 AUS.

plusieurs actionnaires ont la faculté de requérir l'inscription, à l'ordre du jour de l'assemblée générale, d'un projet de résolutions lorsqu'ils représentent : 1°) 5 % du capital, si le capital de la société est inférieur à un milliard (1.000.000.000) de francs CFA ; 2°) 3 % du capital, si le capital est compris entre un milliard (1.000.000.000) et deux milliards (2.000.000.000) de francs CFA ; 3°) 0,50 % du capital, si celui-ci est supérieur à deux milliards (2.000.000.000) de francs CFA. 4°) La demande est accompagnée : 5°) du projet de résolution auquel il est joint un bref exposé des motifs ; 6°) de la justification de la possession ou de la représentation de la fraction de capital exigée au présent article ; 7°) lorsque le projet de résolution porté sur la présentation d'un candidat au poste d'administrateur ou d'administrateur général[1724].

Ces projets de résolution sont adressés au siège social, par lettre au porteur contre récépissé, par lettre recommandée avec demande d'avis de réception ou par télécopie, dix (10) jours au moins avant la tenue de l'assemblée générale pour pouvoir être soumis au vote de l'assemblée.

Les délibérations de l'assemblée générale sont nulles si les projets de résolution envoyés conformément aux dispositions du présent article ne sont pas soumis au vote de l'assemblée. L'assemblée ne peut délibérer sur une question qui n'est pas inscrite à son ordre du jour. Toute délibération prise en violation du présent alinéa est nulle. Par dérogation à l'alinéa précédent, l'assemblée peut, en toutes circonstances, révoquer un ou plusieurs membres du conseil d'administration ou le cas échéant l'administrateur général ou l'administrateur général adjoint et procéder à leur remplacement.

Lorsque l'ordre du jour de l'assemblée générale porte sur la présentation de candidats au poste d'administrateur ou d'administrateur général selon le cas, il doit être fait mention de leur identité, de leurs références professionnelles, de leurs activités professionnelles et de leurs mandats sociaux au cours des cinq dernières années.

L'ordre du jour de l'assemblée ne peut être modifié sur deuxième convocation ou, le cas échéant, pour les assemblées générales extraordinaires, sur troisième convocation. Toute délibération prise en violation du présent article est nulle[1725].

B- L'assemblée des obligataires

1196 L'étude de la constitution (1) et de la composition de la masse des obligataires (2) permet d'envisager et de comprendre le rôle décisif que joue l'assemblée des obligataires[1726].

[1724] V. infra.

[1725] Art. 524 AUS.

[1726] V. ACHI, A. Api, *Des délibérations collectives dans les sociétés anonymes*, Mémoire UCAD, 1993, 54p.

1- La constitution de la masse des obligataires

1197 Les porteurs d'obligations d'une même émission sont groupés de plein droit pour la défense de leurs intérêts communs, en une masse qui jouit de la personnalité civile[1727]. L'utilisation du vocable « de plein droit » signifie clairement que l'appartenance à la masse peut ne regrouper que des porteurs titulaires des droits identiques[1728]. Mais l'AUS précise en outre que, « *en cas d'émissions successives d'obligations, la société peut, lorsqu'une clause de chaque contrat d'émission le prévoit, grouper en une masse unique les porteurs d'obligations ayant des droits identiques* ». Quant à la personnalité morale, elle ne présente d'intérêt que pour l'action en justice[1729]. En effet, la masse des obligataires n'a pas de patrimoine propre ; ses représentants sont rémunérés non par la masse elle-même, mais par l'émetteur, qui assume également ses frais de fonctionnement.

Le groupement des obligataires en une masse ne doit pas être perçu comme une contrainte par l'émetteur ; leur participation au fonctionnement de la société est ainsi facilitée puisqu'il n'est pas nécessaire d'obtenir leur consentement unanime. Par exemple, l'émetteur pourrait modifier le contrat d'émission sans être tenu de recueillir plus qu'une majorité qualifiée d'obligataires, ce qui eut été différent en droit commun. Plus généralement, dans les pays tels que la France ou les États-Unis, la protection des porteurs d'obligations peut sans doute être plus mesurée ; dans la plupart des cas, il s'agit en effet d'investisseurs institutionnels (organismes de placement collectif, compagnies d'assurance...) dont la puissance économique et de négociation vaut largement, voire dépasse, celle de l'émetteur. La constitution de la masse s'explique alors plus simplement par la volonté d'instaurer un dialogue, une coopération entre les obligataires et les organes de l'émetteur.

Une fois créée, la masse existe immédiatement et subsiste après l'échéance de l'emprunt s'il apparaît nécessaire d'assurer la protection des obligataires[1730].

1198 Une question inédite, d'une certaine importance pratique, a été récemment résolue par la jurisprudence. La mise en place d'une masse d'obligataires est-elle concevable en présence d'un obligataire unique ? La jurisprudence répond par l'affirmative, l'existence d'une masse des obligataires dotée d'un représentant peut être aménagée contractuellement, quand bien même

[1727] Art. 785 AUS.

[1728] J. DJOUAKEP, *Les assemblées en droit des sociétés commerciales de l'OHADA : le cas de la S.A.*, mémoire de Master Recherche en Droit des Affaires et de l'Entreprise, Faculté des Sciences Juridiques et Politiques de l'Université de Dschang (Cameroun), Juin 2011, 141 Pages.

[1729] NICOD, « L'action en justice pour la défense des intérêts communs des obligataires », *Rev. sociétés* 2000. 491.

[1730] ACHI, A. Api, *Des délibérations collectives dans les sociétés anonymes*, op. cit.

il n'existerait qu'un souscripteur des titres[1731]. La conséquence est mécanique et le juge français fait preuve ici de la même sévérité que dans d'autres domaines, en empruntant un raisonnement proche : puisque les parties ont décidé qu'une masse devait être instituée, les règles impératives des articles L. 228-46 et suivants du code de commerce, gouvernant la masse, s'imposent à elles. Dès lors, comme dans l'espèce rapportée, l'ancien représentant de la masse étant toujours en place, et ce indépendamment de la cession des obligations passées d'un patrimoine unique à un autre patrimoine unique, le cessionnaire des obligations n'avait pas qualité pour agir en paiement contre l'émetteur[1732].

2- La composition de la masse des obligataires

1199 Comme mentionné plus haut, les obligations d'une même émission confèrent les mêmes droits de créance pour une même valeur nominale. Cette proposition présente un intérêt capital, car c'est grâce à cette égalité entre les obligataires que ceux-ci peuvent être réunis en masse puisque la loi prévoit que les porteurs d'obligations d'une même émission sont groupés de plein droit en une masse. Pour que le texte soit applicable, il faut donc d'abord qu'il s'agisse de titres appartenant à la même émission. Celle-ci s'entend du placement dans le même temps de titres comportant les mêmes droits de créance pour une même valeur nominale, peu importe que ce placement s'effectue dans des lieux différents. Lorsque les intérêts des obligataires de diverses émissions ne sont pas différents et que leurs droits ne sont pas distincts, la fusion des diverses émissions en une seule masse est une simplification destinée à faciliter la défense de leurs intérêts.

Il peut être prévu dans le prospectus, qu'au cas où la société émettrait ultérieurement de nouvelles obligations entièrement assimilables, notamment quant au montant nominal, aux intérêts, à leurs échéances, aux conditions et dates d'amortissement, les obligataires peuvent être réunis en une seule masse. Les titres doivent ensuite, pour le même nominal, comporter les mêmes droits pour leurs propriétaires, ce qui n'empêche nullement de créer matériellement des titres représentant plusieurs obligations unitaires. La société pourra créer des coupures de cinq ou dix obligations, à condition que chacune des obligations comporte les mêmes droits, c'est-à-dire, le même taux d'intérêt, les mêmes modalités de remboursement et les mêmes garanties.

Le fait que les obligations soient amorties par tirage au sort pendant toute la durée de l'emprunt ne peut être considéré comme détruisant l'égalité des droits des obligations. En effet, chacune des obligations a les mêmes chances de se voir remboursée lors d'un tirage au sort, les tirages au sort successifs rétablissant en quelque sorte l'égalité entre les obligataires. En revanche, si une partie des

---

[1731] H. MBOVUA EBANG, *Le droit de vote des actionnaires*, op. cit. Paris, 12 mai 2011, *Bull. Joly* 2011. 660, note Reygrobellet.

[1732] Com. 7 avr. 2010, n° 09-11.196 , *Rev. sociétés* 2010. 455, note Gaudemet ; *Dr. sociétés* 2010, n° 121, note Mortier.

obligations était remboursée par le conseil d'administration et que la désignation des obligations à rembourser se fasse par un autre moyen que le tirage au sort, l'égalité serait rompue entre les obligataires. De même, une émission d'obligations à lots respecte le principe de l'identité des droits puisque les obligations ont toutes un droit égal de bénéficier des lots.

§2. LES RÈGLES DE DÉLIBÉRATION

1200 Il s'agit des règles relatives aux assemblées[1733]. Les plus connues et qui font l'objet d'une réglementation étoffée sont les assemblées d'actionnaires (A). Mais il est aussi des assemblées d'obligataires (B), l'émission des parts de fondateurs ou parts bénéficiaires étant désormais interdite par l'AUS.

A- L'assemblée générale des actionnaires

1201 Dans la structure de la SA conçue comme une démocratie, le pouvoir suprême appartient aux actionnaires réunis en assemblée générale[1734]. Néanmoins, cette affirmation idyllique doit être nuancée, quelle que soit la taille de la société. En effet, dans les petites SA familiales constituées pour des raisons fiscales et sociales, les pouvoirs de l'assemblée générale sont purement formels et ses décisions se contentent en fait d'entériner les agissements des dirigeants. La réunion d'une assemblée y est même assez souvent jugée inutile et quelquefois remplacée, même si c'est irrégulier, par une délibération écrite. Dans les grandes SA cotées qui comprennent des centaines de milliers voire des millions d'actionnaires, l'écrasante majorité de ces derniers est davantage intéressée par le rendement financier que par l'exercice du pouvoir.

1202 Ces précisions faites, il reste que l'assemblée générale demeure le « lieu d'exercice du pouvoir suprême » et son contrôle permet d'assurer la direction de la SA. Les assemblées générales doivent permettre en voix à tous les actionnaires de s'exprimer sur les opérations qui touchent la société et d'intervenir ainsi dans la vie de celle-ci. Il convient néanmoins de constater que ce principe démocratique peut se révéler d'une application délicate en raison de l'existence d'actionnaires majoritaires et d'actionnaires minoritaires dont les intérêts sont souvent antagoniques. Cette rivalité peut donner lieu, de la part des intéressés, à des abus de majorité ou de minorité aussi bien lors des assemblées générales

---

[1733] V. AW SOKNA OUMOU, *Le droit de vote des actionnaires*, Mémoire UCAD, 2010, 38p.

[1734] Pour plus de détails sur le droit de vote de l'associé de manière générale en droit OHADA v. Y. R., ESSENGUE NSON, *Le droit de vote de l'associé dans l'Acte uniforme sur le droit des sociétés commerciales et du GIE*, op. cit. ; MAME FATOUMATA FAYE, *Les assemblées des SA sont-elles démocratiques*, mémoire de Master, UCAD, 2007 ; ACHI, A. Api, *Des délibérations collectives dans les sociétés anonymes*, Mémoire UCAD, 1993, 54p. ; AW SOKNA OUMOU, *Le droit de vote des actionnaires*, Mémoire UCAD, 2010, 38p. ; DIALLO AHMED YAYA, *Les organes délibérants ou de tutelle dans la SA, les assemblées ordinaires annuelles,* Mémoire UCAD, 1992, 58p. ; FAYE MAME FATOUMATA, *Les assemblées des SA sont-elles démocratiques ?*, Mémoire UCAD, 2007, 92p. ; SENE KHOKHANE, *Les assemblées des sociétés anonymes*, Mémoire UCAD, 2003, 49p.

ordinaires (1), ou lors des assemblées générales extraordinaires (2), voire lors des assemblées spéciales (3).

1- L'assemblée générale ordinaire

1203 L'assemblée générale ordinaire doit impérativement être réunie au moins une fois par an, dans les six mois de la clôture de l'exercice social, sous réserve de prolongation judiciaire de ce délai. Ont été ainsi annulées des décisions collectives ordinaires prises lors d'une assemblée générale convoquée six ans après le délai exigible[1735], en violation du principe de l'annualité. La loi a réglementé avec précision les assemblées générales ordinaires. S'agissant des assemblées générales ordinaires, il faut pour en préciser le régime, répondre à plusieurs questions. Qui peut y participer (c), quelle est sa compétence (a), quelle est la procédure à suivre (c).

a- La compétence de l'assemblée générale ordinaire

1204 Les assemblées ordinaires sont les assemblées de droit commun. Elles ont compétence pour toutes les décisions qui ne relèvent pas des attributions des autres organes sociaux, c'est-à-dire toutes les décisions autres que la gestion courante, qui est du ressort des organes d'administration et de direction, et les modifications des statuts, qui doivent être décidées par une assemblée générale extraordinaire. Cette compétence étant générale ou résiduelle, il n'est pas possible de dresser une liste complète des attributions de ces assemblées.

Dans la plupart des sociétés, l'assemblée générale ne joue qu'un rôle assez effacé, car elle est un organe intermittent qui ne se réunit qu'une fois par an à l'occasion de l'approbation des comptes. Mais il n'en va pas toujours ainsi. Dans certaines sociétés, notamment les filiales communes, les statuts élargissent les attributions de l'assemblée.

Normalement, l'assemblée ordinaire a compétence pour toutes les décisions qui dépassent la gestion courante, sans entraîner une modification des statuts[1736]. Cependant, dans quelques cas, des modifications mineures des statuts peuvent être décidées par une assemblée ordinaire.

1205 Généralement, l'assemblée se réunit pour adopter des projets de résolution. Mais le plus souvent, l'assemblée est appelée à prendre des décisions dans les domaines indiqués par l'article 546 AUS. Cette énumération n'est cependant pas limitative.

- ***L'approbation des comptes et affectations des résultats***

Cette attribution appartient à l'assemblée qui doit se réunir au moins une fois par an, dans les six mois de la clôture de l'exercice et qui est dite pour cette raison

---

[1735] CA, Port-Gentil, 1er mars 2007, OHADA, *Recueil de jurisprudence nationale*, 2010, p. 103.

[1736] P. A. FAYE, *Le contrôle de la gestion des sociétés anonymes en droit OHADA*, op. cit.

« assemblée générale ordinaire annuelle ». Cette assemblée a beaucoup d'importance, car, par-delà l'approbation des comptes, c'est la gestion des dirigeants qui est soumise au contrôle et à l'approbation des actionnaires. En revanche, l'assemblée ne vote pas le budget de l'exercice ultérieur, car les recettes ne sont pas toujours connues puisqu'elles dépendent de l'activité de la société. La loi considère comme essentielle la bonne information des actionnaires à la fois par le rapport de gestion présenté par le conseil d'administration ou le directoire et par les contrôles de ces informations par le commissaire aux comptes.

L'assemblée est d'abord invitée à approuver les comptes annuels, c'est-à-dire le bilan, qui fait état de l'inventaire des éléments actifs et passifs de la société, le compte de résultat et l'annexe[1737]. Ces comptes ont été dressés par le conseil d'administration ou l'administrateur général, puis soumis au commissaire aux comptes en vue de leur éventuelle certification. L'assemblée peut les approuver tels quels, les approuver après modification ou les rejeter[1738]. L'approbation des comptes est traditionnellement suivie du quitus donné aux dirigeants pour leur gestion.

L'assemblée se prononce ensuite sur l'affectation des résultats[1739]. Lorsqu'il existe des bénéfices, l'assemblée peut, après dotation aux réserves légale et statutaire et épongement éventuel des pertes antérieures, choisir entre la distribution d'un dividende et la mise en réserves libres. Sa décision est souveraine sous réserve d'un abus de majorité. Lorsque les comptes annuels font apparaître une perte, l'assemblée peut soit laisser subsister cette perte dans un compte de report à nouveau, soit l'imputer sur les réserves.

L'assemblée approuve également les comptes consolidés lorsque, étant à la tête d'un groupe, elle est tenue d'en établir. Cette attribution laisse perplexe, car les comptes consolidés sont établis à partir des comptes définitivement approuvés par les assemblées générales des sociétés comprises dans le périmètre de consolidation. Comment la société mère peut-elle approuver un ensemble dont elle ne maîtrise pas les composantes ?

- ***nomination et révocation des principaux organes sociaux***

L'assemblée générale est compétente pour nommer la plupart des organes sociaux, notamment les administrateurs, sauf ceux qui représentent les salariés, et les commissaires aux comptes.

[1737] V. art. 546 AUS.V. P. J. DJAMPA, *L'assemblée générale dans les SA : paradoxe entre nécessité et adaptation,* mémoire de DEA, Faculté des Sciences Juridiques et Politiques de l'Université de Yaoundé II (Cameroun), 2006.

[1738] Y. R., ESSENGUE NSON, *Le droit de vote de l'associé dans l'Acte uniforme sur le droit des sociétés commerciales et du GIE,* op. cit.

[1739] Art. 412 AUS

Le principe du parallélisme des formes implique que l'assemblée, compétente pour nommer la plupart des organes sociaux, est aussi compétente pour les révoquer. Toutefois, cette règle n'est pas absolue. Ainsi, l'assemblée ne peut pas mettre fin aux fonctions du commissaire aux comptes. Cette mesure ne peut être prise que par le tribunal de commerce statuant en la forme des référés.

- ***Les contrats conclus entre la société et ses dirigeants ou ses actionnaires prépondérants***

Les conventions conclues entre la société et soit ses dirigeants, soit des actionnaires détenant une participation supérieure ou égale à dix pour cent (10%) du capital de la société, sont soumises à une réglementation spéciale afin d'éviter les abus favorisés par les conflits d'intérêts. Lorsque cet actionnaire est une personne morale, la même réglementation s'applique aux conventions conclues avec la société qui contrôle cette personne morale[1740]. L'assemblée est appelée à intervenir à deux occasions. Statuant sur un rapport spécial du commissaire aux comptes, elle approuve ou désapprouve les conventions dont la conclusion a été autorisée par le conseil d'administration ou par le conseil de surveillance. Si cette autorisation préalable n'a pas été donnée, ce qui entraîne la nullité de la convention.

L'assemblée générale est aussi appelée à statuer sur l'acquisition par la société, dans les deux ans de son immatriculation au registre du commerce, d'un bien appartenant à un actionnaire et dont la valeur est au moins égale à cinq millions (5.000.000) de francs CFA[1741]. Cette mesure a pour but d'éviter qu'un actionnaire élude la procédure d'évaluation des apports en nature en vendant un bien à la société, puis en lui apportant le prix[1742].

- Les attributions financières

L'assemblée ordinaire a de nombreuses attributions dans le domaine financier. Ainsi, c'est elle qui décide ou autorise les émissions d'obligations[1743], fixe le montant des jetons de présence attribués aux administrateurs et aux membres du conseil de surveillance, etc. Cette énumération n'est pas satisfaisante, car elle ne tient pas suffisamment compte de l'importance et des conséquences de la décision à prendre. Logiquement, les décisions de routine devraient être prises par les organes de gestion, seules les décisions les plus importantes étant réservées à l'assemblée ordinaire lorsqu'elles ne nécessitent pas une modification des statuts et à l'assemblée extraordinaire dans le cas contraire, notamment celui des augmentations de capital.

[1740] V. Conventions passées avec la société.

[1741] Art. 547 AUS. H. MBOVUA EBANG, *Le droit de vote des actionnaires*, op. cit.

[1742] J. BARDOUL, « L'achat d'un bien important à un actionnaire, par une société anonyme, moins de deux ans après sa constitution », *Rev. sociétés* 1983.285.

[1743] V. ACHI, A. Api, *Des délibérations collectives dans les sociétés anonymes*, op.cit.

Enfin, notons que les statuts cherchent parfois à augmenter ou au contraire à diminuer les attributions de l'assemblée ordinaire. La validité de ces aménagements statutaires est discutable, car la société anonyme est une société dont les organes sont hiérarchisés et ont chacun leur compétence propre[1744]. En outre, ces modifications de compétence ne doivent porter atteinte ni aux droits des actionnaires minoritaires, ni à ceux des tiers. La marge de manœuvre est par conséquent réduite.

b- Le fonctionnement de l'assemblée générale ordinaire

1206 Tout actionnaire a en principe le droit de participer aux assemblées générales et d'y voter[1745]. C'est en effet au sein de cet organe qu'il exerce les prérogatives de contrôle et de haute gestion qui sont les siennes. Cette participation est un droit et non un devoir. Sauf cas très particulier de l'abus de minorité[1746], l'actionnaire ne commet aucune faute en s'abstenant, pour des raisons discrétionnaires, de participer aux assemblées ou de s'y faire représenter. Les statuts ne sauraient donc stipuler que l'absentéisme sera sanctionné par une exclusion. Cette participation se fait aux frais de l'actionnaire. Toutefois, les statuts prévoient parfois l'attribution d'un jeton de présence ou la remise d'un menu cadeau aux actionnaires présents. Cette pratique est valable dès lors qu'elle respecte l'égalité entre actionnaires, notamment en s'opérant « *per capita* » et que ces divers avantages sont d'un montant modéré.

Mais si tous les actionnaires ont le droit de participer à l'assemblée, réciproquement les tiers en sont exclus, car celle-ci n'a pas un caractère public[1747]. Toutefois, la présence de tiers est parfois prévue par la loi comme celle des représentants de la masse des obligataires ou de titres participatifs ainsi que des mandataires des titulaires d'actions à dividende prioritaire sans droit de vote[1748].

1207 Le droit d'assister aux assemblées a parfois un caractère implicite[1749]. Ainsi, le commissaire aux comptes doit pouvoir assister aux assemblées, auxquelles il est d'ailleurs convoqué, afin d'y présenter oralement ses rapports et de répondre aux questions des actionnaires. Mais son absence ne vicierait pas la délibération[1750]. La question se pose dans des termes un peu différents à propos

---

[1744] V. P. J. DJAMPA, *L'assemblée générale dans les SA : paradoxe entre nécessité et adaptation*, op. cit.

[1745] C. civ., art. 1844.

[1746] J.-C. HOUNKPE, *Les conflits entre actionnaires dans la société anonyme de l'OHADA : mécanisme de prévention et de règlement*, Sarrebruck, Editions universitaires européennes, 2011, 88 p.

[1747] V. AW SOKNA OUMOU, *Le droit de vote des actionnaires*, Mémoire UCAD, 2010, 38p.

[1748] P. H. KAGOU KENNA, *La représentation des actionnaires dans les sociétés commerciales OHADA*, mémoire de DEA en Droit Communautaire et Comparé CEMAC, FSJP de L'Université de Dschang (Cameroun), 2004-2005, 118 pages.

[1749] F. M. FATOU, *Le droit de contrôle des associés de la gestion sociale*, op. cit.

[1750] ACHI, A. Api, *Des délibérations collectives dans les sociétés anonymes*, Mémoire UCAD, 1993, 54p.

du directeur général lorsqu'il ne cumule pas cette fonction avec la présidence du conseil d'administration. Sa participation au moins à une partie des débats est nécessaire à la bonne information des actionnaires qui peuvent demander de les entendre, mais qui peuvent aussi souhaiter délibérer sur certaines questions en dehors de leur présence.

La présence de non-actionnaires ne vicie pas la délibération, du moment que ceux-ci ne participent ni aux discussions ni au vote. En revanche, le caractère privé de l'assemblée explique qu'un actionnaire ne puisse se faire accompagner d'un huissier que s'il y a été autorisé par une décision de justice fondée sur des motifs graves en relation directe avec le fonctionnement de la société, notamment la crainte que le procès-verbal ne soit pas établi dans des conditions régulières.

La participation est subordonnée à la preuve de la qualité d'actionnaire. Celle-ci n'entraîne aucune difficulté lorsque l'action est nominative, car l'identité de l'actionnaire figure sur le registre des transferts[1751]. Lorsque l'action est au porteur, la preuve résulte de l'inscription sur le compte tenu par l'intermédiaire habilité. Ces inscriptions font présumer la qualité d'actionnaire, mais peuvent être combattues par une preuve contraire[1752]. Mais pour l'accès à l'assemblée, la société doit s'en tenir à ces inscriptions, sauf si celles-ci sont manifestement inexactes.

Afin de faciliter l'établissement de la feuille de présence, le droit de participer à l'assemblée peut être subordonné soit à l'inscription dans le compte de titres nominatifs, soit au dépôt des titres au porteur au lieu mentionné dans l'avis de convocation. Les statuts fixent la date avant laquelle ces formalités doivent être accomplies, le délai maximum étant de cinq jours avant la date de réunion de l'assemblée. Le dépôt est constaté par un certificat établi par l'intermédiaire teneur du compte.

1208 En principe, tout actionnaire a le droit de participer aux assemblées générales et d'y voter[1753]. Les restrictions à ce droit essentiel ne peuvent avoir qu'un fondement légal, même si leurs modalités sont précisées par les statuts. En outre, elles doivent toujours s'interpréter de manière restrictive.

Le droit de participer aux assemblées générales et d'y voter est fondamental. C'est même lui qui constitue le critère permettant de distinguer l'actionnaire des titulaires d'autres titres de capital, qui ont des droits pécuniaires, mais qui, ne votant pas, ne sont pas des actionnaires. Cependant, si celui qui n'a pas le droit de

---

[1751] V. H. MBOVUA EBANG, *Le droit de vote des actionnaires*, op. cit. ; CA Aix, 14 mai 1992, *JCP* 1993. IV. 287.

[1752] Bulletin de souscription, ordre de mouvement non exécuté ; V. Cass. 1re civ. 19 déc. 2000, *Rev. sociétés* 2001.81, note Y. Guyon ;

[1753] V. MAME FATOUMATA FAYE, *Les assemblées des SA sont-elles démocratiques*, op. cit. ; C. civ., art. 1844 ; Cass. com. 9 févr. 1999, JCP, éd. E, 1999.724, note Y. Guyon, Rev. sociétés 1999.81, note P. Le Cannu , *RTD com.* 1999.902, obs. Y. Reinhard.

voter dans les assemblées générales n'est pas un actionnaire, la réciproque n'est pas toujours vraie.

Quelques hypothèses existent, qui privent l'actionnaire du droit d'être admis aux assemblées générales. Il en va ainsi du cas des actions à dividende prioritaire et des actions non libérées dans le délai légal. Mais le plus souvent, le législateur prévoit seulement la privation du droit de vote. On se demande alors si cette privation a pour conséquence l'exclusion de l'assemblée générale ou si, au contraire, l'intéressé conserve le droit d'y participer, sans y voter. La réponse n'est pas certaine. Théoriquement, le droit de participation et le droit de vote sont distincts. Toutefois, même si une participation pleinement efficace suppose le droit de vote, une simple participation aux débats peut exercer une influence sur le vote des autres actionnaires. On peut donc penser que la privation du droit de vote doit, pour être pleinement efficace, s'accompagner de celle d'assister à l'assemblée ou au moins de l'obligation de quitter la salle avant le scrutin dont on est exclu.

1209 La question se pose principalement lors de l'approbation par l'assemblée générale des conventions conclues entre une société et l'un de ses dirigeants ou actionnaires prépondérants. En effet, les articles 438 AUS prévoient seulement que les intéressés ne doivent pas prendre part au vote. Ont-ils cependant le droit de participer aux discussions préalables, ce qui leur donnerait en quelque sorte une voix consultative ? Une réponse négative paraît s'imposer, car la présence des intéressés pourrait empêcher les débats de se dérouler de manière sereine et objective, de telle sorte que la protection des actionnaires ne serait pas totalement efficace[1754].

Les restrictions statutaires à l'accès aux assemblées ne sont pas valables, et cela même si elles ont pour objectif d'éviter les conflits d'intérêts. Doit par conséquent être réputée non écrite la clause dite de stage qui subordonnerait l'accès à l'assemblée à une ancienneté plus ou moins longue dans la société[1755].

On se demande si un actionnaire peut valablement s'engager à ne pas participer aux assemblées d'actionnaires. De telles promesses figurent dans certaines cessions d'actions lorsque le prix n'est pas payé comptant en totalité[1756]. Leur validité est plus que douteuse. Au regard du droit civil, elles contreviennent au principe selon lequel on ne renonce valablement qu'à des droits acquis ; or, l'engagement porte sur des assemblées non encore convoquées. Au regard du droit des sociétés, ces promesses ont quelque chose de contradictoire puisque

---

[1754] V. cep.VOUDWE BAKREO, *Les conflits d'intérêt en droit des sociétés OHADA*, mémoire de DEA, Faculté des Sciences Juridiques et Politiques de l'Université de Ngaoundéré (Cameroun), 2007 ; D. SCHMIDT, *Les conflits d'intérêts dans la société anonyme*, Pratique des affaires, Joly Éditions, 1999, n° 59.

[1755] Y. GUYON, *Traité des contrats, op. cit.*

[1756] J. HÉMARD, F. TERRÉ et P. MABILAT, *op. cit.*, t. 2, n° 91.

l'acquéreur des actions, tout en devenant actionnaire, renonce à l'exercice de sa prérogative essentielle. En outre, ces conventions ne sont pas conformes à l'intérêt de la société et portent atteinte à l'égalité entre actionnaires. De toute manière, à supposer même qu'elles soient valables, leur efficacité serait limitée, car elles sont inopposables à la société, de telle sorte que leur violation se résoudrait seulement en dommages-intérêts, mais ne permettrait pas d'annuler l'assemblée à laquelle le renonçant a indûment participé.

1210 Pour que l'assemblée se réunisse, il faut d'abord informer les actionnaires de la tenue de l'assemblée. La première étape est donc la convocation des actionnaires. La loi s'est préoccupée de la convocation et en a détaillé de façon très précise le déroulement et la procédure, tant en ce qui concerne l'identité de l'auteur de la convocation que des formalités de convocation ou de l'époque où la convocation doit être envoyée.

En principe, l'assemblée générale des actionnaires est convoquée par le conseil d'administration ou par l'administrateur général, selon le cas.

Toutefois, la loi se méfie de l'inertie coupable ou de la négligence dont peuvent faire preuve en ce domaine les dirigeants concernés. Elle reconnaît donc, à titre subsidiaire, le même droit à d'autres personnes. Elle peut être ainsi convoquée par le commissaire aux comptes[1757], après que celui-ci ait vainement requis la convocation du conseil d'administration[1758] ou de l'administrateur général selon le cas, par lettre au porteur contre récépissé ou par lettre recommandée avec demande d'avis de réception. Lorsque le commissaire aux comptes procède à cette convocation, il fixe l'ordre du jour et peut, pour des motifs déterminants, choisir un lieu de réunion autre que celui éventuellement prévu par les statuts. Il expose les motifs de la convocation dans un rapport lu à l'assemblée[1759] . Elle peut aussi être convoquée par un mandataire désigné par la juridiction compétente[1760], statuant à bref délai, à la demande soit de tout intéressé en cas d'urgence, soit d'un ou de plusieurs actionnaires représentant au moins le dixième du capital social s'il s'agit d'une assemblée générale ou le dixième des actions de la catégorie intéressée s'il s'agit d'une assemblée spéciale ; ou par le liquidateur[1761].

1757 CA du Centre-Yaoundé, Arrêt n° 364/Civ., 07 juillet 2000, Affaire n° 391/RG/99-2000, Cabinet Woks and Partners c/Tayou Kamgue et autres.

1758 CA de Lome, Arrêt N° 089/09, Se2m-Togo Et Se3m-Togo / Société Sdv Togo, Société Socopao Sa, Société Participaciones Ibero Internacionales, Ohadata J-10-158.

1759 Art. 526 al. 3 AUS.

1760 Cour suprême du Niger, arrêt n° 01-158/C du 16/8/01, Snar Leyma c/Groupe Hinma Souley, Juriscope.org ; v. également pour une décision rendue dans une affaire relative à une carence des dirigeants sociaux d'une SARL, V. à propos, CA d'Abidjan, Arrêt n° 712 du 13 juin 2006, OHADA, *Recueil de jurisprudence nationale*, 2010, p. 89.

1761 Art. 526 al. 5 AUS.

1211 Pour ce qui est des formalités, il faut noter que la convocation des assemblées est faite par avis de convocation inséré dans un journal habilité à recevoir les annonces légales. À la vérité, cet avis n'est pas toujours obligatoire. Si la société fait publiquement appel à l'épargne, l'auteur de la convocation doit publier dans un journal habilité à recevoir les annonces légales, 30 jours au moins avant la date de l'assemblée, un avis qui contient obligatoirement certaines indications dont, en particulier, l'ordre du jour et les projets de résolution qui seront présentés par le conseil d'administration. L'avis doit indiquer également que les actionnaires, s'ils ont des projets de résolution, doivent les déposer au moins dix jours avant l'assemblée.

Il doit d'abord avertir les actionnaires par un avis de réunion. Si la société ne fait pas publiquement appel à l'épargne, la procédure de l'avis n'est pas obligatoire. L'auteur de la convocation ne sera tenu d'adresser l'avis de réunion qu'aux seuls actionnaires qui ont exprimé le désir d'être prévenus à l'avance de la réunion des assemblées, et ce 35 jours au moins avant la date de l'assemblée.

Si toutes les actions sont nominatives, cette insertion peut être remplacée par une convocation faite aux frais de la société par lettre au porteur contre récépissé ou par lettre recommandée avec demande d'avis de réception, télécopie ou courrier électronique. Les convocations par télécopie et courrier électronique ne sont valables que si l'associé a préalablement donné son accord écrit et communiqué son numéro de télécopie ou son adresse électronique, selon le cas. Il peut à tout moment demander expressément à la société par lettre recommandée avec demande d'avis de réception que le moyen de communication susmentionné soit remplacé à l'avenir par un envoi postal.

La convocation aux assemblées se fait nécessairement par écrit. Avant, il était parfois possible d'admettre, dans les situations d'urgence, la régularité d'une convocation purement verbale. Aujourd'hui, ce n'est plus le cas. Le délai entre la convocation (soit la date de l'insertion, soit celle de l'envoi des lettres lorsque toutes les actions sont nominatives) et la date de l'assemblée doit être au moins de 15 jours sur première convocation et 6 jours sur convocation suivante[1762]. Toute assemblée convoquée en dehors de ces délais est nulle[1763].

L'avis lettre de convocation doit contenir un certain nombre de précisions et certaines sont particulièrement essentielles. D'abord, celle-ci doit préciser le jour, l'heure, le lieu de réunion de l'assemblée. Généralement, l'assemblée se réunit au siège social de la société, mais un autre lieu peut être choisi dès lors qu'il se trouve dans le même département que le siège social.

[1762] Art. 518 al. 5 AUS. P. ZANHAN, *Le contrôle des sociétés commerciales dans l'espace OHADA*, op. cit.

[1763] CA, LOME, Arrêt n° 089 du 28 mai 2009, OHADA, *Recueil de jurisprudence nationale*, 2010, p. 110.

Ensuite et surtout, la convocation doit préciser l'ordre du jour. Cette précision est capitale, car l'assemblée ne peut pas délibérer sur des questions qui ne figurent pas à l'ordre du jour. La rigueur de cette règle est cependant atténuée par une exception et un tempérament. D'abord, l'assemblée peut, en toutes circonstances, révoquer un ou plusieurs administrateurs ou membres du conseil de surveillance et procéder à leur remplacement (exception au principe).

L'avis de convocation indique également la dénomination de la société, suivie, le cas échéant, de son sigle, la forme de la société, le montant du capital social, l'adresse du siège social, le numéro d'immatriculation au registre du commerce et du crédit mobilier, le jour, l'heure et le lieu de l'assemblée, ainsi que sa nature ordinaire, extraordinaire ou spéciale et son ordre du jour[1764]. Le cas échéant, l'avis indique où doivent être déposés les actions au porteur ou le certificat de dépôt de ces actions, pour ouvrir droit de participer à l'assemblée, ainsi que la date à laquelle ce dépôt doit être fait. Les copropriétaires d'actions indivises, les nus-propriétaires et les usufruitiers d'actions sont convoqués suivant les formes ci-dessus mentionnées.

1212 La sanction de violation des règles de convocation est la nullité. La nullité n'est obligatoire qu'en cas de violation des dispositions régissant l'ordre du jour (toute délibération sur une question qui ne figurait pas à l'ordre du jour est automatiquement nulle, le juge n'ayant aucun pouvoir d'appréciation). Lorsque l'assemblée générale est irrégulièrement convoquée, elle peut être annulée. Toutefois, l'action en nullité n'est pas recevable lorsque tous les actionnaires étaient présents ou représentés[1765].

c- La tenue de l'assemblée générale ordinaire

1213 L'assemblée se réunit au jour, à l'heure et au lieu indiqués dans la convocation. Elle n'a pas un caractère public. La tenue matérielle de l'assemblée s'impose dans toutes les sociétés anonymes, même de très petites dimensions où ni la consultation écrite ni le consentement de tous les actionnaires exprimé dans un acte n'est autorisé. Par conséquent, la non-tenue de l'assemblée, remplacée par la rédaction d'une feuille de présence et d'un procès-verbal fictifs serait, même en cas d'accord unanime des actionnaires, une irrégularité que le commissaire aux comptes devrait mentionner dans son rapport général. En outre, les résolutions adoptées dans ces conditions seraient susceptibles d'annulation, car elles auraient été adoptées sans délibération préalable, ce qui vicie le consentement des actionnaires. Ce formalisme peut toutefois sembler excessif puisque les procurations, les votes par correspondance ou par télétransmission et les participations par visioconférence permettent de tenir une assemblée devant des participants réduits à un strict minimum, c'est-à-dire deux actionnaires.

[1764] Art. 519 al. 1er AUS.
[1765] Art. 519 AUS.

En entrant dans la salle des délibérations, l'actionnaire doit signer la feuille dite de présence, qui mentionne, outre le nombre d'actions dont il dispose. Ce document permet de constater la légitimité de la présence des membres de l'assemblée et de connaître le nombre de voix avec lesquelles ils voteront. Elle est nécessaire à la vérification de l'existence du quorum et au calcul de la majorité requise pour l'adoption des résolutions.

1214 En réalité, la feuille de présence est mal nommée, car elle doit permettre l'identification de tous les actionnaires qui participent à l'assemblée, c'est-à-dire de ceux qui sont physiquement présents, de ceux qui participent par visioconférence et de ceux qui ont donné un mandat ou envoyé un bulletin de vote par correspondance[1766]. Elle doit donc indiquer pour chacune de ces catégories les noms, prénoms et domiciles des actionnaires, le nombre d'actions dont ils sont titulaires et le nombre de voix attaché à ces actions[1767]. En cas de vote par procuration, la feuille de présence doit également indiquer l'identité du mandataire pour permettre de vérifier que celui-ci est bien soit lui-même actionnaire, soit le conjoint de son mandant. Toutefois, afin de simplifier l'établissement de la feuille, les indications relatives aux actionnaires représentés ou votant par correspondance peuvent être remplacées par la mention du nombre de ces pouvoirs et de ces bulletins. Dans tous les cas, les procurations et les formulaires de vote par correspondance sont annexés à la feuille afin de permettre à tout intéressé de procéder aux vérifications nécessaires[1768].

1215 Le défaut d'établissement de la feuille de présence est une cause de nullité de l'assemblée, car il empêche d'identifier ceux qui ont participé au vote et de savoir si le quorum a été atteint[1769]. Cette nullité a un caractère obligatoire. La nullité est également encourue lorsque la feuille est entachée d'omissions ou d'irrégularités suffisamment graves pour jeter le doute sur la fiabilité de ce document[1770]. La perte de la feuille après la tenue de l'assemblée n'est pas génératrice de nullité, si le procès-verbal qui n'est pas contesté permet de connaître la composition de l'assemblée.

Une fois la feuille de présence signée, il est possible de procéder au vote sur les délibérations à l'ordre du jour. L'adoption en assemblée générale des délibérations figurant sur l'ordre du jour est subordonnée au respect des règles du quorum et de majorité.

1216 Le quorum est la fraction du capital qui doit être présente ou représentée pour que l'assemblée puisse valablement délibérer. Pour son calcul, on tient

---

[1766] Art. 532 AUS.
[1767] Ibid.
[1768] Art. 533 al. 2 AUS.
[1769] Art. 532 AUS.
[1770] V. H. MBOVUA EBANG, *Le droit de vote des actionnaires*, op. cit. ; MAME FATOUMATA FAYE, *Les assemblées des SA sont-elles démocratiques*, op. cit. ; SERIGNE ABDOU KASSE, *Les assemblées générales des sociétés commerciales*, op. cit.

compte des actionnaires physiquement présents, de ceux qui participent par visioconférence, qui votent par correspondance au moyen d'un formulaire sur support papier ou d'un formulaire électronique et enfin de ceux qui ont donné un mandat de vote soit en blanc, soit à personne dénommée. Les abstentionnistes sont décomptés dans le quorum. Mais la solution serait inverse si l'actionnaire demandait expressément à ne pas prendre part au vote. C'est le bureau qui, au vu de la feuille de présence, constate si le quorum est atteint. Mais cette vérification n'est pas faite une fois pour toutes, car la composition de l'assemblée peut varier en cours de séance, soit que des actionnaires arrivent en retard ou quittent prématurément la salle, soit que certains actionnaires ne participent pas à certains scrutins en raison notamment d'un conflit d'intérêts ou d'un usufruit sur l'action. L'existence du quorum se vérifie alors en confrontant la feuille de présence et les mentions du procès-verbal indiquant les actions qui n'ont pas pris part au vote. En outre, tout participant peut demander au président de procéder à l'appel des présents afin de vérifier l'existence du quorum au cas où des présomptions sérieuses feraient douter du maintien en séance d'un nombre d'actionnaires suffisant.

1217 En matière d'assemblée ordinaire, la réglementation du quorum doit concilier deux impératifs contradictoires. D'un côté, l'assemblée doit être suffisamment nombreuse pour être représentative, puisque ses décisions s'imposent à tous les actionnaires. Cela conduirait à exiger un quorum élevé. D'un autre côté, la tenue d'une assemblée ordinaire, au moins une fois par an, est nécessaire au fonctionnement régulier de la société. L'assemblée doit approuver les comptes, affecter les résultats et, le cas échéant, renouveler les mandats des organes sociaux dont les fonctions viennent à expiration. De ce second point de vue, le quorum devrait être faible ou, à la limite, inexistant.

L'AUS prévoit une solution alternative. Sur première convocation, l'assemblée ne délibère valablement que si les actionnaires qui prennent part au vote par un procédé quelconque détiennent au moins le quart des actions ayant le droit de vote[1771]. On dit donc « *brevitatis causa* » que le quorum est du quart. Si ce pourcentage n'est pas atteint, le bureau constate que l'assemblée n'est pas en état de délibérer. Une nouvelle assemblée est alors convoquée avec le même ordre du jour, dans les conditions de droit commun. Toutefois, le délai n'est plus de quinze jours, mais de six jours seulement. Sur deuxième convocation, aucun quorum n'est requis[1772].

Le quorum se calcule sur les actions « *ayant le droit de vote* »[1773]. Il faut donc défalquer du total des actions émises, les actions privées de la jouissance du droit de vote pour un motif quelconque : sanction, prévention d'un conflit d'intérêts,

---

[1771] Art. 549.
[1772] Ibid.
[1773] Art. 549 AUS , op. cit.

actions autodétenues, etc. Les textes qui suppriment le droit de vote précisent d'ailleurs que les actions ainsi amputées ne sont pas prises en compte pour le calcul du quorum. La même solution s'applique aux actions à dividende prioritaire sans droit de vote, sauf dans les cas exceptionnels où elles retrouvent la jouissance de celui-ci parce que le dividende n'a pas été payé.

Les statuts ne peuvent pas alléger les règles légales fixant le quorum. Une telle stipulation ne présenterait d'ailleurs qu'un intérêt limité puisque sur seconde convocation aucun quorum n'est plus requis. On se demande en revanche si les statuts peuvent renforcer les exigences légales. Au premier abord, de telles clauses paraissent ne présenter que des avantages, car, renforçant la représentativité de l'assemblée, elles donnent à la société un caractère plus démocratique.

1218 Pour ce qui est de la règle de la majorité, il faut noter que dans les assemblées ordinaires, l'adoption d'un projet de résolution requiert la majorité des voix exprimées. Il s'agit de la majorité absolue, c'est-à-dire de la moitié des voix plus une. Puisque la majorité se calcule en fonction des participants au vote, il faut en déduire que les abstentions, les votes blancs et les votes nuls sont considérés comme opposés à l'adoption de la résolution mise aux voix[1774].

Un assouplissement statutaire de la majorité est inconcevable. La raison n'est pas seulement que les actionnaires qui adopteraient une résolution dans de telles conditions ne seraient pas assez représentatifs pour engager l'assemblée[1775]. Elle tient surtout à un motif d'ordre technique. Dans les assemblées générales ordinaires, la majorité légale est la majorité absolue, c'est-à-dire la moitié des voix plus une. Or, malgré les apparences, cette majorité est aussi la plus faible, car chaque résolution n'offre aux votants qu'une alternative : l'adoption ou le rejet, auquel on assimile le vote blanc ou le vote nul. Il n'est pas concevable qu'une résolution puisse n'obtenir qu'une majorité relative, sauf si l'on demandait aux actionnaires de choisir, par un vote unique, entre l'adoption ou le rejet de plusieurs résolutions ou si l'on soumettait à leur suffrage une liste de candidats à des fonctions sociales comprenant plus de noms que de postes à pourvoir. Une majorité relative serait alors concevable. Mais ce procédé paraît d'une licéité discutable.

1219 Pour terminer, notons qu'une fois l'ordre du jour épuisé et les résolutions soumises au vote des actionnaires, la séance est levée. Un procès-verbal de l'assemblée est alors dressé et signé par les membres du bureau. Il doit contenir un résumé fidèle et objectif des débats, le texte des résolutions soumises à l'assemblée et le résultat des votes.

[1774] Art. 550 AUS. V. également ACHI, A. Api, *Des délibérations collectives dans les sociétés anonymes*, op. cit.

[1775] B. KAMENA, *La situation de l'actionnaire minoritaire en France et dans l'espace OHADA*, thèse, Pierre Mendès France, 2005.

Les procès-verbaux doivent être établis sur un registre spécial tenu au siège de la société. Les actionnaires ont, à toute époque, le droit d'obtenir communication des procès-verbaux des assemblées tenues durant les trois derniers exercices. N'étant pas des actes authentiques, ils ne font foi que jusqu'à preuve contraire.

2- Les assemblées générales extraordinaires

1220 Deux points retiennent l'attention : la compétence de l'assemblée générale extraordinaire (a) et les règles de fonctionnement (b).

a- La compétence de l'assemblée générale extraordinaire

1221 Les assemblées générales extraordinaires ont une compétence déterminée : elles sont habilitées à modifier les statuts dans toutes leurs dispositions[1776]. En principe, aucun autre organe social n'a qualité pour prendre une décision aussi fondamentale. En ce sens, l'assemblée extraordinaire est l'organe suprême ou souverain de la société.

Aux termes de l'article 551 AUS, l'assemblée extraordinaire est habilitée à modifier les statuts dans toutes leurs dispositions. Par conséquent, toutes les modifications des statuts sont possibles, dans les mêmes conditions, quels que soient leur importance, leurs conséquences sur l'avenir de la société et le caractère impulsif ou déterminant des dispositions modifiées. Le critère de compétence de l'assemblée est formel. Il tient compte uniquement du fait que la résolution mise aux voix entraînera une modification des statuts. Ainsi, une modification de la date de clôture de l'exercice social est de la compétence de l'assemblée extraordinaire, bien qu'elle soit sans grandes conséquences. En revanche, l'émission d'un emprunt obligataire qui grèvera longtemps, et souvent lourdement, les finances de la société est de la compétence de l'assemblée ordinaire.

1222 Aucun procédé ne permet de faire échec à ce droit de modifier les statuts, car la société doit pouvoir s'adapter aux changements de son environnement et évoluer si elle veut survivre. Ainsi, un protocole conclu entre les fondateurs ne saurait donner à tel ou tel article des statuts, un caractère intangible.

L'assemblée extraordinaire est également compétente quand une décision entraîne indirectement, mais nécessairement, une modification des statuts. Il en irait notamment ainsi en cas de vente ou de mise en location-gérance du seul fonds de commerce exploité par la société et mentionné dans les statuts. Un tel acte n'est plus, selon la jurisprudence, un acte de gestion, car il a pour conséquence une modification de l'objet social ou même une dissolution de la société. Mais cette situation est exceptionnelle.

[1776] Art. 551 AUS ; V. également Cour d'Appel de Ouagadougou, Arrêt n° 39, Affaire : Ouattara Héma Bakary C/ Myaouenuh A. Damase ; Ohadata, J-09-11.

1223 En plus de cette compétence générale, l'assemblée générale extraordinaire est également compétente pour : autoriser les fusions, scissions, transformations et apports partiels d'actif ; transférer le siège social en toute autre ville de l'État partie où il est situé, ou sur le territoire d'un autre État et pour dissoudre par anticipation la société ou en proroger la durée.

Mais il faut relever par ailleurs que l'assemblée extraordinaire n'a aucun pouvoir en dehors de ce domaine, car bien que pouvant le plus, elle ne peut pas le moins. Elle ne saurait donc ni assurer directement la gestion de la société, ni même exercer des attributions qui relèvent de la compétence propre de l'assemblée ordinaire. Enfin, même en cas de modification des statuts, tout n'est pas possible, car l'assemblée ne peut pas porter atteinte aux droits individuels des actionnaires.

Sur ce dernier point particulièrement, après avoir formulé le principe de l'omnipotence des assemblées extraordinaires, l'article 551 ajoute que celles-ci ne peuvent toutefois augmenter les engagements des actionnaires sans leur accord[1777]. Cette limitation des pouvoirs de l'assemblée figure aussi dans l'article 1836, alinéa 2, du Code civil. Sa portée est discutée. Certes, quelques cas ne font pas de difficulté. Ainsi, une décision majoritaire ne peut entraîner la transformation d'une société anonyme en société en nom collectif ou l'absorption de la première par la seconde[1778]. En effet, cette transformation rend les associés indéfiniment et solidairement tenus du passif social et leur confère la qualité de commerçants. De même, la transformation d'une société anonyme en société par actions simplifiée requiert une décision unanime en raison du peu de garanties que ces sociétés offrent aux minoritaires. Ou bien encore, l'assemblée extraordinaire ne saurait, à l'occasion d'une augmentation de capital, imposer à un actionnaire de souscrire à celle-ci sous peine d'exclusion de la société, et cela même si la survie de la société est en cause[1779].

1224 Mais beaucoup de situations sont embarrassantes. Tout d'abord, il faut distinguer l'augmentation des engagements des actionnaires, qui est prohibée, des décisions augmentant les engagements de la société, qui sont de la compétence de l'assemblée extraordinaire ou même des organes de gestion. Ainsi, une modification de l'objet social ou une garantie donnée par la société à un tiers

---

[1777] Pour aller loin sur la question, v. L. GODON, *Les obligations des associés*, 1999, Economica, n° 104 ; L. JOBERT, *L'engagement des associés au-delà de leurs apports*, thèse, Paris II, 2002 ; H. LE NABASQUE, « La notion d'engagements nouveaux en droit des sociétés », *Dr. sociétés*, Actes pratiques 1997.36 ; F. RIZZO, « Le principe d'intangibilité des engagements des associés », *RTD com.* 2000.27 ; G. TAORMINA, « Réflexions sur l'aggravation des engagements de l'associé », *Rev. sociétés* 2002.267.
[1778] Art. L. 236-5.
[1779] V. en ce sens l'abondante jurisprudence dont, Cass. civ. 3 juill. 1979, *RTD com.* 1980.94, note M. Jeantin ; v. également SERIGNE ABDOU KASSE, *Les assemblées générales des sociétés commerciales*, op. cit.

n'emporte pas, dans les sociétés anonymes, une augmentation des engagements des actionnaires puisque ceux-ci ne sont pas personnellement tenus du passif social.

On se demande en second lieu s'il convient de distinguer les augmentations des engagements au sens strict, expressément prohibées par l'article 551, de la simple diminution des droits, qui pourrait être imposée aux actionnaires au cours de la vie sociale par une décision majoritaire. La jurisprudence ancienne opérait cette distinction. Notamment en se fondant sur celle-ci, elle avait jugé que l'assemblée pouvait, au cours de la vie sociale, insérer dans les statuts une clause restreignant la libre négociabilité des actions[1780]. Toutefois, les décisions les plus récentes semblent avoir abandonné cette distinction, probablement parce que sa mise en œuvre était difficile[1781].

1225 On se demande enfin si les engagements visés par l'article 551 AUS sont seulement les engagements d'effectuer de nouveaux apports ou au contraire les engagements de toute nature, y compris ceux qui n'ont pas un caractère purement pécuniaire. La question se pose rarement dans les sociétés anonymes, car les actionnaires n'y sont tenus qu'exceptionnellement d'engagements extra pécuniaires. Mais la comparaison avec les solutions données dans les autres formes de sociétés conduit à donner une réponse positive. La majorité ne peut pas porter atteinte aux droits individuels des actionnaires, quelle que soit leur nature[1782]. On retrouve ici le fondement contractuel de la société. Le consentement individuel est à la base des relations qui se nouent entre l'actionnaire et la société.

Les modifications des statuts qui emportent une augmentation des engagements des actionnaires sont possibles si elles sont décidées à l'unanimité. Cette unanimité est celle de tous les actionnaires et pas seulement de ceux qui participent à l'assemblée. Ce consentement peut être donné soit en assemblée collectivement, soit hors d'une assemblée, individuellement.

b- Le fonctionnement de l'assemblée générale extraordinaire

1226 Compétentes pour modifier les statuts dans toutes leurs dispositions, les assemblées extraordinaires doivent être plus représentatives que les assemblées ordinaires. En effet, si des nécessités pratiques imposent d'admettre que les modifications au pacte social ne requièrent pas l'unanimité, encore faut-il éviter les coups de force émanant d'actionnaires ne détenant qu'une trop faible fraction des droits de vote. Tout le régime particulier des assemblées extraordinaires repose sur cette conciliation entre la souplesse nécessaire à l'évolution de la

---

[1780] Cass. civ. 9 févr. 1937, *DP* 1937.1.137, note A. Besson, S. 1937.1.129, note Rousseau.
[1781] ACHI, A. Api, *Des délibérations collectives dans les sociétés anonymes*, Mémoire UCAD, 1993, 54p.
[1782]V. par ex. Cass. com. 26 mars 1996, préc., pour une clause de non-concurrence.

société et les garanties dont doivent cependant bénéficier les actionnaires absents ou opposants.

1227 Contrairement à l'assemblée générale ordinaire, qui doit être réunie au moins une fois par an pour statuer sur les comptes de l'exercice, aucune périodicité n'est légalement imposée en matière de tenue des assemblées extraordinaires, car l'opportunité d'une modification des statuts est une question laissée à la libre appréciation des dirigeants ou des actionnaires. Ce sont donc eux qui, en fonction de l'intérêt social, apprécient souverainement s'il convient ou non de convoquer une assemblée générale extraordinaire. Cependant, dans quelques cas, le législateur impose la convocation d'une telle assemblée. Mais, même en pareille hypothèse, rien ne dit que le quorum sera réuni, de telle sorte que, bien que convoquée, l'assemblée ne pourra pas toujours délibérer.

Tout actionnaire peut participer aux assemblées générales extraordinaires sans qu'une limitation de voix puisse lui être opposée[1783]. Dans les cas particuliers, sauf clause contraire des statuts, le droit de vote appartient au nu-propriétaire dans les assemblées extraordinaires. En effet, ces assemblées, en modifiant les statuts, portent atteinte à la substance de l'action grevée d'usufruit. Les statuts peuvent se montrer plus restrictifs, à condition de ne pas priver totalement le nu-propriétaire de son droit de participer aux assemblées et d'y voter. Ainsi, devrait être jugée valable, même si elle est dangereuse pour lui, la clause qui n'accorderait le droit de vote au nu-propriétaire que dans les assemblées appelées à se prononcer sur la dissolution ou la prorogation de la société.

1228 Comme dans les assemblées ordinaires, on trouve dans les assemblées extraordinaires, des dispositions qui excluent du vote, et semble-t-il des débats qui le précèdent, les actionnaires qui ont un intérêt personnel à l'adoption d'une résolution. Ainsi, ne peuvent pas prendre part au vote et ne sont donc pas pris en compte pour le calcul du quorum et de la majorité, les actionnaires qui ont fait un apport en nature ou bénéficié d'un avantage particulier, ou ceux au profit desquels l'assemblée est appelée à supprimer le droit préférentiel de souscription.

Le quorum requis pour la validité des assemblées générales extraordinaires est sur première convocation de la moitié des actions ayant le droit de vote. En effet, elle ne délibère valablement que si les actionnaires présents ou représentés possèdent au moins la moitié des actions, sur première convocation, et le quart des actions, sur deuxième convocation[1784]. Il se calcule de la même manière qu'en cas d'assemblée ordinaire. Lorsque le quorum n'est pas réuni, l'assemblée peut être une troisième fois convoquée dans un délai qui ne peut excéder deux (2) mois à compter de la date fixée par la deuxième convocation, le quorum restant fixé au quart des actions. Le quorum requis pour cette troisième assemblée est donc

---

[1783] Art. 552 AUS ; SERIGNE ABDOU KASSE, *Les assemblées générales des sociétés commerciales*, op. cit.
[1784] Art. 553 al. 1er AUS.

toujours du quart. Le quorum du quart reste requis, de telle sorte que s'il n'est pas réuni, la société n'est pas en mesure de modifier ses statuts, quelles qu'en soient les conséquences.

Les dirigeants de beaucoup de sociétés cotées savent que le quorum a peu de chances d'être atteint sur première convocation. Ils indiquent alors sur la convocation qu'une deuxième assemblée sera réunie à la date et au lieu qu'ils précisent, dans le cas probable où la première assemblée ne pourrait pas délibérer, faute de quorum. Personne ne vient à cette première assemblée. Le procédé est valable, mais ne dispense pas de convoquer la deuxième assemblée dans les formes légales.

La clause des statuts abaissant le *quorum* devrait être réputée non écrite, car elle porterait atteinte aux droits des actionnaires absents ou dissidents[1785]. Une clause augmentant le quorum serait sans doute valable, mais uniquement sur première convocation, car si son domaine d'application était plus étendu, elle ferait indirectement obstacle au pouvoir de modification des statuts reconnus à l'assemblée extraordinaire par l'article 551 AUS .

1229 L'assemblée générale extraordinaire statue à la majorité des deux tiers des voix dont disposent les actionnaires qui participent au vote[1786]. Par conséquent, des minoritaires disposant de plus d'un tiers des voix peuvent empêcher une modification des statuts. C'est la minorité de blocage. Toutefois, en cas d'augmentation de capital par incorporation des réserves ou de transformation de la société anonyme en SARL, cette règle supporte les mêmes exceptions qu'en matière de quorum. La question de savoir si les statuts peuvent déroger aux dispositions légales en matière de majorité se pose dans les mêmes termes que s'il s'agissait d'une assemblée ordinaire. La violation des règles gouvernant la majorité est sanctionnée par une nullité qui a un caractère obligatoire.

Les règles applicables au vote sont les mêmes que dans les assemblées ordinaires. En principe, tout actionnaire a le droit de voter et chaque action donne droit à une voix (pour les exclusions fondées sur un conflit d'intérêts).

3- Les assemblées spéciales

1230 À l'instar des autres assemblées des actionnaires, les assemblées spéciales ont des compétences bien déterminées (a) et fonctionnent selon des principes bien établis (b).

[1785] J. HÉMARD, F. TERRÉ et P. MABILAT, *op. cit.,* t. 2, n° 231.
[1786] Art. 554 AUS.

a- La compétence des assemblées spéciales

1231 Aux termes de l'article 555 AUS, l'assemblée spéciale réunit les titulaires d'actions d'une catégorie déterminée[1787]. Ce texte ne définit pas les catégories déterminées d'actions, dont les droits ne peuvent être modifiés qu'après accord d'une assemblée réunissant uniquement leurs titulaires. On estime généralement que ces actions sont uniquement celles auxquelles sont attachés des droits particuliers, indépendants de la personne de leurs titulaires[1788]. Ces droits peuvent être conférés par la loi ou par les statuts. Ainsi, peuvent constituer des catégories particulières, les actions de capital et les actions de jouissance, les actions libérées et les actions non libérées. En revanche, il n'y aurait pas lieu, au moins en droit strict, à réunion d'une assemblée spéciale lorsque l'avantage qui va être modifié ou supprimé résulte d'une qualité de l'actionnaire, par exemple un droit de vote double ou un dividende majoré accordé par les statuts aux actionnaires présentant une certaine ancienneté. En effet, dans ce cas il y a des catégories d'actionnaires et pas des catégories d'actions, car l'avantage disparaît si l'action est cédée à un actionnaire qui n'a pas l'ancienneté requise. Au contraire, en cas de catégorie d'actions, l'avantage existe indépendamment de la personne du titulaire. La remise en cause d'un tel avantage entraîne une difficulté, car on peut la considérer soit comme une simple modification des statuts, nécessitant seulement la tenue d'une assemblée extraordinaire, soit comme une atteinte aux droits individuels de ces actionnaires, qui devraient l'accepter individuellement, soit comme une modification des statuts soumise à l'accord d'une assemblée spéciale. La jurisprudence ne donne pas de réponse, mais dans le doute, la prudence conduit à consulter une assemblée spéciale.

1232 À s'en tenir à la lettre de l'article 555, l'assemblée spéciale doit être réunie lorsqu'il s'agit de modifier les droits relatifs à une catégorie d'actions. En réalité, cette formalité ne s'impose pas si la modification ne consiste pas en une diminution des droits, mais en la reconnaissance d'un avantage supplémentaire. En revanche, peu importe que la diminution des droits soit l'objet principal de la modification des statuts ou la conséquence d'une modification dont la portée est plus vaste. Ainsi, une approbation de l'assemblée spéciale est nécessaire lorsqu'une fusion a pour effet de diminuer les droits d'une catégorie particulière d'actions.

L'assemblée spéciale n'est compétente que s'il s'agit de réduire, voire de supprimer, les droits attachés à une catégorie d'actions, qui deviendront des actions ordinaires, mais non de supprimer totalement ces actions. En effet, il s'agirait alors d'une mesure d'exclusion, qui nécessiterait le consentement

---

[1787] SERIGNE ABDOU KASSE, *Les assemblées générales des sociétés commerciales*, op. cit.

[1788] C. CHAMPAUD, « Catégories d'actions ou sortes d'actionnaires », Dialogues avec M. Jeantin, 1999, *Dalloz*, p. 161 ; M. JEANTIN, « Observations sur la notion de catégorie d'actions », *D.* 1995, chron. 88.

individuel des titulaires, sauf si elle a été prévue par les statuts lors de la constitution de la société ou de l'émission de ces titres.

Certains se sont demandé s'il fallait réunir une assemblée spéciale lorsque la modification des statuts consistait non en une diminution des droits attachés à certaines actions, mais en l'attribution de droits nouveaux à une autre catégorie d'actions. Il semble s'agir d'un faux problème. En effet, de deux choses l'une. Ou bien ces droits nouveaux sont consentis à des actionnaires spécialement identifiés et non à une catégorie d'actions ; ils constituent alors des avantages particuliers, de telle sorte que la protection des actionnaires anciens est assurée par les formalités applicables à la vérification de ces avantages. Ou bien ces droits nouveaux sont accordés à une catégorie d'actionnaires non identifiés, mais définis par des critères objectifs ; il n'y a pas alors avantage particulier. Mais la consultation d'une assemblée spéciale est impossible, car on ne peut modifier que ce qui existe, de telle sorte que l'assemblée dite spéciale aurait la même composition que l'assemblée générale. En effet, faute d'un texte spécial, on ne peut exclure du vote les futurs bénéficiaires de ces droits. Un contrôle exercé « *a posteriori* » sur le fondement de l'abus de majorité suffit à protéger les intérêts des actionnaires qui ne jouiront pas de ces droits nouvellement créés.

Même lorsque les conditions ci-dessus sont réunies, la tenue d'une assemblée spéciale ne s'impose pas si l'assemblée générale extraordinaire, qui a voté la modification des statuts, a statué à l'unanimité des actionnaires. En effet, on ne voit pas quels éléments supplémentaires d'information ou de décision apporterait cette formalité.

b- Les délibérations des assemblées spéciales

1233 L'assemblée spéciale se réunit après et non avant l'assemblée générale, dont les résolutions sont votées sous condition de l'accord de l'assemblée spéciale. Mais on peut aussi faire délibérer d'abord l'assemblée spéciale. La loi n'a pas prévu de délai, mais l'intérêt de la société est d'obtenir l'autorisation de l'assemblée spéciale dès que la modification des statuts a été votée par l'assemblée générale. Le quorum requis est de moitié sur première convocation et ensuite du quart[1789]. Cette différence avec le quorum des assemblées générales extraordinaires est peu justifiée. La majorité est des deux tiers des voix dont disposent les actionnaires présents ou représentés appartenant à la catégorie déterminée[1790].

En principe, les règles régissant la composition du bureau s'appliquent aux assemblées spéciales. Cette transposition entraîne cependant une difficulté, car elle conduirait à faire présider l'assemblée spéciale par le président du conseil d'administration, le président directeur général, ou l'administrateur général selon

---

[1789] Art. 556 AUS.
[1790] Art. 557 AUS.

les cas, c'est-à-dire par une personne qui ne détient pas nécessairement des actions dont les droits vont être modifiés.

B- L'assemblée des obligataires

1234 L'AUS définit les règles de convocation de l'assemblée (1), les préalables (2), les conditions d'accès à celle-ci (3) ainsi que les règles de délibération (4).

1- La convocation de l'assemblée

1235 L'assemblée des obligataires est en principe convoquée par les représentants de la masse ou le cas échéant par l'administrateur général, le conseil d'administration ou président-directeur général[1791]. De même, le liquidateur pendant la période de liquidation dispose de ce pouvoir.

Enfin, un ou plusieurs obligataires réunissant au moins le trentième des titres d'une masse peuvent adresser à la société ou au représentant de la masse une demande tendant à la convocation de l'assemblée[1792].

La convocation des assemblées générales d'obligataires est faite dans les mêmes conditions de forme et de délai que les assemblées d'actionnaires[1793].

Les convocations s'effectuent dans les mêmes délais que pour les assemblées générales d'actionnaires. Les avis de convocation sont adressés quinze jours au moins avant la première assemblée et six jours avant pour l'assemblée réunie sur seconde convocation. La seconde assemblée peut être prorogée dans le délai de deux mois.

1236 L'avis de convocation comporte nécessairement les mentions suivantes

- l'indication de l'emprunt souscrit par les obligataires dont la masse est convoquée ;

- le nom et le domicile de la personne ayant pris l'initiative de la convocation et la qualité en laquelle elle agit ;

- le cas échéant, la date de la décision de justice désignant le mandataire chargé de convoquer l'assemblée.

Un ou plusieurs obligataires ont la faculté de requérir l'inscription, à l'ordre du jour, de projets de résolutions. Les obligataires réunissant un trentième des titres d'une masse doivent adresser des projets de résolutions à proposer à la société ou au représentant de la masse.

[1791] Art. 796 AUS. ACHI, A. Api, *Des délibérations collectives dans les sociétés anonymes*, op. cit.

[1792] Art. 796 al. 2 AUS.

[1793] Art. 797 AUS.

2- Le droit de communication des obligataires

1237 Le législateur a étendu le droit de communication des actionnaires aux obligataires[1794]. Ainsi, *quinze jours* avant l'assemblée, tout obligataire peut obtenir communication du texte des résolutions qui seront proposées et des rapports qui seront présentés à l'assemblée générale. Ce droit s'exerce pendant le délai de quinze jours qui précède la réunion de l'assemblée générale de la masse à laquelle il appartient. L'obligataire peut prendre connaissance ou copie des documents, par lui-même ou par mandataire, au siège de la société débitrice ou au lieu de la direction administrative. Si les documents dont l'obligataire peut demander communication ne sont pas déposés dans l'un de ces lieux, l'avis de convocation des obligataires doit préciser le lieu où la communication peut être obtenue.

De même, à toute époque, tout obligataire a le droit de prendre connaissance ou copie des procès-verbaux et feuilles de présence des assemblées générales de la masse à laquelle il appartient. La communication s'effectue au lieu désigné par l'assemblée pour le dépôt de ces documents. Ce droit étant réservé aux obligataires, ceux-ci auront à justifier de leur qualité, soit en présentant leur titre au porteur, soit en justifiant leur inscription sur le registre de la société ou de l'inscription en compte chez un intermédiaire. Ce droit de communication conféré aux obligataires ne leur donne pas la faculté d'exercer individuellement un contrôle sur les opérations de la société ou de demander communication des documents sociaux.

Les représentants de la masse ont accès aux assemblées des actionnaires, mais sans voix délibérative. Ils ont le droit d'obtenir communication dans les mêmes conditions que les actionnaires des documents mis à leur disposition.

3- L'accès à l'assemblée

1238 L'article 801 AUS pose un principe simple : « *tout obligataire a le droit de participer à l'assemblée ou de s'y faire représenter par un mandataire de son choix* ».

Tout obligataire a le droit de se faire représenter par le mandataire de son choix. La loi énumère les personnes qui ne peuvent représenter les obligataires[1795]. Les personnes qui ne présentent pas un caractère d'indépendance suffisamment marqué et dont le sens du vote peut se deviner, étant donné les rapports qui les lient à la société débitrice, ne peuvent représenter les porteurs d'obligations. C'est le cas des dirigeants sociaux, des administrateurs, les commissaires aux comptes de la société débitrice comme des sociétés garantes de tout ou partie des engagements de la société débitrice. Les ascendants, descendants ou conjoints de ces personnes ne peuvent non plus y prétendre.

[1794] Ibid.
[1795] Art. 787 AUS.

Les employés de la société débitrice ne peuvent représenter les obligataires aux assemblées. Il en est de même de leurs ascendants, descendants ou conjoints[1796]. Toutefois, le fait, par la société débitrice, de verser une rémunération aux représentants de la masse ne confère pas la qualité d'employé au bénéficiaire qui peut, par suite, représenter les obligataires.

Le législateur ayant voulu écarter les personnes qui sont sous la dépendance de la société, on doit admettre qu'il s'agit des personnes en fonction au moment de l'assemblée. En conséquence, les personnes qui ont cessé d'exercer les fonctions énumérées ci-dessus peuvent être mandataires des obligataires. Ne peuvent représenter les obligataires, les personnes auxquelles l'exercice de la profession de banquier est interdit ou qui sont déchues du droit d'administrer ou de gérer une société à titre quelconque[1797]. L'interdiction d'exercer la profession de banquier ou de gérer à un titre quelconque une société est une déchéance attachée à certaines condamnations. Cette sanction ne saurait être confondue avec les incompatibilités résultant des règles qui s'opposent à ce que les avoués ou les notaires en exercice remplissent certaines fonctions ou acceptent certains mandats. Dès lors, ces deux professionnels peuvent représenter les obligataires.

Mais rien ne s'oppose à ce que le mandataire d'un ou plusieurs obligataires ne soit lui-même obligataire. Il ne semble pas que la société débitrice puisse exiger l'exclusion des mandataires non obligataires. Si une telle exclusion était mentionnée dans les pouvoirs, l'entrée de l'assemblée ne pourrait être refusée à des mandataires non obligataires.

4- Les délibérations de l'assemblée

1239 L'ordre du jour est arrêté par l'auteur de la convocation des obligataires représentant le trentième des titres qui peuvent demander l'inscription des projets de résolution à l'ordre du jour[1798]. L'assemblée ne peut délibérer sur une question qui n'est pas inscrite à l'ordre du jour, d'où l'intérêt de recourir à la rubrique des questions diverses pour laisser une plus grande latitude à l'assemblée.

Les délibérations des assemblées doivent être obligatoirement constatées par un procès-verbal transcrit sur un registre spécial. Il est tenu de la même manière que pour les assemblées d'actionnaires. Il mentionne la date et le lieu de la réunion, le mode de convocation, l'ordre du jour, la composition du bureau, le nombre d'obligataires participant au vote et le quorum atteint, les documents et rapports soumis à l'assemblée, ainsi qu'un résumé des débats, le texte des résolutions mises aux voix et le résultat des votes. Il doit être signé par les membres du bureau.

[1796] Ibid.
[1797] Art. 787 AUS.
[1798] Art. 800 AUS.

L'article 805 AUS précise que « *le droit de vote attaché aux obligations doit être proportionnel à la quotité du montant de l'emprunt qu'elles représentent. Chaque obligation donne droit à une voix au moins* ». La loi exige donc l'application stricte de la règle « *à capital égal, droit de vote égal* », sans aucune dérogation. Il n'y a aucune obligation à vote plural. Au cas où les obligations seraient d'un montant nominal différent, le droit de vote serait proportionnel à la fraction de capital possédée.

1240 La loi indique que tout obligataire (comme tout actionnaire) a le droit de participer à l'assemblée[1799]. La loi prohibe l'exigence de possession d'un certain nombre d'obligations pour prendre part au vote, ainsi que la limitation du nombre des voix pouvant appartenir à un même obligataire. Une ou deux personnes pourraient donc à elles seules constituer la majorité. Les dispositions relatives au droit de vote des actions qui sont la propriété de plusieurs personnes (actions frappées en gage) sont applicables aux obligations.

Les conditions de quorum et de majorité de l'assemblée des obligataires sont les mêmes que celles de l'assemblée générale ordinaire d'actionnaires.

S-SECTION III. LES ORGANES DE CONTRÔLE

1241 Le contrôle[1800] de l'administration par les dirigeants de la société relève en principe des prérogatives des actionnaires[1801]. Cependant, en raison de la complexité des décisions sociales ou l'absentéisme dont font souvent preuve les actionnaires, l'existence d'organes spécifiques de contrôle est une nécessité. C'est la raison pour laquelle il existe un organe chargé spécifiquement du contrôle et de la certification des comptes sociaux, en l'occurrence le commissaire aux comptes.

Le contrôle effectué par le commissaire aux comptes est un contrôle essentiellement externe et l'AUS fait obligation aux sociétés anonymes d'en disposer, au moins un, ou de deux, lorsque la société fait appel public à l'épargne. L'AUS prend le soin de définir le statut de cet organe. De même, les missions et les hypothèses de mise en œuvre de sa responsabilité ont été clairement abordées.

[1799] Art. 801 AUS.

[1800] V. pour aller plus loin sur la question du contrôle, E. AHOUANGANSI, *Audit et révision des comptes : aspects internationaux et espace OHADA*, Abidjan, Ed. Mondexperts, 2006, 729 p. ; YOUSSOUFA MALAM PETEL, *Le contrôle de la société anonyme en droit OHADA,* mémoire de DEA, Faculté des Sciences Juridiques et Politiques de l'Université de Ngaoundéré (Cameroun), 2009.

[1801] V. particulièrement, HOMMAN-LUDIYE, J. E. MISSAINHOUN, « Le contrôle de gestion des SARL et des SA », op. cit., p. 307 ; SILEYMANE BA, *Le contrôle de la SA par les actionnaires*, op. cit. ; P. ZANHAN, *Le contrôle des sociétés commerciales dans l'espace OHADA, mémoire de Master*, op. cit.

Le contrôle est exercé, dans chaque société anonyme, par un ou plusieurs commissaires aux comptes[1802]. Les fonctions de commissaire aux comptes sont exercées par des personnes physiques ou par des sociétés constituées par ces personnes physiques, sous l'une des formes prévues par l'AUS[1803].

Lorsqu'il existe un ordre des experts-comptables dans l'État-partie du siège de la société[1804], objet du contrôle, seuls les experts-comptables inscrits au tableau de l'ordre peuvent exercer les fonctions de commissaires aux comptes[1805]. Lorsqu'il n'existe pas un ordre des experts-comptables, seuls peuvent exercer les fonctions de commissaire aux comptes les experts-comptables inscrits préalablement sur une liste établie par une commission siégeant auprès d'une cour d'appel, dans le ressort de l'État-partie du siège de la société objet du contrôle[1806].

1242 Pour pouvoir exercer sa mission, le commissaire aux comptes ne doit pas être en situation d'incompatibilité. Celle-ci peut être générale ou au contraire être liée aux relations pouvant exister entre le commissaire aux comptes et les personnes qui lui sont liées avec la personne contrôlée ou les sociétés qu'elle contrôle ou qui sont contrôlées par elle.

Notons en premier lieu que les fonctions de commissaire aux comptes, titulaire ou suppléant, sont incompatibles avec toute activité commerciale, qu'elle soit exercée directement ou par personne interposée, et avec toute activité salariée[1807]. Dans ce dernier cas cependant, la loi admet que le commissaire aux comptes puisse dispenser un enseignement se rattachant à l'exercice de sa profession ou occuper un emploi rémunéré chez un commissaire aux comptes ou un expert-comptable.

Le commissaire doit ensuite exercer sa profession de manière indépendante. Par conséquent, sont incompatibles avec les fonctions de commissaire aux comptes toute activité ou tout acte de nature à porter atteinte à son indépendance. Pour assurer son indépendance, le commissaire aux comptes doit donc éviter toute situation de conflit d'intérêts. À ce titre, on notera que la SEC (*Securities*

1802 S. ALGADI AZIBER, « Commissaire aux comptes et prévention de difficultés des entreprises dans l'espace OHADA », *Pénant*, n° 870, 2009, p. 215 et s.

1803 Art. 694 AUS

1804 V. pour plus de détails M. DOBIL, *Comptabilité OHADA*, Paris, Karthala, 2008 ; *Tome 1 Comptabilité générale*, Paris, Karthala, 2008 ; *Tome 2 Systèmes comptables, Opérations spécifiques, Travaux de fin d'exercice*, Karthala, 2008, 214 p. ; Tome 3, *Comptabilité des sociétés* Karthala, 2008, 133 p.

1805 Quel que soit le pays, il suffit d'être agréé par l'ordre des experts comptables pour être désigné commissaire aux comptes. Ainsi, dans les Etats membres de la CEMAC, les experts comptables doivent être agréés par décision du Comité de direction de la CEMAC (v. Acte du Conseil des Chefs d'Etats UDEAC n° 5/82-UDEAC-324 adopté le 18 décembre 1982 relatif au commissariat aux comptes et à l'expertise judiciaire en comptabilité dans les Etats membres de l'UDEAC).

1806 Art. 696 AUS

1807 Art. 697 AUS.

Exchange Commission des États-Unis d'Amérique) définit le principe général d'indépendance à partir de la perception que pourrait avoir un investisseur de la perte d'indépendance d'un auditeur légal en raison de faits ou circonstances dont il aurait connaissance et qui le conduiraient à conclure que l'auditeur n'est pas en mesure d'exercer un jugement objectif et impartial[1808]. Aussi, avant d'accepter une mission de certification, le commissaire aux comptes doit vérifier qu'il se trouve dans une situation d'indépendance vis-à-vis de la personne ou de l'entité dont il est appelé à certifier les comptes.

L'obligation générale d'indépendance ne se limite pas à ces seules hypothèses envisagées[1809].

Pour ce qui est de la désignation des commissaires aux comptes, les sociétés anonymes ne faisant pas publiquement appel à l'épargne sont tenues d'en désigner un et un suppléant. Les sociétés anonymes faisant publiquement appel à l'épargne quant à elles sont tenues de désigner au moins deux (2) commissaires aux comptes et deux (2) suppléants[1810].

Le premier commissaire aux comptes et son suppléant sont désignés dans les statuts ou par l'assemblée générale constitutive. En cours de vie sociale, le commissaire aux comptes et son suppléant sont désignés par l'assemblée générale ordinaire.

1243 La durée des fonctions du commissaire aux comptes désigné dans les statuts ou par l'assemblée générale constitutive est de deux (2) exercices sociaux. Lorsqu'il est désigné par l'assemblée générale ordinaire, le commissaire aux comptes exerce ses fonctions durant six (6) exercices sociaux. Les fonctions du commissaire aux comptes expirent à l'issue de l'assemblée générale qui statue soit sur les comptes du deuxième exercice, lorsqu'il est désigné dans les statuts ou par l'assemblée générale constitutive, soit sur les comptes du sixième exercice, lorsqu'il est nommé par l'assemblée générale ordinaire.

Lorsque, à l'expiration des fonctions du commissaire aux comptes, il est proposé à l'assemblée de ne pas renouveler son mandat, le commissaire aux comptes peut, à sa demande, être entendu par l'assemblée. Si l'assemblée omet d'élire un commissaire aux comptes titulaire ou suppléant tout actionnaire peut demander en référé à la juridiction compétente, la désignation d'un commissaire aux comptes - titulaire ou suppléant -, le président du conseil d'administration, le

---

1808 P. A. FAYE, *Le contrôle de la gestion des sociétés anonymes en droit OHADA*, Mémoire de DEA, Université Gaston berger (Sénégal), 2009 ; A. MERCIER, Ph. MERLE et C. FLAHAUT-JASSON, *Audit et commissariat aux comptes*, 2007-2008, Mémento pratique Francis Lefebvre, n° 3564.

1809 V. J. A. AMONT, *Le contrôle des sociétés commerciales par le commissaire aux comptes*, Mémoire UCAD, 2003, 51p.

1810 Art. 702 AUS

président-directeur général ou l'administrateur général dûment appelé[1811]. Le mandat ainsi conféré prend fin lorsqu'il a été procédé par l'assemblée générale à la nomination du commissaire. Si l'assemblée omet de renouveler le mandat d'un commissaire aux comptes ou de le remplacer à l'expiration de son mandat et, sauf refus exprès du commissaire, sa mission est prorogée jusqu'à la plus proche assemblée générale ordinaire annuelle.

1244 Le commissaire aux comptes n'est pas un mandataire des associés, c'est un véritable organe social de contrôle de la situation financière et comptable de la société, un « organe supra-social de contrôle ». Sa mission principale est une mission de révision comptable, c'est-à-dire de contrôle et, s'il y a lieu, de certification de la régularité et de la sincérité ou fidélité des comptes sociaux (qu'il ne dresse pas)[1812]. Il s'agit ainsi d'un simple réviseur, auditeur ou contrôleur légal des comptes et, dans ce cadre, il ne doit pas s'immiscer dans la gestion de la société. Le commissaire aux comptes doit procéder tout au long de l'année par sondages et échantillons à un contrôle des comptes sociaux. Ce contrôle lui permet de se forger une opinion sur la régularité, la sincérité et la fidélité de la comptabilité sociale (opinion qui sera exprimée dans le rapport général qui sera adressé aux actionnaires). Si ces exigences sont satisfaites, il procède alors à leur certification. Dans le cas contraire, il émet des réserves et peut même aller jusqu'à refuser purement et simplement la certification. Mais, dans tous les cas, l'assemblée générale demeure libre d'approuver ou non les comptes.

Les commissaires aux comptes peuvent également recueillir toutes informations utiles à l'exercice de leur mission auprès des tiers qui ont accompli des opérations pour le compte de la société. Toutefois, ce droit d'information ne peut s'étendre à la communication des pièces, contrats et documents quelconques détenus par des tiers, à moins qu'ils ne soient autorisés par une décision de justice. Le secret professionnel ne peut être opposé aux commissaires aux comptes, sauf par les auxiliaires de justice.

Le commissaire aux comptes est tenu d'informer principalement les actionnaires, et parfois, quand cela est nécessaire de sonner l'alarme quand il estime que la gestion de la société va à la dérive. Toujours est-il que dans les deux cas, c'est l'associé qui est protégé. Pour ce qui est de la mission d'information, il faut relever que le commissaire aux comptes est tenu d'informer principalement les actionnaires. Il doit aussi révéler les faits délictueux dont il a connaissance à l'occasion de l'exercice de sa mission au procureur de la République. Cette dénonciation inclut les actes même antérieurs à sa prise des fonctions[1813]. Pour

---

[1811] Art. 708 AUS.

[1812] R. E. NGUE, *Mon commissaire aux comptes dans l'espace OHADA*, Douala, Ed. AFECAC, 2009.

[1813] V. M-A. NDJANDEU, *L'intérêt social en droit des sociétés,* thèse, Yaoundé II (Cameroun), mai 2006 ; M. KONE, *Le nouveau droit commercial des pays de la zone OHADA*, *comparaison avec le droit français*, thèse, LGDJ, 2003, pp. 149-150.

l'essentiel, le commissaire aux comptes doit transmettre aux actionnaires un rapport à cette fin. Ce rapport constitue un acte essentiel de l'exercice des fonctions du commissaire aux comptes. Il décrit l'ensemble du travail effectué et exprime clairement sa position sur les comptes en question. Il s'agit également d'une sorte de courroie de transmission entre les actionnaires et les commissaires aux comptes, relativement aux informations et aux implications des comptes sociaux. En outre, un rapport spécial est également dressé relativement aux conventions réglementées.

Quant à la mission d'alerte, du commissaire aux comptes, il convient de noter que, lorsqu'il découvre ou a connaissance, lors de l'examen des documents qui lui sont communiqués, d'un fait de nature à compromettre la continuité de l'exploitation, le commissaire aux comptes doit déclencher l'alerte destinée à provoquer les mesures de redressement[1814]. Le législateur OHADA met ainsi à la charge du commissaire aux comptes un devoir supplémentaire, celui d'alerter en cas de suspicion[1815]. À cet effet, il demande par lettre au porteur contre récépissé ou par lettre recommandée avec demande d'avis de réception, des explications au gérant, au président du conseil d'administration, au président directeur général ou à l'administrateur général, qui est tenu de répondre dans les mêmes conditions, dans le mois qui suit la réception de la demande d'inscription[1816]. Dans sa réponse, il doit donner une analyse complète de la situation et préciser, le cas échéant, les mesures envisagées[1817]. En cas d'absence de réponse, ou si celle-ci n'est pas satisfaisante, le commissaire aux comptes invite, dans les quinze jours qui suivent la réponse ou la constatation de l'absence de réponse à l'expiration du délai d'un mois suivant la demande d'explication, selon les cas, le président du conseil d'administration ou le président directeur général à faire délibérer le conseil d'administration ou l'administrateur général, à se prononcer sur les faits révélés[1818]. Un extrait du procès-verbal des délibérations du conseil d'administration ou de l'administrateur général, selon les cas, est adressé au commissaire aux comptes dans le mois qui suit la délibération du conseil ou de l'administrateur général[1819].

1245 Par ailleurs, la victime d'un fait dommageable, l'actionnaire, agissant au nom de la société ou en son nom propre, sera toujours tentée de rechercher la responsabilité professionnelle du commissaire aux comptes. La victime agira en responsabilité civile, directement ou par le biais d'une action pénale, ou encore

---

[1814] V. les art. 153 à 156 de l'AUS.
[1815] Sur ces points, on peut consulter : Y. GUYON, *Droit des affaires,* t. 2, 1993, Économica, pp. 62 et s. ; C. QUEMENT, *Le commissaire aux comptes et la prévention des difficultés dans les sociétés anonymes,* thèse, Poitiers, 1991.
[1816] Art. 153 de l'AUS.
[1817] Art. 154 AUS.
[1818] Art. 155 AUS.
[1819] Ibid.

après avoir exercé une action disciplinaire, celle-ci ayant, dans nombre de cas, un caractère vindicatif ou représentant une facilité procédurale.

Ces trois formes de responsabilité, bien que proches, souvent liées – la faute peut être la même, l'action civile peut être exercée devant la juridiction pénale, l'action disciplinaire est mise en œuvre pour faciliter la reconnaissance de la faute professionnelle – restent autonomes[1820].

SECTION III- LA VIE DE LA SOCIÉTÉ ANONYME

1246 L'émission des valeurs mobilières constitue pour les sociétés anonymes un moyen important pour assurer leur vitalité[1821] (Sous-section 1). Ces valeurs mobilières font partie du capital social, et ce indépendamment des variations qu'il put subir (Sous-section 2), variations souvent justifiées par le besoin d'adaptation ou de restructuration de la société (Sous-section 3).

S-SECTION I. LES VALEURS MOBILIÈRES

1247 Aux termes de l'article 744 AUS, les sociétés anonymes émettent des valeurs mobilières ainsi que d'autres titres financiers[1822]. En effet, aux traditionnelles valeurs mobilières, c'est-à-dire les actions (§1) et les obligations (§), l'AUS permet désormais à ces sociétés d'émettre de nouvelles catégories de valeurs mobilières (§3).

§1. LES ACTIONS

1248 Il existe en réalité plusieurs types d'actions consacrés par l'AUS (1), auxquelles le législateur rattache un certain nombre de droits (2).

A- Les diverses catégories d'actions

1249 Il existe une très grande variété d'actions[1823] qui peuvent être classées selon différents critères. On peut en effet classer les actions, soit d'après la source des droits des associés auxquels elles correspondent ; on distingue alors les actions de numéraire (1), les actions d'apport (2), les actions de jouissance (3) ; soit d'après l'existence ou l'absence de privilèges spéciaux qui sont attribués à certaines d'entre elles, on trouve ainsi les actions ordinaires, les actions

---

[1820] V. J. A. AMONT, *Le contrôle des sociétés commerciales par le commissaire aux comptes*, op. cit. p. 218.

[1821] V. F. M. ZOGO, *Le financement des SA dans le droit OHADA*, mémoire de DEA, Faculté des Sciences Juridiques et Politiques de l'Université de Yaoundé II (Cameroun), 2008.

[1822] V. E. FAYE, *L'introduction des sociétés dans le marché financier régional de l'UEMOA*, mémoire de Maitrise, Université Gaston Berger (Saint-Louis, Sénégal), 2008.

[1823] V. pour plus de détails, D. LOUKAKOU, « Les valeurs mobilières dans l'Acte uniforme relatif au droit des sociétés commerciales de l'espace OHADA », *Pénant*, n° 844, Juillet-Septembre 2003, p. 261 ; A. CISSOKHO, *La dématérialisation des titres dans l'espace communautaire de l'UEMOA*, mémoire de Maitrise, Université Gaston Berger (Saint-Louis, Sénégal), 2006.

prioritaires (4) ; soit d'après leur forme, ce qui permet de distinguer les actions nominatives des actions au porteur, ou les actions mixtes (5).

1- Les actions de numéraire

1250 Les actions de numéraire sont des actions dont le montant est libéré en espèces ou par compensation. Leur libération est susceptible d'intervenir à différents moments de la vie sociale et de correspondre à des procédés particuliers de financement de la société[1824]. Lorsqu'elles sont émises lors de la formation de la société, elles doivent revêtir la forme nominative jusqu'à leur entière libération. La libération d'apport en numéraire par compensation est également possible, mais ne peut concerner que l'appel du non versé ou une augmentation du capital social. Cependant, l'appel du non versé par compensation soulève des difficultés lorsque la société est en redressement judiciaire.

1251 Sont également des actions de numéraire, celles qui sont émises par suite de l'incorporation au capital social des réserves, bénéfices ou primes d'émission ainsi que celles dont le montant résulte pour partie d'une incorporation des réserves, bénéfices ou prime d'émission et pour partie d'une libération en espèces, ces dernières actions devant être intégralement libérées lors de la souscription.

1252 Les actions nouvelles émises lors de l'incorporation au capital social de la prime de fusion sont également des actions de numéraire. En effet, lors d'une fusion, ou d'un apport partiel d'actif, la société absorbante émet des actions pour rémunérer la société absorbée ou apporteuse des apports réalisés. Il va s'agir d'apports en nature qui donnent lieu à l'émission d'actions d'apport soumises à un régime particulier d'évaluation. On procède à l'évaluation de l'actif net apporté par la société absorbée ou apporteuse, et à celle de la valeur des actions remises en échange. La valeur de l'actif net apporté est divisée ensuite par la valeur unitaire des actions remises en contrepartie de l'apport, faisant ainsi apparaître la valeur réelle des actions remises. Si la valeur réelle des actions remises est égale au pair, il n'y a pas de prime de fusion, mais si elle est supérieure au pair, l'écart constitue la prime de fusion qui sera supportée par la société absorbée ou apporteuse exactement comme la prime d'émission.

2- Les actions d'apport

1253 Ce sont celles attribuées en contrepartie d'un apport en nature, c'est-à-dire de biens autres que de l'argent. Le régime spécifique des actions d'apport s'est progressivement amenuisé au gré des réformes successives du droit des sociétés. Pour être valables, les actions d'apport doivent être intégralement libérées dès leur

---

[1824] J. HAMEL, G. LAGARDE, et A. JAUFFRET, *op. cit.*, t. 2, n° 542 et 543 ; J. HÉMARD, F. TERRÉ, P. MABILAT, *op. cit.*, t. 3, n° 37 et 38 ; Y. GUYON, *op. cit.*, n° 752 et s. ; G. RIPERT et R. ROBLOT, *op. cit.*, par M. GERMAIN, n° 1535 et s.

émission lors de la constitution de la société ou de l'augmentation du capital social. Elles sont donc immédiatement négociables.

3- Les actions de jouissance

1254 Les actions de jouissance sont des actions intégralement amorties. Ce sont des actions dont le montant nominal a été remboursé aux actionnaires à la suite de l'amortissement du capital social ; de ce fait, elles sont soumises à un régime particulier qui les distingue des actions de capital. Ce régime est par ailleurs étendu aux actions qui n'ont été que partiellement amorties, sans que pour ces dernières on puisse vraiment parler d'actions de jouissance.

Alors que les actions de capital confèrent à leurs titulaires la plénitude des droits pécuniaires attachés aux actions, les actions de jouissance ne leur en attribuent qu'une partie seulement et ne donnent pas droit à un dividende aussi élevé. L'actionnaire perd le droit au premier dividende, c'est-à-dire à l'intérêt de 5 % calculé sur la valeur nominale de l'action et perd aussi le droit au remboursement de la valeur nominale de son action lors de la dissolution de la société. Lorsque l'amortissement n'est que partiel, la perte des droits précédents s'établit à concurrence de ce qui a été amorti.

1255 La décision de procéder à l'amortissement du capital social résulte soit d'une disposition statutaire, soit d'une délibération de l'assemblée générale extraordinaire des actionnaires. L'amortissement ne peut être réalisé que par voie de remboursement égal sur chaque action d'une même catégorie et n'entraîne pas la réduction du capital social. Ce qui caractérise en effet l'amortissement dont il est ici question est qu'il ne s'agit pas pour la société d'amortir son capital social au sens strict du terme, car celui-ci doit demeurer intact pendant la vie de la société ; d'ailleurs, le montant du capital social reste inchangé dans le bilan de la société. On mesure alors combien est impropre l'expression d'amortissement, bien qu'elle soit unanimement admise[1825]. Il ne s'agit pas davantage, comme on aurait pu le penser, d'un versement exceptionnel de bénéfices, car la société n'a pas le droit de servir des dividendes plus élevés à certains actionnaires, à peine de rompre la règle de l'égalité qui doit régner entre actionnaires. Bien que les sommes nécessaires soient prélevées sur les bénéfices ou les réserves, on préfère voir dans l'amortissement une distribution anticipée de la part sur la liquidation future de la société en considérant que si toutes les actions venaient à être amorties le jour de la liquidation, les actionnaires seraient alors dans une parfaite égalité ; au cas contraire, il faudrait traiter en priorité les actions de capital en remboursant le montant nominal.

[1825] J. HAMEL, G. LAGARDE et A. JAUFFRET, *op. cit.*, t. 2, n° 545 ; G. RIPERT et R. ROBLOT, *op. cit.*, par M. GERMAIN, n° 1539 et s. ; Y. GUYON, *op. cit.*

4- Les actions de priorité

1256 Lors de la constitution de la société ou au cours de son existence, il peut être créé des actions de priorité jouissant d'avantages par rapport aux autres actions. Historiquement, les actions de priorité ou de préférence ou privilégiées ont été le fait de sociétés en difficulté qui accordaient aux nouveaux actionnaires un droit de préférence leur permettant, à l'occasion d'une augmentation du capital social, d'obtenir des actions de priorité sur les anciens actionnaires. Or, ce type d'actions se heurtait à la règle selon laquelle le capital social se divise en actions d'une valeur nominale égale, ce qui impliquait que les actionnaires aient des droits égaux et des obligations identiques[1826]. Ce principe n'étant pas d'ordre public, une société pouvait émettre des actions de plusieurs types donnant des droits différents, sauf à tomber sous le coup de la clause léonine[1827].

1257 Les avantages consentis aux actionnaires privilégiés sont principalement de nature pécuniaire, tout avantage particulier concernant le droit de vote se trouve écarté, contrairement aux actions à vote plural ou à droit de double vote lorsqu'elles existent[1828]. L'actionnaire prioritaire bénéficie, en premier lieu, et au cours de la vie sociale, d'un avantage sur les dividendes distribués qui peut se traduire soit par un premier dividende statutaire dont le taux est plus élevé que les dividendes ordinaires, soit par un superdividende (second dividende distribué). Il bénéficie par ailleurs d'une antériorité dans la répartition (des bénéfices) qui lui permet de percevoir un dividende préférentiel alors que l'actionnaire ordinaire en serait privé (dividende « préciputaire »). Il peut aussi bénéficier d'un dividende « cumulatif » prélevé sur les bénéfices ultérieurs si ceux de l'exercice n'y suffisaient pas, ou d'un dividende « alternatif » distribué une année sur deux. Il a droit également à un amortissement préférentiel. En revanche, les actions de priorité ne permettent pas aux actionnaires d'espérer l'allocation d'un intérêt fixe payable par frais généraux en l'absence de bénéfice.

L'actionnaire prioritaire peut en second lieu, au moment de la liquidation de la société, bénéficier d'avantages qui se cumuleront ou non avec les précédents et qui prendront la forme soit d'un pourcentage plus important de l'actif social, soit d'un remboursement prioritaire. Il peut être stipulé en effet que les actions de priorité seront, au moment de la liquidation et après apurement du passif, remboursées en tout ou partie par préférence aux actions ordinaires[1829]. Il peut être également prévu que les actions de priorité ne supporteront la réduction du capital social motivée par des pertes qu'après imputation de ces pertes sur les actions ordinaires ou ne la supporteront que dans une mesure moindre que les

---

[1826] Cass. civ. 6 mars 1935, DH 1935.265 ;

[1827] C. civ., art. 1855 anc.

[1828] V. art. 755 AUS. Le législateur n'utilise le terme « action prioritaire » que s'agissant des avantages pécuniaires.

[1829] G. RIPERT et R. ROBLOT, *op. cit.*, par M. GERMAIN, n° 1545 ; J. MESTRE, *op. cit.*, n° 4299

actions ordinaires[1830]. Bien d'autres avantages peuvent être stipulés au profit des actionnaires prioritaires sous réserve qu'ils ne soient pas contraires aux principes fondamentaux du droit des sociétés commerciales, ou de celui de la concurrence.

1258 Bien que plus rares, des droits non pécuniaires attachés aux actions de priorité peuvent exister. Ces droits peuvent être conférés par les statuts ou l'assemblée générale[1831]. La création d'actions de priorité ordinaires n'a pas d'influence sur l'exercice du droit de vote. Il ne doit pas être porté atteinte au principe selon lequel le droit de vote attaché aux actions est proportionnel à la quotité du capital social qu'elles représentent. Cependant, les statuts peuvent limiter le nombre de voix dont chaque actionnaire dispose dans toutes les assemblées sous condition que cette limitation soit imposée à toutes les actions sans distinction de catégorie. Cette disposition peut donc s'appliquer aux actions de priorité ordinaires. Par ailleurs, rien n'interdit aux statuts de stipuler que certains administrateurs ou membres du conseil de surveillance seront choisis parmi les actionnaires de priorité et même de prévoir l'introduction d'un quorum spécial au sein du conseil, celui-ci ne pouvant délibérer que si sont présents des administrateurs représentant les actionnaires privilégiés.

5- Les actions de capital

1259 Les actions de numéraire et les actions d'apport émises lors de la constitution de la société ou à l'occasion d'une augmentation du capital sont des actions de capital. On désigne par actions de capital, les actions qui confèrent à leurs titulaires la « plénitude » des droits pécuniaires qu'elles comportent. Elles donnent droit en effet à un « premier dividende statutaire » qui est la rémunération des sommes versées et non remboursées, à un « superdividende » et en fin de vie sociale, lors de la dissolution de la société, au remboursement du titre et au partage du boni de liquidation. Bref, les actions de capital sont celles qui ne sont pas amorties[1832].

6- Les actions nominatives et actions au porteur

1260 L'action est dite nominative lorsqu'elle est représentée par un titre sur lequel se trouve inscrit le nom de son titulaire. Sa transmission ne peut être valablement faite que par l'inscription sur le registre de la société du nom du nouvel acquéreur et la radiation de celui de l'ancien.

[1830] J.-J. DAIGRE, M. MONOD et M. BASDEVANT, « Les actions à privilèges financier »s, *Dr. sociétés,* Actes pratiques, 1997, n° 32 ; M. POITRINAL, « Actions de priorité : jusqu'où peut-on aller ? », *Banque et droit,* 1998, n° 57, p. 14 ;

[1831] Art. 752 AUS.

[1832] ;J. HAMEL, G. LAGARDE et A. JAUFFRET, *op. cit.,* t. 2, n° 545 ; G. RIPERT et R. ROBLOT, *op. cit.,* par M. GERMAIN, n° 1538 ; B. MERCADAL et P. JANIN, *op. cit.,* n° 2591 ; Y. GUYON, *op. cit.,* n° 753 ;

L'action est dite au porteur lorsqu'elle ne porte aucune mention de nom. Ce qui facilite sa transmission par la simple voie de la tradition.

En règle générale, au choix des fondateurs de la société, l'action peut revêtir la forme nominative ou au porteur. L'AUS apporte cependant quelques restrictions à cette règle. Il impose à l'article 540 alinéa 3 une forme nominative à certaines actions. C'est le cas :

- des actions en numéraire qui doivent demeurer nominatives jusqu'à leur entière libération ;
- des actions bénéficiant d'un droit de vote double ;
- des actions dont la cession à un tiers est soumise à une clause d'agrément ;
- des actions d'apport dans les deux premières années de leur création ;
- des actions acquises par la société pour être distribuées aux salariés.

Cependant, la forme « *au porteur* » n'est imposée dans aucun cas.

B- Les droits attachés à l'action

1261 Les droits attachés aux actions sont régis par les articles 751 et suivants AUS. Il résulte de ces dispositions que ces droits sont constitués pour l'essentiel des prérogatives politiques (1) ou financières (2) assorties le cas échéant d'un droit préférentiel de souscription (3) ou des droits patrimoniaux portant sur des opérations sur actions (4).

1- Les droits politiques

1262 Ce sont les prérogatives qui associent l'actionnaire à la vie sociale. Sont principalement visés le droit à l'information (b) et le droit de vote (a) qui se complètent afin de permettre au titulaire de titres de se prononcer en connaissance de cause.

a- Le droit de vote aux assemblées

1263 L'un des droits essentiels des actionnaires est de participer au fonctionnement de la SA en votant aux assemblées générales ordinaires et extraordinaires (sur le fonctionnement desquelles, voir chapitre éventuel relatif à la vie de la SA).

Le principe est que tout actionnaire peut participer aux décisions collectives[1833]. Cela dit, l'actionnaire peut être privé de cette prérogative dans les cas prévus par la loi, notamment en présence d'actions à dividende prioritaire (sans droit de vote). De même, des dérogations au principe peuvent être prévues, sous certaines conditions, par voie statutaire. En effet, les statuts peuvent imposer la possession d'un minimum d'actions pour participer aux assemblées, sous les réserves suivantes :

[1833] Y. GUEUKAM TCHAKO, *Les prérogatives des associés dans les sociétés commerciales OHADA*, op. cit.

- l'exigence ne vaut que pour les assemblées ordinaires ;

- le minimum d'actions exigées ne peut dépasser dix ;

- plusieurs actionnaires peuvent se réunir pour atteindre le minimum imposé.

Au droit de vote, s'ajoute la liberté du vote : des conventions de vote (souvent incluses dans un pacte d'actionnaires) sont toutefois possibles (engagement de voter dans un certain sens ou à ne pas participer au vote) à condition de ne pas receler une volonté de fraude.

1264 Il y a égalité quant à l'existence du droit de vote, c'est-à-dire qu'il est en principe proportionnel à la quotité du capital représentée (valeur nominale des actions) et que chaque action donne droit au moins à une voix. D'où la formule suivante : « *à capital égal, vote égal* ».

Cela dit, ce principe n'est pas absolu, des dérogations pouvant être prévues, sous certaines conditions, par voie statutaire. On trouve des exceptions dans les deux sens, certaines limitant le nombre de voix que peut détenir un même actionnaire, d'autres doublant les voix attachées à une même action :

- Limitation du nombre des voix. Dans l'objectif de protéger les petits actionnaires, la loi autorise la limitation dans les statuts du nombre de voix dont peut disposer chaque actionnaire.

- Augmentation du nombre de voix : les actions à droit de vote double. Pour récompenser la fidélité, tout en protégeant la société contre des agressions, un droit de vote double peut être attribué par les statuts (ou par une AGE ultérieure) à toutes les actions nominatives entièrement libérées, inscrites au nom d'un même titulaire depuis deux ans au moins.

b- Le droit à l'information

1265 Certes, l'information des actionnaires doit être permanente. Néanmoins, c'est à l'occasion des assemblées générales et plus spécialement des assemblées annuelles, que les actionnaires disposent de plus d'informations[1834].

Avant la tenue de ces assemblées, les actionnaires ont le droit de se rendre au siège social pour y consulter certains documents. Ce droit de communication porte d'abord sur les documents qui sont de façon permanente à la disposition des actionnaires, c'est-à-dire essentiellement des informations sur les trois derniers exercices, et sur les documents qui ont été envoyés aux actionnaires qui en ont

---

[1834] V. pour plus de détails sur la question de l'information des actionnaires VOUDWE BAKREO, *L'exigence de transparence des sociétés commerciales dans l'espace OHADA*, PAF, 2013 ; D-L. MUKA TSHIBENDE, *L'information des actionnaires, source d'un contre-pouvoir dans les sociétés anonymes de droit français et périmètre de l'OHADA*, Aix-Marseille, PUAM, 2008.

fait la demande. Mais l'actionnaire peut aussi consulter[1835] : 1°) de l'inventaire, des états financiers de synthèse et de la liste des administrateurs lorsqu'un conseil d'administration a été constitué ; 2°) des rapports du commissaire aux comptes et du conseil d'administration ou de l'administrateur général qui sont soumis à l'assemblée ; 3°) le cas échéant, du texte de l'exposé des motifs, des résolutions proposées, ainsi que des renseignements concernant les candidats au conseil d'administration ou au poste d'administrateur général ; 4°) de la liste des actionnaires ; 5°) du montant global certifié par les commissaires aux comptes des rémunérations versées aux dix (10) ou cinq (5) dirigeants sociaux et salariés les mieux rémunérés selon que l'effectif de la société excède ou non deux cents salariés. Sauf en ce qui concerne l'inventaire, le droit de prendre connaissance entraîne celui de prendre copie des documents par ses propres moyens[1836]. Ce droit d'en prendre copie s'exerce durant les quinze jours qui précèdent la tenue de l'assemblée générale. Dans l'exercice de son droit de communication, l'actionnaire peut se faire assister d'un expert. Il est regrettable que l'énumération de l'article ainsi faite par l'article 525 AUS soit exhaustive[1837]. Car elle ne permet pas aux actionnaires d'avoir une idée des conséquences environnementales de leurs investissements[1838].

Le rapport de gestion devrait ainsi, comme en France, apporter des précisions sur les conséquences de l'activité de la société sur l'environnement et les mesures prises pour limiter les atteintes. Il doit fournir « *s'agissant des rejets dans l'eau, dans l'air et le sol..., des informations sur des rejets affectant gravement l'environnement, compte tenu de la société, en comportant des éléments de la liste suivante : l'émission dans l'air de gaz à effet de serre, des substances toxiques* »[1839]. Doivent en outre être mentionnées les dépenses engagées afin de prévenir les conséquences de l'activité de la société sur l'environnement, de même que le montant des provisions et garanties pour risque en matière environnementale. En droit OHADA malheureusement on ne peut que déplorer le manque de précision en ce qui concerne le contenu exact du rapport de gestion. Il existe des éléments très importants qui doivent de ce fait être communiqués aux associés, mais qui n'ont pas encore été codifiés par le législateur communautaire. En matière d'information sociale et environnementale par exemple, aucune

---

1835 Art. 525 AUS. L. D. NGNINTEDEM, *L'information en droit des sociétés commerciales*, op. cit ; DIENG MAGATTE FALL, *La rémunération des dirigeants sociaux*, mémoire de Master, UCAD, 2008.

1836 Art. 525 op. cit.

1837 TPI Yaoundé, Ord. réf. n° 494/0, 06 février 2001.

1838 V. pour aller plus loin sur la question, Y. ADAM TAIROU, *La prise en compte des préoccupations environnementales par le droit de l'entreprise dans l'espace OHADA*, thèse, Nice-Sophia Antipolis, 2010 ;

1839 V. l'Arrêté français du 30 avr. 2002. V. également M. SAMB, « La responsabilité sociale de l'entreprise (RSE) dans l'espace OHADA : pour une ouverture du droit OHADA aux considérations non économiques », in L'OHADA au service de l'économie et de l'entreprise, JUTA, 2015, p. 217 et s.

référence n'est faite par rapport à son exigence. Si le problème d'information environnementale ne se pose pas encore avec acuité, il ne faut pas exclure l'hypothèse qu'il ne tardera pas. Tout n'est que question de temps ! Le législateur OHADA gagnerait donc à anticiper et penser à instituer, comme en droit comparé, une grande transparence en la matière. La jurisprudence pourrait elle-même anticiper également et combler cette lacune en attendant une éventuelle intervention législative sur ce pan de l'information des associés.

Dès la convocation de l'assemblée, tout actionnaire a le droit de poser des questions écrites aux dirigeants. Les dirigeants répondront à ces questions au cours de l'assemblée générale. Ce droit, de nature temporaire, ne doit pas être confondu avec le droit permanent accordé de poser des questions, en cas de fait de nature à compromettre la continuité de l'exploitation, aux actionnaires détenant au moins 5 % du capital. Le président de l'assemblée doit, dans ses réponses, satisfaire la légitime curiosité des actionnaires, mais sauvegarder aussi, le cas échéant, le caractère confidentiel d'informations dont la divulgation pourrait nuire aux intérêts de la société ou de tiers. La loi n'a prévu aucun mécanisme de filtrage de ces questions. Il semble cependant que le bureau, qui a le pouvoir de police de l'assemblée, pourrait autoriser le président à ne pas répondre à des questions posées uniquement dans le but d'entraver le déroulement des débats.

L'actionnaire qui ne peut pas exercer son droit d'information peut demander au juge des référés d'enjoindre sous astreinte aux dirigeants de lui communiquer les documents qu'il a le droit de recevoir ou de consulter[1840]. Le juge peut aussi désigner un mandataire de justice, qui fera toute diligence pour obtenir ce résultat[1841]. En outre, la violation des règles légales ou même réglementaires sur l'information des actionnaires est sanctionnée par une nullité facultative de l'assemblée, ainsi que par la mise en jeu de la responsabilité civile des dirigeants[1842].

Le droit d'information a un caractère impératif. Les statuts ne sauraient donc valablement le restreindre. En revanche, ils peuvent le renforcer. Toutefois, une telle stipulation ne doit être utilisée qu'avec prudence. En effet, une information trop complète peut faire le jeu des concurrents lorsque ceux-ci peuvent acquérir librement des actions de la société. En outre, ce renforcement doit profiter à tous les actionnaires, car toute discrimination en matière d'information constitue une rupture d'égalité entre actionnaires et dans les sociétés cotées conférerait à ses bénéficiaires la qualité d'initiés, ce qui les empêcherait d'intervenir librement sur le marché. Il faut par conséquent s'abstenir d'insérer dans les statuts une clause

---

[1840] TPI Yaoundé, Ord. réf. n° 494/0, 06 février 2001, Ndjeudjui Thaddée c/ Continental Business Machines SA.

[1841] Art. 528 AUS.

[1842] Art. 525 in fine.

dite d'audit qui prévoit la communication périodique ou permanente d'informations spécifiques à certains actionnaires seulement.

2- Les droits pécuniaires ou financiers : la participation au partage des bénéfices

- Le droit aux dividendes

1266 Le droit aux dividendes varie selon que l'actionnaire possède des actions ordinaires, des actions privilégiées ou des actions à dividende prioritaire sans droit de vote[1843].

Dans le premier cas, le droit aux dividendes obéit ici à des règles classiques qui prévoient les modalités de la mise en distribution et celles du paiement.

Les dividendes correspondent en effet à la partie des bénéfices que la société décide de mettre en distribution. Ces bénéfices doivent exister et être disponibles, car, autrement, les dirigeants se rendraient coupables d'une distribution de dividendes fictifs et les actionnaires seraient alors tenus de restituer les sommes versées[1844]. Lorsque les bénéfices ne permettent pas d'attribuer un dividende suffisant, il est possible d'utiliser les réserves facultatives. Le montant du dividende est fixé par l'assemblée générale ordinaire annuelle. Pour terminer, faisons remarquer que la clause statutaire qui interdirait toute distribution de dividendes ou celle qui imposerait le versement d'un intérêt même en l'absence de bénéfices serait réputée non écrite[1845].

1267 Les dividendes sont payés sous deux formes, soit en numéraire, soit en actions.

Lorsque le paiement a lieu en numéraire, il est soumis aux formalités consécutives à la généralisation de l'inscription en compte des valeurs mobilières. Selon les instructions du cahier des charges des émetteurs teneurs de comptes de valeurs mobilières, il faut distinguer entre les divers modes de gestion des actions. Pour les actions inscrites au « nominatif pur », la société émettrice, sauf instructions contraires, règle directement le titulaire après déclaration à l'administration fiscale. Pour les actions au porteur ou inscrites en compte de « nominatif administré », la société émettrice, sauf instruction contraire, règle globalement pour le compte de tiers, les intermédiaires financiers chargés de la gestion des titres qui assurent eux-mêmes les règlements des titulaires et font les déclarations à l'administration fiscale.

[1843] Y. DJIGO, *La notion de dividende en droit OHADA*, mémoire de DEA, Université Gaston Berger (Saint-Louis, Sénégal), 2012

[1844] V ; pour plus de précision sur les conditions de répartition des bénéfices, CA de LOME, Arrêt n° 044 du 26 mars 2009, OHADA, Recueil de jurisprudence nationale, 2010, p. 95

[1845] Y. GUEUKAM TCHAKO, *Les prérogatives des associés dans les sociétés commerciales OHADA*, op. .cit.

Les titulaires de comptes peuvent désirer surseoir à l'encaissement de leurs dividendes ; auquel cas, ils doivent en manifester le désir préalablement à l'échéance auprès de l'émetteur ou de l'intermédiaire administrateur des titres. Les fonds restent alors en attente, jusqu'à instructions ultérieures du titulaire.

Les sociétés par actions ont la possibilité de verser à leurs actionnaires les dividendes sous forme d'actions. Les statuts peuvent prévoir que l'assemblée générale statuant sur les comptes de l'exercice a la faculté d'accorder à chaque actionnaire, pour tout ou partie du dividende mis en distribution, une option entre le paiement du dividende ou des acomptes sur dividende, en numéraire ou en actions. Cette offre doit être faite simultanément à tous les actionnaires, mais l'assemblée a la faculté de limiter le choix de la forme du dividende à une partie seulement de celui-ci.

1268 La question se pose de savoir si l'actionnaire peut demander que son dividende lui soit versé, pour partie en actions et pour partie en numéraire. Théoriquement, rien ne s'oppose à cette façon de procéder, d'autant plus que la loi ne contient aucune disposition à ce sujet. Cependant, des opinions contradictoires ont été émises. Selon une doctrine, le « panachage » du dividende ne serait pas permis[1846], alors qu'une autre s'y montre plutôt favorable, sous réserve que l'assemblée générale annuelle autorisant l'option fixe la proportion maximale du dividende global sur laquelle s'exercera l'option et que soit réglée la question des « rompus ». Quoi qu'il en soit, ce type de paiement soulève un certain nombre de questions qui s'apparentent à l'émission d'actions nouvelles et à l'augmentation du capital social. À partir du moment où la société a décidé de distribuer un dividende, l'actionnaire devient titulaire d'une créance certaine, liquide et exigible contre la société. L'associé devient créancier de la société et dès lors, tout se passe comme si l'on avait affaire à une souscription d'actions (l'actionnaire doit signer un bulletin de souscription) par compensation.

Dans le deuxième cas, les actions privilégiées octroient, comme leur nom l'indique, des privilèges à leur titulaire et consacrent ainsi une rupture du principe d'égalité (proportionnalité) entre actionnaires, rupture justifiée toutefois par les impératifs de la vie sociale. La création de ce type d'actions est autorisée lors de la constitution de la société, mais la formule est le plus fréquemment utilisée pour assurer, en cours de vie sociale, le succès d'une augmentation de capital. Les avantages ainsi consentis peuvent consister en une part supérieure dans les bénéfices (dividende gonflé), un droit de priorité dans les bénéfices (dividende préciputaire qui fait ainsi l'objet d'un versement prioritaire), des dividendes cumulatifs (report du droit au dividende à l'année suivante lorsqu'un exercice donné ne dégage pas un bénéfice distribuable).

- ***Le droit sur l'actif social***

[1846] L. D. NGNINTEDEM, *L'information en droit des sociétés commerciales*, op. cit. ; B. MERCADAL et P. JANIN, op. cit.

1269 Il s'exprime par le droit aux réserves et le droit au boni de liquidation.

Les réserves constituent la « graisse » de la société destinée à pallier les éventuelles difficultés économiques. Le législateur pose l'obligation d' « épargner » chaque année 5% au moins des bénéfices (diminués, le cas échéant, des pertes antérieures) jusqu'à ce que la réserve ainsi constituée (appelée réserve légale) atteigne le seuil des 10% du capital social (art. L. 232-10 du Code de commerce). De même, il résulte quelquefois des pactes sociaux, l'obligation pour les dirigeants de constituer une réserve statutaire (obligatoire) d'un certain pourcentage du bénéfice distribuable. Enfin, il arrive parfois que les dirigeants, au lieu de distribuer le solde, proposent spontanément aux assemblées d'alimenter des réserves facultatives.

Ces différentes catégories de réserves (légale, statutaire, facultative) constituent des bénéfices accumulés (non distribués) que les actionnaires ont vocation à se partager à la dissolution de la société ou en cours de vie sociale. De la sorte, lorsque les bénéfices ne permettent pas d'attribuer un dividende suffisant, il est possible d'utiliser les réserves facultatives (mais pas les réserves légale ou statutaire) afin de compléter la distribution.

Notons par ailleurs que c'est l'existence des réserves qui explique que les nouveaux actionnaires soient tenus de verser une prime d'émission. En effet, l'objet de celle-ci étant de compenser les droits accordés aux nouveaux actionnaires sur les réserves en cas d'augmentation de capital.

1270 Quant au *boni* de liquidation, lorsqu'après dissolution de la société, les opérations de liquidation sont terminées, que les dettes sociales ont été totalement payées, que les apports ont été remboursés (les actionnaires ont reçu le montant nominal de leurs droits sociaux), et qu'il subsiste encore des fonds, ceux-ci constituent le boni de liquidation. Les actionnaires se le partagent proportionnellement à leurs droits dans le capital (règle d'équivalence), sauf disposition contraire des statuts (reconnaissant par exemple une part plus importante et/ou une priorité aux titulaires de certaines catégories d'actions).

1271 Le dernier droit financier lié à l'action est le droit au boni de liquidation de la société lors des opérations de liquidation et de partage. Le boni de liquidation apparaît lorsque la société, après avoir remboursé le passif et le nominal des actions, dispose encore de capitaux propres. Les sommes sont réparties entre les actionnaires dans la même proportion que celle de leur participation dans le capital social, sauf clause contraire des statuts. La répartition du boni de liquidation s'effectuera proportionnellement à la participation aux bénéfices, sauf clause contraire des statuts. Certes, il s'agit, dans les deux cas d'une disposition supplétive, mais dont le contenu n'est pas rigoureusement identique, car une répartition en fonction des bénéfices distribués en cours de vie sociale peut prendre en compte certains éléments financiers (réserves) qui ne se retrouvent pas dans une répartition en fonction de l'apport dans le capital social.

Par ailleurs, il importe de dissocier le remboursement des apports de celui du boni de liquidation. Bien que prévues dans la loi pour la liquidation judiciaire, on s'accorde à penser que les dispositions de l'article L. 237-29 du Code de commerce s'appliquent à toutes les formes de liquidation (statutaire et conventionnelle).

3- Le droit préférentiel de souscription

1272 Les droits financiers de l'actionnaire ne portent pas exclusivement sur les bénéfices distribués sous forme de dividendes ou de boni de liquidation, mais également sur les réserves de la société. Mais, à ce niveau, la détermination des droits de l'actionnaire est plus délicate à préciser. La mobilisation des droits de l'actionnaire sur les réserves se manifeste au moment précis où ces droits risquent d'être l'objet de prétentions concurrentes de la part des nouveaux actionnaires. Il en est ainsi lorsque la société décide de procéder à une augmentation du capital social. La défense des intérêts des actionnaires est assurée par des techniques spécifiques étudiées dans d'autres rubriques. Il s'agit en premier lieu du droit préférentiel de souscription qui permet aux anciens actionnaires de souscrire en priorité les actions nouvelles émises par la société à la suite d'une augmentation du capital social. L'émission d'actions nouvelles a en effet pour conséquence de diminuer la quotité du droit de l'actionnaire sur ses actions, dans la mesure où les actions nouvelles vont bénéficier de droit sur les réserves lorsque l'émission d'actions est faite au « pair », ou que la prime d'émission est inférieure à celle qui aurait dû être demandée. C'est la raison pour laquelle l'article 573 AUS dispose que les actions comportent un droit préférentiel de souscription aux augmentations de capital. Ce droit est proportionnel aux actions déjà possédées et ne concerne que les augmentations de capital par émission d'actions en numéraire. Les statuts de la société ne peuvent l'exclure. En effet, toute clause contraire est réputée non écrite, mais son exercice est susceptible de modalités différentes selon que la souscription d'actions nouvelles est faite à titre irréductible ou réductible ; les actionnaires peuvent aussi y renoncer à titre individuel ; l'assemblée générale extraordinaire des actionnaires peut aussi le supprimer en statuant sur les rapports du conseil d'administration ou du directoire et des commissaires aux comptes.

Il s'agit en second lieu du recours à la prime d'émission qui constitue la différence entre la valeur nominale et la valeur réelle de l'action. Cette prime, non incorporée au capital social est destinée à permettre aux nouveaux actionnaires de mobiliser leurs droits sur les réserves à la constitution desquelles ils n'ont pas contribué.

4- Les droits patrimoniaux (opérations sur actions)

1273 Les actions appartiennent à la catégorie des biens et constituent dès lors un élément du patrimoine. À ce titre, elles sont susceptibles de faire l'objet de différentes opérations parmi lesquelles la cession et le nantissement.

Puisque la négociabilité de l'action participe de l'essence même de la SA, tout actionnaire peut en principe librement céder ses actions, quelles qu'elles soient. Cela dit, cette règle ordinaire de libre cessibilité fait l'objet d'exceptions légales : par exemple, sont temporairement inaliénables les actions attribuées aux salariés dans le cadre de la participation des travailleurs aux résultats de l'entreprise. En outre, le principe de liberté peut faire l'objet d'exceptions conventionnelles, par le biais des clauses d'agrément (technique statutaire qui prévoit que la cession des actions ne sera possible qu'avec l'agrément soit de l'assemblée générale, soit du conseil d'administration) ou des pactes de préemption (technique par laquelle l'on prévoit qu'un actionnaire ne pourra vendre ses actions à un tiers avant de les avoir préalablement offertes aux autres membres de la société).

Parmi les droits patrimoniaux de l'actionnaire, figure celui de pouvoir tirer crédit de ses titres. Il peut ainsi consentir, en respectant un certain formalisme, une sûreté réelle sur les actions à son créancier sous la forme d'un nantissement, c'est à- dire d'une mise en gage. Ainsi, à défaut de paiement à l'échéance, le créancier gagiste pourra procéder à la réalisation de sa sûreté selon deux modes : la vente judiciaire forcée des titres et l'attribution judiciaire en paiement. On n'est pas très loin là des règles observables lorsqu'il s'agit des obligations.

§2. LES OBLIGATIONS

1274 L'obligation en droit des sociétés est une notion difficile à cerner (A). Elle présente ici plusieurs traits caractéristiques qui précisent sa particularité (B).

A- La définition de l'obligation

1275 Les obligations sont des titres négociables qui confèrent, au sein d'une même émission, les mêmes droits de créances sur la société émettrice pour une même valeur nominale[1847]. Les obligations présentent plus généralement la nature de titres financiers parce qu'elles constituent des titres de créance.

Les obligations sont également des valeurs mobilières qui confèrent des droits identiques par catégorie. L'obligation est une valeur mobilière qui constitue un titre de créance donnant droit, selon les termes et les modalités du contrat d'émission, au remboursement du principal de l'emprunt et au service d'un intérêt.

L'émission d'obligation constitue ainsi pour la société émettrice une forme réellement originale d'emprunt, débarrassée des contraintes bancaires classiques (négociation de délais…) et stipulée le plus souvent à long terme. L'obligation modifie également le rapport de force : la société n'est plus confrontée à un banquier unique, mais à une multitude de créanciers qui ont chacun participé au financement d'une fraction de l'emprunt à raison du nombre d'obligations souscrites[1848]. Puis cet emprunt peut se révéler beaucoup moins onéreux qu'un

---

[1847] Art. 779 AUS.

[1848] COURET et LE NABASQUE et *alii, Droit financier,* 1re éd., 2008, Précis Dalloz, n° 635.

prêt bancaire classique. Enfin, la société y gagne en indépendance ; elle est moins vulnérable face à la masse de ses obligataires que face à un banquier unique, prêteur professionnel.

Pour l'obligataire, l'intérêt est également réel. Il n'est qu'un créancier ; en ce sens, il n'est pas exposé, comme l'associé, aux aléas sociaux. Il n'a pas à craindre par exemple un changement de majorité ou un bouleversement des assemblées générales.

1276 L'obligation présente ainsi des similitudes avec l'action. Il s'agit de toutes les deux des valeurs mobilières et des titres financiers même si l'une est un titre de créance quand l'autre est un titre de capital. Toutes les deux peuvent être nominatives ou au porteur ; elles sont des meubles, elles sont indivisibles et les règles qui leur sont applicables en matière de perte ou de vol sont identiques. Au-delà de ces quelques points de jonction, il existe entre ces deux titres financiers des différences irréductibles.

La première différence fondamentale tient dans le fait que l'obligataire est un créancier alors que l'actionnaire est un associé. Le fait qu'il existe des obligations dont le taux d'intérêt et la prime de remboursement comportent une partie variable, calculée sur les bénéfices ou sur le chiffre d'affaires de la société, ne doit pas être considéré comme modifiant le caractère de l'obligation bénéficiant de cette prime, laquelle reste toujours une créance. En effet, la référence aux bénéfices ou au chiffre d'affaires de la société ne constitue qu'un mode de calcul de la partie variable de l'intérêt ou de la prime qui reste en tout état de cause une créance sur la société. Et cela amène à la seconde différence fondamentale.

L'obligation assure à son titulaire une rémunération certaine qui tient d'une part dans la perception d'un intérêt déterminé par avance aux échéances fixées dans le contrat d'émission, et d'autre part dans le remboursement du principal (le montant nominal de l'obligation). Au contraire, l'action ne génère qu'une rémunération éventuelle en cours de vie sociale (le dividende, c'est-à-dire les bénéfices éventuellement réalisés par la société). La distribution ne peut être garantie, à la différence de la perception des intérêts et du capital, car elle ne dépend pas d'un contrat, mais des seules performances de la société et des décisions des associés (mise en réserve…). Le caractère automatique de la rémunération de l'une ne se retrouve donc pas dans l'autre. Puis, en cas de liquidation de l'entité émettrice, le montant nominal de l'action est remboursé en tout dernier temps, après que les créanciers ont été réglés, y compris donc les obligataires.

Dans le même ordre d'idées, la troisième différence fondamentale entre action et obligation tient au fait que les droits financiers de l'obligataire sont *a priori* fixes (pour les obligations ordinaires en tout cas). Ils ne sont jamais affectés en principe par l'émission d'obligations supplémentaires, ce qui signifie que les obligataires « initiaux » ne sont jamais dilués en raison de l'émission d'obligations nouvelles. Ils continuent donc de percevoir les montants en intérêt et en capital tel que prévu dans le contrat d'émission. De façon évidente, il en va très différemment des actionnaires. La moindre augmentation de capital engendrant l'émission d'actions nouvelles entraîne automatiquement la dilution de la participation des anciens actionnaires. Leur quote-part dans les bénéfices chute à proportion de l'accroissement des actions composant le capital social. Cette différence doit toutefois être tempérée dans la mesure où, à la différence des obligataires qui n'en disposent pas, les anciens actionnaires peuvent bénéficier d'un droit préférentiel de souscription afin de préserver leur niveau de participation aux bénéfices dans la société. Il leur est également permis d'imposer le versement d'une prime d'émission afin de compenser la dilution par eux supportée.

Enfin, la dernière différence est sans doute la plus importante. L'actionnaire dispose d'un droit de vote attaché à ses titres. Ces droits politiques lui offrent le loisir de participer à la gouvernance de la société au travers des assemblées générales ou des décisions collectives ; ils lui donnent accès à une information individuelle (annuelle ou périodique) et à une protection spécifique (expertise de gestion...). L'obligataire est privé, à titre individuel, de ces droits politiques. L'entité émettrice ne connaît que la masse, titulaire de la personnalité morale. Ce n'est que dans ce cadre que l'obligataire peut faire valoir ses intérêts. Via leur représentant (le représentant de la masse), les obligataires jouissent de certains droits politiques : ils ont accès aux assemblées générales sans voix délibérative, ils peuvent obtenir communication des documents sociaux comme les actionnaires eux-mêmes et ils doivent être consultés sur toutes les modifications du contrat d'émission et sur toutes les décisions susceptibles d'affecter leurs droits.

Il faut, pour finir avec la notion d'obligations, relever que leur émission n'est permise qu'aux sociétés anonymes et aux groupements d'intérêt économique constitués de sociétés anonymes, ayant deux années d'existence et qui ont établi deux bilans régulièrement approuvés par les actionnaires[1849]. De même, l'émission d'obligations est interdite aux sociétés dont le capital n'est pas entièrement libéré.

L'assemblée générale des actionnaires a seule qualité pour décider ou autoriser l'émission d'obligations. Elle peut déléguer au conseil d'administration ou à l'administrateur général selon le cas, les pouvoirs nécessaires pour procéder à l'émission d'obligations en une ou plusieurs fois dans le délai de deux ans, et pour en arrêter les modalités[1850].

[1849] Art. 780 AUS.
[1850] Art. 783 AUS.

B- Les traits caractéristiques de l'obligation

1277 L'obligation est le titre négociable qui constate un droit de créance sur une société commerciale, une collectivité territoriale, une association ou l'État. Elle octroie des droits identiques par émission. En ce sens, l'emprunt obligataire est marqué du sceau de l'unité. Mais dans la mesure où l'entité émettrice n'est plus confrontée, dans le cadre de ce type de financement, à un interlocuteur unique, l'emprunt est également fractionné au profit de plusieurs obligataires, ce que souligne sa négociabilité. Enfin, l'emprunt obligataire est fongible.

1278 Unité de l'emprunt obligataire. Comme dans un emprunt classique, par exemple celui qui passe par une intermédiation bancaire, qui met aux prises deux parties, le prêteur et l'emprunteur, créancier et débiteur, l'émission d'un emprunt obligataire engendre une seule dette pour la société qui l'émet. Mais au-delà de ce rapprochement, la structure globale de l'opération diffère largement. En effet, dans le prêt classique, seules deux parties sont en relation directe. Dans le cadre d'un emprunt obligataire, si la société émettrice n'est tenue que d'une seule dette, elle se trouve confrontée à une multitude de créanciers ; une dette unique est donc générée en dépit de la multitude de titres émis en représentation de l'emprunt.

Dès lors, les conséquences diffèrent également. Dès la souscription intégrale de l'emprunt obligataire, la société émettrice s'adresse à la multitude de ses créanciers, les obligataires, réunis dans une masse dotée de la personnalité morale et dont les prérogatives vis-à-vis de l'émetteur sont portées par un représentant. La situation juridique des obligataires dépend largement du contrat d'émission même si les textes leur réservent également certaines dispositions protectrices. L'unité de l'emprunt est caractéristique de leurs droits et obligations : ils sont identiques pour chaque obligataire dépendant de la même émission. Chacun d'entre eux consent à participer à un prêt global constitué par l'ensemble des obligations émises ; en d'autres termes, il ne prête pas à l'entité concernée uniquement la somme représentant le montant de ses obligations.

1279 Fractionnement de l'emprunt obligataire. Comme dans un prêt classique, l'emprunt obligataire ne génère qu'une seule et unique dette pour l'entité émettrice. Mais à la différence de ce dernier, l'emprunt obligataire est nécessairement fractionné en autant de titres financiers (les obligations donc) qu'il existe d'obligataires participant au prêt global. Ces obligations sont des valeurs mobilières dont elles empruntent les divers atouts : libre négociabilité, libre cession, transmission et démembrement.

C'est ainsi que, comme toutes valeurs mobilières, les obligations sont librement négociables. Elles sont cessibles sans qu'il soit nécessaire de rédiger un acte de cession soumis aux formalités de l'article 1690 du Code civil. Par ailleurs, la négociabilité rend inopposables à l'acquéreur de bonne foi les vices susceptibles d'affecter son droit de propriété sur les titres financiers qui auront été inscrits en compte titres. Nul ne peut donc revendiquer pour quelque cause que ce soit un titre financier dont la propriété a été acquise de bonne foi par le titulaire du compte titres dans lequel ils sont inscrits[1851].

Les attributs relatifs à la propriété des valeurs mobilières sont également transposables aux obligations. Les valeurs mobilières étant depuis trente ans dématérialisées, elles sont représentées par une simple inscription en compte dans un registre tenu soit par l'émetteur, soit par un intermédiaire financier. L'achat ou la transmission de la propriété des obligations s'effectuent donc par leur inscription au compte de l'acquéreur ou du bénéficiaire.

Comme toutes valeurs mobilières enfin, les obligations sont indivisibles à l'égard de l'entité émettrice[1852]. L'obligataire se verra ainsi privé du droit de demander à l'entité émettrice une scission de son titre en d'autres titres de valeur inférieure. En revanche, les obligations, en tant que titres financiers, peuvent servir de garantie. L'obligataire pourra la donner en garantie de l'exécution de ses engagements.

1280 Fongibilité de l'emprunt obligataire. L'obligation est une valeur mobilière fongible puisque tous les titres d'une même émission confèrent le même droit de créance pour une même valeur nominale.

Plus globalement, l'emprunt obligataire est dit « assimilable ». L'assimilation consiste à rattacher une nouvelle émission d'obligations à un emprunt obligataire antérieurement émis. Cette opération est permise à la condition que la clause d'assimilation ait été clairement stipulée dans le contrat d'émission de l'emprunt initial auquel on veut assimiler les autres émissions. Si l'assimilation est ici permise, c'est bien parce que les obligations sont fongibles : l'assimilation n'est en effet possible que pour des obligations identiques quant à leur montant nominal, intérêts, échéances, conditions et dates d'amortissement et de garanties.

§3. LES VALEURS MOBILIÈRES COMPOSÉES

1281 Il existe sur le marché, indépendamment des valeurs mobilières « simples », des valeurs mobilières « composées » ou « hybrides » qui donnent droit à l'attribution ou à la souscription d'autres valeurs mobilières. Ces valeurs ayant connu un grand succès ailleurs, le législateur OHADA les consacre expressément aux articles 822 et suivants de l'AUS. En effet, les sociétés par actions peuvent émettre des valeurs mobilières donnant accès au capital ou donnant droit à l'attribution de titres de créance[1853].

[1851] DANOS, « Le rôle de l'inscription en compte dans l'acquisition des titres financiers », *Dr. et patr.* mai 2010, n° 192, p. 34

[1852] Art. 782 AUS.

[1853] M. MOSSI DJESSI, *La participation au capital des sociétés commerciales*, mémoire de Master, Faculté des Sciences Juridiques et Politiques de l'Université de Douala (Cameroun), 2014.

Les actionnaires d'une telle société ont, proportionnellement au montant de leurs actions, un droit de préférence à la souscription de ces valeurs mobilières.

1282 Le contrat d'émission des valeurs mobilières composées peut prévoir que ces valeurs mobilières et les titres de capital ou de créances auxquels ces valeurs mobilières donnent droit ne peuvent être cédés et négociés qu'ensemble. Dans ce cas, si le titre émis à l'origine est un titre de capital, celui-ci ne relève pas d'une catégorie déterminée au sens de l'article 555 relative aux assemblées spéciales. Les titres de capital ne peuvent être convertis ou transformés en valeurs mobilières représentatives de créances[1854].

Les valeurs mobilières ainsi émises ne peuvent être regardées comme constitutives d'une promesse.

1283 Pour la distribution de réserves, en espèces ou en nature, ou de primes d'émission, du rapport entre le montant par action de la distribution et la valeur de l'action avant la distribution, l'ajustement égalise, au centième d'action près, la valeur des titres qui sont obtenus en cas d'exercice des droits attachés aux valeurs mobilières donnant accès au capital après la réalisation de l'opération et la valeur des titres qui auraient été obtenus en cas d'exercice de ces droits avant la réalisation de l'opération[1855]. À cet effet, les nouvelles bases d'exercice des droits attachés aux valeurs mobilières donnant accès au capital sont calculées en tenant compte:

- en cas d'opération comportant un droit préférentiel de souscription et selon les stipulations du contrat d'émission : soit du rapport entre d'une part la valeur du droit préférentiel de souscription et d'autre part la valeur de l'action après détachement de ce droit tel qu'elles ressortent de la moyenne des premiers cours cotés pendant toutes les séances de bourse incluses dans la période de souscription ; soit du nombre de titres émis auxquels donne droit une action ancienne, du prix d'émission de ces titres et de la valeur des actions avant détachement du droit de souscription. Cette valeur est égale à la moyenne pondérée des cours des trois (3) dernières séances de bourse au moins qui précèdent le jour du début de l'émission ;

- en cas d'attribution d'actions gratuites, du nombre d'actions auquel donne droit une action ancienne ;

- en cas de distribution de réserves, en espèces ou en nature, ou de primes d'émission, du rapport entre le montant par action de la distribution et la valeur de l'action avant la distribution. Cette valeur est égale à la moyenne pondérée des cours des trois (3) dernières séances de bourse au moins qui précèdent le jour de la distribution ;

[1854] Art. 822-3 AUS.
[1855] Art. 822-10-4 AUS.

- en cas de modification de la répartition des bénéfices, du rapport entre la réduction par action du droit aux bénéfices et la valeur de l'action avant cette modification. Cette valeur est égale à la moyenne pondérée des cours des trois (3) dernières séances de bourse au moins qui précèdent le jour de la modification ;

- en cas d'amortissement du capital, du rapport entre le montant par action de l'amortissement et la valeur de l'action avant l'amortissement. Cette valeur est égale à la moyenne pondérée des cours des trois (3) dernières séances de bourse au moins qui précèdent le jour de l'amortissement.

1284 L'émission de ces valeurs mobilières donnant accès au capital ou donnant droit à l'attribution de titres de créance sont autorisées par l'assemblée générale extraordinaire des actionnaires conformément. L'assemblée se prononce sur le rapport du conseil d'administration ou du président de la société par actions simplifiée ou de l'administrateur général selon le cas, et sur le rapport spécial du commissaire aux comptes. Les rapports indiquent notamment les caractéristiques des valeurs mobilières donnant droit à l'attribution de titres de créances ou donnant accès au capital, les modalités d'attribution des titres de créances ou de capital auxquels ces valeurs mobilières donnent droit, ainsi que les dates auxquelles peuvent être exercés les droits d'attribution. Dans le cas d'émission de valeurs mobilières donnant droit à l'attribution de titres de créances composées uniquement de titres de créances, le rapport du commissaire aux comptes porte sur la situation d'endettement de la société, à l'exclusion du choix des éléments de calcul du prix d'émission.

Lorsque l'augmentation de capital a lieu avec maintien du droit préférentiel de souscription, le commissaire aux comptes donne son avis sur l'émission proposée et sur le choix des éléments de calcul du prix d'émission et son montant.

Les délibérations prises à défaut du rapport du conseil d'administration ou de l'administrateur général, selon le cas, et du commissaire aux comptes sont nulles. Ces délibérations peuvent être annulées dans le cas où le rapport ne contient pas toutes les indications prévues au présent article.

1285 Une société anonyme peut par ailleurs émettre des valeurs mobilières dormant accès au capital de la société qui possède directement ou indirectement plus de la moitié de son capital ou de la société dont elle possède directement ou indirectement plus de la moitié du capital. L'émission doit être autorisée par l'assemblée générale extraordinaire de la société appelée à émettre ces valeurs mobilières et par celle de la société au sein de laquelle les droits sont exercés. À défaut de telles autorisations, l'émission est nulle[1856].

À dater de l'émission de valeurs mobilières donnant accès au capital, la société appelée à attribuer ces titres ne peut modifier sa forme ou son objet, à moins d'y

[1856] Art. 822-6 AUS

être autorisée par le contrat d'émission. Aux termes de l'article 822-7 AUS, en cas de réduction de capital motivée par des pertes et réalisée par la diminution du montant nominal ou du nombre des titres composant le capital, les droits des titulaires des valeurs mobilières donnant accès au capital sont réduits en conséquence, comme s'ils les avaient exercés avant la date à laquelle la réduction de capital est devenue définitive. De même, à dater de l'émission de valeurs mobilières donnant accès au capital, la société appelée à attribuer ces titres ne peut ni modifier les règles de répartition de ses bénéfices, ni amortir son capital, ni créer d'actions de préférence entraînant une telle modification ou un tel amortissement, ni procéder à une augmentation de capital réservée à des personnes dénommées, à moins d'y être autorisée par les assemblées de titulaires de ces valeurs mobilières et sous réserve de prendre les dispositions nécessaires au maintien des droits des titulaires des valeurs mobilières donnant accès au capital.

1286 S'agissant des droits des titulaires des valeurs mobilières composées la société appelée à attribuer les titres de capital ou les valeurs mobilières y donnant accès doit prendre les mesures nécessaires à la protection des intérêts des titulaires des droits ainsi créés si elle décide de procéder à l'émission, sous quelque forme que ce soit, de nouveaux titres de capital avec droit préférentiel de souscription réserve à ses actionnaires, de distribuer des réserves, en espèces ou en nature, et des primes d'apports, d'émission ou de fusion ou de modifier la répartition de ses bénéfices par la création d'actions de préférence.

À cet effet, elle doit : soit mettre les titulaires de ces droits en mesure de les exercer, si la période prévue au contrat d'émission n'est pas encore ouverte, de telle sorte qu'ils puissent immédiatement participer aux opérations mentionnées au premier alinéa ou en bénéficier ; soit prendre les dispositions qui leur permettent, s'ils viennent à exercer leurs droits ultérieurement, de souscrire à titre irréductible les nouvelles valeurs mobilières émises, ou en obtenir l'attribution à titre gratuit, ou encore recevoir des espèces ou des biens semblables à ceux qui ont été distribués, dans les mêmes quantités ou proportions ainsi qu'aux mêmes conditions, sauf en ce qui concerne la jouissance, que s'ils avaient été lors de ces opérations, actionnaires ; ou encore, procéder à un ajustement des conditions de souscription, des bases de conversion, des modalités d'échange ou d'attribution initialement prévues de façon à tenir compte de l'incidence des opérations ci-dessus visées[1857]. En outre, lorsqu'il existe des valeurs mobilières donnant accès au capital, la société qui émet de nouveaux titres de capital avec droit préférentiel de souscription réserve à ses actionnaires, si les droits attachés aux valeurs mobilières donnant accès au capital ne peuvent s'exercer qu'à certaines dates ouvre une période exceptionnelle pour permettre aux titulaires des droits attachés

[1857] Art. 822-10-1 AUS.

à des valeurs mobilières donnant accès au capital qui exerceraient ces droits de souscrire des titres nouveaux.

La société prend, si l'exercice des droits attachés aux valeurs mobilières donnant accès au capital peut être exercé à tout moment, les dispositions nécessaires pour permettre aux titulaires qui exerceraient ces droits de souscrire des titres nouveaux. Lorsque les actions de la société ne sont pas admises aux négociations sur une bourse des valeurs, le contrat d'émission prévoit les modalités d'ajustement. Le conseil d'administration ou l'administrateur général selon le cas rend compte des éléments de calcul et des résultats de l'ajustement dans le rapport annuel suivant. Lorsqu'une procédure de redressement judiciaire est ouverte à l'égard d'une société émettrice de valeurs mobilières donnant accès au capital, le délai prévu pour l'exercice du droit à attribution d'une quote-part de capital social est ouvert dès le jugement d'ouverture.

Lorsque le titulaire d'une valeur mobilière donnant accès au capital n'a pas droit à un nombre entier de titres, la fraction formant rompu fait l'objet d'un versement en espèces, ce versement étant égal au produit de la fraction d'action formant rompu par la valeur de l'action.

1287 Si la société appelée à émettre les titres de capital est absorbée par une autre société ou fusionne avec une ou plusieurs autres sociétés pour former une société nouvelle, ou procéder à une scission, les titulaires de valeurs mobilières donnant accès au capital exercent leurs droits dans la ou les sociétés bénéficiaires des apports[1858]. Le nombre de titres de capital de la ou des sociétés absorbantes ou nouvelles auquel les titulaires de valeurs mobilières donnant accès au capital peuvent prétendre est déterminé en corrigeant le nombre de titres qu'il est prévu d'émettre ou d'attribuer au contrat d'émission en fonction du nombre d'actions à créer par la ou les sociétés bénéficiaires des apports. Le commissaire aux apports émet un avis sur le nombre de titres ainsi déterminé. L'approbation du projet de fusion ou de scission par les actionnaires de la ou des sociétés bénéficiaires des apports ou de la ou des sociétés nouvelles emporte renonciation par les actionnaires au droit préférentiel de souscription au profit des titulaires de valeurs mobilières donnant accès de manière différée au capital. La ou les sociétés bénéficiaires des apports ou la ou les nouvelles sociétés sont substituées de plein droit à la société émettrice dans ses obligations envers les titulaires desdites valeurs mobilières.

1288 Pour la défense de leurs droits, les titulaires de valeurs mobilières composées, après détachement, s'il y a lieu, des droits du titre d'origine, sont groupés de plein droit, en une masse qui jouit de la personnalité civile. Il est formé, s'il y a lieu, une masse distincte pour chaque nature de titres donnant les mêmes droits. Les assemblées générales des titulaires de ces valeurs mobilières

---

[1858] Article 822-12

sont appelées à autoriser toutes modifications au contrat d'émission et à statuer sur toute décision touchant aux conditions de souscription ou d'attribution de titres de capital déterminés au moment de l'émission.

Chaque valeur mobilière donnant accès au capital donne droit à une voix. Les conditions de quorum et de majorité sont celles déterminées dans les conditions générales prévues aux articles 552 à 554 AUS. Les frais d'assemblée ainsi que, d'une façon générale, tous les frais afférents au fonctionnement des différentes masses sont à la charge de la société appelée à émettre ou attribuer de nouvelles valeurs mobilières représentatives de son capital social. Les titulaires des valeurs mobilières donnant accès au capital disposent, auprès de la société émettrice des titres qu'ils ont vocation à recevoir, d'un droit de communication des documents sociaux transmis par la société aux actionnaires ou mis à leur disposition. Lorsque les droits à l'attribution d'une quote-part du capital social sont incorporés ou attachés à des obligations, le droit de communication est exercé par les représentants de la masse des obligataires. Après détachement de ces droits du titre d'origine, le droit de communication est exercé par les représentants de la masse constituée.

Dans tous les cas, les représentants des différentes masses ont accès à l'assemblée générale des actionnaires, mais sans voix délibérative. Ils ne peuvent en aucune façon s'immiscer dans la gestion des affaires sociales.

Toutes ces catégories de valeurs mobilières sont incorporées dans le capital social au gré des fluctuations qu'il peut enregistrer.

S-SECTION II. LES VARIATIONS DU CAPITAL

1289 Les modifications statutaires peuvent porter sur tous les éléments du pacte social (capital, objet, dénomination, nationalité, etc.). Dans tous les cas, elles nécessitent une assemblée générale et l'accomplissement de formalités de publicité. Il en est ainsi non seulement des hypothèses d'augmentation (§1) ou de réduction du capital (§2), voire même son amortissement.

§1. L'AUGMENTATION DE CAPITAL

1290 L'augmentation de capital social revêt plusieurs modalités : augmentation de capital par incorporation des réserves (B), augmentation de capital par nouveaux apports en nature et/ou stipulation d'avantages particuliers (C) et augmentation du capital par nouveaux apports en numéraire. Ces cas seront envisagés après avoir examiné les généralités en matière d'augmentation de capital (A).

A- Les généralités

1291 L'augmentation du capital social[1859] est un bel exemple de contradiction. Au regard du principe d'intangibilité du capital, toute modification de sa substance devrait être rejetée, ne serait-ce que pour éviter aux créanciers le risque de dissipation de leur gage[1860]. Mais, ce principe ne constitue plus le rempart qu'il fut autrefois, la nouvelle réforme de l'AUS l'ayant déjà considérablement sapé en supprimant l'interdiction de l'achat de ses propres titres par une société. Pour autant, outre ces aspects négatifs, l'augmentation du capital social répond à des besoins qui sont loin d'être négligeables. D'une part, l'augmentation du capital social offre aux sociétés anonymes de renforcer leurs fonds propres, notamment si la société a besoin d'argent frais pour financer des opérations de grande envergure (fusion-acquisition, développement de marchés...). L'augmentation du capital social se justifie encore alors que le groupement est prospère ; elle permet aux actionnaires de faire jouer leur droit préférentiel de souscription et de renforcer ainsi leur position dans la société. Cette augmentation peut être réalisée par diverses voies : apport en numéraire, apport en nature, incorporation des réserves, ou encore, par l'exercice de droits attachés aux valeurs mobilières donnant accès au capital.

Le capital social n'assume plus, on le voit, ses rôles d'outil de protection du gage des créanciers sociaux et d'instrument répartiteur des droits entre associés. Seule semble compter aujourd'hui sa fonction purement financière, qui permet aux actionnaires d'obtenir rapidement de l'argent frais grâce au mécanisme des augmentations de capital. Le constat est évident dans les sociétés anonymes cotées, la crise financière n'ayant pas modifié cette perspective. Pour autant, la réforme n'ignore pas les droits des actionnaires les plus anciens, et préserve le jeu de leur droit préférentiel en déplaçant partiellement le processus décisionnel en matière d'augmentation de capital social des assemblées générales aux organes de direction et d'administration de la société anonyme. L'ensemble de ces règles constitue ainsi une sorte de droit commun des augmentations de capital, qui simplifie la démarche globale. Ce corps commun de règles réserve toutefois des règles différentes selon la nature de l'augmentation de capital, en numéraire, en nature ou par une autre voie juridique.

1292 L'article 562 AUS dresse le droit commun des augmentations de capital social. L'augmentation peut ainsi être réalisée, soit par émission d'actions ordinaires ou d'actions de préférence, soit par majoration du montant nominal des

---

[1859] V. pour plus de détails sur la question, M. GATSONO GNAPY, « L'augmentation du capital des sociétés anonymes à la lumière du droit communautaire OHADA », *Bulletin OHADA*, numéro spécial, 2001, p. 12 ; *CCJA*, arrêt n° 12, affaire : compagnie bancaire de l'atlantique côte d'ivoire dite cobaci c/ 1) Société Shaftesbury Overseas ltd ; 2) Société Benath Company ltd, le juris-OHADA, n° 4/2006, p. 11.

[1860] P. DIDIER, « Le capital social et la protection des créanciers sociaux », *in Livre du bicentenaire du code de commerce*, 2007, Dalloz, p. 199.

titres de capital existants. Le capital social peut encore être augmenté par l'exercice de droits attachés à des valeurs mobilières donnant accès au capital, dans les conditions prévues aux articles 822-1 et suivants. Les techniques d'augmentation de capital sont ainsi harmonisées. On remarque que l'article 562 AUS a été modifié pour tenir compte, d'une part, de l'émission d'actions de préférence et, d'autre part, des valeurs mobilières complexes ou des bons de souscription autonomes (l'exercice d'un droit attaché à des valeurs mobilières) ainsi que des *stock-options*. La décision d'émettre des valeurs mobilières donnant accès au capital constitue désormais une décision d'augmentation du capital social.

La décision d'augmentation du capital qui suppose une modification des statuts appartient exclusivement à l'assemblée générale extraordinaire, qui décide encore du montant de l'opération. Tout autre organe ou l'assemblée générale ordinaire qui déciderait de cette opération entraînerait la nullité de la décision. Cependant, pour des raisons évidentes de facilité de gestion, l'assemblée générale extraordinaire peut déléguer soit au conseil d'administration, soit le cas échéant au directeur général, le pouvoir de définir les modalités de l'opération et de la réaliser effectivement (délégation de pouvoirs), le pouvoir d'en arrêter le principe même (délégation de compétence) dans la limite d'un plafond fixé par l'assemblée.

Les conditions de quorum et de majorité sont clairement fixées par les textes. En cas d'augmentation de capital par apports en numéraire ou en nature, le quorum et la majorité sont ceux requis pour les assemblées générales extraordinaires : quart des actions (1/4) ayant droit de vote sur première convocation et cinquième (1/5) sur seconde convocation d'une part, et majorité des deux tiers (2/3) dont disposent les actionnaires présents ou représentés d'autre part.

B- L'augmentation du capital par nouveaux apports en numéraire

1293 L'augmentation de capital, quelle que soit la forme qu'elle emprunte, répond à des projets différents et variés. D'une part, il peut s'agir de la volonté d'assurer un financement complémentaire par renforcement des fonds propres ; l'augmentation de capital entraîne alors un enrichissement patrimonial de la société. D'autre part, l'augmentation de capital peut être utilisée comme simple technique d'harmonisation du capital statutaire initial avec l'ensemble des sommes figurant au passif du bilan, déclarées intangibles par la loi, et frappées en conséquence d'indisponibilité ; l'augmentation du capital ne provoque alors aucun enrichissement immédiat[1861]. De même encore, l'augmentation de capital

[1861] V. *CCJA*, arrêt n° 12, Affaire : Compagnie Bancaire de l'Atlantique Côte d'Ivoire dite COBACI c/ 1) Société Shaftesbury Overseas ltd ; 2) Société Benath Company ltd, le juris-OHADA, n° 4/2006, p. 11.

permet d'éviter l'appauvrissement de la société, qui va émettre des titres pour les utiliser comme instruments de remboursement de certaines de ses dettes.

Il s'agit d'un procédé de financement et d'enrichissement de la société qui se traduit par une élévation corrélative des capitaux propres. Les nouveaux apports en numéraire donnent lieu à attribution d'actions ou de parts sociales. Cette modalité d'augmentation du capital social présente un intérêt majeur, elle évite de passer par l'intermédiation bancaire (prêt bancaire ou avance en compte courant d'associés). Surtout, elle présente un avantage fondamental qui tient au caractère durable de l'accroissement des fonds propres ainsi réalisé, acquis jusqu'à la dissolution de la société. La finalité des dispositions relatives à l'augmentation du capital a été de simplifier et d'améliorer le régime de ces augmentations de capital par apport en numéraire pour en faire des instruments de financement réellement concurrentiels, et aussi offrir aux sociétés de nouveaux produits, de nouvelles valeurs mobilières donnant un accès ultérieur possible au capital social (1). La contrepartie tient à un amoindrissement de la protection des actionnaires anciens, qu'il faut protéger désormais (2). Mais on peut se demander comment se réalise réellement l'augmentation dans ce cas (3).

1- Les conditions de mise en œuvre

1294 L'augmentation de capital par apport en numéraire n'est ouverte qu'aux sociétés dont le capital social a été entièrement libéré avant toute émission d'actions nouvelles[1862]. Un simple appel de fonds ne suffit pas. Il est en effet difficilement concevable de solliciter à nouveau des souscripteurs potentiels alors que les anciens apporteurs n'ont pas encore libéré intégralement les actions en numéraire précédemment souscrites. De plus, cela reviendrait à provoquer ces nouvelles souscriptions au vu de capitaux propres ne correspondant pas à la réalité.

1295 Des formalités préalables de publicité sont requises. L'article 598 AUS les impose. La décision d'augmentation de capital doit naturellement être portée à la connaissance des actionnaires et des tiers. Les actionnaires sont informés de l'émission d'actions nouvelles et de ses modalités par un avis contenant notamment les indications suivantes : 1°) la dénomination sociale suivie le cas échéant de son sigle ; 2°) la forme de la société ; 3°) le montant du capital social ; 4°) l'adresse du siège social ; 5°) le numéro d'immatriculation de la société au registre du commerce et du crédit mobilier ; 6°) le nombre et la valeur nominale des actions et le montant de l'augmentation de capital ; 7°) le prix d'émission des actions à souscrire et le montant global de la prime d'émission, le cas échéant ; 8°) les lieux et dates d'ouverture et de clôture de la souscription ; 9°) l'existence, au profit des actionnaires, d'un droit préférentiel de souscription ; 10°) la somme

[1862] Art. 572 AUS.

immédiatement exigible par action souscrite ; 11°) l'indication de la banque ou du notaire chargé de recevoir les fonds.

L'avis uniforme est porté à la connaissance des actionnaires par lettre au porteur contre récépissé ou par lettre recommandée avec demande d'avis de réception, six jours au moins avant la date d'ouverture de la souscription, à la diligence, selon le cas, des mandataires du conseil d'administration, de l'administrateur général ou de toute autre personne mandatée à cet effet[1863].

L'augmentation de capital par apports en numéraire peut présenter une particularité. Les titres nouveaux sont traditionnellement émis au même montant nominal que les titres existants. Mais il arrive que leur montant nominal soit majoré d'une *prime d'émission*[1864]. L'intérêt de cette prime est double, qui tient d'une part à la couverture des frais de l'opération, d'autre part à l'assurance de l'égalité entre les droits des actionnaires anciens et ceux des nouveaux arrivants. La prime permettra, dans ce dernier cas, de compenser l'avantage consenti aux nouveaux actionnaires qui acquièrent des droits sur les réserves constituées ou sur les plus-values d'actif latentes. L'émission d'une prime d'émission n'est pas libre. Elle doit être justifiée, soit par l'existence de réserves, soit par la situation particulière de la société. En cas contraire, c'est l'augmentation de capital tout entière qui serait annulée pour fraude[1865]. Car une prime très élevée peut dissuader l'entrée de nouveaux actionnaires.

2- La protection des anciens actionnaires

1296 La nécessité d'organiser la protection repose sur deux séries de considérations[1866]. D'une part, leur participation en capital va être diluée du fait de l'apparition de nouveaux souscripteurs, ce qui n'est pas sans incidence naturellement sur leur pouvoir de contrôle. D'autre part, l'augmentation de capital va entraîner une diminution de la valeur réelle de leurs titres, car il existe dans la société, des réserves qui ont été constituées antérieurement à l'augmentation de capital. Ces réserves sont dotées par des prélèvements sur bénéfices que les associés en place ont subis ou consentis. Or, les nouveaux actionnaires acquièrent d'emblée les mêmes droits sur ces réserves, qu'ils n'ont pourtant pas contribué à constituer. Ils bénéficient automatiquement des efforts réalisés par les anciens actionnaires dans la mesure où ils ont les mêmes droits pécuniaires sur l'éventuel boni de liquidation, qui intègre les réserves. Du fait de ces réserves préexistantes, l'augmentation de capital se traduit par une augmentation immédiate de la valeur

---

[1863] Art. 599 AUS.

[1864] G. NAFFAH, *La prime d'émission*, thèse, 1987, Economica.

[1865] D. COHEN, « La prime d'émission entre liberté et contrôle », *JCP E* 2002. 35 ; Com. 22 mai 2001, Bull. Joly 2001. 1003, note H. Le Nabasque.

[1866] Pour aller plus loin sur cette question, v. - A. COURET, *Le droit préférentiel de souscription de l'actionnaire*, thèse, Toulouse, 1978 ; « Le développement du droit préférentiel de souscription de l'actionnaire en droit comparé », *Rev. sociétés* 1979. 505.

réelle des titres nouvellement émis par rapport à leur valeur nominale, et inversement, par une diminution corrélative de la valeur des anciens titres.

Il existe plusieurs mesures de protection des actionnaires, dont les plus importantes sont le droit préférentiel de souscription (a) et la prime d'émission (b).

a- Le droit préférentiel de souscription

1297 Le droit préférentiel de souscription est une technique juridique qui permet de protéger les droits des actionnaires anciens de la société. Pour pallier le déséquilibre entre anciens et nouveaux actionnaires, l'article 573 AUS dispose que toute augmentation de capital par apport en numéraire ouvre aux actionnaires, proportionnellement au montant de leurs actions, un droit de préférence à la souscription des actions nouvelles. Le droit préférentiel de souscription représente la faculté offerte à chaque actionnaire ancien de souscrire prioritairement à l'augmentation de capital. Chacun a donc la possibilité d'échapper aux conséquences négatives de l'augmentation de capital en rectifiant sa position. La répartition du capital social reste proportionnellement identique et chaque actionnaire a la possibilité de récupérer par ses souscriptions nouvelles l'amoindrissement de valeur subi sur ses titres anciens.

1298 Le droit préférentiel de souscription est un droit d'ordre public. C'est également un droit irréductible[1867]. Cela signifie qu'en tant que droit individuel de l'actionnaire, il lui permet de conserver dans la société les mêmes droits attachés à la même proportion de capital par lui détenu, avant et après l'augmentation de capital, à condition naturellement qu'il y souscrive. Le caractère irréductible du droit préférentiel signifie également qu'il ne peut être supprimé par une décision administrative et que tout actionnaire peut en revendiquer le bénéfice directement devant les juridictions.

Un actionnaire n'est pas tenu de souscrire à l'augmentation de capital proposée. Le droit préférentiel n'est qu'une faculté offerte aux actionnaires et non une obligation mise à leur charge. En cas contraire, cette obligation serait prohibée comme augmentant les engagements des actionnaires sans leur consentement, ce qu'interdit la loi. C'est dire que chaque actionnaire peut renoncer au droit préférentiel et que l'assemblée générale peut également le supprimer. Si l'actionnaire ne souscrit pas, il peut soit céder son droit préférentiel de souscription à d'autres personnes souhaitant souscrire, soit renoncer individuellement à son droit de préférence.

Si à l'origine le droit préférentiel ne concernait que les seules actions ordinaires, l'apparition de nouvelles catégories d'actions ou de nouvelles valeurs mobilières donnant accès immédiat ou futur au capital social a entraîné une

---

[1867] Art. 573 AUS.

extension de son domaine d'application. L'émergence des actions de préférence n'a pas modifié cette évolution. En sont donc bénéficiaires les actionnaires dont les actions ont été entièrement libérées, qu'il s'agisse d'actions ordinaires ou d'actions de préférence, ou encore de certificat d'investissement. Si les actions ont été souscrites par un époux commun en biens, c'est lui seulement qui pourra exercer les droits de souscription attachés à ces actions. Dans le cadre d'une séparation de biens, chacun des époux a la libre disposition de ses biens personnels et exercera à titre personnel les droits de souscription afférant aux actions qu'il possède. Et, par ailleurs, si les titres sont affectés d'un usufruit, le droit préférentiel de souscription appartient toujours au nu-propriétaire, de sorte que les actions nouvellement émises lui appartiendront également *de facto* pour ce qui concerne la nue-propriété[1868]. L'usufruit de ces titres reviendra à l'usufruitier[1869]. L'architecture du démembrement de propriété complique la situation, notamment en cas de négligence du nu-propriétaire qui omettrait de se prévaloir de son droit préférentiel. Dans cette hypothèse, l'usufruitier pourrait s'en prévaloir à sa place. En revanche, si la société est propriétaire d'une fraction de son capital social, elle ne peut exercer elle-même le droit préférentiel de souscription attaché à ses propres titres[1870]. Deux issues sont concevables : l'assemblée générale peut décider de ne pas tenir compte des actions autodétenues pour la détermination des droits de souscription attachés aux autres actions, ou bien alors, la société doit éliminer les droits de souscription.

Les actionnaires ne disposent que d'un délai limité pour faire valoir leur droit préférentiel de souscription. Le délai accordé aux actionnaires pour l'exercice du droit de souscription ne peut être inférieur à vingt jours à dater de l'ouverture de la souscription[1871]. Ce délai se trouve clos par anticipation lorsque tous les droits de souscription à titre irréductible ont été exercés ou que l'augmentation de capital a été intégralement souscrite après renonciation individuelle à leurs droits de souscription des actionnaires qui n'ont pas souscrit[1872].

1299 À côté du droit préférentiel de souscription à titre irréductible, existe un droit préférentiel réductible. Lors de l'augmentation de capital, toutes les actions ne sont pas souscrites à titre irréductible, soit que les actionnaires n'ont pas les fonds pour souscrire, soit qu'ils ne sont pas intéressés par l'opération. Dès lors, la pratique admet que les actionnaires anciens obtiennent un nombre d'actions supérieur à celui auquel ils ont normalement le droit de souscrire à titre

---

[1868] V. art. 582 AUS. V. également R. GENTILHOMME, « Démembrement de titres et opérations sur le capital social », *Dr. et patr.* avr. 1996, p. 41.

[1869] Com. 8 juill. 1997, *Bull. Joly* 1997. 973, note J.-P. Garçon.

[1870] A. S. ADJITA, « L'achat par la société de ses propres actions : esquisse d'une étude comparative entre le droit français et le droit uniforme de l'OHADA », *RIDE*, t. XV, n° 1, pp. 41-76.

[1871] Art. 577 AUS.

[1872] Art. 598 AUS.

irréductible. Dans cette hypothèse, l'attribution est réalisée proportionnellement aux droits de souscription dont ils disposent et dans la limite de leurs demandes[1873].

Le caractère impératif du droit préférentiel de souscription signifie qu'il ne peut être arbitrairement et globalement éliminé, ni par une décision administrative ni par un aménagement statutaire, mais il n'empêche pas une décision ponctuelle et volontaire émanant de la collectivité des associés, ou de chaque actionnaire à titre individuel. Il serait en effet regrettable qu'une mesure de protection de l'intérêt des actionnaires devienne nuisible à l'intérêt de la société en lui interdisant l'ouverture de son capital social à de nouveaux partenaires financiers. En effet, certaines augmentations de capital nécessitent que les actionnaires renoncent à leur droit préférentiel afin de faciliter la pénétration dans la société d'un nouveau groupe d'actionnaires ou l'entrée d'un créancier important qui convertirait sa créance en actions. L'intérêt individuel des actionnaires passe donc clairement, dans cette hypothèse, après l'intérêt collectif du groupement. Seule l'assemblée générale extraordinaire peut supprimer le droit préférentiel, ou plus simplement l'aménager. Par ailleurs, les actionnaires peuvent y renoncer individuellement.

L'assemblée générale qui décide l'augmentation de capital peut supprimer le droit préférentiel de souscription pour la totalité de l'augmentation ou pour une ou plusieurs tranches de celle-ci[1874]. Plusieurs raisons sont généralement avancées : la suppression étant compensée par le versement par le souscripteur d'une prime d'émission qui procure à la société une masse de capitaux propres plus importante ; par ailleurs, la suppression partielle permet de concilier l'entrée de nouveaux actionnaires avec la souscription des actionnaires anciens.

La renonciation individuelle au droit préférentiel de souscription permet de clore par anticipation le délai de souscription. Elle ne peut être que ponctuelle : il ne saurait être question de l'utiliser pour amener les actionnaires à renoncer de manière générale et définitive à leur droit préférentiel qui est d'ordre public[1875]. Elle doit être notifiée à la société par lettre au porteur ou lettre recommandée[1876]. Si la société n'est pas cotée, la renonciation peut être faite au profit de personnes dénommées : la lettre recommandée doit alors comporter l'acceptation des personnes bénéficiaires. La renonciation peut être tacite et déduite des circonstances de fait, manifestant sans équivoque cette volonté.

1873 Art. 576 AUS.
1874 Art. 587 AUS.
1875 Sur la notion de « renonciation à titre individuel », T. com. Paris, 25 nov. 2003, *Bull. Joly* 2004. 376, note B. Saintourens.
1876 Art. 594 AUS.

b- La prime d'émission

1300 La prime d'émission est un autre mode de protection des actionnaires anciens, dont la finalité est de supprimer le déséquilibre financier provoqué par l'existence des réserves et l'entrée de nouveaux actionnaires dans la société, qui vont acquérir immédiatement des droits sur ces réserves. Elle est prévue spécifiquement pour les sociétés par actions, mais peut être aménagée dans toutes les autres formes sociales. Elle est pleinement justifiée dans le cas d'une augmentation de capital par apport en numéraire avec suppression du droit préférentiel de souscription, car le déséquilibre est évident et doit être corrigé. Elle semble moins opportune sur le plan juridique lorsque les actionnaires ont eu la possibilité d'exercer leurs droits de souscription, mais ne l'ont pas fait ; le déséquilibre financier est alors moins net, du fait de la négociabilité des droits de souscription. Il est en fait assez fréquent de cumuler les deux modalités de protection ; l'intérêt est que le montant de la prime d'émission est versé à la société qui peut l'utiliser pour couvrir les frais de l'opération, le droit préférentiel permettant quant à lui de corriger les inégalités au niveau des actionnaires. La prime d'émission est en effet considérée juridiquement comme un supplément d'apport laissé à la libre disposition des associés.

1301 La prime d'émission a pour fonction d'égaliser les droits des actionnaires anciens et des actionnaires nouveaux lorsqu'existent des réserves ou plus-values non comptabilisées, en représentant la somme qui devra être versée par les souscripteurs en plus du nominal de chaque titre souscrit. Elle est égale au montant des réserves et plus-values non comptabilisées, divisé par le nombre d'actions anciennes.

Par ailleurs, l'assemblée générale peut réajuster le montant de la prime d'émission en fonction des données spécifiques à la société, mais il a été jugé qu'une prime excessive et sans justification réelle financière pouvait entraîner l'annulation de l'augmentation de capital. En revanche, n'est pas frauduleuse l'augmentation de capital avec prime d'émission correspondant à 59 fois le montant nominal des actions, dès lors qu'elle est justifiée par le montant des réserves, le montant du chiffre d'affaires et la valeur des stocks.

3- La réalisation de l'augmentation de capital en numéraire

1302 Un certain nombre de mesures de publicité doit être réalisé avant l'ouverture de la souscription[1877] de manière à informer les actionnaires sur le principe et les modalités de l'augmentation de capital. Ces mesures n'ont pas de raison d'être lorsque l'assemblée générale a décidé de supprimer le droit préférentiel de souscription en faveur d'une personne déterminée, puisqu'il n'y aura alors plus de phase de souscription ouverte aux actionnaires. Lorsque la société n'offre pas au public des titres financiers, un avis de souscription devait

---

[1877] Art. 598 AUS.

être adressé aux actionnaires par lettre recommandée avec accusé de réception vingt jours au moins avant la date d'ouverture de la souscription. L'avis contient des informations relatives à la société (forme, capital, siège social, numéro d'immatriculation), à l'augmentation décidée (montant, dates d'ouverture et de clôture des souscriptions, modalités d'exercice du droit préférentiel de souscription, valeur nominale des actions à souscrire, prime d'émission éventuelle, valeur immédiatement exigible, identification du dépositaire). En cas d'augmentation mixte, l'avis contient également des informations concernant les apports en nature.

1303 Les actions nouvelles sont souscrites par les actionnaires anciens à titre irréductible et éventuellement à titre réductible. Les acquéreurs de droit préférentiel de souscription cédés disposent de la même possibilité. En revanche, si les actionnaires ont renoncé individuellement à leur droit préférentiel, ou s'il a été supprimé par l'assemblée avec leur accord, ce sont les tiers seulement, dénommés ou non, qui pourront souscrire. Par souci d'adaptation, l'AUS permet d'ajuster le montant de l'augmentation de capital à la hausse ou à la baisse, car il est naturellement impossible de déterminer par avance quel sera le montant exact des souscriptions. La souscription doit être constatée dans un bulletin daté et signé par le souscripteur ou son mandataire et qui doit comporter certaines mentions obligatoires[1878]. Bien que la loi ne le précise pas de manière formelle, il semble que le bulletin de souscription n'est pas impératif lorsque l'augmentation de capital est réalisée par augmentation du nominal de chaque titre : il n'y a en effet pas de souscription à proprement parler, et le procès-verbal de l'assemblée générale ayant décidé de cette modalité à l'unanimité, vaut preuve de l'engagement des actionnaires. Dans le cas d'époux mariés sous le régime de la communauté, l'époux qui souscrit doit avertir son conjoint, faute de quoi, la souscription serait nulle. Afin de réclamer la qualité d'associé à hauteur de la moitié des parts sociales souscrites, le conjoint peut se manifester jusqu'à la dissolution de la communauté.

1304 La souscription du capital doit en principe être intégrale. La règle posée pour la constitution de la société est transposable en cas d'augmentation du capital social. Mais il est parfaitement envisageable que les souscripteurs à titre irréductible et, éventuellement, à titre réductible n'aient pas absorbé la totalité de l'augmentation de capital prévue. L'AUS autorise cependant le déroulement normal de l'opération. L'augmentation de capital est automatiquement adaptée à la demande effective, sauf décision contraire de l'assemblée générale extraordinaire. Le conseil d'administration ou l'administrateur général, selon les cas, doit utiliser les options qui lui sont alors offertes. Il peut d'abord limiter le montant de l'augmentation de capital au montant des souscriptions (l'assemblée générale extraordinaire peut toutefois s'y opposer) ; la loi pose cependant un

[1878] Art. 612 AUS.

garde-fou : elle impose que le montant de l'augmentation de capital effective soit au minimum égal à 75 % de l'augmentation décidée. Il peut ensuite répartir les actions non souscrites, en totalité ou en partie, entre les actionnaires ou les tiers de son choix (sauf, là encore, si l'assemblée en décide autrement). Il peut enfin décider d'offrir en tout ou partie, les actions non souscrites au public, à condition que l'assemblée générale extraordinaire ait expressément admis cette possibilité. Dans toutes les hypothèses, si le montant des actions non souscrites représente moins de 3 % de l'augmentation de capital, le conseil d'administration ou le directoire peut d'office limiter cette augmentation au montant des souscriptions recueillies.

Lors de la souscription des actions, les textes imposent une libération d'au moins un quart de la valeur nominale du titre et, le cas échéant, la totalité de la prime d'émission[1879]. La libération du surplus interviendra, en une ou plusieurs fois, sur appel du conseil d'administration ou de l'administrateur général, selon les cas, dans le délai de 3 ans à compter du jour où l'augmentation de capital est devenue définitive. Il existe ici un décalage entre la libération des actions lors de la constitution de la société anonyme, qui doivent être libérées de la moitié au moins de leur valeur nominale, et celle qui existe lors de l'augmentation de capital. En cas d'augmentation mixte, avec libération pour partie en espèces et pour partie par voie d'incorporation de réserves, bénéfices ou primes, l'article 606 AUS, exige une libération intégrale lors de la souscription. Le montant est libéré selon les modalités souhaitées par l'actionnaire : chèque, versement en espèces… Mais la libération est encore envisageable par compensation avec une créance sur la société[1880]. Le souscripteur doit détenir contre la société une créance liquide et exigible et elle doit faire l'objet d'un arrêté de compte établi par le conseil d'administration ou le directoire, le cas échéant. Il doit être certifié par le commissaire aux comptes.

1305 L'augmentation de capital peut être l'un des modes choisis par la société pour organiser son introduction sur les marchés financiers, tout en réalisant un accroissement de ses fonds propres. Le problème est qu'il faut concilier les impératifs relatifs à la procédure d'augmentation de capital et ceux relatifs à l'introduction en Bourse par mise en vente ou offre publique de vente, notamment en ce qui concerne la fixation du prix qui sera en même temps prix de souscription et prix d'introduction, et alors que les paramètres de calcul ne sont pas les mêmes. Une solution consiste à procéder en premier à l'introduction en Bourse, en recourant au prêt de titres sous condition suspensive de cotation, et à augmenter le capital social dans un second temps, le prix de souscription pouvant alors être fixé par l'introduction en Bourse. Le banquier introducteur emprunte aux actionnaires en place le nombre de titres nécessaires pour réaliser l'introduction

[1879] Art. 604 AUS.

[1880] C'est le cas notamment pour les dirigeants qui disposeraient d'un compte courant dans les caisses de la société : Com. 8 janv. 2002, *Bull. Joly* 2002. 477, note F.-X. Lucas.

en Bourse ; une fois l'opération réalisée, la société procède à une augmentation de capital réservée au banquier emprunteur-introducteur, d'un montant correspondant au nombre de titres placés sur le marché, qui lui permet d'effectuer le remboursement des titres empruntés pour les besoins de l'introduction. Autrement dit, les titres émis sur le marché financier concerné sont créés après leur diffusion, grâce au double mécanisme juridique du prêt de titres et de l'augmentation de capital en numéraire. Par la suite, il conviendra de procéder aux publicités afférentes : publication d'une annonce légale, dépôt au greffe du tribunal, dans le mois suivant l'assemblée générale extraordinaire, de deux copies certifiées conformes par l'un des représentants légaux, du procès-verbal de l'assemblée ayant décidé ou autorisé l'augmentation de capital, ainsi que dépôt au greffe de deux copies certifiées conformes des statuts modifiés. Il faut enfin procéder à une inscription modificative au RCCM ainsi qu'à une insertion au bulletin d'annonces légales.

1306 Il faut noter enfin, que le retrait des fonds provenant des souscriptions en numéraire ne peut avoir lieu qu'une fois l'augmentation de capital réalisée. Il est effectué par un mandataire de la société, sur présentation au dépositaire de la déclaration notariée de souscription et de versement[1881]. Il a été ainsi décidé qu'engage sa responsabilité, la banque dépositaire qui transfère sur le compte de la société ayant initié l'augmentation, les fonds recueillis sans s'être assurée au préalable que l'opération avait été conduite jusqu'au bout en exigeant la présentation de la déclaration notariée de souscription et de versement[1882]. Tout souscripteur, six mois après le versement des fonds, peut demander en référé au président de la juridiction compétente, la nomination d'un mandataire chargé de retirer les fonds pour les restituer aux souscripteurs, sous la déduction de ses frais de répartition si à cette date, l'augmentation de capital n'est pas réalisée[1883].

Pareil régime s'applique-t-il en cas d'augmentation de capital par nouveaux apports en nature et/ou stipulation d'avantages particuliers ?

C- L'augmentation de capital par nouveaux apports en nature et/ou stipulation d'avantages particuliers

1307 Cette forme d'augmentation de capital représente également un instrument de financement pour la société ; elle porte sur tout bien susceptible d'évaluation pécuniaire, autre que du numéraire, et pouvant être transmis à la société en pleine propriété, jouissance et usufruit : immeuble, fonds de

---

[1881] Art. 615 AUS.

[1882] CCJA, arrêt n° 012/2006 du 29 juin 2006, Affaire Compagnie Bancaire de l'Atlantique Cote d'Ivoire c/ Sté SHAFTESBURY OVERSEAS LTD et Société BENAH COMPANY LTD, in *Recueil de jurisprudence CCJA* n° 7 2006, p.42, *Les grandes décisions de la CCJA*, p. 143, obs. A. FOKO.

[1883] Art. 617. V. dans le même sens, CA Dakar, Civ. Com. 09 février 2001, Abdoulay Drame et Bassirou Diop c/ Cbao, Juriscope.org.

commerce, droits de propriété industrielle, apport d'une branche autonome d'activité, titres sociaux emportant contrôle d'une entreprise, apport d'une entreprise individuelle. Cette forme offre donc à un apporteur en nature, propriétaire d'un bien important, de devenir actionnaire.

1308 Les conditions de réalisation de l'augmentation de capital en nature sont souples. Sur de nombreux points, les règles vues à propos des augmentations de capital en numéraire sont transposables ; il en est ainsi pour les formalités de publicité par exemple, ou encore pour la détermination de l'organe compétent. Cependant, l'augmentation de capital par apport en nature présente certaines caractéristiques spécifiques. Ainsi, à la différence de l'augmentation de capital en numéraire, il n'est d'abord pas nécessaire que le capital antérieurement souscrit ait été intégralement libéré, ce qui présente des avantages si les actionnaires n'ont pas encore versé le montant total des actions qu'ils ont souscrites[1884].

La rédaction d'un traité d'apport est recommandée. Ce contrat intervient entre l'apporteur et la société. Il mentionne le nombre d'actions nouvelles émises en contrepartie de l'apport en nature, et les modalités qui entourent l'émission ; il indique notamment le montant de la prime d'émission, ici dénommée prime d'apport, qui constitue la seule protection des anciens actionnaires, étant donné qu'il ne peut exister de droit préférentiel de souscription puisque la société va recevoir un bien déterminé que seul son propriétaire peut lui fournir. Ce traité sera soumis à l'approbation de l'assemblée générale. Il est enfin indispensable de procéder à la vérification de l'évaluation des apports en nature ou des avantages particuliers stipulés lors de l'augmentation de capital. Il revient au président du conseil d'administration, au directeur général ou à l'administrateur général, ou à défaut, de toute personne intéressée, de demander la nomination judiciaire d'un commissaire aux apports chargé d'apprécier sous sa responsabilité, la valeur des apports ou des avantages particuliers et d'établir un rapport, qui doit être tenu à la disposition des actionnaires au siège social huit jours au moins avant l'assemblée générale extraordinaire[1885]. Le rapport doit décrire chaque apport, indiquer son mode d'évaluation et préciser que la valeur des apports correspond au moins à la valeur nominale des actions à émettre augmentée le cas échéant, de la prime d'apport.

L'assemblée générale extraordinaire doit se prononcer sur l'évaluation des apports en nature et sur l'augmentation de capital. Il n'est pas nécessaire de tenir deux assemblées distinctes, mais l'assemblée générale doit se prononcer de manière distincte sur les deux résolutions. Concernant l'approbation des apports

---

[1884] G. GIULIANI, « De l'augmentation de capital par apport en nature sous condition suspensive dans les sociétés par actions », *JCP E* 2006, p. 2199.
[1885] Art. 519 et 622 AUS.

en nature, l'apporteur s'il est déjà actionnaire est exclu du vote et ses actions ne sont pas prises en compte pour le calcul du quorum et de la majorité[1886].

D- L'augmentation de capital par incorporation des réserves

1309 L'augmentation de capital par incorporation des réserves ne permet pas d'apporter de l'argent frais à la société ou de réduire ses dettes ; elle ne lui offre pas non plus de faire entrer dans son patrimoine un nouveau bien. Simple jeu d'écritures consistant en un virement au compte capital d'une somme prélevée sur un ou plusieurs comptes de réserves, l'augmentation de capital par incorporation des réserves présente l'intérêt majeur d'accroître son capital qui renforce sa capacité d'obtention d'un crédit. C'est parfois même le préalable exigé par les banques avant l'octroi d'un crédit quelconque à la société. Par ailleurs, cette opération rassure les partenaires du groupement et permet de gratifier les actionnaires et les salariés de l'entreprise via divers mécanismes d'intéressement (distribution gratuite d'actions…). Cette technique est opportune, car elle aboutit finalement à un accroissement du capital sans apports nouveaux. L'actif social ne bénéficie d'aucun ajout. Par ailleurs, l'opération est allégée fiscalement puisqu'elle n'est pas soumise à l'impôt sur le revenu des personnes physiques, à la différence de la distribution de dividendes. La loi réglemente cette augmentation de capital de manière très souple là encore.

1310 En principe, toutes les réserves constituées par la société sont incorporables. Il en est ainsi particulièrement de la réserve légale et de la réserve statutaire, mais également des réserves facultatives. Du fait de leur soumission en tant que réserves au principe d'intangibilité du capital, leur incorporation au capital social ne change pas la situation de la société vis-à-vis de ses créanciers, mais cette transformation oblige la société anonyme, qui reste la seule société à risque limité assujetti à un capital minimum, à réexaminer la proportionnalité imposée par la loi entre réserve légale et capital social et à les reconstituer le cas échéant. L'augmentation peut viser la réserve spéciale de réévaluation, ce qui entraîne un réajustement entre la valeur comptable et la valeur réelle du capital social ; mais il faut que la réévaluation corresponde à une majoration certaine et durable des éléments d'actif réévalués, et qu'elle ait été effectuée de manière sérieuse, justifiée et prudente. Si l'incorporation concerne la réserve de réévaluation des immobilisations non amortissables, la fraction du capital correspondant doit être mentionnée de façon distincte en annexe au bilan, et cette mention doit être modifiée au fur et à mesure de la cession des biens réévalués. En tout état de cause, les réserves incorporées doivent avoir une consistance certaine et une réalité économique. La seule contrainte financière réside dans le fait que les pertes éventuelles de la société ne doivent pas dépasser le montant des réserves dont l'incorporation est envisagée, car l'augmentation ne peut être réalisée qu'après imputation des pertes sur les réserves, ou après maintien en

---

[1886] Art 623 AUS.

réserves d'un montant suffisant. Par ailleurs, la société peut encore incorporer les primes d'émission, d'apport ou de fusion, ainsi que les bénéfices d'un exercice, sans qu'ils transitent par un compte « réserves ». En revanche, la réserve spéciale de participation qui constitue une dette de la société envers ses salariés ne peut être incorporée comme n'étant pas une véritable réserve.

1311 La loi ne prévoit aucune condition de libération préalable du capital social, ce qui est logique, car cette augmentation de capital ne fait qu'accroître la protection des créanciers. Comme elle entraîne une modification des statuts, elle est de la compétence exclusive de l'assemblée générale extraordinaire[1887]. Mais dans la mesure où elle représente une mesure de technique comptable, la loi prévoit que l'assemblée générale extraordinaire statue par dérogation aux conditions de quorum et de majorité des assemblées générales ordinaires, c'est-à-dire avec un quorum sur première convocation, exigeant que les actionnaires présents ou représentés possèdent au moins le cinquième des actions ayant le droit de vote et, sur seconde convocation, aucun quorum. Elle statue à la majorité des voix dont disposent les actionnaires présents ou représentés. L'assemblée générale peut déléguer au conseil d'administration ou à l'administrateur général le pouvoir de réaliser l'émission des valeurs mobilières, de fixer le montant de l'augmentation, d'en constater la réalisation et de procéder à la modification statutaire

1312 L'augmentation de capital par incorporation de réserves peut être réalisée, soit par augmentation de la valeur nominale des titres préexistants, soit par attribution de titres nouveaux aux associés. L'élévation de la valeur nominale présente pour les aspects matériels de l'opération, l'avantage d'éviter la création de rompus, mais elle n'augmente pas la liquidité des titres appartenant aux associés ; pour cette raison, elle est rarement mise en œuvre. Par ailleurs, cette augmentation ne peut se réaliser qu'avec le concours de tous les actionnaires, la prise de décision exigeant, dans cette hypothèse, l'unanimité des associés. Cela étant, lorsqu'elle est choisie et si la société avait émis des actions à dividende prioritaire sans droit de vote, il est expressément prévu que le dividende prioritaire sera calculé après l'augmentation sur le nouveau montant nominal majoré s'il y a lieu de la prime d'émission versée lors de la souscription des actions anciennes. Des titres nouveaux sont alors créés et attribués aux associés proportionnellement à leurs droits dans le capital social avant l'augmentation. L'assemblée peut décider que les droits formant rompus ne seront ni négociables ni cessibles et que les titres de capital correspondants seront tout simplement vendus globalement.

La réalisation de l'augmentation par incorporation de réserves doit intervenir dans les cinq ans, au même titre que les autres formes d'augmentation de capital.

[1887] Art. 623 AUS.

Elle doit être suivie des mesures de publicité accompagnant toute modification des statuts.

§2. LA RÉDUCTION DU CAPITAL SOCIAL

1313 Toute réduction de capital constitue en tant que telle une atteinte à la fixité et à l'intangibilité du capital. Elle représente une atteinte au principe de fixité, car elle se définit comme la diminution du chiffre annoncé par les statuts à titre de capital social. À ce titre, elle peut entraîner un amoindrissement de la protection des créanciers ; elle rend en effet la distribution de bénéfices plus facile, du fait de la réduction de la somme servant de paramètre pour le calcul des bénéfices distribuables. Mais elle représente également une atteinte au principe d'intangibilité, car elle constate ou provoque, suivant le cas, une diminution des valeurs d'actif correspondant au capital, et elle réduit de ce fait inévitablement la protection des créanciers. Néanmoins, ces principes ne l'interdisent nullement ; la réduction de capital est une modification des statuts au même titre que d'autres aménagements apportés en cours de vie sociale, et elle peut intervenir dans toutes les formes sociales.

1314 Lorsqu'elle est motivée par des pertes, la réduction de capital ne fait que constater une atteinte déjà subie par la substance patrimoniale. Elle a alors pour but l'assainissement financier de la société, et tout en étant regrettable, elle est souvent inévitable, ne serait-ce que pour attirer de nouveaux capitaux. C'est un moyen d'apurer les pertes par la mise en œuvre de l'un des principes fondamentaux du droit des sociétés, le principe de contribution au passif inhérent au statut d'associé. En revanche, la réduction de capital décidée en l'absence de pertes ne procède pas du même esprit. Elle intervient alors que la société est viable ; elle peut être motivée par la volonté d'alléger la charge de rémunération du capital social ou de dispenser les associés du versement de leurs titres non encore entièrement libérés ; elle peut également être rendue nécessaire pour des raisons techniques, par exemple en cas de rachat de titres par la société par suite d'un refus d'agrément ou dans le cadre du droit de retrait exercé par un associé. En tout état de cause, alors que la réduction motivée par des pertes ne fait que constater un appauvrissement de la société déjà acquis, la réduction non motivée par des pertes provoque cet appauvrissement. L'opération est donc grave, pour trois raisons : d'une part elle s'effectue par prélèvement sur des sommes en principe indisponibles et affectées à la garantie des créanciers, d'autre part elle a pour conséquence de diminuer le montant des sommes bloquées à l'avenir à l'actif du bilan et enfin, elle est délibérée, c'est-à-dire décidée alors même que la société n'a pas de passif à apurer. Cela explique que la réglementation ne soit pas rigoureusement identique pour l'une et l'autre modalité de réduction du capital.

Il importe de s'interroger sur les conditions (A) et les effets (B) d'une telle opération.

A- Les conditions

1315 Il existe des règles communes (1) à toutes les réductions de capital, qu'elles soient motivées (3) ou non par des pertes (2). En effet, quelle que soit la motivation, la réduction de capital implique toujours une modification du pacte social. Mais des dispositions spécifiques permettent d'en mieux cerner les contours selon la raison qui l'inspire.

1- Les règles communes

1316 Comme toute décision modifiant les statuts, la réduction de capital relève de la compétence exclusive de l'assemblée générale extraordinaire. La loi prévoit la possibilité pour l'assemblée générale de déléguer au conseil d'administration ou à l'administrateur général, tout pouvoir pour la réalisation de l'opération[1888]. Le projet est communiqué au commissaire aux comptes qui doit faire connaître son appréciation sur les causes et modalités de l'opération 45 jours au moins avant la date de réunion de l'assemblée statuant sur ce projet[1889]. Cela étant, il est vrai que dans certains cas, la réduction du capital social est purement matérielle, fruit de la décision collective des associés, comme simple conséquence pratique d'une autre décision. Elle présente alors un caractère inéluctable et semble devoir nécessairement échapper aux conditions ci-dessus exposées. Tel est le cas de la réduction de capital consécutive à l'exercice par un seul associé de son droit de retrait lorsqu'il est admis par les textes.

Mais surtout, la réduction de capital ne saurait porter atteinte à l'égalité des actionnaires. C'est une condition qui n'est qu'une application du principe fondamental d'après lequel la réduction ne doit pas porter atteinte aux droits essentiels des associés. Il peut cependant y avoir rupture d'égalité, mais sous la condition impérative qu'elle soit expressément acceptée par chaque associé devant la subir. Sur ce point, la question de la licéité d'une réduction du capital social à zéro a été soulevée : une telle réduction ne peut-elle pas être considérée comme portant atteinte au droit des associés de faire partie de la société, dans la mesure où elle aboutit à les exclure, et ne relève-t-elle pas alors de l'unanimité ? Cette question a été tranchée par la Cour de cassation française qui a consacré la solution adoptée par la cour d'appel de Versailles dans l'affaire Usinor et a admis la validité de l'opération[1890]. La Cour de cassation considère qu'il n'y a pas aggravation des engagements des actionnaires, car l'opération ne leur a pas imputé des dettes au-delà du montant des souscriptions. En fait, la réduction à zéro représente la conséquence extrême de la notion de contribution aux pertes inhérentes au statut d'associé. Elle entraîne la disparition définitive des droits de

---

[1888] Art. 628 AUS.

[1889] Art. 629 AUS.

[1890] Com. 17 mai 1994, *Rev. sociétés* 1994. 487, note S. Dana-Démaret ; CA Versailles, 29 nov. 1990, *D.* 1991. 133, note Y. Guyon ; *contra* pour l'unanimité : CA Paris, 26 mai 1989, *JCP E* 1990. II. 15677, obs. A. Viandier et J.-J. Caussain.

propriété, attachés aux actions anciennes et corrélativement l'élimination de fait de tous les anciens actionnaires qui subissent cette conséquence de manière égalitaire. L'annulation des droits entraîne par ailleurs l'anéantissement des droits préférentiels de souscription à l'augmentation de capital consécutive, car ils sont attachés aux actions et doivent en suivre le sort. Deux solutions sont alors concevables pour protéger les anciens actionnaires éliminés de fait, et assurer l'égalité. Il est possible d'inverser la chronologie des opérations, la société augmentant son capital social avant de le réduire, ce qui permet de calculer le droit préférentiel de souscription sur l'ancien capital et de mieux préserver les droits des minoritaires ; mais cela soulève un problème d'évaluation du prix de souscription, car le passif n'est par hypothèse pas encore apuré. L'assemblée peut aussi créer un succédané de droit préférentiel, un droit de priorité, qui présente l'avantage de ne plus être lié institutionnellement aux actions et de pouvoir survivre à leur annulation. De la sorte, les anciens actionnaires ont tous, vocation prioritaire à devenir à nouveau actionnaires en souscrivant à l'augmentation de capital.

2- la réduction du capital motivée par des pertes

1317 Lorsque la société a accumulé des pertes au point que ses capitaux propres sont devenus inférieurs à son capital social, ce dernier ne correspond plus à la réalité économique et financière. La situation de la société n'en est pas pour autant critique : l'existence de capitaux propres témoigne de sa capacité à assurer le remboursement de l'intégralité de ses créanciers, et ce n'est que si les capitaux propres devenaient négatifs que ce remboursement ne pourrait plus être effectif. Néanmoins, il convient d'assainir la situation de manière à réajuster le capital annoncé statutairement avec les valeurs d'actif existant réellement et à apurer le passif. Tant que les capitaux propres ne sont pas inférieurs au capital social, la réduction de capital ne présente aucun caractère obligatoire : elle peut être décidée dans un souci de saine gestion et de transparence, mais la société peut lui préférer d'autres solutions visant à renforcer ses fonds propres.

La situation est différente lorsqu'il apparaît qu'à la clôture d'un exercice comptable, les capitaux propres sont devenus inférieurs à la moitié du capital social. Cette atteinte à l'intangibilité du capital provoquée par les pertes constatées doit être impérativement combattue. C'est la raison pour laquelle la loi a instauré une procédure spécifique. Si la dissolution n'est pas retenue, la société dispose d'un délai expirant à la clôture du deuxième exercice comptable suivant celui au cours duquel les pertes ont été constatées pour reconstituer ses capitaux propres à concurrence d'une valeur au moins égale à la moitié du capital social. À l'issue de ce délai, et à défaut de reconstitution des capitaux propres, elle doit réduire son capital social du montant des pertes ne pouvant être imputées sur les réserves.

1318 Lorsque l'apurement du passif l'exige, l'assemblée générale peut être amenée à décider d'une réduction de capital ayant pour conséquence de le rendre inférieur au montant minimum éventuellement requis par la loi. La décision ne peut être prise que sous la condition suspensive, soit d'une augmentation de capital destinée à le porter à un montant au moins égal au minimum requis par la loi, soit de la transformation de la société en société d'une autre forme. La réduction suivie d'une augmentation constitue le coup d'accordéon, et peut poser problème lorsqu'elle réduit à néant le capital ancien. Mais sa validité a été reconnue par la jurisprudence française[1891], et de manière générale, cette double opération est de nature à permettre l'entrée dans la société de nouveaux partenaires en leur évitant de subir les conséquences des pertes antérieures ; à ce titre, elle est intéressante sur le plan économique, bien qu'elle soit difficile à admettre si l'on se place du côté des actionnaires anciens, éliminés par annulation de la totalité des titres, mais qui pourront cependant bénéficier du droit préférentiel de souscription pour l'augmentation de capital suivante[1892]. La technique du coup d'accordéon est en effet un mécanisme qui permet à un investisseur de renflouer la société en la reprenant. Parce que l'actif net est tombé sous la valeur du capital social, la valeur vénale de l'actif est inférieure à sa valeur nominale. La réduction de capital va alors s'opérer en diminuant le nominal des titres sociaux pour que coïncident valeur vénale et valeur nominale. L'augmentation consécutive devra atteindre le montant minimum du capital social exigé par la loi.

3- La réduction du capital non motivée par des pertes

1319 Cette opération ne s'inscrit pas dans le même contexte que la précédente. Elle est la conséquence d'une autre décision préalable qui concerne soit la société (par exemple, l'allègement de la charge de rémunération du capital), soit les associés (par exemple, le rachat de titres par la société en cas de refus d'agrément d'un candidat acquéreur, le retrait d'un associé, ou encore la dispense de libération complémentaire du capital social). Elle entraîne une diminution du capital social, cette fois accompagnée d'un prélèvement sur l'actif social destiné à permettre le désintéressement des associés à proportion du montant de capital réduit. Elle est de la sorte plus grave que l'amortissement du capital qui ne peut s'effectuer que sur les bénéfices distribuables.

La réduction se réalise normalement par le remboursement en espèces des titres, suivi d'une diminution du nombre de titres par leur annulation ou d'une diminution de la valeur nominale de chacun d'eux. Ce dernier procédé est plus opportun, qui évite les rompus. Il n'est pas toujours possible, car il dépend du contexte entourant la réduction de capital. Par exemple, la réduction qui vise à attribuer à un associé un élément d'actif ne peut se réaliser que par l'annulation des titres correspondants. Elle provoque d'ailleurs une rupture d'égalité entre

---

1891 Com. 17 mai 1994, *Rev. sociétés* 1994. 487, note S. Dana-Démaret.

1892 V. toutefois : Com. 18 juin 2002, *Bull. Joly* 2002. 1221, note S. Sylvestre, *RTD com.* 2002. 496, note J.-P. Chazal et Y. Reinhard.

associés. Le cas rappelle l'hypothèse de la réduction de capital consécutive à l'exercice par un associé de son droit de retrait, mais s'en distingue clairement dans la mesure où la réduction représente ici l'objet de la décision et non pas la conséquence inéluctable d'une autre décision préalable.

1320 En principe, le rachat par la société de ses propres titres est interdit, car il aboutirait à une autodétention du capital[1893]. Il est néanmoins autorisé dans deux séries de situations. Toutefois, l'assemblée générale extraordinaire qui a décidé une réduction non motivée par des pertes peut autoriser le conseil d'administration ou l'administrateur général, selon les cas, à acheter un nombre déterminé d'actions en vue de les annuler[1894]. L'achat est alors une modalité de la réduction de capital. Afin d'assurer l'égalité entre eux, l'offre d'achat doit être faite à tous les actionnaires[1895], publiée dans un journal habilité à recevoir les annonces légales du lieu du siège et, ou par lettre recommandée ou lettre au porteur, si les actions sont toutes nominatives[1896]. L'avis doit indiquer la dénomination sociale, la forme, l'adresse du siège social, le montant du capital, le nombre d'actions dont l'achat est envisagé, le prix offert par action, le mode de paiement, le délai pendant lequel l'offre sera maintenue (qui ne peut être inférieur à 30 jours) et le lieu où elle peut être acceptée[1897]. En cas d'usufruit, l'offre doit être adressée au nu-propriétaire, car c'est lui qui conserve le droit d'aliéner les actions qui en sont grevées[1898].

1321 En cas de réduction du capital non motivée par des pertes, les actions à dividende prioritaire doivent être rachetées avant les actions ordinaires et annulées. Mais ce rachat n'est possible que si le dividende prioritaire dû au titre des exercices antérieurs et de l'exercice en cours a été intégralement versé. La condition vise à protéger les droits des porteurs de ces titres. Par dividende dû au titre de l'exercice en cours, il faut sans doute comprendre le paiement du dividende auquel les porteurs ont droit au cours de l'exercice écoulé, correspondant à celui de l'exercice écoulé, et non pas réellement le dividende né au cours de l'exercice considéré, qui ne sera payé qu'après la clôture de l'exercice, ce qui rendrait matériellement impossible l'opération de rachat. Par ailleurs, la valeur des actions à dividende prioritaire sans droit de vote est déterminée au jour du rachat par accord entre la société et l'assemblée spéciale des porteurs. Reste à présent à déterminer les effets de cette réduction du capital social.

1893 Art. 639 AUS.
1894 Art. 639 al. 2 AUS.
1895 Art. 643 AUS.
1896 Art. 644 AUS.
1897 Art. 643 AUS.
1898 Art. 648 AUS.

B- Les effets de la réduction du capital social

1322 Les effets de la réduction de capital sont perceptibles vis-à-vis aussi bien des actionnaires (1) que des créanciers (2). Dans tous les cas, ils sont parfaitement logiques.

1- Les effets vis-à-vis des actionnaires

1323 Pour les actionnaires, la réduction de capital engendre des conséquences différentes suivant les motifs qui ont inspiré la décision. La réduction de capital motivée par des pertes est source pour eux d'appauvrissement : ils perdent le droit à remboursement pour la fraction de capital réduit, et perdent définitivement une fraction, voire la totalité des apports qu'ils avaient transmis initialement. La réduction est pour eux la concrétisation de la notion de contribution aux pertes prévue par l'article 4 AUS. Cependant, elle peut permettre d'envisager à l'avenir de nouvelles distributions de bénéfices grâce à cet apurement du passif. La réduction de capital motivée par des pertes peut quant à elle avoir été décidée dans le but de les dispenser des libérations complémentaires jugées inutiles au regard de la prospérité de la société. Souvent, elle constitue une donnée technique consécutive à une décision préalable. Dans ce cas, elle n'a d'effet direct que pour le ou les actionnaires visés par la décision préalable.

Dans tous les cas, la réduction de capital entraîne une réduction du premier dividende lorsqu'il existe, puisqu'il est calculé sur la fraction libérée et non remboursée des actions.

2- Les effets vis-à-vis des créanciers

1324 La réduction du capital social constate ou opère essentiellement une diminution d'actif. À ce titre, l'opération ne peut laisser les créanciers indifférents. Mais il est vrai que tous ne sont pas concernés de la même manière ni avec la même intensité. Ceux dont la créance est née après la réduction de capital sont en principe suffisamment informés par les mesures de publicité obligatoires. Ils sont censés avoir établi les relations juridiques en considération du capital social annoncé dans les statuts à la date de naissance de leur relation contractuelle, peu importe le niveau antérieur du précédent capital. En ce sens, la réduction de capital est opposable à l'ensemble des créanciers postérieurs à cette opération, sauf fraude ouvrant droit à l'action paulienne[1899]. En revanche, les créanciers antérieurs à la réduction de capital ont contracté en fonction d'un certain montant qui leur garantissait un montant équivalent de valeur d'actif. La réduction du capital constitue une atteinte à leurs droits.

1325 En principe, elle constitue une atteinte délibérée au principe d'intangibilité du capital social, alors même que la société n'a pas de passif à apurer. Toutefois, il est inconcevable d'interdire cette opération, mais il est

---

[1899] C. civ., art. 1167.

possible d'en cantonner les effets, en la rendant inopposable aux créanciers antérieurs. Ce mode de protection peut sembler excessif et entrave parfois inutilement le fonctionnement de la société, dans la mesure où celle-ci étant par hypothèse en bonne santé financière, les droits des créanciers ne sont pas inéluctablement compromis. C'est pourquoi la loi a prévu une faculté d'opposition.

L'opposition est régie par les articles 632 et suivants de l'AUS. Elle permet aux créanciers dont la créance est née antérieurement à la décision de réduction du capital dont le procès-verbal a été déposé au greffe ainsi qu'aux représentants de la masse des obligataires, de former opposition à la réduction dans les 30 jours, suivant la date de publication dans un journal habilité à recevoir les annonces légales du lieu du siège ou au registre du commerce et du crédit mobilier[1900]. Ces délais sont suspensifs et que les opérations de réduction ne peuvent commencer tant qu'ils ne se sont pas écoulés, ni avant qu'il ait été statué en première instance sur cette opposition. Si elle est accueillie, le juge peut ordonner le remboursement des créances ou la constitution de garanties si la société en offre et si elles sont jugées suffisantes ; dans les sociétés par actions, la procédure de réduction doit être immédiatement interrompue jusqu'au remboursement ou la constitution de garanties[1901].

1326 La réduction de capital, qui est une mesure d'assainissement, se contente de tirer les conséquences d'une diminution d'actif déjà réalisée en pratique. Ce n'est donc pas la réduction en elle-même qui amenuise le gage des créanciers ; celui-ci est déjà bien érodé par l'amoindrissement d'actif provoqué par les difficultés financières. Ce n'est pas non plus elle qui lèse leur intérêt puisqu'elle n'entame pas l'actif ; elle est en effet réalisée sans remboursement aux associés du montant de leurs titres annulés ou diminution de leur valeur nominale. En conséquence, elle doit être considérée comme une œuvre de salubrité s'imposant aux actionnaires comme aux créanciers sociaux. Les articles 632 et suivants de l'AUS excluent expressément le droit d'opposition dans le cas d'une réduction motivée par des pertes, la protection des créanciers antérieurs n'étant pas le seul paramètre à considérer dans le cas d'une société en difficulté financière. La réduction de capital ne doit pas être entravée et son succès, dans l'optique d'un assainissement financier ne doit pas être remis en cause par l'inopposabilité ou la faculté d'opposition ; l'intérêt de la personne morale prime sur l'intérêt de ses créanciers.

§3. L'AMORTISSEMENT DU CAPITAL SOCIAL

1327 C'est une mesure qui consiste à rembourser aux actionnaires tout ou partie du montant nominal de leurs actions, à titre d'avance sur le produit de la liquidation future de la société, et ce sans entamer le capital. Autrement dit,

---

[1900] Art. 634 AUS.
[1901] Art. 637 AUS.

l'amortissement consiste en un remboursement anticipé du montant des apports sans que cela entraîne une réduction du capital ; les actionnaires récupèrent leur mise initiale, mais gardent néanmoins leur qualité d'actionnaire. Leurs actions deviennent des actions de jouissance, par opposition aux actions de capital. Du fait qu'ils ont récupéré le montant de leurs apports, les actionnaires perdent le droit au premier dividende et, bien sûr au remboursement du nominal à la dissolution. Ils conservent leurs droits politiques et même l'essentiel de leurs droits financiers.

1328 L'amortissement du capital est décidé par l'assemblée générale ordinaire, lorsqu'il est prévu dans les statuts. Dans le silence des statuts, il est décidé par l'assemblée générale extraordinaire. Les actions peuvent être intégralement ou partiellement amorties. Les actions intégralement amorties sont dites actions de jouissance.

L'amortissement est réalisé par voie de remboursement égal pour chaque action d'une même catégorie et n'entraîne pas de réduction de capital. Les sommes utilisées au remboursement des actions sont prélevées sur les bénéfices ou sur les réserves non statutaires. Elles ne peuvent être prélevées ni sur la réserve légale ni, sauf décision contraire de l'assemblée générale extraordinaire[1902], sur les réserves statutaires. Le remboursement des actions ne peut avoir pour effet la réduction des capitaux propres à un montant inférieur au montant du capital social augmenté des réserves que la loi ou les statuts ne permettent pas de distribuer[1903].

S-SECTION III. LA TRANSFORMATION ET LA DISSOLUTION

1329 On présentera séparément le régime de la transformation (§1) et celui de la dissolution (§2).

§1. LA TRANSFORMATION

1330 L'hypothèse d'une transformation de la SA en une autre forme de société est plutôt rare, l'inverse étant plus usuel. Quoi qu'il en soit, la SA doit respecter en plus des règles communes à toutes les transformations (A), les règles qui lui sont spécifiques (B).

A- Les règles communes à toutes les transformations

1331 Il est assez rare qu'une société anonyme se transforme en une société d'une autre forme, sauf désormais en SAS. De manière générale, on applique le

---

[1902] V. Cour d'Appel de Ouagadougou, Arrêt n° 39, Affaire : Ouattara Héma Bakary C/ Myaouenuh A. Damase, op. cit.
[1903] Art 651 et s. AUS.

droit commun de la transformation des sociétés ; on rappellera notamment que la transformation régulière n'entraîne pas la création d'un être moral nouveau[1904].

Pour pouvoir se transformer, la société anonyme doit avoir deux ans d'existence et avoir fait approuver les bilans de ses premiers exercices[1905]. En outre, le commissaire aux comptes doit établir un rapport attestant que le montant des capitaux propres est au moins égal à celui du capital social ; à défaut, il faut réduire le capital pour résorber les pertes. Ces conditions de délai et de capitaux propres ne sont pas exigées lorsque la société anonyme se transforme en société en nom collectif. Un commissaire à la transformation doit être désigné par le président du tribunal compétent.

La présence d'obligataires peut être un frein à la transformation, puisque l'opération est soumise à leur approbation[1906] ; en cas de refus, la société est tenue de leur proposer le remboursement des obligations si elle persiste dans son projet.

B- Les conditions particulières

1332 La transformation en SNC qui peut intervenir à tout moment suppose l'unanimité des actionnaires puisque ceux-ci vont alors être tenus indéfiniment et solidairement des dettes sociales (ce qui constitue une augmentation de leurs engagements)[1907]. Pour passer outre à l'obstruction des récalcitrants, on peut envisager la transformation de la société anonyme en société en commandite simple. La transformation en SCS est décidée aux conditions de quorum et de majorité de l'assemblée générale extraordinaire, mais l'on exige en outre l'accord de tous les futurs associés commandités, qui deviennent indéfiniment responsables.

La transformation en SARL est décidée dans les conditions prévues pour la modification des statuts des sociétés de cette forme, c'est-à-dire une majorité des trois quarts des actions. En outre, le nombre des associés ne doit pas dépasser 50 et l'objet social ne doit pas entrer dans la catégorie des activités interdites aux SARL.

Même si l'AUS ne dit expressément la transformation en société civile qui peut se justifier lorsque la société ayant cessé toute activité commerciale se borne à gérer un patrimoine et suppose l'accord unanime de tous les actionnaires.

[1904] K. BALDE, *La transformation de la société commerciale en droit OHADA*, op. cit.

[1905] Art. 690 AUS. M. M. LOKA NYUE, *Les aspects juridiques des opérations de restructuration dans l'Acte uniforme sur le droit des sociétés commerciales et du GIE*, op. cit.

[1906] Art. 691 AUS.

[1907] Art. 692 AUS. V. également K. BALDE, *La transformation de la société commerciale en droit OHADA*, Mémoire de maitrise, op. cit. ; G. DAMY, *Les aspects juridiques des fusions et acquisitions bancaires nationales et européennes*, thèse, op. cit. ; KEITE CHEIKHOU, *La transformation des sociétés commerciales*, Mémoire UCAD, 2008, 41p.

La transformation d'une société anonyme en SAS suppose une décision prise à l'unité des associés[1908]. La société doit satisfaire aux conditions propres de la SA ; en particulier, elle ne doit pas faire publiquement appel public à l'épargne et toutes les actions doivent être nominatives.

La décision de transformation est soumise à des formalités de publicité comme toute modification statutaire. Elle ne devient opposable aux tiers qu'après achèvement de ces formalités. La société conserve sa personnalité morale, mais la transformation met fin aux pouvoirs des organes d'administration ou de surveillance (s'il est démontré que la transformation a eu pour seul but d'évincer l'un des dirigeants, celui-ci pourrait obtenir des dommages-intérêts et même l'annulation de l'opération abusive).

§2. LA DISSOLUTION DE LA SOCIÉTÉ ANONYME

1333 La dissolution de la SA obéit pour l'essentiel au droit commun de la dissolution[1909]. Les causes générales de dissolution (déjà énoncées lors de l'examen de la SNC, la SNC ou la SARL) sont applicables à la SA. Il suffit par conséquent de renvoyer au régime général. La plupart des causes sont donc communes à toutes les formes de société : arrivée du terme (à moins que l'assemblée générale extraordinaire ne décide la prorogation de la société), réalisation ou extinction de l'objet, annulation de la société, décision des actionnaires, dissolution judiciaire pour justes motifs.

Cependant, il existe tout de même des causes de dissolutions propres à la société anonyme. Parmi ces causes, on signalera les deux suivantes :

- capital devenant inférieur au minimum légal ; tout intéressé peut demander en justice la dissolution de la société ; cependant il n'y a pas lieu à dissolution si, lorsque le tribunal statue, le capital a retrouvé l'étiage légal. Cette règle n'empêche pas de réduire le capital à un montant inférieur au minimum légal, voire zéro, sous la condition suspensive d'une augmentation de capital destinée à amener celui-ci à un certain seuil ; c'est ce qui se passe couramment dans l'hypothèse du « *coup d'accordéon* ».

- Si, du fait de pertes constatées dans les états financiers de synthèse, les capitaux propres de la société deviennent inférieurs à la moitié du capital social, le conseil d'administration ou l'administrateur général selon le cas est tenu, dans les quatre mois qui suivent l'approbation des comptes ayant fait apparaître cette perte, de convoquer l'assemblée générale extraordinaire à l'effet de décider si la dissolution anticipée de la société a lieu[1910]. Si la dissolution n'est pas prononcée, la société est tenue, au plus tard à la clôture du deuxième exercice suivant celui

[1908] Art. 853-6 AUS.
[1909] M. R. BINEMBE, *La dissolution des sociétés commerciales*, op. cit. ; MBALLO ALMAMY, *La dissolution des sociétés commerciales, bilan et perspectives*, Mémoire UCAD, 2010, 48p.
[1910] Art. 664 AUS.

au cours duquel la constatation des pertes est intervenue, de réduire son capital, d'un montant au moins égal à celui des pertes qui n'ont pu être imputées sur les réserves si, dans ce délai, les capitaux propres n'ont pas été reconstitués à concurrence d'une valeur au moins égale à la moitié du capital social[1911]. À défaut de réunion de l'assemblée générale, comme dans le cas où cette assemblée n'a pas pu délibérer valablement sur dernière convocation, tout intéressé peut demander en justice la dissolution de la société[1912].

1911 Art. 665 AUS.
1912 Art. 667 AUS.

CHAPITRE III

LA SOCIÉTÉ PAR ACTIONS SIMPLIFIÉE

1334 La société par actions simplifiée, récemment introduite en droit OHADA, est une société dont le fonctionnement interne relève, pour une large part, de la seule volonté de ses membres[1913]. Il s'agit d'une nouvelle forme de société par actions qui s'ajoute à la société anonyme. Son régime juridique est fixé par les articles 853 et suivants de l'Acte uniforme portant droit des sociétés et des groupements d'intérêt économique récemment modifié[1914].

La SAS est marquée par un fort *intuitu personae* des « *associés* », terme qui a été préféré par le législateur à celui, plus exact, « *d'actionnaires* ». De nombreuses clauses peuvent être introduites dans les statuts afin de maintenir cette caractéristique : clauses d'inaliénabilité des actions, clause d'agrément, clause d'exclusion d'un associé par le rachat de ses titres.

1335 Bien que la SAS ait ses racines dans la société anonyme, elle s'en sépare sur deux points essentiels : d'une part, son organisation et son fonctionnement relèvent des statuts, c'est-à-dire de la seule volonté commune des associés ; d'autre part, ces derniers peuvent, dans une large mesure, aménager comme ils l'entendent les conditions de leur entrée et de leur sortie de la société.

Telle qu'elle est envisagée et comme on le verra, la SAS est le groupement personnalisé à risques limités le plus souple qui existe actuellement en droit OHADA. La nouvelle forme sociale, qu'elle soit pluripersonnelle (section 1) ou unipersonnelle (section2), est donc appelée à un grand développement, aux dépens sans doute de la SARL et de la SA ; cette dernière forme restant toutefois privilégiée lorsqu'il s'agit de grandes entreprises faisant publiquement appel à épargne.

[1913] V. pour plus de détails, MAIRAMOU SADJO GOMBO, *Le régime juridique de la société par action simplifiée OHADA*, mémoire de Master, Ngaoundéré (Cameroun), 2015 ; A. TCHOOU, *La SAS, un nouvel instrument juridique au service du développement économique dans l'espace OHADA*, mémoire de Maitrise, Université Gaston Berger (Saint-Louis, Sénégal), 2014.

[1914] V. pour une idée de la mise en conformité J. ZINSOU, *Les nouvelles formes et les procédures de mise en conformité des statuts*, Cotonou, CCIB, 1999.

SECTION I- LA CONSTITUTION D'UNE SOCIÉTÉ PAR ACTIONS SIMPLIFIÉE

1336 On verra tour à tour les règles de constitution (§1), de fonctionnement (§2) et de dissolutions (§3) de cette forme de société.

§1. LA CONSTITUTION D'UNE SOCIÉTÉ PAR ACTIONS SIMPLIFIÉE

1337 Comme pour toutes les autres formes sociales, la constitution de la SAS est soumise à des exigences de fond (A) et de forme (B).

A- Les conditions de fond

1338 Elles ont trait à la qualité d'associé (1), à l'objet social (2) et au capital social (3).

1- Les associés

1339 Combien d'associés pour créer la SAS ? (a), quelle qualité faut-il justifier pour être associé d'une SAS ? (b) et de quelle manière exprimer son accord pour faire partie d'une telle société ? (c).

a- Le nombre d'actionnaires

1340 L'AUS élargie et simplifie les possibilités de création des sociétés commerciales. Comme pour les sociétés anonymes et les SARL, il est également prévu qu'une seule personne, dénommée selon l'article 853-1, alinéa 2, « associé unique » peut créer une SAS. Bien que cela ne signifie pas qu'il existe deux formes de SAS, il n'en reste pas moins que dès la constitution de la société, le fait qu'il n'y ait qu'un seul associé produit diverses conséquences.

En effet, l'acte créateur de la SAS unipersonnelle ne peut se voir reconnaître la nature d'un contrat ; il s'agit d'un acte unilatéral[1915]. L'associé ne s'engage pas envers d'autres associés ; en revanche, il se place volontairement dans une situation juridique qui va produire diverses obligations à l'égard des tiers. Assurément, ces obligations pèsent directement sur la société elle-même ; notamment lorsque l'immatriculation de la société est obtenue, cette société devient débitrice des impôts et charges sociales, et elle doit remplir ses engagements civils. Quant à l'associé unique lui-même, il ne doit pas confondre son patrimoine avec celui de la société ; il doit respecter les règles de constitution de la société, et notamment désigner un organe distinct comme président - même si c'est lui qui, personnellement, se désigne pour cette tâche.

1341 L'acte créateur de la société unipersonnelle doit respecter les conditions de validité des actes juridiques, qui sont en partie les mêmes que celles qui s'appliquent aux sociétés nées d'un contrat. Parmi les différences, outre l'évidente

---

[1915] P. Le CANNU, « Société par action simplifiée », *Répertoire droit des sociétés*, 2013.

absence de dualité de parties, on peut s'interroger sur l'incidence des vices qui ne sont sanctionnés qu'au cas où ils émanent de l'autre partie au contrat. Tel est le cas du dol. Mais une partie de la doctrine admet qu'en cas d'acte unilatéral (par exemple une renonciation à succession), le dol puisse entraîner la nullité de l'acte quoiqu'il émane d'un tiers[1916]. Par ailleurs, on peut se demander si un acte aussi formalisé qu'une constitution de société peut constituer, pour son unique auteur, l'objet d'une erreur. En tout cas, de tels vices du consentement atteindraient bien tous les associés fondateurs, puisqu'il n'y en a qu'un seul, et surtout qu'aucun autre n'a donné un consentement intègre. Par ailleurs, l'*affectio societatis* n'a pas de sens pour l'associé unique, sauf si on l'assimile à la volonté réelle d'être en société : on ne peut écarter la notion de SAS fictive, faite uniquement pour créer une apparence à l'égard des tiers.

1342 Par ailleurs, l'AUS ne précise pas le nombre maximum d'actionnaires de la SAS. Est-ce à dire qu'il est illimité ? Comme certains auteurs, on peut en douter[1917]. Naturellement, on peut évoquer une raison d'ordre pratique, puisque les contraintes de ce type de société conviennent mal à un groupe trop nombreux, et que les exigences en capital formées à l'égard des sociétés actionnaires limitent forcément le nombre de celles-ci. De plus, les associés-personne morale s'agrègent peut-être moins facilement que les personnes physiques à un tel groupe.

b- Les types d'actionnaires admis

1343 Toute personne peut être actionnaire de SAS, personnes morales ou personnes physiques.

Pour ce qui est des personnes morales, il n'y a pas de distinction à faire selon leur type (sociétés, GIE, associations, syndicats, fondations...), pourvu que la participation à une société commerciale soit compatible avec leur objet statutaire. Les sociétés spéciales ne sont pas exclues de l'actionnariat de la SAS. Toutefois, une vérification systématique de la compatibilité de l'objet et du statut de ces sociétés avec la participation à une SAS paraît indispensable. On peut nourrir quelques doutes sur les groupements non sociétaires dont la seule, voire la principale activité consisterait à détenir des actions de SAS, surtout unipersonnelle. On peut aussi craindre les détournements d'objet ou de substance. Mais en dehors de ces risques, l'ouverture est avérée. Elle concerne aussi les personnes morales de droit public, si la participation à une société commerciale est conforme aux règles particulières qui les régissent.

S'agissant des personnes physiques, il faut dire qu'elles sont admises aussi largement que dans une société anonyme. La capacité est minimale, quoique cela

---

[1916] En ce sens, Ph. MALAURIE et L. AYNES, *Droit civil. Les obligations,* 10e éd., 1999/2000, Cujas, n° 417.

[1917] P. Le CANNU, P. Le Cannu, *Société par action simplifiée*, op.cit.

puisse poser des problèmes. En effet, on peut admettre qu'un incapable, mineur ou majeur, acquiert et conserve des actions par l'intermédiaire de son représentant légal, lorsqu'il s'agit d'effectuer un placement, ou qu'il gère des titres recueillis à titre gratuit. En revanche, la création d'une SAS par un incapable semble entachée de nullité ; et le représentant légal ne semble pouvoir accomplir seul une telle création, ou l'acquisition de la majorité ou de la totalité du capital. Or la SAS unipersonnelle peut apparaître comme un moyen tentant de tourner l'interdiction d'accomplir des actes de commerce. De plus, l'impératif de protection de l'incapable ne serait plus respecté si l'incapable pouvait être exposé trop facilement aux risques d'une telle société lorsqu'elle comporte plusieurs associés.

Deux conjoints peuvent désormais être associés, voire seuls associés, dans la même SAS.

c- Le consentement des actionnaires

1344 La signature des statuts peut être faite soit par un représentant de l'entité actionnaire, soit par un mandataire choisi par ce représentant et justifiant d'un pouvoir spécial.

Lorsque les actionnaires de la SAS sont des personnes morales, leur consentement à l'acte ou au contrat constitutif doit s'exprimer par l'intermédiaire de dirigeants sociaux, dont il faut éventuellement vérifier la qualité. L'intégrité du consentement de la personne morale actionnaire s'apprécie dans la psychologie du dirigeant qui l'engage. Si la société comporte au moins deux associés, les restrictions de l'article 242, alinéa 2 AUS s'appliquent : l'incapacité ou le vice du consentement ne peuvent entraîner la nullité de la société que s'ils atteignent tous les associés fondateurs. Et la régularisation de l'article 248 AUS est susceptible d'être mise en œuvre.

2- Les apports et le capital social

1345 Les apports à une SAS sont soumis en principe au même régime que les sociétés anonymes ; ils peuvent s'opérer en numéraire ou en nature, mais non en industrie. Les parts de fondateur ne sont pas non plus admises. Mais SAS peut émettre des actions inaliénables résultant d'apports en industrie[1918]. Quoi qu'il en soit, et conformément à l'article 853-3 AUS, sous réserve de quelques particularités, les règles relatives aux sociétés anonymes s'appliquent entièrement, qu'il s'agisse de celles relatives aux apports en numéraire (a), aux apports en nature (b), ou à celles relatives au capital social (c).

[1918] V. art. 853-5, al. 2 AUS. Pour plus de détails, V. MASSART, « La modernisation de la SAS ou comment apporter moins pour gagner plus », *Bull. Joly* 2008. 638.V. MAIRAMOU SADJO GOMBO, *Le régime juridique de la société par action simplifiée OHADA*, op. cit. ; A. TCHOOU, *La SAS, un nouvel instrument juridique au service du développement économique dans l'espace OHADA*, op. cit.

a- Les apports en numéraire

1346 En cas d'apport en numéraire, les fonds versés peuvent provenir d'un emprunt. Comme dans les sociétés anonymes, la souscription d'actions doit être pure et simple. De même, les versements doivent être faits entre les mains d'un fondateur qui doit les remettre au plus tard huit jours après les avoir reçus, soit à la caisse des dépôts et consignations, soit chez un notaire, soit dans un établissement de crédit[1919], même si cet établissement fait partie lui-même des souscripteurs. Le versement peut aussi être fait directement dans un établissement de crédit ou une entreprise d'investissement qui est donc affranchie du délai de huit jours. La remise des fonds doit être accompagnée d'une liste comportant l'identité des souscripteurs et l'indication des sommes versées par chacun d'eux[1920]. Le dépositaire établit alors un certificat[1921]. Il doit communiquer la liste des souscripteurs à tous ceux d'entre eux qui lui en feraient la demande[1922]. Le retrait des fonds sera effectué après l'immatriculation de la société dans les conditions fixées par l'AUS.

b- Les apports en nature

1347 Les apports en nature obéissent aux mêmes règles que dans les sociétés anonymes. Un commissaire aux apports doit donc être désigné par le président du tribunal de la juridiction compétente statuant sur requête à la demande des fondateurs ou de l'un d'eux[1923]. Le rapport des commissaires aux apports doit décrire chacun des apports, indiquer quel mode d'évaluation a été adopté et dire pourquoi il a été retenu.

Lorsque la société est unipersonnelle, les statuts, rédigés par l'actionnaire unique doivent contenir l'évaluation des apports en nature ; bien qu'il n'y ait qu'un seul associé, on ne trouve pas à ce moment d'objection pour admettre de tels apports, d'autant que le rapport du commissaire aux apports est généralement annexé aux statuts et ces derniers doivent mentionner l'évaluation des apports en nature. Les actions d'apport doivent être intégralement libérées dès leur émission.

La même procédure doit-elle être suivie s'il existe « *au profit de personnes associées ou non* » des avantages particuliers ? On a soutenu la négative, en raison du nombre réduit d'actionnaires et du rôle primordial que doit jouer la liberté contractuelle[1924]. Il est vrai que l'inégalité est largement admise dans la SAS (ex. : droit de vote plural, décisions non collectives...). Ne faut-il pas cependant disposer d'un instrument de mesure de cette inégalité ? Le rôle du

---

[1919] Art. 393 AUS.
[1920] Art. 393, al. 3 AUS.
[1921] Art. 394 AUS.
[1922] Art. 393 *in fine*.
[1923] Art. 853-13 AUS.
[1924] M. JEANTIN, « Constitution de la société par actions simplifiée », *in* A. COURET et P. Le CANNU (sous la direction de), n° 8 ;

commissaire aux apports se limite à cela. De plus, il ne peut être question d'écarter son intervention en cas d'apports en nature.

Par ailleurs, on peut estimer que l'unicité d'associé écarte la possibilité d'un avantage particulier au bénéfice d'un associé ; la procédure d'évaluation ne doit donc être suivie que si cet avantage profite à un tiers. Et l'on sait qu'à défaut d'une telle approbation (donc ici par l'actionnaire unique), la société *« n'est pas constituée »*.

c- Le capital social

1348 Le montant du capital social est librement fixé par les statuts sans minimum légal[1925].

Pour constituer son capital, la SAS ne peut pas faire appel public à l'épargne[1926], ce qui se comprend. Effectivement, d'une part, un tel appel toucherait des personnes qui ne peuvent devenir actionnaires ; d'autre part, un fort *intuitu personae* doit unir ceux qui s'engagent dans une telle société, en raison des clauses inégalitaires qu'elle peut comporter. Dans certains pays comme la France, l'interdiction a été légèrement tempérée. Depuis la réforme de l'appel public à l'épargne de 1998 en effet, la règle signifie que la SAS peut recourir au placement privé, soit auprès d'un cercle restreint d'investisseurs, soit auprès d'investisseurs qualifiés[1927]. On peut en revanche hésiter sur l'appel public à l'épargne « *dissident* », celui que provoque un actionnaire qui cherche à céder ses titres dans le public. Ce n'est en effet pas la société elle-même qui fait appel public à l'épargne dans ce cas. Toutefois, il s'agit bien des titres de la SAS, et il ne semble pas possible pour l'instant de les placer auprès d'un public indifférencié. C'est pourquoi, un auteur estime que les actionnaires de SAS ne peuvent en aucun cas recourir à des procédés d'appel public à l'épargne pour céder leurs titres[1928].

1349 L'interdiction de l'appel public à l'épargne vise-t-elle seulement les titres de capital ? Un éminent auteur répond par l'affirmative[1929]. Toutefois, les raisons de fond qui militent en faveur de l'interdiction relative aux actions se trouvent, plus ou moins directement, pour les autres titres - à savoir les risques d'une gestion peu démocratique et peu transparente. De plus, l'article 853-4 AUS ne fait aucune distinction entre les procédés d'appel public ni entre les titres susceptibles d'être placés. On peut donc penser entre autres que les titres de créance qu'une SAS peut émettre ne peuvent en aucune façon être offerts au public.

1925 Art. 853-5 AUS.

1926 Art. 853-4 AUS.

1927 P. Le CANNU, *Société par action simplifiée*, op. cit.

1928 Ibid.

1929 Y. Guyon, article préc., n° 12

Le montant du capital social doit figurer dans les statuts de la SAS. Il doit aussi être indiqué dans les actes et documents émanant de la société et destinés aux tiers.

Contrairement au droit français qui ne semble pas permettre expressément que le capital de la SAS soit variable[1930], l'AUS est sans équivoque sur ce point. Il peut être stipulé dans les statuts des sociétés anonymes ne faisant pas appel public à l'épargne et sociétés par actions simplifiées, que le capital social est susceptible soit d'augmentation par des versements successifs des associés ou l'admission d'associés nouveaux, soit de diminution par la reprise totale ou partielle des apports effectués[1931]. En dehors de cette hypothèse légale, il existe une autre voie de constitution d'une SAS à capital variable. Ainsi, une clause des statuts peut valablement prévoir la variabilité du capital dans les sociétés commerciales, étant donné la marge de liberté laissée aux associés dans un tel type de société.

Quoi qu'il en soit, il faut noter que le capital social est constitué par les différents apports réalisés. Chaque apport donne droit à des actions. La valeur nominale des actions est également fixée par les statuts[1932]. La SAS peut émettre des actions inaliénables résultant des apports en industrie. Les statuts doivent cependant déterminer les modalités de souscription et de répartition de ces actions.

B- Les conditions de forme

1350 La SAS ne pouvant faire appel public à l'épargne, l'établissement d'un projet de statuts n'est en principe pas obligatoire. On voit mal cependant les futurs associés remettant les fonds représentatifs de leurs apports en numéraire, sans connaître les clauses essentielles des statuts. D'où la nécessité pratique d'établir un projet de statuts.

L'AUS insiste maintes fois sur la nécessité de garnir les statuts de stipulation permettant de fixer les droits et obligations de chaque participant. Parmi les mentions toujours obligatoires, qui s'ajoutent à celles du droit commun (forme,

---

[1930] Selon l'article 48 de la loi du 24 juillet 1867, résultant de l'intégration de la 2e directive européenne du 13 décembre 1976 par la loi n° 81-1162 du 30 décembre 1981 (art. 30, *D.* 1982.17, *rect.* 137), « il peut être stipulé dans les statuts des sociétés qui n'ont pas la forme de société anonyme ainsi que dans toute société coopérative que le capital social est susceptible d'augmentation par des versements successifs des associés ou l'admission d'associés nouveaux et de diminution par la reprise totale ou partielle des apports effectués ». Peut-on dire que, la SAS n'étant pas une société anonyme, cette disposition lui permet d'être dotée d'un capital variable (en ce sens : M. Jeantin, « Constitution de la société par actions simplifiée », *in* A. Couret et P. Le CANNU [sous la direction de], *op. cit.*, n° 12 ; G. BAUDEU, article préc., n° 11) ? Une réponse négative semble plus exacte (en ce sens : J. Paillusseau, article préc., n° 21).

[1931] Art. 269 et s. AUS. V. MAIRAMOU SADJO GOMBO, *Le régime juridique de la société par action simplifiée OHADA,* op. cit. ; A. TCHOOU, *La SAS, un nouvel instrument juridique au service du développement économique dans l'espace OHADA,* op. cit.

[1932] Art. 853-5 AUS.

durée, dénomination, siège, objet, capital, les modalités de son fonctionnement...), on peut citer : les conditions dans lesquelles la société est dirigée[1933], les conditions de désignation et d'exercice des pouvoirs du président[1934], les décisions qui doivent être prises collectivement par les associés ainsi que les formes et conditions des décisions collectives[1935].

1351 Lorsque ces clauses nécessaires ont été omises, les dispositions applicables aux sociétés anonymes valant pour la SAS, l'action en régularisation est ouverte, à « *tout intéressé* », dans les trois ans qui suivent l'immatriculation (ou en cours de vie sociale, l'inscription modificative au registre du commerce et des sociétés). Cette action en justice peut poser en théorie des problèmes redoutables. Le tribunal saisi ne peut en effet se substituer à la volonté des parties pour déterminer le contenu des statuts ; son rôle doit rester formel, c'est-à-dire imposer l'indication des mentions nécessaires, sans en décider le contenu. La question reste donc pendante de savoir ce qu'il advient d'une SAS dont les statuts ne précisent pas, ou mal, par exemple de quelle façon « *la société est dirigée* ». Les risques de requalification ou de dissolution existent là aussi.

1352 Parmi les mentions qui doivent figurer dans les statuts, on peut noter diverses suggestions émises par les textes relatifs à la SAS : conformément à l'article 853-3, il peut s'agir de la détermination du ou des dirigeants qui exercent les fonctions du conseil d'administration visées dans les règles relatives à la société anonyme et applicables à la SAS, des conditions de la cession des actions d'une société actionnaire dont le capital se trouve réduit en dessous du minimum exigé, de l'inaliénabilité des actions, de l'agrément des cessions d'actions, des conditions d'une cession forcée ou d'une suspension des droits non pécuniaires d'un associé, des conditions de la suspension des droits pécuniaires ou de l'exclusion d'un actionnaire dont le contrôle a changé, ou alors des modalités du prix de cession des actions, en cas de cession forcée ou d'exclusion. Naturellement, cette liste n'épuise pas le sujet, puisque la liberté contractuelle permet aux rédacteurs de statuts d'adapter leur société à leur situation et à leur politique.

1353 Quoiqu'il en soit, les statuts doivent être établis par écrit. L'acte peut être sous seing privé ou notarié. Dans la pratique, les statuts de la SAS devraient être très développés en raison notamment de la liberté laissée aux associés pour organiser le fonctionnement de la société. Si les fondateurs décident d'appliquer les règles de la SA ou de la SARL, il serait conseillé d'adopter des statuts « *simplifiés* » en renvoyant aux dispositions législatives ou réglementaires applicables à la forme sociale choisie et en précisant, le cas échéant, que sont seules visées les dispositions en vigueur à la date d'immatriculation de la SAS.

[1933] Art. 853-7 AUS.
[1934] Art. 853-8 AUS.
[1935] Art. 853-11 AUS.

En somme, il convient de noter que, comme pour toutes les sociétés commerciales, la constitution d'une SAS donne lieu, indépendamment de l'enregistrement ; aux formalités de publicité suivantes : insertion dans un journal d'annonces légales et immatriculation au registre du commerce et du crédit immobilier. Les formalités incombent au président de la SAS, qui la représente légalement. Mais elles peuvent être accomplies, sous la responsabilité du président, par une autre personne désignée dans les statuts ou par le président lui-même.

La SAS commence à « *jouir* » de la personnalité morale dès son immatriculation. Le président peut, après l'immatriculation, retirer les fonds représentatifs des apports en numéraire auprès du dépositaire, sur présentation du certificat d'immatriculation.

SECTION II- LE FONCTIONNEMENT DE LA SOCIÉTÉ PAR ACTIONS SIMPLIFIÉE

1354 La SAS se caractérise par une liberté d'organisation qui vaut à tous les niveaux de comparaison avec les autres sociétés, et spécialement la société anonyme. Remarquable sur le plan de la direction et du contrôle, elle atteint des sommets en ce qui concerne les « *décisions collectives* ». Cependant, dans la configuration minimum, les organes de la SAS doivent exister, quoique très « *simplifiés* », et ils ne peuvent être réduits à un seul. L'idée de spécialisation des fonctions n'est donc pas complètement éliminée, tout en pouvant être largement accommodée par les rédacteurs des statuts. L'étude du fonctionnement de la SAS sera donc découpée en deux éléments : les organes de la SAS (§1) ; les décisions collectives (§2).

§1. LES ORGANES DE LA SOCIÉTÉ PAR ACTIONS SIMPLIFIÉE

1355 Le législateur a voulu éviter à la SAS la plupart des lourdeurs qui encombrent le statut des dirigeants de société anonyme, en excluant l'application des règles conçues pour le conseil d'administration. La loi n'impose qu'un président, essentiellement afin que les tiers sachent qui représente la SAS. Par ailleurs, la loi laisse les statuts déterminer s'il doit exister d'autres dirigeants, et répartir les pouvoirs internes. Le statut de ces dirigeants n'est pratiquement pas. À côté des organes statutaires, d'autres peuvent être créés ; enfin, le commissaire aux comptes est obligatoire dans certains cas. Si les dispositions impératives sont beaucoup moins nombreuses qu'à propos des sociétés anonymes, la pratique statutaire peut cependant engendrer une très forte complexité dans les sociétés où il existe une réelle opposition d'intérêts[1936]. Pour l'essentiel, on peut envisager de les traiter en utilisant la distinction classique entre les organes de direction (A), de délibération (B) ou les organes de contrôle (C).

A- La direction

1356 La SAS est dirigée par un président[1937]. Le président y joue un rôle apparemment éminent. Ses pouvoirs sont réglementés dans le domaine des rapports avec les tiers. Pour le reste, les statuts de la société peuvent être adaptés aux besoins avec beaucoup de souplesse. Il peut donc arriver qu'en réalité, le président ne soit qu'un simple exécutant, ou qu'il ait les pouvoirs les plus larges. On présentera successivement son statut (1), ses fonctions (2) et le contrôle de ses actions (3).

1- Le statut du président

1357 L'article 853-8 AUS, aux termes duquel, « *la société est représentée à l'égard des tiers par un président désigné dans les conditions prévues par les statuts* », ne semble pas admettre que la SAS compte deux ou plusieurs co-présidents. Pourtant, la liberté statutaire de la SAS devrait justifier cette solution. La prudence commande donc de se contenter soit d'une présidence alternative (ou « *tournante* »), soit d'un président-personne morale, avec une forme de société, d'association ou de groupement d'intérêt économique doté de plusieurs représentants sociaux ; ces derniers vont alors exercer chacun en même temps les fonctions de président de la SAS[1938].

1358 La désignation du président n'est régie que par les statuts de la SAS. Elle ne fait pas partie des décisions qui doivent être prises collectivement par les actionnaires[1939]. Il est donc possible, par une clause des statuts, de faire nommer le président par un collège spécial, ou par tel ou tel actionnaire, voire par un ou plusieurs tiers. On peut aussi le nommer dans les statuts, ou prévoir (par exemple) que le successeur du président en fonction ne sera nommé qu'à titre provisoire en attendant une nomination dans les statuts. Le rôle primordial du président pousse vers un mode de désignation qui assure la légitimité de celui-ci à l'égard de tous les actionnaires, surtout dans une filiale commune. Mais les conditions de vote sont librement déterminées, et les statuts ou un pacte extérieur peuvent contenir pour cette désignation une convention de vote. Dans le silence des statuts, on peut penser que la nomination du président incombe directement aux associés, dans

---

[1936] G. BAUDEU, « La SAS : pratiques statutaires », *Petites affiches*, 9 avr. 1997, n° 43, p. 10, spéc. n° 13 ; J.-J. UETTWILLER et J. LARRIVE, *Guide de rédaction des statuts de SAS*, préf. G. PARLEANI, éd. EFE.
[1937] Art. 853-8 AUS.
[1938] V. C. NGNE PAHOUA, *Le statut juridique du président dans les sociétés par actions OHADA*, mémoire de Master, Ngaoundéré (Cameroun), 2015.
[1939] V. art. 853-7 AUS.

les conditions posées pour les décisions collectives ordinaires, ou les décisions d'associé unique.

L'AUS adopte une solution audacieuse en permettant dans les SAS la présidence par une personne morale[1940]. La principale crainte nourrie à propos de ce genre de solution est traitée par ce texte, qui soumet « *les dirigeants de ladite personne morale* » aux mêmes conditions, obligations et responsabilités que s'ils étaient, président en leur nom propre. De plus, ce texte reprend la solution applicable aux personnes morales administrateurs, en affirmant la responsabilité solidaire de la personne morale président avec son ou ses représentants.

1359 Les statuts sont libres de fixer, pour le président, le degré de *stabilité* qu'ils désirent. On peut opter pour l'instabilité absolue (révocation *ad nutum*), pour la stabilité absolue (président irrévocable, sauf par dissolution ou transformation de la société), ou prévoir que la révocation sera décidée soit par les actionnaires, soit par un comité, soit par un tiers, soit par le juge, avec ou sans motif, préavis et/ou indemnisation. La stabilité totale permet de délier le capital et le pouvoir de gestion, aussi bien que dans une commandite. Aucune disposition de l'AUS n'ouvre au juge la possibilité de révoquer le président. L'instabilité peut garantir, de la part de la personne qui assume les fonctions de dirigeant, un désir maximum de performance, au moins à court terme, lorsque ce dirigeant n'a pas lui-même les moyens de prendre ou de bloquer la décision concernant son renvoi.

1360 La rémunération du président est librement déterminée dans les statuts ou dans un règlement intérieur. Elle n'est peut-être pas à l'abri du contrôle du commissaire aux comptes et des actionnaires. Les aspects contractuels l'emportent dans l'analyse des fonctions du président, si ce n'est sur la détermination de ses pouvoirs à l'égard des tiers. Cependant, la nature fermée de la SAS atténue les inconvénients que cette solution peut avoir sur la diffusion et le contrôle de la rémunération. Selon la jurisprudence française, il appartient au juge de fixer le montant de la rémunération du président en cas de conflit entre celui-ci et l'organe statutairement chargé de déterminer ce montant[1941]. Les formes de rémunération que peut recevoir le président sont aussi variées que celles que peut percevoir le président du conseil d'administration d'une société anonyme. Notamment, les rémunérations versées en cours de fonction sont librement calculées (fixe, pourcentage de l'une des données d'évolution de la société). De plus, le président peut recevoir de la société une rémunération différée sous forme de pension de retraite, aux conditions fixées par la jurisprudence[1942].

[1940] V. art. 853-9 AUS.

[1941] Versailles, 12e ch., sect. 2, 22 oct. 2009, n° 08-2252.

[1942] Voir en droit français parmi tant d'autres les décisions suivantes : Cass. com. 3 mars 1987, *Bull. civ.* IV, n° 64, *Rev. sociétés* 1987.266, note Y. Guyon, *D.* 1987, IR 64, *Gaz. Pal.* 1987.1.264, note B. Hatoux NGNE PAHOUA CHRISTELLE, Le statut juridique du président dans les sociétés par

2- Les fonctions du président

1361 Le président est président de la SAS et non d'un conseil. Il faut distinguer les fonctions du président dans l'ordre interne et dans l'ordre externe. Seul ce type de rapports juridiques est réglementé, dans le but de protéger les tiers qui traitent ou sont susceptibles de traiter avec la SAS.

a- Les fonctions du président à l'extérieur de la société

1362 Le président est le seul représentant légal de la SAS[1943]. Aucun autre dirigeant ne peut donc se voir confier la totalité des pouvoirs de représentation. Cela n'empêche évidemment pas les délégations, mais elles ne peuvent pas porter sur l'ensemble des pouvoirs de représentation[1944]. De plus, le dépassement de l'objet social ne peut être opposé au tiers contractant que s'il est prouvé qu'il avait une connaissance précise de cet objet.

Mais l'article 853-8 AUS atténue la portée de cette règle. Les statuts peuvent prévoir les conditions dans lesquelles une ou plusieurs personnes autres que le président portant le titre de directeur général ou directeur général adjoint peuvent exercer les pouvoirs confiés à ce dernier par le présent article.

La limitation des titres pouvant être portés par les délégataires (directeur général ou directeur général adjoint) a pour but de protéger les tiers en assurant une cohérence avec les titres employés dans les sociétés anonymes. Les statuts doivent se mettre en conformité avec la terminologie employée dans la loi.

Le pouvoir de représentation n'implique pas juridiquement un pouvoir de décision, c'est-à-dire une marge de liberté du représentant social. Pourtant, dans les faits, cette autonomie semble être indispensable : on voit mal le président d'une société ne jouir d'aucun pouvoir d'adaptation dans une négociation. C'est un point sur lequel les statuts peuvent donner des précisions utiles. Il est certainement licite de contrôler étroitement l'action du président par des clauses spécifiques : les rédacteurs des statuts ont le choix entre un régime « présidentiel » ou un régime « *parlementaire* »[1945]. Notamment, il est possible d'exiger de lui le respect des instructions. Les clauses limitatives (autorisation, avis ou information préalable de tel organe ou personne) ne peuvent justifier l'annulation d'un acte, dans la mesure où cette sanction produit un effet externe ;

---

actions OHADA, op. cit. ; I. BARRIERE-BROUSSE, « L'après-mandat social », *Petites affiches,* 16 sept. 1991, n° 111, p. 21 ; G. BRIERE de L'ISLE et J. HONORAT, *Rép. sociétés.* V° *Président du conseil d'administration.*

1943 V. art. 853-8 AUS ; HALLOUIN, « Le monopole de représentation du président de la SAS », *D.* 2002. 2922 .

1944 M. GERMAIN, « La société par actions simplifiée », *JCP* 1994. I. 3749, n° 19.

1945 P. ROUX, « La responsabilité du président dans la société par actions simplifiée », *Bull. Joly* 1996.905, spéc. 908.

elles n'entraînent que des sanctions internes (responsabilité civile du président, voire révocation si les statuts s'y prêtent).

1363 Le directeur général adjoint est un représentant légal de la société. Il résulte des dispositions de l'article 853-8 que les tiers peuvent se prévaloir à l'égard d'une société par actions simplifiée des engagements pris pour le compte de cette dernière par une personne portant le titre de directeur général ou de directeur général délégué de la société.

Lorsqu'une personne morale exerce les fonctions de président de SAS, rien ne s'oppose à ce qu'elle délègue une partie de son pouvoir de représentation à une ou plusieurs autres personnes. Toutefois, il est moins facile d'admettre que ce délégué puisse recevoir une délégation totale ; peut-on craindre que la personne morale dirigeante n'assume plus personnellement ses fonctions ? Ce raisonnement qui convient aux personnes physiques ne sied pas aux personnes morales, dans la mesure où la jurisprudence leur accorde une grande liberté dans le choix de leurs représentants, lorsqu'il s'agit d'accomplir l'une des tâches de la personne morale. On peut donc admettre qu'une personne morale président désigne un délégué qui n'est pas son propre représentant légal pour exercer les fonctions de représentation de la SAS, sous réserve cependant que la direction de cette SAS ne soit pas l'objet exclusif de la personne morale président. L'existence de ce délégué n'exonère pas les représentants légaux de cette personne morale de leur responsabilité au sujet de la présidence de la SAS, en raison des dispositions de l'article 853-9 AUS.

b- Les fonctions du président à l'intérieur de la société

1364 Le président jouit en principe d'un pouvoir général de gestion qui lui est conféré par l'article 853-8, alinéa 1er, deuxième phrase (« *Le président est investi des pouvoirs les plus étendus pour agir en toute circonstance au nom de la société dans la limite de l'objet social* »). Cependant, les statuts peuvent parfaitement aménager ce principe. Il est donc possible soit de conférer au président de très larges pouvoirs, afin qu'il soit en mesure de gouverner librement la société, soit au contraire, de le contrôler en lui imposant de partager ses pouvoirs avec un comité de direction ou un conseil d'administration, seul compétent pour prendre telle ou telle décision. Toutefois, il est prudent de ne pas faire coexister, avec le président de la SAS, un président du conseil d'administration ou un administrateur général qui auraient des pouvoirs de représentation à l'égard des tiers ; leur appellation peut en effet induire les tiers en erreur, et la législation est conçue de telle sorte que les tiers ne soient pas obligés de vérifier les pouvoirs des dirigeants ayant un tel titre[1946].

[1946] Pour aller plu loins sur cette question, voir PARTOUCHE, « Le président d'une SAS peut-il encore organiser efficacement la délégation de ses pouvoirs ? », *Option Finance* 1er févr. 2010, p. 24.

1365 Les statuts peuvent aussi subordonner tel ou tel acte du président de la SAS à la consultation, à l'information et même à l'autorisation d'une personne non-actionnaire ; il faut et il suffit que cette condition figure dans les statuts. Naturellement, les personnes dotées par les statuts de pouvoirs de décision très importants peuvent être considérées comme des dirigeants de la SAS, même si les statuts ne leur donnent pas ce nom. À l'inverse, le président ne cesse pas d'encourir les responsabilités de la direction même si ses pouvoirs sont très limités dans l'ordre interne.

Dans l'autre sens, les pouvoirs du président de la SAS peuvent empiéter sur ceux que, dans une société anonyme, on réserve aux assemblées générales d'actionnaires. Par exemple, les statuts peuvent attribuer au président le pouvoir de décider seul des modifications de statuts qui ne feraient pas partie des décisions collectives. Notamment, le président peut être compétent pour décider un déplacement du siège social, la prorogation de la durée de la société, voire une modification de l'organisation des pouvoirs. Il incombe aux actionnaires de mesurer les incidences de telles clauses sur leur propre capacité d'intervention et sur l'évolution de leurs engagements.

La nature de ses fonctions implique diverses obligations pour le président : loyauté envers la société et les associés (obligation de non-concurrence, application loyale des statuts), obligation de rendre compte envers les associés. Il n'est pas inutile de donner un contour plus précis à ces obligations dans les statuts (obligation de discrétion, devoir d'information préalable envers les associés, clause d'exclusivité…). Ces devoirs peuvent aussi être demandés aux autres dirigeants.

3- Le contrôle du président

1366 Dans la formule minimum, le président n'est contrôlé que par le commissaire aux comptes et les associés. Les associés sont amenés à donner leur opinion sur la gestion lors de l'approbation des comptes annuels[1947].

Il est cependant très nécessaire que les statuts déterminent les conditions dans lesquelles le ou les associés sont informés, au-delà des comptes obligatoires, afin de pouvoir suivre la gestion du président et des éventuels dirigeants.

1367 Le commissaire aux comptes, outre ses fonctions générales de contrôle, doit surveiller les conventions que le président (ou les dirigeants de la société présidente) conclut « *directement ou par personne interposée* » avec la SAS[1948]. L'obligation de rapport du commissaire aux comptes ne vaut que pour les conventions passées au cours de l'exercice. En l'absence de commissaire aux comptes, le président de la société présente aux associés un rapport sur les conventions intervenues directement ou par personne interposée entre la société

[1947] Art. 853-11 AUS.
[1948] Art. 853-14 AUS.

et son président, l'un de ses dirigeants, l'un de ses actionnaires. Le président peut être ainsi amené à présenter aux associés un rapport sur sa propre convention

1368 Le système est bien plus léger que dans la société anonyme : il n'y a ni autorisation préalable, ni risque de nullité, seulement un risque de responsabilité. Les statuts peuvent se montrer plus exigeants, et imposer qu'un organe donne une autorisation préalable, qui ne dispense pas d'un contrôle des actionnaires.

Dans les SAS unipersonnelle*s* comme pour la SARL unipersonnelle, le législateur a pris des dispositions, de façon à réduire, mais non à supprimer le système de contrôle ; preuve que l'intérêt de l'associé unique n'est pas tout à fait seul en cause. Selon l'article 853-13, al. 6, « *il est seulement fait mention au registre des décisions des conventions intervenues directement ou par personnes interposées entre la société et son dirigeant* ». La solution n'est pas entièrement satisfaisante. Certes, il est utile d'acter les conventions ainsi intervenues, notamment dans la perspective d'une cession d'actions qui rende la société « pluripersonnelle ».

Le président-personne physique ne peut conclure avec la SAS (quel que soit le nombre d'associés) les conventions interdites par l'article 853-16 AUS (l'emprunt, le découvert, le cautionnement ou l'aval ; on peut sans doute ajouter la garantie à première demande). L'interdiction est cette fois sanctionnée par la nullité absolue de la convention. Mais on comprend assez mal qu'elle soit écartée, par le jeu des renvois de textes, lorsque le président est une personne morale, puisque le conflit d'intérêts existe aussi bien dans ce cas. Les statuts peuvent à notre avis imposer une telle interdiction, si les associés ne veulent pas se contenter du contrôle *a posteriori*. Toutefois, il est douteux que les statuts puissent, faute de texte légal, imposer l'annulation de la convention qui aurait été conclue par la personne morale président ou dirigeant au mépris de l'interdiction.

1369 La responsabilité du président est définie par transposition du régime applicable « *aux membres du conseil d'administration et du directoire* »[1949]. Ce renvoi ne pose qu'un principe assez flou, dans la mesure où le rôle du président peut être assez différent de celui d'un « membre du conseil d'administration », et même du président du conseil d'administration, ou encore d'un membre du directoire.

B- Les associés

1370 À l'instar des associés des autres formes de société, ceux de la SAS ont des droits et sont soumis à des obligations diverses (1). De même, l'admission de nouveaux ou le retrait d'anciens associés (2) obéissent à des règles quasi identiques à celles en vigueur dans les formes de sociétés étudiées précédemment.

[1949] Art. 853-10 AUS.

1- Les droits des associés

1371 Il s'agit essentiellement des droits pécuniaires (a) et non pécuniaires (b).

a- Les droits pécuniaires

1372 Comme droit pécuniaire, il a droit aux résultats. Sur cet aspect, la SAS n'est pas originale. La définition de son résultat obéit aux mêmes règles comptables, que pour les sociétés anonymes, et les actionnaires jouissent de la même liberté pour affecter le résultat net. Les actionnaires de SAS ont droit au capital, aux réserves et aux bonis de liquidation, dans les mêmes conditions que les actionnaires de sociétés anonymes. En cours de vie sociale, ils bénéficient en principe d'un droit préférentiel de souscription, en cas d'augmentation de capital. S'il y a une distribution d'actions gratuites, ils ne peuvent en être exclus.

Tous ces droits se placent sous la protection du principe de l'égalité entre les actionnaires, au respect duquel les commissaires aux comptes sont tenus de veiller. La prohibition des clauses léonines s'applique comme dans les autres sociétés. Des clauses peuvent attribuer des droits privilégiés dans la répartition des dividendes, des réserves ou des bonis de liquidation. Les acomptes sur dividendes et la distribution de dividendes en actions peuvent être pratiqués. La mise en réserve des bénéfices peut devenir abusive si elle est prolongée et improductive.

L'associé a également des droits sur les titres. C'est à cet égard qu'apparaît la plus grande originalité de la SAS. Elle s'explique par le souci des concepteurs de la formule de satisfaire les besoins des filiales communes. Elle consiste à garantir la fidélité des actionnaires au projet qui les réunit. D'un côté, il faut éviter qu'ils ne s'évadent - par exemple parce que le projet commun nécessite des appels de fonds importants avant d'obtenir les résultats souhaités. De l'autre côté, il faut empêcher qu'ils ne s'incrustent, lorsqu'ils sont passés sous un autre contrôle. De plus, sans exclure l'arrivée de nouveaux actionnaires, l'on doit pouvoir veiller à leur complémentarité avec ceux qui les accueillent. Enfin, il est loisible aux associés, d'aménager des conditions de sortie pour l'hypothèse où ils ne pourraient plus s'entendre. On le voit, la SAS constitue par elle-même une consécration des pactes d'actionnaires.

b- Les droits non pécuniaires

1373 Dans les sociétés anonymes, l'intervention des actionnaires dans la gestion se réalise à travers des droits d'information, à travers le droit de vote, et, s'il y a lieu, par le droit d'agir en justice pour défendre l'intérêt de la société, ainsi que les intérêts propres des actionnaires, dans la mesure où ils sont reconnus. Les droits d'information nécessitent des clauses particulières des statuts, faute d'application des textes relatifs aux assemblées d'actionnaires de société anonyme, et ont pour cela été étudiés. On ne développera par conséquent que le droit de vote et le droit d'agir en justice.

Le droit de vote est en principe reconnu à toutes les actions. Les seules exceptions doivent avoir un fondement légal. On peut appliquer aux actions de SAS les exclusions suivantes : les actions non libérées, un mois après mises en demeure de payer le non versé ; malgré, et même à cause du principe de libération intégrale du capital de la SAS, cette sanction doit s'appliquer, faute de nullité de la société elle-même ; les actions acquises par une société dans le cadre d'une réduction de capital ; les actions à dividende prioritaire sans droit de vote, que la SAS peut émettre comme toute société par actions. On rappelle que ces actions récupèrent le droit de vote si aucun bénéfice n'est distribué pendant un certain temps.

S'agissant d'actions, on peut affirmer que le principe d'égalité entre actionnaires joue dans la SAS. Le vote plural peut donc être accordé par les statuts à telle catégorie d'actions, avec pour seule limite l'abus de droit. De même, la clause de stage, le vote cumulatif ou l'action spécifique peuvent être choisis dans les statuts ; pour certaines décisions, voire pour toutes, on peut choisir le vote par tête. Mais il n'est pas possible d'exclure un associé du vote sur une décision collective, sans se fonder sur une disposition légale. Ces décisions ne peuvent donc être prises par des tiers.

1374 Des conventions de vote peuvent être conclues, dans les statuts, ou même hors des statuts, si elles ne sont pas de nature à tromper les tiers sur des questions où ils peuvent avoir un intérêt ; elles doivent obéir aux mêmes conditions du droit commun (caractères temporaire et conforme à l'intérêt social).

Pour ce qui est du droit d'agir en justice, les diverses possibilités d'action en justice dont bénéficient les actionnaires de SAS dérivent pour la plupart de celles qui sont reconnues aux actionnaires de sociétés anonymes. Elles y sont pourtant moins utiles, faute souvent de phénomènes de minorité. Certaines difficultés de transposition peuvent apparaître. Pour illustrer ce propos sans épuiser la question, on peut évoquer trois types d'actions significatifs : le droit de demander une expertise de gestion, le droit d'agir en responsabilité et le droit d'agir en nullité.

L'expertise de gestion n'est pas exclue par les textes propres à la SAS. Mais elle risque de rester purement théorique dans certains cas : soit les SAS entièrement contrôlées, soit les SAS dont le très petit nombre d'actionnaires a su se ménager des accès directs à l'information utile. L'action en désignation d'un expert de gestion vise en effet à obtenir une mesure d'information. Mais la condition de participation en capital n'a pas la même signification dans une SAS et dans une société anonyme.

Le droit commun de l'action en responsabilité s'applique pour les associés de SAS, qui peuvent exercer l'action sociale au nom de la société (action *ut singuli*) et l'action individuelle en réparation du préjudice qu'ils subissent personnellement. Malgré son caractère contractuel, la SAS ne peut offrir à ses dirigeants, la possibilité d'une couverture par renonciation des actionnaires à agir en responsabilité.

1375 Enfin, les irrégularités des décisions des organes sociaux sont exposées à des actions en nullité, soit en raison de divers textes particuliers, soit en raison des principes contenus dans les articles 853-14, 853-19-1, 853-22 AUS. Les actionnaires sont naturellement parmi les premiers intéressés pour les exercer, sans qu'il leur soit demandé une participation minimale au capital. On peut dire qu'ils ont en principe qualité à exercer les actions en nullité visant tous les actes de la société, quel que soit l'organe social, légal ou statutaire qui les a accomplis. Ils peuvent ainsi faire annuler les décisions collectives irrégulières ou les cessions d'actions qui ne respectent pas « *les clauses statutaires* ». En effet, il n'y a pas de raison de réserver ces actions à la société elle-même, le ou les dirigeants qui ont le pouvoir de la représenter se trouvant peut-être dans le « *camp* » qui a organisé l'acte irrégulier. En revanche, les actionnaires ne peuvent pas faire annuler une convention intervenue entre le président ou un dirigeant et la SAS, alors que cette convention n'a pas été approuvée : seule une action en responsabilité est alors possible[1950].

2- L'admission et le retrait des associés

1376 Plusieurs techniques permettent aux associés d'aménager leurs rapports dans la société. il s'agit par exemple des clauses d'inaliénabilité des actions (a), ou des clauses d'agrément qui permettent de contrôler l'entrée dans la société de nouveaux associés (b), ou encore des clauses de suspension des droits non pécuniaires et/ou d'exclusion (c).

a- La clause d'inaliénabilité des actions

1377 La possibilité d'insérer les clauses d'inaliénabilité des actions dans les statuts est consacrée par l'article 853-17 AUS qui accorde une faculté contraire au principe de libre négociabilité des actions. Il est vrai que celui-ci peut être considéré comme un avantage offert aux sociétés par actions, plus que comme une contrainte. En tout cas, la permission légale ne s'applique expressément qu'aux actions, et non aux autres titres émis par la SAS. Il serait conforme à l'esprit de la SAS d'étendre le domaine de la clause à tous les titres donnant droit à des titres de capital, puisqu'il s'agit d'assurer la stabilité de l'actionnariat.

Aucun motif légitime n'est nécessaire pour justifier la clause, contrairement au droit commun[1951]. Le fait d'être en SAS est en soi une justification suffisante. Il en résulte que la levée judiciaire de l'inaliénabilité ne peut être envisagée, si ce n'est pour un texte d'ordre public. Faite pour protéger l'*intuitu personae,* l'inaliénabilité doit, sauf fraude, empêcher sinon la saisie des actions, du moins leur vente forcée, dans la mesure où cette opération détruit les bases mêmes du

---

[1950] Art. 853-14 AUS

[1951] H. Corvest, « L'inaliénabilité conventionnelle », *Defrénois* 1979.1377.

projet commun[1952]. Cette analyse ne vaut semble-t-il que pour une véritable filiale commune ; dans la SAS entièrement contrôlée, la clause d'inaliénabilité ne peut servir à mettre les actions à l'abri des poursuites. De plus, si une société actionnaire est absorbée, les titres ne sont pas compris dans le patrimoine transmis (sauf accord exprimé dans les statuts de la SAS, ou dans une décision séparée) ; mais l'absorbante a droit à la valeur de ces titres. Enfin, l'actionnaire ne pourra facilement nantir ses titres, dans la mesure où cette sûreté n'est efficace que si le bien grevé est réalisable : l'exécution des actions grevée devra attendre la levée de l'inaliénabilité.

S'il perd le pouvoir de disposer, l'actionnaire conserve, en revanche, celui d'administrer (notamment percevoir ou céder les bénéfices, exercer les droits préférentiels, recevoir les actions gratuites, lesquelles sont normalement couvertes par la clause, etc.) et de conserver.

Les statuts peuvent aussi retenir une simple inaliénabilité relative, limitée à certaines actions, à certaines cessions ou à certaines époques, et combiner cela avec des clauses d'agrément ou de préférence[1953].

Une durée de dix ans maximum peut affecter la cessibilité des titres[1954] ; cela peut poser un problème si la SAS dure dix ans ou moins. Les actions ne seront alors jamais négociables. Cependant, pourquoi ne pas faire triompher l'esprit du contrat sur le principe de négociabilité ? L'important semble être la réalisation du projet commun ; la restriction qui a semblé nécessaire aux parties reste efficace, tant qu'elle ne dépasse pas la durée légale. De toute façon, rien n'interdit les actionnaires, passé une première période de dix ans, de renouveler, par un nouveau consentement unanime, l'effet de la clause. Il faut seulement empêcher qu'un actionnaire puisse être privé du droit de sortir contre sa volonté pendant plus de dix ans.

Le point de départ du délai d'inaliénabilité peut être fixé dans les statuts ; sinon, il résulte de la mise en vigueur de ces statuts selon les règles du droit commun ; il faut certainement prendre en compte l'entrée en vigueur à l'égard des associés, tenus à cette obligation de ne pas faire[1955]. Des points de départ différents peuvent être fixés selon les catégories d'actions, et la durée elle-même de l'inaliénabilité peut varier par exemple selon la date d'entrée dans le capital.

[1952] En ce sens : M. GERMAIN et P.-L. PERIN, « Sociétés par actions simplifiées », *J.-Cl. sociétés,* fasc. 155-3, n° 6 ; ces auteurs fondent leur avis sur la publication de la clause et sur la sanction de la nullité ; comp. Y. GUYON, article, n° 20 ; Ph. DELEBECQUE, « Société par actions simplifiée et pactes d'actionnaires », *in* A. COURET et P. Le CANNU [sous la direction de], *op. cit.*, n° 135 ; J.-J. Daigre, article préc., p. 15.

[1953] Ph. DELEBECQUE, « Société par actions simplifiée et pactes d'actionnaires », *in* A. Couret et P. Le CANNU (sous la direction de), *op. cit.*, p. 61, spéc. n° 132)

[1954] Art.853-17 AUS.

[1955] V. M.-H. de VALLOIS de LAENDER, *Les sûretés négatives,* thèse, Paris I, 1999.

1378 Les cessions effectuées en violation de la clause d'inaliénabilité sont frappées de nullité[1956]. Cette précision n'a d'intérêt que dans la mesure où la nullité est opposable au cessionnaire, qu'il soit ou non actionnaire. Le droit d'agir en nullité appartient non seulement au représentant légal de la société, mais aussi aux actionnaires eux-mêmes, directement perturbés par la transgression de la clause. La nullité doit s'accompagner de la restitution des actions au cédant, ce qui n'est pas possible au cas où le transfert résulte d'une absorption de la société actionnaire ; dans ce cas, il faut admettre que la nullité a pour conséquence une « restitution » à l'absorbante de la valeur des titres qui se trouvaient dans le patrimoine de l'absorbée.

b- La clause d'agrément

1379 Elle résulte de l'article 853-18 AUS. Elle peut concerner toutes les cessions, y compris les cessions entre actionnaires. Cette disposition dérogeant aux règles d'agrément communes à toutes les sociétés par actions, les statuts peuvent soumettre à un agrément les cessions entre associés, au conjoint, à un ascendant ou à un descendant, ainsi que celles résultant d'une dévolution successorale ou de la liquidation d'une communauté de biens entre époux.

1380 L'AUS ne précise pas dans quelles conditions ces clauses doivent être admises. Il paraît logique, au regard des effets qu'elles peuvent produire, de considérer qu'elles ne peuvent être insérées dans les statuts qu'à l'unité des associés[1957]. Les statuts doivent en outre prévoir les conditions d'obtention de l'agrément. Les associés peuvent alors s'inspirer des règles existant pour les sociétés par actions, mais peuvent aussi introduire des règles plus souples ou plus contraignantes. Dans le silence des statuts, il convient de suivre les règles du droit commun concernant la cession d'actions. Les statuts doivent alors indiquer l'organe compétent pour statuer sur l'agrément. Ce peut être le président, un organe collégial de direction, ou la collectivité des associés. Une décision collective n'est pas nécessaire, mais peut constituer une bonne solution.

Si l'agrément d'une cession à un tiers ou entre associés émane d'une décision collective des associés, les statuts ne peuvent pas interdire à l'associé concerné par la procédure d'agrément de participer au vote de cette décision.

1381 Les statuts doivent aussi préciser la forme de la demande d'agrément : acte extrajudiciaire, lettre recommandée… Ils doivent fixer le contenu des informations devant être notifiées ; il s'agira le plus souvent des nom et adresse de l'acquéreur ou, s'il s'agit d'une personne morale, de sa dénomination sociale et de l'adresse de son siège social, du nombre d'actions dont la cession est envisagée ainsi que du prix. Cette solution, qui rend les parties « prisonnières » de leurs prévisions, serait d'une validité contestable dans la société anonyme. Elle

---

[1956] Art. 853-19-1 AUS.
[1957]Art. 853-22 AUS.

peut être rédigée de nombreuses manières ; il convient cependant d'éviter de laisser à un organe social manquant de neutralité, le pouvoir de fixer le prix.

La violation de la clause d'agrément entraîne les mêmes sanctions que la violation d'une clause d'inaliénabilité[1958].

c- La clause de suspension des droits non pécuniaires et/ou d'exclusion

1382 L'article 853-19 AUS constitue une véritable exception aux principes du droit des sociétés, puisqu'il permet de stipuler l'exclusion d'un actionnaire par la cession forcée de ses actions « *dans les conditions déterminées par les statuts* ». Les règles d'ordre public relatives au processus menant à l'exclusion ne sont cependant pas à notre avis mises hors course : les droits de la défense de celui qui est sanctionné doivent pouvoir être exercés préalablement à la décision.

Il est difficile de dire si la clause peut définir de manière particulière les cibles de l'exclusion. On pourrait en effet adopter le principe selon lequel tout actionnaire peut être exclu du fait de l'application de la clause, quelle que soit sa part dans le capital social, le type d'action qu'il détient, qu'il soit personne morale ou personne physique… Cependant, le principe d'égalité est certainement moins fort dans la SAS, et des conditions de l'exclusion semblent pouvoir porter aussi sur la définition des actionnaires susceptibles d'être exclus.

1383 Selon la rédaction de la clause, on pourra également discuter sur le motif d'exclusion. Il est vivement souhaitable, voire indispensable d'indiquer les motifs possibles dans la clause, en essayant d'éviter les formules creuses, ou trop sujettes à discussion (comme les « justes motifs »). Les statuts devront ménager un mécanisme d'information de la société sur les événements constituant de tels motifs, et notamment sur le changement de contrôle d'une société actionnaire.

Le droit de participer et de voter dans les décisions collectives s'applique à la SAS. Il résulte de l'article 1844, al. 1er, du code civil que tout associé a le droit de participer aux décisions collectives et de voter, les statuts ne peuvent déroger à ces dispositions que dans les cas prévus par la loi. Si, aux termes de l'article 853-19 AUS, dans les conditions qu'ils déterminent, les statuts d'une société par actions simplifiée peuvent prévoir qu'un associé peut être tenu de céder ses actions, ce texte n'autorise pas les statuts, lorsqu'ils subordonnent cette mesure à une décision collective des associés, à priver l'associé dont l'exclusion est proposée de son droit de participer à cette décision et de voter sur la proposition.

« *Être tenu de céder ses actions* » peut-il englober la réduction de capital ? Une réponse négative semble résulter de l'emploi du mot « *cession* » dans l'article 853-19 al. 1 AUS ; la réduction entraîne la disparition des actions, et non leur cession.

[1958] Art.853-17 AUS.

Par ailleurs, l'alinéa 2 de l'article 853-19 complète la cession forcée par une mesure de nature conservatoire : la suspension des droits non pécuniaires de l'actionnaire peut être prévue dans les statuts. Il est donc possible de retirer le droit de participation aux décisions collectives, le droit de vote et le droit de diriger, dans certaines hypothèses fixées par les statuts. Le texte fait clairement partie des dispositions légales retirant le droit de vote.

La suspension peut intervenir dans l'attente d'une décision de cession forcée. Par sa nature, elle est susceptible d'être prise rapidement. Mais il est cependant nécessaire qu'un organe social en constate les conditions d'application. Les statuts peuvent confier ce rôle au président, ou à un organe restreint apte à se réunir très rapidement. L'importance de la mesure nécessite l'application d'un mécanisme de discussion, qu'il serait sain de bien préciser dans les statuts.

1384 Seuls les droits non pécuniaires peuvent être suspendus. Les droits aux résultats restent acquis tant que l'exclusion n'est pas entrée en vigueur. On peut d'ailleurs défendre l'idée que cette entrée en vigueur dépend du paiement de la valeur de ses titres à l'exclu, sauf clause fixant cet effet à une date plus précoce.

L'AUS n'a pas jugé utile de préciser quels sont les recours dont dispose l'associé exclu. Il est certain cependant qu'il peut contester la validité de la décision, soit parce qu'il n'a pas pu présenter ses explications, soit parce que les conditions fixées par les statuts n'ont pas été respectées. Il est probable que le contrôle de la jurisprudence ira au-delà de ces simples données, et qu'il pourra se fonder sur l'abus. En outre, l'actionnaire suspendu de ses droits, ou exclu brutalement, pourra demander en référé que la mesure soit elle-même suspendue, au titre du dommage imminent qu'il risque de subir.

1385 Parce qu'étant le terrain privilégié de la liberté contractuelle, la SAS peut comporter d'autres conventions. Il en est ainsi des conventions de vote sur les décisions collectives ou non collectives, et des engagements relatifs à la cessibilité des titres : clause de retrait, clause d'égalisation (engagement de rester au même niveau de participation que tel autre associé), clause de non-acquisition (chaque actionnaire s'engage à ne pas augmenter sa participation), clause de préférence, clause de préemption, clause *buy or sell,* clause de sortie conjointe, etc. La liberté n'est toutefois pas totale : elle s'exerce en effet sous les limites du droit commun.

C- Les autres organes

1386 Il est nécessaire de nommer un ou deux commissaires aux comptes, comme dans la société anonyme (peu importent le chiffre d'affaires, le total du bilan et le nombre de salariés). Les fonctions de ces commissaires aux comptes sont les mêmes que dans la société anonyme, sous réserve des différences organiques (absence de conseil et d'assemblées).

1387 La désignation d'un commissaire aux comptes est facultative au moins pour certaines sociétés. Les associés peuvent nommer un ou plusieurs commissaires aux comptes dans les conditions prévues à l'article 853-13 AUS. Néanmoins, cette nouvelle faculté est assortie d'exceptions, la loi prévoyant des cas de désignation obligatoire. La loi précise les cas où la désignation est obligatoire. Sont tenues de désigner au moins un (1) commissaire aux comptes, les sociétés par actions simplifiées qui remplissent, à la clôture de l'exercice social, deux des conditions suivantes : 1°) total du bilan supérieur à cent vingt-cinq millions (125.000.000) de francs CFA ; 2°) chiffre d'affaires annuel supérieur à deux cent cinquante millions (250.000.000) de francs CFA ; 3°) effectif permanent supérieur à cinquante (50) personnes. Sont également tenues de désigner au moins un commissaire aux comptes les sociétés par actions simplifiées qui contrôlent une ou plusieurs sociétés ou qui sont contrôlées par une ou plusieurs sociétés. Pour l'application de cette disposition, le législateur retient la définition du contrôle donnée pour les comptes consolidés par l'article 174 AUS.

En matière de conventions contrôlées, le commissaire aux comptes a un rôle particulier, puisque c'est lui qui doit présenter aux associés un rapport sur des conventions qui n'ont pas été au préalable autorisées (sauf clause des statuts en ce sens)[1959]. Faute d'obligation légale implicite de déclaration spontanée à la charge des dirigeants intéressés, le commissaire aux comptes doit lui-même interroger les dirigeants, en fonction des éléments qu'il recueille dans l'exercice de sa mission, et, semble-t-il, au moins avant chaque décision d'approbation des comptes annuels.

Le ou les commissaires aux comptes n'ont pas dans la SAS les mêmes interlocuteurs que dans la société anonyme. Il devra être soigneusement établi dans les statuts à qui (faute de conseil d'administration) le commissaire aux comptes doit rendre compte de l'exercice de sa mission. De plus, les modes de consultation collective doivent intégrer la communication préalable des rapports et observations du commissaire, lorsque ceux-ci sont nécessaires[1960].

1388 La SAS n'étant pas nécessairement dotée d'un conseil, il semble préférable que le commissaire aux comptes applique, s'il y a lieu, la procédure d'alerte conçue pour les sociétés autres que les sociétés anonymes ; c'est donc le président qui doit répondre au commissaire aux comptes, qui, dès cette première phase, informe le président du tribunal de commerce. La deuxième phase ne se passe pas nécessairement devant une assemblée, car il faut respecter le mode de décision collective que s'est donnée la SAS ; encore que ce mode doit-il être

[1959] Art. 853-14 AUS.
[1960] JASSON et AMRANI, « Le commissaire aux comptes face à l'arrêté d'approbation des comptes annuels dans une SAS », *Bull. Joly* 2004. 898.

suffisamment délibératif pour permettre au commissaire aux comptes de s'adresser aux associés de manière satisfaisante.

§2. LES DÉCISIONS COLLECTIVES OU D'ASSOCIE UNIQUE

1389 Sauf dans le cas où la SAS n'a qu'un seul associé, les décisions les plus importantes sont prises collectivement. En outre, la liberté statutaire domine totalement quant aux modes de décisions collectives ; elle doit cependant composer avec les règles générales du droit des sociétés, et du droit des contrats. Il en résulte un régime des décisions collectives qui n'est pas forcément plus aisé à appréhender que celui d'une assemblée d'actionnaires de société anonyme (A). C'est à partir de ces éléments qu'il convient de dessiner la notion et le régime des « *décisions de l'associé unique* » (B).

A- Les décisions collectives

1390 Avant d'examiner le régime des décisions collectives (2), il importe de voir auparavant et d'en déterminer les variantes (1).

1- Les différentes décisions collectives

1391 Dans cette catégorie, deux espèces apparaissent : les décisions collectives qui sont déterminées par les statuts (b), et celles qui sont déterminées par la loi (a). Naturellement, la liste légale s'impose aux statuts qui ne peuvent pas la réduire - alors qu'ils peuvent ajouter d'autres décisions collectives.

a- Les décisions collectives en vertu de la loi

1392 La liste de l'article 853-17 al. 2 est très hétéroclite. Elle comprend les décisions suivantes : augmentation, amortissement ou réduction de capital ; fusion, scission, dissolution ; nomination des commissaires aux comptes ; approbation des comptes annuels et affectation des bénéfices. Il s'agit donc d'une part de quelques-unes des décisions que dans les sociétés anonymes, on qualifie d'extraordinaires, et d'autre part de certaines décisions « ordinaires ».

D'autres dispositions propres à la SAS exigent une décision de nature collective. Tel est le cas de ceux qui imposent une décision unanime, notamment pour l'adoption ou la modification de certaines clauses statutaires[1961]. De plus, en prévoyant que « *les associés statuent* » sur le rapport du commissaire aux comptes relatif aux conventions entre la SAS et l'un de ses dirigeants, l'article 853-17, al. 3 vise lui aussi un cas de décision collective.

1393 La nullité est certainement susceptible de s'appliquer lorsqu'une décision qui doit être collective en vertu de ce texte n'a pas été prise par les associés, mais par un organe particulier, ou par certains d'entre eux[1962]. En revanche, si une décision non collective est prise par les associés, même statuant à la majorité, la

---

[1961] Art. 853-22 et 853-11 AUS.
[1962] Art. 853-6 AUS.

nullité ne semble pas encourue : qui peut le plus, peut le moins. Plus délicate est l'hypothèse où l'on conteste le caractère collectif d'une décision en raison de la manière dont elle a été prise. Or ce type de discussion peut surgir dans la SAS, si les statuts ne sont pas précis, alors qu'aucune disposition légale ne régit le quorum et la représentation, ni l'information préalable des actionnaires. Le caractère collectif inclut-il la collégialité ? Ce n'est pas évident, mais cela peut être soumis à débat.

En dehors des textes propres à la SAS, il peut exister des cas qui, par construction, exigent une décision collective. Par exemple, il ne paraît pas possible qu'une SAS réalise un apport partiel d'actif placé sous le régime des scissions sans une décision collective, car ce serait nier le particularisme de cette procédure par rapport à celle de l'apport en nature, qui dépend d'une simple décision de gestion (précisons qu'évidemment, si la SAS est bénéficiaire d'un apport, quelle qu'en soit la nature, elle doit prendre une décision collective, puisqu'elle augmente son capital). De toute façon, soumettre au régime des scissions l'apport partiel revient à appliquer l'article 853-11 al. 2, puisque celui-ci vise la scission.

b- Les autres décisions collectives

1394 Si l'on peut réduire le domaine des décisions collectives, on peut aussi lui donner un très large essor. En effet, la SAS n'est soumise que très partiellement au principe de spécialisation des organes. Seule en effet, la représentation de la société par le président participe de cette doctrine bien installée dans les sociétés de capitaux. L'on peut donc avancer qu'en principe, tout ce qui ne relève pas de cette représentation peut être librement attribué par les statuts soit au président, soit à tel ou tel dirigeant, soit aux associés, soit même à d'autres organes décrits dans les statuts (étant précisé qu'une seule personne peut jouer le rôle d'un organe au sens où ce mot est employé ici).

Ce principe de libre répartition connaît peu d'atténuations, puisque seulement deux textes propres à la SAS attribuent compétence soit au président, soit à tel dirigeant choisi par les statuts. Il en est ainsi de l'article 853-3 AUS : les attributions que la loi reconnaît au conseil d'administration de la société anonyme, dans les textes écrits pour cette dernière et qui doivent s'appliquer à la SAS, échappent au domaine des décisions collectives. Cela se comprend assez bien, puisque ces attributions sont relatives soit à des propositions faites aux assemblées d'actionnaires, soit à la réalisation des décisions prises par une assemblée d'actionnaires. Comme dans les autres sociétés commerciales, les règles de répartition légale des pouvoirs entre organes sociaux sont en principe sanctionnées par la nullité - celle-ci n'étant pas facultative.

En dehors de ce minimum, les fondateurs peuvent s'attribuer presque tous les pouvoirs.

2- Le régime des décisions collectives

1395 L'organisation des décisions collectives doit être précisément indiquée dans les statuts, surtout si la société réunit des intérêts différents. Le formalisme donne ici des garanties, et peut éviter que d'éventuelles difficultés ne s'enveniment. Le rôle des statuts est donc important.

Le régime juridique des décisions collectives est également très varié. On présentera d'abord celui des décisions prises en assemblée (a) avant de voir les autres cas (b).

a- Les décisions collectives prises en assemblée

1396 Aux statuts de dire qui doit convoquer les associés. Ils peuvent confier cette initiative au président, aux dirigeants, à tout associé ou à une catégorie d'entre eux, à un comité créé dans les statuts, à un tiers (conseil, banque...), au commissaire aux comptes... Si les statuts ne confient qu'à une seule personne le pouvoir de réunir les associés, les risques de blocage apparaissent si cette personne ne peut plus assumer ses fonctions, ou fait preuve de mauvaise volonté. Dans une telle situation, la désignation en justice d'un mandataire *ad hoc* devient la seule solution ; on voit tout l'intérêt d'une bonne prévision statutaire sur ce plan (ex. : en cas de blocage, recours à un tiers mandataire désigné dans les statuts ou par la partie la plus diligente - si la convocation par tout associé ou par chaque groupe d'associés n'est pas stipulée).

Si la SAS est « pluraliste », il est prudent de spécifier les formes de la convocation, en prenant soin de choisir un procédé laissant des traces peu contestables (lettre recommandée avec avis de réception, convocation par lettre au porteur avec récépissé, voire télex). Mais on peut aussi prendre le risque de la rapidité avec les nouvelles technologies de l'information et de la communication (fax, message électronique, téléphone, ou même convocation verbale). La convocation doit, par principe général, contenir l'ordre du jour et les propositions de résolution de l'auteur de la convocation ; lorsqu'elle émane d'un organe de gestion (président, dirigeant, comité statutaire), elle doit s'accompagner des pièces et documents permettant aux associés d'exercer leur droit de délibération en connaissance de cause. Enfin, naturellement, la convocation à une assemblée statuant sur une décision collective doit être adressée à tous les associés ayant le droit de vote, ou au moins le droit de participer à la prise d'une telle décision.

1397 Si la décision collective est prise en assemblée, les principes de la collégialité doivent s'appliquer. D'une part, les associés doivent avoir reçu une information suffisante. Ce principe s'applique (comme aux actionnaires de société anonyme ou aux administrateurs de société anonyme) même si les statuts ne précisent pas quels sont les modes d'exercice de l'information des associés. D'autre part, les associés doivent être mis en mesure de discuter les questions inscrites à l'ordre du jour et d'exprimer leur volonté par un vote (lorsqu'ils ont le droit de vote).

1398 Fruit de l'exclusion des textes applicables aux assemblées d'actionnaires, aucune règle de quorum n'est fixée par la loi pour les assemblées de SAS. Il revient aux rédacteurs des statuts de choisir. Il est certain que dans une SAS « *pluraliste* », l'absence de quorum permettrait des votes par surprise, qui ensuite, pourraient être contestés sur le terrain de l'abus de majorité ou de l'abus de minorité. Dans ces conditions, un quorum paraît nécessaire. Toutefois, il peut déroger au principe d'égalité entre actionnaires, qui est affaibli dans la SAS. Notamment, le quorum peut prendre ou non en considération les actionnaires représentés ; il peut ne pas être basé sur une règle de proportionnalité (ce n'est plus alors exactement un « *quorum* ») : les statuts stipulent alors que tel type de décision ne peut être pris sans le concours de tel actionnaire ou groupe d'actionnaires - même si les actions ne sont pas divisées en catégories.

Le principe majoritaire a vocation à s'appliquer à la SAS, mais il peut y être sérieusement atténué. Le vote plural réalise une présentation « *arithmétique* » de ce principe, mais il peut y déroger au fond, puisque le pouvoir n'est plus lié au capital. De plus, les clauses comme celle qui instaure un droit de veto, ou la nécessité d'une approbation au bénéfice de tel associé ou catégorie d'associés dérogent au principe majoritaire. Enfin, les statuts peuvent accroître les majorités, ou exiger l'unanimité pour des décisions autres que celles qui sont soumises à ce régime par la loi. Au total, le principe majoritaire a, dans la SAS, une simple valeur supplétive. Cela dit, au cas où les statuts sont mal rédigés, on peut penser que les majorités se comptent en capital ou en droits de vote, et non par tête. Même si la SAS peut inclure un degré élevé d'*intuitu personae,* elle n'en reste pas moins une société par actions, c'est-à-dire une société de capitaux.

L'accord unanime des associés se lit en matière d'engagements nouveaux ou augmentés, comme le consentement de chacune des personnes tenues par le pacte social.

b- Les autres modes de décisions collectives

1399 Lorsque les statuts décident de recourir à un autre mode de décision collective que l'assemblée d'actionnaires, ils peuvent se référer à l'un des moyens permettant de recueillir l'avis de chacun des associés : soit à la consultation écrite (éventuellement par télécopie) ; soit à l'acte unanime (un document signé par tous ceux qui doivent prendre part à la décision) ; soit à la « visioconférence », ou à la conférence téléphonique.

Il faut cependant être conscient que ces dernières posent des problèmes de confidentialité, et qu'il n'est pas facile d'être sûr que chacun assiste bien au même événement... En outre, chacune de ces formules doit être utilisée en respectant le principe d'égalité entre les actionnaires. Enfin, il faut veiller à ce que, dans chacune de ces formules, le commissaire aux comptes soit mis en mesure de participer à la « délibération » et d'éclairer utilement les associés.

B- Les décisions de l'associé unique

1400 C'est l'article 853-1, al. 2 qui établit ce principe en énonçant *que « l'associé unique exerce les pouvoirs dévolus aux associés lorsque le présent livre prévoit une prise de décision collective »*. Autrement, tout associé unique qu'il soit, ne peut attribuer à un autre organe les décisions définies comme collectives, non seulement par l'article 853-11, mais aussi par les autres articles du titre consacré à la SAS.

La compétence de l'associé unique est réaffirmée dans l'article 853-11, puisque celui-ci interdit à l'associé unique de « *déléguer ses pouvoirs* ». Pourtant, le même texte introduit quelques doutes, en disposant que « *l'associé unique approuve les comptes, après rapport du commissaire aux comptes, dans le délai de six mois à compter de la clôture de l'exercice* ». Le principe de transposition avait exactement cette conséquence, puisque l'approbation des comptes annuels constitue une décision collective. Cela signifie-t-il que d'autres décisions de l'article 853-11 peuvent ne pas relever de la compétence de l'associé unique ? La logique pousse à répondre par la négative : les décisions essentielles doivent revenir au seul associé.

Le même article précise que, dans une SAS unipersonnelle, le rapport de gestion, les comptes annuels et, le cas échéant les comptes consolidés, sont arrêtés par le président. Cette attribution n'existe pas dans la loi pour les sociétés qui comptent plusieurs associés, puisque les pouvoirs internes du président sont seulement déterminés par les statuts. Elle semble être dictée par le souci de ne pas laisser l'associé unique établir et valider seul ces documents, qui revêtent une réelle importance à l'égard des tiers.

1401 Les décisions de l'associé unique sont répertoriées dans un registre, qui remplace la liasse des procès-verbaux[1963]. Ce registre n'est soumis à aucune disposition réglementaire. Il reproduit également les conventions conclues entre la société et l'associé unique. Par nature, il s'agit d'un registre chronologique qui peut constituer un élément de preuve. Il doit donc être conservé, même s'il ne sert plus, dès lors que l'associé unique a transmis une ou plusieurs actions et que la société cesse d'être unipersonnelle. En revanche, un tel registre doit être ouvert dès que la société devient ou redevient unipersonnelle.

SECTION III- LES PRINCIPAUX ÉVÉNEMENTS SOCIAUX

1402 Les principaux événements qui composent la vie de la SAS sont essentiellement concentrés autour des variations du capital social (§1), de sa

[1963] Art. 853-11, al. 3 AUS.

transformation (§2), de ses opérations de fusion ou de scission (§3), et de sa dissolution (§4).

§1. LES MOUVEMENTS DU CAPITAL

1403 Le capital d'une SAS peut être augmenté, réduit ou amorti. Ces trois opérations sont visées par l'article 853-12, alinéa 2 AUS, comme ne pouvant résulter que d'une décision collective. Seules les deux premières appellent ici des explications.

Le droit commun de la transformation des sociétés commerciales est en principe applicable à la SAS. Une augmentation de capital suppose une décision collective[1964]. Cette décision peut fixer les conditions de l'augmentation de capital, ou se borner à autoriser l'organe social désigné par les statuts, procéder à la réalisation d'une ou plusieurs augmentations de capital, dans le cadre d'une autorisation spéciale.

1404 Lorsque la société est unipersonnelle, l'approbation de la valeur des apports en nature est susceptible de créer des difficultés. Même s'il n'existe pas d'assemblée générale extraordinaire dans les SAS qui n'ont pas retenu cette possibilité dans leurs statuts, on peut dire que l'apporteur est par principe exclu de la décision. Or, le législateur n'a pas pensé à créer une exception en faveur des associés uniques. Faute de « *décision de l'associé unique* », faut-il considérer que l'augmentation de capital par apport en nature est exclue dans la SAS unipersonnelle, si c'est l'associé unique qui effectue un apport ? Cette solution ne paraît pas acceptable, car elle constituerait une discrimination indue, alors que l'évaluation de l'apport est de toute façon soumise au contrôle d'un commissaire aux apports.

Le droit préférentiel de souscription conserve dans la SAS la même vigueur que celle qu'il connaît dans la société anonyme. On aurait pu admettre une solution plus contractuelle. Cela dit, les cas de renonciation ou de suppression sont de nature à laisser un bon degré de souplesse.

Les délais de réalisation d'une augmentation de capital et le montant libérable immédiatement ne sont pas « *déréglementés* ». La protection des tiers joue ici un rôle sensible.

La réduction de capital d'une SAS est aussi une décision collective. Elle doit respecter l'égalité entre actionnaires, sous le contrôle du commissaire aux comptes, ainsi que les droits des tiers (droit d'opposition).

[1964] Art. 853-12, al. 2 AUS.

§2. LA TRANSFORMATION

1405 On envisagera ici la transformation d'une société en SAS (A) et la transformation d'une SAS en société d'une autre forme (B), sachant qu'il n'est pas permis de transformer en SAS, une personne morale qui n'est pas une société.

A- La transformation d'une société en SAS

1406 Comme condition particulière il faut relever que la décision de transformation doit être prise à l'unanimité des associés ou actionnaires de la société que l'on veut transformer en SAS, car il ne faut pas imposer des liens trop forts à des personnes qui n'y ont pas consenti. On notera qu'il s'agit d'un nouveau cas d'unanimité, peu habituel dans le cadre des sociétés par actions. Le fondement de cette exigence réside dans les risques encourus : la transformation en SAS semble équivaloir à une augmentation des engagements des associés ; aucun ne doit se voir imposer une clause d'exclusion ou une clause d'inaliénabilité...

On peut penser qu'une société qui n'a plus qu'un seul associé sans être une SARL peut avoir intérêt à se transformer en SAS. Toutefois, dans les sociétés en commandite ou les sociétés anonymes, il n'est pas évident que cette transformation puisse être décidée régulièrement, soit parce que le nombre d'associés est insuffisant, soit parce que le conseil d'administration ne fonctionne plus régulièrement faute de membres ayant la qualité d'actionnaire.

Seul le rapport du commissaire aux comptes est nécessaire pour attester que les capitaux propres sont au moins égaux au capital social et doit être établi en cas de transformation d'une société anonyme en société par actions simplifiée.

Il est impossible de transformer un groupement non sociétaire en SAS. Il serait pourtant utile de passer d'un groupement d'intérêt économique à une telle société.

1407 Pour ce qui est des effets de la transformation, la SAS conserve la personnalité juridique dont jouissait la société avant transformation ; les organes de la société transformée cessent de plein droit leurs fonctions à l'entrée en vigueur de la transformation. Par exception, les commissaires aux comptes qui seraient déjà en fonction continuent leur mandat. Les modalités de décision et les règles de circulation des titres, bien spécifiques de la SAS, prennent effet à des moments qui ne sont pas forcément les mêmes. En effet, dans les rapports internes, la transformation prend effet au jour où elle est décidée ; cependant, dans les rapports avec les tiers, elle ne prend effet qu'après achèvement des mesures de publicité[1965]. C'est donc à ce moment que les nouvelles règles relatives aux actions de SAS deviennent opposables, sauf fraude, aux créanciers nantis sur les parts ou actions de la société transformée.

[1965] B. MERCADAL et Ph. JANIN, *Mémento Sociétés commerciales,* 1999, éd. Francis Lefebvre, n° 325.

B- La transformation d'une SAS en société d'une autre forme

1408 Aucune condition n'est apparemment posée à la transformation d'une SAS en société d'une autre forme. Cependant, les actionnaires de la SAS doivent respecter les conditions statutaires de prise de décision qu'ils se sont données. De plus, des exigences particulières existent pour l'entrée dans certaines formes de sociétés.

La décision de transformation doit être prise collectivement[1966]. Est mise à l'écart, l'exigence requise pour les SA du délai de deux ans d'existence et l'approbation par les actionnaires des deux premiers exercices. Une SAS peut se transformer rapidement en une société d'une autre forme.

Curieusement, l'article 853-11 AUS insère la transformation parmi les décisions qui doivent être prises par la collectivité des associés. Théoriquement, cette transformation ne pourrait donc résulter d'une décision non collective. D'abord, la transformation doit être décidée à l'unanimité quand elle a pour conséquence d'augmenter les engagements des actionnaires. Ensuite, l'unanimité est encore requise lorsque les statuts de la SAS contiennent l'une des clauses qui doivent être « *modifiées* » à l'unanimité[1967] : la suppression n'est pas exactement une modification, mais l'argument *a fortiori* semble devoir jouer en l'occurrence. Enfin, si les statuts n'ont rien dit sur les conditions de la transformation, et que l'on ne se trouve pas dans un des deux cas d'unanimité ci-dessus, on peut hésiter entre les règles applicables aux sociétés anonymes, et celles qui s'inspirent du droit commun des contrats. Peut-être faut-il admettre une application distributive : la décision serait prise à l'unanimité, en raison de l'aspect contractuel.

1409 Une société comme la société en nom collectif nécessite un accord unanime des associés pour être adoptée à partir d'une SAS. Cette règle conçue pour les sociétés anonymes s'explique par l'augmentation des engagements qui résultent de la transformation pour les associés. Dans cette perspective, la transformation en société en commandite simple nécessite l'accord de tous les associés destinés à devenir commanditaires. Pour le reste, elle obéit aux conditions de la modification des statuts. Cependant, une commandite doit compter un minimum d'associés qui n'est pas forcément atteint par la SAS ; la même observation vaut pour la société anonyme, tant que le minimum de sept actionnaires reste obligatoire.

La transformation d'une SAS en SARL suppose le respect des conditions prévues pour la modification des statuts des sociétés de cette forme, c'est-à-dire au moins les trois quarts des parts sociales ; le renvoi n'est pas très heureux dans la mesure où les droits de vote ne se comptent pas nécessairement de la même

[1966] Art. 853-11 AUS.
[1967] Art. 853-6 AUS.

façon dans une SAS et dans une SARL. Toutefois, puisque ce sont les conditions de la formule d'accueil qui doivent être respectées, il semble que l'on doive compter la majorité par actions, et non par droits de vote.

La transformation d'une SAS en société anonyme pose des problèmes particuliers. En effet, il s'agit bien de deux formes sociales différentes, mais l'une (la SAS) emprunte à l'autre son régime sur de nombreux points, et notamment la transformation.

§3. LA FUSION ET LA SCISSION

1410 Il importe d'examiner ici, les cas où une SAS est partie à la fusion, c'est-à-dire d'une part l'absorption d'une SAS par une autre société et d'autre part l'absorption d'une société par une SAS, éventuellement nouvelle. Ces opérations sont admises, puisque le droit OHADA admet la fusion « *entre des sociétés de forme différente* »[1968] ; encore faut-il que l'autre partie à la fusion soit une société dotée de la personnalité juridique, puisque la fusion est définie comme un mode de transmission universelle de patrimoine[1969].

On peut remarquer que les textes sur la fusion après quelques principes généraux[1970] sont surtout écrits pour les sociétés anonymes. Ils s'appliquent donc à la SAS par renvoi de l'article 853-3 AUS. Il faut y ajouter l'article 853-11, qui place la fusion parmi les décisions collectives.

1411 À quelles conditions la décision collective de fusion doit-elle être prise ? Ce sont normalement les statuts qui répondent à cette question, dans le respect du caractère collectif de la décision, c'est-à-dire en fixant une majorité, simple ou qualifiée, ou en exigeant l'unanimité. Toutefois, il existe des cas où la loi impose l'unanimité des associés : il en va certainement ainsi lorsque la fusion entraîne une augmentation de leurs engagements. En outre, la règle de l'unanimité prévue pour la transformation en SAS doit à notre avis être posée en cas d'absorption par une SAS d'une société d'une autre forme, afin d'éviter que des associés de l'absorbée ne deviennent actionnaires de la SAS sans l'avoir voulu. On peut enfin se demander s'il doit en être de même en cas d'absorption d'une SAS, lorsque les statuts contiennent une clause qui ne peut être modifiée qu'à l'unanimité. Le vote de la fusion a pour effet de supprimer la clause, ce qui pourrait être assimilé à la modification de la clause, si c'était le but principal de la décision. Ces analyses seraient toutefois à adapter si les deux parties à la fusion sont des SAS.

La date de la décision collective (ou de la décision d'associé unique) revêt une réelle importance, puisqu'elle sert, hormis le cas de création de sociétés nouvelles, à déterminer le moment auquel la fusion prend effet. De même que la décision de transformation d'une société en SAS est prise à l'unanimité des associés, la fusion-

---

[1968] Art. 189 et s. AUS.
[1969] Art. 189 AUS.
[1970] Art. 189 et s. AUS.

absorption d'une société par une société par actions simplifiée est décidée à l'unanimité[1971].

1412 Comme la transformation, l'absorption d'une SAS est un moyen de mettre un terme aux situations peut-être trop stables que les statuts avaient organisées, par exemple pour la direction de la société. Il faut toutefois veiller à ce que cet effet n'apparaisse pas comme « l'unique dessein » motivant ceux qui peuvent décider de l'opération. Par ailleurs, il faut sans doute dans la parité de fusion, tenir compte des situations d'inégalité qui avaient été acceptées par les associés de la SAS au bénéfice de certains d'entre eux, comme on tient compte de la valeur particulière des parts de commandités.

Le particularisme de la SAS n'a guère l'occasion de se manifester en cas de scission. Il faut cependant faire observer que la décision de scinder une SAS doit être prise collectivement[1972]. Le projet de scission est arrêté par le président ou le ou les dirigeants désignés à cet effet par les statuts. Le rapport des commissaires à la scission ne peut être éludé, que si « les droits dans le capital » des sociétés nouvelles sont proportionnels aux droits que les actionnaires avaient dans la société scindée. Cette condition n'est sans doute pas remplie si l'on passe d'une situation d'inégalité à une situation d'égalité, ou *vice versa,* ou si l'on modifie les inégalités ; la difficulté d'interprétation porte sur le sens de l'expression « droits dans le capital » ; il serait très inéquitable de la limiter à un simple quantum du capital, alors que les droits de vote et les droits pécuniaires peuvent être affectés par la scission.

§4. LA DISSOLUTION

1413 La dissolution de la SAS obéit aux causes du droit commun des sociétés, dont on peut rappeler ici qu'il permet la dissolution pour toute cause prévue par les statuts. La clause peut se révéler utile, pour qu'un actionnaire puisse empêcher la survie de la société contrairement à ses intérêts : la négociation risque d'être délicate sur ce point quand on propose par ailleurs des clauses d'exclusion. En outre, la SAS peut être absorbée, ce qui entraîne sa dissolution sans liquidation. La société absorbante peut être une société d'une autre forme, mais aussi une autre SAS. Par ailleurs, une SAS devenue unipersonnelle peut décider sa propre dissolution, ce qui transfère son patrimoine à son unique actionnaire.

Les conséquences de la dissolution de la SAS n'ont rien de particulier : paiement des créanciers, liquidation et partage. Toutefois, pendant la liquidation, certaines décisions doivent être prises à l'unanimité des actionnaires de la SAS ; il s'agit de la désignation du liquidateur, de l'approbation des comptes annuels et du renouvellement du mandat des contrôleurs et liquidateurs.

[1971] BERT et LAKHDARI, « La mise en œuvre de la règle de l'unanimité en droit des sociétés (à propos de Versailles, 12e ch., 24 févr. 2005) », *D.* 2005. Doctr. 1853.
[1972] Art. 853-11 AUS.

BIBLIOGRAPHIE SÉLECTIVE

I- OUVRAGES

1. **ADAM TAIROU (Y.),** *Préoccupations environnementales et droit de l'entreprise dans l'espace OHADA*, Paris, L'Harmattan, 2013, coll. « Études africaines », 425 p.

2. **AKAM AKAM (A.),** *Les mutations juridiques dans le système OHADA (collectif)*, Paris, L'Harmattan, 2009, 264 p.

3. **AKUETE (P.S.),** *Droit commercial général : OHADA*, Bruxelles, Bruylant, 2002, coll. « Droit Uniforme Africain », XV-478 p.

4. **ANOUKAHA (F.), CISSE (A.), DIOUF (N.) NGUEBOU TOUKAM (J.), POUGOUE (P.G.), SAMB (M.),** OHADA : *Sociétés commerciales et G.I.E*, Bruxelles, Bruylant, 2002, Coll. « Droit Uniforme Africain », 589 p.

5. **ANOUKAHA (F.), NGUEBOU TOUKAM (J.), POUGOUE (P.G.),** *Le droit des sociétés commerciales et du groupement d'intérêt économique OHADA*, Yaoundé, PUA, 1998, 636 p.

6. **BADJI (P.S.A),** *Réforme du droit des sociétés commerciales OHADA*, Sénégal, L'Harmattan, 2016, 214 p.

7. **BEBEY MODI KOKO (H.D.), DELEBECQUE (P.),** *Droit communautaire des affaires (OHADA-CEMAC). Tome 1 : Droit commercial général et droit de la concurrence*, Paris, L'Harmattan, 2011, 208 p.

8. **DIFFO TCHUNKAM (J.),** *Droit des activités économiques et du commerce électronique : l'esprit du droit commercial général issu de la réforme du 15 novembre 2010*, Paris, L'Harmattan, 2011, coll. « Études Africaines », 372 p.

9. **GATSI (J.),** *Le droit OHADA des sociétés coopératives*, Paris, L'Harmattan, 2011, 200 p.

10. **GATSI (J.), KANE EBANGA (P.),** *Droit commercial général, droit des sociétés commerciales*, Douala, PUL, 2006, coll. « Droit des affaires », 208 p.

11. **HOUNKPE (J-C.),** *Les conflits entre actionnaires dans la société anonyme de l'OHADA : mécanismes de prévention et de règlement*, Sarrebruck, Éditions Universitaires européennes, 2011, 88 p.

12. **KOLONGELE EBERANDE (D.C.),** *Le pouvoir dans les sociétés à capital mixte – aspects de droit français, OHADA et Congolais*, Atelier National de la Reproduction des thèses, 2012, 640 p.

13. **KONE (M.),** *Le nouveau droit commercial de la zone OHADA : Comparaisons avec le droit français*, Paris, LGDJ, 2003, coll. « Bibliothèque de droit privé », 399 p.

14. **MOULOUL (A.),** *Le régime juridique des sociétés commerciales dans l'espace OHADA : L'exemple du Niger*, Paris, LGDJ, 2005, coll. « Bibliothèque de droit privé », 604 p.

15. **MOUTHIEU NJANDEU (M. A.),** *L'intérêt social en droit des sociétés*, Paris, L'Harmattan, 2008, coll. « africaines », 419 p.

16. **MUKA TSHIBENDE (L-D),** *L'information des actionnaires source d'un contre-pouvoir dans les sociétés anonymes de droit français et périmètre OHADA*, Aix-Marseille, PUAM, 2008.

17. **NDENGA BADJAN (E. A.),** *La qualité d'associé dans l'espace OHADA,* Sarebruck, Éditions universitaires européennes, 2012, 136 p.

18. **NGOUE (W. J.),** *Pratique du droit des sociétés commerciales : La société à responsabilité limitée*, Douala, PUL, 2007, coll. « Droit des affaires », 208 p.

19. **NJOYA NKAMGA (B.),** *L'administration provisoire des sociétés dans l'espace OHADA*, Québec, Véritas, 2012, coll. « Economia », 540 p.

20. **PETENGOUETASSI (J. A.),** *Le traitement fiscal du financement des sociétés dans les relations entre groupe : Une étude comparée au regard du droit français, du droit allemand et dans l'espace OHADA*, Berlin, Ed. Peter Lang, 2011, 548 p.

21. **POUGOUE (P-G.),** *L'encyclopédie du droit OHADA,* Paris, Éditions Lamy, 2011, 2174 p.

22. **POUGOUE (P-G.), ANOUKAHA (F.), NGUEBOU TOUKAM (J.),** *Le droit des sociétés commerciales et du GIE OHADA,* Yaoundé, PUA, 1998, coll. « Droit Uniforme », 630 p.

23. **POUGOUE (P-G.), FOKO (A.),** *Le statut du commerçant dans l'espace OHADA*, Yaoundé, PUA, 2005, 264 p.

24. **PRICEWATERHOUSE**, *Le nouveau droit des affaires en Afrique OHADA*, Paris, Pricewaterhousecoopers, 2002, 48 p.

25. **SAKHO (A.),** *Les groupes de sociétés en Afrique : Droit, pouvoir et dépendance économique*, Paris, Karthala, 2010, 334 p.

26. **SOCKENG (R.),** *Droit pénal des affaires OHADA,* Douala, Presse, MINSI Le COMPETING, 2007, coll. « Lebord », 242 p.

27. **SOSSA (D.),** *La responsabilité des dirigeants de société et le nouveau droit de l'arbitrage interne et international*, Cotonou, CCIB, 1999.

28. **TIGER (P.)**, *Le droit des affaires en Afrique : OHADA,* 3e éd., Paris, PUF, 2001, coll. « Que sais-je ? », 127 p.

II – THÈSES

1. **AFANI (A.)**, *La responsabilité pénale des dirigeants de la société anonyme : étude de droit comparée : France-Allemagne-espace OHADA*, Université de Perpignan, 2009.

2. **AGNIGNA (Y.)**, *La société Unipersonnelle : Une solution à la crise de l'entreprise privée en Afrique ? (une critique de l'Acte uniforme relatif au droit des sociétés commerciales et du GIE)*, Université de Lomé, 2001.

3. **BACHIR (T.I.)**, *Contribution du droit des sociétés commerciales de l'OHADA à une théorie générale de la personnalité morale en droit privé*, Dakar, Université Cheick Anta Diop, 2006.

4. **HMODA (F.)**, *La protection des créanciers au sein des groupes de sociétés,* Université de Besançon, 2013.

5. **KAMENA (B.)**, *La situation de l'associé minoritaire en France et dans l'espace OHADA*, Université Pierre Mendès France, 2005.

6. **MOULOUL (A.)**, *Régime juridique des sociétés commerciales dans l'espace OHADA : L'exemple du Niger*, Université Panthéon-Sorbonne, 2003.

7. **NDIAYE (I.)**, *La politique fiscale des sociétés dans les États membres de l'espace OHADA : problématique de l'assiette et solution pour le développement*, Université de Paris-Nord, 2008.

8. **NEMEDEU (R.)**, *Le contrôle des dirigeants des sociétés anonymes,* Université de Strasbourg III, décembre 2000.

9. **VOUDWE BAKREO,** *L'exigence de transparence des sociétés commerciales dans l'espace OHADA*, Université de Ngaoundéré, 2013.

III – ARTICLES

1. **ADIDO (R.)**, « Les sociétés entre époux : survivance du principe de la prohibition dans la réforme de l'OHADA », *Penant,* n°848, 2004, pp. 380-395.

2. **ADJITA (A.S.)**,

- « Fonds de commerce et société en participation en droit uniforme OHADA », in *Recueil d'études sur l'OHADA et l'UEMOA*, Université Paul Cézanne Aix-Marseille III, PUAM, 2010 – vol. I, coll. *Horizons Juridiques Africains*, p. 55.

- « L'achat par la société de ses propres actions : esquisse d'une étude comparative entre le droit Français et le droit uniforme OHADA », *Revue International de Droit Economique*, t. XV, n°1, pp. 41-76.

3. **AGBOYIBOR (P.K.),** « Nouveau droit uniforme des sociétés », *Revue de Droit des Affaires International*, n°6, 1998.

- « Nouveau droit uniforme des sociétés commerciales », *Revue de Droit des Affaires International*, n°6, 1998, p. 673.

4. **AKAM AKAM (A.),**

- « Soliloque sur l'exemple d'incohérence en droit OHADA : la cessation des fonctions des dirigeants sociaux », in *Les mutations juridiques dans le système OHADA*, 2009, pp. 101-132.

- « La responsabilité civile des dirigeants sociaux en droit OHADA », *Revue Internationale de Droit Economique*, vol. 2, 2007, pp. 211-243.

- « La responsabilité sociale de l'entreprise », in *La responsabilité du dirigeant social en droit OHADA*, Actes du colloque international organisé par l'ERSUMA, 1ère édition 2015, pp.139 et s.

5. **AKUETE (P.S.),**

- « L'immatriculation au registre du commerce et du crédit mobilier », *Revue Togolaise de Droit des Affaires et d'Arbitrage*, mars 2000, p. 2.

6. **ANOUKAHA (F.),** « L'incompatibilité d'exercice d'une activité commerciale dans l'espace OHADA : Le cas du Cameroun », *Annales de la Faculté des Sciences Juridiques et Politiques de l'Université de Dschang*, 2001, pp. 5-24.

7. **AYAWA TSAKADI (A.),** « Réflexion sur les pouvoirs de l'associé unique », *Juridis Périodique*, n°81, Janvier-février-Mars 2010, pp. 82-103.

8. **BA (I.),** « Observations sur l'Acte uniforme sur les sociétés commerciales et le groupement d'intérêt économique », *EDJA,* n°35, Octobre-Décembre 1997.

9. **BI OULA (K.),** « Le recul de la nullité dans l'Acte uniforme sur les sociétés commerciale et du GIE », *Penant*, n°848, Juillet-Septembre 2004, p. 252.

10. **BOISSEAU CHARTRAIN (O.),** « Quel avenir pour les succursales des sociétés étrangères dans l'OHADA ? », *Revue du Droit des Affaires Internationales*, n°3, 2000, pp. 358-363.

11. **BOMBA (D.T.),** « Le contrôle de gestion des sociétés commerciales dans l'espace OHADA », CJP, (Université de Ngaoundéré), 2009, pp. 125-138.

12. **DELABRIERE (A.),** « La société en participation dans l'OHADA », *Penant,* n°848, Juillet-Septembre 2004, p. 396.

13. **DIAKHATE (M.), SAMBE (I.),** « Regards croisés sur l'intervention du juge dans la vie des sociétés commerciales », *Revue Sénégalaise de Droit des Affaires*, n°1, Janvier-Juin 2003, p. 111.

14. **DIENG (F.),** « Les effets de la dissolution des sociétés unipersonnelles dans l'espace OHADA », *Revue Sénégalaise du droit des Affaires*, n°5-6-7-8, 2005-2006, pp. 35-60.

15. **FAYE (A.),** « L'égalité des associés (Acte uniforme sur le droit des sociétés et du GIE) », *Droit Sénégalais*, n°2, 2003, p. 9.

16. **FENEON (A.),**

- « La mésentente entre actionnaire dans les sociétés anonymes régies par l'Acte uniforme OHADA », *Penant,* n°848, Juillet-Septembre 2004, p. 265.

- « Les droits des actionnaires minoritaires dans les sociétés commerciales de l'espace OHADA », *Penant,* n°839, 2002, p. 153.

17. **FENEON (A.), CHASSEY (S.),** « La mise en harmonie des statuts des sociétés anonymes au Burkina Faso », *Revue burkinabé de droit,* n°35, p. 7.

18. **GATSONO GNAPY (M.),** « L'augmentation du capital des sociétés anonymes à la lumière du droit communautaire OHADA », *Bulletin OHADA*, numéro spécial, 2001, p. 12.

19. **HOMMAN-LUDIYE (L.), MISSAINHOUN (J.E.),** « La gestion des SA et des SARL », *Cahiers Juridiques et Fiscaux de l'Exportation*, n°2, 1998, p. 309.

20. **HOMMAN-LUDIYE (L.), DJEDJE (P.),** « Le contrôle de la gestion des SA et des SARL », *Cahiers Juridiques et Fiscaux*, n°2, 1998, p. 317.

21. **HOMMAN-LUDIYE (L.), EPESSE (H.),** « La société anonyme unipersonnelle et le groupement d'intérêt économique, deux nouvelles formes originales », *Cahiers Juridiques et Fiscaux*, n°2, 1998, p. 303.

22. **ISSA-SAYEGH (J.),**

- « Le caractère d'ordre public des dispositions de l'Acte uniforme relatif au droit des sociétés commerciales et du groupement d'intérêt économique (AUSCGIE) », *Penant*, n°869, 2009, p. 393.

23. **KASSIA BI OULA,** « Le recul de la nullité dans l'Acte uniforme sur les sociétés commerciales et du groupement d'intérêt économique », *Penant,* n°848, 2004, pp. 352-379.

24. **KONE (M.),** « La notion de groupe de sociétés en droit OHADA », *Penant*, n°856, Juillet-Septembre 2006, pp. 285-293.

25. **KUATE TAMEGHE (S. S.),**

- « Quelques ambiguïtés de l'expertise de gestion dans l'Acte uniforme OHADA relatif au droit des sociétés commerciales et du groupement d'intérêt économique », in *Recueil d'Études sur l'OHADA et l'UEMOA*, Université Paul Cézanne Aix-Marseille III, PUAM, 2010-Vol. I, coll. Horizons Juridiques Africaines, p. 147.

- « Interrogations sur l'abus de minorités dans l'acte uniforme relatif au droit des sociétés commerciales et du groupement d'intérêt économique », *Juridis Périodique* n°76, Octobre-Novembre-Décembre 2008, pp. 75-90.

26. **LECERF (M.),** « Comment interpréter les dispositions transitoires de l'acte uniforme relatif au droit des sociétés commerciales et du groupement d'intérêt économique », *Cahiers Juridiques et Fiscaux*, n°2, 1998, p. 343.

27. **LOUKAKOU (D.),**

- « Les conventions réglementées dans les sociétés commerciales de l'espace OHADA », *Penant,* n°848, Juillet-Septembre 2004, p. 280.

- « Les valeurs mobilières dans l'acte uniforme relatif au droit des sociétés commerciales de l'espace OHADA », *Penant,* n°844, juillet-septembre 2003, p. 261.

28. **MARTOR (B.), THOUVENOT (S.),** « La fusion des sociétés issues du droit OHADA », *Revue de Droit des Affaires International*, n°1, 2002, pp. 47-61.

29. **MBAYE (M. N.),** « La société de fait et la société créée de fait : une distinction empreinte de confusion en droit uniforme OHADA », in *des contrats civils et commerciaux aux contrats de consommation*, Nancy, Presses universitaires de Nancy, 2009.

30. **MEMAN THIERO (F.),** « La société unipersonnelle dans le droit des affaires OHADA : une œuvre (législation) à parfaire », *Penant,* n°868, 2009, p. 312.

31. **MEUKE (B. Y.),**

- « Brèves observations sur le risque juridique du mandataire social dans l'espace OHADA », *Revue juridique Tchadienne*, n° 12, juillet 2006, p. 1.

- « Brèves réflexion sur la révocation des dirigeants sociaux dans l'espace OHADA », *Revue juridique tchadienne*, n°12, p. 1.

- « De l'expertise en droit des sociétés », *Juridis info*, n°4, Juillet-Août 2009, p. 10.

- « Dix questions pratiques sur le fonctionnement des sociétés commerciales de l'OHADA », *Juridis info*, n°4, Juillet-Août 2009, p. 29.

- « Observations sur le démembrement des droits sociaux dans l'espace OHADA », *Penant*, n°858, 2007, p. 97.

- « L'administration et la direction de la société anonyme de type nouveau issue de la réforme du droit des sociétés commerciales applicables en zone OHADA », in *Études offertes au professeur ISSA-SAYEGH*, AIDD, 2006, p. 135.

- « L'information des actionnaires minoritaires dans l'OHADA : réflexion sur l'expertise de gestion », *Revue trimestrielle de droit et des Jurisprudences des Affaires*, n°1, p. 29.

32. **MODI KOKO BEBEY (H. D.),** « La réforme du droit des sociétés commerciales de l'OHADA », *Revue des sociétés*, n°2, Avril-Juin 2002, p.255.

33. **MOHO FOPA (E. A.),** « Les associés, parents pauvres de la prévention des difficultés des entreprises dans l'espace OHADA », *Annales de la Facultés des Sciences Juridiques et politiques de l'Université de Dschang*, 2009, pp. 253-274.

34. **MOKOKO (F. C.),**

- « Constitution pratique d'une société anonyme à l'ère de l'OHADA », *Bulletin OHADA*, n°3, décembre 2000, janvier 2001, p. 5.

- « La SARL de l'OHADA : Du sang nouveau dans un vieux corps », *Bulletin OHADA*, n°1, Août-Septembre 2000, p. 4.

35. **MOUTHIEU NJANDEU (M. A.),**

- « La protection des sociétés commerciales en droit OHADA », in *les mutations juridiques dans le système OHADA*, 2009, pp. 229-256.

- « Quelques mécanismes juridiques concourant à la protection de la société, entité économique dans l'acte uniforme relatif au droit des sociétés commerciales et du groupement d'intérêt économique », *Revue Africaines des sciences Juridiques*, Vol. 5, n°1, 2008, pp. 127-144.

- « L'intuitu personae au regard de l'acte uniforme relatif au droit des sociétés commerciales et du groupement d'intérêt économique », *Juridis Périodique*, n°41, Janvier-Mars 2008, pp. 128-137.

36. **NAH FUASHI (T.),** « Corporate advantages without incorporation ? The case of société en participation and société de fait within the OHADA zone », *Annales de la Facultés des Sciences juridiques et Politiques de l'université de Dschang*, 2009, pp. 67-84.

37. **NDIAYE MBAYE (M.),** « Les groupes de sociétés dans l'OHADA », *Penant,* n°848, Juillet-Septembre 2004, p. 265.

38. **NEVRY (R.),** « La révocation des dirigeants des sociétés commerciales : droit OHADA, droit Français », *Revue de droit International et de droit comparé*, vol. 84, 2007, pp. 105-140.

39. **NGOUE (W. J.),** « La mise en œuvre de la responsabilité des dirigeants de sociétés anonymes en droit OHADA », in *L'effectivité du droit OHADA*, Yaoundé, PUA, 2006, pp. 179-213.

40. **NGUIHE KANTE (P.),**

- « Le caractère d'ordre public du droit uniforme des sociétés commerciales en Afrique », in *Les mutations juridiques dans le système OHADA,* 2009, pp. 181-227.

- « Le domaine d'application du nouveau droit des sociétés commerciales de l'OHADA », *Annales de la Facultés des Sciences Juridiques et Politiques de l'université de Dschang*, 2002, (Numéro spécial, Droit OHADA-CIMA), pp. 77-95.

41. **NJEUFACK TEMGWA (R.),** « La règle de la majorité dans le droit des sociétés commerciales OHADA », *Annales de la Facultés des Sciences Juridiques et Politiques de l'Université de Dschang*, 2006, pp. 81-96.

42. **OHADA** :

- « Le groupement d'intérêt économique », *Bulletin du droit des Affaires en Afrique,* n°8, avril 2007, pp. 6-8.

- « La procédure d'alerte dans les sociétés anonymes », *Bulletin du droit des affaires en Afrique,* n°4, avril 2007, pp. 10-12.

- « Le rachat par une société de ses propres actions : limites et contraintes », *Bulletin du droit des affaires en Afrique*, n°9-12, avril 2007, pp. 10-12.

- « Le régime juridique de la société en participation », *Bulletin du droit des affaires en Afrique*, n°7, avril 2007, pp. 10-11.

43. **OUSMANOU (S.),** « L'action sociale *ut singuli* ou l'apport éthique de l'acte uniforme relatif au droit des sociétés commerciales et du groupement d'intérêt économique », *Juridis Périodique*, n°9, Juillet-Août-Septembre, 1999, pp. 93-100.

44. **PAILLUSSEAU (J.),** « L'acte uniforme sur le droit des sociétés », Communication à la journée de l'association Henri Capitant du 22 novembre 2002, in *Petites Affiches*, quotidien juridique, n° 205, octobre 2004, pp. 19-29.

45. **POUGOUE (P. G.),**

- « L'impact de l'acte uniforme OHADA relatif au droit des sociétés commerciales et du groupement d'intérêt économique sur le contrôle et le développement des entreprises locales », *Juridis Périodique*, n°6, Avril-Mai juin, 2006, pp. 107-116.

- « Les sociétés d'État à l'épreuve du droit OHADA », *Juridis Périodique*, n°65, 2006, pp. 99-102.

47. **SOH FOGNO (D. R.), TALLA (C.),** « L'apport en industrie en droit des sociétés de l'OHADA », *Annales de la Faculté des Sciences Juridiques et Politiques de l'Université de Dschang*, 2009, pp. 199-226.

48. **SOUOP (S.),** « L'abus de biens sociaux et du crédit », *Miroir du droit*, n°2, Avril-Juin 2010, pp. 79-103.

49. **TAPIN (D.),** « Droit des sociétés commerciales et du groupement d'intérêt économique », *Penant,* n°827, 1998, p. 186.

50. **VOUDWE BAKREO, «** La contribution de l'exigence de transparence des sociétés commerciales dans la sécurisation du crédit en droit OHADA », CJP (Université de Ngaoundéré), 2013, pp. 125-138.

INDEX ALPHABÉTIQUE

(Les chiffres renvoient aux numéros de paragraphe)

TABLE DES MATIÈRES

Questions juridiques aux éditions L'Harmattan

Dernières parutions

EXISTE-T-IL ENCORE UN SEUL « NON BIS IN IDEM » AUJOURD'HUI ?
Sous la direction de Delphine Brach-Thiel
«Nul ne doit pouvoir être jugé et condamné deux fois à raison des mêmes faits.» Si le principe est simple, c'est précisément son interprétation par de très nombreuses juridictions - pas toujours à l'unisson - qui pose question et explique le retour de ces interrogations sur le devant de la scène aujourd'hui. L'analyse ici présentée se veut riche et féconde de la rencontre entre universitaires belges et français, entre praticiens et chercheurs, entre européanistes, internationalistes ou pénalistes.
(Coll. Comité international des pénalistes francophones, 23.50 euros, 230 p.)
ISBN : 978-2-343-11828-4, ISBN EBOOK : 978-2-14-004143-3

ESSAI SUR LA NOTION D'EXÉCUTION CONTRACTUELLE
Alvarez Isabelle
L'exécution contractuelle constitue la cause impulsive de l'établissement du contrat qui, paradoxalement, est un mécanisme trop familier pour être bien connu. Adopter une méthode d'analyse alternative permet d'esquisser une définition de cette notion juridique. Est ici proposée une approche dynamique des échanges contractualisés, orientés vers la réalisation satisfactoire de l'opération économique, démontrant que cette phase exécutoire recèle un panel étendu de perspectives. (Étude à jour de l'ordonnance n° 2016-131 du 10 février 2016 portant réforme du droit des contrats, du régime général et de la preuve des obligations).
(Coll. Logiques Juridiques, 45.00 euros, 486 p.)
ISBN : 978-2-343-12604-3, ISBN EBOOK : 978-2-14-004271-3

LES ACCORDS COLLECTIFS DE GROUPE
Théodoropoulos Alexandra - Préface de Gérard Vachet
De simple expérimentation issue de la pratique, la négociation collective de groupe est devenue un véritable niveau de négociation collective reconnue par le législateur. L'accord de groupe est désormais consacré comme une norme créatrice de droits et d'obligations entre employeurs et salariés du groupe, mais sa place dans la hiérarchie des normes n'a pas été précisée. Cette situation génère de nombreuses interrogations quant à sa portée et à ses limites.
(Coll. Logiques Juridiques, 44.00 euros, 440 p.)
ISBN : 978-2-343-12269-4, ISBN EBOOK : 978-2-14-004330-7

LA SIMPLIFICATION DU DROIT DES SOCIÉTÉS À L'AUNE DU CAS HONGKONGAIS
L'exemple des SARL et SAS
Tortellier Nathalie - Préface de Mme le professeur Catherine Barreau
Cette étude comparative puise dans les règles et mécanismes de la société fermée à risque limité hongkongaise des techniques pouvant fortement contribuer à l'assouplissement et à

la simplification du droit des sociétés. L'analyse décortique la vie des SARL et SAS et propose l'application de la méthodologie pragmatique du droit hongkongais par thèmes dans un souci d'adaptabilité du droit français. Il ressort de cette analyse comparative 80 recommandations inspirées de la société hongkongaise pour développer une société outil au service de l'entreprise, une société adaptée et adaptable aux acteurs économiques contemporains.
(Coll. Logiques Juridiques, 49.00 euros, 638 p.)
ISBN : 978-2-343-11885-7, ISBN EBOOK : 978-2-14-004220-1

LE DROIT DE L'INFORMATIQUE
4e édition (2017)
Bismuth Yves
À travers l'étude des grands thèmes du droit de l'informatique (protection des logiciels et des données, contrats informatiques, protection des libertés, gestion du risque informatique), cet ouvrage permet au lecteur d'établir lui-même un diagnostic juridique des problèmes rencontrés à l'occasion de la mise en place d'un système informatique. Il est complété par des extraits de code, une bibliographie, un index et un lexique, et est à jour des dernières lois et décrets intervenus en la matière.
(38.00 euros, 436 p.)
ISBN : 978-2-343-11527-6, ISBN EBOOK : 978-2-14-004177-8

MÉTHODE ET ASPECTS FORMELS DE LA RECHERCHE
Petit manuel à l'usage des juristes (2e édition)
Marain Gaëtan
L'ouvrage propose un apprentissage de la recherche et de son formalisme qui doit permettre aux étudiants confrontés à la rédaction d'une thèse ou d'un mémoire en droit d'aborder ce travail avec sérénité. L'auteur donne ainsi une méthode pour définir le sujet, échafauder un plan et trouver la documentation utile. Est également abordée, entre autres, la question du référencement des sources et de la citation d'auteur. Des recommandations propres à l'organisation de la soutenance et à son bon déroulement sont prodiguées. Voici un guide à même d'éclairer les premiers pas du jeune chercheur en droit.
(15.50 euros, 138 p.)
ISBN : 978-2-343-12682-1, ISBN EBOOK : 978-2-14-004300-0

LA PROCÉDURE DE LIBÉRATION CONDITIONNELLE COMME OUTIL DE GESTION DU RISQUE
Ben Gadi Amélie - Préface de Joana Falxa
La procédure d'octroi de la libération conditionnelle des longues peines témoigne d'une sévérité accrue à leur égard. En imposant une évaluation de dangerosité, le législateur a souhaité «verrouiller» la procédure. Cependant, la notion de dangerosité est très complexe à définir et ne fait l'objet d'aucune définition légale. Elle introduit la notion de gestion du risque, ouvrant le chemin vers une justice de précaution. La présente étude éclaire la problématique de la réinsertion des longues peines.
(Coll. Bibliothèques de droit, 15.00 euros, 132 p.)
ISBN : 978-2-343-11550-4, ISBN EBOOK : 978-2-14-004296-6

LETTRE À TOUS CEUX QUI PERSISTENT À VOULOIR FAIRE LEUR DROIT
Charles Thierry
Le droit court derrière la «révolution numérique». Les algorithmes nous espionnent et restreignent les libertés publiques, ils calculent les indemnités au service des compagnies d'assurances. La diminution lente et continue des services chargés de veiller à l'application du droit affaiblit et parfois anéantit l'efficacité de ces lois. L'échec de la loi Hadopi est significatif à cet égard. Le mal est en fait bien plus profond et ne date pas d'hier. Nous vivons une époque de démolition des codes établis. Si le droit est partout, en définitive il n'est nulle part...
(20.50 euros, 204 p.)
ISBN : 978-2-343-12343-1, ISBN EBOOK : 978-2-14-004306-2

FÊTE ET DROIT PUBLIC
Sous la direction d'Adrien Azarete, Elie Guerrero et Thomas Moretto
S'inscrivant dans une approche globale et élargi à tout le droit public, le présent ouvrage, issu du colloque « Fête du Droit Public », a pour objet l'étude de l'application du droit public dans la fête par les différents acteurs de cette branche du droit. De l'autorisation de la fête à sa responsabilité, en passant par son organisation, son coût et sa sécurité, le droit public est présent partout, de par l'évidente présence et implication de la puissance publique et des collectivités territoriales.
(Coll. Bibliothèques de droit, 20.00 euros, 192 p.)
ISBN : 978-2-343-11018-9, ISBN EBOOK : 978-2-14-003946-1

LA DÉMOCRATIE EN DROIT INTERNATIONAL
Étude critique sur le statut juridique de la démocratie en droit international et la légitimité de l'imposer par la force
Alshiabani Abuhamoud
En droit international, la démocratie était jusqu'à très récemment absente. Malgré les appels lancés au début du 20e siècle, celui-ci a toujours considéré la démocratie comme une idéologie dans laquelle il ne doit pas s'impliquer. Après la fin de la Guerre froide et la victoire de la démocratie libérale, la démocratie s'est renforcée au plan international. Elle a exercé une pression considérable sur le droit international pour qu'il s'adapte aux nouvelles exigences des réalités politiques. Cet ouvrage traite de ce sujet et montre le contexte dans lequel se sont développés la démocratie et le concept d'ingérence démocratique.
(Coll. Logiques Juridiques, 39.00 euros, 408 p.)
ISBN : 978-2-343-10818-6, ISBN EBOOK : 978-2-14-003833-4

LES PRINCIPES GÉNÉRAUX DANS LA JURISPRUDENCE DE L'ORGANE DE RÈGLEMENT DES DIFFÉRENDS DE L'OMC
Aydi Ghozzi Mariem - Préface de Slim Laghmani
Représentant la justice marchande, le Système de règlement des différends de l'organisation Mondiale du Commerce (OMC) est censé rendre une meilleure justice. Bien qu'il ne constitue pas une véritable juridiction, il chemine sur les traces du juge international dans la détermination et la régulation du sens du droit de cette organisation, les principes généraux devraient en constituer des instruments de moralisation et de développement. Cependant, la méthode par laquelle l'organe de règlement des différends appréhende lesdits principes mérite une attention particulière.
(Coll. Droit aujourd'hui, 37.50 euros, 368 p.)
ISBN : 978-2-343-12079-9, ISBN EBOOK : 978-2-14-004047-4

LA RESPONSABILITÉ DES ENTREPRISES MULTINATIONALES POUR LES VIOLATIONS DES DROITS DE L'HOMME EN AFRIQUE
Opportunités et défis
Belporo Christelle
La question de la responsabilité des entreprises multinationales pour les violations des droits de l'homme est d'une actualité brûlante. Alors qu'à travers le monde les scandales se multiplient, sur le continent africain, des voix s'élèvent pour dénoncer les nombreuses violations des droits internationalement protégés. Cet ouvrage évalue les réponses offertes par le droit pour l'encadrement de la responsabilité juridique des entreprises multinationales à l'aune des instruments internationaux et africains.
(Coll. Études africaines, 20.50 euros, 200 p.)
ISBN : 978-2-343-11365-4, ISBN EBOOK : 978-2-14-004005-4

CONCEPTS ET PRATIQUES PROFESSIONNELLES EN DOUANES
Origines, procédures, régimes et valeur
Bouga Boukari Dan
Ce livre explique d'abord les concepts, c'est-à-dire le vocabulaire douanier de façon à ne saisir que l'essentiel. Il expose ensuite les exigences des pratiques douanières pour tous les scénarios du

commerce international. Il procède enfin à des illustrations pour une meilleure compréhension des droits et obligations des opérateurs en douane.
(Harmattan Côte-d'Ivoire, 20.00 euros, 184 p.)
ISBN : 978-2-343-11805-5, ISBN EBOOK : 978-2-14-004075-7

LE DROIT POSTMODERNE
Une introduction
Barraud Boris
Au XIXe siècle le droit a changé d'ère passant du droit moderne au droit postmoderne. Sa principale caractéristique résiderait dans le développement d'une forme de concurrence juridique entre puissances publiques et puissances privées. La révolution copernicienne de la pensée juridique serait ainsi la rupture du lien consubstantiel entre droit et État que la modernité avait noué. La société civile serait désormais au cœur du jeu juridique. Ce livre propose quelques pistes et une grille de lecture afin de comprendre le nouveau droit que la globalisation modèle.
(Coll. Droit aujourd'hui, 32.00 euros, 320 p.)
ISBN : 978-2-343-12077-5, ISBN EBOOK : 978-2-14-003633-0

LE CONSEIL DE L'EUROPE ET LES COLLECTIVITÉS TERRITORIALES
Contribution à l'étude de l'autonomie locale
Kalimeri Vasiliki
Le Conseil de l'Europe est la première organisation internationale à avoir intégré l'acteur infra-étatique dans son action. La Charte européenne de l'autonomie locale et le Cadre de référence pour la démocratie régionale ont cristallisé la conception de la notion d'autonomie locale en Europe, élargie désormais à deux niveaux : le local et le régional. Au niveau extérieur, le traité de Maastricht intègre également les collectivités locales dans la reformulation du fonctionnement de l'Europe.
(Coll. Logiques Juridiques, 49.00 euros, 664 p.)
ISBN : 978-2-343-12019-5, ISBN EBOOK : 978-2-14-003697-2

GUIDE PRATIQUE DU CAPITAL INVESTISSEMENT ET DES AIDES PUBLIQUES
Créer, développer, transmettre son entreprise
Battini Pierre - Préface d'Olivier Millet
Cet ouvrage entend démystifier le capital investissement et répondre concrètement aux questions que se posent les entrepreneurs, leur donner les clés pour être efficaces, gagner du temps et avoir plus de chances de réussir leur projet. Beaucoup d'exemples et de cas concrets sont exposés. Ce livre traite la question des fonds d'investissements et des aides publiques sous différents angles : finance et outils financiers, juridique et montage des opérations, valorisations et accompagnement.
(30.00 euros, 292 p.)
ISBN : 978-2-343-12074-4, ISBN EBOOK : 978-2-14-003636-1

ET COMMENT VONT LES ENFANTS ?
Réflexions d'un notaire sur l'évolution de la parentalité des années 60 à nos jours
Dauptain Pierre
PMA, GPA, adoption, statut du beau-parent, familles homoparentales, ces sujets sont au cœur des débats contemporains et témoignent de l'évolution de la parentalité sur les cinquante dernières années. Avec un regard impartial, l'auteur inscrit sa réflexion dans les mouvements de la société tout entière. Fidèle à la méthode qui a fait le succès de son premier essai, il nous parle de droit en termes simples pour exposer les changements que la famille a connus en cinq décennies.
(Éditions Pepper/Harmattan, 22.50 euros, 218 p.)
ISBN : 978-2-343-12076-8, ISBN EBOOK : 978-2-14-003757-3

L'HARMATTAN ITALIA
Via Degli Artisti 15; 10124 Torino
harmattan.italia@gmail.com

L'HARMATTAN HONGRIE
Könyvesbolt ; Kossuth L. u. 14-16
1053 Budapest

L'HARMATTAN KINSHASA
185, avenue Nyangwe
Commune de Lingwala
Kinshasa, R.D. Congo
(00243) 998697603 ou (00243) 999229662

L'HARMATTAN CONGO
67, av. E. P. Lumumba
Bât. – Congo Pharmacie (Bib. Nat.)
BP2874 Brazzaville
harmattan.congo@yahoo.fr

L'HARMATTAN GUINÉE
Almamya Rue KA 028, en face
du restaurant Le Cèdre
OKB agency BP 3470 Conakry
(00224) 657 20 85 08 / 664 28 91 96
harmattanguinee@yahoo.fr

L'HARMATTAN MALI
Rue 73, Porte 536, Niamakoro,
Cité Unicef, Bamako
Tél. 00 (223) 20205724 / +(223) 76378082
poudiougopaul@yahoo.fr
pp.harmattan@gmail.com

L'HARMATTAN CAMEROUN
TSINGA/FECAFOOT
BP 11486 Yaoundé
699198028/675441949
harmattancam@yahoo.com

L'HARMATTAN CÔTE D'IVOIRE
Résidence Karl / cité des arts
Abidjan-Cocody 03 BP 1588 Abidjan 03
(00225) 05 77 87 31
etien_nda@yahoo.fr

L'HARMATTAN BURKINA
Penou Achille Some
Ouagadougou
(+226) 70 26 88 27

L'HARMATTAN SÉNÉGAL
10 VDN en face Mermoz, après le pont de Fann
BP 45034 Dakar Fann
33 825 98 58 / 33 860 9858
senharmattan@gmail.com / senlibraire@gmail.com
www.harmattansenegal.com

www.ingramcontent.com/pod-product-compliance
Lightning Source LLC
LaVergne TN
LVHW010017081026
849535LV00016B/22
* 9 7 8 2 3 4 3 1 2 8 1 9 1 *